W0250182

Otto Werkmeister

Die Axt im Haus

Zu unserer Neuausgabe

Der schöne Titel dieses Werkes zitiert eines der bekanntesten Worte Friedrich Schillers. Der Dichter läßt es den Titelhelden im „Wilhelm Tell" in der ersten Szene des dritten Aufzugs aussprechen, als dieser sein Hoftor repariert hat und sein Tun zufrieden kommentiert. („Jetzt, mein ich, hält das Tor auf Jahr und Tag. Die Axt im Haus erspart den Zimmermann.") Und auch manch anderer Satz dieser Szene handelt von Selbsthilfe. („Ein rechter Schütze hilft sich selbst.") Sich selbst praktisch helfen zu können ist eine über Jahrhunderte gepflogene Tugend, für deren Tradierung zunächst das Zuschauen und Nachmachen genügt haben mag, später aber die systematische Vermittlung und Darstellung – auch in schriftlicher Form – notwendig wurde.

Es mag verwundern, daß ein Werk, dessen letzte Auflage mehr als dreißig Jahre zurückliegt, von uns für würdig befunden wird, uns Heutigen als Medium solch systematischer Vermittlung zu dienen. Gewiß, das ein oder andere hat sich überlebt: seien es die – aus heutiger Sicht kaum zu glaubenden – Preise für Materialien und Geräte in einer ja inzwischen historischen Währung, seien es Dinge, die dem Zeitgeschmack unterlagen, oder einige veraltete technische Standards (etwa bei Heizungs- oder Elektroinstallationen). Dies läßt sich leicht erkennen und durchaus auch mit Gewinn (etwa als historische Reminiszenz) lesen.

Der Kern des Werkes aber, seine Substanz, ist von solch hohem und bleibendem Wert, daß wir es ohne Bedenken, ja mit wärmster Empfehlung als profunde Anleitung für das Selbertun hiermit wieder vorlegen. Da ist zunächst der universale Charakter zu rühmen: Alle Bereiche um Haus und Garten, die für dieses Tun geeignet sind, und alle dafür in Frage kommenden Arbeiten sind in diesem Band kompakt und hinreichend ausführlich behandelt. Sodann ist die vorbildliche Systematik zu nennen: Warenkundliches zu den Materialien, Werkzeuge und Geräte, Grundtechniken sowie die einzelnen Arbeitsgänge bei den Haupttätigkeiten sind mustergültig dargestellt. Schließlich ist die bestechende Anschaulichkeit hervorzuheben, die sich vor allem in der Fülle einfacher, präziser und vor allem jedermann verständlicher zeichnerischer Abbildungen dokumentiert.

Das Buch will und kann den Fachmann – wo sein Wissen und Können gefragt ist – nicht ersetzen. Es versteht sich, daß der Nutzer selbst einschätzen können muß, was er sich zutrauen möchte, kann (und darf) und welche Gefahren, auf die das Buch auch verweist, sich mit bestimmten Hantierungen verbinden. Aber auch für den, der nicht selbst Hand anlegen möchte, bringt das Werk einen nicht geringzuschätzenden Gewinn: er kann mit seiner Hilfe kenntnisreicher und mit mehr Sachverstand mit dem jeweiligen Fachmann reden. Im Zentrum der Arbeit mit diesem Buch aber soll – ganz im Sinne der Autoren – die Freude am Schaffen und Erhalten stehen.

Otto Werkmeister

Die Axt im Haus

Ein Handbuch für Geschickte
und Ungeschickte

Manuscriptum

Nachdruck der Ausgabe von 1974

Als Fachleute arbeiteten an der Originalausgabe mit:
Horst Höll: Anstrich und Dekoration
Kurt Pläcking: Holzarbeiten
Ernst Holzner: Rund um den Bau
Georg Ruhland: Umgang mit Metallen, Kombiwerkzeuge
Walter Ebersbach: Wasser und Gas, Blechdach, Dachrinnen
Wolfgang Feuerstein: Elektrizität
Adolf Nehring: Kunststoffe

Trotz aller Bemühungen konnte der Verlag keine Rechteinhaber ermitteln.
Wir bitten darum, daß sich ggf. Berechtigte beim Verlag melden.

ISBN 978-3-937801-17-9

© 2007 Manuscriptum Verlagsbuchhandlung
Thomas Hoof KG · Waltrop und Leipzig
Umschlaggestaltung: Achim Schmidt, Graphische Konzepte
3. Auflage 2013

Inhalt

1 Anstrich und Dekoration

2 Holzarbeiten

3 Rund um den Bau

4 Vom Umgang mit Metallen

5 Wasser und Gas

6 Elektrizität

7 Kunststoffe

8 Kombiwerkzeuge

Erster Teil · Anstrich und Dekoration

1 Schutz und Schmuck 16

2 Die Wirkung der Farben auf den Menschen 16

3 Zur farblichen Gestaltung von Innenräumen 18
Schönheitsfehler 18 · Decke und Wand 19 · Fußböden 22 · Farbige Möbelanstriche 22 · Türen und Fenster 23 · Weitere Tips zur Gestaltung von Wohnräumen 23 · Räume durch Farbe korrigieren 24

4 Was braucht man zum Anstreichen? 24
Arbeitsraum · Fleckenentfernung 24 · Wann anstreichen? 25 · Die wichtigsten Werkzeuge und Geräte 25

5 Farbenkunde für den Amateur-Anstreicher 29
Fertige Farben 29 · Die Körperfarben 30 · Tabelle der weißen Körperfarben (Weißpigmente) 30 · Die Bindemittel 31 · Zusatz-, Verdünnungs- und Hilfsmittel 31 · Das Mischen von Farbtönen 31 · Tabelle der bunten Körperfarben (Buntpigmente) 32 · Tabelle zum Mischen von Farbtönen 33 · Womit ist das gestrichen? 34 · Wie verändern sich Farben durch den Trocknungsprozeß? 34

6 Was wollen Sie streichen? 35

7 Vorarbeiten für Anstriche auf Putz 37

8 Der Kalkfarbenanstrich 38
Arbeitsgänge bei Innenanstrichen 39 · Arbeitsgänge bei Fassadenanstrichen 40 · Fassadenanstrich mit »Colfirmit« 40

9 Der Leimfarbenanstrich 40
Arbeitsgänge 41

10 Anstrich mit Dispersionsfarben 42

11 Der Wasserglasanstrich 43

13 Anstriche auf Holz mit Ölfarben oder Kunstharzfarben 44
Ölfarbe oder Kunstharzfarbe? 44 · Vorbereitende Arbeiten 45 · Arbeitsgänge 47

14 Anstriche für Fußböden 48
Das Versiegeln 48 · Farbige Anstriche für Holzböden 48

15 Öläbnliche Anstriche auf Putz 49

16 Anstriche auf Metall 49
Vorbereitende Arbeiten 50 · Gartenmöbel (Eisenteile) 50 · Heizkörper, Rohre 51 · Ofenrohre 51 · Fahrräder 51

17 Von der Kunst des Lackierens 51
Allgemeines 51 · Die Lacke 52

18 Spritzen 55

19 Tapezieren 57
Über Tapetengeschmack 57 · Arten von Tapeten 57 · Wieviel Tapete brauchen wir? 58 · Eignen sich alle Untergründe? 59 · Hilfsmittel und Werkzeug 60 · Arbeitsgang beim Tapezieren 61 · Beschädigungen an Tapeten 63

20 Linoleum und ähnliche Fußbodenbeläge 66
Der Unterboden 67 · Werkzeug und Hilfsmittel für das Verlegen 68 · Arbeitsgang 68 · Reinigung und Pflege 69 · »Stragula« 69 · Gummibeläge 72

21 Einfache Dekorationsarbeiten 72
Stoffe spannen 72 · Bilder aufhängen 73 · Vorhänge, Gardinen 74 · Läufer und Teppiche 76 · Spannteppiche 78

22 Einfache Polsterarbeiten 80

Preise wichtiger Werkzeuge und Materialien (Stand Herbst 1972) 82

Zweiter Teil · Holzarbeiten

1 Die Werkstatt 84
Der Arbeitsraum 84 · Werktisch, Werkbank 84 · Zehn Gebote zur Unfallverhütung 87

2 Der Werkstoff 88
Eigenschaften des Holzes 88 · Die wichtigsten Holzarten 88 · Ausländische Hölzer 89 · Die wichtigsten Holzfehler 90 · Einkauf und Pflege von Massivholz 90 · Sperr-, Span- und Faserplatten 91

3 Das Werkzeug 93
Werkzeug zum Zeichnen und Reißen 93 · Werkzeug zum Sägen 95 · Werkzeug zum Stemmen 97 · Werkzeug zum Hobeln 97 · Werkzeug zum Bohren und Schrauben 101 · Werkzeug zum Drechseln 102 · Einspannvorrichtungen 103 · Drechselstähle 103 · Werkzeug zum Nageln 103 · Werkzeug zum Einspannen und Verleimen 105 · Werkzeug zur Oberflächenbehandlung 105 · Werkzeug zur Werkzeugpflege 106 · Grundausrüstung mit Werkzeug 106 · Das Schärfen von Schneid- und Stemmwerkzeugen 107 · Das Richten von Sägen 107

4 Arbeitsgänge (Techniken) 109
Aufreißen, Reißen und Zeichnen 109 · Einspannen 111 · Sägen 111 · Hobeln 112 · Kanten bestoßen und brechen 114 · Stemmen 115 · Feilen 116 · Bohren 116 · Holz biegen 117 · Das Drehen in Holz 118 · Nageln 119 · Arbeitsgang beim Nageln einer Kastenkante 121 Schrauben 122 · Leimen und Kleben 124 · Die Klebstoffe 124 · Glutinleim 124 · Kunstharzleime 124 · Allgemeines für Verleimungen 125 · Kleber 126

5 Feste Holzverbindungen des Schreiners und des Zimmermanns 126
Holzverbindungen des Schreiners 126 · Vom Dübeln 130 · Holzverbindungen des Zimmermanns 132

6 Lösbare und bewegliche Holzverbindungen 134

7 Die Holzoberfläche 137
Übersicht 137 · Schleifen 138 · Mögliche Behandlungen der Holzoberfläche 138 · Abziehen mit der Ziehklinge 139 · Imprägnieren 139 · Färben 140 · Beizen 140 · Ölen 141 · Wachsen 141 · Lackieren, Mattieren 141 · Furnieren 142 · Holzeinlegearbeit (Intarsien) 144

8 Werkstücke 146
Planmäßiges Arbeiten 146 · Einkauf 148 · Kellerregal 148 · Gestell für Weinflaschen 149 · Obsthurde mit ausziehbaren Lattenrosten 149 Genagelte Brettertüre 150 · Ein einfacher Werktisch 151 · Fügelade (Stoßbrett) 152 · Schneidlade 153 · Arbeitsbock 153 · Bank aus genuteten Brettern 153 · Quadratischer Couchtisch 154 · Wandtisch und Klapptisch 154 · Runder Tisch mit Kunststoffplatte 155 · Tischchen fürs Krankenbett 155 · Allgemeines über Regale 156 · Regal in Türnische 156 · Wandregal mit Loch- oder Nutschienen 157 · Großes Wandbord 157 · Zerlegbares Bücherregal 158 · Regalturm 158 · Raumteiler 159 · Regal für Schuhe oder Gerät, genagelt 159 · Blumenkästen 160 · Wandregal 160 · Regal für Schallplatten 161 · Werkzeugkasten 161 · Bücherregal gedübelt 161 · Schränke mit Türen 162 · Schrank in Türnische 163 · Schiebetüren 163 · Hängender Werkzeugkasten (Zeugrahmen) 164 · Kasten mit Einsatzfächern 164 · Schubladen 165 · Arbeiten mit Rahmen 169 · Bilderrahmen 169 · Paravent 171 · Rahmenliege 172 · Einbauschrank in Dachschräge 173 · Kasperltheater 173 · Sessel aus Holzrahmen 174 · Sessel mit Metallrahmen 175 · Sessel aus Massivholz 175 · Wandtäfelung 176 · Einbau eines Zwischenbodens 179 · Türe für den Kofferboden 180 · Spielzeug und Kleingeräte 181 · Vogelhäuschen 182

9 Was tue ich, wenn ... 184

Die wichtigsten Preise (Stand Herbst 1972) 194

Dritter Teil · Rund um den Bau

1 Was man vorm Bauen vom Bauen wissen muß 196
Bauen ist nicht Privatsache 196 · Das Baugenehmigungsverfahren 196

2 Das Mauerwerk 200
Härtegrade von Ziegeln 201 · Vollstein, Lochstein 202 · Der Mauerverband 202 · Wieviel Steinbreiten gehen auf die Mauerlänge? 203 · Der Mauermörtel 204 · Geräte zum Mörtelmischen 205 · Errechnen des Materialbedarfs 206 · Zeitbedarf 207 · Arbeitskleidung 207 · Arbeitsgeräte 207 · Die Technik des Mauerns 209 · Neuere Wandbaustoffe 211 · Fassadenverkleidung mit Eternitplatten 213 · Gasbeton-Mauerwerk 214 · Mauerwerk aus Blöcken 214 · Mauerwerk aus Platten 214 · Werkzeuge für das Mauern mit YTONG-Planblöcken und -Planplatten 216

3 Leichtbauplatten 216

4 Putz 218
Der Putzmörtel 218 · Putzen von Außenwänden 218 · Geräte für den Putz 219 · Innenputz 221

5 Beton 221
Zement, Zuschlagstoffe, Wasser 221 · Die richtige Mischung 222 · Das Handmischen von Beton 223 · Ein Wort über Stahlbeton 225

6 Mauerdurchbruch 226
Vorsicht mit waagerechten Mauerschlitzen 226 · Durchbruch einer Trennmauer 226 · Das Ausbrechen der Öffnung 227 · Der Sturz 228 · Verputzarbeit 228

7 Einsetzen von Dübeln und Haltern 229
Dübel und Dübelmasse 230 · Dübel in der Zimmerwand 230 · Halter für Teppichstange, Arbeitsbeispiel für Dübelarbeit außen 231

8 Patentdübel 233
UPAT-Dübel 234 · FISCHER-Dübel 236 · TOX-Dübel 238

9 Risse in Wand und Decke · Putzschäden 240
Risse in der Wand 240 · Risse in der Decke 241 · Andere Putzschäden, insbesondere an Fassaden 241

10 Dachkonstruktionen 243
Bauholz 243 · Drei Arten der Dachkonstruktion 244 · Zulässige Belastung von Nägeln 247 · Achtung – Schwamm! 248

11 Bedachungen 248
Ziegeldeckungen 249 · Schäden an Ziegeldächern 251 · Dachdeckung mit Eternit 252 · Blechdach (Arbeitsbeispiel) 253 · Pappdach, Glasdach 254 · Gußglas als Gestaltungselement 259

12 Dachrinnen 259
Form und Abmessungen 259 · Das Material: Kunststoff 259 · Montage, Allgemeines 259

13 Fußböden 261
Herstellung eines einfachen Kellerfußbodens aus Zementestrich 262 · Kellerfußboden mit Belag 263 · Terrazzo 263 · Bodenbelag aus Platten 263 · Wandplatten 264 · Holzfußböden: Unterkonstruktion 264 · Holzdielen: Verlegung und auftretende Schäden 266

14 Winke zur Ofenheizung 267
Der Ofen 267 · Das Ofenrohr 267 · Der Schornstein 268 · Der Ofen zieht nicht 268

15 Was man von der Ölheizung wissen sollte 269
Ist Ölheizung teuer? 269 · Zentralheizung mit Ölfeuerung 270 · Umstellung auf Ölfeuerung 270 · Der Ölofen im Zimmer 271

16 Ausbauten · Anbauten · Nebengebäude 272
Ausbau von Dachräumen 272 · Trinkstube im Keller 274 · Wohin mit den Flaschen? 274

17 Außenarbeiten rings ums Haus 276
Allgemeines über Erdarbeiten 276 · Der Gartenzaun 277 · Gehobelter Lattenzaun auf Betonsockel mit Eingangspforte 278 · Ein Sandkasten für die Kinder 282 · Plattenbeläge im Freien 283 · Plattenstreifen als Garagenzufahrt 285 · Anlegen einer Terrasse 286 · Offene Grillfeuerstelle im Garten (Barbecue) 287

Preistafel für einige Baustoffe und Werkzeuge (Stand Herbst 1972) 288

Vierter Teil · Vom Umgang mit Metallen

1 **Werkstoff Metall 290**
Stahl und Eisen 290 · Kupfer 290 · Messing 291 · Blei 291 · Zinn 291 · Zink 292 · Leichtmetall 292 · Bleche 292

2 **Werkbank · Schraubstock · Unterlagen 293**
Die Werkbank 293 · Der Schraubstock 293 · Feilkloben 295 · Unterlagen 295 · »Hart auf hart« 295

3 **Messen und Anreißen 297**

4 **Strecken · Stauchen · Richten · Biegen (spanlose Bearbeitung) 298**
Strecken und Stauchen 298 · Richten 299 · Biegen 300

5 **Techniken der Blechbearbeitung 300**
Werkzeuge für die Blechbearbeitung 300 · Verbeultes Blech richten 301 · Zuschneiden 301 · Abkanten, Umschlag 303 · Drahteinlage 303 · Bördeln und Schweifen 304 · Falzen 304 · Runden 307

6 **Treiben von Metallen 307**
»Hammer und Amboß« bei Treibarbeiten 307 · »Treiben« und »Einziehen« 309

7 **Meißeln · Sägen · Feilen · Bohren (spanabhebende Bearbeitung) 312**
Meißeln 312 · Sägen 314 · Feilen 315 · Bohren 316

8 **Schraubverbindung 319**
Schrauben, Muttern, Schlüssel 319 · Umgang mit Schrauben 319

9 **Gewindebohren (Schneiden von Innengewinden) 320**

10 **Nietverbindung 322**

11 **Lötverbindung 323**
Weichlöten 323 · Umgang mit der Lötlampe 324 · Lötzinn 324 · Flußmittel (Lötmittel) 325 · Vorbereitungen zum Löten 325 · Der Lötvorgang 326 · Hartlöten 327 · Was der Laie nicht löten soll 327 · »Kaltlöten« 327

12 **Lichtbogenschweißen 328**

13 **Die Metalloberfläche 331**

14 **Beschläge 332**
Sichtbare Bänder 333 · »Unsichtbare« Bänder 334 · Vorrichtungen zum Vermindern der Reibung 336 · Winke für das Anschlagen von Bändern 337 · Die Tür quietscht 337 · Ein Wort über Riegel 338

15 **Sind Sie Schloßbesitzer? 338**
Wie funktioniert ein Schloß? 339 · Verstärkte Sicherheit durch Veränderungen am Schlüssel 339 · Chubb-Schlösser 341 · Moderne Sicherheitsschlösser (Zylinderschlösser) 342 · Die Falle 344

16 **Ein Schloß anschlagen 345**
Kastenschloß oder Einsteckschloß 345 · Auswärts, Einwärts, Rechts, Links 345 · Anschlagen eines Kastenschlosses 346 · Anschlagen eines Einsteckschlosses 348

17 **Allerlei Pannen mit Schlössern 348**
Vor verschlossener Tür 348 · Wenn der Bart ab ist 349 · Tür schnappt nicht ins Schloß 349 · Schloß schließt nicht 350 · Schloß überschlägt sich 351 · Störungsursachen beim Chubb-Schloß 352 · Ein wenig Pflege 352

18 **Schlüssel feilen 353**
Nach vorhandenem Modell 353 · Feilen ohne Modell 354

Einzelhandelspreise wichtiger Werkstoffe (Stand Herbst 1972) 354

Fünfter Teil · Wasser und Gas

1 »Unser täglich Wasser« 356
Wasserversorgung 356 · Behandlung und Pflege sanitärer Einrichtungsgegenstände 357 · Achtung Säure! 358

2 Der Wasserhahn 358
Der gewöhnliche Auslaufhahn 358 · Undichte Hähne 359 · Wie man Wasserhähne anfaßt 360 · Der Konushahn 361

3 Klosettspülung 361
Der Spülkasten und seine Wirkungsweise 361 · Störungen 363 · Druckspüler 364

4 Störungen an Wasserleitungen 366
Verseuchung der Reinwasserleitung durch Schmutzwasser 366 · Geräusche in der Leitung 366 · Frostschutz 367 · Das Auftauen eingefrorener Leitungen 368

5 Badeöfen und Warmwasserbereiter 368
Der Kohlenbadeofen 368 · Einiges über Warmwasserbereiter 371

6 Warmwasserheizung 375
Arbeitsweise 375 · Behandlungshinweise 376

7 Legen einer Gartenwasserleitung 378
Weg der Rohrleitung, Ausmessen und Materialeinkauf 379 · Festspannen von Rohren und Armaturen 380 · Trennen von Rohren 380 · Gewindeschneiden 381 · Dichten und Zusammenbauen 382 · »Metallbaukasten für Erwachsene« 385

8 Das Isolieren von Rohrleitungen 387

9 Leitungen aus Kunststoff 387
Rohre aus Polyäthylen 387 · Rohre aus PVC 389 · Kupferrohr mit PVC-Mantel 390

10 Abwasser 390
Der Weg des Abwassers 390 · Hauskläranlagen 391 · Störungen an der Abwasseranlage 392 · Die häufigste Störung: Verstopfungen 394

11 Anlegen von Sickerdole oder Sickerschacht zum Ableiten kleinerer Wassermengen 397
Sickerdole im Garten 397 · Dole aus Kunststoff 398 · Sickerdole für Regenrohr 399 · Sickerschacht, gemauert 399 · Sickerschacht aus Stahlbetonringen 399

12 Stadtgas (Leuchtgas) 400
Die Flamme als Werkzeug 400 · Erdgas 400 · Ist die Gasrechnung zu hoch? 401 · Der Installateur und die Axt im Haus 401 · Der Gasherd 401 · Backofen mit Zentralzündung und Sicherung 404 · Gaswasserheizer 405 · Gasheizofen 407

13 Flaschen- oder Flüssiggas (Propan · Butan) 408

Ungefähre Preise einiger Materialien und Geräte (Stand Herbst 1972) 410

Sechster Teil · Elektrizität

1 Achtung - Lebensgefahr! 412
Praktische Winke für Selbstmörder 414

2 Wenn eine Sicherung durchbrennt... 414

3 Wenn Sie ein neues Heim planen 415
Leitungen 415 · Schalter 416 · Steckdosen 417

4 Die Beleuchtung 419
Glühlampen 419 · Die wichtigsten Lampentypen 420 · Leuchtstofflampen – Eine Übersicht 422 · Beleuchtungskörper und ihre Aufhängung 428 · Das Anschließen von Beleuchtungskörpern 428

5 Die wichtigsten elektrischen Geräte 429
Die Schutzmaßnahmen 430 · Anschlußleitungen, Verlängerungsleitungen 430 · Gerätestecker 431 · Bessere Bügeleisen! 431 · Elektrisch heizen 432 · Elektrisch kochen 433 · Warmwasser bereiten und speichern 436 · Der Kühlschrank 436 · Staubsauger 438 · Elektrisch waschen 438 · Uhr und Schaltuhr 438

6 Zähler · Tarif · Stromverbrauch 439
Geht Ihr Zähler richtig? 439 · Wie kontrolliert man den Zähler? 439 · Ein Zähler für den Untermieter 440 · Ein Wort über Stromtarife 440 · Mit einer Kilowattstunde.. 441

7 Schwachstrom - das Feld eigener Betätigung 442
Das Werkzeug 442 · Die Drähte 442 · Die Isolation 443 · Die Litze 443 · Wo einkaufen? 444 · Drahtverbindungen 444 · Leitung an der Wand 446 · Leitung durch die Wand 447 · Die Stromquellen 447 · Die Kraftfahrzeugbatterie 449

8 Rund um die Hausklingel 450
Die abschaltbare Hausklingel 450 · Ein einfaches Fehler-Suchgerät 451 · Fehlersuche in Klingelanlagen 453 · Abschaltbare Hausklingel mit Kontrollampe 455 · Die umschaltbare Hausklingel 456 · Die Klingel für den Untermieter 458 · Kontrolleinrichtung für die Gartenpforte 461 · Klingelanlage mit Türkontakt für Haustür, Laden, Büro 463

9 Die Ferneinschaltung 465

10 Alarmanlagen 466
Zwei Arten von Kontakten 467 · Verspannung 468 · Gegen Gartendiebe 469 · Die Zentrale 470 · Leitungsführung 471 · Mit Ferneinschaltung 471

11 Die Antennenanlage 472
Antennen einst und jetzt 472 · Die Ableitung zum Empfänger 473 · Abgeschirmte Leitung 473 · Die UKW-Antenne 474 · Die Fernseh-Antenne 474 · Die Zimmerantenne 475 · Allgemeines über Außenantennen 476 · Die Fensterantenne 478 · Die Dachantenne 478 · Dachantenne ohne eingebaute Ableitung 479 · Die Erdleitung des Empfängers 480 · Hinweise für Fernsehantenne 481 · Störungen des Empfangs 481

12 Die Stereo-Anlage 481

Ungefähre Preise einiger Materialien und Geräte (Stand Herbst 1972) 482

Siebenter Teil · Kunststoffe

1 **Kunststoffe - ein weites Feld 484**

2 **Bodenbeläge aus Kunststoff 484**
Bodenabschlußleisten aus Kunststoff 487 · Kunststoffbelag auf der Treppe 489

3 **Platten aus Kunststoff 489**
Schichtstoffplatten und verwandte Plattenarten 490 · Schaumstoffplatten 492 · Polyesterplatten (glasfaserverstärkt) 493 · Vinyl-Asbest-Wandplatten 493 · Weitere Wand- und Deckenplatten aus Kunststoff 496

4 **Kunststoff-Folien 497**
Kleben von Folien 502 · Vorhänge aus Kunststoff-Folien 503 · Trenn- und Schmuckelemente mit Folien, Geweben, Schnüren und Bändern aus Kunststoff 503

5 **Intarsien- und Schnittechnik mit Weich-PVC oder Linoleum 506**

6 **Einige Arbeitsbeispiele zur Anregung 507**

7 **Hinweise für den Umgang mit Klebern 510**
Kleben von Folien 510 · Verkleben von Kunststoffen 511 · Kleberübersicht 513

Richtpreise für Kunststoffe (Stand Herbst 1972) 514

Achter Teil · Kombiwerkzeuge

1 **Was Sie vor dem Kauf wissen sollten 516**
Die Leistung 516 · Die Drehzahl 517 · Zum Dübeln: Schlagbohrmaschine 517 · Verwandte Maschinen 517 · Tabelle 1: Handbohrmaschinen (Antriebsmaschinen) 518 · Tabelle 2: Zusatzgeräte zu den Bohrmaschinen (Antriebsmaschinen) 522 · Tabelle 3: Andere Antriebsmaschinen und Kleinmaschinen-Kombinationen 524

2 **Zum Arbeiten mit Kombiwerkzeugen 526**
Bohren 526 · Sägen 526 · Hobeln 528 · Schleifen 529 · Weitere Zusatzgeräte 529

Erste Hilfe bei Verletzungen 536

Literaturhinweise 538

Stichwort-Verzeichnis 539

Was dieses Buch will

Freude bereiten Ja, das vor allen Dingen! Weniges gleicht dem Glück, das eine mit eigenen Händen sauber getane Arbeit gewährt. Mit welchem Stolz zeigt man sie vor bei der Frau, Familie, Freunden, Nachbarn. Und um wieviel schöner und angenehmer lebt es sich in einem Haushalt, in dem alles blitzsauber ist, alles funktioniert; in einem Heim, das Zweckmäßigkeit, solide Beständigkeit und freudige Farbigkeit ausstrahlt!

Werte erhalten Ein schlechter Arzt, der einem von Kopfschmerz befallenen Patienten eine Tablette verschreibt – und es dann dabei bewenden läßt! Er soll der Ursache nachforschen und sie beseitigen. Ein schlechter Hausvater, der eine undichte Stelle im Dach oder in einer Leitung nur mit einem untergestellten Eimer kuriert! Er soll der Ursache nachforschen und sie beseitigen.
Riesenwerte verkommen Jahr für Jahr, weil Eisen verrostet, Holz verrottet, Gebrauchsgegenstände, Möbel, Werkzeuge infolge mangelnder Pflege unbrauchbar werden. Wer selbst etwas versteht, erhält seine Werte und schafft neue.
Freilich, richtig muß man es machen. Warum erst durch Schaden klug werden? Bedienen wir uns des Fachwissens und der Erfahrung der Fachleute! So können wir auch als Laien gründliche Arbeit, Maßarbeit leisten. Darum haben Fachleute dieses Buch geschaffen.

Die Augen öffnen Wenn Sie dieses Buch studiert haben, werden Sie Ihre Umgebung mit neuen Augen sehen. An hundert Stellen werden Sie – zu Hause und bei anderen – erkennen, wie eine Arbeit ausgeführt ist, wo und wie man verbessern und verschönern kann. Und wenn Sie gar nichts selber machen, so werden Sie doch, wenn Sie den Fachmann brauchen – bei Reparaturen wie beim Bauen –, sachverständig mit ihm sprechen können.

Grundtechniken lehren Nicht geschmackliche oder gar modische Anregungen will das Buch in erster Linie vermitteln – das tun viele Zeitschriften mit bestem Erfolg –, sondern die Grundtechniken zeigen. Wer sie beherrscht, kann Hausbar, Möbelstück, Gartenzaun oder was immer nach eigenem Geschmack und Entwurf gestalten wie auch fremde Anregungen aufnehmen. Und (nur) wer sie kennt, kann auch von den im Buch gründlich behandelten elektrischen Kombiwerkzeugen den richtigen Gebrauch machen.

Achtung, Haftpflicht! Das Besteigen von Leitern, das Ausschachten von Erdreich, der Umgang mit sperrigen Werkzeugen, erst recht fehlerhaftes Werkzeug und unsachgemäßes Hantieren, z. B. an der Wasserleitung, sowie viele andere Do-it-yourself-Beschäftigungen bergen Unfallgefahren. Beachten Sie stets die im Buche gegebenen Sicherheitshinweise! Schließen Sie außerdem für den Fall, daß andere Personen zu Schaden kommen, eine private Haftpflichtversicherung ab!

Sehr kurze Gebrauchsanweisung: Sie brauchen, verehrter Leser, dieses Buch nicht von vorn nach hinten durchzustudieren. Die Hauptteile sind in sich geschlossen. Bitte machen Sie sich aber immer vertraut mit dem, was zu Beginn der Teile über Werkstoffe, Werkzeug, Grundtechniken, Unfallschutz und ähnliches gesagt ist. Und bedienen Sie sich, um Gesuchtes schnell zu finden, des ausführlichen Stichwortregisters am Schluß des Buches. Und nun, ob Sie mauern wollen oder schreinern, anstreichen, tapezieren, löten, nieten, nageln, schrauben, leimen, verglasen, betonieren, dekorieren, installieren, lasieren, lackieren, reparieren – oder was es immer sei: Viel Spaß und Erfolg bei der Arbeit!

Erster Teil

Anstrich und Dekoration

1 Schutz und Schmuck

Ein Holzfenster, das nach einem guten Erstanstrich alle fünf Jahre einen Erneuerungsanstrich erhält, hat eine Lebensdauer von etwa 50 Jahren. Bleibt es ungestrichen, ist es unter den Einwirkungen von Luft, Wasser und Licht nach fünf Jahren zerstört und muß ersetzt werden.

Mit Putz als Anstrichuntergrund verhält es sich nicht anders. Dunstentwicklung in Küchen, Bädern, Waschräumen, Schlagregen an den Fassaden, der mechanische Verschleiß in Treppenhäusern und Gängen, Wassereinbrüche zehren am Verputz und lassen ihn ohne regelmäßig erneuerten Schutzanstrich bald morsch und brüchig werden.

Metall ohne Schutzanstrich? Staat, Post, Bundesbahn, Elektrizitätswerke allein geben alljährlich Millionen für Entrostungsarbeiten und Rostschutzanstriche an Eisenkonstruktionen, Masten, Brücken usw. aus – weil sie wissen, daß ohne diesen Aufwand ein Vielfaches an Wert zerstört würde.

Der erste Zweck des Anstrichs ist Schutz, Sachwerterhaltung.

Der Anstrich verbindet aber das Nützliche mit dem Angenehmen, denn sein Werkstoff ist die schmückende Farbe. Haus, Raum, Möbel, Gebrauchsgegenstand bekommen durch die Farbe das ansprechende Äußere: es ist bekannt, wie tiefgehende Wirkungen die Farbe auf Stimmung und Verfassung, ja auf die Gesundheit des Menschen auszuüben vermag.

Anstreichen kann jeder – sagt der Unerfahrene. Aber wie! entgegnet der Fachmann, und er hat recht damit. Sie werden beim Studieren dieses Teils schnell erkennen, warum ein Maler eine mehrjährige Lehrzeit braucht. Allein das Angebot an Farbstoffen ist so vielfältig, daß man ausrufen möchte »Wer die Wahl hat, hat die Qual!«

Anstreichen gehört zu den Arbeiten, an die der Laie sich am leichtesten heranwagt. Wer nie den Mut hätte, einen Mauerdurchbruch zu machen oder Beton zu mischen, wird doch versuchen, Gartenmöbel oder Gartenzaun selbst zu streichen, wenn sie es nötig haben. Er handelt klug, wenn er es tut – siehe die oben angegebenen Zahlen über die Lebensdauer eines Fensters. Er handelt unklug, wenn er es tut, ohne sich ein Grundwissen angeeignet zu haben über Leitern, Pinsel, Bürsten, Farben, Bindemittel, Untergründe usw. Das wollen wir zunächst tun.

2 Die Wirkung der Farben auf den Menschen

Rot ist die stärkste unter allen Farben, ordnet sich nie unter, wirkt aggressiv: Farbe des Umsturzes, Farbe der Lebenskraft, Symbol für die Liebe. Helles Rot wirkt zart, fein, lieblich.

Rot in Wohnräumen wirkt als Farbton sehr erregend, nur in kleinen Mengen (Fläche des Farbtons) verwenden. Dagegen ist es als festliche Farbe (besonders Purpur) in Theatern, in festlichen Räumen vielfach anzutreffen. Helles Rot, Rosa, Altrosa in hellen Nuancen für Damen-, Mädchenzimmer.

Die Gegenfarbe zu Rot ist Grün. Um Rot matter, stumpfer erscheinen zu lassen, mit Grün mischen. Beide Farben, etwa zu gleichen Teilen gemischt, ergeben ein Grau.

Gelb wirkt anregend, jedoch nicht so erregend wie Rot. Unter allen Farbtönen die hellste Farbe. Gibt auf der Nordseite liegenden Räumen eine lichte, zugleich warme Tönung.

Gelb ist auch Symbol für Reichtum, Macht und Majestät. Höchste Steigerung dieser Farbe ist das Gold. Als festliche Farbe in Schlössern und heutigen Repräsentationsräumen vielfach verwendet. Gegenfarbe ist das blaustichige Violett. Auch diese beiden Farbtöne, zu gleichen Teilen gemischt, ergeben einen Grauton.

Orange ist eine Mischung von Gelb und Rot. Aktiver, leuchtender Farbton, Ausdruck frohen Lebensgefühls. Wird besonders von jungen Menschen gern gewählt. Warm und anregend. In reiner Form ist Orange nur in größeren Räumen und auch dort wieder nicht in zu großer Menge anzuwenden (z. B. für eine Wand, für einen Teil der Ausstattung).

Gegenfarbe zu Orange ist das Eisblau (Mischung aus Grün und Blau).

Braun ist in der Reihe der Mischfarben vertreten unter den Bezeichnungen Umbra nat., Umbra gebrannt, Kasslerbraun, Rotbraun, van Dyck-Braun. Stark mit Weiß aufgehellt ergibt Braun ein Beige.

Von allen Brauntönen strahlt Wärme, Behaglichkeit aus. Eine erdhafte Farbe, die oft in der Volkskunst Anwendung findet. Gut geeignet als anspruchsloser Hintergrund, der mit anderen Farbtönen nicht streitet.

Grün ist die Farbe des jungen Lebens, eine aus der Verbindung Sonne und Erde geborene Farbe. Eine ruhige, ausgleichende Farbe, die das Auge kräftigt. Es ist nicht geeignet für Räume, die schon eine starke Beeinflussung durch die Natur aufweisen (Wintergärten, Gartenzimmer, die große Fenster oder Türen ins Freie haben). Hier streitet das Grün der Natur mit dem Farbton im Innenraum.

Als mattes Grün (Olivgrün) gut geeignet für Wohn- und Speiseräume, weil dieser Farbton besonders beruhigend wirkt. Mit Gelb vermischt ergibt Braun ein Lindgrün, das heiter wirkt.

Blau ist die Farbe unseres Himmels, freilich nur, wie man ihn durch die Atmosphäre erblickt, die unsere Erde umgibt. Kalter, ernster Farbton mit einem Unterton von Trauer. Das ändert sich jedoch sofort, wenn reines Blau mit Grün zu einem Blaugrün oder mit Rot zu einem violetten Blau gemischt wird. Der Kalt-Warm-Kontrast wirkt hier belebend für den Farbton.

Blau ist stets ein zurückweichender Farbton; so wirkt er auch an Deckenflächen fast nie drükkend. Geeignet für Räume, die auf der Südseite liegen, ebenso für Schlafzimmer. Es beruhigt und schläfert ein.

Violett, ein Zwischenton von Rot und Blau, ist von mystischer Wirkung auf den Menschen. Weder kalter noch warmer Farbton. Keine geeignete Farbe für sinnenfrohe Menschen. Violett war sehr beliebt zur Zeit des Jugendstils. Farbe der Trauer, der Buße in Verbindung mit Schwarz, Silber, Gold.

Grau, ein vollkommen neutraler Farbton, entstehend entweder aus dem Schwarz, das man aufhellt (mit Weiß) oder auch aus einer Mischung von Gegenfarben, z. B. Rot-Grün, Eisblau (Grün und Blau) und Orange, Gelb und Blauviolett usw. Alle diese Grautöne eignen sich als Hintergründe oder auch als Nebenfarben. Fast alle bunten Farbtöne stehen gut auf helleren oder dunkleren Grauhintergründen. Es sollte jedoch ein Hell-Dunkel-Kontrast zwischen den bunten Farbtönen und dem Grauton bestehen. Grautöne haben leicht eine Neigung zum Warmen oder zum Kalten: Zu Farbtönen gesetzt sind sie nicht immer neutral. Der gleiche Grauton, zu verschiedenen Umgebungen gesetzt, kann kalt, warm oder neutral wirken.

Schwarz und Weiß sind im Sinne der Farbgebung strenggenommen keine Farben. Symbolisch gesehen sind sie die Werte für Finsternis und Licht. Beide zusammen ergeben den größten denkbaren Kontrast. Allein gibt Schwarz, in kleineren Mengen eingesetzt, dem Raum etwas Markantes.

Reines Weiß hat fast immer eine Neigung zur Kälte. Abgetöntes Weiß (Eierschalentöne) dagegen wirkt angenehmer. Als Neben- oder Kontrastfarbe kann Weiß lautstarke Farbtöne aufhellen oder angenehmer erscheinen lassen.

Weiß ist heute entsprechend unserem Bedürfnis nach Licht, Sauberkeit und Gesundheit eine oft angewandte Farbe – jedoch, wie gesagt, nicht als reines Weiß, sondern in noch weiß wirkenden, hellen Farbtönen.

Warme Farbtöne sind alle Farbtöne, die Rot und Gelb in sich tragen.

Kalte Farbtöne sind alle Farbtöne, die Blau in sich tragen.

Anregende Farbtöne sind Orange, Maisgelb, Tomatenrot, Lindgrün, Goldgelb.

Zurücktretende Farben sind Blaugrün, Himmelblau, Türkis, helles Ultramarinblau.

3 Zur farblichen Gestaltung von Innenräumen

Über den Geschmack läßt sich nicht streiten. Ob eine Wand grün, blau, gelb oder weiß gestrichen oder tapeziert sein soll: dafür gibt es keine verbindlichen Regeln, sowenig wie für die Frage, ob Frauen rote oder grüne, wollene oder kunstseidene Kleider tragen sollen. Wohl aber gibt es optische Gesetzmäßigkeiten, gegen die man nicht ungestraft sündigt, weder in der Mode noch im Gestalten von Räumen.

Wer etwas korpulent ist, soll sich hüten vor grellbunten Farben und vor Querstreifen, denn sie lassen die Figur noch stärker erscheinen. Wer ein ausgesprochen niedriges Zimmer oder eine Dachkammer anstreichen will, sollte sich hüten, die Decke dunkler zu halten als die Wand, denn das würde das Lastende und Drückende noch verstärken.

»Das Gute – dieser Satz steht fest – ist stets das Böse, was man läßt«: dieser Satz gilt auch für das Gestalten von Räumen. Viel ist schon gewonnen, wenn es uns gelingt, gewisse Schönheitsfehler – unschöne Ecken, Nischen, störende Leitungen und ähnliches – zu mildern oder zu beseitigen und dadurch ausgewogene Proportionen, klare Linien, glatte Flächen zu schaffen, wie sie der Geschmack unserer Zeit bevorzugt. Dafür zunächst ein paar Hinweise:

Schönheitsfehler

Schönheitsfehler, unschöne Stellen gibt es namentlich in zwei Gruppen von Wohnungen: sehr alten, deren Stil nicht mehr unserem Geschmacksempfinden entspricht, und Wohnungen, die ausgesprochen billig oder unüberlegt geplant und gebaut wurden.

Leitungen Offenliegende Rohrleitungen in alten Häusern verunzieren Decken und Wände, besonders für unseren heutigen Geschmack, der klare, glatte Flächen bevorzugt. Man kann die Gelegenheit eines neuen Anstrichs benutzen, sie unter Putz legen zu lassen. Wo das aus technischen Gründen nicht möglich oder zu teuer ist, sollte man wenigstens prüfen, ob nicht einige Rohre bereits ausgedient haben und entfernt werden können. Vielleicht läßt sich auch die eine oder andere elektrische Leitung ersetzen durch ein kleineres Kabel, das nicht störend hervortritt. Nicht selten lassen sich störende Leitungen durch eine Zwischendecke unsichtbar machen, zumal ältere Räume gewöhnlich 3 m hoch oder höher sind; manchmal genügt auch schon eine Leiste oder Kordel als oberer Wandabschluß.

Zähler Elektrische Zähluhren und Gaszähler hängen vielfach an auffallender Stelle. Man kann sie einbeziehen in einen Schrank, insbesondere einen Einbauschrank, oder auch in ein Regal, das im übrigen offen bleibt für Bücher und ähnliches, aber ein verschließbares Fach für den Zähler bekommt. Es ist auch zu prüfen, ob der Zähler nicht an eine andere Stelle der Wohnung verlegt oder in die Wand versenkt werden kann. Behelfsmäßig kann man ihn durch einen dem Wandton angepaßten Vorhang unauffällig machen.

Aufsätze Türen in alten Häusern haben manchmal altmodische Aufsätze. Man kann sie entfernen, ohne den Türstock erneuern zu müssen.

Türfüllungen und Beschläge Türen mit einheitlichen glatten Flächen wirken schöner als Türen mit vielen Füllungen. Auf einfache Weise kann man klare Flächen schaffen, indem man die Tür mit einer dünnen Platte aus Sperrholz oder Hartfaser besetzt (»aufdoppelt«). Diese Fläche kann man anstreichen oder auch mit der gleichen Tapete wie die Wand tapezieren. Werden Rillen und Verzierungen am Türrahmen glattgehobelt und erhält die Tür schließlich noch einen neuen, modernen Beschlag, so hat sie ein völlig neues Gesicht.

Schläuche Gänge und Vorplätze wirken infolge ungünstiger Maßverhältnisse oft wie enge Gassen oder »Schläuche«, zumal wenn sie sehr hoch und die Längswände noch mit Schränken bestellt sind. Die Höhe kann man durch Einziehen einer Zwischendecke aus Leichtbauplatten mindern. Wand und Decke sollte man dann einheitlich mit einer leicht farbigen, kleingemusterten Tapete bekleben. Die Längenausdehnung wird ferner optisch verkürzt, wenn man die Stirnwand durch Farbe (Anstrich, Tapeten, Vorhänge) oder Möbel betont.

Nischen und Winkel Nischen und ungünstige Winkel verfinstern einen Raum, weil sie wenig Licht erhalten. Oft kann man sie schließen oder verkürzen durch einen Einbauschrank, der möglichst im Ton der Wand gestrichen oder tapeziert werden soll. Alkoven und Nischen, z. B. Kochnischen, kann man auch durch einen farblich

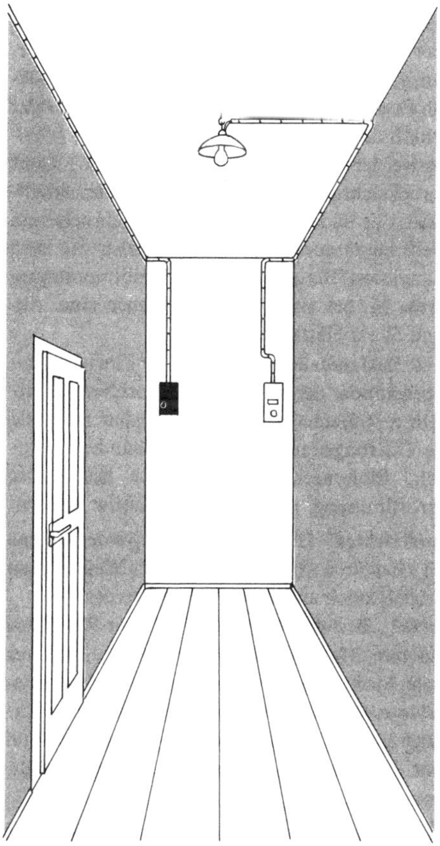

Dieser Gang ist hoch und eng: er wirkt unschön

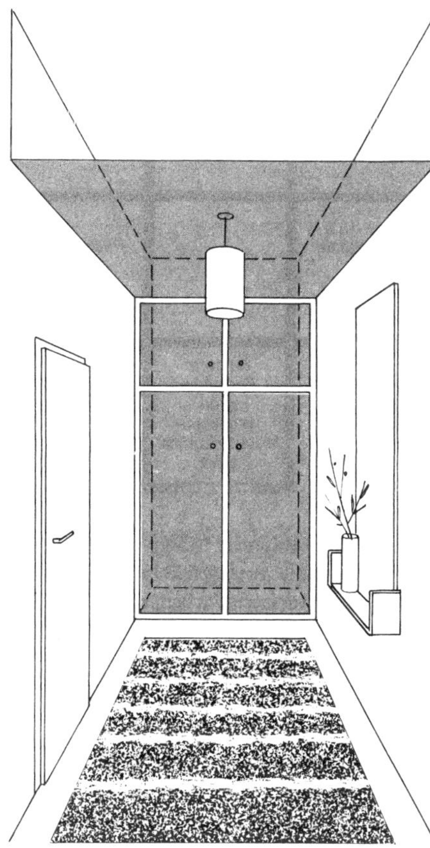

Zwischendecke, quergemusterter Läufer, glatte Türflächen und Einbauschrank schaffen Harmonie

passenden Vorhang schließen. Ein solcher Vorhang kann auch ein Zimmer von ungünstigen Proportionen teilen.

Flecke Wassereinbrüche können Decken und Wände verseuchen, so daß trotz aller Isolierversuche keine einwandfreie Anstrichfläche hergestellt werden kann. In solchen Fällen kann man den Deckenputz erneuern, aber statt dessen auch die Decken mit einer hellen Deckentapete tapezieren.

Unebenheiten Kriegsschäden, gar nicht oder notdürftig ausgebessert, haben manche Decken und Wände uneben und damit unansehnlich gemacht. Sie sehen glatter aus, wenn man sie mit einer Rauhfaser-Makulatur überklebt und dann mit gutgebundener Leimfarbe, noch besser mit Dispersionsfarbe überstreicht.

Alte Anstriche Alte Türen und Fenster haben bisweilen noch dunkle, klebende Anstriche. Will man sie neu streichen, muß der alte Anstrich unter allen Umständen abgebeizt werden (S. 46).

Decke und Wand

Hell oder dunkel? Bei der Entscheidung über den Helligkeitsgrad soll man die Belichtung des Raumes berücksichtigen. Hat der Raum kleine Fenster, die nur einen mäßigen Lichteinfall zulassen, womöglich mit starken Mauern, die noch weiter verdunkeln, so werden Teile ständig im Schatten oder Halbdunkel liegen. Helle Töne, insbesondere hellgelbe, die für unser Empfinden der Wirkung des Lichtes nahekommen, machen einen solchen Raum freundlicher. Wer glatte helle Flächen nicht liebt, kann die Wände durch ein kleines Muster beleben, auch durch andersfarbige Vorhänge einen Ausgleich schaffen.

Kalt und warm Wohin gehören kühlere, wohin

gehören wärmere Farben? Dafür gibt es keine festen Regeln, aber einige Gesichtspunkte sind zu berücksichtigen.

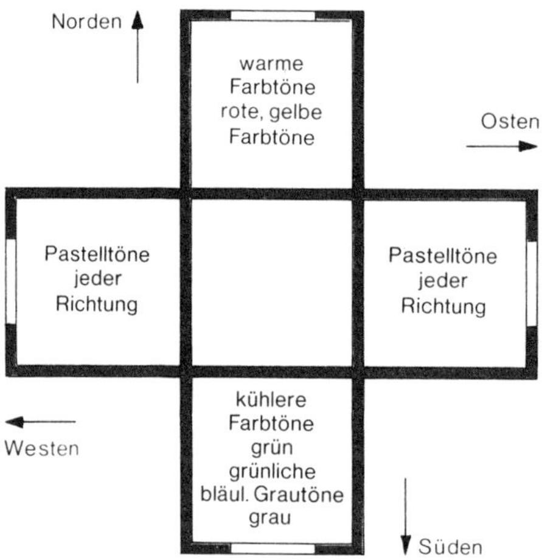

Belichtung des Raumes: Mäßig oder mangelhaft belichtete Räume vertragen keine kalten Farben. Sie erfordern wärmere Farben, allerdings in sehr heller Tönung: helles Gelb, helles Orange.

Sonnen-Orientierung: Je weniger Sonne, desto wärmer die Farbe. Das gilt jedenfalls für die Extreme. In Südräumen, noch dazu mit großen Glasflächen, wird man das Zusammenwirken des Sonnenlichts mit ausgesprochen warmen Farben – Rot, Orange, Gelb – nicht immer als angenehm empfinden. Da sind die zurückhaltenden Pastelltöne angebracht, die wir als in der Mitte zwischen Kalt und Warm stehend aufführten. Sonnenlose Nordzimmer verlangen mittelhelle und dabei warme Töne. Räume nach Osten und Westen vertragen gedämpfte Farbtöne in der einen wie der anderen Richtung.

Zweckbestimmung des Raumes: Für reine Arbeitsküchen wählt man gebrochenes Weiß bis Elfenbein: für Küchen, die auch Wohn- oder Eßzwecken dienen, lieber einen wärmeren Ton: helles Gelb, helles Beige. Frohe Farbigkeit der Küche ist heute beliebt. Zu berücksichtigen ist aber stets wie bei Wohnräumen, ob nicht Vorhänge, Bilder, Polster, Teppich u. a. schon reichlich Farbe in den Raum bringen. Ob Wohn- oder Schlafraum farblich kühler oder wärmer gehalten werden, entscheidet der Geschmack – unter Berücksichtigung der Licht- und Sonnenverhältnisse. Für Bäder wählt man neben gebrochenem Weiß heute auch starkfarbige Skalen wie etwa Blauviolett/Blaugrün/Grün; Weißtrennungen, weiße Möbel, weiße Keramik geben einer solchen Skala Härte und Frische.

Feste Bestandteile Bauteile oder Einrichtungsgegenstände, deren Farbe von vornherein feststeht, z. B. Kachelofen, Linolfußboden, Holzteile wie Täfelungen in Naturholz, vorhandener Teppich, Bauernschränke, Gemälde bestimmter Farbstimmung, müssen berücksichtigt werden.

Durchsichten Hintereinander liegende Räume mit Glastüren oder offenem Durchblick müssen farblich aufeinander abgestimmt werden.

Sockel Besteht der untere Teil einer Wand aus anderem Material als der obere Teil, also aus Holz, Stoff, Fliesen, so wird er wegen des Materialunterschiedes und auch wegen seiner Ausladung als Sockel empfunden, auf dem die Wand ruht. Zu beachten sind allerdings die Maßverhältnisse. Ungünstig und starr wirkt es, wenn die Wand genau halbiert wird. Richtig ist es, einen der beiden Teile – entweder den Sockel oder die übrige Wand – vorherrschen zu lassen im Verhältnis des »Goldenen Schnitts«: Der kleinere Teil verhält sich zum größeren wie der größere zum Ganzen, z. B. Sockel 120 cm, oberer Teil der Wand 195 cm, Wandhöhe etwa 315 cm.

Echte, tragende Sockel aus Holz oder Stein haben ihre Berechtigung. Sockel aus Ölfarbe

Ungünstig: Wand halbiert

Gut: Goldener Schnitt

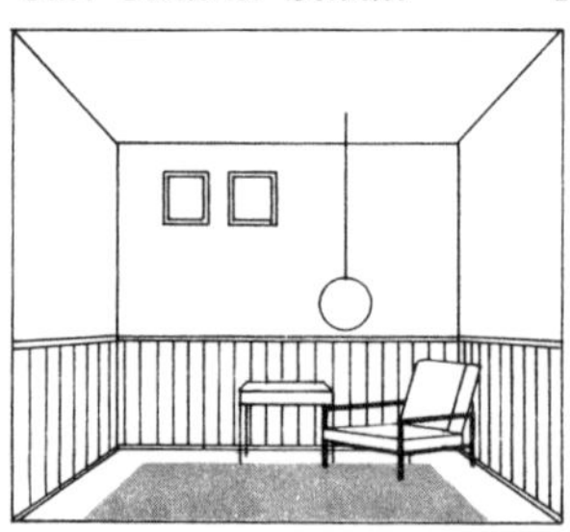

In besonderen Fällen: hoher Sockel

oder Lackfarbe sollen farblich nie auffällig sein. Ohne Betonung durch die Farbe, ohne abschließenden Strich oder Leiste erscheinen sie am erträglichsten. In Arbeitsräumen (Küche, Bad) sollten diese Wandflächen im Ton der übrigen Wand sauber lackiert werden. So lassen sie sich auch gut reinigen.

Ein etwa 4 cm breiter Ölfarbstreifen über den Fliesen erleichtert der Hausfrau die Arbeit beim Säubern der Wand und hält den Wandanschluß länger sauber. Auch hier sollte man den Lackanstrich im Ton der Wand halten.

Belebungen der Wand Bedenken Sie stets, daß eine Wand kein Schaustück ist, sondern hauptsächlich Hintergrund: für Möbel, für Bilder – und für Menschen. Schwere, wertvolle alte Möbel und Bilder wirken am besten vor einem ruhigen Hintergrund, einfarbig oder nur sehr dezent gemustert. Ein kleiner, moderner Wohnraum mit leichteren Möbeln verträgt lebhaftere Muster (verlangt sie aber nicht). Das Muster soll der Raumgröße angepaßt sein: kleiner Raum – kleines Dekor, großer Raum – großes Dekor.

Belebungen der Wand durch Streifen, Tupfen, Streumuster verlangen einige Überlegung, denn sie beeinflussen die Raumwirkung. Auch die heute beliebte Rauhfasertapete belebt durch ihre Struktur die Wandfläche. In Räumen mit viel Licht wirkt sie lichtbrechend und damit beruhigend.

Raumgliederung Soll in einem Raum ein Teilbezirk als Eßecke, Sitzecke, Arbeitsplatz abgehoben werden, so kann die farbliche Gestaltung dazu mithelfen. Eine Ecke oder eine Wand, insbesondere die Stirnwand bei langem gestrecktem Raum, kann abweichend gestrichen oder tapeziert werden. Oft genügt schon ein Teppich, um die abgrenzende und abhebende Wirkung zu erreichen. Bei dieser Gelegenheit wollen wir uns merken, daß ein gewisser Rhythmus von ruhigen und belebten Farbflächen wohl tut. Einfarbiger Teppich – gemusterter Vorhang und Möbelstoff. Lebhaft gemusterter Teppich – ruhiger Vorhang und Möbelstoff.

Verhältnis Decke – Wand Am geläufigsten ist es, Wand und Decke verschiedenfarbig zu gestalten, und zwar die Wand als tragendes Element dunkler oder kräftiger, die Decke schwächer oder heller. Bei niederen Räumen ist das zweckmäßig, weil es den Raum höher erscheinen läßt. Bei sehr hohen Räumen kann man umgekehrt die Decke kräftiger und dunkler wählen als die Wand. Damit wird das Lastende der Decke unterstrichen,

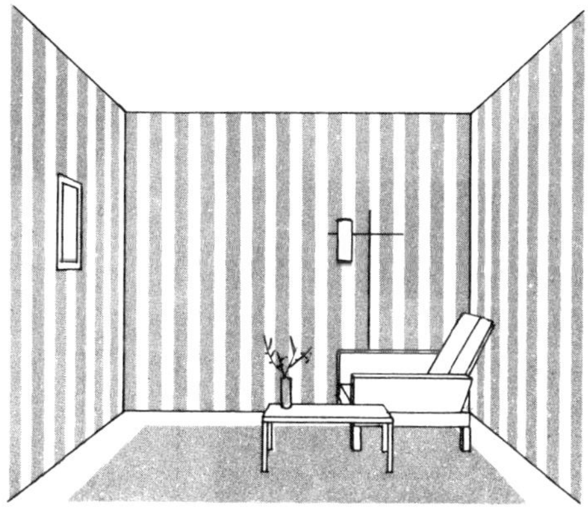

Senkrechte Streifen lassen einen Raum höher erscheinen, sind also bei niedrigen Räumen besonders angebracht

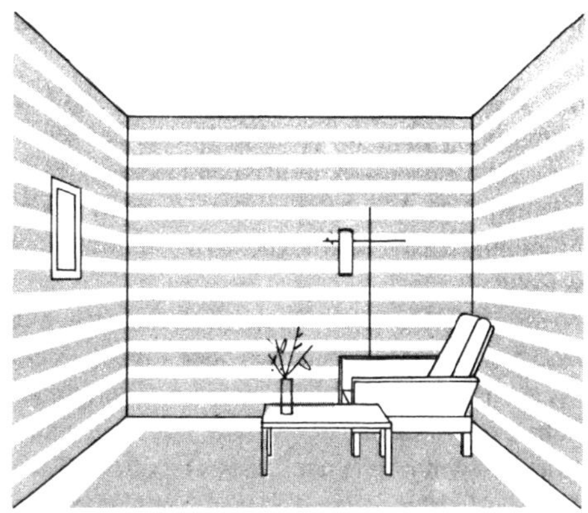

Waagerechte Streifen haben die gegenteilige Wirkung, eignen sich also für hohe Räume

Schräge Streifen sind ungünstig, weil sie den tragenden Charakter der Wand aufheben

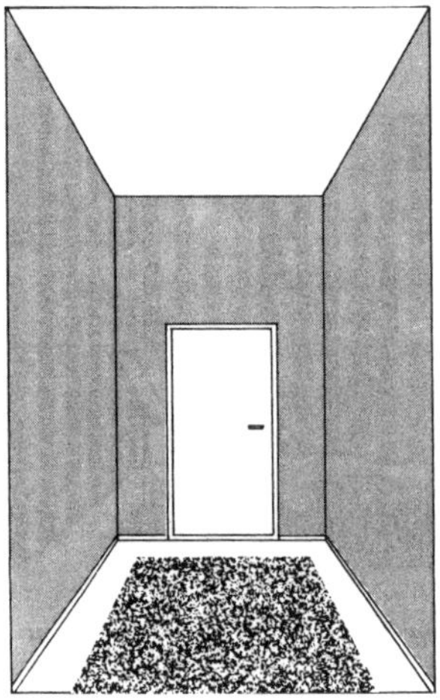

Decke heller als Wand: hohe Raumwirkung

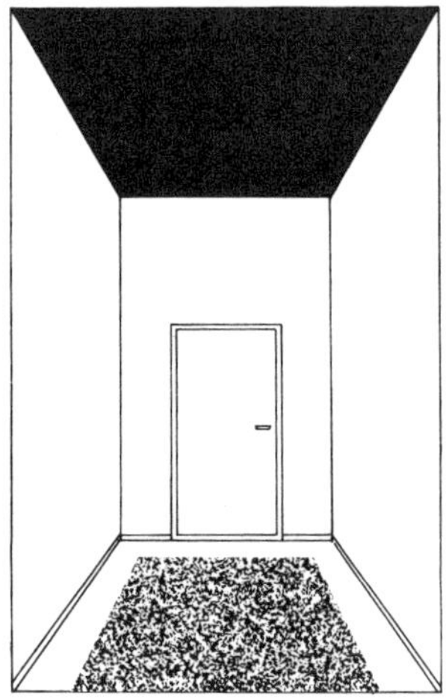

Decke dunkler als Wand: Raum wirkt niedriger

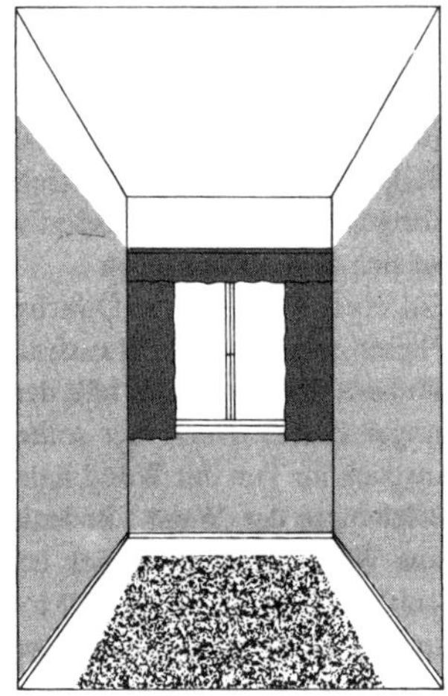

Wandfries bei sehr hohen Räumen

der Raum erscheint niedriger, bei geeigneter Farbgebung auch intimer. Ein Raum, der geistiger Arbeit dienen soll, muß einen Deckenfarbton erhalten, der den Arbeitenden (je nach seiner Mentalität) in die bestmögliche Arbeitsstimmung versetzt.

Niedriger erscheint ein Raum auch dadurch, daß man den Wandton – Anstrich oder Tapete – nicht bis zur Decke hinaufzieht, sondern schon unterhalb der Decke aufhören läßt und mit einem Wandstreifen oder einer Leiste abschließt. Streifen oder Leisten sollen sich an die baulichen Gegebenheiten wie Fensterstürze oder Vorsprünge anlehnen.

Sollen Wand und Decke verschiedene Töne erhalten, die aber im Helligkeitsgrad fast gleich sind, trennt man beide Flächen durch einen neutralen (weißen) Streifen.

Ein Mittelweg, glücklich oft gerade für moderne Räume, besteht darin, Wand und Decke einheitlich in einem dann ziemlich hellen Farbton anzulegen. Besonders zu empfehlen ist dieser Weg für baulich ungünstige Räume wie Mansarden oder Zimmer mit Decken, die unsymmetrisch durch Vorsprünge oder Träger unterbrochen sind.

Fußböden

Farbwahl Mit seiner großen Fläche ist der Fußboden ein wesentliches Teilstück bei der farbigen Gestaltung des Raumes. Liegt der Farbton des Bodens bereits durch Linol- oder PVC-Belag, Naturholz (Eiche, Föhre) oder Spannteppich fest, muß der Wandton ihm angepaßt werden.

In vielen Gegenden Deutschlands werden einfache Dielenböden gelegt, die gewöhnlich zu ihrem Schutz einen Anstrich erhalten, oft in einem recht häßlichen Braun oder auch in einem aufdringlich gelbroten Ton. Will man dabei bleiben, so dämpfe man wenigstens den Ton durch Zugabe von etwas Umbra oder Schwarz.

Es gibt aber bessere Möglichkeiten. Man kann den Boden einfach mit Leinölfirnis einlassen, er erhält dann einen angenehmen gelblichen Ton. Man kann einen Grauton wählen, der in Beziehung zum Wandton steht. Man kann den Ton zu einem vorhandenen Teppich abstimmen.

Pflege Gestrichene und lackierte Fußböden werden mit Wachs gepflegt. Mit Wachs gepflegter Boden muß vor einem neuen Anstrich gründlich mit einer starken Waschmittellauge gesäubert und gut nachgespült werden, damit alle Wachsreste verschwinden. Über Anstriche und Versiegelungslacke S. 48 f.; über Linoleumbelag S. 67 f.; über Läufer S. 76 f.

Farbige Möbelanstriche

Soweit Möbel angestrichen werden und nicht vielmehr ihre natürliche Oberfläche behalten oder gebeizt werden, neigt der Laie dazu, sie weiß anzustreichen. Nun, es mag zwar stimmen, daß Weiß – wie man zu sagen pflegt – »nie verkehrt sein kann«: die beste Lösung ist es nicht immer.

Zunächst sollte man, auch wo Weiß gewählt wird, niemals ganz reines Weiß nehmen – das wirkt kalt und schimmert leicht bläulich, sondern »gebrochenes Weiß« (mit Zusatz von etwas Ocker und Schwarz) oder Elfenbein. Nicht selten wird man einen leichten Pastellton vorziehen oder auch – für ein Einzelstück – einen kräftigen Farbton, wenn er sich in die Farbstufung des Gesamtraums gut einfügt. Sollen gestrichene Möbel mit Naturholzmöbeln in einem Raum zusammen stehen, so versuche man niemals, deren Charakter durch den Anstrich zu imitieren. Man wähle bewußt eine deutlich abweichende, allerdings gut abgestimmte Farbe. Gestrichene Möbel wirken im übrigen nur gut, wenn die Oberfläche malerisch belebt (Lasur, S. 48) oder sehr gut lackiert ist.

Kinder sollen in einer farbigen, ja bunten Umgebung leben. Für Möbel in Kinderzimmern sind daher kräftige Farben gut. Wegen der starken Beanspruchung müssen sie besonders gut lackiert werden, am besten mit Kunstharzlack (S. 36, S. 53).

Allgemein kommen für Möbel nur gute Materialien in Betracht. Halbmatt auftrocknende, sogenannte seidenglänzende Lacke sind am schönsten.

Schleiflack Eine Sonderstellung unter den Techniken der Oberflächenbehandlung nimmt der Schleiflack ein. Der Untergrund muß sehr sorgfältig durch mehrmaliges Spachteln und Vorlackieren vorbereitet sein. Der letzte Lack, der hochglänzend erscheint, wird dann mit verschiedenen Schleifmitteln (wasserfesten Schleifpapieren · Bimsmehl · Kreide) matt geschliffen. Geeignet sind nur weiche, pastellartige Farbtöne. Ich rate nicht dazu, dieses Verfahren selbst zu probieren. Nicht einmal jeder berufsmäßige Maler beherrscht diese Technik.

Alte Malereien Alte Möbel wechseln den Besitzer und erhalten neue Anstriche. Überstrichene Bauernschränke tragen manchmal unter deckendem Anstrich noch alte Malerei. Ergibt eine Probe – vorsichtiges Abbeizen der Deckschicht auf einer kleinen Fläche – einen solchen Fund, so kann man die ganze Schicht entfernen – ein Geduldspiel, aber oft lohnend.

Türen und Fenster

Die Innenseiten von Fenstern streicht man durchweg weiß. Dunkle Umrahmung läßt die Lichtquellen kleiner erscheinen.

Türen in Innenräumen behandelt man als Bestandteile der Wand. Man läßt sie also möglichst wenig hervortreten, es sei denn, die Tür besteht aus schönem Naturholz wie Eiche, Nußbaum, Rüster. In Bauernstuben kann man Türen auch mit passenden Motiven bemalen. Reines Weiß wirkt meist störend und kalkig, ebenso störend wirken dunkle, insbesondere dem Wandton fremde Farben. Am besten sind hellere, zum Wandton hin getönte Anstriche, einige Schattierungen heller oder dunkler als dieser. In kleinen Wohnungen sollen alle Türen einheitlich gestrichen werden. Die Außenseite von Wohnungseingangstüren kann etwas kräftiger gestrichen werden.

Hauseingangstüren streicht man meist, sofern sie nicht ihre Naturfarbe behalten, farblich etwas stärker als die Fassade, im Ton mit dieser harmonierend.

Weitere Tips zur Gestaltung von Wohnräumen

Mut zum eigenen Ich Ein Raumbild aus einem Möbelkatalog oder einem Schaufenster einfach zu kopieren: das zeugt von wenig Geschmack – und von wenig Persönlichkeit. Der Raum soll die Eigenart seiner Bewohner spiegeln, ihren Lebensgewohnheiten entsprechen. Übrigens auch ihrer sozialen Stellung und damit ihrem Geldbeutel. Kein falscher Prunk!

Die Wertstufe Alle Elemente in der Ausstattung eines Raumes sollen einer einheitlichen Wertstufe angehören. Echte alte Möbel passen nicht zu billigen Teppichen (»falschen« Persern), Originalgemälde alter Meister nicht auf billige Tapeten.

Schwerpunkte Formen und Farben nur schwerpunktartig anwenden. Nicht alles farbig, nicht alles gemustert! Gleichgewicht von bunt und neutral, Gleichgewicht von uni und Dekor.

Platz lassen Nicht zu viel Möbel! Wenn man lange Zeit nicht umzieht, möchte man einmal seine Möbel umgruppieren können. Auch in kleinen Räumen Bewegungsfreiheit lassen, Raummitte freihalten, Ecklösung für Sitzplätze suchen.

Diele Helle, frohe, jedoch zurückhaltende Farbigkeit. Sparsam möblieren. Nischen und Winkel für Einbauschränke ausnützen. Schränke wie Wand streichen oder tapezieren.

Wohnzimmer Ruhige Atmosphäre anstreben. Größte Farbigkeit nicht im Decken- und Wandanstrich, sondern bei Vorhängen, Bezügen, Kissen, Bildern. Wandtöne in Beige, hellem Ocker, Sandfarbe.

Schlafzimmer Je nach Himmelsrichtung mehr oder weniger Kühle, auf jeden Fall ruhige Töne: lichtes Citron, mattes helles Grün, Lindgrün, mattes Hellblau, Altrosa. Keine aufregenden Farbtöne, keine großen Muster.

Kinderzimmer Fröhliche Farben sprechen lassen! Für die Kleinen lustige Figurentapeten mit Märchengestalten als Schmuck. Mehrfarbig lakkierte Möbel vor hellem, farbigem Wandton. Praktisch sind abwaschbare Wandflächen, auf denen das Kind malen und zeichnen kann.

Jung und alt Für junge Menschen frische, leichte Farbtöne: Orange, helles Rot, Gelbgrün, Citron. Alte Menschen bevorzugen ruhige Töne: Beige, Gelbgrau, Olivgrün, Silbergrau.

Räume durch Farbe korrigieren

Zu hoher Raum Decke dunkler streichen als Wand und Fußboden. Tapete mit Querstreifen oder großen Mustern.

Niedriger Raum Decke sehr hell halten, Tapete mit Längsstreifen. Helle, leuchtende Farbtöne.

Räume nach Norden Warme Töne, die Gelb oder Rot enthalten: Maisgelb, aufgehellter Ocker, warmes Beige, Goldgelb.

Räume nach Süden Kühlere Töne: Mattes Blaugrün, Silbergrau, Graublau.

Räume mit kleinen Lichtquellen Leuchtende, helle Farbtöne, wie helles Orange, mit Chromgelb gebrochenes Weiß.

Zu helle Räume Satte Farben, die Licht schlukken, besonders an den Flächen, die dem Licht zugewandt sind. Eventuell Tapete mit rauher Oberfläche.

Zu lange Räume Stirnwand farbig betonen (Anstrich, Stoff, Möbel) und dadurch den Raum optisch verkürzen.

Baufehler wie Unterzüge, Mansarden, eingeputzte Träger treten am wenigsten in Erscheinung, wenn sie im Wandton oder Deckenton mitbehandelt werden; Farbtöne am besten einheitlich Hellbeige oder Hellgrau.

4 Was braucht man zum Anstreichen?

Arbeitsraum · Fleckenentfernung

Raum Solange Sie nur anstreichen wollen, brauchen Sie keine Heimwerkstatt. Es genügt ein heller, trockener Raum, in dem die Arbeitsmittel aufbewahrt und zur Verwendung vorbereitet werden. Auch die Werkstatt des Malers dient ja größtenteils diesem Zweck.

Aufbewahren von Farben Werkzeug und Farben sollen stets in gut gebrauchsfähigem Zustand sein. Werkstoffe sind trocken und nach Arten deutlich getrennt zu verwahren, Trockenfarben am besten in verschlossenen Büchsen mit gut lesbarer Bezeichnung des Inhalts: giftige und feuergefährliche Stoffe abseits und besonders gekennzeichnet; angebrochene Ölpasten und Lacke verschlossen oder mit Öl oder Terpentin abgedeckt. Größere Gebinde (Fässer) mit Trockenfarben stellt man nicht unmittelbar auf den Boden, sondern auf einen Holzrost oder (behelfsmäßig) auf Latten, damit sie gegen Bodenfeuchtigkeit isoliert sind.

Leimfarbenreste dürfen nicht zu lange stehen. Nach 8-10 Tagen gären sie und sind unbrauchbar.

Fleckenentfernung Trotz aller Vorsicht bleibt es beim Umgang mit Farbe und mit frisch gestrichenen Gegenständen nicht aus, daß gute Kleidungsstücke Flecken bekommen. Ist es ein empfindliches Gewebe, hilft nur die chemische Reinigung. Im übrigen lassen sich die Farben meistens durchaus entfernen – wichtig ist aber zu wissen, um was für eine Art Farbe es sich handelt:

Kalk- und Leimfarben läßt man trocknen und bürstet sie dann heraus.

Binderfarben, solange sie naß sind, entfernt man mit Seifenwasser oder Waschmittellauge.

In trockenem Zustand sind Binderfarben nicht mehr ganz leicht zu entfernen, in den meisten Fällen wird man aber Erfolg haben mit Seife und einem Lösungsmittel wie Trichloräthylen – in der Drogerie zu haben.

Öl- und Lackfarben entfernt man in feuchtem Zustand am besten mit Testbenzin. Sind die Flekken trocken, hilft das nicht mehr. Dann verwendet man als Lösungsmittel Azeton oder das obengenannte Trichloräthylen.

Prinzipiell läßt sich noch sagen, daß man trockene Öl- und Lackfarben jeweils mit ihrem Lösungsmittel auflösen kann: Nitrolacke mit Nitroverdünnung, Chlorkautschuklacke mit Chlorkautschukverdünnung, Schellack mit Spiritus. Diese Fachausdrücke werden Ihnen bald vertrauter klingen.

Ölfarbflecken an Fensterscheiben entfernt man am schnellsten mit einer Rasierklinge.

Flecke auf Anstrichen und Tapeten Schmutzstellen um Schalter, wenn sie nicht zu stark sind, lassen sich mit Brot oder einem Reinigungsgummi entfernen.

Auf Dispersionsfarben, Ölfarben, Lackfarben sind alle Flecke zu entfernen: Fett, Staub, Schmutz mit Salmiakwasser entfernen (kein Ata, Imi, Soda!); gut geeignet sind auch »REI« oder »PRIL« in Wasser-Lösung, nicht zu stark! Werden größere Flächen gereinigt, stets unten anfangen! Fängt man oben an, so laufen einzelne »Tränen« die Wand herunter; sie sind kaum mehr wegzubringen. Tapeten: Staub und Ruß mit frischem Brot abreiben, das man zu einem Ballen knetet. Zu empfehlen sind auch die fertig käuflichen Tapetenreinigungsmittel. Kleinere Stellen sind auch mit Reinigungsgummi zu reinigen. Abwaschen kann man nur sogenannte abwaschbare Tapeten (z. B. Salubra): mit »REI«-Wasser und weicher Bürste; anschließend mit weichem Tuch nachtrocknen – ebenfalls unten beginnen!

»Frisch gestrichen!« Bitte vergessen Sie nicht, Warnungsschilder anzubringen, wo Uneingeweihte mit frisch gestrichenen Teilen in Berührung kommen können. Das spart Ärger, vielleicht sogar Geld.

Wann anstreichen?

Außenanstriche führt man nur in der warmen Jahreszeit durch. Wässerige Farben gefrieren bei Kälte, bleiben dunkel, trocknen fleckig auf. Der Frost zerstört das Bindemittel, die Anstriche werden nicht wischfest. Öle und Lacke werden bei Kälte dick und zähflüssig, lassen sich schwer und nur unter hohem Materialverbrauch verarbeiten. Auch leidet das Aussehen. Schnee und Regen können gelungene Anstriche, solange sie nicht trokken sind, völlig verderben. Starker Schlagregen wäscht nassen Ölanstrich ganz herunter.

Fensteranstriche Wegen der Schwitzwasserbildung bei großen Unterschieden zwischen Innen- und Außentemperatur ebenfalls in der warmen Jahreszeit. Fenster offen lassen.

Innenanstriche Auch im Winter möglich; geringe Lüftung verzögert aber das Trocknen besonders bei wässerigen Anstrichen.

Die wichtigsten Werkzeuge und Geräte

Allgemeines Einwandfreies Werkzeug ist Voraussetzung des Gelingens. Verdorbenes und schmutziges Werkzeug ist ungeeignet, ebenso aber billiges, primitives Handwerkszeug. Billige Bürsten und Pinsel beeinträchtigen Arbeitsleistung und Ergebnis und nützen sich schnell ab. Gutes Werkzeug ist wirtschaftlicher.

Hier folgen die Handwerkszeuge und Geräte, die bei allen Malerarbeiten immer wieder benötigt werden.

Spachtel Die Spachtel ist ein vielseitig verwendbares Handwerkszeug. Untergründe werden mit ihr abgekratzt, vergipst, verkittet, geglättet. Weiter dient sie zum Mengen von Kitt und Spachtelmasse und zum Schöpfen von Trockenfarben. Sie besteht aus einer schräg zulaufenden elastischen Stahlklinge mit einem Holzgriff. Breiten von 2 bis 12 cm. Japanspachteln haben etwa quadratische Form, sind gut geeignet zum Ausflecken und zum Überziehen von Flächen.

Schlagschnur Zum Festlegen von Linien an Wand und Decke dienen diese dünnen, gedrehten Schnüre mit einer Länge von 10 bis 15 m. Für die Verwendung auf hellem Grund wird die Schnur mit Papierasche gefärbt, für dunklen Grund mit Gips oder Kreide. Sie wird dann zwischen zwei Punkte gespannt und gegen die Wand geschnellt.

Um senkrechte Linien genau festlegen zu können, kann man an einem Ende ein Lot (Schlüssel, Schraubenmutter o.ä.) befestigen.

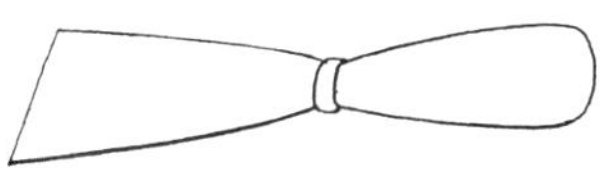

Breite Spachtel

Schmale Spachtel

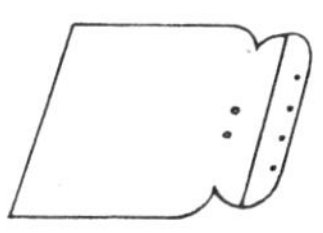

Japanspachtel

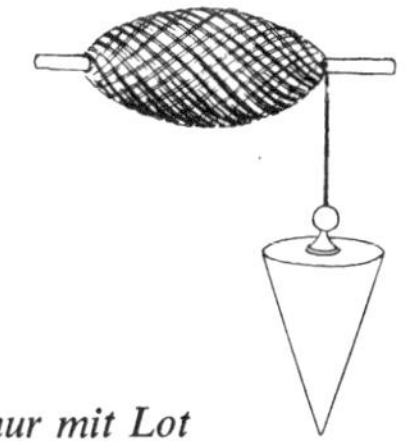

Schlagschnur mit Lot

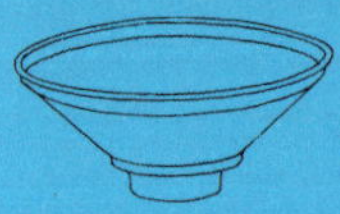

Farbsieb *Farbsieb-Einsätze*

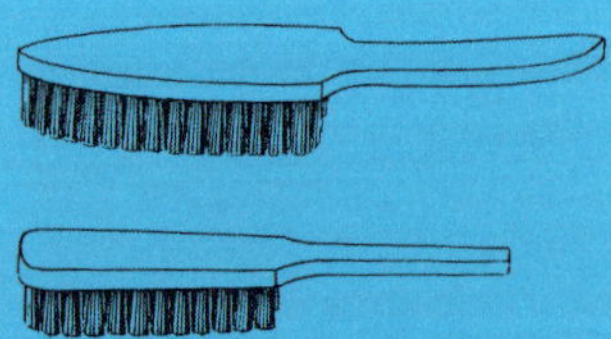

Stahlbürsten

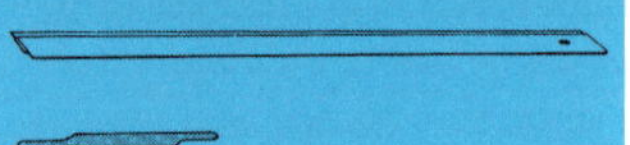

Malerlineal (unten im Schnitt)

Malerleiter mit Stiegenverlängerung

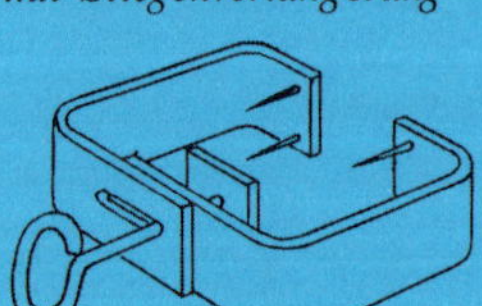

Zwinge für Stiegenleiter-Verlängerung

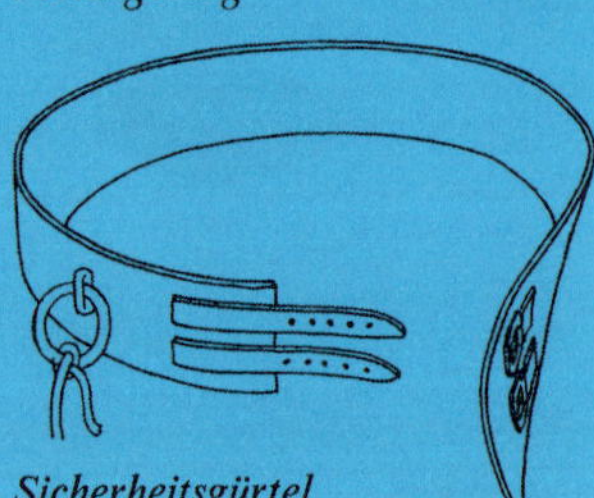

Sicherheitsgürtel

Die Schlagschnur wird zweckmäßig zum Aufbewahren auf einen Holzstab gewickelt.

Farbsieb Kalk-, Leim- und Ölfarben, die durch unsachgemäße Zubereitung oder längeres Lagern mit Klumpen oder Häuten durchsetzt sind, werden zur Säuberung durchgesiebt. Für Kalk- und Leimfarben nimmt man ein Stück Rupfen, über einen Kübel gespannt, oder ein etwas gröberes Drahtsieb. Für Öl- und Lackfarben haben sich trichterförmige Farbsiebe mit auswechselbaren Böden bewährt. Diese Siebe sind engmaschige Metallgitter; Emaillelacke und Lackfarben benötigen feinste Gewebe wie Kupfergaze. Nach dem Gebrauch sind die Siebe sauber auszuwaschen, bei Öl- und Lackfarben mit Terpentinersatz. Verschmutzte Siebe werden sauber durch Einweichen in Kali- oder Natronlauge. Auch ausgediente Damenstrümpfe eignen sich meist sehr gut als Siebe.

Stahlbürste Die Stahldrahtbürste ist unentbehrlich zum Entrosten von Eisenteilen, zum Säubern von Putzuntergründen, Beseitigen alter Anstrichreste, Säubern von Steinwänden und Gesimsen. Erhältlich breit und schmal, mit und ohne Griff.

Malerlineal Zum Zeichnen, Strichziehen und zur Maßübertragung werden die 1,00 bis 1,50 m langen Malerlineale gebraucht. Um sie vor Verziehungen durch Wassereinwirkung zu schützen, sind sie vor dem Gebrauch zu ölen und zu lackieren.
Wie im Schnitt zu sehen, sind die Längskanten wechselseitig abgeschrägt. Beim Strichziehen muß, um Klecksen zu vermeiden, die abgeschrägte Seite zur Wand liegen.

Leiter (Staffelei) Die übliche Malerleiter ist freistehend, doppelschenklig, mit Sprossen auf beiden Seiten, kräftigen Scharnieren. Die Schenkel sind durch eine Sicherheitskette verbunden, damit die Leiter auf glattem Boden nicht ausgleitet. Leitern erhält man in jeder verwendbaren Größe, der Preis richtet sich nach der Sprossenzahl.
Um eine Leiter auch auf der Treppe aufstellen zu können, verlängert man die tieferstehenden Holme mit Holzlatten, sogenannten Stiegenverlängerungen, die mit starken eisernen Zwingen befestigt werden.
Anlegeleitern, die hauptsächlich für Arbeiten an Fassaden gebraucht werden, sollen möglichst astreine Holme haben. Aus Gründen der Unfallverhütung beträgt die Höchstlänge 8 m. Beim Anlegen an fertiggestrichene Flächen umwickelt man die Holmspitzen mit Lappen.
Leitern, Auflegebretter und sonstige Gerüstteile sind regengeschützt aufzubewahren und von Zeit zu Zeit auf Betriebssicherheit zu prüfen.

Sicherheitsgürtel Beim Anstreichen von Dachausbauten, Schneefanggittern, bei Außenfensteranstrichen in oberen Stockwerken, die ohne Gerüst vom Wohnungsinnern aus durchgeführt werden, und überall, wo sonst eine zusätzliche Sicherung angebracht erscheint, ist der Arbeitende durch einen Sicherheitsgürtel und eine Leine zu sichern.

Rührholz Rührwerkzeuge – flache Hölzer mit möglichst scharfen Kanten – zum Anteigen und Anrühren von Farben jeder Art kann man selbst zurechtschneiden. Sie sind auch zum Abstreichen der Topfränder und zum Durcharbeiten von Pinseln gut zu benutzen.

Gefäße Wer Malerarbeiten macht, braucht viele Gefäße. Um eine größere Fläche einheitlich zu streichen, soll man eine möglichst große Farbmenge auf einmal bereiten. Zubereitung in kleinen Etappen beeinträchtigt die Gleichmäßigkeit des Farbtons, des Bindemittelzusatzes und der Konsistenz (Grad der Dickflüssigkeit). Als größere Gefäße kommen Fässer oder Hobbocks (zylindrische Gefäße aus Eisenblech mit Deckel) in Betracht.

Leimfarben, Kalkfarben, Binderfarben streicht man am besten aus Eimern. Praktisch sind ovale Eimer mit 10 bis 12 Liter Fassungsvermögen.

Ölfarben streicht man möglichst aus Gefäßen mit Henkel, damit man sie auf der Leiter sicher halten kann. Farbkessel mit Henkel gibt es einzeln und satzweise zu kaufen. Verschmutzte und verhautete Ölfarbtöpfe werden zur Reinigung in einem größeren Gefäß mit verdünnter Kalilauge eingeweicht. Die Ölfarbschicht wird durch die Lauge verseift und löst sich dann leicht ab.

Der Amateuranstreicher kann in der Küche anfallende Konservenbüchsen stets gut brauchen. Sie müssen tadellos gereinigt, die Ränder sauber weggeschnitten werden. Ebenfalls als Gefäße brauchbar sind Lackbüchsen, in denen fabrikfertige Ware geliefert wird.

Farbtöpfe auf Unterlagen stellen: Holz, Blech, Pappe. Ein Pappdeckel, unter dem Farbtopf befestigt, fängt überlaufende Farbe auf.

Kübelhaken Eimer und Farbtöpfe werden mit S-förmigen Kübelhaken an die Leiter gehängt.

Ziehklinge Mit der Ziehklinge entfernt man alte, rissig gewordene Farbschichten, die nicht abgebeizt zu werden brauchen, und Flecken in Naturhölzern. Ein feiner Grat an der Schneide der Klinge zieht einen feinen Span von der Oberfläche ab. Es gibt gerade, gebogene, runde Ziehklingen.

Kittmesser Das Kittmesser mit seiner meist zugespitzten messerähnlichen Klinge dient zum Einglasen von Fenstern, zum Ergänzen des Kittfalzes und zum Auskitten von Fugen und Rissen.

Allgemeines über Pinsel Pinsel und Bürsten verlangen pflegliche Behandlung. Pinsel, die in wässerigen Bindemitteln benutzt wurden, wäscht man mit Wasser aus; Pinsel von Binderanstrichen mit Seifenwasser, Ölfarbenpinsel mit Terpentin; Pinsel von Speziallacken mit dem jeweiligen Spezial-Verdünnungsmittel. Nach dem Auswaschen werden die Pinsel gut ausgespritzt und zum Trocknen aufgehängt. Luft muß dabei frei zutreten können.

Zur Aufbewahrung werden die trockenen Pinsel niemals auf die Borsten gestellt. Man legt sie in eine Schachtel; bei längerer Liegezeit eingewickelt in Seidenpapier oder mit einem Mottenpulver bestäubt. Öfters benutzte Ölfarbenpinsel verwahrt man in einem Gefäß mit Wasser; bei Lackpinseln tritt Halböl (1 Teil Firnis, 1 Teil Terpentinersatz) an die Stelle des Wassers. Man nimmt ein Gefäß mit Deckel, bohrt ein Loch in den Deckel, ein kleines

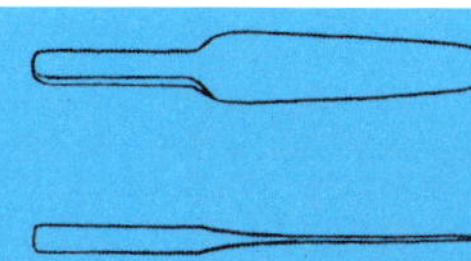

Rührholz (Ansicht und Schnitt)

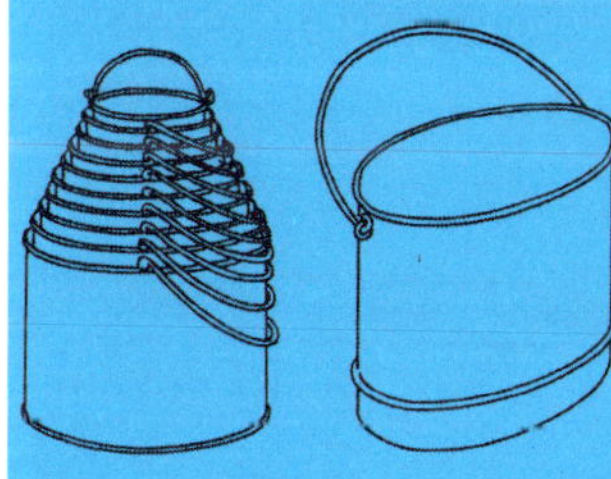

Farbeimer (heute meist aus Kunststoff)

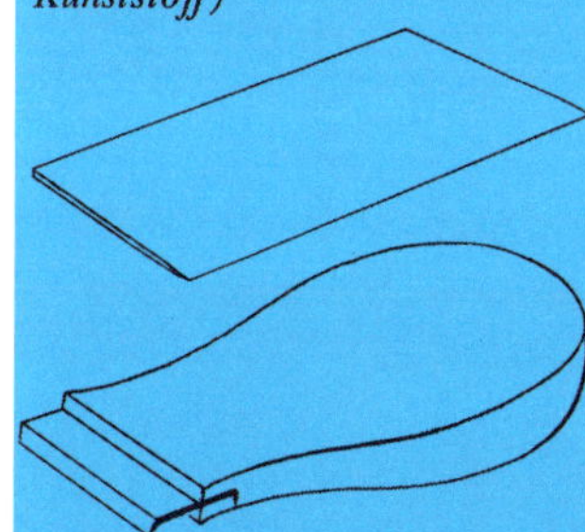

Zwei Formen der Ziehklinge

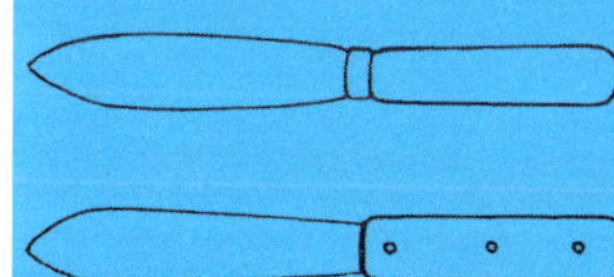

Kittmesser

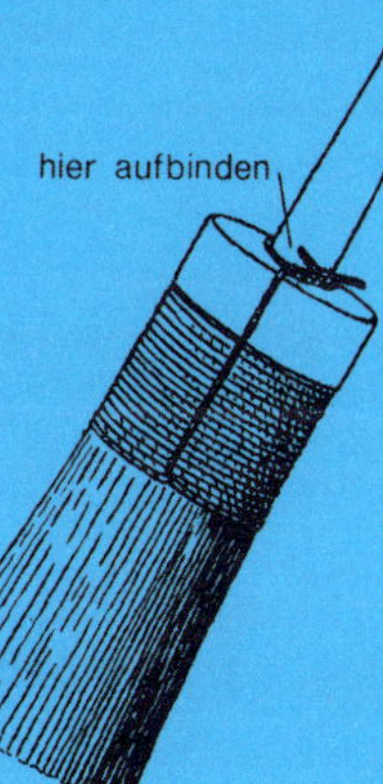

Pinsel abbinden

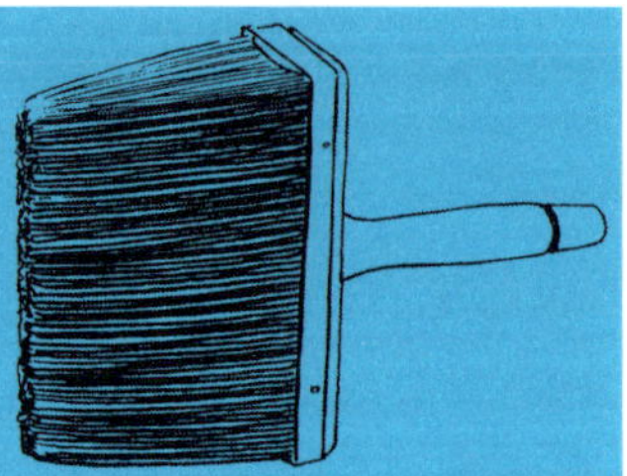

Kalkbürste

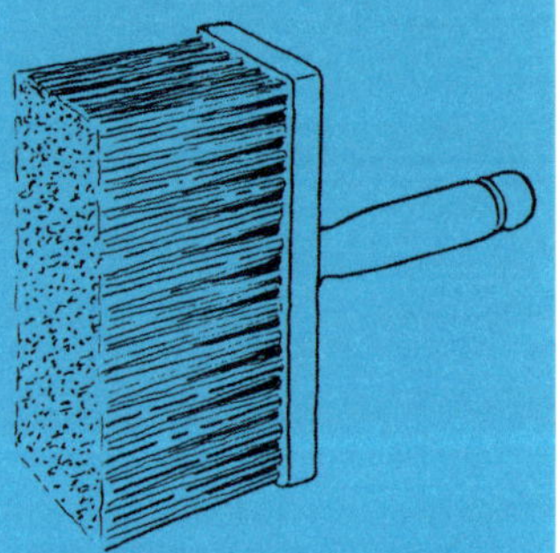

Anstreich- oder Deckenbürste

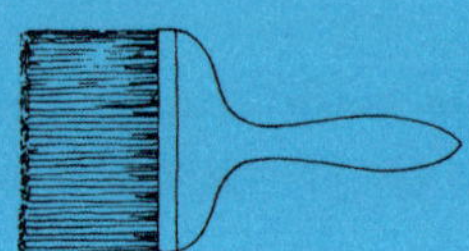

Flächenstreicher

Rollstreichbürste (Lammfellroller)

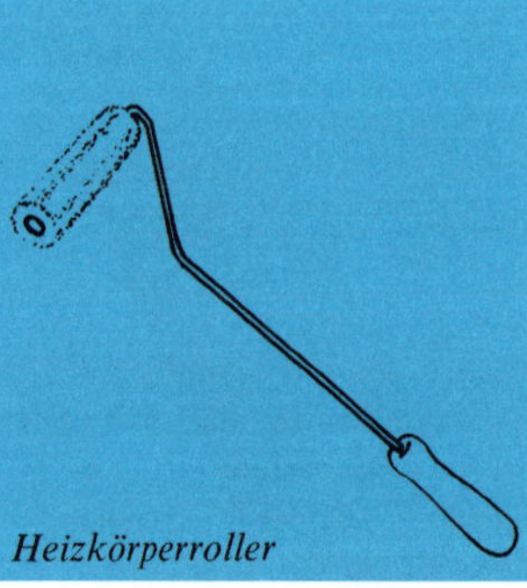

Heizkörperroller

Loch durch den Pinselstiel und hängt den Pinsel an einem lose durch den Stiel gesteckten Nagel in das Gefäß.

Pinsel abbinden Pinsel werden durch Verschleiß kürzer. Um Ringpinsel (siehe unten) richtig auszunützen, bindet man sie von Zeit zu Zeit ab: Der Schnurverschluß wird vorsichtig gelöst, einige Windungen der Schnur abgewickelt und ein neuer Verschluß angelegt. Lohnt sich das Abbinden schließlich nicht mehr, wird die Schnur gänzlich abgebunden, der Pinsel ist dann noch für einfachere Zwecke zu brauchen. Der Korken im Innern des Pinsels muß beim Abbinden verkürzt oder entfernt werden.

Kalkbürste Für Kalkfarbenanstrich auf großen Flächen. Hierfür keine Anstrichbürste (Deckenbürste) verwenden, weil Kalk die Borsten schädigt.

Anstreichbürste Zum Anstreichen von Decken und Wänden mit Leim- oder Binderfarben. Sie besteht aus Schweinsborsten, die reihen- oder bündelweise in das Holz eingelassen sind, eventuell mit Nylonborsten kombiniert. Neue Bürsten haaren, das ist unangenehm. Man lege sie einige Stunden vor Gebrauch in ein Gefäß mit Wasser.

Alte Deckenbürsten mit kurz abgestrichenen Borsten eignen sich gut zum Abwaschen alter Anstriche.

Bürsten sind nicht billig. Damit sie lange halten, muß man sie nach Gebrauch sorgfältig abwaschen, möglichst in warmem Wasser. Ein Zusatz eines lösenden Reinigungsmittels (»Imi« oder dgl.) ist von Vorteil, nach dem Anstreichen mit Binderfarben sogar nötig. Die Bürste wird nach dem Auswaschen gut ausgeschwenkt und zum Trocknen aufgehängt.

Flächenstreicher Dient ebenfalls zum Anstreichen größerer Flächen, insbesondere auch Fußböden, mit Ölfarbe.

Rollstreichbürste Eine mit Naturlammfell (»Lammfellroller«) oder einem Perlonpelz überzogene Walze mit Bügel und Griff. Diese Roller, die in den Breiten 7 · 18 · 25 cm erhältlich sind, werden verwendet, wo man die Spritzwirkung der Bürste ausschalten will.

Die Rollstreichbürste wird vor dem Gebrauch eingeweicht oder in leichter Seifenlösung ausgewaschen. Nach dem Eintauchen in die Farbe wird sie zuerst an einem Gitter ausgestrichen. Das Auftragen der Farbe geht so vor sich, daß man, nachdem Ecken und schlecht zugängliche Stellen mit einem Pinsel vorgestrichen wurden, die mit Farbe getränkte Rolle in ausholenden Bewegungen über die Anstrichfläche führt. Man braucht nicht in einer bestimmten Richtung zu rollen, Ansätze sind kaum zu befürchten. Der Anstrich erhält durch die Struktur des Lammfells ein angenehmes Korn und ein tuchartiges Aussehen.

Mit der Rollstreichbürste lassen sich auch Ölfarben und Lackfarben auf Holz und auf Putzuntergründe auftragen.

Nach Gebrauch wird der Roller ausgewaschen, am besten in leichter Seifenlauge, nach Streichen von Öl- und Lackfarben jedoch zuerst mit Terpentinersatz und danach noch mit heißer Seifenlauge. Hängend trocknen lassen.

Heizkörperroller Eine Miniaturausgabe des großen Lammfellrollers. Man verwendet dieses handliche Gerät für schwer zugängliche Stellen, z. B. für den Heizkörper (Heizkörperlack) oder die Wand dahinter (Dispersionsfarbe). Reinigung bei Lackfarben mit Testbenzin, bei Dispersionsfarben in heißem Wasser.

Ringpinsel Neben den Streichbürsten sind Ringpinsel die gebräuchlichsten Anstreichwerkzeuge. Man unterscheidet Pinsel für Ölfarbenanstriche, für Lackierungen, für Anstriche mit wässerigen Farben und für Leimfarben, letztere mit längerer Borste, die stärkeren Farbauftrag ergibt.
Für Fensteranstriche eignen sich am besten die Größen
Nr. 4 25 mm Durchmesser
Nr. 6 30 mm Durchmesser
Nr. 8 35 mm Durchmesser
Für größere Flächen, Türen, Möbel eignen sich die Größen 10 · 12 · 14.

Heizkörperpinsel Mit diesen Pinseln kann man an alle Stellen eines Heizkörpers herankommen. Es gibt schmale Pinsel in gerader und in gebogener Blechzwinge, andere bestehen aus einem dünnen Metallstiel mit aufzuschraubendem Pinselkopf. Erhältlich in den Größen 1 · 1,5 · 2 · 2,5.
Auch kleine Lammfellroller an langem Stiel werden für Heizkörperanstriche angeboten.

Flachpinsel Flachpinsel dienen zum Anstreichen schwer zugänglicher Teile, zum Anstreichen von Ecken und Winkeln, auch zum Anlegen kleinerer Flächen und zum Abfassen von Leisten. Erhältlich in verschiedenen Qualitäten, Größen 15 · 20 · 25.

Strichzieher Zum Strichziehen mit Ölfarben dienen Fischpinsel, deren kurze (schwarze) Borsten das saubere Ziehen erleichtern.

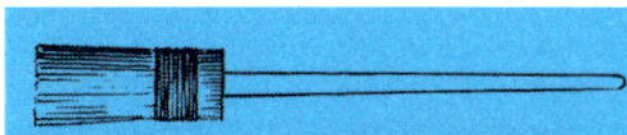

Ringpinsel für Ölfarben

Ringpinsel für wässerige Farben

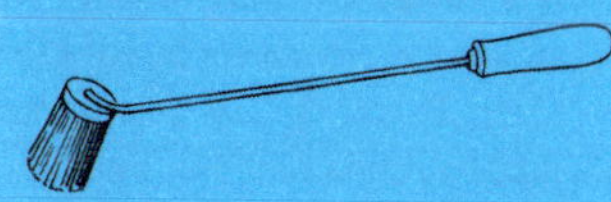

Heizkörperpinsel

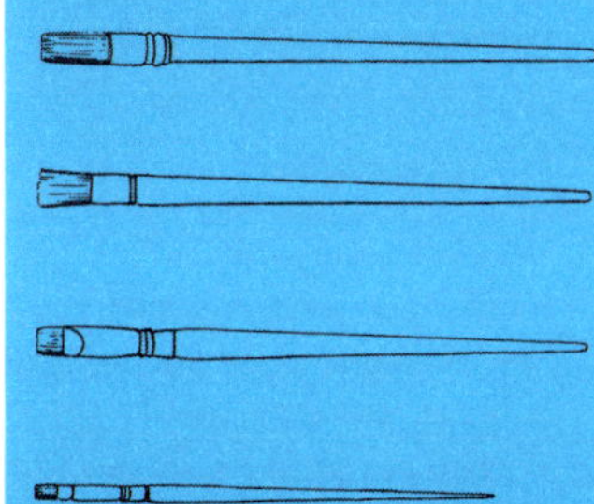

Flachpinsel

Strichzieher

5 Farbenkunde für den Amateur-Anstreicher

Fertige Farben

Immer mehr kommen die Farbenfabriken dem Liebhaber-Anstreicher entgegen, indem sie ihm streichfertige Farben anbieten. Insbesondere erhalten Sie bei ihrem Farbenhändler streichfertige Farben und Lacke auf Öl- oder Kunstharzbasis für Innen- wie Außenanstrich, alles in den verschiedensten Tönen, in Originalpackung.
Bei den Dispersionsfarben erhalten Sie das fertige Weiß, das mit zehn bunten Mischfarben zu jedem beliebigen Farbton abgetönt werden kann.
Fertige Leimfarben für Decken- und Wandanstrich sind fest eingeführt. Den Farbton kann man beim Händler aussuchen, braucht ihn also nicht selber zu mischen. Ein Paket fertige Wandfarbe mit einem halben Liter Wasser vermischt ergibt eine Menge, die zum Streichen oder Rollen von 10 bis 12 qm Fläche ausreicht. Also: Zu streichende Gesamtfläche : 12 = Zahl der Pakete.
Rollfarbe zur Wandbelebung (mittels besonderer Musterwalze) kann man in Beuteln verpackt mitkaufen, Farbton passend zum Untergrund.
Nicht fertig erhältlich sind bunte Kalkfarben.
Auch für den Laien und Gelegenheitsanstreicher ist es aber erforderlich, daß er mit Grundbegriffen wie Körperfarbe und Bindemittel, daß er insbesondere auch mit den Anstricharten
Kalkfarbe · Leimfarbe · Binder-(Dispersions-) Farbe · Ölfarbe · Kunstharzfarbe · Lack

klare Vorstellungen verbindet. Solcher Orientierung will dieser Abschnitt dienen. Leser, die selbst Anstrichfarben mischen wollen (was zwar umständlicher ist, aber Spaß macht), lassen sich für die Zusammensetzung der Farben vom Farbenhändler die nötigen Rezepte geben, da wir hier darauf höchstens bei den Kalkfarben genügend eingehen können.

Die Grundbestandteile jeder Anstrichfarbe Jede zum Anstreichen verwendbare Farbe ist aus mehreren Bestandteilen zusammengesetzt. Es kommen folgende fünf Gruppen in Betracht, die nicht in jedem Fall alle vorhanden sein müssen:

Körperfarbe · Bindemittel · Zusatzmittel · Verdünnungsmittel · Hilfsmittel.

Die Körperfarben

Was heißt Körperfarbe? Von den fünf Bestandteilen ist der erstgenannte, wie sich leicht erraten läßt, der eigentliche Farbstoff (Pigment). Warum heißt er »Körperfarbe«? Im Gegensatz zu den Farben des Färbers, die als färbende Flüssigkeiten (Tinten) den zu färbenden Gegenstand (z. B. Wolle) durchdringen, bilden alle Anstrichfarben eine auftragende körperhafte Schicht, die den Untergrund deckt und schützt. Einerlei, in welcher Form die Farbe uns entgegentritt, ob als Pulver, ob als Paste: es ist stets Körperfarbe.

Ihrer Herkunft nach unterscheidet man Erdfarben (unmittelbar aus der Erde gewonnen), künstliche Mineralfarben (mit Metallen als Ausgangsstoff) und Teerfarbstoffe (durch Destillation aus Steinkohle gewonnen). Wir betrachten die Körperfarben jedoch ausschließlich nach ihren Eigenschaften und ihrer Verwendbarkeit.

Achtung – Bleivergiftung! Die Grundsätze für den Umgang mit Blei sind niedergelegt in dem 1941 vom damaligen Reichsgesundheitsamt herausgegebenen Bleimerkblatt. Für uns ist folgendes wichtig:

Umgang mit Blei, Bleiverbindungen, bleihaltigen Stoffen birgt die Gefahr der Bleivergiftung. Bleiaufnahme wird durch Geschmack und Geruch nicht wahrgenommen. Die Folgen können noch lange Zeit später auftreten. Anzeichen sind schiefergraue oder bläulichschwarze Verfärbung des Zahnfleisches, Blässe, Störungen des Allgemeinbefindens und der Verdauung.

Beim Umgang mit Bleifarben kann Gefährdung eintreten durch das Einatmen von Bleistaub beim Auftragen solcher Farben im Spritzverfahren,

Tabelle der weißen Körperfarben (Weißpigmente)

Ungefähre Preise S. 82. In der Spalte »Verwendbare Bindemittel« bedeuten:
K – Kalkanstrich · L – Leimanstrich · B – Binderanstrich · Ö – Ölanstrich · La – Lackanstrich

Bezeichnung	Verwendbare Bindemittel	Handelsübliche Form	Eigenschaften
Kalk	Farbe u. Bindemittel zugleich	Sumpfkalk, Sackkalk (Pulver)	Stark alkalisch. Nur kalkbeständige Farben verwenden. Vorsicht mit Augen und Händen!
Kreide	K · L · B · Ö	Pulver	Zur Zubereitung von Leimfarbe. In Öl keine Deckkraft (Ölkitt)
Lithopone	L · B · Ö · La	Pulver. Am geeignetsten Qualität »Grünsiegel«	Nicht giftig, gut deckend, aber nur für Innenanstriche. Licht- und hitzebeständig. Für Außenanstriche »Elkadur«
Titanweiß	L · B · Ö · La	Pulver, Ölpaste	Nicht giftig, sehr weiß, licht- und hitzebeständig. Verschiedene Qualitäten: »E« für Innenanstrich, »R« für Außenanstrich. Sehr deckkräftig
Dreipigmentweiß, sog. Bleiweiß TZ (Bleiweiß, Titan- u. Zinkweiß)	Ö · L	Paste	Kombinierter Anstrichstoff besonders für Außenanstriche in Großstädten. Vielfach bewährt. Giftig.

beim trocknen Abreiben, Abschleifen, Abbimsen bleihaltiger Anstriche, beim Entfernen solcher Anstriche durch Abbrennen, Abbürsten oder mittels Sandstrahl. Ferner kann Blei von verschmutzten Händen oder Arbeitskleidung bei mangelnder Vorsicht beim Essen, Rauchen, Schnupfen durch den Mund aufgenommen werden. Man vermeidet die Gefahr: durch Naßarbeit beim Mischen, Anrühren, Abschleifen usw. von Bleifarben sowie durch persönliche Vorsicht und Reinlichkeit: Hände und Kleidung schützen und nach der Arbeit gut reinigen; bei der Arbeit nicht essen, rauchen, schnupfen, kauen. Speisen und Genußmittel schützen.

Bei Anzeichen von Bleivergiftung sofort den Arzt aufsuchen. Beim Löten von Blei mit dem Lötkolben besteht keine Gefahr.

Bunte Körperfarben Die Tafel S. 32 enthält nur einen Teil der im Handel angebotenen Farben. Jedoch läßt sich aus den hier aufgeführten nahezu jeder gewünschte Farbton mischen, wenn sie in geeigneter Form und entsprechender Menge verwendet werden. Bitte beachten Sie beim Studium der Tafel, daß die einzelnen Pigmente meist nur in bestimmten Techniken, also mit bestimmten Bindemitteln, zu verwenden sind. Um Öl- und Lackfarben zu tönen, nimmt man am besten Ölpasten (Paste ist dick mit Leinöl angeriebene Farbe), die man im Handel in Tuben erhält (sogenannte Abtön- oder Dekorations-Tubenfarben). Die in Öl angeriebenen Pasten gibt es auch für starkfarbige rote, gelbe, grüne usw. Ölanstriche.

Die Bindemittel

Man unterscheidet folgende Gruppen von Bindemitteln:

Kalk	für Kalkfarben
Leim	für Leimfarben
Emulsionen (wäßrige, ölige bzw. harzige, wachshaltige Bindemittel gemischt = Binder oder auch Anstrichdispersion)	für Binderfarben und Dispersionsfarben
Leinöl oder Leinölfirnis	für Ölfarben
Harzlösungen	für Kunstharzfarben

Die Bezeichnungen Kalkfarbe, Leimfarbe usw. sagen demnach nur etwas aus über das verwandte Bindemittel, nicht aber über die benötigte Körperfarbe. Kalk ist Bindemittel und Farbe zugleich. Weitere Hinweise über die Bindemittel finden Sie in den Abschnitten über die einzelnen Anstriche.

Zusatz-, Verdünnungs- und Hilfsmittel

Zusatzmittel Bei Ölfarben setzt man noch ein Trockenmittel (Sikkativ, Harttrockenöl) hinzu, das die Trockenzeit des Anstrichs abkürzt.

Verdünnungsmittel Körperfarbe plus Bindemittel müssen größtenteils, um streichfertig zu sein, noch verdünnt werden. Es werden verdünnt:

Kalkfarben, Leimfarben, Binderfarben, Dispersionsfarben	mit Wasser
Ölfarben, Öllacke	mit Terpentinöl oder Terpentinersatz
Kunstharzfarben, Kunstharzlacke, Nitrolacke, Chlorkautschuklacke, Spirituslacke, Versiegelungslacke	mit spezifischem Verdünnungsmittel für die betr. Lackart

Hilfsmittel Hilfsmittel sind Stoffe, die zur Herstellung eines sauberen, einwandfreien Anstrichuntergrundes benötigt werden, wie z. B. Schellack, Isolierlack, Spirituslack zum Isolieren von Harz oder von durchschlagenden Bestandteilen im Anstrichuntergrund, Abbeizmittel, Rostschutzmittel, Imprägnierungsmittel usw.

Das Mischen von Farbtönen

Neben der Zubereitung der Farben für die einzelnen Anstricharten muß man einiges Grundsätzliche wissen über das Mischen eines bestimmten gewünschten Farbtons. Mischen muß man fast immer. Nicht nur, daß die Körperfarben, so wie sie zu kaufen sind, nur eine beschränkte Anzahl von Farbtönen darstellen, während die Zahl möglicher Nuancen geradezu unendlich groß ist: gewöhnlich sind die von der Industrie gelieferten Körperfarben auch z.B. für Wandanstrich zu starkfarbig und zu dunkel. Man muß sie also aufhellen. Das geschieht durch Beimischen von weißer Körperfarbe. Auch die dadurch entstehenden helleren Farbtöne werden in den meisten Fällen noch nicht unserem Geschmack entsprechen. Sie sind, mit Ausnahme von Gelb, von einer unangenehmen Buntheit und Süße. Neben Einrichtungsgegenständen, Stoffen, Naturholz wirken sie

Tabelle der bunten Körperfarben (Buntpigmente)

Ungefähre Preise S. 82. In der Spalte »Verwendbare Bindemittel« bedeuten: K = Kalkanstrich · L = Leimanstrich · B = Binderanstrich · Ö = Ölanstrich · La = Lackanstrich. Handelsübliche Formen: Pu = Pulver · Disp = Dispersion · KHL = Kunstharzlack · ÖP = Ölpaste.

Farbton	Bezeichnung	Verwendbare Bindemittel	Handelsübliche Form	Eigenschaften, Bemerkungen
Gelbe Töne	Ocker	K·L·B·Ö·La	Pu · Disp · KHL · ÖP	Ergibt mit Weiß vermischt einen milden gelben Ton
	Eisenoxydgelb	K·L·B·Ö·La	Pu · Disp · KHL · ÖP	Gut deckende Außenanstrichfarbe
	Chromgelb	L·B·Ö·La	Pu · Disp · KHL · ÖP	Leuchtendgelber Farbton (nicht kalkecht)
	Kalkechtgelb	K·L·B	Pu	Nicht sehr lichtecht, bedingt kalkbeständig
Orange Töne	Kalkorange	K·L·B	Pu	Nur bedingt kalkbeständig
Rote Töne	Englischrot	K·L·B·Ö·La }	Pu · Disp · HHL · ÖP	Mattes Rot, ziegelfarben
	Eisenoxydrot	K·L·B·Ö·La }		Besonders geeignet für Außenanstriche, Blechdächer
	Signalrot	K·L·B·Ö·La	Pu · Disp · HHL · ÖP	Leuchtendes, scharfes Rot, für Außenanstriche
	Bleimennige	streichfertig als Öl- oder Kunstharzmennige		Grundieranstrich für Stahluntergründe
Braune Töne	Umbra natur	K·L·B·Ö·La	Pu	Dunkler brauner, etwas grünstichiger, angenehmer Ton
	Umbra gebrannt	K·L·B·Ö·La	Pu	Dunkler rötlichbrauner Ton
Grüne Töne	Chromoxydgrün	K·L·B·Ö·La	Pu	Sehr kalkbeständige Farbe von großer Mischkraft
	Kalkgrün	K·L·B	Pu	
	Chromgrün	L·B·Ö·La	Pu	(nicht kalkbeständig)
Blaue Töne	Ultramarinblau	K·L·B·Ö·La	Pu · Disp · KHL · ÖP	Satter, dunkelblauer, leuchtender Ton (kalkbeständig)
	Pariserblau	L·B·Ö·La	Pu · Disp · KHL · ÖP	Leuchtender, etwas ins Grünblaue stechender Farbstoff (nicht kalkbeständig)
Schwarz	Eisenoxydschwarz	K·L·B·Ö·La	Pu · Disp · KHL · ÖP	Bestes, in allen Techniken verwendbares Schwarzpigment
Silber	Aluminiumbronze	»Bronzetinkturen« und andere säurefreie Bindemittel	Packungen von 100 g bis 1 kg	Reines pulverisiertes Aluminum für Rostschutz- und hitzebeständige Anstriche

primitiv und billig. Um ihnen diese Buntheit zu nehmen, »vergraut« man sie: Durch Zugabe bestimmter anderer Körperfarben entsteht ein angenehmer Pastellton.

Helle, mittlere, dunkle Töne Zu Beginn muß man sich darüber klar sein, ob der gewünschte Ton als heller, mittlerer oder dunkler Farbton anzusehen ist. Helle und mittlere Töne mischt man nämlich aus dem Weiß, d.h. man gibt zu der angerührten weißen Körperfarbe allmählich die Mischfarbe (bunte Körperfarbe) hinzu. Für dunklere Töne dagegen rührt man zunächst die bunte Körperfarbe an und gibt dann Weiß hinzu, bis die gewünschte Aufhellung erreicht ist.

Weißanteil Die drei Gruppen unterscheiden sich, wie die Übersicht zeigt, wesentlich in ihrem

helle Töne	mittlere Töne	dunkle Töne
10–15 v. H. Mischfarbe (bunte Körperfarbe) 85–90 v. H. weiße Körperfarbe	15–35 v. H. Mischfarbe (bunte Körperfarbe) 65–85 v. H. weiße Körperfarbe	35–100 v. H. Mischfarbe (bunte Körperfarbe) 0–65 v. H. weiße Körperfarbe

Weißanteil. Zu beachten ist, daß die einzelnen Farben an sich schon verschiedene Helligkeitswerte haben. Gelb z. B. ist eine helle Farbe und kann über eine Grenze hinaus nicht dunkler gemacht werden, ohne daß es seinen Charakter verändert. Aufhellen dagegen kann man alle Farben in beliebigem Grade.

Farbpaarung Wichtig ist weiter, daß nur ganz bestimmte Farbenpaare beim Mischen befriedigende Ergebnisse liefern.

Tabelle zum Mischen von Farbtönen

Farbpaarung	Entsprechende Körperfarben	Welche Farbtöne ergibt diese Paarung?
Rot/Blaugrün	Englischrot · Mischung aus Ultramarinblau und Chromoxydgrün dazu Weiß	etwas kühlere Rottöne (nicht gelbstichig) rötliche Grautöne fast neutrales Grau kühle Grautöne (grünlich oder bläulich) stumpfe grünblaue Töne
Gelb/Ultramarinblau	Ocker · Ultramarinblau dazu Weiß	gelb, gelbgrau (Sandsteinfarbe) fast neutrale Grautöne blaustichige Grautöne stumpfes Blaugrau
Orange/Blau	Englischrot · Ocker · Ultramarinblau dazu Weiß	warme Rottöne (gelbstichig) gelblichrötliche Grautöne warmes Grau sehr stumpfe blaugraue Töne stumpfes Blau
Purpur/Grün	Caput mortuum rotstichig · Chromoxydgrün dazu Weiß	kühlere Farbreihe mit etwas ins Violette gehenden Tönen bis zum neutralen Grau stumpfe, kühle grüngelbe Töne bis zum stumpfen Grün
Gelbgrün/Violett	Ocker · Chromoxydgrün · Caput mortuum violettstichig dazu Weiß	warme gelbgrüne Töne lindgrün gelblichgrüne Grautöne bis zum neutralen Grau stumpfe, kühle violettstichige Rottöne violettstichige Grautöne bis zum stumpfen Violett

Beispiel des Mischvorgangs Wir erläutern den Mischvorgang an dem ersten Farbenpaar der Tabelle: Rot/Blaugrün. Aus dieser Paarung können helle, mittlere und dunkle Töne hervorgehen, je nach dem Weißanteil; Töne in Richtung Rot oder Blaugrün oder neutrales Grau. Wir nehmen an, es soll ein rötlicher Farbton mittlerer Helligkeit, geeignet zum Wandanstrich, erzielt werden.

Entsprechend der mittleren Helligkeit brauchen wir etwa 80 v. H. der Gesamtmenge Weiß, zu dem insgesamt etwa 20 v. H. Mischfarben hinzuzugeben sind. Zunächst werden Weiß, Rot, Blau und Grün jedes für sich angerührt. Da der gewünschte Ton rötlich ist, setzen wir dem Weiß zunächst etwas Rot zu. Aber nicht gleich den ganzen Anteil! Erst nur ein wenig, um die Mischkraft der roten Farbe beurteilen zu können, die sehr verschieden sein kann. Also wenig Rot dazu, dann gut durchrühren und eine Probe nehmen. Dabei ist zu bedenken, daß Farben mit wässerigen Bindemitteln

in nassem Zustand wesentlich dunkler erscheinen als später nach dem Trocknen. Man muß also die Farbe auf einem Stück Papier über Kocher, Heizkörper oder einer anderen Wärmequelle zunächst trocknen lassen.
Noch bevor wir die gewünschte Tonstärke erreicht haben, sehen wir deutlich, daß der Farbton süßlich ist, etwa wie Himbeer, und als Wandton unbrauchbar. Deshalb setzen wir jetzt eine kleine Menge Blau unserer grünen Mischfarbe zu, so daß Blaugrün entsteht, und geben von dieser Mischung vorsichtig der Hauptmischung zu. Nach dem Verrühren zeigt sich, daß der Ton immer noch rot ist, aber bereits gedämpfter. Den Unterschied sieht man deutlich, wenn man von der ungebrochenen Farbe etwas abnimmt und mit der gebrochenen vergleicht. Nun kann man die »Vergrauung« bis zum gewünschten Maß fortsetzen, wenn man will, bis zu einem ganz neutralen Grau. Umgekehrt kann man aus dem gleichen Farbenpaar, indem man dem Weiß zuerst Blaugrün zugibt, blaugrüne Töne erzeugen, die durch Zugabe von Rot zu vergrauen sind.

Womit ist das gestrichen?

Trägt der Untergrund bereits einen alten Anstrich, ist es oft wichtig, zu erkennen, um welche Anstrichart es sich handelt.
Öl- und Lackfarbenanstriche erkennt auch der Laie an ihrer glänzenden und schwer verletzlichen Oberfläche. Kalk- und Leimanstriche erscheinen beide matt. Binderanstriche können je nach Menge des Bindemittels matt erscheinen oder auch leicht glänzen, jedoch schwächer als Öl- und Lackanstriche.
Für das Auseinanderhalten von Kalk-, Leim- und Binderanstrichen kann man sich an folgende »Tests« halten.
Leimfarben Die Farbschicht läßt sich mit Wasser leicht entfernen. Wird die Farbe mit Wasser benetzt, erscheint sie sofort wesentlich dunkler.
Kalkfarben Durch Abwaschen mit Wasser nicht zu entfernen. Beim Benetzen mit Wasser wird der Anstrich entweder gar nicht oder nur stellenweise dunkler. Die Oberfläche wirkt gewöhnlich ziemlich körnig, porös und damit lebendiger als bei Leim- oder Binderanstrichen.
Binderfarben Am schwierigsten von Kalkfarbenanstrichen zu unterscheiden. Durch Abwaschen mit Wasser nicht zu entfernen, jedenfalls bei guter Ausführung. Der Anstrich verändert sich beim Benetzen mit Wasser entweder gar nicht oder wird gleichmäßig etwas dunkler. Ist daraus keine Klarheit zu gewinnen, so erkennt man Binder an der gegenüber Kalkfarben lebloser, glatter, »tot« wirkenden Oberfläche. Versagt auch dieses Merkmal: den Maler fragen.
Prüfen der Alkalität Alkalische Untergründe (Kalk, Zement) zerstören ölige Bindemittel und Pigmente. In Drogerien erhält man »Phenolphthalein«, ein weißes Pulver, mit dem man die Alkalität von Putzuntergründen prüfen kann. Bringt man das Mittel, in Wasser aufgelöst, auf die Putzfläche, so färbt sich die Flüssigkeit, wenn der Grund alkalisch ist, himbeerrot. Alkalisch nennt man Stoffe, welche Laugen (im Gegensatz zu Säuren) enthalten. Alkalische Untergründe isoliert man vor dem Anstrich mit Isoliersalzen (S. 37).

Wie verändern sich Farben durch den Trocknungsprozeß?

Kalk- und Leimfarben werden nach dem Trocknen wesentlich heller.
Binderfarben hellen bei mäßigem Anteil von Bindemittel fast so auf wie Leimfarben. Bei größerem Zusatz von Bindemittel verringert sich diese Eigenschaft; sehr stark gebundene Anstriche dunkeln sogar nach.
Dispersionsfarben werden beim Trocknen dunkler. Beim Mischen eines Farbtones ist das zu berücksichtigen.
Ölfarben in heller Tönung verändern sich nicht, allenfalls dunkeln sie nach geraumer Zeit etwas nach. Dunkle Ölfarben dagegen sind in getrocknetem Zustand fast immer etwas dunkler als beim Auftragen.
Lackfarben verhalten sich wie Ölfarben. Klare Lacke beeinflussen durch ihren Farbstich den Farbton des Untergrundes, indem sie ihn etwas gelblich-grünlicher machen; besonders bei bläulichen Untergründen ist diese Veränderung des Farbtones zu berücksichtigen. Klarlacke lassen alle Untergründe, auch Naturholz, frischer, tiefer und etwas dunkler erscheinen.

6 Was wollen Sie streichen?

Wohnräume – erster Anstrich für Wände und Decken Da guter (eingesumpfter) Kalk oft nicht aufzutreiben ist, ist Anstrich mit Dispersionsfarbe zu empfehlen. Auf richtige Vorbehandlung achten. Näheres S. 42. Mit verdünnter Innendispersion grundieren, dann bis zur vollständigen Deckung streichen.

Wohnräume – bisher Kalkfarbenanstrich Zu dicke Kalkschichten platzen ab. Also besser Leimfarben- oder Dispersionsanstrich; dieser ist haltbarer und teurer, doch muß der Untergrund sorgfältig abgekratzt und mit einem Spezial-Grundiermittel (Tiefgrund) gefestigt werden. Näheres S. 39f.

Wohnräume – bisher Leimfarbenanstrich Alten Anstrich abwaschen. Nach gründlicher Säuberung wiederum Leimfarben- wie auch Dispersionsfarbenanstrich möglich. Bei Dispersionsfarben Festigung des Untergrundes, wie oben gesagt, notwendig. Näheres S. 41.

Wohnräume – bisher Dispersionsfarbenanstrich Abwaschen der Staubschicht mit Salmiakwasser oder einem Reinigungsmittel erforderlich. Kalkfarbenanstrich nicht mehr möglich. Am besten wieder Anstrich mit Dispersionsfarben. Alte Dispersionsfarbenanstriche müssen genau wie Lackschichten angerauht werden, am besten mit scharfen Reinigungsmitteln oder Salmiak.

Wohnräume streichen – bisher tapeziert Gut haftende alte Tapete können Sie mehrmals mit Leim- oder Dispersionsfarbe überstreichen. Näheres S. 40f.

Wohnräume tapezieren – bisher gestrichen Auf allen Anstricharten (Kalk-, Leim-, Binder-, Dispersions-, Ölfarbe) ist Tapezieren möglich; nur ist jeweils eine andere Vorbehandlung erforderlich. Leimfarbenanstriche abwaschen, alle anderen Untergründe glattschleifen! Unterrichten Sie sich zuvor über die vielen Arten von Tapeten! Näheres S. 57f.

Wohnräume tapezieren – vorher schon tapeziert Gut festsitzende alte Tapete kann nach Schleifen als Untergrund für die neue bleiben; am sichersten ist es allerdings, die alte Tapete ganz zu entfernen. Näheres S. 59.

Bad, Küche, Gang, Toilette streichen Soweit nicht allzu große Feuchtigkeit in diesen Räumen auftritt, ist Leimfarbe geeignet. Bei höheren Ansprüchen auch Dispersionsfarben, aber nicht für die Decke (Schwitzwasser). Näheres S. 42f.

Strapazierfähiger Sockel in Küche und Bad Anstrich mit Dispersionsfarben (wenn vorher Kalkfarbe: Untergrund säubern und Voranstrich mit »Tiefgrund«) oder Ölsockel, dieser jedoch nicht auf frischem Putz; der Putz sollte ein halbes Jahr alt sein. Näheres S. 43f.

Tapete in stark beanspruchten Räumen: Die Wände der Küche (ebenso in der Toilette) können Sie, wenn Sie eine farbenfrohe Atmosphäre herstellen wollen, bunt tapezieren und dann mit Herbol P. T. (einem Bindemittelkonzentrat) überstreichen. Aber Schwitzwasser vermeiden! Näheres S. 57f.

Fliesen, Glas, Ölfarbgründe überstreichen. In früheren Geschäftsräumen oder Küchen, die in Wohnräume oder Büros umgewandelt wurden, stören oft Fliesen u. ä. den Charakter des Raumes. Sie können überstrichen werden: nicht mit Kalkfarbe, nicht allzu haltbar mit Leimfarbe, dagegen gut haltbar mit Dispersions- und Ölfarbe. Der Untergrund muß sauber und trocken sein und bleiben.

Schimmelbildung an den Küchenwänden vermeiden: Tritt während der Heizperiode Schimmel auf, bietet Überziehen der Wände mit »Thermopete« oder einem ähnlichen Mittel einen guten Isolierschutz. Näheres S. 63f.

Hausfassade aus Kalkputz – erstmaliger Anstrich Kalkfarben: Nur geeignet für Rauhputz (aber nicht für Glattputz); nur guten (eingesumpften) Kalk verwenden; für die Großstadt nicht geeignet. Ungeeignet: Leimfarbe. Besonders haltbar: Dispersionsfarbe. Am haltbarsten: Wasserglasanstrich. Rezepturen und Arbeitsanweisungen der Hersteller genau beachten. Näheres S. 40.

Hausfassade aus Kalkputz – schon gestrichen Hier gilt, was oben für Innenanstriche gesagt wurde: Auf altem Kalkgrund ist sowohl erneuter Kalkanstrich möglich wie auch die übrigen Fassadenanstriche: Dispersions-, Ölfarbe, Wasserglas. Auf Dispersions- und Ölfarben kann wiederum mit derselben Farbe, aber nicht mehr mit Kalk- oder Wasserglasfarbe gestrichen werden. Näheres S. 42f.

Hausfassade aus Zementputz oder unverputztem Mauerwerk Für den ersten Anstrich kommen in Frage: Kalkfarbe (mit 20% Zusatz von Dyckerhoff-Weiß), Dispersionsfarbe, Wasserglas. Für spätere Anstriche gilt der vorhergehende Absatz! Näheres S. 42f.

Planschbecken, Schwimmbecken streichen Mehrmaliger Anstrich mit Chlorkautschuklack (erhältlich in Weiß, Grün, Blau). Zementuntergrund muß trocken sein. Betonwand muß außen gegen die Feuchtigkeit des Erdreiches mit Asphalt isoliert sein, noch richtiger sollte das Bekken in einer Zementwanne stehen.

Eternitplatten streichen Diese Platten sind nicht selten als Balkonverkleidung anzutreffen. Allseitig mehrmals (2–3mal) mit Chlorkautschuklack streichen.

Deckender Anstrich auf neuem Holz – außen Für neue Fenster, Haus- und Balkontüren, Fensterläden, Geländer, Zäune usw. Anstrich auf Kunstharzbasis: Imprägnieren mit Holzschutzgrund, Grundierung und ein oder zwei Deckanstriche mit Ventilationsgrund, Lackieren mit Kunstharz-Fensterlack. Näheres S. 45f.

Lasierender Außenanstrich auf neuem Holz Sollen Fensterläden, Türen u.a. aus schönem Holz nur einen lasierenden (nicht deckenden) Anstrich erhalten: vor dem Einbau eine Grundierung mit Kunstharzluftlack (verdünnt mit 10% Testbenzin), eine Lackierung unverdünnt; nach dem Einbau zwei weitere Lackierungen mit demselben unverdünnten Lack. Näheres S. 47.

Einfachere Außenobjekte aus Holz – erster Anstrich Dachüberstände, Verschalungen, Zäune u.ä. können statt der eben beschriebenen Anstriche auch mit hellen, naturfarbigen oder bunten Imprägnierungsmitteln behandelt werden. Je nach Verwitterung alle ein bis zwei Jahre wiederholen. Näheres S. 45.

Deckender Anstrich auf neuem Holz – innen Anstrich auf Kunstharzbasis ist zu bevorzugen. Grundieren mit Kunstharzvorstreichfarbe, spachteln, vorlackieren und lackieren. Für alle Arbeitsgänge Kunstharzmaterialien verwenden. Näheres S. 44ff.

Anstriche auf bereits gestrichenem Holzuntergrund Je nach Zustand alten Anstrich abbeizen oder abbrennen oder nur aufrauhen (mit Glaspapier oder Salmiakwasser); dann: auf altem Kunstharzanstrich wiederum Kunstharzanstrich und entsprechende Lackierung; auf altem Ölfarbengrund dagegen, wenn Untergrund fest und hart, Kombinationslack, sonst jedoch lieber Öllack. Näheres S. 52f.

Holzfußboden streichen Entweder Versiegeln oder Lasieren oder farbiger Anstrich. Näheres S. 48f.

Gartenmöbel (Metallteile), Gitter, Balkongeländer usw. aus Eisen Entrosten, zweimaliger Voranstrich mit Kunstharz-Bleimennige oder Kunstharz-Metallgrund rotbraun. Dann Anstrich mit Kunstharzvorstreichfarbe (oder Vorlack) und abschließende Lackierung mit Kunstharzlack. Näheres S. 49f.

Ofenrohr (Eisen) Graphitanstrich (schwarz) oder Anstrich mit feuerfester Silberbronze. Näheres S. 51.

Ofenrohr (verzinktes Eisenblech) Erst absäuern, sonst wie Eisen.

Heizkörper, Heizrohr, Boiler Entrosten, Voranstrich mit Heizkörpergrundfarbe, Lackieren mit Heizkörperlack. Näheres S. 51.

Fahrrad Alten Anstrich entfernen (Abschleifen). Voranstrich mit Haftgrund, Anstrich mit Schlagfestlack. Näheres S. 51.

Abfallrohr, Dachrinne, Blechabdeckung u. ä. (Zinkblech oder verzinktes Eisenblech) Zuerst mit Nitroverdünnung oder Waschbenzin abwaschen. Es bestehen zwei Möglichkeiten, diese schwierig zu behandelnden Untergründe zu streichen. Bewährt haben sich: 1. Absäuern der Untergründe mit verdünnter Salzsäure (1:1), nachwaschen, grundieren mit Haftgrund (Wash-Primer); darauf zwei Anstriche mit möglichst fetter Standölfarbe (hoher Anteil an Standöl). 2. Absäuern wie zuvor, dann zweimaliger Anstrich mit Dispersions-Fassadenfarbe.

Abfallstutzen (geteertes Eisenrohr) Teer und Asphaltanstriche haben die unangenehme Eigenschaft, durch Öl- oder Lackfarben durchzuschlagen. Das heißt, Teer und Asphalt werden von Lösungsmitteln gelöst und bluten dann durch den frischen Anstrich durch. Solche Rohre müssen deshalb vor einem Anstrich mit Schellack oder Spirituslack isoliert werden. Anschließend zwei oder drei Anstriche mit Außenlackfarbe.

Alter Badeofen (Zinkblech mit Ölfarbanstrich) Alten Anstrich entfernen, dann zwei Anstriche mit Heizkörperlack oder DD-Lack.

Blankes Kupfer oder Messing Zweimal lackieren mit Zaponlack, außen mit transparentem Kunststofflack überziehen.

7 Vorarbeiten für Anstriche auf Putz

Abreiben von Decken und Wänden Unebenheiten in der Putzfläche werden beseitigt durch Abschleifen mit einem Bimssteinklotz oder einem Holzklotz oder auch mit der Spachtel.

Abwaschen Zum Abwaschen von Staubschichten und alten wasserlöslichen Anstrichen benötigen wir Wassereimer · Streichbürste (schon abgenützt) · Spachtel, möglichst breit · reines Wasser. Unter Umständen sind außerdem Drahtbürste und ein Schleifstein (Bimsstein) von Nutzen.

Fußboden und Möbel, soweit sie im Raum bleiben müssen, werden sorgfältig mit Tüchern, Papier oder Plastikplanen abgedeckt. An den Zimmerausgang legt man einen möglichst großen feuchten Putzlappen zum Säubern der Schuhe, damit der Schmutz nicht in andere Räume getragen wird. Das Abwaschen beginnt an der Decke, indem man ein etwa 1 qm großes Stück mit der Bürste benetzt. Dünnen Anstrich kann man mit der Bürste abwischen. Dickere Farbschichten werden nach dem Benetzen mit der Spachtel abgekratzt oder abgeschoben; darauf wird mit Wasser nachgewaschen. Doch fegt man vor dem Nachwaschen erst die herabgefallenen Farbteile weg.

Sorgfältig müssen alle Ecken und Ränder gewaschen werden. An diesen Stellen ist die Gefahr am größten, daß zurückbleibende alte Farbreste den neuen Anstrich später abplatzen lassen.

Bei jedem Abwaschen werden Putzrisse und ähnliche Schäden aufgekratzt und ausgewaschen. Das ist erwünscht; sie müssen nur anschließend wieder ausgebessert werden.

Isolieren Wo die Beschaffenheit eines Untergrundes den einwandfreien Auftrag oder die Haltbarkeit eines Anstrichs in Frage stellt, legt man zwischen Untergrund und Anstrich eine sperrende Schicht: diese Arbeit heißt Isolieren.

Isoliert werden müssen außerdem Wasser- und Rauchflecke in Putzuntergründen. Dazu dienen Isoliersalze (»Ukin«). Der Packungsinhalt wird in 1½ bis 2 l Wasser aufgelöst. Wasserflecken, verräucherte Decken, Ausblühungen mit der Lösung einstreichen. Alte Leimfarbenanstriche müssen vorher abgewaschen werden. Die gesäuberte Fläche erst völlig trocknen lassen. In schweren Fällen kann das Einstreichen mit Isoliersalzlösung wiederholt werden – aber erst trocknen lassen.

Mit diesen Mitteln können auch alkalische Putzuntergründe neutralisiert und mürbe, absandende Putze gefestigt werden. Sie eignen sich sowohl für Kalkputz wie für Gips- und Zementputz. Im Gegensatz zu den kieselsäurehaltigen Fluaten sind die Isoliersalze nicht giftig.

Bevor man mit dem Farbanstrich beginnt, muß die mit Isoliermittel gestrichene Fläche nochmals gereinigt werden. Bei Isoliersalzlösungen genügt sorgsames feuchtes bis trockenes Überwischen, bei Fluaten (»Olafirn«, giftig) ist mit Wasser nachzuwaschen. Das Isolieren beansprucht also einige Zeit, was bei der Planung einer Anstricharbeit nicht zu vergessen ist!

In gleicher Weise müssen isoliert werden frische Putzflächen (Kalk- wie Zementputz), die mit Öl- oder Dispersionsfarbe gestrichen werden sollen. Geschieht das nicht, verseifen die Farben und werden wasserlöslich.

Isoliert werden müssen endlich auch Untergründe, die Teer, Karbolineum oder Asphalt enthalten. Das Isolieren erfolgt hier jedoch mit Spirituslack (S. 53 f.). Unterbleibt die Isolierung, bluten die Anstriche durch: es entstehen braune Flecken, die nicht mehr zu beseitigen sind. Rußflecken werden am besten isoliert mit einem schnelltrocknenden Isolieranstrich wie Schellack oder Spirituslack.

Vergipsen Risse im Putz können Alarmzeichen sein, S. 233 f. Harmlose Risse und abgeplatzte Stellen kann man vergipsen.

Es gibt eine ganze Reihe von Gipsarten: Estrichgips für Böden, Marmorzement zum Ausfugen von Fliesenbelägen, Baugips, der wegen seines groben grauen Aussehens zum Beseitigen von Putzschäden nicht gut geeignet ist. Für unsere Ausbesserungen nehmen wir den feinen weißen Stuckgips.

Ein Gipsgefäß (Gipserpfännchen, S. 219, oder Gefäß aus Gummi) wird mit Wasser gefüllt, das Gipspulver daraufgestreut, so daß es sich gleichmäßig verteilt. Man streut so viel hinein, bis das Wasser keinen Gips mehr annimmt. Der Gipsbrei soll 5 bis 15 Minuten stehen, dann kann er verarbeitet werden, jedoch nur innerhalb von 10 bis 15 Minuten. Man macht also nur so viel an, wie man unverzüglich verarbeiten kann.

Während der Gips zieht, soll man ihn nicht umrühren, er wird sonst zu schnell hart. Man kann den Gips »totrühren«; dann bindet er überhaupt nicht mehr ab, sondern trocknet lediglich und hat keinerlei Festigkeit. Durch Zugabe von etwas Malerleim, Seifen- oder Boraxlösung kann man das Abbinden etwas verzögern.

Die Schadenstelle wird ausgekratzt, angefeuchtet, dann mit der Spachtel zugestrichen; nach dem Festwerden abgewaschen und mit Filzbrett glattgerieben. Über die Schadenstelle hinaus soll keine dünne Gipsschicht stehenbleiben, sie platzt ab.

Moltofill Dieses gipsartige Material ist teurer als Gips, bietet aber dem Handwerker Vorteile: es ist besonders haftfähig und elastisch, bleibt länger offen, d. h. bindet erst in 20 bis 30 Minuten ab. Moltofill wird wie Gips mit Wasser angerührt. Man läßt es nicht ziehen, sondern rührt es einfach zu einem Brei von der gewünschten Konsistenz an. Gut durchschlagen, damit der Brei glatt wird. Er ähnelt dann einem Spachtelkitt und eignet sich nicht nur zum Ausbessern von Putzschäden, sondern z. B. auch zum Spachteln von Holzoberflächen.

Es gibt aus demselben Material neuerdings auch wetterbeständige Außenqualitäten.

Größere Putzschäden wirft man mit Kalkmörtel (S. 204) vor und zieht sie dann mit Gips glatt. Rauhe oder brüchig gewordene Gipsflächen kann man mit Filzmörtel überziehen: 3 Teile Weißkalk · 1 Teil sehr feiner Sand (Schweißsand) · 1 Teil Gips. Frisch vergipste Risse ziehen oft Leimfarbenanstriche an und erscheinen dadurch erhöht, besonders an Decken. Das vermeidet man, indem man sie vor dem Anstrich mit Leimlösung überstreicht: 1 Teil Pflanzen- oder Zelleim · 8 Teile Wasser.

Grundieren Grundierung nennt man den ersten Anstrich auf einem noch ungestrichenen Untergrund. Grundierungen sind dünnflüssige Bindemittel oder Farbaufträge, die in den Untergrund eindringen und für gutes Haften der folgenden Anstriche sorgen. Auch mindert der Grundieranstrich die Saugkraft des Untergrundes und bindet feinen Farbstaub, der beim Abwaschen auf der Fläche verblieben sein kann. Bei Ölanstrichen auf Putz oder Holz tränkt die Grundierung den Untergrund mit Leinöl und führt so eine Grundbindung herbei.

Die Grundierung geht verschieden vor sich, je nach Untergrund und Anstrichart. Die Zusammensetzung des Grundiermittels und die Arbeitsweise sind bei den einzelnen Arbeitsbeispielen beschrieben. Auch bei jedem Kalkfarbenanstrich nennt man den ersten Anstrich »Grundierung«.

8 Der Kalkfarbenanstrich

Eignung Ihre größte Bedeutung haben Kalkfarbenanstriche auf frischen Putzuntergründen, also bei Neubauten, weil sie zur Festigung solcher Untergründe beitragen. Auch alte Putzuntergründe sind geeignet – nach entsprechender Vorarbeit (S. 37), außer wenn sie einen Ölfarbenanstrich oder einen nicht abwaschbaren alten Binder bzw. Dispersionsfarbenanstrich oder einen alten Wasserglasanstrich tragen. Kalkanstriche sind ferner besonders geeignet für Räume, die starke Temperaturschwankungen aufweisen, oder in denen sich Feuchtigkeit niederschlagen kann: Küchen · Bäder · Lagerräume · Ställe. Andere Anstriche mit wässerigen Bindemitteln (Leim, Binder) könnten dort faulen. Gute Kalkfarbenanstriche sind dauerhaft und auch wetterbeständig. Sie eignen sich also auch für Fassaden. Dieses Urteil gilt jedoch nur, wenn gut gelagerter (einjähriger) Sumpfkalk zur Verfügung steht.

Geeignete Untergründe: Kalkputz · Zementputz · Kalkzementputz · Ziegelstein · Leichtbauplatten Natursteine (wenn sie genügend saugfähig sind). Nicht geeignet: Gipsputz · Kalkputz, wenn schon mit Ölfarbe, Dispersionsfarbe oder Wasserglas gestrichen · Holz · Metall · Glas.

Kalk Kalk ist eine weiße Körperfarbe (S. 30) und zugleich Bindemittel. Eine streichfertige Kalkfarbe braucht deshalb, solange der Anstrich weiß bleiben soll, aus nichts weiter zu bestehen als aus Kalk und Wasser: grundsätzlich wenigstens – denn in der Praxis kommt gewöhnlich das eine oder andere Zusatzmittel hinzu. Am besten geeignet ist Sumpfkalk. Er soll mindestens ein Jahr gelagert haben. Als Zusätze kommen andere Bindemittel, wie Milch · Quark · Leinöl · Zelleim · Binder, in Betracht. Zusätze werden erforderlich, wenn die Qualität des Kalkes zu wünschen übrigläßt und wenn man Kalkfarbenanstriche in dunklen Farbtönen ausführen will. Die bunten Körperfarben, die dann in größerer

Menge als 10 Prozent als Mischfarben hinzukommen, verlangen als Zusatz eines der genannten Bindemittel.
Ist Sumpfkalk nicht aufzutreiben, so kann man auch vorgelöschten Sackkalk verwenden. Ein Sack Kalk ergibt etwa 150 Liter Kalkbrei. Dieser Anstrich wird aber schwer wischfest!

Kalkbeständige Farben Zum Tönen von Kalkanstrichen dürfen nur kalkbeständige Körperfarben verwendet werden. Das sind (von den in Tabelle S. 32 aufgeführten):
Gelb: Ocker, Eisenoxydgelb, Kalkechtgelb
Orange: Brillantorange
Rot: Englischrot, Gebr. Ocker, Eisenoxydrot, Signalrot
Braun: Umbra natur und gebrannt
Grün: Chromoxydgrün, Kalkgrün, Chromgrün
Blau: Ultramarinblau
Schwarz: Eisenoxydschwarz
Guter Kalk verträgt Zusatz von 10 v. H. Mischfarben. Sind mehr Zusätze erforderlich, weil der Ton dunkler werden soll, so wird der Anstrich nicht mehr wischfest, sofern nicht zusätzlich Bindemittel hinzugegeben werden. Für Außenanstriche in dunkleren Tönen die gutfärbenden Eisenoxydfarben verwenden.

Vorsicht! Da Kalk alkalisch ist, bedarf es einiger Vorsicht: Naturhölzer, Lackierungen, Fußböden durch Papier abdecken, sie können unangenehme Flecken erhalten. Kalkspritzer im Auge mit Zuckerwasser oder reinem Öl ausspülen.

Verarbeitung Kalkfarben dürfen nur in dünner, milchiger Konsistenz aufgetragen werden. Stets sind mehrere Anstriche erforderlich. Neuer Putz verlangt drei. Bei alten Kalkuntergründen genügen 2 Anstriche, wenn der Untergrund nicht zu stark verschmutzt ist. Ein heller Anstrich auf dunklem Untergrund verlangt immer 2 bis 3 Anstriche, damit er ausreichend deckt.
Der vorhergehende Anstrich muß jeweils annähernd (nicht unbedingt völlig) trocken sein. Um eine glatte Oberfläche zu erzielen, legt man die Anstriche gitterförmig aufeinander: erster Anstrich mit der Lichtrichtung, zweiter quer dazu, dritter Anstrich wie erster. Der Anstrich beginnt bei Decken und Wänden an der Seite, wo die Lichtquellen (Fenster, Balkontüren) sind.

Naß halten! Das Abbinden des Kalks durch Aufnahme von Kohlensäure geschieht nur in feuchtem Zustand. Kalkanstriche müssen deshalb genügend lange naß stehenbleiben, damit sie gut abbinden und wischfest werden: Sehr trockene Wandfläche vor dem Anstrich mit Wasser benetzen. Fenster während des Streichens und danach geschlossen halten. Außenanstriche mit Kalk nicht bei praller Sonne oder starker Hitze ausführen. Kalkanstriche, die vor dem Trocknen vom Frost erwischt werden, erstarren und werden fleckig, geben keinen gleichmäßigen Ton.

Abdichten des Untergrundes Stark saugende Putzuntergründe müssen, damit ein ansatzfreier Anstrich entsteht, zugleich abgedichtet werden. Das geschieht, indem man der Kalkfarbe Leinölfirnis zusetzt, 3 bis 4 Eßlöffel auf 5 Liter dicken Kalkbrei.
Anstriche mit diesem Zusatz wirken, sobald sie getrocknet sind, wasserabweisend. Es läßt sich darauf gut weiterstreichen. Zusetzen von Magermilch (1 Liter auf 5 Liter Kalkbrei) bewirkt eine erhöhte Festigkeit des Kalkanstrichs.

Arbeitsgänge bei Innenanstrichen

Auf neuem Putz Untergrund zuerst abreiben. Drei Anstriche sind erforderlich. Für den Grundieranstrich wird nur Sumpfkalk verwendet, der mit Wasser zu einer dünnen, milchähnlichen Flüssigkeit verrührt wurde. Auch bei farbigen Anstrichen bleibt also dieser Grundieranstrich weiß. Auf Zementputz oder zementhaltigem Putz wird 20 Prozent weißer Zement zugesetzt.
Der folgende Anstrich kann schon wie der Schlußanstrich getönt werden. Außer der Buntfarbe setzt man zweckmäßig etwas Firnis zu. Dazu werden zunächst 4 bis 5 Eßlöffel Firnis in einem kleinen Gefäß mit 5 Liter dickem Kalkbrei verrührt; dann wird diese Mischung, etwas mit Wasser verdünnt, der getönten Farbe beigemischt.
Beim Schlußanstrich entfällt der Firniszusatz; hier kann zur Festigung etwas Magermilch zugegeben werden.

Auf altem Kalkfarbenuntergrund Vorarbeit: Alle losen Kalkschichten müssen entfernt werden. Dazu geht man gründlich mit einer Spachtel über Decke und Wände. Verstaubte und verschmutzte Putzflächen mit Wasser und Bürste abwaschen. Beim Abspachteln öffnen sich alte Risse, es entstehen Unebenheiten.
Jetzt grundieren wie beim Anstrich auf neuem Putz beschrieben. Erst danach werden die Putzschäden ausgebessert, und zwar mit Gipsmörtel (Stuckgips), S. 218, oder Kalksandmörtel. Dann folgt der Zwischenanstrich. Er kann entfallen, wenn Untergrund und Anstrich etwa die gleiche

Helligkeit haben. Ist der Untergrund wesentlich dunkler, ist der Zwischenanstrich stets erforderlich. Schlußanstrich ebenfalls wie oben beschrieben.

Auf altem Leimfarbenuntergrund Diese Kombination ist nicht zu empfehlen.

Arbeitsgänge bei Fassaden-Anstrichen

Auf Neuputz Die Fläche vor dem Anstrich gründlich vornässen. Bei rauhem Putz kann man auf Grundierung und Zwischenanstrich verzichten und sich auf einen einzigen Anstrich beschränken. Deckt er ungenügend, folgt ein zweiter.

Altputz ohne Anstrich Handelt es sich um eine ältere Putzfläche, die bisher keinen Anstrich getragen hat, so sind zuerst die Putzschäden – mit Kalkmörtel, nicht mit Gips – auszubessern. Außerdem sind die gesamten Flächen gründlich mit Wasser abzuwaschen. Größere neuverputzte Stellen zum Schutz gegen Fleckenbildung mit Isoliersalzen isolieren (S. 37). Vor dem Anstreichen wiederum gründlich mit Wasser vornässen. Hier wird man nicht mit einem Anstrich auskommen, sondern Grundierung, Zwischen- und Deckanstrich brauchen, wie beim Innenanstrich beschrieben.

Altputz, bereits gestrichen Ist der frühere Anstrich mit Ölfarben, Wasserglas oder Binder ausgeführt, ist von Kalkfarbe dringend abzuraten. Ist der alte Anstrich Kalkfarbe oder stark verwitterter Binder, ist er gründlich abzuwaschen, S. 37. Darauf werden Putzschäden mit Kalkmörtel ausgebessert, größere neuverputzte Stellen mit Isoliersalz isoliert. Dann vornässen und grundieren, der Grundierfarbe 10 v. H. feinen Sand zusetzen. Vor dem Zwischen- sowie Deckanstrich braucht nicht erneut vorgenäßt zu werden.

Fassadenanstrich mit »Colfirmit«

Zubereitung »Colfirmit« ist ein fertig zu kaufender Fassadenanstrich (hergestellt von der Marthahütte GmbH, 859 Marktredwitz, Bayern). Die Farbtönung kann man nach einer Farbkarte aussuchen.

Die pulverförmige Farbe wird mit reinem Wasser angeteigt, also dick angerührt, gut durchgearbeitet – Knollen dürfen nicht darin sein – dann mit Wasser etwa 1:2 verdünnt: auf 5 kg Farbpulver 9 bis 11 Liter Wasser. Zusätze irgendwelcher Art sind nicht angebracht. Mit 1 kg fertiger Farbe streicht man etwa 2,5 qm.

Untergründe Gut geeignet sind Kalk-, Kalkzement- und Zementputz. Neuer Putz soll gut erhärtet sein. Geeignet sind auch Mauerwerk, saugfähige Natursteine, Beton. Ungeeignet sind Holz, Kacheln, Glas, nichtsaugende Natursteine und alte Ölfarbenanstriche.

Arbeitsweise Der Untergrund muß sauber und stark vorgenäßt sein. Altputz ist gründlich mit der Stahlbürste zu reinigen, lose Stellen und Staub dürfen nicht auf der Fläche bleiben. Alte Kalkanstriche möglichst entfernen; sind sie aber gut erhalten und haften fest, können sie bleiben. Gebrauchsanweisung wird mit der Farbe geliefert.

9 Der Leimfarbenanstrich

Eignung Leimfarbenanstriche eignen sich nur für Wände und Decken von Innenräumen (Putz, auch Gipsputz; Leichtbauplatten, Pappe und Papier). Sie sind nicht wetterbeständig. Die Räume sollen trocken sein; feuchte Räume erhalten besser Kalkanstrich.

Leimfarbenanstriche sind üblich für Räume, deren Anstrich infolge Verschmutzung durch Ruß und Staub und wegen sonstigen Verschleißes öfters erneuert werden muß. Der Anstrich ist verhältnismäßig leicht und billig auszuführen.

Untergründe wie Glas, Fliesen, alte Ölanstriche, Kunststoffplatten können mit Leimfarbe überstrichen werden – vorausgesetzt, der Untergrund ist sauber. Allzu große Ansprüche an die Haltbarkeit des Anstrichs auf solchen Untergründen darf man nicht stellen; vor allem ist er nicht waschfest.

Einem Leimfarbenanstrich auf frischem Putz sollte wenigstens ein Kalkfarbenanstrich (in Weiß) vorausgehen.

Leimfarbenanstrich auf Tapete Eine tapezierte Wand als Untergrund für einen Leimfarbenanstrich bereitet keine Schwierigkeiten. Die Tapete

muß aber gleichmäßig haften. Lose Teile klebt man vor dem Anstreichen mit Zellkleister nach (siehe Abschnitt »Tapezieren«, S. 62). Nagellöcher und kleinere Schäden schließt man mit Gipsbrei, den man aus der fertigen Leimfarbe und etwas Gips bereitet.
Ist die Tapete hell und sauber, so braucht man sie nur abzukehren und zu überstreichen. Ist sie dunkeltönig oder verschmutzt, so soll ein Grundieranstrich vorausgehen.
Es ist zweckmäßig, den Anstrich mit dem Lammfellroller (S. 28) auszuführen.

Farben und Zubereitung Fertige Leimfarben in verschiedenen Tönen kann man heute beim Farbenhändler kaufen. Die pulverförmigen Farben sind lediglich nach Herstellervorschrift in Wasser anzurühren. Benötigt man größere Mengen und möchte billiger wegkommen als bei Fertigfarben, so kauft man Kreide (Pigment, S. 30), die gewünschten Buntfarben (S. 32) sowie Leim als Bindemittel und bereitet die Farbe selbst. Als Leim eignet sich am besten Zelleim.
Wer selbst zubereitet, rührt den Inhalt einer 125-g-Leimpackung in 3 Liter Wasser 2 bis 3 Minuten lang rasch und kräftig ein. Nach 20 Minuten nochmals durchrühren, dann ist der Leim fertig. In einem zweiten Eimer läßt man 5 kg Kreide in 2,5 Liter Wasser gut weichen. Dann werden Leimlösung und eingesumpfte Kreide unter Rühren zusammengeschüttet. So erhält man eine leicht verstreichbare und gleichmäßig deckende Zellleimfarbe. Mit der so entstehenden Farbmenge streicht man etwa 50 qm Deckenfläche.
Will man getönte Leimfarbe bereiten, so weicht man zunächst die Buntfarben in gesonderten Gefäßen in Wasser ein und gibt sie dem ungeleimten Kreidebrei zu (Mischen von Farbtönen S. 33). Dann erst wird die Leimlösung zugegeben. Bei dunklen Farbtönen muß man den Anteil der Kreide beschränken, siehe S. 33 Abschnitt über helle, mittlere und dunkle Farben. Das Abtönen von bereits gebundenen Leimfarben kann auch mit Dispersions-Volltonfarbe geschehen.
Ein Anstrich mit sehr hellem Farbton auf einem dunklen Untergrund braucht zuerst einen Grundieranstrich. Für diesen hält man die Farbe etwas dünner und erhöht den Leimanteil um 10 bis 15% – denn von zwei aufeinanderfolgenden Anstrichen soll der untere stets fester gebunden sein.

Arbeitsgänge

Auf altem Leimfarbenuntergrund Vor dem Anstrich müssen die alten Leimfarbenschichten abgewaschen oder abgekratzt werden. Putzrisse und -löcher werden ausgekratzt und gesäubert. Sind Wasser- oder Rauchflecke vorhanden, werden sie mit Isoliersalzen behandelt (S. 37). Metallteile, wie Leitungsrohre und Deckel von Abzweigdosen, die vom Anstrich mit überdeckt werden sollen, müssen mit weißer Ölfarbe oder Spirituslackfarbe vorgestrichen werden, damit sie nicht rosten. Etwaige Putzschäden werden erst nach dem Isolieren ausgebessert.
Das Grundieren mit Grundierfarbe erfolgt bei Wänden in waagerechter Streichrichtung, bei Decken quer zum Lichteinfall.
Beim Deckanstrich – nachdem die Grundierfarbe gut getrocknet ist – streicht man in umgekehrter Richtung: Wände senkrecht, Decken in der Richtung des einfallenden Lichtes. Bitte vergessen Sie nicht, die Wischfestigkeit vorher auszuprobieren, indem sie Farbe auf Papier, Handrücken oder Fingernagel streichen und trocknen lassen. Haftet die Farbe bei kräftigem Reiben nicht, so muß noch etwas Leim zugesetzt werden. Auch Kunstharzbinder ist hier als Zusatzmittel gut geeignet (1 kg Binder auf 1 Kübel fertige Farbe).

Auf neuem Kalkputz Bleibt es bei einfacher Ausführung, so sollte ein Kalkfarbenanstrich vorausgehen. Auch ist zu empfehlen, vor dem Anstrich mit Leimfarbe die Flächen mit einem Isoliersalz (»Ukin«, S. 37) zu isolieren.
Ist jedoch der Untergrund dunkel, insbesondere durch Ruß und Rauch verschmutzt, so ist es besser, erst noch einen Grundieranstrich zu machen, bevor der Deckanstrich folgt.

Auf Gipsuntergrund Gipsuntergrund hat eine stark saugende Wirkung. Er wird ebenfalls abgedichtet durch einen Voranstrich mit verdünntem Leim oder Isoliersalzlösung. Dann folgen Grundieranstrich und Deckanstrich. Streichrichtung beim Grundieren für Wände waagerecht, Decken quer zum Lichteinfall. Beim Deckanstrich senkrecht dazu.
Die Abdichtung erreicht man auch mit einer Bindergrundierung: 1 Teil Kunstharzbinder auf 10 Teile Wasser. Bei feuchtem Gipsputz kann diese Lösung noch dünner gehalten werden.

10 Anstrich mit Dispersionsfarben

Eigenart Dispersionsfarben sind heute so gut wie ganz an die Stelle der früher verbreiteten Binderfarben getreten. Sie sind haltbar und gut zu verarbeiten. In nassem Zustand ähneln sie den Leimfarben. In getrocknetem Zustand sind sie wasserunlöslich und haben fast das Aussehen matter Ölfarben.

Dispersionsfarben werden mit Wasser verdünnt, mit Bürste oder Lammfellroller verarbeitet. Sie trocknen rasch.

Man erhält Dispersionsfarben für Innen- oder Außenverwendung in verschiedenen Farbtönen. Die Festigkeit der Farben für Innenanstriche variiert von wischfest bis scheuerfest. Außenanstrichfarben müssen stets wetterfest sein.

Auf derselben Basis wie Dispersions-Anstrichfarben werden auch Plastikmassen und Kunststoffputze hergestellt.

Das Bindemittel – der Kunstharzbinder – wird auch gesondert geliefert.

Färben einer weißen Dispersionsfarbe durch bunte Abtönpasten oder -pulver ist möglich und sehr einfach. Einzelne Lieferanten liefern bei größeren Gebinden auch Farbtöne nach abgegebenen Mustern.

Dispersionsfarbenanstriche sind sehr haltbar; sie zeigen eine matt- bis seidenglänzende, glatte Oberfläche, dazu vollkommene Alkalibeständigkeit (bei Latexfarben) und eine Scheuerfestigkeit, welche die von Lackierungen und Ölanstrichen übertrifft.

Fabrikate Für Innenanstriche: »Herbol«-Wandfarbe · »Herbol-Latexfarbe« · »Diwagin« · »Amphibolin« · »Indeko« · »Zellaplan« · »Murjahns Latex«. Für Außenanstriche: »Herbol«-Fassadenfarbe · »Diwagolan-Trockenporös« · »Amphibolin« · »Zellaplan« (und viele gleichartige andere).

Wo anwenden? Hier spielt der Preis eine Rolle. Die Ergiebigkeit pro kg beträgt etwa 3 bis 4 qm. Der Anstrich ist teuer. Man wird ihn anwenden bei besonderen Ansprüchen an die Haltbarkeit, insbesondere in Fluren, Treppenhäusern, für Sockel, für die Küche, für das Kinderzimmer.

Die Strapazierfähigkeit wird noch vergrößert, wenn man die Wandfläche nach beendetem Anstrich noch einmal zusätzlich mit einem speziellen Bindemittelkonzentrat (Herbol PT, Capaplex) überzieht. Man darf sich dabei durch das milchige Aussehen des Bindemittels nicht irritieren lassen; es trocknet völlig klar, durchsichtig und ohne jeden Rückstand auf. Die Fläche erhält durch diesen Überzug einen seidenmatten Glanz.

Verarbeitung Der Untergrund muß fest, sauber und lufttrocken sein. Im einzelnen:

Putz: lose Teile abstoßen, wasserlösliche Anstriche sorgfältig abwaschen · abstaubende Kalkfarben abbürsten · alte Lackfarbenanstriche mit Lauge oder Salmiakgeist aufrauhen · frischen Putz und ausgebesserte Stellen isolieren (S. 37 f.) und mit Wasser nachwaschen. Wie beim Holzuntergrund können wir bei Putz, der mit Dispersionsfarbe gestrichen werden soll, auf ganz verschiedene Gegebenheiten treffen:

Bei neuem und festem, wenig saugendem Putz genügt eine Grundierung mit verdünnter Anstrichfarbe; je nach Saugfähigkeit der Wand sind der Farbe 2 bis 5 Raumteile Wasser beizugeben.

Putzuntergrund mit altem Kalkfarbenanstrich ist besonders bei dem heute meist verwendeten Kalk gewöhnlich unzuverlässig. Hier soll der Untergrund erst gefestigt werden, am besten mit »Tiefgrund«, einem tief eindringenden Mittel; nicht mit dem früher üblichen Halböl.

Weist bei Fassaden der Putz Risse auf, müssen diese zuerst überbrückt werden. Das ist möglich mit fertig käuflichen Armierungsfarben; hier sind der Farbe feine Kunststoffharze (Perlon, Nylon) zugesetzt, die beim Trockenprozeß zu einer elastischen, fest zusammenhaltenden Schicht verkleben. Ebenso geeignet ist mit Kunststoffen gebundenes Glasfaservlies. Es gleicht einer Tapete, ist 1 m breit und nur 0,3 mm dick und wird in Rollen meist zu 50 m geliefert.

Der Untergrund wird vorher abgebürstet, von losen Sand- und Staubteilchen gesäubert. Um ihn zu festigen, wird er mit einem tiefwirkenden Grundiermittel (Tiefgrund) grundiert. Jetzt entweder die Armierungsfarben zweimal satt auftragen oder wie folgt weiter verfahren: Nach gutem Trocknen der Grundierung wird die Einbettungsfarbe aufgestrichen – am besten nimmt man fein pigmentierte Dispersionspasten (Streichputz), die die Fähigkeit haben, das Glasfaservlies zu durchdringen – denn dieses wird nun in Bahnen in diese Einbettungsfarbe hineingeklebt. Das Eindrücken in die nasse Farbschicht geschieht am besten mit einer Gumminoppenwalze. Die Bahnen werden überlappt, die Überlappung wird dann in der Mitte aufgeschnitten, so daß man glatt aneinanderstoßende Bahnen hat. Die Farbe durchdringt das Vlies, es kommt zu einer innigen Verbindung zwischen Untergrund, Einbettungsfarbe und Vlies. Auf die gut getrocknete Vliesschicht kommen ein oder zwei Dispersionsfarbenanstriche.

Holz: Imprägnieren · Grundieren mit Halböl (1 Teil Firnis · 1 Teil Terpentinersatz).

Eisen: Entrosten und reinigen · ein bis zwei Voranstriche mit Mennige (S. 50).

Nichtrostende Metalle (z.B. Zinkblech): keine Grundierung, aber Zink und Aluminium absäuern oder mit Wash-Primer (S. 50) vorstreichen, dann Deckanstrich.

Werkzeuge Wir brauchen die gleichen Bürsten, Flächenstreicher, Lammfellroller und Pinsel, wie sie beim Leimfarbenanstrich beschrieben sind (S. 28f.).

Pinsel, Bürsten, Lammfellroller während der Arbeitspausen ins Wasser legen, nach beendeter Arbeit sofort in Seifen-, Soda- oder Imi-Lauge auswaschen.

11 Der Wasserglasanstrich

Eignung Als Untergrund für diesen Anstrich eignen sich: ungestrichener Kalk- oder Zementputz · ungehobeltes Holz · Eternitplatten · Glas · Kacheln · Pappe · Papier · Gewebe.

Seine größte Bedeutung hat der Wasserglasanstrich als wetterfester Fassadenanstrich auf ungestrichenem Putz oder Stein, ferner als Flammschutzanstrich bei Untergründen aus Holz (Dachstühle), Pappe, Papier, Stoff (Dekorationen). Nicht geeignet sind: Gipsputz sowie alte Anstriche mit Kalk-, Leim-, Binder- und Dispersionsfarben.

Wasserglas als Bindemittel Wasserglas verträgt sich nicht mit jeder Körperfarbe. Für den Fassadenanstrich – für den dieser nicht ganz einfach auszuführende Anstrich hier hauptsächlich empfohlen sei – bestellt man Körperfarbe und Bindemittel als Spezialfabrikat am besten zusammen bei einer Herstellerfirma: »Keim'sche Mineralfarbe«, Industriewerk Lohwald bei Augsburg · »Beeck'sche Silikatfarbe«, Aurel Behr GmbH Krefeld. Die Preise für die Körperfarben sind je nach Farbton sehr unterschiedlich.

Verarbeitung Nach Anweisung der Herstellerfirma. Es sind stets zwei Anstriche erforderlich. Wasserglasfarben trocknen stumpf, matt auf. Farbe mit kurzer Bürste dünn auftragen und gut verstreichen. Fenster und Flächen, die mit Ölfarbe oder Lack gestrichen sind, gut mit Papier schützen. Trockene Farbspritzer sind sehr schwer zu entfernen; Glas wird geätzt.

Werkzeug Wie bei Leimfarbe (S. 28). Jedoch kurze, schon etwas abgestrichene Bürste verwenden.

12 Anstriche mit Öl- oder Kunstharzfarben · Allgemeines

Die Verwendung von Ölfarben für Anstrichzwecke spielt eine immer geringere Rolle. Zwar sind sie als in Öl angeriebene Farbpasten – weiß oder farbig – ebenso wie das Standöl (S. 44) noch im Handel, werden aber immer seltener benutzt; hauptsächlich wohl wegen einer gewissen Umständlichkeit bei der Zubereitung dieser Farben aus mehreren Komponenten – Paste, Öl, Sikkativ, Verdünnungsmittel, evtl. auch noch Abtönen – sowie wegen ihrer längeren Trockenzeit gegenüber den Kunstharzfarben. Der Heimwerker wird für den jeweiligen Zweck farbig abgepaßte Farben und Lacke bevorzugen.

In einer Hinsicht behalten die Ölfarben ihre Bedeutung: für das Renovieren von alten Anstrichen, deren Untergrund aus Ölfarbe besteht. Die Elastizität des Untergrundes verlangt hier von allen später daraufgebrachten Schichten dieselbe Eigenschaft. Sprödere Anstriche auf elastischen Untergründen neigen fast stets zum Reißen.

Es gibt allerdings auch Kunstharzfarben, die dieser Forderung Rechnung tragen, indem sie größeren Anteil von Öl enthalten. Der Fachmann nennt sie langölige Kunstharzfarben.

Fertige Farben Vorstrichfarben und Lackfarben in fertigem Zustand kann man heute für praktisch jeden Zweck beim Fachhändler kaufen. Wichtig ist, beim Einkauf genau anzugeben, welchem Zweck die Farbe dienen soll. Vor allem ist zu unterscheiden zwischen Innenanstrichen (Türen, Möbel, Fußböden, Sockel) und Außenanstrichen. Bitte beachten Sie, daß bei Fenstern auch die Innenseite als Außenanstrich zu behandeln ist.

Manche weißen Körperfarben eignen sich nur für Innen-, andere nur für Außenverwendung; vor allem aber enthalten Außenfarben bzw. Außenlacke wesentlich höhere Anteile an Fetten, Ölen oder anderen Stoffen, die das Verspröden verhindern.

Wer mit fertigen Farben arbeitet, aber Farbnuancen selbst abtönen möchte, erhält Abtönfarben in kleinen Mengen (Tuben, Plastikbeutel) beim Händler.

Harttrockenöle Harttrockenöle sind eine besondere Art Trockenmittel. Sie bewirken eine sehr schnelle Trocknung und Durchhärtung des Anstrichfilms. Man kann sie in unbeschränktem Maße den Anstrichfarben zusetzen.

Standöl als Zusatzmittel Standöl, ein durch Kochen eingedicktes Leinöl, verwendet man als Zusatzmittel bei Außenanstrichen mit Ölfarben. Der Anstrich wird dadurch wetterbeständiger und erhält eine glänzende Oberfläche. Bei Anstrichen auf Holz setzt man etwa 10 v. H. Standöl zu, auf Metall 15. v. H.

13 Anstriche auf Holz mit Ölfarben oder Kunstharzfarben

Holz schwindet beim Trocknen; es quillt, wenn es Wasser aufnimmt. Völlig ausgetrocknetes Holz findet man heute kaum. Enthält es aber mehr als 15 v. H. Wasser, so sind Öl- oder Lackanstriche nicht haltbar. Die Feuchtigkeit dringt an Rissen oder in Form von Wasserblasen aus dem Holz. Feuchtigkeitsprüfer sind im Handel erhältlich.

Harz ist eine besondere Gefahrenquelle, vor allem bei Nadelhölzern. Harz, mit Ölfarbe vermengt, hebt die Bindung des Anstrichs mit dem Untergrund auf. Auch harzige Äste schlagen als Flecken durch Ölfarbenanstrich, wenn sie nicht isoliert werden (S. 37).

Vorbedingung eines guten Anstrichs ist stets, daß der Holzuntergrund frei ist von Staub, Schmutz, Fett, Schmiere, Farbspritzern. Das Holz ist vor dem Streichen leicht mit Glaspapier zu überschleifen und sauber abzustauben.

Krankes Holz (vgl. S. 90) kann nur gestrichen werden, wenn es ausgetrocknet ist und die Krankheitserreger durch Imprägnierung beseitigt sind.

Das aus dünnen Holzschichten zusammengesetzte Sperrholz ist ein guter Anstrichträger, weil es weniger »arbeitet«, d. h. schwindet, reißt und quillt. Ebenso Spanholz. Mehr über die allgemeinen Eigenschaften des Holzes auf S. 88 ff.

Holzteile sollten vor Transporten, z. B. zur Baustelle, grundiert werden: insbesondere auch Sperrholz – vor allem an den Kanten, durch die Feuchtigkeit eindringen kann.

Ölfarbe oder Kunstharzfarbe?

Stand früher für wetterbeständige Anstriche auf Holz (auch auf Metall und Putz) die Ölfarbe im Vordergrund, so ist ihr heute ein ernsthafter, ja überlegener Konkurrent erwachsen: die Anstrichwerkstoffe auf Kunstharzbasis. Sie zeichnen sich durch schnelles Härten und Trocknen, hohe Wetterbeständigkeit (kein Quellen bei Feuchtigkeit), hohe Haftfähigkeit und Elastizität aus, sind allerdings teurer als Ölfarben. Der Fachhandel führt bis auf weiteres beides, bietet aber in erster Linie Kunstharzfarben an.

Warum müssen wir uns in dieser Situation mit Ölfarben noch befassen? Weil wir in unseren Häusern viele alte Ölfarbanstriche haben! Bitte beachten Sie: Es handelt sich um zwei verschiedene Anstrichsysteme; jedes für sich führt zu guten Ergebnissen (z. B. haben Öllacke heute ebenfalls ganz kurze Trockenzeiten) – aber die Vermischung beider Systeme führt oft zu Anstrichschäden. Vor allem sollten Ölfarbanstriche nicht mit Kunstharzfarbe überstrichen werden. Die Ölfarbe wird aufgelöst oder der Anstrich beginnt nach kurzer Zeit zu reißen.

Haben Sie also einen neuen Holzuntergrund vor sich, so sollten Sie Kunstharzfarben wählen – es sei denn, Sie nehmen Ölfarbe wegen des geringeren Preises. Ist das Holz frisch und hat deshalb starken Feuchtigkeitsgehalt, unbedingt Kunstharzfarbe nehmen! Ist ein alter Ölfarbanstrich vorhanden, lieber nicht mit Kunstharzfarbe oder -lack darübergehen, sondern wiederum Ölfarbe bzw. Öllack verwenden. Nur Anstriche, die 1 bis 2 Jahre alt und einwandfrei fest und hart sind, kann man mit sogenannten Kombinationslacken überstreichen; das sind Lacke, die Kunstharzlakken ähnlich sind, aber große Ölanteile enthalten.

Vorbereitende Arbeiten

Die Vorarbeiten sind für Öl- und Kunstharzanstriche gleich.
An Vorarbeiten auf neuem Holz kommen in Betracht: Imprägnieren, Isolieren, Verkitten, Grundieren, Spachteln. Auf bereits gestrichenem Holz: Aufrauhen mit Glaspapier, Abbrennen, Abbeizen. Schließlich kommt als Zwischen- und Nachbehandlung das Schleifen hinzu.
Bitte vergleichen Sie zu diesem Abschnitt das über die Holzoberfläche Gesagte, S. 138 ff.

Abstauben Jede Fläche, die einen Anstrich erhalten soll, muß vorher abgekehrt werden. Ecken und Winkel werden nur ausgeblasen. Vor einem Lackanstrich sollte man die Fläche zusätzlich mit der flachen Hand oder mit einem besonders präparierten (klebenden) Tuch überwischen, das den Staub bindet.

Imprägnieren Neues Holz, das im Freien Verwendung findet, soll vor dem Anstrich zum Schutz gegen Pilz- und Insektenbefall mit einem Holzschutzmittel imprägniert werden (vgl. S. 139). Die Imprägnierung kann der einzige Anstrich bleiben, wenn sie regelmäßig (jährlich) erneuert wird. Man spricht in solchen Fällen von »offenporigem« Anstrich. Reine Imprägniermittel können nicht ohne weiteres als Grundlage für einen folgenden Anstrich dienen. Einfache hergebrachte Mittel wie Karbolineum besitzen sogar die unangenehmen Eigenschaften, daß sie durch darauffolgende Anstriche durchschlagen (durchbluten). Soll ein Anstrich folgen, müssen Sie ein Schutzmittel wählen, das entweder als Grundierung für Ölanstrich oder (vermöge eines Kunstharzanteils) als Grundierung für Kunstharzanstriche geeignet ist.

Isolieren Harzige Stellen und Äste können die Haftung und das Aussehen des späteren Anstrichs beeinträchtigen. Man entfernt das Harz mit Terpentin und isoliert die Stellen durch Überstreichen mit Schellack.
Größere Harzansammlungen (Harzgallen) werden mit der Spachtel ausgestochen oder mit einem glühenden Eisen ausgebrannt, die Löcher sodann verkittet.

Verkitten Risse und Löcher, z. B. von Nägeln und Schrauben, werden mit Kitt ausgefüllt. Der gebräuchlichste Kitt ist der Ölkitt, bestehend aus Kreide und Leinölfirnis. Es ist derselbe Kitt, der auch zum Einglasen von Fenstern dient, S. 191.
Andere Arten von Kitt sind:
Kopal-Spachtelkitt: für alle Arbeiten mit Kunstharzfarben.
Flüssiges Holz: ein Kitt, der als Füllmaterial pulverisiertes Holz enthält. Dient gleichfalls zum Ausbessern von Holz. In Farbtönen jeder Holzart lieferbar.
Spachtelkitt: siehe unten.
Bewährt für Innenarbeiten hat sich das Fabrikat »Moltofill«, ein Pulver, das wie Gips anzurühren ist (vgl. S. 38) und eine gute Haftfähigkeit und Elastizität aufweist.

Grundieren Als Grundierung, d. h. als Voranstrich, der den Untergrund tränkt und eine Grundbindung herbeiführt, kommt außer einem Holzschutzmittel Grundierfarbe in Betracht, wie sie bei den folgenden Einzelanweisungen beschrieben ist.

Spachteln Spachteln ist das Ebnen und Glätten von Anstrichflächen durch Auftrag von Spachtelmasse. Jeder Autofahrer weiß, daß kleinere Blechschäden an der Karosserie, wie sie ein sanfter Zusammenstoß verursacht, zuerst gespachtelt werden, bevor sie neu lackiert (gespritzt) werden können. In entsprechender Weise werden Holzflächen durch Spachtelmasse geglättet. Spachtelkitt kann man kaufen, er kostet pro kg etwa 4,— DM. Das Spachteln ist jedoch eine schwierige Arbeit, die viel Übung und Erfahrung verlangt. Der Ungeübte kann versuchen, eine Fläche durch mehrmaliges dünnes Überziehen mit Spachtelkitt zu glätten. Jede Spachtelarbeit von nennenswertem Ausmaß sollte aber dem Fachmann überlassen bleiben, also dem Maler.

Aufrauhen Alte Öl- und Lackanstriche, die noch gut erhalten, d. h. nicht verwittert und frei von stärkeren Rissen sind, brauchen vor einem neuen Anstrich nicht entfernt zu werden. Es genügt, sie aufzurauhen. Das geschieht entweder durch

Schleifen mit Glaspapier oder durch Abwaschen mit Salmiakgeistwasser 1:8 (1 Teil Salmiakgeist auf 8 Teile Wasser).

Abbrennen Alte, stark verwitterte und gerissene Anstriche müssen entfernt werden. Das kann man durch Abbrennen mit einer Lötlampe (S. 324) machen, sofern es sich um große glatte Flächen handelt. Man erweicht die Farbe mit der Flamme und kann sie dann mit einer Spachtel abheben oder abschieben. Das Holz darf dabei nicht verbrannt werden. Die Flächen werden anschließend mit Glaspapier sauber geschliffen, dann beginnt das Grundieren. In Innenräumen ist dieses Verfahren kaum zu empfehlen, weil die erweichte oder brennende Farbschicht einen üblen Geruch entwickelt. Beim Abbrennen von Fensterrahmen besteht die Gefahr, daß die Scheiben unter der Wärmeeinwirkung platzen, wenn man sie nicht durch Asbeststücke schützt.

Abbeizen Um alte Anstriche von kleinen Flächen und von unterteilten (profilierten) Flächen zu entfernen, ebenso etwa beim Abbrennen verbleibender Reste, bedient man sich eines Abbeizmittels. Zwei Arten sind zu unterscheiden: »lösende« und »alkalische« Abbeizmittel.

Lösende Abbeizmittel Gebräuchliche Fabrikate sind Hedrafix, Viß, Blizin. Man muß ausdrücklich ein lösendes Abbeizmittel verlangen.

Diese Mittel lösen praktisch alle in Betracht kommenden Anstriche, Öl- und Lackfarben, auch Nitro-, Kunstharz-, Chlorkautschuk- und Spirituslacke, neuerdings auch Dispersionsfarben und Kunststoffe. Lösende Abbeizmittel sind unbedingt angebracht zum Lösen von Lackierungen auf Naturholzflächen, auch auf furnierten. Alkalische sind dafür ungeeignet; sie färben Naturholz dunkel, das erforderliche Nachwaschen mit Wasser löst die Furnierschicht.

Lösende Abbeizmittel verarbeitet man aus der Originaldose oder einem sauberen Blechgefäß. Zum Auftragen benutzt man alte Borstenpinsel. Man streicht etwa einen halben Quadratmeter ein. Nach 5 Minuten folgt ein Zweitanstrich, bei dem man unter starkem Reiben die bereits gelösten Anstrichteile bis zum Untergrund durchreibt. Dann läßt man die Fläche 10 Minuten stehen und schiebt darauf mit einer sauberen Spachtel die gelöste Farbe möglichst restlos ab. Stellen, die noch Widerstand leisten, werden sofort nochmals eingestrichen. Die Fläche soll nicht der Sonne ausgesetzt werden, weil das Lösungsmittel schnell verdunstet.

Anschließend werden die Flächen mit einem alten Pinsel und Trichloräthylen – oder Terpentinersatz – nachgereinigt. Sonst bedarf es keiner Nachbehandlung. Die gereinigten Flächen können nach gutem Trocknen (am besten über Nacht) grundiert, gestrichen oder lackiert werden.

Alkalische Abbeizmittel Geläufige Fabrikate sind »Abbeizsalbe mit der Krähe« · »Seifenstein« · »Greifenbeize« oder hochprozentiger Salmiakgeist. Diese Mittel sind billiger als lösende. Sie beseitigen Ölfarben und Öllacke, wirken aber schlecht bis gar nicht auf Nitro-, Kunstharz-, Chlorkautschuk- und Spirituslacke.

Die Fläche wird satt eingestrichen, hier nicht Pinsel mit (Natur-, Perlon-, Nylon-) Borsten verwenden (werden zerstört), sondern Fiberpinsel (Wurzelhaare). Die Bestandteile des Beizmittels – meist Ätznatron oder Ätzkali – verseifen den Anstrich. Sobald die Verseifung einsetzt, reibt man mit dem Pinsel kräftig durch. Die zu bearbeitende Fläche wird dazu wenn möglich waagerecht gelagert. Den gelösten Anstrich schiebt man mit der Spachtel ab. Widerspenstige Stellen werden in gleicher Weise nochmals behandelt. Unmittelbar darauf muß kräftig mit verdünntem Essig nachgewaschen werden.

Naturholz, das entgegen dem oben gegebenen Ratschlag mit alkalischem Abbeizmittel behandelt wurde und dadurch dunkel geworden ist, kann man wieder aufhellen, wenn man es mit verdünnter Oxalsäure überstreicht – 40 bis 50 g Oxalsäure (giftig) auf 1 Liter Wasser. Die Säurelösung darf nicht antrocknen, es muß nochmals ausgiebig mit Wasser nachgewaschen werden.

Schleifen Schleifen mit Schleifpapier dient zunächst zum Glätten rauher und zum Säubern staubiger oder schmutziger Holzflächen. Im Abschnitt über die Holzoberfläche ist es auf S. 138 f. näher beschrieben.

Auch jeder trockene Anstrich wird vor dem Auftragen des nächsten geschliffen. Je früher der Anstrich, desto gröber das Schleifpapier. Das heißt: Ist die Fläche erst grundiert und soll gestrichen werden, nimmt man grobkörniges Schleifpapier. Eine bereits gestrichene oder vorlackierte Fläche, die die letzte Lackierung bekommen soll, ist mit feinstem Schleifpapier zu bearbeiten. Auch hier bedient man sich vorteilhaft eines Schleifklotzes aus Holz (nicht Hartholz), Kork oder Gummi, um dessen Unterseite das Papier gespannt wird. Vorsicht bei Ecken und Kanten, man schleift sie leicht ab oder durch. Immer in der Strichrichtung schleifen!

Besonders schöne glatte Flächen erzielt man mit nassem Schliff. Dazu braucht man wasserfestes Schleifpapier. Die zu schleifende Fläche wird mit einem Schwamm befeuchtet, dann unter mäßiger Feuchtigkeit in der Strichrichtung des Anstrichs geschliffen. Der Schleifschlamm wird am Schluß mit Schwamm und Wasser entfernt.

Für alle Schleifarbeiten eignen sich auch elektrische Kombiwerkzeuge mit entsprechendem Zusatzgerät, besonders für große Flächen. Das Schleifpapier wird über den vibrierenden Teil des Geräts gespannt. Näheres S. 529.

Gebeiztes Holz Soll gebeiztes Holz einen Anstrich erhalten, so muß man es vorbehandeln. Flächen, die nur mit einem Überzug aus ölfreiem Bindemittel (Tuffmatt, Kellergrund, Schellack) versehen sind, brauchen nur mit Schleifpapier angerauht zu werden. Dagegen müssen mit Wachsbeize behandelte Hölzer mit lösenden Abbeizmitteln ganz abgebeizt werden. Nachwaschen mit einem schärferen Lösungsmittel (Nitroverdünnung) ist empfehlenswert.

Arbeitsgänge

Die Arbeitsgänge für Öl- und für Kunstharzanstriche unterscheiden sich im wesentlichen nicht. Für beide Anstricharten gilt: Damit der fertige Anstrich möglichst glatt und streifenlos erscheint, muß die Farbe gleichmäßig verteilt sein. Diese gleichmäßige Verteilung nennt man Verschlichten. Man beginnt mit dem Farbauftrag stets oben links. Kleinere Flächen arbeitet man, wenn sie ganz bedeckt sind, noch einmal waagrecht und senkrecht durch. Größere Flächen werden stückweise sofort fertig gestrichen.

Kunstharzanstrich (neues Holz) Untergrund säubern. Harzstellen isolieren. Bei Außenobjekten erst mit einem fungiziden (d.h. pilztötenden) Holzschutzgrund vorstreichen. Bei Innenobjekten aus Sperrholz, Preßspanplatten u.ä. ist keine Imprägnierung erforderlich; lediglich Vollhölzer (also Holz direkt vom Stamm) sollten auch hier imprägniert werden. Nach dem Trocknen ein Voranstrich, und zwar außen mit Ventilationsgrund (dieser Anstrich ist porös, er läßt feuchtes Holz austrocknen, jedoch keine neue Feuchtigkeit eindringen); innen mit Kunstharz-Vorlack. Dann Deckanstrich mit Fenstergrund, auch Ventilationsgrund genannt (außen) oder Kunstharzfarbe (innen); nach Schleifen mit feinem Glaspapier abschließend lackieren mit ölreichem Alkydharzlack (außen) bzw. Kunstharzlack (innen). Man kann auch für den ganzen Anstrichaufbau nur Kunstharzlack verwenden (also Lack auf Lack).

Kombinationslack (auf altem Anstrich) Alten Anstrich, wenn schlecht, abbeizen oder abbrennen; sonst aufrauhen, d.h. mit Salmiakwasser reinigen und mit feinem Glaspapier anschleifen. Kleinere Schäden erst mit Lack vorbessern; trocknen lassen. Für den neuen Anstrich Kombinationslack verwenden (dem Kunstharzlack verwandt, aber mit starkem Ölanteil).

Naturholzlackierung (Lasieren) Sollen Türen, Fensterläden u.ä. aus Naturholz ohne Deckanstrich bleiben, erhalten sie eine schützende Lackierung mit Luftlack (d.h. wetterfestem Überzugslack). Ölhaltige Lacke lassen häufig das Holz etwas dunkler erscheinen. Nach der vorher erwähnten Imprägnierung erfolgt das Auftragen des Lacks in 3 Arbeitsgängen: Grundieren mit Lack, der mit 10% Testbenzin verdünnt wurde; Vorlackierung und Schlußlackierung mit unverdünntem Lack. Zwischen den Anstrichen den vorhergehenden anschleifen. Grobporiges Holz wie z. B. Eiche kann man, um eine glatte, porenfreie Oberfläche zu erzielen, statt des Lackauftrags mit einer transparenten Spachtelschicht überziehen. Das Auftragen muß zweimal geschehen, auch hier ist der erste Auftrag nach dem Trocknen zu schleifen.

Das Lackieren exotischer Hölzer, wie sie heute vielfach verwandt werden, ist jedenfalls für den Laien problematisch.

Solche Hölzer werden, obwohl nicht wetterbeständig, heute nicht selten auch außen an Häusern verwendet. Streicht man sie zum Schutz einfach mit Klarlack, so besteht die Gefahr, daß im Holz enthaltene Stoffe (Wachse, Öle), besonders bei Sonnenbestrahlung, den Anstrich wegdrükken. Bewährt hat sich bisher am besten eine Grundierung mit 10% verdünntem DD-Lack (S. 54 f.). Auf dieser kann – nach Aufrauhen – mit Kunstharzlacken weitergearbeitet werden.

In Innenräumen ist die Gefahr geringer; sie besteht aber auch hier, wenn das Holz (auch Furnier) längerer Sonnenstrahlung ausgesetzt wird. In diesem Fall ist die oben empfohlene Behandlung ebenfalls zweckmäßig.

14 Anstriche für Fußböden

Für Holzfußböden kommen 3 Anstricharten in Betracht:
Sehr gute Böden (Eiche, Parkett): Versiegeln
Gute Böden (gutes Fichten- oder Föhrenholz): Lasur
Einfache Weichholzböden (Fichte): Farbanstrich

Das Versiegeln

Immer mehr geht man heute dazu über, Holzböden nicht mit farbigem oder farblosem Lack zu überstreichen, sondern zu versiegeln. Eine sorgfältige Versiegelung schützt Dielen und Parkett vor dem Eindringen von Feuchtigkeit und Schmutz und erleichtert die Pflege. Ein versiegelter Boden behält für Jahre sein ursprüngliches Aussehen.

Man unterscheidet 2 Arten der Versieglung:

Versieglung mit Imprägnier- oder Tiefensiegel

1. Parkett bzw. Dielung schleifen und den Schleifstaub entfernen.
2. Versieglungsmittel mit dem Flächenstreicher (S. 28) zügig streichen.
3. Nach der Trocknungszeit (meist ein Tag) Wiederholung dieses Anstrichs.
4. Nach dem Trocknen gleichmäßiges, festes Schleifen des Bodens mit feiner Stahlwolle.
5. Bohnern.

Versieglung mit DD-Reaktionsversiegler Über den hier benötigten DD-Lack ist im Abschnitt »Chemisch härtende Lacke« (S. 54 f.) das Erforderliche gesagt. Die Arbeitsgänge sind die gleichen wie oben beschrieben.

Pflege Die Versieglung erfüllt ihren Zweck nur, wenn sie sorgfältig ausgeführt wird. Bedenken Sie, daß sie im handwerklichen Bereich gewöhnlich von Spezialfirmen durchgeführt wird! Die Versieglung erfordert mehrere Tage; während dieser Zeit können in den betreffenden Räumen andere Arbeiten nicht ausgeführt werden. Verderblich ist es, wenn wegen Zeitmangels das Schleifen vernachlässigt oder ganz ausgelassen wird. Der Boden soll matt geschliffen sein; lassen Sie sich nicht verleiten, eine glänzende Beschichtung anzustreben! Regelmäßiges Pflegen mit Hartwachs.

Lasieren von Holzböden Lasieren erhält einem Holzboden die sichtbare Holzstruktur, überzieht die Fläche nur mit einer leicht getönten, aber durchsichtig bleibenden Schicht. Lasieren kann man nur neue Holzböden, die sauber sind und schön im Holz, wobei Äste weniger stören als stockiges oder mit Blaufäule befallenes Holz.

Vorausgehen soll eine Grundierung: für Öllacke mit Leinölfirnis, für Kunstharzlacke mit Kunstharz-Grundieröl. Ist die Grundierung dann trocken, folgt die Lasur. Dabei kann man dem etwa 10% verdünnten Klarlack etwas Körperfarbe zusetzen: Terra di Siena natur für gelbliche, Terra di Siena gebrannt für rötliche Töne; beide Farben sollten durch etwas Umbra natur oder auch Schwarz ein wenig stumpfer gemacht werden. Die Trockenfarbe ist zunächst in kleiner Menge dick in Lack anzurühren, dann vorsichtig dem Lasurlack zuzusetzen – vorsichtig, um Farbton und erwünschten Dunkelgrad der Lasur zu treffen. Lasuren stets hell, leicht halten.

Lasuren müssen schön gleichmäßig, am besten mit einem breiten Flächenstreicher (S. 28) aufgetragen werden. Es sollen keine Ansätze sichtbar sein.

Nach dem Trocknen mit klarem Lack ohne Farbzusatz nochmals lackieren. Das beste Ergebnis erzielen Sie, wenn Sie nach jedem Arbeitsgang die Fläche schleifen und sauber abkehren.

Farbige Anstriche für Holzböden

Vorarbeit bei alten Böden Bis auf einen gleich noch zu erwähnenden Unterschied beim Grundieren besteht der Unterschied zwischen dem Anstreichen alter und neuer Böden nur in den Vorbereitungen. Alte Böden – einerlei, ob gestrichen oder nur lasiert – werden fast immer eine Wachsschicht tragen. Entfernt man sie nicht, behindert sie das Trocknen des neuen Anstrichs und macht ihn unweigerlich klebrig. Es ist deshalb nicht zu umgehen, daß man die gesamte Fläche zunächst gründlich ablaugt. Man bereitet dazu eine heiße konzentrierte Sodalauge (750 g Soda auf ½ Eimer Wasser) oder Imi-Lauge (2 Päckchen »Imi« auf ½ Eimer Wasser). Mit dieser Lauge wird der Boden ausgiebig befeuchtet. Man läßt die Lauge eine halbe Stunde einwirken und wäscht dann gründlich mit klarem Wasser nach. Das muß unbedingt mehrmals und sehr gründlich gemacht werden.

Das Ablaugen kann man ersetzen durch Überziehen mit dem schnell trocknenden Isoliermittel

»Kristall-Isolit«, das die Wachsschicht unschädlich macht.

Ist der Boden gut trocken, kann man mit dem Grundieren beginnen, und der weitere Ablauf ist wie bei neuen Böden – mit dem einzigen Unterschied, daß bei alten Böden nur die abgetretenen, farblosen Stellen mit Grundierfarbe gestrichen werden. Grundierfarbe, auf Farbuntergrund gestrichen, wird nicht vom Holz aufgesogen, trocknet sehr langsam durch und macht den weiteren Anstrich klebrig. Ist demnach der Boden noch ganz mit einer gut deckenden Farbschicht bedeckt, verzichtet man auf das Grundieren.

Vorarbeit bei neuen Böden Das Vorbereiten neuer Böden entspricht den Vorarbeiten bei allen Holzuntergründen: Harzgallen ausstechen oder ausbrennen, andere harzige Stellen und Äste mit Schellack als Isoliermittel überstreichen. Fläche tadellos säubern.

Farben Grundier-, Deck- und Lackfarben können fertig beim Farbhändler eingekauft werden.

Auskitten Erst nach dem Grundieren werden Löcher und Fugen ausgekittet – mit Leinölkitt, den man fertig erwirbt (beim Glaser) oder selbst bereitet aus Kreide und Leinölfirnis. Spachtelkitt und Gips eignen sich nicht.

Schleifen Nach gründlichem Durchtrocknen wird der Boden mit einem gröberen Glaspapier (Nr. 3) geschliffen und sauber abgekehrt.

Deckanstriche Es folgt der erste, nach 1 bis 2 Tagen der zweite Deckanstrich.

Trocknen und Schleifen Jeder dieser Anstriche braucht 1 bis 2 Tage Zeit zum Durchtrocknen. Nur auf ganz trockenem Voranstrich kann weitergestrichen werden.

Nach jedem Anstrich wird der Boden sauber geschliffen und abgekehrt.

Lackierung Auf den gut durchgetrockneten letzten Deckanstrich folgt die Lackierung, und zwar mit farbigem Lack im Ton des Anstrichs.

15 Ölähnliche Anstriche auf Putz

Auch für Anstriche auf Putzuntergründen spielen die Ölfarben nur noch eine geringe Rolle. Sie werden verdrängt durch moderne Anstrichfarben auf Kunstharzbasis.

Zwei Arten sind zu unterscheiden: Pliolite-Farben und Akrylharz-Farben. Die Pliolite-Farben, in Lösungsmitteln gelöste Kunstharze, besitzen eine Pigmentierung, die ein weitgehendes Atmen des Putzes zuläßt. Diese Farben sind unbedingt alkalibeständig, also auch auf Kalk- und Zementuntergründen zu verwenden. Sie dürfen allerdings nicht bei Temperaturen unter dem Gefrierpunkt verarbeitet werden.

Diesen Nachteil haben die Akrylharz-Farben nicht. Sie sind ebenfalls unbedingt alkalibeständig und können ohne Bedenken auch bei Temperaturen unter null Grad verarbeitet werden.

16 Anstriche auf Metall

Den Metallen ist ein eigener Teil in diesem Buch vorbehalten (S. 289ff.). Hier betrachten wir sie nur als Anstrichträger. Drei Metalle treten uns in der Praxis entgegen: Eisen · Zink · Aluminium.

Eisen Wie jeder weiß, rostet ungeschütztes Eisen schnell. Säuren und saure Gase begünstigen die Rostbildung. Eisen wird entrostet, von Öl und Fett gesäubert, dann vor dem eigentlichen Anstrich mit Mennige (s. S. 50) vorgestrichen.

Zink Zink finden wir als reines Zinkblech oder verzinktes Eisenblech. Reines Zinkblech wird viel verwendet für Wand- und Dachverkleidungen und für Dachrinnen. Zink wird durch die Einwirkungen von Luft und Wasser nur langsam verändert, es wird matt und rauh. Säurehaltige Luft und längere Einwirkung von Regenwasser zerstören es allmählich. Man streicht Zink und Zinkblech nach gründlichem Entfetten und Absäuern entweder mit fetten Standöl- oder mit Dispersionsfarben.

Aluminium An Türen von Geschäftshäusern, Schaufenstern, in Treppenhäusern, Fahrstühlen usw. findet man häufig eloxiertes Aluminium. Das bedarf keines Anstrichs. Andere Legierungen und insbesondere poröse Aluminiumflächen müssen aber durch einen Anstrich geschützt werden. Man streicht sie nach Vorbehandlung – Absäuern und Entfetten – mit Kunstharzlack.

Vorbereitende Arbeiten

Entrosten (Eisen) Alle Eisenteile müssen vor Neuanstrichen entrostet werden. Dünne Rostflecke werden mit Petroleum entfernt. Drahtbürste, Schleifpapier, Spachtel eignen sich ebenfalls. Starke Rostschichten muß man nötigenfalls mit Hammer und Meißel abschlagen. Nach dem Entrosten soll die Fläche vor neuem Rost geschützt werden. Am besten gleich den Schutzanstrich mit Mennige folgen lassen. Ist das nicht möglich, kann man die Flächen zum Schutz, für kürzere Fristen, mit Leinölfirnis einreiben.

Absäuern · Aufrauhen (Zink · Aluminium) Neue Zinkbleche müssen vor einem Ölfarbenanstrich erst mit Waschbenzin oder Nitroverdünnung entfettet und dann abgesäuert werden. Man streicht sie mit verdünnter Salzsäure: 1 Teil Salzsäure · 8 Teile Wasser, läßt diesen Anstrich etwas einwirken und wäscht gründlich mit klarem Wasser nach. Das rauht die Oberfläche auf und gibt den folgenden Anstrichen besseren Halt.

Aluminium wird vor Anstrichen in gleicher Weise angerauht.

Voranstrich mit Wash-Primer (siehe nächste Spalte) erspart das Absäuern.

Entfetten (Aluminium) Für das Gelingen von Anstrichen auf Aluminium ist außerdem Voraussetzung, daß Fettspuren von der Anstrichfläche durch Abwaschen entfernt werden mit einer fettlösenden Flüssigkeit: Testbenzin · Trichloräthylen · Penitrin.

Bleimennige (Eisen) Als Rostschutzfarbe für den Grundanstrich von Eisenuntergründen dient Bleimennige, ein orangeroter Farbstoff von guter Deckkraft. Die Ursache der rosthindernden Wirkung vermutet man darin, daß dieser Farbstoff in Verbindung mit Leinöl wasserabweisende Bleiseifen bildet. Bleimennige ist als Ölfarbmennige sowie auch schnelltrocknend als Kunstharzmennige erhältlich. Bleimennige ist als Bleifarbstoff giftig. Bei der Verarbeitung sind die Vorschriften des Bleimerkblattes (S. 30f.) zu beachten.

Wegen seiner Schwere setzt sich Bleimennige bei längerem Stehen in angerührtem Zustand schnell ab. Man muß die Farbe jedesmal vor dem Gebrauch erneut aufrühren. Ein Bleimennigeanstrich braucht 5 bis 10 Tage zum vollkommenen Durchtrocknen. Folgt ein neuer Anstrich zu früh, hält er nicht. Achtung: Bleimennige allein ist nicht wetterbeständig. Es müssen mindestens 2 Anstriche mit wetterbeständiger Farbe (Öl, Standöl, Kunstharzfarbe) folgen!

Wash-Primer Dies ist ein universeller Untergrundanstrich mit sehr guter Haftfähigkeit für alle Arten von Metallen.

Ähnliche Eigenschaften haben die sogenannten Haftgründe. Diese Materialien werden auch als Zweikomponenten-Material geliefert. Grundfarbe und Zusatzlösung mischen im Verhältnis etwa 2:1; den fertig angerührten Grund 30 Minuten stehen lassen; dann binnen 48 Stunden verarbeiten. Also nicht zuviel auf einmal anmachen!

Auf diese Grundierung läßt man, wenn sie trocken ist, einen Voranstrich (Kunstharz-Metallgrund rotbraun) und zwei Deckanstriche mit Kunstharzlack folgen.

Rostumwandler und Rost-Primer Leichte Rostbildungen (Flugrost), wie sie auf blanken Eisenuntergründen schnell entstehen, können mit Rostumwandlern oder Rost-Primern beseitigt werden. Allerdings sind diese Mittel wegen ihrer geringen Tiefenwirkung nur für schwache Rostschichten geeignet. Für Arbeiten an schwer zugänglichen Stellen stellen sie eine wesentliche Arbeitserleichterung dar.

Rostumwandler werden vor dem Anstrich aufgetragen. Man läßt die dickflüssige Masse etwa 12 Stunden einwirken und wäscht dann mit Wasser nach. Rost-Primer werden dagegen dem eigentlichen Schutzanstrich beigemengt; hier wird der Rost im Zuge des Farbauftrags und Trocknens umgewandelt.

Gartenmöbel (Eisenteile)

Diese Anweisung gilt auch für vergleichbare Teile aus Eisen, wie Balkongeländer u.ä. Gründlich entrosten. Zwei Voranstriche mit Kunstharz-Bleimennige oder Metallgrund rotbraun. Dann entweder Anstrich mit Kunstharzvorstreichfarbe und Lackieren mit Kunstharzlack oder zweimaliges Lackieren mit Kunstharzlack.

Heizkörper, Rohre

Farbwahl Rohre und Heizkörper sollen nicht Aufmerksamkeit auf sich lenken, sondern zurücktreten. Ich empfehle:
entweder Anstrich in gebrochenem Weiß (Weiß mit Buntzusatz). Paßt zu fast allen Wandtönen. Vorteil: Braucht nicht erneuert zu werden, wenn die Wand neu gestrichen wird;
oder Anstrich im Ton der Wand, aber keinesfalls dunkler als diese;
oder Anstrich in Schwarz, wenn ein Heizkörper ringsherum verkleidet ist und sich unter dem Fenster befindet. Er tritt dann überhaupt nicht in Erscheinung;
nicht dagegen Anstrich in Aluminiumbronze; das sieht kalt und kitschig aus.
Geeignete Körperfarben Es ist empfehlenswert, fertige Heizkörperfarben und Heizkörperlacke zu verwenden. Die im Handel erhältlichen sind meist weiß. Sollen dunkle Farbtöne erreicht werden, eignen sich am besten die in vielen Farbtönen erhältlichen Kunstharzlacke (S. 53ff.).
Vorarbeiten Heizkörper und Rohre müssen vor einem Anstrich gründlich mit Spachtel und Drahtbürste gereinigt werden. Sie müssen frei sein von Fett, Rost, Farb- und Putzspritzern.
Ein vorhandener, gut erhaltener Anstrich kann wieder überstrichen werden. Neue Heizkörper werden vielfach von den Herstellern mit einem Rostschutzanstrich versehen, damit sie nicht während des Transports und des Einbaus rosten. Nicht jeder derartige Schutzanstrich eignet sich als Anstrichuntergrund. Um die Eignung zu prüfen, macht man mit der Spitze des Taschenmessers einen Gitterschnitt (auf 1 cm^2 Fläche 10 senkrechte und quer darüber 10 waagerechte Schnitte, also je 1 mm Abstand) in die Farbschicht. Platzt sie an der Schnittstelle zackig aus, so muß die Schicht entfernt werden, weil sie später mit dem Neuanstrich abplatzen würde.

Ofenrohre

Auch Heizkörperfarben halten nicht die Temperaturen aus, die an der Oberfläche eines Ofenrohrs entstehen. So sehr man wünschen mag, Ofenrohre hell im Wandton zu streichen – aus praktischen Gründen ist das unzweckmäßig. Am besten ist ein Anstrich mit Graphit, den man anschließend mit einer Bürste blankbürstet, oder gute Aluminiumbronze. Nur weiß emaillierte Ofenrohre sind hitzebeständig.

Fahrräder

Die starke Beanspruchung des Fahrradrahmens durch Stoß und Kratzer verlangt eine sehr gute Haftung des Anstrichs. Der alte Anstrich ist nach Möglichkeit zu entfernen – Drahtbürste – sehr gut haftende Lackflächen werden an den Rändern der abgestoßenen Stellen glattgeschliffen. Es folgt ein Anstrich mit Haftgrund (ein fertig käufliches Grundiermittel, das Anstrichen auf Metallgrund eine besonders gute Haftung verleiht). Er ist nach dem Trocknen sorgfältig mit feinem Glaspapier zu schleifen.
Den Abschluß bilden zwei Anstriche mit Schlagfestlack. Es gibt Markenfabrikate (»Ducolux« · »Glassomax« · »Herbol« schlagfest) in allen Farbtönen, die man sich wünschen kann.

17 Von der Kunst des Lackierens

Allgemeines

Vorbereiten des Untergrundes Flächen, die lackiert werden sollen, müssen eben und glatt sein. Dazu werden sie mit Glaspapier sorgfältig abgeschliffen (Naturholzflächen in Faserrichtung); die Kanten vorsichtig behandeln (S. 138 f.). Danach wird die Fläche abgekehrt, mit feuchtem Leder abgeledert, Ecken werden ausgeblasen. Geht man zur Kontrolle mit der flachen Hand über die Fläche, so spürt man auch noch Staubteilchen, die das Auge kaum wahrnimmt.
Vorbereiten des Lacks Kälte behindert das einwandfreie Verlaufen des Lacks. Die Rillen, die die Pinselborsten hinterlassen, verschwinden dann nicht ganz. Die Fläche soll aber spiegelglatt werden. Der Arbeitsraum beim Lackieren soll deshalb mäßig erwärmt sein, bei starker Kälte

soll man auch den Lack im Wasserbad leicht anwärmen. Ist Lack infolge längeren Stehens durch Häute verunreinigt, wird er mit einem Farbsieb (S. 26) oder sehr feinem Gewebe (Damenstrümpfe) durchgesiebt.

Pinsel Gute Pinselqualität ist Voraussetzung des Gelingens. Am besten reserviert man einige Pinsel ausschließlich für Lackierungen und bewahrt sie gesondert auf (hängend in Halböl, S. 27, oder Spangol). Vor dem Lackieren spült man den Pinsel nochmals in tadellos reinem Terpentinölersatz aus. Dann wird er sorgfältig ausgeschwenkt. Das geht am besten, indem man den Pinselstiel rasch zwischen beiden Handflächen hin und her dreht. Es darf kein Terpentin im Pinsel zurückbleiben, sonst läuft beim Lackieren der Lack rückwärts aus dem Pinsel.

Der so gesäuberte Pinsel wird in den Lack getaucht und zunächst »durchgearbeitet«. Man nimmt dazu eine kleine Lackmenge gesondert ab. Der Pinsel wird wiederholt eingetaucht und am Rührholz wieder ausgedrückt, bis er ganz gleichmäßig Lack aufgenommen hat.

Ebenso geht man vor, wenn man mit einem Pinsel von einer Farbe zur anderen übergehen will: erst mit Terpentinersatz oder einem im Handel erhältlichen Pinselreiniger (»Moltoclar«) säubern, ausschwenken, dann in der neuen Farbe zunächst gründlich durcharbeiten, es entstehen sonst Streifen im Ton der alten Farbe. Den zum Durcharbeiten abgenommenen Lack kann man für untergeordnete Anstrichflächen mit verwenden.

Kein Staub! Staub ist der Todfeind frischen Lacks. Keine unnötigen Bewegungen! Saubere, nicht staubende Arbeitskleidung und Kopfbedeckung sind erforderlich.

Arbeitsweise Lack – im Gegensatz zu Ölfarbe – fängt bei ungleichmäßigem oder zu dickem Auftrag an zu laufen. Es entstehen »Gardinen«. Deshalb soll man die zu lackierenden Teile soweit möglich waagerecht lagern; muß die Fläche aber senkrecht lackiert werden, den Lack so dünn und so gleichmäßig wie möglich auftragen. Zu dickes Auftragen nennt man auch »Schwemmen«. Besonders hüten muß man sich, wenn man an den oberen Ecken und Kanten von Türfüllungen zu lackieren beginnt. Zu fett lackierte Ecken und Kanten verursachen stets ein Laufen des Lackes.

Verschlichten Gleichmäßigen Auftrag erreicht man durch Verschlichten, d.h. mehrmaliges Durcharbeiten der aufgetragenen Farbe mit dem Pinsel in wechselnder Richtung: erst senkrecht, dann – sobald die Fläche gleichmäßig bedeckt ist – waagerecht, am Schluß nochmals in der ersten Richtung. Jedesmal ganz dünn! Beachten Sie, daß dieses Verschlichten hintereinander weg geschieht, im Gegensatz zu mehreren aufeinander folgenden Anstrichen (Grundierung · Zwischenanstrich · Deckenanstrich usw.), bei denen jeweils das Trocknen des vorhergehenden abgewartet werden muß.

Für jede Fläche benötigt man ihrer Größe entsprechend eine bestimmte Lackmenge, die es zu treffen gilt. Nicht »schwemmen«, aber auch nicht zu »dürr« auftragen.

Das Verschlichten kann bei kleineren Flächen so geschehen, daß schon nach einmaligem Eintauchen genug Lack auf der Fläche ist. Große Flächen müssen meist zuerst »regional« verschlichtet werden, ein Türblatt z.B. in 6 Abschnitten. Am Schluß aber müssen Sie noch einmal in beiden Richtungen über die Fläche im ganzen gehen; hierbei keine neue Farbe mehr mit dem Pinsel aufnehmen – also rasch arbeiten!

Reihenfolge Bei Füllungstüren lackiert man erst die Füllungen, dann die Rahmen; von diesen zuerst die Querteile, dann die Längsteile. Lackierte Fenster und Türen bleiben offen, damit die Falze trocknen können und nicht verkleben. Nach dem Trocknen reibt man die Falze noch mit Talkum ein.

Die Lacke

Lackierungen erfüllen in schönster Weise den doppelten Sinn eines Anstrichs: sie geben angestrichenen Flächen (oder auch ungestrichenen) Schönheit, Glätte, Glanz – oder auch Mattglanz, und sie schützen durch ihre Härte und Widerstandsfähigkeit die Fläche gegen chemische und mechanische Einwirkungen, besser als ein Anstrich allein das vermag. Gute Lackanstriche kann man durch Abwaschen reinigen.

Lacke sind Lösungen von Harzen oder Kunstharzen in flüchtigen Lösungsmitteln. Verdunstet das Lösungsmittel, so bleibt auf der Fläche eine dünne harte Schicht zurück, der sogenannte Lackfilm.

Klarlack und Lackfarbe Zunächst müssen wir uns mit folgender Unterscheidung vertraut machen: Spricht der Fachmann von Lack, so meint er gewöhnlich den Klarlack. Das Überziehen von Naturhölzern oder Anstriche mit Klarlack nennt man Klarlackierung. Werden dem klaren Lack feinangeriebene Körperfarben zugesetzt (weiß oder bunt), so spricht man von Lackfarbe (oder auch von Emaillack oder Emaille, weil ein Anstrich mit Lackfarbe [pigmentiertem Lack] in der Wirkung etwa dem glasartigen gebrannten Überzug entspricht, den wir sonst unter dem Namen Emaille kennen. Der Vergleich bezieht sich nur auf das Aussehen, die Technik des Emaillierens hat im übrigen mit Lackieren nichts zu tun). Sowohl Klarlacke wie Lackfarben kann man verarbeitungsfertig kaufen.

Lackarten (Übersicht) Die Farbenindustrie bietet Lacke in kaum zu übersehender Mannigfaltigkeit an. Um einen Überblick zu gewinnen, betrachten wir nachfolgend die Hauptgruppen. Hier muß ich Ihre Geduld, verehrter Leser, wahrscheinlich auf die Probe stellen. Ich vermute, Sie möchten, wenn Sie bis hierher gelangt sind, nun endlich zu Farbtopf und Pinsel greifen. Die Lacke müssen wir aber durchmustern, damit wir für den jeweiligen Zweck das Richtige und Schönste auswählen können.

In großen Zügen kann man unterscheiden: Öllacke · Kunstharzlacke · Spirituslacke · Nitrolakke · Chlorkautschuklacke · chemisch härtende Lacke · Asphaltlacke · »Alak«

Öllacke Die Gruppe der Öllacke enthält neben den Harzbestandteilen fette Öle, und zwar in verschiedenem Maße. Die »fetten« Lacke mit reichlichem Ölgehalt eignen sich für Außenverwendung. Solche fetten Außenlacke sind z.B. Luftlacke und Bootslacke. Halbfette und magere Öllacke sind nicht witterungsbeständig und dienen für Innenlackierungen. Solche Lacke sind: Dekorationslacke · Sitzmöbellacke · Schleiflacke · Fußbodenlacke · Heizkörperlacke.

Als Verdünnungsmittel für sämtliche Öllacke dient wie bei Ölfarben Terpentinöl oder Terpentinölersatz.

Luftlack Luftlack ist sehr fett, man lackiert mit ihm außen gelegene Holzteile, wie Haustüren, Fenster, Fensterläden, Balkongeländer u. ä. Bitte merken Sie sich, daß die Fenster-Innenseiten stets mit Lack zu behandeln sind, der für Außenverwendung geeignet ist – nicht mit Innenlack. Sie kommen ja, sobald sie geöffnet werden, mit Außenluft und Wetter in Berührung.

Luftlack wird staubtrocken (d.h. Staub setzt sich nicht mehr fest, kann abgewischt werden) nach 8 bis 10 Stunden, härtet völlig durch nach etwa 36 Stunden.

Bootslack Wasserbeständigkeit zeichnet die Bootslacke aus. Sie sind nach 4 bis 6 Stunden staubtrocken, nach 24 Stunden durchgehärtet.

Dekorationslack Diese Lacke dienen zu Innenlackierungen auf Türen, Möbeln, Täfelungen aus Naturholz.

Sitzmöbellack Von Sitzmöbellacken verlangt man, daß sie schnell und hart durchtrocknen und durch Körperwärme nicht erweicht werden.

Schleiflack Dieser Lack trocknet schnell, so daß er nach kurzer Zeit, 1-2 Tagen, mit Wasser und wasserfestem Schleifpapier geschliffen werden kann. »Schleiflack« nennt man sowohl die Technik des Schleifens lackierter Flächen (»Holzoberfläche« S. 141 f.) wie auch den für diese Technik geeigneten Lack. Das kann Klarlack wie pigmentierte Lackfarbe sein.

Fußbodenlack Hartes Durchtrocknen und Trittfestigkeit zeichnen die Fußbodenlacke aus. Von Fußbodenanstrichen handelt ein eigener Abschnitt S. 48 f.

Heizkörperlack Lacke für Heizkörper müssen 70 bis 80 Grad vertragen und elastisch sein, um der Wärmeausdehnung des Metalls zu folgen.

Hiermit ist die Gruppe der Öllacke beendet.

Kunstharzlacke (Schlagfestlacke) Kunstharzlacke sind universell verwendbar, innen und außen, für jede Art Untergrund. Wie der Name »Schlagfestlacke« andeutet, sind sie äußerst widerstandsfähig gegen Druck und Stoß, außerdem haften sie gut am Untergrund und sind wetterbeständig. Kunstharzlacke werden staubtrocken in etwa 4 Stunden, erhärten in etwa 24 Stunden. Sie werden – je nach Einzelvorschrift – mit Terpentilölersatz oder Kunstharzverdünnung verdünnt. Sie sind teurer als Öllacke.

Spirituslacke Spirituslacke sind in Spiritus gelöste Harze. Man nennt eine solche Lösung auch »Schellack«. Da Spiritus als Lösungsmittel sehr flüchtig ist, trocknen solche Lacke sehr schnell; man verwendet sie deshalb für Handläufe in Treppenhäusern. Trockenzeit nur 30 bis 60 Minuten. Es gibt klare Spirituslacke und Spirituslackfarben. Die klaren Lacke dienen auch als Politur oder Mattierung für Naturhölzer, ferner zum Isolieren von Ästen und harzhaltigen Stellen in Holzuntergründen (S. 45). Sie sind auch als Isoliermittel für Wasser- und Rauchflecken, Teeranstriche und durchblutende ältere Anstriche mit Anilinfarben (aus Steinkohlenteer gewonnen) verwendbar.

Wegen der schnellen Trocknung muß man mit diesen Lacken rasch umgehen. Man trägt sie schnell mit einem weichen Pinsel auf, Polituren mit einem Stoffballen.

Verdünnungsmittel ist Spiritus.

Nitrolacke (Zelluloselacke) Nitrolacke sind in Speziallösungsmitteln gelöste Nitrozellulose unter Zusatz von Harzen und Weichmachern. Sie trocknen binnen 30 Minuten, sind als Klarlacke und Lackfarben im Handel. Als Verdünnungsmittel dient Nitroverdünnung oder Azeton. Nitrolacke lösen Ölfarbenuntergründe auf.

Wegen ihres raschen Trocknens werden Nitrolacke gewöhnlich nicht gestrichen, sondern gespritzt (S. 55 f.).

Zaponlack verwendet man zum Überziehen blanker Metallteile (Messing, Kupfer), die der Luft ausgesetzt sind und ohne Überzug schnell oxydieren würden. Der Lack ist wasserhell, ändert das Aussehen der Metalloberfläche nicht, schützt sie aber vor Oxydation.

Es folgen jetzt zwei Gruppen von Lacken, die sich durch ganz außerordentliche Widerstandskraft auszeichnen.

Chlorkautschuklacke Überall wo von einem Anstrich hohe Widerstandskraft gegen chemische Einwirkungen verlangt wird: bei Unterwasserbauten, Schwimmbädern, Beton- und Zementfußböden, zementhaltigen Putzflächen und Platten – da verwendet man Chlorkautschuklacke: Lösungen von Chlorkautschuk in geeigneten Lösungsmitteln unter Zusatz von Harzen und sogenannten Weichmachern. Diese Lacke können nicht verseifen, sie werden von alkalischen Untergründen (ist auf S. 34 erläutert) nicht angegriffen. Sie sind in einer Stunde staubtrocken, bis zum völligen Durchhärten brauchen sie einige Tage.

Chlorkautschuklacke verlangen eine Grundierung mit Spezialgrundierungsmitteln, die von den Herstellerfirmen vorgeschrieben werden, ebenso verlangen sie ein Spezialverdünnungsmittel, das man zusammen mit dem Lack kauft. Man unterscheidet Chlorkautschuklacke für Innenanstriche, Außenanstriche und Unterwasseranstriche.

Chemisch härtende Lacke Dies ist eine Gruppe von Lacken, die an Widerstandsfähigkeit und Härte alles früher Bekannte übertreffen. Sie sind bekannt als

DD-Lacke · Mehrkomponentenlacke · Polyesterlacke · Polyurethanlacke · kalthärtende Lacke · Reaktionslacke · Versieglungslacke.

Diese Lacke sind beständig gegen Lösungsmittel · Öle · Fette · Fettsäuren · Mineralöl · Trichloräthylen · Seifen · Sodalaugen · Salzlösungen, dazu sehr widerstandsfähig gegen mechanische Einwirkungen wie Kratzen, Scheuern, Stoßen.

Solche Lacke werden im allgemeinen geliefert in getrennten Bestandteilen, die erst bei der Verarbeitung zusammenkommen: ihre chemische Reaktion läßt den widerstandsfähigen Lackfilm entstehen. Man bekommt entweder 3 Bestandteile: Lack · Härter · Verdünnung, oder nur 2, nämlich Lack und einen Härter, dem das Verdünnungsmittel bereits beigemischt ist. Eine halbe bis eine ganze Stunde vor Gebrauch werden diese Bestandteile nach Vorschrift gemischt. Dabei soll man nicht mehr Lack mischen, als man gerade braucht; einmal gemischter DD-Lack erhärtet nach etwa 8 Stunden und ist dann unbrauchbar. Polyesterlacke sind höchstens 15 bis 20 Minuten offen. Es gibt neuerdings jedoch auch sogenannte Einkomponentenlacke.

Es gibt diese Lacke als Klarlacke (Glasur) und als farbige Lacke (Emaille) in verschiedenen Farbtönen. Man streicht mit 1 kg Klarlack etwa 12 bis 15 qm Fläche, mit 1 kg Emaille etwa 8 bis 12 qm. Die Trockenzeit beträgt etwa 5 bis 7 Stunden.

Anwendung: Chemisch härtende Lacke braucht man hauptsächlich, um säure- und alkalibeständige Anstriche in Labors, Molkereien, Küchen, Badezimmern, um treibstoffeste Anstriche an Tankanlagen herzustellen. Man verwendet sie weiter an Wandflächen für Sockel, auf Zementfußböden, für Metalluntergründe, für Außenanstriche wie Bootslackierung. Eines der wichtigsten Anwendungsgebiete: Parkettfußböden, Bänke, Stühle, Tischplatten erhalten mit diesen Lacken hochglänzende, fast unverletzbare Überzüge.

Der größte Feind dieser Lacke ist Wasser im Untergrund. Bei Neubauten ist daher äußerste Vorsicht geboten.

Verarbeitung: Diese »Wunderlacke« sind gefährlich und verlangen bei der Verarbeitung außergewöhnliche Vorsichtsmaßregeln. Zunächst sind sie in flüssigem Zustand stark feuergefährlich. Die getrocknete Lackschicht ist dagegen weitgehend glutbeständig.

Die Gebrauchsanweisungen der Hersteller müssen peinlich befolgt werden. Allgemein gilt:

1. Hände schützen durch Hautschutzsalbe oder Gummihandschuhe.

2. Atmungswege schützen. Das geschieht vor allem durch ständige Frischluftzufuhr, durch dauerndes Durchlüften des Raumes.

3. Erfolgt der Auftrag mit einem Spritzapparat, muß der Arbeitende eine Schutzmaske mit Filter tragen. Dieses Verfahren kommt für den Laien aber nicht in Betracht.
4. Wer zu Asthma oder Bronchialkatarrh neigt, soll diesen Lacken fernbleiben. Treten Beschwerden beim Arbeiten auf, unverzüglich den Arzt heranziehen.
5. Pinsel, die mit diesen Lacken in Berührung kamen, sind anschließend sofort mit dem Spezialverdünnungsmittel zu säubern, sie werden sonst steinhart und gänzlich unbrauchbar.

Asphaltlacke Zum Lackieren von Eisenteilen wie Fahrgestellen, Rohren, Gittern verwendet man Asphaltlacke – Lösungen von Asphalt oder Pech in Testbenzin oder Benzol. Die Lacke sind schwarz und sollten nur verwendet werden für Gegenstände, die schwarz bleiben sollen, denn als Untergrund für spätere Ölanstriche sind sie nicht geeignet. Testbenzin oder Benzol dienen auch als Verdünnungsmittel.

Alak (innen) Dieses Mittel ist in Innenräumen universell verwendbar. Es kann Bindemittel sein für Grundierung und farbigen Zwischenanstrich, wie auch zum Lackieren dienen. Alak trocknet schneller als Leinölfirnis. Der Lack ist nach einer Stunde staubtrocken, nach etwa 14 Stunden hart durchgetrocknet.

Einkauf von Lacken Lack ist einer der edelsten Werkstoffe, mit denen wir bei Arbeiten im Hause umgehen. Man soll ihn so gut wie möglich kaufen. Nur dann hat man Freude daran.
Man kauft im allgemeinen Originalbüchsen mit Klarlack, weißen oder bunten Lackfarben. Man muß den Lack gewöhnlich noch verdünnen: alle Öllacke mit Terpentin oder Terpentinersatz, sonst mit dem gleichzeitig eingekauften Spezialverdünnungsmittel. Soll der Lack mit Körperfarbe getönt werden, so nehme man kleinere Mengen entsprechend getönten farbigen Lacks.

Klarlack oder Lackfarbe? Ob man Klarlack oder pigmentierten Lack braucht, ergibt sich im allgemeinen aus der Aufgabe. So braucht man zu allen Lackierungen, die den Untergrund durchscheinen lassen sollen (Lasieren), Klarlack. Soll man farbige Anstriche mit Klarlack oder mit entsprechend getönter Lackfarbe überziehen? Da ist ein Unterschied zu machen: Helle Anstriche nicht mit Klarlack überziehen, weil dieser trotz seiner Transparenz (Durchsichtigkeit) immer einen leichten gelblichen Ton hat, der auf dem hellen Anstrich sichtbar wird. Dunkle Anstriche kann man sowohl mit Klarlack wie mit pigmentiertem Lack überziehen. Ausnahme: Blau stets mit blaugetöntem Lack streichen; der gelbliche Ton des Klarlacks verfärbt es sonst ins Grünliche.

18 Spritzen

Die Technik des Spritzens – das mühelose Aufsprühen des Lacks, die schöne gleichmäßige Fläche, die dabei entsteht – hat gerade für den Laien etwas Bestechendes.
Was kann man spritzen? So gut wie alles, vorausgesetzt, daß zwei Bedingungen erfüllt sind: Man muß ein Spritzgerät besitzen, und die vorbereitenden Arbeiten müssen in sinnvollem Verhältnis zum erstrebten Erfolg stehen.

Spritzgeräte Die Spritzanlagen in Handwerksbetrieben arbeiten gewöhnlich mit einem Druckkessel, der durch einen Motor und Kompressor unter gleichbleibendem Druck gehalten wird. Diese Anlagen kosten 900 bis 3500 DM; solche, die das Spritzgut gleichzeitig erhitzen, sind noch teurer. Sie kommen für den Heimwerker nicht in Betracht. Für ihn gibt es jedoch im Handel Niederdruckspritzgeräte, die keinen Kessel haben, sondern (nach dem Prinzip des Staubsaugers) den vom Motor erzeugten Luftstrom unmittelbar zur Pistole leiten. Bekannte Fabrikate sind »Chiron«, »Sprayit« und »Mistral«.

Vorarbeiten Da die Umgebung des zu spritzenden Gegenstandes gegen den Farbnebel geschützt sein muß, wird das Spritzen sich in der Regel nur dann lohnen, wenn umfangreichere Anstricharbeiten gemacht werden sollen, wenn die zu spritzenden Gegenstände beweglich sind und so in Keller oder Garage zusammen behandelt werden können oder wenn es sich um schwer zugängliche

Objekte wie Heizkörper, Keller mit vielen Leitungsrohren u.ä. handelt.

Materialien Für Spritzarbeiten sollten nur Markenartikel (wie z.B. »Ducolux«, »Herbol-Schlagfest«, »Glassomax«, »Spieß-Hecker«) verwendet werden, und zwar für sämtliche Arbeitsgänge das Material einer einzigen Firma: Grundierfarbe – Spachtelkitt – Vorlack – Kunstharzlack.

Türen und Möbel Der Laie sollte sich mit der Spritzpistole hier nur an liegende Flächen wagen. Also Türen aushängen, Möbel etappenweise umlegen. Stehende Flächen zu spritzen, ist eine Arbeit für den Fachmann, die Können, Aufmerksamkeit und richtig eingestelltes Material verlangt.

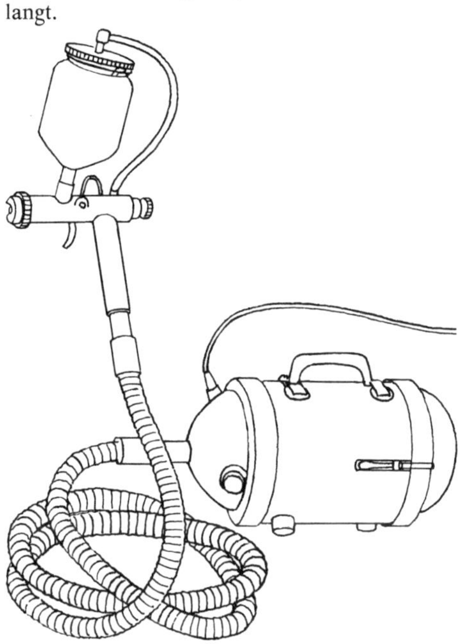

Niederdruckspritzgerät ohne Druckkessel

Voraussetzung eines einwandfreien Ergebnisses ist ein drei- oder viermaliges Spachteln mit Kopalspachtel. Die trockene Spachtelschicht wird mit wasserfestem Schleifpapier, Körnung 320, naß geschliffen. Dazu wird die Fläche mit einem Schwamm etwas angefeuchtet, dann glattgeschliffen, aber nicht durchgeschliffen. Den Schleifschlamm entfernt man mit Schwamm und Leder. Wenn die geschliffene Fläche über Nacht geruht hat, kann man den Vorlack spritzen. Auch dieser muß, wie eben beschrieben, glattgeschliffen werden.

Vor dem Auftrag der Schlußlackierung wird wieder eine Ruhepause eingelegt. Vor dem Schlußauftrag ist die Fläche gründlich zu reinigen: erst mit Leder abreiben, dann mit Reinigungstuch, das Staubteilchen bindet, säubern, oder mit der Pistole, den Abzugshebel auf Druckpunkt gestellt, mit Luft abblasen.

Das Auftragen des Vorlacks wie der Schlußlackierung erfolgt im sogenannten Kreuzgang: es wird naß in naß erst senkrecht, dann waagerecht gespritzt, wobei die Spritzbahnen sich an den Rändern überlappen sollen. Entfernung Pistole – Objekt etwa 30 bis 40 cm.

Heizkörper Innenseiten und Rückseiten der Glieder erreicht man, wenn man eine stabförmige Spezialdüse auf die Pistole schraubt. Original-Heizkörper-Grundlacke und -Schlußlacke verwenden. Gebrauchsanweisung beachten.

Auto Nur kleine Ausbesserungen soll der Laie machen. Dafür steht ihm heute eine praktische Sprühdose (z.B. »Ducolux«) zur Verfügung. Sie arbeitet nach dem Prinzip, das bei Sonnenschutzmitteln, Haarspray oder Insektiziden seit längerem angewandt wird: Die Dose enthält außer dem Lack ein Treibgas, von dem ein Teil verflüssigt ist. Ein nicht verbrauchter Lackrest kann so lange aufbewahrt werden.

Wände, Decken, Fassaden In Wohnräumen sollte man Decken und Wände, soweit sie nicht tapeziert werden, nicht spritzen, sondern mit normalem Anstrich versehen. Dagegen kann man Keller, Speicher, Lagerräume, besonders wenn sie von Rohrleitungen durchzogen sind oder sonst schwer zugängliche Stellen aufweisen, zeitsparend mit Kalkfarbe spritzen – vorausgesetzt allerdings, daß der Untergrund aus Kalkputz oder auch alten Kalkfarben besteht. Die vorgenäßten Flächen werden zweimal besprüht. Die Kalkfarbe muß sorgfältig gesiebt werden. Über ihre Zusammensetzung siehe S. 38 f.

Bei Fassaden soll der erste Anstrich gestrichen und erst der zweite gesprüht werden.

Auch mit Gartenspritzen oder Staubsaugern mit Spritzdosenansatz kann man Kalkfarbe spritzen.

19 Tapezieren

Über Tapetengeschmack

In Norddeutschland gilt Tapete in Wohnräumen, jedenfalls in Stadtwohnungen, für selbstverständlich. In Süddeutschland findet man auch in sehr guten Wohnungen gestrichene Wände. Im allgemeinen wirkt ein tapezierter Raum etwas wärmer und wohnlicher. Aber ein farblich gut abgestimmter Anstrich wirkt angenehmer als eine unglücklich gewählte Tapete. Ein Zimmer zu tapezieren ist teurer als ein Anstrich. Doch hält Tapete auch länger vor.

Was auf S. 19 f. über die farbliche Gestaltung von Wand und Decke gesagt ist, gilt auch für das Tapezieren. Helle Tapete weitet den Raum, dunkle engt ihn ein. Zimmer mit mäßiger Belichtung nicht dunkel tapezieren! Für Nordzimmer warme, freundliche Töne – für Südzimmer eher kühlere Grautöne oder mäßig warme Pastelltöne (S. 20).

Haben Sie sehr gute Möbel? Dann wählen Sie eine zurückhaltende Tapete! Gute Möbel kommen nicht zur Geltung vor starkfarbigen oder auffallend gemusterten Tapeten. Wollen Sie Bilder aufhängen? Dann vermeiden Sie Tapeten mit prägnanten zeichnerischen Mustern. Bild und Tapetenmuster stören einander oft. Haben Sie kleine Räume? Dann vermeiden Sie große Muster auf der Tapete. Sie verkleinern den Raum.

Sind Ihre Räume hoch oder niedrig? Senkrechte Streifen lassen einen Raum höher erscheinen; sie sind nicht geeignet für ohnehin hohe Räume, die zugleich schmal sind. In hohen Räumen kann (nicht muß) man die Tapete unterhalb der Decke aufhören lassen und durch eine Leiste abschließen. Das läßt den Raum niedriger wirken. Umgekehrt führt man in mäßig hohen Räumen immer die Tapete bis zur Decke heran. Man kann auch Decke und Wand einheitlich tapezieren. Das gibt eine sehr schöne geschlossene Raumwirkung. Bei Decken, die durch Balken und Vorsprünge unterbrochen ein unregelmäßiges Aussehen haben, empfiehlt sich das Mittapezieren unbedingt.

Es müssen nicht alle vier Wände gleich sein! Man kann eine Wand abweichend von den übrigen tapezieren, z. B. die eine Stirnwand in einem schmalen Raum. Dabei wird man diese Wand durch stärkere Farbgebung oder ausgeprägteres Muster hervorheben, die übrigen zurückhaltend, d.h. einfarbig tapezieren. Zwei verschiedenartige Muster vertragen sich kaum. Nischen – freilich nicht ganz kleine – kann man durch eine abweichende Tapete abheben: Eßnische · Sitzecke · Leseecke · Arbeitsecke · Spielecke. Achten Sie auch bei Räumen, die durch Durchlässe oder Türen verbunden sind, auf gutes Zusammenstimmen.

Je kühner das Experiment, mit um so mehr Sorgfalt muß man wählen. Eine einfarbige, beigefarbene oder lichtgraue Tapete kann kaum etwas verderben. Starke Farben und ausgeprägte Muster verlangen Raumgefühl und Farbgeschmack. Beurteilen Sie eine Tapete niemals nur im kleinen Muster. Was dort gefällt, kann in der großen Fläche »totschlagen«. So wenig der Mensch ständigen Lärm aushält, so wenig vertragen Auge und Gemüt ständig »laute« Farben.

Arten von Tapeten

Tapeten auswählen macht Freude. Die Skala reicht von der einfachsten und billigsten Tapete bis zu Seiden-, Velours-, Echtholz-, Ledertapeten. Es gibt schon für niedrige Preise Markenfabrikate mit guten Musterungen. Man sollte, wenn irgend möglich, eine lichtechte Tapete nehmen. Aber Ihre ersten Versuche sollten Sie nicht mit teuren Spezialtapeten machen! Diese zu verarbeiten, soll man dem Fachmann überlassen.

Naturelltapeten Die einfachsten und billigsten Tapeten: gefärbtes Papier, bedruckt mit Leimdruckfarben; nicht lichtbeständig.

Fondtapeten Diese Tapeten sind etwas kräftiger, bestehen aus weißem Papier, auf das Grundton und Muster aufgedruckt sind. Manche Arten haben eine rauhfaserige Struktur. Die Preisskala reicht bis zu recht teuren Mustern. Nicht abwaschbar.

Öldrucktapeten Grundton und Muster sind hier mit matten Öldruckfarben aufgedruckt. Diese Tapeten kann man mit einem feuchten Tuch säubern.

Abwaschbare Tapeten Unbedingt lichtecht, abwaschbar mit Wasser und Seife. Geeignet z.B. für Kinderzimmer. Ein bekanntes Fabrikat ist »Salubra«. Salubra-Rollen sind 80 cm breit und 9,50 m lang. Guter fester Untergrund erforderlich. Bahnen werden nicht übereinandergeklebt, sondern Kante an Kante gestoßen, siehe unten.

Tekko-Tapeten Spezialfabrikat, lichtecht, mit schönem metallischem Seidenglanz. Braucht guten festen Untergrund.

Velourstapeten Wertvolle Tapeten mit einer Seiden- oder Wollstaubschicht. Schwierig zu verarbeiten, nichts für Laien.

Korktapeten Auf Papierbahn geklebte dünne Korkschichten; die Struktur und der warme Farbton haben einen eigenen Reiz. Fester, ebener Untergrund Bedingung. Schwer zu verarbeiten, teuer.

Japanische Grastapeten Eine dünne Papierschicht trägt das kunstvoll geordnete Gras. Fester, sauberer Untergrund Bedingung. Wegen des hohen Preises sollte der Unerfahrene solche Tapeten nicht zu kleben versuchen. Sie dürfen nicht lange weichen.

Ledertapeten Handwerklich hergestellt. Eine dünne auf Papier aufgezogene Lederschicht. Fester Untergrund ist Bedingung.

Echtholztapeten Trockener, fester, glattgeschliffener Untergrund erforderlich. Putz mit Knochenleim vorleimen, dann Papiermakulatur vorkleben. Dicken Kleister nehmen. Einweichen der Bahnen nicht erforderlich. Bahnen auf Stoß nebeneinander setzen. Stoß kann durch Leisten überdeckt werden. Äußere Einfassung der Flächen erforderlich. Nach vollständigem Trocknen einfetten mit Polieröl oder Firnis mit Terpentinzusatz. Pflege durch Bohnern und Nachreiben.

Lincrusta Ein außerordentlich widerstandsfähiger Wandbelag, bestehend aus einer dünnen Schicht Linoleummasse, die auf Papier aufgewalzt und meist durch Prägungen gemustert ist. Mit Wasser und Seife zu reinigen. Geeignet für Treppenhäuser, strapazierte Gänge, Kleiderablagen.

Für die Verarbeitung gelten einige weiter unten mitgeteilte Besonderheiten.

Wieviel Tapete brauchen wir?

Rollen Tapeten kauft man in Rollen.

Die Tapetenhersteller haben beschlossen, als Einheitsmaß eine Rolle von 52 cm Breite (einschließlich der abzuschneidenden Stoßschutzkanten) und 10,05 m Länge einzuführen, die »Europa-Normalrolle« heißt. Mit ihr lassen sich rund 5 qm Fläche tapezieren. Den daraus sich ergebenden Tapetenbedarf für einen gegebenen Raum können Sie aus der untenstehenden Tabelle entnehmen. Die Rollen-Anzahlen geben darin den Bedarf in Europa-Normalrollen an.

Bei der Bedarfserrechnung ist zu beachten:

1. Unter Raumumfang versteht man die Länge aller Wände zusammengezählt. Ein Zimmer von 5 m Länge und 2,90 m Breite hat demnach einen Raumumfang von 15,80 m.

Wandhöhe																					
2 m	Raumumfang (Länge der Wände)	11	12	13	14	15	16	17	18	19	20	21	22	23	24	25	26	27	28	29	30
	Zahl der Tapetenrollen	5	5	6	6	6	7	7	8	8	8	8	9	10	10	10	10	11	11	12	12
2,25 m	Raumumfang (Länge der Wände)	11	12	13	14	15	16	17	18	19	20	21	22	23	24	25	26	27	28	29	30
	Zahl der Tapetenrollen	6	6	6	6	7	8	8	8	9	9	10	10	10	11	12	12	12	12	13	14
2,50 m	Raumumfang (Länge der Wände)	11	12	13	14	15	16	17	18	19	20	21	22	23	24	25	26	27	28	29	30
	Zahl der Tapetenrollen	6	6	7	7	8	8	9	9	10	10	10	11	12	12	12	13	14	14	14	15
2,75 m	Raumumfang (Länge der Wände)	11	12	13	14	15	16	17	18	19	20	21	22	23	24	25	26	27	28	29	30
	Zahl der Tapetenrollen	6	7	8	8	8	9	10	10	10	11	12	12	13	13	14	14	15	15	16	16
3 m	Raumumfang (Länge der Wände)	11	12	13	14	15	16	17	18	19	20	21	22	23	24	25	26	27	28	29	30
	Zahl der Tapetenrollen	7	8	8	8	9	10	10	11	12	12	12	13	14	14	15	16	16	16	17	18
3,25 m	Raumumfang (Länge der Wände)	11	12	13	14	15	16	17	18	19	20	21	22	23	24	25	26	27	28	29	30
	Zahl der Tapetenrollen	8	8	9	9	10	10	11	12	12	13	14	14	15	16	16	17	18	18	18	19

2. Die Tabelle berücksichtigt Türen und Fenster noch nicht. Für eine normale Zimmertür, die mit Türrahmen etwa 2 qm einnimmt, kann etwa 1/2 Rolle abgezogen werden; für jedes Fenster die entsprechende Fläche, je nach Größe.
3. Großgemusterte Tapeten erfordern einen Zuschlag für den Verschnitt, der entsteht, um die Anschlüsse des Musters herzustellen.
4. Schräge Wände bei Mansarden erfordern mehr Tapete als gerade Wände, sofern sie gemustert ist.
5. Ein Tapezieren der Zimmerdecke muß zusätzlich berücksichtigt werden.

Plastikwandbelag Dieser Belag besteht aus einer Kunststoff-Folie, die auf eine Papierschicht kaschiert ist. Eingehender unterrichtet Sie über Plastik-Folien und deren mannigfache Verwendungsmöglichkeiten der Abschnitt »Kunststoff-Folien an Raum- und Einrichtungselementen« im Schlußteil dieses Buches. Man verwendet diesen tapetenähnlichen Belag für Sockel und Wände, besonders auch als Garderobenrückwand.
Der Untergrund muß sauber und trocken sein. Ölfarbenanstrich muß entfernt werden.
Zum Aufkleben dient bei porösem Untergrund (Putz) der für Tapezieren übliche Zellkleister; doch werden sowohl Belag wie Untergrund eingestrichen. Die Folie wird dann vorsichtig aufgebracht und mit einem Stoffbausch glattgerieben. Auf nicht porösem Untergrund – Blech, Hartholz, Holzfaserplatte – kann man flüchtige Lösungsmittelkleber verwenden. Vor dem Aufkleben soll der größte Teil des Lösungsmittels verdunstet sein. Emulsionskleber kann man ebenfalls verwenden, jedoch muß man sehr sorgfältig auflegen, denn der Belag haftet augenblicklich, korrigieren kann man nichts mehr.
Reinigung mit schwacher Seifenlauge, auch mit Scheuermitteln; jedoch nicht mit Fleckentfernungsmitteln: diese enthalten oft Lösungsmittel, welche den Belag angreifen.

Eignen sich alle Untergründe?

Neuputz Tapeten haften schlecht oder gar nicht auf feuchtem Putzuntergrund, oft verfärben sie sich und beginnen zu faulen. Ist der neue Putz aber fest und trocken (vor allem bei gipshaltigem Putz zu erwarten), so kann auch in Neubauten sofort tapeziert werden, wenn der Feuchtigkeitsgehalt der Wände ein normales Maß nicht übersteigt.

Putz mit Kalkfarbenanstrich Mit Kalkfarbe gestrichene Wände lassen sich tapezieren, sofern der Putz trocken ist (siehe oben), eben und fest. Ist er nicht eben, schleift man ihn mit Natur- oder Kunstbimsstein. Ist er nicht fest (»absandend«), muß er vorgeleimt werden mit verdünntem Tafelleim: 1 Tafel Knochenleim auf 1½ Liter Wasser, oder auch mit verdünntem Zellkleister.
Manche Tapeten sind mit nicht kalkbeständigen Farben bedruckt. Der alkalische Untergrund kann bei ihnen durch die Papierschicht hindurch die Farbe angreifen; die Tapete wird dann fleckig. Wenn ein Kalkfarbenuntergrund erstmalig tapeziert werden soll – besonders bei starkfarbigen Tapeten –, empfiehlt es sich deshalb, den Untergrund zu isolieren (S. 37).

Putz mit Leimfarbenanstrich Alten Leimfarbenanstrich muß man abwaschen, dann die Fläche ebenfalls glattschleifen und vorleimen. Im Handel sind maschinelle Leimfarben-Entferner mit rotierenden Stahlbürsten. Der Farbstaub wird in einen Behälter abgesaugt. Die Wand bleibt trocken.

Putz mit Ölfarbenanstrich Ebenen und glatten Ölfarbengrund können Sie ohne weiteres tapezieren.

Bereits tapezierte Wand Die alte Tapete auf ihre Haftfestigkeit prüfen. Ist sie zweifelhaft, wird die alte Tapete ganz entfernt. Dazu benetzt man sie mehrmals mit Wasser, läßt sie weichen und kratzt sie mit der Spachtel ab. Gut festsitzende Tapete wird mit Bimsstein oder Glaspapier sauber geschliffen – besonders an den Stößen der einzelnen Bahnen – und kann dann als Untergrund für die neue Tapete bleiben. Im Handel sind Heißdampf-Tapetenentferner, bestehend aus einem Kessel, in dem Dampf erzeugt wird, und einer durch Schlauch mit dem Kessel verbundenen Dämpferplatte, mit der man festsitzende Tapeten in kurzer Zeit mühelos abweicht.

Leichtbauplatten Verputzte Wände aus Leichtbauplatten sind wie andere Putzuntergründe zu beurteilen. Bei unverputzten Platten müssen die Stöße zwischen den Platten vorbehandelt werden. Man überdeckt sie mit Nesselstreifen oder Streifen aus feinem Drahtgewebe, etwa 6 bis 8 cm breit. Nessel wird geklebt, Drahtgewebestreifen werden mit Messingstiftchen befestigt und mit Leimgips (Gips, angemacht mit einer Lösung von 100 g Tafelleim auf 1 l Wasser) überstrichen. Dabei besonders die Kanten der Streifen glattstreichen, sonst gibt es später Risse.

Holz und Hartfaserplatten Eine fugenlose Holzfläche (Sperrholz) kann ohne weiteres überklebt werden. Besteht die Holzfläche aus einzelnen Brettern, so ist sie zuerst in ihrer ganzen Ausdehnung mit Nesselstoff zu überspannen. Über das Spannen von Stoffen siehe S. 72 f. Der Nesselstoff wird mit Makulatur (siehe unten) überklebt, darauf kommt die Tapete. Für Hartfaserplatten gilt das ebenfalls.

Metall Auch Untergründe aus Metall kann man tapezieren. Sie müssen jedoch unbedingt rostfrei sein. Man streicht sie nach sorgfältigem Entrosten (S. 50) zuerst mit einem rasch trocknenden Anstrich, z. B. Vorlack, und kann sie dann tapezieren.

Hilfsmittel und Werkzeug

Tisch Eine feste Auflage, etwa 2,50 m lang, ist erforderlich, z. B. eine auf Blöcke gelegte Platte, mindestens 60 cm breit. Im Handel gibt es preiswerte zusammenklappbare Tapeziertische. Behelfsmäßig: zwei aneinandergestellte Tische.

Leiter – auf S. 26 beschrieben.

Lot · Schlagschnur · Metermaß – auf S. 25 und S. 93 gezeigt.

Schere oder Tapetenschneider Eine große Papierschere genügt, doch geht das Zuschneiden besser mit einem Tapetenschneider, wie ihn das Bild zeigt. Preis ab etwa 35 DM.

Kleister Früher nahm man Mehlkleister zum Tapetenkleben. Heute gibt es den industriell hergestellten Zellkleister. Man kauft ihn in Pulverform und rührt ihn in nichtrostenden Gefäßen in kaltem Wasser an, im allgemeinen eine halbe Stunde vor Gebrauch. Gebrauchsanweisung beachten. Die bei Mehlkleister nicht auszuschließende Gefahr der Fleckenbildung, des Durchschlagens, des Verfärbens von Tapeten besteht bei diesen Kleistern kaum.

Streichbürste (S. 28). Zum Bestreichen der Tapetenbahnen mit Kleister, am besten eine schon etwas abgenützte.

Gummiroller Zum Andrücken der frisch geklebten Tapetenbahnen. Behelfsmäßig drückt man die Bahnen mit einer weichen Bürste oder einem weichen Tuch an.

Makulatur Damit die Tapete fest, glatt und gleichmäßig haftet, versieht man den Untergrund mit einer Makulaturschicht. Dieser Arbeitsgang entfällt auf gut haftender alter Tapete. Man unterscheidet flüssige Makulatur, Papiermakulatur, Rauhfasermakulatur, Spachtelmakulatur.

Flüssige Makulatur Für die meisten Tapeten – außer sehr hochwertigen und empfindlichen – genügt die Vorbehandlung des Untergrundes mit flüssiger Makulatur, vielfach auch »Feinmakulatur« genannt. Das ist fein zerstäubtes Papier, gemischt mit Leim. Durch Auflösen in Wasser – 1 Teil Pulver auf 6 Teile Wasser – erhält man eine breiige Masse, die sich mit einer abgestrichenen Bürste leicht auf die Wand auftragen läßt. Sobald die Masse getrocknet ist, kann die Tapete auf diese Schicht geklebt werden.

Papiermakulatur Für empfindliche Tapeten und solche mit glänzender Oberfläche nimmt man besser Papiermakulatur, ein weißliches oder leicht getöntes Papier, dünn, aber ziemlich fest, zu kaufen in Rollen von der fünffachen Länge einer Tapetenrolle. Sie wird mit Kleister geklebt, in der gleichen Weise, wie es anschließend für Tapete erläutert ist. Nach dem Trocknen schleift man sie mit Schleifpapier glatt und hat dann einen ganz sauberen, glatten Untergrund. Man kann auch Zeitungspapier als Makulatur verwenden; nur ist das Verkleben hier etwas umständlicher als von der laufenden Rolle. Bei sehr wertvollen Tapeten, z.B. Seidentapeten, eignen sich Zeitungen aber nicht; hier braucht man als Untergrund eine geschlossene, glatte Fläche ohne Wülste.

Rauhfasermakulatur Dieses helle kräftige Papier mit ausgesprochen rauher Oberfläche dient nicht als Untergrund für Tapezieren. Man überstreicht die geklebte Fläche vielmehr häufig mit Leim- oder Dispersionsanstrich, der auf ihr besonders gut haftet und gut aussieht.

Werkzeug zum Tapezieren

Gummiroller *Nahtroller* *Tapezierbürste* *Tapetenschneider*

Spachtelmakulatur ist verwendbar anstelle von flüssiger oder Papiermakulatur. »Fibrit« ist ein bekanntes Fabrikat. Sie wird mit Wasser (erst Pulver, dann Wasser dazu) knollenfrei dick angeteigt und mit der Glättscheibe (rechteckige Stahlkelle) gleichmäßig aufgetragen, dann leicht nachgeschliffen und bildet einen guten Untergrund.

Arbeitsgang beim Tapezieren

Nachdem der Raum soweit wie möglich ausgeräumt ist – Vorhänge und Bilder abgenommen –, werden zunächst die Vorarbeiten erledigt: je nach Untergrund Abwaschen, Glattschleifen, Stoßfugen überdecken usw. Dann folgt das »Makulatieren«. Flüssige Makulatur wird einfach aufgestrichen, Papiermakulatur geklebt. Bevor das Zuschneiden und Kleben beginnt – je nachdem mit Papiermakulatur oder mit Tapete –, wird der Tisch aufgestellt, alles Werkzeug und die Tapetenrollen bereitgelegt, der Kleister zubereitet.

Messen Die Höhe der Wand – bis zur Decke oder bis zu der Höhe, die man tapezieren will – wird mit dem Bandmaß gemessen. Man mißt zweckmäßig ein paarmal an verschiedenen Stellen des Raumes, damit man die Bahnen nicht zu knapp schneidet. Will man nicht bis zur Decke kleben, wird die Begrenzungslinie mit Wasserwaage und Schlagschnur festgelegt.

Fußleisten Sind die Fußleisten gut abzunehmen – es gibt z.B. solche, die mit Messingschrauben auf in der Wand sitzende Dübel aufgeschraubt sind –, so kann man sie abnehmen. Man klebt dann die Tapeten bis zum Boden herunter und befestigt die Fußleisten danach von neuem. Sollen die Fußleisten nicht abgenommen werden, so schneidet man jede aufgeklebte Bahn unten sauber so ab, daß sie bis zur Oberkante der Fußleiste reicht.

Schalter und Steckdosen Liegen die Leitungen unter Putz, so kann man die Deckel der Dosen und Schalter abnehmen und nach dem Tapezieren wieder befestigen. Ältere auf der Wand sitzende Dosen und Schalter entfernt man nicht, sondern klebt mit Abfallstücken der Tapete ringsum vor. Später muß man aus der betreffenden Bahn einen Kreis ausschneiden. Gelingt das nicht genau, so fällt das kaum auf, wenn das Stück um Dose oder Schalter vorgeklebt ist.

Leitungsrohre, Abzweigdosen Auch Leitungsrohre, die auf der Wand liegen, werden mit extra zugepaßten Streifen vorgeklebt. Sie werden im allgemeinen einen Anstrich tragen, so daß die Tapete haftet. Sorgen machen Deckel von Abzweigdosen, die in der Wandfläche liegen, wenn sie aus blankem Metall bestehen. Wenn man sich nicht die Mühe machen will, sie vorzustreichen, tut man gut, sie ebenfalls vorzukleben, dann beim Tapezieren mit der Bahn nochmals darüberkleben. Muß die Dose vom Elektriker einmal geöffnet werden, so lohnt sich das Vorkleben.

Zuschneiden Bevor das Kleistern beginnt, werden zunächst sämtliche für den Raum benötigte Bahnen zugeschnitten. Man gibt zu der gemessenen Raumhöhe bei jeder Bahn 5 cm zu. Die kleinen Stücke für Fensterstürze, Nischen usw. schneidet man nicht vorher, sondern während der Arbeit aus den Abfallstücken zu.

Oben und unten Der ablaufende Teil der Rolle zeigt stets den unteren Teil der Tapete, das noch aufgerollte Stück den oberen. Die zugeschnittenen Bahnen legt man alle in derselben Richtung aufeinander, damit nicht oben und unten verwechselt wird. Keine Rolle spielt das bei Uni-Tapeten.

Stoßkanten Die Tapete hat auf jeder Seite der Bahn eine 1 bis 2 cm breite Stoßkante. Diese wird beim Zuschneiden mit dem Tapetenschneider – wenn nicht vorhanden, mit großer Papierschere – geradlinig abgeschnitten. Bei gemusterter Tapete muß man erst die Stoßkante abschneiden, bevor die Bahn der Länge nach abgeschnitten wird; denn man muß die Bahnen ohne Stoßkanten aneinanderlegen, um die Entsprechung des Musters, den »Rapport«, genau zu treffen. Sie sehen, das Arbeiten ist einfacher mit einfarbiger Tapete oder bei solchen Mustern – Sternchen, Tupfen u.ä. –, die keinen genauen Rapport verlangen.

Noch einiges mehr ist beim Zuschneiden zu bedenken. Nur bei sehr starken Tapeten schneidet man beide Stoßkanten weg und klebt die Bahnen »auf Stoß«, d.h. Kante an Kante. Bei allen anderen schneidet man nur eine Seite ganz weg, und zwar die, die an die vorher geklebte Bahn anschließt. Die andere Seite aber behält einen etwa 2 mm breiten Rand. Die nächste Bahn wird dann mit der scharf beschnittenen Kante über diesen Rand geklebt.

In manchen Tapetengeschäften werden Tapeten gegen Bezahlung maschinell beschnitten. Neuerdings gibt es Tapeten ohne Kanten sowie Tapeten, deren Schutzkanten durch eine Perforierung von der Bahn getrennt sind, so daß man die Kanten von der fest zusammengerollten Rolle mit der Hand wegbrechen kann (Self-Kante).

Die obenauf liegenden Kanten müssen zum Licht hin, also zur Fensterwand zeigen. Macht man es umgekehrt, werfen sie einen Schatten und fallen auf. Aus diesem Grunde beginnt man beim Kleben stets am Fenster. Von da aus klebt man auf beiden Seiten des Zimmers nach hinten – vom Fenster weg. Bei der dem Fenster gegenüberliegenden Wand ist es gleichgültig, nach welcher Seite die Kanten der Bahnen liegen.

Beim Tapezieren einer Decke beginnt man mit der ersten Bahn in der Mitte des Raumes senkrecht zum Fenster und klebt dann nach beiden Seiten weiter.

Muster Bei allen Tapeten mit ausgeprägten Mustern müssen die Bahnen so geschnitten werden, daß das Muster richtig aneinanderstößt. Bei großgemusterten Tapeten führt diese Notwendigkeit zu beträchtlichen Abfällen. In solchen Fällen ist es häufig vorteilhaft, von zwei Rollen abwechselnd zu schneiden.

Kleistern Sind alle Bahnen zugeschnitten, so werden sie, mit der Rückseite nach oben, in einem exakten Stapel auf den Tisch gelegt. An der dem Arbeitenden zugekehrten Seite des Tisches bleibt zunächst ein Streifen Tischplatte frei. Jetzt wird zuerst in Breite eines Bürstenstriches die hintere – dem Arbeitenden abgewandte – Seite der Bahn gekleistert. Dann zieht man die obere Bahn heran, so daß ihre vordere Kante mit der Tischkante abschließt, und streicht sie mittelmäßig dick mit Kleister ein.

Fast alle Tapeten müssen nach dem Kleistern etwas weichen, damit sie später ohne Falten und Blasen glatt auftrocknen. Dazu schlägt man sie vom oberen und vom unteren Ende her genau bis zur Mitte übereinander. Die Kanten müssen dabei haargenau aufeinander kommen. Hat man genügend Platz, so kann man erst eine zweite Bahn kleistern, während die erste weicht.

Beim Zusammenlegen sollen die beiden Enden der Bahn etwa 2 bis 3 cm umgelegt werden; so behält man beim Ergreifen der Tapete saubere Finger.

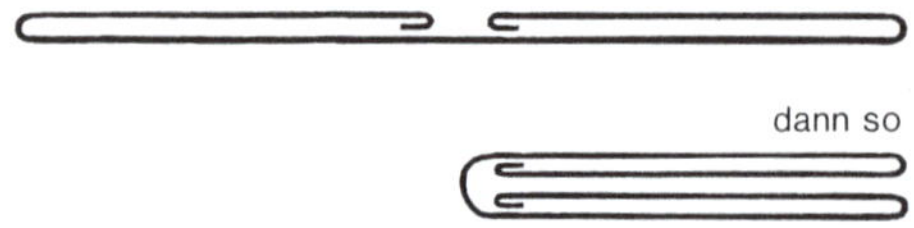

Eine Neuheit sind vorgekleisterte Tapeten. Die zugeschnittenen Bahnen werden durch ein mitgeliefertes, mit Wasser gefülltes Gefäß gezogen und sind damit sofort klebfertig.

Senkrechte markieren Da keine Gewähr besteht, daß die seitliche Begrenzung der Fensternische genau senkrecht verläuft, wird mit Lot und Schlagschnur eine senkrechte Linie auf der Wand markiert, an der die erste Bahn anzulegen ist.

Kleben Nun nimmt man die gekleisterte und geweichte Bahn vorsichtig auseinander, steigt auf die Leiter und legt die Bahn genau senkrecht – also an die Schlagschnurlinie oder die Kante der vorhergehenden Bahn – und im Muster passend an.

Sobald die Bahn korrekt anliegt, drückt man sie an, mit dem Gummiroller oder mit weichem Tuch oder weicher Tapezierbürste (S. 60). Angedrückt wird von oben nach unten. Dabei darf die erweichte Tapete nicht reißen. Sitzt die Bahn, werden die Kanten zusätzlich angedrückt. Dafür gibt es schmale Nahtwalzen.

Ecken werden niemals durchgeklebt. Man schneidet die Bahn für eine Zimmerecke vielmehr so, daß nur 1 bis 2 cm durch die Ecke reichen. Die nächste Bahn wird dann scharf bis zur Ecke daraufgeklebt.

Frische Luft ist beim Tapezieren nötig. Die Tapete soll nicht zu lange naß bleiben. Dünne Tapeten können durch langes Naßstehen Flecken bekommen.

»Gestürzt« tapezieren Bei bestimmten Tapeten

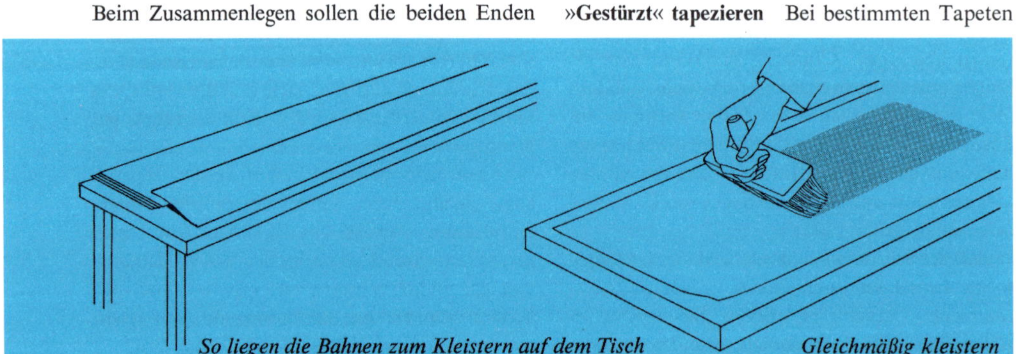

So liegen die Bahnen zum Kleistern auf dem Tisch

Gleichmäßig kleistern

schreiben die Hersteller »gestürztes« Kleben vor: Jede zweite Bahn muß »auf dem Kopf stehend« angesetzt werden. Schattierungen, hervorgerufen durch ungleichmäßigen Farbaufdruck auf der Tapete, sollen dadurch vermieden werden.

Kleben von »Lincrusta« Bei »Lincrusfa« (S. 58) schneidet man beim Zuschneiden stets den etwa 1 cm breiten Kantenschutz ganz weg, am besten mit Stahllineal und einem scharfen Messer. Diese starke Tapete wird auf Stoß geklebt, d. h., die Bahnen stoßen aneinander und überdecken einander nicht.

Die Dicke dieses Wandbelags macht es erforderlich, die Bahnen zunächst weichen zu lassen. Am besten legt man die zugeschnittenen Bahnen in eine mit Wasser gefüllte Badewanne. Nach etwa 2 Stunden lassen sich die Bahnen gut verarbeiten. Man streicht sie mit ziemlich dickem Kleister ein und drückt sie nach exaktem Anlegen mit einem sauberen Tuch an. Damit sich keine Blasen bilden, reibt man sie dann von der Bahnmitte ausgehend nach den Seiten zu nochmals fest an.

Beschädigungen an Tapeten

Bilderhaken u.dgl. verursachen oft Beschädigungen an tapezierten Wänden. Wie bessert man derartige Schäden unauffällig aus? Auf die Schadenstelle legt man genau dem Muster angepaßt ein Reststückchen Tapete, so groß, daß die Schadenstelle gut bedeckt ist. Mit einem scharfen Messer wird auf der Wand ein rechteckiges Stück aus dem aufgelegten Stück herausgeschnitten, und zwar so, daß der Schnitt auch durch die daruntersitzende alte Tapete hindurchgeht. So erzielt man vollkommene Deckungsgleichheit zwischen dem Untergrund, aus dem man die alte Tapete vorsichtig herauslöst, und dem einzusetzenden Stück.

Wärme-Isolierung durch isolierende Untertapete
Die heutige Bauweise sorgt nicht immer für ausreichenden Wärmeschutz. Geringe Mauerstärken, vor allem bei Außenwänden, können zu Schwitzwasser- oder Schimmelbildung führen, oder die Wand »strahlt Kälte aus«. Nicht ganz so tragisch, aber unschön ist es, wenn sich an unter Putz liegenden Betonbalken oder Unterzügen Feuchtigkeit niederschlägt und mit Staub vermischt.

Derlei Schäden lassen sich verhindern oder beseitigen mit einem neuartigen Isolierstoff (»Thermopete«), einem Harzschaum, in dem winzige Lufträume zellen- oder blasenförmig ausgebildet sind. Der Wärmedämmwert dieses Materials in 5 mm Stärke entspricht dem einer trockenen Vollziegelmauer von 10 bis 12 cm Dicke. Die Anbringung ist besonders wirksam an der Innenseite von Außenwänden, Giebeln, Mansarden, wo der Temperaturunterschied zwischen außen und innen Schwitzwasser und Schimmelpilze hervorrufen kann. Die Dämmwirkung ist natürlich in beiden Richtungen vorhanden: an heißen Tagen verhindert sie ein Überhitzen des Innenraums.

Die Bahnen sind 2,60 m lang und 1 m breit, die Stärken 2 und 5 mm. In der für Innenräume gebräuchlichen Stärke von 2 mm kostet eine Bahn etwa 2,80 DM.

Untergründe Jeder feste und saubere Untergrund kann überklebt werden. Alte Leim- und Binderfarben sind abzuwaschen, alter Ölfarbenanstrich mit Glaspapier anzuschleifen. Alte Tapeten sind zu entfernen. Stark saugende Putzflächen vor dem Kleben mit Wasser anfeuchten.

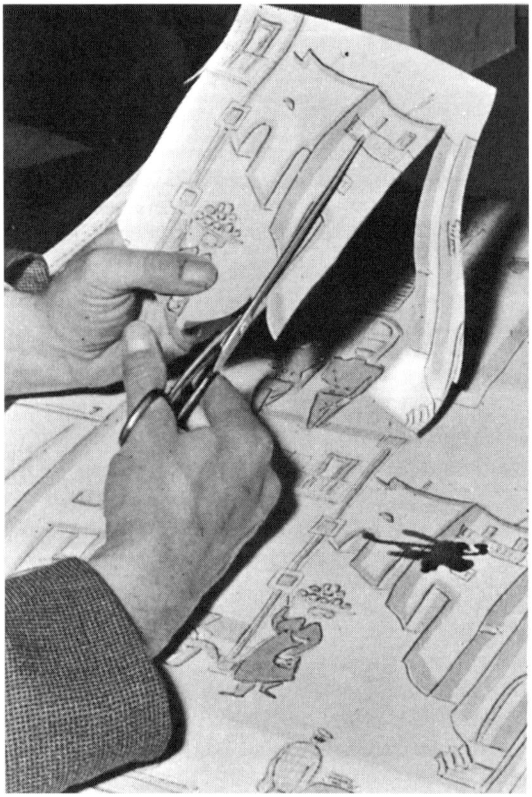

1

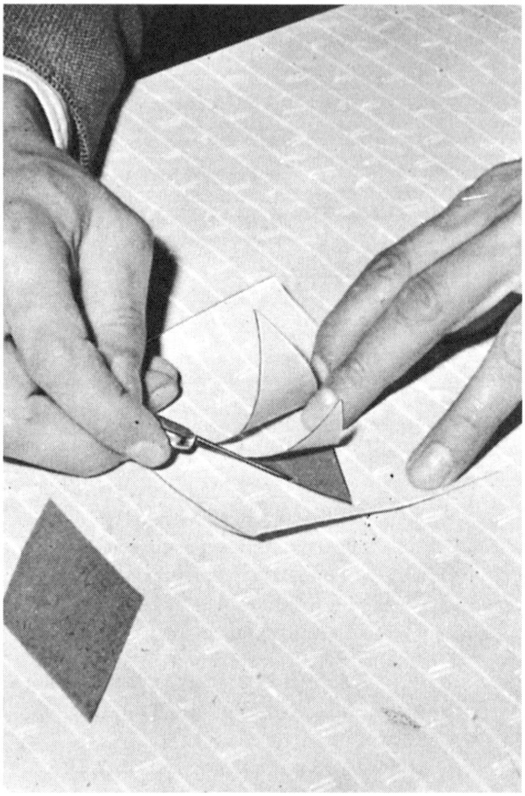

2

3

1 Unruhiges Muster: man schneidet ein Stück desselben Musters den Konturen folgend aus und klebt es über den Fleck.

2 Ruhig gemusterte Tapete: aus Pappe eine Schablone schneiden, die den Flecken deckt; auf den Flecken ein Stück neue Tapete legen (Muster beachten), darauf die Schablone. Mit scharfem Messer entlang der Schablone beide Tapeten durchschneiden. Beflecktes Stück herauslösen, neues einfügen.

3 Der Tapetenrest wird mit Zellulosekleister eingestrichen. Wenn das Papier aufgeweicht ist, reißt man ein Stück so aus, daß die oberste Schicht mit der Musterung stehenbleibt, die untere schräg abgezogen wird. Jetzt vorsichtig aufkleben, den Rand mit einem weichen Tuch andrücken.

Tapeten-Archiv, Stuttgart

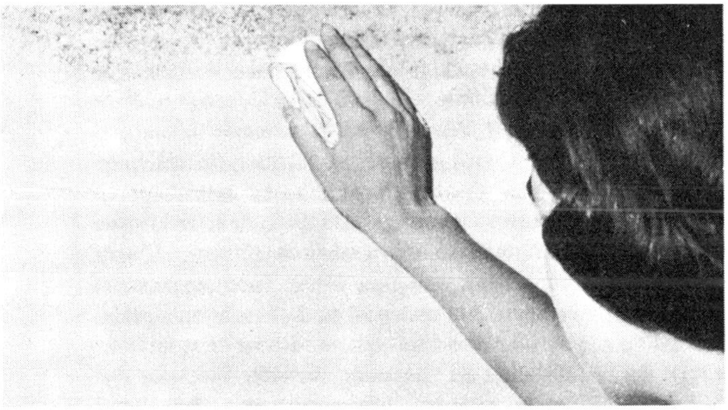

1

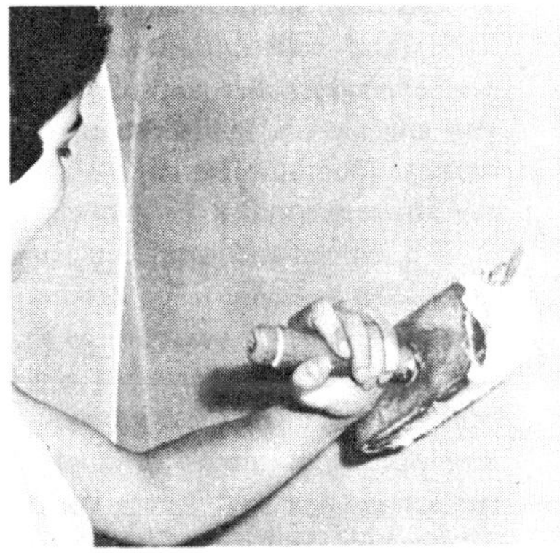

2

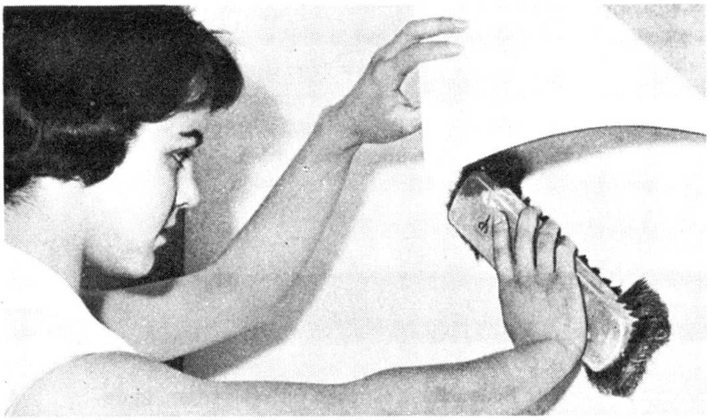

3

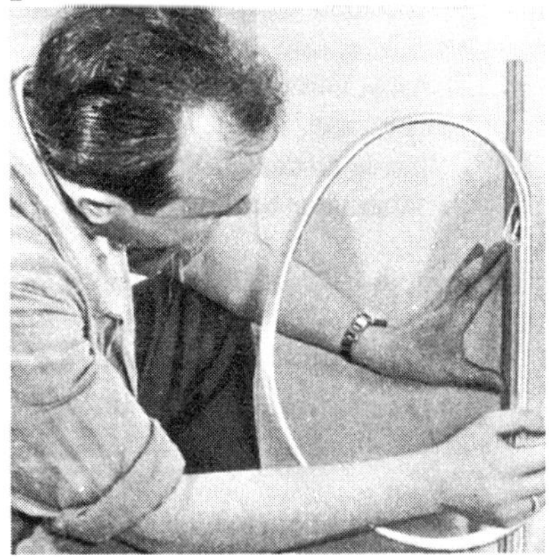

4

1 Thermopete kann auf jeden Untergrund geklebt werden, der sauber und fest ist.

2 Wand mit Bürste und Spezial-Kleber satt einstreichen. Besonders eignen sich: Disbon Poro, Henkel Assil F und Sichel UT. Nicht zu viel auf einmal mit Kleber einstreichen; jeweils nur für 1 bis 3 Thermopetebahnen.

3 Thermopete oben an Deckenkante anlegen und nach unten abrollen. Mit Bürste anklopfen oder mit weicher Gummiwalze anrollen. Auf gute Kleberhaftung achten.

4 Bahnen überlappt kleben; dann an einem Lineal mit der Rasierklinge durchschneiden.

5 Zuletzt werden die Fugen nochmals fest angedrückt. Ist nach 24 bis 48 Stunden der Kleber angehärtet, kann auf der Thermopete in üblicher Weise weitergearbeitet werden.

Poron-Werke GmbH, Erbach/Odenwald

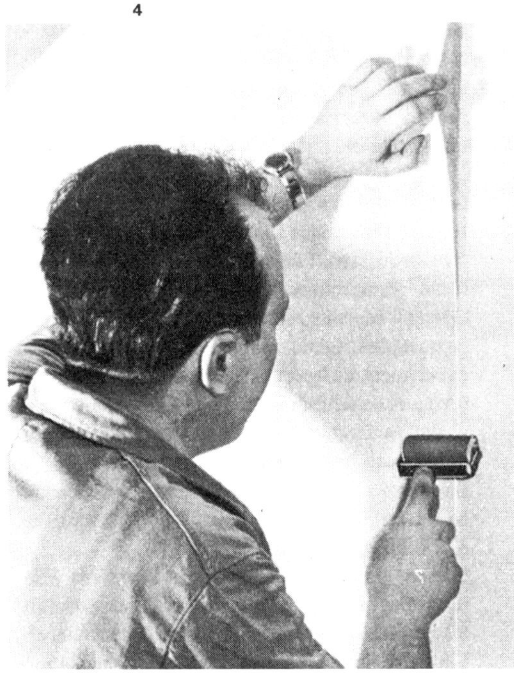

5

Das Kleben Geklebt wird mit Spezialklebern. Die Wand wird mittels einer Bürste satt mit Kleber eingestrichen, dann die trockene Thermopete angelegt und mit Bürste angeklopft oder mit weicher Gummiwalze angerollt, und zwar von der Mitte nach außen. Es ist höchstens Fläche für 2 bis 3 Bahnen einzustreichen, sonst vertrocknet der Kleber vorzeitig.

Thermopete haftet nach 24 bis 48 Stunden; bei feuchten Wänden nach etwa einer Woche. Bei schwer saugenden Untergründen (Ölfarbe, Zementputz) gibt man dem Kleber zweckmäßig trockenen Gips zu (bis zum Verhältnis 1:1); der Kleber wird dann dicker und fülliger.

Bei feuchten Wänden erfolgt das Einstreichen mit einer Mischung aus Spezialkleber und trockenem Zement; darauf wird Thermopete angelegt und festgebürstet. Handelt es sich allerdings um aufsteigende Grundfeuchtigkeit, so wird das ganze Verfahren nur bedingt helfen.

Nach dem Kleben Thermopete kann mit nahezu allen Anstricharten (Leim-, Binder-, Dispersions-, Öl- und Lackfarben) überstrichen werden. Vor dem Anstrich soll die Fläche jedoch mit Gaze überklebt oder mit Spachtelmasse überzogen werden. Gut geeignet ist »Disbon-Spachtelputz 2«. Vor Öl- und Lackfarbe ist unbedingt zu spachteln, erst recht vor Farben, die stark lösende Verdünnungsmittel enthalten (Nitro-, Kunstharzfarben), weil diese Mittel Thermopete sonst auflösen. Am besten ist es, die Fläche zu tapezieren. Die Wand soll gut getrocknet sein; andernfalls kann die Spannung, die beim Trocknen der Tapete entsteht, Thermopete von der Wand lösen.

Soll später Tapete auf Stoß geklebt werden (also Kante an Kante, ohne Überlappung), so sollte die Fläche vorher ganz, zumindest aber streifenweise unter den Tapetenstößen, mittels Spezialkleber mit Gaze überklebt werden.

20 Linoleum und ähnliche Fußbodenbeläge

Linoleum ist ein seit vielen Jahrzehnten bewährter Belag. Es ist bei richtiger Pflege außerordentlich haltbar. Es gibt Linoleumbeläge, die seit 50 Jahren begangen werden und noch einwandfrei aussehen. Die glatte Oberfläche ist gut zu reinigen. Linoleum ist elastisch, wirkt schalldämmend und hat eine geringe Wärmeleitfähigkeit, wird also als fußwarm empfunden. Besonders schalldämmend wirkt Korklinoleum.

Es gibt einfarbiges Linoleum von lichten bis zu sehr gedeckten Tönen in Grau · Braun · Rot · Grün · Blau; schwach gemustertes (Jaspé · Moiré · Granit · Marmor) und nach Art von Teppichen gemustertes Inlaid-Linoleum. Das Muster ist dabei nicht aufgedruckt, sondern zusammengesetzt aus verschieden gefärbten Linoleummassen, so daß es durch die ganze Stärke des Belages hindurchreicht und sich nicht abtreten kann.

Stärken Für Fußböden kommen als Stärken hauptsächlich in Frage 2,0 · 2,5 · 3,2 mm, bei Korklinoleum 3,5 · 4,5 · 6,7 mm.

Fliesen Linoleum kann auch in Form von Fliesen verlegt werden. Das erfordert große Sorgfalt. Ich empfehle, diese Arbeit nicht selbst zu machen.

Linoleum in Küche und Bad Linoleum kann ohne Bedenken in Küchen verlegt werden, in denen der Boden während der Arbeit und beim Säubern nur in normalem Ausmaß von oben feucht wird. In Wirtschaftsküchen und in Bädern, wo die Böden dauernd stärkerer Feuchtigkeit ausgesetzt sind, wo täglich mit Wasser gereinigt wird, wo manchmal Wasser auf dem Fußboden steht, soll man Linoleum nicht verlegen. Wasser, das längere Zeit steht, weicht das Linoleum auf, dringt an Nähten und Kanten unter den Belag, kann wasserlösliche Kleber lösen und Filzpappe zum Faulen bringen. Weist ein derartiger Raum bereits Linoleumbelag auf, ist es zweckmäßig, an den Fußleisten zusätzlich enganliegende Viertelstableisten anzubringen, wie es das Bild zeigt.

Zusätzliche Befestigungsleiste für Linoleumböden, die der Feuchtigkeit ausgesetzt werden

Lagern und Abwickeln Die 2 m breiten Rollen dürfen nur stehend aufbewahrt werden. Abwikkeln soll man sie niemals in kaltem Zustand, das Linoleum kann sonst brechen. Man läßt die etwas gelockerte Rolle in einem geheizten Raum so lange stehen, bis auch die inneren Windungen durchwärmt sind. Achten Sie beim Einkauf mehrerer Rollen auf genaue Übereinstimmung des Farbtons!

Der Unterboden

Als Unterboden für Linoleum ist jeder Boden geeignet, der vollkommen trocken, rissefrei, eben und fest ist und diese Eigenschaften dauernd behält.

Linoleum auf Holzböden Erfüllen Holzböden diese Bedingungen? Nicht immer befriedigend. Man kann vorstehende Nägel versenken, vorstehende Äste abhobeln. Man kann lose Dielenbretter festnageln, ausgetretene vielleicht umdrehen. Man kann auch auf Holzböden Unebenheiten, Risse, Fugen, Löcher mit Ausgleichsmasse füllen, siehe unten. Da Holz jedoch arbeitet (S. 88), wird der Boden einige Zeit später nicht mehr ganz eben sein. Die einzelnen Bretter zeichnen sich ab, Trittkanten zeichnen sich durch bis zur Oberfläche des Linoleums, das sich an diesen Stellen schneller abtritt.

Eine Zwischenlage von Filzpappe (siehe S. 68) mildert solche Erscheinungen, verhindert sie aber nicht ganz.

Ein gutes Verfahren, alte, federnde oder stark ausgetretene Holzböden für neues Belegen geeignet zu machen, besteht darin, daß man die gesamte Fläche zuerst mit etwa 10 mm dicken Preßspanplatten auslegt. Nach genauem Zupassen werden die Platten mit sogenannten Schraubennägeln auf dem Unterboden befestigt. Die Nägel oder Schrauben müssen breite, flache Köpfe haben, weil zu kleine Köpfe sich durch die Platten hindurchziehen. Die Platten können durch ihre Stabilität auch erhebliche Unebenheiten des alten Bodens überbrücken; sehr tief ausgetretene Stellen können mit Sperrholz, Pappe, Hartfaserplatten (Kanten nach außen abgeschrägt) aufgefüllt werden.

Auch stark ausgetretene Stufen kann man in ähnlicher Weise für neues Belegen vorbereiten. Die ausgetretenen Vorderkanten werden abgehobelt und mit Leisten aufgedoppelt, ausgetretene Stellen werden aufgefüllt, dann wird die Trittfläche mit Hartfaserplatte belegt, auf der der Linoleumbelag glatt aufliegt. Zum Kantenschutz werden gleitsichere Gummischienen mit Spezialkleber auf die Stufenkante geklebt.

Folgendes ist beim Belegen von Holzböden außerdem zu beachten: Der Boden muß gut ausgetrocknet sein. In Neubauten soll man ihm dafür ein Jahr Zeit lassen. Filzpappe, auf die man bei Estrich manchmal verzichten kann, ist bei Holzboden stets erforderlich. Als Klebemittel dient Kunstharzkleber. Man erhält diese und alle sonstigen unten aufgeführten Hilfsstoffe in den Fachgeschäften, die Linoleum führen.

Im übrigen gilt das im folgenden beschriebene Verfahren beim Verlegen auch für Holzunterböden.

Feuchtigkeitsprüfung Ist ein geeigneter Estrich vorhanden, so muß er auf seinen Feuchtigkeitsgehalt geprüft werden. Dazu bedient man sich eines kleinen Feuchtigkeitsprüfers (Hersteller: Deutsche Linoleumwerke Bietigheim). Das Gerät sieht aus wie eine Zelluloidscheibe von etwa 6 cm Durchmesser. Eine Seite der Scheibe trägt vier verschiedenartig präparierte Felder, die sich unter der Einwirkung von Feuchtigkeit blau färben. Ein einwandfreies Ergebnis erhält man nur bei Temperaturen von mindestens + 10° C. Man legt die Scheibe mit der präparierten Seite nach unten auf den Boden und deckt darüber ein mindestens 1 qm großes Stück Linoleum, Stragula oder auch Bitumenpappe. Die Ränder sind zu beschweren. Bei frischem Estrich auf alten Massivdecken bleibt der Prüfer 24 Stunden liegen. Ist damit zu rechnen, daß auch die Massivdecken unter dem Estrich noch feucht sind, wartet man besser drei Tage.

Bleiben alle 4 Felder weiß, ist der Boden trocken; Linoleum kann unbedenklich verlegt werden. Ist ein Feld blau gefärbt, ist der Boden etwas feucht; verlegen kann man trotzdem, muß aber zum Kleben Kopalharzkitt nehmen. Sind 2 oder mehr Felder blau, muß der Boden erst noch weiter austrocknen, oder es muß isoliert werden, s. unten.

Ausgleichen Unebenheiten im Unterboden werden ausgeglichen mit Ausgleichsmasse. Kleinere Stellen gleicht man mit der Spachtel aus. Größere Vertiefungen zieht man mit einer Leiste glatt und glättet mit der Spachtel nach.

Abstaubende und absandende Estriche streicht man mit verdünntem Kitt vor. Der Voranstrich soll mindestens einen Tag trocknen. Sie werden beim weiteren Arbeitsgang noch sehen, daß sachgemäßes Linoleum-Verlegen seine Zeit braucht.

Auch sehr poröse Unterböden sollen einen derartigen Voranstrich bekommen.

Isolieren Mäßige Baufeuchtigkeit kann abgesperrt werden durch Isolierpappe (einseitig bitumierte Filzpappe). Feuchter Holzboden darf aber nicht isoliert werden, das Holz würde faulen. Da kann man nur warten! Die Schall- und Wärmeisolierung wird verbessert durch eine Lage Filzpappe. Zulässig ist das nur auf ganz trockenem Boden. Die Pappe wird immer vollflächig aufgeklebt, auch auf Holzböden.

Auf die Papplage wird das Linoleum in jedem Fall vollflächig aufgeklebt. Während man jedoch ohne Filzpappe die Klebemasse auf den Unterboden streicht, wird beim Verlegen auf Filzpappe die Rückseite der zurückgeschlagenen Linoleumbahn mit Klebekitt bestrichen. Die Bahnen der Filzpappe legt man gleichlaufend mit den Linoleumbahnen; die Nahtstellen von Pappe und Linoleum dürfen nicht aufeinander kommen, sondern sind gegeneinander zu versetzen.

Estrich herstellen Wie man einen geeigneten Estrich-Untergrund selbst herstellt, ist erläutert auf S. 261.

Werkzeug und Hilfsmittel für das Verlegen

Besen · Schnur oder Schlagschnur (S. 25) zum Markieren von Linien · Kreide zum Markieren · Schere · Winkel · Stahllineal zur Führung beim Schneiden · Messer (scharf, spitz, kräftig), besser Spezialmesser · kleiner Eisenhobel zum Glätten der Linoleumkanten · selbstgefertigte Spachtel aus Holz oder Preßspan zum Aufstreichen der Klebemasse · Sandsäcke zum Anreiben und Beschweren; als Behelf können zum Anreiben Bohnerbesen oder Lappen, zum Beschweren schwere Gegenstände (Bücher) genommen werden.

Ausgleichsmasse Unebenheiten des Unterbodens werden mit Ausgleichsmasse gefüllt. Man kann sie fertig kaufen oder selbst bereiten: 1 Raumteil Sulfit-Ablaugekitt mit 3 Raumteilen Wasser verrühren, dann nach und nach so viel Stuckgips hineingeben, bis eine gut streichbare Masse entsteht. Gute Ausgleichsmassen sind auch fertig im Handel erhältlich.

Filzpappe Eine weiche Pappe, hergestellt aus Papier und Lumpenfasern. Zu empfehlen sind die Stärken 500 g/qm und 800 g/qm.

Klebemittel Als Klebemittel dienen: Kopalschnellbinder (Kopalharzkitt, spirituslöslich) für alle Böden;

T-Kitt (wasserlöslich) nur für ganz trockene Böden, hauptsächlich für Holzböden, nicht für Magnesit-Estriche;

Bitumenkitt (benzollöslich) zum Verkleben von Isolierpappe, für Linoleum nicht zu empfehlen.

Arbeitsgang

Erstes Zuschneiden und Auslegen In welcher Richtung sollen die Bahnen im Zimmer liegen? Grundregel: Die Bahnen sollen auf die Hauptfensterwand zulaufen. Ausnahme: Längsmuster sollen in der Längsrichtung des Raumes ausgelegt werden.

Bei gemustertem Linoleum (Inlaid-Linoleum) muß beim Zuschneiden und Auslegen (wie bei Tapetenbahnen) auf das Zusammenstimmen des Musters gesehen werden. Die Bahnen werden so ausgelegt, daß an jeder Stoßstelle die eine Bahn über die andere 2 cm übersteht. An den Kopfenden der Bahnen gibt man für je 5 m Länge etwa 2 cm zu, denn Linoleum geht beim Verlegen in der Länge etwas ein. An den Längsseiten der Bahnen ist es umgekehrt; man schneidet sie so zu, daß zwischen Wand und Bahnkante etwa 3 bis 4 mm frei bleiben, denn in der Breite dehnt sich das Linoleum etwas aus. So bleibt der Belag ein bis zwei Tage ungeklebt liegen, um sich zunächst dem Unterboden anpassen zu können. Korklinoleum soll dagegen gleich von der Rolle, also ohne auszuliegen, geklebt werden.

Erstes Kleben Linoleum wird in ganzer Fläche aufgeklebt. Beim ersten Kleben aber bleibt beiderseits der Nahtlinie zweier Bahnen erst noch ein etwa 12 cm breiter Streifen von Klebstoff frei, wird also noch nicht mitgeklebt.

Zum Kleben schlägt man die Bahn etwa bis zur Raummitte zurück. Auf den frei gewordenen Unterboden wird jetzt mit der Spachtel (am besten gezahnte Spachtel) gleichmäßig die Klebemasse aufgetragen – nicht mehr als etwa 4 qm auf einmal. Liegt der Kitt zu lange offen, bildet sich eine Haut, die die Klebewirkung vermindert. Der Auftrag muß gleichmäßig sein. Zu schwacher Auftrag klebt unzureichend. Zu dikker Auftrag bindet zu langsam ab und kann Blasenbildung im Gefolge haben. Die zurückgeschlagene Bahn wird nun in das Kittbett eingelegt und mit einem Sandsack oder schweren Bohnerbesen (Blocker) festgerieben.

Die Hängebucht In der Mitte jeder Rolle stößt man auf die sogenannte Hängebucht, die daher rührt, daß in der Fabrik die ganze Bahn in der Gesamtlänge einer Rolle zum Trocknen aufgehängt wurde. Um hier eine einwandfreie Verbindung mit dem Unterboden zu erreichen, streicht man sowohl den Unterboden wie die Rückseite der Bahn mit Klebemasse ein (dünn) und beschwert nach dem Aufkleben die Stelle mit Ziegelsteinen, Sandsäcken, Eisenplatten oder gewichtigen Bücherstapeln.

Wartezeit Nach diesem Kleben folgt eine Wartezeit von 2 bis 3 Tagen. So lange braucht der Kitt zum vollständigen Abbinden. Der Belag darf während dieser Zeit noch nicht mit Möbeln belastet werden. Diese Wartezeit ist noch wichtiger als das Auslegen zum Anpassen an den Untergrund. Nur wer sich diese Zeit läßt, wird ein auf die Dauer befriedigendes Arbeitsergebnis haben.

Endgültiges Einpassen · Beschneiden der Bahnränder Die Kopfenden der Bahnen werden mit der Wand abschneidend zugeschnitten. Bei den seitlichen Bahnrändern haben wir bisher 2 cm überstehen lassen:

Warum das? Die untenliegende Kante wird geschont und bleibt unverletzt. Zum endgültigen Einpassen werden die Kanten gewechselt. Die untere kommt nach oben:

An der jetzt obenliegenden Bahn wird mit dem Lineal eine gute Kante angeschnitten; entlang dieser schneiden wir jetzt die untere Bahn passend ab:

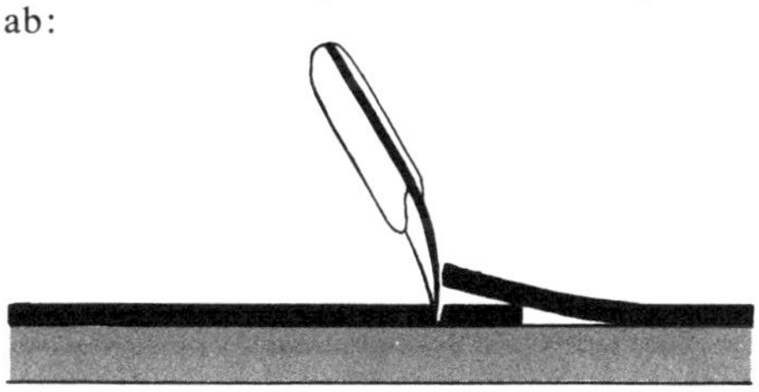

Zum Beseitigen von Unebenheiten, die beim Schneiden entstehen, ist ein kleiner Eisenhobel praktisch.

Zweites Kleben Die Bahnränder werden aufgebogen und durch einen dazwischengestellten Gegenstand, z.B. eine Büchse, hochgehalten, während man den Unterboden säubert und mit Klebemasse einstreicht. Das geht Stück für Stück, jedesmal wird gleich anschließend das Linoleum angedrückt, festgerieben und beschwert, Genauso geht man bei den Kopfenden der Bahnen vor. Anschlüsse an Türen, Türverkleidungen, Einbaumöbeln verlangen besondere Aufmerksamkeit.

Reinigung und Pflege

Zur täglichen Reinigung wird Linoleum gekehrt, mit feuchtem oder trockenem Lappen gewischt, gebohnert, ohne daß neues Wachs aufgetragen wird.

Die gründliche Reinigung von Zeit zu Zeit geschieht am besten mit warmem Seifenwasser. Bevor der Boden mit guter Hartbohnermasse dünn eingerieben wird, muß er ganz trocken sein. Bürsten mit Blocker gibt Mattglanz, Abreiben mit wollenem Tuch Hochglanz.

Wer sein Linoleum nicht vor der Zeit ruinieren will, beherzige:

Nicht wachsen ohne vorheriges Reinigen!

Kein Wachs auf feuchtes Linoleum bringen!

Gutes Wachs verwenden! Dünn auftragen! Boden niemals mit Wasser überschwemmen!

Im Handel sind neuerdings Pflegemittel, die Reinigen und Wachsen in einem Arbeitsgang leisten.

»Stragula«

»Stragula« – eine bitumengetränkte Wollfilzpappe, bedruckt mit Lackfarben – hat viele Eigenschaften mit Linoleum gemeinsam; es ist elastisch, schalldämpfend, hat geringe Wärmeleitfähigkeit (wirkt also warm), ist leicht zu reinigen. Es sieht nicht so gut aus wie Linoleum, ist weniger haltbar und entsprechend billiger. Es gibt »Stragula«-Läufer in vielen Breiten; Auslegware ist 2 m breit.

Auslegen Das Verlegen entspricht den Arbeitsgängen beim Linoleum.

Pflege Wachsen mit guter, fester Bohnermasse etwa alle 2 bis 3 Wochen, je nach Beanspruchung des Bodens. Flüssiges Bohnerwachs ist ungeeignet. Ölen ist unzulässig. Tägliche Pflege durch einfaches Abfegen und Nachreiben mit einem weichen Tuch.

Auffrischung Flüssige Glanzmittel, Lacklösungen, sog. »Stragula«-Lack, frischen den natürlichen Glanz auf. Sie sollen klebefrei auftrocknen und die Farbe des Belages nicht verändern oder angreifen. Vor dem Lackieren sind Wachsschich

1

2

3

4

5

6

Selbstklebende DLW-Teppichfliesen: 1 *Zimmer ausräumen, Fliesen auspacken* · 2 *Schutzfolie abziehen; auf Pfeile achten (alle Fliesen in dieselbe Richtung)* · 3 *Platten dicht aneinanderstoßen und mit der Hand fest anreiben* · 4 *Für den verbleibenden Rand genau Maß nehmen, Maße mit Schneiderkreide auf Fliese übertragen* · 5 *Mit Teppichmesser entlang Stahllineal abschneiden* · 6 *Geübte schneiden auch »in die Luft«; Fliesenstück fest anreiben und mit Schraubenzieher unter Sockelleiste drücken – Teppichfliesen können statt auf den Unterboden auch auf ein Spezialpapier geklebt werden; sie lassen sich dann, z. B. bei einem Umzug, mitsamt Papier abnehmen.* *Werkfotos DLW, Bietigheim*

1
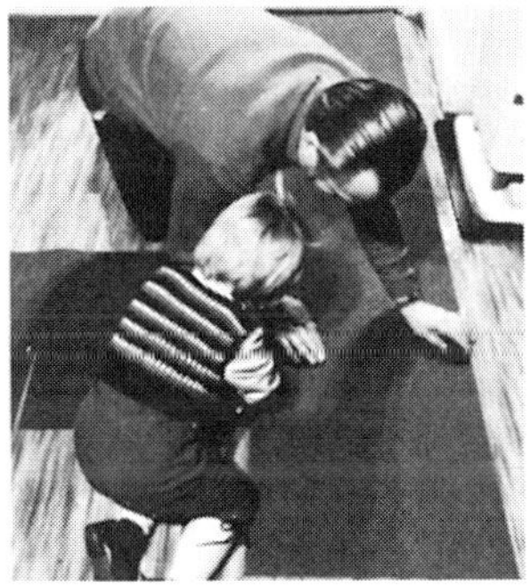
2

3

4

5

6

7

8

9

1 Lose zu verlegende DLW-Teppichfliesen sollen auf diesem durch Stöckelabsätze beschädigten Boden verlegt werden · 2 Eine Fliesenreihe von der Tür bis zur Raummitte auslegen. Mittelfliese beschweren. Von ihr aus zweite Fliesenreihe senkrecht zur ersten auslegen · 3 Das entstandene Kreuz so lange verschieben, bis es wenigstens an zwei Enden an die Wand stößt. So spart man Verschnitt. Dann Mittelfliese mit Doppelklebeband endgültig fixieren · 4 Unebene Stellen oder Aussparungen im bisherigen Belag (Bild) werden mit Pappe ausgeglichen · 5 Zuschneiden und Einpassen der Randfliesen: Zuerst auf eine (im Bild helle) Unterlage aus Filz oder Pappe ein Reststück an die Innenkante der schon verlegten Fliese anlegen · 6 Legt man jetzt eine Vollfliese darauf, die dicht an die Wand angestoßen ist, so bleibt von dem darunterliegenden Reststück genau die Fläche frei, die den noch auszufüllenden Randabschnitt bedeckt · 7 Mit dem Teppichmesser wird am Stahllineal entlang der noch fehlende Streifen maßgerecht abgeschnitten; ist das Zimmer nicht genau rechtwinklig, ist auch er »schief« · 8 Die Aussparung am Türprofil wird sehr genau ausgemessen. Maße mit Schneiderkreide auf Fliese einzeichnen und danach ausschneiden · 9 Hier wird die genau passend zugeschnittene Fliese für den Türrahmen eingepaßt.

Werkfotos DLW, Bietigheim

ten durch Abwaschen mit Seifenwasser zu entfernen. Lackierung dünn und gleichmäßig auftragen.

Gummibeläge

Gummiböden sind außerordentlich widerstandsfähig, haben gute Schalldämpfung, sind leicht zu pflegen. Es gibt Beläge in Bahnen, 10 m lang und 100 oder 125 cm breit, auch Fliesen, die aus solchen Bahnen geschnitten werden. Die Stärken sind meist 3 bis 5 mm; es gibt zweischichtige Beläge, bestehend aus einer Grundschicht und einer farbigen Gehschicht.
Fachleute raten davon ab, Gummiböden selbst zu verlegen. Erforderlich ist ein unbedingt ebener Unterboden, der nicht absandet, staub- und fettfrei und völlig trocken ist und bleibt. Um die Trockenheit zu gewährleisten, nimmt man als Unterschicht meist einen Asphaltestrich, den der Fachmann herstellen muß. Ungeeignet sind im allgemeinen Böden, die nicht unterkellert sind, Zementböden – außer wenn mehrere Jahre durchgetrocknet –, Holzböden.
Das Aufkleben geschieht mit Spezial-Gummiklebern. Untergrund und Belag-Rückseite werden bestrichen. Vor dem Aufdrücken muß das im Kleber enthaltene Lösungsmittel verdunstet sein.
Pflege Wichtig ist bei der Pflege, daß der Boden vor dem ersten Begehen mit einem Spezialpflege-Hartwachs zwei- bis dreimal dünn eingerieben wird. Der Hartwachsfilm soll vor dem Begehen einige Stunden durchhärten können. Übliche Bohnerwachse, wie sie für Linoleum und Holzböden verwandt werden, sind nicht geeignet.
Reinigung durch Fegen und trockenes Nachreiben. Verschmutzten Boden mit klarem Wasser abwaschen, nicht überschwemmen. Nur bei hartnäckiger Verschmutzung ein mildes Reinigungsmittel zusetzen – »Pril«, »Rei« oder ein Spezial-Gummireinigungsmittel. Nachwachsen etwa wöchentlich einmal.
Kunststoff-Beläge Über PVC-Beläge wird im Siebenten Teil des Buches gesprochen.

21 Einfache Dekorationsarbeiten

Stoffe spannen

Eine Wandfläche mit Stoff zu bespannen, ist häufig an Kleiderablagen erwünscht, wenn es sich um eine gestrichene Wand handelt, die abfärbt. Natürlich kann man in solchen Fällen die Fläche auch tapezieren; die Tapete wird wie der Stoff ringsum durch eine schmale Leiste abgeschlossen. Auch Türen bespannt man mit Stoff; eine solche Tür gibt dem Raum Wärme. Manchmal bespannt man einen Sockel ringsum an den Wänden. Dabei ist zu beachten, daß es ungünstig ist, die Wand zu halbieren. Besser ist das Verhältnis des Goldenen Schnitts, S. 20. Endlich bespannt man auch ganze Wände. Doch das ist eine Arbeit für den Fachmann.
Material Für Kleiderablagen und Sockel eignen sich Bastmatten, die naturfarbig oder auch in Buntfarben wie Gelb, Grün, Rot zu haben sind. Als Sockelbespannung nimmt man auch Rupfen. Für Kleiderablagen, Türen, Bespannung ganzer Wandflächen eignen sich die meisten Stoffarten bis zu wertvoller Seide. Bedingung ist nur, daß sie sich nicht zu leicht verzerren oder reißen.
Nesselbespannung Manche Wandteile müssen zuerst überspannt werden, bevor sie Anstrich oder Tapete aufnehmen: stark arbeitende Holzflächen (aus Massivholz, nicht aus Sperrholz), ferner Kaminwände und Stellen, an denen Holz und Putz zusammenstoßen und immer wieder zur Rissebildung führen. Als Bespannung wählt man hier Nessel, ein dünnes, aber kräftiges Baumwollgewebe. Das Arbeitsverfahren entspricht dem unten erläuterten.
Folien Kunststoff-Folien eignen sich gut für Wandbespannungen. Sie sind unempfindlich, leicht mit Wasser und Seife zu reinigen, wirken schallschluckend. Über die Verarbeitung Näheres im Siebenten Teil dieses Buches.
Kräuselbespannung Folien wie Stoffe kann man auch gekräuselt spannen. Man näht dazu am oberen und unteren Rand der Stoffbahnen einen etwa 3 cm breiten Saum ein. Durch diesen werden Leisten geschoben. Zum Aufkräuseln schiebt man den Stoff zusammen. Man braucht etwa die doppelte Stoffbreite, um eine gefällige Wirkung zu

erreichen und die Stöße der einzelnen Bahnen unsichtbar zu machen.

Untergrund Für alle Stoffbespannungen muß der Untergrund völlig trocken sein. Auf feuchtem Untergrund faulen die Stoffe.

Zusammennähen Ist die zu bespannende Fläche breiter als eine Stoffbahn, kann man die Bahnen einzeln spannen und die Stöße durch Leisten überdecken. Will man die Bahnen zusammennähen, werden sie mit den Vorderseiten aufeinandergelegt und durch eine einfache Naht verbunden; die Naht soll dabei 1 cm von der Stoffkante eingerückt sein. Bei Bast rückt man besser 2 cm ein. Bei gemusterten Stoffen muß man beim Zusammennähen der Bahnen auf den »Rapport«, das Zusammenstimmen der Musters, achten.

Hilfsmittel Ist der Stoff passend geschnitten, sind die Bahnen soweit nötig zusammengenäht (der Außenrand braucht nicht gesäumt zu werden), so legen wir bereit:

Metermaß · Lot (oder Wasserwaage) und Schlagschnur zum Markieren der Senkrechten · langes Lineal · weichen Bleistift · Schere · kleinen bis mittleren Hammer · Zange;

Stifte (für den Stoff Kammzwecken, kurze Nägel mit breitem Kopf; für die Leiste dünne Stifte mit kleinem Kopf);

Umrandungsleiste, passend zugeschnitten (auf die »Gehrung« – S. 95 – muß beim Schneiden der Leiste geachtet werden. Hat man vorher alles genau gemessen, kann man die Leiste beim Einkauf auch gleich zurechtschneiden lassen); bei Zementgrund Werkzeug und Material zum Dübeln (S. 229 f.).

Arbeitsgang Das Spannen beginnt stets in der Mitte der oberen Stoffkante. Diese wird zuerst mit einem Stift angeheftet. Auch alle weiteren Stifte schlägt man zunächst nur wenig ein. Erst wenn die ganze Fläche glatt sitzt, werden sie festgeschlagen. Die Heftnägel können weiteren Abstand haben; beim Festschlagen wird dichter genagelt.

Man spannt zuerst die Oberkante von der Mitte aus gleichmäßig nach beiden Seiten. Dann kommt die Unterkante, wieder von der Mitte ausgehend. Während dieses Arbeitsganges prüft man den senkrechten Fall der Bahnen und des Musters mit Lot oder Wasserwaage. Zum Schluß werden die Seitenkanten geheftet. Die seitliche Begrenzung markiert man mit der Schlagschnur oder mit langem Lineal und angedeutetem Bleistiftstrich. Außenkanten etwa 2 cm umschlagen.

Auf Zementgrund, wenn die Stifte nicht halten, müssen zunächst ringsherum Dübel eingesetzt werden (S. 229 ff.).

Leiste Erst wenn das Spannen beendet ist, wird die Begrenzungsleiste aufgesetzt. Sie soll nicht den Stoff halten, sondern nur die Kanten – evtl. die Nagelnähte zwischen den Einzelbahnen – überdecken. Damit die Stifte nicht auffallen, werden die Köpfe beim Nageln der Leiste abgekniffen. Es gibt auch Stahlnadeln ohne Köpfe zu kaufen.

Bilder aufhängen

Bilder oder nicht? Ob Bilder – und was für Bilder: das ist Geschmackssache. Wenn Bilder – dann gute! Und Bilder, zu denen man eine persönliche Beziehung empfindet. Gute Reproduktionen sind besser als schlechte Originale.

Wie rahmen? Ein Ölgemälde wird ohne Glas gerahmt, ebenso Reproduktionen von Ölbildern. Drucke dieser Art werden auf eine feste Unterlage aufgezogen, z. B. eine Hartfaserplatte. Überzieht man sie mit einer schützenden Kunststoffschicht (z. B. Herbol PT), so sind sie haltbarer und haben einen leichten Glanz, der sie Originalen ähnlicher macht. Aquarelle, Stiche, Radierungen kommen unter Glas und erhalten in der Regel einen Passepartout, eine Umrandung aus weißlichem oder getöntem Karton.

Nur wertvolle Bilder vertragen wertvolle Rahmen. Viele moderne Bilder sehen besser aus in schlichten Rahmen aus naturfarbenem oder leicht getöntem Holz als in Goldrahmen.

Über Aufhängung ohne Rahmen S. 170.

Wo aufhängen? Bilder verlangen einen ruhigen Hintergrund. Starkfarbige oder hervortretend gemusterte Tapeten oder Wandbespannungen dulden Bilder kaum.

Die Farbstimmung des Bildes soll zu der des Raumes – Wandton, Teppich, Vorhänge, Einrichtung – im Einklang stehen; sie kann aber auch einen wirkungsvollen Kontrast dazu bilden, wie ein Schmuckstück auf einem Kleid.

Der Zuschnitt der Wandfläche ist zu berücksichtigen. Ein schmaler senkrechter Wandstreifen zwischen Tür und Schrank verträgt kein Bild von ausgesprochenem Querformat. Die breite Fläche über einem langen Bücherregal verlangt Querformat oder vielleicht mehrere Bilder in einer Reihe.

Ein großes Bild braucht Raum zur Entfaltung. Man hängt es für sich. Kleinere Bilder kann man in Gruppen anordnen. Gruppen sollen möglichst aus Bildern gleichen Formats, verwandten Inhalts, ähnlichen Charakters gebildet werden: z.B. 3 Jagdstiche, 4 alte Städtebilder. Solche Gruppen kann man ziemlich dicht hängen; bei einem querlaufenden Fries aus mehreren Bildern darf der seitliche Abstand kleiner sein als die Breite des einzelnen Bildes. In Treppenhäusern läßt man die Bilder dem Anstieg der Treppe folgen.

Mit Regeln, wie sie hier stehen, ist es wie mit den Regeln der Etikette: Sicherer Geschmack mag sich ungestraft über sie hinwegsetzen.

Wie hoch aufhängen? Hier gibt es eine Regel, die fast ohne Ausnahmen gilt: der Bildhorizont sei in Augenhöhe des Betrachters. Der Unerfahrene pflegt Bilder fast immer zu hoch zu hängen.

Arten der Befestigung Eins ist falsch auf jeden Fall: den berühmten Nagel in die Wand schlagen – wobei man dann erst eine Mauerfuge suchen muß und einige kaum mehr zu beseitigende Löcher im Putz hinterläßt. Bilderhaken, oft X-Haken genannt, werden durch Stahlstifte gehalten. Man braucht keine Fugen zu suchen. Je nach Schwere des Bildes nimmt man Haken mit 1, 2 oder 3 Stiften. Wen der messingfarbene Haken stört, der kann sich bei kleineren Bildern mit dem Stahlstift allein begnügen.

Für sehr schwere Bilder ist ein Dübel oder ein Haken in die Wand zu setzen (S. 229f.). In Repräsentativräumen hängt man Bilder auch an (mottensicheren!) Schnüren auf, die an Nägeln oder Ziernägeln oben an der Abschlußkante der Wandverkleidung (Bespannung, Tapete) befestigt werden.

Weiteres zur Technik der richtigen Bildaufhängung unter »Bilderrahmen«, S. 169 ff.

Ein Bild hängt schief – Abhilfe S. 170.

Vorhänge, Gardinen

Eingeputzte Schiene Wo die Möglichkeit der Umgestaltung besteht – bei Neubau, Umbau, gründlicher Renovierung –, sollte man prüfen, an welchen Stellen eingeputzte Vorhangleisten verwendet werden können. Sie eignen sich namentlich für Vorhänge an Nischen, Türen, Durchlässen. Bei Fenstern ist zu beachten, daß eine Schiene, die oben in der Fensternische eingeputzt wird, sich in aller Regel senkrecht über dem Fensterbrett befindet. Sie eignet sich deshalb nur für halblange Gardinen, die nicht tiefer herabhängen sollen als bis zum Fensterbrett.

Neue Plastikschienen Neu sind Plastikschienen, die nur 6 mm dick sind, so flach also, daß das Einputzen entfallen kann (z. B. »Kobra«). Sie sind in zahlreichen Formen (ein-, zwei-, dreiläufig, auch gebogen) lieferbar.

Vorhangleisten Fertig käufliche Vorhangleisten erhält man in Holz, Metall und Kunststoff in allen gewünschten Farben, Profilen und Abmessungen. Man sollte sich für eines der verschiedenen im Handel befindlichen Systeme entscheiden und dann in der ganzen Wohnung bzw. im ganzen Haus durchgehend Schienen dieses Systems verwenden.

Länge Wie lang soll die Leiste sein? Bei Fenstern bzw. Öffnungen bis zu etwa 1,30 m Breite soll sie beiderseits 15 bis 20 cm überstehen, damit die aufgezogenen Gardinen nicht vor dem Fenster hängen und Licht wegnehmen. Bei breiten Fenstern läßt man die Leiste besser etwas mehr überstehen – etwa 20 bis 30 cm, damit die größere Stoffmenge in aufgezogenem Zustand Platz findet.

Befestigung An der Oberseite des Brettes sitzen zwei Halter für Wandeisen. Die Wandeisen können fest in die Wand eingelassen sein; in älteren Wohnungen ist das meist der Fall. Wenn die Möglichkeit besteht, ist es besser, Buchsen in die Wand einzulassen, in die passende Eisen einfach hineingesteckt werden. Die Haltevorrichtungen an der Vorhangleiste sollen seitlich etwas verschiebbar sein. So kann man sie nachrücken, wenn sich herausstellt, daß ihr Abstand dem der Wandeisen nicht genau entspricht.

Laufschienen An der Unterseite des Brettes sitzen eine oder mehrere Laufschienen. Im Bild ist die obere (dem Zimmer zugekehrte) Schiene in der Mitte geteilt. Sie ist bestimmt für eine geteilte Übergardine, die nach beiden Seiten aufgezogen werden kann. Dahinter befindet sich die durchgehende Schiene für die Untergardine (Store).

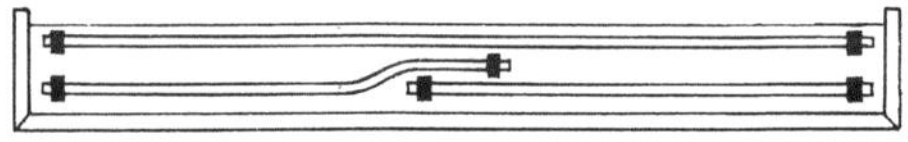

Auf den Schienen laufen Rollen oder andere Gleitkörper, versehen mit Greifern oder Haken zur Befestigung des Vorhangstoffes. Das folgende Bild zeigt, wie der Haken zumeist an der Gleitrolle befestigt ist:

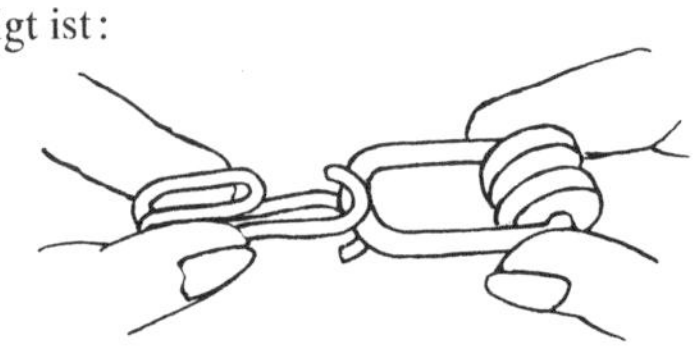

Feststeller An die äußeren Enden der Laufschienen kommt je ein Feststeller, bei geteilter Schiene auch an die freien Enden in der Mitte. Die Feststeller werden verschieden angebracht, je nachdem wie das Aufziehen erfolgen soll. Die Vorhangseite, die fest bleiben soll, erhält einen Feststeller zwischen den beiden letzten Gleitrollen, die andere Seite erhält den Feststeller außerhalb der letzten Laufrolle.

Bemessung des Stoffs Vorhänge und Gardinen müssen reichlich bemessen werden: nach dem Seitenmaß, wenn und soweit sie in Falten hängen sollen; nach dem Längenmaß, weil sie an der Oberkante einen schmalen und an der Unterkante einen breiteren Saum bekommen. Außerdem ist eventuelles Eingehen beim Waschen zu berücksichtigen.

Der Seite nach verlangt bereits mäßiger Faltenwurf etwa die doppelte Breite. Soll eine Gardine voll in Falten gelegt werden, braucht man bis fast zur dreifachen Breite, wie das Bild zeigt:

Um die Länge zu bestimmen, wird zunächst vor der Vorhangleiste bis zum Fensterbrett (für halblange Vorhänge) oder bis knapp über den Fußboden (für lange Vorhänge) gemessen, dazu gibt man 20 bis 40 cm für den unteren Saum, den man am besten doppelt einschlägt, weil die Vorhänge so glatter fallen. Dazu kommt noch eine Zugabe für das Einlaufen. Sie kann gering sein bei wertvollen Stoffen wie Velours, den man stets chemisch reinigen läßt. Sie muß größer sein für Stoffe, die gewaschen werden. Die Waschkante wird oben eingeschlagen, aber nicht umgenäht.

Befestigen Sind die Gleitrollen mit Häkchen versehen, näht man ein Tragband an den oberen Rand des Stoffes. Je nach Gardinenstoff ist Tragband zu verwenden, das beim Waschen einläuft oder – wie Perlonstores – unverändert bleibt. Sonst verzerrt sich die Gardine nach der Wäsche. Etwa 1 cm des Vorhangs soll oberhalb des Tragbandes als Kante stehenbleiben. Die Haken werden dann eingehängt, wie es das Bild zeigt – nicht in die Schnur, die durch das Band läuft, sondern in das Band selbst bzw. dessen Ösen.

Raffen Die Schnur hat nämlich einen anderen Zweck: sie dient als »Kräuselschnur« zum Raffen des Vorhangs.

Man darf die Schnur nach dem Raffen nicht ab-

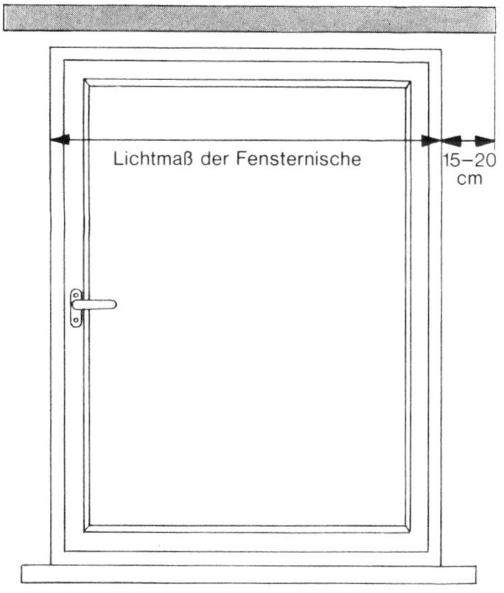

Länge der Vorhangstange bei Normalfenstern

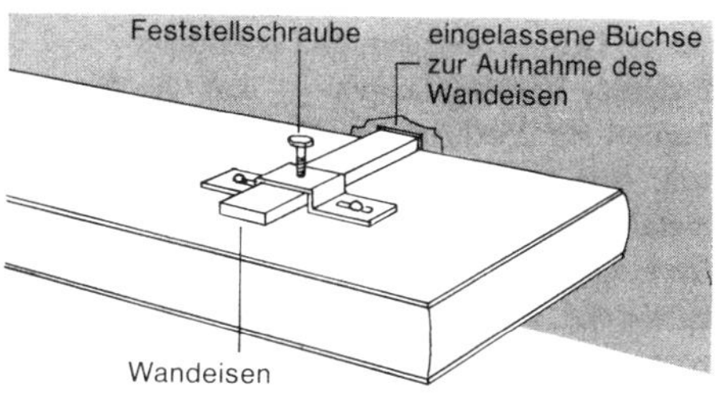

Vorhangleiste

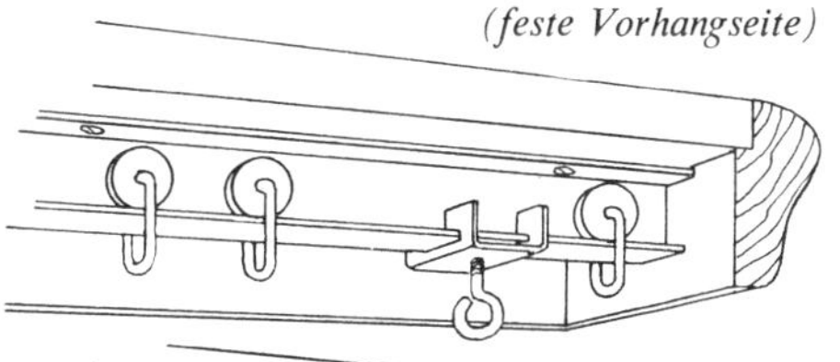

Feststeller (feste Vorhangseite)

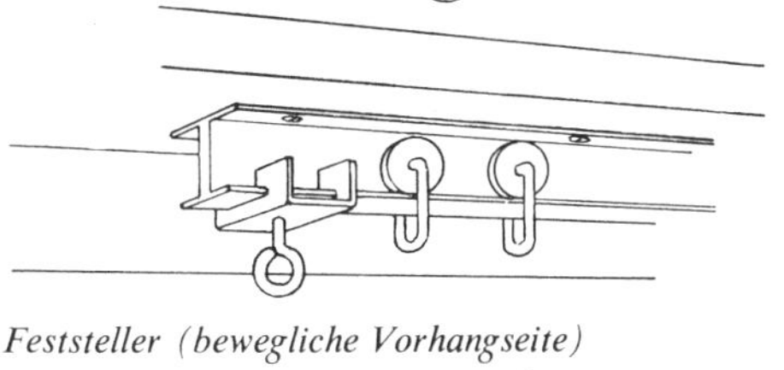

Feststeller (bewegliche Vorhangseite)

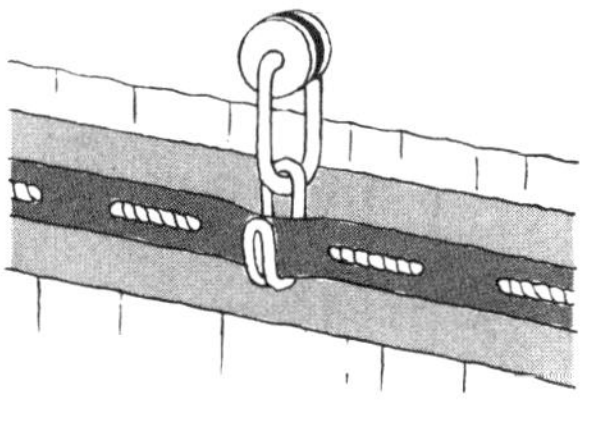

Aufhängung einer Gardine am Tragband

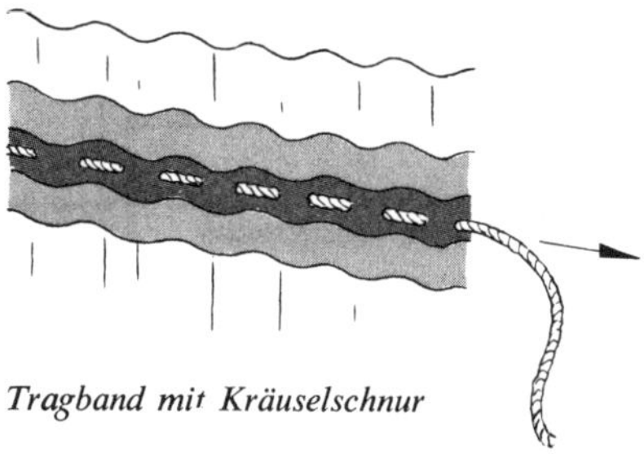

Tragband mit Kräuselschnur

schneiden, damit man zum Waschen den Stoff wieder zur vollen Breite auseinanderziehen kann. Zur Befestigung kann man die herunterhängenden Enden mit Schnäppern an die Gardine festklemmen oder die Schnur zu Knäueln wickeln, die man mit Sicherheitsnadeln unsichtbar unter der Vorhangleiste an der Gardine ansteckt.

Ich empfehle, zunächst die Vorhänge fertig einzuhängen, dann die ganze Leiste mitsamt den Vorhängen an den Wandeisen zu befestigen. Für den Ungeübten ist das Arbeiten an der bereits montierten Leiste unbequem und ermüdend.

Federnde Vorhangstange Aus der Schweiz kommt für Vorhänge in Nischen, Duschecken u.ä. eine federnde Vorhangstange aus Leichtmetall (eloxiert), auf der Kunststoffringe gleiten. Sie braucht weder angeschraubt noch angedübelt zu werden, sondern klemmt sich mit Hilfe eines patentierten Federmechanismus (»spirella«) fest gegen die beiden Seitenwände.

Scheibengardinen Für Scheiben- oder Spanngardinen an Fenstern und verglasten Schränken verwendet man leichte Stoffe, die durch Stäbe gespannt werden. Erst messen, dann kaufen! Einfache Spanngardinen erfordern etwa 100% Faltenzugabe. Die Haken für die Stangen sollen in senkrechter und waagerechter Richtung gut 2 cm auswärts vom Rande der Scheibe sitzen. Sind die Fensterrahmen mit Winkeleisen verstärkt, sollen die Haken innerhalb des Winkels angebracht sein.

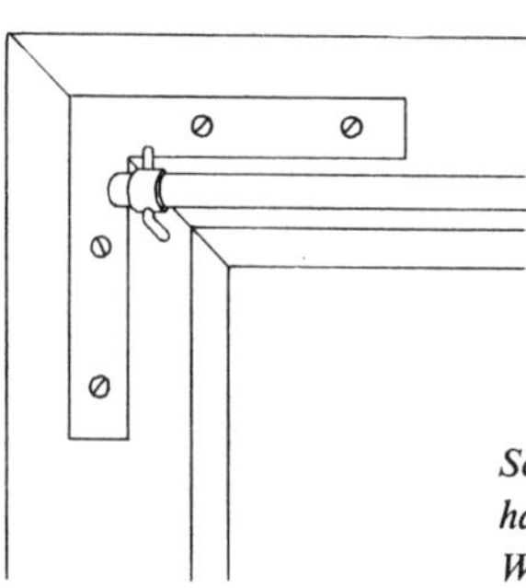

Scheibengardinenhaken innerhalb des Winkeleisens

Ober- und Unterkante der Stoffbahn erhalten einen 2 cm breiten Saum, durch den die Stange gesteckt wird. Eine Zugabe für das Eingehen beim Waschen ist erforderlich.

Stoffwahl Noch ein paar allgemeine Hinweise für Vorhänge:

1. In einem Raum sollen nicht zu viele stark gemusterte Flächen sein: Tapete, Teppich, Vorhänge, Polstermöbel, Flügeldecke und ähnliches können nicht alle auffallende Muster tragen. Man nimmt zu ruhigen Wand- und Bodenflächen gemusterte Vorhänge, zu lebhaften Teppichen (Orientmuster) und Wänden dagegen ruhige – einfarbige oder schwach gemusterte – Vorhänge.
2. Je großzügiger Sie verfahren beim Planen und Gestalten von Vorhängen, desto besser die Wirkung. So wird man z.B. zwei dicht nebeneinander liegende Fenster mit einer über beide hinweggehenden Vorhangleiste verbinden, so daß bei zugezogenem Vorhang eine einzige große Fläche entsteht. In schmalen Räumen mit der Fensterwand an der Schmalseite kann man die ganze Fensterwand mit dem Vorhang überdecken.
3. Für die Sonnenseite lichtechte Stoffe!

Läufer und Teppiche

Unterlagen Haltbarkeit und Elastizität von Läufern und Teppichen werden durch Unterlagen verbessert. Für ältere Orientteppiche sind Unterlagen oft unentbehrlich.

Unterteppiche werden u.a. aus Filz, Korkfilz, Preßkork, bituminierter Pappe, Nadelfilz mit Kautschukbeschichtung hergestellt. Solche Un-

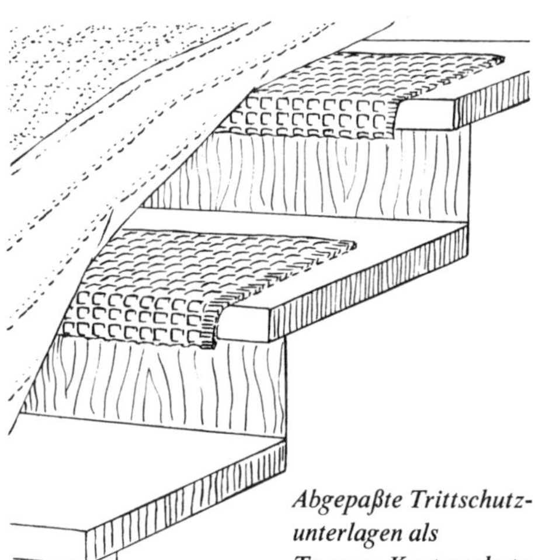

Abgepaßte Trittschutzunterlagen als Treppen-Kantenschutz

terlagen gleichen kleinere Unebenheiten aus, dämmen den Trittschall, schonen Teppich und Unterboden. Sie können, sofern die Unterseite rutschfest gearbeitet ist, lose auf den Boden gelegt werden. Sollen sie verklebt werden, so muß dies vollflächig geschehen, und zwar mit Laufrichtung der Bahnen quer zu eventuell vorhandenen Dielen. Der Teppichboden selbst muß dann, wenn es sich um Bahnware handelt, wiederum quer zum Unterteppich (und damit parallel zu den Dielen) liegen.

Fußbodendübel Läufer liegen besser, wenn sie gespannt sind. Dazu braucht man Fußbodendübel aus Messing:

Die Hülse wird bei Holzboden eingeschlagen, bei Steinboden einzementiert. Man braucht etwa 3 bis 4 Dübel an jedem Ende des Läufers. Die Schraube wird durch den Stoff gedrückt und in die Hülse geschraubt. Die Enden des Läufers sind zuvor mit Einfaßband – in allen Farben in Fachgeschäften käuflich – einzufassen.

Läufer dehnen sich allmählich und müssen dann nachgespannt werden. Da man die Hülsen kaum versetzen kann, muß man den Läufer kürzen und das eine Ende neu einfassen.

Zwei Läufer stoßen zusammen Man läßt die Kanten scharf aneinanderstoßen und befestigt jeden Läufer für sich mit Fußbodendübeln. Es ist nicht zu empfehlen, einen Läufer unter den anderen zu schieben: an den so entstehenden Wülsten nützt sich der Läufer schnell ab; außerdem bilden sie ein Stolperhindernis.

Auf gerader Treppe Ein Läufer auf einer Treppe, der nicht richtig befestigt ist, wird zur Ursache ständigen Ärgers, wenn nicht sogar unangenehmer Unfälle. Der Läufer muß auf jeder Stufe durch eine Stange gehalten werden, deren Halterungen fast unmittelbar am Läufer sitzen. Die Stange wird durch zwei seitlich angebrachte Ösen gehalten, die bei Holztreppen einzuschrauben, bei Steintreppen einzuzementieren sind. Über den ausgelegten Läufer werden die Stangen in die Ösen geschoben. Das ist besonders einfach, wenn die Ösen mittels Scharnieren aufzuklappen sind. Zum Schluß werden beide Enden des Läufers, wie vorher beschrieben, mit Fußbodendübeln gespannt.

Die richtige Laufrichtung von Unterboden, Unterteppich und Teppichboden

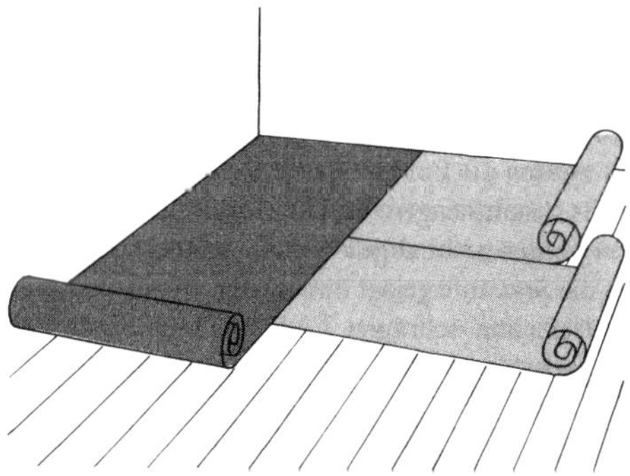

Läufer-Halterungen:

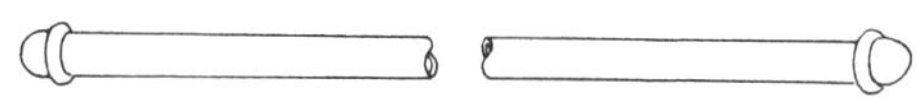

Runde Läuferstange mit Eicheln

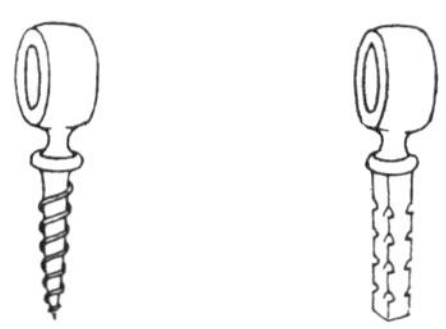

Ösen für Läuferstangen zum Einschrauben und Einzementieren

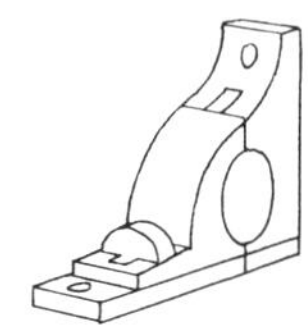

Aufklappbarer Stangenhalter (für schmale Treppen)

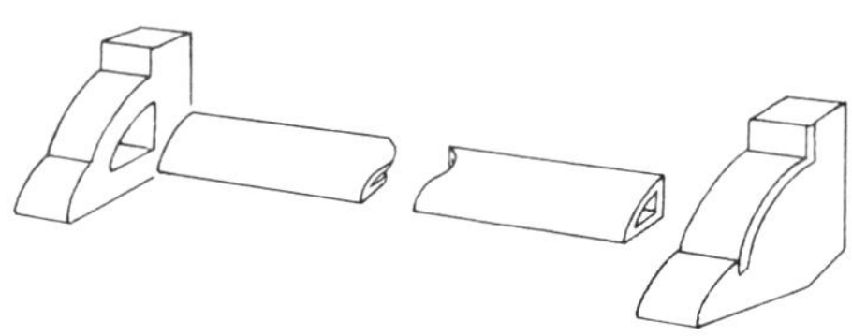

Dreikant-Läuferstange, sehr stabil, mit aufklappbarem Seitenhalter, der (wie links sichtbar) eine Aussparung aufweist, welche die Stange aufnimmt

Auf Wendeltreppe Bei einer gewendelten Treppe sind die Auftritte an der Außenseite breiter als an der Innenseite. Es gibt zwei Wege, mit dieser Schwierigkeit fertig zu werden:

1. Den Läufer passend zuschneiden. Dazu benutzt man als Schablone eine Bahn Packpapier von der Breite des Läufers. Man legt sie auf die Treppe, schlägt die überflüssigen Teile ein, überträgt die Maße auf den Läufer; zerschneidet ihn und näht die Stücke passend zusammen. Vorteil: Exakter Sitz. Nachteil: Der Läufer kann weder (gleich-

mäßiger Abnützung wegen) auf der Treppe verschoben noch an anderer Stelle verwendet werden.

2. Die Läuferteile, die an der Innenseite der Treppenrundung überschüssig sind, müssen eingeschlagen und zu einer Keilfalte vernäht werden. Es werden die Punkte A mit A_1, B mit B_1 usw. jeweils zusammengenäht. Die eingeschlagenen Falten werden nicht abgeschnitten, sondern verdeckt an die Setzstufe gelegt und an der im unteren Bild gestrichelten schrägen Linie nochmals mit der Hauptbahn vernäht.

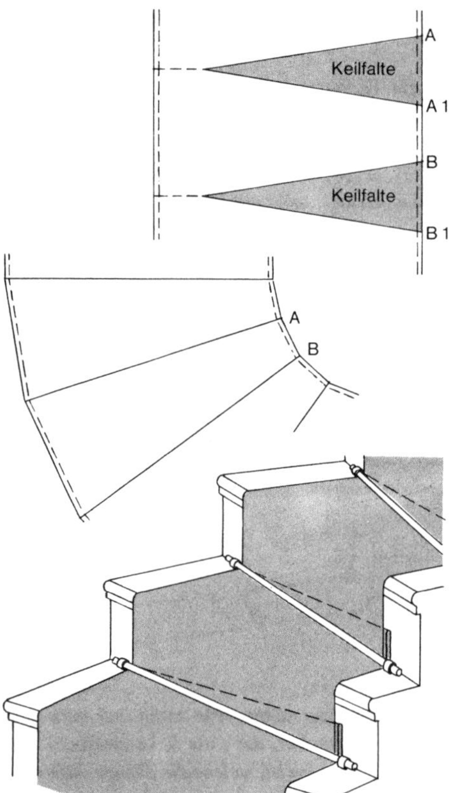

Keilfalten im Wendeltreppenläufer

Spannteppiche

Spannteppiche machen Bodenflächen warm und durchgehend angenehm begehbar. Sie sind allerdings teurer als Beläge aus Linoleum oder PVC. Man verlegt sie überwiegend einfarbig (uni), weil der einfarbige Belag eine großzügigere, ruhige Raumwirkung ergibt.

Sisal und Kokos Teppiche aus diesem Material sind verhältnismäßig rauh und hart, sie haben eine lebhafte Gesamtwirkung und leisten gute Dienste vorwiegend in Vorräumen und Gängen.

Bouclé Haargarnteppiche aus diesem Material verwendet man für stark strapazierte Böden. Sie wirken warm und wohnlich und eignen sich auch als Untergründe für echte Teppiche und Brücken. Wie bei Sisal gibt es viele Grautöne und starkfarbige Nuancen.

Velours ist schalldämmend; er sollte wegen seiner weichen, samtigen Oberfläche nur in Räumen verlegt werden, die auch im übrigen verhältnismäßig aufwendig ausgestattet sind. Viele Farbtöne, Breiten von 70 cm bis 4,57 m.

Nylon und Perlon Diese Kunstfasern ergeben einen etwas anderen Oberflächencharakter als herkömmliche Textilien. Es werden Teppiche mit kurz-, mittel- und langfloriger Oberfläche hergestellt. Wenn die Oberfläche langfloriger Teppiche etwas zerzaust wirkt, kann man sie glattbürsten. Teppiche aus diesen Geweben sind sehr haltbar und gut zu pflegen.

Wolle mit Dralon Aus einem Gemisch von je 50% Wolle und Dralon wird Auslegware verschiedener Struktur und Dicke hergestellt. Die Kunststoffbeimischung bewirkt eine bemerkenswerte Unempfindlichkeit gegen Schmutz. Diese Teppiche sind auf der Rückseite gummiert und können vollflächig aufgeklebt werden, vgl. unten. Sie liegen aber auch ungeklebt flach und faltenlos. Breite bis 5 m.

Filz mit PVC Kombinationen aus Filz und PVC (vgl. S. 485) gehören strenggenommen nicht zu den Spannteppichen. Sie sind hier erwähnt, weil die Filzunterlage den Boden ähnlich weich und gut begehbar macht wie ein Teppich.

Unterböden Spannteppiche lassen sich auf allen trockenen, sauberen glatten Unterböden verlegen. Holzböden sollen eben und frei von größeren Rissen sein. Risse und Unebenheiten führen dazu, daß der Teppich sich stellenweise schnell abtritt. Man kann Holzböden abschleifen und Fugen mit schmalen Leisten füllen; doch erreicht man den besten Effekt, wenn man den ganzen Boden mit Hartfaserplatten belegt, wie S. 67 für Linoleumverlegung empfohlen und beschrieben.

Böden mit Linoleum-, Gummi- und PVC-Belägen eignen sich gut für Spannteppiche. Estriche in Neubauten sind ebenfalls geeignet. Asphalt kann, weil er keiner Austrocknung bedarf, sofort belegt werden. Zement- und Gipsestriche müssen völlig

ausgetrocknet sein. Sisal z.B. zieht sich bei Feuchtigkeit zusammen; trocknet der Estrich aus, so dehnt sich der Belag, und Falten sind unvermeidlich.
Sollen auf Zementestrich Spannarbeiten ausgeführt werden, so müssen rundum im Boden Dübelleisten einzementiert werden. Wer einen besonders warmen Boden haben will, kann unter den Spannteppich eine Lage Filzpappe (oder Zeitungspapier) legen.
Das Verlegen Grundsätzlich kann man Spannteppich sowohl lose legen wie vollflächig aufkleben wie spannen. Nicht jedes Material eignet sich aber für jede Verlegungsart.
Bouclé hat den Vorteil, daß Vorder- und Rückseite von völlig gleicher Struktur sind, so daß der Teppich nach einiger Zeit gewendet werden kann. Man wird also diese Teppiche nicht kleben.
Es ist zweckmäßig, möglichst breite Bahnen zu nehmen, damit die Anzahl der Nähte beschränkt wird. Die Nähte sollen immer in der Richtung des einfallenden Lichts liegen. Das Nähen erfolgt, nachdem alle Bahnen geschnitten sind, von der Rückseite. Je zwei Bahnen werden mit den Vorderflächen zueinander zusammengelegt und dicht an der Kante mit Leinen- oder Nylonfaden »überwendlich« zusammengenäht (Bild). Wer nicht nähen will, kann die Bahnen auch von der Rückseite durch unter die Stöße gelegte Streifen aus Nessel oder Packpapier, etwa 15 cm breit, zusammenkleben. Zum Kleben dienen Spezialkleber (Lackofix, Haftkleber).
Die einfachste, auch vom Laien auszuführende Art des Verklebens geschieht mit doppelseitigem Teppich-Klebeband. Der Teppich muß dazu genau die Größe des Raumes besitzen. Das läßt sich am leichtesten erreichen, wenn Sie nicht Bahnen aneinanderreihen, sondern gleich einen raumgroßen Teppich in einem Stück kaufen; es gibt ja Teppichböden bis zu 5 m Breite. Allerdings müssen Sie sich beim Kauf erkundigen, ob sich dieser Teppich zum Verlegen auf Klebeband eignet. Der Belag wird paßgerecht ausgelegt, die Kanten sind zunächst umzuschlagen. Entlang der Fußleiste wird jetzt (auf fettfreiem Unterboden, Bohnerwachs u.ä. vorher entfernen!) der Klebestreifen aufgebracht – Schutzstreifen obenauf! – und mit einem Lappen fest an den Boden gedrückt.
Jetzt den Schutzstreifen bei flacher Reißrichtung vorsichtig abziehen.
Der Teppich ist dann paßgenau aufzulegen und mit einem breiten Hammer fest anzuklopfen.

Das vollflächige Verkleben erfordert einen sorgfältig vorbereiteten Unterboden, wie er bei PVC-Böden verlangt wird. Die beachtliche Dicke der Teppichböden darf nicht darüber hinwegtäuschen, daß nur auf einwandfreiem Untergrund geklebt werden kann. Vermeiden Sie das Verlegen gemusterter Ware, da hier die Schwierigkeiten des Rapports hinzukommen! Gewebte Ware wird fadengerade verlegt, das heißt so, daß der Flor bei sämtlichen Bahnen in derselben Richtung verläuft; er soll möglichst vom Licht weggehen. Alles

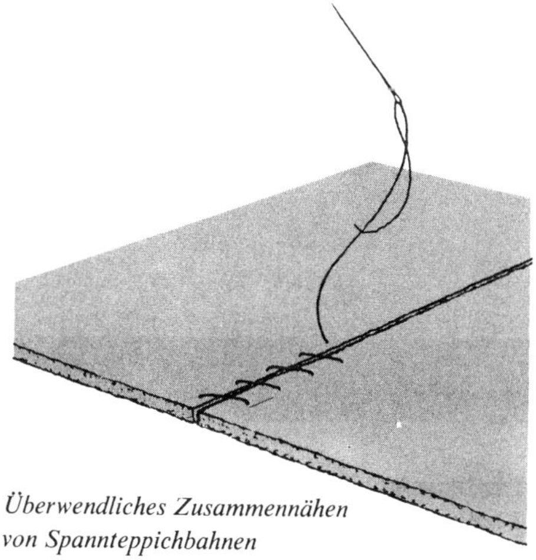

Überwendliches Zusammennähen von Spannteppichbahnen

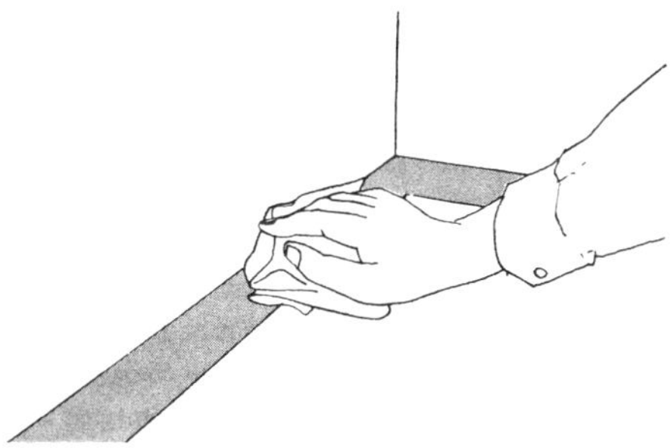

Das Aufbringen des doppelseitigen Klebestreifens bei zurückgeschlagenem Teppich

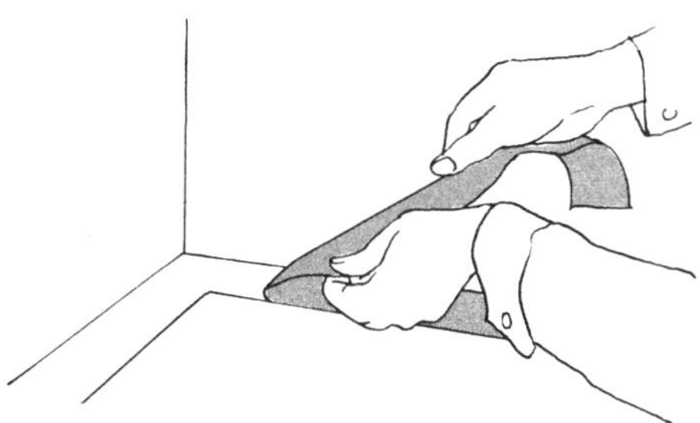

Abziehen des Schutzstreifens

Schneiden muß ebenfalls »fadengerade« erfolgen, so z.B. bei Schlingenware durch vorheriges Ausziehen eines Florfadens und rückseitiges Schneiden in dieser Fadengasse.
Geklebt wird am besten mit Dispersionsklebern. Helle Kunstharzkleber (z.B. Sichotex) mit langen »offenen Zeiten« eignen sich auch, sind aber schwieriger zu verarbeiten. Das Verkleben selbst geht etwa wie beim PVC-Kleben (S. 502) vonstatten, es wird jeweils eine zurückgeschlagene Bahnenhälfte eingestrichen und festgeklebt. Beim Verkleben mehrerer Bahnen sollte man von der Mitte her beginnen. Alle Kantenstöße werden leicht »gestaucht«, d.h. gegenseitig aneinander »herangedrückt«, wobei kleine Korrekturen möglich sind. Vorsicht: Eindrücken des Flors in den Kleber führt zu auffälligen Stößen! Die verklebte Naht müssen Sie zuletzt mit einer Roßhaar- oder Nylonbürste senkrecht »beklopfen«. An den Fußleisten muß das Übermaß sofort mit senkrechtem Messerschnitt (Spezialmesser S. 68) an der Stahlschiene abgeschnitten werden. Ein Viertelstab aus Holz kann als Abschluß gesetzt werden; er ist fest auf den Flor zu drücken.

Teppichfliesen Teppichfliesen lassen sich leicht verlegen und bieten den Vorteil, daß man verschmutzte oder beschädigte Fliesen auswechseln kann. Abmessungen meist 50 × 50 cm, Material Filz, Perlon, Dralon; besonders dick und widerstandsfähig Hengafeld-Fliesen, die Tierhaare enthalten. Manche Fliesen haben einen Klebstoffauftrag auf der Rückseite. Andere werden ganz ohne Klebstoff verlegt. Vgl. hierzu die Bildtafeln S. 70, 71 (Kunststoff-Fliesen s. S. 486).

22 Einfache Polsterarbeiten

Das Material Der Laie wird in erster Linie lose Kissen herstellen und beziehen bzw. neu beziehen können. Ein ideales Polstermaterial für solche Zwecke stellen Schaumgummi und Kunstschaumstoff dar. Schaumgummi enthält natürliches Latex, während Kunstschaumstoff aus rein synthetischen Stoffen hergestellt wird.
Schaumgummi ist erhältlich in Platten bis zur Größe 1 m × 2 m in Dicken von 10, 12, 15, 20, 25 und 30 mm in vollen Platten, während Platten in größeren Dicken von 25 bis 60 mm an der Unterseite röhrenförmige Aussparungen haben.
Es gibt verschiedene Weichheitsgrade. Für Sitzkissen auf Bänken und Stühlen sowie als Schaumstoffmatratze nimmt man festeres Material, während mittelweiche Sorten für Sitzkissen über Federkernen und ganz weiche für Rückenpolster (mit und ohne Federkern) geeignet sind.
Kunstschaum gibt es bei Plattengrößen bis 1 m × 2 m in den Dicken 2, 3, 4, 5, 6, 8, 10, 12, 15, 20, 25, 30, 35, 40, 50, 60, 80 und 100 mm. Aus Kunstschaum gibt es auch vorgefertigte Teile in Form von Kissen, Platten, Rückenlehnen für Sessel, Matratzen. Das Material wird praktisch in allen Farben hergestellt, so daß man es auch offenliegend vielfältig verwenden kann. Abfallschnitzel dienen wie Federn als Füllung für Kisseninlets. Endlich gibt es ein Plattenmaterial, das aus einer Mischung von Gummihaar und Kunstharzbindemittel besteht und das sich besonders gut zum Herausschneiden von losen Kissen, z.B. für Eckbänke, eignet. Auf eine so geschnittene Platte soll

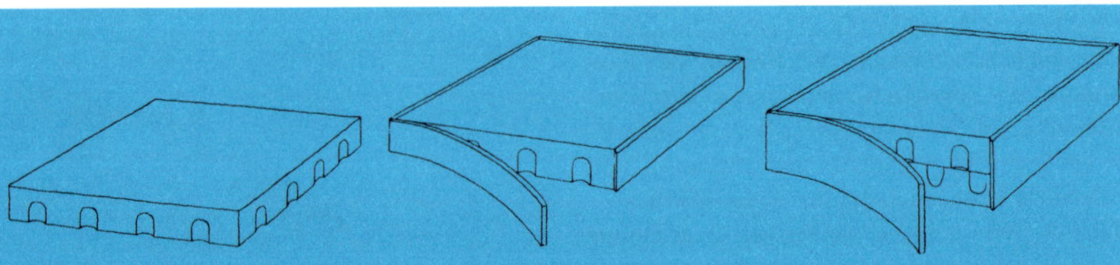

Dicke Schaumgummiplatte — *Schaumgummiplatte mit Vollmaterial umklebt* — *Doppelplatte mit Vollmaterial umklebt*

man noch eine dünne Lage Kunstschaumstoff aufkleben.

Das Zuschneiden des Polstermaterials Wer nicht fertige Teile im gewünschten Maß kauft, muß zunächst zuschneiden. Dazu nimmt man Maß und Form mit einer Schablone von dem zu belegenden Gegenstand, z.B. der Eckbank, ab und überträgt sie auf das Material. Mit weichfließendem Kugelschreiber kann man unmittelbar auf die Platten zeichnen. Als Schneidwerkzeug dient eine Schere oder ein scharfes Messer. Die Schere vor dem Schneiden in Wasser tauchen; so franst der Schnitt nicht aus. Kurven werden mit einer Rasierklinge vorgeritzt, dann mit der Schere nachgeschnitten.

Verschiedene Möglichkeiten der Kantengestaltung Platten aus Schaumgummi von 30 bis 40 mm Dicke, wie man sie zum Belegen einer Eckbank braucht, haben bereits an der Unterseite röhrenförmige Aussparungen. Die Kanten der Platten sind dagegen geschlossen. Dies nützt man beim Zuschneiden in der Weise aus, daß man für die Vorderkanten der Kissen eine volle Plattenkante benutzt. Entsteht durch einen Schnitt in der Mitte einer Platte eine Seitenfläche mit röhrenförmigen Aussparungen, so wird sie mit Vollmaterial umklebt. Diese Streifen müssen, wenn der Polsterkörper eine rechtkantige Form bekommen soll, genau in der Stärke der Platte gehalten sein. Klebt man, um dickere Kissen zu haben, zwei Schichten Polstermaterial aufeinander, so müssen die Kantenstreifen so breit geschnitten werden, wie beide Platten zusammen dick sind. Ein derart zusammengefügtes Kissen erhält durch Einfügen einer Kunstschaumeinlage eine gewölbte Form. Auf die gleiche Weise kann man dem Polster auch Keilform geben. Sollen die Kanten nicht scharf sein, sondern abgerundet erscheinen, so schneidet man die Streifen für die Schmalseiten (auch Seitenböden genannt) um eine Streifenstärke schmäler als die Kissendicke. Der Streifen wird dann auf Mitte aufgeklebt, die überstehenden Flächen werden mit Kleber bestrichen, zusammengebogen und geklebt. So entstehen schöne, abgerundete Kanten.

Eine andere Möglichkeit, die Seitenböden zu runden, besteht darin, fertige Profilstäbe zu verwenden, die es in vielen Formen zu kaufen gibt.

Für dünne Kissen kann man auf die Seitenböden verzichten. Man schrägt die beiden aufeinandergelegten Platten ab und klebt die Schnittflächen zusammen. Auch derartige Kissen können mit einer Einlage aus Kunstschaum, Schaumgummi oder auch anderem Füllmaterial gewölbt werden; doch muß man darauf achten, daß die Einlage nicht bis zu den Kanten herausreicht.

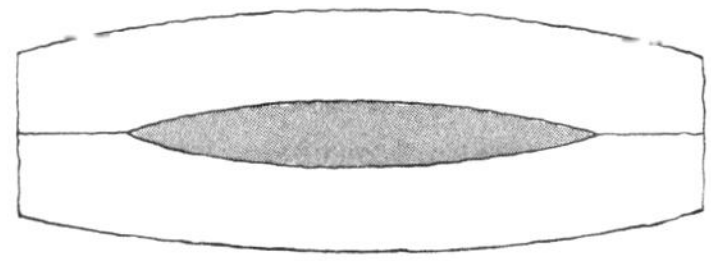

Doppelplatte, durch Kunstschaumeinlage gewölbt

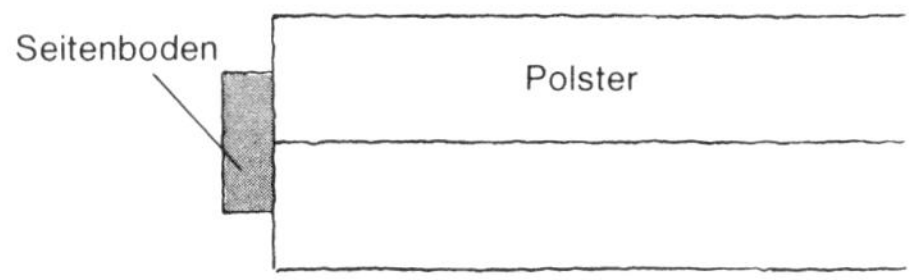

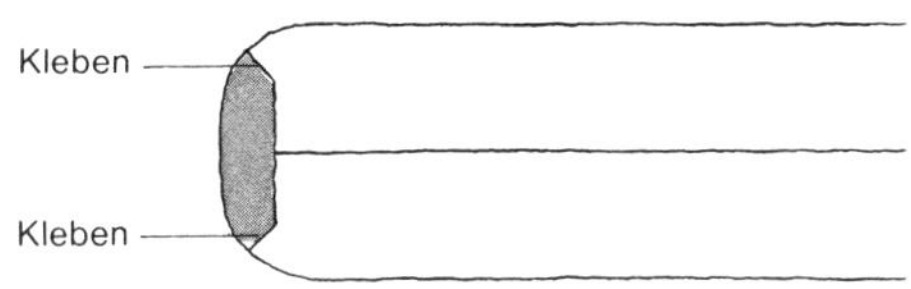

Abgerundete Kanten

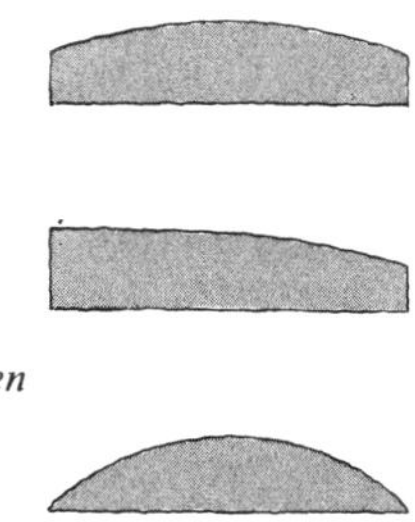

Profile von verschiedenen fertigen Schaumgummi-Profilstäben, die als Kanten von Kissen u. dgl. verklebt werden können

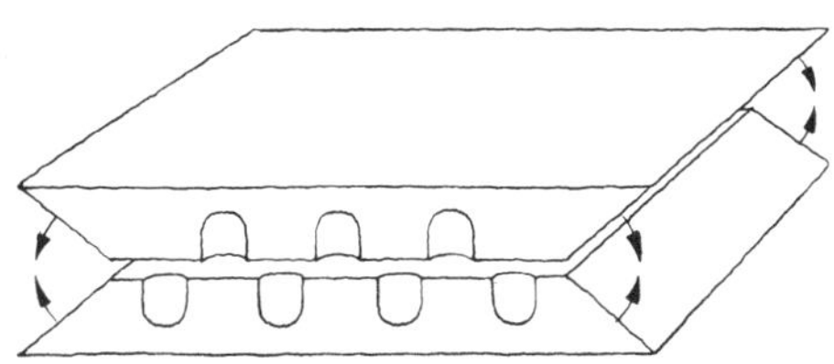

Zusammenkleben der beiden Platten an den schrägen Schnittkanten ergibt gewölbte Kissenform

Das Kleben Mit Spezialklebern können geklebt werden: Schaumgummi auf Schaumgummi · Schaumstoff auf Schaumstoff · Schaumgummi bzw. Schaumstoff auf Holz oder Gewebe.
Es ist zweckmäßig, den Kleber beim Einkauf des Polstermaterials mit einzukaufen, und zwar jeweils den, der vom Hersteller des Materials hergestellt oder empfohlen wird. Der Kleber soll dünnflüssig und gut verstreichbar sein. Es werden stets beide zu klebende Flächen eingestrichen.

Nach 5 Minuten sind sie gewöhnlich so weit abgetrocknet, daß man kleben kann – jedoch Gebrauchsanweisungen beachten. Ein Fläschchen Verdünnung zusätzlich zu besitzen, empfiehlt sich; man braucht es, um Flecken zu entfernen und die Hände von Kleberresten zu säubern. (Vgl. hierzu S. 510ff.)

Der Bezug Bei kantigen Kissen von einiger Dicke schneidet man am besten jedes der 6 Teile für sich zu. Beim Zuschneiden ist darauf zu achten, daß die Laufrichtung des Stoffes für die Schauseiten überall gleich ist; bei gemustertem Stoff besonders darauf achten. Die Teile werden lose auf das Kissen gelegt (Stoffrückseite nach außen, so daß die Nähte gleich passend gesteckt werden können), zunächst geheftet, soweit nötig nachgeschnitten. Anschließend näht man die Nähte von Hand oder mit Maschine endgültig zusammen. Die letzte Naht an einer Schmalseite bleibt offen und wird, nachdem der Bezug übergestülpt wurde, von Hand zugenäht.

Preise wichtiger Werkzeuge und Materialien (Stand Herbst 1972)

	Preis DM
Werkzeug und Gerät	
Spachtel, je nach Breite	1.65 bis 3.25
Stahlbürste, je nach Breite	–.70 bis 1.20
Ringpinsel	1.75 bis 16.—
Kalkbürste	14.50 bis 32.—
Leimfarbenbürste	25.— bis 48.—
Lammfell-/Perlonroller, je nach Breite	9.65 bis 20.—
Heizkörperpinsel	1.55 bis 5.40
Tapezierbürste	5.95 bis 30.—
Nahtroller	2.95
Roller	6.50 bis 19.—
Schere	7.90 bis 15.50
Spritzapparat (Kleingerät)	103.75 bis 1050.—
Schleifmaschine (Rutscher)	98.90 bis 450.—
Trockenfarben je kg	
Kreide	–.40
Gips	–.50
Moltofill	3.70
Ocker	1.65
Kalkgelb	2.60
Kalkorange	3.50
Englischrot	1.80
Ultramarinblau	6.60
Terra de Siena	2.70
Kalkgrün	2.80
Eisenoxydschwarz	3.60
Spachtelkitt	
Ölspachtelkitte, 800 g netto	3.75
Kunstharzspachtelkitt, 800 g netto	5.—

	Preis DM
Bindemittel	
Zelleim, 125 g	1.90
Zellkleister, 125 g	1.90
Spezialkleister, 125 g	3.35
Kunstharzbinder	5.90
Leinölfirnis	3.50
Leinölstandöl	4.50
Sikkativ	4.95
Lacke und Lackfarben Preis pro Ltr. bzw. $^3/_4$ Ltr.	
Luftlack	7.— bis 9.—
Kunstharzluftlack	7.— bis 12.—
Holzimprägniergrund	7.40
Fenstergrund	7.90
Bleimennige, Kunstharz, 2 kg	9.50
Kunstharzvorlack	7.20
Kunstharzlack, weiß und bunt	8.— bis 12.50
Heizkörperlack, weiß	7.— bis 8.—
Ölpaste	
Dreipigmentweiß, 750 ccm, 1 kg	4.15
Titanweiß, 750 ccm, 1 kg	3.95
Verdünnungsmittel je Ltr.	
Testbenzin	2.10
Kunstharzverdünnung, $^3/_4$ Ltr.	4.85
Nitroverdünnung	3.25
Sonstiges	
Abbeizmittel, lösend, 750 g netto	4.50
Abbeizmittel, alkalisch, 1 kg	2.65
Flintpapier, 1 großer Bogen	1.05
Wasserschleifpapier, 1 Bogen	–.55 bis –.70

Zweiter Teil

Holzarbeiten

1 Die Werkstatt

Ich denke, ich brauche nicht lange zu begründen, warum ich dem Arbeiten mit Holz in diesem Buche breiten Raum widme. Holz ist noch immer unser universalster Werkstoff. Gerade der Laie kann mit einfachem Werkzeug aus Holz viele schöne und praktische Dinge fertigen. Auch ist dem Nichtfachmann durch die elektrischen Kombiwerkzeuge (S. 516ff.) ein weiteres Arbeitsgebiet erschlossen worden. Schließlich treten bei der Holzbearbeitung so viele Grundvorgänge auf, die man fast immer und überall bei praktischer Betätigung braucht (Nageln · Bohren · Leimen · Schrauben), daß es lohnt, sie ausführlich zu betrachten.

Der Arbeitsraum

In unserem nördlichen Klima, stets vom Regen bedroht, können wir Holzarbeiten, die mehr sind als ganz kurze Gelegenheitsreparaturen, nicht im Freien ausführen. Wir brauchen einen geschlossenen Raum. Am besten ist natürlich ein eigener Werkstattraum. Denken Sie an Säge- und Hobelspäne und an den vielen Staub, der vor allen Dingen beim Arbeiten mit elektrischen Kombiwerkzeugen entsteht!

Der Arbeitsraum soll möglichst natürliches Licht haben. Künstliches Licht sollte bei Tage nur ein Notbehelf sein. Soweit man es benötigt, soll es blendfrei und ausreichend hell sein. Darüber mehr im Teil »Elektrizität«. Denken Sie auch an eine Schukosteckdose, besser noch an zwei, damit Sie Maschinen, Lötkolben und andere Geräte in Betrieb nehmen können.

Trocken soll der Raum sein, nicht zu kalt und nicht zu warm. Viele Arbeitsgänge, besonders beim Verleimen von Holz, gelingen nur bei gemäßigter Temperatur. Bei starken Temperaturschwankungen bildet sich Schwitzwasser.

Noch zwei Hinweise zum Thema Arbeitsraum:

1. Ist der Raum durch einen Kohlenofen beheizt, achten Sie bitte auf die Brandgefahr durch Späne und andere Holzabfälle.
2. Da die meisten Hölzer (Bretter und Leisten), mit denen Sie arbeiten, lange und sperrige Gegenstände sind, sollte der Arbeitsraum nicht klein sein. Je beschränkter aber der Platz, desto peinlicher die Ordnung!

Werktisch, Werkbank

Die Hobelbank Die ideale Werkfläche für Schreinerarbeiten ist die Hobelbank. Die Größe richtet sich nach Platz und Geldbeutel. Zu empfehlen ist eine mittelgroße Bank von 1,50 bis 1,80 m Plattenlänge. An der Vorderseite links und an der rechten Seite sind zwei Spanneinrichtungen, Zangen genannt, die auf einer mit Gewinde versehenen Spindel hin und her laufen. Sie halten jedes Werkstück rasch und bequem fest.

Die linke Zange nennt man Vorderzange, die rechte Hinterzange. Beide müssen zügig laufen und in einer festen Führung gleiten. Gewinde von Zeit zu Zeit ölen!

Bankhaken Diese eisernen Kloben werden in die Aussparungen der Bankvorderseite und in diejenigen der Hinterzange eingesetzt. Zwischen die

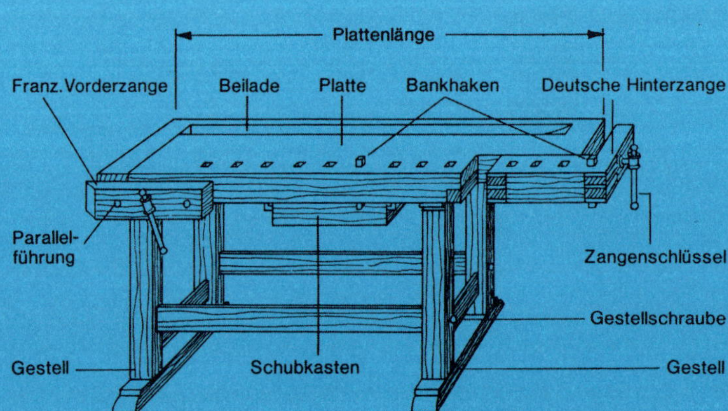

Die Hobelbank und die Benennungen ihrer wichtigsten Teile

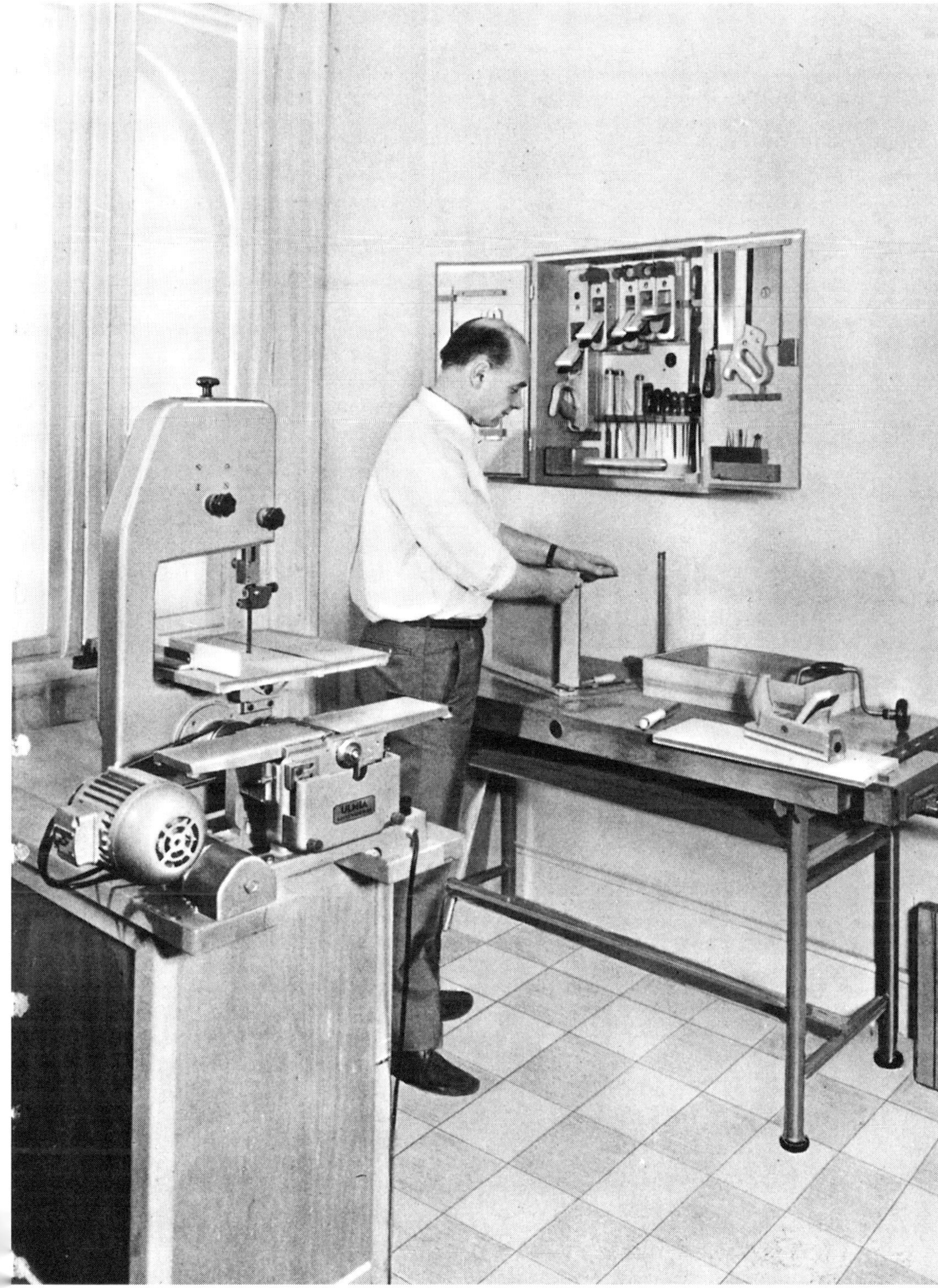

Vielzweck-Kleinmaschine mit aufgebauter Abricht-Hobeleinrichtung und angebauter Bandsägeeinrichtung
Werkfoto ULMIA (Werkzeugfabrik Georg Ott, Ulm)

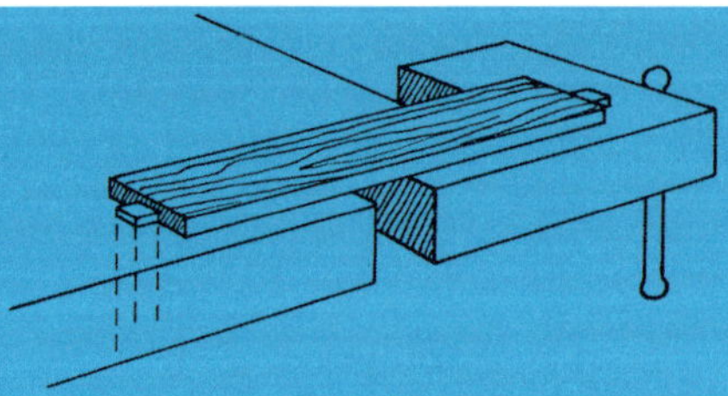

Eingespanntes Brett

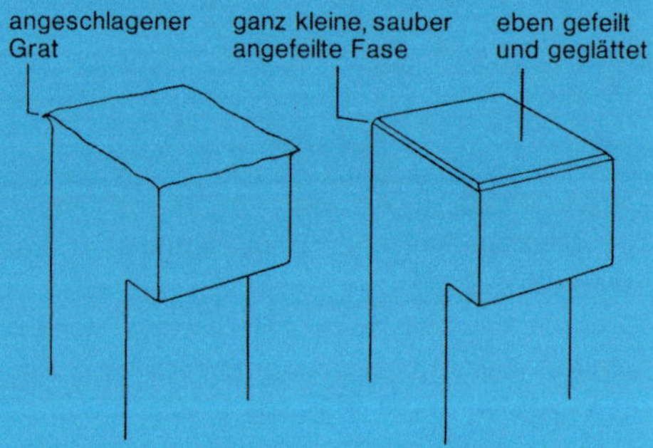

Grate am Bankhaken

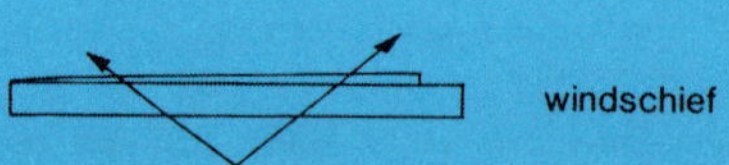

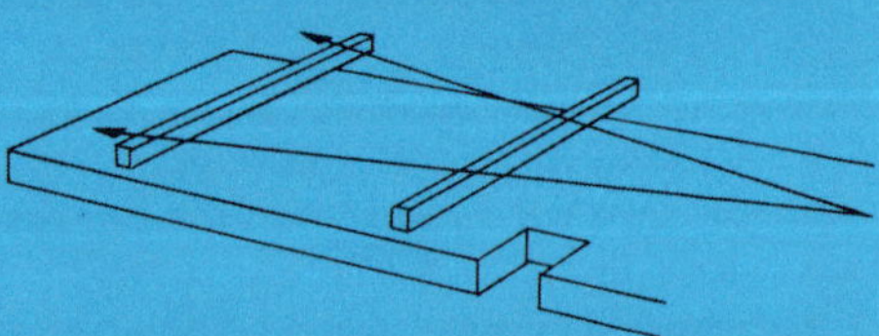

So prüft man eine Fläche durch Visieren

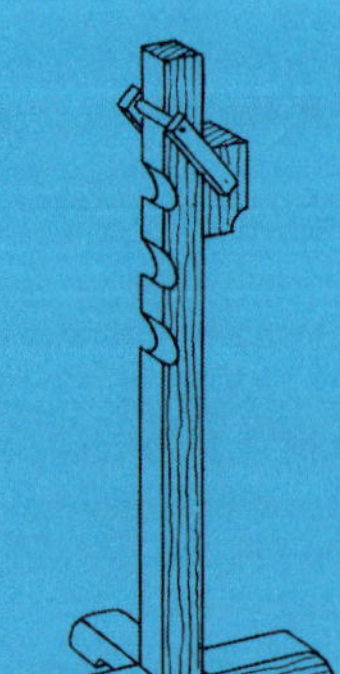

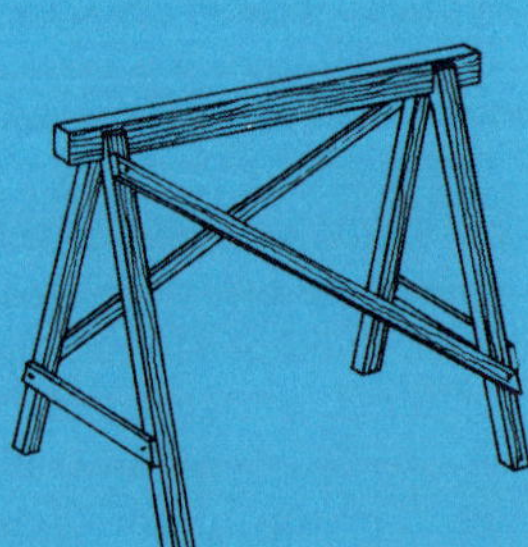

Bankknecht *Bock*

leicht oben herausstehenden Bankhaken wird das Werkstück eingespannt.

Die oberen Stirnflächen der Bankhaken sind kein Amboßersatz. Zurücktreiben nur mit dem Hammerstiel! Durch Schlagen mit dem Hammerkopf entstehen Grate, an denen man sich leicht verletzen kann. Ist einmal ein Grat entstanden, so muß man ihn sauber abfeilen.

Platte Die wichtigste Forderung an die Platte der Hobelbank: sie muß eine völlig ebene Fläche bilden. Das kann man leicht nachprüfen, indem man (wie es das Bild zeigt) zwei Latten genau parallel auf die Platte legt und dann darüber visiert. Eine von vornherein windschiefe Platte ist unbedingt zurückzuweisen.

Gestell Das Bankgestell darf nicht wackeln. Keile und Schrauben nachziehen.

Zusatzgeräte Der in der Höhe verstellbare Bankknecht dient als Unterstützung beim Hobeln langer Einzelstücke. Für große Flächen nimmt man Böcke (Schragen) zur Unterstützung.

Unterbringung des Werkzeugs Kleinzeug liegt handgerecht in der Beilade der Hobelbank. Wohin mit dem Werkzeug? Der Platz unter der Werkbank sollte nur in Ausnahmefällen als Werkzeugplatz dienen, und wenn, dann möglichst als Kipplade. Räumen Sie aber bitte ab und zu die Hobel- und Sägespäne heraus.

Zeugrahmen Das Werkzeug ist richtig untergebracht in einem an der Wand hängenden Zeugrahmen oder Werkzeugkasten, so daß man es ohne Verrenkung und ohne sich bücken zu müssen greifen kann. Wenn Sie sich nicht gleich einen Werkzeugkasten kaufen wollen oder sich noch nicht an die Selbstanfertigung wagen (S. 164), dann ist zunächst eine gelochte Hartfaserplatte an der Wand sehr günstig. An Drahthaken oder -bügeln hängen Sie das Werkzeug übersichtlich auf. Möglichst nicht legen, denn die Schneiden werden leicht stumpf.

Behandlung der Hobelbank Die Platte soll von Zeit zu Zeit mit Leinöl eingelassen werden (mit einem gutgetränkten Lappen überwischen). Das bietet Schutz gegen Verziehen der Platte; auch lassen sich Leim- und Farbflecke dann leichter entfernen.

Arbeiten, welche die Platte verschinden können, z. B. das Geradeklopfen von Nägeln, wird man nicht auf der Platte, sondern auf einem beigelegten Hartholz- oder Eisenstück ausführen. Nicht auf den Bankhaken!

Bedenken Sie, daß die Spindel für Holzarbeiten

gebaut ist. Sie ist kein Schraubstock etwa zum Biegen eines Metallrohres. Der eiserne Schraubstock – mit dem wir uns beim Arbeiten mit Metall näher befassen (S. 293) – kann zusätzlich, an einem Hartholzklotz befestigt, in die Hobel- oder Werkbank gespannt werden.

Kleine Hobelbank Speziell für Heimwerker und Bastler werden neuerdings von der Industrie Hobelbänke hergestellt.

Der Werktisch Für andere als reine Schreinerarbeiten ist eine Hobelbank allerdings nicht gut geeignet. Auch die Befestigung von Mehrzweckmaschinen ist schwierig. Deshalb ist für die Hauswerkstatt ein Werktisch oder eine Werkbank vorzuziehen. Die Platte sollte aus etwa 4 cm starken Bohlen bestehen. Sie wird auf einem Bockunterbau stabil befestigt. Einen solchen Arbeitstisch kann man selbst herstellen (s. S. 151). Einfacher und für den Anfang genügend ist es, einen stabilen Tisch von entsprechender Größe durch Querverstrebungen zu versteifen.

Ein solcher Werktisch, ergänzt durch Schraubzwingen oder andere Spannvorrichtungen, reicht für die meisten Schreinerarbeiten aus. Zum Hobeln darf er nicht zu hoch sein. Die Handgelenkhöhe des Arbeitenden, wenn er aufrecht mit zwanglos hängenden Armen vor dem Werktisch steht, ist am günstigsten. Der Tisch soll fest stehen: Legen Sie auf zwei zwischen dem Gestell befestigte Querbretter einen kräftigen Steinbrocken oder ein Stück Eisenschiene. Aufgeschraubte Strebeleisten zwischen den Tischbeinen verhindern das Wackeln. Über Unterlegen zu kurzer Tischbeine S. 186.

Der Tisch soll auch auf glattem Boden nicht rutschen: da helfen unter die Füße genagelte Gummiplatten oder Lederflecken. Es ist unzweckmäßig, ihn an der Wand zu befestigen oder am Fußboden zu verschrauben. Manche Arbeiten machen sich

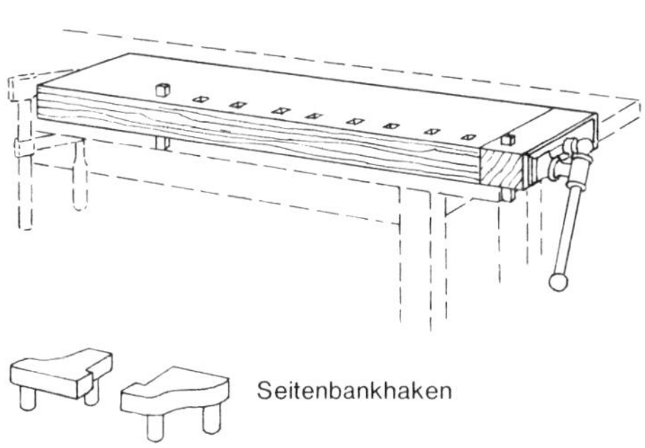

ULMIA-Tischhobelbank

leichter, wenn man die Werkbank einmal drehen oder weiter in den Raum schieben kann.

Ideal ist es, Hobelbank und Werktisch zu haben. Sie können die Werkteile aus dem Weg legen und haben auch einen festen Platz für Ihr Elektro-Kombiwerkzeug.

Tischhobelbank Eine vorhandene Werkbank kann durch eine auflegbare Tischhobelbank für Schreinerarbeiten brauchbar gemacht werden. An dieser Bank fehlt die Vorderzange; verkröpfte Bankhaken ermöglichen das Einspannen.

Zehn Gebote zur Unfallverhütung

1. Die wichtigste Voraussetzung für unfallfreies Arbeiten ist Sauberkeit und Ordnung in der Werkstatt.
2. Scharfes und gepflegtes Werkzeug ist weniger gefährlich als stumpfes, rostiges oder schadhaftes.
3. Die Hemd- oder Jackenärmel hochkrempeln, und zwar nach innen einschlagen. Keine Zipfel!
4. Fingerringe ablegen!
5. Werkzeuge möglichst unter Verschluß halten, vor allem aber giftige oder brennbare Flüssigkeiten!
6. Arbeiten Sie nie in einer durch Alkohol gehobenen Stimmung!
7. Auch kleine Verletzungen stets sofort durch einen Verband schützen! Wunde vorher nicht auswaschen; nur kurz ausbluten lassen. Bei stärkeren Verletzungen stets Arzt aufsuchen.

Wo eine Heimwerkstatt ist, soll auch ein Verbandskasten im Hause sein!

8. Feuersgefahr besteht:

beim Rauchen während des Hobelns
beim Arbeiten mit Farben und Lacken
beim Arbeiten mit Klebern
durch Selbstentzündung alter Öl- und Fettlappen oder öliger Späne.

Deshalb: Nicht in der Werkstatt rauchen!

9. Alle Holzbearbeitungsmaschinen haben eine sehr hohe Drehzahl und sind deshalb besonders gefährlich. Die zugehörigen Schutzvorrichtungen sind unbedingt zu verwenden. Alle sich drehenden Teile sollen soweit wie irgend möglich gegen Berührung ummantelt sein. Sägeblätter, Messer und dgl. sind sorgfältig festzuschrauben.
10. Wer Maschinen anschafft und wer Verwandte oder Freunde in der Werkstatt arbeiten läßt, sollte unbedingt eine Haftpflichtversicherung abschließen. Vorhandene Maschinen ausdrücklich im Versicherungsschein aufführen!

2 Der Werkstoff

Eigenschaften des Holzes

Holz ist ein lebendig gewachsener Werkstoff, aufgebaut aus einzelnen Zellen, die nicht alle gleichmäßig sind. Für die Bearbeitung bringt diese Tatsache manche Schwierigkeit.

Die Zellen Die Masse der Zellen im aufrecht wachsenden Stamm hat etwa die Form eines oben und unten geschlossenen winzigen Röhrchens. Sind die Zellen mit Feuchtigkeit gefüllt, schwellen sie an, das heißt, die Röhrchen werden dicker, jedoch fast gar nicht länger. Trocknen sie aus, so werden sie dünner, jedoch kaum kürzer. Jegliche Änderung im Feuchtigkeitsgehalt der das Holz umgebenden Luft verändert bereits die unzähligen Holzzellen.

Holz arbeitet Die Folge daraus: das Holz »arbeitet«. Es arbeitet immer, auch noch, nachdem es verarbeitet wurde. Und zwar arbeitet es wegen der Form seiner Zellen stärker in der Querrichtung als in der Längsrichtung.

Das Werfen Holz schrumpft nicht nur, sondern es »wirft« sich auch: es wird rinnenförmig hohl. Diese Erscheinung beruht auf dem Wachstumsvorgang des Holzes.Im Frühjahr, wenn die Säfte schießen, bilden sich weite Zellen mit dünnen Wänden. Zur Trockenzeit bilden sich dagegen enge Zellen mit dickeren Wänden. Das ergibt die Jahresringe (Bilder S. 89).

Die ringförmige Schichtung der Zellen bewirkt, daß ein von der Außenstelle des Stammes abgeschnittenes Brett sich beim Trocknen wirft; und zwar wird stets die der Stammitte zu liegende Seite des Brettes (»rechte Seite«) rund, die nach außen liegende Seite hohl werden.

Es ist niemals gleichgültig, wo und wie ein Brett aus dem Stamm herausgeschnitten ist, und ebensowenig, wo und wie es im Werkstück eingesetzt wird. Aus welchem Teil des Stammes ein Brett stammt, sehen Sie an den Stirnseiten.

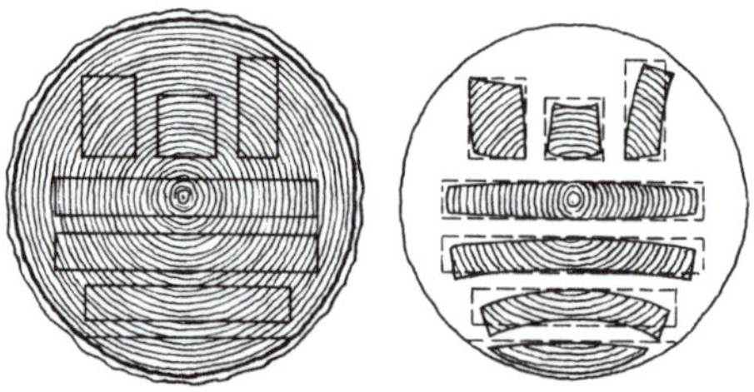

So arbeitet Massivholz

»Rechte Seite oben« Bei einem Brett, das auf einer Unterlage angenagelt oder sonst befestigt wird, legt man die »rechte Seite nach oben« – ein Merksatz! Dann wird es sich kaum aufwerfen, jedenfalls aber an den Rändern fest aufliegen bleiben.

Weil Holz in verschiedener Richtung verschieden stark arbeitet, darf man niemals ein längeres Stück Querholz auf Längsholz aufleimen, ebensowenig umgekehrt. Werden Längsholz und Querholz verbunden, muß die Verbindung arbeiten können, also einen kleinen Bewegungsspielraum behalten. Man wird also nageln, schrauben, durch Beschläge oder Sonderkonstruktionen verbinden, aber nicht leimen.

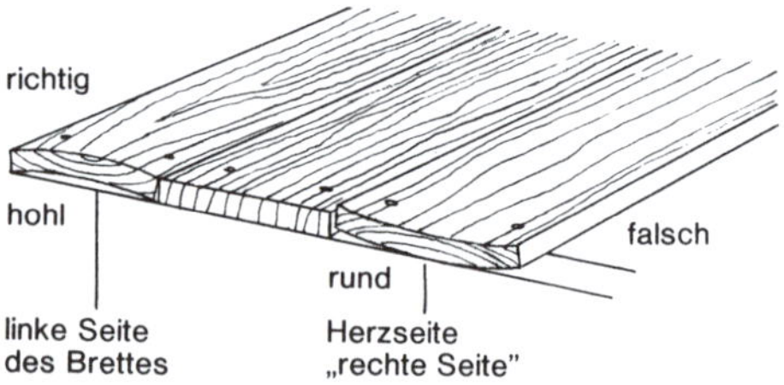

Nach dem Trocknen hat sich das falsch genagelte rechte Brett rinnenförmig aufgeworfen

Die wichtigsten Holzarten

Wir betrachten hier die Holzarten, die für eine Verarbeitung durch den Laien hauptsächlich in Betracht kommen: Fichte · Kiefer · Lärche · Buche · Eiche. Andere heimische Hölzer werden zwar vom Möbelschreiner verarbeitet, in der Heimwerkstatt aber selten vorkommen. Die Nadelhölzer Fichte, Kiefer und Lärche sind Weichhölzer, die übrigen Harthölzer.

Fichte Das Holz der Fichte, auch Rottanne genannt, ist billig und leicht zu bearbeiten, daher für einfache Holzarbeiten am besten geeignet. Fichtenholz sieht gelblichweiß aus, ist leicht, weich, elastisch, sehr tragfähig, gut spaltbar und harzhaltig. Es ist ziemlich dauerhaft, solange es entweder ganz im Wasser oder ganz an der Luft bleibt. Im Wechsel von naß und trocken wird es bald stockig.

Dem Fichtenholz sehr ähnlich ist das der Tanne (Weißtanne).

Kiefer Das Holz der Kiefer, auch Föhre, Forche, Kiene genannt, hat ähnliche Eigenschaften wie das der Fichte, es ist jedoch härter, fetter (kieniger) und wetterbeständiger.

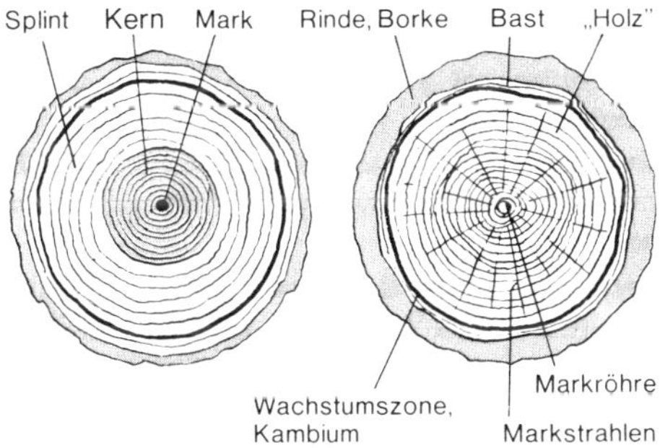

Splintholz- und Kernholzstamm

Kernholz und Splintholz Im Gegensatz zur Fichte ist die Kiefer ein Kernholzbaum. Der Stamm zeigt innen einen dunklen Kern mit dem darum liegenden helleren Splint. Das Kernholz ist fester und widerstandsfähiger.

Blaustreifigkeit Das weiche Splintholz ist anfällig gegen Insekten und Pilze. Bei der Kiefer kommt häufig eine bläuliche Verfärbung des Splintes vor. Die Festigkeit wird dadurch nicht beeinträchtigt. Man muß aber vor der Oberflächenbehandlung imprägnieren (s. S. 140).

Maserung Die am geschnittenen Holz sichtbare, je nach Holzart mehr oder weniger schöne Linienstruktur wird Maserung genannt. Sie ergibt sich durch das gerade oder schräge Anschneiden der verschiedenen Zonen und Jahresringe des Baumstammes beim Sägen.

Lärche Die Lärche, ein Kernholzbaum wie die Kiefer, hat breiten Kern und schmalen Splint. Das Holz ist wertvoller, von schöner, gelborange getönter Farbe und äußerst wasserbeständig.

Buche Das Holz ist schwer, hart, fest und gut spaltbar. Es arbeitet jedoch sehr stark. Im Wasser wird es rasch schwarz und verdirbt. Deshalb nicht dort verwenden, wo es feucht werden kann. Buche läßt sich gut dämpfen und dann biegen (siehe S. 117).

Eiche Die Eiche ist ein Kernholzbaum. Der Splint, schmal und grauweiß, vermorscht in kurzer Zeit. Das gelblichbraune Kernholz dagegen ist äußerst dauerhaft, hart, fest und zäh, im Wasser von fast unbegrenzter Beständigkeit. Eiche ist stark gerbsäurehaltig und empfindlich gegen Eisen (Nägel, Schrauben). Vorsicht! Durch Eisenrost entstehen blauschwarze Flecken, die nicht mehr zu entfernen sind.

Ausländische Hölzer

Neben den heimischen Holzarten werden heute auch gute tropische Hölzer bei uns angeboten. Unter den vielen Arten nenne ich Sapeli-Mahagoni, Abachi, Makoré und Limba aus Afrika, Teak aus Indien und Balsaholz aus Südamerika. Wegen der guten Wachstumsbedingungen sind diese Hölzer weitgehend astfrei.

Sapeli Das Holz ist dunkelrotbraun, mittelschwer, ähnlich dem Mahagoni mit meist gewundenen Fasern. Es ist jedoch gut zu bearbeiten.

Abachi Das einheitlich hellgelbe, sehr leichte Holz ist sehr elastisch und ähnlich zu verarbeiten wie andere Weichhölzer. Schrauben und Nägel halten nicht gut; besser leimen.

Makoré Ein rötliches Hartholz, das im Möbelbau starke Verbreitung als preiswertes Furnierholz gefunden hat. Es dient auch zur Herstellung von Parkett.

Limba Das mittelschwere Holz ist hellgelbbraun mit olivfarbenem Schimmer und zeigt interessante Strukturen. Vorsicht beim Bohren und Drechseln, denn das Holz springt leicht.

Teakholz Das goldbraune, harte Holz ist weitgehend bekannt. Die Struktur ist der Eiche ähnlich, die Farbe jedoch schöner. Der starke Ölgehalt verhindert das Rosten der Nägel, erlaubt jedoch keine Politur. Behandlung mit Teaköl. Durch mineralische Bestandteile wird das Holz im Wetter leicht gräulich.

Balsaholz Das leichteste Holz der Welt ist wegen seiner geringen Druckfestigkeit nur für den Modellbau geeignet. Es kann kaum gehobelt werden. Verarbeitung mit scharfem Messer und Schleifpapier. Es hält keine Nägel oder Schrauben, leimt sich aber gut.

Lichtempfindlichkeit Zu allen Angaben über Aussehen und Farbe ist zu beachten: Alle Hölzer sind lichtempfindlich und ändern im Laufe der Zeit unter dem Einfluß der ultravioletten Strahlen des Sonnenlichtes ihre Farbe. Dunkle Hölzer werden heller, helle dunkeln nach.

Holz zum Schnitzen Vor allem eignen sich feste, kurzfaserige Hölzer, ganz besonders das weiche Lindenholz. Es zeigt keine ausgesprochene Faserrichtung. Wenn man jedoch beim Arbeiten die Faserrichtung beachtet, sind auch weitere Hölzer wie Eiche und andere Harthölzer geeignet.

Holz zum Drechseln Wir suchen hierzu möglichst dichtes und schöngemasertes Holz aus, vor allem die heimischen Laubhölzer. Rotbuche wird zu einfachen Werkstücken verarbeitet. Wo Aussehen und Maserung wichtig sind, nimmt man Nußbaum, Kirsche, Birne oder auch Kiefer. Wurzelholz gibt besonders schöne Zeichnungen. Für Spielzeug und andere bemalte Stücke sind Linde und Ahorn gut geeignet. Eiche und Esche nur für gröbere Arbeiten. Die letzteren sind wegen ihrer langen, zähen Fasern schwieriger zu verarbeiten.

Die wichtigsten Holzfehler

Beim Einkaufen und Bearbeiten von Holz achte man auf die möglichen Fehler:

Drehwuchs Man erkennt Drehwuchs, indem man über die Enden eines Brettes visiert: Das Brett ist »windschief« verzogen. Ein solches Brett wird sich immer wieder verziehen. Es ist für Schreinerarbeiten wertlos.

Trockenrisse Die meist durch falsches Trocknen entstandenen Risse sind unangenehm, machen jedoch nicht das ganze Brett unbrauchbar. Kleine Risse verleimt man, größere schneidet man heraus und setzt in den Ausschnitt Brettstücke ein.

Aststellen Astfreies Holz ist selten und teuer, denn jeder Baum hat irgendwo Äste. Man unterscheidet die runden oder ovalen Äste in Seitenbrettern von den Flügelästen, die nur in den Mittelbrettern vorkommen. Flügeläste beim Zuschnitt herausfallen lassen. Unter den runden Ästen gibt es fest eingewachsene und durchfallende. Die letzteren haben einen schwarzen Rand und sitzen locker. Kleine feste Äste beläßt man, größere wird man ausbohren und ausstopseln.

Harzgallen Eingewachsene und mit Harz gefüllte Hohlräume nennt man Harzgallen. Sie stören bei der weiteren Verarbeitung. Einzelne Harzgallen kann man auskratzen oder ausbrennen. Harzgallen nie überstreichen! Drücken durch jeden Anstrich! (S. 45)

Krummer Wuchs An sich gesundes Holz, doch meistens voller Spannungen und sehr schwer zu bearbeiten.

Verziehen Alle Bretter werden hohl, wie im Abschnitt über das Werfen schon erwähnt (S. 88). Seitenbretter verziehen sich am stärksten. Man trennt sie am besten auf und verarbeitet sie als Leisten oder schmale Ware.

Krankes und nagelhartes Holz Eine Pilzerkrankung des Holzes in ihrer Art zu erkennen, erfordert ein Fachstudium. Der Laie kann aber gesundes und krankes Holz unterscheiden. Gesundes Holz ist fest, normal gefärbt, klingt hell, darf keinen modrigen Geruch haben. Krankes Holz ist meist verfärbt, klingt dumpf, läßt sich mit dem Fingernagel wesentlich leichter ritzen als gesundes. Über Schädlinge S. 139 f.

Wer Werkholz kauft, achte aufmerksam darauf, daß ihm nicht sogenanntes nagelhartes Holz angedreht wird. Bei Fichtenholz kommt das nicht selten vor. Nagelhartes Holz ist rötlich streifig, dabei sind – wie man mit dem Fingernagel leicht feststellt – die dunkleren Streifen wesentlich härter als die helleren Schichten. Nagelhartes Holz arbeitet stark, verzieht sich und reißt dadurch. Es sollte nicht verarbeitet werden.

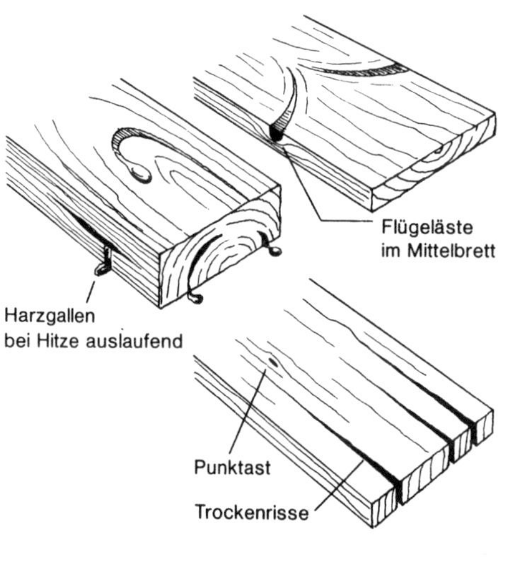

Einkauf und Pflege von Massivholz

Nur gutes und gesundes Holz kaufen! Mit Ihren Werkzeugen und Einrichtungen können Sie keine Holzfehler ausgleichen.

Es gibt heute schon Fachgeschäfte für die Bedürfnisse des Klein-Schreiners. Er kann aber auch zur Holzhandlung gehen.

Einfacher, bequemer und sicherer ist es für den Amateur, sich vom Schreiner eine Reihe gleichstarker und gleichbreiter Bretter zu kaufen. Die Bretter sollen bereits auf der Abrichte- und Dicktenhobelmaschine auf die gewünschte Stärke gebracht sein und eine genaue Winkelkante besitzen. Die parallele Breite wird an der Kreissäge geschnitten. Es ist unzweckmäßig, daß der Laie dies alles von Hand zu machen versucht.

Brettstärken Die Stärke von ungehobelten Brettern wird oft in Zoll angegeben. Der Laie kann sich auf wenige Stärken beschränken: 1zöllig = 24 mm stark · ¾zöllig = 18 mm stark · ½zöllig = 12 mm stark.

Berechnung in qm Die Menge rechnet man in Quadratmetern. Man kauft z. B. 4,5 qm Fichtenbretter, ¾ Zoll stark. Natürlich bringt man beim Verarbeiten möglicherweise nur 2 oder 3 Quadratmeter Fertigfläche heraus.

Lagerung Gehobelte Bretter werden in einem trockenen Raum auf ein ebenes und sauberes Unterlagbrett geschichtet, immer exakt eines auf das andere, die längeren unten, die kürzeren oben. Zum Schluß kommt ein Schlußbrett darüber. Stapel gegen Zug, Sonne und Feuchtigkeit schützen.

Holzstapel In dieser Form kann man nur trokkene und genau ebene Ware eine Zeitlang lagern. Sind die Bretter rauh oder gar noch feucht, darf niemals Brett auf Brett gelegt werden. In diesem

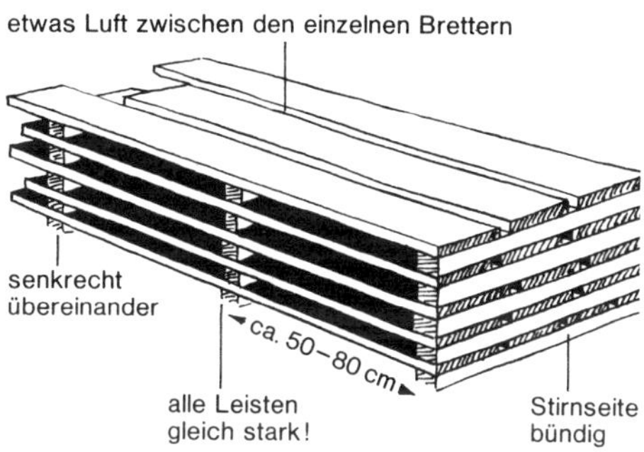

So sieht ein vorbildlicher Holzstapel aus

Fall kommen zwischen die Bretter genau gleich starke Leistchen als Stapelhölzer. Sie können bis zu 1 m voneinander entfernt sein und müssen genau übereinander liegen, damit sich die Bretter nicht durchbiegen. Vor Nässe schützen. Von Zeit zu Zeit umsetzen.

Sperr-, Span- und Faserplatten

Es bedarf, wie wir gesehen haben, einiger Kunstfertigkeit, Naturholz zu verarbeiten und seinen Eigenschaften Rechnung zu tragen. So sind in neuerer Zeit Werkstoffe entwickelt worden, die zwar viele Vorzüge des Holzes besitzen, aber wenig oder fast gar nicht arbeiten. Diese Platten bestehen zwar aus Naturholz als Ausgangsstoff, aber wer die Platte verarbeitet, braucht sich über Faserrichtung, Jahresringe usw. nicht viel Gedanken zu machen. Darum sind solche Platten für den Nichtfachmann der ideale Werkstoff.

Tischlerplatte Zwei Arten von Sperrplatten sind für unseren Zweck zu unterscheiden. Die erste besteht aus einer stärkeren Mittellage, meist aus schmalen Nadelholzleisten, auf die beiderseits ein Deckfurnier aufgeleimt ist. Die Faserrichtung der Decklagen verläuft senkrecht zu der der Mittellage. Die Mittellage kann nun wenig oder nicht arbeiten, sie ist »abgesperrt«. Diese Art heißt Tischlerplatte. Man unterscheidet »Block-« und »Stäbchenplatten«. Die letzteren sind besser und teurer. Man braucht sie für feine Oberflächenarbeiten.

Schichtenplatte Die zweite Art besteht aus einer ungeraden Zahl (3 · 5 · 7 · 9 oder mehr) von gleichstarken (richtiger gleichschwachen) Holzlagen. Die Faserrichtung jeder Schicht läuft senkrecht zu der vorhergehenden. Solche Platten heißen Schichtenplatten. Sie werden vorwiegend als schwache Platten (0,5 bis 6 mm) verwendet, z. B. im Flugzeugmodellbau.

Schichtenplatten können bei starken Temperatur- und Feuchtigkeitsschwankungen krumm, wellig oder windschief werden. Derartige Platten sollen möglichst nicht als freie Flächen, z. B. zu Türen, verwandt werden. Sie dienen hauptsächlich als Füllungsflächen, in Rahmen eingespannt oder auf Rahmen geleimt, sowie als Rückwände.

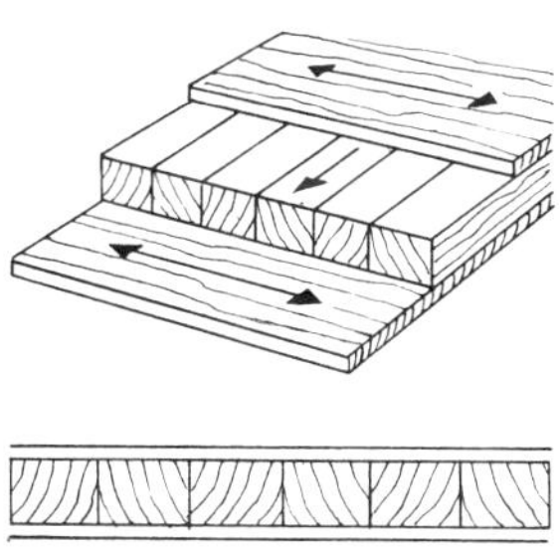

Tischlerplatte

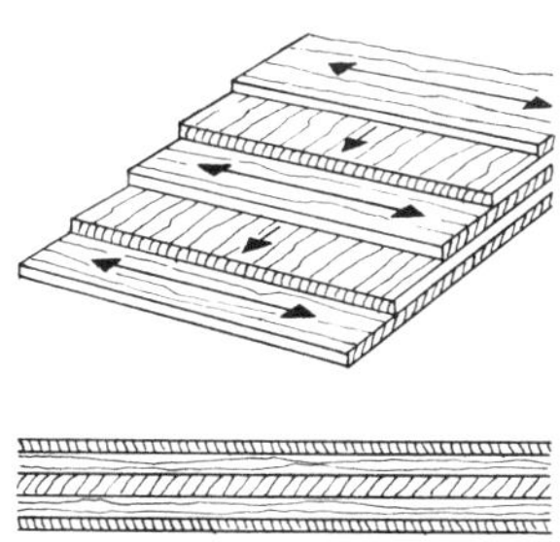

Sperrplatte

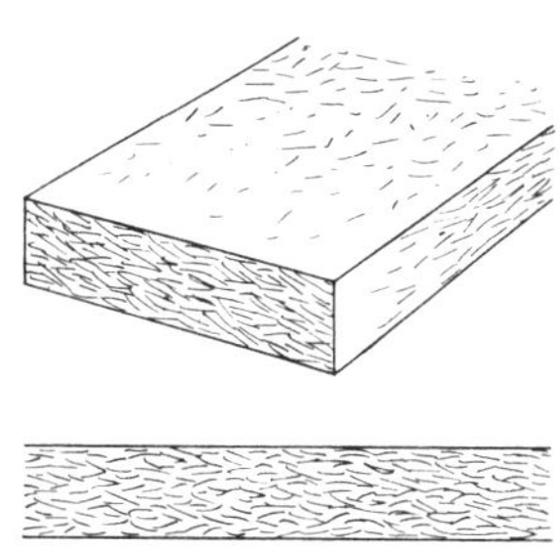

Spanplatte

Kunststoffverschweißte Schichtenplatte Auf dem Markt gibt es heute auch kunststoffverschweißte Schichtenplatten, die auf Grund des besonderen Herstellungsverfahrens auch außen (als Türen, Fensterläden, Wände, ja Dachflächen) verarbeitet werden können. Da sie die Vorzüge der Schichtenplatte mit Wetterbeständigkeit vereinen, sind sie für viele Heimwerker zum bevorzugten Werkstoff geworden.

Die Stärken sind 8, 12 und 16 mm, die Plattengrößen 244×122cm und 183×122cm (Teilfaktor 61). 1 qm wiegt bei 8 mm Stärke 5,20 kg. Herstellerfirmen für die Bundesrepublik: Joh. Wissler GmbH, Großostheim bei Aschaffenburg. Conrad Deines jun. GmbH, Hanau am Main, u. a.

Unter der Bezeichnung PAG-Holz sind heute auch kunststoffverpreßte Sperrholzformteile auf dem Markt, die aber in ihren Eigenschaften mehr dem Kunststoff ähneln als dem Holz (vgl. S. 490). Wegen ihrer Härte sind sie vom Laien kaum noch zu bearbeiten.

Holzspanplatte, Holzfaserplatte Je mehr man die einzelnen Holzstücke verkleinert, aus denen eine Platte besteht, um so geringer die Gefahr des Verwerfens und Verziehens. Spanplatten und Faserplatten sind aus ganz kleinen Holzteilchen und Bindemitteln hergestellt. Die Späne für die Spanplatte sind keine Abfälle, vielmehr wird Stammholz auf Spezialmaschinen zerspänt, getrocknet, mit feinzerstäubtem Bindemittel untermischt, dann unter Hitzeeinwirkung gepreßt.

Als Bindemittel dienen bei der Spanplatte Phenol- oder Harnstoffharze, bei der Faserplatte meist Kresolharz.

Die Platten werden mit veredelter Oberfläche oder ohne diese geliefert. Häufige Liefergröße der Platten: 125×250 cm, dazu Teilungsmaße. Bekannte Fabrikate sind: »Variante X« · »Neoplax« · »Novopan« · »Duroplan« · »Struktoplan«. Spanplatten sind billiger als Sperrholz, Faserplatten billiger als Spanplatten. Stärken ab 6 mm bis zu 40 mm. Faserplatten dienen bei Möbeln oft als Rückwand, Füllplatten, Unterkonstruktion.

Ein Arbeitsbeispiel mit Spanplatten zeigen die beiden Bildtafeln Seite 166, 167. Für die Verarbeitung stellen die Lieferfirmen gewöhnlich genaue Anweisungen zur Verfügung. Einige allgemeine Verarbeitungshinweise:

Die Platten sind stehfest und spannungsfrei, bilden deshalb auch gute Untergründe für anschließende Oberflächenbehandlungen. Sie haben gute Schall- und Wärmedämmung.

Die Oberflächen können gebeizt, gefärbt, gewachst, mattiert oder mit Farbe gestrichen, furniert oder mit Kunststoffplatten beklebt werden. Wegen ihrer glatten standfesten Flächen sind sie der ideale Werkstoff für den Laienhandwerker. Freiliegende Kanten müssen unbedingt geschützt werden. Am besten geschieht das durch Anleimer oder Umleimer (S. 143, 491, 502).

Leichtspanplatten können gesägt, gebohrt, genagelt und geschliffen werden. Zum Verleimen nimmt man im allgemeinen Kunstharzleime.

Sollen Plattenelemente aneinandergefügt werden, so kann das durch stumpfes Zusammenleimen, Dübeln, Nuten oder Federn geschehen. Schrauben an den Plattenkanten halten nicht gut. Es ist also besser, die Platten zusammenzudübeln.

Einkauf In größeren Städten gibt es Plattenhandlungen als Spezialgeschäfte. Man kann sich die Platten auch vom Schreiner liefern lassen, gleich auf die gewünschte Größe zugeschnitten. Die meisten Plattenhandlungen liefern nur in den Herstellungsmaßen, welche bis zu 4,50 m Länge und 1,65 m Breite gehen. Die gängigen Größen entnehmen Sie der Preisliste eines Fachgeschäftes. Der Schreiner kann die Platten auch mit bestoßenen Kanten liefern. Natürlich muß man ihn für Transport, Zuschneiden, Bestoßen und Zubringen bezahlen. Auch beim Händler hat ein zugeschnittenes Stück einen etwas höheren Quadratmeterpreis als eine ganze Platte.

Lagerung Alle Platten müssen vor Feuchtigkeit geschützt werden. Sie gehören nicht ins Freie, nicht in den Keller. Sie werden in einem trockenen Innenraum (Kälte schadet nicht) möglichst senkrecht aufgestellt. Als Unterlage dient ein Brettstreifen, und nun kommt es darauf an, sie möglichst dicht an die Wand und möglichst genau parallel zur Wand aufzustellen. Dicht: d.h. Bodenkanten nicht aneinanderschließen, damit die fast senkrechte Stellung der ersten Platte sich nicht allmählich in eine Schräglage der äußeren Plattenlagen verwandelt. Parallel: man hält die Platte an der Mitte der Oberkante und lehnt sie so an, daß beide Ecken gleichzeitig die Wand berühren. Berührt eine Ecke die Wand vor der anderen, steht die Platte windschief; dadurch kann sie sich verziehen. Auf alle Platten schreibt man gut leserlich – am besten gleich bei der Anlieferung – mit Bleistift an mehreren Stellen ihre Stärke. Das erspart Suchen und Verwechslungen. Vorsicht beim Stapeln! Umfallende Plattenstapel können lebensgefährlich sein.

Furnierte Platten Faserplatten und auch Sperrplatten sind heute mit Edelholzfurnieren versehen im Handel; sie eignen sich gut für Wandverkleidungen.

Kunststoffbeschichtete Platten Faserplatten und Spanplatten werden im Handel auch mit einseitiger oder beidseitiger Beschichtung aus Kunststoff angeboten.

3 Das Werkzeug

Mit dem hier aufgeführten Grundbestand an Werkzeugen und Geräten können Sie die in diesem Buche beschriebenen Holzarbeiten und eine ganze Reihe weiterer sauber und selbständig ausführen. Man kann den Bestand leicht nach oben erweitern. Doch unüberlegte Anschaffungen nützen nichts, sie belasten und hemmen. Nicht auf die Menge, sondern auf die Güte des Werkzeugs kommt es an. Wer mit einem bescheidenen Grundbestand anfängt und noch nicht für alle Techniken Werkzeug besitzt, verwendet die jeweils einfachere Technik: Nageln statt Schrauben, Schrauben statt Dübeln usw.

Nur einwandfreies und vorgerichtetes Werkzeug kaufen! Vorgerichtet heißt: durch Schärfen, Richten, Schränken usw. voll verwendungsfähig gemacht.

In der folgenden Liste ist erläutert, was Sie wissen müssen, bevor Sie das betreffende Stück kaufen. Am Ende des Abschnittes finden Sie zusammengestellt, welche Werkzeuge Sie für die einfachsten Arbeiten unbedingt brauchen (S. 106, 107). Am Schluß der Liste sind die beiden wichtigsten Arbeiten der Werkzeugpflege gesondert besprochen: das Schärfen von Schneidwerkzeugen (S. 107) und das Zurichten von Sägen (S. 107 ff.). Im Abschnitt »Arbeitsgänge« (S. 109 ff.) ist erläutert, was Sie wissen müssen, bevor Sie Ihr Werkzeug verwenden.

Werkzeug zum Zeichnen und Reißen

1 Bleistift, mittelhart (2 oder HB) · 1 Bleistift, hart (etwa 2 H) (besser: Reißnadel, Reißahle, Spitzbohrer, S. 102) · 1 Meterstab oder Stahlbandmaß · 1 Streichmaß · 1 Gehrmaß · 1 Winkelhaken · 1 Winkelschmiege.

Meterstab, Stahlbandmaß Die Länge dieser Meßwerkzeuge soll für Innenarbeiten 2 m betragen.

Der Meterstab soll an den Gelenken durchgenietet sein. Gelenke ölen! Meterstäbe mit einem schwarzen oder roten Strich am Rande sind sogenannte Schwundmaßstäbe zur Herstellung von Gußmodellen. Sie sind länger, also ungeeignet. Das Stahlbandmaß hat einen leicht gewölbten Querschnitt, damit es eine gewisse Steife behält.

Streichmaß (Verstellbares Anschlagmaß) Mit dem Streichmaß werden alle Linien gezogen, die parallel zur Außenkante laufen. Ein Streichmaßriß ist wesentlich genauer als ein Bleistiftriß. Das Streichmaß hat zwei verstellbare Stäbe, die Anreißstifte tragen. Streichmaße mit 4 Stäben sind für den Laien nicht zu empfehlen. Da die Spitzen sich verbiegen können oder auch nachgefeilt werden, soll man sich nicht auf die Skala verlassen,

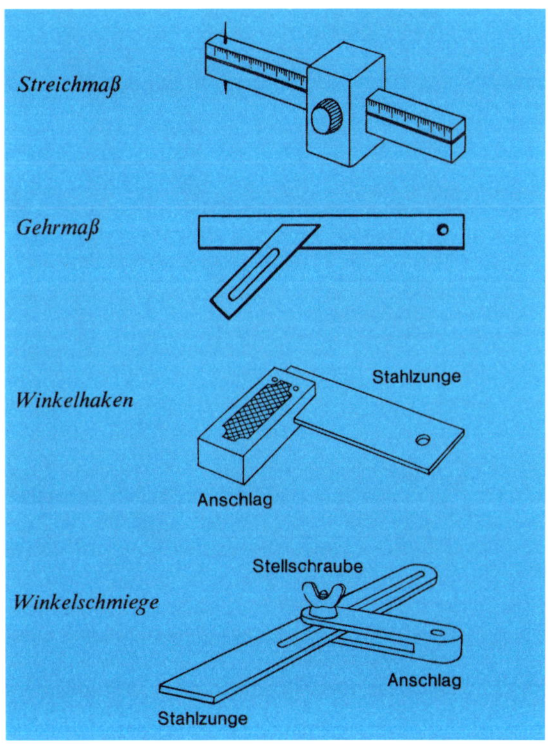

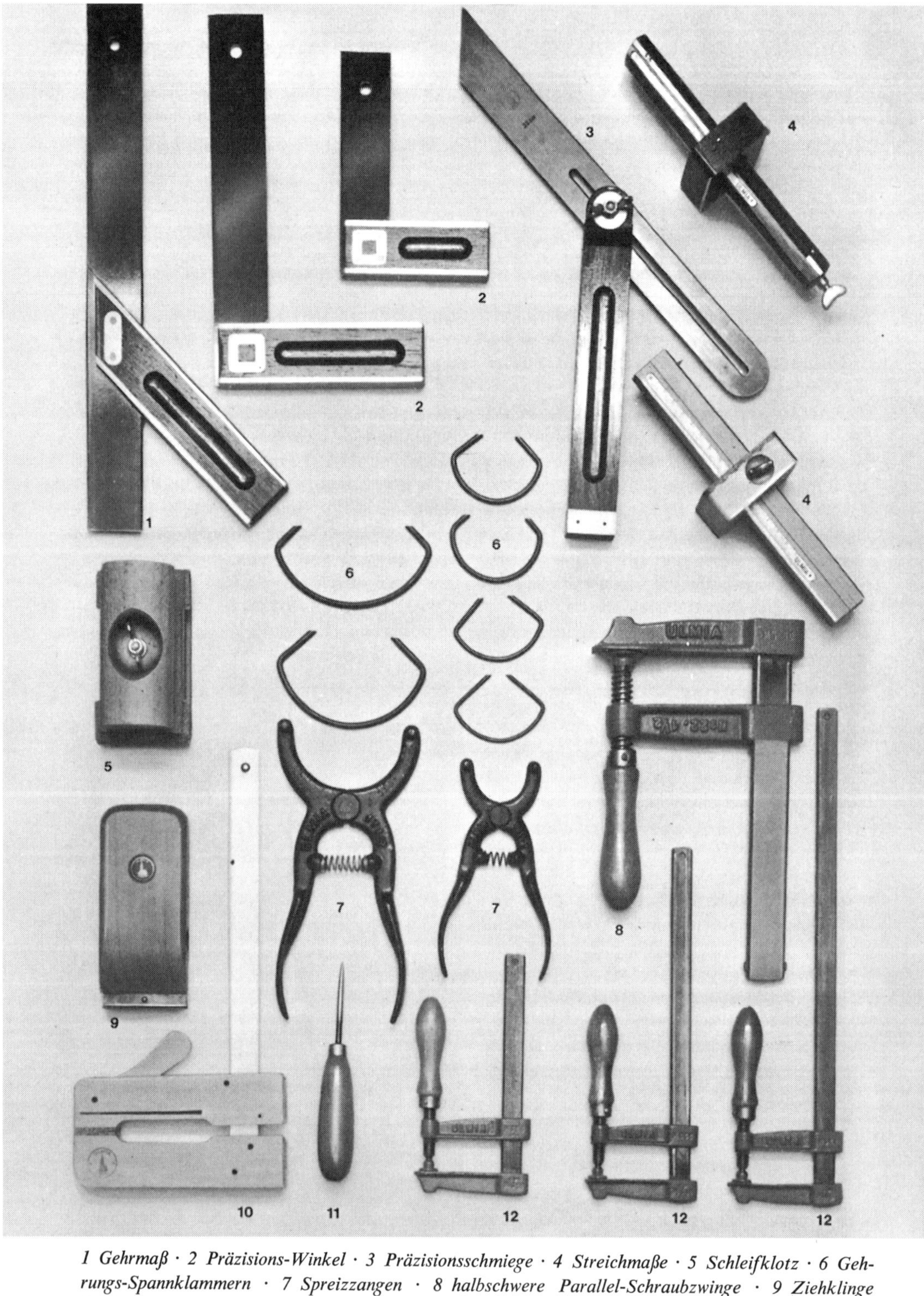

1 Gehrmaß · 2 Präzisions-Winkel · 3 Präzisionsschmiege · 4 Streichmaße · 5 Schleifklotz · 6 Gehrungs-Spannklammern · 7 Spreizzangen · 8 halbschwere Parallel-Schraubzwinge · 9 Ziehklinge 10 leichte Leimzwinge mit Exzenterspannung · 11 Spitzbohrer · 12 leichte Parallel-Schraubzwingen

Werkzeugfabrik Georg Ott, Ulm

sondern durch einen Proberiß prüfen, bevor man das ganze Stück anreißt.

Gehrmaß Echte Gehrung nennt der Schreiner einen Winkel von 45°. Das Gehrmaß dient zum Anreißen eines solchen Winkels. Es kann behelfsmäßig ersetzt werden durch die auf 45° eingestellte Winkelschmiege.

Winkelhaken (Anschlagwinkel) Dieses rechtwinklige Maß dient zum Anreißen aller rechten Winkel sowie zur ständigen Kontrolle der Arbeit. Der Winkelhaken soll aus Metall sein. Holzwinkel verziehen sich leicht.

Winkelschmiege Winkel zwischen Holzverbindungen von anderer Größe als 45° nennt der Schreiner »falsche« Gehrung. Solche Winkel werden mit der Winkelschmiege gemessen.

Feststellbarer Zirkel Zum Anreißen von Kreisen oder Kreisstücken dient der Reißzirkel (Spitzzirkel).
Für größere Kreise nimmt man am besten eine Holzleiste, in die man an dem einen Ende einen spitzen Nagel als Drehpunkt einschlägt. Im erforderlichen Abstand wird eine Kerbe eingeschnitten, in ihr werden Bleistift oder Reißnadel geführt.

Selbstgebauter Stangenzirkel

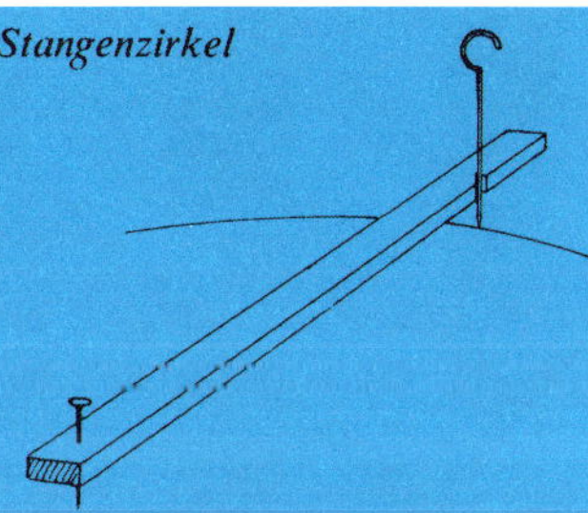

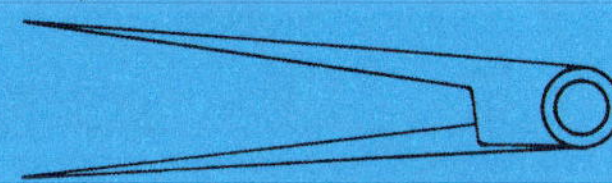

Spitzzirkel

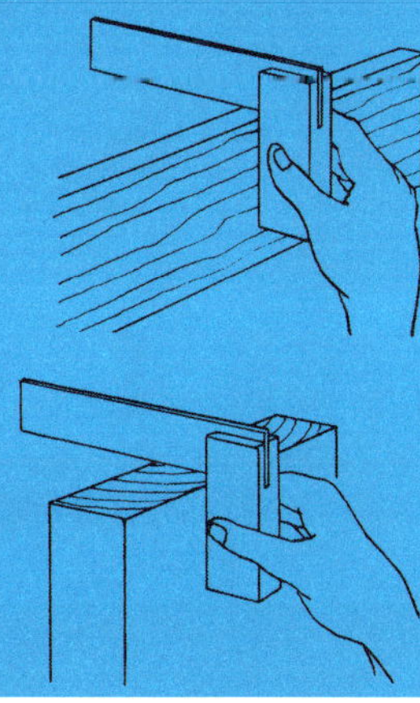

Die Handhabung des Winkelhakens

Werkzeug zum Sägen

1 Spannsäge (Absetzsäge für Schreiner) · 1 Fuchsschwanz · 1 Feinsäge mit gekröpftem Griff · 1 Stichsäge · 1 Laubsäge mit Blättern.

Spannsäge (mit mittlerer Zahnung) Diese Säge brauchen Sie zu allen genauen Sägearbeiten an stärkeren Brettern.

Fuchsschwanz (mit kräftiger Zahnung) Für unsere Zwecke am besten ca. 40 cm lang, ohne Rükken, mit »schwach auf Stoß« gefeilten Zähnen. Zum Zuschneiden von Platten (Sperr- und Spanplatten) und für gröbere Schnitte.

Feinsäge Sie wird manchmal ungenau als »kleiner Fuchsschwanz« bezeichnet, hat aber kein schräges Blatt. Nehmen Sie einen gekröpften Rükken und einen schwenkbaren Griff.

Stichsäge (Lochsäge) Zum Sägen von Löchern und Schweifungen.

Vielzweck-Sägen Für die kleine Werkstatt sind Sägen mit auswechselbaren Blättern günstig, mit denen sowohl Holz und Kunststoffe als auch Metall gesägt werden können.

Laubsäge Kaufen Sie eine stabile Säge, kein Kinderspielzeug, denn mit den entsprechenden Sägeblättchen bestückt ist sie sehr vielseitig verwendbar.

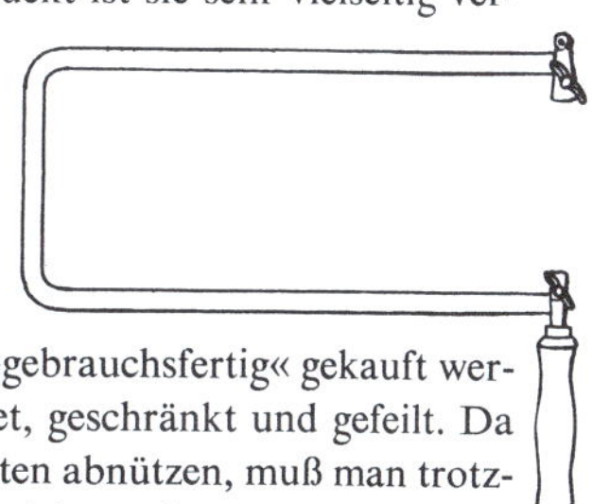

Laubsägebogen

Alle Sägen sollen »gebrauchsfertig« gekauft werden, d. h.: gerichtet, geschränkt und gefeilt. Da sie sich beim Arbeiten abnützen, muß man trotzdem etwas vom Zurichten einer Säge verstehen. Darüber S. 107ff. Sägeblätter rechtzeitig schärfen und von Zeit zu Zeit ölen.

Formsäge Der Laubsäge ähnlich, doch stabiler gebaut. Zum Herstellen von Schweifungen und Ausschnitten in stärkerem Holz.

Teflon-Belag Sägeblätter mit Teflonbeschichtung bleiben sauber und rostfrei, haben besonders gute Schnittleistung.

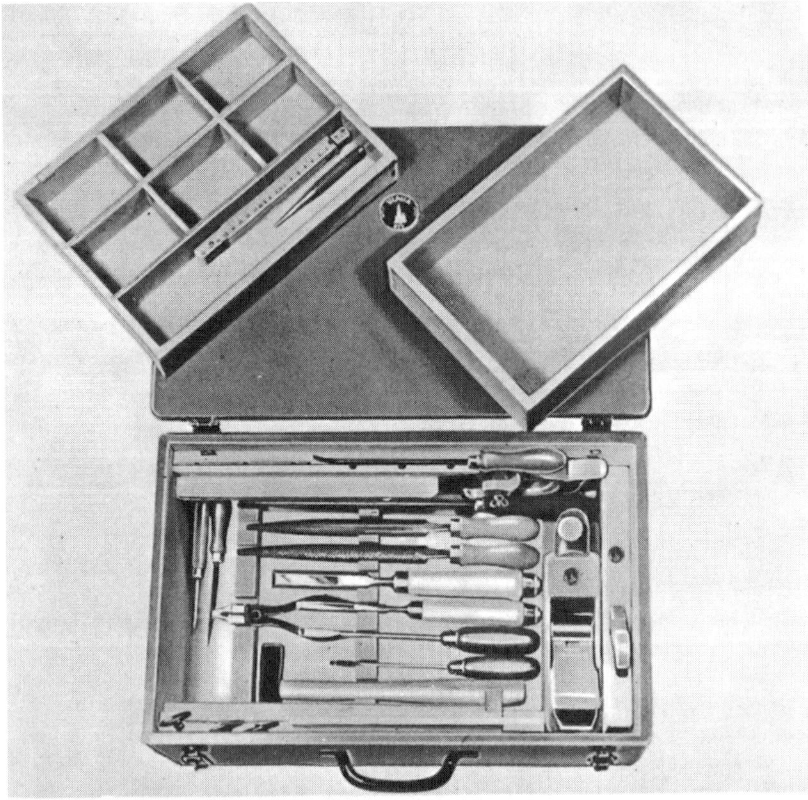

Transportabler Werkzeugkasten für 23 Werkzeuge; oberer Einsatz für Drahtstifte, Schrauben usw., unterer für Material und weiteres Werkzeug

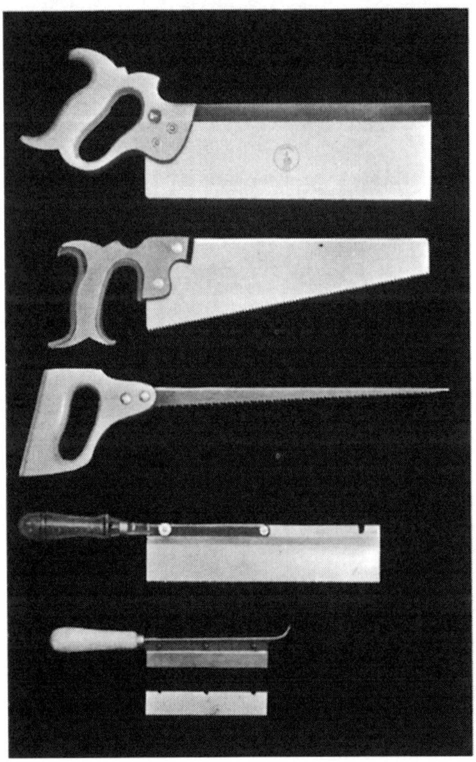

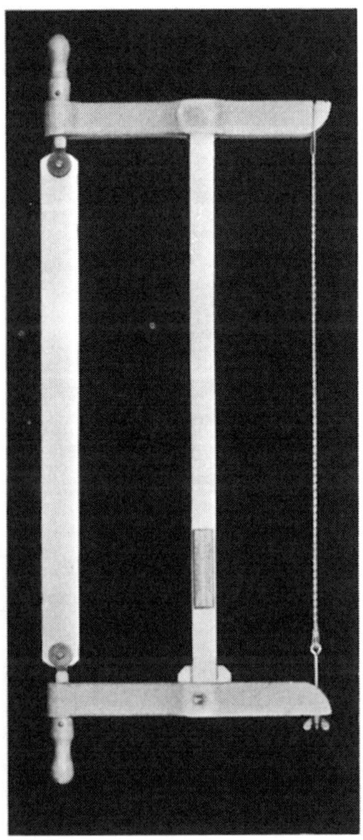

Links, von oben: Fuchsschwanz, gerade, mit Rücken · Fuchsschwanz ohne Rücken · Stichsäge · Feinsäge mit gekröpftem Griff, umklappbar Universalsäge mit Blättern für Holz und Metall

Rechts: Spannsäge

Werkfotos ULMIA (Werkzeugfabrik Georg Ott, Ulm)

Werkzeug zum Stemmen

3 bis 6 Stemmeisen · 1 Holzhammer (Klüpfel) (s. Foto S. 98).

Stemmwerkzeuge Entgegen der landläufigen Ansicht besteht ein Unterschied zwischen Stemmeisen und Stecheisen: Das Stemmeisen hat einen rechteckigen Querschnitt, das Stecheisen hat seitlich abgeschrägte Fasen. Lochbeitel haben einen kräftigen Querschnitt und ein besonders starkes Heft. Der Zimmermann benutzt sie. Für besondere Arbeiten benötigt man Hohleisen.

Der Griff der Stemmwerkzeuge soll zum besseren Halten auf zwei Seiten abgeflacht sein. Er soll am Heft und am Schlagende eine Zwinge haben. Die Eisen sollen vorgeschliffen und fest in das Heft eingepaßt sein. Zunächst genügen 3 Eisen: 6 mm, 10 mm und 16 mm breit. Ergänzung: 8 mm, 12 mm, 20 mm. Das wichtigste ist eine saubere, scharfe Schneide. Die Eisen deshalb immer aufhängen und nicht herumliegen lassen. Schneiden schleifen ist schwer (s. S. 107). Eisen nie als Meißel, Schraubenzieher oder Spachtel verwenden! Nur für Holz!

Für Schnitzarbeiten und zum Drechseln gibt es Spezialeisen.

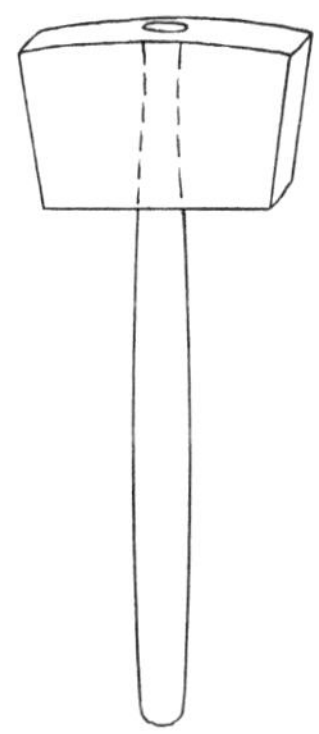

Holzhammer (Klüpfel)

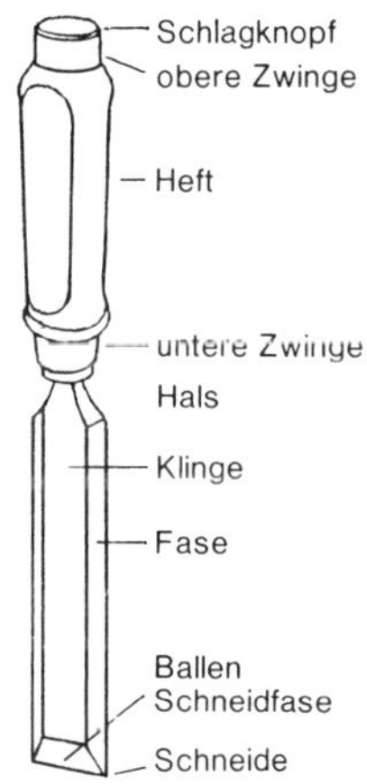

Benennungen beim Stecheisen

Holzhammer (Klüpfel, Klüppel) Zum Schlagen auf die Stemmwerkzeuge nimmt man den Holzhammer. Er ist elastischer als der Eisenhammer und beschädigt die Griffe nicht. Für Bildhauerarbeiten gibt es einen zierlicheren Klüpfel, rund, Kopf und Stiel aus einem Stück gedrechselt.

Werkzeug zum Hobeln

1 Schlichthobel · 1 Doppelhobel · 1 kleine Rauhbank (Fügehobel) · 1 Fügelade (Stoßlade). Zusätzlich erwünscht: 1 Putzhobel · 1 Simshobel · 1 Schabhobel. Sehr praktisch: Feilhobelgeräte (z.B. Surform) (s. Fotos S. 98, 99).

Der Anfänger soll zu Beginn immer einen neuen oder fast neuen Hobel benutzen. An alten und abgenutzten Hobeln gewöhnt man sich leicht falsche Handgriffe an.

Schlichthobel Schlicht heißt einfach. Das Werkzeug hat ein einfaches Eisen, im Gegensatz zum Doppelhobel.

Doppelhobel Bei diesem Hobel liegt auf dem Hobeleisen ein zweites Eisen, die »Klappe« auf.

Rauhbank Dieses Werkzeug ist groß und ziemlich unhandlich. Gewicht und Länge sind jedoch für die Wirksamkeit ausschlaggebend.

Fügelade Dies ist ein Hilfsgerät zum Bestoßen von Brettkanten und Anhobeln von Gehrungen (45°-Winkeln). Anleitung zum Selbstherstellen auf S.152, 153.

Putzhobel Den ziemlich teuren Putzhobel sollte erst benutzen, wer die richtige Hobelführung ge-

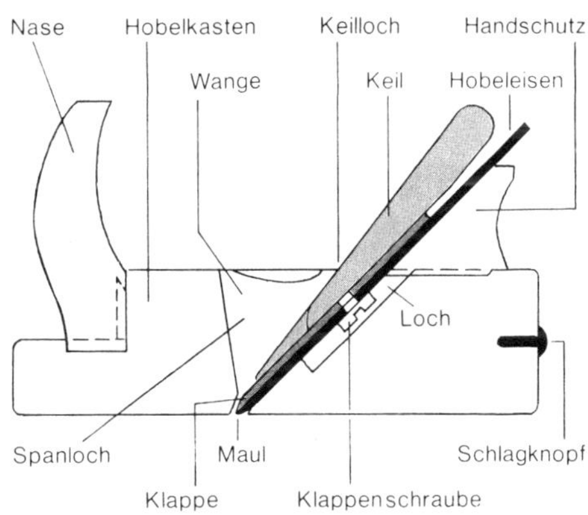

Doppelhobel im Schnitt

lernt hat. Er wird nur für feinste Arbeiten benutzt. Niemals auf feuchtem Holz!

Simshobel Hier ist das Hobeleisen genauso breit wie der Hobelkasten. Er ist erforderlich zum Aushobeln von Fälzen an Türen und Fenstern. Der Doppelsimshobel mit Klappe ist schwierig zu richten, nur für sehr Geübte.

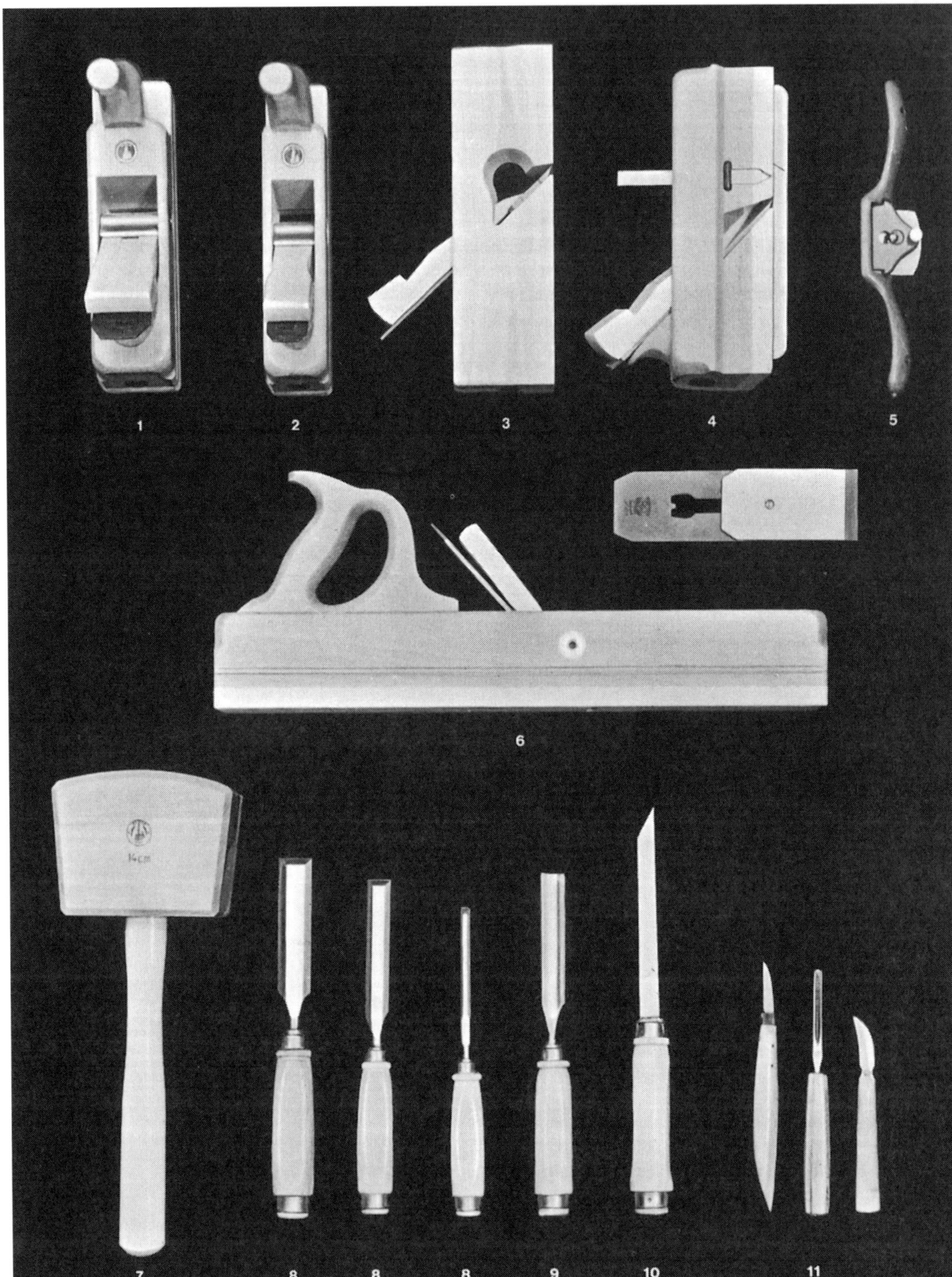

1 Doppelhobel · 2 Schropphobel · 3 Simshobel · 4 Grathobel · 5 Schabhobel · 6 Hobeleisen, Rauhbank · 7 Klüpfel · 8 3 Stecheisen · 9 Hohlbeitel · 10 Lochbeitel · 11 3 Schnitzmesser. Georg Ott, Ulm

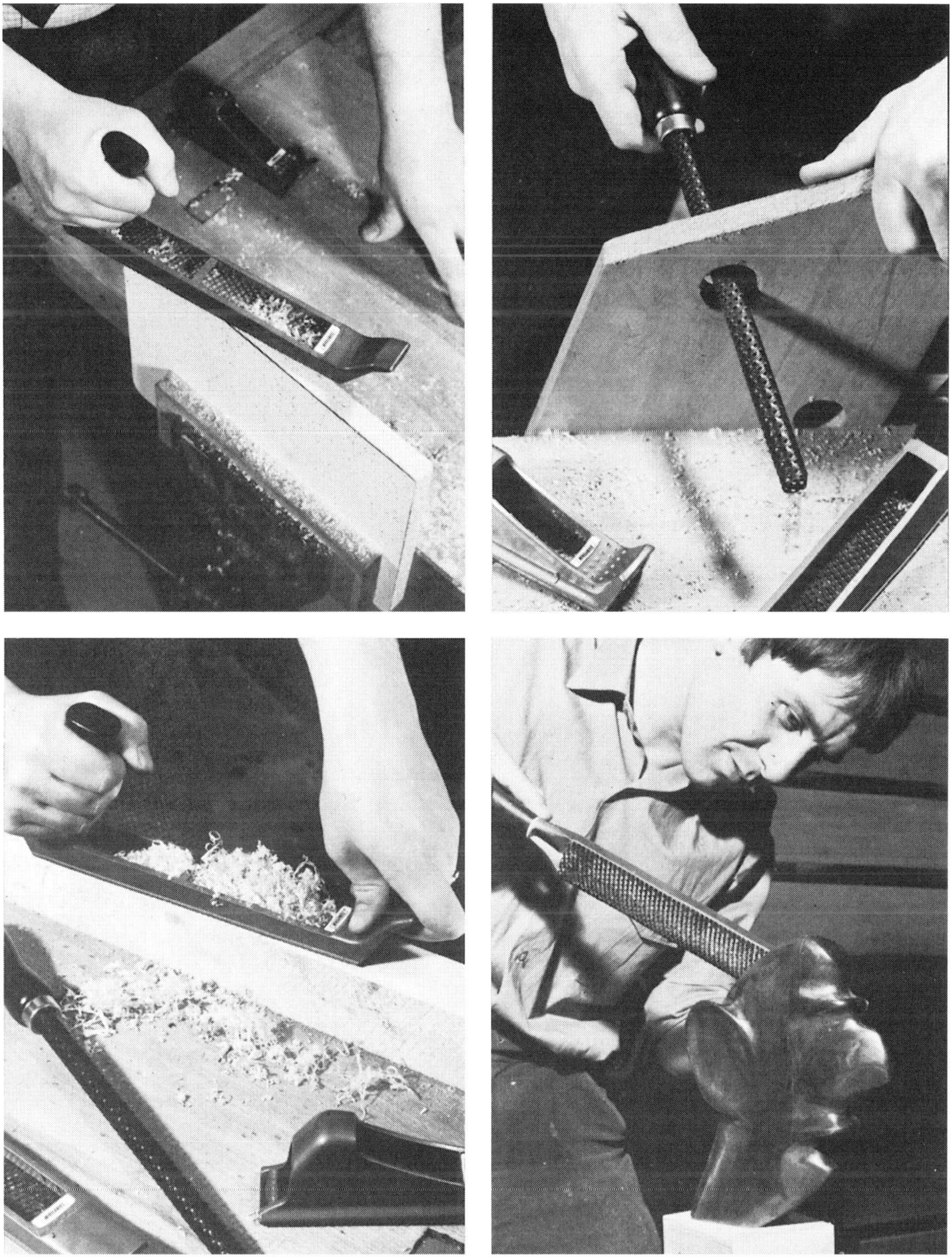

Oben links: Eine mit Resopal belegte Spanplatte wird mit dem Surform-Hobel bearbeitet · Oben rechts: Herausarbeiten eines Loches mit der Surform-Rundfeile · Unten links: Abhobeln eines Kantholzes mit Surform-Standardhobel · Unten rechts: Die Surform-Werkzeuge eignen sich auch für Bildhauerarbeit in Holz

Stanley Werkzeuggesellschaft mbH, Wuppertal-Barmen

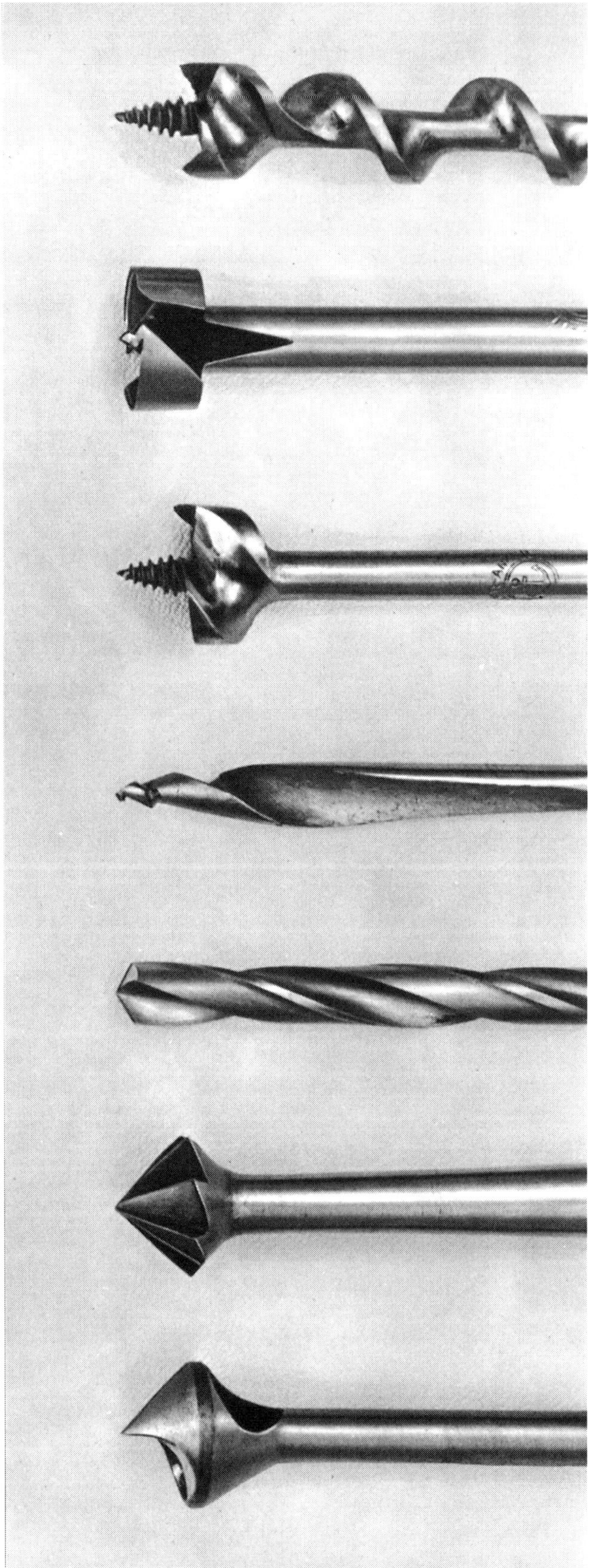

Schlangenbohrer

Forstner-Bohrer

Zentrum-Bohrer

Nagelbohrer (Schneckenbohrer)

Spiralbohrer

Ausreiber (Krauskopf)

Ausreiber

Schabhobel (Kantenhobel, Schinder) In einem Gußstück mit zwei seitlichen Handgriffen wird das kurze einfache Eisen durch eine Eisenklappe festgehalten (Foto siehe S. 98). Dieser Hobel erleichtert das Abschrägen von Kanten, das Ausformen einer Schweifung u. ä. Ein in Aussehen und Handhabung ähnliches Werkzeug ist das Ziehmesser.
Man kennt für Sonderzwecke weitere Hobel wie Nuthobel, Grathobel, Wangenhobel.
Raspel Dieses Werkzeug gehört zu den Feilen (S. 316), dient aber speziell für Holzarbeiten, und zwar zum Ausrunden von Ecken und Kanten. Nachhobeln und Nachschleifen notwendig!
Feilhobelgeräte (SUR-FORM, TRESA-PLANE u. a.) Sie vereinigen die Vorteile einer Feile mit denen eines Hobels, indem sie durch die Anordnung von Schneiden mit dazwischenliegenden Löchern die Späne ableiten und die Arbeitsfläche frei von Verstopfung halten. Die gleichen Schneidblätter können in hobel- oder feilenartige Geräte eingesetzt werden. (Fotos S. 99)
Nach einem ähnlichen Prinzip arbeiten runde Fräseinsätze für Kombi-Maschinen (z. B. Zenser, Stichlinge).
Universalhobel Ganz aus Metall. Hobelmesser wird nicht geschliffen, sondern nach Abnützung weggeworfen und durch neues ersetzt. Einstellschraube für Schneidtiefe.

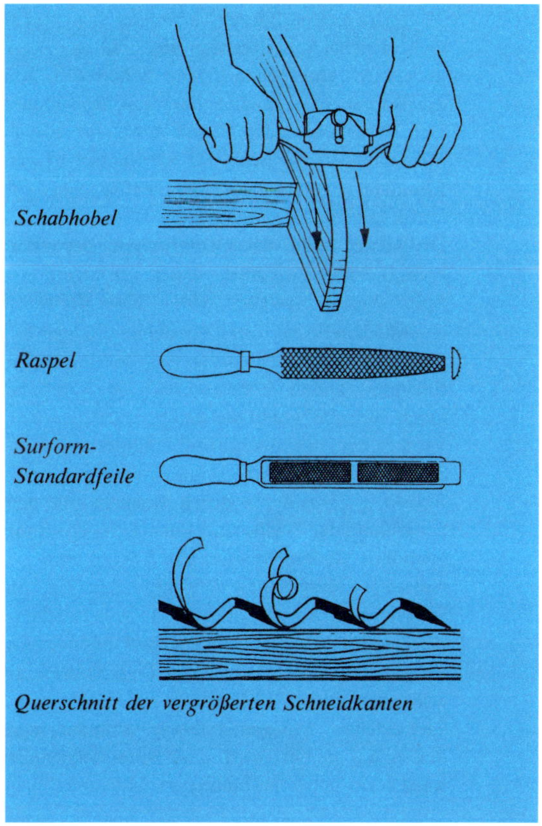

Querschnitt der vergrößerten Schneidkanten

Werkzeug zum Bohren und Schrauben

1 Bohrwinde · 1 Handbohrmaschine · Bohrer · 1 Spitzbohrer · 1 Drillbohrer · 1 Tiefensteller (ersatzweise Bohrmanschetten) · Ausreiber · 2 bis 3 Schraubenzieher · 1 Schraubenschlüssel, verstellbar (S. 320).
Bohrwinde Eine gute Bohrwinde hat an den Drehstellen Kugellager. Sie sollte ein Backenfutter und eine Knarre mit verstellbarem Leerlauf (rechts und links) haben.
Handbohrmaschine Siehe S. 318.
Elektrische Bohrmaschine s. Achten Teil.
Bohrer Vier Arten von Bohrern sind hauptsächlich zu unterscheiden: Spiralbohrer, Forstnerbohrer, Schlangenbohrer und Schneckenbohrer/Nagelbohrer (siehe Foto S. 100).
Spiralbohrer, wie sie auch für Metallarbeiten verwendet werden (S. 318), nimmt man für Löcher unter 6 mm; Schlangenbohrer (sie sollten Einfachgewinde haben) für Löcher von 6 mm bis

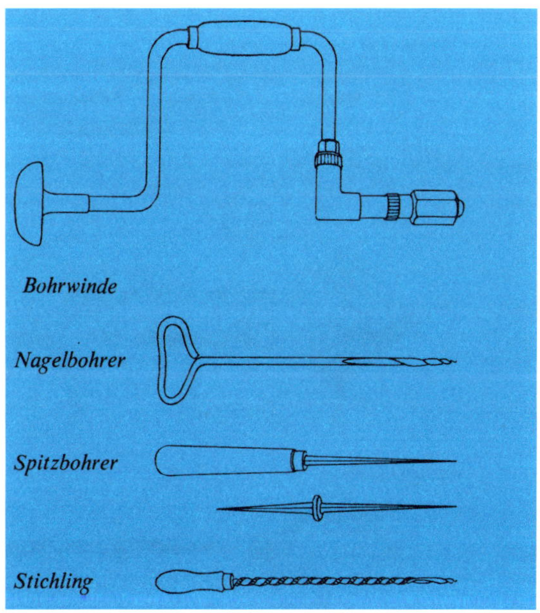

32 mm. Forstnerbohrer verwendet man, wenn nicht durchgebohrt werden soll und das Bohrloch unten eine ebene Fläche haben soll. Alle drei Bohrer geben genau zylindrische Bohrlöcher. Der **Schnecken-** oder **Nagelbohrer,** der sowohl mit Handgriff als auch mit Vierkantschaft zum Einsetzen in die Bohrwinde geliefert wird, gibt unten spitz zulaufende Löcher.
Drillbohrer Für feine Bohrungen, besonders beim Basteln, mit verschiedenen Einsätzen.
Spitzbohrer (Vorstecher, Ahle) Kein Bohrer im eigentlichen Sinne. Zum Vorstechen kleiner Löcher und zum Anreißen von Bearbeitungslinien.
Stichling Dieses Bohrwerkzeug ist wenig bekannt, aber billig und vielseitig.
Vorn ist ein Nagelbohrer und dahinter eine lange Stange mit einer Art spiralförmiger Säge. Ein Bohrloch können Sie durch Raspeln mit dem Schaft zu jeder Größe und Form bringen. Bohrt auch Balken! Durchmesser von 5 bis 10 mm.
Ausreiber (Krauskopf) Wir brauchen ihn, um Senkschraubenköpfe unter die Holzoberfläche zu versenken, und zum Ausreiben von Dübellöchern. Zunächst reicht einer von 8 mm Durchmesser, als zweiten nehmen Sie 12 mm.
Tiefensteller Mit diesem Gerät verhindert man, daß zu tief gebohrt wird. Käufliche Tiefensteller werden am Bohrschaft montiert. Mit einer selbst-

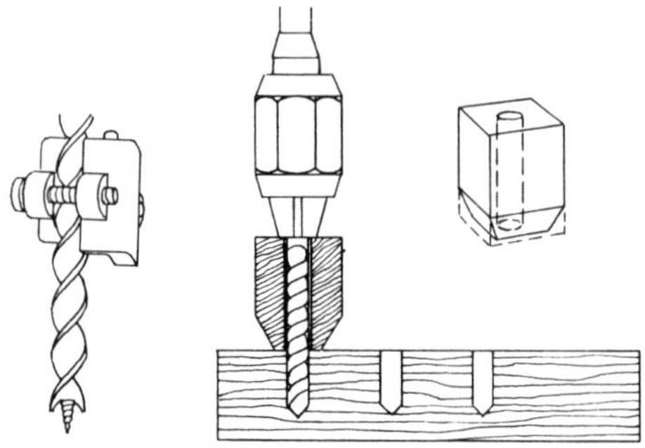

Tiefensteller *Bohrmanschette*

gefertigten Bohrmanschette (Bohrhülse) erreichen Sie dasselbe. Durchbohren Sie ein Holzklötzchen der Länge nach und sägen Sie das Stück so passend, daß der herausstehende Bohrer der gewünschten Tiefe entspricht.
Schraubenzieher Erforderlich sind mindestens 3 Größen. Für Elektroarbeiten mit Isoliergriff! Schraubenzieher mit Einsätzen sind universale Werkzeuge. Für schwergängige Schrauben gibt es Hebelschraubenzieher mit Ratsche (Upat).
Drillschraubenzieher Durch Spiralnuten im Schaft dreht sich der Schraubenzieher beim Andrücken. Das Nachfassen, bei dem der Schraubenzieher leicht aus dem Schlitz gleitet, ist hierbei unnötig. Auch mit auswechselbaren Einsätzen.

Werkzeug zum Drechseln

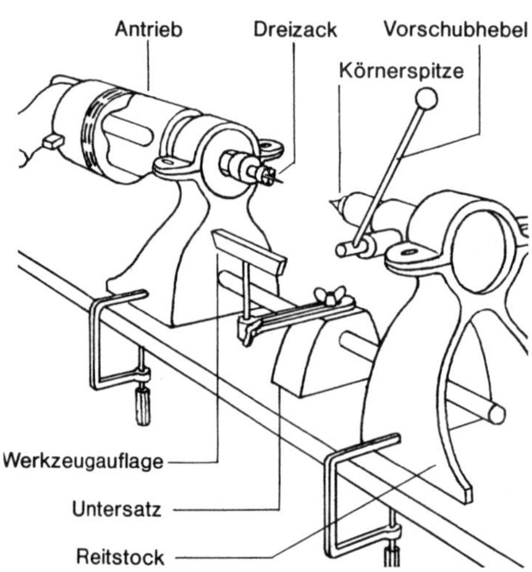

Drehbank

1 Drechselbank (Zusatzgerät zum Elektro-Kombiwerkzeug) · verschiedene Einspannvorrichtungen · mehrere Drechselstähle.
Drehbank Die »Garnitur« besteht aus dem Antrieb (Spindelkasten), dem Reitstock und dem Untersatz mit der Werkzeugauflage, alles auf einer unteren Schiene befestigt.
Antrieb Bei den elektrischen Kombiwerkzeugen verwendet man die Bohrmaschine als Antrieb. Die Maschine wird in einer Halterung verschraubt; in das Bohrfutter wird die Einspannvorrichtung eingesetzt.
Reitstock Das Gegenlager zur Einspannung bildet der Reitstock. Dort ist eine Körnerspitze, oft mit einem Kugellager, eingebaut. Ein Hebelvorschub vereinfacht die Arbeit und ermöglicht auch Bohrarbeiten.
Untersatz mit Werkzeugauflage Zwischen Antrieb und Reitstock wird auf der unteren Schiene der Untersatz befestigt. Mit seiner Hilfe kann die

Werkzeugauflage in jeder gewünschten Stellung festgespannt werden.

Einspannvorrichtungen

Dreizack Langholz wird auf der Antriebsseite in den Dreizack eingeschlagen und auf der Gegenseite durch die Körnerspitze gehalten.

Backenfutter Drei- und Zweibackenfutter kommen aus der Metalldreherei, erlauben es, kleine Gegenstände frei einzuspannen und ohne Körnerspitze zu drehen. Vorsicht! Die schnelldrehenden, eckigen Backen sind gefährlich.

Schraubenfutter Flache Gegenstände wie Schalen und Deckel werden auf dem Schraubenfutter befestigt.

Planscheibe Größere flache Werkstücke werden von rückwärts an eine Planscheibe geschraubt.

Drechselstähle

Schroppröhre Mit diesem Eisen bringt man das rohe unrunde Werkstück in eine zylindrische Form. Ähnlich dem Hohleisen auf S. 97.

Formröhre Dient zum Feindrehen und Schlichten. Verschiedene Größen.

Meißel Dieses Eisen ist im Gegensatz zum Stemmeisen schräg angeschliffen und besitzt beiderseits eine Fase. Es dient zum Saubermachen und Schlichten glatter Flächen. Für Spezialaufgaben, besonders zum Ausdrehen von Hohlräumen, gibt es eine Menge Sondereisen wie Ausdrehhaken, Falz- und Nutstähle.

Bohrer Neben den gebräuchlichen Schreinerbohrern, wie Spiral-, Schlangen- und Forstnerbohrer (s. Foto S. 100) benutzt der Drechsler noch Löffelbohrer.

Meßgeräte Neben dem Meterstab braucht der Drechsler in der Hauptsache einen »Außen- und Innentaster« sowie eine Schublehre, möglichst mit Storchschnabel (S. 297).

Raspeln und Raspelscheiben Als Hilfswerkzeuge sind verschiedene Rundraspeln nützlich. Auch Raspelscheiben, die man in das Einspannfutter einsetzt, sind zweckmäßig.

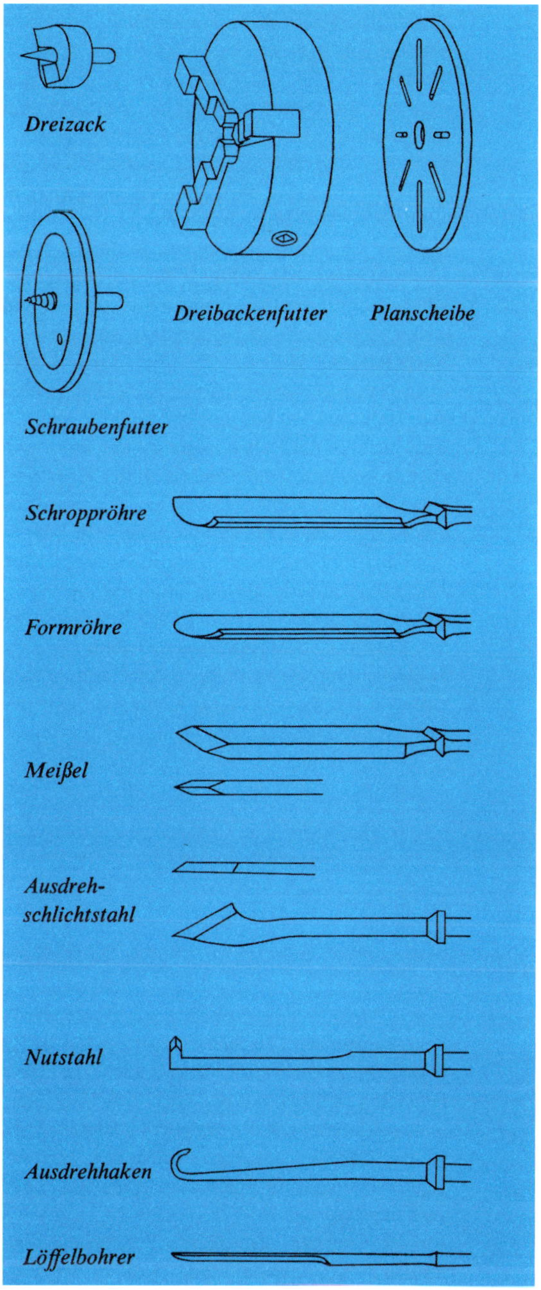

Werkzeug zum Nageln

1 Allgemein-Hammer, »Familienhammer«, etwa 500 g · 1 Schreinerhammer, etwa 300 g · 1 kleiner Hammer, etwa 100 g, evtl. Magnethammer · 2 Versenker · 1 Beißzange · 1 Hebel-Vorschneider

Allgemeines über den Hammer Sie sehen, ich habe drei Hämmer aufgeführt. Der »allgemeine

Familienhammer« allein genügt nicht. Ein Hammerstiel soll aus geeignetem Hartholz (Esche · Weißbuche · Hickory) sein. Von Zeit zu Zeit wird er mit feinem Glaspapier gesäubert und mit gutem Kunstharzlack (S. 53 f.) eingelassen.
Der Kopf muß einwandfrei fest auf dem Stiel sitzen. Bemerkt man, daß der Stiel splittert oder reißt, sofort aufhören zu hämmern!
Daß der Kopf abfliegt, während der Stiel heil ist, ist im übrigen bei richtiger Verkeilung ausgeschlossen. Wie man einen neuen Stiel einsetzt und festkeilt, ist auf S. 184 beschrieben.
Nachschlagen Hat sich der Sitz durch Nachtrocknen des Holzes etwas gelockert, schlägt man den Hammerstiel mit seinem unteren Ende – Hammerkopf nach oben zeigend – auf Werktisch oder Hobelbank. Dabei zieht sich der Kopf fest. Niemals – auch nicht beim Einsetzen eines neuen Stiels – mit einem zweiten Hammer den Stiel in den Kopf hineinschlagen! Damit der Kopf beim Nachschlagen nachrutschen kann, darf der Hammerstiel an der Stelle, wo er in den Kopf einmündet, keinen vorstehenden Absatz haben.
Sollte sich durch Aufschlagen des Hammers auf Eisen an der Bahn ein Grat bilden, ist dieser sofort mit der Sägefeile abzufeilen.

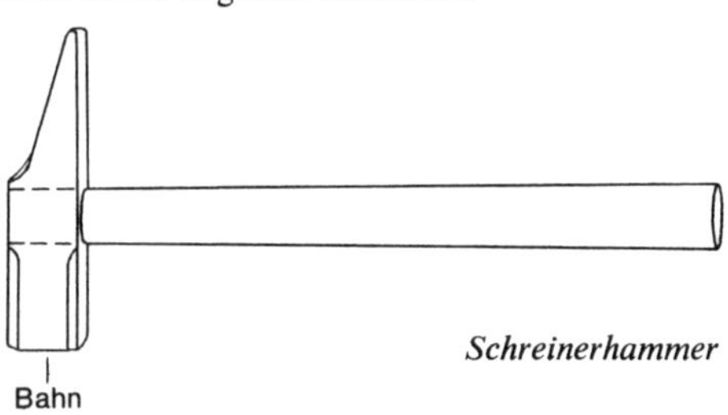

Schreinerhammer

Schreinerhammer (Tischlerhammer) Dies ist für Holzarbeiten der wichtigste Hammer. Bei einem Gewicht von 300 g soll der Stiel etwa 30 cm lang sein. Ein kürzerer Stiel ermöglicht keinen zügigen Schlag. Der Stiel soll einen ovalen, der Hand angepaßten Querschnitt haben und gegen das Ende verdickt sein.
Kleiner Hammer Für zierliche Arbeiten, Eintreiben von Furnierstiftchen, kleinen Messingnägeln, für Verglasungen, Bilderrahmenarbeit und ähnliches dient dieser kleine Hammer, dessen Stiel ebenfalls 25 bis 30 cm lang sein und zum Kopf passen soll. Kraftproben bekommen ihm nicht. Derartige Hämmer gibt es als Magnethämmer. Der magnetische Kopf hält kleine Stifte und Nägel beim Einschlagen fest, so daß keine Hilfe durch die zweite Hand erforderlich ist. Die Handhabung erfordert jedoch Übung.

Versenker

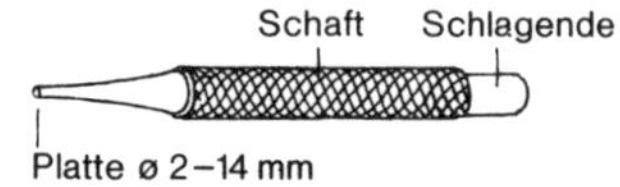

Versenker (Senkstift, Versenkstift) Er dient zum Versenken von Nagelköpfen, aber auch zum Stanzen kleiner Löcher, zum Lösen festgefressener Schrauben u. a. In jedem Werkzeugbestand sollten 2 Stück vorhanden sein. Die Unterplatte muß eben sein und darf keinen Grat haben. Versenker dienen nur zum Nachschlagen, denn der gut gehärtete Stahl bricht bei jeder Biegung ab. Auch Dornlöcher in Lederriemen lassen sich gut mit dem Versenker stanzen. Als behelfsmäßigen Versenker können Sie auch einen umgedrehten Nagel verwenden. Bei Reihen-Nagelungen können Sie auf diese Weise das Stauchen und das Versenken kombinieren.
Beißzange (Kneifzange) Diese Zange, möglichst kräftig, dient zum Entfernen von Nägeln und zum Festhalten von Metall, aber nicht zum Abkneifen von Nägeln. Dabei wird sie überbeansprucht, besonders wenn man mit Hammerschlägen nachhilft. Die Schneide wird dabei schartig und faßt nicht mehr.
Zum Schärfen wird die Schneide nur von innerhalb der Rundung gefeilt.
Hebel-Vorschneider Diese Zwickzange mit Übersetzung ist das richtige Werkzeug zum Abzwicken von Nägeln und Draht. Nicht zum Herausziehen von Nägeln verwenden, weil schon bei geringem Druck der Nagel durchgekniffen wird.

Beißzange

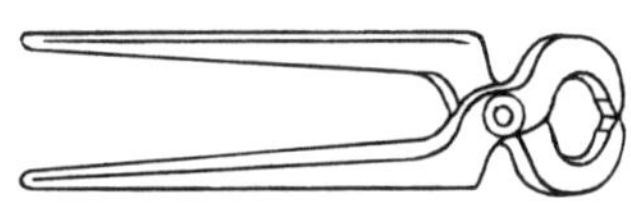

Hebel-Vorschneider (Zwickzange)

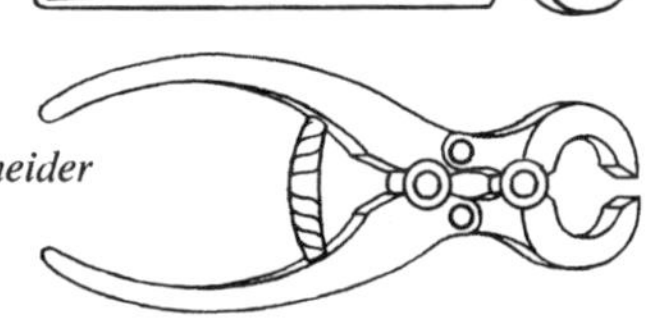

Flachzange mit langem Schnabel Obwohl diese Zange hauptsächlich für Metall- und Elektroarbeiten dient, ist sie sehr praktisch zum Halten kleiner Nägel (siehe S. 300).
Zur Ergänzung haben Sie sicher ohnehin eine Kombinationszange. Außerdem wird in jedem Werkzeugkatalog noch eine Vielzahl weiterer Zangen angeboten.

Werkzeug zum Einspannen und Verleimen

Schraubzwingen · Schraubknechte · Kleinzwingen · Kleinschraubstock · Spachtel · Leimpinsel (ohne Eisenteile) · Gefäße

Spannwerkzeuge werden gebraucht zum Festhalten und Pressen der Werkteile beim Verleimen. Da die Werkstücke unterschiedliche Größe und Form haben, gibt es die verschiedensten Spannwerkzeuge.

Die gebräuchlichsten sind die Schraubzwingen. Die ganz großen nennt man Schraubknechte. Während die Schraubzwingen am Ende ihres verschieblichen Armes eine Gewindespindel zum Nachspannen besitzen, spannen Exzenterzwingen (Richa, Klemmsia) durch Umlegen eines einseitig gelagerten Hebels.

Da die Außenflächen eines Werkstücks nicht immer gleichlaufen, muß man passende Holzstücke als Zulagen zwischen die Zwingenarme klemmen. Für manche Zwingen gibt es auch ververschiedene Gummizulagen zu kaufen.

Spannringe und Gehrungsklammern sind für kleinere Arbeiten, besonders für das Verleimen von Rahmen, geeignet. Es gibt Klammern, die man von Hand, andere, die man mit einer Spreizzange ansetzt. Beim Modellbau sind oft Wäscheklammern und Gummiringe brauchbar.

Kleinschraubstock Dieses für den Bastler praktische Gerät hat Eisenbacken; bei empfindlichen Arbeiten Hartholzbacken zulegen. Das Gerät wird in die Hobelbank eingespannt oder mit Zwingen angeschraubt. Es kann bei manchen Arbeiten die Vorderzange der Hobelbank ersetzen.

Tischparallelspanner Dieses Gerät, eine Art Parallelschraubstock, wird entweder an der Werkbank angeschraubt oder mit Flügelschrauben angeklemmt; es ersetzt bei kleineren Arbeiten die Vorderzange an der Werkbank (Hobby-Rex, Hobelfix).

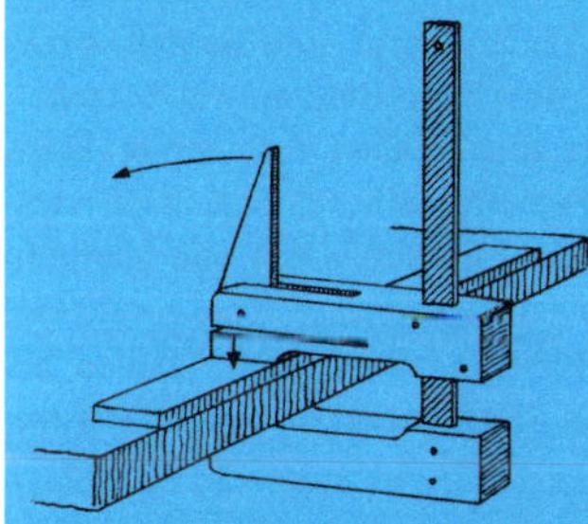

Exzenterzwinge

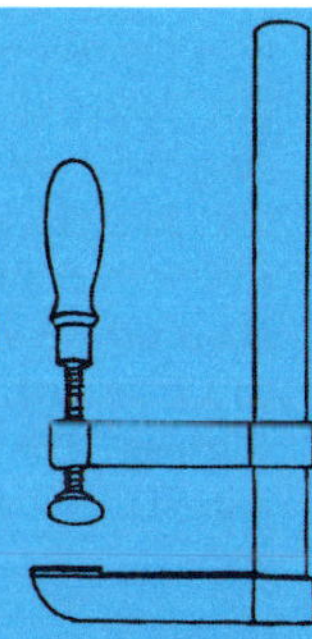

Schraubzwinge

Spannring

Von Hand ansetzbare Gehrungsklammer

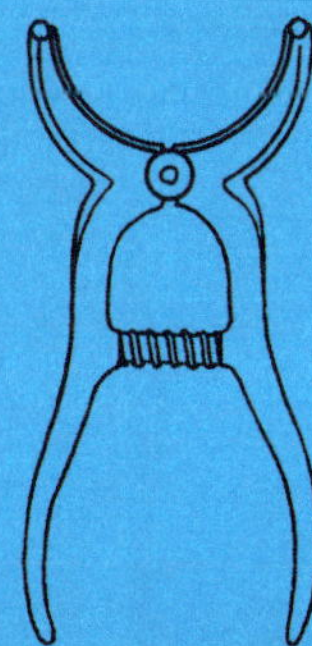

Spreizzange

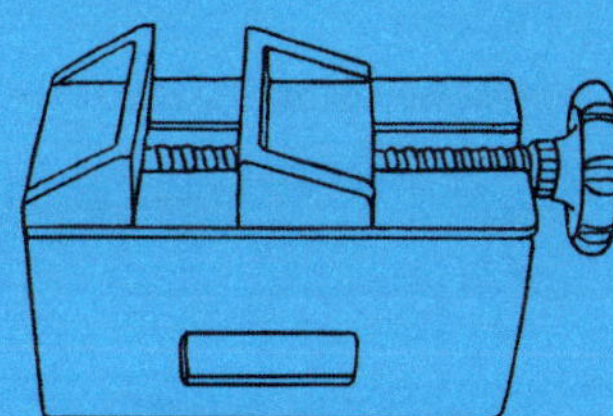

Klein-schraubstock

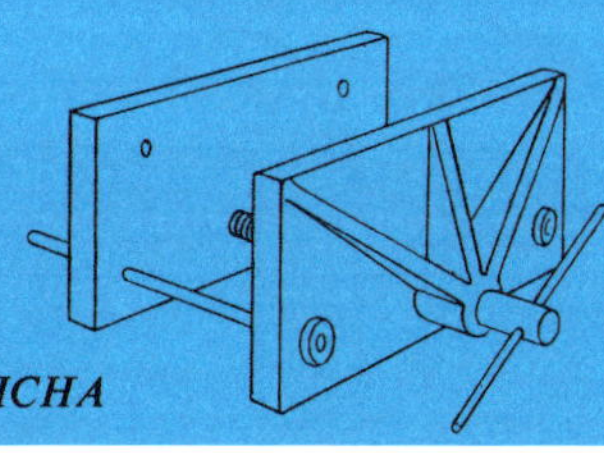

Tischparallel-schraubstock RICHA

Werkzeug zur Oberflächenbehandlung

Schleifklotz · Schleifpapier · Stahlwolle · Ziehklinge · Schwamm · Pinsel

Schleifklotz Immer nur mit einem Schleifklotz arbeiten (möglichst Linden- oder Pappelholz), dessen Unterseite genau eben sein soll. Schleifklötze aus Kork liegen zwar leichter in der Hand, sind aber zu weich und passen sich den Unebenheiten des Brettes an. Man kann mit ihnen keine restlos ebene Fläche erzielen.

Schleifpapier Zum Schleifen gehört gutes Schleifpapier in der richtigen Körnung. Man kauft es in ganzen Bogen unter Angabe des Verwendungszwecks. Schleifpapiere für Metall sind für Holz ungeeignet.

Schleifpapier besteht aus einer Unterlage aus Papier oder Leinwand, darauf sind Schleifkörner ausgestreut und durch ein Bindemittel festgehalten. Zum Holzschleifen darf das Papier keine Eisenkörner aufweisen; beim späteren Beizen treten sonst schwarze Pünktchen auf, die kaum zu entfernen sind.

Körnung Die Körnung wird durch Zahlen bezeichnet; für die Heimwerkstatt sind die Nummern 80 · 120 · 150 zu empfehlen. Je höher die Nummer, desto feiner die Körnung.

Ziehklinge Dieses Werkzeug ist ein einfaches rechteckiges Stahlblech, 0,8 bis 2 mm dick und etwa 15 × 8 cm groß. Es wird zum Glätten von Hartholz- und Furnier-Oberflächen verwendet. Es wirkt durch einen scharfen angefeilten Grat, mit dem man ähnlich wie beim Hobeln allerfeinste Späne abschabt. Über das Schärfen S. 107.

Handschleif-apparat

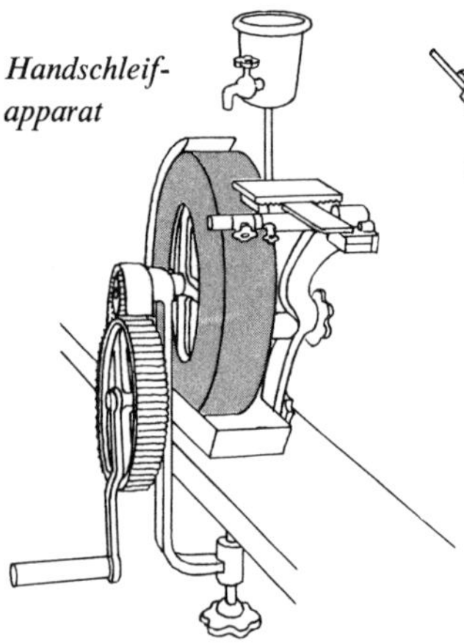

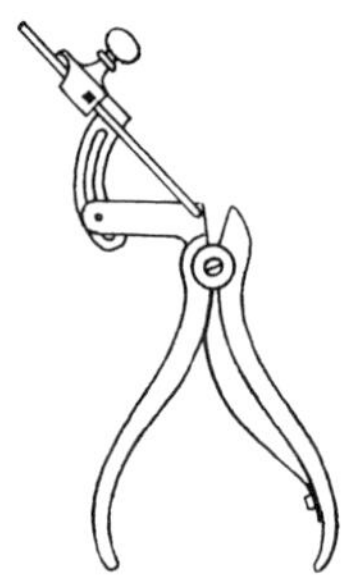

Schränkzange

Sägenfeile

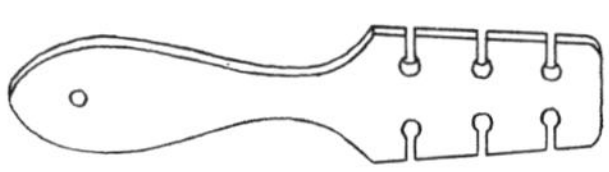

Schränkeisen

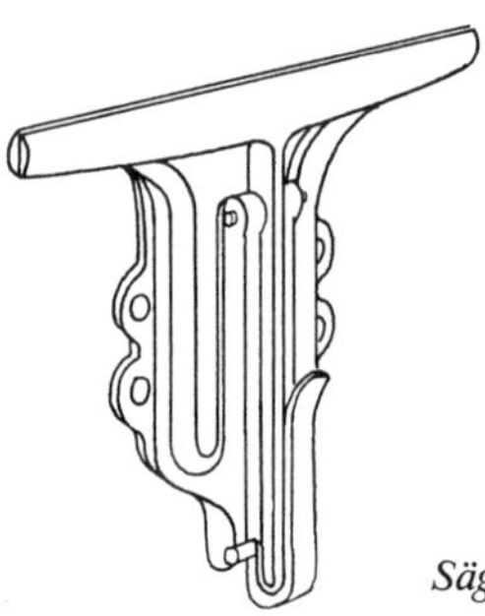

Sägenfeilkluppe

Werkzeug zur Werkzeugpflege

1 Handschleifapparat · 1 Schleifstein (Schmirgelscheibe) · 1 Abziehstein · 1 Schränkeisen oder Schränkzange · 1 Sägenfeilkluppe · Lappen · Petroleum · Öl · Fett · Leinöl

Handschleifapparat mit Schmirgelscheibe Der Apparat hat Handkurbel, Übersetzungstrieb, Werkzeugauflage und eine Schmirgelscheibe »für Holzbearbeitungswerkzeug«. Beachten Sie die Angaben der Lieferfirma. Im Zweifelsfalle immer die feinere Körnung! Mindestdurchmesser der Scheibe 13 cm. Zu kleine Scheiben schleifen dicke Eisen hohl!

Abziehstein Erst der Abziehstein gibt dem Eisen die feine Schärfe. Bei den »Wassersteinen« erfolgt das Abziehen unter Beigabe von Wasser, auf die »Ölsteine« wird Petroleum gegeben. Vorsicht beim Wasserstein! Wenn das Eisen schlecht abgetrocknet wird, rostet es. Die Unterseite des Steines sollte rauh, die Oberseite fein sein.

Schränkeisen, Schränkzange Eines dieser beiden Werkzeuge braucht, wer seine Säge völlig selbst richtet und sie nicht zum Richten einem Fachmann gibt.

Sägenfeile Eine scharfkantige Dreikantfeile (bei Bandsägen runde Kanten). Weiteres über Feilen im Abschnitt Metall S. 315f.

Sägenkluppe (Feilkluppe) Zum Einspannen der Säge beim Feilen der Zähne. Behelfsmäßig kann man auch zwei breite Hartholzleisten mit Schraubzwingen nehmen, die man in die Vorderzange der Hobelbank einspannt.

Grundausrüstung mit Werkzeug

Selbst wer nicht viel handwerkt, aber einen normalen Haushalt führt, sollte folgende Werkzeuge haben:

1 Meterstab · 1 Fuchsschwanz · 1 Hammer 500 g · 1 Beißzange · 1 oder 2 Nagelbohrer · 1 Flachzange · 1 oder 2 Schraubenzieher

Für die erste Grundausrüstung der Holzbearbeitung kommen dazu:

1 Anschlagwinkel (Winkelhaken) · 1 Schraubstock · 1 Feinsäge · 1 Stemmeisen, 10 mm · 1 Stecheisen, 16 mm · 1 Holzhammer · 1 Raspel · 1 Doppelhobel · 1 Versenker, 4 mm · 1 Bohrwinde

mit Einsätzen · 1 Schleifstein · 1 Abziehstein · 1 Hammer 100 g

Die Grundausrüstung vervollkommnet sich dann durch folgende Werkzeuge:

1 Streichmaß · 1 Gehrmaß · Spannzwingen · 1 Spannsäge · weitere Stemm- und Stecheisen · 1 Schlichthobel · 1 Schabhobel · 1 Hammer 300 g · 1 weiterer Versenker · 1 Hebelvorschneider · 1 Spitzbohrer · weitere Schraubenzieher · 1 Wasserwaage

Weiteren Anschaffungen sind, außer durch den Geldbeutel, keine Grenzen gesetzt.

Das Schärfen von Schneid- und Stemmwerkzeugen

Langsam, langsam! Die Übersetzung am Schleifapparat vermittelt der Schmirgelscheibe eine beträchtliche Geschwindigkeit. Nicht zu schnell drehen! Zu hohe Schleifgeschwindigkeit oder zu starkes Andrücken vermehrt die Reibungswärme. Wird das Eisen so weit erhitzt, daß es eine dunkelblaue Farbe zeigt (»anblaut«), so hat es seine Härte verloren! Deshalb: »Langsam, langsam, weil's pressiert!«, wie die Schwaben sagen.

Eine Büchse mit kaltem Wasser neben den Schleifstein stellen. Eisen von Zeit zu Zeit eintauchen, wenn man fühlt, daß es warm wird. Ist es so heiß, daß es beim Eintauchen zischt, so war es bereits zu spät!

»Gegen das Eisen« Alle Holzbearbeitungswerkzeuge werden »gegen das Eisen« geschliffen: Die Drehrichtung des Steines läuft gegen das herangeführte Eisen.

Stecheisen, Stemmeisen, Lochbeitel müssen in der Schneide genau rechtwinkelig geschliffen werden.

Spiegelfläche Spiegelfläche nennt man die obere, ganz glatte und polierte Fläche der Eisen. Sie muß blankgehalten werden. Hat sich Rost angesetzt, muß die Fläche erst wieder spiegelblank abgezogen werden, will man eine brauchbare Schnittkante erzielen.

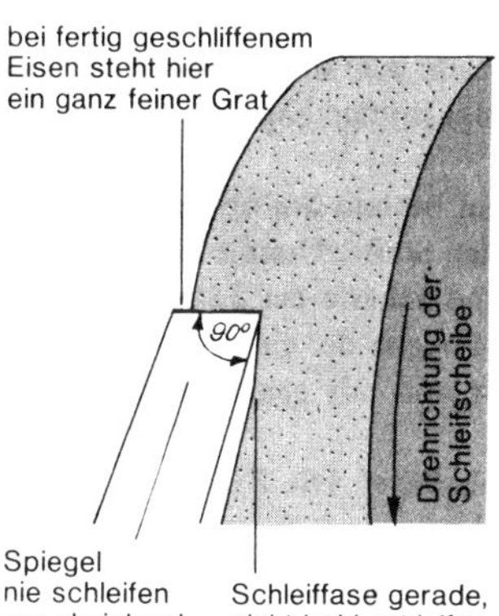

Schleifen von Schneiden

Die Fase Die Schleiffase darf nicht zu kurz und nicht zu lang sein. Eine zu kurze Fase schneidet nicht, sondern keilt, drückt das Holz seitwärts ein. Eine zu lange Fase bricht leicht aus.

Die Schräge der Fase muß ganz gleichmäßig durchlaufen. Da der Schleifstein rund ist, wird der Anfänger die Fase fälschlicherweise leicht hohl schleifen. Bessere Schleifmaschinen haben einen Schlitten, in dem das Eisen in einer Führung an der Scheibe entlanggeführt wird.

Nach dem Schleifen Eisen trockenwischen.

Bei Elektromaschinen ist der Schleifstein meistens schmaler als die Werkzeugschneide. Dann muß die Schneide gleichmäßig hin und her geführt werden.

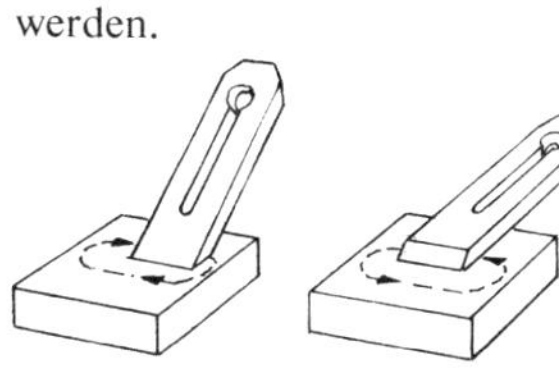

Abziehen von Schneiden

Abziehen Abziehstein mit Petroleum bzw. Wasser anfeuchten. Spiegelseite eben auflegen und mit einigen flachen Kreisbewegungen abziehen. Der beim Schleifen entstandene Grat legt sich dabei zur Fasenseite um.

Fasenseite abziehen: etwas angehoben auflegen, einige Male hin und her streichen ohne Druck, dann kreisförmig weiter.

Niemals trocken abziehen! Spiegel- und Fasenseite abwechselnd auflegen, bis der Grat verschwunden ist.

Nicht zu lange abziehen! Spiegelseite besonders schonen! Den Stein auch zum Rand zu benutzen, sonst bekommt er eine Vertiefung in der Mitte. Stein ab und zu mit sauberem Lappen abwischen und neu tränken.

Nicht zu oft schleifen! Ein gut geschliffenes Eisen kann man mehrere Male abziehen, oft ist die Schneide beim zweiten oder dritten Abziehen besser als beim ersten.

Das Richten von Sägen

Ein scharfer Sägeschnitt genau am Riß verlangt eine gut gerichtete Säge. Eine Zeitlang genügt die neue Säge – gebrauchsfertig gekauft! – allen Anforderungen. Dann wird sie stumpf. Man kann sie dann zum Nachrichten dem Fachmann geben, möglichst mehrere Sägen gleichzeitig. Das Richten von Sägen ist eine Aufgabe für den Fachmann, doch es steht nichts im Wege, daß Sie durch Übung auch hierin zum Fachmann werden.

Abrichten, Schränken, Durchfeilen Drei Arbeitsgänge sind zu unterscheiden:

Abrichten: die ungleich gewordenen Zähne werden gleich hoch und dann Zahn für Zahn in die richtige Größe gefeilt.

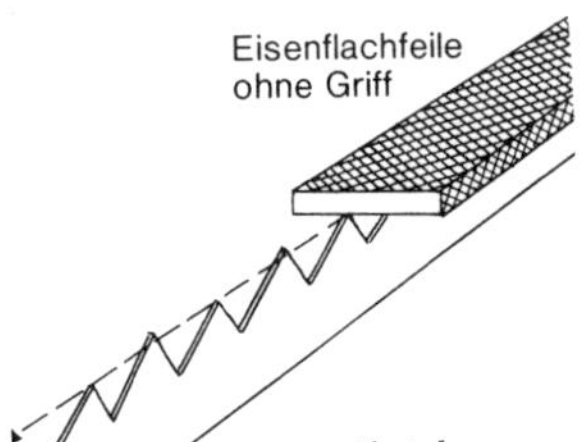

Abrichten

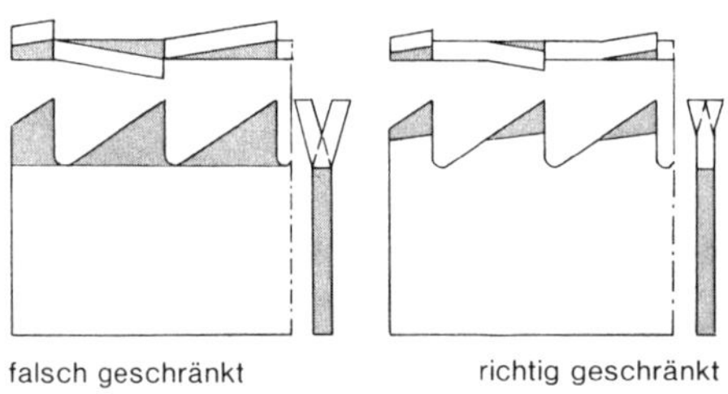

Schränken

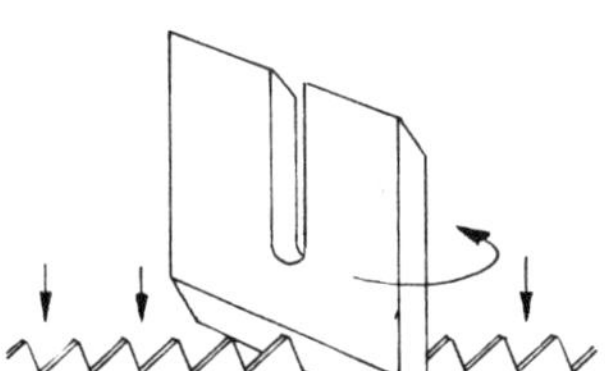

Schränken mit altem Hobeleisen

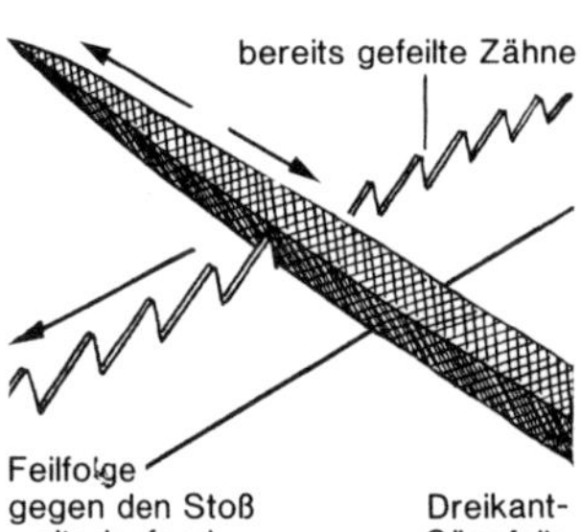

Durchfeilen

Schränken: die Zähne werden abwechselnd, immer einer nach links, einer nach rechts, seitlich ausgebogen.

Durchfeilen: die Zähne werden scharf gemacht.

Von diesen Arbeiten ist die letztere, das Durchfeilen, am häufigsten erforderlich und am leichtesten auszuführen. Man kann also die abgerichtete und geschränkte Säge mehrmals durch Nachfeilen wieder schärfen.

Vorbereitung Das Blatt wird gesäubert und in die Feilkluppe eingespannt (S. 106).

Abrichten Der erste Akt des Abrichtens besteht darin, daß man mit einer nicht zu groben Eisenflachfeile, die in ganzer Länge aufliegen soll, die Zähne gleich hoch feilt.

Anschließend werden die Zähne, die eben abgestumpft wurden, »vorgefeilt«; das heißt, sie bekommen wieder eine richtige Spitze und die richtige Form. Das ist beim Richten von Sägen der mühseligste Teil der Arbeit.

Schränken Das wechselseitige Ausbiegen der Zähne ist nötig, damit das Blatt frei durch den Sägeschnitt laufen kann. Das Ausbiegen muß sehr behutsam geschehen. Es wird nur der obere Teil des Zahnes ein wenig ausgebogen, nicht der ganze Zahn geknickt, sonst bricht er ab.

Erst jeden zweiten Zahn nach einer Seite, dann die dazwischenliegenden nach der anderen Seite biegen. Wie stark geschränkt wird, richtet sich nach dem Zweck der Säge. Grobe Sägen werden stärker geschränkt als Feinsägen.

Das Schränken geschieht mit einem Schränkeisen oder der Schränkzange. Mit dieser geht es gleichmäßiger. Im Notfall kann man eine Säge auch mit dem Schraubenzieher oder mit einem vorher stumpf geschliffenen, alten Hobeleisen schränken. Man setzt das Eisen in jede zweite Zahnlücke und dreht dann mit Gefühl leicht seitlich. Die beiden Zähne weichen dann nach entgegengesetzten Seiten aus. Eile ist beim Schränken auf keinen Fall am Platz, sonst fehlen der Säge nachher einige Zähne.

Durchfeilen Man beginnt am oberen Ende des Blattes, »gegen den Stoß«. Um die gleichmäßige Schrägstellung und Schärfe der Zähne sicherzustellen, wird die Feile in der einmal begonnenen Haltung gelassen und mit ganz gleichmäßigen Strichen geführt.

Schärfen der Ziehklinge Die Ziehklinge ist ein kleines Stahlblech, dessen Kanten gegratet sind. Diese Grate, welche für die Hobelwirkung der Klinge wichtig sind, müssen von Zeit zu Zeit nachgearbeitet werden. Dazu braucht man außer einer Flachfeile auch einen sogenannten Ziehklingenstahl. Man kann aber auch eine abgeschliffene und polierte Feile dazu verwenden.

1. Die Ziehklinge mit Zulagen in den Schraubstock einspannen.
2. Die Schneidkante mit der Flachfeile sauber feilen; nicht senkrecht, sondern längs der Kante.
3. Die Ziehklinge flach auf die Tischkante legen und unter Beigabe von ein paar Tropfen Öl den Ziehklingenstahl kräftig in flachem Winkel zu der Kante der Klinge hin und her reiben. Dadurch wird ein kleiner Grat nach außen gedrückt.
4. Im nächsten Arbeitsgang wird nun dieser Grat nach oben gedrückt, indem man den Ziehklingenstahl senkrecht von unten nach oben führt. Nicht mehr so stark drücken, denn der umgekantete Grat muß absolut gerade und ohne Vertiefungen sein. Wenn man die Klinge auf beiden Seiten mit einem Grat ausstattet, kann man zügiger und länger arbeiten (vgl. S. 139).

Schärfen der Ziehklinge

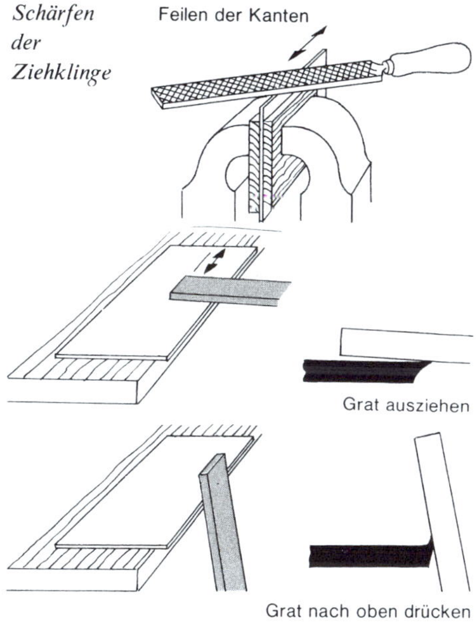

4 Arbeitsgänge (Techniken)

Probieren geht über Studieren. Die beste Anleitung kann die praktische Erfahrung nicht ersetzen. Aber sie kann verhindern, daß der Lernende zahllose Fehler macht, und bewirken, daß er von Anfang an den richtigen Weg betritt.
Der Anfänger soll mit den einfacheren Techniken anfangen. Das sind: Sägen, Nageln, Schrauben, Dübeln, Feilen, Schleifen.
Wer diese Techniken durchprobiert hat und in die Eigenheiten (und Tücken) des Werkstoffs eingedrungen ist, beginne mit den schwierigeren Techniken wie dem Hobeln von Flächen. Auch das Zinken und Schlitzen in allen seinen Abarten und das Zurichten von Werkzeugen verlangen erhebliche Handfertigkeit. Ganz ohne Werkstattanleitung sind die Techniken schwer zu erfassen. Wer sie lernen will, sollte einige Male der Arbeit eines Könners aufmerksam zuschauen. Wer sich über gelegentliche Behebung kleiner Haushaltspannen hinaus mit Holzarbeiten planmäßig befaßt, wird schnell merken, daß ein gutes Einvernehmen mit einem tüchtigen und möglichst benachbarten Schreiner die eigene Arbeit am besten fördert. Bedenken Sie dabei, daß für den Handwerksmeister, der nicht aus Liebhaberei arbeitet, sondern seinen Lebensunterhalt damit verdient, Zeit Geld ist.

Aufreißen, Reißen und Zeichnen

Jede Arbeit beginnt – nachdem sie auf dem Papier fertig geplant (S. 147), nachdem Material und Werkzeug bereitgelegt sind – mit dem Aufreißen, Zusammenzeichnen und Anreißen. Diese drei Begriffe und Arbeitsgänge sind sauber auseinanderzuhalten.
Aufreißen: Aufzeichnen der Umrisse auf das rohe Brett, um es danach zuzuschneiden.
Zusammenzeichnen: Markieren der »Winkelkante« an jedem Stück, Markieren der Stücke nach ihrer Zusammengehörigkeit und Lage.
Anreißen: endgültiges und genaues Reißen der Arbeitskanten, Schnittlinien, Bohr-, Nagel-, Schraubenlöcher usw.

Aufreißen Das Aufreißen erfolgt mit kräftigem Bleistiftstrich. Niemals mit Kopierstift, Tintenstift, Kugelschreiber! Ein feucht gewordener Kopierstiftstrich ist praktisch nicht mehr zu entfer-

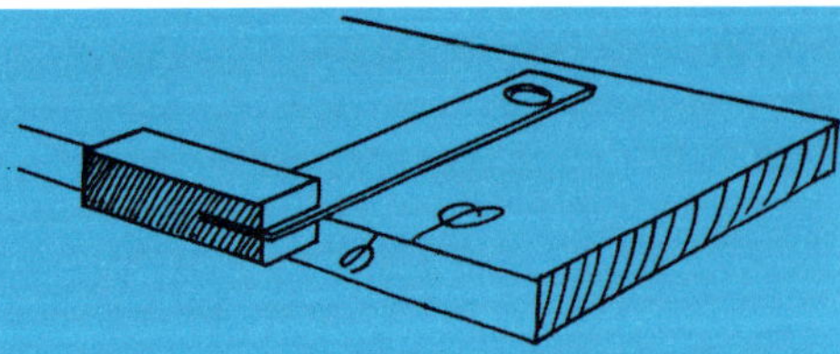

Das Winkelzeichen φ markiert die Winkelkante

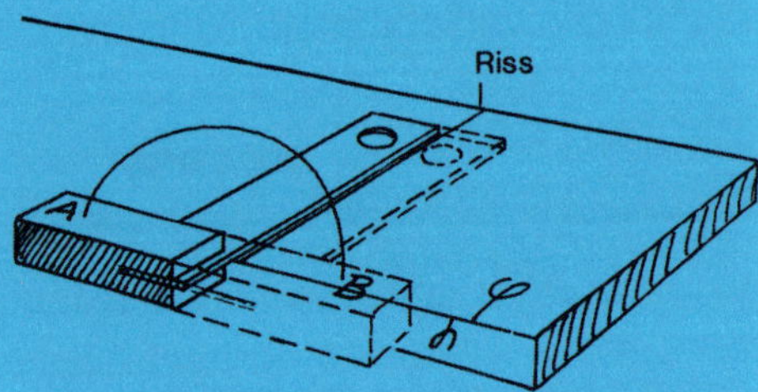

Zum Prüfen der Winkelhaltigkeit wird der Winkel umgeschlagen

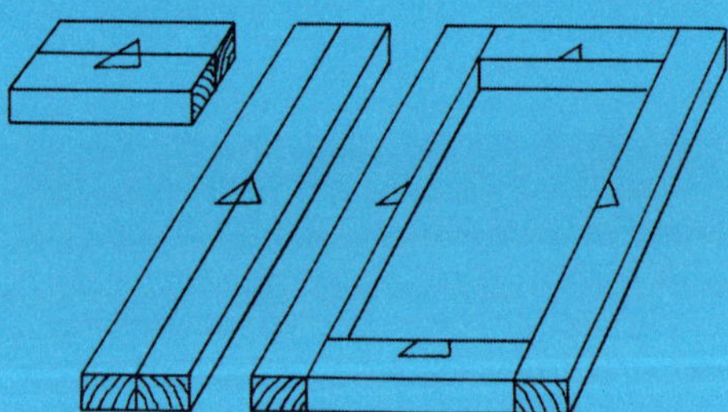

Das Dreieckszeichen △ markiert die Zusammengehörigkeit

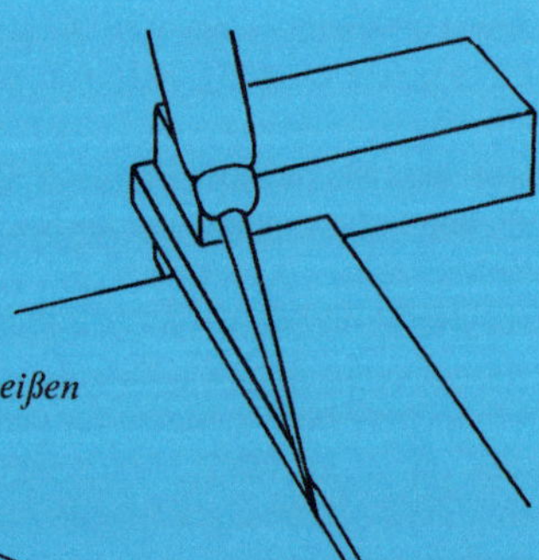

An der Kante reißen

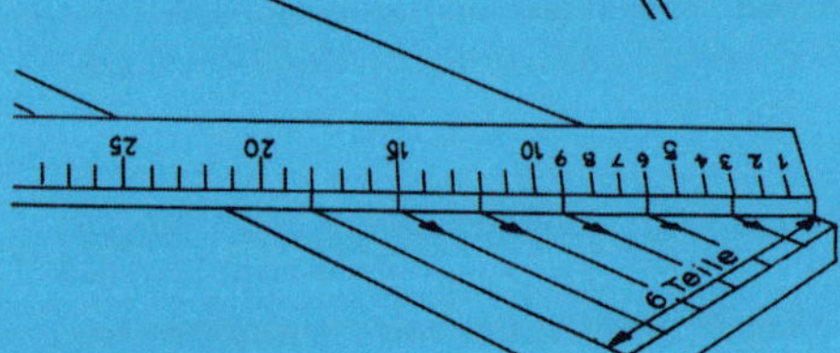

Verhältnisteilung

nen und kann sogar durch Farbanstrich durchschlagen.

Jede falsche oder ungenaue Linie wird sofort entfernt oder durch Überschlängeln unschädlich gemacht.

Beim Aufreißen auf Massivholz wird mit Zugabe gearbeitet: man gibt bei den Längen ganz wenig, bei den Breiten etwas mehr zu. Beim Sägen wird dann nicht nochmals nach Augenmaß zugegeben, sondern genau am Riß gearbeitet.

Bei Sperrplatten wird beim Aufreißen und Zuschneiden nichts zugegeben. Man nimmt an, daß man das endgültige Maß einhalten kann – solange man nicht in den Riß hineinsägt oder -hobelt.

Beim Aufreißen fehlerhaftes Holz möglichst wegfallen lassen.

Zusammenzeichnen, Winkelkante Jedes zugerichtete Holzstück muß eine Winkelkante aufweisen. So nennt man die markierte Eckkante zwischen zwei genau rechtwinklig zueinander liegenden Seitenflächen. Diese Winkelkante zuerst herstellen und mit Winkelzeichen markieren. Alle weiteren Maße werden von dieser Kante aus angewinkelt und gemessen. Der Winkelhaken wird stets hier angeschlagen. Vom Beachten der Winkelkante hängt die Exaktheit des ganzen Stükkes ab. Am einfachsten wird der Laie vom Schreiner maschinell vorbereitete Bretter kaufen, die schon eine Winkelkante haben.

Zum Anzeichnen der Zusammengehörigkeit werden die Stücke zuerst unter Berücksichtigung der Jahresringe, der rechten und linken Seite sinnvoll zusammengeordnet, dann mit Dreieckszeichen markiert, so daß spätere Verwechslungen ausgeschlossen sind. Im Kopf behalten kann man das nicht!

Anreißen 1. Zum genauen Anreißen dient ein harter, scharf gespitzter Bleistift oder ein Spitzbohrer (Reißahle · Reißnadel). Alle Risse sollen scharf sichtbar, aber nicht in das Holz hineingraviert sein.

2. An der Kante reißen, nicht vor der Kante.

3. Alle zu einer Kante parallelen Risse ausschließlich mit Streichmaß ziehen. Der Riß wird ziehend geführt, also nicht senkrecht ins Holz drücken. Ohne Streichmaßriß keine exakte Arbeit.

4. Kleine Risse im Holz oder schräger Faserverlauf leiten den Riß gern in eine falsche Richtung.

Verhältnisteilung Häufig kommt die Aufgabe vor, eine Strecke in gleichmäßige Teile zu teilen, z. B. beim Nageln oder Schrauben. Nehmen wir an, ein Brett von 13 cm Breite soll in 6 gleiche Abschnitte geteilt werden – so daß 5 Schrauben in gleichem Abstand untereinander und von den Kanten gesetzt werden können:

1. Meterstab oder Lineal mit Nullmarke an eine Kante anlegen. So drehen, daß die andere Kante gerade mit einer durch 6 leicht teilbaren Zahl angeschnitten wird, z. B. 18.
2. Strecke bei 3 · 6 · 9 · 12 · 15 cm mit Spitzbohrer markieren.
3. Durch jeden dieser Punkte Parallele zur Längskante ziehen.

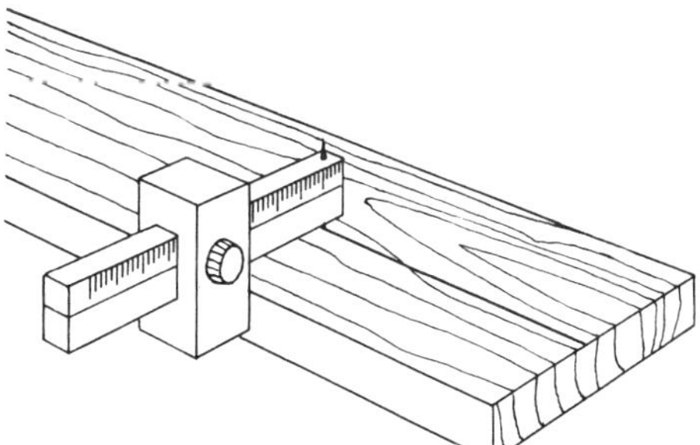

Parallelriß mit dem Streichmaß

Einspannen

Grundsatz: Jedes Werkstück wird zur Bearbeitung eingespannt, damit der Arbeitende mit beiden Händen frei und sicher arbeiten kann.

Stets wird an der Druckstelle zwischen Holz und Spannwerkzeug ein sauberes, glattes Holzstück als »Zulage« beigelegt, damit das Werkstück keine Druckstellen bekommt.

Besonders wichtig ist sorgfältiges Einspannen beim Bohren.

Brettstücke, die zum Aushobeln in die Hobelbank gespannt werden, müssen satt aufliegen. Oft arbeitet sich das Brett durch die Klemmung der Bankhaken einige Millimeter in die Höhe und liegt hohl. Man schlägt die Bankhaken mit dem Ende des Hammerstiels weiter in die Bank, bis das Brett festliegt.

Sägen

Die wichtigste Arbeit bei der Holzbearbeitung ist das Sägen. Mit Sägen bezeichnet der Fachmann immer das Schneiden des Holzes quer zur Faser. Schneiden längs zur Faser nennt man Trennen. Den saubersten und besten Schnitt erreichen Sie mit einer gut geschränkten und scharfen Spannsäge. Die während der Ruhezeit entspannte Säge wird vor dem Gebrauch gespannt. Dann wird das Sägeblatt leicht nach links verdreht, damit der Rahmen nicht den Blick auf den Schnitt verdeckt. Das Sägeblatt muß kontrolliert werden, damit es nicht verwunden ist. Visieren Sie über den Rükken des Sägeblattes. Rückenlinie und Zähne müssen in einer Ebene liegen.

Mit Rückziehen beginnen Säge kräftig festhalten, aber nicht krampfhaft packen. Mit Gefühl und Verstand arbeiten. Niemals mit Vorstoßen des Blattes beginnen, sondern stets mit einem »Rückziehen«. Beim Vorstoßen hüpft das Blatt gern vom Riß und nicht selten in den Zeigefinger der haltenden Hand.

Nur beim Vorstoßen aufdrücken, denn durch die Stellung der Zähne schneidet die Säge nur beim Vorstoß. Leicht und locker zurückziehen, sonst ermüden Sie schnell, werden verkrampft, und der Schnitt wird unsauber. Achten Sie beim Ansetzen und während des Sägens immer darauf, daß das Sägeblatt senkrecht zum Brett steht, die Schnittkante wird sonst schief. Vor dem endgültigen Durchsägen halten Sie das abfallende Stück fest und sägen nur sehr vorsichtig weiter. Sie verhindern dadurch, daß das letzte Stück absplittert. Noch besser ist ein kleiner Einschnitt von der Gegenseite.

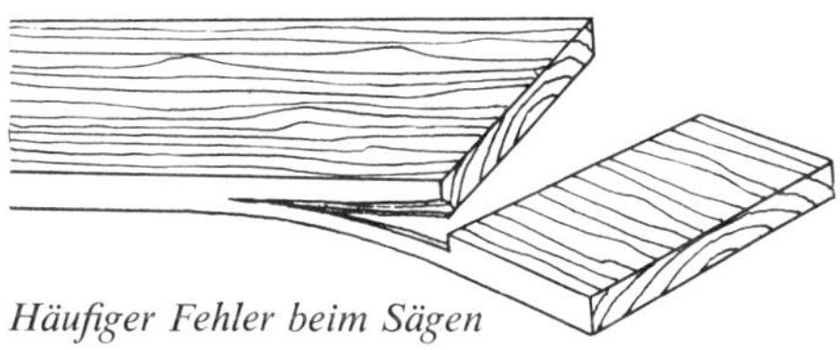

Häufiger Fehler beim Sägen

Am Riß sägen Jeder Sägeschnitt hat eine gewisse Breite. Sägen Sie einfach auf dem Riß entlang, so fällt rechts und links des Risses ein Streifen Holz weg. Es ist unmöglich, daß mehrere auf diese Weise gesägte Stücke später zueinander passen. Das ist besonders schmerzlich beim »Schlitzen«, dem Verbinden zweier Holzstücke mit Schlitz und Zapfen. Also erst überlegen, auf welcher Seite des Risses gesägt werden muß, und dann genau am Riß arbeiten.

Legen Sie beim Ansetzen der Säge den linken Daumennagel neben den Riß und benutzen ihn als Anlage für das Sägeblatt.

Vorsicht beim Schneiden von Sperrholzplatten! Die feinen Furniere splittern besonders auf der Unterseite leicht ab. Als Hilfsmaßnahme kann man über den Riß ein Klebeband kleben.

Ansetzen der Säge

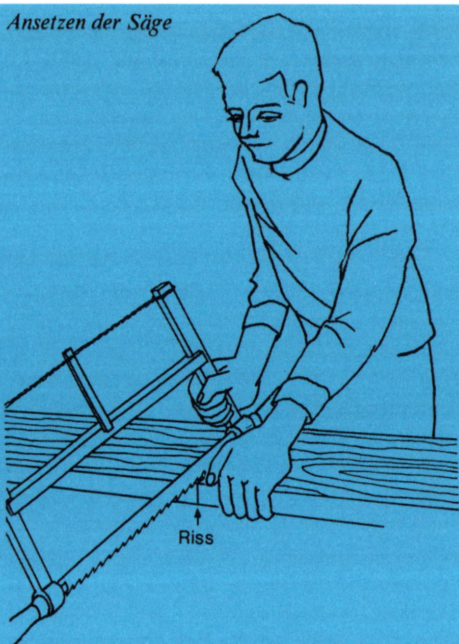

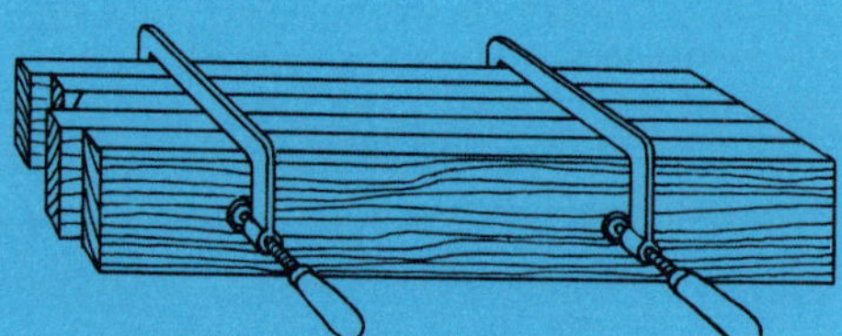

Gleichlange Hölzer gemeinsam sägen

Trennen mit Keil

Brauchen Sie mehrere Bretter oder Leisten von gleicher Länge, dann spannen Sie die einzelnen Stücke mit Schraubzwingen zusammen und übertragen die angerissene Länge mit dem Winkelhaken auf die übrigen Hölzer. Nun können Sie alle Stücke gemeinsam mit einem Schnitt sägen. Hier ist es besonders wichtig, daß die Säge senkrecht gehalten wird.

Zum Trennen können Sie das Sägeblatt noch weiter abwinkeln, damit die Mittelstrebe nicht anstößt. Bei breiteren Brettern den Fuchsschwanz benutzen. Beim Trennen müssen Sie besonders darauf achten, daß Sie am Riß bleiben, denn die Holzfasern lenken die Säge leicht ab.

Sollte das Sägeblatt etwas klemmen, kann man mit einem kleinen Keil im Sägeschnitt abhelfen. Nicht zu weit sägen! Ein verkehrter Schnitt längs der Faser läßt sich unter Umständen durch Einleimen eines Spans ausflicken. Ein falscher Schnitt quer zur Faser ist nicht zu reparieren.

Hobeln

Hobeln ist nicht leicht. Noch schwerer ist es, einen Hobel so zu richten, daß ohne großen Kraftaufwand die Späne herausflitzen und die Fläche glatt und eben zurückbleibt. Am besten, Sie schauen einem Fachmann zu und »stehlen mit den Augen«.

Anforderungen an den Hobel Das Eisen muß scharf sein. Nicht der scharfe, sondern der stumpfe Hobel birgt die meisten Verletzungsmöglichkeiten. Die Sohle des Hobels sei stets rein, völlig eben und leicht geölt. Ohne ebene Hobelsohle bekommen Sie keine ebene Hobelfläche.

Anforderungen an den Doppelhobel Mit einem guten Doppelhobel lassen sich die Hobelvorgänge am besten ausprobieren. Er hat auf dem Eisen ein zweites, die Klappe. Läuft die Richtung der Holzfaser »gegen das Eisen«, besteht die Gefahr, daß das Eisen in das Holz einreißt. Ein sauberes Putzen der Fläche zu makelloser Ebenmäßigkeit und Glätte wird deshalb mit dem einfachen Hobel nicht gelingen. Beim Doppelhobel verhindert die Klappe das Einreißen, sie bricht den Span.

Neben der Schärfe des Eisens ist beim Doppelhobel die richtige Lage der Klappe Voraussetzung für den Erfolg. Steht sie zu weit vor, »stopft« der Hobel. Steht sie zu weit zurück, verfehlt sie ihren Zweck, das Holz reißt ein. Liegt sie nicht eben und fest auf dem eigentlichen Hobeleisen, zwängen sich Späne zwischen Eisen und Klappe, und bald ist das Hobelmaul verstopft.

Der Anfänger richte die Klappe so, daß sie 1 mm hinter der Schneide des Hobeleisens beginnt. Durch Übung wird er bald herausbekommen, wann man mehr »Eisen zeigt«, wann weniger. Bei feineren Arbeiten und bei hartem Holz läßt man das Eisen nur Bruchteile eines Millimeters vor der Klappe stehen. Bei gleichmäßigem Kiefernholz kann sie weiter zurückliegen.

Hobel prüfen Außerdem werden wir vor dem Arbeitsbeginn den Hobel auf Schärfe und richtigen Sitz von Eisen und Klappe prüfen. Die Handhaltung zeigt das Bild.

Das Hobeleisen sollte nur 1 mm über die Unterseite des Hobels herausragen und genau parallel mit der Fläche sein. Sitzt das Eisen schief, so muß man es lockern, geraderichten und wieder festkeilen. Das Lockern des Eisens geschieht durch einen Schlag auf das Hinterende des Hobelkastens – häufig befindet sich dort ein besonderer Schlagknopf. Ein leichter Schlag links und rechts gegen den Keil und ein kurzer, kräftiger Schlag auf den Schlagknopf müssen genügen, das Eisen zu lockern. Ist das nicht der Fall, so war es zu fest gekeilt.

Erst einspannen Bevor wir den eigentlichen Vorgang des Hobelns betrachten, erinnern wir uns, daß wir jedes Werkstück zur Bearbeitung fest einspannen. Der Fachmann hobelt in Einzelfällen frei, das steht nur ihm zu. Wird mit Zwingen festgespannt, muß man erst die eine Hälfte des Brettes vornehmen, dann nach dem Umspannen die andere. Zulage nicht vergessen.

Was verboten ist Niemals feuchtes Holz hobeln. Es zieht Fäden und reißt bei Gegenfaser leicht ein. Niemals Farbe oder Lack mit dem Hobel entfernen, dafür gibt es Abbeizmittel (S. 46). Die Bankhaken dürfen nicht über das Brett vorstehen. Einhobeln in einen Bankhaken beschädigt Hobeleisen, Sohle und Bankhaken.

Handhaltung Fassen Sie den Hobel so mit der rechten Hand, daß der Daumen links am Keil, die übrigen Finger rechts am Keil und an der Kastenwand aufliegen. Die linke Hand faßt den Hobel an der Nase. Der Hobel muß fest und sicher gehalten werden. Je lockerer der Griff, desto leichter verletzt man sich. Am meisten ist der kleine Finger der linken Hand gefährdet. Er kann sich an den vielleicht doch etwas vorstehenden Bankhaken klemmen oder sich an einer scharfen Holzkante schneiden. Beim Bestoßen an der Fügelade (siehe S. 114 unten) ist dagegen der Zeigefinger gefährdet.

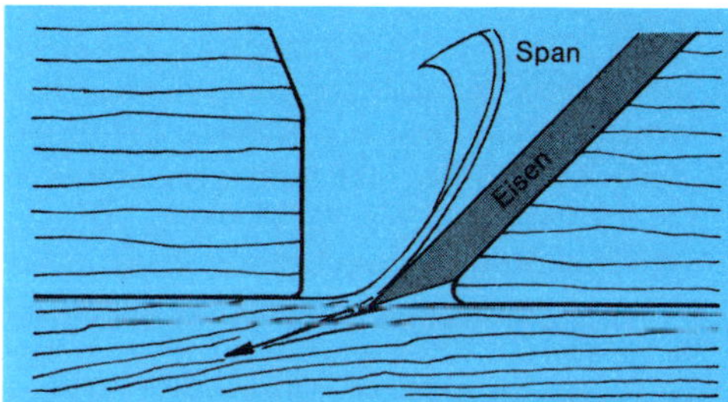

Einfaches Eisen reißt ein

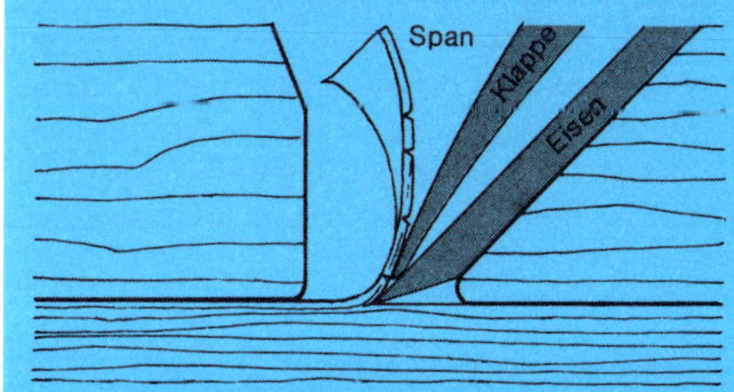

Die Klappe bricht den Span: kein Einreißen

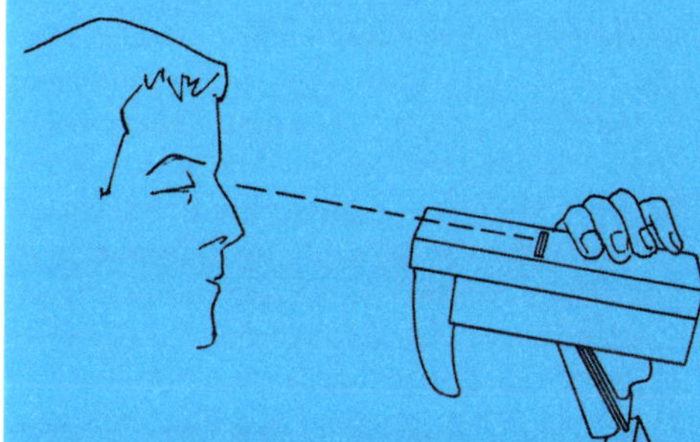
Haltung beim Prüfen des Hobels

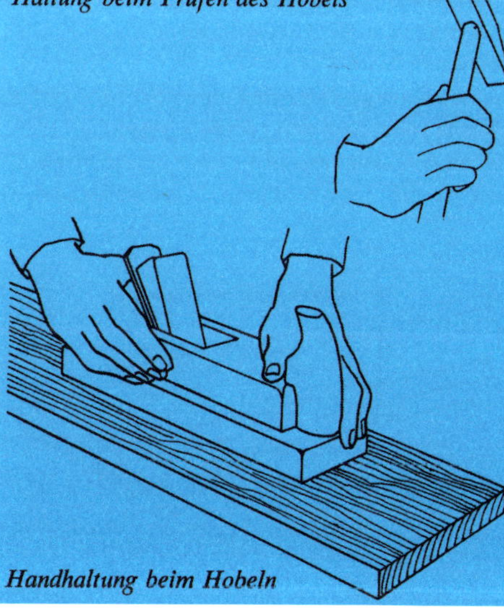
Handhaltung beim Hobeln

Fehler Der gute Hobler setzt gleichmäßig Strich neben Strich. Das ist leichter gesagt als getan. Nur viel Übung führt hier zum Können. Die hauptsächlichsten Fehler des Anfängers entstehen durch ungenügend feste Handhaltung. Dadurch wird beim Ansatz und am Ende des Brettes zuviel fortgenommen. Ebenso ist es mit den Seitenkanten. Dabei entstehen gewölbte Flächen. Außerdem achtet der Anfänger nicht genügend auf den Faserverlauf, der auch innerhalb einer Fläche wechseln kann. Dabei reißen Splitter aus. Grundregel: Immer mit der Faser hobeln.
Da in der Heimwerkstatt im allgemeinen mit Preßplatten, mit vorgehobelten Brettern oder bereits zugerichteten Flächen gearbeitet wird, kommen an Hobelarbeiten hauptsächlich drei in Betracht: Bestoßen von Kanten, Kantenbrechen, Verputzen kleiner Flächen.

Kanten bestoßen und brechen

Bestoßen ist das Abhobeln der Kante eines Brettes oder einer Leiste zu einer ebenen Fläche. Kantenbrechen heißt, einer Kante durch leichtes Darüberfahren mit Hobel oder Schleifpapier die Schärfe nehmen. Eine gebrochene Kante ist reißfester. Die Kanten an den Unterflächen von Stuhlbein, Tischbein usw. müssen z. B. unbedingt gebrochen (abgeschrägt) sein; sonst reißen sie, z. B. wenn das Möbelstück verschoben wird, leicht ein.
Zum Bestoßen dient die Rauhbank. Da sie schwer ist, braucht man bei schwachen Brettern nur wenig Druck. Auch hier ist darauf zu achten, daß nicht nur am vorderen und hinteren Ende, sondern vor allem auch in der Mitte Holz weggenommen wird. Hat man das Gefühl, in der Mitte der Kante eine leichte Höhlung ausgehobelt zu haben, so ist die Kante wahrscheinlich gerade – gerade.
Beim Aufeinandersetzen zweier bestoßener Kanten zu einer Fuge wird man oft feststellen, daß sie in der Mitte aufeinandersitzen, aber an den Enden ein wenig auseinanderklaffen. Eine solche »Spitzfuge« platzt nach dem Verleimen mit ziemlicher Sicherheit wieder auf. Dann lieber eine »Hohlfuge«, die in der Mitte etwas Spiel hat, aber sich an den Enden fest zusammenpreßt.
Beim Kantenbrechen wird der Hobel schräg entlang der Kante geführt, um die Fasern des Holzes ziehend abzuschneiden.
Kanten, besonders an schwachen Brettern und Platten, werden am besten an der Fügelade bearbeitet. Wie man eine Fügelade selbst anfertigt, ist auf S. 152f. beschrieben.
Die Fügelade wird auf der Hobel- oder Werkbank festgespannt, das zu fügende Brettstück wird mit der linken Hand fest daraufgepreßt. Bei Brettern, die anschließend zusammengeleimt werden sollen, werden die beiden zu fügenden Kanten jeweils zusammen behobelt, so daß immer die gleiche Hirnseite am Anschlagklotz der Fügelade angelegt wird.
Zusammengehöriges zusammen bearbeiten Wir können das als ganz allgemeinen Grundsatz notieren: Stücke, die gleichartig und von gleichen Abmessungen sein müssen, damit das fertige Werkstück »sitzt«, werden stets zusammen bearbeitet.
Verputzen Verputzen nennt man das Sauberhobeln von Flächen. Es geschieht mit dem Doppelhobel, es sei denn, es ist bereits ein Putzhobel (S. 97) vorhanden.
Betrachten Sie eine mit der Maschine vorgerichtete Fläche im Schräglicht, so erkennen Sie kleine Schlagwellen, hervorgerufen von den Messern der Hobelwelle. Eine solche Fläche sauber zu überhobeln, dazu bedarf es eines Hobels mit scharfem Eisen, das völlig gerade und an den Seitenkanten ein wenig angerundet ist; einer fein eingestellten Klappe, die nur »wenig Eisen zeigt«; und endlich einer Holzfläche, die frei ist von Harz oder Schmutz.

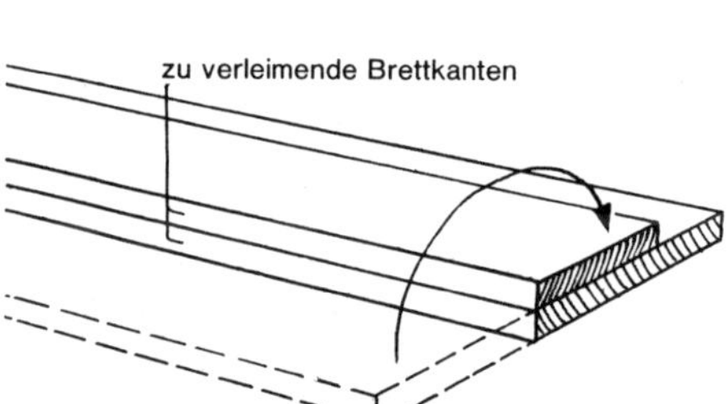

Kanten zusammennehmen ...

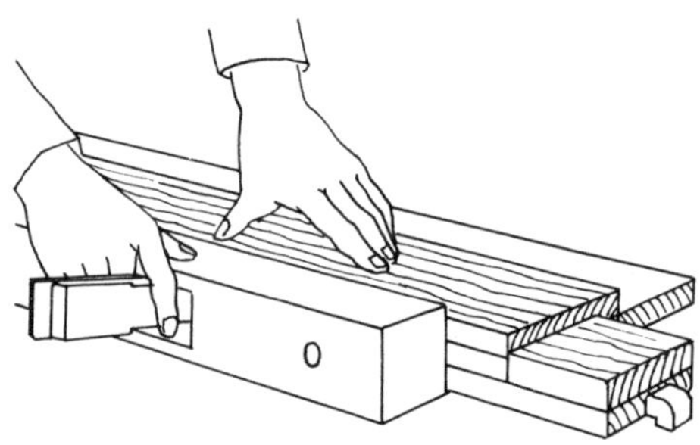

... und in der Fügelade bestoßen

An einer Seite beginnend, ist so zu hobeln, daß jeder Hobelzug den vorherigen ein wenig überschneidet; ein Viertel der Eisenbreite soll sich auf bereits gehobelter Fläche befinden.

Bestoßen von Hirnholz Diese Stirnflächen dürfen nur mit einem überscharfen Putzhobel bearbeitet werden. Vorsicht! Nur von der Seitenkante her bis zur Mitte arbeiten, denn wenn Sie über die Kante hinaus hobeln, splittert das Langholz.

Kleine Querschnitte spannt man mit einer Zulage in die Bank, oder man hobelt an der Fügelade.

Stemmen

Zur Herstellung der verschiedenen Holzverbindungen arbeitet man mit Stech- oder Stemmeisen sowie mit dem Stechbeitel. Stemmen muß man, wenn man Überplattungen, Schlitze oder Zapfenlöcher herstellen will. Auch für das Zinken brauchen wir das Stecheisen. Zu allen Stemmarbeiten Werkstück richtig einspannen, so daß es satt aufliegt, also nicht federt oder hohl liegt.

Bei flachen, dem Schnitzen ähnlichen Arbeitsaufgaben wird mit der Hand »abgestochen«. Das – in diesem Fall meist breite – Eisen wird sorgsam und fest mit beiden Händen geführt.

Beim Stechen einer Nut oder einer Überplattung sägt man die Seitenwände zunächst mit einer Feinsäge bis zur erforderlichen Tiefe ein. Dann wird das zwischen den Schnitten stehende Holz in dünnen Schichten abgetragen. Bei sehr breiten Nuten machen Sie am besten mehrere Sägeschnitte, entsprechend der Breite Ihres Eisens. Das Ausstechen wird dann einfacher.

Schlitze und Verzahnungen werden ebenfalls vorgesägt. Dann wird begonnen, indem man am unteren Ende des Schlitzes senkrecht einstemmt. Die glatte Spiegelseite des Eisens muß dabei zur Grundfläche des Schlitzes zeigen. Dann stemmt man schräg gegen den Stich ein kleines dreieckiges Stück Holz heraus. Mit Wechsel zwischen senkrechten und schrägen Stichen stemmen Sie etwa bis zur Mitte aus, drehen dann das Werkstück und arbeiten genau so, bis der restliche Klotz herausfällt. Zu dieser Arbeit nehmen Sie den Klüpfel.

Ähnlich arbeiten Sie auch beim Stemmen eines Zapfenloches. Zuerst mit dem Eisen an der Kopfseite senkrecht zur Faser einstechen und dann mit schrägem Stich abwechselnd das Holz herausstemmen. Soll das Loch durchgestemmt werden, dann ebenfalls nach der Hälfte von der anderen Seite gegenarbeiten. Als Anfänger arbeiten Sie am

Falsch! Nur von der Kante nach innen hobeln!

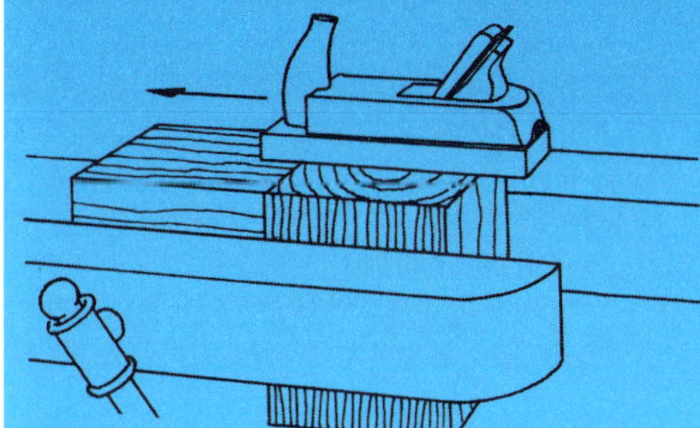

Kleine Hirnholzflächen mit Zulage bestoßen

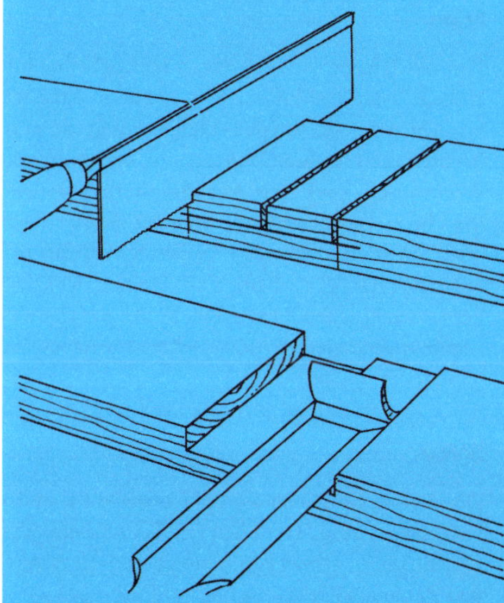

Ausstechen einer Überplattung

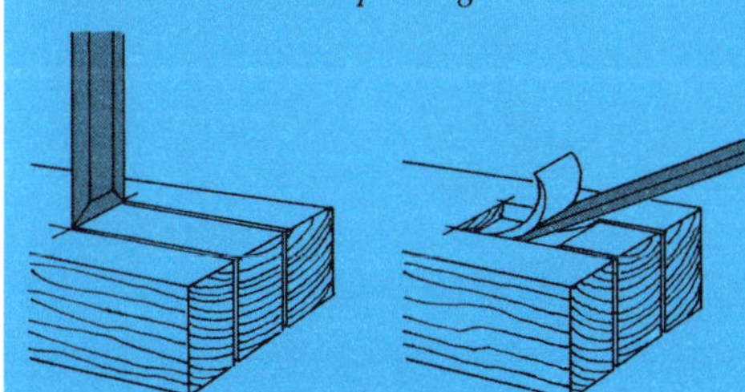

Ausstemmen eines Schlitzes

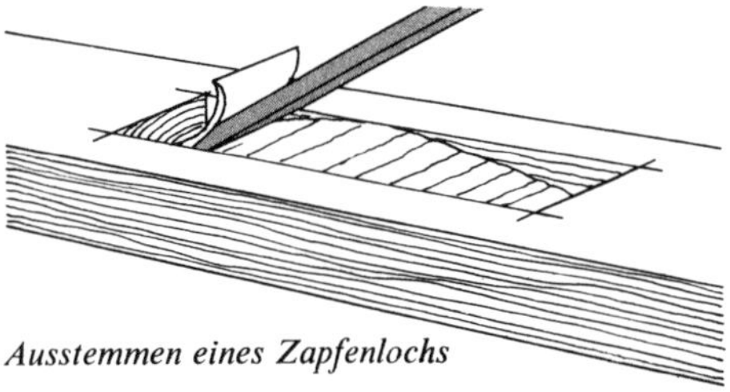

Ausstemmen eines Zapfenlochs

besten zunächst etwas innerhalb des Risses und arbeiten die genaue Form dann hinterher aus.

Bei leichteren Stemmarbeiten kann man das Eisen mit dem Hammer schlagen, jedoch nicht mit der Bahn, sondern mit der Breitseite des Kopfes.

Zu jeder kräftigen oder länger dauernden Arbeit nimmt man den Klüpfel.

Bei Verwendung des Lochbeitels ist die Stemmlochbreite stets genau gleich der Eisenbreite. Es richtet sich also die Stemmlochbreite nach den verfügbaren Eisen.

Feilen

Nur der Bastler wird bei feinen Holzarbeiten mit kleinen Feilen arbeiten. Für größere Arbeiten braucht man die Raspel. Man braucht sie zum Richten von Hirnholzflächen, zum Abrunden von Werkstücken und zum Ausschweifen. Vorsicht! Wie beim Hobeln immer von der Kante nach innen arbeiten, denn sonst reißen Späne. Bei der normalen Raspel muß noch mit Hobel oder Glaspapier nachgearbeitet werden. Wenn Sie eine der neuen Hobelfeilen (S. 101) nehmen, müssen Sie nicht mehr nacharbeiten.

Bohren

Den Bohrer brauchen wir bei Holzarbeiten in der Hauptsache zum Herstellen von Schrauben- oder Dübellöchern sowie zum einfacheren Herstellen von Zapfenlöchern.

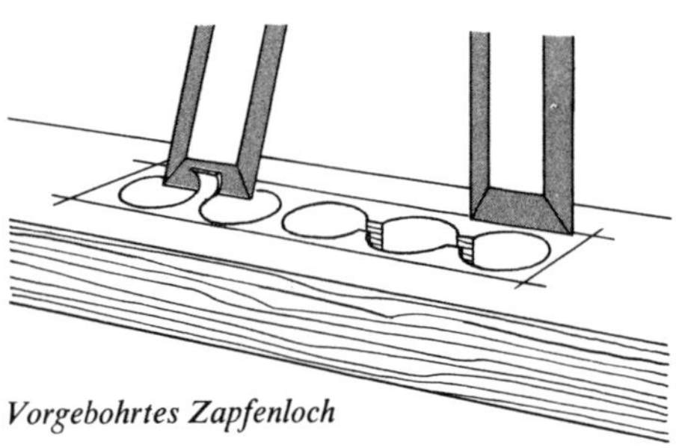

Vorgebohrtes Zapfenloch

Wir benutzen dazu die Bohrleier oder eine Elektrobohrmaschine. Die eigentlichen Bohrer werden in das Bohrfutter dieser Geräte eingesetzt. Wollen wir Schraubenlöcher vorbohren, dann setzen wir in die Leier einen entsprechend starken Nagelbohrer ein und bohren fast bis zur Schraubenlänge vor. Bei Senkkopfschrauben wird das Bohrloch mit dem Krauskopf (Ausreiber) so weit ausgerieben, daß der Schraubenkopf bei kräftigem Anziehen in einer Ebene mit der Holzoberfläche sitzt. Bei einer Maschine können wir nur Spiralbohrer verwenden, darum wird erst mit einem dünnen Bohrer fast bis auf Schraubenlänge vorgebohrt; dann mit einem Bohrer in Schraubenschaftstärke auf Schaftlänge nachbohren. Bei Schrauben in Hirnholz nur ganz dünn vorbohren, in weichem Hirnholz die Bohrung ganz fortlassen.

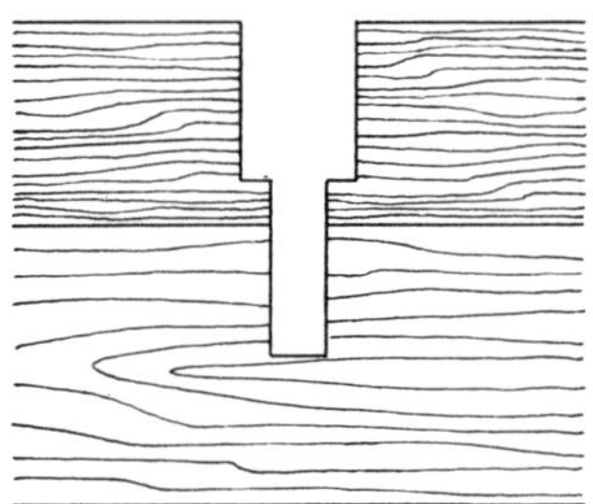

Vorgebohrtes Schraubenloch

Zum Bohren von Dübellöchern nimmt man in der Handleier den Forstnerbohrer, in der Maschine den entsprechenden Spiralbohrer.

Müssen Sie eine größere Anzahl Löcher mit der gleichen Tiefe bohren, dann empfiehlt sich ein Tiefensteller oder eine selbst angefertigte Bohrmanschette (S. 102).

Werkstück immer fest einspannen, denn Sie brauchen zur Führung des Bohrers beide Hände. Bohrer schräg auf den Punkt ansetzen, dann, bevor Sie mit dem Drehen beginnen, den Bohrer exakt senkrecht richten. Sie können die Bohrrichtung später nicht mehr ändern. Das Loch würde schief bleiben, der Bohrer aber abbrechen.

Wenn Sie den Bohrer wieder herausbekommen wollen, nicht rückwärts drehen! In gleicher Richtung weiterbohren und dabei den Bohrer zurückziehen.

Sollen mehrere Werkstücke die gleiche Bohrung bekommen, dann zusammenspannen und zusammen bohren.

Aufpassen bei durchgehenden Bohrlöchern! Nie-

Das Abdecken eines Schraubenlochs

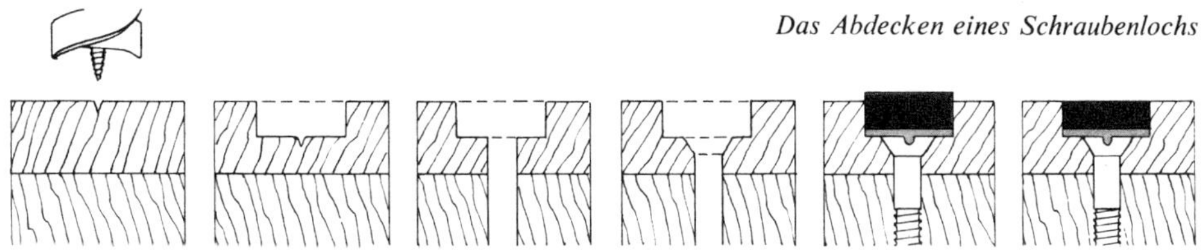

Bohrer genau im Anrißpunkt einsetzen — *Erste Bohrung 4 bis 6 mm tief zur Aufnahme des Stopsel-Plättchens* — *Zweite Bohrung: Vorbohren für die Schraube* — *Bei Hartholz Ausreiben für den Senkkopf der Schraube* — *Schraube einziehen und Plättchen einleimen* — *Eben putzen*

mals so lange bohren, bis der Bohrer durchfällt und auf der Unterseite Fransen vorstehen, sondern aufhören, sobald die Spitze ein wenig durchstößt, und dann von der anderen Seite gegenbohren.

Das Abdecken eines Schraubenlochs Man kann die Schraubenköpfe durch Überleimen mit Holzplättchen sauber verdecken:

1. Vor dem Bohren einige käufliche runde Holzplättchen beschaffen. Sie sollen etwas größer sein als der Durchmesser der Schraubenköpfe. Sie müssen nicht unbedingt aus der gleichen Holzart bestehen wie das Werkstück. Sie können als Schmuck wirken, vorausgesetzt, daß sie sauber und genau eingesetzt sind.
Wer solche Plättchen selbst herstellen will, muß beachten, daß es Langholzplättchen sein müssen.
2. Mit dem Schlangenbohrer, der den gleichen Durchmesser hat wie die Plättchen, ein Loch bohren, etwas weniger tief als das Plättchen dick ist. Bohrer dabei am angerissenen Schraubenloch einstechen. Danach für Schaft und Gewinde bohren, ausreiben, Schraube einschrauben, Plättchen mit etwas Leim darüberleimen. Die Faserrichtung des Plättchens soll ebenso laufen wie die des übrigen Werkstücks. Ist die Leimung trocken, das Plättchen auf die Ebene der Holzoberfläche schleifen oder hobeln.

Holz biegen

Nicht nur der Modellbauer, auch der Heimschreiner wird ab und zu gebogenes Holz verarbeiten wollen. Grundsatz: Je kleiner der Holzquerschnitt, desto leichter das Biegen. Zweiter Grundsatz: Je schärfer die Krümmung, desto schwerer das Biegen. Dritter Grundsatz: Trockenes Holz läßt sich niemals formbeständig biegen; das Holz muß zum Biegen heiß und feucht sein.

Arbeitsgang Als Arbeitsbeispiel nehmen wir eine Holzleiste, die an einem Kinderbettchen (Himmelbett) den Vorhang tragen soll. Wir setzen sie zusammen aus zwei gleichen und gleichlaufenden Leisten (Buchenholz, noch besser Nußbaum-Splintholz, Querschnitt etwa 25 × 6 mm). Die Leisten werden zuerst zusammen – aber unverleimt – gebogen, dann miteinander verleimt.

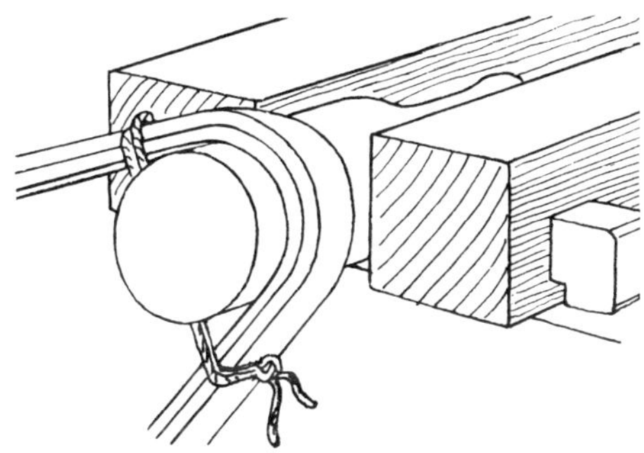

So wird das zu biegende Stück über die Rundung gespannt

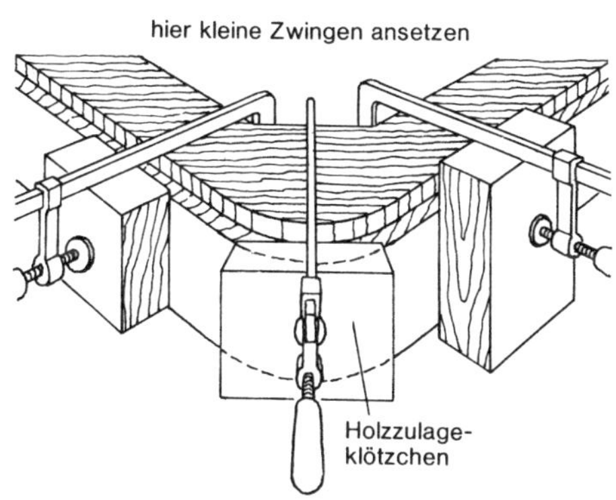

So werden die Leisten zum Verleimen eingespannt

1. Wasser zum Kochen bringen in einem Topf, der groß genug ist, daß man die Leisten in das Wasser biegen kann. Vielleicht ist eine alte Backform oder Kastenform zu »requirieren«. Beide Leisten zusammen mit der zu biegenden Stelle einige Minuten über das kochende Wasser halten.
2. Leisten ins Wasser hineinbiegen, mit einem Stein beschweren (Eisen gibt schwarze Flecken) und etwa 5 Minuten im Wasser lassen.
3. Inzwischen einen runden Gegenstand (Kochtopf, Bierflasche), dessen Rundung etwas stärker gekrümmt ist als die erstrebte Biegung, bereitstellen, sauberes weißes Papier oder Löschpapier darüberlegen.
4. Biegung mit Schnur über die Rundung spannen. Das geht leichter, als man erwartet. Allerdings, beim Biegen muß man »mit Gefühl« vorgehen. Wenn die Außenfaser platzt, ist das Experiment mißlungen.
5. Vollständig trocknen lassen. Wenn es schnell gehen soll, kann ein Fön (Haartrockner) helfen.
6. Sind die Leisten ganz trocken (nicht nur außen), werden sie an einer Brettlehre eingespannt und verleimt.

Das Drehen in Holz

Man unterscheidet verschiedene Arten des Drechselns: Einfaches Runddrehen · Ovaldrehen · Gewundenes Drehen.

Einfaches Runddrehen Für den Laien kommt nur solche Drechselarbeit in Frage, wie sie durch die neuen Mehrzweckmaschinen möglich gemacht wird (S. 516ff.). Zwei verschiedene Drechselarten sind dabei zu unterscheiden: Das Drehen von Langholz und von Querholz.

Drehen von Langholz Aus Langholz dreht man längliche Gegenstände – Füße, Ständer, Spielzeugfiguren –, die man zwischen Dreizack und Körner ausdreht. Früher wurde vornehmlich gespaltenes Holz verwendet, bei dem die Fasern ihren natürlichen Verlauf behalten. In den Großstädten ist man heute auf den Holzhandel angewiesen, der nur gesägte Vierkanthölzer anbietet. Bis zu 4 cm Dicke können diese in der Drehbank verwendet werden, ohne daß die Kanten gebrochen werden müssen.

Arbeitsgänge 1. Auswahl und Zuschneiden des Holzes auf Länge. Etwas zugeben! Keine Äste!
2. Mit Diagonalen auf beiden Stirnflächen die Mitte markieren.
3. Genau zwischen dem Dreizack und der Körnerspitze einspannen. Bei Körnern mit Vorschub muß man die Spitze in der endgültigen Lage feststellen.

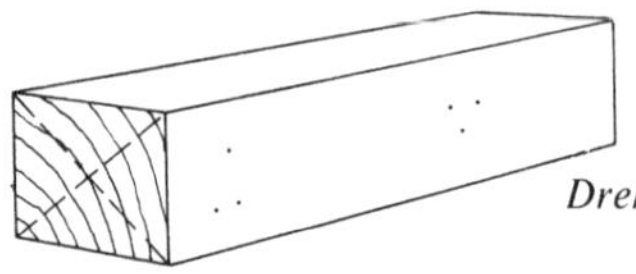

Drehpunkt anreißen

4. Einstellen der Werkzeugauflage. Dabei den Rohling mit der Hand drehen, damit man sicher ist, daß er beim Drehen nicht gegen die Auflage schlägt.
5. Vor dem Drehen die richtigen Werkzeuge auswählen (S.103). Für weiches Holz benötigt man Eisen mit langer flacher Fase, während man für Hartholz kurz und steil angeschliffene Eisen braucht.
6. Den Rohling in Drehung versetzen und dann mit der Schropprӧhre die rohe Zylinderform drehen. Dabei das Eisen mit beiden Händen halten und auf der Auflage abstützen. Bei Weichholz flach und hoch über der Drehachse ansetzen, bei Hartholz steiler und tiefer, näher zur Mitte.

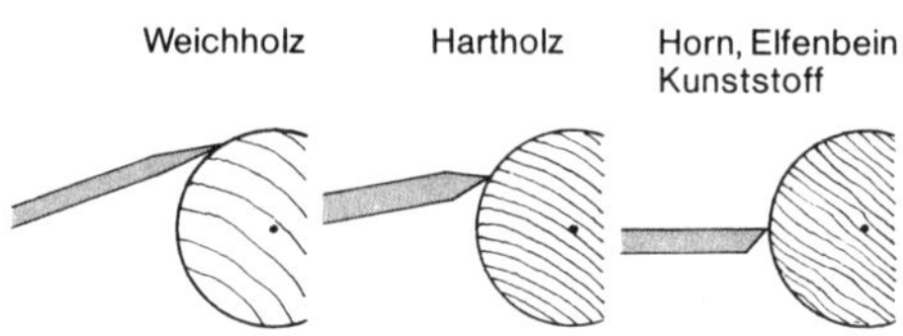

Ansatzwinkel der Eisen

7. Durch Entlangführen des Eisens am Drehstück langsam die Rundform ausdrehen.

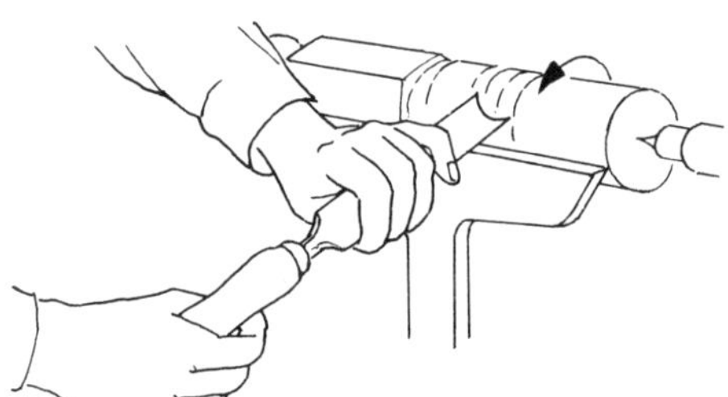

Haltung des Drehstahls

8. Auf dem Zylinder mit Bleistift die Längsmaße eintragen und dann mit den entsprechenden Eisen langsam die Endform ausarbeiten. Durchmesser mit dem Außentaster kontrollieren.
9. Zum Schluß mit dem Meißel, bei Profilen mit der Formröhre feindrehen. Glattschleifen.

10. Überschüssige Enden mit dem Meißel abstechen oder nach dem Ausspannen mit der Säge abschneiden und versäubern.

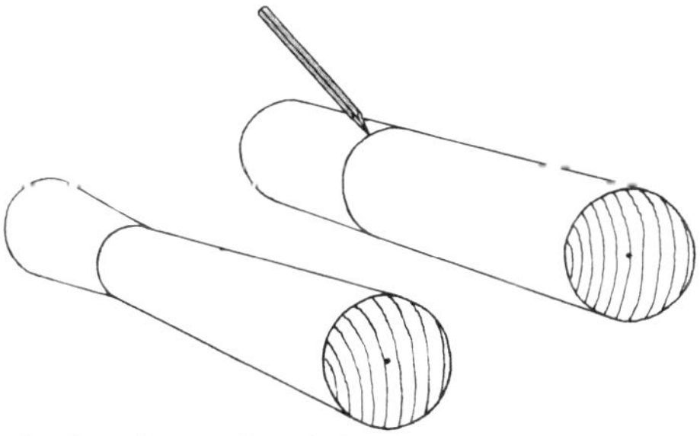

Drehstücke aus Langholz

Freidrehen von Langholz Soll an einem Stück Langholz auch die Hirnseite bearbeitet oder ausgehöhlt werden (Knopf, Dose), so wird das Stück nur einseitig in ein Futter eingespannt. Je nachdem, wo Sie drehen, muß dann die Auflage verstellt werden.

Das Drehen von Querholz Größere flache Rundstücke werden aus Querholz gedreht. Bei Gegenständen, bei denen sowieso eine mittlere Bohrung angebracht wird (Fußplatten), nimmt man das Schraubenfutter.

Arbeitsgang 1. Größe mit dem Zirkel auf einer entsprechend starken Bohle anzeichnen und roh aussägen. Festlegen der Mitte.

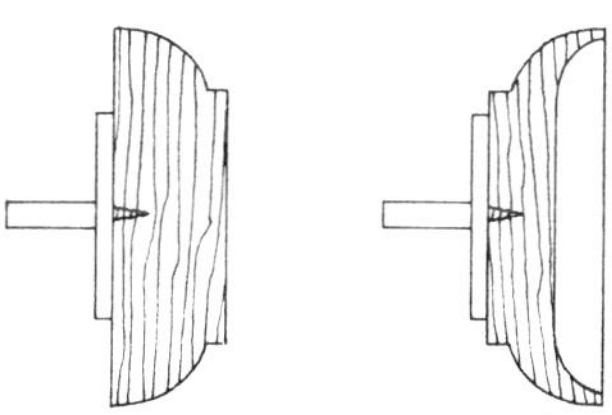

Befestigen einer Schale auf dem Schraubenfutter

2. Vorbohren und Aufschrauben der Rohform auf das Schraubenfutter (S. 103).
3. Genaues Einstellen der Auflage. Oftmals nachstellen.
4. Beim Drehen zunächst die Kanten brechen, dann Ausarbeiten der Unterseite.
5. Ausspannen des Werkstückes und umgekehrt wieder aufschrauben. Dann Drehen der Vorderseite. Da das drehende Holz an der Kante Langholz und Hirnholz zeigt, muß vorsichtig gearbeitet werden. Am besten nimmt man Eisen mit nur einer Fase. In der Mittelhöhe ansetzen. Das Eisen sollte ein möglichst langes Heft haben, damit man eine größere Haltekraft hat.

Soll im Werkstück keine Bohrung zu sehen sein, arbeitet man mit einer planeben gerichteten Zulagescheibe. Auf diese wird das Werkstück mit einer Papierzwischenlage aufgeleimt. Damit das Stück wieder abgeweicht werden kann, nimmt man Glutinleim. Nach Fertigstellung des Rükkens leimt man dort ein weiteres Zulagestück auf und markiert die Mitte bei eingespanntem Stück mit dem Körner. Dann vorbohren und umgekehrt einspannen. Ist das Drehstück sehr groß, so kann man es mit mehreren Schrauben auf der Planscheibe befestigen.

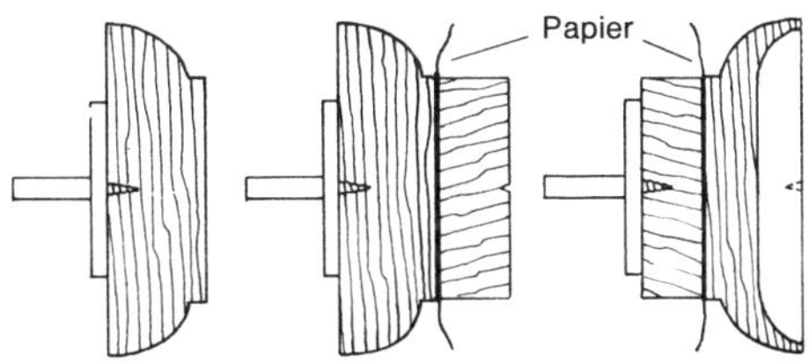

Einspannen mit Zulagescheibe

Nageln

Nageln sowie Nageln plus Leimen sind die beiden einfachsten Mittel, zwei Holzteile fest miteinander zu verbinden. Für den Handwerksmeister, der eine ganze Reihe erprobter Holzverbindungen beherrscht, gilt Nageln mit gewissem Recht als zweitrangige Technik. Für den Laien aber gilt: besser gut genagelt als schlecht geschraubt oder gezinkt.

Nägel und Drahtstifte Längst nicht alles, was der Laie als »Nagel« anspricht, wird auch vom Fachmann so benannt. Nur die beiden ersten in der folgenden Übersicht sind Nägel. Fast alle »Nägel« sind Drahtstifte, aus Stahldraht hergestellt, mit rundem Kopf und durchlaufend gleichstarkem Schaft. Außer Eisenstiften gibt es auch Stifte aus Messing, Kupfer und Leichtmetall, ferner solche, die aus Eisen bestehen, aber außen vermessingt, verkupfert, verzinkt oder mit einem anderen Schutzüberzug versehen sind. Für alle Nägel aus Nichteisenmetallen leicht vorbohren!

Maße Die Maße aller Stifte sind genormt. Nägel und Stifte werden in Paketen geliefert. Die Etiketten zeigen unter anderem zwei Zahlen, die Länge und Stärke angeben: Die erste zeigt die Stärke des

Etikett eines Nagelpakets

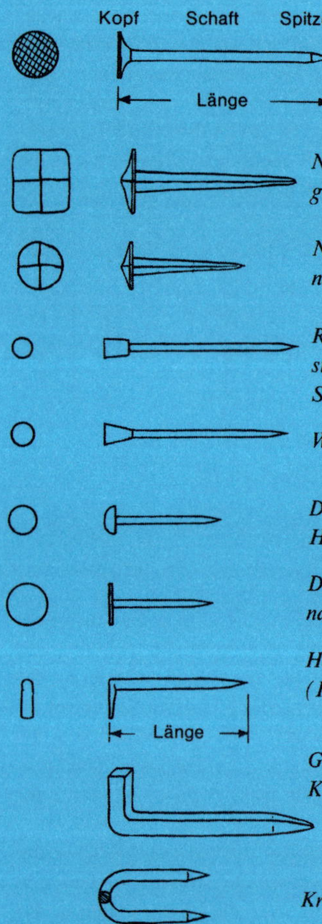

Draht-stift

Nagel, hand-geschmiedet

Nagel, maschi-nengefertigt

Runder Draht-stift mit Stauchkopf

Wagnerstift

Drahtstift mit Halbrundkopf

Dachpappen-nagel

Hakenstift (Rohrhaken)

Geschmiedeter Konsolhaken

Krampe

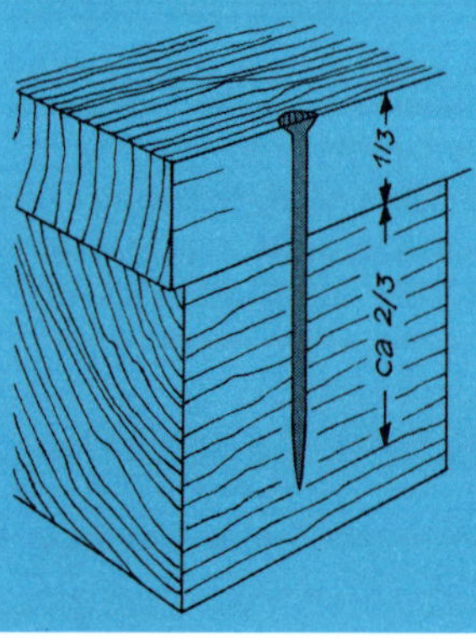

$^2/_3$ der Schaft-länge im unteren Holz

Nagelschaftes in Zehntel-Millimetern. Die zweite zeigt die Länge in Millimetern. »25/60« bedeutet: 2,5 mm stark, 60 mm lang. Die Etiketten sind je nach Art der Stifte verschieden gefärbt.

Nageltypen Die folgende Übersicht enthält die gebräuchlichen Nägel und Stifte. Der Fachmann kennt ihrer noch viel mehr.

Drahtstift, auch Schreinerstift genannt mit geriffeltem Senkkopf. Der Ausdruck »Senkkopf« bedeutet nicht, daß der Nagel gut versenkbar wäre; dazu ist der breite Kopf ungeeignet. Schaftquerschnitt rund oder quadratisch. Stärken 1,8 bis 9 mm · Längen 35 bis 310 mm.

Aufbewahrung Alle Nägel müssen vor Feuchtigkeit geschützt gelagert werden.

Nagelkasten Die einzelnen Sorten und Größen hält man getrennt in einem Nagelkasten. Die Fächer nicht tiefer als 3 cm sonst kann man aus den schmalen Fächern schlecht etwas herausgreifen. In die Fächer schüttet man nur eine gewisse Menge, der Rest wird im Paket belassen.

Die Pakete werden geschlossen verwahrt. An der Vorderseite wird ein »Sichtnagel« durchgesteckt.

Schraubgläser Eine praktische Art, Nägel, Schrauben und anderes Kleinzeug zu verwahren: Man nimmt Gläser mit Schraubdeckel – also Honig- oder Marmeladegläser – und schraubt die Deckel mit je zwei Schrauben fest an die Unterseite eines Fachbodens (Regalbretts). Die Gläser werden von unten aus- und eingeschraubt. Das ist übersichtlich und platzsparend.

Tips fürs Nageln Außer dem geeigneten Hammer brauchen wir den richtigen Nagel. Als Festmaß für die Länge gilt: etwa $^2/_3$ der Schaftlänge des Nagels sollen in das untere Holz eindringen. Für die Stärke merken wir uns vor allem, daß der Anfänger meist zu starke Nägel wählt. Der Nagel soll Halt geben, ohne das Holz zu sprengen.

Nägel nicht in Öl tauchen, das ergibt einen Ölfleck. Richtig vorbohren ist besser!

Abzwicken und Stauchen Beim Einschlagen eines Nagels in schwaches Holz besteht die Gefahr, daß die Nagelspitze das Holz aufsprengt. Dagegen gibt es die beiden im Bild gezeigten Abhilfen: Abzwicken der Nagelspitze mit der Zange oder Stauchen der Nagelspitze mit dem Hammer. Der abgestumpfte Nagel hat eine verminderte Keilwirkung.

Anreißen Eine sorgfältige Nagelung wird zunächst sauber angerissen. Die Nagellinie wird mit dem Streichmaß gezogen, die Nagellöcher werden in regelmäßigen Abständen mit dem Bleistift markiert. Der Streichmaßriß soll ganz locker und fein sein, damit keine Kerbe sichtbar bleibt!

Vorbohren Drahtstifte sind nicht sehr hart. Sie biegen sich um oder laufen quer. Bei hartem Holz soll man stets vorbohren. Ebenso immer an den Kanten eines Werkstückes, damit das Holz nicht aufplatzt. Gebohrt wird mit Spiralbohrern etwas schwächer als der Schaft des Nagels. Die Tiefe des Loches soll etwa $^2/_3$ der Schaftlänge betragen. Holz fest einspannen und genau gerade bohren, denn Spiralbohrer brechen leicht.

Weitere Tips Hammer immer am Stielende anfassen. Beim Nageln nicht auf den Hammer, sondern auf den Nagelkopf sehen, sonst ist Ihr Daumen der Leidtragende.

Kleine Stifte, die sich schlecht mit den Fingern halten lassen, steckt man durch ein Streifchen Karton, wie es die Abbildung zeigt, und schlägt sie dann mit einigen leichten Schlägen fest.

Bei breiteren Brettern zwei versetzte Reihen nageln.

Versetzt schräg nageln Der Halt einer Nagelreihe wird ganz wesentlich verstärkt, wenn man versetzt-schräg nagelt, wie es die Abbildung erläutert.

Rahmenecke Nie in der Gehrung nageln! Sonst gerät ein Nagel bei beiden Teilen auf die Außenecke. Das hält nie!

Arbeitsgang beim Nageln einer Kastenkante

1. Bretter aneinanderpassen, Sitz kontrollieren.
2. Nagellinie mit dem Streichmaß anreißen.
3. Nagellöcher mit dem Meterstab einteilen. Über die Verhältnisteilung S. 110f.
4. Brettstück fest auflegen, wenn irgend möglich festspannen (Hobelbank, Schraubzwinge). Will man »durchnageln« (darüber S. 122), durch Unterlegen für freien Raum unter der Nagelstelle sorgen.
5. Den ersten Nagel an einem Ende der Reihe, Heftnagel genannt, nur zu $^2/_3$ einschlagen, ebenso den Heftnagel am anderen Ende.
6. Jetzt erst nochmals die richtige Lage der zu verbindenden Teile nachprüfen. Stimmt sie nicht: Heftnagel heraus und nachrichten, dann Heftnagel wieder einschlagen.
7. Die übrigen Nägel – versetzt-schräg! – einschlagen, so daß sie noch ein wenig herausstehen.
8. Heftnagel eintreiben.
9. Alle Nägel mit passendem Senkstift ganz ein-

Abzwicken

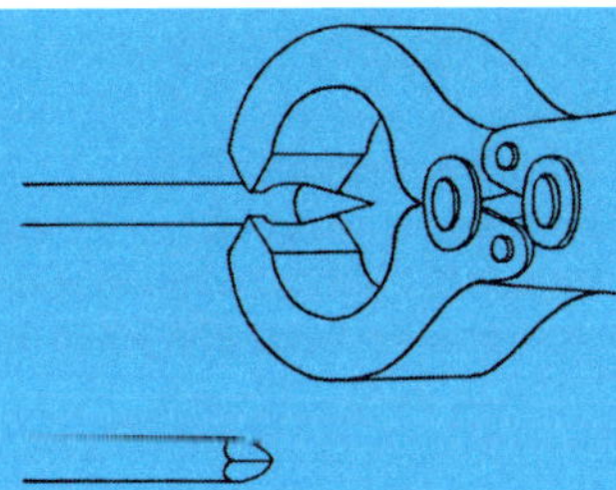

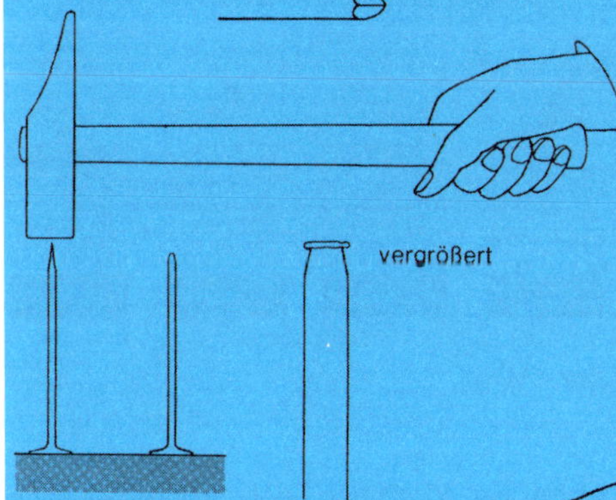

Stauchen der Nagelspitze

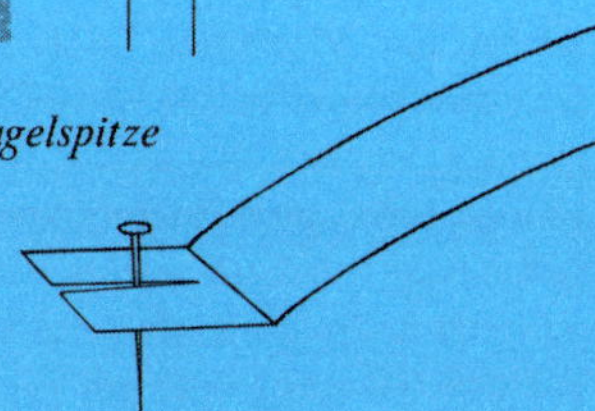

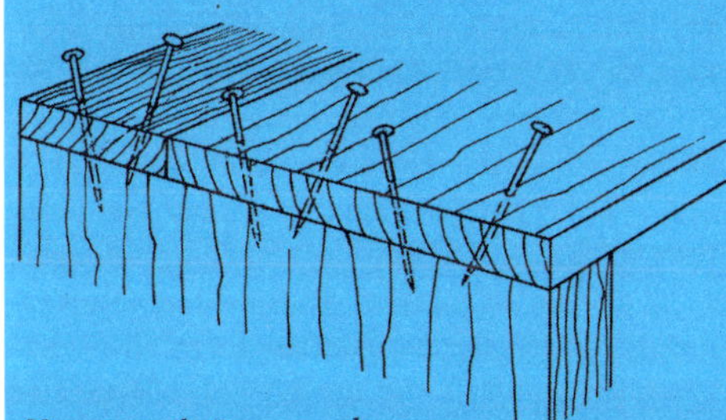

Versetzt schräg genagelt

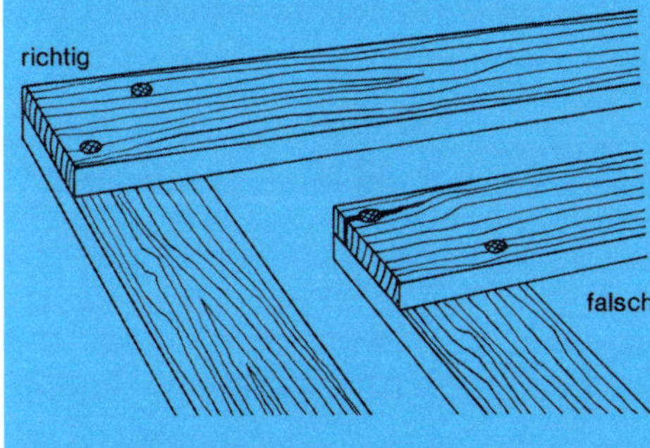

Genagelte Rahmenecke

treiben, bis etwa 2 bis 3 mm unter der Holzoberfläche.
10. Sauber verkitten.

Durchnageln Um die Verbindung besonders haltbar zu machen, wählt man die Nägel so lang, daß sie an der Rückseite hinausstehen und umgeschlagen werden können.

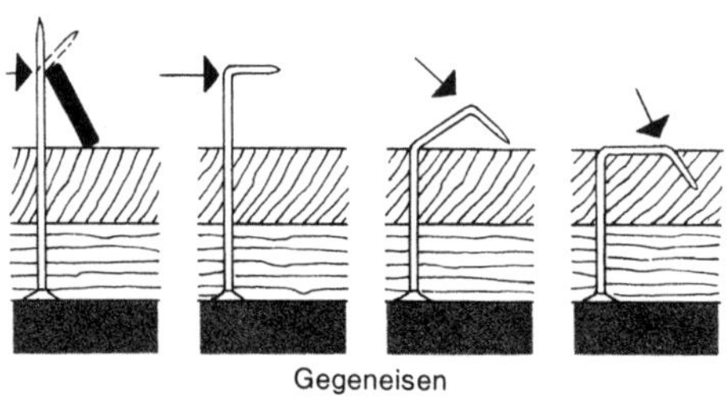

Durchnageln

Beim Umschlagen wird, wie das Bild zeigt, zunächst ein Flacheisen (Schraubenzieher, alte Dreikantfeile oder dgl. je nach Größe der Nägel) angelegt und das letzte Stück der hinausragenden Nagelspitze angewinkelt. Dann wird das ganze Nagelstück umgeschlagen, bis sich die Nagelspitze fest in das Holz einbeißt: dabei wird ein kräftiger Hammer oder ein Eisenstück zum Gegendruck unter den Nagelkopf gepreßt.

Die Nagelenden kann man entweder in der Richtung der Holzfaser umlegen: so lassen sich die Enden besser bis an oder unter die Holzoberfläche treiben, das Holz kann aber dabei springen. Werden die Nägel dagegen quer zur Richtung der Holzfasern umgelegt und eingeschlagen, so ist die Haftung besser, doch wird es kaum gelingen, die umgelegte Schaftlänge so weit hineinzuschlagen, daß sie mit der Holzoberfläche eine Ebene bildet.

Beinageln Ist ein Holzstück mit einer ebenen Fläche, auf der es steht, zu verbinden, so kann man beinageln. Wie das Bild zeigt, werden die Nägel dabei schräg eingetrieben. Man muß die Nägel hoch genug ansetzen, sie reißen sonst durch.

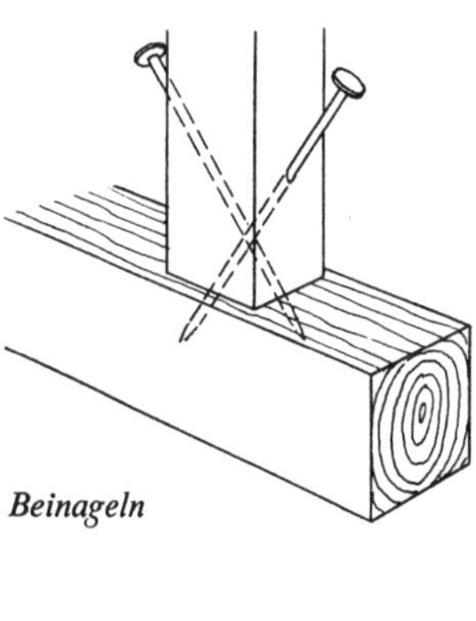

Beinageln

Nägel herausziehen Einen Nagel, der nicht versenkt ist, versucht man mit der Beißzange am Kopf zu packen. Wichtig ist, daß man dabei stets ein Stück Stahlblech – z. B. eine alte Ziehklinge – unter die Druckstelle der Zange legt. Sonst entstehen häßliche Druckstellen im Holz. Wenn sich der Kopf nicht packen läßt, insbesondere wenn er versenkt ist, muß man notgedrungen mit einem Stecheisen eine Kerbe freistechen. Vorsicht! Scharten!

Sind Brettstücke durch Nägel mit Stauchköpfen (Bild S. 120) zusammengenagelt, wird man nicht erst versuchen, sie mit der Zange zu fassen, sondern die Verbindung durch Auseinanderkeilen der beiden Holzteile sauber lösen. Geht das nicht, treibt man die Nägel, anstatt sie herauszuziehen, mit einem schlanken Versenkstift so tief wie möglich in das Holz hinein. Keilt man jetzt die Brettstücke vorsichtig auseinander, so werden die Nägel im unteren Holz steckenbleiben, die Köpfe sich durch das obere Holz hindurchziehen. Nach der Trennung zieht man die Nägel heraus.

Lösen einer durchgenagelten Verbindung Sind die Nägel auf der Rückseite umgeschlagen, müssen die Spitzen zuerst mit Schraubenzieher oder Spitzbohrer angehoben und mit der Zange aufgerichtet werden. Durch leichte Schläge kann man dann die Nägel etwas zurücktreiben und darauf entweder die Bretter auseinanderkeilen oder die Nägel vom Kopfende her herausziehen.

Schrauben

Die Schraubverbindung ist haltbarer als die Nagelung, trotzdem besser lösbar, unentbehrlich für Beschläge und Montageverbindungen.

Schraubenpakete Schrauben kauft man einzeln oder paketweise. Die Normalpakete enthalten 144 Stück. Das Etikett zeigt durch seine Farbe das Material an: Eisenschrauben = grün, Messingschrauben = gelb usw. Es zeigt ferner eine schematische Abbildung der Schraube.

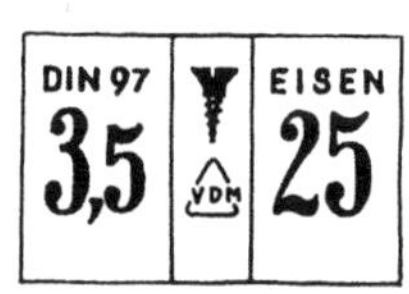

Die linke Zahl gibt die Stärke des Schraubenschafts an, die rechte Zahl nennt die Länge; beides in mm gemessen.

Schraubentypen Die folgende Übersicht enthält die wichtigsten Holzschrauben. Eine »Holzschraube« besteht nicht etwa aus Holz, sondern ist für Holz bestimmt.

Flachkopfschraube, Senkkopfschraube Der Kopf steht nicht über die Holzoberfläche vor, kann auch ganz versenkt werden. Diese Schraube wird am häufigsten verwendet. Stärken von 1,3 bis 10 mm · Längen von 5 bis 150 mm.

Zierkopfschraube Eine Flachkopfschraube, in deren Kopf ein Metallgewinde eingeschnitten ist. In dieses wird eine Zierdeckplatte eingeschraubt.

Schloßschraube, Schraubenbolzen Kennzeichnend ist der Vierkantansatz unterhalb des flachgewölbten Rundkopfes. Er verhindert, daß der Schaft sich beim Andrehen der Mutter mitdrehen kann.

Arbeitsgang bei Verschraubung 1. Schrauben nach Art, Stärke, Länge bestimmen, beschaffen bzw. auswählen, in benötigter Anzahl bereitlegen. Bei der Wahl der Schraubenlänge ist zu beachten, daß die Gewinde im Hirnholz schlechter haften als im Langholz. Für Hirnseiten deshalb etwas längere Schrauben nehmen und wenig vorbohren.

2. Schraubenzieher bereitlegen, richtige Größe durch Einpassen ausprobieren. Nicht passende Schraubenzieher werden die Schrauben und das Werkstück beschädigen.

3. Passenden Bohrer auswählen, im allgemeinen $^2/_3$ der Stärke der Schraube. Bei größeren Schrauben wird zweimal vorgebohrt, und zwar erst in genauer Schaftstärke für den Schaft, dann in $^2/_3$ der Gewindestärke für das Schraubengewinde.

4. Schraubenlinie mit Streichmaß anreißen, Abstände mit Metermaß einteilen – wie beim Nageln (S. 120).

5. Die Werkstücke mit Zwingen, evtl. durch einige Heftnägel, in passender Stellung zusammenfügen.

6. Bohrlöcher genau winkelrecht einbohren. Als Faustmaß für die Bohrtiefe gilt $^2/_3$ der Schraubenlänge. Bei Leichtmetallschrauben in Hartholz muß mehr, in Weichholz kann weniger vorgebohrt werden.

Ganz kleine Schraubenlöcher, besonders in Weichholz, werden lediglich mit dem Spitzbohrer etwas vorgeschlagen. Mit dem Spitzbohrer werden auch die Einstichlöcher der Schlangenbohrer genau fixiert.

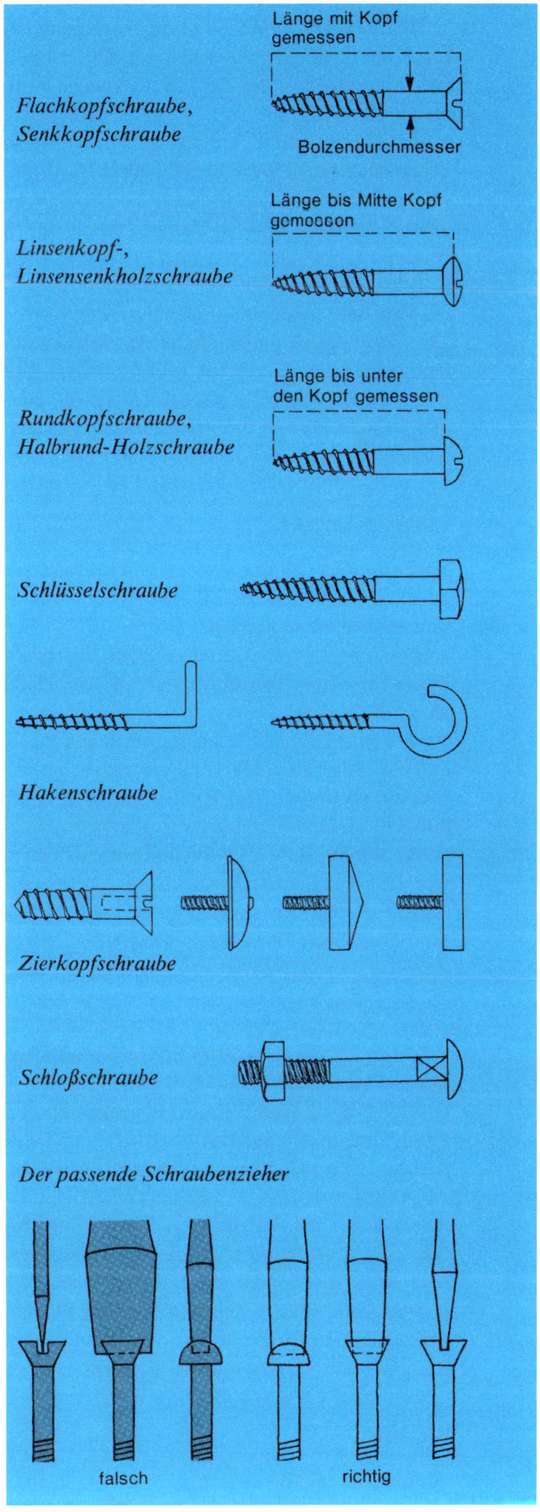

7. Bohrlöcher ausreiben, so weit, daß der Senkkopf nach kräftigem Anziehen mit dem Schraubenzieher knapp unter die Holzoberfläche kommen wird.
8. Schrauben durch Entlangziehen an einem Stück Wachs oder einer Paraffinkerze leicht einwachsen. Sie laufen dann besser und rosten weniger. Aber nicht einölen! Das gibt unschöne Ölflecke im Holz.
9. Schrauben einziehen.
10. Alle Schlitze in eine Flucht ausrichten.
11. Grate, die sich etwa am Schlitz des Schraubenkopfes beim Eindrehen gebildet haben, mit einer feinen Eisenfeile sauber entfernen. Derartige Grate können häßliche Verletzungen hervorrufen.

Leimen und Kleben

Voran drei Tips für den Einkauf von Klebstoffen:
1. Nicht mehr kaufen, als man in absehbarer Zeit zu verwenden gedenkt.
2. Zwischen Leimform und Leimart unterscheiden. »Tafelleim« bezeichnet nur die Form und nicht die Qualität.
3. Keine eigenen Mischungsexperimente! Gebrauchsfertige gute Markenleime kaufen.

Haltbarkeitsprobe Die Haltbarkeit prüft man auf sehr einfache Weise. Zwei gehobelte Holzstücke werden verleimt und vorschriftsmäßig getrocknet. Schlägt man die beiden Stücke auseinander, so muß bei einwandfreier Leimung die Holzfaser neben der Leimfuge reißen.

Die Klebstoffe

Wir unterscheiden drei Gruppen von Klebstoffen:
Leime im engeren Sinne. Es kommen zwei Arten in Frage: Glutinleime (Warmleime) und Kunstharzleime (Kaltleime);
Kleber, deren Hauptkennzeichen darin besteht, daß sie sofort haften;
Alleskleber, meist Zellulose-Lösungen, in Tuben fertig käuflich, für kleine Arbeiten, insbesondere auch Papierklebe- und Kittarbeiten. Der Umgang mit ihnen ist einfach; werden sie zum Holzkleben benutzt, sind die unten ausgeführten Richtlinien für Verleimung zu beachten.

Glutinleim

Glutinleime bestehen aus tierischen Abfallstoffen (Knochen, Leder u. dgl.). Die gute alte Leimtafel ist aus Glutinleim.

Vorzüge Billig · in trockenem Zustand beliebig lange aufzubewahren · leicht reparable Leimung · keine Verfärbung der Fugen · leicht zu verdünnen oder zu strecken · hohe Bindekraft · füllkräftig (leimt auch nicht völlig ebene Fugen).

Nachteile Nicht wasserfest und feuchtigkeitsfest, daher nur für Möbelbau. Nicht pilzfest. Vor allem: Man muß richtig mit ihm umgehen.

Zubereitung Der Leim wird in kaltem Wasser eingeweicht, bis er auch im innersten Kern biegsam, gallertartig ist. Die Einweichzeit hängt ab von der Form – eine Tafel braucht 6 bis 10 Stunden, Leimperlen 1 bis 2 Stunden –, aber auch von der Art des Leims. Gut ist die Leimsubstanz, wenn das Wasser nach dem Quellen noch ganz klar ist, die Form der Leimstücke zwar vergrößert, aber nicht verlaufen ist, und wenn der Leim weder säuerlich noch übel riecht. Keinesfalls zur Beschleunigung des Aufweichens warmes Wasser nehmen.

Nur so viel Leim zum Quellen ansetzen, wie zu verarbeiten ist.

Der gequollene Leim wird ohne weitere Wasserzugabe im Wasserbad durch Erhitzen bis auf 60° zerlassen und ist dann gebrauchsfertig. Keinesfalls mehr erhitzen oder gar kochen lassen! Glutinleim verliert seine Bindekraft, wenn er über 70° erhitzt wird. Glutinleim muß warm verarbeitet werden, daher der Name Warmleim.

Verarbeitungshinweise 1. Nur frischen Leim verwenden; alten, gesäuerten wegschütten.
2. Keine Eisengefäße und keine Pinsel mit Eisenzwinge verwenden; Eisen färbt den Leim schwarz.
3. Alle Leimflächen gut vorwärmen, natürlich ohne sie anbrennen zu lassen.
4. Die Leimbrühe – vom Fachmann »Flotte« genannt – fett- und seifenfrei halten.
5. Geleimte Teile ausreichend pressen, darüber unten.

Kunstharzleime

Alle Kunstharzleime kauft man gebrauchsfertig in kleinen Dosen; Gebrauchsanweisung verlangen und beachten.

Vorzüge Kunstharzleime haben einige erfreuliche Eigenschaften: wasserbeständig oder wasserfest (je nach Sorte) · unempfindlich gegen Gärung und Pilze · kalt zu verarbeiten, auch die Holzflächen brauchen nicht vorgewärmt zu werden (aber nicht bei Frost oder starker Kälte leimen!) · bequem zu handhaben, da streichfertig in der Dose.

Nachteile Bei einer Fehlleimung kann der Leim nicht wieder aufgelöst werden. Manche Kunstharzleime, z. B. Kauritleim, verlangen einen besonderen Härtezusatz, durch den der Leim erst abbindefähig wird. Kauritleim verlangt ferner genaueste Paßfugen und vorschriftsmäßige Leimgabe. Für exakte und erfahrene Arbeiter.

Trotz dieser Nachteile wird der Laie für viele Verwendungszwecke die Kunstharzleime wegen ihrer einfacheren Handhabung bevorzugen.

Allgemeines für Verleimungen

Für alle Verleimungen gilt: Nur trockenes Holz und glattgehobelte, dichte Fugen leimen einwandfrei. Pinsel und Gefäße gut und so bald wie möglich reinigen. Leimgut und Leim fettfrei halten. Nur bei Zimmertemperatur verleimen. Nie verschiedene Leime mischen. Alte Leimreste sind von den Holzteilen zu entfernen.

Pressen und Abbinden Alle Leimungen verlangen bis zum völligen Abbinden Druck. Die erforderliche Preßzeit schwankt je nach Leim zwischen Minuten und vielen Stunden. Es ist eine Eigenheit eiliger Anfänger, daß sie Leimteile zu früh aus der Pressung nehmen, so daß die Fuge bei der Weiterbehandlung wieder aufgeht. Größere Leimungen soll man immer über Nacht stehenlassen.

Wird die geleimte Stelle gleich nach dem Leimen zusätzlich genagelt oder verschraubt, ist kein weiteres Einspannen zur Pressung erforderlich. In allen übrigen Fällen brauchen wir eine Vorrichtung zum Einspannen, und es ist nötig, daß man diese vor dem Leimen ausprobiert. Es gehört oft Findigkeit dazu, das Spannzeug wirksam anzusetzen.

Für normale Werkstücke nimmt man zum Pressen die üblichen Zwingen und Knechte (S. 105). Für leichtere Arbeiten, z. B. Verleimen von Gehrungen bei Bilderrahmen, nimmt man Spannringe, Spannklammern. Beim Modellbau genügt manchmal ein Gummiring.

Für größere Arbeiten, z. B. Zusammenleimen größerer Flächen aus mehreren Brettern, lohnt es sich kaum, entsprechende Schraubknechte zu kaufen. Man baut sich eine Einspannvorrichtung, die mit Hilfe von Holzkeilen den nötigen Druck erzeugt. Auf zwei genügend lange Bretter schrauben Sie auf jeder Seite einen Holzklotz. Der Abstand der Halteklötze auf jedem Brett muß so viel größer sein als das Werkstück, daß Sie auf einer oder auf beiden Seiten die Keile einklemmen können. Sollten Sie zuviel Luft gelassen haben, so können Sie den Zwischenraum mit einem Beilageholz ausfüllen – was noch den Vorteil hat, daß Sie beim Eintreiben der Keile die Werkstückkante nicht beschädigen.

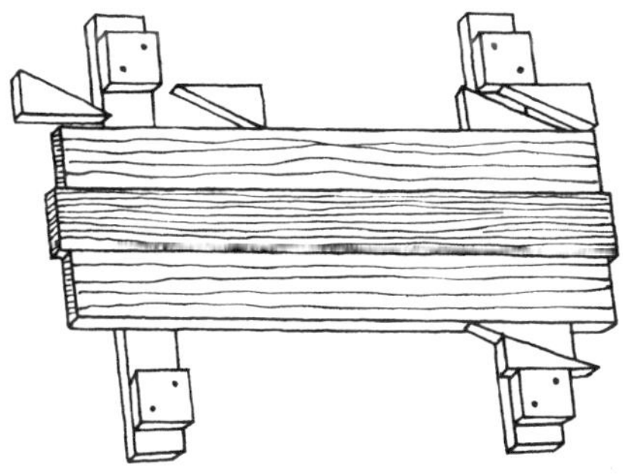

Spannvorrichtung mit Keilen

Etwas schwieriger herzustellen, dafür aber immer wieder zu verwenden, ist eine verstellbare Spannvorrichtung aus zwei vorgebohrten Holzleisten, die durch zwei starke Mutterschrauben zusammengehalten werden. Man legt die zu verleimenden Bretter zwischen die Leisten und schraubt zusammen. Wir benötigen außerdem Zulagebrettchen und Keile, die zwischen die Schraubenbolzen und das Werkstück geklemmt werden, wie es die Abbildung zeigt.

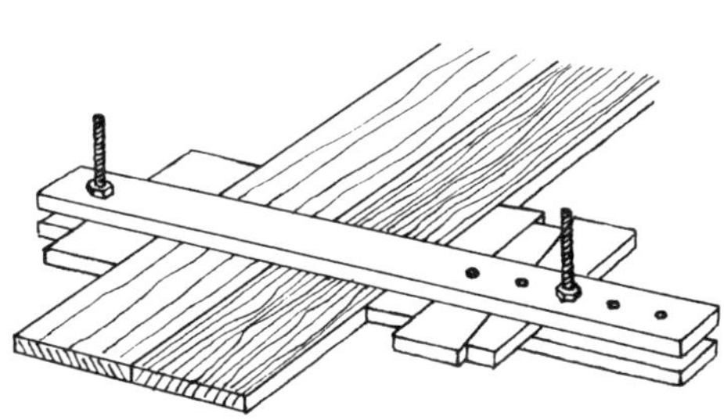

Bei jedem Ansetzen von Preßwerkzeug ein sauberes Holzklötzchen als »Zulage« zwischen Holzfläche und Spanngerät legen, um Druckstellen zu vermeiden. Spanngerät niemals gewaltsam zudrehen. Ist die Fuge ungenau gearbeitet oder schlecht geleimt oder ist das Spannwerkzeug falsch angesetzt, würde auch der Druck einer hydraulischen Presse nichts nützen.

Kleber

Die Schwierigkeiten beim Leimen liegen für den Laien beim Erwärmen des Leims und beim Pressen der Werkstücke. Außerdem ergibt sich oft die Notwendigkeit, verschiedene Materialien – Holz, Kunststoffe, Glas, Metall – miteinander zu verbinden, was mit Leim nicht möglich ist. Zusammen mit der stürmischen Entwicklung der Kunststoffe wurden in den letzten Jahren aus denselben Grundstoffen Kleber geschaffen, die diese Schwierigkeiten überwinden. Heute steht fast für jede Aufgabe ein entsprechender Klebstoff zur Verfügung. Fragen Sie bitte im Fachgeschäft, welcher Kleber für Ihre Aufgabe der richtige ist. Im Kunststoff-Teil S. 496 finden Sie außerdem eine tabellarische Übersicht hierzu.

Vorteile Kein Erwärmen, kein Pressen der Werkstücke. Kurze Abbindezeit.

Nachteile Kein Nachziehen und Verschieben möglich, klebt sofort. Verhältnismäßig teuer. Oft feuergefährlich.

Gebrauchsanweisung Ähnliche Arbeitsweise wie beim Flicken eines Fahrradschlauches mit Gummilösung.

1. Beide zu klebende Flächen mittels einer Kammspachtel mit Kleber bestreichen.
2. Abwarten, bis der Aufstrich angetrocknet ist. Länge der Wartezeit siehe Gebrauchsanweisung. Nicht berühren, kein Staub.
3. Flächen genau in richtiger Lage, zunächst mit einer Kante, anlegen und dann aufeinanderpressen.
4. Flächen mit mäßigem Druck überreiben (Bügeleisen), so daß keine Luftblasen entstehen können.

Damit ist das Verkleben fertig. Zum völligen Abbinden braucht der Kleber zwar noch einige Zeit, aber die geklebten Werkstücke können schon bald weiterverarbeitet werden. Auch hier ist die Gebrauchsanweisung zu beachten.

Viele Aufgaben, die der Laie aus Mangel an Ausrüstung früher nicht lösen konnte, sind heute durch die Kleber lösbar geworden (z. B. Furnieren, S. 142 ff.). Vorsicht! An einem Musterstückchen feststellen, ob der Kleber das Holz verfärbt.

5 Feste Holzverbindungen des Schreiners und des Zimmermanns

Holzverbindungen des Schreiners

Die wichtigste Aufgabe bei der Holzbearbeitung besteht im Zusammenfügen der einzelnen Bretter, Leisten und Flächen zu Rahmen, Gestellen, Kästen usw. Für Schreinerarbeiten nimmt man in der Hauptsache Leim. Es versteht sich, daß die Verbindung um so fester ist, je größer die Flächen sind, die miteinander verleimt werden. Diese Überlegung führt zu einer Reihe verschiedener Holzverbindungen, die man durch Nageln oder Schrauben zusätzlich stabiler machen kann.

Niemand wird hoffentlich auf den Gedanken kommen, eine Holzverbindung an einem kostbaren Werkstück erstmalig auszuprobieren! Selbstverständlich müssen Sie jede Verbindung zunächst zur Übung an einem Probestück aus Abfallholz ausführen. Sie werden selbst bemerken, daß einige Arten beträchtliches handwerkliches Geschick erfordern.

Rahmenverbindung stumpf gestoßen Nicht sehr haltbar, auch durch Nageln kaum zu festigen (gedübelt S. 130). Sitzt der stumpfe Stoß nicht an der Ecke, so kann er durch Beinageln haltbarer gemacht werden (ähnlich wie bei der Gehrung S. 127).

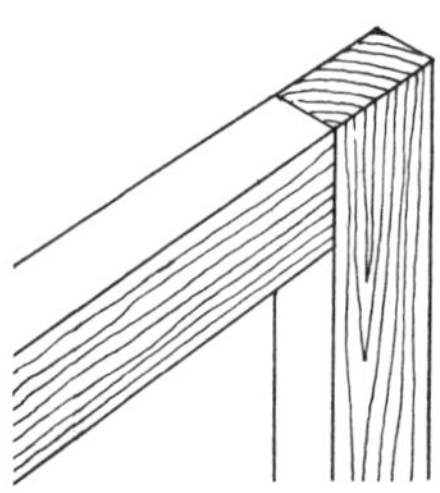

Rahmen stumpf gestoßen

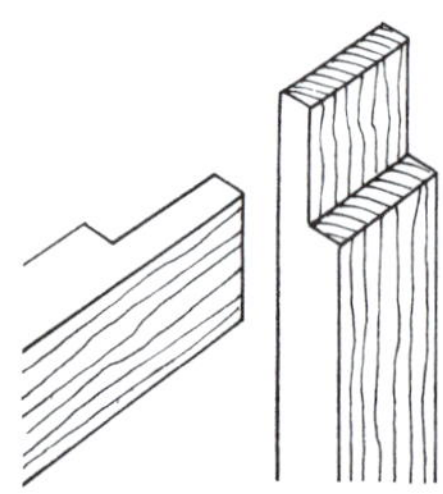

Rahmenecke überplattet

Überplattung an der Ecke Von beiden Holzteilen wird die Hälfte der Stärke weggenommen, »abgesetzt«. Die Verbindung ist ganz einfach, wird aber mit Sicherheit schief, wenn Sie nicht haargenau am Riß sägen.

Überplattung in der Mitte Ähnlich wie an der Ecke. Das Ausstemmen ist jedoch schwieriger.

Schlitz und Zapfen Eine der häufigsten Verbindungen. Im Bild unten eine »zusammengeschlitzte« Eckverbindung.

Stemmloch Diese Verbindung dient u.a. zum Verbinden von Füßen und Stegen bei Möbeln. Hier kann man den Schlitz für den Zapfen nicht sägen, sondern muß bohren und stemmen.

Durch Verdübeln oder Verkeilen können diese Verbindungen noch haltbarer gemacht werden.

Überschobene Schlitz-Zapfen-Verbindung Selten verwendet, manchmal aus Schönheitsgründen. Ebenfalls aus Schönheitsgründen wird oft statt einer Überplattung die Ecke auf Gehrung gearbeitet.

Zurückgesetzter Zapfen Bei manchen Arbeiten werden aus Schönheitsgründen der Schlitz und das Stemmloch nicht voll durchgeführt. Der Zapfen ist dadurch nicht sichtbar. Viel gebraucht bei Tischeckverbindungen. Schwierig!

Stumpfe Gehrung Diese sehr einfache Verbindung kennen Sie vom Bilderrahmen her.

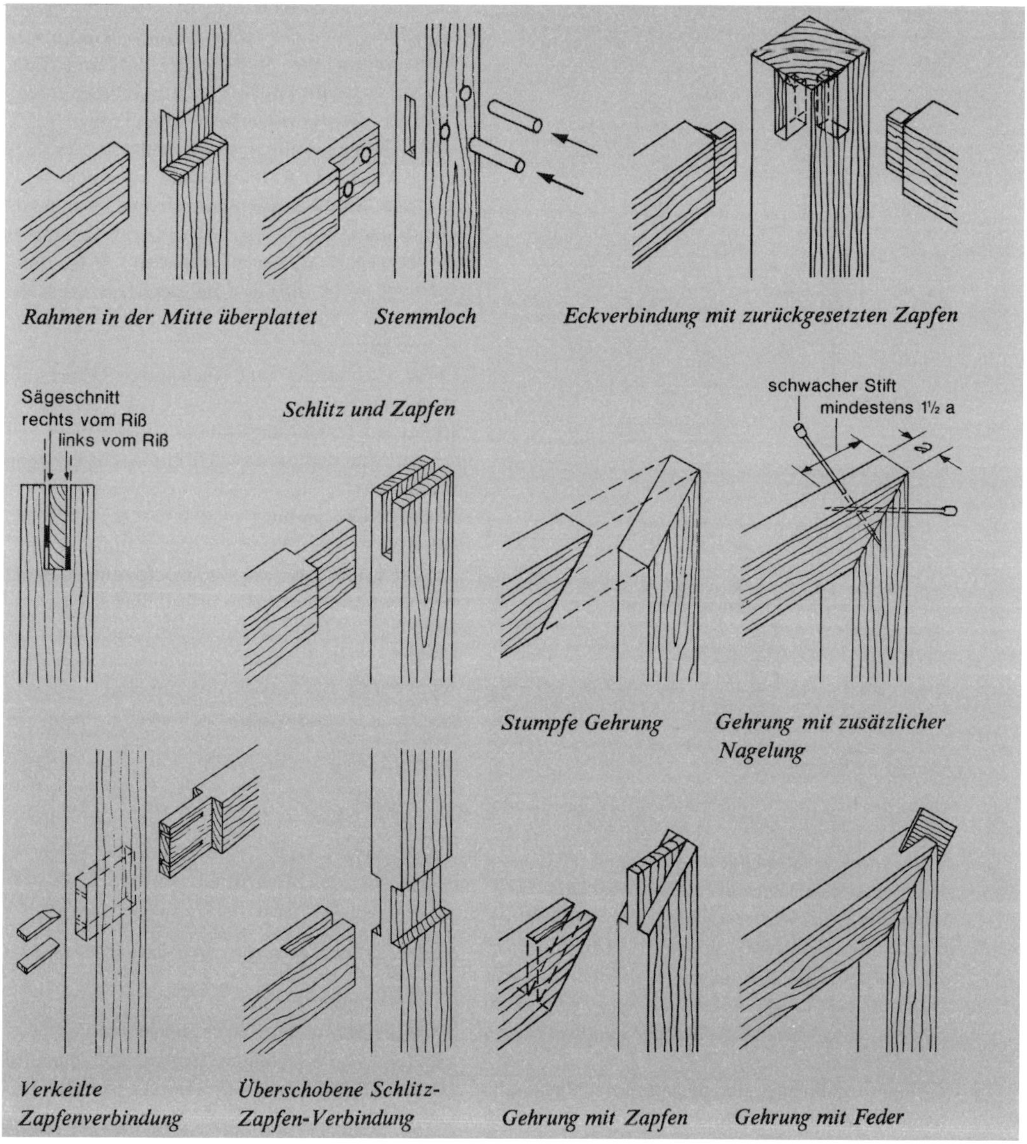

Rahmen in der Mitte überplattet — *Stemmloch* — *Eckverbindung mit zurückgesetzten Zapfen*

Schlitz und Zapfen — *Stumpfe Gehrung* — *Gehrung mit zusätzlicher Nagelung*

Verkeilte Zapfenverbindung — *Überschobene Schlitz-Zapfen-Verbindung* — *Gehrung mit Zapfen* — *Gehrung mit Feder*

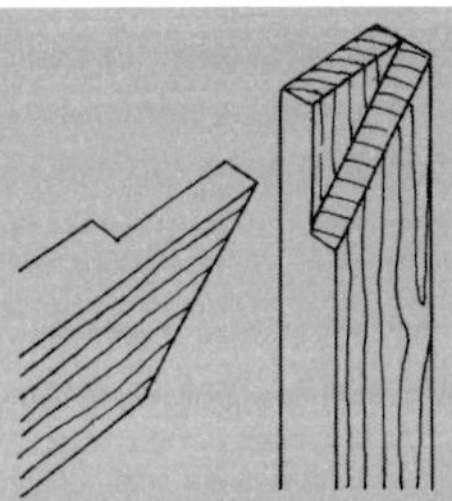

Überplattung auf Gehrung

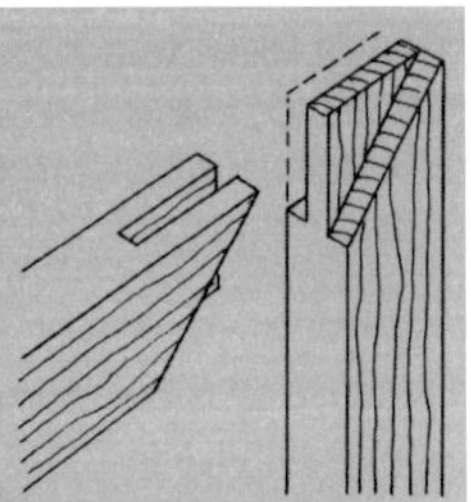

Auf Gehrung geschlitzt

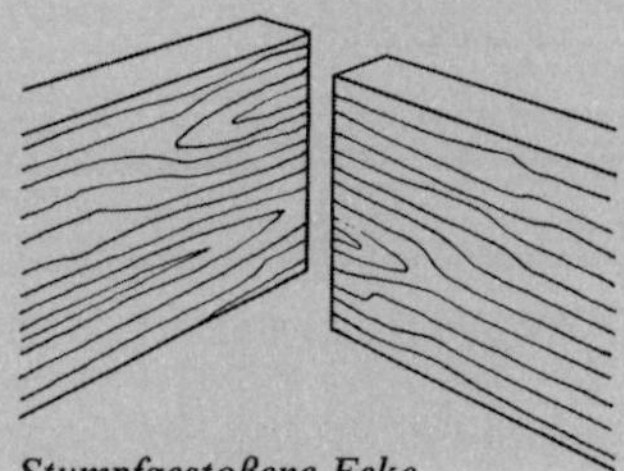

Stumpfgestoßene Ecke

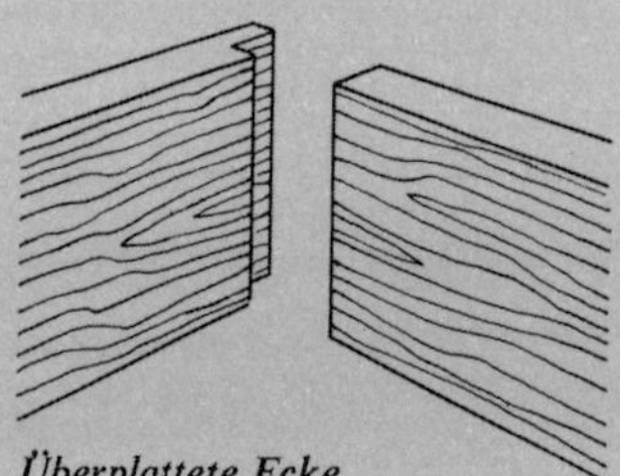

Überplattete Ecke

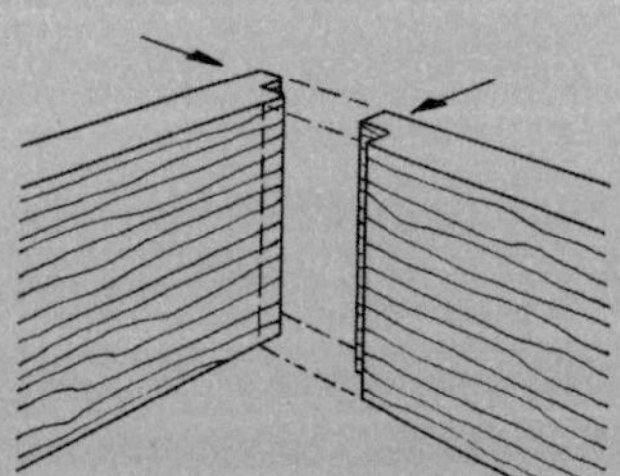

Doppelte Überplattung

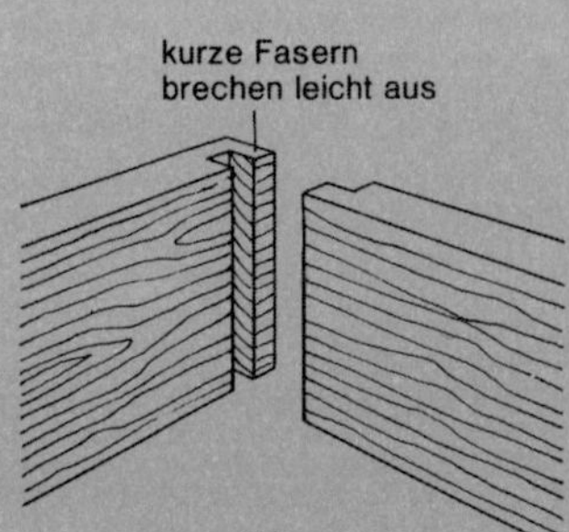

Zusammengefälzte Ecke

Die beiden Holzteile werden in passendem Winkel »stumpf zusammengeschnitten« (genau anreißen – genau am Riß sägen!); dann auf einem untergelegten Stück Papier fest zusammengeleimt. Nicht sehr haltbar.

Mit zusätzlicher Nagelung Da Hirnholz schlecht leimt, wird die einfach stumpf geleimte Gehrung nicht gut halten. Man kann sie zusätzlich nageln.

Mit Feder Ein eleganterer Weg, die Haltbarkeit zu verbessern, besteht im Einsetzen einer »Feder«. Die Ecke muß zuerst geleimt sein. Dann wird sie gut eingespannt und mit der Säge eingeschnitten. Die Feder wird eingeleimt; nach dem Trocknen schneidet man die herausstehenden Teile mit der Feinsäge weg und schleift glatt. Größere Rahmenecken können auch schräg gedübelt werden. Nur bei Maschineneinspannung möglich!

Auf Gehrung geschlitzt oder überplattet Verbindungen, die dem Anfänger nicht anzuraten sind. Wer eine Kleinkreissäge hat, wird sie leichter zustande bringen.

Kastenverbindung stumpf gestoßen Diese Verbindung ist bei Brettern haltbarer als bei Rahmenleisten. Auf alle Fälle zusätzlich nageln oder schrauben!

Diese Verbindung kann auch durch Dübel verstärkt werden.

Einfache Überplattung Etwas, jedoch nicht viel besser. Man sieht weniger Hirnholz. Nageln oder schrauben!

Doppelte Überplattung Kann von beiden Seiten genagelt werden. Maschinenverbindung.

Zusammengefälzte Ecke Eine typische Maschinenverbindung, zur Handarbeit kaum zu empfehlen.

Einfache Nutverbindung Ähnlich setzt man Zwischenwände und Zwischenbretter ein.

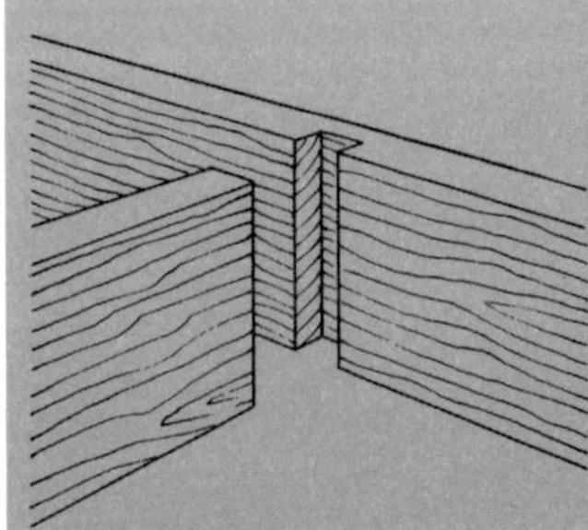

Einfache Nutverbindung

Abgesetzte Nutverbindung Eine saubere und unauffällige Verbindung. Noch schwieriger als die vorhergehende. Von vorn nicht zu sehen.

Das Zinken Die haltbarsten und vornehmsten Eckverbindungen sind die Zinkungen. Sie verlangen viel Denkarbeit (wo muß ich sägen ?) und sehr exaktes Arbeiten. Vorher an einem Muster üben.

Gezinkte Ecke Diese Holzverbindung besteht aus »Zinken« und »Schwalbenschwänzen«.
An den genau winkelrecht bearbeiteten Kanten der zueinandergehörigen Bretter reißt man die gegenseitigen Brettstärken sauber an. Dann reißt man die Schwalbenschwänze nach untenstehendem Schema auf. Die Zinken werden schmaler als die Schwalbenschwänze. Nun werden nach der Zeichnung zunächst die Zinken angerissen, eingesägt und ausgestemmt (S. 115).
Die fertigen Zinken werden senkrecht auf das Gegenbrett gesetzt und mit dem Spitzbohrer angerissen. Die Schwalbenschwänze werden jetzt ebenso wie die Zinken ausgearbeitet. Beim Zusammenfügen zeigt sich, ob Sie genau gearbeitet haben. Lieber etwas zu knapp als zu weit!

Halbverdeckte Zinkung Wenn Sie die Schublade Ihres Schreibtisches aufziehen, so finden Sie wahrscheinlich, daß Seitenteil und Vorderstück der Schublade auf diese Weise verbunden sind.

Verdeckte Zinkung Die sorgfältigste Eckverbindung; von außen ganz unsichtbar. Übungsstück für Gesellenprüfung!

Fingerzinken Dies ist die einfachste Zinkung. Sie wird hauptsächlich maschinell hergestellt. Nicht so haltbar wie die Schwalbenschwanzzinkung.

Doppelzapfenverbindung Ähnlich wie die Fingerzinken, gute Verbindung von Zwischenbrettern. Sorgfältige Arbeit erforderlich.

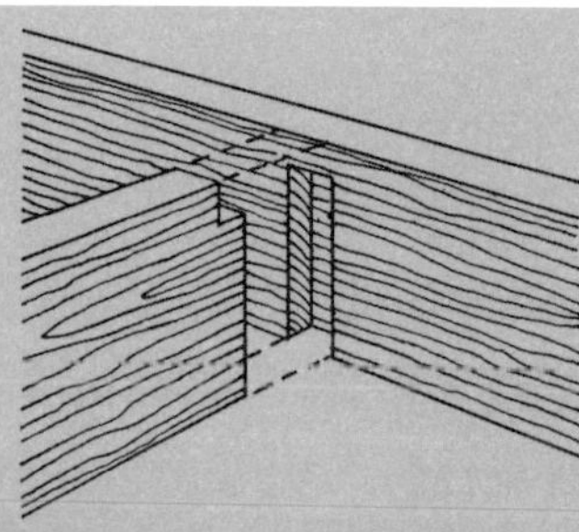

Abgesetzte Nutverbindung

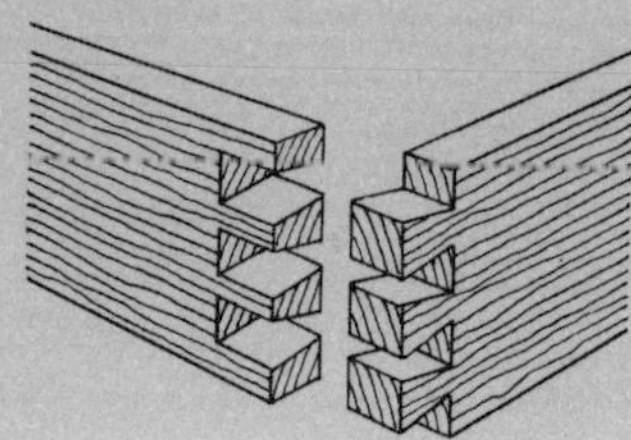

Gezinkte Ecke

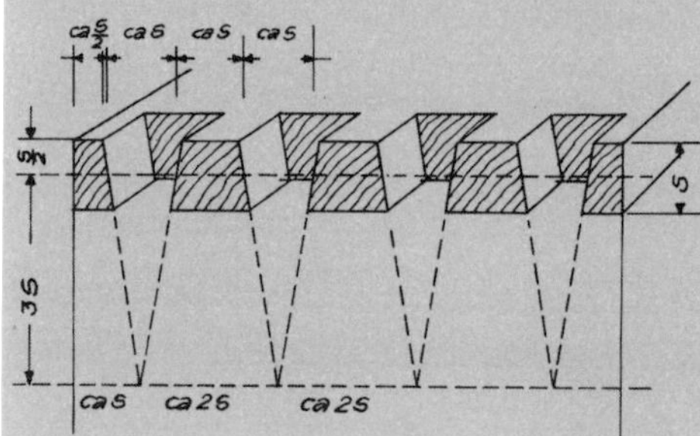

Konstruktion der Zinken

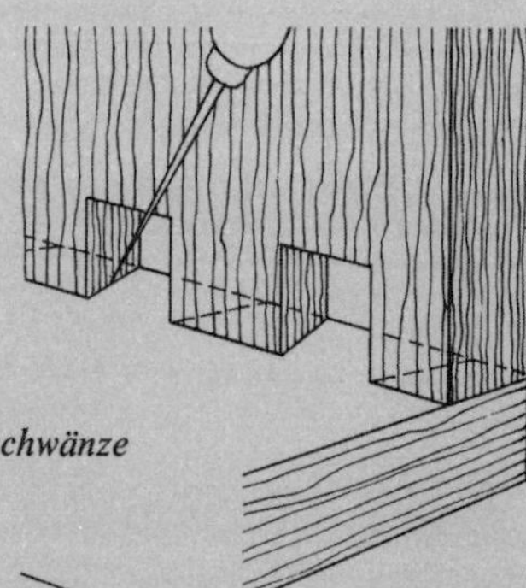

Anreißen der Schwalbenschwänze

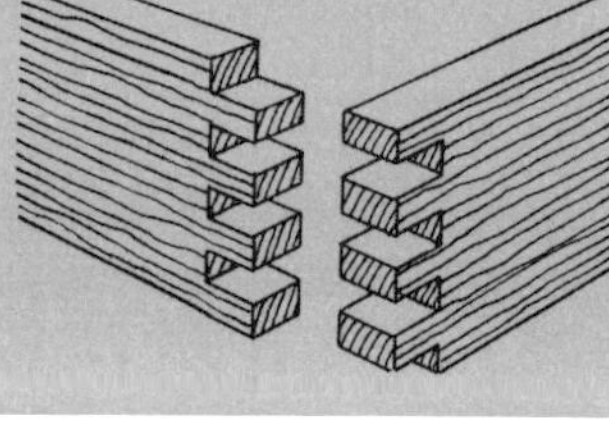

Fingerzinken

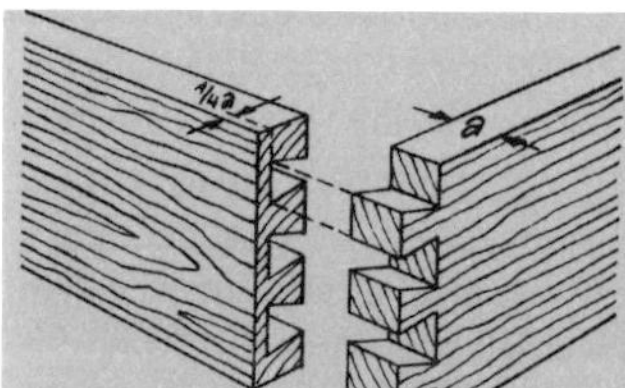

Halbverdeckte Zinkung

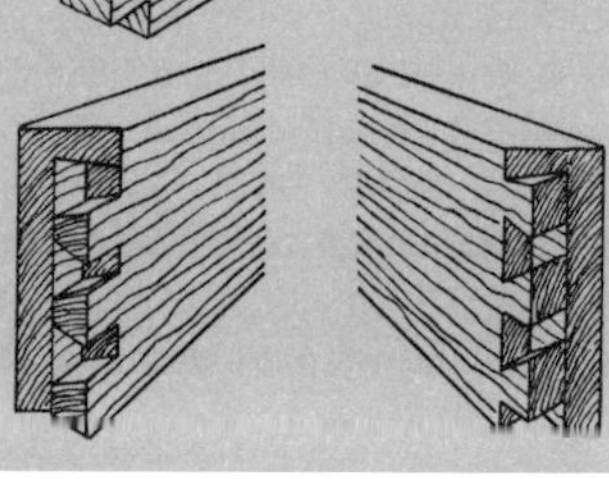

Verdeckte Zinkung (Gehrungszinken)

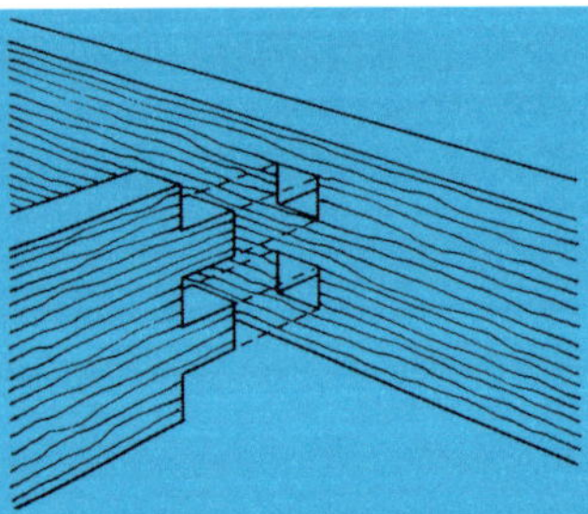

Doppelzapfenverbindung

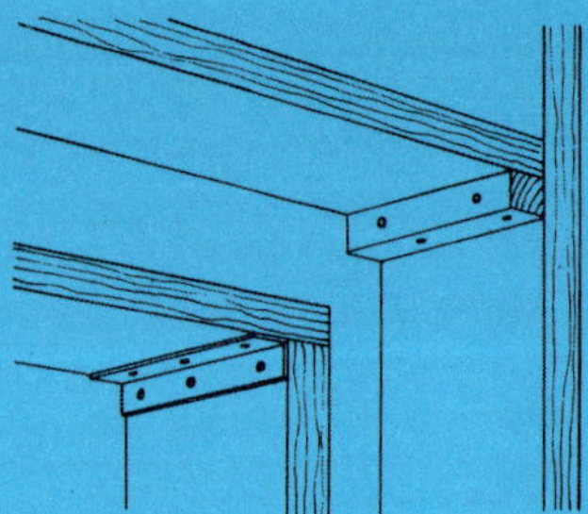

Eckenverstärkungen

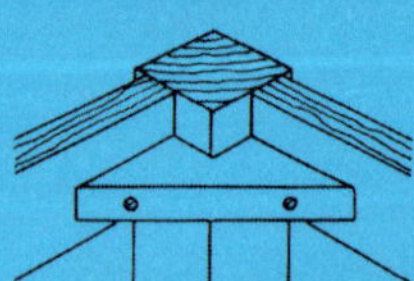

Eckenverbinder

Versteifung von Tisch- und Stuhl-Ecken

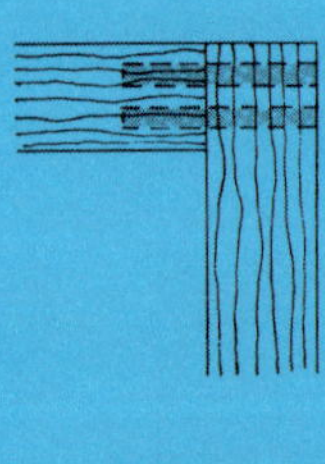

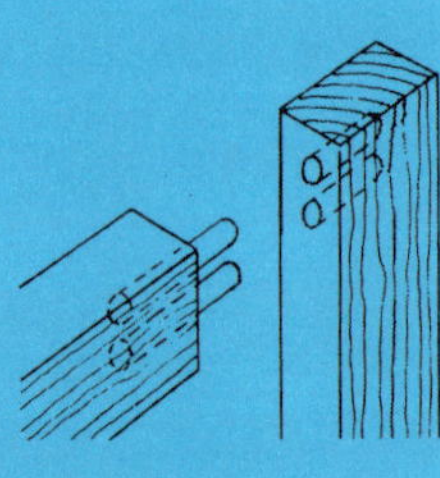

Durchgedübelte Ecke *Zusammengedübelte Ecke*

Eckenverstärkungen Durch Anordnung von Beilagen kann man die Leim- und die Schraubfläche vergrößern. Stark beanspruchte Ecken kann man auch durch das Einschrauben von Metallwinkeln versteifen. Für Tisch- und Stuhlbeine gibt es spezielle Eckenverbinder.

Vom Dübeln

Ohne Metall kann man zwei Holzteile sauber und dauerhaft mit eingeleimten Dübeln verbinden. Holzdübel sind Langholzstäbe von rundem Querschnitt. Man kann Dübel kaufen in bestimmten Längen oder als Dübelstangen in verschiedenen Stärken, von denen man die benötigte Länge jeweils selbst herunterschneidet.

Stärken Die Dübelstangen haben Durchmesser von 3 bis etwa 20 mm. Gewöhnlich wird man Dübel von 6, 10 oder 14 mm Durchmesser verarbeiten. Die Dübelstangen bestehen aus Buchenholz. Weichholz ist nicht verwendbar.

Quelldübel Praktisch sind Quelldübel. Sie werden bei der Herstellung stark gepreßt. Im Bohrloch quellen sie unter der Feuchtigkeit des Leims wieder auf. Auch in einem zu großen Bohrloch sitzen sie nach dem Aufquellen sehr fest.

Durchdübeln und Zusammendübeln Wird eines der beiden zu verbindenden Werkstücke von außen durchgebohrt, so spricht man von »Durchdübeln«, dagegen von »Zusammendübeln«, wenn die Dübelung von außen unsichtbar bleibt.

Durchgedübelte Eckverbindung 1. Die beiden Holzteile in ihrer endgültigen Lage fest zusammenspannen (Zwingen, Heftnägel).

2. Dübelmittelpunkt sauber anreißen (Winkelhaken und Streichmaß).

3. Bohrpunkt mit Spitzbohrer markieren, genau dort mit Schlangenbohrer von der Stärke des Dübels einsetzen. Bohrrichtung genau einhalten. Dazu gehören Augenmaß und etwas Übung. Tiefe des Bohrloches durch Tiefensteller, Bohrmanschette oder Nachprüfen mit Stift einhalten. Beide Holzteile werden gemeinsam gebohrt.

4. Bohrspäne aus dem Loch sorgfältig entfernen.

5. Nicht zu dickflüssigen Leim in das Dübelloch geben. Dübel einschlagen, bis er aufsitzt. Rechtzeitig aufhören! Zuviel Leim sprengt das Langholz, oder er spritzt unter hohem Druck heraus.

6. Wenn der Leim trocken ist, etwa überstehendes Dübelstück mit Feinsäge absägen und sauber verschleifen.

Zusammendübeln Dübelung, die von außen unsichtbar bleibt. Dies ist viel schwerer. Die Werkteile müssen getrennt gebohrt werden.

1. Brettflächen mit Winkelzeichen (S. 110) nach außen zusammenspannen. Mit Streichmaß, Winkelhaken und Spitzbohrer die Kreuzpunkte für die Mitte der Dübellöcher markieren.
2. Dübellöcher mit Bohrwinde genau senkrecht einbohren. In Längsholz Tiefe nicht über 2 Dübeldurchmesser, bei 10-mm-Dübel also nicht über 20 mm. In Hirnholz tiefer dübeln – bis 4 Dübeldurchmesser.

Mit Streichmaß und Winkelhaken werden die Dübellöcher markiert

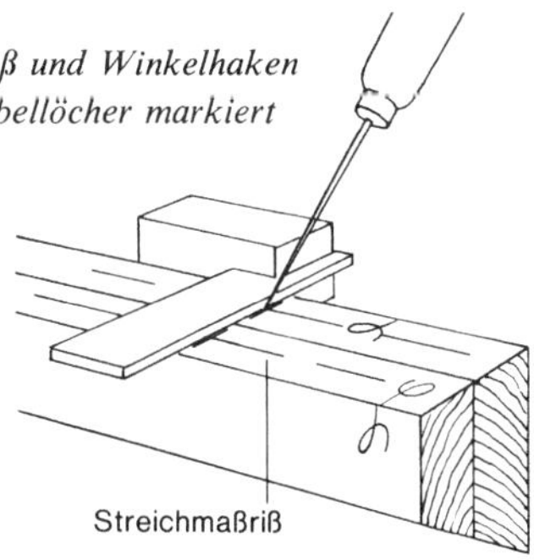

3. Ränder der Dübellöcher mit Ausreiber etwas ausreiben, damit Holzfasern oder Leimteilchen Platz haben und die Fuge gut dicht werden kann.
4. Dübel von Länge schneiden: 2 mm kürzer als die Tiefe der Bohrlöcher zusammen. Die Dübel dürfen auf keinen Fall zu lang sein, sonst schließt die Fuge nicht!
5. Dübel einsetzen wie oben. Unter Pressung trocknen lassen.

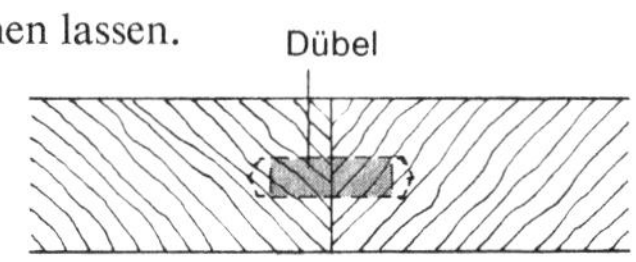

Zusammengedübelte Bretter. Dübel bleiben von außen unsichtbar

Markieren der Dübellöcher durch Furnierstift Beim Zusammenfügen von Möbelstücken wird häufig ein einfaches Zusammenspannen nicht möglich sein. Man verfährt dann wie folgt:

1. Dübelpunkte an einem Werkteil vorreißen. In jedem Dübelpunkt ein kleines Stiftchen (Furnierstift) einschlagen und so abzwicken, daß es etwa 2 mm vorsteht.
2. Werkteil mit Stiftchen auf das Gegenstück passend aufsetzen. Ein leichter Hammerschlag treibt die Stiftchen in das gegenüberliegende Brett und markiert die dortigen Dübelpunkte.
3. Stiftchen herausziehen. Dübellöcher ausbohren. Weiteres Verfahren wie oben.

Bohrschablone Da bei vielen Werkstücken, die zusammengedübelt werden, die gleiche Dübelarbeit mehrfach vorkommen kann, baut man sich in diesem Fall eine Bohrschablone aus Hartholz. Mit ihrer Hilfe können viele Ungenauigkeiten vermieden werden. Sie wird mit ihrem Anschlag an das Werkstück geklemmt und führt in ihren Bohrlöchern den Bohrer genau. Bohrlöcher mit Wachs oder Talkum glätten.

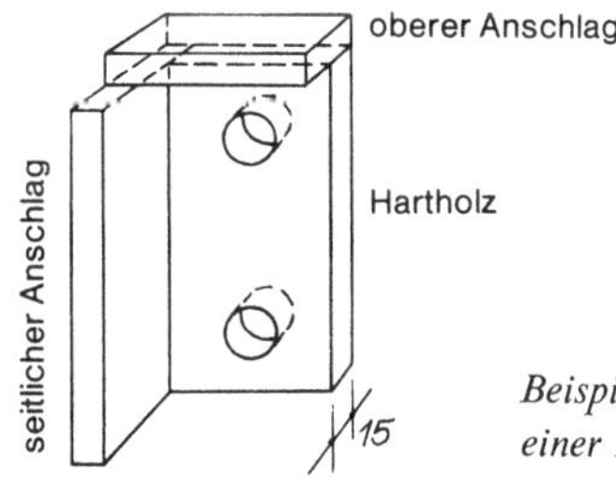

Beispiel einer Bohrschablone

Nut und Feder Wenn Sie eine Tischkreissäge haben, mit der Sie die Nuten schneiden können, dann ist eine Nut- und Feder-Verbindung einfach und gut herzustellen. Die Feder muß in der Dicke genau in die Nuten passen, in der Breite ist die Feder ca. 3 mm schmaler.

Dübel und Federn sind auch mit einseitiger Verleimung möglich. Dadurch gut lösbare Verbindung.

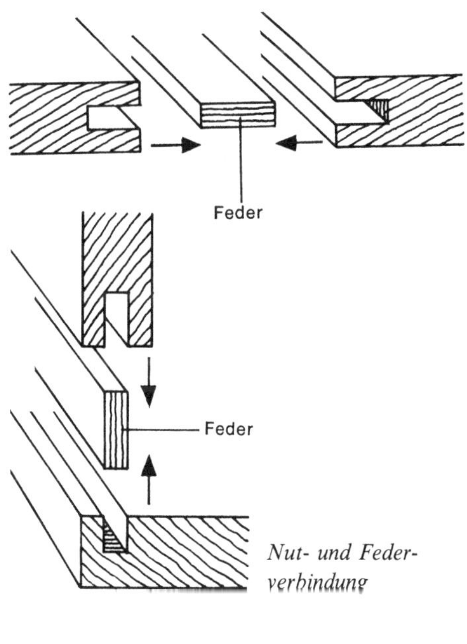

Nut- und Federverbindung

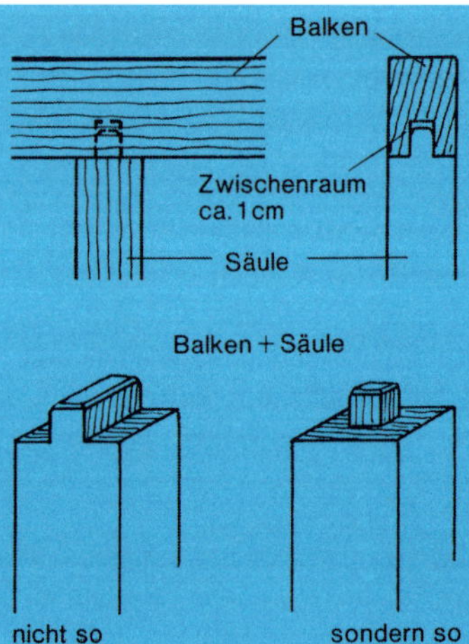

Zapfenverbindung

Verstärkung durch Brettlaschen

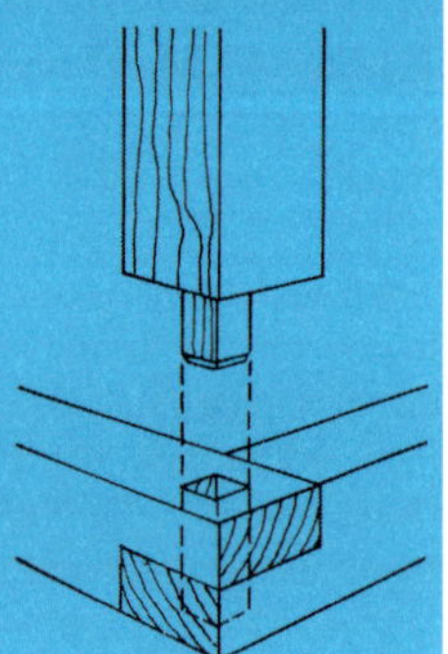

Ecküberplattung mit Zapfen

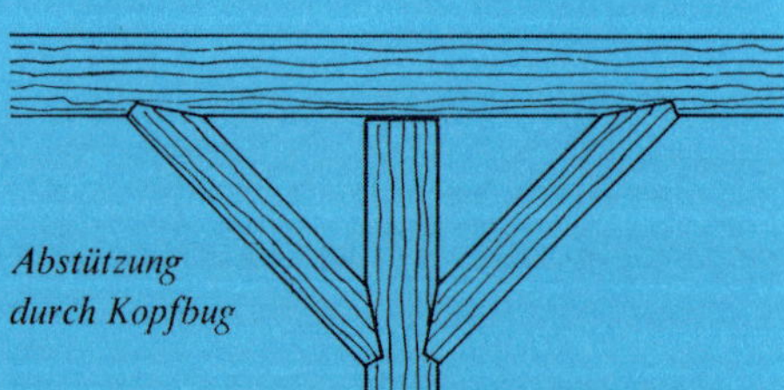

Abstützung durch Kopfbug

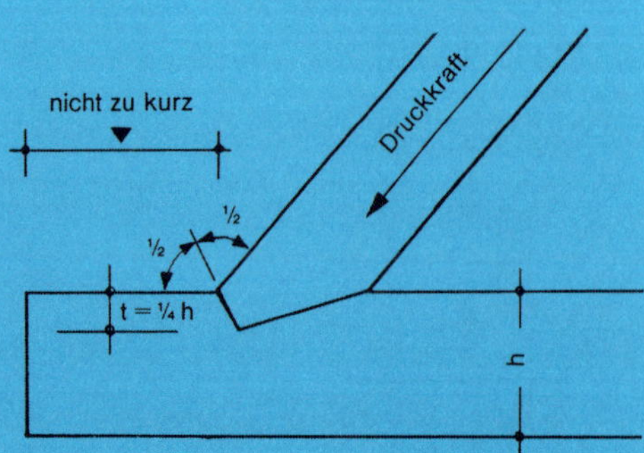

Strebenknotenpunkt mit Versatz

Holzverbindungen des Zimmermanns

Diese Holzverbindungen unterscheiden sich, trotz gewisser Ähnlichkeiten in manchen Dingen, grundlegend von den vorher behandelten. Sie werden beim Holzbau angewendet. Die wichtigsten Merkmale sind:

1. Die Verbindungen müssen große Kräfte übertragen können (Dächer, Fachwerkwände).
2. Es werden meistens ungehobelte Hölzer von großen Querschnitten (Balken) verwendet.
3. Die Verbindungsstellen werden nie geleimt, höchstens genagelt oder in seltenen Fällen geschraubt (Holznägel, Metallaschen, Kralldübel, Bolzenschrauben).

Beim Zusammenfügen von Hölzern zu Baukonstruktionen müssen die Verbindungen so hergestellt werden, daß die wirkenden Kräfte aufgenommen und richtig übertragen werden können. Im folgenden sind die häufigsten zimmermannsmäßigen Holzverbindungen zusammengestellt.

Zapfenverbindung zwischen Balken und Säule Hier wird eine Auflagerkraft auf die Säule als Druck übertragen. Holz kann bei Druck in der Faserrichtung etwa viermal soviel Kraft aufnehmen als bei Druck rechtwinklig zur Faserrichtung. Bei der Holzsäule handelt es sich um Druck in der Faserrichtung. Hier muß beachtet werden, daß sich dieser Druck an der Auflagerfläche für den Balken rechtwinklig zur Faserrichtung auswirkt.

Die Auflagerfläche muß demnach so groß sein, daß die zulässige Beanspruchung rechtwinklig zur Faser nicht überschritten wird. Diese Fragen der Statik werden hier nicht deshalb erläutert, damit der Leser etwa statische Berechnungen anstellen soll. Er soll aber wissen, daß bei der Zapfenverbindung die Schwächung der Auflagerfläche des waagerechten Holzes soweit als möglich vermieden werden muß.

Holz arbeitet. Deshalb muß die Tiefe des Zapfenloches etwas größer gestemmt werden als der Zapfen. Damit kann aber über den Querschnitt des Zapfens keine Kraft übertragen werden.

Die Auflagerfläche einer Säule kann durch angenagelte Brettlaschen verstärkt werden. Der Druck auf den Balken kann auch dadurch gemindert werden, daß man einen Teil der Last auf freie Streben übernimmt. Gleichzeitig vermindert man die Spannweite (Kopfbug).

Streben Beim Holzbau spielen Streben eine große Rolle (vgl. Dachstuhl S. 244). Sie bilden mit den Stützen und Balken zusammen Dreiecke und geben den Bauwerken Halt. Nach DIN 1052 darf die Einschnittiefe nicht größer sein als $^1/_4$ der Balkenhöhe.

Beim Zuschneiden der Hölzer macht man sich zweckmäßigerweise eine Schablone mit Brettern, auf der der Knotenpunkt in wahrer Größe aufgezeichnet wird.

Der Arbeitsgang ist folgender:

Zunächst trägt man das Einschnittsmaß t an. Nun stellt man die Schräge der Versatzung mit dem Winkel fest. Dadurch ist auch die zweite Schräge bestimmt.

Die ausgesägte Brettschablone dient dann zum Anreißen der Konstruktionshölzer.

Bei den behandelten Versatzungsbeispielen können über die Strebe nur Druckkräfte übertragen werden. Sollen auch Zugkräfte aufgenommen werden, so sind besondere Vorkehrungen erforderlich, z. B. Schraubenbolzen oder aufgenagelte Brettlaschen. Die klassische Konstruktion hierfür ist der Brustzapfenversatz mit Holznagel.

Aufklauung beim Sparren Die Zeichnung läßt die Befestigung eines Dachsparrens erkennen.

Überplattungen Im Gegensatz zu den Schreinerverbindungen müssen diese Verbindungen ohne Leim halten. Deshalb sind die Konstruktionen leicht abgewandelt:

Das gerade Hakenblatt mit Keilen verbindet zwei Längshölzer.

Der doppelte Kamm ergibt eine unverschiebliche Kreuzung von zwei Hölzern.

Das Schwalbenschwanzblatt kann Zugkräfte aufnehmen.

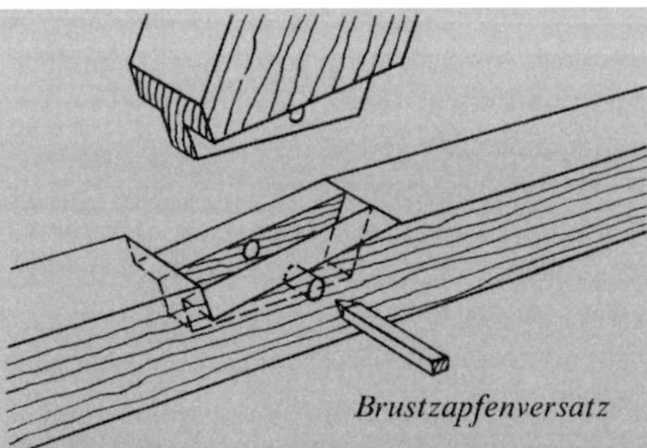

Brustzapfenversatz

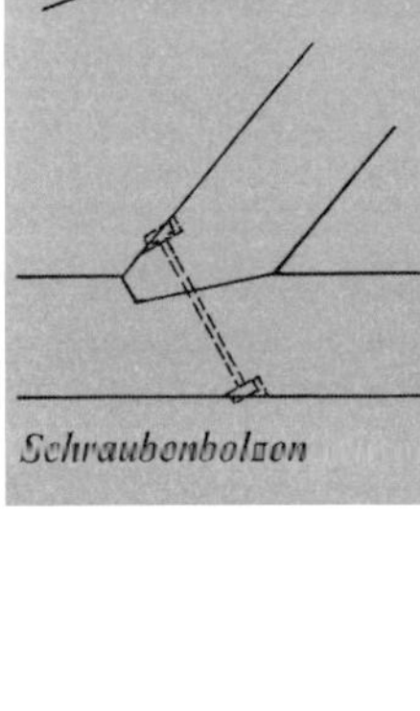

Schraubenbolzen

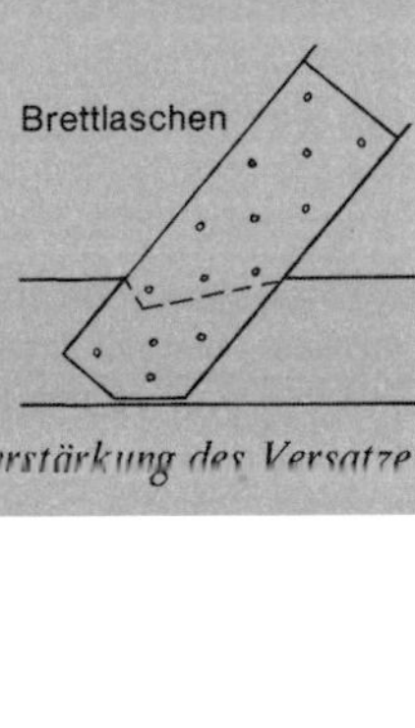

Verstärkung des Versatzes

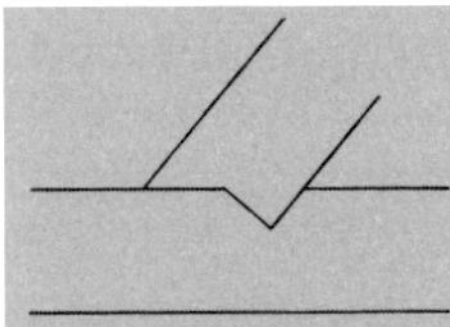

Rückversatz

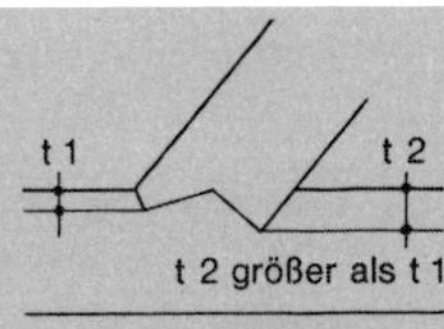

Doppelversatz

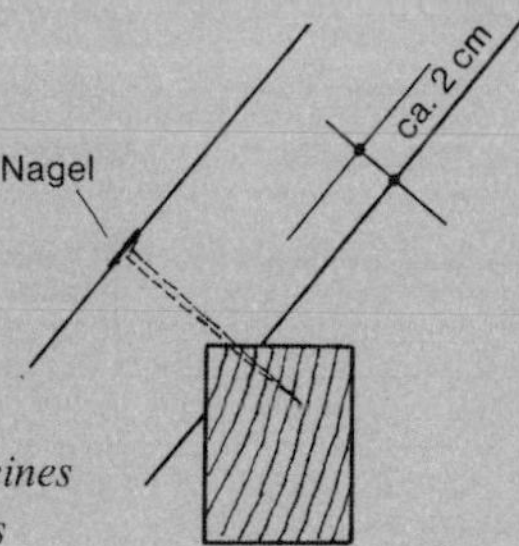

Aufklauung eines Dachsparrens

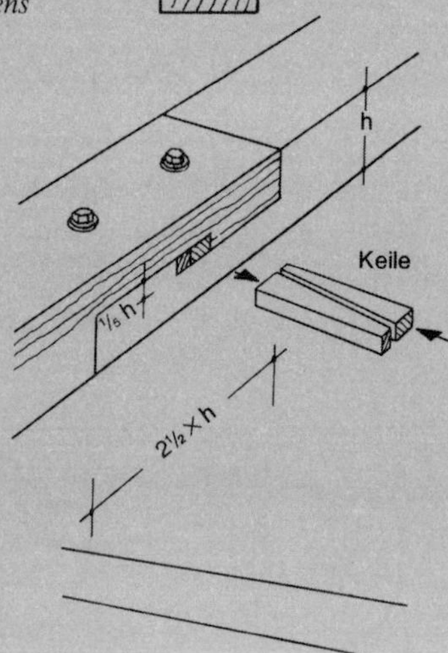

Gerades verkeiltes Hakenblatt

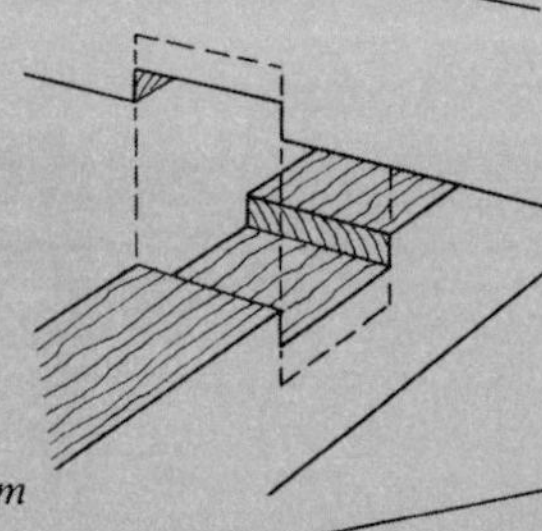

Doppelter Kamm

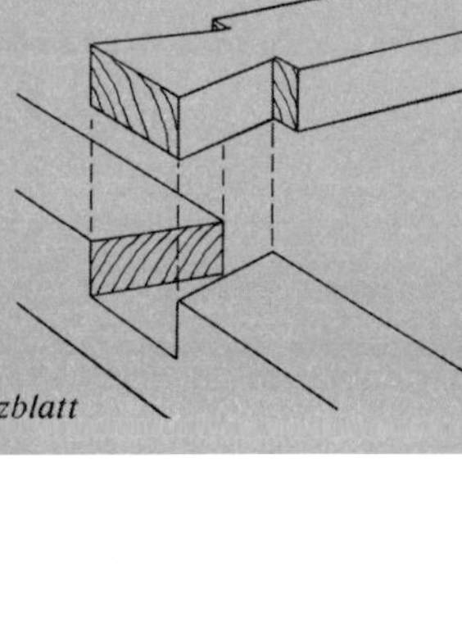

Schwalbenschwanzblatt

6 Lösbare und bewegliche Holzverbindungen

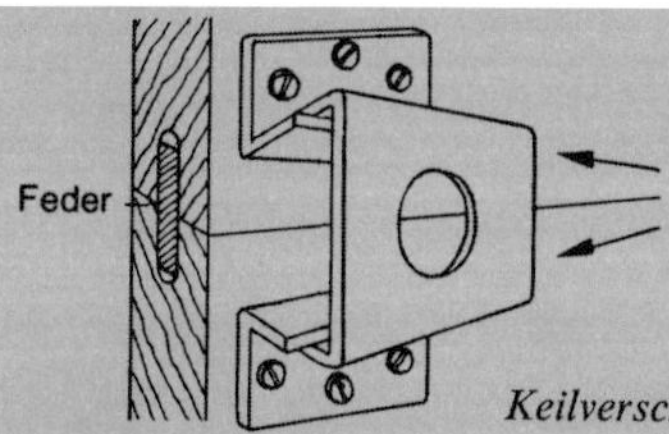

Keilverschluß

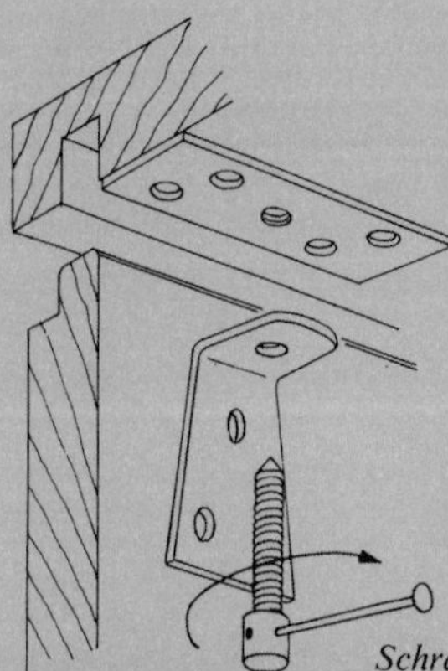
Schrankschraube

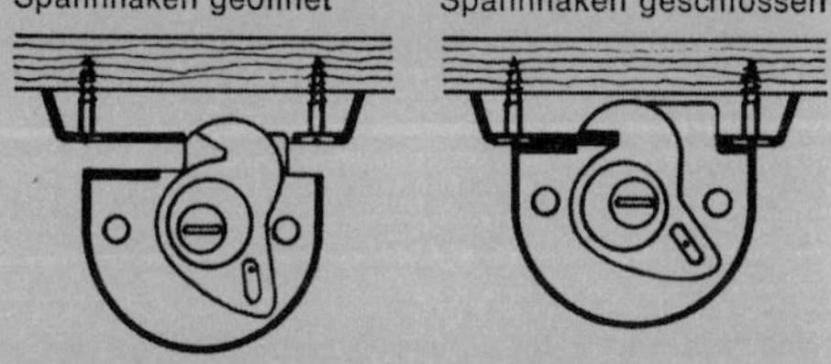

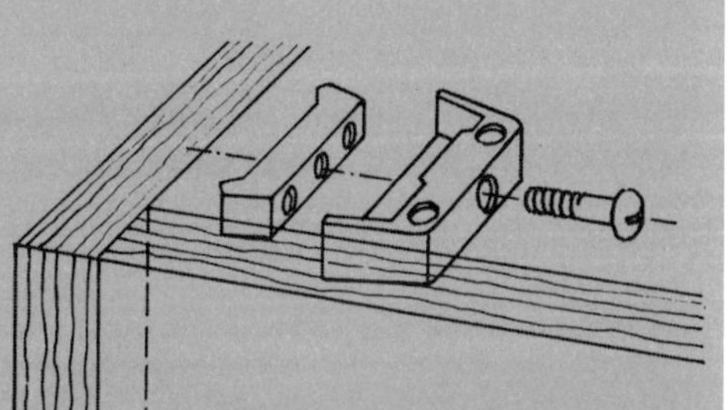
Schrankverbindungen

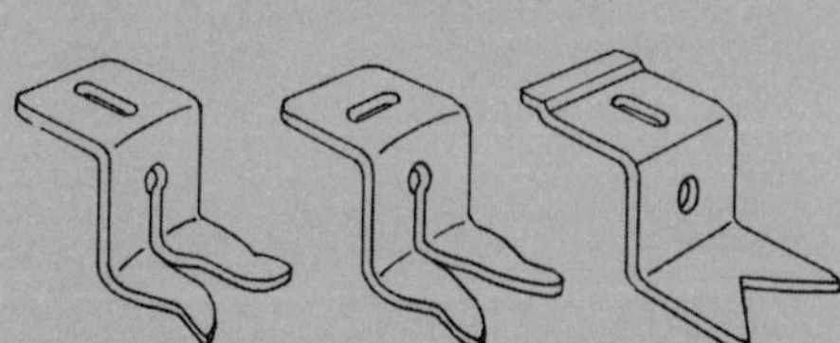
Verschiedene Tischklammern

Lösbare Verbindungen mit Keil- oder Exzenterverschluß Keil- und Exzenterverschlüsse ergeben eine augenblicklich lösbare Verbindung von Regal- oder Schrankteilen. Es gibt einfache Ausführungen, die aufgeschraubt, und Spezialausführungen, die eingelassen werden. Vor dem Befestigen des Verschlusses müssen die zu verbindenden Teile in ihrer Zusammengehörigkeit durch einige Dübel genau fixiert sein.

Schrankbeschläge Im Handel ist eine große Zahl aufsetzbarer und einlaßbarer Beschläge zu haben. Sie arbeiten mit Schrauben oder Drehkatzenverbindung.

Tischklammern Tischklammern verbinden Platte und Zargengestell bei Tisch, Stuhl, Bank, Hokker. Es gibt Klammern mit Querschlitz und mit Längsschlitz, damit man bei Platten aus Massivholz den Längsschlitz der Klammer stets senkrecht zur Richtung der Holzfaser stellen kann. Die Anbringung geht wie folgt vor sich:

1. Platte mit der Unterseite nach oben auf den sauberen Werktisch legen.
2. Das Gestell in der endgültigen Lage aufsetzen und durch je einen Heftnagel an zwei gegenüberliegenden Innenecken befestigen.
3. Lage der Tischklammern festlegen. Dabei zuerst zwischen Tischplatte und Klammer ein Stück Furnier oder Karton legen. Dann die Klammer so gegen die Zarge setzen, daß die Spitzen senkrecht eindringen können. Klammer mit einigen genauen Hammerschlägen fest in die Zarge einschlagen. Als Gegendruck größeren Hammer mit Zulage an die Außenwand der Zarge pressen, damit diese nicht federt.
4. Kartonstück bzw. Furnier wegziehen, Klammer festschrauben mit Rundkopfschraube, die genau passen muß. Die Klammer muß sich dabei fest an die Platte heranziehen. Die Schraube darf nicht durch die Platte stoßen, Länge vorher genau messen.

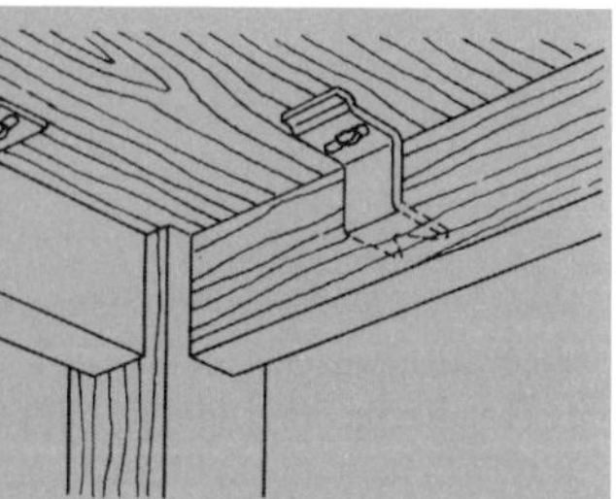
Sitz der Tischklammern

Bettbeschlag Ein einfacher und gut lösbarer Beschlag ist der normale Bettbeschlag. Beide Teile werden versenkt. Sie müssen an beiden Werkstücken gemeinsam genau angerissen werden.

Montageverbindungen mit Rampa- oder Trioschrauben Unter der Vielzahl von Schrauben und Spezialgeräten sind die Rampaschrauben bekannt. Das Prinzip der Verbindungen, wie es unsere Zeichnungen veranschaulichen: Das eine der beiden zu verbindenden Werkstücke trägt eine Muffe, die außen und innen ein Gewinde hat. Das Außengewinde hält die Muffe im Holz fest. Das Innengewinde nimmt die Schraube auf, mit der das zweite Werkstück angeschraubt wird. Die Montageverbindung ist sauber, dauerhaft und jederzeit gut lösbar. Arbeitsablauf:

1. Teile zusammenpassen und -zeichnen.
2. Zusammenspannen (Zwingen, Heftnägel).
3. Bohren. In den meisten Fällen muß durch das erste Werkstück in das zweite durchgebohrt werden. Dazu zuerst mit Bohrer von der Stärke des Schaftes der Innenschraube so weit bohren, bis die Spitze gerade 1 mm in das Unterholz eingedrungen ist und sich dort markiert. Dann die Zusammenspannung lösen.
4. Zweiten stärkeren Bohrer nehmen. Stärke wie der Kern (nicht das Gewinde) der Gegenschraube (Mutter). In dem durch das Durchbohren markierten Punkt ansetzen und etwas tiefer bohren als die Länge der Gegenschraube. Die Bohrrichtung beider Löcher muß genau übereinstimmen.
5. Gegenschraube einziehen. Dazu gibt es besondere Eindreheisen. Das Außengewinde preßt sich fest ins Holz.
6. Zusammenschrauben. Die Muffen sollen nicht gefettet werden.

Einem ähnlichen Zweck dienen RAMPA-Einschlagmuttern, deren Muffe nicht eingeschraubt, sondern eingeschlagen wird.

Für das Zusammenfügen von Möbelstücken gibt es noch eine große Menge weiterer Beschläge:

Scharnierband (dazu S. 333f., wo mehr über Drehbeschläge steht.) Beim Anbringen ist folgendes zu beachten:

1. Lage sorgfältig anreißen: erst mit dem Winkelhaken die Lage festlegen, dann mit Streichmaß – das genau nach dem Bandlappen eingestellt wurde – das auszuhebende Holz der Breite und der Tiefe nach anreißen, und zwar nur so weit, wie tatsächlich weggestemmt werden muß.
2. Holzfläche einspannen, Lappenbreite vorkerben. Dann mit einem breiten und scharfen Stech-

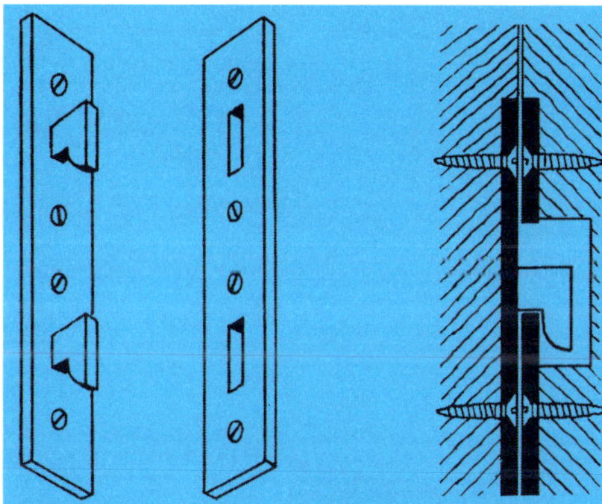

Bettbeschlag

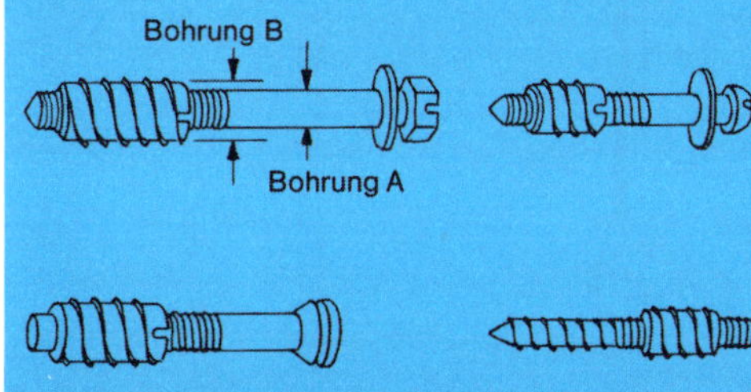

Montage-Schrauben

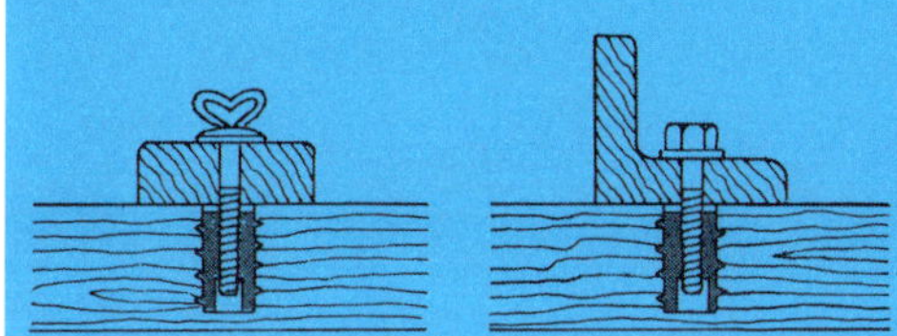

Anwendung von Montage-Schrauben

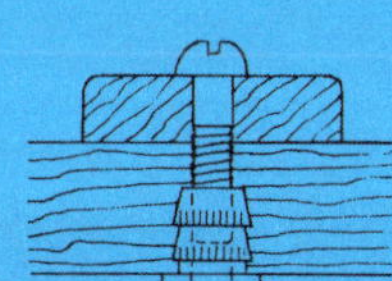

RAMPA-Einschlagmutter

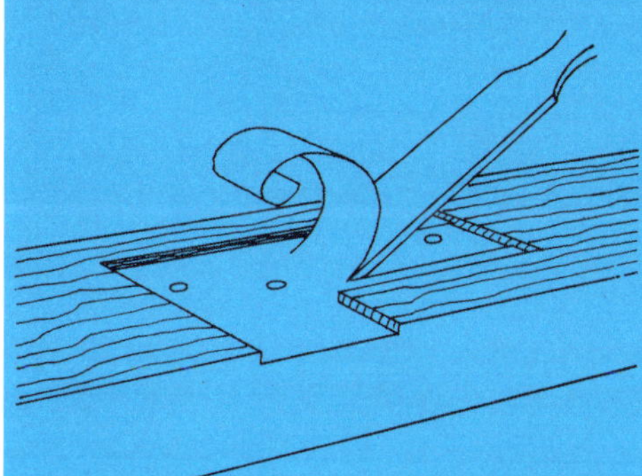

Einstemmen eines Scharniers

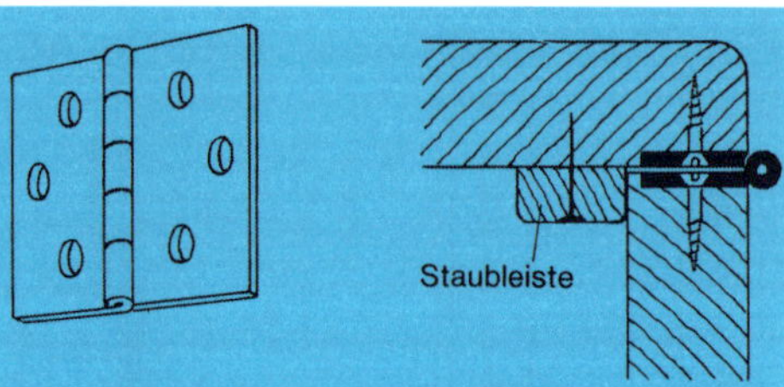

Das Scharnierband und seine Anbringung

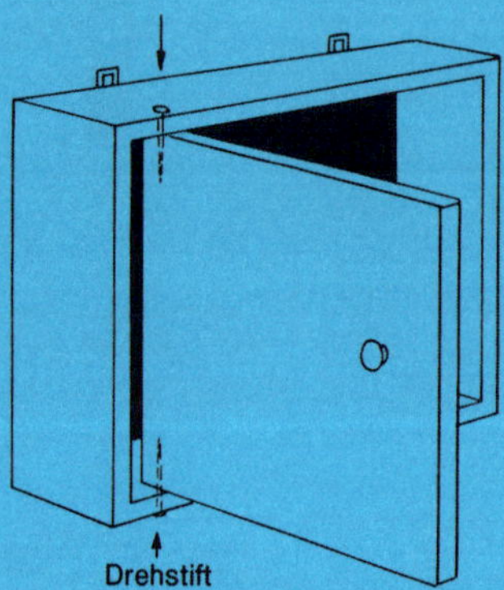

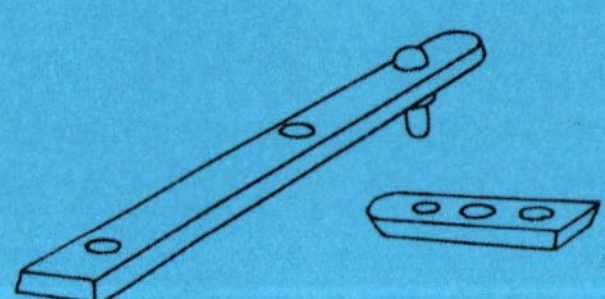

Zapfenband

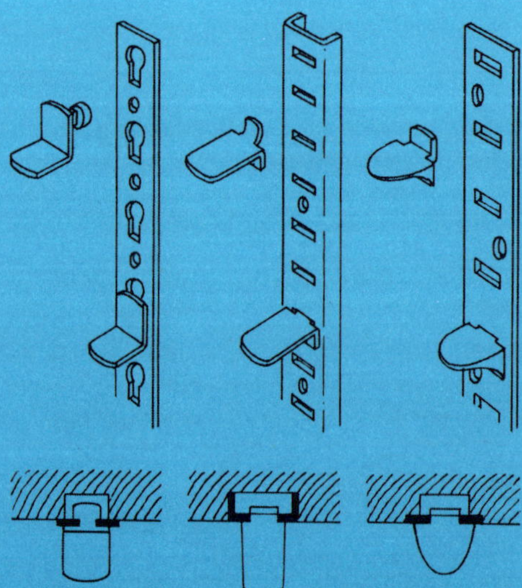

Steckleisten

eisen, genau am Tiefenriß einstechend, das wegfallende Holz sauber und glatt ausstechen.

3. Scharnier einprobieren. Genau in der Mitte der Lappenlöcher mit dem Spitzbohrer die Bohrung für die Schrauben vorstechen.

4. Vorbohren mit Spiralbohrer, Schrauben einziehen. Am Schluß alle Schraubennuten in gleiche Flucht richten.

Drehstift Ein sehr einfacher Drehbeschlag ist der Drehstift. Die Klappe wird, wie das Bild zeigt, lediglich gehalten durch zwei Nägel oder Schrauben, die in die gegenüberliegenden Hirnkanten eingeschlagen oder eingedreht sind. Dabei muß ganz genau angerissen werden, niemals nach Augenmaß. Der Einstichpunkt an der Klappe wird exakt mit dem Streichmaß angerissen und mit dem Spiralbohrer genau senkrecht durchgebohrt.

Klavierband Wie der Name sagt, wird es beim Befestigen von Klavierdeckeln verwendet. Es ist nichts als ein sehr langes Scharnierband, das über die ganze Höhe einer Tür geht. Für leichte Schranktüren sehr gut. Läßt sich verhältnismäßig leicht montieren. Genau arbeiten (S. 337).

Zapfenband Das Zapfenband entspricht in seiner Arbeitsweise dem Drehstift. Das Anschlagen ist nicht ganz einfach, schwieriger sogar als das von Scharnierbändern.

Fachbodenträger Träger für Zwischenböden in Regalen und Schränken, leicht einzubauen, gibt es in vielen Ausführungen. Das wichtigste beim Einbauen: Die Bohrlöcher für die Hülsen genau maßgerecht anreißen, sonst sitzen die Träger »windschief« zueinander. Zum Einbohren der Hülsen nimmt man am besten Forstner- oder Spiralbohrer (S. 101). Tiefensteller bzw. Bohrhülse benützen! Die Hülsen werden mit dem Hinterende eines Versenkers in das Bohrloch eingeschlagen.

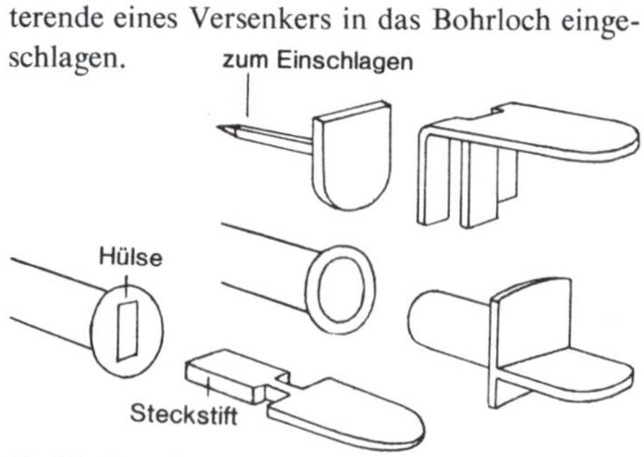

Fachbodenträger

Steckleisten An Stelle der einzeln einzulassenden Steckstifte können ganze Lochschienen eingelassen oder aufgeschraubt werden.

Verschluß durch Schnäpper Für Schränke, in denen nichts Wertvolles lagert, verwendet man heute keine Schlösser mehr, sondern Schnäpper. In diesem sitzt eine Walze oder Kugel aus Metall bzw. Hartgummi. Der Schnäpper wird am Türrand montiert; am Schrank befestigt man eine kleine Raste aus gepreßtem Blech. Durch eine eingebaute Feder wird die Walze hinter den Wulst der Raste gepreßt und hält die Tür zu. Zuerst den Schnäpper montieren und dann durch Probieren die Lage der Raste genau festlegen.

Magnetverschluß Zu einem Magneten – das wissen wir aus der Schule – gehört ein Anker. Er wird vom Magneten angezogen. Das weitere ist ganz einfach: Am Türrahmen des Schrankes wird der Magnet mittels einer Holzschraube befestigt. An der gegenüberliegenden Stelle der Tür wird der Anker, ein Stückchen Eisenblech, mit einer Federung festgemacht. Wirft man die Tür nun mit leichtem Schwung zu, so wird etwa bei einem Zentimeter Abstand die Kraft des Magneten wirksam. Das Öffnen muß mit einem kleinen Ruck geschehen, denn die Kraft des Haftens ist ganz erheblich. Die hochwertigen Magnete sind sehr empfindlich. Durch Hämmern, Erschütterungen, Werfen und starke Erwärmung verlieren sie rasch ihre magnetische Kraft. Es gibt auch runde Magneten, die man in eine genaue Bohrung stramm eindrückt.

Schnäpper für Schranktüren

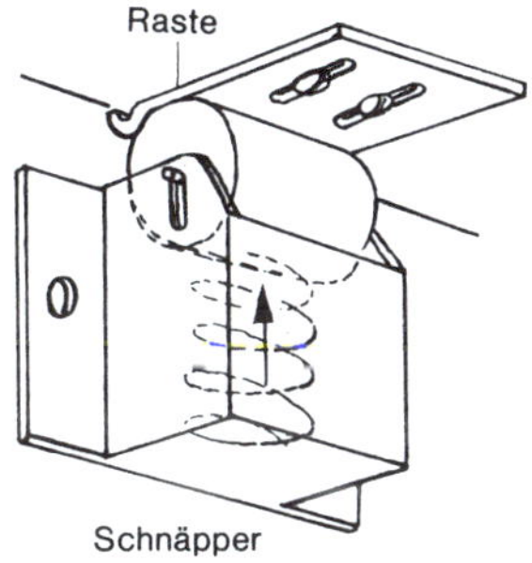

Magnetverschlüsse

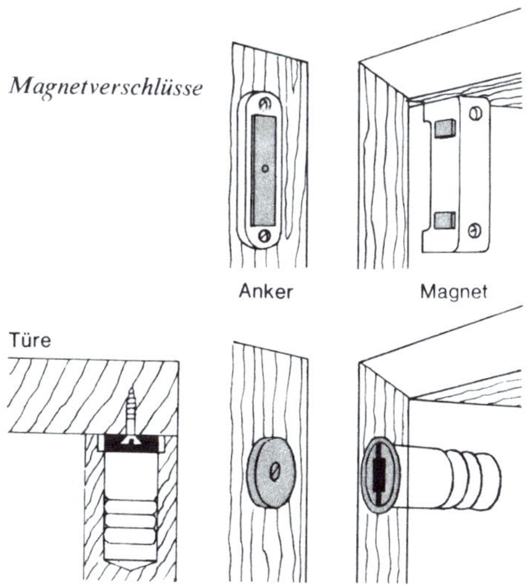

7 Die Holzoberfläche

Die Oberfläche aller Werkstücke aus Holz sollte noch eine abschließende Behandlung erfahren. Sie schützt das Holz und schmückt das Werkstück.

Die Behandlung richtet sich nach dem Verwendungszweck und nach der Art des Materials. Massivholz und Platten verlangen verschiedene Arten der Behandlung (Tabelle S. 138).

Platten werden im allgemeinen nicht hergestellt, um sie als Naturholz sichtbar zu lassen. Man streicht sie mit Farbe, oder ihre Oberfläche wird mit Holzfurnieren bzw. Kunststoff beklebt. Wenn Sie sich bei der Auswahl und beim Zuschnitt Mühe machen, können Sie unter den Sperr- oder Tischlerplatten auch solche finden, deren Oberfläche Sie sichtbar lassen können. In jedem Falle müssen Sie die Schnittkanten besonders bearbeiten (Umleimer oder Kantenfurnier). Furnierte Flächen benötigen zum Abschluß noch eine Oberflächen-Behandlung wie Hartholz.

Übersicht

Schleifen Säubern und Glätten der Fläche mit Schleifpapier.

Abziehen mit der Ziehklinge Glätten von Hartholzflächen oder Furnieren.

Imprägnieren Anstreichen oder Tränken mit einem Schutzmittel gegen Feuchtigkeit und Schädlinge.

Färben Eintönen mit einer Farblösung.

Beizen Abtönen mit einem chemischen Mittel

das durch chemische Reaktion einen Farbton hervorruft.

Ölen Einlassen mit Öl.

Wachsen Überziehen mit Wachspaste.

Bleichen Aufhellen mit chemischen Mitteln und Beseitigen von Flecken.

Streichen mit Dispersionsfarbe (S. 42 ff.). Einfaches Anstrichmittel auf allen Untergründen. Nicht sehr widerstandsfähig gegen Verschmutzen und Verkratzen. Oder mit Kunstharzfarbe (S.44 ff.).

Mattieren Überziehen mit Mattierung.

Lackieren Lacküberzug und Nachschliff mit Stahlwolle.

Polieren Behandeln mit verschiedenen Polituren. Beim Polieren werden nach Schleifvorgängen erst alle Poren zupoliert, dann wird die Fläche mit einer spiegelnden glasklaren Deckschicht überzogen.

Da diese Arbeit viel Erfahrung und genaue Kenntnis der einzelnen Poliermittel verlangt, ist sie vom Laienhandwerker kaum durchzuführen. In jedem Fall den Rat des erfahrenen Fachmannes einholen, da jedes Holz andere Poliermittel verlangt.

Furnieren Überleimen mit einer schwachen Deckschicht aus Holz.

Bekleben mit Kunststoffplatten. Ähnlich wie Furnieren (vgl. S. 142 ff.).

Schleifen

Das Glattschleifen einer Fläche kann oft das schwierige Hobeln (Putzen) ersetzen. Besonders Platten und Flächen mit gewelltem Faserverlauf wird man statt des Hobelns lieber schleifen. Eine gut geschliffene Fläche ist die Grundlage jeder weiteren Oberflächenbehandlung.

Wässern Fast jede Holzfläche hat Druckstellen, entstanden durch die Bearbeitung mit der Maschine oder durch Stöße und Schläge aller Art. Sie müssen vor dem Schleifen hochquellen. Dazu wird die Fläche »gewässert«.

Mögliche Behandlungen der Holzoberfläche
(■ = Behandlungsart möglich)

	Massivholz Weichholz	Hartholz	Platten Sperrpl.	Tischler-platten	Span-platten	Hartfaser-platten	Weichfaser-platten
Schleifen	■	■	■	■	■		
Abziehen mit Ziehklinge		■					
Imprägnieren	■						
Färben	■	■	■	■			
Beizen	■	■	■	■			
Ölen		■					
Wachsen	■	■	■	■			
Bleichen	■	■	■	■			
Streichen mit Dispers.-Farbe	■	■	■	■	■	■	■
Mattieren	■	■	■	■	■		
Lackieren	■	■	■	■	■		
Polieren		■					
Furnieren			■	■	■		
Bekleben mit Kunststoff-Folie	■	■	■	■	■	■	
Bekleben mit Kunstst.-Platten			■	■	■		
Kantenfurnier Umleimer			■	■	■		

Mit einem sauberen Schwamm oder Lappen wird die Fläche mit heißem Wasser gut angefeuchtet. Das Holz muß ausreichend heiße Feuchtigkeit bekommen, damit sich die Druckstellen ausgleichen können; aber nicht mehr: Anfeuchten heißt nicht baden. Alles überschüssige Wasser ist unverzüglich mit einem fast trokkenen Schwamm wieder abzunehmen.

Bevor das Schleifen beginnt, muß das Holz wieder völlig getrocknet sein.

Unterläßt man das Wässern, so drücken sich die Preßstellen später beim Anbringen eines Überzuges, z.B. einer Lackierung, hoch; es entstehen häßliche Buckel, die kaum mehr zu beseitigen sind.

Vor dem Schleifen müssen Fehlstellen und Harzgallen ausgebessert sein.

Der Schleifvorgang Das Schleifen beginnt mit einem groben Schleifpapier (Nr. 80). Die Körnung muß sauber und scharf sein. Verschmutztes Papier ist zum Schleifen von Holz ungeeignet. Von Zeit zu Zeit wird das Papier an der Werktischkante ausgeklopft. Stumpf gewordenes Papier ersetzen. Alle groben Schleifstriche quer zur Holzfaser drücken sich besonders stark ein. Deshalb sind alle Striche in dieser Richtung mit Vorsicht auszuführen, wie überhaupt das Schleifen »mit Gefühl« gemacht werden muß. Immer wieder nachsehen, ob sich etwa an der Unterseite des Klotzes Harz- oder Leimteilchen festgesetzt haben! Zum Abschluß wird stets mit feinem Papier (Nr. 120 oder 150) längs der Holzfaser geschliffen.

Abziehen mit der Ziehklinge

Dieses Werkzeug (vgl. S. 108), mit dem man bei einiger Übung spiegelglatte Oberflächen erreichen kann, ist wenig bekannt. Das feine Stahlblech hat an der Kante einen scharfen Grat, mit dem wie beim Hobel Späne abgeschabt werden, allerdings viel feinere. Es wird meist für Furnieroberflächen gebraucht und ist nur auf Hartholz wirksam.

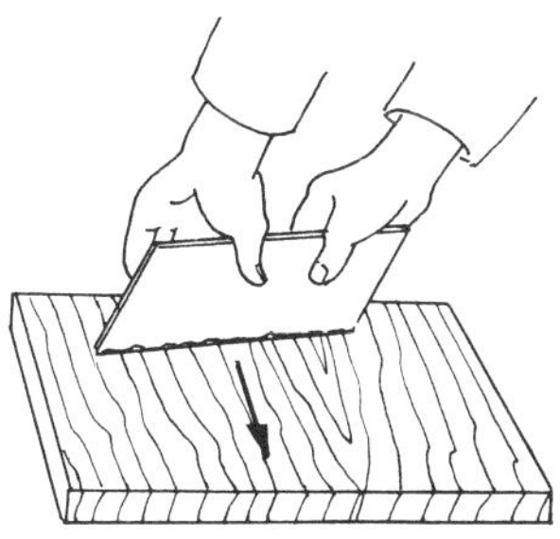

Haltung der Ziehklinge

Man faßt die Ziehklinge am besten mit beiden Händen und hält sie leicht geneigt zur Arbeitsfläche. Der Grat der Klinge liegt schräg zur Holzmaserung, die Ziehrichtung ist allerdings parallel zur Maser. Eine scharfe Klinge schneidet feine Späne. Schabt sie Holzmehl ab, dann ist sie stumpf. (Über das Schärfen S. 108 f.)

Imprägnieren

Imprägnieren zum Schutz gegen Schädlinge ist erforderlich bei allen Werkstücken, die an die freie Luft kommen und dem Wetter ausgesetzt bleiben, ebenso für die, die in feuchte Räume wie Waschküche oder feuchte Keller kommen. Bauholz ist stets zu imprägnieren, dazu im folgenden Teil S. 248.

Holzschädlinge Holz als organisches Material ist dem Befall von pflanzlichen und tierischen Schädlingen ausgesetzt. Das sind zahlreiche Pilzarten (Hausschwamm, Bläuepilz u.a.), verschiedene Insektenlarven (Hausbock, Holzameisen, Holzwürmer u.a.) und Schwämme. Diese kommen hauptsächlich beim Bauholz vor, ebenso Hausbock und Holzameisen. Die sogenannten »Holzwürmer« (Käferlarven) fühlen sich im trokkenen Möbelholz am wohlsten.

Holzschutzmittel Da die Verluste durch diese Schädlinge sehr beträchtlich sind, hat man wirksame Mittel zum Holzschutz entwickelt. Sie kommen als Flüssigkeiten, Pasten oder wasserlösliche Salze in den Handel. Ölprodukte sind unter anderen Xylamon, Karbolineum und Basileum. Die wasserlöslichen Schutzmittel sind hauptsächlich Zinkchloride (u.a. Kulba – auch Feuerschutzmittel), Quecksilberverbindungen (Sublimat), Kupfervitriol, Arsensalze (u.a. Rütgers, Basilit) und Fluorverbindungen (u.a. Wolmansalze). Viele Mittel sind Mischungen aus verschiedenen dieser Substanzen, um einen möglichst in jeder Richtung wirkenden vorbeugenden Schutz zu erreichen.

Verarbeitung Es gibt Mittel zum Streichen, zum Spritzen und zum Tauchen. Hierbei wird das Holz längere Zeit in einen Bottich mit entsprechender Lösung eingetaucht.

Wie Sie schon aus den Namen ersehen haben, handelt es sich bei diesen Mitteln meistens um giftige Substanzen, die auch später eine gewisse Giftwirkung, vor allem auf Lebensmittel, nicht verlieren. Arbeiten Sie deshalb immer genau nach den Gebrauchsanweisungen. Das ist auch deshalb nötig, weil die Wirkung nur bei genauer Einhaltung der angegebenen Konzentrationen andauert. Das Holz muß so tief wie möglich getränkt werden.

Möbel Die Imprägnierungsflüssigkeit muß beim Innenausbau stets geruchlos und wasserhell sein; sie darf die Weiterbehandlung des Stückes mit Anstrich, Lack oder anderen Überzügen nicht beeinträchtigen. Kleinere Imprägnierungsarbeiten an Möbelstücken kann man ohne weiteres selbst machen.

Holzwurm Kleine Bohrlöcher oder herausbröselndes Bohrmehl deuten auf die Tätigkeit des Holzwurms. Man bekämpft solchen Befall wirksam mit »Xylamon LX-härtend« oder einem entsprechenden gleichwertigen Mittel. Dieses Mittel wird im Spritzkännchen geliefert. Man spritzt es in die Bohrlöcher ein.

Blaustreifigkeit Die Blaustreifigkeit des Kiefernholzes (S. 89) verringert dessen Haltbarkeit nicht, solange das Holz nicht mit Feuchtigkeit in Berührung kommt; da sich Blaustreifigkeit aber bei Feuchtwerden des Holzes ausbreitet und dann Deckanstriche und Überzüge zerstört, soll man blaustreifiges Holz stets vorbeugend behandeln.

Färben

Unterschied zwischen Färben und Beizen Die beiden Begriffe »Färben« und »Beizen« werden im Sprachgebrauch des Alltags oft nicht klar geschieden. Es handelt sich aber um zwei ganz verschiedene Prozesse:

Färben heißt: eine Holzfläche mit einer Farblösung (Erdfarben · Teerfarben · Lasurfarben) behandeln. Die Fläche nimmt dabei im wesentlichen (Einzelheiten gleich unten) den Farbton an, den die angesetzte Farblösung zeigt.

Beizen heißt: eine Holzfläche behandeln mit einem chemischen Mittel, das im Holz einen Farbton hervorruft. Hier kann die Beize fast wasserhell sein oder als Lösung einen ganz anderen Farbton haben als der am Schluß auf dem Holz entstandene Farbeffekt.

Noch ein wesentlicher Unterschied: Beim Färben kehrt sich die Hell-Dunkel-Wirkung der Jahresringe des Holzes um. Die hellen weichen Streifen eines Brettes nehmen viel Farbstoff auf und werden dadurch besonders dunkel. Beim Beizen dagegen bleiben die hellen Stellen hell, die dunklen dunkel; die Wirkung ist natürlicher.

Eine sauber geschliffene Holzfläche im Naturton, nur mit einem Schutzüberzug versehen, wirkt gewöhnlich schöner als eine gefärbte.

Farbstoff erhält man in Farbenhandlungen oder Drogerien; am meisten verwendet wird Nußbaum-Körner-Beize (Kasseler Braun). Das Farbpulver wird in lauwarmem Wasser aufgelöst. Die Lösung bleibt eine Zeitlang stehen, dann wird sie in ein anderes Gefäß gegossen; der Satz ist nicht mit zu verarbeiten, sondern wegzuschütten. Das Ansetzen soll am Tage vor dem Färben geschehen. Ein Zusatz von 10 v. H. Salmiakgeist verstärkt die Wirkung.

Gerät Außer einem Gefäß, das nicht aus Eisen oder Eisenblech sein soll, brauchen wir einen breiten Pinsel oder einen Schwamm.

Vorbereitung des Werkstückes Das Holz ist vor dem Färben zu schleifen wie im vorhergehenden Abschnitt beschrieben. Dann sauber abstauben. Nach dem Färben kann man nicht mehr schleifen! Farblösungen und Beizen können in der Umgebung häßliche Flecken verursachen; deshalb gefährdete Gegenstände abdecken und Arbeitskleidung anziehen.

Erst Farbprobe! Der Farbton auf dem Holz ist ohne eine sorgfältige Farbprobe reine Glückssache. Dazu gehört ein Probebrettchen aus dem Holz des Werkstücks, wie dieses vorbereitet. Die angesetzte Farblösung kann man durch Zugabe von Wasser und nötigenfalls Salmiakgeist verdünnen, bis man den gewünschten Farbton zu haben glaubt. Dann auf das Probebrettchen aufstreichen und völlig trocknen lassen – erst am trocknen Stück zeigt sich der endgültige Farbton.

Ein etwaiger späterer Schutzüberzug (Lack, Mattierung) verändert die Farbwirkung; deshalb muß das Probestück den Überzug erhalten, der für das Werkstück vorgesehen ist.

Außerdem ist zu beachten: Weiches Holz saugt mehr Farbe auf als Hartholz. Ferner ist die Hirnseite saugfähiger als Längsholz. Zum Ausgleich die Hirnseite vor dem Farbanstrich mit klarem Wasser anfeuchten. Stets erst nach völligem Trocknen an den nächsten Arbeitsvorgang gehen; es können sonst kaum zu entfernende Flekken entstehen.

Beizen

Überstreicht man ein helles Eichenbrett mit wasserklarem Salmiakgeist, so verfärbt sich nach

kurzer Zeit das Holz rötlich-braun: ein Beispiel für eine echte Beizung.
Beizen ist schwierig. Wer beizen will, kauft am besten die in Büchsen fertig zusammengestellten Räucherbeizen. Zum Auswählen der Farbe bekommt man in den Farbenhandlungen Farbmusterbogen vorgelegt. Um mit der daraufhin eingekauften Beize genau den gleichen Ton zu erzielen, tut man gut, wie vorher beschrieben, erst Probestücke zu beizen. Arbeitsgang:
1. Holzflächen wässern, gut schleifen; vor dem Beizen außerdem die Holzporen in Längsrichtung sorgfältig ausbürsten.
2. Stets in einem warmen und trockenen Raum arbeiten.
3. Saubere Beizgefäße (nicht aus Eisen) und Pinsel (nicht mit Eisenring) verwenden.
4. Sauberes, möglichst abgekochtes Wasser nehmen.
5. Mengen genau abwiegen oder als Lösungen abmessen; Gebrauchsanweisungen auch in allen übrigen Punkten genau beachten.
6. Probestücke beizen, Trocknung abwarten.
7. Flächen schwimmend naß beizen; dann die überschüssige Flüssigkeit abnehmen.
8. Lieber zu hell beizen als zu dunkel. Ein zu heller Ton ist leicht zu vertiefen.
9. Beizung völlig trocknen lassen, ehe weitergearbeitet wird.
10. Alte Beizen wegschütten, keine Reste aufheben.

Ölen

Zur Schutzbehandlung für Werkbank und Werkzeug dient das Einlassen mit Öl. Man nimmt am besten Leinöl oder Leinölfirnis. Auftragen mit Lappen oder Pinsel. Einige Tage trocknen lassen.

Wachsen

Zum Wachsen nimmt man gutes Bohnerwachs oder Schuhcreme, farblos oder weiß. Das trokkene Holz wird gut abgebürstet, dann wird eine möglichst dünne Schicht aufgerieben. Dickes Auftragen verklebt die Poren, gibt Schmutzecken und weiße Flecken. Eine zweite dünne Schicht, nach völligem Trocknen der ersten aufgetragen, ist dagegen sehr zu empfehlen. Nach dem Trocknen nachbürsten mit einer festen Roßhaarbürste. Spätere Pflege der gewachsten Fläche durch Abreiben mit einem weichen wollenen Lappen.
Der Wachsüberzug ist nicht wasser-, wärme- oder kratzfest, deshalb für Möbelstücke kaum geeignet. Zwar erreicht man auf einfache Weise einen schönen Mattglanz; aber bald setzt sich Staub an, Wasserflecke bilden Ringe; das Holz wird unansehnlich und ist schwer wieder vom Wachs zu befreien.

Lackieren, Mattieren

Ein Lacküberzug ist ebenso leicht aufzubringen wie Wachs, aber dankbarer und haltbarer. Über das Lackieren ist im Teil »Anstrich« ausführlich gesprochen (S. 51 ff.). Hier besprechen wir als Arbeitsbeispiel das Überziehen einer Holzfläche mit Mattlack, unter anschließendem Abziehen mit Stahlwolle.
Der Lack Am meisten zu empfehlen ist ein guter Kunstharz-Mattlack oder Hartgrund, verarbeitungsfähig verdünnt; dazu kauft man eine kleine Flasche der zugehörigen Verdünnung. Niemals mische man mehrere Lacke miteinander, auch wenn sie ganz ähnlich aussehen und riechen; statt einer flüssigen Mischung wird eine milchige, gallertartige Masse entstehen.
Arbeitsgang 1. Werkstück wässern, trocknen lassen, sauber schleifen; Staub durch Ausbürsten in Längsrichtung entfernen.
2. Nur in einem temperierten Raum arbeiten.
3. Erst Probestücke lackieren!
4. Nur auftragen mit einem breiten Lackpinsel oder einem Bausch weißer Putzwolle. Man kann rasch Strich neben Strich setzen oder mit dem nachfolgenden Strich jeweils warten, bis der vorhergehende etwas angezogen hat. Wenig Druck ausüben. Zwei oder auch drei schwache Schichten sind besser als eine dicke. Etwa seitlich herablaufende Lacktränen müssen unverzüglich weggenommen werden.
Die fertige Fläche darf keine Flecken oder Streifen zeigen; sie muß einen gleichmäßigen matten Glanz haben. Hirn-Enden mehrmals mit Lack einlassen.
5. Nicht rauchen! Lack und Lacklösungsmittel sind feuergefährlich, manchmal sogar explosiv.
6. Lackpinsel in Lösungsmittel auswaschen und sorgfältig verwahren.
Stahlwolle Die lackierte Fläche wird weiter verfeinert und geglättet, wenn man die völlig getrocknete Fläche mit Stahlwolle abzieht. Stahlwolle ist ein ausgezeichnetes Schleifmittel zum Abziehen lackierter oder polierter Flächen (auf Rohholz

soll sie nicht verwendet werden). Stahlwolle nicht verwechseln mit den Stahlspänen, mit denen man Parkettböden abzieht. Sie ist besonders für den hier beschriebenen Zweck hergestellt, ist weich, langfaserig, nicht gekräuselt, scharfkantig. Man kann sie in verschiedenen Feinheitsgraden kaufen. Man schneidet das Paket der Länge nach mit einer Schere auf. Die in sauberen Lagen darin liegende Stahlwolle wird nicht einfach herausgerissen. Man wickelt vielmehr einen etwa 50 cm langen Streifen um die vier Finger der linken Hand und schneidet diesen dann mit der Schere ab. Nicht abreißen: dabei verletzt man sich leicht, auch wird der benötigte »Ballen« nicht gleichmäßig.

Gute Stahlwolle darf nicht rostig werden.

Das Abziehen Der abgenommene Bausch wird von den Fingern gestreift und flach (nicht als rundes Knäuel) zusammengenommen. Dann arbeitet man mit mäßigem Druck über die Fläche, Strich neben Strich setzend. Dabei muß die Längsrichtung der Stahlfasern stets quer stehen zur Holzfaser und zur Schleifrichtung. Mit Gefühl und etwas Übung kommt man zu einer wunderbar glatten und gleichmäßigen Fläche. Mit Gefühl – denn tut man zuviel des Guten, schleift man Streifen in die Lackschicht oder schleift sie gar gänzlich durch.

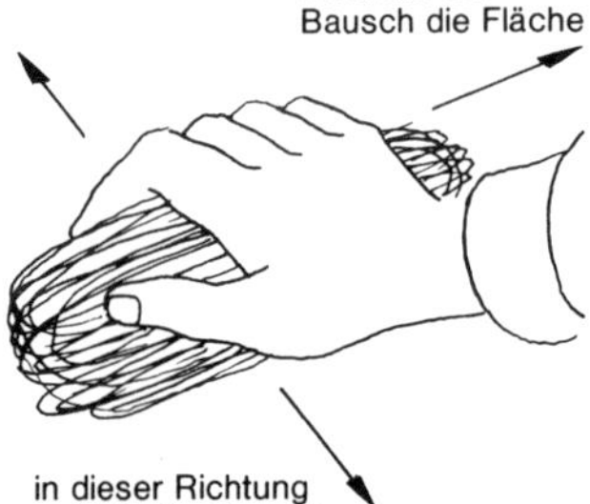

Abziehen mit Stahlwolle

Zum Abziehen größerer Flächen kann man die Stahlwolle, anstatt sie mit der Hand zu führen, auch um einen Schleifklotz wickeln.

Furnieren

Furnieren nennt man das Überziehen eines Werkstückes mit einer ganz dünnen Holzlage, dem sogenannten Deckfurnier. Da edle Hölzer selten und teuer sind, werden billige Hölzer, vor allen Dingen Tischler-, Holzspan- oder Sperrplatten, durch das Überziehen mit einem Edelholzfurnier veredelt. Fast alle unsere Möbel sind furniert.

Sägefurnier Ganz schwaches Brett – 1 bis 3 mm stark –, mit der Säge vom Massivholzblock abgetrennt. Das weitaus beste Furnier, im Aussehen dem Naturbrett völlig gleich; aber sehr teuer.

Messerfurnier Vom gedämpften Holzblock wird mit einem sehr breiten Messer Blatt um Blatt abgehoben. Blattstärke 0,2 bis 1,5 mm.

Schälfurnier Rundstämme werden in großen Dämpf- und Kochgruben gründlich gedämpft, dann gegen ein feststehendes breites Messer gedreht. Dabei entsteht – wie beim Abrollen einer Papierrolle – eine lange Bandfläche.

Das Schälfurnier ist billig, aber nicht sehr schön. Es zeigt, weil es ziemlich gleichlaufend mit den Jahresringen geschnitten ist, keine natürliche Maserung.

Einige Regeln Massivhölzer nur in Ausnahmefällen furnieren; stets muß das Furnier dieselbe Faserrichtung aufweisen wie das Unterholz.

Bei Sperrplatten immer die Furnierfaser senkrecht zur Faserrichtung der letzten Deckschicht aufkleben.

Bei Spanplatten ist die Furnierrichtung gleichgültig.

Immer auf beiden Seiten mit dem gleichen Material furnieren. Für Unterflächen und Rückseiten kann man vielleicht Furnierabfälle nehmen.

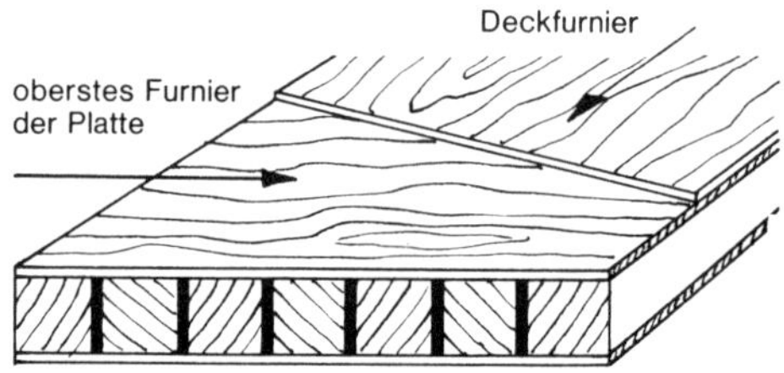

Tischlerplatte mit Deckfurnier

Große Flächen zu furnieren oder ganze furnierte Möbel herzustellen, wird die Leistungsfähigkeit des Heimwerkers übersteigen.

Der Tischler leimt mit Glutinleim. Wie Sie schon auf S. 124 f. erfahren haben, gehört dazu das Anwärmen der Werkstückes. Im allgemeinen wird diese Technik für den Laien zu kompliziert sein. Er nimmt besser einen Kleber. Denken Sie aber daran, daß Sie dann die Lage des Furniers nicht mehr korrigieren können (S. 126).

Arbeitsgang 1. Stellen Sie die Größe der Fläche fest, die Sie furnieren wollen.

2. Bedenken Sie beim Einkauf, daß Sie höchstwahrscheinlich einigen Verschnitt haben. Je mehr Sie auf gutes Zusammenpassen der Maserung Wert legen (Spiegelfurnier, Kreuzfugenfurnier), um so mehr Abfall werden Sie haben. Nehmen Sie kein zu breites Furnier.

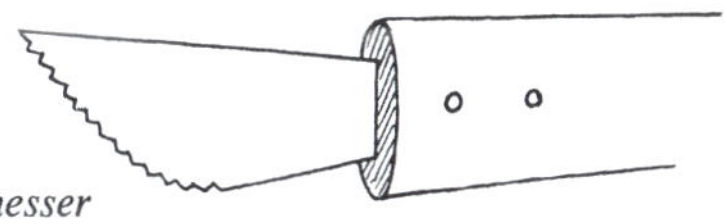

Furniermesser

3. Nun legen Sie die Furnierstreifen mit der rechten Seite so zusammen, wie sie später aneinandergesetzt werden sollten. Schneiden Sie die Kanten mit dem Furniermesser (Sägemesser) gerade, am besten an einem Stahllineal oder an einer geraden Latte. Vorher entlangvisieren!

4. Nach dem Schneiden die einzelnen Blätter nochmals zusammenlegen und zusammenzeichnen (S. 110).

5. Um die Kanten genau passend zu bekommen, müssen wir sie noch richten. Wir legen in der Mitte der Werkbank das Furnier zwischen zwei abgerichtete Bretter, so daß die Kante etwa 2 cm vorsteht. Nun fahren wir mit dem auf die Seite gelegten fein eingestellten Hobel (am besten mit der Rauhbank) an der Kante entlang. Vorsicht, das Blatt ist dünn!

6. Nun endgültig zusammenpassen. Am besten kleben Sie die Furnierstreifen auf der rechten Seite mit einem Papierklebestreifen zusammen, dann können sie sich nicht verschieben.

7. Die sauber abgerichtete und sauber geschliffene Oberfläche des Werkstückes wird mit grobem Glaspapier aufgerauht.

8. Jetzt beide Flächen (das Furnier von links) dünn mit Kleber einstreichen (S. 126).

9. Hat der Kleber angezogen, dann das Furnierblatt passend von der einen Seite zur anderen auf das Werkstück auflegen.

10. Nun das Furnier fest anreiben, damit keine Blasen entstehen.

11. Das überstehende Furnier wird mit dem Stecheisen bis auf 1 bis 2 mm vom Rand abgestochen. Der Rest wird mit dem Hobel sauber beigehobelt.

Wenn Sie eine Tischlerplatte oder Sperrholz furnieren wollen, sollten Sie vorher die unschönen Kanten ebenfalls verdecken. Das geschieht am besten mit einem Anleimer, der aus dem gleichen

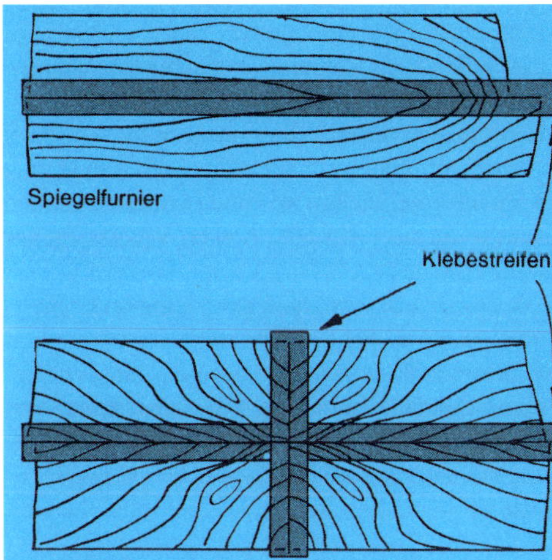

Zusammensetzen der Furnierstreifen

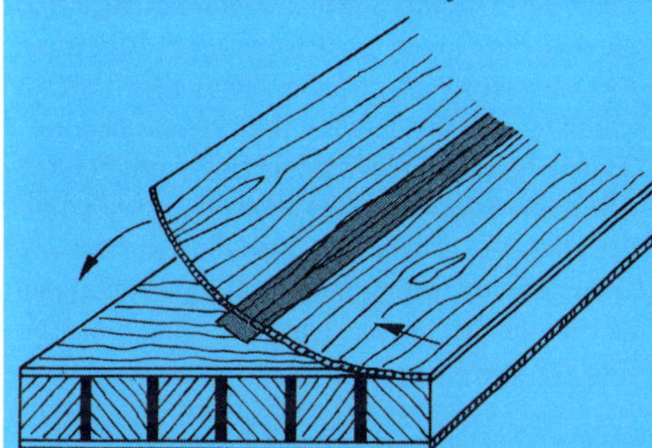

Aufkleben des Deckfurniers.

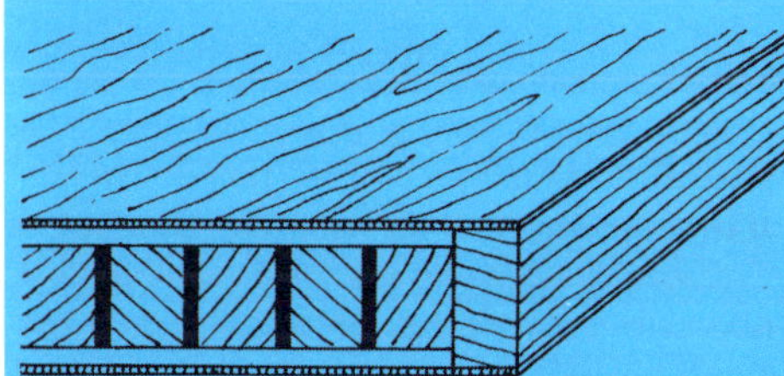

Anleimer (Massivholz)

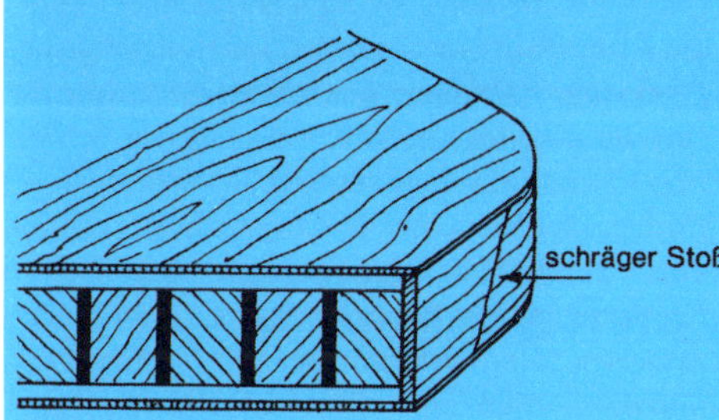

Kantenfurnier

Holz besteht wie das Furnier; falls es sich um gebogene Flächen handelt, mit einem etwas stärkeren Kantenfurnier.
Hirnholz vorher mit Leim tränken, bei Tischlerplatten eventuell ausspachteln; sonst klebt das Kantenfurnier nicht. Die Kanten müssen vor der Fläche furniert werden. Kleben wie gebogenes Holz (s. S. 117 f.).
Die Oberfläche wird dann geschliffen und behandelt wie auf S. 141 f. beschrieben.
Kleinere Flächen kann man auch mit Tischlerleim verleimen. In diesem Fall vorher Platte und Furnier mit einem Bügeleisen aufwärmen; das Furnierblatt mit einem dazwischengelegten Papier warm aufbügeln.

Holzeinlegearbeit (Intarsien)

Schon im Altertum hat man die Oberfläche von Werkstücken durch Einarbeiten oder Aufleimen von wertvollen Materialien bereichert und geschmückt. Außer edlen Hölzern wurden auch Elfenbein, Perlmutter, Edelsteine und Edelmetalle verwendet. Die Techniken waren ebenfalls vielfältig. Weit verbreitet war die Arbeitsweise, kleine Stücke aus Holz oder Bein in eine massive Grundfläche einzuarbeiten. Heute, im Zeitalter der Furniere, werden meist aus verschiedenen Holzarten zusammengefügte Flächen auf eine Unterlage geleimt.
Material In der Hauptsache wird man sich mit der Verarbeitung von Furnieren beschäftigen, die in Stärken von 0,6–0,8 mm in fast unübersehbarer Reichhaltigkeit zu haben sind. Da die benötigten Flächen nicht groß sind, werden Sie bei einer Holzhandlung oder bei Ihrem Schreiner auch unter den Abfällen noch viel Brauchbares finden. Interessant sind vor allem auch Furniere, die wegen ihrer geringen Größe nicht für andere Zwecke brauchbar sind; z. B. Wurzelhölzer und Maserfurniere mit sehr schönen Wolkenbildungen. Furniere immer trocken und dunkel lagern, denn jedes Holz verändert bei Licht seine Farbe.
Werkzeuge Erfreulicherweise benötigen wir für Intarsienarbeiten neben den wichtigsten Schreinergeräten nur wenige zusätzliche Werkzeuge:
Furnierschneidemesser · Furniersäge · Laubsäge · Drillbohrer · Furniernadeln · Stahllineal · Klebestreifen und Papier.
Zurichten der Furniere Bei der Bearbeitung müssen die Furniere vollständig eben sein. Wellige Flächen müssen vorher gestreckt werden.

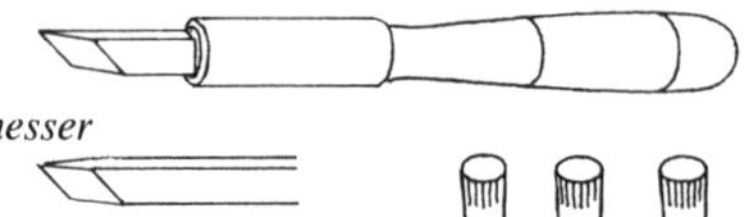

Furniermesser

Furniernadeln

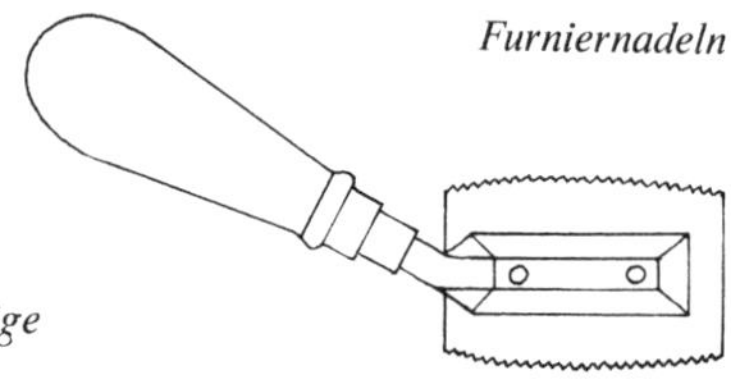

Furniersäge

Die einseitig angefeuchteten oder auch mit einer dünnen Leimbrühe eingesprengten Blätter werden mit Papierzulage (unbedruckt!) zwischen glatten Metallplatten gepreßt. Leicht anwärmen. Haben Sie keine Photo- oder Kopierpresse, so können Sie die Metallplatten auch zwischen zwei Bretter mit Schraubzwingen einspannen. Die gestreckten Blätter unter leichtem Druck aufbewahren.
Werkzeichnung Bei der Auswahl des Motivs oder beim Entwurf der Skizze legen Sie sich immer auch die Furniere zur Hand, denn der Entwurf sollte wesentlich vom Material bestimmt werden. Denken Sie daran, daß die Intarsie keine Abart der Malerei ist, sondern Flächenschmuck aus Holz. Zeichnen Sie die endgültigen Umrisse scharf und genau auf Transparentpapier (durchsichtiges Zeichenpapier). Man muß von der Zeichnung Lichtpausen machen können.

Beispiel einer Werkzeichnung

Alte Messertechnik Hierbei werden auf eine massive Unterplatte (Spanplatte, Sperrholz) die Einzelteile Stück für Stück angepaßt und verleimt.
Arbeitsgang 1. Mehrere Lichtpausen der Zeichnung anfertigen. Auswählen der Furniere.
2. Übertragen der Zeichnung auf die Grundplatte, indem man sie mit Hilfe von Graphitpapier durchpaust. Kein Blaupapier! Färbt!
3. Aus der Lichtpause wird nun ein Teilstück herausgeschnitten; unter dieser Öffnung schiebt man das ausgewählte Furnier so lange hin und her, bis die gewünschte Maserung auftritt.

4 Befestigen von Lichtpause und Furnier mit Furniernadeln auf der Arbeitsplatte.
5. Schneiden Sie nun mit dem Furniermesser präzise entlang den Lochkanten das Furnierplättchen aus.
6. Haben Sie auf diese Weise mehrere Stücke beisammen, dann kleben Sie diese auf die Grundplatte.
7. Nach der gleichen Technik fügen Sie Stück für Stück an. Beim Anpassen können Sie mit dem Messer die Außenkanten der bereits geklebten Plättchen nachschneiden.

Für diese Technik brauchen Sie viele Lichtpausen. Wenn Sie nicht das Loch, sondern das ausgeschnittene Teilstück über das Holz legen und danach schneiden, kommen Sie mit 2 bis 3 Zeichnungen aus. Der Faserverlauf kann aber dann nicht mehr so gut kontrolliert werden.

Neue Messertechnik I Bei dieser Arbeitsweise klebt man die Teilstückchen nicht direkt auf das Holz, sondern seitenverkehrt auf ein Papier und klebt dann die ganze fertige Arbeit auf das Werkstück.

Arbeitsgang 1. Herstellen einer seitenverkehrten Lichtpause. Darauf klebt man die Teilstückchen.
2. Aufspannen der Lichtpause auf eine Unterlagsplatte. Papier leicht anfeuchten und am Rand mit Tesakrepp festkleben. Nach dem Trocknen muß das Blatt vollständig glatt sein.
3. Mit rechtsseitigen Lichtpausen werden die einzelnen Teile ausgearbeitet, wie vorher beschrieben, und umgekehrt in die Lichtpause eingeklebt. Achtung: nur Glutinleim (Knochenleim), denn das Papier muß später wieder abgeweicht werden.
4. Das fertige Blatt wird auf die Grundplatte auffurniert (S. 143).

Neue Messertechnik II Bei diesem Verfahren behält man eine gute Übersicht über die Arbeit, denn hier werden die einzelnen Teilstücke in ein großes Grundfurnier eingesetzt.

Arbeitsgang 1. Das Grundfurnier in der gewünschten Größe mit Furnierklebestreifen zusammensetzen (S. 143). Die Ränder zum Schutz mit Tesakrepp umkleben.
2. Die Zeichnung spiegelbildlich auf die linke Seite des Grundfurniers durchpausen. Kein Blaupapier!
3. Beginnend mit den wichtigsten Teilen, schneidet man aus dem Grund ein Stück heraus. Genau arbeiten!
4. Das ausgeschnittene Stück benutzt man als Schablone und schneidet das einzusetzende Teilstück danach.
5. Einsetzen des neuen Teils in die Grundfläche mittels Furnierklebestreifen.
6. In gleicher Technik Stück für Stück einsetzen. Man kann die fortschreitende Arbeit dabei gut verfolgen.
7. Auffurnieren der fertigen Arbeit.

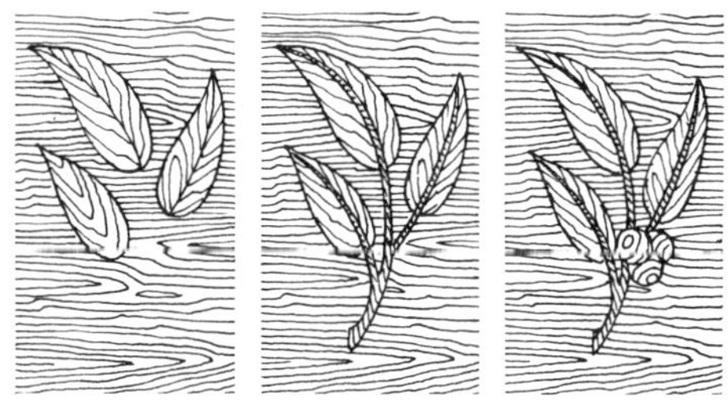

Neue Messertechnik II

Sägen Bei schwierigen Formen oder starken Furnieren können die Teile auch mit der Laubsäge ausgeschnitten werden. Dabei ist genaues Arbeiten nötig. Diese Sägetechnik, früher weit verbreitet, als es noch keine dünnen Furniere gab, ist heute hauptsächlich durch den Doppelschnitt interessant.

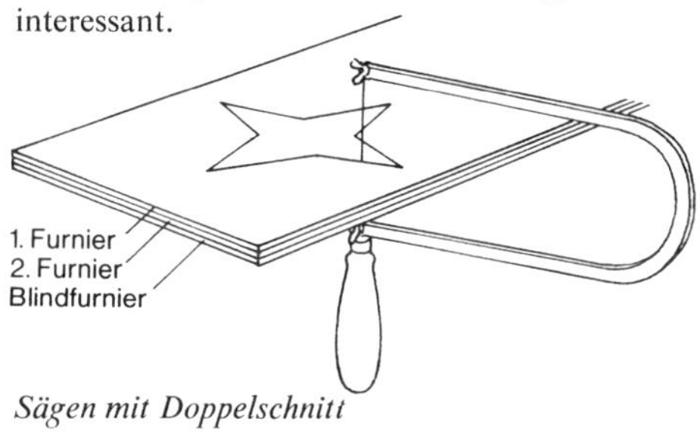

Sägen mit Doppelschnitt

Man verbindet 2 bis 4 verschiedenfarbige Furnierblätter mit einem untergelegten Blindfurnier zu einem Paket (Nägelchen oder Tesakrepp) und sägt alle Furniere gemeinsam aus. Die Innenstükke des einen Holzes passen genau in die Negativform des anderen. Es entstehen Fugen in Sägeblattstärke, die man von links auskittet.

Oberfläche Nach dem Furnieren der gesamten Fläche werden alle Papiere sorgfältig entfernt, indem man mit einem heißen, nicht zu nassen Putzwollebausch die Oberfläche abreibt. Anschließend trockenreiben. Nach dem Trocknen kräftig durchbürsten und mit Hartgrund einlassen. Abschleifen, Abziehen oder Ebenputzen ist zu gefährlich. Die Arbeit wird leicht beschädigt!

8 Werkstücke

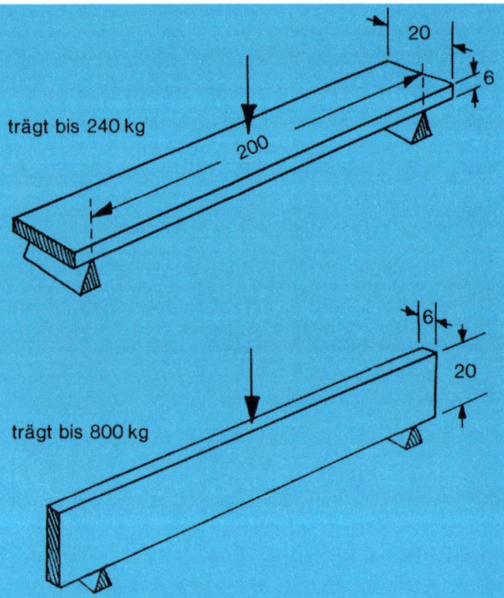

Tragfähigkeit

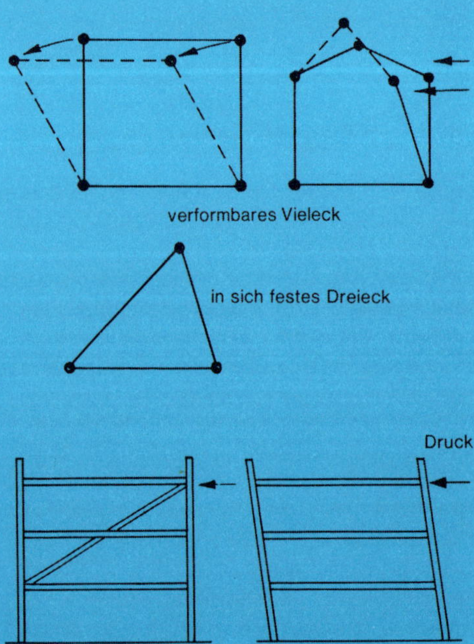

Steifheit gegen Verformung

Wer die hier beschriebenen Stücke anfertigen will, sollte die vorher behandelten Techniken, soweit sie für das einzelne Stück gebraucht werden, beherrschen. Die Werkstücke sind nur Beispiele. Sie zeigen, wie man die Technik am Werkstück anwendet und wie man überhaupt ein Werkstück plant und ausführt. Beispiele nur sind es auch insofern, als Sie die Maße, die hier mit Durchschnittswerten angegeben sind, nach Ihren Wünschen abwandeln können und sollen.

Festigkeit und Steifheit Einer der wichtigsten Punkte, die vor dem Arbeitsbeginn stets zu überlegen sind, ist die Stabilität des Werkstücks. Es handelt sich um die gleiche Überlegung, die Architekt und Bauingenieur für jedes Bauwerk anstellen müssen.

Tragfähigkeit Die Tragfähigkeit eines Bauteiles aus Holz, das Druck auszuhalten hat, ist ganz verschieden je nach seiner Lage. Betrachten Sie die Zeichnungen. Es handelt sich in beiden Beispielen um ein Holzstück von 120 cm^2 Querschnitt. Eine fachmännische Berechnung (und ebenso die praktische Probe) ergibt, daß das flachliegende Brett nur 240 kg trägt, das hochkant stehende Brett aber 800 kg.

Wer sich mit dem Bau von Segelflug-Modellen befaßt hat, weiß, wie man unter Berücksichtigung der statischen Zusammenhänge oft mit unwahrscheinlich schwachen Holzstärken auskommt.

Steifheit gegen Verformung Den zweiten wichtigen Gesichtspunkt ersehen Sie ebenfalls am besten aus den Bildern: Die viereckige Konstruktion und ebenso die fünfeckige werden sich leicht verbiegen, sobald sie einem seitlichen Druck oder Zug ausgesetzt werden. Dagegen ist das Dreieck in sich fest, nicht verformbar. Die praktische Auswirkung zeigt jedes Regal. Hat es keine Rückwand und keine anderweitige Versteifung, so wird es bei seitlichem Druck einfach zusammenklappen. Also jede derartige Konstruktion entweder mit Leisten versteifen oder ihr eine feste Rückwand geben! Die Rückwand wirkt als Verstrebung.

Planmäßiges Arbeiten

Wer Freude an seiner Arbeit haben will, arbeitet überlegt, planmäßig und – übrigens – mit sauberen Händen.

Hauptpunkte für Plan und Gang der Arbeit:

1. Was will ich?
2. Läßt sich die Sache herstellen? Kann ich sie herstellen? Welche Techniken muß ich beherrschen? Stabilität überlegen, siehe oben.
3. Zeichnung mit allen Maßen.
4. Alles Benötigte in einer Liste zusammenstellen: Holzteile (Art, Maße) · Beschläge · Zubehör.
5. Alles beschaffen und bereitlegen.
6. Werkzeug nachsehen, wenn nötig schärfen.
7. Platz zum Arbeiten frei machen.

Werkzeichnung Bevor wir mit der Beschreibung von einzelnen Werkstücken beginnen, müssen wir noch ein Wort über die Werkzeichnung sagen. Einfache Werkstücke werden Sie noch mit dem Aufreißen der Maße direkt auf den Hölzern zuwege bringen; bei größeren Arbeiten müssen Sie vorher eine Zeichnung anfertigen.

Am besten geht es, wenn Sie eine Reißschiene und zwei Zeichenwinkel haben (einen 45°-Winkel und einen mit 30° und 60°). Sie können dann auf Ihrem Tisch zeichnen: Papier mit Tesafilm an der Tischplatte befestigen; die Reißschiene nur an einer Seite anlegen, sonst stimmt die Zeichnung nicht.

Um einen Überblick über das Werkstück zu bekommen, zeichnen wir es von vorn, von oben und von der Seite im Maßstab 1:10 (10 cm des fertigen Stückes entsprechen 1 cm auf dem Papier). 1 m entspricht demnach 10 cm in der Zeichnung. Nun zeichnen wir in die Ansicht auch die Innenteile ein und machen Schnitte daraus: Horizontalschnitt waagerecht durch das Stück. Querschnitt, wenn nötig Längsschnitt.

In diesen Plan schreiben wir die Maße ein: die Zwischenmaße (Holzstärken, Zwischenabstände), die Gesamtaußengrößen (Höhe, Tiefe, Länge).

Aus Platzgründen sind die Zeichnungen in diesem Buch nicht im Maßstab 1:10 gezeichnet. Es ist nicht schlimm, wenn Ihre Zeichnung nicht schön wird; nur die Maße sollten Sie genau errechnen.

Wenn Sie sich überlegt haben, welche Eckverbindungen Sie anwenden wollen bzw. können, reißen Sie diese Verbindungen in natürlicher Größe 1:1 als Schnitt auf. Das können Sie auf dem Papier machen, oder aber, wie es der Schreiner tut, mit dem Anschlagwinkel auf einem Stück Holz. Nur von der Winkelkante aus zeichnen (S. 110)! Nur wenn Sie sich über Ihre Arbeit vorher Klarheit verschafft haben, werden Sie später keine Enttäuschungen erleben.

Anlage einer Werkzeichnung

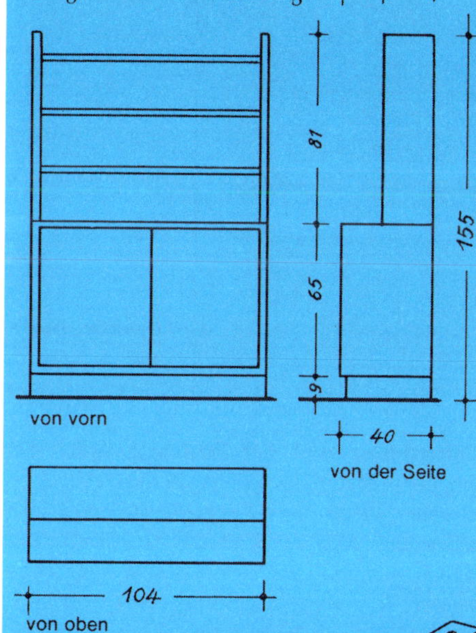

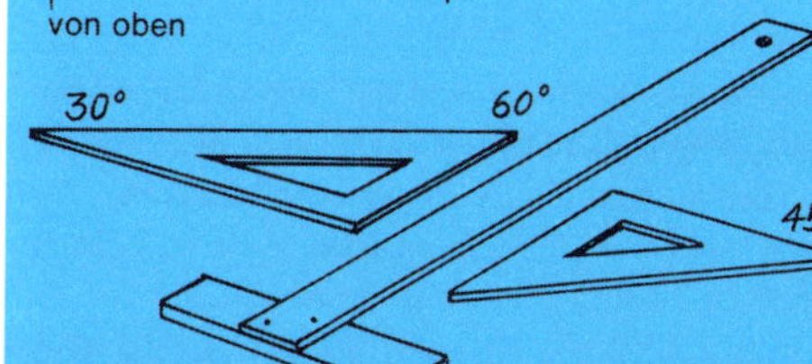

Reißschiene
Zeichenwinkel

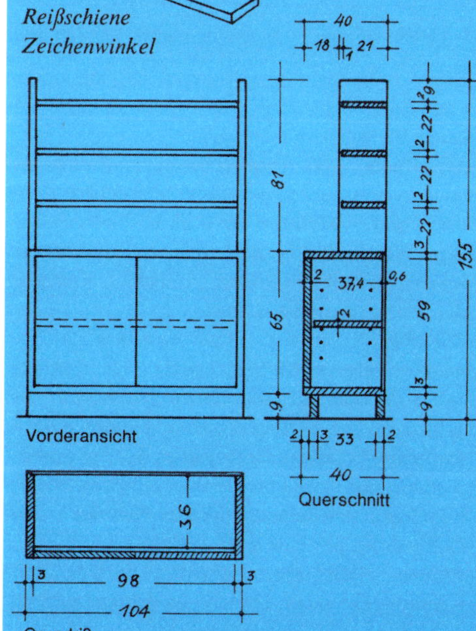

Die Werkzeichnung mit eingezeichneten Innenteilen und -maßen

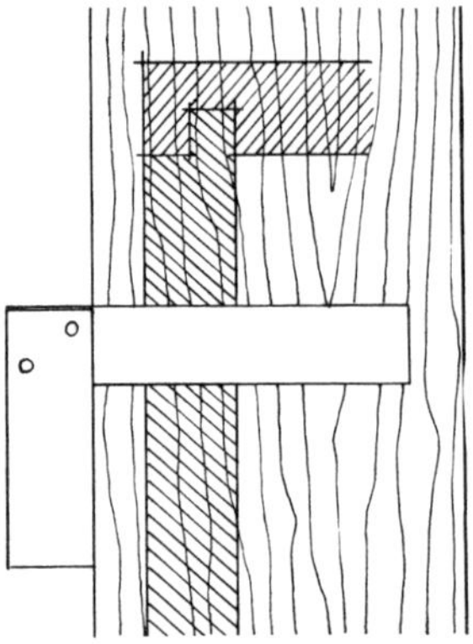

Detailzeichnung mittels Anschlagwinkel

Materialliste Nach der Zeichnung stellen Sie nun Ihren Materialbedarf zusammen. Alle Einzelbretter werden nach Länge, Breite und Dicke zusammengefaßt, die Stückzahl festgestellt. Bei der Länge müssen Sie für die Bearbeitung etwas zugeben. Je weniger Erfahrung, desto mehr Längenzugabe. Auch Platten werden so festgelegt, ebenso die Beschläge und die Nägel oder Schrauben, damit Sie Samstag nachmittag nicht mit der Arbeit aufhören müssen, weil die Schrauben ausgegangen sind! Erst wenn alles Material beisammen ist, beginnen wir mit der Arbeit.

Einkauf

Ehe wir das benötigte Material kaufen, nochmals einige Ratschläge, die bereits an verschiedenen Stellen erwähnt wurden:

Massivholz Massivholz sollte nur in Breiten bis etwa 15 cm verarbeitet werden. In größeren Breiten arbeiten die Bretter zu stark und werden reißen. Wollen Sie breitere Flächen verarbeiten, müssen Sie mehrere Bretter zu einer entsprechenden Platte zusammenleimen.

Die Oberfläche von Massivholz können Sie »natur« belassen, färben, beizen oder eventuell mit Stoff oder Kunststoffolien bespannen. Sie sollten sie nie furnieren oder mit einer Kunststoffplatte bekleben. Dafür haben Sie den großen Vorteil, daß die Kanten immer schönes Naturholz zeigen und keinen Umleimer benötigen. Das ist für den Laien eine große Vereinfachung.

Platten Platten gibt es praktisch in jeder notwendigen Größe im Handel, so daß das schwierige Leimen von Flächen entfällt.

Die Platten können Sie streichen, mit Stoff oder Folie überziehen, furnieren und auch mit Kunststoffplatten bekleben; »natur« belassen können Sie eventuell ausgesuchte Tischlerplatten und Sperrhölzer.

In jedem Fall müssen die sichtbaren Kanten bearbeitet werden (Umleimer, Kantenfurnier, Spachtelung samt Anstrich).

Nicht alle gezeigten Holzverbindungen eignen sich für das Plattenmaterial. Am besten eignen sich Dübel sowie »Nut- und Feder-«Verbindungen. Auch Stemmlöcher lassen sich sauber herstellen. Allerdings brauchen Sie wegen der wechselnden Faserrichtung ein superscharfes Stemmeisen.

Überlegen Sie also, welches Material für Ihre Aufgabe am geeignetsten ist, und ob Sie besser Bretter zu Platten zusammenleimen können, oder ob Sie lieber die Kanten bearbeiten. Sie werden jede Technik unter den nachfolgend gezeigten Werkstücken wiederfinden.

Zum Anfang werden Sie sich sicher nicht an einen Bücherschrank wagen. Wir üben lieber an einfachen Lattenkonstruktionen, die genagelt und im Keller jeder Wohnung gebraucht werden. Dort ist es auch nicht so wichtig, wenn noch nicht alles stimmt, denn dort kommen Ihre Gäste selten hin! Arbeiten Sie aber trotzdem so sorgfältig wie möglich, denn Sie wollen doch mit größerem Können auch Dinge herstellen, die Sie mit Stolz in Ihrer Wohnung zeigen können. Abgesehen von der Freude am gelungenen Stück können Sie dabei einiges Geld sparen, denn gerade bei Holzarbeiten ist der Lohnanteil viel höher als die Materialkosten. Wenn der Handwerker außerdem noch ins Haus kommen muß, zahlen Sie dazu die Wegestunden und Fahrtkosten.

Kellerregal

Der Einbau von Gestellen im Keller gehört zu den häufigsten, Gott sei Dank auch einfachsten Arbeiten im Haushalt. Größe, Höhe und Länge richten sich nach dem vorhandenen Platz. Im allgemeinen benötigen wir nur ungehobelte Latten. Als Eckpfosten nehmen wir kräftige Kanthölzer 5/5 cm oder 4/6 cm Querschnitt und schneiden sie auf die Länge zu. Dann werden im Abstand von 25 cm bis 35 cm Traghölzer so aufgenagelt, daß eine Art Leiter entsteht. Darauf nageln wir die übrigen Latten in der Art eines Holzrostes, Lattenabstand 3 bis 4 cm. Für die Traghölzer und für den Lattenrost nehmen wir

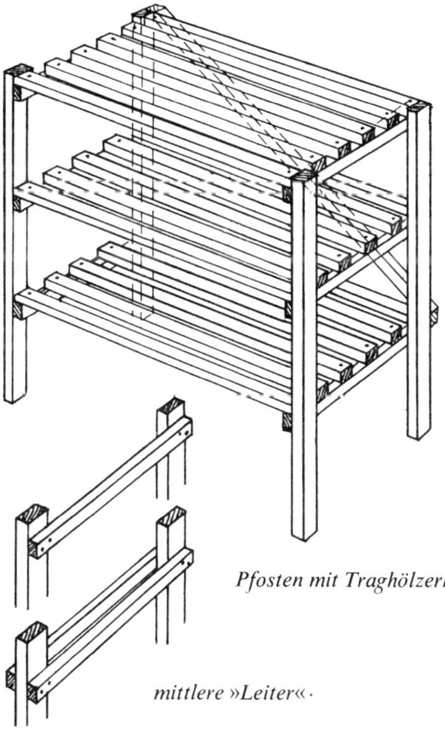

Pfosten mit Traghölzern

mittlere »Leiter«

die ortsüblichen Dachlatten 24×48 mm oder 30×50 mm; senkrecht gestellt tragen sie mehr. Wird das Regal wesentlich länger als 1 m, dann müssen Sie in der Mitte noch eine weitere Tragleiter einbauen. Diese erhält an beiden Seiten Tragsprossen.

Steht das Regal zwischen zwei Wänden, so wird der Lattenrost an Ort und Stelle eingenagelt. Zuerst stellt man die Tragleitern auf; dann heftet man oben und unten eine Latte an, um die Gestelle festzuhalten; darauf wird von unten nach oben der Rost eingenagelt. Ein solches Regal ist standfest. Soll es jedoch frei im Raum stehen, müssen Sie zur Versteifung hinten noch eine Querstrebe einbauen.

Gestell für Weinflaschen

Weinflaschen sollen nicht stehen, sondern liegen, und zwar still liegen, ohne hin und her zu rollen. Die Fächer müssen mindestens 34 cm lichte Tiefe haben, denn so lang sind Weinflaschen (auch 1-Liter-Flaschen sind nicht länger).

Wenn Sie, weintrinkender Leser, jetzt ein stabiles Regal im Keller haben, sich aber darüber ärgern, daß die Flaschen ins Rollen kommen, sobald Sie eine herausnehmen, so rate ich Ihnen zu einem einfachen Weg: Leisten der im Bild angegebenen Stärke, mindestens 16 cm lang, werden in gleichen Abständen auf den Fachboden genagelt oder geschraubt.

Etwas weniger Arbeit, dafür etwas mehr Kosten haben Sie, wenn Sie in einer Baustoffhandlung gewellte Holzleisten kaufen, die man als Unterlage für Welleternit am Bau benutzt.

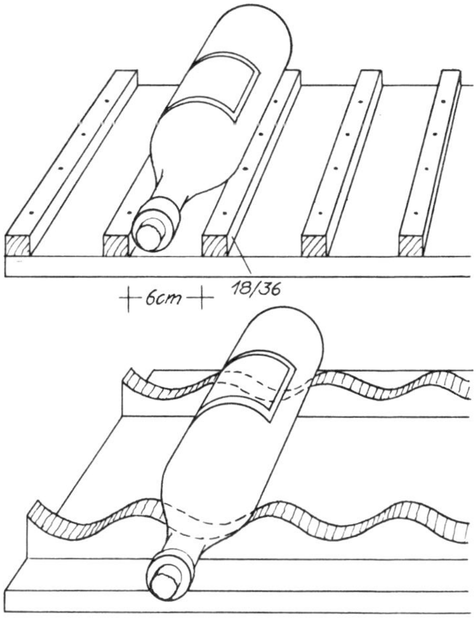

Die Weinflaschen ruhen hier sicher auf dem oben beschriebenen, mit Leisten benagelten Fachboden

Obsthurde mit ausziehbaren Lattenrosten

Diese Obsthurde wird ähnlich hergestellt wie das Kellerregal auf S. 148. Oben und unten sowie auf der Rückseite Versteifungen einbauen, damit ausreichender Halt da ist. Die Lattenroste werden

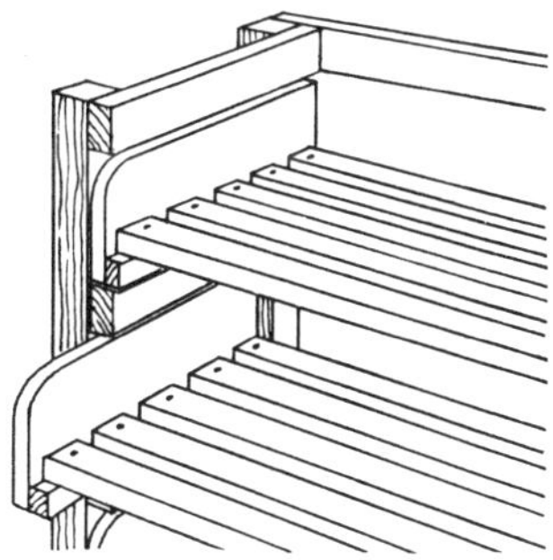

Obsthurde mit ausziehbaren Lattenrosten

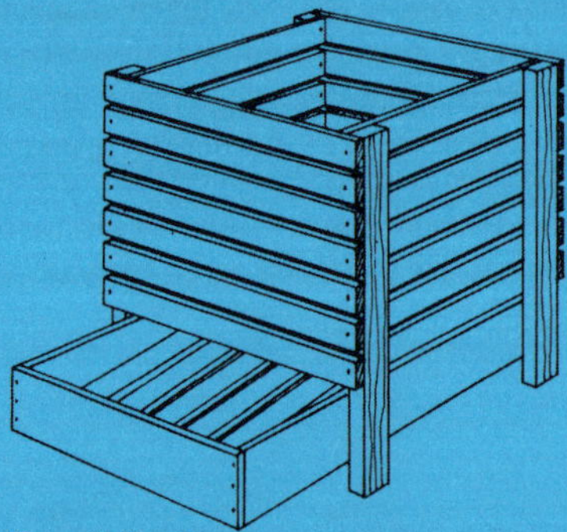

Kartoffelhurde

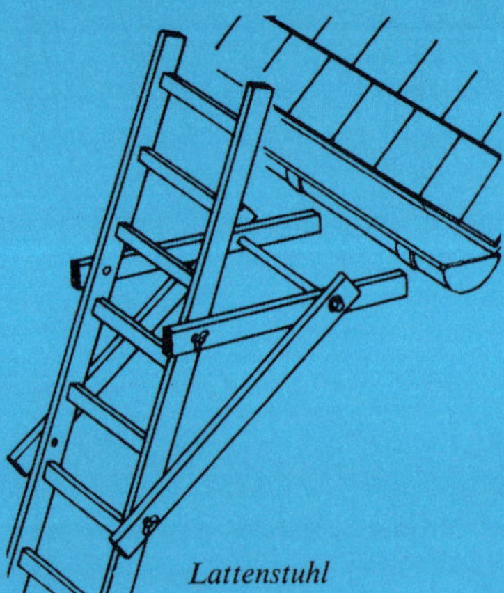

Lattenstuhl

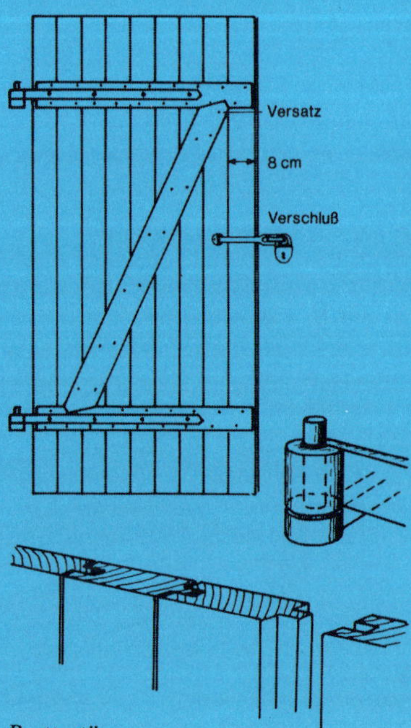

Brettertüre

ähnlich der Zeichnung ausgeführt. Damit man gut ausziehen kann, müssen die Latten gehobelt sein und die Roste oben wie unten eine Führung haben.

Kartoffelhurde Lagernde Kartoffeln sollen Luft bekommen und geschützt sein gegen Feuchtigkeit, die vom Kellerboden aufsteigen könnte. Eine Kartoffelhurde ist hier die beste Lösung; sie nimmt auch wenig Platz ein. Der im Bild sichtbare vorstehende Teil unten ist keine Schublade, sondern fest. Der schräge Lattenrost läßt immer Kartoffeln zum Herausnehmen nach vorn rutschen. Das vordere Brett müssen Sie unbedingt versetzt schräg (S. 121) nageln, damit es dem Druck standhält. Oder wollen Sie einen ersten Versuch mit einer gezinkten Eckverbindung (S. 129 f.) machen?

Stärke der Eckpfosten etwa 6×6 cm, Latten mindestens 2 cm stark, Lattenzwischenräume etwa 2 cm.

Lattenstuhl Falls Sie an Ihrem Haus selbst Reparaturen und Anstreicharbeiten an Dachrinne und Gesims durchführen wollen, dann erweist sich ein Lattenstuhl für die Leiter als praktisch. Er schützt Dachkante und Dachrinne vor Beschädigungen.

Genagelte Brettertüre

Für Keller oder Stalltüren verwendet man meistens die hier gezeigte Brettertüre. Sie ist stabil, schließt jedoch nicht dicht, denn sie wird ohne Rahmen verwendet. Wir machen sie seitlich ungefähr 6 cm breiter und oben ungefähr 3 cm höher als die Türöffnung.

Material Fichtenholz

Türbretter beidseitig gehobelt mit Nut und Feder, 24–30 mm stark

2 Querleisten und 1 Strebeleiste gehobelt, 36×100 mm

2 Bänder mit Rollkloben (S. 333 ff.)

1 Verschluß je nach den Gegebenheiten

Arbeitsgang 1. Festlegen der Größe und Zuschneiden der Bretter auf ungefähre Länge.

2. Zusammenfügen der Bretter zu einem Türblatt mit Hilfe der Spannvorrichtung (von S. 125). Nicht leimen!

3. Die Lage der Querleisten und der Strebeleiste auf dem Türblatt anreißen. Überlegen Sie, wie die Türe aufschlagen soll! Die Leisten kommen immer auf die Innenseite der Türe, und die Strebe wird immer vom unteren Drehpunkt nach oben geführt.

4. Nun an Querleisten und Strebe den Versatz genau anreißen und einpassen (S. 110). Es ist wichtig, daß der Versatz überall genau sitzt, denn nur dann kann er die Kräfte übertragen. Hat der Versatz Luft, wird die Tür schief hängen. Damit das Querholz nicht absplittert, muß vor dem Versatz etwa 8–10 cm Holz sein. Vor dem Einbau bei allen Leisten an den obenliegenden Kanten mit dem Hobel eine kleine Fase anarbeiten.
5. Nagellöcher anreißen.
6. Türe zusammennageln. Eine solche Türe wird immer entweder durchgenagelt oder verschraubt. Kein Leim!
7. Nach dem Nageln die Ober- und Unterkante mit der Spannsäge im Winkel gerade schneiden. Mit dem Hobel nachstoßen und die Kanten brechen.
8. Die Länge der Bänder soll ungefähr $^3/_4$ der Türbreite betragen. Die Bänder werden auf den Querleisten oder auf der Bretterseite aufgesetzt, je nachdem ob die Türe nach innen oder nach außen aufgehen soll. Die Befestigung geschieht immer durch die Querleisten. Man nagelt entweder mit Schmiedenägeln (S. 120), die auf der anderen Seite vernietet werden, oder schraubt mit Schloßschrauben. Rundkopf immer außen.
9. Festlegen der Punkte für die Rollkloben nach der Türe. Stemmen der Dollenlöcher und Einzementieren der Rollkloben. Nicht gleich einhängen!
10. Verschluß anbringen und die Türe mit einem Holzschutzmittel streichen. Eisenteile vor dem Montieren mit Bleimennige (S. 50), später mit Ölfarbe streichen.

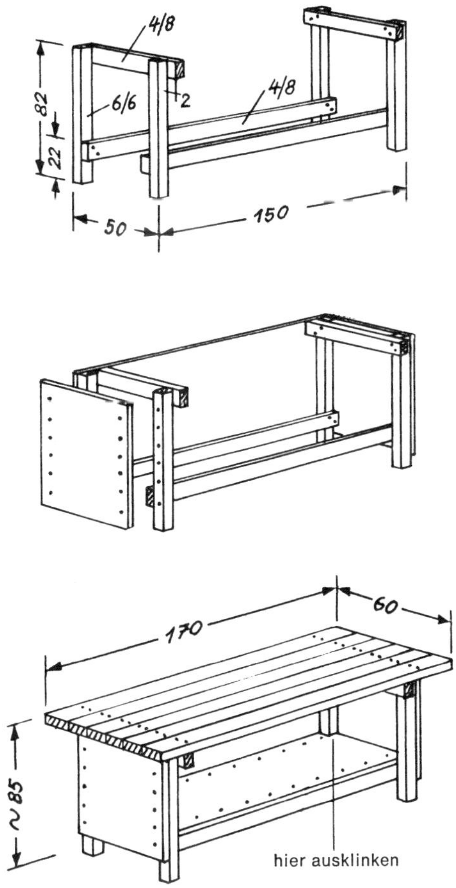

Einfacher Werktisch: die Reihenfolge des Zusammenbauens

Ein einfacher Werktisch

Nicht jeder will sich eine Hobelbank kaufen. Es ist aber nicht schwer, sich selbst einen stabilen Werktisch zu bauen.
Als Material dient gesundes, gehobeltes Fichtenholz, für die Platte gedämpftes 30 mm dickes Buchenholz. Die Arbeitshöhe der Platte soll der Höhe des Handgelenks des Arbeitenden entsprechen (etwa 0,85 bis 0,90 m). Länge der Platte 1,20 bis 1,70 m, Tiefe 0,50 bis 0,70 m.

Material Platte: 6 Buchenbohlen 10 cm breit, 170 cm lang, 30 mm dick.
Gestell: 4 Kanthölzer 6/6 cm, ca. 82 cm lang
2 Kanthölzer 4/8 cm, 52 cm lang
2 Kanthölzer 4/8 cm, 150 cm lang
1 Spanplatte 68 cm hoch, 150 cm lang, 13 mm dick (Rückwand)
2 Spanplatten 68 cm hoch, 52 cm breit, 13 mm dick (Seitenwände)
1 Spanplatte 44 cm breit, 150 cm lang, 19 mm dick (Ablage)
16 Rundkopfschrauben 6 mm ∅ , 70 mm lang
24 Flachkopfschrauben 6 mm ∅ , 70 mm lang
36 Flachkopfschrauben 4 mm ∅ , 35 mm lang

Arbeitsgang 1. Die 4 Tischbeine 6/6 cm zusammen auf Länge schneiden und die unteren und oberen Querverbindungen anreißen.
2. Die unteren und oberen Verbindungshölzer paarweise gemeinsam genau ablängen, die Schraubenlöcher anreißen und bohren.
3. Verschrauben der unteren und anschließend der oberen Verbindungshölzer mit den Tischbeinen (Rundkopfschrauben).
4. Anreißen, Bohren und Versenken der Schraubenlöcher 4 mm ∅ an den Spanplatten der Rück- und Seitenteile. Schraubenabstand ca. 11 cm.
5. Verschrauben der Seitenteile und des Rückteils mit dem Gestell genau rechtwinkelig. Versenkte Flachkopfschrauben 4 mm ∅.
6. Zurichten und Aufschrauben der Bohlen für die Arbeitsplatte. Buchenholz arbeitet sehr stark, deshalb verbinden Sie die Bohlen mit Dübeln oder durch eine Nut- und Federverbindung.
Die Dübellöcher werden an den Schmalseiten der Bretter im Abstand von etwa 25 cm gebohrt; Durchmesser 10 mm. Im anderen Fall wird die Nut 8 mm breit und 10 mm tief gesägt; die Feder aus 8 mm starkem Sperrholz wird 18 mm breit. Dübel und Feder nur in einem Brett verleimen. Das Gegenbrett ohne Leim anfügen. Wenn Sie das erste Brett mit dem Gestell verschraubt haben, hämmern Sie das nächste Brett gegen das erste. Legen Sie immer ein Zulageholz dazwischen! Wenn Sie Dübel oder Feder vorn abfasen, erleichtern Sie diese Arbeit. Einen festen Stand erreicht man, indem man das Gestell auf der Ablage mit großen Steinen oder Eisenschienen belastet. Untergenagelte Gummi- oder Lederstückchen verhindern das Rutschen der Füße.
Das fertige Gestell mit Leinöl einlassen oder mit Ölfarbe streichen, damit es nicht zu sehr verschmutzt.
Anstelle einer Vorderzange können Sie einen Tischparallelspanner (S. 105) oder eine ähnliche vielseitige Einspannvorrichtung anbringen.

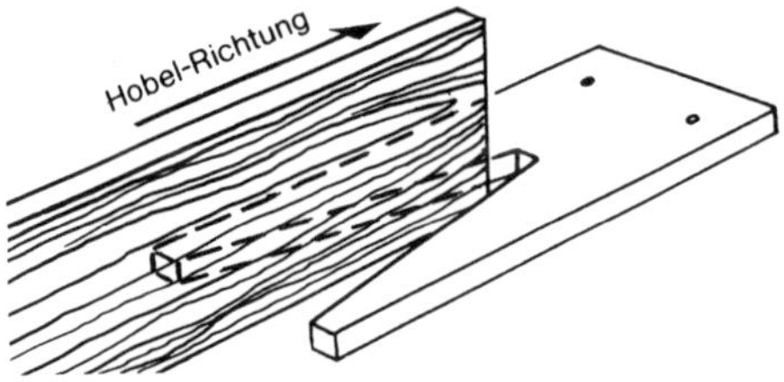

Haltevorrichtung zum Hobeln

Zum Hobeln von Kanten ist eine einfache Haltevorrichtung leicht anzufertigen. Befestigung durch Stifte oder Schrauben.
Auch eine Klemmzange mit entsprechender Brettunterstützung ist eine wirksame Hilfe. Ein keilförmiges Bohlenstück von der Dicke der Tischplatte wird zusammen mit einem Zwischenstück mit kräftigen Schlüsselschrauben links vorn an den Werktisch angeschraubt. Dazu brauchen wir zur Unterstützung des Werkstückes noch 2 bis 3 Schiebeleisten etwa 30 × 30 mm stark und 30 cm lang, die durch Bandeisenschellen oder eine Lochleiste gehalten werden. Gegen Herausfallen mit Arretierungen versehen.

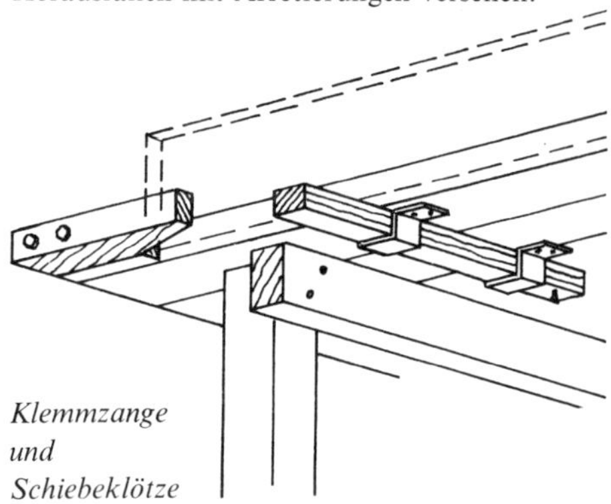

Klemmzange und Schiebeklötze

Fügelade (Stoßbrett)

Die an verschiedenen Stellen schon erwähnte Fügelade ist ein wichtiges Hilfsgerät zum Bestoßen von Brettkanten und zum Anhobeln von Gehrungen. Sie besteht aus einem Auflagebrett mit zwei aufgeleimten Brettstücken, gegen die

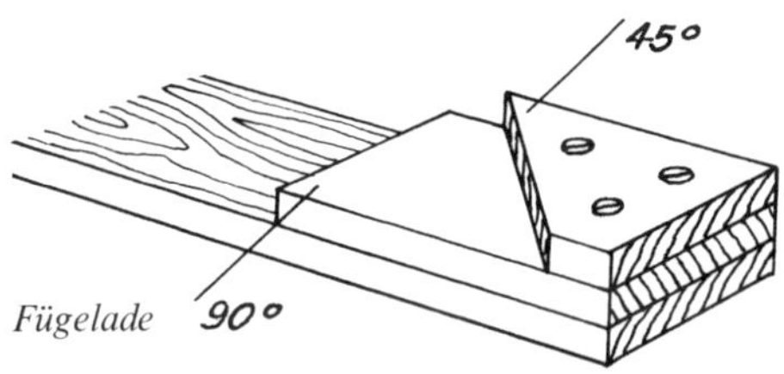

Fügelade

das zu bestoßende Brettstück angeschlagen wird: eines mit rechtem Winkel, eines mit Gehrung.
Das Auflagebrett ist 70 bis 90 cm lang, 10 bis 12 cm breit und 18 bis 22 mm stark. Beim Aufleimen der Stoßbretter mit gleichlaufender Faser kommt es hauptsächlich auf das genaue Einhalten der Winkel an. Das rechteckige Stoßbrett wird zuerst mit einem nicht zu tief eingetriebenen Heftnagel befestigt, die Lage mit dem Winkelhaken genau eingestellt, dann ein zweiter Heft-

nagel eingeschlagen, die Lage mit dem Winkelhaken nochmals nachgeprüft. Dann Auflagebrett abnehmen, Leim aufstreichen, aufsetzen, Heftnagel in die vorhandenen Löcher schlagen. Zwingen ansetzen. Holzzulagen nicht vergessen. Etwa herausgetretenen Leim entfernen.
Beim zweiten Auflagebrett kommt es auf die genaue Lage der Gehrung an. Nach dem zweiten Aufleimen alle Kanten noch einmal sauber hobeln. Zum Schluß erhält die Stoßlade an einem Ende ein Loch, damit sie handgerecht an der Wand aufgehängt werden kann.

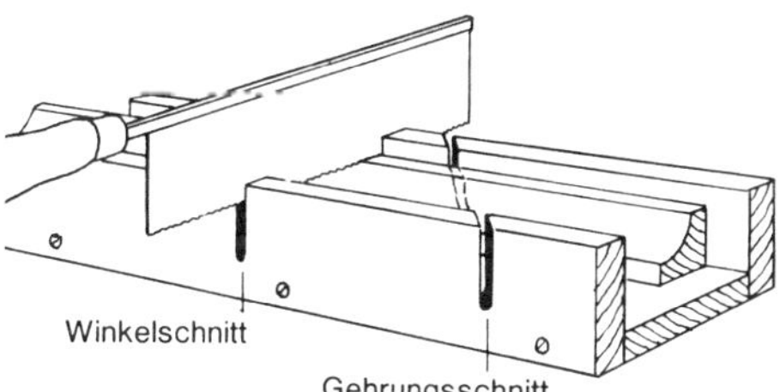

Schneidlade

Schneidlade

Profilgehrungen und Winkel genau schneiden: dazu hilft die Schneidlade. Man kann sie fertig kaufen, aber auch selbst herstellen. An ein Hartholzbrett, etwa 30 cm lang, 5 bis 7 cm breit, das genau parallele Kanten haben muß, werden die beiden Wangen, ebenfalls Hartholz, geleimt und geschraubt. Die Führungsschnitte – ein Winkelschnitt und ein Gehrungsschnitt – müssen haargenau angerissen und eingesägt werden.

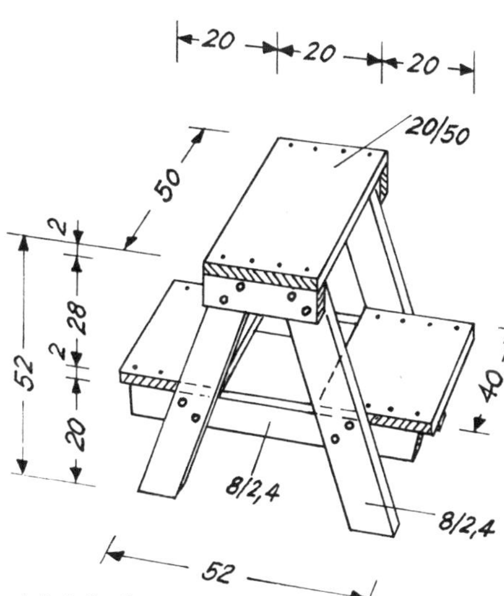

Arbeitsbock

Arbeitsbock

Dieser ist als Auflage beim Sägen oder als Stufentritt in Werkstatt und Haushalt immer brauchbar.

Material Für den Bock Bretter, 8 cm breit und 24 mm dick: 4 Stück 61 cm lang, 2 Stück 58 cm lang, 2 Stück 18 cm lang.
Für die Stufen Bretter oder Spanplatten, 20 cm breit und 20 bis 24 mm dick: 2 Stück 40 cm lang, 1 Stück 50 cm lang. 34 Flachkopfschrauben, 4 mm ∅, 35 mm lang.

Arbeitsgang 1. Aufreißen des Gestells in natürlicher Größe, damit die Schrägen genau werden.
2. Zuschneiden genau nach Riß, Markieren der Schraublöcher und Vorbohren 4 mm samt Versenken.
3. Zusammenschrauben der zwei Tragböcke. Obere Verbindung außen, die untere innen.
4. Anreißen, genaues Zuschneiden und Vorbohren der Stufenplatten. Es schadet nichts, wenn die Stufen aus 2 nebeneinanderliegenden Brettern gemacht werden. Achtung bei Naturholz: „Rechte Seite" oben! (S. 88)
Zwei dieser einfachen Böcke zusammen mit einem darübergelegten Brett geben ein brauchbares Gerüst für Innenarbeiten.

Bank aus genuteten Brettern

Diese Bank, die auch als Couchtisch verwendet werden kann, schrauben wir aus massiven Fichten- oder Kiefernholzbrettern zusammen.

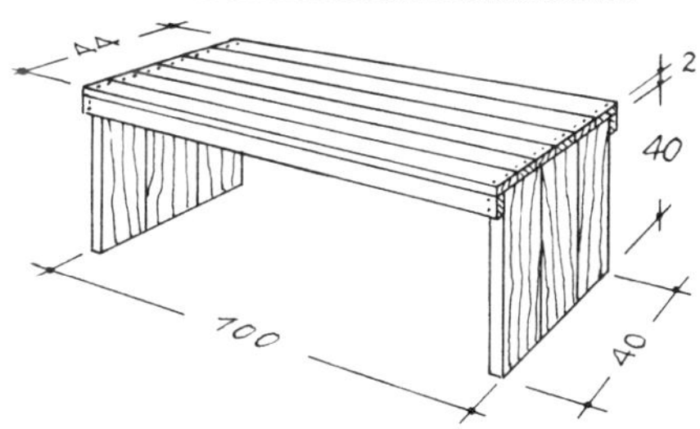

Material Bretter 10 cm breit, 100 cm lang, 22 mm dick: 6 Stück mit Nut und Feder, 2 Stück ungenutet
6 Bretter 15 cm breit, etwa 45 cm lang ungenutet, 30 mm dick
24 Flachkopfschrauben zum Schrauben in Hirnholz 4 mm ∅, 50 mm lang
24 Flachkopfschrauben 4 mm ∅, 40 mm lang
Kaufen Sie fertig gehobelte Bretter mit Winkelkante.

Arbeitsgang 1. Zusammenlegen der genuteten Sitzbretter und Anzeichnen der Außenbretter.
2. Bei den Außenbrettern einmal die Feder, beim gegenüberliegenden Brett die Nut abtrennen. Mit dem Hobel die Kanten bestoßen oder auf der Hobel- bzw. Bandschleifmaschine richten.
3. Je 3 der 30 mm dicken Bretter zu 2 Platten zusammenleimen. Spannen (S. 125).
4. Probeweises Zusammennuten der Sitzbretter und genaues Messen der Sitzbreite. Der Sitz sollte 42 bis 46 cm breit sein. Von dieser Breite ziehen Sie 2 mal 22 mm = 44 mm ab; so dick sind die beiden Stützbretter.
5. Das gefundene Maß auf den zusammengeleimten Fußstücken aufreißen. Die Maserung steht senkrecht. Höhe 40 cm.
6. Alle Stücke genau zuschneiden und bestoßen.
7. Anreißen und Vorbohren der Schraubenlöcher. In jedes Brett kommen zwei Schrauben. Im Hirnholz nicht vorbohren. Ausreiben.
8. Verschrauben der beiden Seitenbretter. Dabei die Fußstützen mit Diagonalleisten in ihrer Stellung fixieren.
9. Sitzbretter aufschrauben.
10. Versäubern und die Oberfläche behandeln. Wenn Sie die Bank natur belassen und im Freien verwenden wollen, arbeiten Sie mit verchromten Messingschrauben. Sie können als Material ausländisches Nadelholz (Oregon- oder Pitchpine) nehmen, das in ausgezeichneter Qualität zu haben ist.

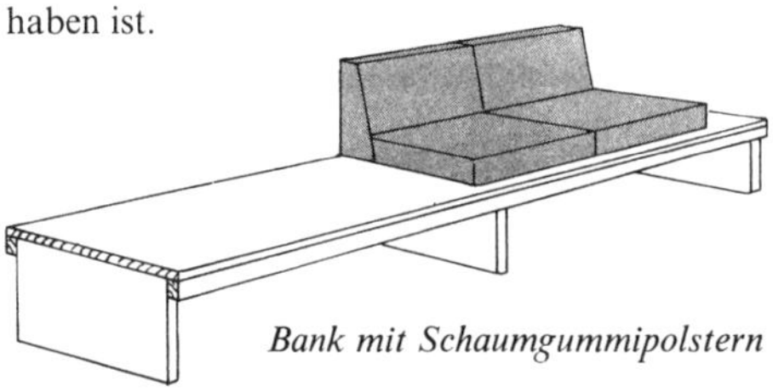

Bank mit Schaumgummipolstern

Man kann mehrere Bänke nebeneinander stellen oder auch eine lange Bank mit entsprechenden Zwischenstützen bauen. Stützweite ca. 1,00 m. Auf die Bank Schaumgummikissen auflegen, die Sie fertig kaufen und selbst beziehen können (s. S. 80). Sitzhöhe mit Polster rd. 40 cm, Sitztiefe ohne Rückpolster etwa 50–55 cm.

Quadratischer Couchtisch

Bei diesem Tisch aus ausgesuchtem Fichten- oder anderem Nadelholz wird die verleimte Platte mittels Tischklammern am verleimten Fußgestell befestigt.

Quadratischer Couchtisch

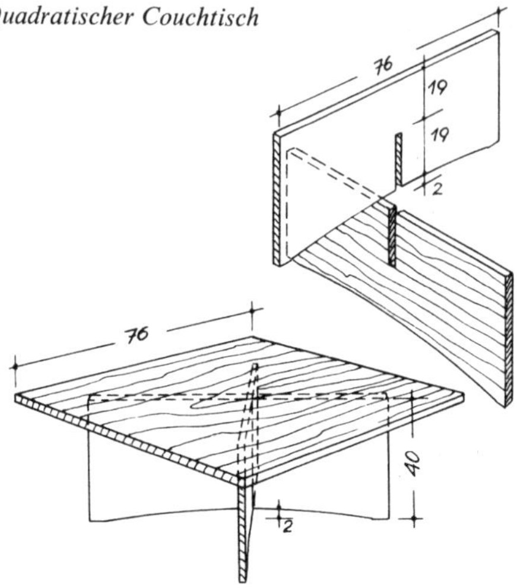

Material 6 Bretter 12 × 72 cm, 30 mm dick, 8 Bretter 10 × 72 cm, 20 mm dick, 8 Tischklammern (S. 134), 8 Rundkopfschrauben, 3 mm ⌀, 18 mm lang.

Arbeitsgang 1. Die 30 mm dicken Bretter werden zur Platte zusammengeleimt.
2. Aus den 20 mm dicken Brettern werden die 2 Teile der Fußstütze je 40 × 72 cm zusammengeleimt. Je Stück 4 Bretter. Die Fasern laufen beim fertigen Tisch waagerecht.
3. Anreißen, Zeichnen und Ablängen der Holzteile. Fußstücke unten leicht ausschweifen. Der Tisch steht dann besser, denn kein Fußboden ist ganz eben.
4. Anreißen und Einsägen der Mittelschlitze.
5. Zusammenpassen und Verleimen der Fußstücke zu einem Kreuz. Auf den rechten Winkel achten! Von oben mit Latten und Stiften leicht fixieren.
6. Auf der Unterseite der Platte die Diagonalen anreißen.
7 Alle Teile versäubern.
8. Platte und Fußkreuz mit Hilfe der Tischklammern verbinden.
9. Oberflächenbehandlung.

Wandtisch und Klapptisch

Auf einfache Weise können wir auch einen Tisch in eine Nische einbauen. Er wird an beiden Seiten auf Wandbohlen 40 × 60 mm aufgelegt, die mit Dübeln an die Wand geschraubt sind. Spannweite bis ca. 1,20 m. Derselbe Tisch kann, eventuell vor einer Tür, auch klappbar angebracht werden. An der Scharnierseite sollte allerdings die Wandbohle etwa 50–60 mm stark sein, da der Tisch um die Plattenstärke von der Wand zurückstehen muß.

Befestigung der Wandtische

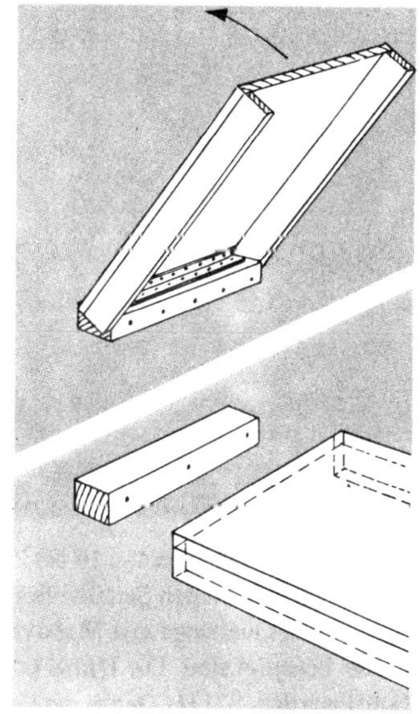

Runder Tisch mit Kunststoffplatte

Bei diesem Tisch aus einer Spanplatte verwenden wir Stahlfüße, die im Handel erhältlich sind. Schneiden Sie vorher die Plattengröße aus Papier aus, denn man täuscht sich bei runden Flächen leicht über die Größe. Üblich sind Platten von 75 bis 120 cm Durchmesser. Das Plattenmaterial kaufen Sie etwa 5 cm größer als das fertige Stück. Erkundigen Sie sich vorher, in welcher Größe die von Ihnen gewünschten Kunststoffplatten im Handel sind, denn im Gegensatz zum Holzfurnier sollten Sie diese Platten nicht stoßen.

Material

1 Spanplatte 80 × 80 cm, 30 mm dick
2 Kunststoffplatten 80 × 80 cm
1 oder mehrere Furnierstreifen aus Edelholz, Gesamtlänge 240 cm, 4 cm breit, ca. 1 mm dick
4 Stahlfüße 40 cm lang aus Vierkantrohr mit angearbeiteter Schraubplatte
16 Linsenkopfschrauben 3,5 mm ⌀, 25 mm lang, Kleber (Pattex oder von der Kunststoffirma empfohlenen Kleber).

Arbeitsgang 1. Anreißen der runden Tischplatte von 75 cm ⌀ auf der Spanplatte.
2. Zuschneiden mit der Stichsäge und Ausgleichen der Kante mit Raspel und Schleifpapier.
3. Aufkleben einer Kunststoffplatte (S. 490). Zum Ausrichten der Platten legen Sie zwei dünne Stäbchen dazwischen, die Sie leicht herausziehen können, wenn Sie die Platten fixiert haben.
4. Auf der Rückseite der Kunststoffplatte entlang dem Rand der Spanplatte mit einem Stecheisen oder einem Spitzbohrer einritzen; die überstehenden Teile mit scharfem Ruck abbrechen.
5. Kante mit Raspel und Feile versäubern.
6. Die andere Seite genauso bekleben, die Platte könnte sich sonst verziehen.
7. Die mit Glaspapier geglättete Kante mit dem Kantenfurnier umkleben. Dabei die scharf geschnittene und gerichtete Kante des Furniers an der Oberseite des Tisches ausrichten, damit dort möglichst keine Nacharbeit nötig wird. Die Oberfläche der Kunststoffplatte würde dabei leicht beschädigt. Kantenfurnierstreifen und Kunststoffumleimer gibt es in Bastlergeschäften fertig zu kaufen.
8. Anreißen der Bohrlöcher für die Füße.
9. Schraubenlöcher zweistufig mit 1,5 mm und 3,5 mm vorbohren (S. 116).
10. Füße verschrauben.
11. Kantenfurnier mit Mattierung oder Lakkierung versehen.

Runder Tisch

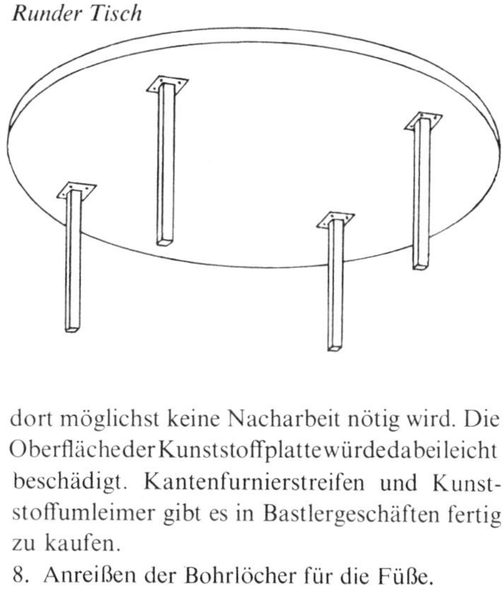

Tischchen fürs Krankenbett

Von diesem Tischchen kann der Kranke essen; da die Tischfläche hochzuklappen und in Schräglage festzustellen ist, kann er daran auch lesen oder schreiben.

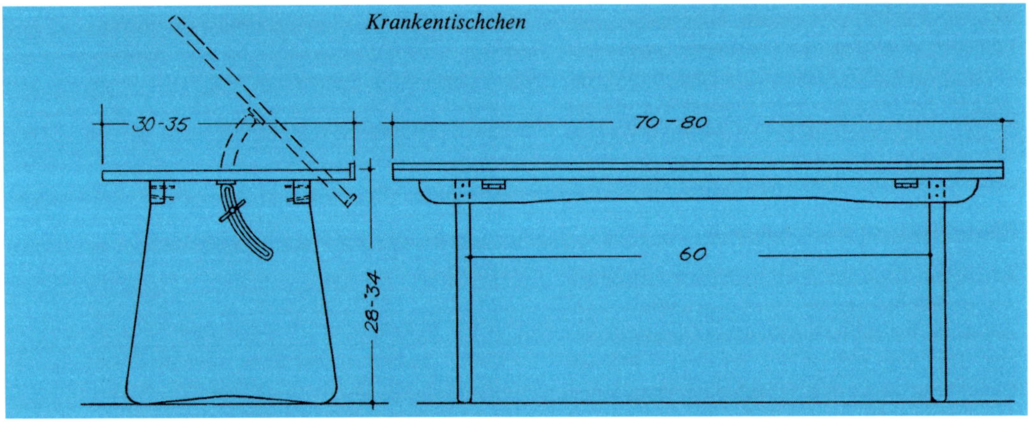

Seiten und Platte sind aus 16 bis 20 mm starkem Sperrholz. Die beiden Seitenteile sind verbunden durch zwei Querstege aus Massivholz, die durch Dübel befestigt sind. Die Dübel können durchgebohrt werden, S. 131. Damit die Querstege besser halten, werden die Bohrlöcher etwas schräg angesetzt, siehe Bild. Vier Dreiecksklötzchen in den Ecken erhöhen den Halt.

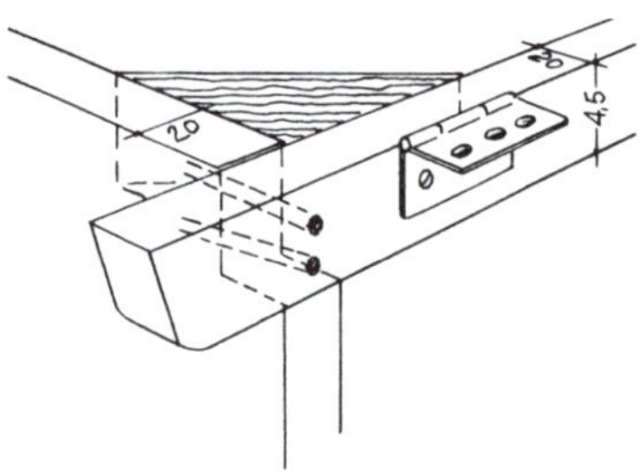

Krankentischchen: Ecke des Gestells vor dem Aufsetzen der Platte

Die Platte wird mit zwei Scharnierbändern angeschlagen. Außerdem kommt an jede Seite ein Stellbügel mit Klemmschraube. An der Vorderseite erhält die Platte eine etwa 4 mm vorstehende Leiste, damit Bücher und anderes nicht herunterrutschen. Alle Kanten sauber verrunden. Das fertige Tischchen sauber schleifen und lackieren.

Allgemeines über Regale

Die einfachsten Möbel, an die sich der Laie zuerst wagen kann, sind die Regale. Da man sich daran gewöhnt hat, Bücher, Gläser und Kunstgegenstände nicht mehr hinter Türen und Glas zu verstecken, sind sie in jeder Wohnung gebräuchlich geworden. Beim Umzug haben zerlegbare Regale den Vorteil, daß man nur einen Stapel Bretter verpacken muß. Die Herstellung ist einfach. Das einzige Problem ist die Behandlung der Kanten und der Oberfläche. Am einfachsten ist das gestrichene Brett (S. 44 ff.). Sie können die Bretter auch mit Selbstklebefolien beziehen, furnieren (S. 142), mit Kunststoffplatten bekleben (S. 490) oder auch in naturbelassenem Massivholz herstellen. Der Abstand und damit die Anzahl der Regalbretter ergeben sich aus dem Zweck des Regals. Hier die wichtigsten Bücherformate: klein bis 15 × 20 cm, normal bis 19 × 23, groß bis 24 × 30 cm. Zeitschriften: bis 26 × 34 cm; Aktenordner: 30 × 33 cm.

Regal in Türnische

In vielen Altbauwohnungen finden wir noch Türen, die nicht mehr benützt werden. Hier ergeben sich viele Möglichkeiten, durch Einbau von Regalen nutzbringenden Platz zu schaffen. Die Länge und Breite der einzelnen Bretter richten sich nach der vorhandenen Türnische.

Für ein offenes Regal mit sichtbarer Rückwand benötigen wir folgendes Material:

1 Rückwand ca. 90 × 200 cm, 16 bis 20 mm dick. Die Größe müssen Sie an Ihrer Türe ausmessen.

4 bis 6 Regalbretter ca. 20 × 90 cm, 20 bis 24 mm dick, je nach Spannweite und Last. Bücher sind schwer. Die Länge sollte 5 mm kleiner sein als das Türlicht.

16 bis 24 kleine Eisenwinkel, vorgebohrt und nicht größer als die Brettdicke.

30 Senkkopfschrauben 3 mm ⌀, Länge entsprechend der Brettstärke.

40 bis 50 Senkkopfschrauben 2 mm ⌀, 20 mm lang, zum Anschrauben der Winkel.

Arbeitsgang 1. Vorhandene Türe aushängen und wegstellen; sie wird nicht mehr gebraucht.
2. In den rückwärtigen Türfalz die Rückwand einpassen.
3. Schraubenlöcher anreißen und vorbohren. Schraubenabstand bei dünnen Platten 15 cm, bei dickeren Platten entsprechend größer bis 30 cm.
4. Die Unterkante der Regalfachböden an der Türnische anreißen. Im allgemeinen richtet man die Fachböden mit der Wasserwaage aus; wenn die vorhandene Türbekleidung allerdings sehr schief ist, empfiehlt es sich, von der oberen Bekleidung herunter zu messen.
5. Die Lage der Auflagerwinkel einmessen und die Schraubenlöcher anreißen.
6. Der Holzart entsprechend vorbohren oder vorstechen.
7. Die Auflagerwinkel mit dem senkrechten Lappen nach oben anschrauben.
8. Bretter einlegen und kontrollieren, ob sie nicht wackeln. Eventuell die Winkel nachrichten.
9. Rückwand streichen und in den Falz schrauben.
10. Regalbretter um die vordere Kante herum an Oberseite und Unterseite mit Folie bekleben.
Selbstverständlich können Sie die Rückwand auch tapezieren, mit Stoff bespannen oder sogar furnieren. Wollen Sie die Türe nicht herausnehmen, dann schlage ich vor, diese mit einem gerüschten oder gefältelten Stoff zu bespannen, nachdem Sie die Klinke entfernt haben.
Wollen Sie die Fachböden verstellbar machen, dann kaufen Sie sich 4 Lochschienen so hoch wie das Türlicht und für jedes Fachbrett die vier passenden Stecker. Die sichtbaren Lochschienen sehr genau einmessen und sauber anschrauben. Sorgfältige Arbeit ist nötig, damit am Ende alle Stecklöcher auf gleicher Höhe liegen.

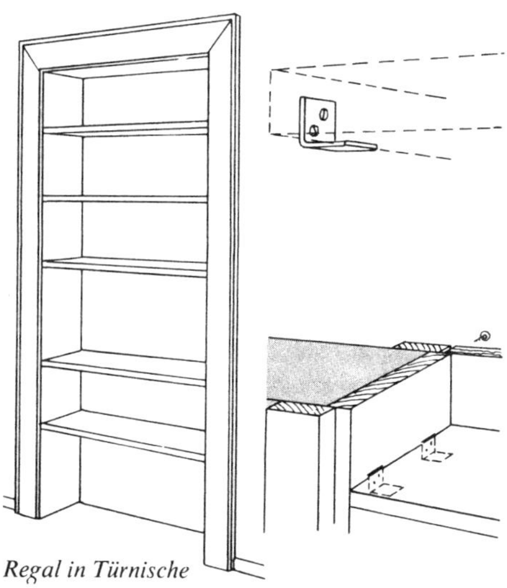

Regal in Türnische

Wandregal mit Loch- oder Nutschienen

Ein gutes Regal können Sie mit Hilfe von Lochschienen und Konsolen herstellen, die in großer Auswahl im Handel angeboten werden. Der Abstand der Lochschienen sollte nicht über 1 m sein, lieber etwas kleiner. Die Schienen werden mit der Wasserwaage genau senkrecht und waagerecht angerissen, damit die Löcher genau die gleiche Höhe haben. Die Schienen werden mit Kunststoffdübeln an die Wand geschraubt (S. 233f.).

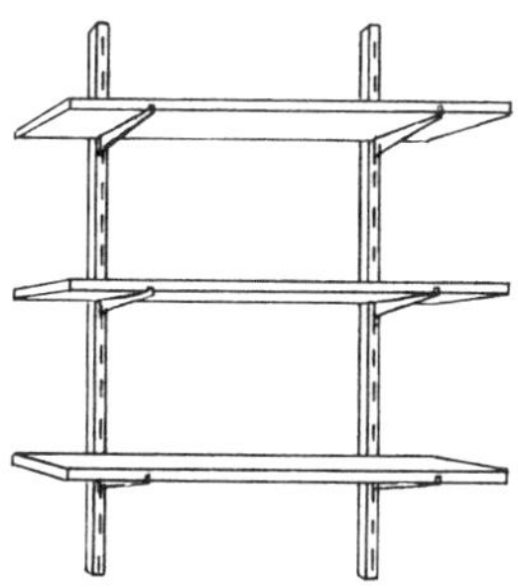

Regal mit Lochschienen

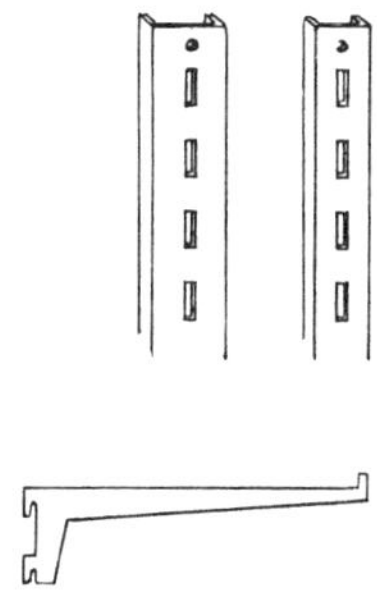

Lochschiene und Träger

Als Fachbretter können Sie einfache Nadelholzbretter nehmen, welche Sie mit Nut und Feder auf die nötige Breite zusammenfügen. Die vordere Feder muß abgeschnitten werden.

Großes Wandbord

Für größere Wandborde gibt es große Metallkonsolen zu kaufen. Abstand der Tragkonsolen etwa 60 cm. Der Festigkeit und der Schönheit zuliebe ist hier das Wandbrett durch untergeleimte und verschraubte Leisten verstärkt.

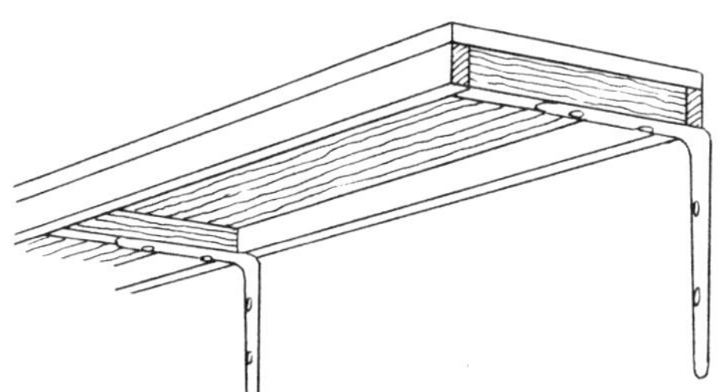

Wandbord auf Konsolen

Zerlegbares Bücherregal

Ein solches Regal ist leicht herzustellen. Die meiste Arbeit machen die vielen Steckerbuchsen, die man genau einbohren muß. Wenn Sie sich aber auf bestimmte Höhen festlegen, haben Sie weniger Arbeit. Es genügt auch ein untergeschraubter Alu-Winkel für die Auflage.

Die vertikalen Seitenbretter müssen an der Wand befestigt werden, am besten mit je einem Bettbeschlag oben und unten. Genau anreißen! Damit das Regal seitlich nicht wackelt, wird eine Reihe Regalbretter oben oder unten mit Z-Winkeln eingehängt.

Zerlegbares Regal

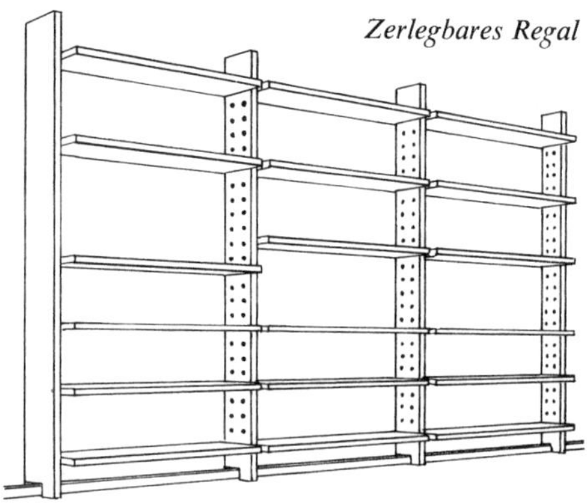

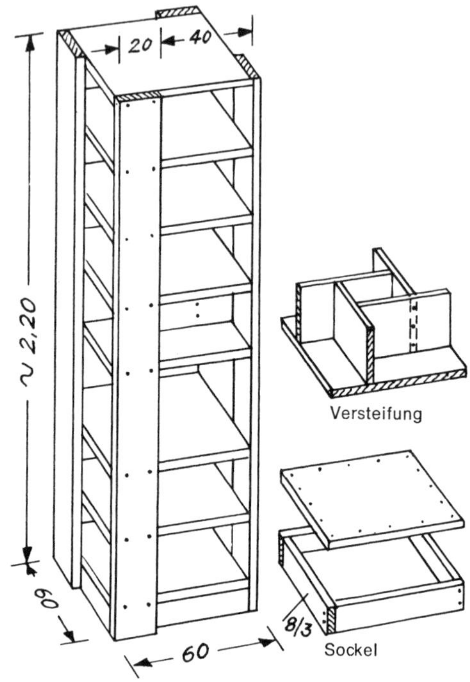

Regalturm

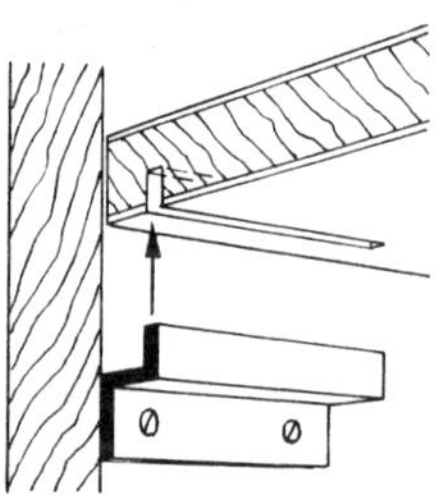

Brettanhängung mit Z-Winkel

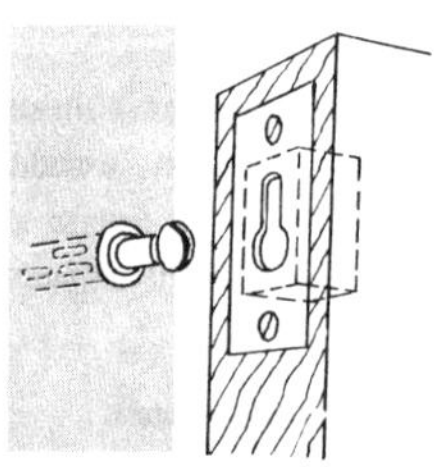

Wandbefestigung mit Schlüssellochblech

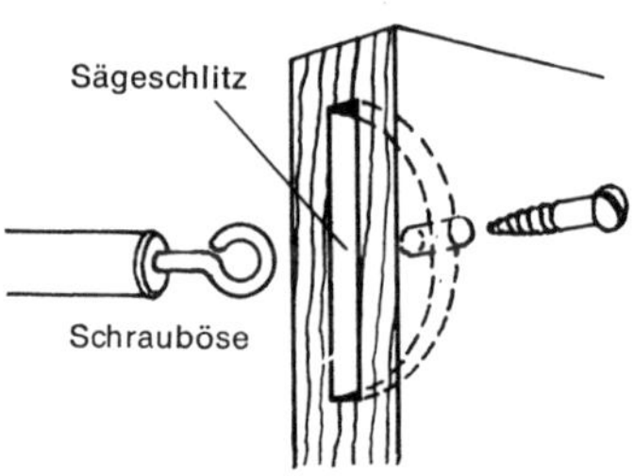

Wandbefestigung mit Schrauböse

Regalturm

Ein vielseitig verwendbares Möbel, das frei im Raum aufgestellt wird. Höhe ca. 2,20 m, deshalb darf die Grundfläche nicht zu klein sein. Mindestens einmal muß, möglichst in halber Höhe, eine Versteifung eingebaut sein. Alle Fachbretter sind fest verbunden, am besten verleimt. Deshalb müssen Sie die Abstände der Fächer genau überlegen, damit Sie alles richtig unterbringen können: Bücher, Zeitschriften, Radio, Platten, Plattenspieler usw.

Die 8 Fachbretter aus Spanplatten 60/60 cm, 19 mm stark, werden zwischen 4 senkrechte Bretter, 22/220 cm, 20 mm stark, eingeleimt. Vorher wird das unterste Brett auf einen Rahmen aus Leisten 8/3 cm geleimt. In das 4. oder 5. Feld leimen sie dann die kreuzförmige Versteifung ein (4 Bretter 20 mm stark und 40 cm lang). Die Höhe richtet sich nach der von Ihnen festgelegten Fachhöhe. Vergessen Sie nicht, bei der Rechnung die Holzstärken der Fachbretter zu berücksichtigen.

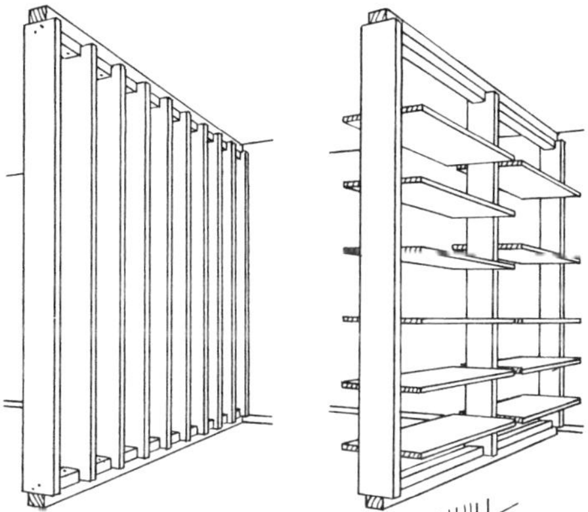

Raumteiler

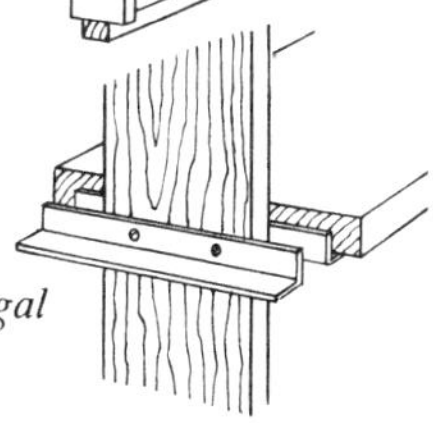

Eingespanntes Bücherregal

Raumteiler

Zur Unterteilung großer Räume in intimere Bereiche benutzt man gern leichte, transparente Trennelemente. Hier ein einfacher Raumteiler aus schmalen Nadelholzbrettern. Nur ausgesuchtes Holz verwenden, etwa 80 × 20 mm. Zunächst wird an Boden und Decke je ein Brett entsprechend der Länge des Raumteilers befestigt. Zwischen diesen werden die genau auf Länge eingepaßten senkrechten Bretter mit Abstandshölzern eingebaut; Abstand etwa 15 cm. Durch Anschrauben von Aluminiumwinkeln 20 × 20 mm und 20 cm Länge und Einlegen von Fachböden kann man in ähnlicher Konstruktion ein raumtrennendes Regal einbauen. Abstand der senkrechten Elemente dann etwa 80 cm.

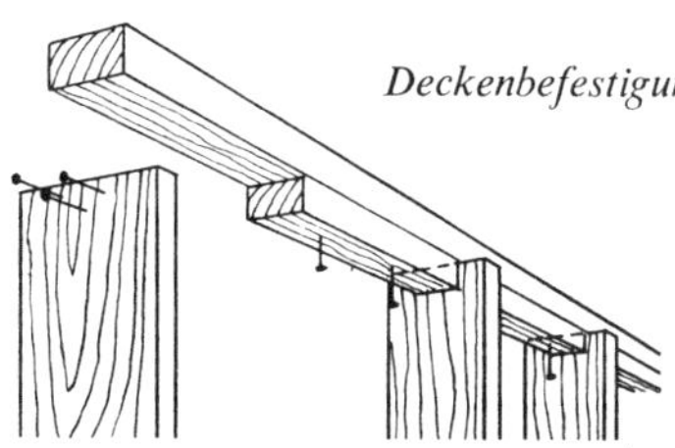

Deckenbefestigung in Holz –

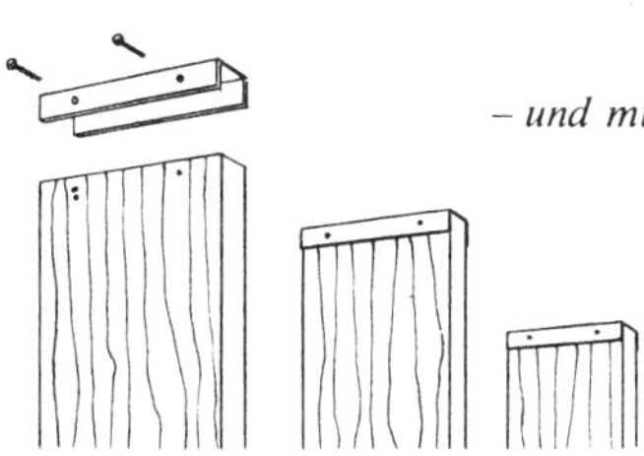

– und mit U-Schienen

Eine andere Befestigung (für sorgfältige Arbeiter) ist durch Anbringen von 8 cm langen U-Schienen an Decke und Boden möglich. Jede Tragstütze wird dann in die Schienen eingeschoben und mit einer Schraube festgehalten.

Regal für Schuhe oder Gerät, genagelt

Für 4 Paar Schuhe nebeneinander sind etwa 90 cm breite Fächer erforderlich. Diese Maße sind im folgenden Beispiel zugrunde gelegt. Die Fächer sind hier 90 × 33 cm groß, lichte Höhe 20 cm.

Die Seitenwände sind 86 cm hoch. Der obere Fachboden steht etwas vor, so daß ein Vorhang angebracht werden kann, der die unteren Fächer verdeckt. Dieses Regal hat keine durchgehende Rückwand, aber hinter jedem Fachboden einen Querriegel.

Als Material ist Massivholz, Sperrholz oder Spanplatte, 14 bis 20 mm stark, geeignet.

Schuhregal

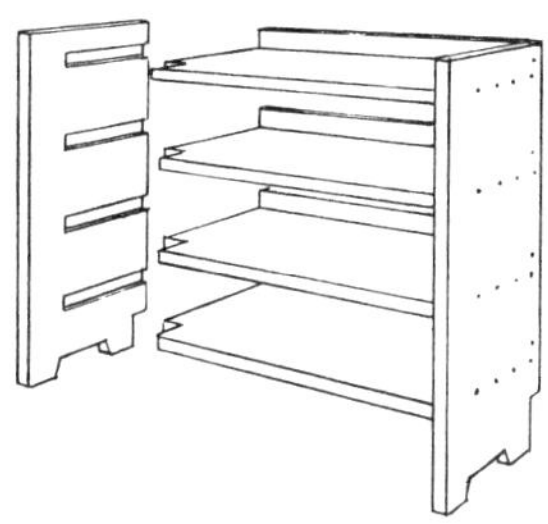

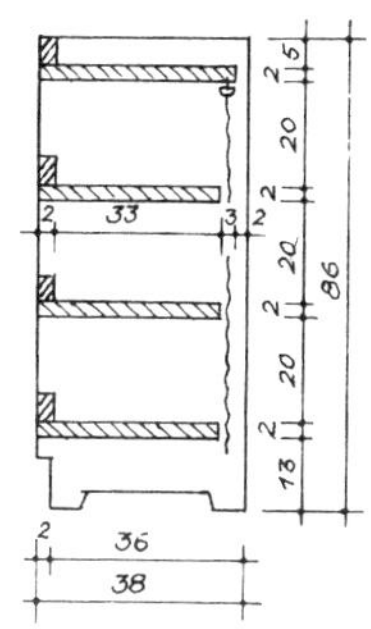

Schnitt

Material

2 Seitenbretter	86 × 38 cm,	20 mm dick
1 Abdeckbrett	92 × 36 cm,	20 mm dick
3 Fachbretter	92 × 33 cm,	20 mm dick
4 Querriegel	94 × 5 cm,	20 mm dick
66 Nägel	45 mm lang	
1 Vorhangschiene 90 cm lang		

Arbeitsgang 1. Anreißen und Zuschneiden aller Holzteile. Bei Sperrplatten kann man so zuschneiden, daß nur wenig weggehobelt zu werden braucht. Bestoßen je einer Kante.

2. Die gleichbreiten Teile zusammenheften und genau auf Breite hobeln.

3. Da alle zwischen den Seitenwänden liegenden Teile (Oberboden, 3 Zwischenböden) genau gleich lang sein müssen, werden sie gemeinsam (mit zwei Zwingen fest zusammengeschraubt) in der Länge bestoßen. Das ist ein wenig schwierig.

Von außen auf die Mitte zu hobeln – nicht umgekehrt. Vordere Ecke 1 cm tief ausklinken.
4. Das gleiche geschieht mit den 4 Querriegeln.
5. Die Seitenwände zurichten, die Nuten und Ausklinkungen für die Querriegel anreißen.
6. Die Nuten mit der Feinsäge oder Kreissäge vorschneiden und auf 1 cm Tiefe ausstemmen. Sie enden 7 cm vor der Vorderkante. Die Breite ist genau die Dicke der Fachbretter.
7. Sämtliche Nagellöcher sorgfältig mit Winkelhaken und Meterstab vorreißen. Die Arbeit hält nur, wenn die Nägel in die Mitte der Stirnflächen der Fachböden kommen, und sie sieht nur gut aus, wenn die Nägel regelmäßig sitzen.
8. Zusammennageln wie im Abschnitt Nageln S. 121 f. ausführlich beschrieben.
9. Anstrich oder Lackierung nach Wunsch.
10. Vorhangschiene anbringen.

Blumenkästen

Als Material kommen Fichten- oder Kiefernbretter in Betracht: noch besser – aber teuerer – Eiche; niemals aber Buche. Sperrholz ist ebenfalls ungeeignet. Für einen Kasten von 80 × 25 × 20 cm Größe sind etwa 22 mm starke Bretter angebracht. Ist der Kasten noch länger, müssen die Bretter stärker sein.

Arbeitsgang 1. Man schneidet zunächst zwei lange Bretter, von denen jedes ein Seiten- und ein Stirnbrett ergeben soll. Das bedeutet in unserem Beispiel – wenn die ebengenannten Abmessungen als Außenmaße zugrunde liegen: 80 cm für Seitenbretter + 21 cm für Stirnbretter (nicht 25 cm, da die Holzstärken der Seitenwände abzurechnen sind) + 1 cm für Sägeschnitt und Hobelverlust = 102 cm Zuschnitt.

2. Die beiden Bretter mit zwei leichten Heftnägeln zusammenheften und gemeinsam gleich breit aushobeln. Dann erst die Stirnbretter absägen.
3. Kasten zusammennageln, versetzt schräg. Rechte Seite des Holzes außen.
4. Boden zuschneiden, hobeln und aufnageln. Die Kanten läßt man zunächst ein wenig vorstehen und hobelt sie dann bündig ab, damit mehrere Kästen aneinandergestellt werden können.
5. Unter den Boden zwei Auflageleisten nageln. Bekommt der Boden keine Luft, verfault das Holz.
6. Ob es angebracht ist, in den Boden einige Löcher zu bohren, damit das Wasser ablaufen kann – zu dieser Frage nehme ich nicht Stellung, da sich die Blumenzüchter darüber nicht einig sind. Für das Holz wäre es auf jeden Fall gut!
7. Ölfarbanstrich nur außen. Innen Fäulnisschutz! (S. 47.)

Es genügt nicht, daß der Kasten steht und »unter normalen Verhältnissen« kaum herunterfallen kann. Die kleinen Schößlinge werden zu hohen Pflanzen, in denen sich der Wind fängt. Für die Befestigung nimmt man in den meisten Fällen am besten Bandeisen oder käufliche Halter.

Wandregal

In gleicher Nageltechnik können wir auch verschiedene Wandregale herstellen. Sie sind nichts anderes als Blumenkästen, mit dem Boden an die Wand gehängt; nur die Abmessungen werden andere sein. Sie müssen sich nach dem richten, was Sie unterbringen wollen (S. 156).

Ein normales Bücherregal von 20 cm Tiefe, 25 cm lichter Höhe und einer Länge von 80–100 cm wird für fast alle Ihre Büchergrößen ausreichen.

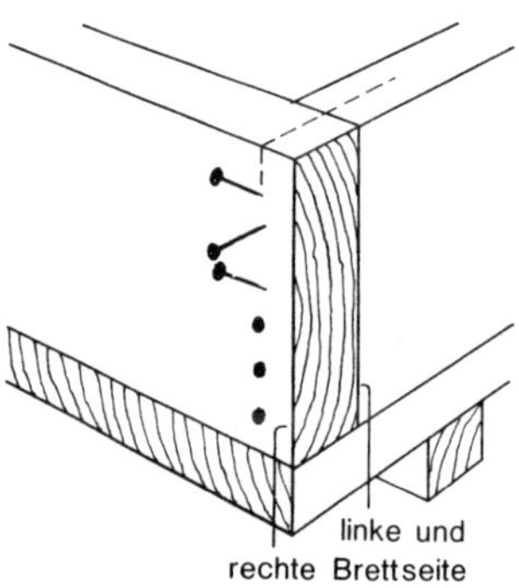

Versetzt schräg nageln, rechte Brettseite außen

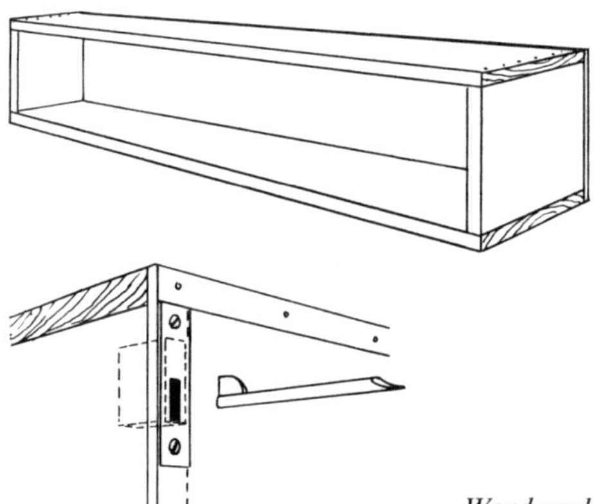

Wandregal

Wollen Sie allerdings auch Zeitschriften und größere Bücher unterbringen, so nehmen Sie folgende Maße: 25 cm tief, 30 cm lichte Höhe. In diesem Regal können Sie Ihre Zeitschriften querliegend aufbewahren.

Materialbedarf Wegen der Breite der Bretter nehmen Sie am besten Spanplatten. Die Rückwand kann dünn sein: 3–4 mm Sperrholz oder Hartfaserplatte.

2 Bretter 80 × 20 cm, 20 mm stark
2 Bretter 25 × 20 cm, 20 mm stark
1 Rückwand 80 × 29 cm, 4 mm stark
2 Langlochbleche zum Aufhängen
2 Konsolhaken samt Dübel

Arbeitsgang wie beim Blumenkasten, jedoch sorgfältiger ausgeführt. Nach dem Zusammenbau an der Rückseite der senkrechten Teile die Aussparungen für die Konsolhaken anreißen und ausstemmen bzw. ausbohren. Nägel versenken. Kanten und Flächen versäubern. Entweder anstreichen oder bei ausgesuchtem Naturholz die Oberfläche mit klarem Lack behandeln (S. 47). Wenn Sie gleich mehrere Kästen herstellen, können Sie durch Reihung neben- und übereinander, mit Einzelaufhängung oder Stapelung ganze Regalwände zusammenstellen. Die Variationsmöglichkeiten sind unbegrenzt.

Regal für Schallplatten

Das Maß der Plattenhüllen (33 × 33 cm) bestimmt hier die Innenmaße. Damit die stehenden Platten sich nicht verziehen, sind Zwischenwände alle 10 cm notwendig. Diese Wände 5 bis 6 mm dick. Die Befestigung geschieht am besten mit kleinen U-förmigen Schienen, die überall erhältlich sind. Wollen Sie das Regal nicht tiefer machen als die Bücherregale, dann können Sie die Zwischenwände schräg stellen und dadurch die Fächer genügend tief machen. Diese Lösung zeigt unsere Abbildung.

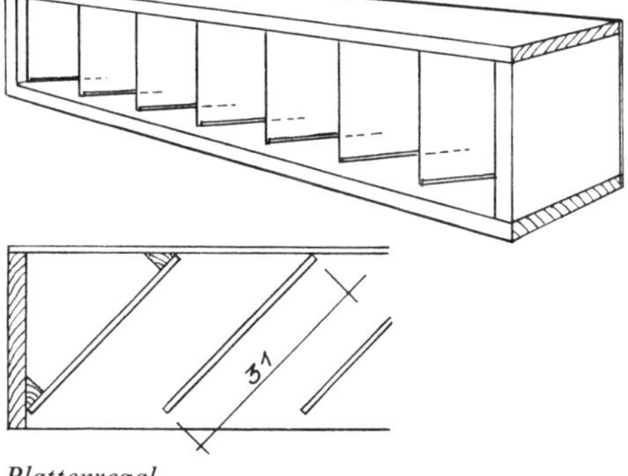

Plattenregal

Werkzeugkasten

In der gleichen Grundkonstruktion wie der Blumenkasten entsteht auch der im Haushalt so wichtige Werkzeugkasten. Die Maße richten sich nach dem Werkzeug. Richtmaße: Länge 55 cm, Breite 25 cm, Höhe 20 cm. Die Höhe des Griffes wird nach den senkrecht hängenden Stecheisen und Schraubenziehern bemessen: etwa 35 cm. Höhe der Lochleiste 16 cm über dem Kastenrand. Durchmesser der Bohrungen in der Steckleiste: 2 cm, 2,5 cm und 3 cm. Griffleiste und Lochleiste werden zwischen die senkrechten Halteleisten genagelt; sie sind also genauso lang wie der fertige Kasten. Der Kasten wird stabiler, wenn Sie den Griff anschrauben.

Beim Bau des Kastens können Sie auch einmal die Schwalbenschwanz-Zinkung probieren. Gelingt es nicht so ganz, ist es hier nicht tragisch. Als Material können Sie sowohl Massivholz wie auch Spanplatten verwenden. Bei den harten Platten sollten Sie die Nagellöcher mit dem Spitzbohrer vorstechen.

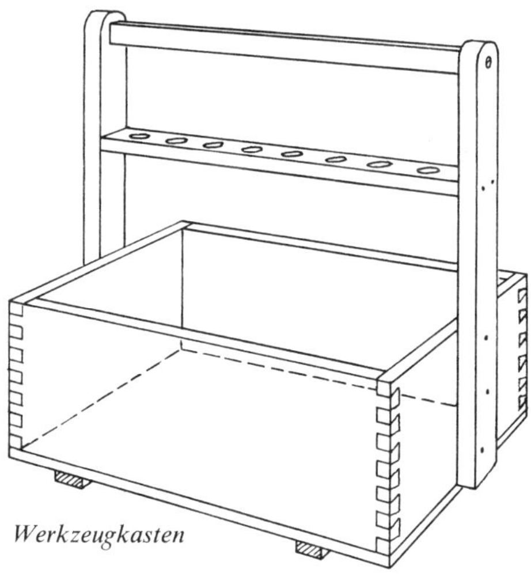

Werkzeugkasten

Bücherregal gedübelt

Hier ein Vorschlag für ein Regal mit verstellbaren Fachböden und Rückwand. Das ist schon fast ein Schrank, nur daß er noch keine Türen hat.

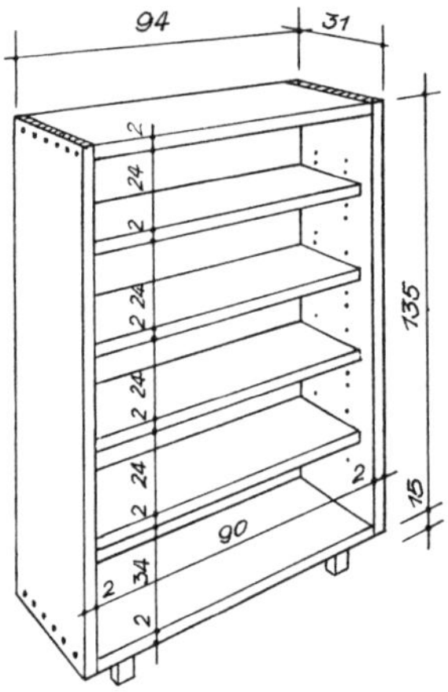

Bücherregal gedübelt

Drei Befestigungen für die Rückwand

Die Länge der Fächer ist in unserem Beispiel mit 90 cm angenommen. Dafür genügt eine Brettstärke (Massivholz) von 18 bis 20 mm. Beträgt die freie Länge der Fachböden 1,20 bis 1,40 m, so müssen die Bretter 22 bis 27 mm stark sein. Bücher sind schwer! Während für die Fachböden Massivholz genommen wird, können die Seitenwände aus Massivholz, Sperr- oder Spanplatten geschnitten werden, Stärke mindestens 20 mm; als Rückwand dient eine Hartfaserplatte, 6 mm stark.

Die Fachböden werden auf Fachbodenträger mit Hülsen gelegt (S. 136). Die Hülsen werden (nach sehr sorgfältigem Anreißen) in senkrechten Abständen von 2 bis 4 cm eingesetzt. Jeder Boden kann auf vier verschiedene Höhen eingestellt werden.

Materialbedarf Für das abgebildete Regal gilt die folgende Liste:
2 Seitenwände 135 × 31 cm, 20 mm dick
2 feste Abschlußbretter 90 × 31 cm, 20 mm dick
4 Fachböden 90 × 29 cm, 20 mm dick
1 Rückwand 91 × 132 cm, 5 bis 6 mm stark
24 Dübel 10 mm ∅, 6 cm lang
4 Füße aus Vierkantrohr zum Anschrauben, 15 cm lang
16 Linsenkopfschrauben, 4 mm ∅, 15 mm lang
64 Hülsen für Fachbodenträger
16 Fachbodenträger.

Arbeitsgang 1. Bretter zurichten, reißen.
2. Bretter zuschneiden, zusammenzeichnen.
3. Alle Teile mit gleichen Abmessungen gemeinsam bearbeiten (S. 125): erst mit schlanken Stiften zusammenheften und von Breite hobeln, dann auf Länge (an den Hirnseiten) bestoßen. Beim Lösen der Heftnägel Zulage unter Beißzange nicht vergessen!
4. Bohrlöcher anreißen und bohren, Hülsen für Fachbodenträger einsetzen.
5. Dübellöcher anreißen, Boden und Seitenteile zusammenspannen und gemeinsam bohren.
6. In die Seitenwände sowie in Unter- und Oberboden Längsnuten für die Rückwand einschneiden.
7. Eine Seitenwand mit Ober- und Unterboden zusammendübeln (S. 131).
8. Rückwand in die Nuten einschieben.
9. Rechtwinklig ausrichten und die zweite Seitenwand durchdübeln.
10. Fachböden einpassen. Alle Kanten sauber verschleifen.
11. Oberflächenbehandlung.
12. Füße anreißen, vorbohren und verschrauben.

Schränke mit Türen

Durch zwei Türen können Sie das vorher beschriebene Regal zu einem richtigen Schrank machen. Das Herstellen von Türen ist schwierig: Maschinenarbeit! Bei einiger Übung können Sie jedoch einige einfache Türen anfertigen. A (überfälzt) und B (stumpf einschlagend) sind die gebräuchlichsten Türanschläge. Sie erfordern hohe Präzision und können nur mit den entsprechenden Einrichtungen gut hergestellt werden.

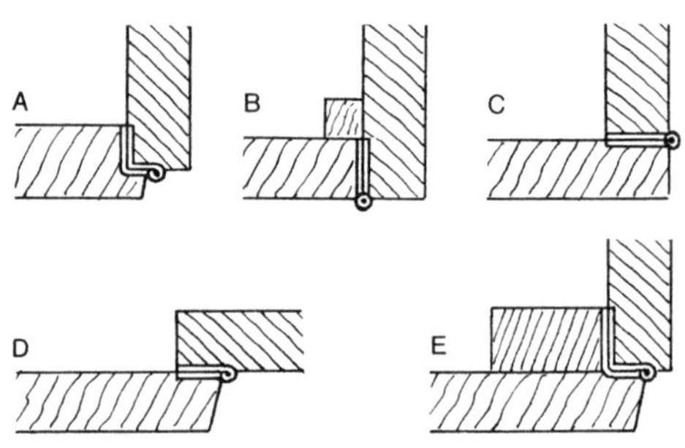

Der Türfalz (A) ist ohne Maschinen kaum herzustellen, und das Einpassen einer stumpf einschlagenden Tür (B) erfordert einen erfahrenen Handwerker. Einfacher und auch für den Laien ausführbar ist die stumpf aufliegende Türe, welche in ganzer Fläche den Schrankkörper abdeckt (C).

Die Befestigung ist mit einem einfachen Stangenscharnier (Klavierband, S. 136) möglich. D und E sind Abwandlungen von C und auch von Nichtfachleuten anzufertigen.

Um das gedübelte Bücherregal auf S. 162 mit Türen zu versehen, benötigen wir 2 Platten 20 bis 25 mm dick, je 47 × 135 cm groß, sowie 2 Stangenscharniere 135 cm lang mit den entsprechenden Schrauben.

Zuerst schrauben Sie die Stangenscharniere an der Rückseite der Türblätter fest. Dann legen Sie die Türen auf den Schrankkörper, den Sie vorher mit dem Rücken auf den Boden gelegt haben, und markieren die Lage des Scharniers und der Schraubenlöcher. Zunächst nur am Ende und in der Mitte festschrauben; dann mit beiden Türflügeln probieren, ob Sie noch nachrichten müssen. Verschließen Sie jeden Türflügel mit einem Magnetverschluß (S. 137).

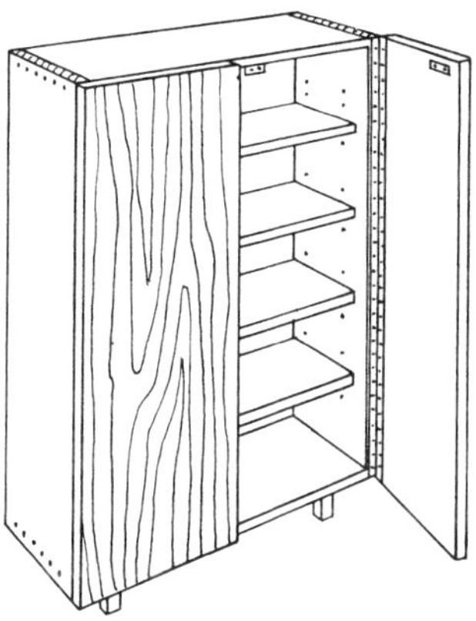

Bücherschrank

Wenn Sie den Schrank verschließen wollen, müssen Sie einen Flügel mit Innenriegeln feststellen, während der andere das Schloß erhält, welches in den ersten Türflügel schließt. Am besten nehmen Sie ein aufgesetztes Kastenschloß, das auf der Innenseite der Tür aufgeschraubt wird. Das durchgebohrte Schlüsselloch wird mit einer Abdeckplatte sauber überdeckt.

Schrank in Türnische

Wenn Sie Ihr Regal, das Sie in eine Türnische eingebaut haben (S. 156) mit einer attraktiven Tür unsichtbar machen wollen, dann lesen Sie folgendes Rezept:

Befestigen Sie rings um die Bekleidung der betreffenden Türe eine Leiste mit Dübeln an der Wand. Die Leiste muß ein paar Millimeter über die Bekleidung vorstehen und sollte mit der Wasserwaage genau ausgerichtet werden. Im allgemeinen wird eine Leiste 30 × 30 mm genügen.

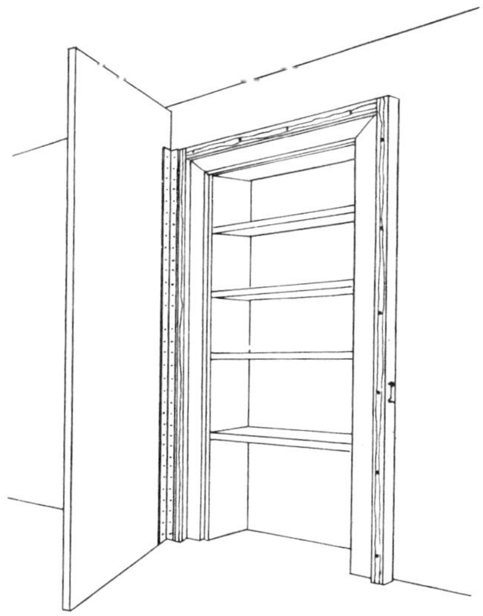

Schrank in Türnische

Nun wird an diese Leisten eine Platte als Tür angeschlagen, die etwa 10 mm breiter sein soll als die Leistenaußenkanten. Die Höhe richtet sich nach der oberen Leiste oder Ihren Wünschen: Sie können die Platte bis zur Decke gehen lassen oder die Höhe nach einem vorhandenen Schrank richten. Die Platte, die Sie ganz nach Ihren Vorstellungen streichen, mit Stoff bespannen oder auch mit einem Großfoto bekleben können, wird an einer Seite mit einem Stangenscharnier befestigt und an der anderen Seite mit einem Haken gehalten.

Schiebetüren

Mit Leichtmetallprofilen, die heute bei jeder Eisenwarenhandlung erhältlich sind, kann auch der Heimwerker einfache Schiebetüren bauen. Hierbei wird oben und unten in den Möbelkorpus je eine Doppelmetallschiene eingeschraubt. Da die meisten dieser Schienen für Glasschiebetüren gedacht sind, können darin nur Türen aus höchstens 6 mm starkem Sperrholz laufen. Die Größe ist daher begrenzt (etwa 50 × 60 cm). Um die Standfestigkeit zu erhöhen, schrauben und leimen wir an die äußeren senkrechten Kanten Griffleisten zur Versteifung.

Größere und deshalb auch stärkere Türen bauen wir ein, indem wir statt der Doppelschiene zwei entsprechend große Einzelschienen nebeneinander anschrauben. Bei stärkeren Türblättern können die Griffe eingelassen werden.
In die unteren Schienen legt man Kunststoff- oder Hartholzgleitschienen ein. Gewellte Leisten verringern die Reibung. Denken Sie daran, daß der obere Falz tiefer sein muß als der untere, denn die Tür muß zum Herausnehmen nach oben geschoben werden.

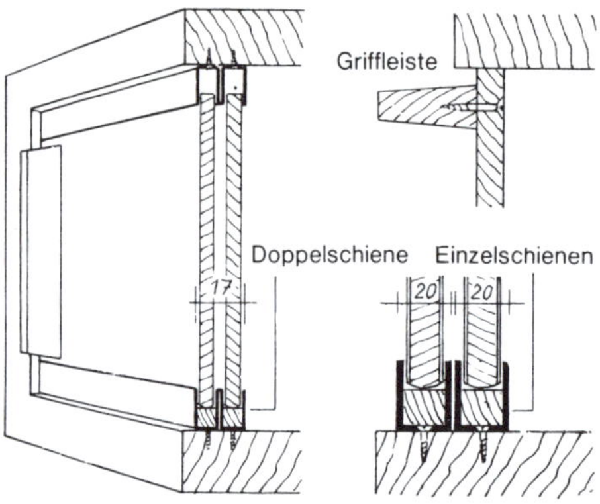

Doppelschiebetür.

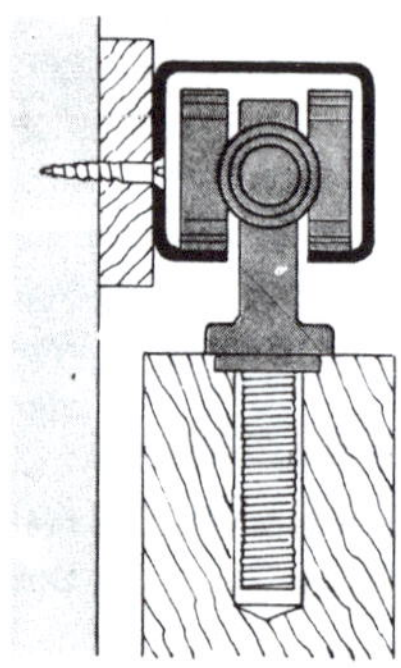
Aufhängung für große Türen

Große Türen und auch solche, die höher sind als breit, werden oben in Rollenlaufwerken aufgehängt. Die verdeckte Anbringung ist jedoch kompliziert.

Hängender Werkzeugkasten (Zeugrahmen)

Den Kasten selbst, mit oder ohne Türen (vgl. Foto Seite 85), können Sie nageln, leimen, schrauben oder zinken je nach Übung. Wichtig sind die einzelnen Haltevorrichtungen für die Werkzeuge. Die Art der Vorrichtungen und die Einteilung muß Ihrem Werkzeugbestand entsprechen.

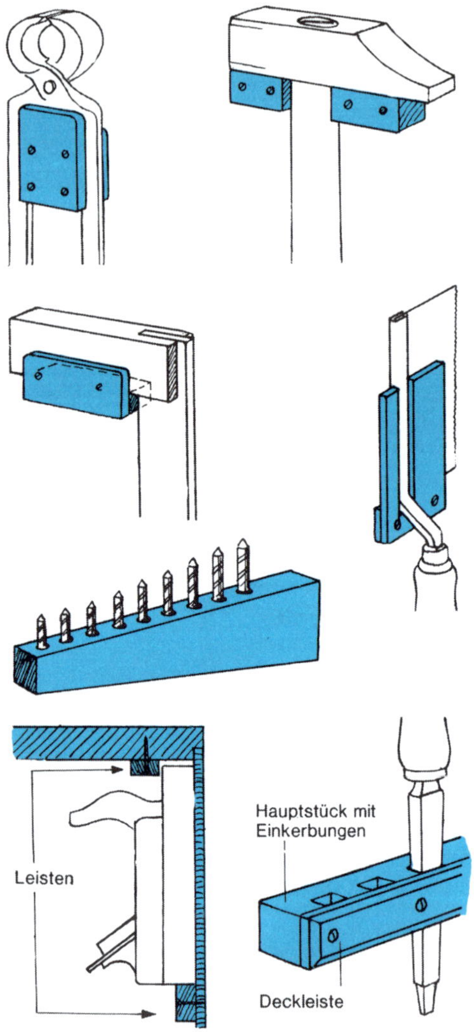

Haltevorrichtungen für das Werkzeug

Kasten mit Einsatzfächern

Dieser Kasten dient zum geordneten Aufbewahren von Nägeln, Schrauben, Knöpfen u. ä. Als Material dient für die Bodenplatte Sperrholz oder Hartfaserplatte, für die Seitenbretter Fichte oder Kiefer; Hartholz läßt sich schlecht nageln – und der Kasten in unserem Beispiel soll genagelt werden.
Zuerst die Größe und Einteilung der Fächer festlegen. Die Fächer sollen nicht zu hoch sein, höchstens 4 cm, damit man mit den Fingern gut in die Ecken langen kann, um kleine Stiftchen herauszuholen. Die Fächer sollen auch nicht zu klein

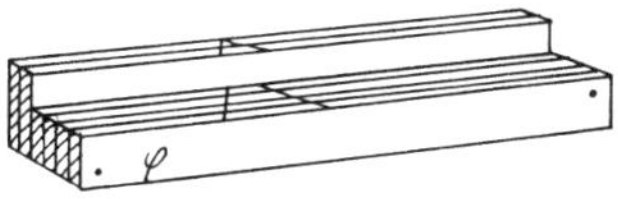

Zwei Seiten- und vier Zwischenbrettchen gemeinsam von Länge schneiden

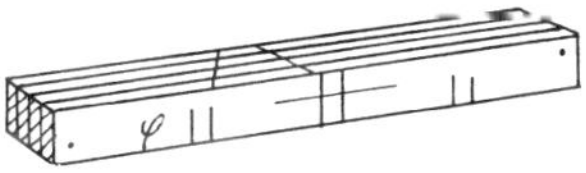

Vier Stück gemeinsam reißen

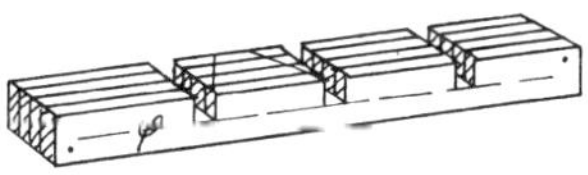

Drei Stück gemeinsam ausklinken –

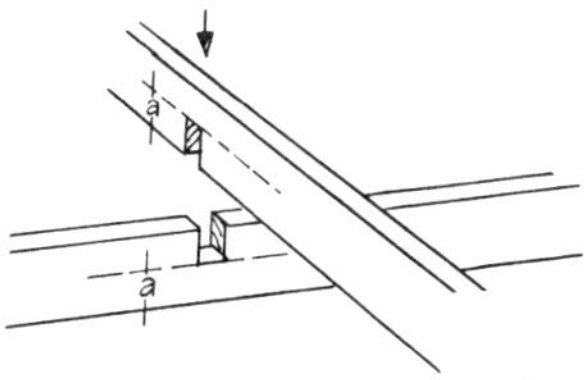

– sonst klappt es nicht beim Übereinanderstecken

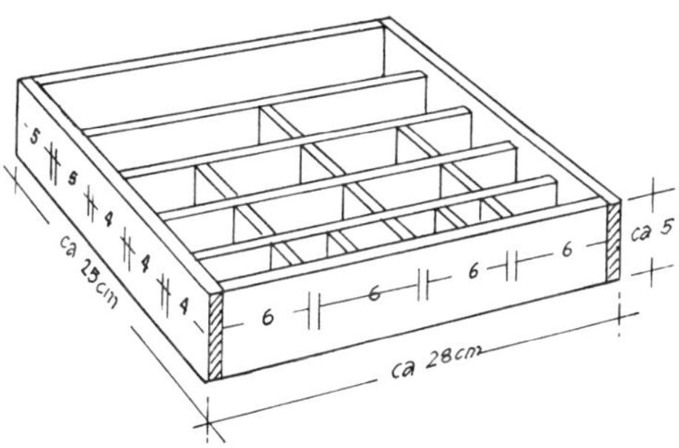

So sieht der fertige Kasten aus

sein; braucht man ein paar sehr zierliche Fächer, kann man Pappeinsätze kleben. Wenn Sie sich den hier gezeigten Kasten bauen wollen, so halten Sie sich am besten auch an den im Bild gezeigten Arbeitsgang. Es kommt darauf an, alle gleichlangen Bretter zusammengeheftet zu bearbeiten. Auch die Einschnitte zum Überstecken auf die Gegenbrettchen werden zusammen eingesägt; die Gruppen erst auseinandergenommen, wenn sie ganz fertig bearbeitet sind. Die Bretter werden, wo sie übereinanderzustecken sind, mit Kaltleim (Kunstharzleim) geleimt; an den übrigen Stellen geleimt und mit leichten Stiften genagelt. Das Bodenbrett kommt zum Schluß darunter, es wird

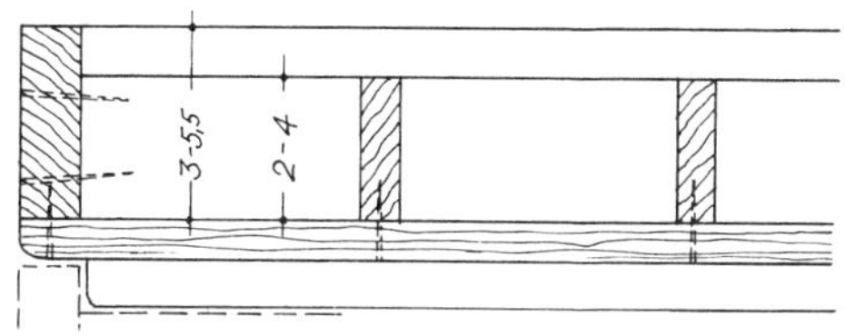

Aufeinanderstecken mehrerer Kästen

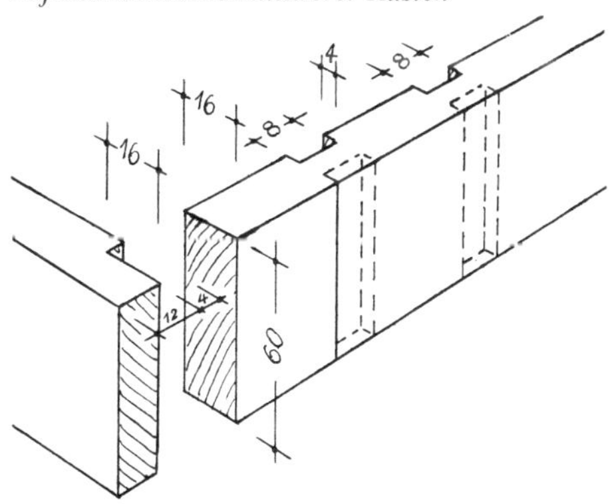

Nuten für verstellbare Fächer

ebenfalls geleimt und durch Stiftchen gehalten. Es ist mißlich, wenn es nicht gleichmäßig anliegt, weil sich dann Gegenstände des Inhalts unten einklemmen.

Dieses Kästchen gelingt nur, wenn alle Risse peinlich genau mit Streichmaß und Winkelhaken gemacht werden.

Wenn Sie Fächer von veränderbarer Größe haben wollen, schneiden Sie in die Querbrettchen senkrechte Nuten. Arbeitsgang:

Gemeinsam anreißen (S. 109). Genau am Riß sägen (S. 111 f.). Ausstechen der Nuten (S. 115). Die Zwischenbrettchen werden nur von oben eingeschoben.

Schubladen

Nicht einfach herszutellen sind Schubladen (Schubfächer). Sie müssen genau nach Maß und Winkel aus gut getrocknetem Holz angefertigt werden, sonst passen sie nicht oder klemmen.

Da die Zugkräfte immer durch den Griff auf die Vorderseite der Schublade ausgeübt werden, ist es notwendig, die Verbindung zwischen Vorderstück und Seitenbrettern fest gegen Zug herzustellen. Die Führung muß so geschehen, daß die Schublade leicht läuft. Sie darf aber auch nicht nach vorn kippen, wenn sie beim Herausziehen das Übergewicht bekommt.

1

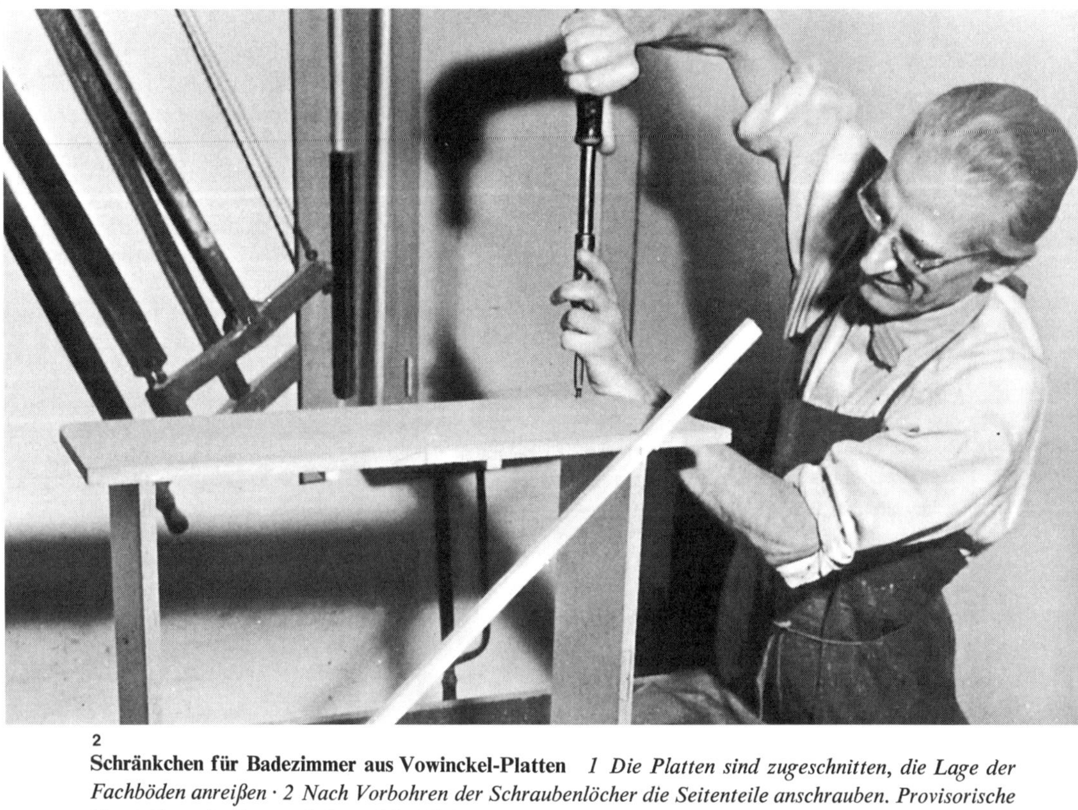

2

Schränkchen für Badezimmer aus Vowinckel-Platten *1 Die Platten sind zugeschnitten, die Lage der Fachböden anreißen · 2 Nach Vorbohren der Schraubenlöcher die Seitenteile anschrauben. Provisorische Versteifung durch vorgeheftete Schrägleiste*

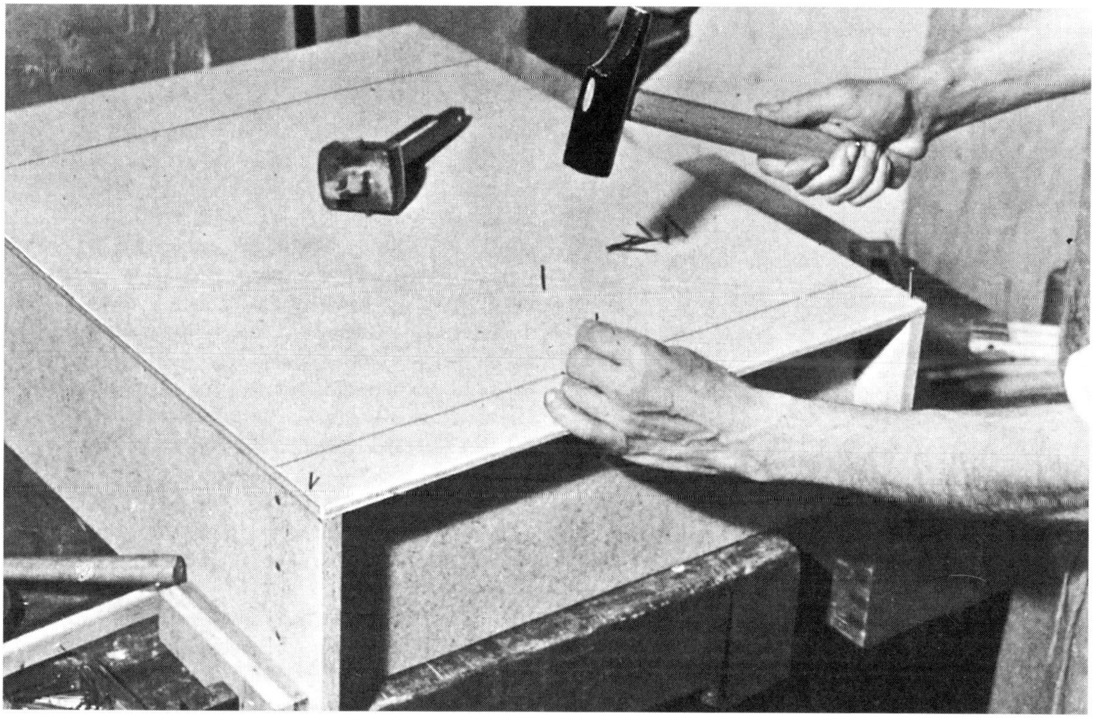

3

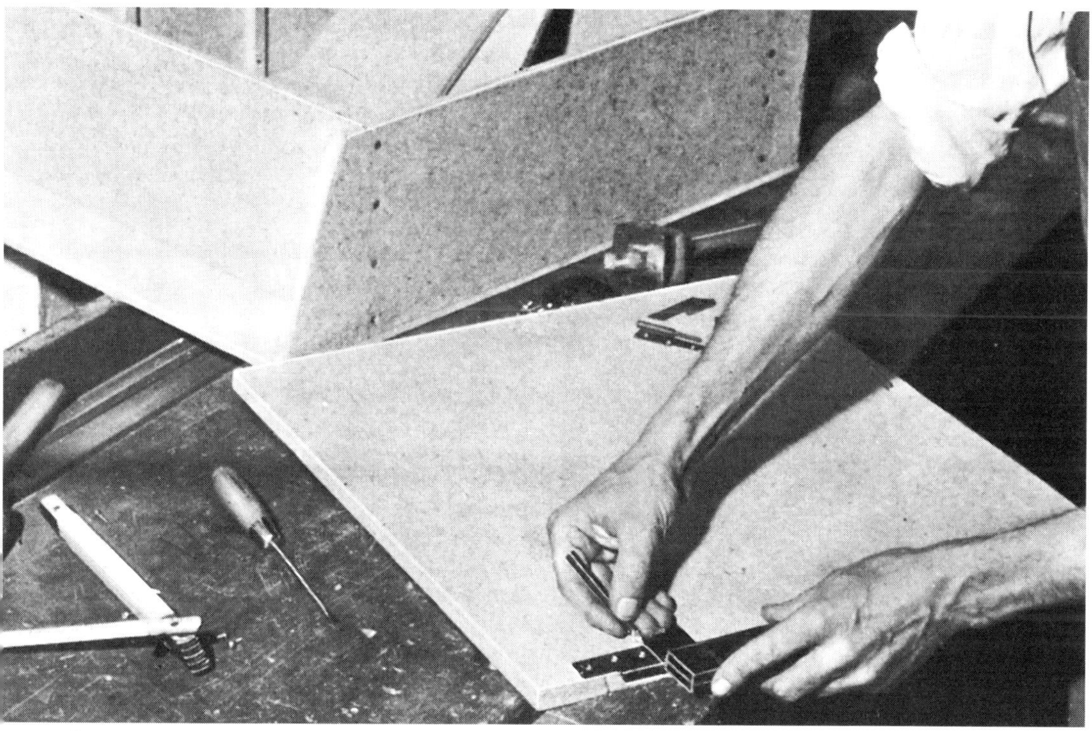

4

3 Die Rückwand (8 mm starke Platte) mit schlanken Stiften aufnageln, die das Material nicht auseinanderkeilen · 4 Beim Anbringen der Beschläge kommt es wieder auf genaues Anreißen an

Joh. Jac. Vowinckel, München

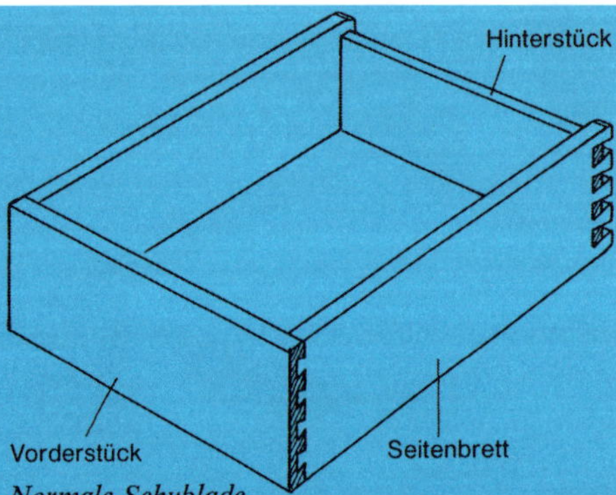

Normale Schublade gezinkt

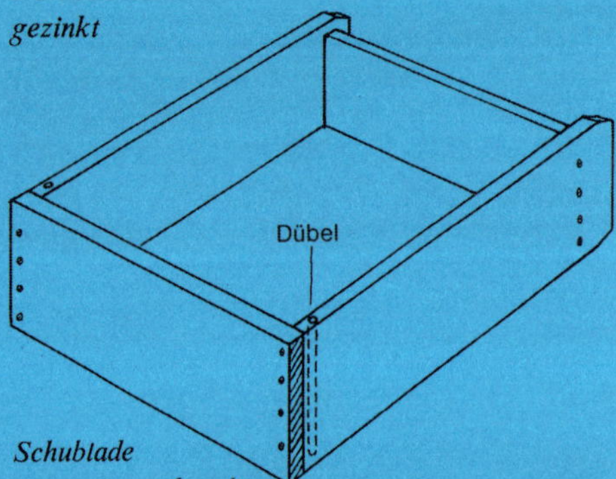

Schublade von vorn geschraubt

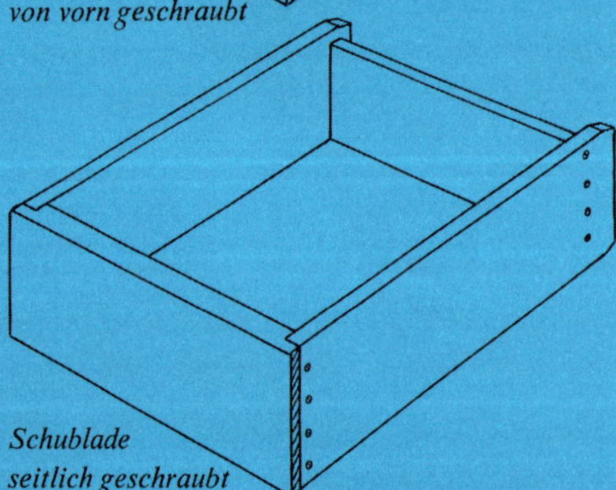

Schublade seitlich geschraubt

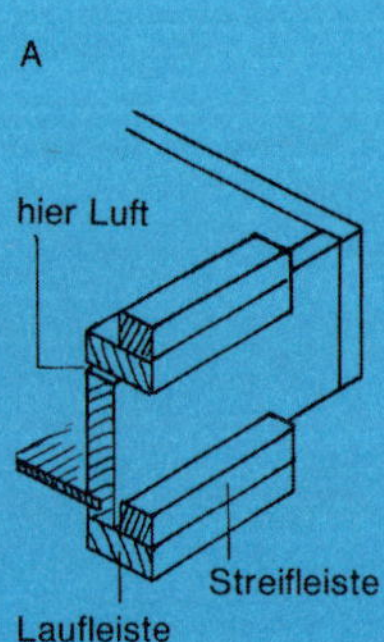

Untere Führung

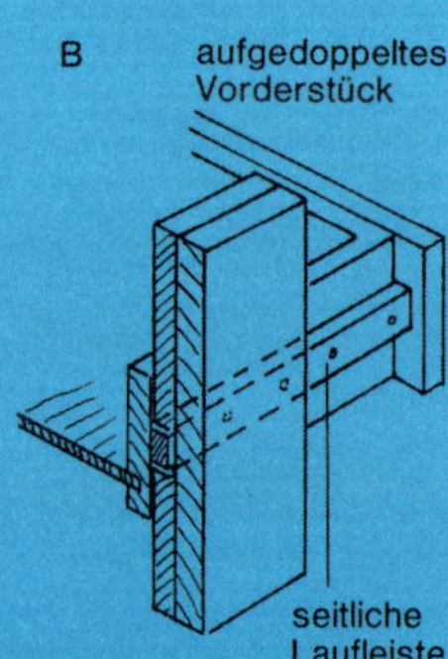

Seitliche Führung

Der Anschlag beim Hereinschieben ist immer hinten angebracht. Schubladen sollen nicht zu hoch sein. Innenhöhe je nach Zweck 5–12 cm.

Normale Schublade Die Seitenbretter sind mit Vorderstück und Rückbrett durch Schwalbenschwanzverbindung verbunden (gezinkt) (S. 129). Dies ist die beste Verbindung gegen Zug. Wegen des schöneren Aussehens macht man eine verdeckte Zinkung (siehe Bild), sofern man nicht ein aufgedoppeltes Vorderstück verwendet. Der Boden ist in eine Nut im Vorderstück und in den Seitenbrettern eingeschoben. Das Rückbrett wird auf den Boden aufgesetzt. Die Schublade läuft auf der Unterseite der Seitenbretter.

Schublade von vorn geschraubt Hier ist das Vorderstück nicht eingezinkt, sondern von vorn stumpf gegen die Seitenbretter geschraubt. Da Schrauben im Hirnholz nicht so fest sitzen, daß sie die auftretenden Zugbelastungen halten können, ist hier in die Seitenbretter ein Langholzdübel eingelassen. Die Schrauben finden nun im Längsholz des Dübels einen festen Halt. Der Durchmesser des Dübels beträgt $^2/_3$ der Seitenbrettstärke. Die Rückwand ist von der Seite geschraubt.

Schublade seitlich geschraubt Das Vorderstück ist bei diesem Beispiel so weit ausgefälzt, daß man die Seitenbretter von der Seite her an das Vorderstück schrauben kann. Bei kleinen Schubladen reicht diese Befestigung zusammen mit einer guten Verleimung aus.

Führung der Schublade Hierfür gibt es die verschiedensten Möglichkeiten.

A. Die übliche ist, die Schublade zwischen zwei Leisten, den Laufleisten, gleiten zu lassen. Die obere verhindert das Kippen. Die seitliche Führung geschieht durch Streifleisten. Wenn man die Laufleiste breit genug macht, kann gleich eine weitere Schublade neben der ersten laufen. Ebenso kann auf der oberen Laufleiste eine weitere Schublade gleiten.

B. Wenn Sie die Höhe besser ausnutzen und die zwischenliegenden Laufleisten einsparen wollen, dann wählen Sie eine Führung mit seitlich an die Schublade geschraubten Laufleisten. Die erforderliche Führungsnute entsteht dadurch, daß in entsprechendem Abstand Futterbretter an den Innenwänden des Schrankes befestigt werden. Das Vorderstück muß seitlich so weit überstehen, daß die Laufleiste abgedeckt ist.

C. Dieselbe Laufleiste wie bei B., jedoch oben angebracht, verwendet man oft zum Aufhängen von

Schubladen unter Platten. Die Führung bilden zwei entsprechend genutete Holzleisten, die unter die Platte geschraubt sind.

D. Auch der Boden kann als Führung dienen. Hier wird die Führung ähnlich wie bei B erreicht (Futterbretter mit Abstand).

Die Widerstands- und Gleitfähigkeit der Laufleisten wird erhöht, wenn man sie mit einem glatten Kunststoffstreifen belegt.

In jedem größeren Bastlergeschäft erhalten Sie heute bereits fertige Schubladen verschiedener Art und Größe, teilweise zum Selbstzusammenbauen. Es ist ratsam, sich zuerst die Schubladen zu kaufen und dann die Maße des Werkstückes danach auszurichten.

Teleskop-Schienen Um die Schubladen besser ausnützen zu können, benutzt man oft Teleskop-Schienen auf Rollen (z. B. Geze-Schuba), auf denen die Lade vollständig herausgezogen werden kann, ohne zu kippen. Vor dem Schrauben in der Höhe und Tiefe sehr genau anreißen!

Arbeiten mit Rahmen

Es folgen jetzt einige Beispiele für Arbeiten mit Rahmen: Bilderrahmen, »Spanische Wand« (Paravent), Kasperltheater u. a.

Bilderrahmen

Die Bilderrahmenleisten kaufen Sie im Fachgeschäft oder bei Ihrem Schreiner. Das Zusammenbauen können Sie dagegen selber machen. Die Größe des Rahmens richtet sich nach der Bildgröße. Rahmenausschnitt sollte ein wenig kleiner sein als das Bild selbst.

Arbeitsgang 1. Anreißen der Rahmengröße und Zuschneiden mit der Feinsäge auf der Gehrungslade (S. 152 f.).

2. Aufreißen und Zuschneiden der rückwärtigen Abdeckplatte aus Pappe (nicht zu dünn). Beachten Sie, daß diese Platte jeweils um die Falzbreite größer ist als die vordere Rahmenöffnung.

3. Zusammenpassen der Teile.

4. Nun wird der Rahmen stumpf geleimt und genagelt. Legen Sie dabei die Abdeckpappe in den Falz, dann bleibt der Rahmen beim Spannen rechtwinklig.

5. Als Spannvorrichtung können Sie die auf S. 105 erwähnten Gehrungsspanner verwenden. Es genügt jedoch, wenn Sie den Rahmen entsprechend den nebenstehenden Zeichnungen mit einer kräftigen Schnur und Zulageklötzchen bis zum Trocknen verspannen.

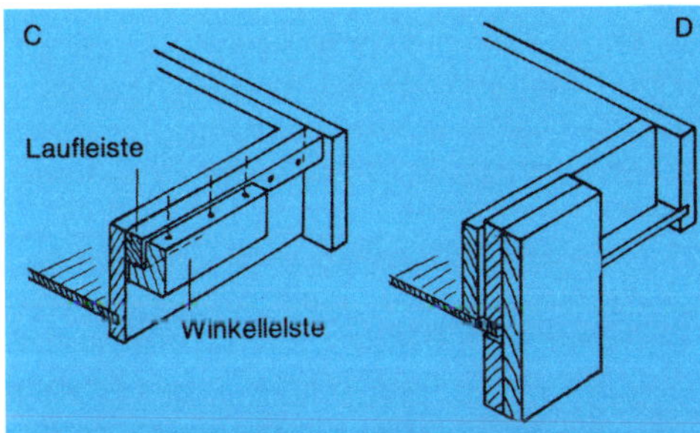

Aufgehängte Schublade *Boden als Führung*

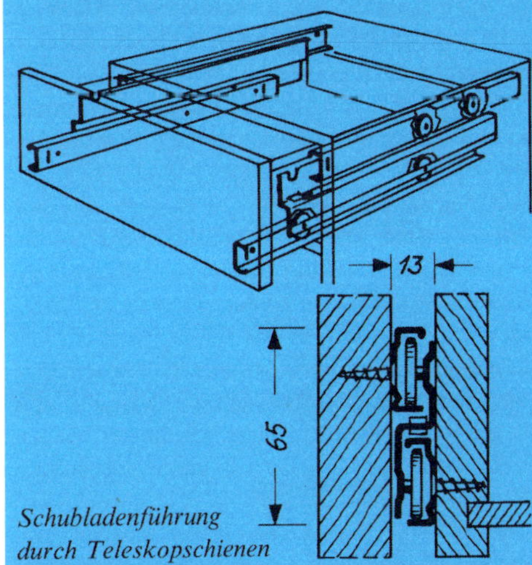

Schubladenführung durch Teleskopschienen

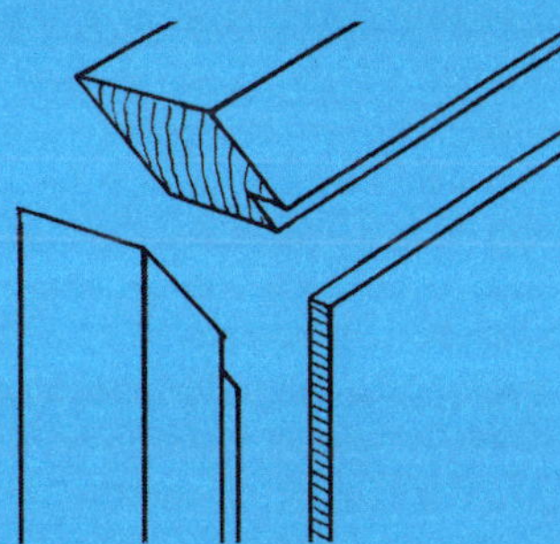
Rahmenecke

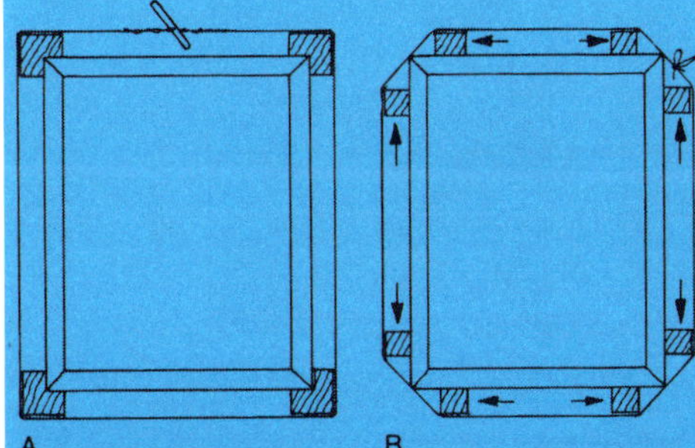

Spannvorrichtungen

6. Große Rahmen können Sie durch Einleimen einer Feder versteifen (S. 128). Bei fertig lackierten Rahmen leimen Sie zur Versteifung hinten ein Dreieck aus dünnem Sperrholz über die Rahmenecke.

7. Glasscheibe zuschneiden in der Größe der Abdeckplatte aus Pappe. Dann nach gründlicher Reinigung Glas, Bild und Abdeckpappe in den Falz legen und von hinten mit Glaserstiftchen oder -dreiecken nageln. Anschließend von hinten mit Klebestreifen abdichten.

8. Aufhänger anbringen. Bei kleinen Bildern genügt eine parallel zur Wand liegende Öse oder ein dreieckiger Drahthaken mit Scharnier zum Umklappen (erleichtert das Einhängen in Wandhaken). Größere Bilder erhalten eine Ringschraube, die von hinten in den Rahmen gedreht wird.

Aufhängung Achten Sie bei Bildern mit nur einem Aufhänger darauf, daß dieser ganz genau in der Mitte sitzt. Hängt das Bild trotzdem schief, können Sie mit hinten an der unteren Ecke angeklebtem Schleifpapier das Schrägrutschen verhindern. In ganz aussichtslosen Fällen schlagen Sie unten neben dem Rahmen einen kleinen Nagel in die Wand, der nur wenige Millimeter heraussteht. Der Nagelkopf wird dann abgezwickt. Wen der Anblick des kleinen Stütznagels stört, der kann unsichtbar an den beiden unteren Rahmenecken einige Stiftchen in die Rückseite schlagen und kurz vor der Holzoberfläche abzwicken. Es bleiben kleine Spitzchen stehen, die das Bild nicht mehr rutschen lassen. Allerdings muß es zum Staubwischen usw. sehr behutsam abgenommen und wieder aufgehängt werden, weil die Stifte leicht Tapete oder Wandanstrich zerkratzen können.

Mit zwei Aufhängern können Sie das Bild immer gerade aufhängen, wenn Sie beim Nageleinschlagen sorgfältig genug vorgehen.

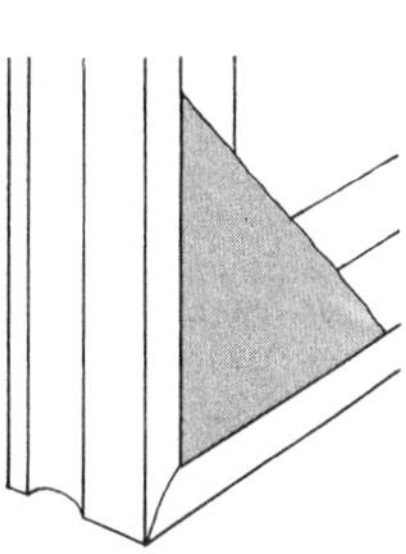

Schleifpapier hinten am Rahmen

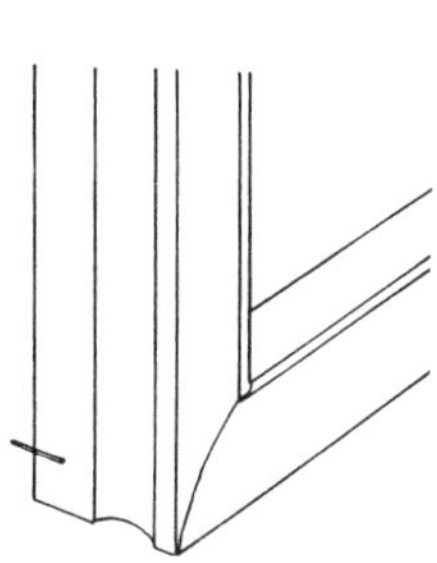

Stiftchen neben dem Rahmen

Außerdem gibt es die in Ausstellungen, Museen und repräsentativen Räumen übliche Aufhängung der Bilder an Schnüren oder Drähten, die hoch oben an der Wand an einer Befestigungsleiste oder Abschlußkante enden (vgl. S. 74).

Wandfeuchtigkeit In ein an der Wand anliegendes Bild kann Feuchtigkeit übergehen, was Werfen von Pappe und Rahmen und Faltenbildung am Bild zur Folge hat. Schon durch wenige Millimeter Abstand zur Wand lassen sich solche Schäden vermeiden: Man leimt hinter die 4 Rahmenecken 2 bis 3 mm dicke Korkscheibchen (von Flaschenkorken heruntergeschnitten) oder schlägt kleine Nägel (Blauköpfe) als Abstandhalter ein. Es ist stets ein Vorteil, wenn so Luft hinter dem Bild vorbeistreichen kann. Größere Bilder mit Ringschraube stehen ohnehin oben von der Wand ab und hängen leicht vornübergeneigt. Das ist vielfach auch ein Vorteil für die Betrachtung.

Bilder ohne sichtbaren Rahmen Bei manchen Bildern verzichtet man auf die sichtbare Rahmung. Fotovergrößerungen und Drucke werden oft auf eine starke Pappe (Hartfaserplatte) aufgezogen. Vorher wird die Pappe durch einen einfachen gehobelten Rahmen verstärkt. Rahmen und Pappe gemeinsam zusammenleimen und spannen. Dann Kanten bearbeiten.

Rahmen für aufgeklebte Bilder

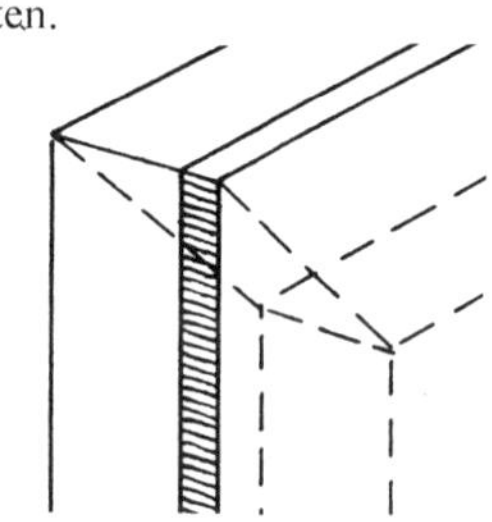

Noch einfacher ist das Aufziehen auf eine etwa 10 mm starke Holzspanplatte. Zum Aufhängen schrauben Sie an die Rückseite eine ausgefälzte Leiste, die man aus zwei Teilen einfach zusammenleimen kann. Von der Leiste schneiden Sie dann zwei Stücke, ca. 5 cm lang, die umgekehrt an die Wand geschraubt werden; wenn nötig mit Dübeln (S. 228). Unten hinter der Platte werden zwei Abstandsklötzchen in gleicher Stärke angebracht. Die Leisten werden dann ineinander gehängt, wie die Zeichnung zeigt. Ist das Bild nicht sehr schwer, kann man die Leiste auch auf zwei Nägel mit großen Köpfen hängen. Notfalls genügen auch Aussparungen in der Platte bzw. im verdeckten Rahmen, in welche die Nagelköpfe oder Haken eingreifen.

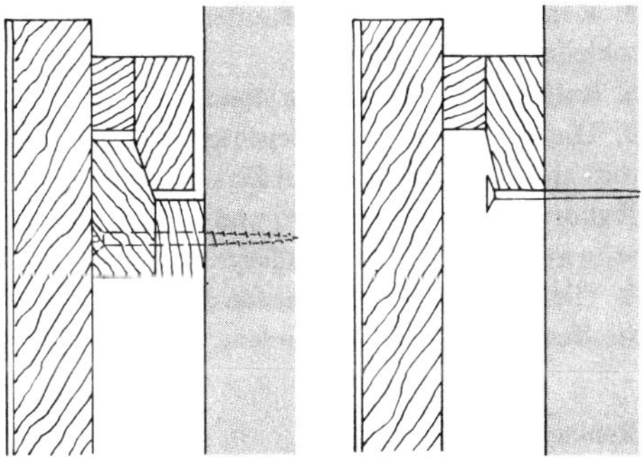

Aufhängung für rahmenlose Bilder

Aufziehen von Fotos Diese Arbeit ist leichter, als man denkt. Sie können heute von jedem Bild, auch aus Zeitschriften, Fotovergrößerungen in fast jedem Format machen lassen. Fotos aus Zeitschriften sind allerdings in Rasterdruck hergestellt. Das Bild ist aus einer großen Menge einzelner Punkte von verschiedener Größe zusammengesetzt, die bei einer starken Vergrößerung deutlich in Erscheinung treten. Das kann je nach Motiv auch seinen Reiz haben. Bei Strichzeichnungen ist diese Gefahr nicht vorhanden.
Das Großfoto muß etwas größer sein als die Platte. Zum Kleben nimmt man weißen Buchbinderkleber (Planatol o.ä.) und bestreicht damit die Platte und die Rückseite der Vergrößerung. Nach kurzer Antrockenzeit – Firmenvorschrift beachten – wird das Foto vorsichtig auf die Platte aufgelegt (ähnlich Furnier S. 142 ff.) und von der Mitte nach den Rändern hin mit einem sauberen Lappen angerieben. Von der Rückseite her wird nun der überstehende Rand mit einem scharfen Messer abgeschnitten. Die Kanten können Sie nun mit Plakatfarbe streichen oder mit einem passenden farbigen Klebestreifen überziehen. Sie können auch Streifen aus Tonpapier oder Buchbinderleinen nehmen.
Man kann Bilder auch ganz ohne Rahmen aufhängen: Legen Sie das Bild zwischen zwei Glasscheiben und befestigen Sie diese mit Spiegelklammern, die Sie überall bekommen, so an der Wand, wie auch Ihr Waschtischspiegel befestigt ist.

Paravent

Ähnlich wie die festen Raumteiler dienen Paravents zum Unterteilen großer Räume oder zum Abschirmen einzelner Möbelgruppen. Sie bestehen meist aus mehreren Rahmen oder Platten, die zusammenlegbar und transportabel sind. Hier ein dreiteiliger Wandschirm mit durchscheinender Kunststoff-Folie.

Material (für einen Rahmen)

2 Leisten 30 × 20 mm, 175 cm lang
2 Leisten 30 × 20 mm, 50 cm lang
8 Rundstäbe 10 mm ∅, 56 cm lang
2 Nagelleisten 10 × 20 mm, 54 cm lang
8 Dübel 5 mm ∅, 2 cm lang
20 Nägel 3 cm lang
1 transparente Plastikfolie 180 × 55 cm.
Wollen Sie einen dreiteiligen Wandschirm bauen; dann benötigen Sie dieses Material 3mal; außerdem für die Gelenke im ganzen 12 Leder- oder Kunstlederstreifen 4 × 10 cm und 24 verzinkte Linsenkopfschrauben mit gewölbten Unterlagscheiben.

Rahmen für Paravent

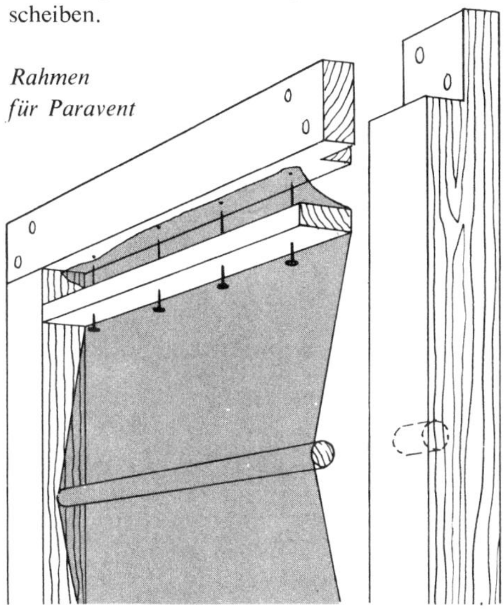

Verbindungslaschen

Arbeitsgang 1. Alle Leisten genau auf Länge schneiden.
2. Die Ecküberplattung anreißen und ausarbeiten.
3. Die Löcher für die Rundstäbe anreißen und 12 mm tief einbohren.
4. Zusammenleimen der Eckverbindungen, gleichzeitig Einsetzen der Rundstäbe. Verbindungsstellen mit Schraubzwingen pressen. Auf den rechten Winkel achten!

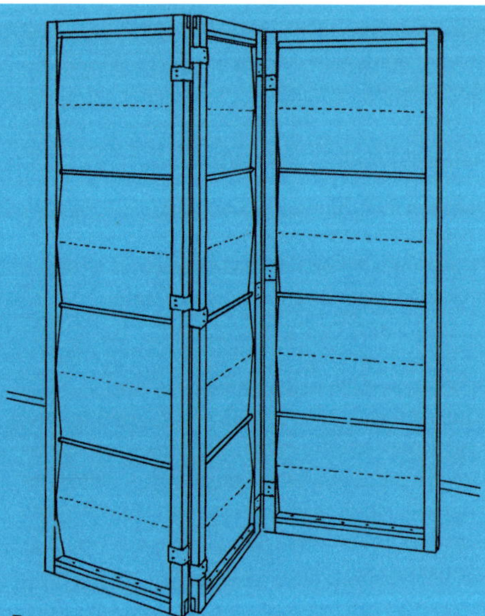

Paravent

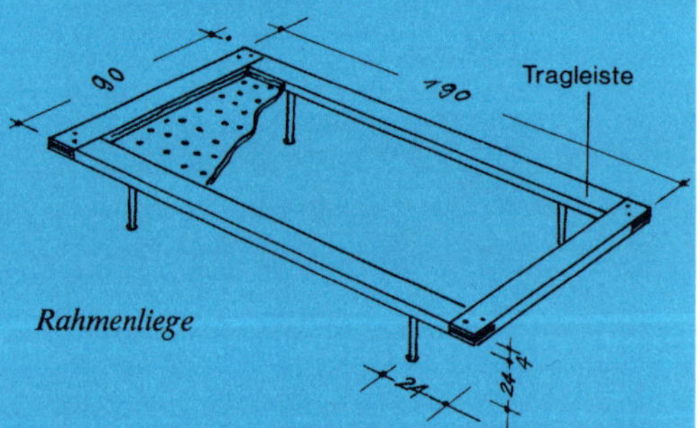

Rahmenliege

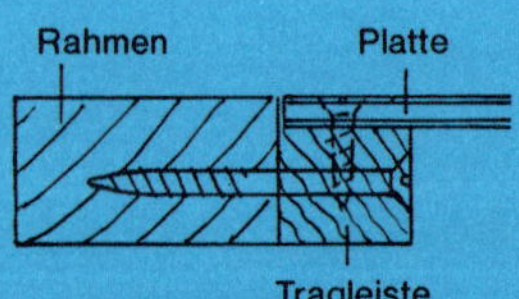

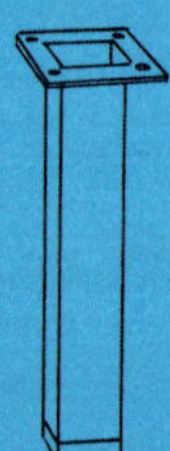

Stahlfuß

Fuß mit Dübel

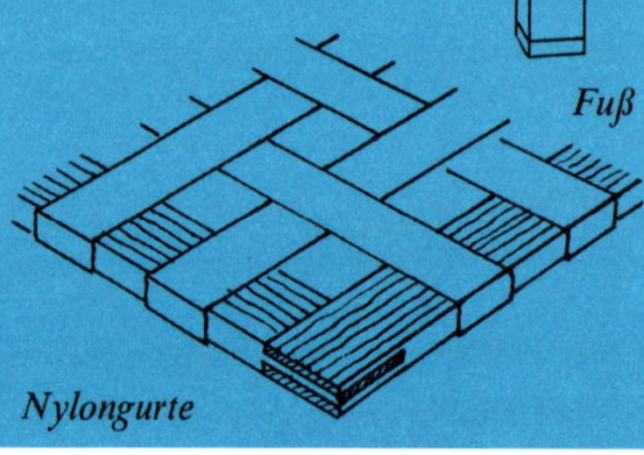

Nylongurte

5. Rahmen versäubern, Kanten brechen und schleifen.
6. Rahmen mattieren oder streichen.
7. Die Folie mit der Nagelleiste innen in den Rahmen einnageln und dann im Zick-Zack durch die Rundstäbe ziehen, spannen und auf der Gegenseite mit der anderen Nagelleiste annageln.
8. Die fertigen Rahmen werden durch die Lederstreifen miteinander verbunden.

Rahmenliege

Diese Liege ist besonders geeignet zum Auflegen von Schaumgummimatratzen und nicht sehr schwierig herzustellen.

Materialbedarf
2 Rahmenschenkel 190 × 12 × 4 cm
2 Rahmenschenkel 90 × 12 × 4 cm
2 Trageleisten 166 × 3 × 3 cm
2 Trageleisten 60 × 3 × 3 cm
4 Füße (Hartholz) 26 × 5 × 5 cm
4 Hartholzdübel 2,5 cm ⌀, 8 cm lang
1 Sperrholzplatte 4–5 mm stark, 66 × 166 cm.

Arbeitsgang 1. Alle Hölzer anreißen.
2. Ungefähr auf Länge schneiden.
3. Paarweise genau auf Maß hobeln und zeichnen.
4. Schlitze und Zapfen genau sägen und ausstemmen. Richtig am Riß sägen (S. 111).
5. Sperrholzplatte anreißen, genau zuschneiden.
6. Rahmen zusammenpassen und genau rechtwinklig leimen. Dazu kann man gut die zugeschnittene Platte benutzen. Jede Ecke von beiden Seiten verschrauben. Nach dem Trocknen die Ecken bearbeiten und versäubern.
7. Füße auf Länge schneiden, mit Hobel oder Raspel Schräge anarbeiten und Dübellöcher 25 mm ⌀ ausbohren. Dübel einleimen.
8. Im Rahmen Dübellöcher anreißen und ausbohren.
9. Die Trageleisten von innen so in den Rahmen schrauben, daß die Sperrholzplatte mit der Rahmenoberkante bündig liegt.
10. Die Platte mit Luftlöchern versehen. Entweder alle 15 cm mit dem Schlangenbohrer Löcher von 20 mm ⌀ bohren, oder alle 6 cm mit dem Spiralbohrer ein Loch von 5 mm ⌀. Dann die Platte mit den Trageleisten verschrauben.
11. Die Dübel an den Füßen oben schlitzen, dann im Rahmen verleimen, von oben verkeilen (auch mit Leim), und nach dem Trocknen die Dübel eben bearbeiten.
12. Oberflächenbehandlung nach Wunsch.

Statt der Sperrholzplatte können Sie auch eine fertig gelochte Platte kaufen. Sollte die Matratze nicht fest liegen, dann versehen Sie den Rahmen noch mit einer nach oben ca. 3 bis 5 cm überstehenden Leiste. Statt der Holzfüße sind auch Stahlfüße möglich, die Sie im Eisenwarengeschäft kaufen.

Einbauschrank in Dachschräge

Durch den Einbau eines Schrankes in die Dachschräge gewinnen Sie Schrankraum an einer Stelle, wo Sie sonst kaum einen normalen Schrank hinstellen können. In den meisten Fällen brauchen wir nur Vorderseite mit Türen, Boden und Zwischenbretter; Rückwand und Seitenwände sind durch die Wand gegeben. Bauen Sie einen Rahmen für die Vorderseite und setzen in diesen Rahmen die Türen ein (S. 150). Brauchen Sie eine Seitenwand, dann wird auch hierfür ein Rahmen gebaut, der mit einer Hartfaserplatte geschlossen wird, oder Sie passen eine 19 mm starke Spanplatte als Seitenwand ein. Rahmenhölzer ungefähr 3 × 6 cm stark, fertig gehobelt.

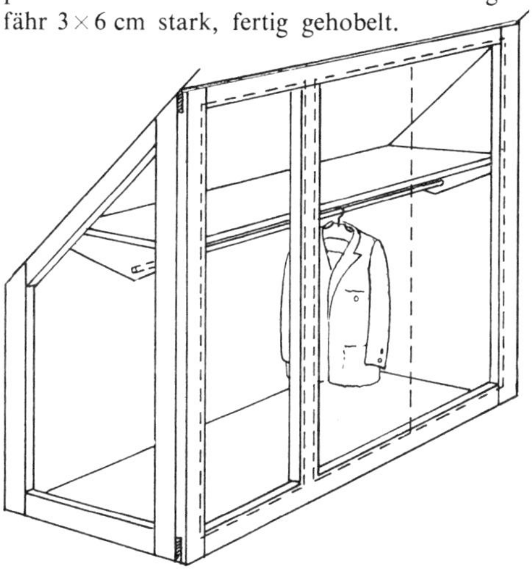

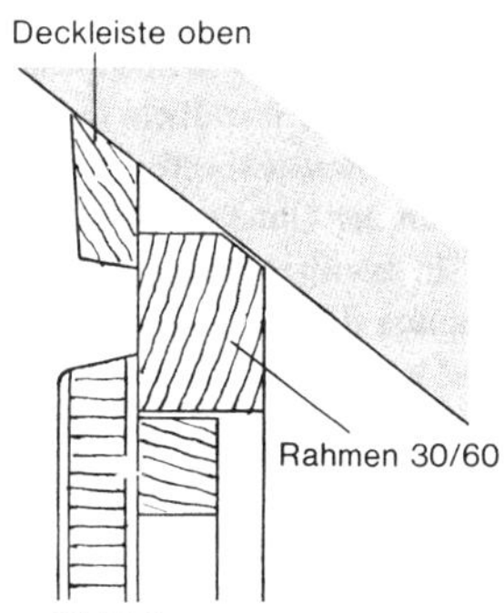

Schrankeinbau unter Dachschräge

Kasperltheater

Die Zeichnung zeigt alles Nötige. Vorn ist der Bühnenrahmen, der natürlich einen Vorhang zum Ziehen und oben auch eine Beleuchtung haben sollte. Seitlich ist je ein Stützrahmen mit Scharnieren am Bühnenrahmen befestigt. Zur Aussteifung beim Aufstellen und zum Aufstützen ein Querbrett, mit Zapfen eingesetzt.

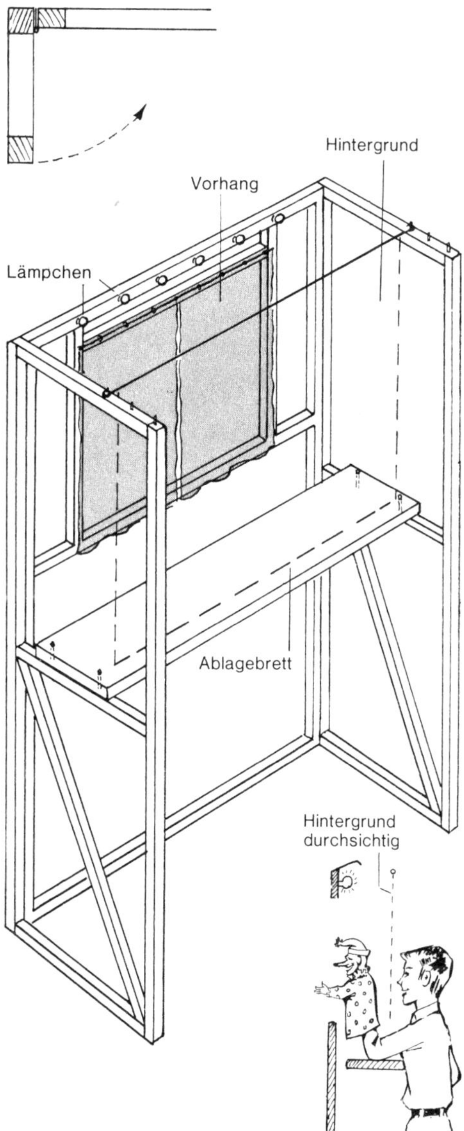

Kasperltheater

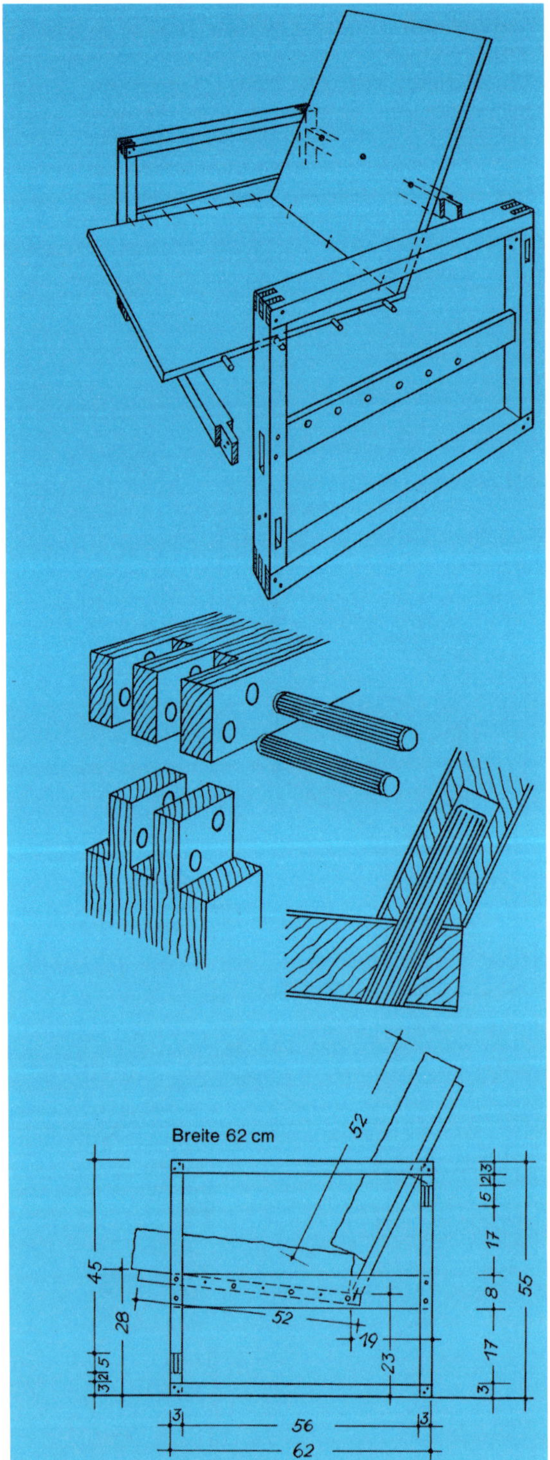

Sessel aus Holzrahmen

Sessel aus Holzrahmen

Dieser Sessel mit eingelegten Schaumstoffkissen (S. 80) ist in der Höhe für einen Couchtisch gedacht. Wenn Sie ihn für einen höheren Tisch gebrauchen wollen, sollten Sie die Maße nicht willkürlich verändern. Bei einem bequemen Sitzmöbel müssen alle Maße in einem bestimmten Verhältnis zueinander stehen. Nehmen Sie dann die Maße eines Sessels, der Ihnen für Ihren Zweck richtig und bequem erscheint, und übertragen Sie diese auf die hier verwendete Konstruktion. Zwischen zwei durch Querleisten verbundene Holzrahmen sind Sitz- und Rückenbrett eingesetzt. Alle Verbindungen sind zusätzlich durchgedübelt. Eine einfache Arbeit für Besitzer einer elektrischen Bohrmaschine.

Material

4 senkrechte Leisten 30 × 50 mm, 55 cm lang
4 waagerechte Leisten 30 × 50 mm, 62 cm lang
2 Querleisten 30 × 50 mm, 62 cm lang
2 Seitenbretter 20 × 80 mm, 62 cm lang
2 Platten 52 × 52 cm, 20 mm dick
26 Dübel 6 mm ∅, 5 cm lang
8 Dübel 6 mm ∅, 3 cm lang
8 Dübel 10 mm ∅, 6 cm lang
10 Linsenkopfschrauben, verchromt 4 mm ∅, 5 cm lang
1 Polster (Sitz) 55 × 52 cm, 10 cm dick
1 Polster (Rücken) 45 × 52 cm, 8 bis 10 cm dick.

Arbeitsgang 1. Fertig gehobelte Leisten aus möglichst astreinem Nadel-, Buchen- oder Eichenholz auf Länge schneiden; Zapfen, Schlitze und Stemmlöcher anreißen.
2. Ausstemmen von Schlitzen und Zapfen.
3. Unter Leimzugabe die Rahmen und die Seitenbretter zusammenfügen und mit entsprechenden Zulagen pressen.
4. Nach dem Erhärten des Leims in den Verbindungsstellen die Dübellöcher bohren und unter Leimzugabe verdübeln (S. 131).
5. Das Rückenbrett entsprechend dem Sitzwinkel an der Unterseite anschrägen.
6. In das Sitzbrett und in das Rückenbrett an den Kanten die erforderlichen Dübellöcher anreißen und bohren (vorher mit Nägeln zusammenheften)
7. Auf den Seitenbrettern die genaue Lage des Sitzbrettes samt den Dübellöchern anreißen und die Löcher bohren.
8. Sitzbrett mit Dübeln sowie die vordere und hintere Querleiste mit ihren Zapfen einleimen.

9. Den anderen Rahmen dagegenleimen und das Ganze entsprechend verspannen. Achten Sie darauf, daß das ganze Gefüge winkelrecht ist.
10. Nach dem Festwerden des Leims die Verbindungsstellen der Querleisten bohren und dübeln.
11. Das Rückenbrett in das Sitzbrett eindübeln.
12. Das Sitzbrett von außen mit den Seitenbrettern verschrauben.
13. Am Rückenbrett die Schraubenlöcher sauber anreißen und dann mit der hinteren Querleiste verschrauben.
14. Mit Hobel und Schleifpapier alle Flächen und Dübel versäubern und die Kanten brechen.
15. Einlassen mit Mattierung (S. 141).
16. Kissen anfertigen und einlegen (S. 80).
Die Platten müssen vor dem Verarbeiten ein Kantenfurnier erhalten (S. 143) oder vor dem Zusammenbau gestrichen und an den Kanten verspachtelt werden.

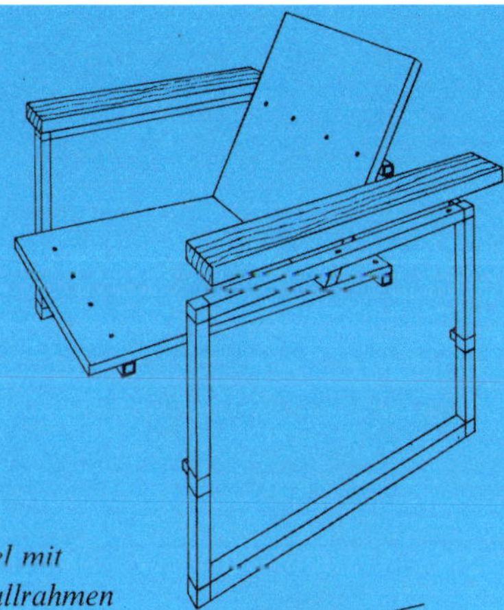

Sessel mit Metallrahmen

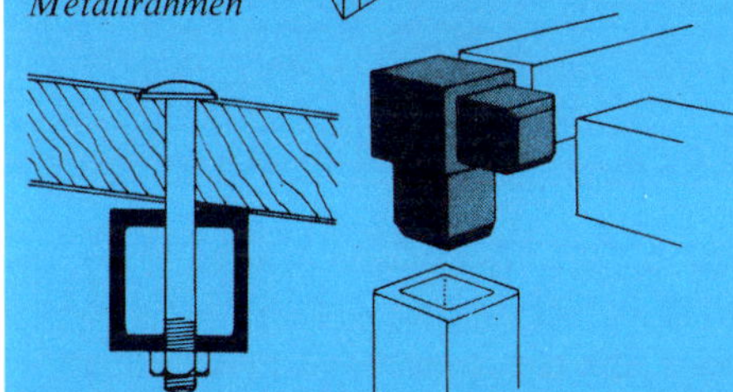

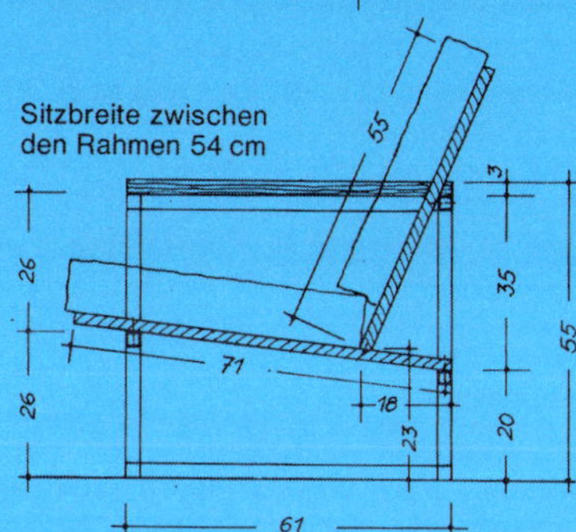

Sessel mit Metallrahmen

Dieser Sessel ist ganz ähnlich konstruiert wie der Holzrahmensessel. Hier bauen Sie das ganze Gestell aus Metall. Dafür gibt es Vierkantrohre aus Aluminium mit entsprechenden Verbindungsstücken zu kaufen. Durch Schläge mit dem Gummihammer werden die Zapfen der Verbindungsstücke in die zugeschnittenen Rohrstücke eingetrieben. Die Verbindung ist einfach und stabil. Das Sitzbrett wird durch kleine Schraubenbolzen mit dem Rahmen verschraubt, in den vorher die entsprechenden Löcher gebohrt wurden. Das Rückenbrett wird in das Sitzbrett eingedübelt und mit dem rückwärtigen Querstab verschraubt. Mutter nach innen und in der Platte versenken.

Sessel aus Massivholz

Für diesen Sessel eignet sich massives Nadelholz (Fichte, Lärche) besonders gut. Sitz und Rücken aus Massivbrettern sind mit je zwei schräggeschnittenen Seitenbrettern verschraubt, die gleichzeitig auch die Füße bilden. Rücken- und Sitzteil werden an jeder Seite mit zwei Schraubenbolzen verbunden. Sie können diesen Sessel auch als Klappsitz ausbilden. Dann wird auf jeder Seite nur ein Schraubenbolzen als Drehlager eingebaut. Dabei nicht nur unter die Mutter und den Schraubenkopf eine Unterlagsscheibe einlegen, sondern auch in die Mitte zwischen die Seitenbretter. Kontermutter nicht vergessen!

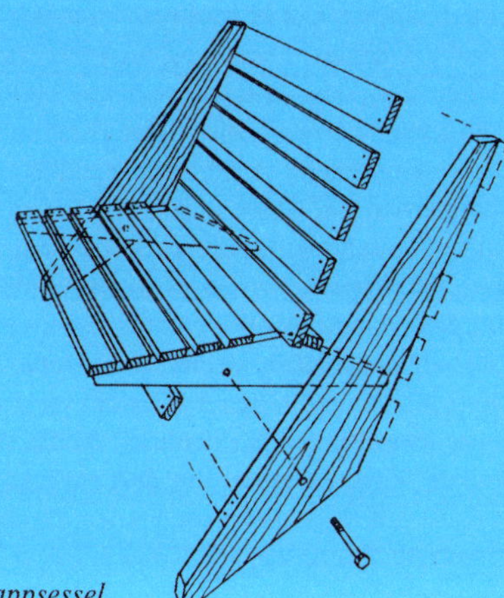

Klappsessel

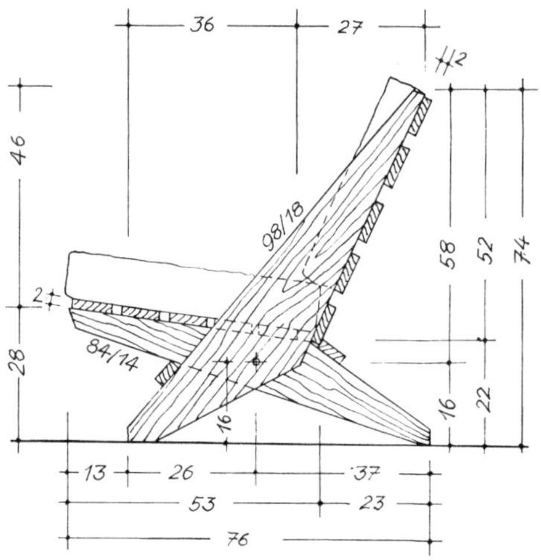

Den genauen Drehpunkt ermitteln Sie durch Probieren mit zwei Pappschablonen in natürlicher Größe und einem Nagel. Im aufgeklappten Zustand muß der Sitzwinkel genau stimmen. Beim Zusammenklappen müssen die Teile genau ineinander liegen. Lage der Sitz- und Rückenbretter genau bestimmen!

Wandtäfelung

Grundsätze 1. Als Verkleidungsmaterial eignen sich Naturholzbretter, Span- oder Sperrplatten, Hartfaserplatten, Gipskartonplatten usw.
2. Die Verkleidung kommt niemals unmittelbar auf Mauerwerk oder Putz. Sie wird auf 2 bis 3 cm starken Latten befestigt, die ausgerichtet und unterfüttert eine ebene Arbeitsfläche bilden. Die Latten werden auf Dübeln mit der Wand verschraubt. Abstand von Latte zu Latte höchstens 60 cm; bei dünnen Platten (4–6 mm) nur die Hälfte. Das genaue Maß richtet sich nach den Abmessungen der zu verkleidenden Fläche.
3. Der Luftraum zwischen den Latten verhindert ein Feuchtwerden der Verkleidung. Ist die Wand besonders feucht, werden die Plattenrückseiten mit Ölanstrich (S. 44) versehen oder durch dahintergelegte Bitumenpappe isoliert. Bei starker Feuchtigkeit besser den Fachmann holen!
4. Um die Isolation gegen Schall und Kälte zu verbessern, kann man Matten aus Glaswolle oder Steinwolle hinter die Täfelung legen.
5. Nach dem Bostik-Pad-Verfahren können Sie ohne Unterlattung Platten und Bretter direkt mit der Wand verkleben. Auch auf Klinker- und rohen Betonwänden ist dies möglich, wenn die Wand trocken ist.
Arbeitsgang: a) Die horizontalen Klebestreifen, ca. 60 cm Abstand, auf der Rückseite der Verkleidung anreißen. So genau wie möglich auf die Wand übertragen.
b) Die Rückseite der Verkleidung und die Wand entlang der angezeichneten Linie ca. 2 bis 3 cm breit mit Spezialkleber einstreichen.
c) In den Kleber auf der Rückseite der Verkleidung werden kleine Schaumstoffplättchen gedrückt und nochmals mit Kleber überstrichen.
d) Nach ca. 20 bis 30 Minuten Wartezeit werden die Verkleidungsbretter auf der Sockelleiste ausgerichtet und fest angedrückt.
6. Die Oberfläche der Platten kann man lasieren (S. 47), lackieren (S. 141) oder auch mit Stoff oder Folie bespannen (S. 499ff.). An Ort und Stelle mit einem Probestück ausprobieren. Die Oberflächenbehandlung wird am besten vorgenommen nach dem Zuschneiden und Anpassen der Platten, aber vor dem endgültigen Befestigen.
7. Die Stöße zwischen den Platten kann man auf verschiedene Weise behandeln: siehe Zeichnungen. Wenn Sie breite, sichtbare Fugen zwischen den Platten wünschen, müssen Sie als Unterlattung gehobeltes Material verwenden und die Plattenkanten sowie die sichtbaren Flächen der Lattung vor der Montage bearbeiten.

Wandtäfelung

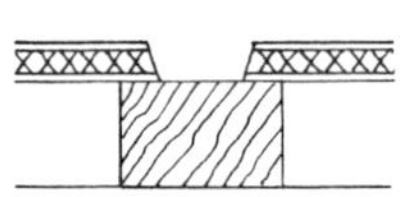

Dekorativer Zwischenraum, Plattenkanten abgeschrägt und furniert oder deckend gestrichen

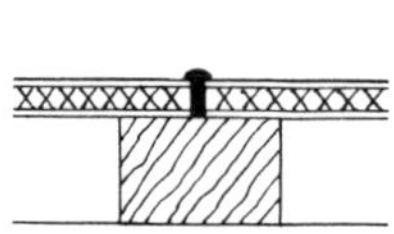

Plastik-Keder (Wulststreifen) in der Fuge

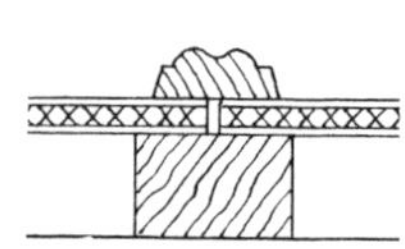

Dehnungsfuge durch Profilleiste abgedeckt

Senkrechte Verbretterung Die notwendige Unterlattung wird waagerecht angebracht. Die unterste Latte bleibt als Fußsockel sichtbar und soll deshalb gehobelt sein, wenn Sie dort nicht einen Sperrholzstreifen als Sockel einpassen wollen. Die hier gezeigte Verbretterung besteht aus genuteten Brettern, die in den Nuten eine unsichtbare Nagelung erlauben. Mit Versenker arbeiten. Die Bretter kaufen Sie fertig vorgerichtet. Dann genau auf Länge zuschneiden. Die Lage der Bretter überprüfen Sie mit der Wasserwaage, denn die Anschlußkanten sind nicht immer senkrecht.
Eine gute unsichtbare Befestigung ist auch mit Vilinhaken möglich. Die sichtbaren Brettkanten werden nicht mehr beschädigt, was beim Nageln in den Falz leicht vorkommt.
Als Material dienen ausgesuchte Fichtenbretter, Kiefer, Pitch- oder Redpine, Oregon usw.

Waagerechte Verbretterung Hier wird die Unterlattung senkrecht angebracht mit einer Abschlußlatte oben und unten. Wenn die Wand länger ist als die Bretter, müssen Sie die Bretter stoßen. Achten Sie auf eine gute Verteilung der Stöße wegen des harmonischen Aussehens und im Hinblick auf den günstigsten Verschnitt.

Schallschluckende Verbretterung Hier arbeitet man mit ungenuteten Brettern, die mit Abständen von etwa 1 cm verlegt werden. Abstandsklötzchen erleichtern die Arbeit. Da die Nägel oder Schrauben sichtbar bleiben, müssen sie sorgfältig vorher angerissen werden. Zwischen die Unterlattung nagelt man Platten aus Stein- oder Glaswolle. Dieses leicht fasernde Material muß mit einem leicht durchlässigen dunklen Nessel überspannt werden.
Die gleichen schallschluckenden Wirkungen erzielt man mit gelochten oder geschlitzten Platten (Hartfaser oder Gipskarton). Diese Platten schlucken selbst nicht, sondern bringen durch ihre Löcher das dahinterliegende Schluckmaterial zur Wirkung. Je zahlreicher und je größer die Löcher sind, desto besser.

Verkleidung eines Dachraumes Diese Arbeit ist verhältnismäßig einfach, weil mit den Holzsparren schon eine Unterkonstruktion zur Verfügung steht. Sind diese allerdings nicht genau in Flucht, muß man mit einer Auflattung und Zulagen ausgleichen. Zwischen die Sparren bringt man eine Wärmeisolierung, gehalten von seitlich angenagelten Latten. Hier ist eine Verbretterung ge-

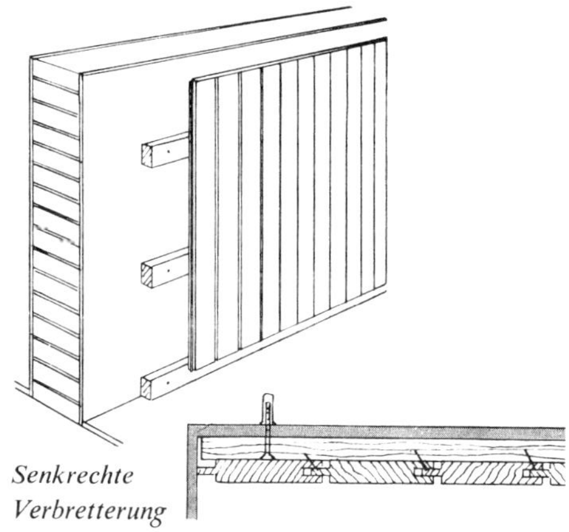

Senkrechte Verbretterung

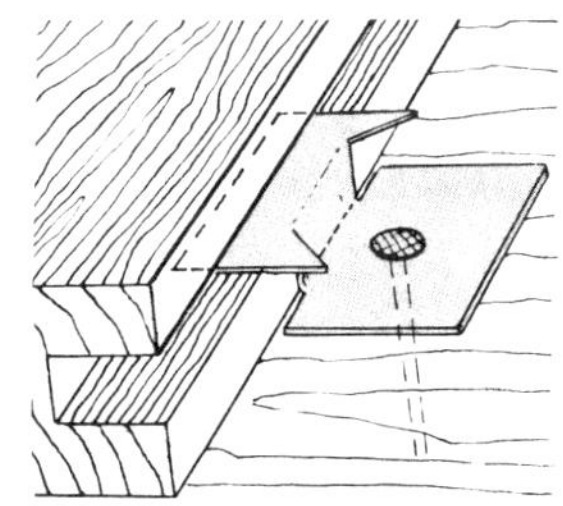

Unsichtbare Nagelung von Profilbrettern

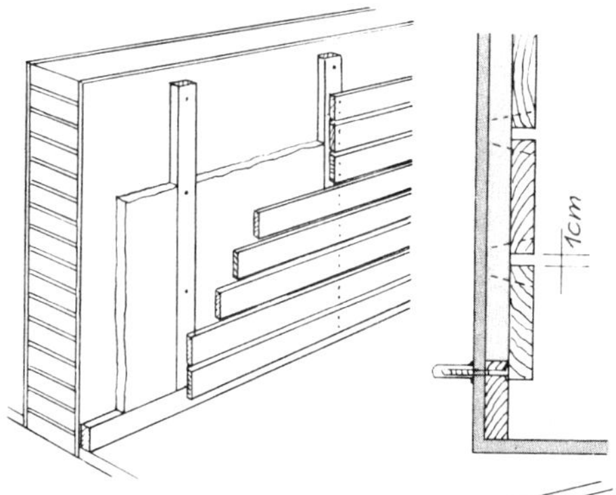

Schallschluckende Verbretterung

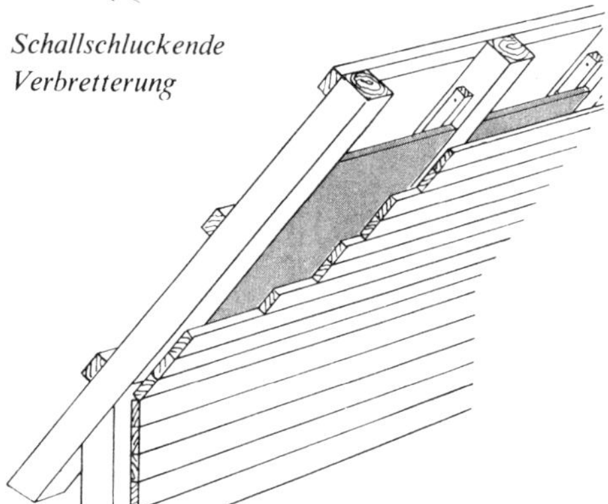

Dachverkleidung

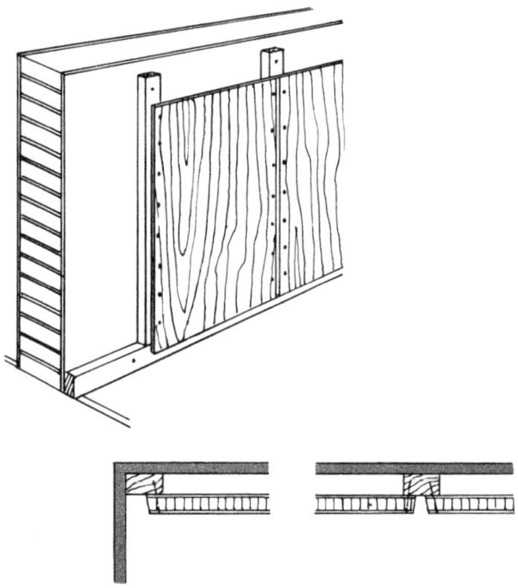

Verkleidung mit großen Tafeln ·

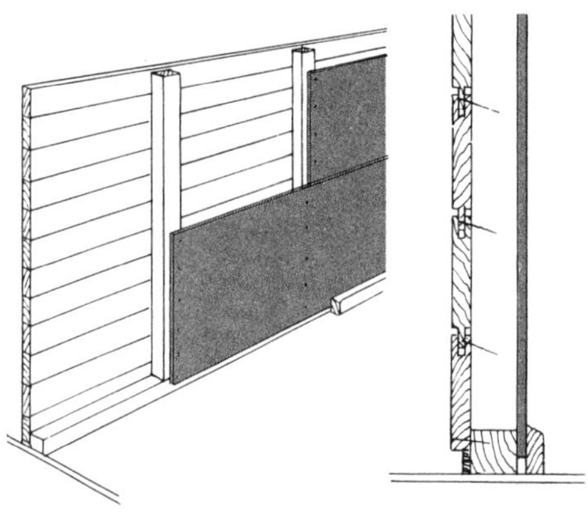

Zwischenwand mit Traggerüst

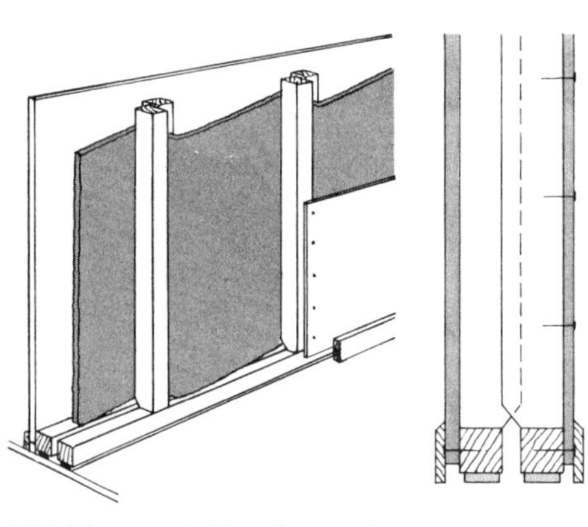

Schallhemmende Zwischenwand

zeigt. Jede andere Art der Verkleidung ist auch möglich.

Verkleidung mit großen Tafeln Unterkonstruktion wie vorher besprochen. Material 8–10 mm starke Span- oder Sperrholzplatten. Ist die Breite der Tafeln größer als 80 cm, eine Zwischenlatte einbauen.

Wenn Sie die Platten bespannen wollen, dann vor dem Anbringen. Stoff oder Folie um die Kanten ziehen und rückseitig mit Tapezierstiften nageln. Bei Stoff können Sie die Platten mit Stauchkopfstiften (S. 120) bei vorsichtiger Arbeit eventuell unsichtbar aufnageln. Bei Folie bleibt die Nagelung sichtbar (Zierkopfnägel verwenden!).

Täfelung mit kleinen Feldern Bei dieser Arbeit müssen die waagerechten und senkrechten Latten entsprechend den Stößen angeordnet werden, so daß entlang der Plattenzwischenräume genagelt werden kann. Hierbei können dünne Platten (4–6 mm) verwendet werden.

Zwischenwand Hier wird ein Rahmengestell als Traggerüst eingebaut (Beinageln S. 122). Die Verkleidung ist beliebig. Im gezeigten Beispiel ist die eine Seite verbrettert, die andere mit Gipskartonplatten verkleidet. Diese Wand ist hellhörig. Eine schallschluckende Einlage, in die Wand geklebt oder genagelt, ergibt eine gewisse Verbesserung.

Schalldämmung Diese Verkleidung dient dem Schallschutz gegenüber benachbarten Räumen. Die Unterkonstruktion wird hier ähnlich der Zwischenwand als freistehender Rahmen ausgebildet, der mit der Wand möglichst kaum Verbindung haben soll. Die Wand sowie Boden-, Dekken- und Seitenanschlüsse werden zuerst mit Platten aus Glas- oder Steinwolle belegt. Dann den Rahmen einpassen. Er ist wegen der Isolierung in Höhe und Breite etwa 2–3 cm kleiner als die Wand. Befestigung nur mit wenigen Nägeln oder Schrauben, möglichst seitlich. Jede Befestigung überträgt Schall! Verkleidung mit Gipskartonplatten ungelocht (S. 179).

Schallhemmende Zwischenwand Die Schallhemmung wird dadurch erreicht, daß man zwei vollständig getrennte Wände nebeneinander aufstellt. Sie dürfen miteinander keine Verbindung haben. Einbau ähnlich wie bei einer schallhemmenden Verkleidung. Um Wandstärke zu sparen, sind die wenig belasteten Schwellen schmal gehalten. Die breiteren Tragstützen sind oben und unten angeschrägt, damit sie die zweite Schwelle nicht berühren – wie in der Zeichnung zu erkennen. Die

Verkleidung auf beiden Seiten muß verschieden stark sein.

Gipskartonplatten Diese Platten bestehen aus Gips, der auf beiden Seiten mit Karton überzogen ist. Sie können gesägt, gebohrt, geschraubt und genagelt werden (Spezialnägel und -schrauben). Breite 1,25 m; Länge je nach Stärke 2,50 m bis 4,50 m; Stärken 9,5 · 12,5 · 15 · 18 mm. Spannweite der Unterlattung höchstens 62,5 cm, Nagelabstand höchstens 15–20 cm. Die Längskanten sind mit Karton ummantelt und leicht abgefast, die Schmalseiten scharfkantig abgeschnitten.

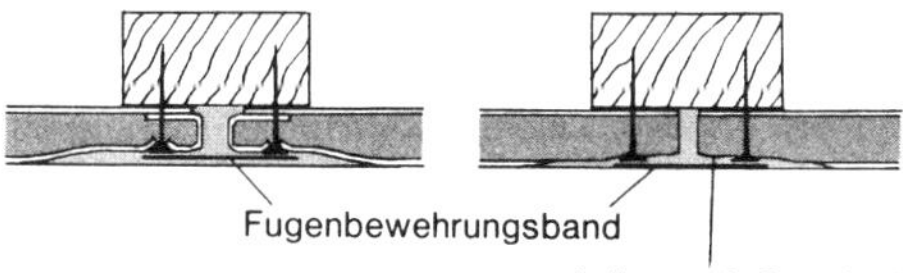

Fugenbespachtelung bei Gipskartonplatten

Die Verspachtelung der Fugen mit einem Spezialmörtel und einem Fugenbewehrungsstreifen ist schwierig und muß genau nach Firmenvorschrift durchgeführt werden. Man kann die Platten aber auch, wenn man die Kanten versäubert hat, mit Stoßfugen von einigen Millimetern verlegen (Plättchen in der Fugenstärke dazwischenlegen) oder Deckleisten verwenden.

Beschichtete Hartfaserplatten Diese mit einem Überzug aus Kunststoff oder Einbrennlack versehenen Platten (»Wirus-Dekor«, »Cato« u. a.), mit und ohne Kacheleinteilung, sind ein preiswerter Ersatz für Fliesenbeläge. In vielen Farben lieferbar. Bearbeitung mit der Feinsäge von der Lackseite her. Man kann die Platten sichtbar verschrauben, sie werden jedoch meistens geklebt; entweder direkt auf die gesäuberte und von Farbresten gereinigte Wand oder auf einen Rost von 30 cm Lattenabstand.

Der Kleber wird nach Firmenvorschrift zuerst auf Platte und Wand mit dem Kammspachtel aufgetragen. Nach dem üblichen Antrocknen (10 bis 15 Min.) wird die Platte von unten nach oben an die Wand gepreßt und angeklopft.

Die Platten können stumpf gestoßen, die Fugen später mit Farbe angeglichen werden. Für den Abschluß der Platten und die Stöße, vor allen Dingen an den Innen- und Außenecken, gibt es Fugenschienen aus Leichtmetall und Kunststoff. Die Leisten werden vorher genau zugeschnitten und auf Gehrung eingepaßt. Als letztes wird das obere Abschlußprofil eingesetzt.

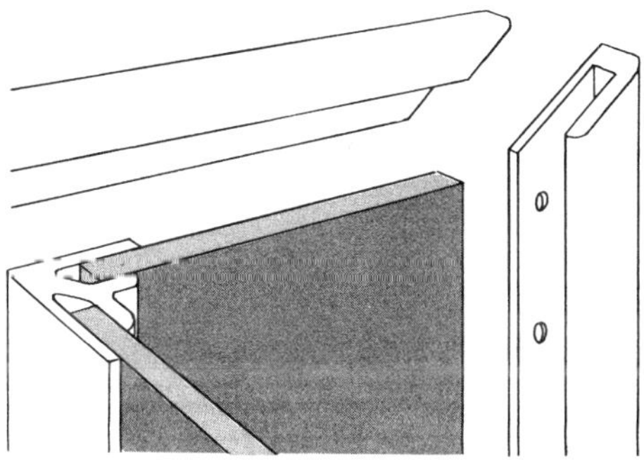

Halteprofile für Schichtplatten

Für die Verkleidung hinter Wasch- oder Spülbekken stellen einige Firmen Platten in verschiedenen Größen her, bei denen die Kanten leicht abgerundet und ebenso überzogen sind wie die Vorderflächen. Diese Platten montiert man am besten an den Ecken mit Linsenkopf- oder Zierschrauben auf Dübeln.

Vor dem Verarbeiten immer die Vorschriften der Herstellerwerke studieren.

Einbau eines Zwischenbodens

Wie bereits auf S. 19 angedeutet, tut es hohen, schmalen Räumen oder Gängen gut, wenn man sie durch Einbau einer Zwischendecke etwas niedriger macht. Gleichzeitig ergibt sich so ein willkommener Abstellplatz. Die Stärke der Konstruktion richtet sich nach der Breite des Raumes und der gewünschten Belastung. Es empfiehlt sich, Kanthölzer 40 × 60 mm zu nehmen. Der Abstand der Querlatten sollte ungefähr 60 cm betragen. Der genaue Abstand richtet sich nach der Länge der Konstruktion und auch nach der Plattengröße der vorgesehenen Abdeckung.

Arbeitsgang 1. Anreißen und Ablängen der Holzteile.

2. Anreißen und Ausklinken (S. 110 f.) der Längshölzer an den Ansatzstellen der Querhölzer.

3. Schraubenlöcher zur Wandbefestigung in den Längshölzern anreißen und bohren.

4. Höhe des Einbaues an der Wand anreißen. Messen Sie nur einmal vom Fußboden und dann mit der Wasserwaage entlang der Wand, denn der Fußboden ist nicht immer eben.

5. Zeichnen Sie durch die Schraubenlöcher der Längshölzer die Punkte an der Wand an. An diesen Stellen Dübel einsetzen.

6. Längshölzer anschrauben

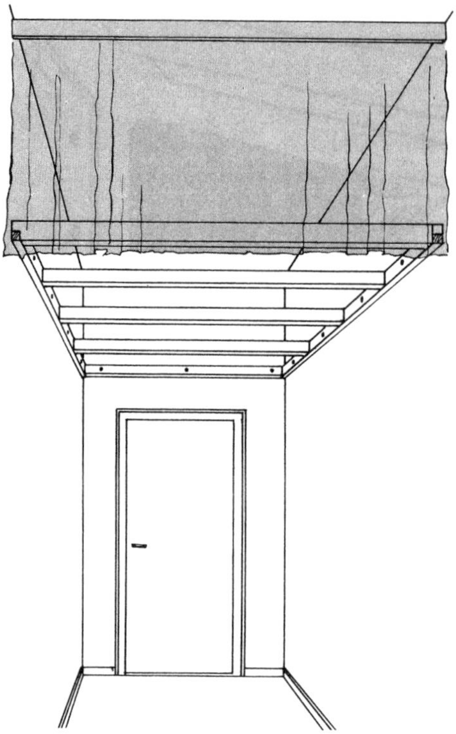

Kofferboden unter der Decke

7. Anreißen, Ausklinken und Einpassen der Querhölzer. Die Querhölzer werden von oben an die Längshölzer genagelt.
8. Von oben nun eine Bodenplatte aus 4-mm-Hartfaserplatte aufnageln.
9. Die Unterseite können Sie nun ebenfalls mit Hartfaserplatten verkleiden und dann streichen oder tapezieren. Die Stöße müssen vorher mit Nesselstreifen überklebt werden (S. 79).
Sie können jedoch auch die Unterkonstruktion sichtbar lassen. Dann müssen die Kanthölzer gehobelt sein, und die Arbeit sollte sehr genau

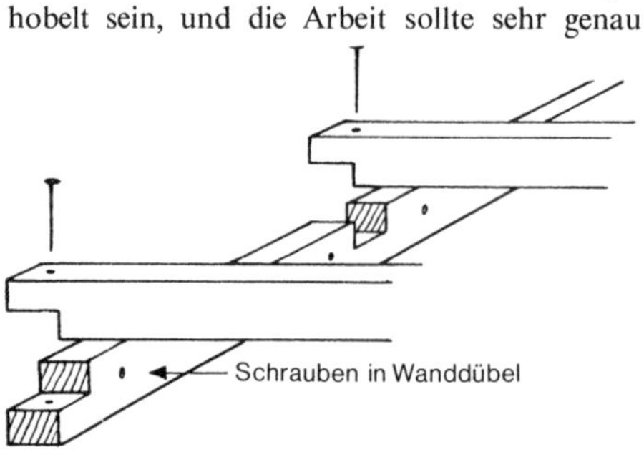

ausgeführt werden. Die Deckentafeln und die Leisten können Sie verschiedenfarbig streichen. Als vorderer Abschluß dient ein Vorhang, der an der Decke montiert wird (S. 74 f.).
Nach dem gleichen Prinzip können Sie verschiedenartige Zwischendecken bauen. Zum Beispiel:
1. Begehbare Balkone, wenn der Raum sehr hoch ist. Vielleicht sogar einen Schlafbalkon mit Steigleiter! Die Holzdimensionen müssen entsprechend gewählt werden:
Wandbohlen: 10 × 6 cm, Querbalken 12 × 6 cm
Abstand der Querbalken etwa 60 cm.
2. Transparente (mit Stoff oder Kunststoffolie bespannte) Rahmen, die von oben beleuchtet werden können. Leichte Kontruktion! Eventuell

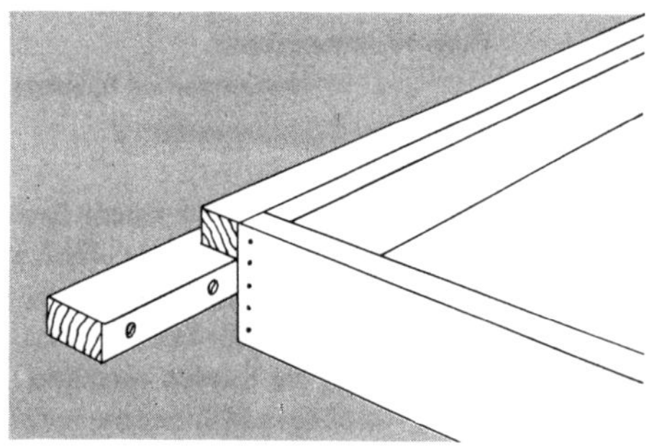

Aufgelegte Rahmendecke

frei aufgelegt (siehe Abbildung), damit die Lichtquelle zugänglich bleibt.

Türe für den Kofferboden

Material Rahmenhölzer 30 × 80 mm
2 Türflächen aus Sperrholz 10–15 mm stark je nach Größe
Anschlagleiste 30 × 16 mm
2 Klavierbänder oder 4 Scharnierbänder
1 verkröpfter Riegel
1 Schnapper
1 Türknopf
Deckleisten 15 × 15 mm

Arbeitsgang 1. Die gehobelten und gerichteten Rahmenhölzer werden angerissen und an den Ecken überplattet oder mit Schlitz-Zapfenverbindung zu einem Rahmen zusammengefügt und verleimt.
2. Die Türblätter werden so groß hergestellt, daß sie in der Mitte etwa 1–2 mm Luft gegeneinander haben und rundum so viel größer sind, als der Be-

schlag breit ist. Kanten hobeln (Türanschlag nach Detail D, S. 162).

3. Zuschneiden der Deckleiste. Kanten brechen. Leiste an die rechte Türhälfte anleimen und nageln, so daß noch die Hälfte der Breite übersteht.
4. Beide Türhälften gemeinsam einpassen, die Beschläge anreißen und anschrauben.
5. Den Riegel an der linken Türhälfte anbringen und im Rahmen die entsprechende Aussparung einstemmen.
6. An der rechten Türhälfte einen Schnäpper sowie außen einen Knopf zum Öffnen anbringen.
7. Der fertige Rahmen wird mit Steinhaken oder Dübelschrauben zwischen Wänden und Decke befestigt und unten am Kofferboden verschraubt.
8. Oberflächenbehandlung nach Wunsch und Können (S. 137 f.).

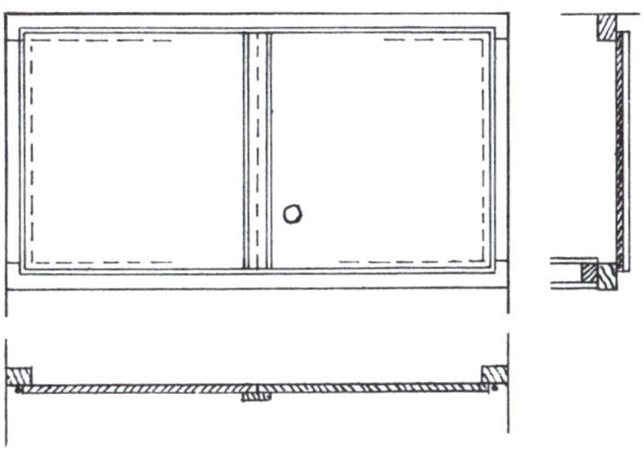

Tür des Kofferbodens

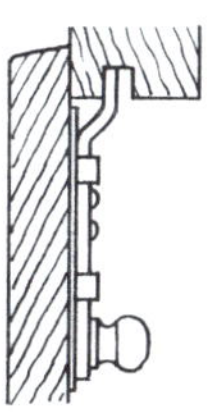

Riegel und Rahmenaussparung

Spielzeug und Kleingeräte

Schaukelgerüst Das Gerüst für Ihre Kinderschaukel im Garten können Sie aus Kanthölzern 6×6 cm, Querholz 6×10 cm, nach der Zeichnung leicht selbst herstellen. Da alle Verbindungen auf Druck und Zug beansprucht werden, müssen die Brettlaschen gut genagelt werden.

Schaukelpferd Ein einfach herzustellendes Spielzeug! Man kann es nageln, schrauben oder dübeln, je nach Lust und Können. Beim Anstreichen lassen Sie Ihrer Phantasie freien Lauf.

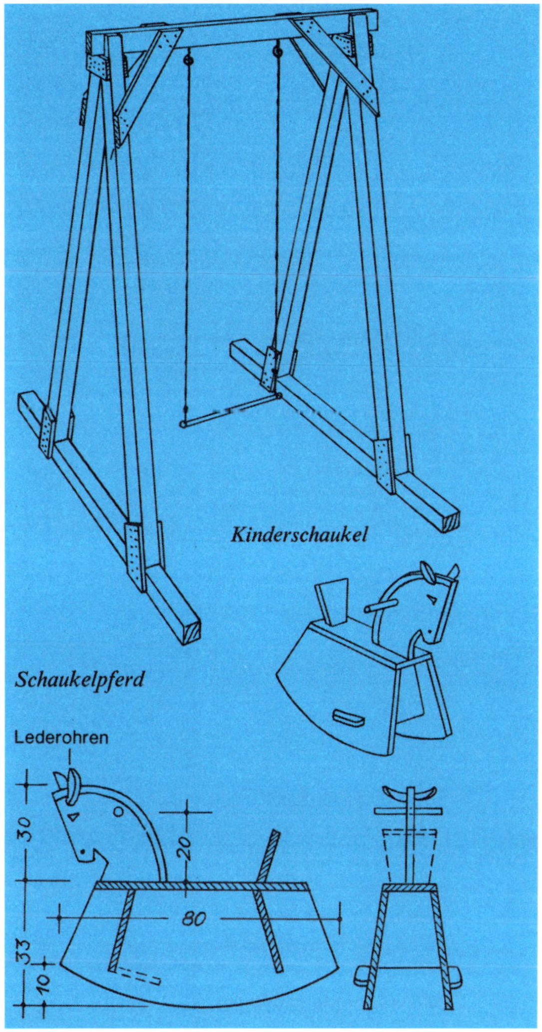

Kinderschaukel

Schaukelpferd

Gedrechselte Leuchter Der dreiteilige Leuchter wird aus Edelholz gedreht. Die Figur ist bunt bemalt. Arme und Kerzenhalter werden gesondert gedreht und eingeleimt.

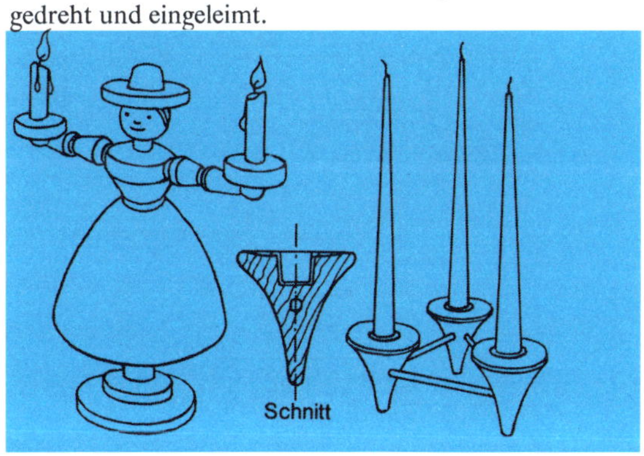

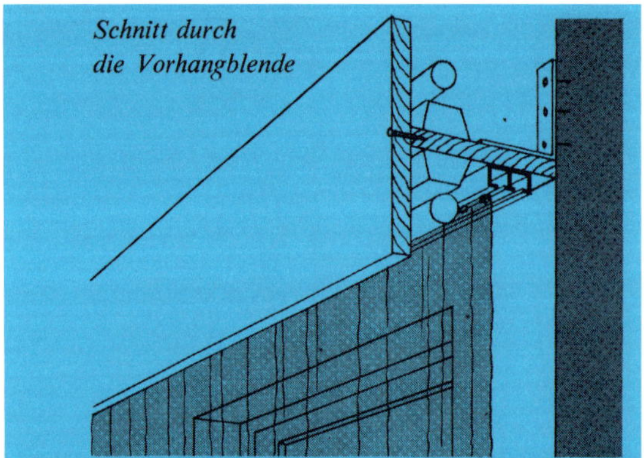

Schnitt durch die Vorhangblende

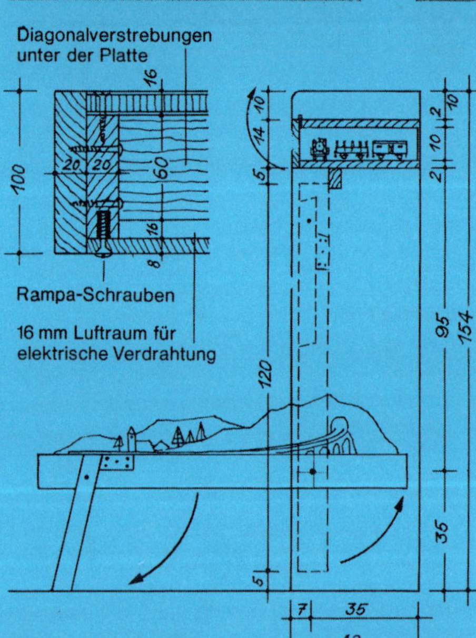

Klappbare Modelleisenbahn

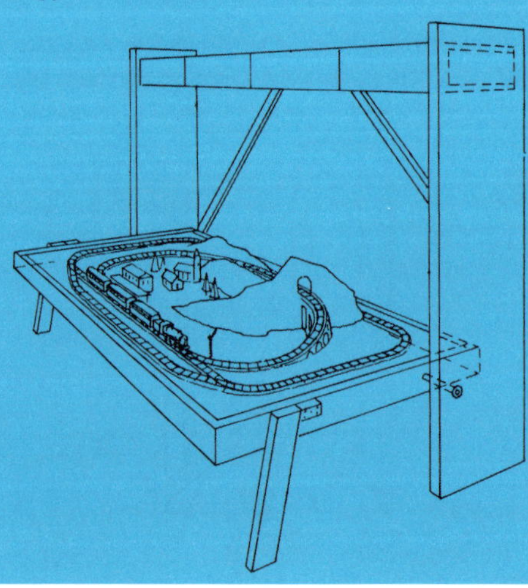

Vorhangblende mit indirekter Beleuchtung Die Blende sollte über die ganze Wand geführt werden, auch wenn das Fenster schmaler ist. Das waagerechte Brett wird mit handelsüblichen Winkeleisen in die Wand gedübelt. Die Vorderblende schrauben Sie gegen dieses Vorhangbrett. Wollen Sie die Blende furnieren, müssen Sie beide Teile unsichtbar zusammendübeln (s. S. 130).

Modelleisenbahnanlage, klappbar In einer normalen Wohnung ist die Unterbringung einer Modelleisenbahn immer schwierig, besonders wenn sie durch liebevoll konstruiertes Gelände und umfangreiche elektrische Einrichtungen sperrig und empfindlich geworden ist. Hier der Vorschlag, sie wie ein Klappbett einzubauen. Selbstverständlich können Sie die Maße der Zeichnung abwandeln, aber denken Sie daran, daß zwischen der Lage des Drehpunktes, der Plattenhöhe im abgeklappten Zustand und zwischen der Tiefe des Schrankumbaus Zusammenhänge bestehen. Vielleicht tut es auch ein handelsübliches Klappbett? Bei der hier vorgeschlagenen Bank können Sie Aufbauten bis zu 30 cm Höhe unterbringen.

Noch ein Wort zur Plattenkonstruktion:

Als Oberplatte nehmen wir eine 16 mm starke Tischlerplatte. Da wir viel schrauben und bohren müssen, ist eine Spanplatte nicht so gut geeignet. Diese Platte wird mit dem 10 cm hohen Rahmen verschraubt und verleimt. Da die Unterstützungspunkte weit auseinanderliegen, muß die Platte noch durch Diagonalen und Querriegel versteift werden, die alle mit geschraubt und geleimt werden müssen. An der Unterseite bringen wir mit Rampaschrauben (S. 135) eine Platte an, die unsere Elektroinstallation schützt.

Fütterungskasten für Hühner Ein sparsames Gerät, das Ihr Hühnerfutter trocken hält, können Sie nach dieser Zeichnung herstellen. Der aufklappbare Deckel wird mit Dachpappe abgedeckt.

Vogelhäuschen

Wenn Sie nicht die Enttäuschung erleben wollen, daß das liebevoll gezimmerte Häuschen leer bleibt, müssen Sie sich die Erfahrungen der Vogelkenner zunutze machen und es auf die Lebensgewohnheiten der Vogelart zuschneiden, die darin nisten soll. Die Maße, insbesondere auch der Durchmesser des Fluglochs, müssen eingehalten werden.

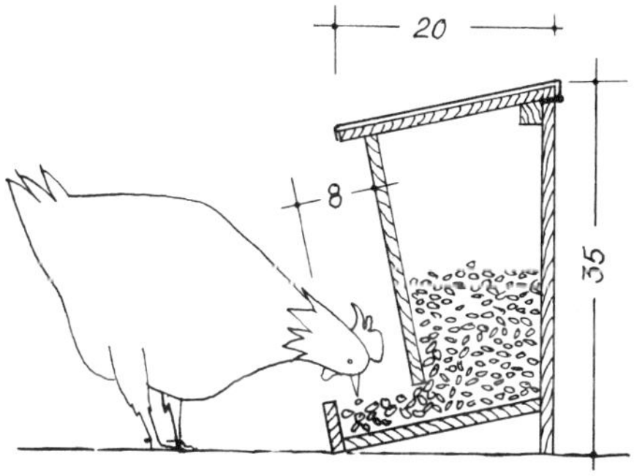

Fütterungskasten für Geflügel ·

Nistkasten für Nischenbrüter

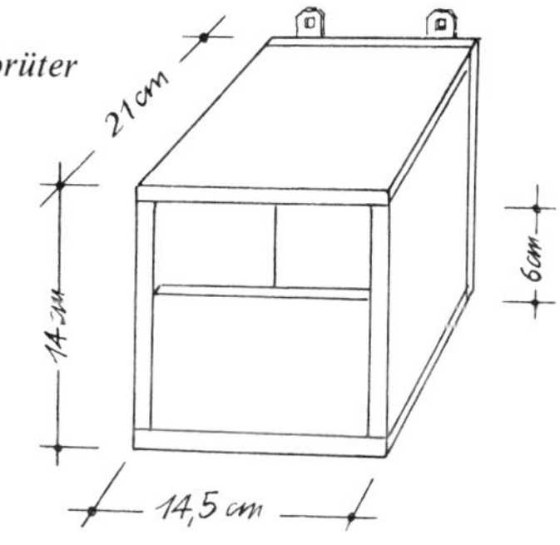

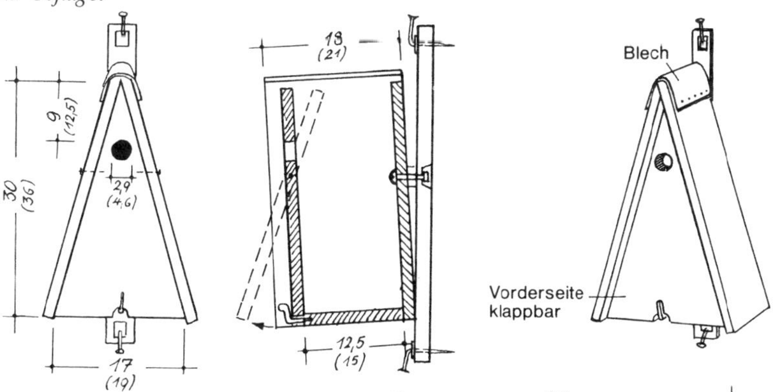

Nistkasten für Höhlenbrüter

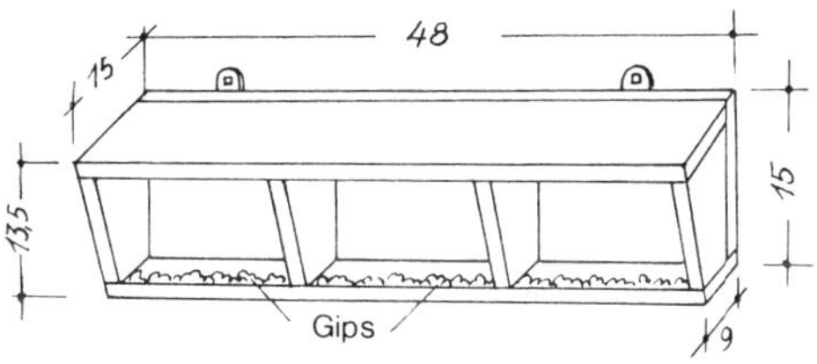

Nistkasten für Schwalben

Für Nischenbrüter (Hausrotschwänzchen, Bachstelze) genügt ein einfacher halboffener Kasten, der an Hauswänden oder Ställen angebracht wird. In der Farbe des Untergrundes streichen.
Höhlenbrüter wie Meisen oder Stare brauchen Nistkästen mit Fluglöchern; dabei ist darauf zu achten, daß die Vorderseite klappbar konstruiert wird, damit der Kasten gereinigt werden kann (August bis September). Keine Sitzstange! Stare und Meisen brauchen keine. Stare sind gesellig, daher mehrere Kästen beieinander aufhängen; Höhe vom Boden etwa 5 bis 6 m. Meisenkästen 4 bis 5 m hoch hängen; in geschützten Gärten niedriger. Die Maße in Klammern gelten für Starenkästen, die anderen für die Meisen.
Den Schwalben kann man durch Herstellung von Nistgeräten den Nestbau wesentlich erleichtern. Aufhängen an den normalen Nistplätzen unter Gesimsen. Nach Art des Untergrundes streichen.
Vogelfutterhäuschen Das Häuschen ist nach der Zeichnung einfach zu arbeiten. Eventuell sollte an der Wetterseite noch ein Wandstück (Glas) angebracht werden. Verschneites Futter gefriert und wird schlecht. Bei diesem Futterkasten wer-

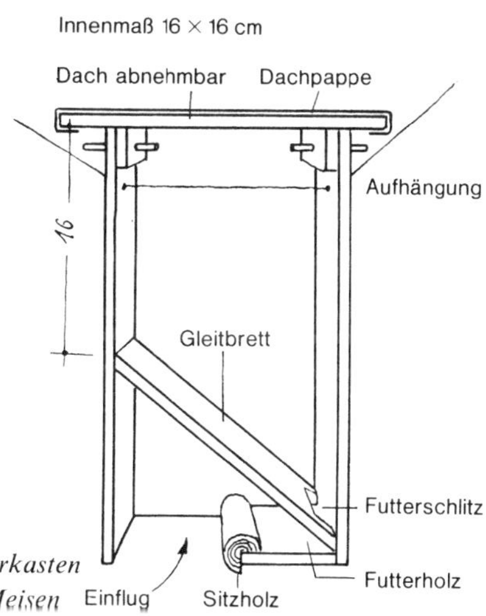

Futterkasten für Meisen

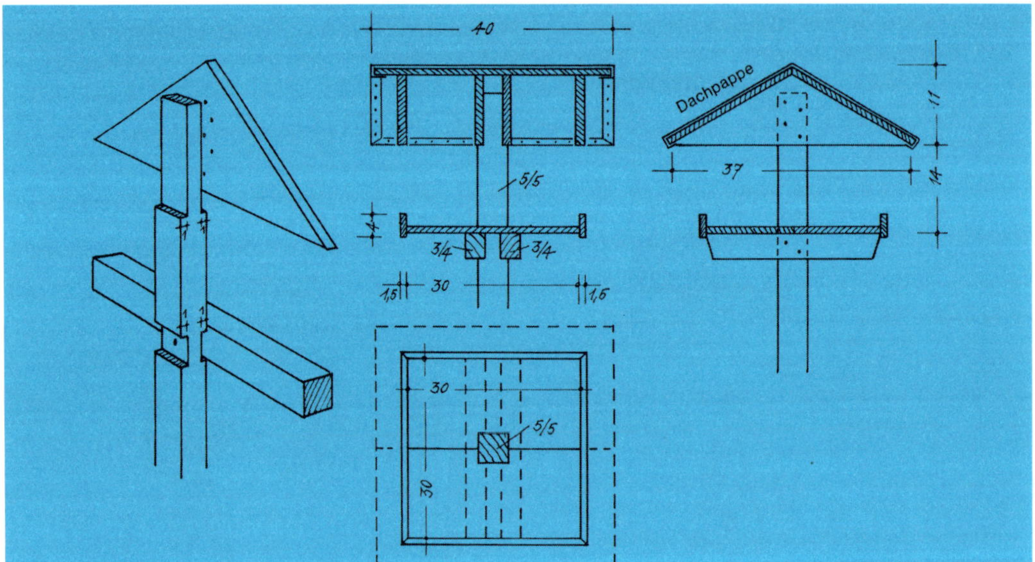

Vogelfutterhäuschen

den Sie allerdings nicht vermeiden können, daß Amseln, Spatzen und sogar Eichhörnchen die schwächeren Vögel wie die Meisen zeitweilig verdrängen. Deshalb hat man spezielle Meisenfutterkästen entwickelt. Aufhängung freischwebend zwischen zwei Bäumen oder an der Hauswand. Deckel abnehmbar. Eine Seitenwand aus Glas. Um die Vögel an den unteren Einflug zu gewöhnen, hängen wir Sonnenblumenkerne oder Walnußschalen mit ungesalzenem Fett in der Einflugöffnung auf. Futterfüllung nur mit Hanf und Sonnenblumenkernen.

Weitere Ideen können Sie an Hand der in den Beispielen vorkommenden Konstruktionsmerkmale in die Tat umsetzen: Sie brauchen ein Schränkchen für Ihre Farbdias, die Hausfrau ein Besenfach an der Abstellkammer-Tür, die Kinder eine Spielzeugkiste; zu Weihnachten soll eine Puppenstube »nach Maß« entstehen; eine alte Spiralfedermatratze würde durch einen Holzumbau zur modernen Liege; ein Klapptischchen auf dem engen Balkon löst das Platzproblem; ein Unterstellhäuschen könnte die Gartenwerkzeuge vor Regen schützen – und so weiter.

9 Was tue ich, wenn …

… der Hammerstiel zerbrochen ist?

1. Einen neuen Stiel zugerichtet kaufen, der in das Öhr des Hammerkopfes paßt und nicht zu kurz ist: für Schreinerhammer etwa 35 cm.
2. Hammerkopf aufsetzen und einige Male kräftig mit dem hinteren Ende des Stiels auf die Werkbank schlagen, so daß sich der Kopf festzieht. Niemals mit zweitem Hammer auf Stiel oder Kopf schlagen! Zieht sich der Kopf nicht richtig fest, Stiel durch einige Striche mit Hobel oder Feile passend machen. Nach dieser Probe Hammerkopf wieder entfernen, schrägen Schlitz für Keil einschneiden.
3. Schmalen Keil anfertigen.
4. Hammer zusammensetzen, Kopf festschlagen, Keil mit etwas Leim bestreichen, eintreiben.
5. Etwa über den Hammerkopf vorstehendes Holz mit der Feinsäge absägen.
6. Zum Schluß wird der Stiel mit Zelluloselack (S. 54) eingelassen und mit Stahlwolle abgezogen.

7. Erst nach mehrmaliger Benutzung entscheiden, ob der Stiel die richtige Länge hat oder noch etwas zu kürzen ist. Gegebenenfalls absägen und das Stielende gut verrunden.

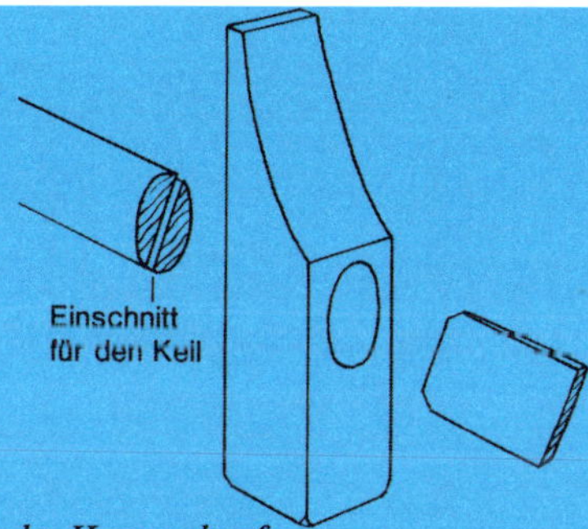

Befestigen des Hammerkopfes

... eine Stange gebrochen ist?

Ist ein Besenstiel zerbrochen, dann kaufen Sie einen neuen. Es gibt aber auch wertvolle Rundstangen. Diese können verleimt werden, wenn es sich um einen langen, gesplitterten Bruch handelt.

1. Bruchstelle unter Druck verleimen (einspannen!).
2. Wenn genug Platz ist, von beiden Seiten versenkt verschrauben.
3. Umwickeln mit dünnem Bindfaden. Den Schnuranfang in einer langen Schlinge so über den Bruch legen und überwickeln, daß auf der einen Seite der Anfang, an der anderen Seite eine Schlaufe hervorsteht. Das Ende des Bindfadens durch die Schlaufe stecken und am Schnuranfang festziehen.
4. Mit Firnis überziehen.

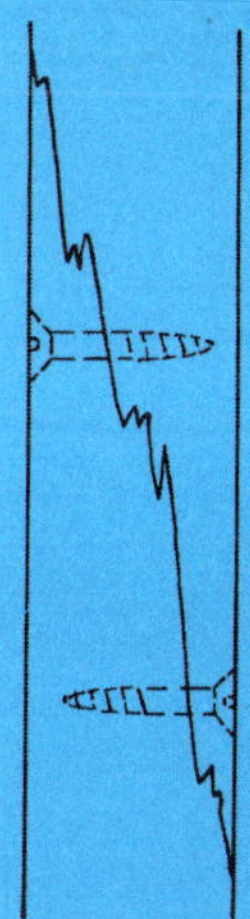

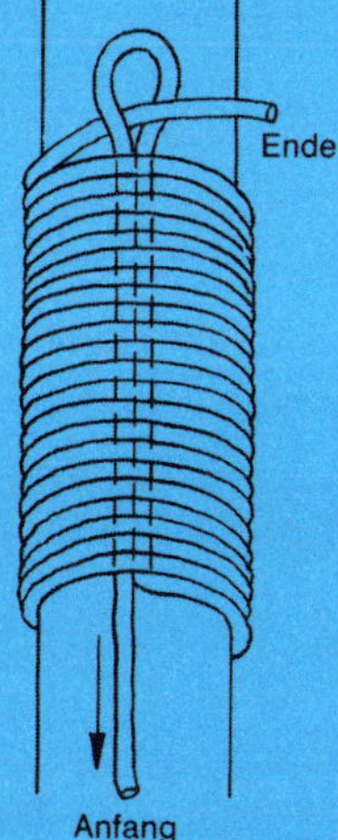

Geflickte Stange

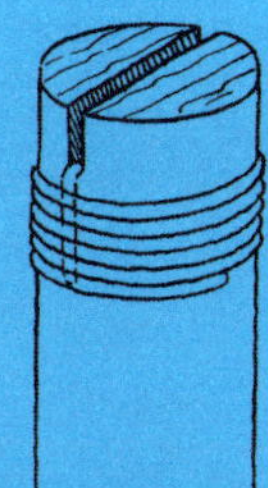

Besenstiel mit »Gewinde« aus Draht

... der Besenstiel locker ist?

Entweder benutzen Sie die käuflichen, aufsetzbaren Gewindehülsen oder Sie machen sich ein Gewinde an den Stiel.

1. Einen schmalen Sägeschnitt quer in das Stielende schneiden.
2. Nehmen Sie einen mittelstarken Draht, ungefähr 30 cm lang. Den Anfang legen Sie in den Schlitz und klopfen das überstehende Ende an den Stiel. Dann den Draht dicht an dicht um den Stiel wickeln.
3. Den Draht festhalten und den Besen wie auf ein Gewinde aufschrauben. Überstehendes Ende abzwicken.

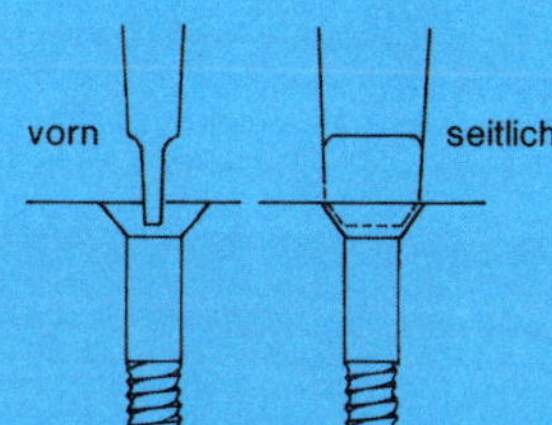

Richtig zugepaßter Schraubenzieher

... eine Holzschraube sich nicht lösen will?

1. Über eine gewisse Grenze hinaus nützt bloße Kraftanstrengung nichts, sie würde den Schraubenkopf nur verschinden.
2. Vielleicht kann man der Schraube noch beikommen mit einem Schraubenzieher, der haarscharf in den Schlitz paßt. Eventuell zuschleifen.
3. Erwärmen des Schraubenkopfes mit einem Lötkolben oder einem heißgemachten Eisenstück. Während des Abkühlens läßt er sich vielleicht bewegen, und das ist ein Anfang.

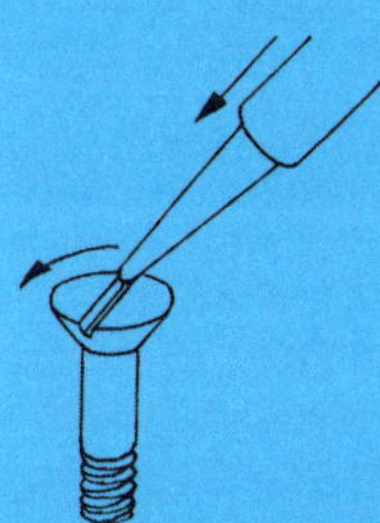

Losschlagen mit dem Versenkstift

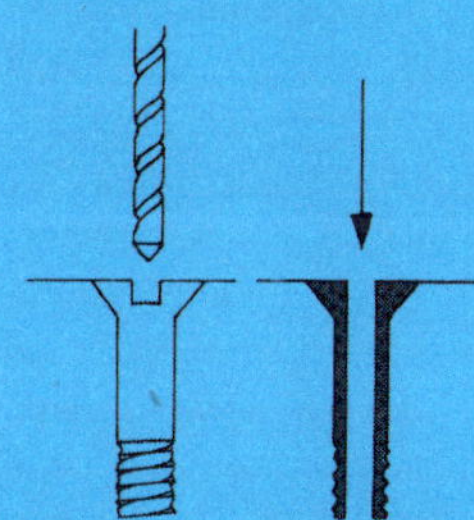

Ausbohren

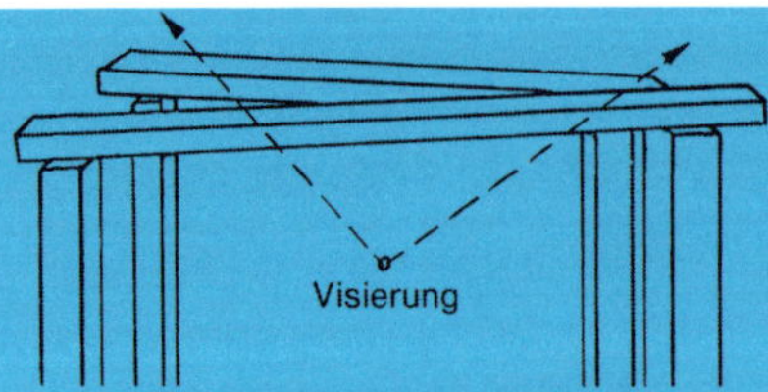

So wird der Übeltäter ermittelt –

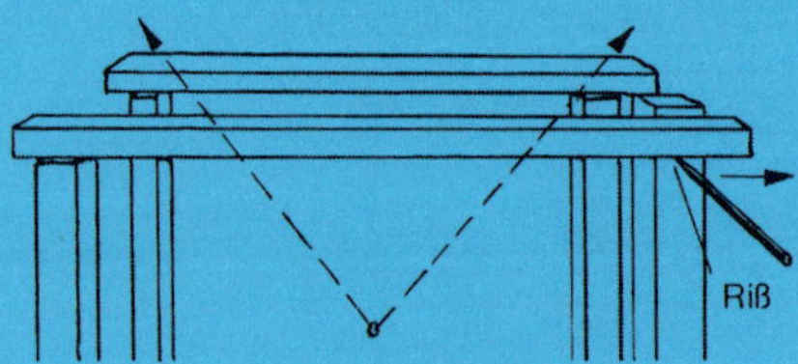

– so das zu kürzende Stück angerissen

Sperrholzscheibe zunächst etwas größer schneiden

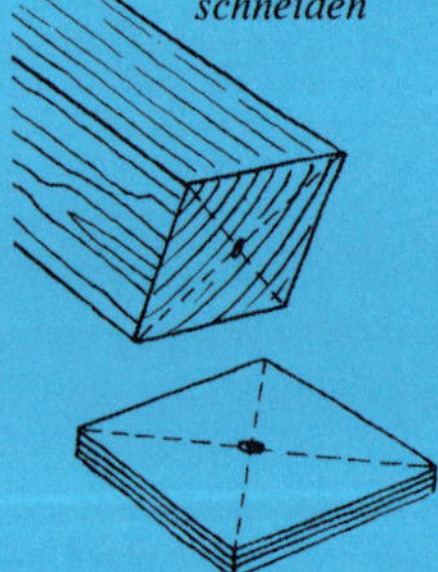

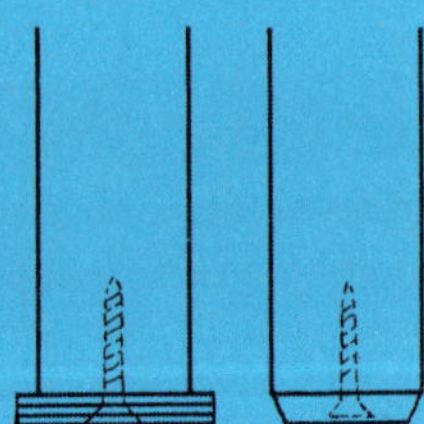

Nach Anschrauben und Verleimen Ränder absägen und abschrägen

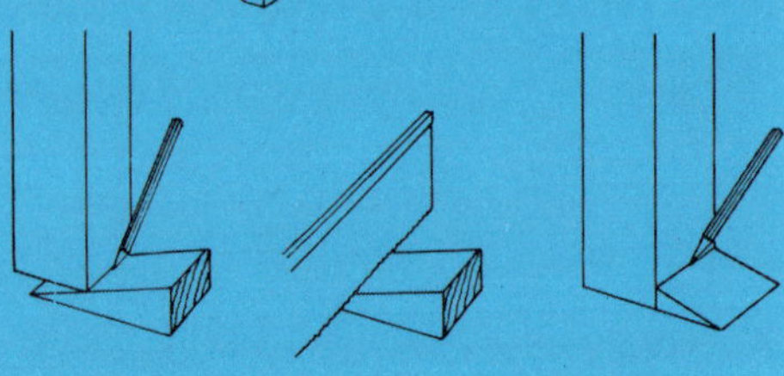

Anreißen der Tischbeine zum Gleichrichten

4. Größere Schrauben lassen sich manchmal durch Schlagen mit dem Versenkstift lösen, wie es das Bild zeigt. Das kann sogar noch helfen, wenn die eine Hälfte des Schraubenkopfes bereits abgebrochen ist.
5. Hilft das alles nichts, muß die Schraube ausgebohrt werden: erst einen ganz schwachen Spiralbohrer nehmen, dann einen stärkeren, evtl. einen dritten noch stärkeren – bis man mit einer Spitzzange oder einem feinen hakenförmigen Draht die Reste aus dem Schraubenloch entfernen kann.
6. Bei allen diesen Versuchen darf das umliegende Holz nicht verschunden werden!
7. Schrauben aus Messing, Leichtmetall, überhaupt aus NE-Metallen lieber gleich ausbohren, denn ihr weiches Material setzt dem Bohrer keinen großen Widerstand entgegen, während es den Kopf um so leichter abbrechen läßt. Vgl. S. 320.

... eine Holzschraube von selbst locker wird?

1. Man tropft Klebstoff (Leim oder Alleskleber) in das Schraubenloch und dreht die Schraube wieder ein.
2. Man füllt das Loch mit einem Holzspan aus, den man vorher mit Klebstoff bestrichen hat, und schraubt dann wieder ein.
3. Mutterschrauben, die locker sind, umwickelt man mit etwas Werg, Wolle oder Baumwollfaden und dreht dann die Mutter fest.

... der Tisch oder Stuhl wackelt?

Entweder stehen die Füße nicht gleichmäßig auf – oder der Tisch geht aus dem Leim. Wenn das erste der Fall ist, fragen wir uns:
1. Hat der Tisch die Schuld oder der Fußboden? (Ich spreche im folgenden vom Tisch; für den Stuhl gilt alles in gleicher Weise, überhaupt für jedes Möbel mit 4 Beinen.)
2. Liegt die Schuld nicht beim Fußboden – Tisch auf den Kopf stellen, zwei genau gleich breite Leisten über die Fußpaare legen und darüber visieren, wie es das Bild zeigt, um zu ermitteln, welches von den vier Beinen der Übeltäter ist.
3. Ist ein Bein länger als die anderen drei, muß es verkürzt werden. Um wieviel? Das zeigt die Visierleiste, wie das Bild deutlich macht. Jetzt kommt es aber darauf an, genau anzureißen (mit scharfem Bleistift). Der Vorgang wird über Eck wiederholt, so die zweite Seite angerissen. Nun

genau am Riß absägen. Kanten mit der Feile brechen.

4. Nehmen wir jetzt an, ein Bein sei kürzer als die übrigen drei. Dann haben wir die Wahl, entweder das eine Bein zu verlängern – dann behält der Tisch seine bisherige Höhe – oder die anderen drei zu verkürzen – dann wird der Tisch niedriger. Soll das zu kurze Bein verlängert werden und handelt es sich nur um 1 bis 3 mm, so kann man einfach eine Leder- oder Gummischeibe unternageln, besser noch leimen.

Fehlt mehr, so wird auf die gesäuberte und eben gearbeitete Unterfläche eine Sperrholzscheibe, etwas überstehend, aufgeleimt und verschraubt. Kopf der Schraube versenken! Nach dem Trocknen werden die überstehenden Kanten mit Säge, Stecheisen und Feile beigearbeitet.

5. Wenn die drei Beine auf die Länge des vierten gekürzt werden sollen, stellt man den Tisch auf eine tadellos ebene Unterlage. Dann schiebt man unter den kurzen Fuß einen Keil, bis der Tisch nicht mehr wackelt. Direkt an der Tischbeinkante wird auf dem Keil ein Strich gezogen, und an diesem Riß wird der Keil abgesägt. Mit der an die Tischbeine angelegten Schnittfläche wird die Höhe des abzusägenden Teiles markiert.

6. Dasselbe Verfahren ist anzuwenden, wenn man sich entschließt, ein Möbelstück im ganzen niedriger zu machen.

Wackelt der Tisch oder Stuhl, weil seine Verbindungen nicht mehr fest sind, so müssen wir uns entschließen, ihn neu zu verleimen. Der Arbeitsgang hierbei ist folgender:

1. Die lockeren Verbindungen lösen und alle Flächen vom alten Leim befreien.

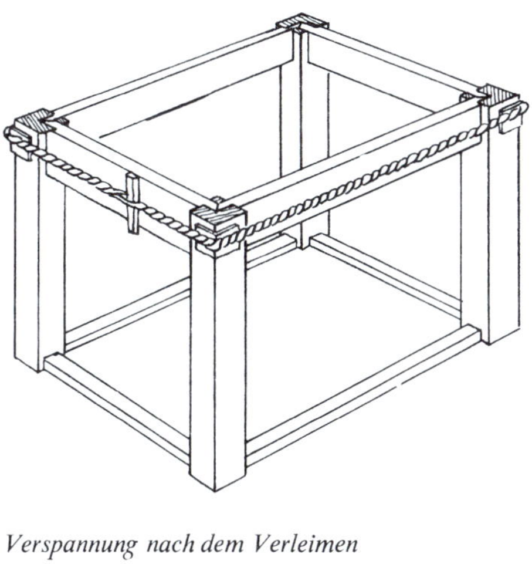

Verspannung nach dem Verleimen

2. Neu verleimen und spannen. Wenn Sie keine Spannknechte von der entsprechenden Größe haben, dann nehmen Sie einen kräftigen Strick, den Sie zweimal in Höhe der Verleimung um den Tisch legen und dann durch Verdrehen mit einem eingeschobenen Spannholz immer weiter anspannen. An den Ecken Zulagen unterlegen.

3. Damit die Tischbeine bei dieser Arbeit unten den richtigen Abstand behalten, legen Sie Latten von der genauen Länge dazwischen.

4. Die Ecken können Sie noch durch Zulagen (S. 130) versteifen.

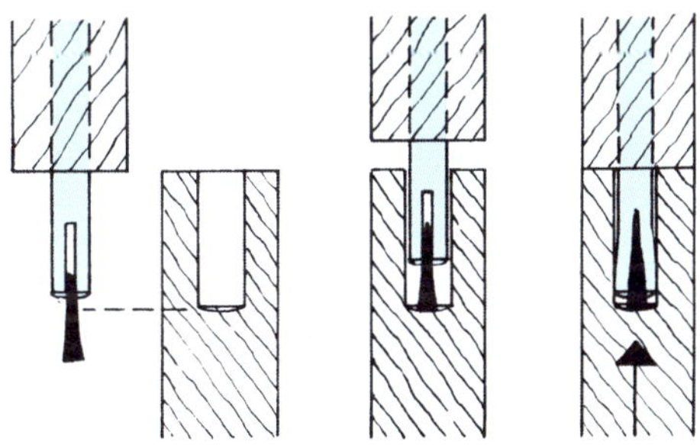

Alte lockere Dübel mit Keilen neu verleimen

5. Handelt es sich um lockere Dübel, so kann man sie durch Einarbeiten von Keilen wieder stramm machen. In den Dübel wird mit der Feinsäge ein Schnitt gemacht, in den ein kleiner Keil so eingesetzt wird, daß Dübel plus Keil etwas länger sind als das Bohrloch tief ist. Beim Eintreiben des Dübels in das Bohrloch wird der Keil in den Schlitz des Dübels gedrückt und treibt diesen auseinander.

... eine furnierte Fläche beschädigt ist?

1. Das Furnier hat sich an einzelnen Stellen gelöst: Schneiden Sie mit einem scharfen Messer das Furnier in der Faserrichtung auf. Mit einem Holzspan bringen Sie nun Leim oder Kleber unter das Furnier und pressen dann mit einem Holzklotz und einer Zwinge oder durch Beschweren die Stelle fest. Anschließend die Oberfläche nacharbeiten.

2. Flecken auf der Oberfläche: Abschleifen (evtl. sogar Abhobeln) der ganzen Oberfläche, bis sie wieder ganz gleichmäßig ist. Dann neue Oberflächenbehandlung (S. 141 f.).

3. Durchgebrannte Stellen oder mechanische Beschädigungen: das Furnier muß ausgeflickt werden. Suchen Sie ein Furnierstück aus dem

gleichen Holz, das der beschädigten Stelle auch in der Maserung möglichst gleicht. Heften Sie mit einigen Stiften das neue Stück so auf die Fläche, wie die Maserung am besten paßt. Nun schneiden Sie mit einem scharfen Messer das neue und das alte Furnier gleichzeitig aus. Die Form des Einsatzstückes hängt von der Maserung ab. Rechtwinklig ist nicht immer günstig. Innerhalb der Schnittlinie wird das alte Furnier sauber ausgestochen, die Klebefläche gesäubert. Dann das neue Furnier einpassen, die Oberfläche schleifen und das Ersatzstück mit Kleber aufkleben (S.126). Die gesamte Oberfläche muß nun – wie oben Ziff. 2 – eine neue Oberflächenbehandlung erfahren.

4. Druckstellen im Holz können durch mehrfaches Anfeuchten oder in ernsteren Fällen durch Hochdämpfen beseitigt werden. Beim Dämpfen wird ein feuchter Lappen mit einem heißen Bügeleisen oder Lötkolben erhitzt. Vorsicht: nicht aufs Holz geraten, sonst gibt es Brandspuren! Dieses Verfahren ist nur bei rohen Hölzern anzuwenden; behandelte Oberflächen werden durch das Wasser und die Hitze verfärbt.

... Holz an der Wand und in der Ecke schimmelt?

Wenn Holz schimmelt, wirken stets zwei Ursachen zusammen: Feuchtigkeit und fehlende Luftbewegung. Deshalb läßt man beim Aufstellen von Möbeln stets etwas Luft zwischen Wand und Rückwand des Möbelstücks. Im allgemeinen sorgt dafür schon die Fußleiste.

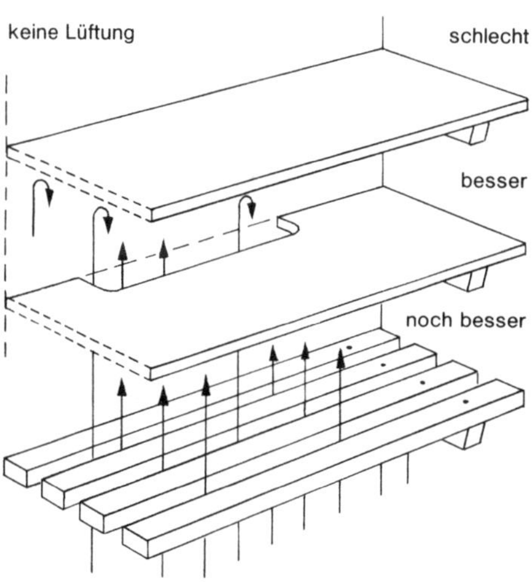

Richtige Belüftung schützt vor Schimmelbildung

Anders kann es bei Einbaumöbeln, eingebauten Regalen in Küchen, Speisekammer, Keller u. ä. sein. Bildet sich hier Schimmel, so ist die erste Frage: Woher kommt die Nässe? Sie kann z. B. kommen unter Spülbecken und Ausguß von Tropfwasser, in der Nähe einer Wasserleitung von Schwitzwasser, das im Sommer als Tröpfchen außen am Rohr hängt, in der Küche durch Wasserdampf und Kochdunst, die sich an der Wand niederschlagen. Wenn möglich, die Quelle der Feuchtigkeit durch bessere Isolierung beseitigen.

Der zweite Schritt: Dafür sorgen, daß die Luft an der Rückseite vorbeistreichen kann. Fachböden sollen mit der hinteren Kante nicht an der Mauer liegen, sondern durch einen Ausschnitt 2 bis 3 cm Luft erhalten. Noch besser sind Roste aus schmalen Leisten mit entsprechenden Zwischenräumen. Holzteile, die schon Schimmel angenommen hatten, werden vor der Wiederverwendung gründlich trockengelegt und gelüftet. Holzteile für den Keller sind zu imprägnieren. Soll Holz, das Schimmel trug, einen Anstrich erhalten, muß es besonders sorgfältig ausgetrocknet werden.

Bitte beherzigen Sie die Lehre dieses Abschnitts bei jeder Neuanlage. Sorgen Sie insbesondere dafür, daß Hängeschränke, wie man sie jetzt vielfach in Küchen montiert, durch auf der Rückseite angesetzte Klötzchen oder Leisten Abstand von der Mauer erhalten. Im Neubau kann der Wandputz erst etwa nach einem Jahr als »trocken« angesehen werden.

... die Treppe knarrt?

Das Knarren rührt daher, daß durch das Schwinden des Holzes die Verbindungen zwischen der Trittstufe und dem senkrechten Setzholz locker geworden sind, der Tritt nicht mehr voll aufliegt und sich durchbiegen kann. Durch Anbringen eines Zulegeholzes läßt sich da viel erreichen. Ist die Treppe von unten zugänglich, so keilen wir eine Leiste entsprechender Stärke in die Nute der senkrechten Setzstufe. Dann verleimen und verschrauben.

Ist jedoch die Untersicht verputzt, so können wir ein Zulageholz, etwa 30 mal 30 cm stark, vorn unter dem Überstand befestigen (unterkeilen, leimen und schrauben) – oder, was noch besser ist, ein Brett von der Höhe der Stufe genau auf Druck einsetzen. Das Brett muß so sitzen, daß es den Druck voll aufnimmt. Trockenes Holz nehmen.

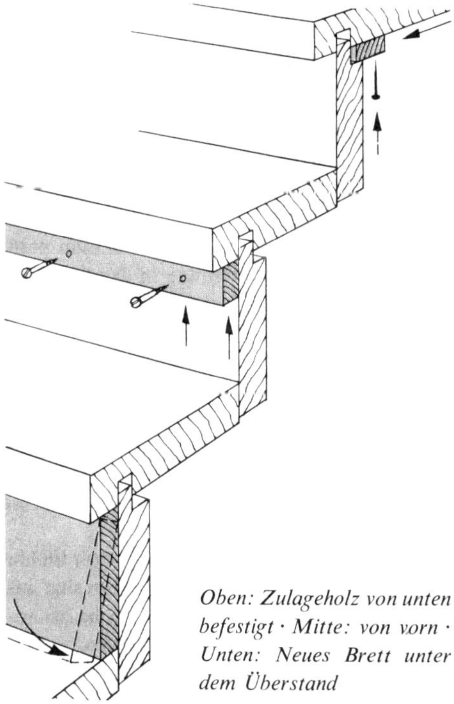

Oben: Zulageholz von unten befestigt · Mitte: von vorn · Unten: Neues Brett unter dem Überstand

. . . der Handlauf schiefert (splittert)?

Handlauf ist der Teil des Treppengeländers, auf dem die Hand entlanggleitet; und was »schiefern« ist, macht die Zeichnung schnell klar.
Entweder die Schadenstelle ganz heiß wässern, so daß Schiefer und Poren sich aufrichten. Völlig trocknen lassen. Ein darüber gebundener Stoff-Fleck verhindert solange jede Berührung. Mehrmals mit Kunstharzlack einlassen. Ist der Lack ganz fest, wird mit Schleifpapier ausgeebnet und dann noch einmal mit verdünntem Lack und fast trockenem Lappen darüberlackiert. Zum Schluß mit Stahlwolle abziehen (S. 141).

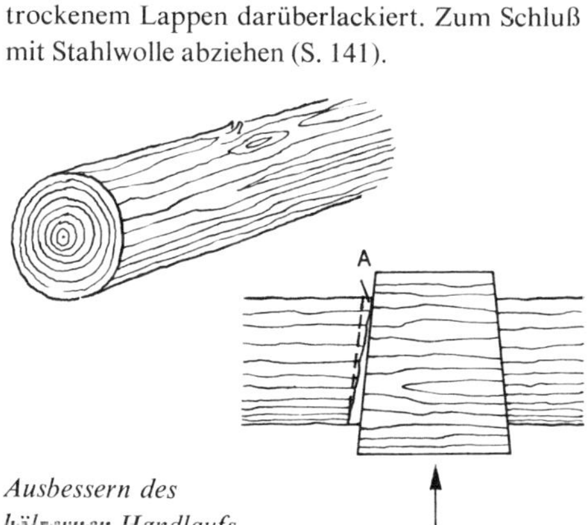

Ausbessern des hölzernen Handlaufs

Oder besser: Die Schadenstelle aussägen und durch ein Flickstück aus möglichst gleichartigem gutem Holz ersetzen. Das Flickklötzchen bekommt eine konische Form. Paßt es nicht genau (im Bild bei A), wird es mit einer Zwinge festgespannt. Dann sägt man mit der Feinsäge noch einmal im Schnitt entlang, so daß das Klötzchen seitlich Luft bekommt und nachgeklopft werden kann, bis es paßt.
Das Klötzchen wird eingeleimt, mit Feinsäge, Hobel und Schleifpapier auf Form und Querschnitt des Handlaufs gebracht und am Schluß lackiert.

. . . die Zimmertür anstößt?

Um zu verhindern, daß die aufschlagende Tür mit der Klinke gegen die Wand oder ein Möbelstück schlägt, wird sie abgestoppt. Dazu wird ein käuflicher Gummi-Puffer auf den Fußboden geschraubt. Der Stopper sollte so weit wie möglich, mindestens aber um die halbe Türbreite, vom Drehpunkt entfernt sein: die Tür wirkt als Hebel, und die Bänder können gelockert werden.
Die Befestigungsschrauben müssen lang und stark genug sein. Für Hartböden (Zementestrich) nimmt man Steinschrauben, die in den Boden einzementiert werden (hierzu S. 231 und S. 334).
Neuerdings sind auch magnetische Türstopper auf dem Markt, die zusammen mit einem Metallplättchen am Türblatt die Türe nicht nur stoppen, sondern auch festhalten.

. . . die Zimmertür Mängel hat?

1. Die Türe schließt nicht mehr richtig: Das Schließblech muß nachgefeilt werden (S. 346).
2. Die Türe hängt schief: Wenn es nicht sehr viel ist, kann man nach Aushängen der Türe die schiefen Dorne durch leichte Hammerschläge wieder richten. Genügt das nicht, müssen die Fischbänder durch einen Schreiner neu eingesetzt werden.
3. Die Türe schleift: Durch Unterlagscheiben auf den Dornen die Türe anheben. Das geht jedoch nur soweit, wie die Türe oben Spiel hat. Sonst muß unten am Türblatt etwas abgeraspelt werden. Immer von der Kante zur Mitte feilen, sonst splittert das Holz ab!

. . . es zur geschlossenen Tür hereinzieht?

Erste Feststellung: An welcher Stelle zieht es durch? Es gibt da vier Möglichkeiten:

1. durch das Schlüsselloch, 2. zwischen Tür und Fußboden, 3. seitlich zwischen Tür und Falz, 4. seitlich zwischen Bekleidung und Mauerwerk.
1. Wie stark es durch ein gewöhnliches Schlüsselloch ziehen kann, spüren Sie an einem kalten Wintertag an der Innenseite einer Haustür. Abhilfe: Anschrauben eines Schlüsselschildes mit Deckscheibe.
2. Um den Spalt zwischen Tür und Fußboden bzw. Schwelle abzudichten, gibt es industriell hergestellte Türdichter. Sie sitzen bei geschlossener Tür dicht am Boden und heben sich beim Öffnen der Tür automatisch an.
Man kann auch einen Streifen Roßhaarbürstenband mit kleinen Tapezierstiftchen unternageln; mitunter genügt ein schmaler Filzstreifen.
3. Ist der Schluß zwischen der Tür und den seitlichen Falzen oder dem oberen Falz mangelhaft, werden Streifen aus Filz oder Schaumgummi gegen die Falze geklebt oder mit Blaukuppen genagelt. Sie sehen das in dem unteren Bild. Praktisch sind selbstklebende Schaumgummistreifen, die es in verschiedenen Breiten gibt.
4. In Neubauten ist es nicht ganz selten, daß es seitlich neben der Türbekleidung hereinzieht (Pfeil im Bild unten links). In diesem Falle fehlt wahrscheinlich die Abdeckleiste außen an der Bekleidung, oder sie sitzt nicht fest. Die Leiste, falls vorhanden, wird abgenommen, der Spalt zwischen Bekleidung und Wand mit Schaumgummistreifen oder Werg ausgestopft. Werg kauft man beim Seiler oder im Installationsgeschäft. Man preßt einen genügend breiten Strang in den Spalt und bringt darüber die Deckleiste (wieder) an.

... die Zimmertür oder Schranktür klemmt?

1. Feststellen, wo (genau) die Tür klemmt. Tür langsam und mit Gefühl schließen. An der Stelle, wo die Tür im Falz reibt, ein Papierblatt zwischenlegen. Es wird nur dort eingeklemmt werden, wo die Tür klemmt.
2. Feststellen, ob nicht ein Fremdkörper im hinteren Falz oder am Rand des Türblattes sitzt, insbesondere zuviel Farbe. Falz mit Stecheisen ausputzen, mit Schleifpapier überschleifen.

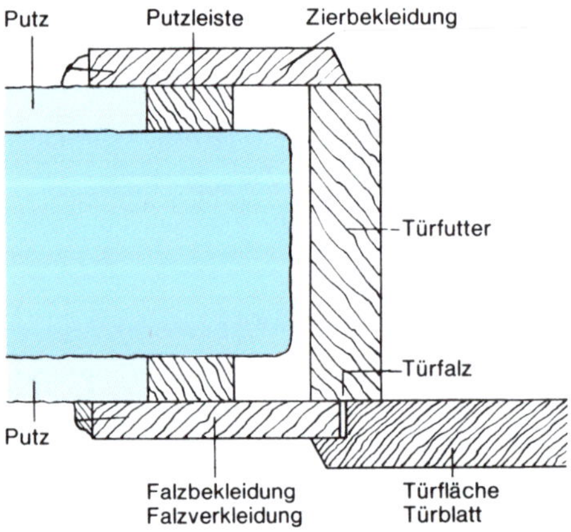

Waagerechter Schnitt durch einen Türrahmen mit Futter und Bekleidung

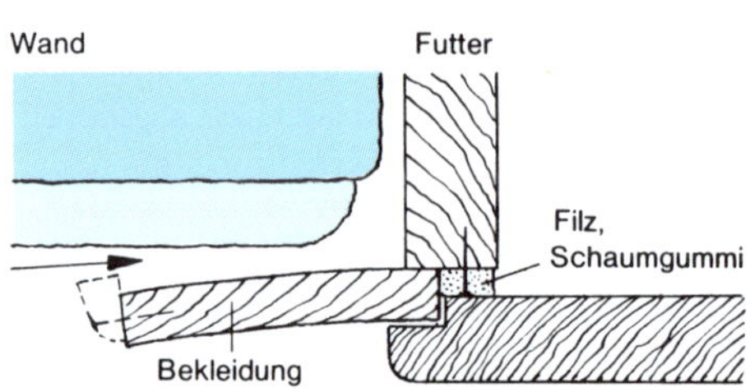

Wo der Pfeil ist, kann es hereinziehen

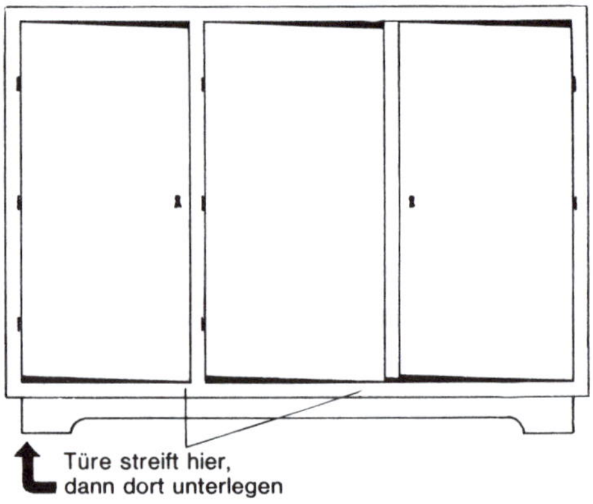

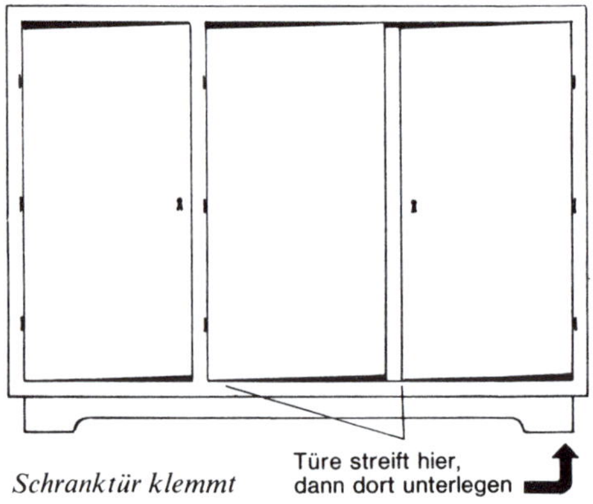

Schranktür klemmt

3. Die Tür kann klemmen, weil das Möbelstück seitlich schief steht. Dann Füße des Möbelstücks unterkeilen, wie es die Bilder erläutern.
4. Prüfen, ob das Streifen auf verbogene Drehbeschläge zurückzuführen ist. Wenn ja, Beschläge abschrauben, nachbiegen, wieder festschrauben.
5. Hilft das alles nichts, muß der Hobel her, und zwar der Simshobel. Tür zum Abhobeln unbedingt aushängen bzw. abschrauben. Das Schloß nach Möglichkeit drin lassen. Über den Schloßstulp nicht hobeln, lieber das Schließblech vom Falz abheben und dort nachhobeln (Versetzen des Schlosses geht selten ohne Beschädigungen ab).

Modernisieren von Füllungstüren Dies geschieht durch Aufleimen von großen Hartfaser-, Span- oder Sperrholzplatten auf die ganze Türfläche. Es genügt eine geringe Plattenstärke, sofern Sie große Füllungen unterfüttern. Achten Sie darauf, daß die Platte an der Falzseite entsprechend kleiner sein muß. Nachdem die Beschläge entfernt sind und die Tür abgeschliffen ist, kleben Sie die neue Platte mit Kleber auf. (Siehe auch S. 155 und 490f.)

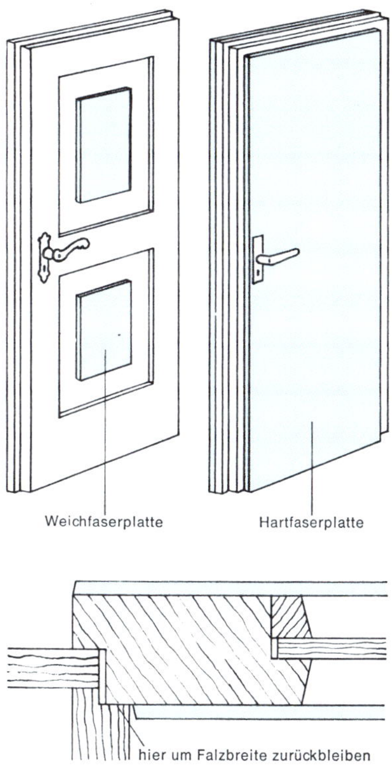

Türverkleidung

. . . das Fenster undicht ist?

Liegt es daran, daß die Beschläge locker sind, dann müssen diese ein wenig mehr vertieft werden, damit das Fenster wieder stramm geht.
Sind jedoch die Rahmen so weit geschwunden, daß die Fälze undicht geworden sind, dann hilft nur Einkleben von Dichtungsstreifen, die im Handel erhältlich sind.

. . . ich eine Fensterscheibe einsetzen will?

Material 1 Stück Pappe von der Größe der Scheibe · Fensterglas, nach Größe · Glaserkitt · Stiftchen.
Werkzeug Zange · Schraubenzieher oder Stemmeisen · Lineal · Glasschneider · Breites Stemmeisen · Kittmesser oder Küchenmesser (aus einem alten Küchenmesser kann man durch Abtrennen laut Zeichnung und Glattfeilen des Schnitts ein Kittmesser machen).

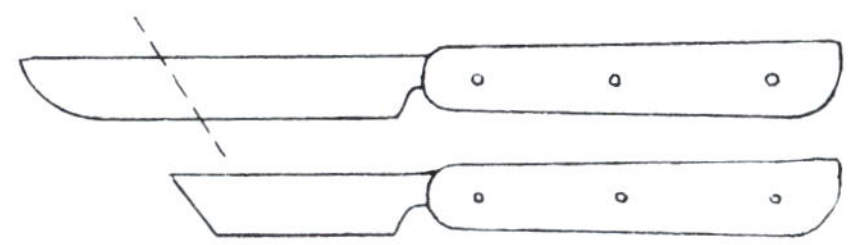
Kittmesser, aus altem Küchenmesser selbst gemacht

Bauglas · Dicken Fensterglas kommt als »Bauglas« in verschiedenen genormten Stärken in den Handel. Folgende Dicken kommen für Fenster in Frage:

einfache Dicke	
(»e. D.« abgekürzt)	1,9 bis 2,2 mm dick
4/4 Glas	2,2 bis 2,5 mm dick
6/4 Glas	2,8 bis 3,3 mm dick
8/4 Glas	3,6 bis 4,2 mm dick

4/4 Glas genügt für Scheiben bis 50 × 80 cm.
Bauglas · Qualitäten Es gibt drei Güteklassen. Sorte 1 darf nur ganz kleine und unauffällige Fehler (Bläschen, Streifen) haben. Bei Sorte 2 sind etwas stärkere Fehler zugelassen, auch Wellen dürfen hier sichtbar sein; doch kann diese Sorte neben Sorte 1 noch für Wohnräume verwandt werden. Sorte 3, auch Gärtnerglas genannt, dient zum Verglasen von Treibhäusern und für ähnliche Zwecke.
Glaserkitt Als Kitt zum Einglasen von Fenstern nimmt man Leinölkitt, den man gebrauchsfertig in der Drogerie oder im Farbengeschäft kauft. Nur so viel, wie man braucht, denn durch Liegen wird der Kitt »streng«! Mit Leinöl kann man ihn vielleicht wieder brauchbar machen.

Einkitten einer Fensterscheibe

Erst Falz säubern

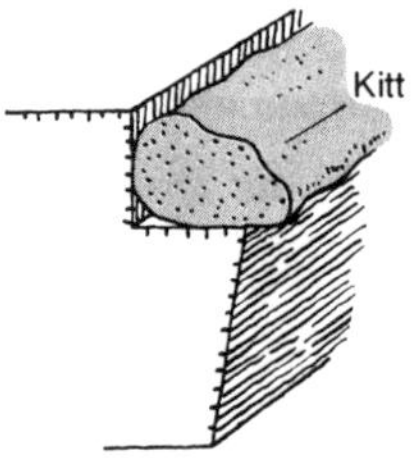

Kittstreifen einlegen

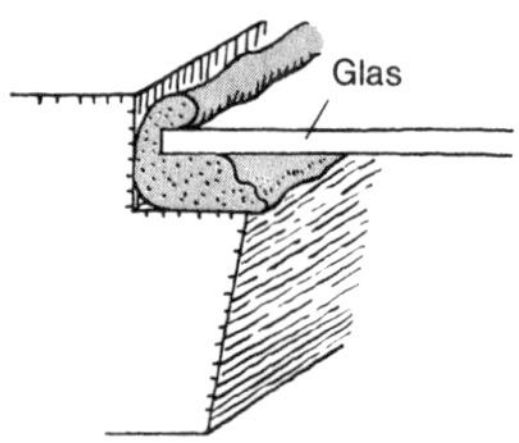

Scheibe in Kitt eindrücken

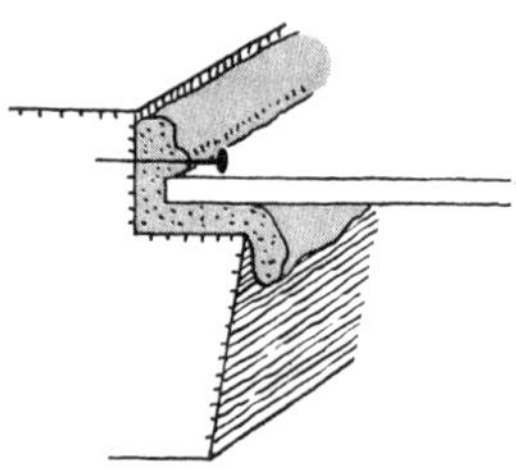

Mit Glaserstiftchen befestigen

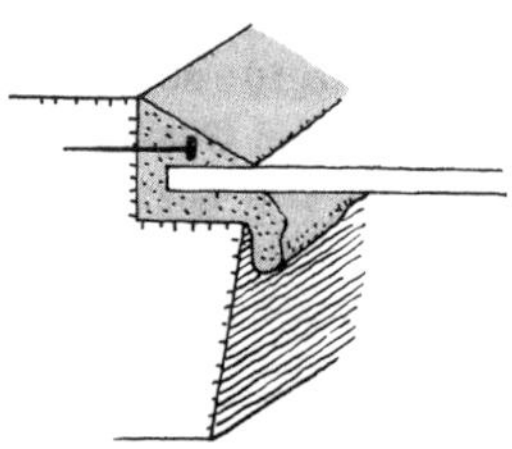

Kitt nachfüllen und glattziehen

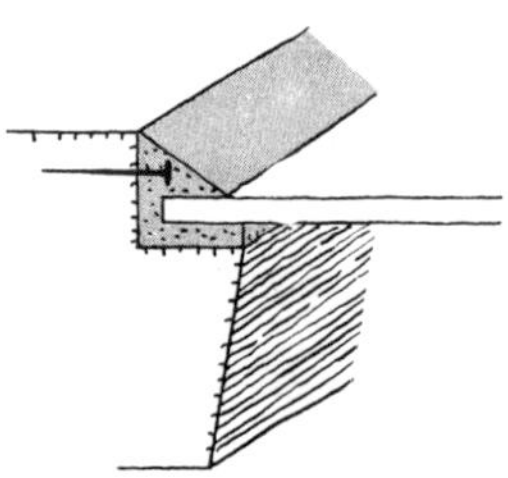

Unten herausquellenden Kitt wegnehmen

Arbeitsgang 1. Das Fenster aushängen und auf eine waagerechte Unterlage legen.

2. Den Falz des Rahmens von allen Scherben, Stiftchen und Kittresten säubern. Bei neuen Rahmen auf Grundierung achten, denn sonst fällt der Kitt heraus (S. 45).

3. Messen der Scheibengröße. Den Falz mitmessen, aber darauf achten, daß auf allen Seiten 2 bis 3 mm Spielraum zwischen Holz und Scheibe bleiben. Holz arbeitet, Glas nicht!

4. Schneiden Sie sich aus Pappe eine genaue Schablone und probieren Sie, ob sie paßt. Rahmen sind nicht immer genau rechtwinklig.

5. Genaues Anzeichnen der Maße auf die Scheibe mit einem Fettstift.

6. Das Zuschneiden der neuen Scheibe ist der schwierigste Teil der Aufgabe. Anzustreben ist, die Scheibe gleich genau auf das endgültige Maß zuzuschneiden. Beim Nachschneiden entsteht oft Bruch.

Zum Schneiden muß die Scheibe eben und flächig aufliegen; am besten eignet sich eine auf den Tisch gelegte Sperrplatte. Die Scheibe muß trokken sein. Die Unterlage soll nicht federn. Das Schneidwerkzeug muß gleichmäßig senkrecht zur Glasfläche gehalten werden.

Nehmen Sie zum Glasschneiden ein Stahlrädchen. Es nützt sich zwar schnell ab, aber ein neues ist nicht sehr teuer. Schneiddiamanten halten zwar lange, sind aber teuer und empfindlich. Beim Anlegen des Lineals darauf achten, daß es so weit von der gewünschten Schnittlinie zurücksteht, wie der Abstand der Schneide von der Außenkante des Werkzeugs ausmacht. Der Schneider wird ganz nahe an der oberen Stirnkante angesetzt und mit gleichmäßigem, nicht zu starkem Druck in ruhigem Strich – in einem Zuge! – nach unten geführt. Dabei muß ein knirschendes Geräusch zu hören sein.

Schneiden Sie nicht, ohne zuvor an ein paar kleineren Abfallstücken geübt zu haben!

Jetzt wird die geritzte Linie genau auf die Tischkante gelegt. Durch einen leichten Schlag mit dem Griffende des Glasschneiders läßt sich das Glas abbrechen; der Glasschneider hat auch eine Einfräsung zum Abknicken des wegfallenden Glasstreifens.

Einkitten Die Bilder zeigen, wie es weitergeht: Kitt in den sauberen Falz streichen. Scheibe leicht mit den Rändern in den Kitt eindrücken. Scheibe mit Glaserstiftchen befestigen (bei Holzrahmen). Statt eines Hammers benutzt man die

Fase eines breiten Stemmeisens, die auf der Scheibe entlanggleiten kann. Eisenrahmen (Kellerfenster) haben gewöhnlich Löcher, durch die man kleine Befestigungsstifte treiben kann. Restlichen Falz mit Kitt füllen und mit dem Messer zu einer schrägen Fläche glattziehen. Auf der Gegenseite herausgequollenen Kitt abstreifen.
Die Oberfläche des Kittstreifens kann man mit Kreidepulver fein überpudern. Fettspuren auf dem Glas mit trockener Schlämmkreide entfernen.

... Doppelscheiben haben möchte?

Ein Fenster mit nur einer Scheibe ist für den Bauherrn billig, für den Bewohner aber teuer. Die Wärme des Zimmers wird durch die dünne Scheibe nach außen abgeführt. Als Mittel dagegen kennt man die Doppel- und Verbundfenster, deren Luftzwischenraum gut isoliert. Wenn Sie aber nur ein einfaches Fenster haben, dann können Sie durch Einbau einer zweiten, inneren Scheibe die Isolierung verbessern. Die neue Scheibe, ca. 18 bis 20 mm größer als das Rahmenlichtmaß, wird durch eine Falzleiste 30/15 mm rundum gehalten. Der Falz soll 6 bis 7 mm breit und 10 mm tief sein. Die Leisten genau auf Gehrung einpassen, alle 15 cm Schraubenlöcher vorbohren. Auf den Fensterrahmen und in den Falz der Leisten einen Schaumstoffstreifen einkleben. Auf das horizontal liegende Fenster die Scheibe auflegen und die Leisten verschrauben. Möglichst an einem trockenen Tag arbeiten, damit keine feuchte Luft zwischen die Scheiben gerät, sonst beschlagen sie leicht. Noch besser ist es, wenn Sie von unten in den alten Rahmen ein Loch bohren, das mit einem Glaswollestopfen verschlossen wird.

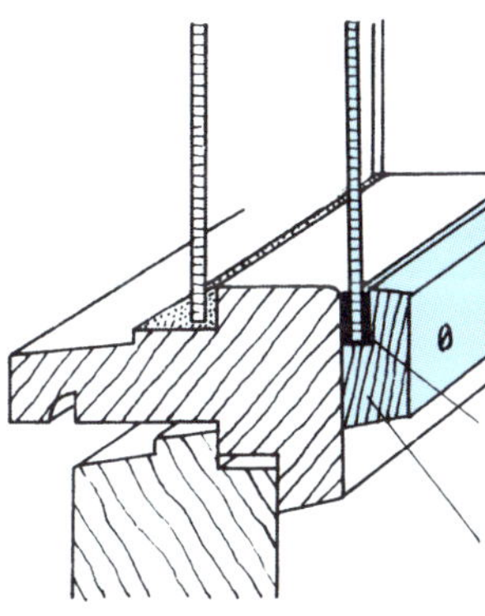

Innere Zusatzscheibe

Sie können die gleiche Wirkung mit fertigen Doppelscheiben (Zweischeibenisolierglas) erzielen. Alle Arten haben folgende Eigenschaften gemeinsam:

1. Die beiden Scheiben werden in der Fabrik fest zu einer Art luftdichtem Kasten verbunden.
2. Die Luft im Zwischenraum wird nach einem Spezialverfahren getrocknet, damit die Scheiben nicht beschlagen.
3. Die Scheiben werden genau nach dem bestellten Maß hergestellt. Sie können dann nicht mehr bearbeitet werden.
4. Der Luftzwischenraum isoliert gegen Kälte und in gewissem Maße gegen Schall.

Ganzglasdoppelscheiben Die GADO-Doppelscheiben stellen die einfachste Art der Isolierscheiben dar. Hier sind die Glasränder miteinander verschweißt. Diese Scheiben mit einem Luftzwischenraum von 6 mm können Sie wie eine normale Scheibe in Ihr Fenster einsetzen. Zum besseren Sitz der Scheibe nimmt man seitliche Distanzklötzchen und vordere Profilklötzchen nach Firmenanweisung. Einsetzen wie nebenstehend gezeigt.
Achtung! Die Scheiben werden nur dann auf Maß hergestellt, wenn mindestens 25 Stück bestellt werden. Einzeln gibt es nur Standardgrößen. Auskunft: Deutsche Tafelglas AG, 851 Fürth.

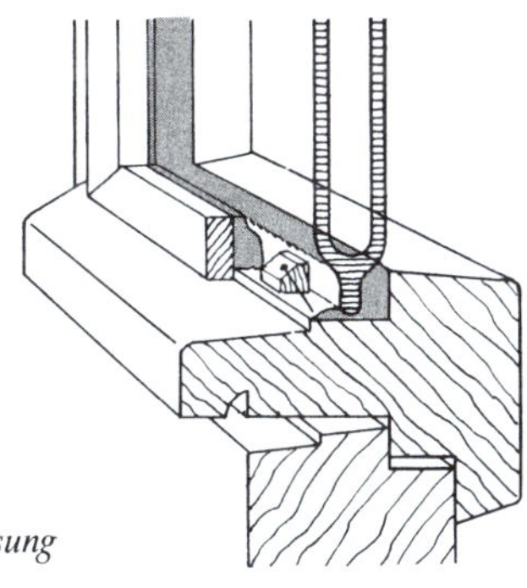

GADO-Verglasung

Doppelscheiben-Isolierglas Besser, aber teurer sind Doppelgläser, die mit einem Metallrahmen zu einem Kasten verschweißt sind (CUDO, Thermopane o. a.). Diese Scheiben werden in jeder gewünschten Größe bis zu etwa 6,00 qm geliefert. Je nach Art der Scheibe wechselt die Stärke von 12 bis 24 mm. Wenn Sie auf eine gute Schallisolierung Wert legen, bestellen Sie verschieden starke Gläser auf beiden Seiten.

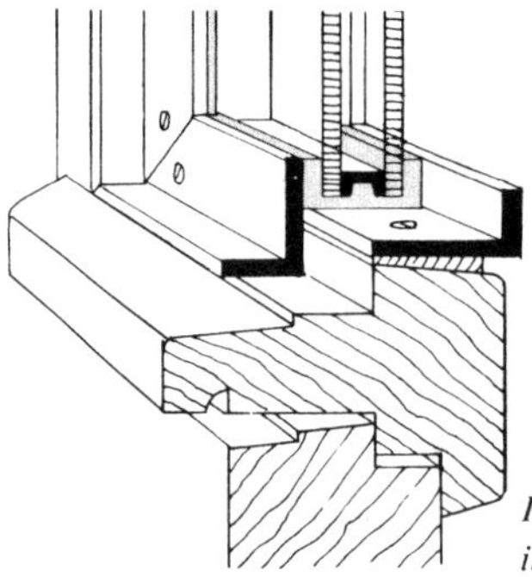

Isolierglas in Metallwinkeln

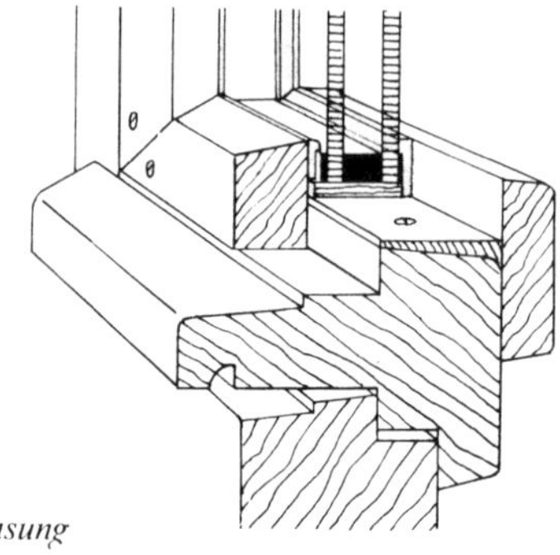

Isolierverglasung

Die Scheiben sind in jedem Fall dicker als der Glasfalz in Ihrem Fenster. Die Hauptarbeit besteht darin, daß man einen neuen Falz schaffen muß. Der neue Falz wird im inneren Teil des Fensterflügels eingebaut.

Solche Scheiben sind in der Anschaffung so teuer, daß es sich nicht lohnt, damit selbst zu experimentieren. Schon wegen der Firmengarantie sollten Sie das Einbauen dieser Scheiben bei einem Fachmann in Auftrag geben.

Die wichtigsten Preise (Stand Herbst 1972)

Werkzeuge	Preis DM
Hobelbank	500,—
Klein-Hobelbank	180,— bis 400,—
Streichmaß	8,—
Winkelhaken	6,— bis 20,—
Spannsäge	10,— bis 15,—
Fuchsschwanz	5,— bis 11,—
Feinsäge	2,— bis 7,—
Hobel	14,— bis 21,—
Feilenhobel	12,— bis 30,—
Raspel	5,— bis 7,—
Stemm- und Stecheisen	4,— bis 10,—
Schreinerhammer	5,— bis 10,—
Beißzange	4,— bis 10,—
Hebelvorschneider	11,— bis 35,—
Bohrwinde	9,— bis 21,—
Bohrer	1,— bis 5,—
Satz Bohrer	8,— bis 18,—
Handschleifapparat	20,— bis 70,—
Schränkzange	5,50 bis 11,—
Schraubzwingen	7,50 bis 18,—
Schraubstock	10,— bis 120,—

Material	Preis DM
Massivholz 20 mm dick, scharfkantig oder genutet, gehobelt je qm	
Fichte	8,— bis 10,—
Kiefer	11,— bis 14,—
Redpine	18,—
Lärche, Oregonpine	25,—
Eiche	60,— bis 80,—

Platten	6 mm	12 mm	19 mm	25 mm
Sperrplatte	6,—	12,—	—	—
Tischlerplatte	—	12,—	13,50	16,—
Spanplatte	4,50	5,50	7,50	10,—
Hartfaserplatte	5,—	—	—	—
Dekorplatte	12,— (3,5 mm dick)			

Bei den Werkzeugen ist die einfachste und die teuerste Qualität angegeben. Die richtige Wahl für den Heimwerker wird etwa in der Mitte liegen. Bei Bohrern und Stecheisen wird der Preis in erster Linie durch die Größe bestimmt.

Dritter Teil

Rund um den Bau

1 Was man vorm Bauen vom Bauen wissen muß

Bauen ist nicht Privatsache

Alles Bauen geht nicht nur den einzelnen Bauherrn an, sondern auch die Nachbarn und die Öffentlichkeit: die Versorgung mit Wasser, die Möglichkeit, Abwässer und Abfälle zu beseitigen, die Versorgung mit Strom und Gas, der Verlust landwirtschaftlich genutzter Flächen durch Bebauung, der Ausbau von Straßen und Verkehrsnetzen, die Veränderung von Stadt oder Landschaft durch Baumaßnahmen: es ist klar, daß Staat und Gemeinde hier planend und ordnend eingreifen müssen.

Dieses Buch ist kein Ratgeber für Baulustige – obwohl nicht der kleinste Nutzen, den Sie vom Lesen haben werden, gerade darin besteht, daß Sie als Bauherr mit Architekt und Handwerkern sachkundig sprechen und klare Wünsche äußern können. Das eben Gesagte gilt auch für jede nennenswerte Veränderung an bestehenden Bauwerken: Es darf nicht jeder bauen, wo und wie er will, und ebensowenig darf er an- oder umbauen oder erweitern, wie es ihm gefällt.

Bauaufsichtsbehörden Beabsichtigte Baumaßnahmen müssen vor Arbeitsbeginn der Bauaufsichtsbehörde – in Landkreisen dem Landratsamt, in Städten der Baubehörde des Stadtrats (nicht überall gleich benannt) – zur Genehmigung angezeigt werden. Ab und zu kommt es vor – das geht dann gewöhnlich durch die Zeitungen –, daß ein vorwitziger Baulustiger gezwungen wird, seinen ohne Genehmigung errichteten Bau wieder abzureißen.

Bauleitplanung Die Bauleitplanung umfaßt den Flächennutzungsplan und den Bebauungsplan. Nach § 2 Bundesbaugesetz sind die Bauleitpläne von den Gemeinden in eigener Verantwortung aufzustellen, sobald und soweit es erforderlich ist. Die Bauleitpläne sind von der Gemeinde über die untere Verwaltungsbehörde (Landratsamt) der höheren Verwaltungsbehörde zur Genehmigung zuzuleiten.

Die Flächennutzungspläne weisen u. a. die künftigen Baugebiete aus.

Die Bebauungspläne legen vor allem »Art und Maß der baulichen Nutzung« fest. Von besonderer Bedeutung ist, daß nach dem Bundesbaugesetz ein ordnungsgemäß genehmigter Bebauungsplan rechtswirksam ist.

Im Bebauungsplan wird zum Beispiel festgelegt, daß die Müllerstraße diese oder jene Breite haben muß, wie ihr Verlauf im Gelände ist, daß an dieser oder jener Stelle ein Kinderspielplatz anzulegen ist, daß hier oder dort eine Grünanlage zu schaffen ist, wie die einzelnen Grundstücke zu parzellieren sind, welchen Abstand die Gebäude von den Grundstücksgrenzen haben müssen oder welche Fläche des Grundstückes bebaut werden darf, welche Art der Bebauung (Reihenhäuser, freistehende Einfamilienhäuser usw.) zugelassen ist, wieviel Geschosse gebaut werden dürfen und wie groß das Verhältnis der Summe der Geschoßflächen zur Grundstücksfläche (Geschoßflächenzahl) sein darf. Ferner können gestalterische Einzelheiten, z. B. Dachform, Gesimsausbildung, Vorgartenanlagen, rechtsverbindlich festgelegt werden.

Baugesetze Die Ordnung des Bauens wird im wesentlichen geregelt durch das Bundesbaugesetz und durch die Bauordnung.

Das Bundesbaugesetz (Bundesgesetz) schafft die Rechtsgrundlage für die Bauleitplanung, für den Bodenverkehr, die bauliche und sonstige Nutzung des Bodens und für die Enteignung von Boden.

Die Bauordnung (Ländergesetz) regelt vor allem die technischen Einzelheiten des Bauens: Standsicherheit der Gebäude, Baustatik, Schutz gegen Wärme, Kälte, Schall, konstruktive Einzelheiten, Zulassung neuer Baustoffe, Schutz vor gesundheitsschädlichen Einwirkungen, ferner die Fragen der Bauaufsicht (Genehmigungsverfahren, Bauüberwachung). Sie enthält außerdem Bestimmungen zum Schutze der am Bau tätigen Personen.

Das Baugenehmigungsverfahren

Nach Art. 86 der Bayerischen Bauordnung (Beispiel; in anderen Bundesländern ist das Verfahren ähnlich) ist der Antrag auf eine Baugenehmigung (Bauantrag) schriftlich bei der Gemeinde einzureichen. Diese legt ihn, sofern sie nicht selbst zur Entscheidung zuständig ist, mit ihrer Stellungnahme unverzüglich der Kreisverwaltungsbehörde (Landratsamt) vor. Kreisfreie Städte sind selbst zur Entscheidung zuständig; auch nichtkreisfreien Orten kann das Innenministerium das Recht einräumen, über Bauanträge selbst zu entscheiden.

Dem Bauantrag sind als Bauvorlagen beizufügen:

1. der Lageplan, Maßstab nicht kleiner als 1:1000, aufgestellt auf Grund der amtlichen Flurkarte;
2. Bauzeichnungen, Maßstab 1:100, über Fundamente, Grundrisse, Schnitte, Ansichten;
3. Baubeschreibung;
4. die erforderlichen Nachweise der Standsicherheit, des Wärme- und Schallschutzes und des Brandschutzes. Bei Ein- und Zweifamilienhäusern wird der Nachweis der Standsicherheit und des Wärme- und Schallschutzes nicht gefordert. Legt sie der Bauherr jedoch mit vor, muß die Behörde auch diese Vorlagen prüfen;
5. die erforderlichen Angaben über Grundstücksentwässerung und Wasserversorgung.

Der Bauherr oder ein von ihm bevollmächtigter Vertreter und der Entwurfsverfasser (Architekt) haben den Bauantrag und die Bauvorlagen zu unterschreiben. Es kann gefordert werden, daß besondere Vordrucke für den Bauantrag verwendet werden.

Behandlung des Bauantrages Zum Bauantrag sollen die Behörden und Stellen gehört werden, die Träger öffentlicher Belange sind und deren Aufgabenbereich berührt wird.

Beteiligung der Nachbarn Lageplan und Bauzeichnungen sind den Eigentümern der benachbarten Grundstücke vom Bauherrn oder seinem Beauftragten zur Unterschrift vorzulegen. Die Unterschrift gilt als Zustimmung. Fehlt die Unterschrift, so wird der Eigentümer der benachbarten Grundstücke schriftlich durch die Gemeinde vom Bauantrag benachrichtigt; ist der Eigentümer nur unter Schwierigkeiten zu ermitteln, so genügt die Benachrichtigung des unmittelbaren Besitzers. Hat ein Nachbar nicht zugestimmt oder wird seinen Einwendungen nicht entsprochen, so ist ihm eine Ausfertigung der Baugenehmigung zuzustellen.

Baugenehmigung Die Baugenehmigung ist zu erteilen, wenn das Vorhaben den öffentlichen Vorschriften entspricht. Die Baugenehmigung bedarf der Schriftform. Eine Ausfertigung der mit einem Genehmigungsvermerk zu versehenden Bauvorlagen ist dem Antragsteller mit der Baugenehmigung zuzustellen.

Rechtsmittel Der Bauherr (Antragsteller) kann gegen die vollständige oder teilweise Versagung der Baugenehmigung vorgehen. Ihm stehen Widerspruch (höhere Bauaufsichtsbehörde = Regierung) und Anfechtungsklage (Verwaltungsgericht) zur Verfügung. Widerspruch und Anfechtungsklage stehen auch dem Nachbarn zur Verfügung.

Mit dem Bau darf nach der Erteilung der Baugenehmigung begonnen werden. Wegen des Nachbarrechtes kann jedoch der Fall eintreten, daß der an sich rechtmäßig begonnene Bau wieder eingestellt werden muß.

Vorbescheid Schon bevor der Bauantrag eingereicht ist, kann auf schriftlichen Antrag des Bauherrn zu einzelnen in der Baugenehmigung zu entscheidenden Fragen vorweg ein schriftlicher Bescheid (Vorbescheid) erteilt werden. Ein solcher Vorbescheid spart oft Ärger und Geld.

Welche Baumaßnahmen sind genehmigungspflichtig? Da die Bestimmungen nicht einheitlich sind, läßt sich nur folgende allgemeine Richtschnur geben. Genehmigungspflichtig sind:

alle Neu- und Umbauten, die das Landschaftsbild erheblich beeinflussen,

alle Neubauten für gewerbliche Zwecke,

alle Neu- und Anbauten mit Feuerstätten,

alle Neu- oder Anbauten für das Einstellen von Kraftfahrzeugen,

alle Neu- und Anbauten für die Lagerung von leicht entzündlichem Material,

alle Veränderungen an bestehenden Gebäuden, die die Tragkonstruktion oder das Aussehen maßgebend beeinflussen.

Daraus läßt sich nicht für jeden Einzelfall mit Sicherheit entnehmen, ob eine Maßnahme der Genehmigung bedarf. Eine Holzlege kann auf dem Land frei, in der Großstadt genehmigungspflichtig sein. Man muß deshalb frühzeitig zur Aufsichtsbehörde gehen, am besten gleich mit einer vorläufigen Zeichnung, und klären, ob ein Eingabeplan verlangt wird.

Festigkeit von Gebäuden Die Bauordnung enthält weiter Bestimmungen darüber, welche Anforderungen an die Tragfähigkeit der einzelnen Baukonstruktionsteile wie Mauern, Decken, Dachstühle, Treppen, Träger usw. zu stellen sind. Sie legt Mindestabmessungen und Berechnungsgrundlagen fest.

Brandgefahr Die Brandgefahr einzudämmen, ist ein wichtiges öffentliches Interesse, denn alljährlich gehen Millionenwerte des Volksvermögens in Rauch und Flammen auf. Deshalb enthält die Bauordnung Vorschriften über Errichtung und

EINGABEPLAN ÜBER DEN ANBAU EINER GARAGE AM EINFAMILIENHAU

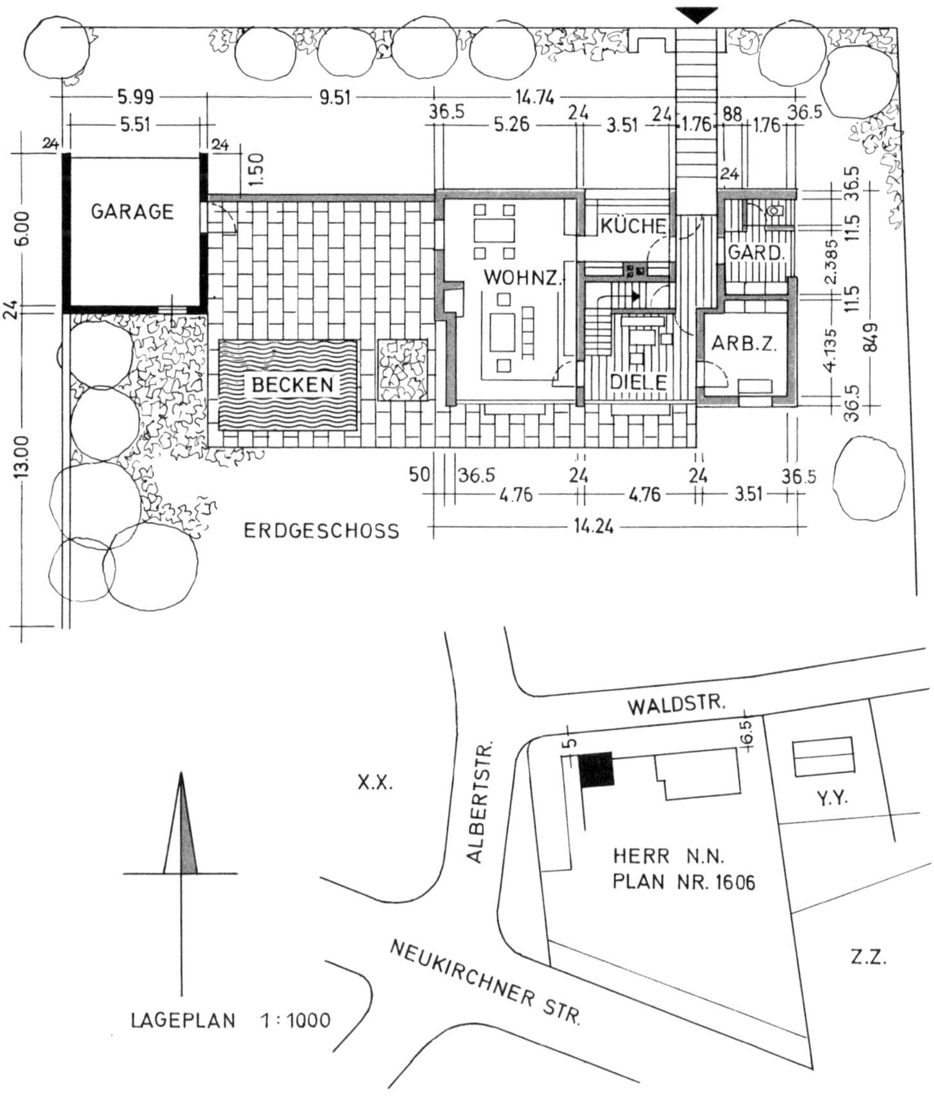

ES HERRN N.N. AUF DEM PLAN NR. 1606 IN DER WALDSTR. M:1:100

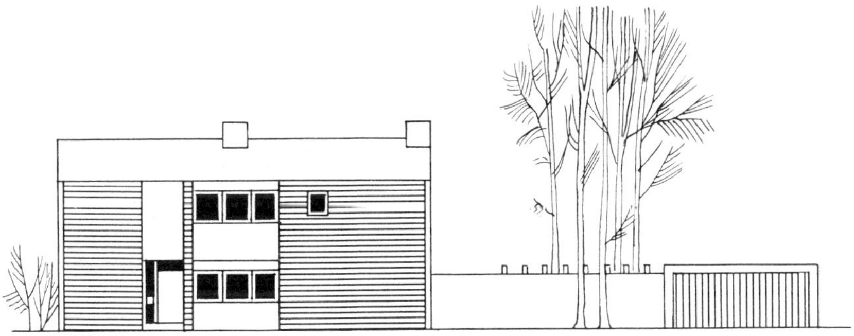

ANSICHT VON NORDEN

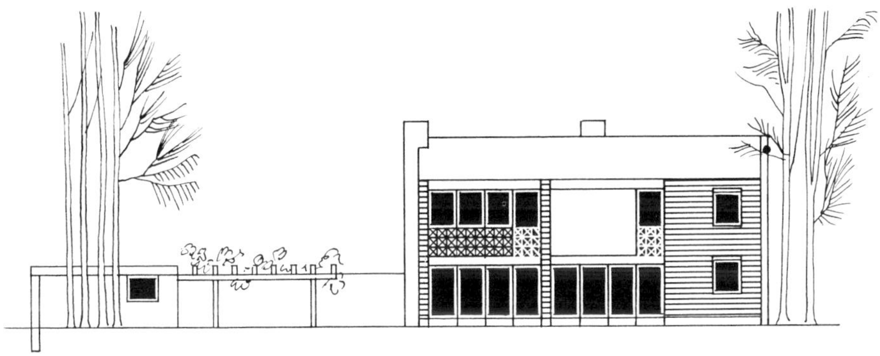

ANSICHT VON SÜDEN

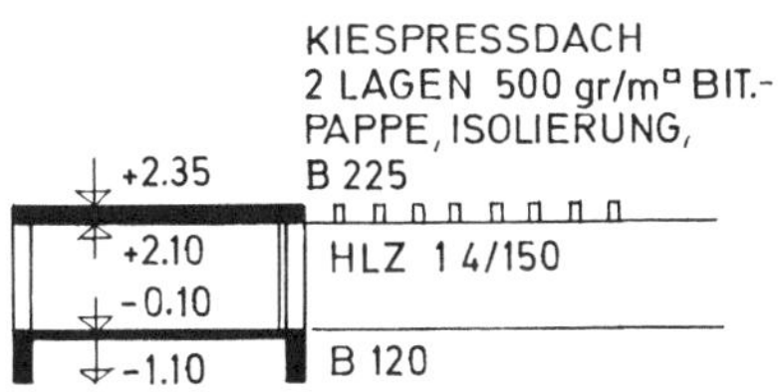

SCHNITT GARAGE

BAUHERR: N.N.
ANGRENZER: X.X. Y.Y. Z.Z.
ARCHITEKTEN: ERNST HOLZNER
U. FRIEDR. ZANDT
MÜNCHEN

Ausführung von Brandmauern, über Kamine, das Aufstellen von Öfen, Rauchrohre, Abschluß von Treppenhäusern und Speichern usw.

Unfallschutz Unfälle am Bau sind nicht selten. Die Bauordnung enthält Vorschriften für den Schutz aller am Bau Tätigen.

Verantwortliche Bauleitung Für alle genehmigungspflichtigen Baumaßnahmen ist der Aufsichtsbehörde ein verantwortlicher Bauleiter zu benennen. Er trägt die Verantwortung für die plangerechte Ausführung des Baues entsprechend den Eingabeplänen, für die Beachtung der anerkannten Regeln der Baukunst, sämtlicher Vorschriften über Baumaßnahmen, der Vorschriften über Unfallverhütung.

Als verantwortlicher Bauleiter wird nur zugelassen, wer die fachlichen und charakterlichen Voraussetzungen erfüllt.

2 Das Mauerwerk

Die schützende Mauer, die Lasten trägt und ableitet, die Menschen, Tiere und Gegenstände bergend umschließt, besteht in unserer Vorstellung fast stets aus den Ziegeln von gebranntem Ton, wie sie schon die alten Völker vor Jahrtausenden kannten. Die Römer waren Meister im Brennen und Verbauen von Ziegeln. Jeder Ziegelstein mußte bei ihnen das Siegel, »sigillum«, seines Herstellers tragen; daraus ist wahrscheinlich unser Wort »Ziegel« entstanden.

Die Abmessungen der Mauerziegel sind in Deutschland durch das Normblatt DIN 105 verbindlich festgelegt.

Normalformat Grundlage der Normierung ist das Normalformat:

24 cm lang × 11,5 cm breit × 7,1 cm hoch.

Mit Ziegeln dieses Formats können Wände mit den Dicken (Stärken) 11,5 cm, 24 cm, 36,5 cm, 49 cm, 61,5 cm usw. (Steigerung um jeweils 12,5 cm = 1 Steinbreite + 1 cm Mörtelfuge) gemauert werden.

12 Schichten Ziegel des Normalformats ergeben einen Meter Mauerwerkshöhe.

Normalformat (NF)
12 Schichten je (7,1 cm Ziegel + je 1,2 cm Fuge)
= 1 m Mauerwerkshöhe

Dünnformat Ziegel des Dünnformats unterscheiden sich vom Normalformat nur in der Höhe:

24 cm lang × 11,5 cm breit × 5,2 cm hoch.

Die möglichen Wandstärken sind die gleichen wie beim Normalformat. Auf 1 m Mauerwerkshöhe gehen 16 Schichten.

Dünnformatige Ziegel geben unverputztem Ziegelmauerwerk (»Verblendmauerwerk«) ein gefälliges Aussehen.

Dünnformat (DF)
16 Schichten (je 5,2 cm Ziegel + je 1,2 cm Fuge)
= 1 m Mauerwerkshöhe

Hochformat Das dritte geläufige Format ist 24 cm lang × 11,5 cm breit × 11,3 cm hoch. Wandstärken wie oben; auf 1 m Mauerwerkshöhe gehen 8 Schichten. Beim Vermauern dieser Hochformatziegel sind der Aufwand an Arbeitszeit und der Bedarf an Mörtel geringer. Der Hochformatziegel ist wirtschaftlicher.

Hochformat ($1^1/_2$ NF)
8 Schichten (je 11,3 cm Ziegel + je 1,2 cm Fuge)
= 1 m Mauerwerkshöhe

Zusammenstellung der Vorzugsgrößen

a	b	c	d
	Maße in mm		
	Länge	Breite	Höhe
Dünnformat (DF)	240	115	52
Normalformat (NF)	240	115	71
$1^1/_2$ NF = 2 DF	240	115	113
$2^1/_4$ NF = 3 DF	240	175	113

Sonderformate Neben den bisher aufgeführten Formaten werden eine Reihe anderer hergestellt, insbesondere für 30-cm-Mauerwerk, aber auch sogenannte Großblockziegel. Die Mauerleistung ist mit großformatigen Steinen natürlich höher als mit Normalformaten. Beispiele für Sondermaße zeigt die folgende Zusammenstellung.

Härtegrade von Ziegeln

Verschiedene Zusammensetzung des Rohmaterials (Tonerdegemisch) und verschiedene Brennvorgänge ergeben bestimmte festgelegte Härtegrade (Festigkeiten), die von den Normausschüssen überwacht werden.

Mz 100 Mz heißt Mauerziegel. Die Zahl 100 bedeutet: Der Stein ist so druckfest, daß er einer Belastung von 100 kp je Quadratzentimeter Fläche standhält. Dieser Stein kann für die meisten Umfassungs- und Zwischenmauern verwendet werden.

Mz 150 Wie die Kennziffer sagt, hat dieser Stein eine Druckfestigkeit von 150 kp/cm², aus Sicherheitsgründen darf er freilich bis an diese Grenze heran nicht belastet werden. Dieser Stein wird am häufigsten vermauert.

VMz 250 VMz heißt Vormauerziegel. Dieser Hartbrandziegel ist besonders widerstandsfähig, kann große Lasten aufnehmen, z. B. als Mauerpfeiler; kann wegen seiner Oberflächenhärte auch für Beläge verwendet werden (Ziegelpflaster); hält sich gut gegen Witterungseinflüsse; im Freien unverputzt zu verwenden.

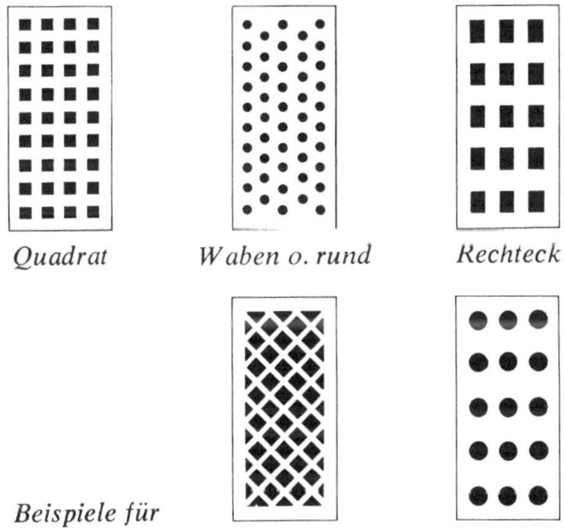

Beispiele für Lochungsarten

Klinker Der Klinkerstein, aus besonderem Tonerdegemisch gebrannt bei so hoher Temperatur, daß die Tonteilchen verschmelzen (verglasen), ist äußerst fest und nimmt kaum Wasser auf. Er dient für schwer belastete Mauerteile und solche, deren Oberflächen starken Beanspruchungen ausgesetzt sind, wie Pfeiler, Untermauerung von Trägerauflagern, Kamine über Dach, Beläge, gemauerte Treppen, Verblendmauerwerk.

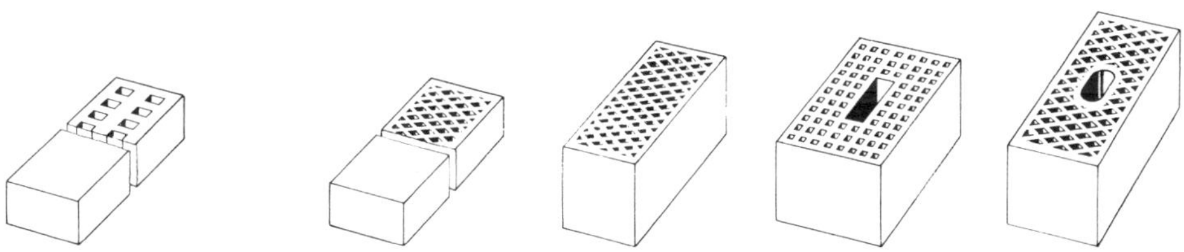

Vollziegel		*Hochlochziegel*			
Mz DF ungelocht gelocht	Mz NF	HLz NF	HLz 1½ NF	HLz 2¼ NF	HLz 2,3 NF
24×11,5×5,2 cm	24×11,5×7,1 cm		24×11,5×11,3 cm (auch mit Griffloch)	24×17,5×11,3 cm	30×14,5×11,3 cm

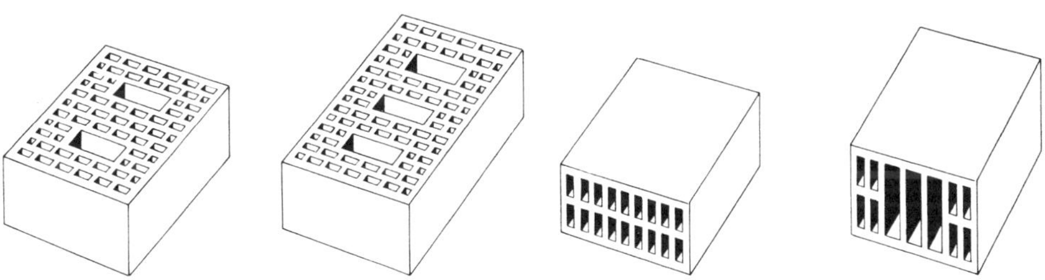

Großblockziegel		*Langlochziegel*
HLz 3,75 NF	HLz 4,5 NF	
30×24×11,3/17,5/23,8 cm	36,5×24/30×11,3/17,5/23,8	

Beispiele für Mauerziegel

Vollstein · Lochstein

Neben Format und Härtegrad ist als dritte Eigenschaft der körperliche Aufbau des Ziegels von Bedeutung. Ziegel werden sowohl als Vollsteine wie als Lochsteine hergestellt. Welcher Stein vorzuziehen ist, hängt vom Verwendungszweck ab. Der Vollstein isoliert besser gegen Schall, aber schlechter gegen Kälte. Unser Fachmitarbeiter verwendet als erfahrener Architekt den Vollstein vor allem für Wohnungstrennwände, für Außenmauern und sonstige Zwischenwände dagegen den Lochstein.

Mauerverband

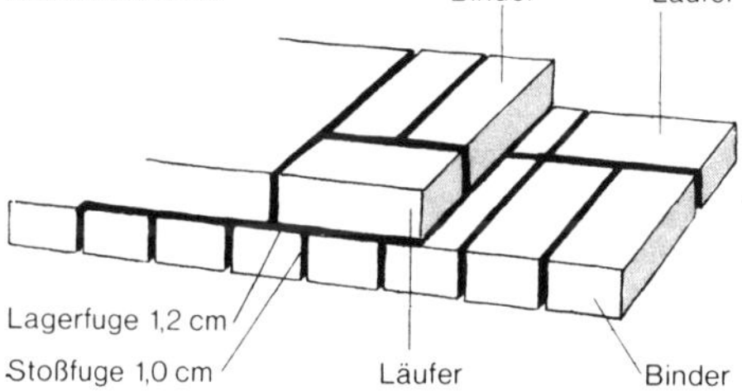

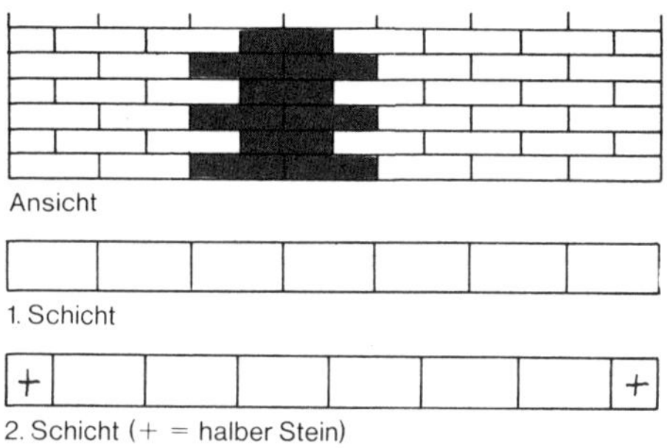

Halbsteinstarke Mauer

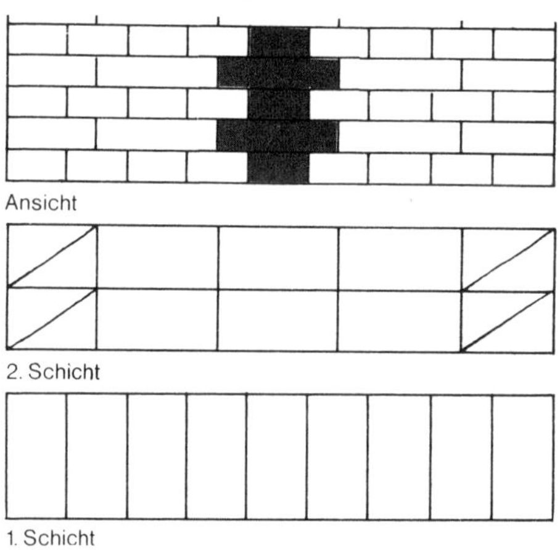

Einsteinstarke Mauer I

Der Mauerverband

Alle Mauerkonstruktionen haben gemeinsam das Prinzip, Einzelsteine – Natursteine oder künstliche Steine – so ineinander zu legen und zu verkitten, daß eine geschlossene Verbundwirkung entsteht: der Mauerverband. Damit die Verbindung von Ziegeln und Mörtel zu einem tragfähigen Gefüge wird, müssen die Steine nach einem bestimmten System an- und übereinander geordnet werden.

Anhand der Zeichnung können wir uns folgende Benennungen einprägen: Die waagerechte Fuge zwischen zwei Ziegelschichten heißt Lagerfuge und ist in der Regel 1,2 cm dick. Die senkrechte Fuge zwischen zwei Ziegeln heißt Stoßfuge und ist normalerweise 1 cm dick. Der Ziegel, der mit seiner Längsachse in der Laufrichtung der Mauer liegt, heißt Läufer, der querliegende heißt Binder.

Keine Stoßfugen übereinander! Die Hauptregel für den Mauerverband: Es dürfen keine Stoßfugen übereinander liegen. Daraus ergeben sich fast alle weiteren Regeln.

Halbsteinstarke Mauer Dieser Verband besteht, wie Sie im Bilde sehen, nur aus Läufern und heißt deshalb auch »Läuferverband«. Diese Mauer, 11,5 cm stark, ist in der bloßen Ansicht sofort kenntlich, denn bei jeder Mauer, die stärker ist als eine Steinbreite, zeigt die Ansicht wechselnd Läufer und Binder.

Einsteinstarke Mauer Bei dieser Mauer, 24 cm stark, besteht abwechselnd eine Schicht aus Bindern, die andere aus Läufern. Am Anfang und am Ende der Läuferschicht liegen je zwei dreiviertellange Steine als Läufer nebeneinander. Deshalb nennt man diesen Mauerverband auch »Blockverband mit Dreiviertelsteinen« (Bild I). Entspricht die Länge der Mauer nicht einer bestimmten (ganzzahligen) Anzahl von Steinbreiten mit den jeweils dazugehörigen Stoßfugen, so werden Maueranfang und Mauerende ungleich (Bild II).

Eineinhalbsteinstarke Mauer Dieser Verband ist $1^1/_2$ Steinbreiten = 36,5 cm stark. In der Ansicht sehen wir – wie bei der einsteinstarken Mauer – immer abwechselnd eine Schicht Läufer und eine Schicht Binder. Jedoch hat die einzelne Schicht jeweils auf einer Seite Läufer, auf der anderen Binder. Der Verband ist wiederum durch dreiviertellange Steine erreicht.

Bild I zeigt eine Mauer in der Länge von 10 ganzen Steinbreiten mit den dazugehörigen 9 Stoßfugen. Die beiden Enden jeder Schicht gleichen einander.

Bild II zeigt eine $9^1/_2$ Steinbreiten lange Mauer. Hier sind Anfang und Ende jeder Schicht ungleich, aber das Ende jeder Schicht gleicht dem Anfang der folgenden.

Rechtwinklige Mauerecke Bei rechtwinkligen Mauerecken denkt man sich den Mauerkörper in zwei Teile zerlegt. Diese Zerlegung geschieht durch eine »Hauptstoßfuge«, die in der einen Schicht senkrecht, in der darauffolgenden waagerecht durchbindet. Als durchbindende Schicht nimmt man die »Läuferschicht« (die in der Ansicht Läufer zeigt).

Wieviel Steinbreiten gehen auf die Mauerlänge?

Diese Berechnung sieht verschieden aus, je nachdem, ob die Mauer frei steht oder an einem Ende angebaut oder an beiden Seiten eingebaut ist.

Bei freistehender Mauer Wie lang wird eine freistehende Mauer mit 10 Steinbreiten? Die Stirnseite eines Steines ist 11,5 cm breit, einschließlich der dazugehörigen Stoßfuge 12,5 cm. Da bei freistehender Mauer auf 10 Steinbreiten 9 Stoßfugen treffen, lautet die Rechnung: $10 \times 12{,}5$ cm = 125 cm – 1 cm (1 Stoßfuge) = 124 cm.

Hat man Freiheit im Bestimmen der Mauerlänge, so wird man sie auf ganze Steinbreiten festsetzen. Wie ist es, wenn die Mauerlänge genau gegeben und die Anzahl der Steinbreiten zu ermitteln ist? Nehmen wir an, die Mauerlänge steht mit 180 cm fest, so ist zu rechnen: 180 + 1 = 181 cm : 12,5 cm = rund 14,5 Steinbreiten. Geringe Differenzen bis zu einer halben Steinbreite können bei der Bemessung der Stoßfugen ausgeglichen werden. Soll diese Mauer in 24 cm Stärke ausgeführt werden, so ist sie so anzuordnen, wie es die Abbildung Seite 204 unten zeigt.

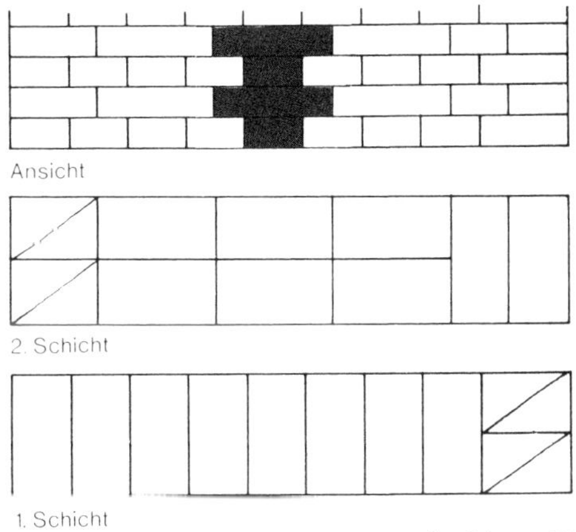

Einsteinstarke Mauer II

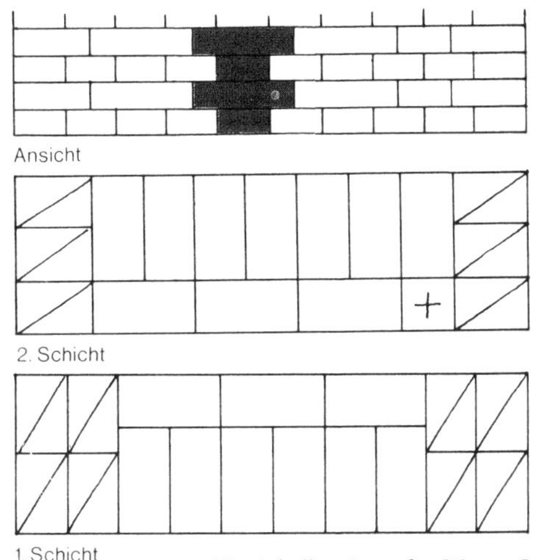

Eineinhalbsteinstarke Mauer I

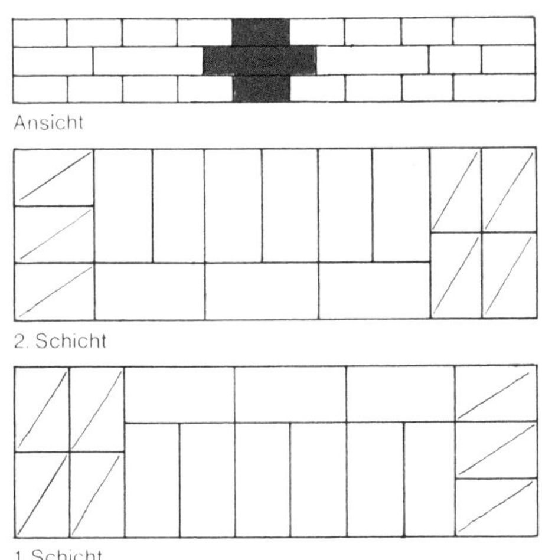

Eineinhalbsteinstarke Mauer II

Am rechten Ende liegen drei Binder – warum? Weil bei Verwendung von zwei Läufern an dieser Stelle ein Stück Stoßfuge übereinander käme.

Bei einseitig angebauter Mauer Hier trifft auf jede Steinbreite eine Stoßfuge. Anzahl der Steinbreiten

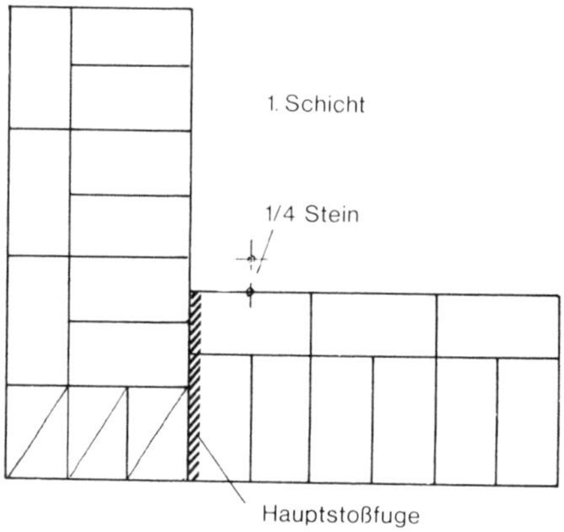

Rechtwinklige Mauerecke — 1. Schicht

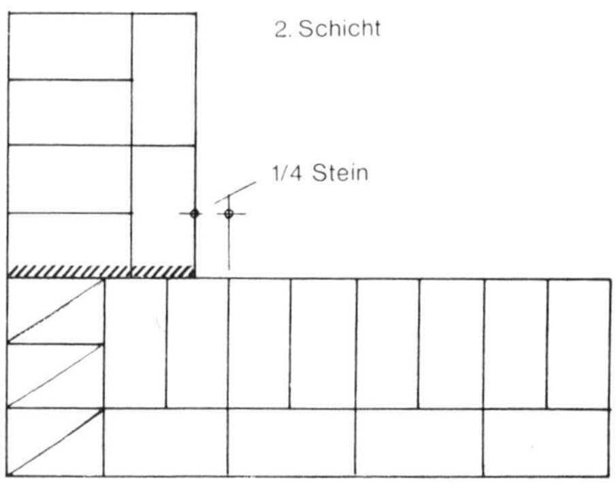

Rechtwinklige Mauerecke — 2. Schicht

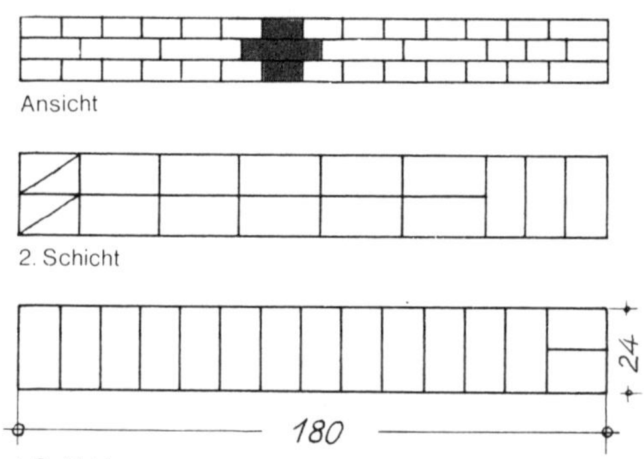

Das Auszählen der Steinbreiten bei einer freistehenden Mauer

mal 12,5 cm gibt daher die Mauerlänge. Eine Mauer aus 10 Steinbreiten wird 125 cm lang. Umgekehrt: Mauerlänge in cm : 12,5 = Anzahl der Steinbreiten. Beispiel: Länge der einseitig angebauten Mauer 140 cm. Anzahl der Steinbreiten = 140 : 12,5 = (rund) 11,2. Elf Steinbreiten ergeben 137,5 cm Mauerlänge. Die Differenz von 2,5 cm wird auf die 11 Stoßfugen verteilt, deren jede dadurch um rund 0,2 cm vergrößert wird. Also 1,2 cm für jede Stoßfuge.

Bei beidseitig angebauter Mauer Ist die Mauer beidseitig angebaut (eingebaut), treffen 11 Stoßfugen auf 10 Steinbreiten. 10 Steinbreiten ergeben so 10 × 12,5 cm + 1 cm = 126 cm Mauerlänge. Umgekehrt: Mauerlänge – 1 cm : 12,5 = Anzahl der Steinbreiten. Hierfür ein Beispiel:

Es soll eine Nische von 165 cm lichter Weite zugemauert werden. 165 – 1 = 164 : 12,5 = (rund) 13 Steinbreiten. Da 13 Steinbreiten ohne Fugen gerechnet 13 × 11,5 = 149,5 cm ergeben, muß die Differenz zu 165 cm – also 15,5 cm – auf die 14 Stoßfugen verteilt werden. Jede Fuge wird rund 1,1 cm breit.

Der Mauermörtel

Mörtel sind breiartige Mischungen aus Wasser, Bindemittel und Zuschlagstoffen wie Sand, Kleingestein u. ä. Weitere Zusätze können dem Mörtel besondere Eigenschaften wie größere Oberflächenhärte, Wasserundurchlässigkeit, Farbtönung verleihen.

Die Bindemittel Als Bindemittel dienen pulverisierte Stoffe, die sich nach dem Anmachen verfestigen (»Abbinden« heißt dieser Vorgang) und dabei die Zuschlagstoffe fest miteinander verkitten. Die wichtigsten Bindemittel sind Kalk, Zement und Gips.

Nach der Art des Abbindeprozesses unterscheidet man Luftkalkmörtel und Mörtel.

Luftkalkmörtel Luftkalkmörtel erhalten durch das bloße Verdunsten des Anmachwassers keine Festigkeit. Das Abbinden geschieht hier dadurch, daß luftbindende Kalke aus der Luft Kohlensäure aufnehmen; dadurch gewinnen sie eine gesteinsartige Festigkeit. Dieser Vorgang dauert lange, besonders bei dicken Mauern; deshalb werden heute reine Luftkalke kaum mehr als Bindemittel für Mauermörtel verwendet.

Bindemittel für Luftkalkmörtel sind Gips, Weißkalk und Graukalk.

Mörtel mit hydraulischen Bindemitteln Sie erhärten, indem sich die Stoffe in den Bindemitteln mit dem Anmachwasser chemisch verbinden. Der Abbindeprozeß ist kürzer als bei Luftkalkmörteln; derartige Mörtel erhärten auch unter Wasser, sofern ein Wegspülen verhindert wird. Mörtel mit hydraulischen Bindemitteln haben als Bindemittel Zement oder Wasserkalke (hydraulische Kalke).

An jedem Gebäude haben verschiedene Arten von Mörtel ihren bedeutsamen Anteil. Mörtel verbindet die Einzelsteine zum Mauerwerk. Das Mörtelband der Lagerfuge gibt den Steinen die verbindende Schicht, es verteilt die Belastung gleichmäßig im Mauerstück. Die Stoßfugen geben die Verbindung in der Längsflucht. Das ist erst die eine Seite der Sache, denn der Mörtel hat seine zweite wichtige Aufgabe als Verputz. Doch darüber sprechen wir später, hier geht es nur um den Mauermörtel.

Bestandteile des Mauermörtels Als Bindemittel für Mauermörtel wird hydraulischer Kalk bevorzugt. Er ist einfach zu verarbeiten und erreicht nach verhältnismäßig kurzer Zeit große Festigkeit; er bedarf keiner Vorbehandlung und kann sofort zur Mörtelbereitung gemischt werden. Als Sand verwendet man Grubensand oder Flußsand (frei in der Natur vorkommend, aus Kies durch Sandgitter herausgeworfen) oder Quetschsand (maschinell zerkleinertes Kies- oder Splittgestein) in der Korngröße bis zu 3 mm. Der Sand soll frei sein von erdigen und lehmigen Bestandteilen. Bei Flußsand ist Vorsicht geboten, weil die Flüsse mehr und mehr durch chemische und sonstige Abwässer verunreinigt sind.

Bezieht man Sand für Mauermörtel beim Sandwerk, so genügt in der Regel die Angabe »Mauersand«.

Mischungsverhältnis Für die große Masse der Ziegelmauern genügt ein Mischungsverhältnis von 1 : 3 – ein Raumteil Kalkpulver auf drei Raumteile Sand. Man muß wissen, daß beim Mischen eine erhebliche Verdichtung der Masse eintritt, so daß 3 Teile Sand und 1 Teil Kalk nicht 4, sondern nur 3 Raumteile ergeben. Man nennt diese Verdichtung auch »Mörtelausbeute«.

Wieviel Wasser zugeben? Das richtet sich nach der Art des Sandes. Man gibt so viel Mischwasser zu und mischt so lange, bis der Mörtel breiig und geschmeidig ist.

Geräte zum Mörtelmischen

Mörtelkasten Zusammengenagelt aus etwa 3 cm starken Brettern. Faßt etwa 80 Liter. Zum Mischen kleinerer Mörtelmengen. Mit Traggriffen. Die Holzteile sind durch Nagelung und zusätzlich durch Bandstahl verbunden.

Mörtelpfanne (groß) Aus etwa 3 cm starken Brettern. Bauweise wie oben: Nagelung und Bandstahl. Faßt bei einer Größe von 150 × 250 × 30 cm etwa 1000 Liter.

Blattschaufel Meist dreieckige Form. Zum Einschaufeln des Sandes.

Gießkanne oder angeschlossener Wasserschlauch Zum Zugeben des Mischwassers.

Mörtelrühre, Mörtelhacke Rechteckig oder dreieckig, aus Schmiedeeisen, mit Holzstiel – meist Fichte. Zum Verrühren des Mörtels.

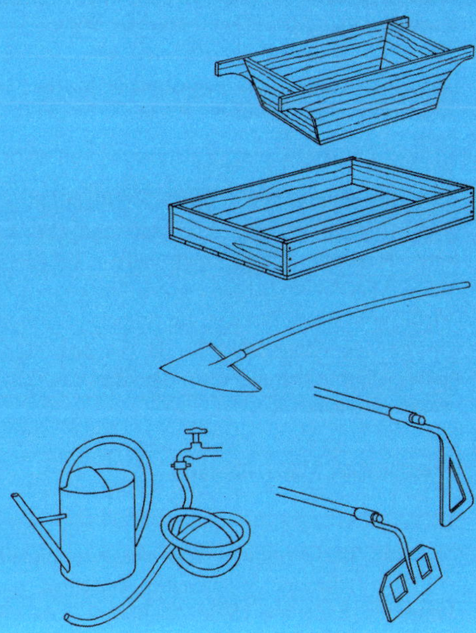

Mörtelzubereitung Das Mischen kleinerer Mengen kann von Hand erfolgen. Kleinste Mengen bis etwa 80 Liter fertiger Mörtelmasse können im Mörtelkasten gemischt werden, größere bis etwa 1000 Liter in der Mörtelpfanne. Das Mischen geht am besten, wenn man zuerst den Sand mit dem Kalkpulver in trockenem Zustand innig vermischt und dann das Mischwasser zugibt, wobei die gesamte Masse mit der Mörtelrühre vermengt wird.

Dieser Mörtel braucht keine »Liegezeit«, er kann sofort nach der Aufbereitung verwendet werden. Andererseits soll man nur so viel zubereiten, wie an einem Tag verarbeitet werden kann. Die hydraulischen Mörtel verlieren an Bindekraft und damit an Festigkeit, wenn sie »aufgemacht«, d. h. nach beginnender Erstarrung wieder mit Wasser zur breiigen Masse verrührt werden.

Kalkzementmörtel Werden besondere Festigkeitsanforderungen gestellt, z. B. beim Vermauern von Leichtbauplatten (S. 216), verwendet man gern Kalkzementmörtel, früher auch verlängerter Zementmörtel genannt. Das ist ein Kalkmörtel mit einem Zusatz von Portlandzement, in der Regel gemischt im Verhältnis 1 : 1,5 : 8, d. h. 1 Raumteil Zement und 1,5 Teile Kalkpulver auf 8 Raumteile Sand.

Zementmörtel Besondere Festigkeit erreicht Zementmörtel, der nur aus Portlandzement, Sand und Wasser besteht. Je nach den Anforderungen an den Mörtel schwankt das Mischungsverhältnis zwischen 1 : 1 und 1 : 4 – also 1 Raumteil Zement auf 1 bis 4 Raumteile Sand. Für Mauermörtel genügt in der Regel das Verhältnis 1 : 3.

Zementmörtel 1 : 1 bis höchstens 1 : 2 kann man als wasserdicht ansehen, wenn sie gut am Untergrund haften und genügend stark aufgebracht sind. Höherem Wasserdruck halten sie nicht stand. Die Wasserdichtigkeit von Zementmörtel wird erhöht durch Zusätze, am einfachsten durch eine geringe Menge (etwa 2 v. H. des Zementgehalts) gelöster Schmierseife, die dem Anmachwasser zugegeben wird.

Errechnen des Materialbedarfs

Bevor die Arbeit beginnt, müssen wir ein wenig rechnen. Als Grundlage dient der Rauminhalt des herzustellenden Mauerwerks, errechnet aus Länge mal Breite mal Höhe. Als Beispiel nehmen wir die Aufgabe: Ein Kellerraum in einem bestehenden Gebäude soll durch eine 11,5 cm starke Trennwand unterteilt werden. Die Trennmauer soll eine Türöffnung bekommen, 90 cm breit und 1,90 m hoch.

Schnitt

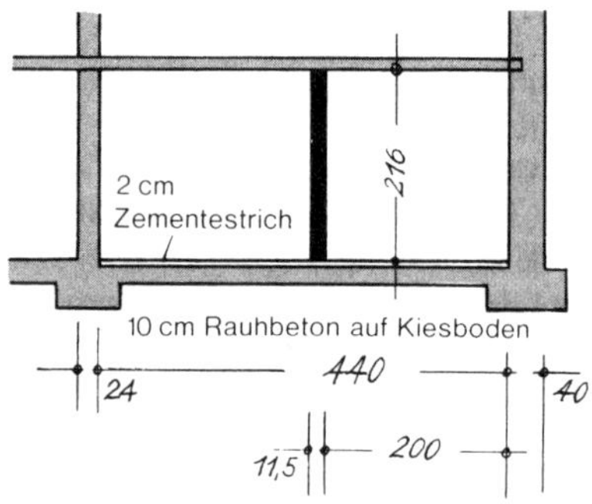

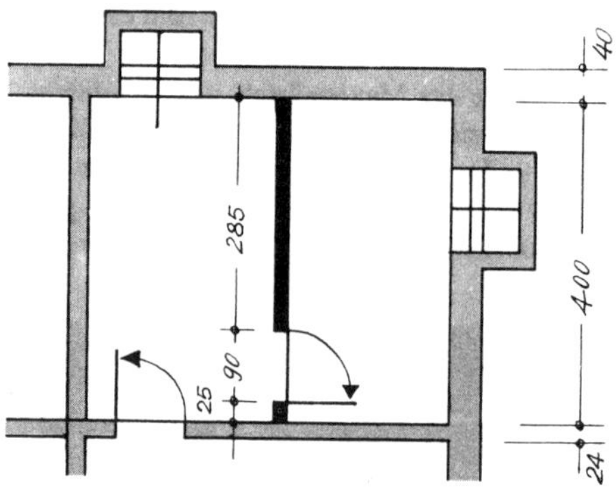

Grundriß

Da Gebäude und Kellerdecke bereits bestehen, hat die Mauer außer ihrem Eigengewicht keine Lasten aufzunehmen. Sie ist reine Trennmauer. Sie bedarf auch keiner besonderen Fundierung, wenn der Kellerboden – wie es üblich ist und wie wir hier annehmen wollen – aus 2 cm starkem Zementestrich auf etwa 10 cm starkem Rauhbeton besteht und der Baugrund unberührtes kiesiges Material ist.

Errechnen des Rauminhalts Die Wand in unserem Beispiel hat einen Rauminhalt von 4,00 (Länge) × 0,115 (Dicke) × 2,16 (Höhe) = 0,994 cbm. (Um im Ergebnis Kubikmeter zu erhalten, müssen alle Längen in m ausgedrückt sein.) Davon ist jedoch die Maueröffnung abzuziehen: 0,90 (Breite) × 1,90 (Höhe) × 0,115 (Dicke) ergibt 0,197 cbm. Tatsächlicher Rauminhalt des herzustellenden Mauerwerks 0,994 – 0,197 = 0,797 cbm.

Bedarf an Ziegelsteinen Bei Normalformatsteinen von 24 × 11,5 × 7,1 cm rechnet man auf 1 cbm

Mauerwerk 370 Steine. Unsere Mauer erfordert demnach 0,797 × 370 = 295 Steine.
Bei Hochformatziegeln von 24 × 11,5 × 11,3 cm rechnet man 260 Steine pro Kubikmeter. Das ergibt in unserem Fall 0,797 × 260 = 208 Steine.

Bedarf an Mörtel Für 1 cbm Mauerwerk aus Normalformat-Ziegeln rechnet man 270 Liter Mörtel. Demnach brauchen wir 0,797 × 270 = 215 Liter. Bei Hochformatmauerwerk ist der Mörtelbedarf 180 Liter für 1 Kubikmeter, hier also 0,797 × 180 = 144 Liter.

Bedarf an Kalk und Sand Für 215 Liter Mörtel kann man wegen des Ausbeute-Verlustes als Sandbedarf etwa die gleiche Menge annehmen – also 215 Liter Sand. Für Kalkmörtel im Mischungsverhältnis 1 : 3 braucht man demnach 215 : 3 = rund 72 Liter Kalkpulver. Diese Rechnung ergibt zwar reichliche Werte; jedoch geht beim Mischen so kleiner Mengen immer etwas verloren.

Kostenvergleich Diese Stoffbedarfwerte lassen bereits eine Kostenermittlung zu.
Läßt man die eigene Arbeitszeit außer Ansatz, ergibt sich etwa folgender Vergleich:

Normalformatmauerwerk (1 cbm)

370 Steine Mz 150 (transportiert an die Verwendungsstelle), das Tausend zu DM 240,— . . .	DM 88,80
270 Liter Kalkmörtel (ohne eigene Arbeitszeit), je Liter 0,05 DM	DM 13,50
	DM 102,30

Hochformatmauerwerk (1 cbm)

260 Steine HLz 150 (Hochlochziegel $1^1/_2$ NF mit der Festigkeit von 150 kp/cm²), das Tausend zu DM 250,— . . .	DM 65,—
180 Liter Mörtel, je Liter 0,05 DM	DM 9,—
	DM 74,—

Zeitbedarf
Schon der Vergleich der Materialkosten zeigt, daß Hochformatmauerwerk wirtschaftlicher ist. Bereits bei der Herstellung der Ziegel ist das kleinere Format wesentlich lohnintensiver. Noch größer wird der Preisunterschied, sobald man einen bescheidenen Stundenlohn für die Vermauerung ansetzt, denn mit hochformatigen Ziegeln läßt sich schneller mauern.
Wieviel Zeit braucht man? Der Fachmann rechnet für 1 cbm Mauerwerk bei Normalformat etwa 6 Facharbeiter- (Maurer-) Stunden und 3 Hilfsarbeiterstunden; bei Hochformat etwa 5,4 Facharbeiter- und 2,8 Hilfsarbeiterstunden.
Es ist noch kein Meister vom Himmel gefallen. Wer als Laie zu mauern anfängt, soll für Arbeiten kleineren Ausmaßes etwa das Doppelte dieser Werte annehmen.
Es empfiehlt sich, den Arbeitsbeginn möglichst früh am Tag zu legen, damit man am Abend noch bei Tageslicht aufhören und sich über das frisch entstandene Mauerstück freuen kann. Auch der Maurer, der mit der sprichwörtlich gewordenen Pünktlichkeit dieses Berufs Feierabend macht, wird nie versäumen, seine Tagesarbeit noch einmal zu mustern.

Arbeitskleidung

Drillichzeug, in jedem Berufskleidungshaus zu kaufen, ist die richtige Arbeitskleidung für Maurer- und ähnliche Außenarbeiten. Am Bau tragen es, nach ungeschriebenem Gesetz, die Maurer in Weiß, die Hilfsarbeiter in Blau. Welche Farbe nehmen Sie?
Wichtig sind feste Schuhe aus Leder oder Gummi, die man unmittelbar nach der Arbeit mit Wasser abwäscht, damit nicht Zementteile verkrusten.

Arbeitsgeräte

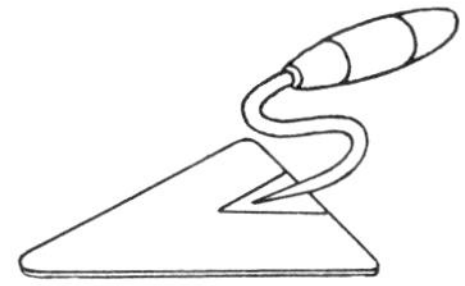

Berliner Maurerkelle Diese Kelle, auch Schwanenhalskelle genannt, hergestellt aus kräftigem geschmiedetem Blech (meist mit Hals aus einem Stück geschmiedet), wird vorwiegend in Norddeutschland zum Mauern benutzt. Der Griff ist aus Holz. Das Kellenblatt ist so kräftig, daß sich mit der Ecke auch Steine behauen lassen.

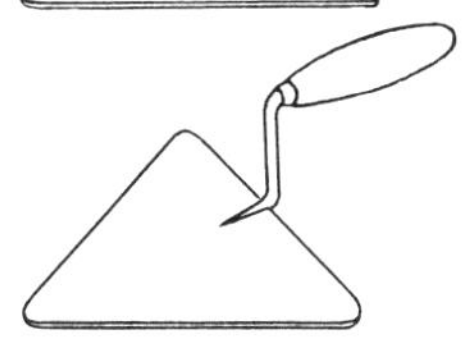

Bayerische Maurerkelle Diese Kelle hat ein dünneres Kellenblatt mit Holzgriff. Sie wird in Süddeutschland sowohl zum Mauern wie zum Putzen benutzt.

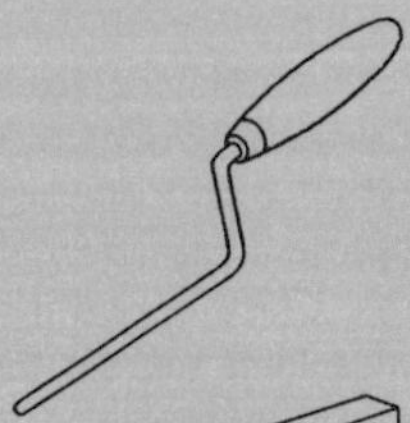

Fugeisen, Fugkelle Zum Verschließen der Fugen mit Zement-Schweiß-Mörtel bei unverputzt bleibendem Mauerwerk, z.B. Klinkern.

Senklot Aus Eisen, blank gedreht, mit abschraubbarer Messingöse zum Befestigen einer Schnur. Gewicht 150 bis 500 g. Zum Ermitteln der Lotrechten, z.B. bei Mauerwerk.

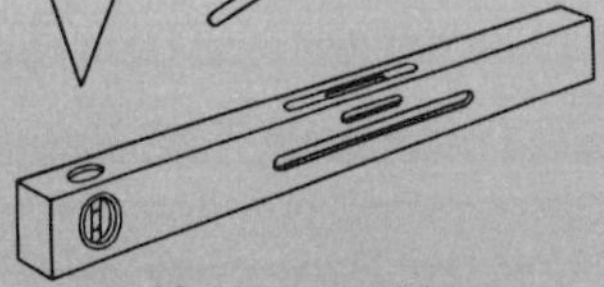

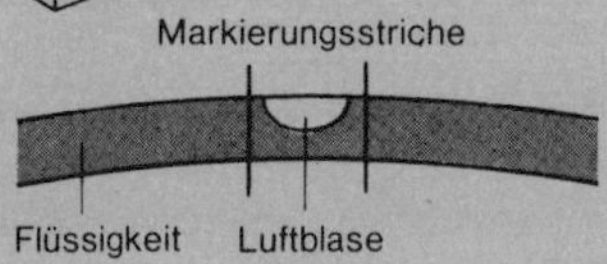

Wasserwaage In eine Latte aus feuchtigkeitsunempfindlichem Holz (meist Teakholz) sind mit Messingbeschlägen eine horizontale und eine vertikale Libelle eingesetzt. Die Libelle ist eine leicht gekrümmte Glasröhre, gefüllt mit Flüssigkeit. Eine kleine Luftblase wandert je nach Stellung der Latte auf und ab. Sie muß genau zwischen den Markierungsstrichen einspielen, dann ist die waagerechte bzw. lotrechte Lage hergestellt.

Maurerschapfer Gefäß aus Zinkblech mit 2 Liter Inhalt, Griff aus Holz. Schöpfgefäß z.B. zum Anschütten der aufgelegten Steinschicht mit Wasser.

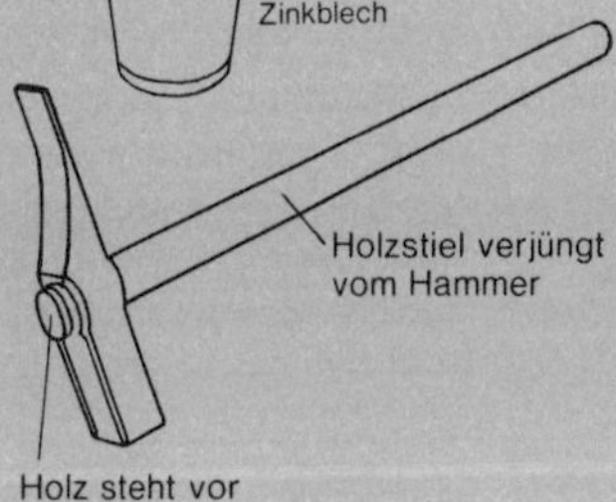

Rheinischer Maurerhammer Maurerhammer haben ein »Gehäuse«, das den Holzstiel aufnimmt. Bei der hier gezeigten Form verjüngt sich der Stiel vom Hammerkopf weg. Das dicke Ende des Stiels ragt vorn etwas über den Hammer hinaus. Beim Anschlagen eines Steines schlägt man mit dem Überstand.

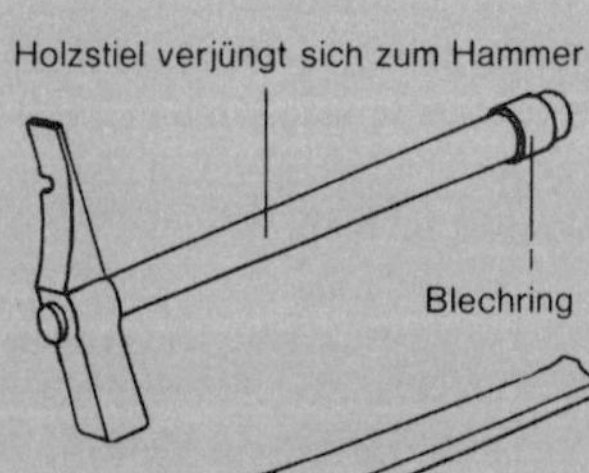

Münchner Maurerhammer Hier verjüngt sich der Stiel zum Hammer hin. Der Stiel hat am hinteren Ende einen Metallreif, das Holz steht etwa 2 mm über ihn hinaus. Man kann mit diesem hinteren Ende des Stiels schlagen.
Beide Hämmer werden mit der Breitseite zum Anschlagen von Steinen benutzt, mit dem spitzen Ende zum Behauen. Sie dienen auch zum Nageln.

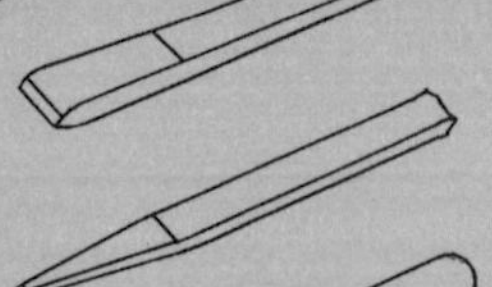

Flachmeißel, Spitzmeißel Werkzeuge aus geschmiedetem und gehärtetem Stahl zum Brechen von Öffnungen und Schlitzen in Mauerwerk und Beton.

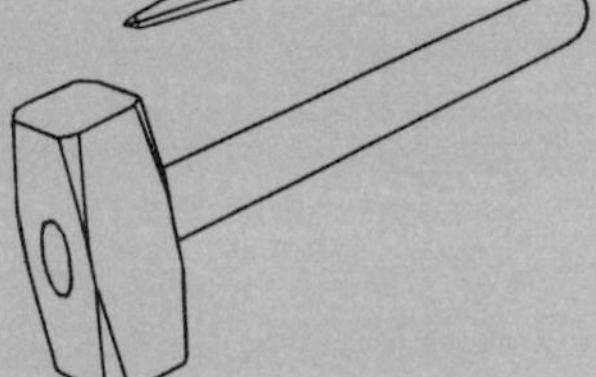

Maurerfäustel Aus Schmiedeeisen, 1000 bis 5000 g schwer, zum Brechen mit Meißeln.

Die Flasche Bier ist nicht gerade ein Arbeitsgerät, aber doch für einen rechten Maurer und einen, der es werden will, so gut wie unentbehrlich.

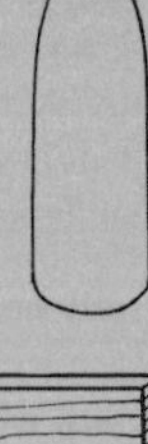

Werkzeug zum Mörtelmischen: S. 205
Werkzeug zum Putzen: S. 219
Werkzeug zum Betonmischen: S. 223

Maurerlatte Holzlatte 1,50 bis 2,50 m lang, 10 cm breit, 3,5 cm dick.

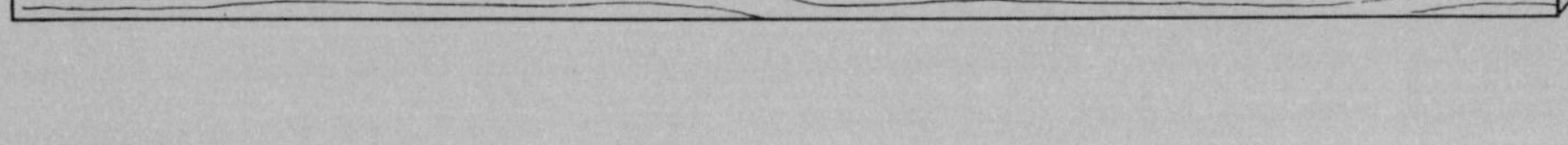

Die Technik des Mauerns

Mit dem Mauern, das Männer wie Winston Churchill als sportliche Freizeitbeschäftigung hoch schätzen, ist es wie mit vielen handwerklichen Arbeiten: es ist im Prinzip ganz einfach, aber die perfekte Ausführung ist gleichwohl nicht ganz leicht und erfordert Übung. Wichtig ist, daß man alles mit Ruhe und Gründlichkeit macht; denn was gemauert ist, steht für Jahrzehnte.

Beim Mauern im Freien ist man von Witterung und Jahreszeit abhängig. Mauern im Winter führt leicht zu Frostschäden und sollte ohne Fachkenntnisse unterlassen werden. Auch bei anhaltenden Regenperioden soll man die Arbeit unterbrechen und das bereits hergestellte Mauerwerk mit Brettern, Pappe o. dgl. abdecken.

Aufstich Liegen Werkzeug und Baustoffe bereit, so beginnt die Arbeit mit dem »Aufstich«. So nennt der Maurer das Festlegen der einzelnen Höhenschichten. Man nimmt in der Regel eine Latte vom Mindestquerschnitt 3 × 5 cm, stellt sie genau senkrecht und zeichnet die einzelnen Schichten einschließlich der Lagerfugen an.

In unserem Beispiel – Trennwand im Keller – brauchen wir keine Aufstichplatte, wir können die Schichthöhen an den bestehenden Querwänden anzeichnen. Dazu brauchen wir Bleistift, Mauerlatte, Meterstab und Wasserwaage.

Da die Lagerfuge 1,2 cm stark sein soll, beträgt die Schichthöhe bei 7,1 cm hohen Normalziegeln 1,2 + 7,1 = 8,3 cm. Unsere Mauer wird 216 cm hoch. 216 : 8,3 = 26 Schichten. Genau gerechnet, ergibt sich für eine Schicht – da wir alle Fugen schön gleichmäßig machen wollen – eine Höhe von 216 : 26 = 8,308 cm. Vom Boden beginnend ziehen wir an beiden Querwänden alle 8,308 cm einen etwa 12 cm langen Bleistiftstrich.

Die Türöffnung soll 190 cm hoch werden. Deshalb muß die 23. Schicht (23 × 8,308 = 191) das Auflager für den Türsturz geben. Sie wird besonders kenntlich gemacht. Die Differenz von 1 cm bei der Höhe der Türöffnung kann später durch Putz ausgeglichen werden.

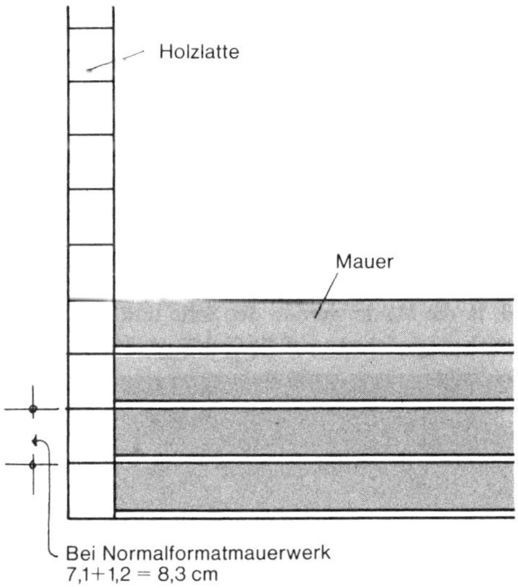

Schmatzen Die neue Mauer muß einen seitlichen Halt an den bestehenden Wänden bekommen. Dazu werden in diesen beiden Wänden an den Anstoßstellen mit Hammer und Meißel Öffnungen, sogenannte Mauerschmatzen, geschlagen, Sie müssen so breit sein wie die neue Mauer – also 11,5 cm – und mindestens $^1/_4$ Stein, also 6 cm tief. Bei nicht belasteten, nachträglich einzuziehenden Mauern sind sie nicht in jeder Schicht erforderlich: es genügt, wenn in jeder 4. Schicht ein Stein der neuen Mauer in die alte hineinragt.

Der Verband Damit wir einen richtigen Verband erhalten (keine Stoßfugen übereinander) und in jeder vierten Schicht $^1/_4$ Stein in die Schmatzen hineinragen lassen können, empfiehlt sich der unten gezeichnete Verband.

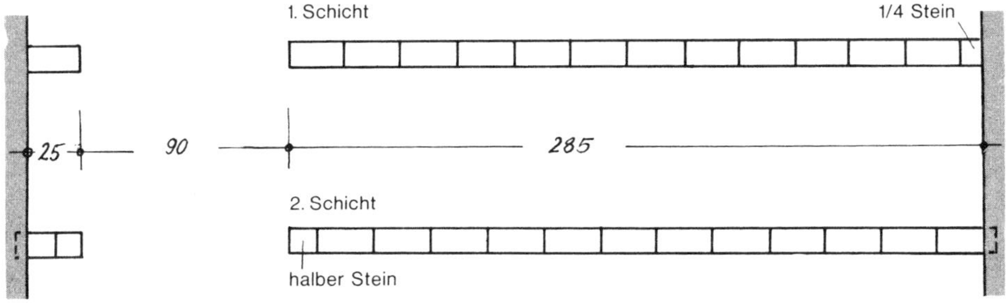

Etwa jede 4. Schicht den Stein um 6 cm in die anschließende Mauer einbinden lassen (Schmatze)

Isolieren Betonboden im Keller wird unter physikalischen Einflüssen von Zeit zu Zeit Feuchtigkeit zeigen. Damit sie in der neuen Ziegelmauer nicht aufsteigen kann, isolieren wir sie durch eine Papplage vom Boden. Ein 12 cm breiter Streifen 500er Isolierpappe (1 Quadratmeter wiegt 500 g) wird auf den Estrich gelegt. Eine besondere Befestigung ist nicht erforderlich.

Die erste Schicht Nun – endlich! – kann das Mauern losgehen. Auf den ausgelegten Pappstreifen wird die unterste Lagerfuge als Mörtelband gleichmäßig mit der Mauerkelle aufgezogen. Nachdem die Steine aufgelegt sind, wird diese erste Schicht mit der Mauerlatte »angeschlagen«, d. h. die Steine werden der Seite und der Höhe nach ausgerichtet. Auf die Steinlage wird mit dem Mauerschöpfer eine geringe Menge Wasser geschüttet. Darauf werden die Stoßfugen »ausgekellt«, d. h. mit Mörtel geschlossen. Bei diesem Auskellen tritt leicht der Mörtel aus den Fugen – besonders bei der nur 11,5 cm starken Mauer – und macht das Ganze unansehnlich. Deshalb hält man beim Füllen stets den durch Handschuh oder »Gummifinger« geschützten Finger oder ein Holzstückchen vor die Fuge.

Jede weitere Schicht entsteht im gleichen Arbeitsgang: Mörtelband aufziehen, Steine legen, anschlagen, auskellen.

Da gebrannte Ziegel nicht auf Millimeter maßgenau sind, wird unsere schwache Mauer nur auf der Seite, von der angeschlagen wird, ganz glatt werden. Die Rückseite wird geringe Unebenhei-

1 Einrichten an der Schmalseite der Mauer: linke Hand hält Wasserwaage, rechte Hand verschiebt Steine
2 Einrichten an der Längsseite der Mauer
3 Anschlagen: linke Hand hält Maurerlatte, rechte Hand den Hammer
4 Anschlagen: hier Einrichten in der Waagerechten
5 Übergießen der eingerichteten Steinschicht mit dem Schöpfgefäß (»Erst Wasser, dann Mörtel«)
6 »Auskellen«: linke Hand verhindert Vorquellen des Mörtels, rechte füllt die Stoßfugen

ten aufweisen, die allerdings die Putzhaftung verbessern. Erst bei Mauern in der Stärke von 3 Steinbreiten (36,5 cm) und mehr kann man von beiden Seiten anschlagen.

Türsturz Jede Maueröffnung muß oben abgeschlossen werden durch ein Glied, das die Mauerlast aufnimmt und auf die seitlichen Auflager ableitet. Man kann einen Bogen mauern oder einen Stahlträger einsetzen; praktisch ist für unseren Zweck allein ein »Fertigsturz«, bestehend aus hochwertigem Stahlbeton mit Rundstahleinlagen, in passender Größe zu kaufen im Baustoffhandel oder beim Betonwerk. Die Einlage muß in der Zone der Zugbeanspruchung, also unten liegen. Man kann meist das Ende der Stäbe an der Stirnseite des Fertigsturzes sehen; ist das nicht der Fall, sind Ober- und Unterseite gekennzeichnet. Der Sturz wird auf ein Band aus Zementmörtel (etwa 1 : 3) aufgelegt, die waagerechte Lage mit der Wasserwaage geprüft.

Neuere Wandbaustoffe

In dem Bestreben, Wandbaustoffe zu schaffen, die möglichst alle physikalischen, wirtschaftlichen und gestalterischen Anforderungen erfüllen, hat die Baustoffindustrie neue Stoffe entwickelt. Einige bereits bewährte seien hier behandelt.

Der Porotonstein Poroton ist ein Wandbaustoff aus gebranntem Ton, der die günstigen Eigenschaften des Ziegels mit den technischen und wirtschaftlichen Vorzügen moderner Baustoffe vereint: niedriger Dauerfeuchtegehalt; hohe Wärmedämmfähigkeit, verbunden mit guter Wärmespeicherfähigkeit; Volumenbeständigkeit; hohe Dampfdiffusionsfähigkeit; geringes Gewicht bei hoher Druckfestigkeit; einfache Verarbeitung.

Dem aufbereiteten Rohton wird vor dem Verpressen aufgeschäumtes Polystrol in Form fein-

POROTON-Leichtziegel

Wanddicke cm	Abmessungen in cm L	B	H	Format-Kurzzeichen	Materialbedarf pro/m² Ziegel Stück	Mörtel Liter	Arbeitszeitbedarf Std.
11,5	24,0	11,5	7,1	NF	50	26	1,00
	24,0	11,5	11,3	2 DF	32	19	0,80
	30,0	11,5	11,3	2,5 DF	27	18	0,70
14,5	30,0	14,5	11,3	3,2 DF	27	23	0,80
17,5	24,0	17,5	11,3	3 DF	32	29	1,30
	30,0	17,5	11,3	3,75 DF	26	27	1,10
24,0	24,0	11,5	7,1	NF	99	65	1,45
	24,0	11,5	11,3	2 DF	66	50	1,30
	24,0	17,5	11,3	3 DF	45	40	1,20
	24,0	24,0	11,3	4 DF	32	31	1,10
	24,0	24,0	23,8	8 DF	16	26	0,90
	24,0	30,0	11,3	5 DF	26	35	1,10
	24,0	30,0	17,5	7,6 DF	17	22	1,00
	24,0	30,0	23,8	10 DF	13	19	0,80
30,0	30,0	24,0	11,3	5 DF	32	50	1,45
	30,0	24,0	17,5	7,6 DF	21	34	1,25
	30,0	24,0	23,8	10 DF	16	26	0,95
	30,0	36,5	23,8	15 DF	11	22	0,95
36,5	36,5	24,0	11,3	6 DF	33	60	1,35
	36,5	24,0	23,8	12 DF	16	30	1,25
	36,5	30,0	23,8	15 DF	13	29	1,14

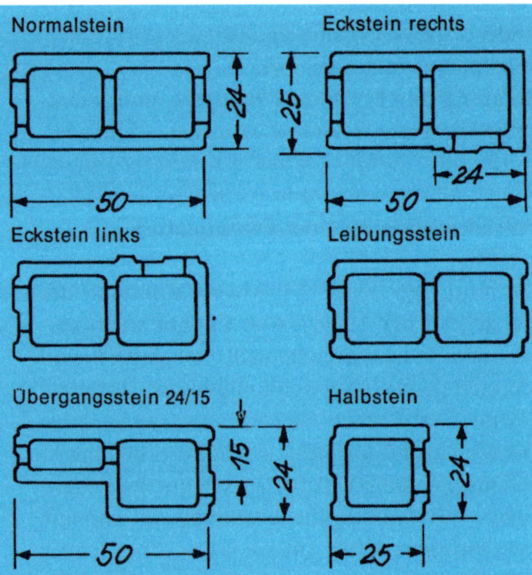

Abmessungen der Durisol-Normalsteine für Wohnungsbau

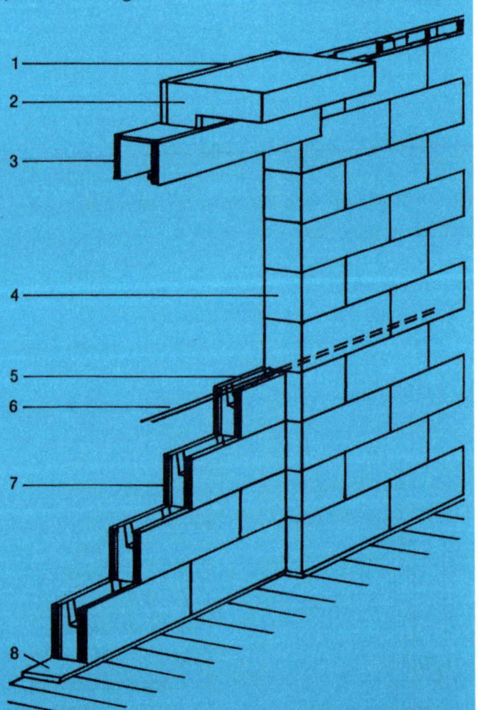

Aufbau einer Durisol-Außenwand: 1 Wärmedämmung · 2 Stahlbetondecke · 3 Fertigteil-Rolladenkasten · 4 Leibungsstein · 5 Übergangsstein · 6 2 Stahleinlagen ⌀ 10 mm 80 cm in die anschließende Wand einbinden · 7 Normalstein 15 cm · 8 Mörtelbett (im Erdgeschoß auf Feuchtigkeitssperre)

ster luftgefüllter Perlen beigemischt. Während des Brennprozesses entstehen abgeschlossene Poren, die u. a. die hohe Wärmedämmung bewirken.

Das Vermauern erfolgt wie beim Ziegelmauerwerk in horizontalen Schichten; die Stoßfugen werden voll mit Mauermörtel gefüllt. Auch der Mauermörtel ist der gleiche wie beim Ziegelmauerwerk.

Auskünfte erteilt: IG Proton, 43 Essen 1, Manderscheidtstraße 8 b.

Der Kalksandstein Dieser Mauerstein hat in den letzten Jahren eine enorme Verbreitung gefunden.

Das Rohmaterial besteht aus 7 bis 10% gemahlenem Feinkalk und 90 bis 93% hochquarzhaltigem Feinsand. Aus diesem Gemenge, das einen leichten Wasserzusatz erhält, werden in Pressen unter hohem Druck (400 kp/cm²) die Steine geformt. Hierbei entsteht eine erste chemische Reaktion. Nun werden die Steine in einen Härtekessel gebracht und hochgespanntem Dampf (16–18 atü) bei 200° C ausgesetzt; dabei läuft eine zweite chemische Reaktion ab. Man kann den Vorgang als Versteinerung bezeichnen.

Die besonderen Vorzüge des Kalksandsteins sind: Maßhaltigkeit (daher eignet sich der Stein besonders auch für Sichtmauerwerk); hohe Druckfestigkeit (150, 250, 350 kp/cm²); hohes Wärmespeichervermögen, verbunden mit gutem Wärmeschutz; guter Schallschutz; Frostbeständigkeit beim »Verblender« (Festigkeit 250 kp/cm²).

Die Abmessungen sind die gleichen wie beim Ziegelstein. Das Grundmaß (Normalformat) ist also auch hier 24 · 11,5 · 7,1 cm. Es gelten die gleichen Verbandregeln wie beim Ziegelstein. Für den Mauermörtel verwendet man 1 Teil hochhydraulischen Kalk und 3 Teile Mauersand (möglichst kein gebrochenes Material). Wasser so viel zugeben, daß ein breiiger Mörtel entsteht.

Für die Verfugung bei Sichtmauerwerk wird folgende Mörtelmischung empfohlen: 1 Teil Portlandzement, 1 Teil Traßpulver (nicht Traßzement), 5 Teile Feinquarzsand. Wasser nur so viel zugeben, daß eine erdfeuchte Mischung entsteht. Eine zu hohe Wassermenge würde ein Schwinden der Verfugung zur Folge haben.

Bauberatung durch: Kalksandsteinwerke Südbayern GmbH, 8 München 40, Neußer Straße 11.

Der Schalungsstein Der aus Kiessandbeton hergestellte Schalungsstein hat seinen Namen

daher, daß er wie eine Schalung mit Beton gefüllt wird. So entsteht eine tragende Wand.
Der Normalstein ist 24 cm dick, 50 cm lang und 25 cm hoch. Da die Schalung eingespart wird, setzt sich dieser Stein für die Herstellung von Betonwänden besonders bei »Selbstmachern« immer mehr durch.

Arbeitsgang 1. Auf das vorbereitete Fundament (Beton) wird ein Mörtelband (Zementmörtel 1:3) als Lagerfuge für die unterste Schicht aufgebracht. Darauf wird horizontal und fluchtgerecht die erste Schicht Schalungssteine gesetzt. Die Steine werden ohne Stoßfuge dicht aneinandergefügt.
2. Auf die unterste Schicht werden nun ohne Mörtel zwei weitere Schichten verbandgerecht satt aufeinander und satt nebeneinander verlegt.
3. Wenn nun drei Schichten Schalungssteine übereinander angeordnet sind, erfolgt das Ausgießen mit Beton. Für den Beton verwendet man Zuschlagstoffe (Kiessandgemenge) in der Körnung 0–30 mm, Portlandzement (PZ 350) und Wasser. Das Mischungsverhältnis Zement : Zuschlagstoffe richtet sich nach der Beanspruchung der Mauer (statische Beanspruchung und Witterungseinflüsse). Im allgemeinen wird man mit dem Mischungsverhältnis 1:6 auskommen. Wasser gibt man so viel zu, daß ein gut plastischer Beton entsteht, damit ein sattes Ausfüllen der Hohlräume gewährleistet ist. Der eingefüllte Beton muß durch Stochern (mit einem Lattenstück) verdichtet werden.
Nach dem Ausgießen der untersten drei Schichten kann sogleich wieder weitergebaut werden: immer drei Schichten Steine, dann wieder Verguß.
Für Kelleraußenwände ist eine Steindicke von mindestens 30 cm zu empfehlen.

Die Durisol-Bauweise Durisol ist Holzspanbeton. Der daraus hergestellte Schalungsstein (Normalstein 24 cm dick, 50 cm lang, 25 cm hoch) ist wetterfest, gegen Feuchtigkeit widerstandsfähig und nicht brennbar. Er ist leicht (der Normalstein wiegt nur etwa 9 kg) und läßt sich unschwer mit Säge, Beil und Bohrer bearbeiten. Infolge seiner besonderen Struktur ist er stark wärmeisolierend und atmungsaktiv.
Die Verarbeitung der Durisol-Schalungssteine ist einfach. Die Steine werden trocken, also ohne Mörtel, neben- und aufeinandergesetzt und mit Beton ausgefüllt. Dadurch entsteht ein beiderseits isoliertes massives Mauerwerk. Im einzelnen ist der Arbeitsvorgang genauso, wie gerade beim Schalungsstein geschildert.
Beratung durch: Durisol Baustoff- und Betonwerk Hinteregger KG, 8 München 45, Knorrstraße 146.

Fassadenverkleidung mit Eternitplatten

Eternitplatten sind Asbestzementplatten der Herstellerfirma Eternit AG. Es gibt sie in verschiedenen Strukturen (gewellt oder glatt), Eigenschaften (je nach Verwendungszweck), Größen, Stärken und Farben.
Die Konstruktion einer Fassadenverkleidung ist abhängig von ihrer Aufgabe. Soll nur ein Regen- und Windschutz erreicht werden, so wird die Konstruktion direkt auf die Umfassungsmauer aufgebracht.

Arbeitsgang Auf das Mauerwerk (1) werden im Abstand von 50 cm, lotrecht verlaufend, Holzlatten 4/6 cm mit nichtrostenden Holzschrauben und Dübeln angebracht (vertikale Konterlattung) (2).
Auf der vertikalen Konterlattung werden nun Holzlatten 3/5 cm (4), waagerecht verlaufend, mit verzinkten Nägeln befestigt. Der Abstand dieser horizontalen Lattung ist abhängig von der Plattengröße.
Auf die horizontale Lattung werden nun mit nichtrostenden Spezialnägeln (Einkauf mit den Platten) die Fassadenplatten (5) angebracht.
Zwischen der vertikalen Konterlattung entsteht eine Hinterlüftung. Es muß allerdings dafür gesorgt werden, daß die Luft unten zu- und oben

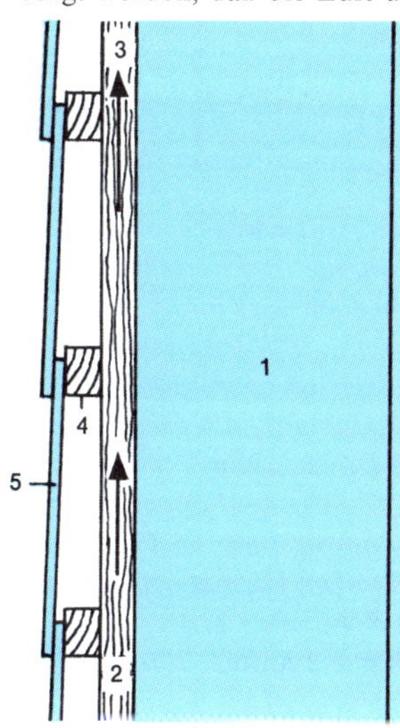

Eternit-Verkleidung für Regen- und Windschutz: 1 Mauerwerk · 2 Senkrechte Lattung · 3 Richtung der Hinterlüftung (zwischen den Latten) · 4 Waagerechte Lattung · 5 Eternit-Fassadenplatten

ausdringen kann (Schlitze nicht verschließen) (3). Soll zu diesem »Wettermantel« auch noch eine Wärmedämmung erreicht werden, so muß zunächst auf das Mauerwerk eine Dämmplatte (z. B. 30 mm gepreßte Glasfaserplatte) aufgebracht werden. Die Dämmplatten können durch Kleben (Spezialkleber) oder auch durch Schrauben und Dübel befestigt werden. Der weitere Aufbau kann dann wie geschildert erfolgen. Diese Konstruktion zeigt die zweite Zeichnung. Man kann diese Dämmschicht auch zwischen die vertikale Konterlattung einordnen. Dabei muß aber die Stärke der Konterlattung mindestens um 3 cm größer sein als die Dicke der Dämmschicht, damit ein Raum für die Hinterlüftung bleibt.

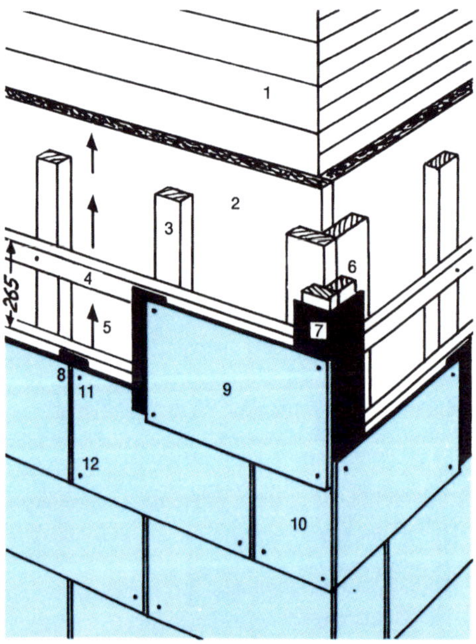

Fassadenverkleidung mit Eternit-Colorit 2000, Format 600/300 mm, hier auf horizontaler Lattung mit Wärmedämmung hinter Konterlattung: 1 Mauerwerk · 2 Wärmedämmplatte · 3 Konterlattung (Befestigung mit Holzschrauben in Nylondübeln) · 4 Horizontal-Lattung 3/5 cm · 5 Hinterlüftung · 6 Senkrechte Eckbretter · 7 Bitumen-Pappe 100 mm breit · 8 Bitumen-Pappstreifen, straff gespannt · 9 Eternit-Colorit-Platten, Format 600/300 mm · 10 Eternit-Colorit-Paßplatte · 11 Verzinkte Schieferstifte (je Platte 2 Stifte) · 12 Nichtrostende Spezialnägel (je Platte 3 Nägel)

Gasbeton-Mauerwerk

Gasbeton, als Baustoff im Vordringen, wird in Fabrikationsbetrieben aus Sand, Kalk, Zement unter Wasserzusatz und Beigabe eines Treibmittels hergestellt, das (ähnlich wie Hefe im Teig) beim Abbindeprozeß eine Vielzahl kleiner Poren bildet. Gasbeton hat dadurch ein geringes Gewicht (500 bis 700 kg/cbm) und eine sehr gute Dämmwirkung. Seine Vorteile im einzelnen sind:
niedrige Wandgewichte (statischer Vorteil),
geringere Wanddicken für Außenwände,
Fugen- und damit Mörtelanteil wegen der großformatigen Steine und Platten gering, damit weniger Feuchtigkeit im Rohbau (wichtig für Winterbau) und erhöhte Dämmwirkung, da jede Fuge als Kältebrücke wirkt,
leichte Senkung der Heizungskosten,
kürzere Bauzeit,
leichtes Bearbeiten (Sägen, Nageln, Bohren, Fräsen) und damit leichteres Verlegen von Installationsleitungen.
Für ein bekanntes Fabrikat, YTONG (YTONG AG, München 19, Postfach) ergeben sich z. B. als Materialbedarf:

Mauerwerk aus Blöcken

Länge cm	Dicke cm	benötigte Stückzahl für 1 m³	für 1 m²
49	17,5	46	8
61,5	30	22	6,4

Mauerwerk aus Platten

Länge cm	Dicke cm	benötigte Stückzahl für 1 m³	für 1 m²
49	7,5	107	8
49	15	54	8

Blöcke und Platten aus YTONG sind 24 cm, plangeschliffene Blöcke und Platten 25 cm hoch. Blöcke und Platten, die auch in weiteren Größen geliefert werden, können wie Ziegelmauerwerk mit Kalkmörtel oder Kalkzementmörtel vermauert werden. Für den Verband gilt auch hier: keine senkrechten Fugen übereinander!
Besondere Vorteile bieten plangeschliffene Blöcke und Platten. Der Fugenanteil wird hier bei Verwendung von Planblockmörtel so gering, daß die Wand praktisch als homogen gelten kann. Hierdurch wird der Dämmwert nochmals erhöht; auch brauchen derartige Wände nicht mehr verputzt zu werden. Man kann sie sofort spachteln

1

2

3

4

YTONG-Gasbeton *1 Abgleichen der Schicht mit dem Schleifbrett · 2 Auftragen des Planblockmörtels mit gezahnter Plankelle · 3 Versetzen des Planblocks · 4 Einrichten des Planblocks mit dem Gummihammer*

Fotos YTONG AG.

oder tapezieren. Für die Verarbeitung ist allerdings besonderes Werkzeug erforderlich. Auch kann der Putz nur entfallen, wenn eine unbedingt genaue Verarbeitung erreicht wurde. Es ist zweckmäßig, die Mauerflucht vor Arbeitsbeginn durch senkrecht aufgestellte Latten oder Kanthölzer zu fixieren. An diese Hilfskonstruktion wird dann angemauert.
Planblockmörtel ist als trockenes Pulver im Baustoffhandel erhältlich. Die zuzusetzende Wassermenge ist auf den Säcken angegeben.

Werkzeuge für das Mauern mit YTONG-Planblöcken und -Planplatten

Gummihammer Für das Einrichten der Blöcke.

Plankelle Zum Auftragen des Planblockmörtels, hergestellt für alle Wanddicken: 10 · 12,5 · 15 · 17,5 · 20 · 25 · 30 cm.

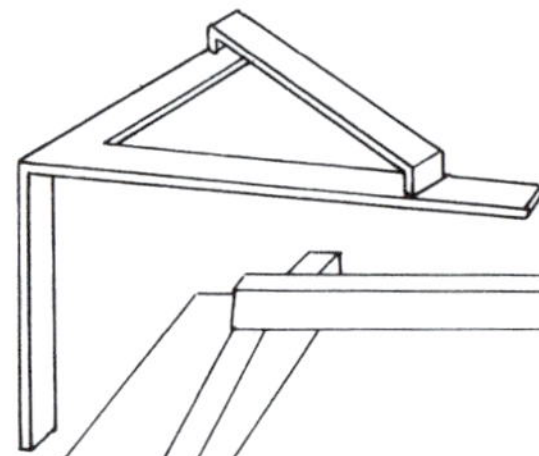

Sägewinkel Für rechtwinkliges und planes Schneiden.

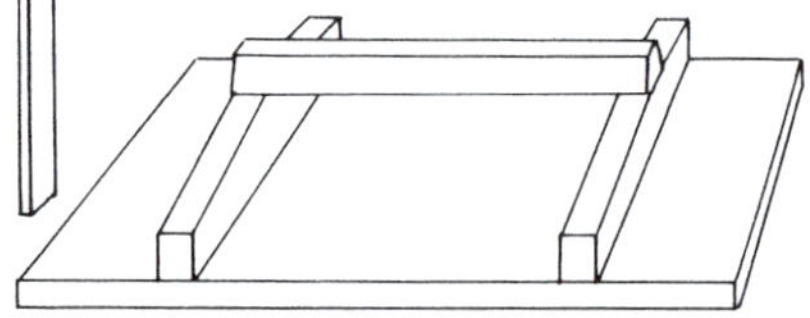

Schleifbrett Zum Ausgleichen von Unebenheiten – mit Ersatzbespannung.

3 Leichtbauplatten

Platten aus Holzwolle Für Verkleidung und Isolierung, daneben auch für Trennwände, wird in großem Umfang die Leichtbauplatte aus Holzwolle verwendet. Güte und Herstellung sind durch DIN 1101 genormt. Die Platten sind in der Regel 50 × 200 cm groß, die Stärken verschieden.
Heraklith Als Bindemittel bei der Herstellung der Holzwollplatten dient Magnesit oder Zement. Unter den magnesitgebundenen Platten ist am bekanntesten die weitverbreitete originale »Heraklith«-Platte. (Wie anderswo ist hier der Markenname beinahe zu einer Gattungsbezeichnung geworden, der Laie nennt oft alle Arten von Leichtbauplatten »Heraklith«.) Zementgebundene Platten gibt es unter verschiedenen Bezeichnungen. Leichtbauplatten aus Holzwolle wirken unverputzt kaum oder gar nicht feuerhemmend. Geeigneter Verputz verleiht ihnen diese Eigenschaft.
Andere Arten Zur Dämmung gegen Erschütterungen, Geräusche und Kälte ist die Korkplatte in verschiedenen Ausführungen bewährt. Für den Wärme- und Schallschutz von Decken und Wänden werden vielfach Platten aus gepreßter Glas- oder Steinwolle verwendet. Auch die chemische Industrie bietet hervorragende Isolierplatten an (z. B. aus dem Schaumstoff Styropor). Neuerdings wird auch gern eine »Sandwichplatte« verwandt, die aus drei Schichten (daher Sandwich) besteht: außen Holzwolleichtbauplatten, dazwischen Styropor. Auch Leichtbauplatten aus Schilfrohr, aus Gips und anderen Stoffen werden beim Baustoffhandel geführt. Für Spezial-Isolierungen gibt es weitere Arten.
Allgemeine Hinweise Leichtbauplatten dürfen nicht zum Verkleiden von Rauch- und Abgasrohren verwendet werden. Sie sind beim Lagern und an der Verwendungsstelle vor Feuchtigkeit zu schützen. Zum Teilen der Platten genügt eine scharfe Säge und eine feste, ebene Unterlage.
Nageln Zum Nageln von Leichtbauplatten nimmt man nur verzinkte Drahtstifte mit Unterlagscheiben – erhältlich im Baustoffgeschäft.
Anhalt für die Abmessungen der Stifte:

Plattendicke (cm)	2,5	3,5	5,0
Nägel (mm)	2,5/60	3,1/70	3,4/90

Überdecken der Stöße Werden Leichtbauplatten mit Putz beworfen, sollen die Stöße und insbesondere die Ecken vorher mit Gewebestreifen aus Jute oder Metall bedeckt werden, damit der Putz an diesen Stellen besser haftet und keine Risse bildet. Die Streifen werden mit Rohrhakenstiften auf die Platten genagelt. Streifen aus Jutegewebe werden mit geeigneten Bindemitteln (z. B. Romanzement) aufgeklebt.
Kalkzementmörtel Werden Leichtbauplatten vermauert, nimmt man, um die Gefahr der Rissebildung möglichst auszuschließen, guten Kalkzementmörtel, wie er S. 206 beschrieben ist.
Verband Einerlei ob Leichtbauplatten befestigt oder frei aufgestellt werden – sie sollen stets im Verband angeordnet sein, d. h. senkrechte Fugen dürfen nicht übereinanderstehen.

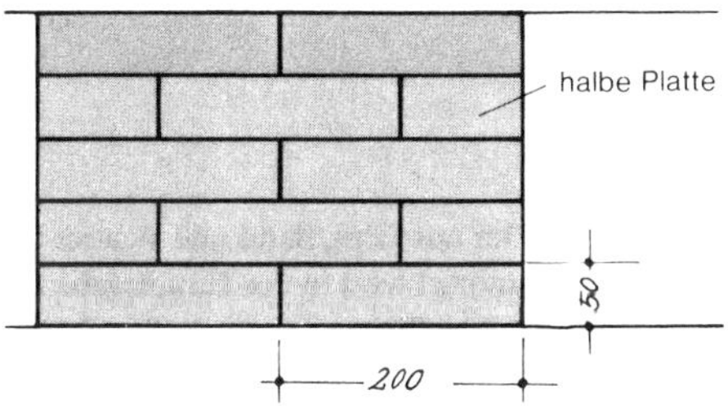

Verkleidung aus Leichtbauplatten

Isolieren einer Außenmauer Zum Isolieren einer Außenmauer, die eine unzureichende Wärmedämmung gezeigt hat, nimmt man mindestens 2,5 cm starke Platten, die unmittelbar, also ohne Hohlraum, auf der Innenseite der Mauer befestigt werden:

1. Mauerstück reinigen. Platten bereitlegen, die erforderlichen halben Platten gleich zurechtsägen.
2. Kalkzementmörtel bereiten. Drahtstifte zum Nageln und Werkzeug bereitlegen.
3. Die Mauer leicht anfeuchten, dann im Flächenausmaß einer Platte etwa 2 cm stark mit Mörtel bewerfen.
4. Die erste Platte gleichmäßig gegen den Mörtel andrücken, dann zusätzlich an den Mauerwerksfugen annageln.
5. Die weiteren Platten reihen sich daran und darüber. Die fertige Verkleidung sieht dann so aus, wie die Zeichnung oben zeigt.

Schrägen im Dachgeschoß Leichtbauplatten eignen sich hervorragend zum Isolieren der Schrägen, die sich beim Ausbau von Dachgeschoßräumen ergeben. Wird die Leichtbauplatte direkt auf die Dachsparren aufgebracht, soll sie mindestens 5 cm stark sein – warum, merkt man sehr schnell beim Heizen; wird eine Bretterschalung von 24 mm Stärke unterlegt, genügen 3,5 cm. Befestigung hier nur durch verzinkte Stifte.

Zwischenwände Leichtbauplatten als Zwischenwände werden mit Kalkzementmörtel gemauert. Schwächere Platten kann man entweder ebenfalls mauern oder an ein Riegelgerippe annageln. Beim Abteilen von Dachgeschoßräumen oder -winkeln kann man manchmal die Dachkonstruktion als Gerippe benutzen.

Für beide Arten von Wänden – mit oder ohne Gerippe – gilt die Forderung: die Wand soll auf durchgehende Unterleghölzer (Schwellen), auf Deckenbalken oder auf Massivdecken zu stehen kommen.

Gemauert, ohne Gerippe Eine einteilige Plattenwand ohne unterstützendes Gerippe soll nicht höher sein als 3 m und nicht länger als 4 m. Mindeststärke der Platten 5 cm. Die Platten werden im Verband mit Kalkzementmörtel oder Spezialmörtel (siehe Gasbetonmauerwerk) vermauert, danach kann man der Wand als Versteifung eine diagonale Drahtverspannung geben, wie im Bild gezeigt, die anschließend durch den Putz überdeckt wird.

Genagelt, mit Gerippe Wird die Wand durch ein Riegelgerippe gestützt, werden auf beiden Seiten des Gerippes 2,5 cm starke Platten genagelt. Die Abstände zwischen den senkrechten Riegeln sollen nicht mehr als 50 cm betragen.

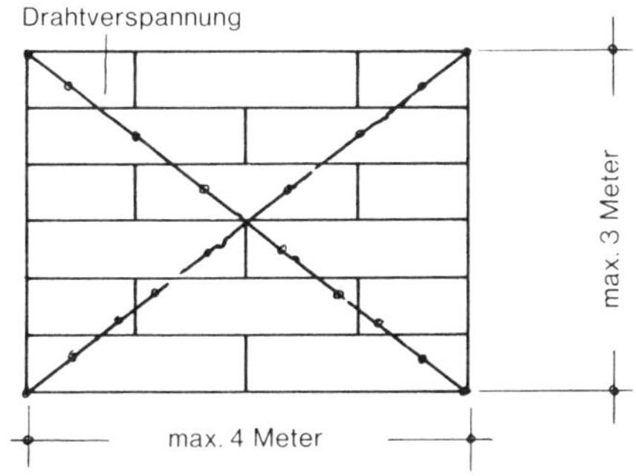

Wand aus Leichtbauplatten ohne Gerippe, mit Drahtverspannung

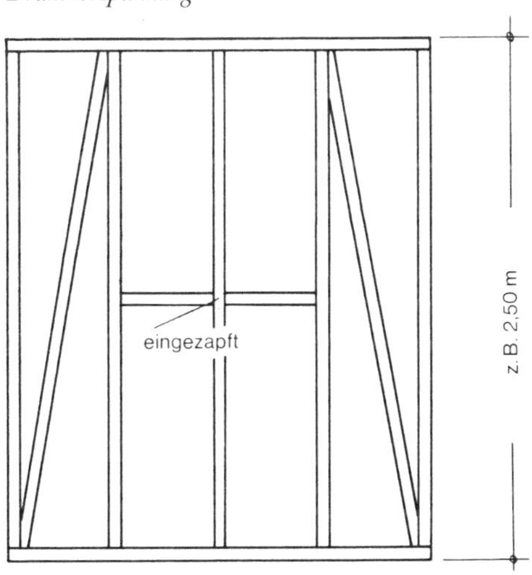

Riegelgerippe für eine Leichtbauwand

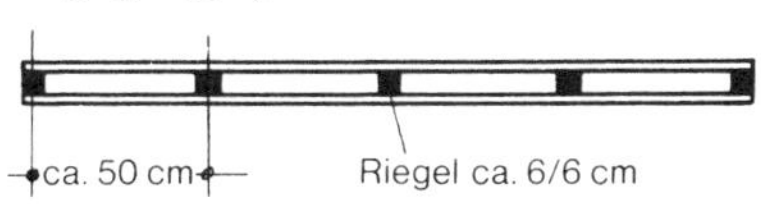

Schnitt durch die Leichtbauwand mit Gerippe

4 Putz

Der Putzmörtel

Die Aufgabe des Mörtels als Mauermörtel haben wir schon besprochen. Ebenso wichtig ist seine Aufgabe als Verputz. Er gleicht die Unterschiedlichkeit der Steinabmessungen aus und gibt eine ebene, gefällige Oberfläche, er gibt der Wand Wetterschutz und Wärmedämmung, er beeinflußt besonders als Zierputz den Gesamteindruck eines Gebäudes erheblich.

Guter Putzmörtel muß ganz verschiedenen Anforderungen gerecht werden. Auf der einen Seite soll er sich innig mit dem Mauerwerk verbinden, soll die Mauer gegen Feuchtigkeit und Witterungseinflüsse schützen, isolierend wirken, eine gewisse Oberflächenhärte haben und gestaltend wirken. Andererseits soll er die Mauer nicht hermetisch abdichten, sondern das Entweichen von Feuchtigkeit und das Zudringen von Luftkohlensäure noch ermöglichen.

Käme es auf Festigkeit allein an, würde man nur hydraulische Bindemittel und vor allem Zement verwenden. Dadurch würde aber das Mauerwerk zu sehr abgedichtet, und es bestünde die Gefahr, daß die Putzschale die Elastizitätsbewegungen des Mauerwerks nicht mitmacht und reißt. Dieser Gefahr wegen bevorzugen viele Architekten für Verputzarbeiten nicht ausschließlich hydraulische Bindemittel.

Der richtige Kalk Man kauft sich in der Baustoffhandlung am zweckmäßigsten pulverisierten gelöschten Weißkalk, z.B. »Schwenk-Edelkalk« (in Säcken zu 40 kg). Dieser Kalk braucht keine »Liegezeit« (Einsumpfungszeit), kann also nach der Mörtelbereitung sofort verarbeitet werden (im Gegensatz zu anderen Kalkarten).

Mischverhältnis Der Putzmörtel wird gemischt im Verhältnis 1:2,5 bis 1:3, das heißt ein Raumteil des vorher erwähnten Kalkpulvers auf 2,5 bis 3 Raumteile Sand. Als Sand ist Grubensand am besten geeignet. Geringe lehmige Beimengungen im Sand erhöhen zwar die Geschmeidigkeit des Mörtels, mindern aber die Festigkeit und begünstigen die Rissebildung.

Arbeitsvorgang bei der Mörtelbereitung Zuerst wird das Kalkpulver mit Wasser vermengt (Mörtelkasten), dann der Sand zugegeben. Wird der Mörtel zu steif, Wasser nachgeben.

Noch einige Sonderarten des Mörtels:

Gipsmörtel Der aus Gips, Sand und Wasser bestehende Gipsmörtel wird in der Hauptsache für Stuck- und Estricharbeiten verwandt. Er erhärtet sehr rasch, ist aber feuchtigkeitsempfindlich.

Gipskalkmörtel Häufig als Putzmörtel verwendet, besonders für Decken, wird Gipskalkmörtel, ein Kalkmörtel mit einem Zusatz von Gips. Putz aus diesem Mörtel ist widerstandsfähiger als reiner Kalkputz, doch verträgt Gips keine Feuchtigkeit. Gipskalkmörtel bindet schneller ab als Kalkmörtel, muß daher schnell verarbeitet werden. Wegen des schnellen Abbindens bereitet man nur kleinere Mengen und gibt den Gips erst unmittelbar vor der Verarbeitung zu. Man gibt etwa 30 Liter fertig gemischten Kalkmörtel in den Mörtelkasten, macht dann im Kasten eine kleine Fläche bis zum Boden frei und schüttet in den frei gemachten Raum 6 bis 8 Liter Wasser. In dieses Wasser wird das Gipspulver geschüttet (für die hier angenommene Menge etwa 5 Liter). Erst wenn der Gips sich unter gutem Durchrühren völlig im Wasser gelöst hat, wird die Gipsmilch innig mit dem Kalkmörtel verrührt. Nun schnell verarbeiten! Erstarrter Gipsmörtel ist nicht mehr verwendbar. Wünscht man für Arbeiten im Freien einen schnell erstarrenden Mörtel, so gibt man statt des Gipses – der wegen seiner Empfindlichkeit gegen Nässe hier ungeeignet ist – dem Kalkmörtel Romanzement zu. Dieser Mörtel eignet sich namentlich für größere Putzstärken, für Gesimse, zum Einputzen von Tür- und Fensterstöcken.

Putzen von Außenwänden

Außenputz soll in mit Sicherheit frostfreier Zeit angebracht werden; ist außen und innen zu putzen, kommt der Innenputz zuerst. Außenputz ist in mindestens zwei Schichten aufzutragen (Unterputz und Oberputz), besser in drei (Unterlage · Putzleib · Deckputz). Das verbessert die Haftung. Putzmörtel mit der Kelle anzuwerfen, erfordert Geschick und einige Übung. Die Anwerfbewegung muß aus dem Handgelenk (nicht aus Ellenbogen- oder Schultergelenk) kommen. Wer es zum ersten Male machen will, sollte vorher an einer Probewand etwas üben.

Geräte für den Putz

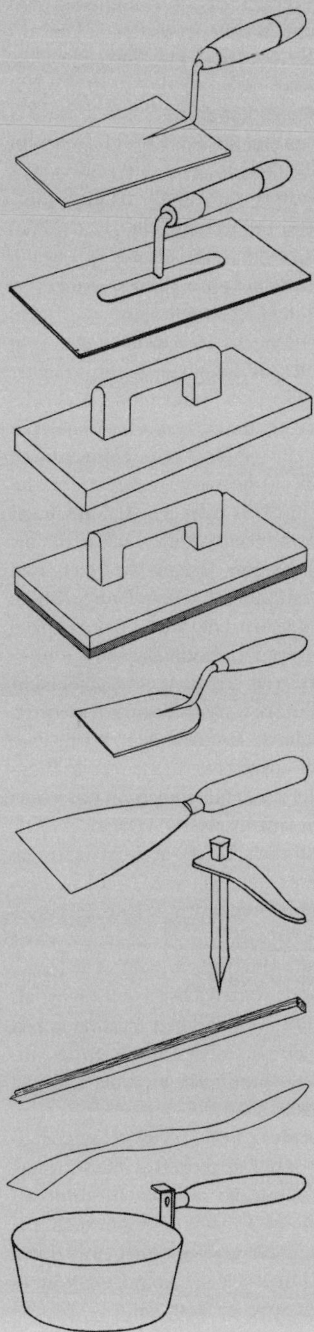

Putzer- oder Gipskelle Kelle zum Anwerfen des Putzmörtels. In manchen Gegenden, z.B. Oberbayern, benutzt man dazu jedoch die dreieckige leichte Maurerkelle (S. 207).

Traufe Aus Stahlblech, mit Holzgriff; verwendet zum Abziehen (zum ersten Glattstrich) von Deckenputz und zum Glätten von Zementestrich.

Reibbrett (Brettreibe) Meist aus Pappel- oder Kiefernholz, mit ganz glatter Brettfläche. Zum Grobverreiben von Putzflächen und zum Aufziehen von Schweißmörtel etwa 15×30 cm; zum Feinverreiben von Putzflächen etwa 11×23 cm.

Filzreibbrett (Reibefilz) Reibbrett wie vor, die Reibfläche jedoch belegt mit einer etwa 1,5 cm starken Filzauflage. Der Filz wird aufgenagelt oder geklebt, er soll etwa 1 mm über die Brettkante hinausstehen. Dient zum Feinreiben von Schweißputzflächen. Der Filz wird dabei öfters in Wasser getaucht.

Kellenspachtel Aus Stahlblech mit Holzgriff. Zum Schließen kleiner Putzporen und Unebenheiten. Sehr zweckmäßig auch für Gipsarbeiten, z. B. Setzen von Dübeln.

Malerspachtel Kann an Stelle der Kellenspachtel verwendet werden.

Putzhaken Aus Schmiedeeisen. Dient zum Befestigen von Putzlatten. Stets in eine Mörtelfuge einschlagen.

Putzlatte Kiefern- oder Fichtenlatte, etwa 24 mm stark, hauptsächlich zum Abziehen des angeworfenen Mörtels, auch für Markierungen. Man soll immer mehrere Latten bereit haben.

Lanzette (Stukkateureisen) Dient zum Schließen von Unebenheiten in Putzflächen.

Gipserpfännchen Gefäß aus Zinkblech zum Anmachen von Gips. Auch Gefäße aus Gummi sind gut geeignet.

Spritzwurf mit dünnflüssigem Zementmörtel. Mauerstruktur noch sichtbar

Putzstreifen 15 cm breit anwerfen und mit Latte und Wasserwaage lotrecht abziehen

So sieht die abgezogene Putzleiste aus – alle 1,50 m ein Streifen

Zwischenflächen anwerfen, mit Putzlatte zickzackförmig abziehen

Glattreiben durch kreisende Bewegungen mit dem Reibbrett

Zementspritzwurf Als unterste Schicht ist am besten nicht der eben beschriebene Kalkmörtel geeignet, sondern ein »Zementspritzwurf«: 1 Raumteil Portlandzement auf 2,5 Raumteile scharfkörnigen reinen Sand, dünnflüssig mit Wasser angemacht und mit der Kelle so dünn aufgespritzt, daß die Mauerwerksfugen nicht ganz geschlossen werden, vielmehr der zweiten Putzlage noch Halt bieten können.

Putzleib Die zweite Schicht besteht aus Kalkmörtel der vorhin beschriebenen Art und Mischung. Um eine glatte Putzfläche zu bekommen, wirft man zunächst im Abstand von etwa 1,50 m mit der Kelle senkrechte Putzstreifen an, etwa je 15 cm breit, zieht sie mit einer Latte senkrecht ab und reibt sie mit dem Reibbrett glatt.

Haben diese Streifen leicht angezogen, d.h. sind sie durch Feuchtigkeitsabgabe leicht erhärtet (nach einigen Stunden), so wird mit der Kelle die Fläche zwischen den Streifen beworfen und die so entstandene Schicht mit der Latte senkrecht von unten nach oben abgezogen, wobei die Latte zickzackförmig hin und her gleitet. Sind noch Unebenheiten vorhanden, werden sie nochmals beworfen und abgezogen. Darauf wird die ganze Fläche schnell mit dem Reibbrett abgerieben. Reibt man zu lange, wird der Putz »tot«, d. h. in seinem Erhärtungsprozeß beeinträchtigt.

Deckschicht Diese dritte und oberste Schicht (Deckputz, Zierputz) kann wiederum aus unserem Kalkmörtel bestehen. Handelt es sich um eine Wind und Wetter ausgesetzte Fassade, wird dem Bindemittel Kalk zweckmäßig noch ein wasserabweisendes Mittel, z. B. »Ceresit«, zugegeben.

Diese Schicht soll etwa 1:2,5 gemischt sein; der Mörtel, ziemlich breiig angemacht, wird in dünner Schicht angeworfen und mit dem Reibbrett verrieben.

Außenputz soll die Handarbeit nicht verleugnen. Weiche Belebung der Putzfläche ist natürlicher als mathematische Präzision. Glatter Putz ist besser als gekünstelter Zierputz, der irgendwelche Muster zeigt oder nachahmt; auch bietet er Schmutz und Ungeziefer wenig Angriffspunkte.

Ungestörtes Abbinden Alle Mörtel verlangen einen ungestörten Abbindeprozeß. Gefährlich ist Frost. Das Anmachwasser im Mörtel gefriert zu Eiskristallen, die infolge ihrer Volumenvergrößerung (10 Liter Wasser dehnen sich zu 11 Liter Eis aus) den Mörtel sprengen. Es gibt Frostschutzmittel zum Beimengen. Sicherer ist es, Arbeiten mit Mörtel nur in frostfreier Zeit auszuführen,

mit Ausnahme von Arbeiten im Hausinnern, wenn auch die Mörtelbereitung an frostgeschützter Stelle erfolgen kann.
Starke Sonnenbestrahlung entzieht frisch verarbeitetem Mörtel das Anmachwasser zu rasch. Besonders Mörtel mit hydraulischen Bindemitteln (Wassermörtel) brauchen aber dieses Wasser zum Erhärten und sind deshalb gegen Sonnenstrahlung zu schützen.

Innenputz

Das Mauerwerk ist mit scharfem Besen abzukehren. Der Putz haftet einwandfrei, wenn die Fugen nicht bis zu den Steinkanten voll ausgefüllt sind.
Es genügen zwei Schichten, der Zementspritzwurf kann entfallen. Die Unterschicht besteht aus Kalkmörtel und wird genauso aufgebracht, wie eben beim Außenputz (Putzleib) gezeigt.
Feinputz mit Schweißmörtel Der Feinputz wird in verschiedenen Gegenden Deutschlands verschieden ausgeführt. Ich beschreibe zuerst den in vielen Gegenden üblichen Verputz mit Schweißmörtel, auch Schweißputz genannt oder – weil das Verreiben mit dem Filz geschieht – Filzputz. Dieser Mörtel besteht aus Kalk (meist Kalkteig, man kann aber auch hier den erwähnten »Edelkalk« verwenden) und Schweißsand. Das ist feiner Sand mit einer Korngröße bis etwa 0,2 mm, der in der Natur frei vorkommt. Man mischt 1 Raumteil Kalk mit 2,5 Raumteilen Schweißsand unter Zugabe von so viel Wasser, daß ein dickflüssiger Mörtelbrei entsteht.
Da im frei vorkommenden Schweißsand größere Sandkörner enthalten sein können, schickt man vor dem Verarbeiten das Mörtelgemisch – nicht den Sand vor dem Mischen! – durch ein feinmaschiges Drahtsieb, im Handel unter dem Namen »Schweißsandsieb« zu kaufen. Das Sieb, am besten seitlich mit Brettern gefaßt, wird auf den Mörtelkasten gestellt, der Mörtel auf die Siebfläche geschüttet und mit Kelle oder Mörtelrühre durchgerührt.
Zum Auftragen legt man Mörtel mit der Kelle auf das Reibbrett, das Brett mit der Längsseite gegen die Wandfläche gelegt und etwas angekippt, so daß der Mörtel zur Wand rutscht. Unter gleichmäßigem zickzackförmigem Hin- und Herschieben führt man dann das Brett aufwärts und trägt den Mörtel auf die Unterschicht. Glattreiben mit dem Reibbrett, anschließend mit dem Reibefilz, in kreisender Bewegung, wobei der Filz ab und zu in Wasser zu tauchen ist. Durch dieses Filzen entsteht eine glatte, geschlossene Putzschicht.
Gipsglättputz In anderen Gegenden nimmt man Gipsbrei – Gips und Wasser –, der mit Stahlblech (»Traufe«, S. 219) aufgezogen und vollständig geglättet wird. Die perfekte Ausführung erfordert Geschick und Übung; der Maurer überläßt sie oft dem Stukkateur als Spezialisten.
Deckenputz Für Deckenputz nimmt man besser drei Lagen, als unterste wieder den soeben beim Außenputz erwähnten Zementspritzwurf. Die zweite Lage ist Kalkmörtelputz 1:2,5, wie beim Wandputz, jedoch mit etwas Gipszusatz; der Feinputz ist wieder Schweißmörtel.

5 Beton

Zement · Zuschlagstoffe · Wasser

Beton ist ein Gemenge aus Zement (als Bindemittel, welches das »Abbinden«, das Erhärten bewirkt), Zuschlagstoffen (Kiessand oder andere Steinmischung) und Wasser.
Zement Für die meisten Betonarbeiten und für alle hier besprochenen Zwecke verwenden wir Portlandzement der Güte Z 350. Er wird in seiner Herstellung vom Normenausschuß überwacht und ist kenntlich an dem Normenzeichen auf dem Papiersack.
Zement ist, wie wir schon wissen (S. 204), ein hydraulisches Bindemittel: er erhärtet durch Verbindung mit Wasser. Er muß deshalb trocken gelagert werden. Man soll nach Möglichkeit nur

frischen Zement verarbeiten. Bei altem Zement besteht die Gefahr, daß er durch Aufnehmen von Luftfeuchtigkeit schon teilweise abgebunden hat. Das ist nicht rückgängig zu machen.

Zuschlagstoffe Art, Güte und Zusammensetzung der Zuschlagstoffe sind für die Güte des Betons ebenso wichtig wie der Zement. Am besten ist ein Gemisch von Kies und Sand geeignet. Vielleicht ist Ihnen schon aufgefallen, wie sich manchmal an der Oberfläche einer Betonmauer ein Stein herauslöst. Genaues Zusehen zeigt dann oft, daß der Stein mit einer feinen Lehmschicht überzogen ist, die das Zudringen von Zementmilch verhindert hat, so daß dieser Stein nicht fest mit der übrigen Masse verkittet werden konnte. Wir lernen daraus: Zuschlagstoffe müssen frei von lehmigen und erdigen Bestandteilen sein, wenn Rissebildung oder stellenweiser Zerfall ausgeschlossen bleiben sollen.

Auswaschen Hat man nur lehmiges Material zur Verfügung, z.B. auf Grund örtlicher Gegebenheiten, so kann man es, solange es sich um kleinere Mengen handelt, vor Verwendung selbst waschen: Ein Rahmen, etwa 1×2 m groß, wird zusammengenagelt aus 25 bis 30 cm breiten, 3 cm starken Brettern. Als Boden bekommt er ein feinmaschiges starkes Gitter oder ein engdurchlochtes Stahlblech, Lochdurchmesser etwa 3 mm.

Der Kasten wird auf Lagerhölzer gestellt, der Kies hineingeschüttet und unter Umschaufeln mit einem kräftigen Wasserstrahl abgespült. Unvermeidlich ist dabei, daß mit den unerwünschten Lehm- und Erdteilen auch der erwünschte Feinsand ausgespült wird. Das gewaschene Material muß deshalb mit reinem Sand vermengt werden.

Korngröße Auch die Korngröße ist wichtig. Am günstigsten ist ein Kiessand-Gemisch folgender Zusammensetzung:

30 Gewichtsteile 0–3 mm Durchmesser
20 Gewichtsteile 3–7 mm Durchmesser
50 Gewichtsteile 7–30 mm Durchmesser

Nicht immer hat man für kleinere Arbeiten die Möglichkeit, ein so zusammengesetztes Gemisch zu bekommen oder herzustellen. Dann schafft eine Erhöhung der Zementmenge Ausgleich. (Genaue Mischverhältnisse s. folgenden Abschnitt.) Untergeordnete Betonarbeiten kann man mit reinem kiesigem Aushubmaterial ohne Bedenken durchführen, sofern das Material mit Sand gut durchsetzt ist und die größeren Steine ab etwa 5 cm Durchmesser beim Mischen ausgesondert werden.

Das Mischwasser Als Mischwasser können außer dem gewöhnlich verwendeten Leitungswasser alle in der Natur frei vorkommenden Gewässer benutzt werden, soweit sie nicht stark verunreinigt sind. Ungeeignet ist stark salzhaltiges Wasser. Vorsicht in der Nähe landwirtschaftlicher Anlagen: das Wasser darf nicht verjaucht sein. Der Beton erreicht seine höchste Festigkeit, wenn man nur so viel Wasser in die Mischung gibt, wie der Zement für den Abbindevorgang braucht. Das ist verhältnismäßig wenig. Jede weitere Wassermenge mindert die Bindekraft des Zements.

Die richtige Mischung

Beton für verschiedene Zwecke erfordert verschiedenartige Mischung. Um den Bedarf errechnen und die Bestandteile richtig dosieren zu können, muß man nach bestimmten Erfahrungswerten Raumteile in Gewichtsteile umrechnen. Das erläutern die folgenden Beispiele. Als Zuschlagstoff ist dabei Kiessand angenommen, der frei ist von lehmigen und erdigen Bestandteilen, der als maximale Korngröße etwa 50 mm aufweist und der reichlich Sand in sich hat – wie er oft in der Natur vorkommt.

Mischverhältnis für Betonwände Für Betonwände ist das Mischungsverhältnis 1:8, d.h. 1 Raumteil Portlandzement auf 8 Raumteile Zuschlagstoffe, meist ausreichend.

Errechnung des Bedarfs Den Baustoffbedarf errechnen wir, wie beim Ziegelmauerwerk, nach der Raummenge des fertigen Betons: Länge mal Breite mal Höhe.

Als Beispiel diene der Umfassungsbeton für einen Sandkasten. Maße wie in der Zeichnung angegeben:

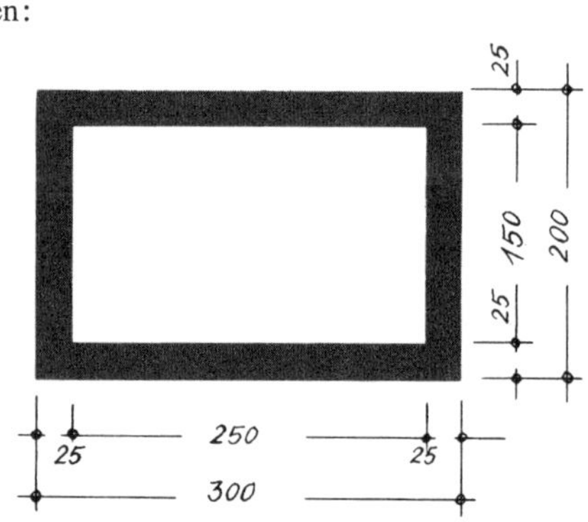

Die Höhe über Gelände soll 30 cm betragen. Für unser Beispiel nehmen wir ein Fundament unter

Gelände als vorhanden an. Ist es neu anzulegen, kommt die entsprechende Höhe dazu.

Die Gesamtlänge unserer Betonmauer ist 2,50 (nicht 3,00 – sonst werden die Eckstücke doppelt gezählt!) + 2,50 + 2,00 + 2,00 = 9,00 m.

9,00 × 0,25 (Breite) × 0,30 (Höhe) = 0,675 cbm Rauminhalt.

Für 1 cbm fertigen Beton rechnet man erfahrungsgemäß 1,2 cbm Zuschlagstoffe (mehr als 1 cbm wegen der Verdichtung beim Mischen und beim Stampfen). Für unsere Mauer brauchen wir 0,675 × 1,2 = 0,810 cbm (810 Liter) Kiessand.

Beim Mischungsverhältnis 1:8 brauchen wir den 8. Teil dieser Menge an Zement. 0,810:8 = rund 0,101 cbm Zement (101 Liter). Wieviel kg sind das? Ein handelsüblicher Sack Zement hat 1 Zentner = 50 kg, das entspricht einem Rauminhalt von 38 Liter. Wir brauchen 101 Liter. 101:38 = 2,64. Wir brauchen 2,64 Sack Zement (132 kg).

Wieviel Mischwasser gehört dazu? Bei erdfeuchtem Beton (der hier am günstigsten ist) und Handmischung (s. unten) rechnet man beim Mischungsverhältnis 1:8 auf 1 cbm fertigen Beton 110 Liter Wasser. 0,675 × 110 = rund 75. Wir brauchen 75 Liter Mischwasser.

Magerbeton Als Unterlage für begehbare Plattenbeläge und begehbare Zementestriche (auch als Fundamentbeton unter Gelände für geringe Belastung) verwendet man Magerbeton. Bei gleicher Güte der Zuschlagstoffe wie vorher zugrunde gelegt verlangt er ein Mischungsverhältnis von 1:10 bis 1:12 (Zement : Zuschlagstoffe).

Stoffbedarf: Hier kann man für 1 cbm fertigen Beton als Erfahrungswert einen Bedarf von 1,25 cbm an Zuschlagstoffen annehmen.

Bei Mischung 1:10 braucht man den zehnten Teil dieser Menge an Zement. 1250 Liter:10 = 125 Liter Portlandzement = rd. 3,29 Ztr. = 165 kg.

Bei Mischung 1:12 braucht man 1250:12 = 104 Liter Portlandzement = rd. 2,74 Ztr. = 137 kg.

Mischwasserbedarf für 1 cbm Fertigbeton 100 Liter. Den Stoffbedarf für den konkreten Fall errechnet man, indem man den Rauminhalt der herzustellenden Fertigbetonmasse mit den Richtwerten für 1 cbm malnimmt.

Feinbeton Feinbeton (Sandbeton) dient zur Herstellung von Zementestrichen und als Mörtelbett für Plattenbeläge (S. 261 u. 284). Als Zuschlagstoff dient hier Quetschsand oder reiner Grubensand bis 3 mm Korngröße (daher der Name, Beton mit grobkörnigem Kiessand nennt man Rauhbeton). Damit die feinen Sandkörner zu fester Betonmasse verkittet werden, bedarf es einer größeren Zementmenge. Mischverhältnis: In der Regel nimmt man 1 Raumteil Portlandzement auf 4 Raumteile Sand.

Stoffbedarf: Für 1 cbm fertigen Sandbeton braucht man etwa 1,1 cbm Sand. Zement braucht man bei Mischverhältnis 1:4 den vierten Teil davon, also 1100 Liter:4 = 275 Liter Zement = rd. 7,24 Ztr. = 362 kg.

Die Zugabe von Mischwasser muß sehr vorsichtig geschehen. Estrichbeton soll so trocken wie möglich gehalten werden; deshalb nur so viel Wasser zugeben, bis nach mehrmaligem innigem Mischen ein erdfeuchter Beton entsteht. Da Feinsande eine sehr unterschiedliche Fähigkeit zur Wasseraufnahme zeigen, kann man nur einen ungefähren Richtwert angeben: auf 1 cbm Fertigbeton 130 Liter Mischwasser.

Als kleines Beispiel diene die Aufgabe, einen Kellerraum, 2,50 × 4 m groß, mit einer 2 cm starken Schicht Feinbeton (Zementestrich) zu versehen. Unterbeton (Rauhbeton) sei hier vorhanden.

2,50 × 4,00 × 0,02 = 0,2 cbm Fertigbeton.

Sandbedarf 1,1 (siehe oben) × 0,2 = 0,220 cbm Feinsand.

Zementbedarf 220:4 = 55 Liter = rd. 1,45 Ztr. = 72,5 kg.

Wasserbedarf 130 × 0,2 = 26 Liter.

Vergußbeton Um seine Aufgabe zu erfüllen (Ausgießen von Fugen bei Plattenbelägen S. 274), muß dieser Beton dünnflüssig angemacht werden. Da die große Mischwassermenge die Bindekraft des Zements beeinträchtigt, muß mehr Zement zugesetzt werden. Mischverhältnis: 1 Raumteil Portlandzement auf 2 Raumteile Sand. Als Sand nimmt man hier gewaschenes Material bis 3 mm Korngröße.

Das Handmischen von Beton

Werkzeug und Gerät 1 Mischbrücke, eine ebene Fläche von etwa 1,50 × 3 m Größe, aus Stahlblech oder mindestens 24 mm starken Brettern. Blech oder Brett auf Riegellager genagelt. Querschnitt der Riegel etwa 8 × 8 cm, Abstand 60 cm. Die Mischbrücke kann man selbst herstellen.

1 Mörtelpfanne, nur bei Vergußbeton (s. oben) an Stelle der Brücke
2 Blattschaufeln
1 Eisenrechen
2 Gießkannen oder Schlauchanschluß an Wasserleitung

1 Schubkarren
1 Betonstampfer, aus Schmiede- oder Gußeisen, mit etwa 1,60 m langem Holzstiel.

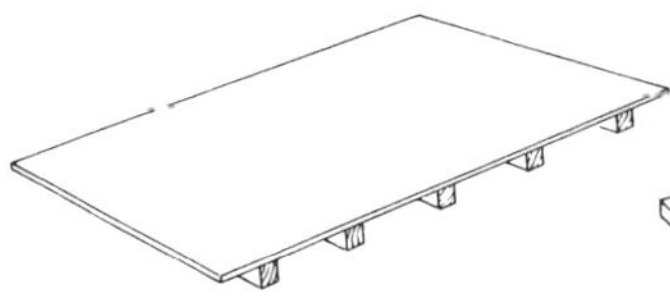

Mischbrücke

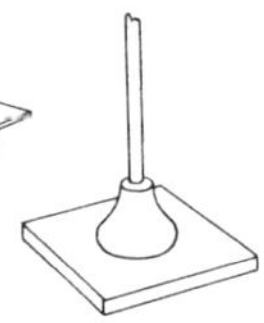

Betonstampfer

Arbeitsgang Auf die aufgestellte Mischbrücke die trockenen Zuschlagstoffe – Kiessand oder Sand – zu einem länglichen Haufen von 200 cm Länge, 60 cm Breite und etwa 30 cm größter Höhe anschütten. Den trockenen Portlandzement – unter Beachtung des jeweiligen Mischverhältnisses – über die ausgeschütteten Zuschlagstoffe verteilen.

Jetzt folgt die Hauptsache beim Betonmischen: das trockene, innige Vermengen von Zement und Zuschlag. Sehr gut geht es, wenn zwei Mann, sich gegenüberstehend, gleichzeitig den Haufen umschaufeln (darum stehen zwei Schaufeln in der Werkzeugliste) – am allerbesten, wenn ein dritter dabei das umgeschaufelte Material sogleich mit dem Eisenrechen durchkämmt.

Erst wenn das trockene Mischgut völlig gleichmäßig vermengt ist, gibt man mit Gießkanne oder Schlauch unter weiterem Schaufeln das Mischwasser zu, in geringen Mengen und mit schwachem Wasserstrahl, damit nicht Zement fortgespült wird.

Es wird beim Handmischen oft der Fehler gemacht, eine zu große Wassermenge zuzusetzen, weil man sich das Mischen erleichtern will oder beim ersten Umschaufeln den Eindruck hat, das Mischgut sei zu trocken – wenn das Wasser noch nicht gleichmäßig auf die ganze Masse verteilt ist. Ist der Beton gemischt, soll er unverzüglich verarbeitet werden.

Arbeitsgänge einteilen Auf einer Mischbrücke der angegebenen Größe kann man in einem Arbeitsgang etwa 0,2 cbm Zuschlagstoffe verarbeiten. Größere Mengen wird man in Raten von ungefähr dieser Größe einteilen. In unserem Beispiel Umfassungsmauer für Sandkasten hatten wir (S. 222 f.) als Gesamtbedarf errechnet

0,810 cbm Zuschlagstoffe · 132 kg Portlandzement · 75 Liter Mischwasser.

Diese Menge wird man zum Mischen auf der Mischbrücke in 4 Raten zerteilen von je 0,203 cbm Zuschlagstoffen · 33 kg Portlandzement · 19 Liter Mischwasser.

Mischen von Vergußbeton Wegen der erforderlichen großen Wasserzugabe kann man Vergußbeton (S. 223) nicht auf der Mischbrücke mischen. Man nimmt in diesem Fall den Mörtelkasten und rührt dort das Gemisch unter Wasserzugabe mit der Mörtelrühre an. Aber vorher – wie immer beim Betonmischen – zuerst Zement und Zuschlag trocken sorgfältig mengen! Der Vergußbeton wird zweckmäßig mit Kübeln an die Verwendungsstelle geschafft.

Verarbeitung von Beton in Schalung Zwei allgemeine Ratschläge voraus: 1. Betonarbeiten nur bei Temperaturen von +5° C an aufwärts durchführen! 2. Nach jeder Arbeit mit Beton Geräte, Werkzeug und Schuhe gut reinigen – Betonreste verhärten sonst.

Schalung Die breiige Betonmasse verlangt überall, wo sie nicht eine waagerechte Fläche bedecken soll, bis zum Erhärten eine Schalung. Für die hier beschriebenen Arbeiten kleineren Ausmaßes kommt nur Holzschalung in Betracht. Wir brauchen:

Werkzeug und Gerät Bretter, mindestens 24 mm stark, Breite beliebig, Anzahl nach Bedarf
Kanthölzer, Mindestquerschnitt 6×10 cm
Rundhölzer, Mindestdurchmesser 8 cm, zum Abstützen (»Abbolzen«)

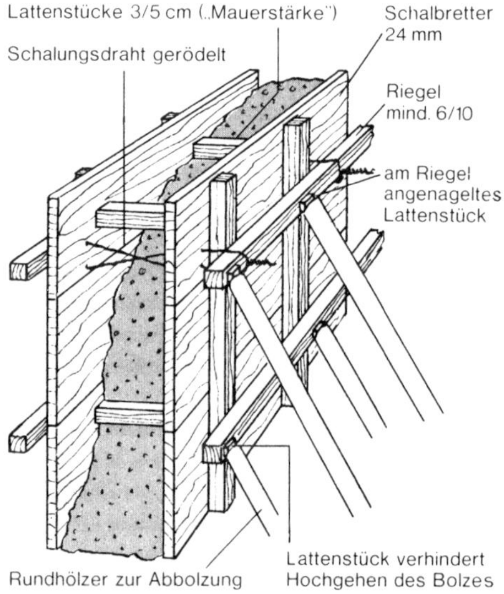

Beton in der Schalung

kurze Lattenstücke, Querschnitt etwa 3 × 5 cm, so lang wie die geplante Wand stark ist
Nägel 31/70 (3,1 mm ⌀, 70 mm lang)
Schalungsdraht, etwa 3 mm Durchmesser
Schalungszwingen, in der Wirkungsweise ähnlich Schraubzwingen (S. 105), können den Draht ersetzen. Auch hat die Industrie »Patentschalungen« entwickelt. Die Anschaffung solcher Dinge lohnt nur, wenn man sie öfters verwenden kann.
1 Schlegel (Holzhammer)
1 Hammer etwa 500 g
1 Bohrer mit 5 mm Durchmesser
1 Kombizange
Betonstampfer · Schaufel · Reibbrett.

Einbringen des Betons Das Betongemisch wird durch Einschaufeln in Lagen von etwa 20 cm in die Schalung eingebracht. Die Lagen werden durch gleichmäßiges Stampfen mit dem Betonstampfer verdichtet. Je dichter die Betonmasse, desto fester wird sie! Die Oberfläche des eingebrachten Betons wird mit dem Reibbrett glatt verrieben.

Der Abbindeprozeß Um den Abbindevorgang (Festwerden) nicht zu stören, muß man den Beton vor starker Sonnenbestrahlung, zu schnellem Austrocknen, eventuell einbrechendem Frost und vor Regen (Auswaschen) schützen. Am besten deckt man die Betonoberfläche mit Brettern oder Rupfen ab und feuchtet die Oberflächen nach jeweiligem Abtrocknen leicht an. Es darf jedoch nicht mit starkem Wasserstrahl gespritzt werden, auch dürfen sich keine Pfützen auf den Betonflächen bilden: sonst entstehen an den Oberflächen Haarrisse.

Der Abbindeprozeß des Betons bei Verwendung von Portlandzement Z 350 dauert etwa 90 Tage. Die Festigkeit, die der Beton nach Abschluß dieses Erhärtungsvorganges erreicht hat, behält er fast unbegrenzt bei, wenn nicht zerstörende Einflüsse einwirken. Der verhältnismäßig lange Zeitraum bis zum vollständigen Erhärten bedeutet nicht, daß der Beton so lange in der Schalung bleiben müßte oder erst nach dieser Zeit beansprucht werden könnte. Bei normaler Witterung (Temperaturen um 20° C) genügt es, wenn Betonwände etwa eine Woche eingeschalt bleiben. Nach etwa 28 Tagen Abbindezeit kann Beton in der Regel seine vorgesehene Belastung aufnehmen.

Sichtbeton Erfährt der Beton nach dem Ausschalen keine Oberflächenbehandlung mehr, so spricht man von Sichtbeton. Auskleiden der Schalung mit Sperrholz oder Hartfaserplatten gibt besonders schöne Sichtflächen.

Ein Wort über Stahlbeton

Betonarbeit ist keine Spielerei – das weiß jeder. Daß sie auch keine Hexerei ist, werden Sie beim Durchlesen dieser Abschnitte festgestellt haben. Die Arbeit des Laien hat aber ihre Grenzen. Sie hat haltzumachen vor Aufgaben größeren Ausmaßes – und vor dem Stahlbeton, den man früher Eisenbeton nannte.

Manche Stoffe sind sehr druckfest. Beton zum Beispiel. Andere sind sehr widerstandsfähig gegen Zugbeanspruchung. Stahlseile zum Beispiel. Holz hat die angenehme Eigenschaft, gegen Druck wie gegen Zug ziemlich gleichmäßig Widerstand zu leisten. Was es mit Zug und Druck auf sich hat, sieht man sogleich, wenn man einen Radiergummi zur Hand nimmt und durchbiegt. Außen wirkt Zug, der bis zum Zerreißen führen kann, innen wirkt Druck, in der Mitte liegt eine Schicht, in der weder Druck noch Zug wirkt. Aus dem Wunsche, den Idealbaustoff zu finden, der in noch höherem Maße als Holz gleichzeitig Druck- und Zugkräfte aufnehmen kann, wurde der Stahlbeton entwickelt. Der Beton nimmt den Druck auf, der eingelegte Rundstahl – der deshalb immer dort liegen muß, wo Zugkräfte auftreten – den Zug.

Stahlbetonarbeiten, wie sie in Betracht kommen für Stürze · Decken · Balkonplatten · Säulen · Fundamentplatten u. a., erfordern Sachkenntnis und sollen nur vom Fachmann ausgeführt werden.

6 Mauerdurchbruch

Trennmauer oder Tragmauer? Soll eine Öffnung für Tür, Fenster, Speisendurchreiche o. ä. in eine bestehende Mauer gebrochen werden, so beginnt die Überlegung mit der Grundfrage: Handelt es sich um eine reine Trennmauer – oder hat die zu durchbrechende Mauer Lasten zu tragen (darüberliegende Wand, Decke, Dachstuhl)? Allein aus der Stärke der Mauer läßt sich das nicht mit Sicherheit entscheiden. Es kommt vor allem im Kleinhausbau vor, daß Tragmauern nur halbsteinstark (11,5 oder 12 cm) sind, andererseits können unbelastete Mauern aus feuerpolizeilichen Gründen oder zur Schalldämmung stärker sein.

Die Antwort auf unsere Frage kann man im allgemeinen einer Planunterlage entnehmen. Sie zeigt, wie die Mauern übereinanderstehen und wie die Decken verlegt sind, ob also die fragliche Mauer als Deckenauflager dient. Unbedingt erforderlich ist, die Planunterlage an Ort und Stelle genau mit den wirklichen Verhältnissen zu vergleichen – für den nicht so seltenen Fall, daß während der Bauausführung aus irgendwelchen Gründen vom Plan abgewichen worden ist. In jedem Zweifelsfall, insbesondere wenn kein brauchbarer Plan vorhanden ist, muß der Baufachmann zu Rate gezogen werden. Von Bedeutung ist für die Beurteilung von Durchbrüchen auch das Material, aus dem die Mauer besteht: z. B. hat eine Betonmauer in sich eine bessere Verspannung als eine Mauer aus großformatigen Hohlblocksteinen.

Ergibt die Prüfung, daß es sich um eine tragende Mauer handelt, so bedeutet das zwar nicht, daß man auf den Durchbruch verzichten muß, wohl aber soll man darauf verzichten, ihn selbst vorzunehmen. Eine solche Mauer muß während der Arbeit, solange bis ein Sturz über der Durchbruchsöffnung eingezogen ist, »abgebolzt« werden, d. h. so abgestützt, daß die Abbolzung – die selbst auf tragfähigen Teilen stehen oder bis zum Baugrund durchgeführt werden muß – die Last der Mauer während der Arbeit aufnimmt. Das erfordert große Sachkenntnis und Erfahrung.

Schmale Öffnungen In einem Fall braucht man sich durch die Tragmauer nicht abschrecken zu lassen: wenn die gewünschte Öffnung von geringer Breite ist, bis höchstens 50 cm. Allerdings muß eine solche Öffnung genügend weit unter dem Deckenauflager liegen, damit die Deckenlasten sich nach beiden Seiten verteilen können. Der Abstand von der obersten Stelle der Öffnung bis zur Decke muß mindestens 60 cm betragen. Der Arbeitsgang ist genau so, wie er für das gleich folgende Beispiel ausführlich erläutert wird, einschließlich des Einziehens eines Sturzes, der auch hier erforderlich ist. Doch wird die Öffnung hier nicht bis zur Decke hinauf durchgebrochen.

Vorsicht mit waagerechten Mauerschlitzen

Schwerste Unfälle sind dadurch entstanden, daß Mauern einstürzten, die durch einen waagerecht laufenden Schlitz geschwächt waren. Solche Schlitze werden meist geschlagen für nachträglich verlegte Installationsleitungen, die unter Putz liegen sollen. Es ist unverantwortlich, eine Mauer so zu schwächen, wie es das linke Bild zeigt. Das verträgt unter Umständen nicht einmal eine reine Trennmauer.

Durchbruch einer Trennmauer

Für unsere weitere Betrachtung nehmen wir als Beispiel die Aufgabe: Im Erdgeschoß eines Einfamilienhauses ist in eine 11,5 cm starke Ziegelmauer eine Öffnung zu brechen. Das Gebäude ist nur erdgeschossig, das Dachgeschoß nicht ausgebaut. Die endgültige Öffnung (nach dem Verput-

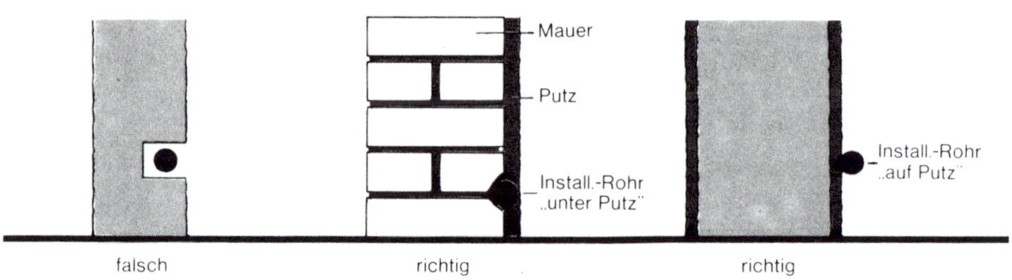

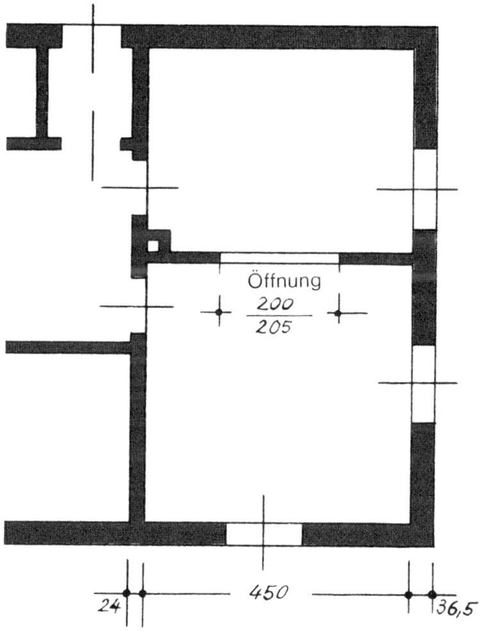

zen) soll 200 cm breit und 205 cm hoch sein und keine Tür erhalten, sondern offen bleiben, weil so der Eindruck des Wohnraums vergrößert wird. Die Raumhöhe ist 2,49 m (Rohbaumaß).

Werkzeug Außer dem Werkzeug zur Mörtelbereitung (S. 205) brauchen wir zusätzlich Brechhammer und Brechmeißel.

An Baustoffen und Hilfsmaterial brauchen wir:

250 Liter Putzsand (der hier auch für das Ergänzungsmauerwerk verwendet wird)
100 Liter Putzkalkpulver
30 Liter Schweißsand
2 Liter Weißkalkteig (gelöschter Kalk)
10 kg Baugips
1 Fertigbetonsturz, Länge 2,50 m, Breite 11,5 cm, Höhe etwa 16 cm (fertig beim Betonwarenhändler zu kaufen)
mindestens 4 Holzlatten, 2,10 m lang, 10 cm breit, etwa 2 cm dick.

Ablauf und Zeitbedarf Die Hauptschritte der Arbeit – nachdem alles Werkzeug und Gerät bereitliegt – sind:

1. Arbeitsbereich vorbereiten
2. Öffnung ausbrechen
3. Sturz einziehen
4. Mauerstück über dem Sturz aufmauern
5. Rohe Mauerteile verputzen
6. Anstrich mit Kalkfarbe.

Die Vorbereitung des Arbeitsbereichs – Abdecken des Fußbodens mit Zeitungen, Packpapier o. ä., Abdecken der Arbeitswege innerhalb des Hauses, Entfernen von Vorhängen, Wegrücken und Abdecken von Möbeln – wird im Einzelfall sehr verschieden lange dauern. Für die folgenden Arbeiten können Sie als Richtwerte annehmen: Ausbrechen der Öffnung und Lagern der Steine 8 Stunden. Einziehen des Sturzes einschließlich Aufmauern des Mauerteils über dem Sturz mit vorhergehender Mörtelbereitung 5 Stunden. Verputzen der rohen Mauerteile (Rauhputz und Feinputz) einschließlich Putzmörtelbereitung 7 Stunden. Das sind zusammen etwa 20 Stunden Arbeitszeit, den später folgenden Anstrich nicht gerechnet.

Das Ausbrechen der Öffnung

Bei der unbelasteten Trennmauer ist keine Abbolzung erforderlich, es muß aber ein Streifen der Mauer von ihrer obersten Schicht an ausgebrochen werden.

Aufzeichnen der Öffnung Dies ist zu berücksichtigen, wenn wir jetzt die auszubrechende Fläche mit Bleistift auf die Putzfläche unserer Wand zeichnen. Wir berücksichtigen ferner, daß der Sturz beiderseits ein Auflager von etwa 25 cm braucht, und daß die sichtbaren Leibungen mit etwa 2,5 cm verputzt werden müssen.

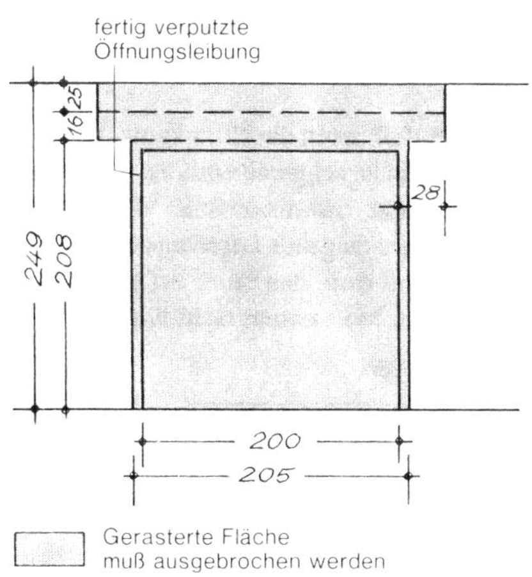

Bevor der erste Hammerschlag ertönt, wird jetzt mindestens auf einer Seite der Mauer ein Gerüst errichtet; 3 Gerüstbretter werden über drei etwa 60 cm hohe Gerüstböcke gelegt. Denn das Ausbrechen beginnt von oben.

Unterhalb der Decke wird eine kleine Fläche Putz abgeschlagen, so daß die einzelnen Steine und Fugen zu sehen sind. Dann wird mit Hammer und Meißel die oberste Steinschicht herausgebrochen. Dieser Anfang ist das schwerste Stück, die weiteren Schichten lassen sich leichter lösen. Immer schichtweise von oben nach unten vorgehen, am seitlichen Rand der Öffnung die Steine von oben her mit dem Meißel abschlagen.
Die herausgebrochenen Steine werden abschnittsweise gereinigt und gelagert; sie sollen nicht während der Arbeit auf dem Gerüst liegenbleiben, weil sie das Gerüst belasten und die Arbeit behindern.

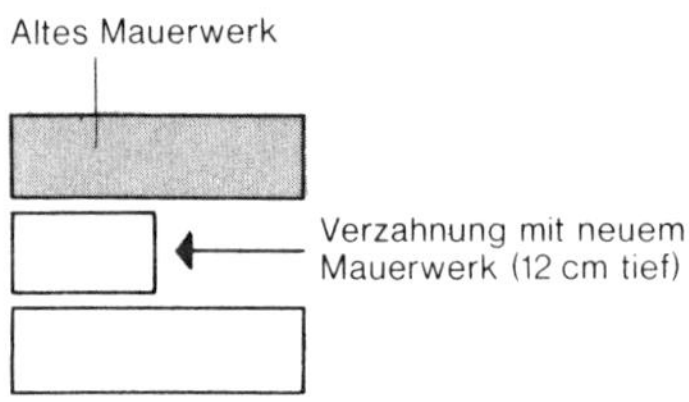

Da wir beim Ausbrechen sind, können wir auch gleich für das wiederherzustellende Mauerstück oberhalb des Sturzes die Schmatzen (S. 209) herausschlagen. Haben wir Normalformatsteine, ergeben sich in unserem Beispiel noch drei Schichten oberhalb des Sturzes, so daß nur eine Schmatze auf jeder Seite erforderlich ist.

Der Sturz

Es wäre ein Zufall, wenn die Unterkante des Sturzes (das Sturzauflager) gerade mit der Lagerfuge einer Steinschicht zusammenfiele. Wahrscheinlich wird die nächstliegende Lagerfuge etwas tiefer liegen. Man muß dann den Sturz auf eine Unterlegschicht legen. Man nimmt dazu Klinker- oder

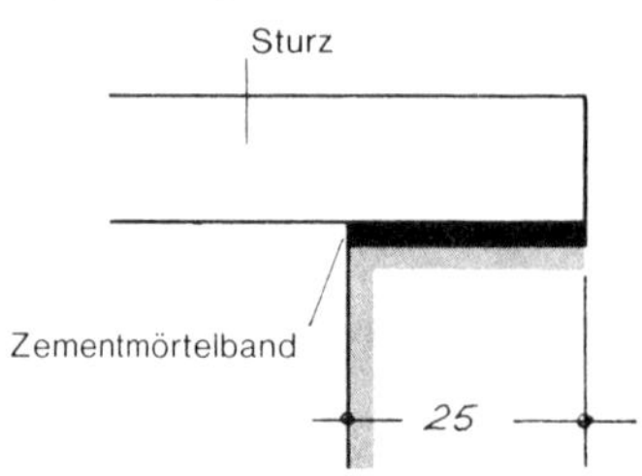

Betonplatten, bei geringeren Differenzen kann man auch ein Band aus Zementmörtel (Mischungsverhältnis etwa 1 : 3) einziehen. Bevor der Sturz aufgelegt wird, ist die waagerechte Lage der Auflager mit der Wasserwaage zu kontrollieren. Bevor das Mauerstück über dem Sturz zugemauert wird, werden die Anschlußstellen von Mörtelresten gesäubert und leicht angefeuchtet. Für den Mörtel kann man hier – um nicht für das kleine Mauerstück besondere Materialien anschaffen zu müssen – Putzsand und Putz-Kalkpulver verwenden (1 Raumteil Kalkpulver auf 3 Raumteile Sand); dabei ist es zweckmäßig, ein wenig Portlandzement beizugeben.

Verputzarbeit

Als Putz kommen die beiden im Abschnitt »Innenputz« (S. 221) beschriebenen Lagen in Betracht: als Unterlage ein Kalkmörtel, als Feinputz Schweißsandmörtel.
Vor dem Auftragen der ersten Schicht werden die Anschlußstellen zum alten Putz gut abgekehrt und leicht angefeuchtet. Dann wird der Unterputz an die Wandflächen angeworfen und in Höhenabschnitten von etwa 50 cm mit der Putzlatte abgezogen. Das geht gut, da man auf beiden Seiten Anschluß an den alten Putz hat – doch müssen die Latten entsprechend lang sein.
Geringe Unebenheiten, die nach dem Abziehen noch sichtbar sind, werden nochmals überworfen, dann wird die ganze Putzfläche mit dem Reibbrett zugerieben. Der Unterputz soll aber keine ganz glatte Oberfläche bekommen, damit der Feinputz gut haftet.

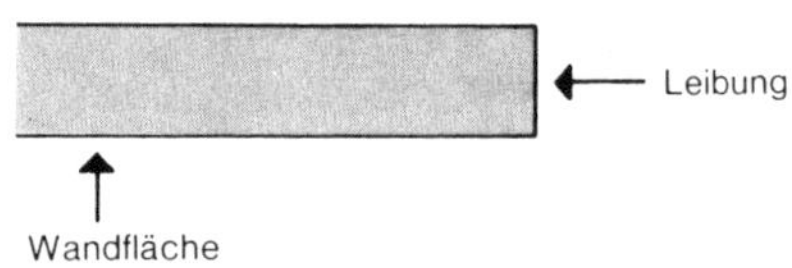

Verputzen der Leibung Haben die Wandflächen den Unterputz erhalten, kommt die Leibung dran, und das ist erheblich schwieriger. Zuerst wird die Unterseite des Sturzes vorgenommen. Um da eine scharfe und waagerechte Kante zu erzielen, wird beiderseits des Sturzes eine Putzlatte befestigt, deren untere Kante mit der Wasserwaage genau waagerecht ausgerichtet ist und um die Putzstärke über die Unterkante des Sturzes vorsteht.
Die Latten grenzen den Raum ab, der mit Putz zu füllen ist. Der Putz muß mit der Kelle kräftig angeworfen werden, am besten in mehreren dünnen Lagen. Ganz leicht ist das nicht, ab und zu wird bestimmt ein Batzen wieder herunterfallen...

Die Zugabe von einer Maurerkelle Gips auf etwa 20 Liter Mörtel erleichtert diese Arbeit. Allerdings muß man dann rasch arbeiten, weil der Gipszusatz ein schnelleres Anziehen des Mörtels bewirkt. Und man wird nur jeweils kleine Mörtelmengen mit Gips versetzen. Für den Unterputz der Sturzunterseite sind hier etwa 10 Liter Mörtel erforderlich. Mit einem kurzen Brettstück, etwa 30 cm lang, kann man jetzt an den Unterkanten der Putzlatten entlang sauber abziehen und anschließend mit dem Reibbrett verreiben. War dem Unterschichtputz Gips zugesetzt, können die Latten sofort entfernt werden.

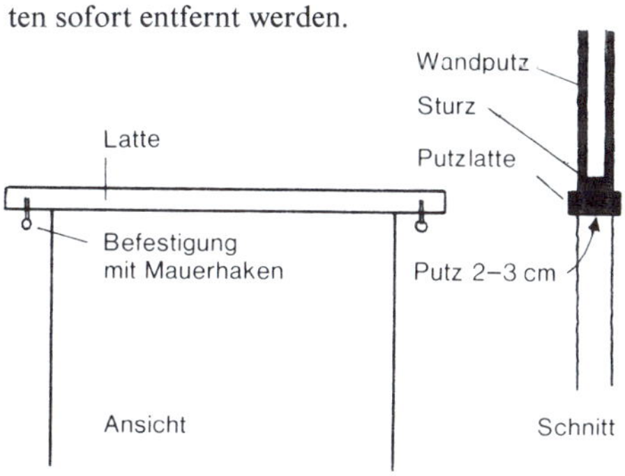

An den seitlichen Leibungen ist die Sache einfacher. Die Latten werden jetzt senkrecht angebracht. Der Mörtel braucht keinen Gipszusatz. Er wird trotzdem schnell anziehen, weil das alte Mauerwerk einen Teil der Putzfeuchtigkeit rasch aufnimmt. Geringe Unebenheiten an den Putzkanten kann man mit dünnflüssigem Putzmörtel noch ausgleichen.

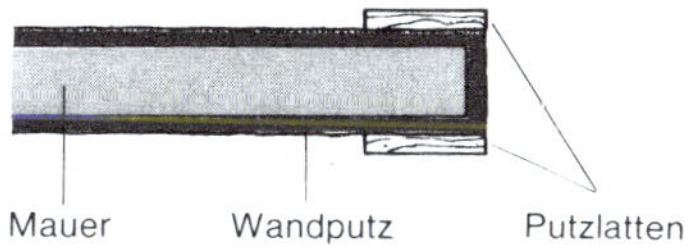

Feinputz Der Feinputz ist sofort anschließend aufzubringen. Die Feinputzschicht, etwa 2 mm stark, wird nicht angeworfen wie der Rauhputz, sondern mit dem Reibbrett von unten nach oben aufgezogen. Die Oberfläche wird zunächst mit dem Reibbrett zugerieben, dann mit dem Reibfilz durch kreisförmiges Reiben vollständig glattgerieben. Wenn die Feinputzschicht rasch anzieht, kann man sich das Glattreiben dadurch erleichtern, daß man den Reibfilz öfter in Wasser taucht. Sorgfältig muß an der Anschlußstelle zum alten Putz gearbeitet werden, damit der Übergang nach dem Anstrich möglichst nicht mehr zu erkennen ist.

Anstrich Als Anstrich – nach genügendem Austrocknen des Putzes – kommt Kalkfarbe in Betracht, damit der frische Putz auch nach dem Farbanstrich noch weiter austrocknen kann. (Über das Anstreichen mehr S. 37 ff.)

7 Einsetzen von Dübeln und Haltern

In vielen Wohnungen droht ständig die Gefahr, daß Handtuchhalter, Garderobenleiste oder gar das Toilettenschränkchen im Bad mit Inhalt zu Boden fallen. Wer als Hausvater dagegen Dübel ordentlich einzusetzen vermag, dem ist einiger Respekt sicher.

Die richtige Stelle Wenn möglich, soll ein Dübel nicht im Putz, sondern im Mauerwerk sitzen. Bei Beton- oder Ziegelmauern kann man im allgemeinen an jeder gewünschten Stelle ein Loch schlagen. Man muß allerdings darauf achten, daß Sturzausbildungen unberührt bleiben. Anders ist es bei Hohlblockmauerwerk. Wird die Luftkammer eines Steines zerstört, entsteht sofort eine Stelle unzureichender Wärmedämmung, eine Kältebrücke. In der Luftkammer wird der

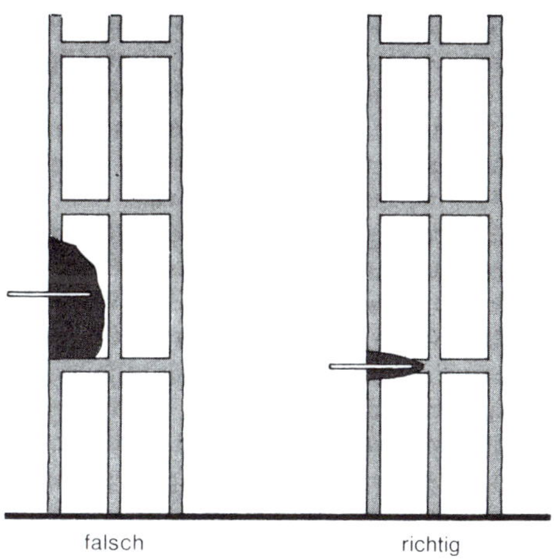

Dübel auch schwierig zu befestigen sein. Deshalb sucht man bei Mauern dieser Art besser die Fugen auf.

Dübel und Dübelmasse

Im Hausinnern kann man einen Dübel aus Weichholz verwenden. Man kann ein einzelnes Stück trapezförmig zurechtschneiden; braucht man mehrere Dübel, schneidet man von einem 1 bis 2 cm starken (je nach späterer Belastung) Brett einen Streifen in der erforderlichen Länge quer zur Faserrichtung mit dem Fuchsschwanz ab und spaltet diesen Streifen in Trapeze auf.

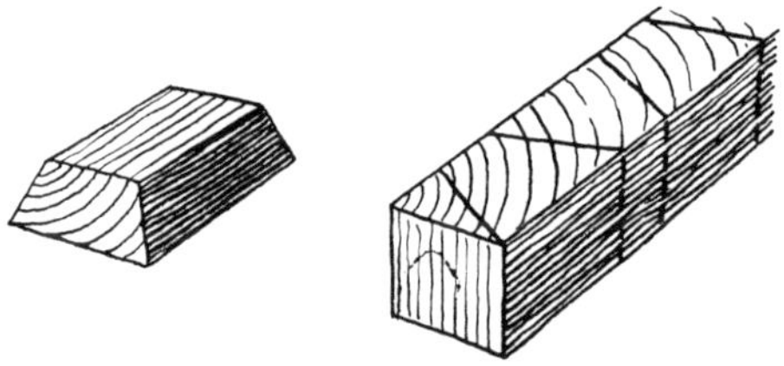

Im Freien wird man besser einen Dübel aus Hartholz wählen. Dübel aus Holz haben allerdings überhaupt den Nachteil, daß sie beim Einsetzen etwas Feuchtigkeit anziehen und dadurch quellen. Wenn die Feuchtigkeit wieder abgegeben wird und das Holz schrumpft, kann der Dübel zwar bei richtiger konischer Form kaum herausfallen, aber doch sich lockern. Der Fachmann empfiehlt deshalb, statt Holzdübel die von der Industrie gelieferten fertigen Metallhalter, z. B. Vorhanghülsen, zu verwenden.

Dübelmasse aus Gips Dübelmasse aus Gips ist nur verwendbar in trockenen Räumen und wenn die Beanspruchung des Dübels nicht zu stark ist. Die Dübelmasse wird am besten nicht in einem Blechgefäß bereitet, sondern in einem Gipsgeschirr aus Gummi, weil es sich einfacher säubern läßt. Man läßt den übriggebliebenen Gips im Gummitopf hart werden; drückt man dann den Topf zusammen, springt der Gips ab.

Die Zubereitung von Gipsmasse erfolgt entgegen vielen Hausfrauenregeln über das Auflösen von Pulvern in Flüssigkeit: Zuerst kommt Wasser ins Gefäß, etwa so viel, wie man fertige Gipsmasse haben will; dann wird das Pulver daraufgestreut – so lange, bis sich aus Gipspulver und Wasser ein weicher Brei (nicht zu streng) anrühren läßt.

Dübelmasse aus Zement Wo Gips wegen seiner Feuchtigkeitsempfindlichkeit oder seiner begrenzten Tragfähigkeit nicht geeignet ist, verwendet man Portlandzementmörtel als Dübelmasse: ein strenger Brei aus einem Raumteil Zement und drei Raumteilen scharfkörnigem reinem Sand. Während Gipsmasse so rasch erhärtet, daß der Dübel oder Halter kurz nach beendeter Arbeit die vorgesehene Last tragen kann, braucht Zementmörtel ziemlich lange, bis er anzieht. Der eingesetzte Dübel oder Halter muß in völliger Ruhe gehalten, ein schwererer vorstehender Gegenstand muß unterstützt werden. In dem unten zuletzt behandelten Arbeitsbeispiel können die Halter erst nach einer Woche ihre volle Last aufnehmen.

Dübel in der Zimmerwand

Anzeichnen Die Einsetzstelle wird durch zwei sich kreuzende Bleistiftstriche – einer senkrecht, einer waagerecht genau nach Wasserwaage – bezeichnet. Die Striche müssen so lang sein, daß die Enden sichtbar bleiben, wenn das Loch ausgestemmt ist.

Mehrere Dübel Sollen mehrere Dübel in einer Flucht sitzen, macht man mit Hilfe der Wasserwaage einen genau senkrechten oder waagerechten Strich und teilt dann die Abstände ein. Für senkrechte Striche kann man statt der Wasserwaage auch ein einfaches Lot verwenden (schwerer Gegenstand wie Schraubenmutter an Bindfaden hängend) oder auch die vom Maler verwendete Schlagschnur (S. 25).

Stemmen Beim Ausstemmen mit Hammer und Meißel wird der Fußboden abgedeckt, oder man läßt sich eine alte Schuhschachtel unterhalten. Das Loch soll so groß sein, daß der eingesetzte Dübel allseitig von Dübelmasse umgeben wird. Das Loch muß sich nach innen zu erweitern, denn der Dübel wird, damit er nicht herausfallen kann, mit der breiten Seite nach innen eingesetzt.

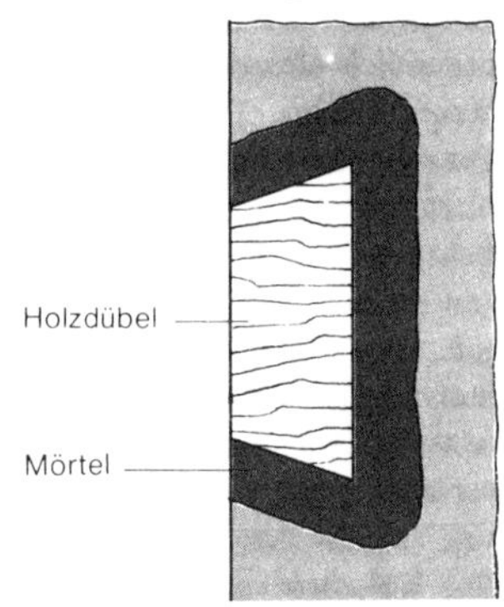

Einsetzen Ist die Dübelmasse bereitet, wird das Dübelloch mit einem Pinsel von Stein- und Mörtelteilchen gesäubert und dann angefeuchtet. Die Dübelmasse wird einmal kurz durchgerührt, dann in das Loch gestrichen, selbstverständlich nicht die ganze Höhlung voll, denn der Hauptteil des Raums wird ja vom Dübel beansprucht, den man jetzt in die Masse drückt und so weit hineindrückt oder mit dem Hammer hineinschlägt, bis die Vorderfläche mit dem Verputz abschneidet. Um den Dübel herum werden entweder die noch vorhandenen Lücken mit Gips gefüllt, oder der überschüssige herausgequollene Gips wird abgekratzt; nach kurzer Wartezeit kann man die Fläche mit möglichst senkrecht gehaltener Spachtel fein abkratzen und glätten. Später soll man nicht mehr an der Fläche herumarbeiten; der Gips verliert sonst an Bindekraft. Nun mag der Dübel zwar halten, aber es ist wahrscheinlich ein recht häßlicher Fleck in der Wand entstanden. Hat die Wand einen Farbanstrich, kann man mit sauberem Wasserpinsel mit etwas Wasser um den Fleck herumfahren, so daß sich ringsherum der Farbanstrich löst, und dann mit dem Pinsel die gelöste Farbe nach innen auf den Dübelfleck wischen. Erfahrene Leute behaupten, daß sich der Fleck bei einer einfarbigen Wand so völlig zum Verschwinden bringen läßt. Es ist nützlich, vorher mit Vorstecher oder Spitzbohrer ein Loch in die Dübelmitte zu stechen, damit man sie wiederfindet.
An einer tapezierten Wand läßt sich ein Dübel unauffällig anbringen, wenn man ein Rechteck von der reichlichen Größe des Dübellochs mit Bleistift auf der Tapete anzeichnet, das Rechteck unten und beiderseits mit dem Messer einschneidet, dann unter die Tapete fährt und das Rechteck löst und es schließlich nach oben klappt, bis die Arbeit beendet ist. Hat man außerdem die umliegende Tapete durch vorsichtig mit Reißnägeln, Stecknadeln oder Tesakrepp angeheftete Zeitungsbogen geschützt, wird später nach Herunterklappen und Ankleben des Tapetenstücks kaum etwas zu sehen sein.

Halter für Teppichstange als Arbeitsbeispiel für Dübelarbeit außen

Die Stange Eine Teppichstange soll an einer vorhandenen Außenmauer – 24 cm Ziegelmauerwerk (etwa Garagenwand) – angebracht werden. Die freistehende allseitig zugängliche Teppichstange ist praktischer, in vielen Fällen wird man aber aus Raumgründen die Teppichstange an der Mauer wählen. Die Länge der Stange richtet sich nach der Breite des größten zu klopfenden Teppichs; nehmen wir an, dieser sei 3 m, soll die Stan-

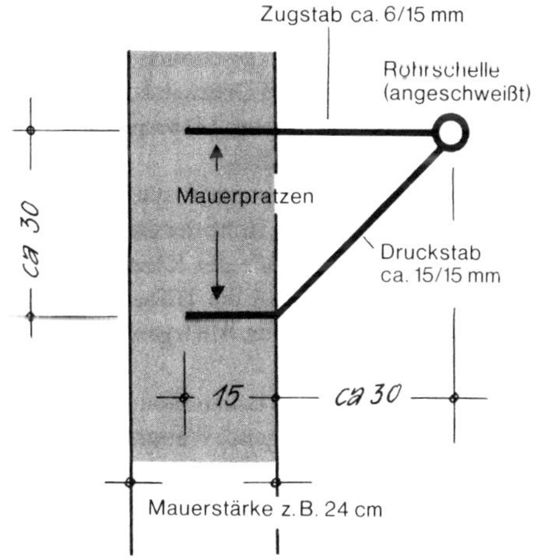

So sehen die Halter für die Teppichstangen aus

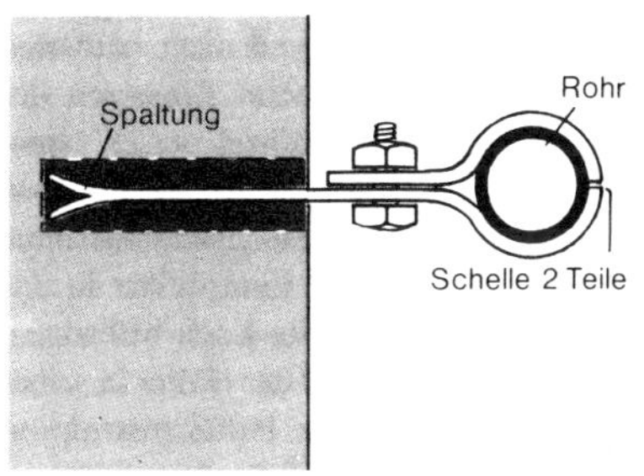

Das Einsetzen ohne Holzdübel und ohne Schalung am Beispiel einer Rohrschelle

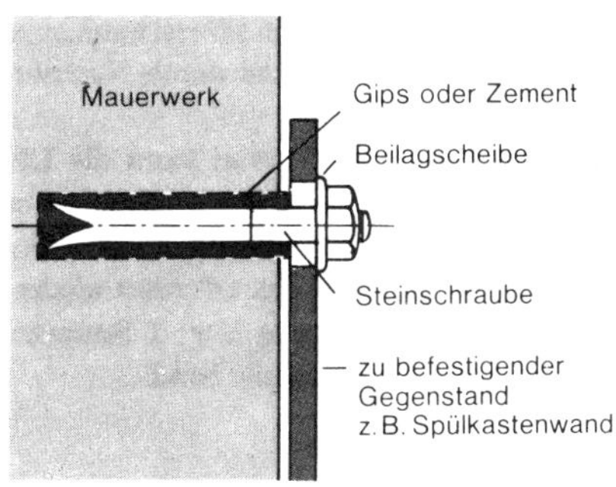

Das Einsetzen ohne Holzdübel und ohne Schalung am Beispiel einer Steinschraube, die einen Spülkasten o. ä. hält

ge 3,40 m lang sein. Verzinktes Wasserleitungsrohr mit einem Durchmesser von etwa 40 mm ist gut geeignet.

Die Halter Halter aus Schmiedeeisen kann man kaufen oder vom Schlosser zurichten lassen. Sie bestehen, wie das Bild zeigt, aus einer Rohrschelle – in die die Stange eingeschoben wird – und zwei Stäben, Zugstab und Druckstab, die am Ende gespalten sein sollen (sog. Mauerpratzen), damit sie fest im Mörtel haften.

Bei 3,40 m langer Stange kommen die Halter etwa 3,10 m auseinander. Die Höhe der Stange richtet sich nach der Körpergröße des Klopfenden, für mittelgroße Personen soll die Höhe nicht über 1,80 betragen, sonst gehen Auflegen und Klopfen unnötig schwer.

Ausstemmen Bei der 24 cm starken Mauer werden die Löcher durch die ganze Wandstärke gehen, und da angeschlagene Steine besser ganz herausgenommen werden, sind sie so groß wie ein Stein (querliegende Binder). Die Lochwände werden von Mörtelresten befreit. Die angrenzenden Steine dürfen nicht aus dem Verband gelockert werden. Besteht diese Gefahr, werden ihre Fugen auf etwa 2 cm Tiefe angekratzt und nach sauberem Ausfegen und Anfeuchten beim Einsetzen des Halters wieder mit Zementmörtel verschlossen.

Einsetzen ohne Verschalung Im allgemeinen kann man Steinschrauben und Rohrschellen (ohne Holzdübel zu setzen) durch Eindrücken in das mit Gips bzw. Zement gefüllte Loch befestigen. In unserem Beispiel aber muß der Halter in seiner endgültigen Lage durch eine Hilfskonstruktion befestigt werden, am besten mit Draht aufgehängt und durch Latten unterstützt. Die Löcher sind zu säubern und anzufeuchten, bevor die Masse eingefüllt wird.

Den oben (S. 230) empfohlenen Mörtel kann man ohne Schalung verarbeiten und durch Nachstochern verdichten.

Einsetzen mit Verschalung Man kann die Löcher auch ausgießen. Der Mörtel muß, damit er die Löcher gut ausfüllt, dünnflüssig sein, d. h. er braucht mehr Wasser, und das erfordert wiederum mehr Zement; Mischung hier: 1 Raumteil Portlandzement auf 2 Raumteile Sand.

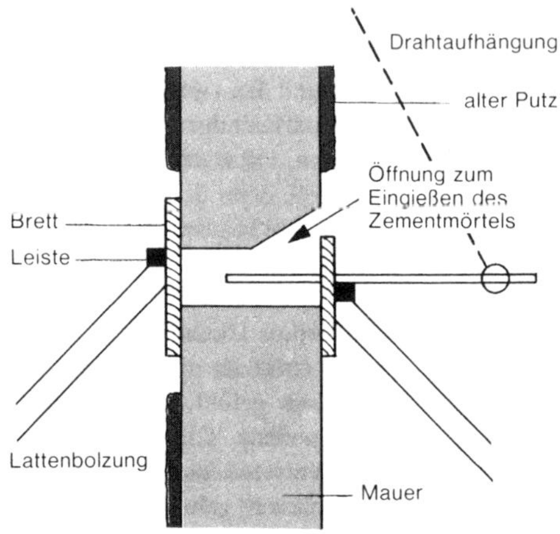

Das Einsetzen mit Verschalung (Ausgießen mit dünnflüssigem Zementmörtel)

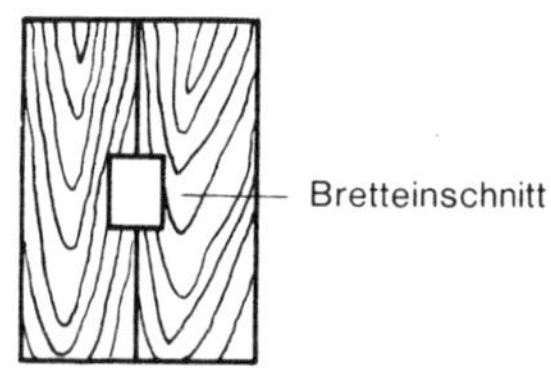

Die Bretterschalung, von vorn gesehen

Der dünnflüssige Mörtel verlangt eine Schalung. An der Rückseite soll das Loch durch die Schalung gut verschlossen sein. Auf der Vorderseite muß die Schalung eine Öffnung für den Halter haben und eine zweite zum Einfüllen des Mörtels. Die Schalung soll erst nach einer Woche entfernt werden, vorsichtig, damit der Halter nicht durch Anstoßen gelockert wird. Nun kann man den beim Ausstemmen abgefallenen Putz ergänzen und den Halter mit Rostschutzfarbe streichen. Erhöhten Rostschutz erreicht man, wenn man den ganzen Halter, auch die eingemörtelten Teile, vorher zweimal mit Mennige streicht (S. 50). Wie oben gesagt, darf der Halter erst nach einer Woche voll belastet werden. Die ganze Arbeit ist nur in frostfreier Zeit auszuführen.

8 Patentdübel

Einfach und deshalb von Laien vielfach bevorzugt ist das Arbeiten mit Patentdübeln, die man fertig im Fachgeschäft kauft. Das Angebot an Patentdübeln ist so umfangreich, daß hier nur ein Ausschnitt gezeigt werden kann.

Bei Dübelungen in Beton und Mauerwerk ist das Schlagen des Dübelloches die Hauptarbeit. Man verwendet hierzu entweder einen Steinbohrer, der mit dem Hammer geschlagen wird, oder eine Schlagbohrmaschine. Beim Schlagen des Dübelloches von Hand ist darauf zu achten, daß der Steinbohrer nach jedem Hammerschlag leicht gedreht wird. Bei der Schlagbohrmaschine sind für Beton und Mauerwerk Widia-Steinbohrer zu verwenden; hat die Maschine Zweiganggetriebe, ist mit der niedrigeren Umdrehungszahl zu bohren. Wichtig ist, daß Dübelabmessung, Bohrloch und Schraubenabmessung aufeinander abgestimmt sind. Die Dübelabmessung richtet sich natürlich in erster Linie nach der Größe der Belastung.

Der Bohrlochdurchmesser soll dem Dübeldurchmesser entsprechen, bei Steinbohrern, die mit dem Hammer geschlagen werden, genau; arbeitet man mit der Schlagbohrmaschine, kann man den Bohrerdurchmesser, besonders bei weicherem Mauerwerk, um einen halben Millimeter kleiner wählen als der Dübeldurchmesser ist, weil hier das fertige Bohrloch meist geringfügig weiter wird als der Durchmesser des Bohrers.

Upat Seit langem bekannt ist der Faserstoff-Spreizdübel mit Metallhülse, nach der Herstellerfirma als Upat-Dübel benannt.

Die Metallhülse ist gefüllt mit einem gegen Fäulnis imprägnierten Faserstoff. Wird eine Schraube in den Dübel hineingedreht, so spreizt sich der

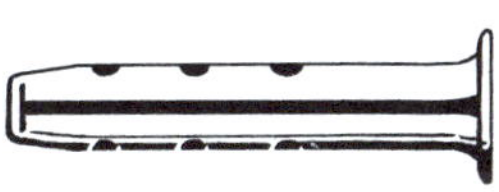

Spreizdübel mit Faserstoffeinlage

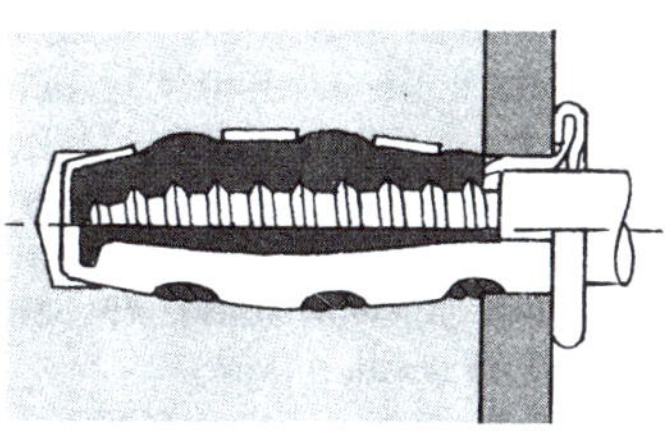

Der Spreizdübel in der Wand

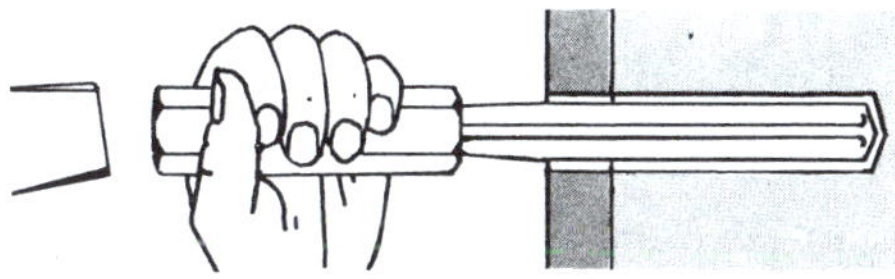

Vorbohren mit Steinbohrer

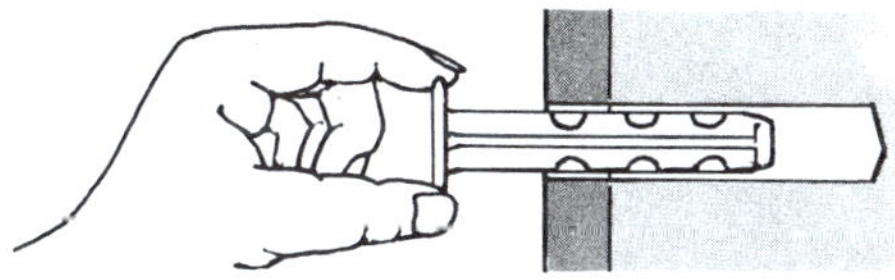

Einsetzen

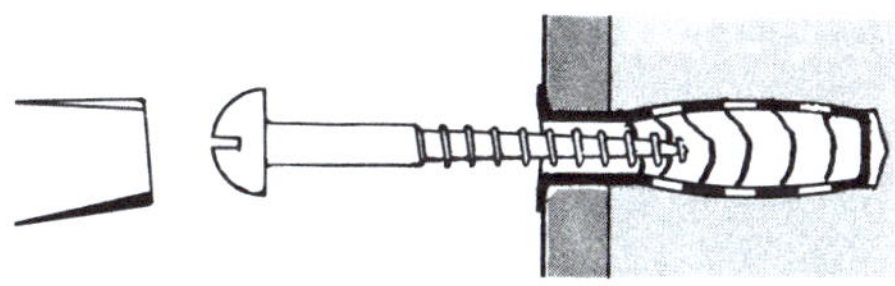

Vorschlagen

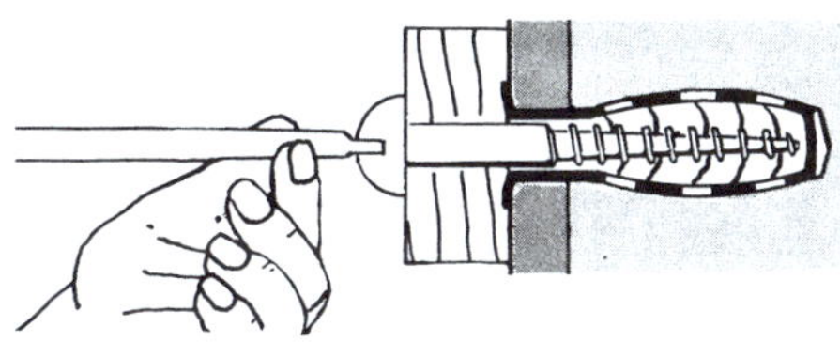

Eindrehen

Füllstoff samt Hülse und drückt sich fest gegen die Wandung des vorgebohrten Loches.

Arbeitsgang 1. Zuerst die richtige Dübelgröße auswählen. Es gibt Dübel in verschiedenen Längen für Schrauben von 3 bis 20 mm Durchmesser. Je größer die Beanspruchung, desto größer der Dübel! Je weicher das Mauerwerk, desto länger der Dübel! Die Putzstärke kann man beim Abschätzen der Länge nicht mitrechnen, denn der Putz trägt im allgemeinen nicht.

2. Zum Dübel den passenden Steinbohrer und passende Schraube bereitlegen. Die Abmessungen müssen unbedingt aufeinander abgestimmt sein.

3. Die richtige Stelle zum Dübeln aussuchen: möglichst keine Fuge! Der Seitendruck des Patentdübels soll im festen Mauerwerk erzielt werden.

4. Jetzt wird das Loch geschlagen, wobei der Bohrer rechtwinklig zur Wandfläche aufgesetzt

Upat-ultra-Dübel

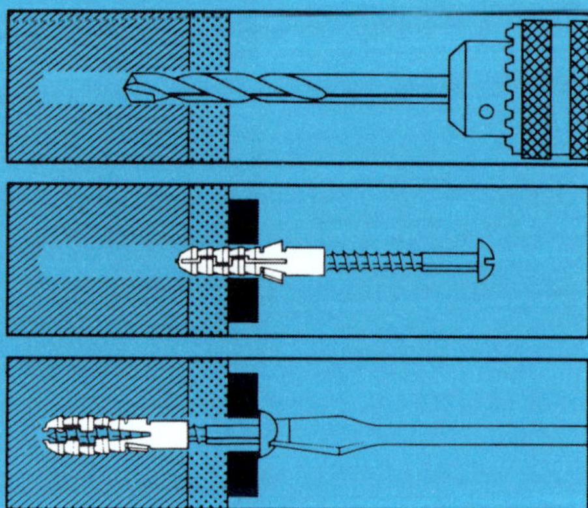

Montage des Upat-ultra-Dübels

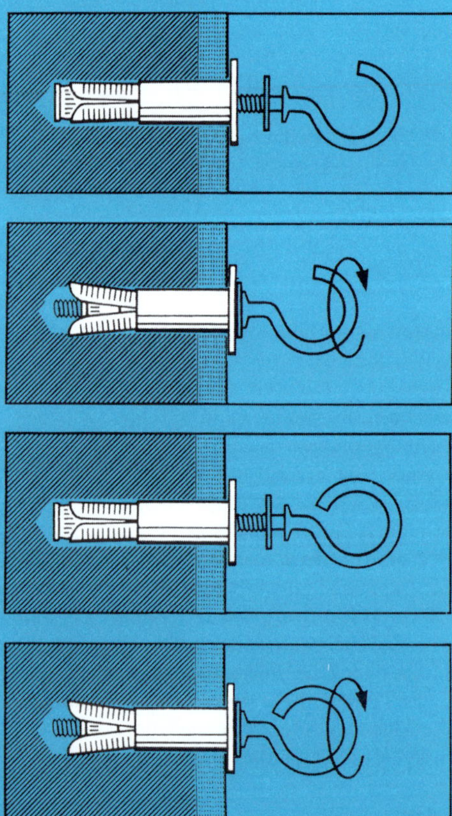

Funktionsweise des Trix-Dübels

wird. Das Loch soll geringfügig tiefer sein als die Dübellänge.

5. Dübel einsetzen. Die Kappe verhindert, daß er zu tief hineinrutscht.

6. Schraube leicht vorschlagen mit dem Hammer. Das ist wichtig, denn dadurch spreizt der Faserstoff den Dübel bereits, so daß er sich beim anschließenden Drehen der Schraube nicht mitdreht.

7. Jetzt anziehen. Haken mit Hand oder Zange, Schraube mit Schraubenzieher.

Die Firma UPAT stellt noch eine Reihe weiterer Dübel her, von denen der Upat-ultra-Dübel aus Nylon und der Upat-Trix-Dübel genannt seien.

Upat-ultra-Dübel Ein kappenloser Dübel aus hochwertigem Nylon. Die Innenzahnung führt die Schraube zentrisch durch den Dübel und verhindert ein seitliches Ausbrechen. Umlaufende Kompaktstufen steigern den Anpreßdruck. Ausgestellte Stabilisatoren (Drehsperre) machen den Dübel mitdrehsicher, auch bei Übermaßbohrungen und in Weichbaustoffen.

Dieser Dübel ist für Reihenmontagen mit Elektroschraubern sehr gut geeignet. Er läßt sich leicht ein- und durchstecken, ist rost- und verrottungssicher, witterungs- und alterungsbeständig, unempfindlich gegen Temperaturen von —40° C bis +100° C.

Er eignet sich für bündige und Durchsteckmontagen in allen Hart- und Weichbaustoffen sowie Leichtbauplatten. Bei verputzten Wänden ist er so tief zu setzen, daß er sich erst im darunterliegenden festen Wandmaterial spreizt. Für die Ermittlung der Schraubenlänge gilt die Formel: Schraubenlänge = Dübellänge + Putz bzw. Isolierstoff + Dicke des Montagegegenstandes.

Upat-Trix-Dübel Dieser Dübel besteht aus der kompletten Verbindung eines Dübels mit einer metrischen Schraube. Er verankert sich auf besonders großer Länge im Mauerwerk, ist aber auch für Hohlsteine und Leichtbaustoffe geeignet.

Durch das Eindrehen einer metrischen Schraube wird ein Metallkonus in die geschlitzte Metallhülse gezogen. Dadurch spreizt sich die Hülse und verankert sich fest im Bohrloch. Die reichlich bemessene Kunststoffkappe deckt das Bohrloch ab. Einmal befestigte Gegenstände können beliebig oft an- und abmontiert werden.

Den Upat-Trix-Dübel gibt es in 8 verschiedenen Ausführungen, z. B. mit Haken, Ösen, Bügel.

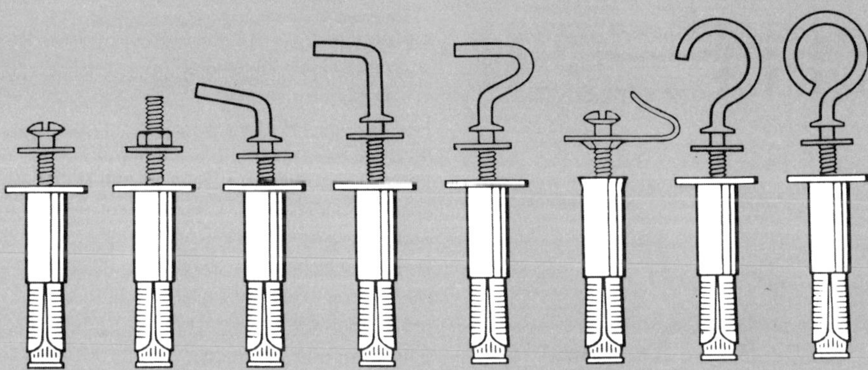

Formen des Trix-Dübels

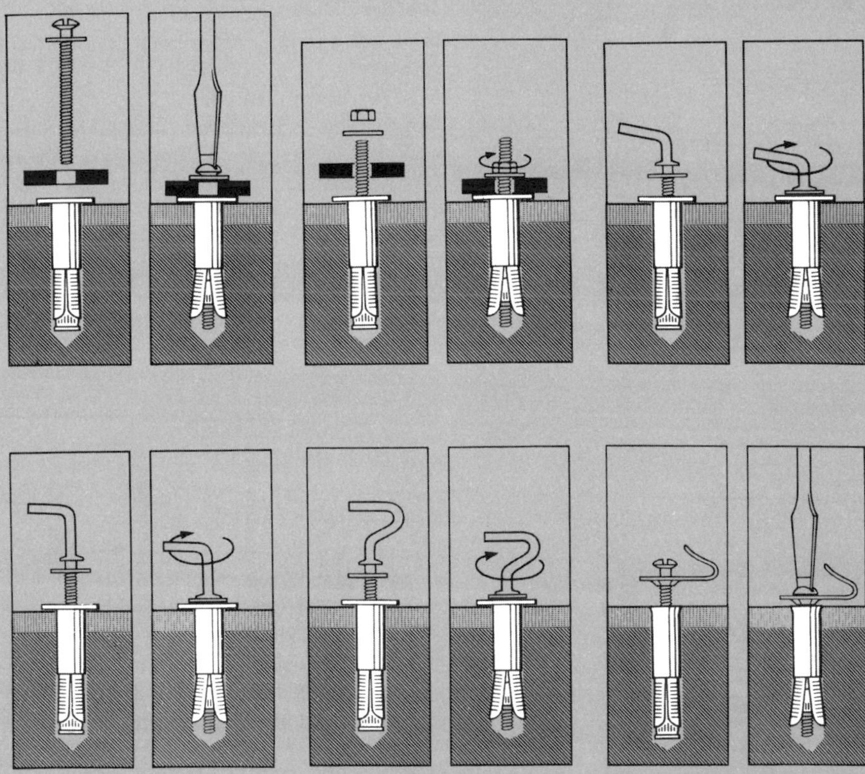

Zur Montage des Trix-Dübels

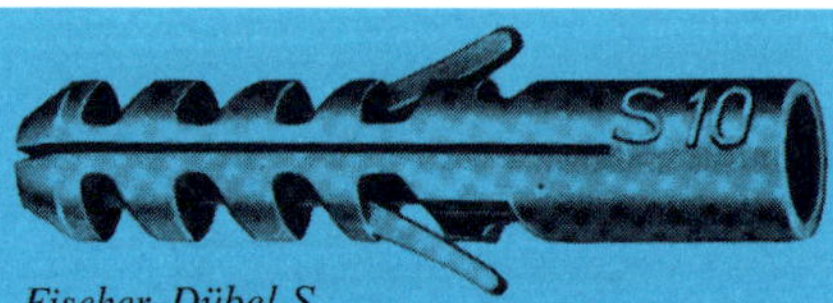

Fischer-Dübel S

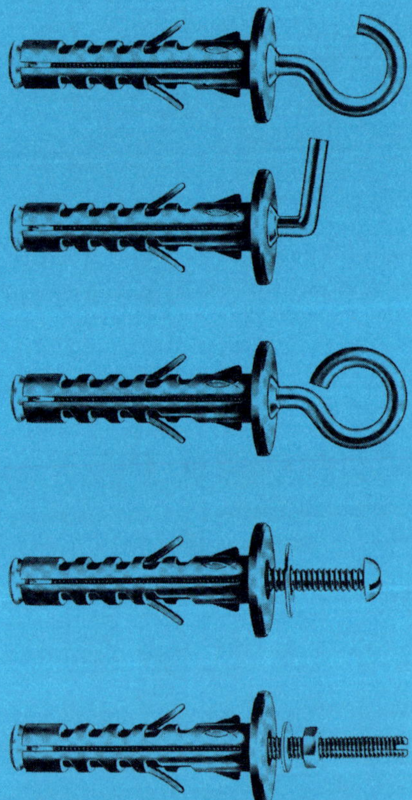

Fischer-Dübel SB in 5 Ausführungen

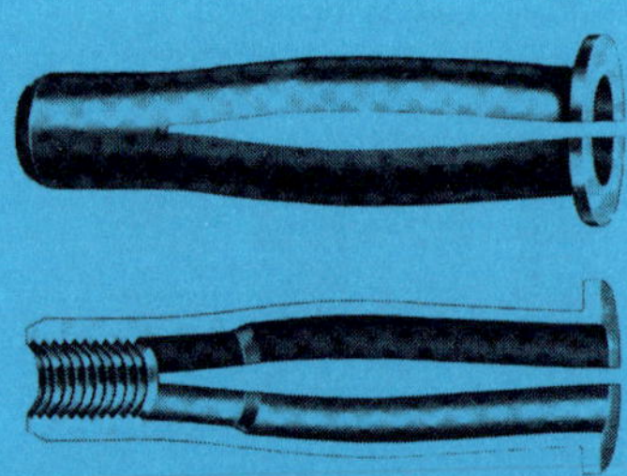

Fischer-Niet-Anker NA

Dübel und Befestigungselemente von FISCHER
Eine Auswahl für den Heimwerker

Fischer-Dübel S Der an erster Stelle abgebildete Fischer-Dübel S ist einer der verbreitetsten Dübel überhaupt. Er besteht aus Nylon und hat erstaunliche Haltewerte. Er hat freistehende und federnde Sperrzungen. Er kann in unterschiedlichsten Baustoffen verwendet werden: Beton, Ziegel, Bims, Gasbeton u. a. Es gibt neun Dübelgrößen für Schrauben, Haken und Nägel von 2 bis 16 mm Durchmesser.
Fischer-Dübel SB Eine ganze Serie von montagefertigen Dübeln mit eingedrehten Haken, Ösen, Schrauben oder Gewindestangen. Fünf Formen sind abgebildet; es gibt noch einige mehr. Der konische Messingkörper, der links am Ende zu sehen ist, wird beim Eindrehen der Schraube in den Dübel hineingezogen; er bewirkt dann eine starke Spreizung des Dübelkörpers im Bohrloch. Handelt es sich um eine Platte, die dünner ist als die Länge des Dübels, wird der Konus an der Rückseite herangezogen, bis er sich am rückseitigen Ende des Bohrlochs verankert.
Man verwendet diese Dübel u. a. für das Anbringen von Wäscheleinen und Garderoben, auch zum Aufhängen von Lampen an der Decke. Die Haken sind nylonbeschichtet und rosten deshalb nicht.
Niet-Anker NA Dieses Befestigungselement ist bestimmt für Hohlraummontagen sowie für Blech- und Plattenverbindungen bis zu 16 mm Gesamtdicke. Es besteht, wie die Bilder links

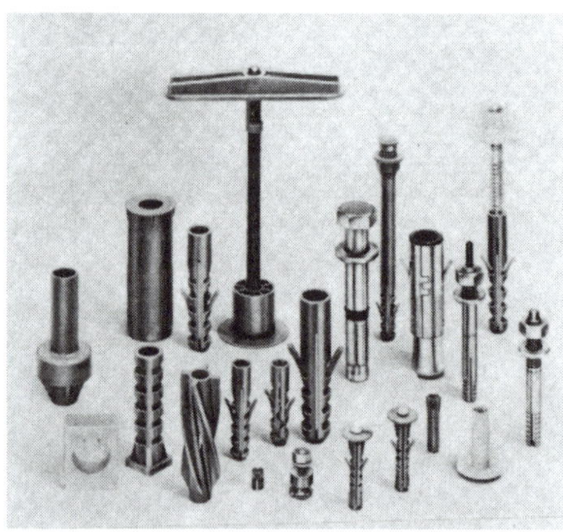

So vielseitig ist das Reich der Dübel

unten zeigen, aus zwei Schenkeln. Wird die Schraube angezogen, so bauschen sich die Schenkel hinter der Platte auf. Das Bild rechts oben (Befestigung mittels Niet-Anker NA an einer Gipsverbundplatte) läßt erkennen, wie sich die Schenkel spreizen und damit der Montage festen Halt geben.

Befestigung mit Fischer-Niet-Anker an einer Gipsverbundplatte

Fischer-Anker A Ein Befestigungselement für Montagen an Gipswänden, Platten und Weichstoffplatten mit einem Hohlraum oder Isolierstoff von mindestens 18 mm Tiefe. Oben ist der Anker in Ansicht und im Schnitt gezeigt. Die beiden Bilder darunter erläutern die Montage: Der Anker wird von der Rückseite in das Bohrloch gedrückt. Die Schraube wird zuerst durch den zu befestigenden Gegenstand gesteckt, dann durch das Bohrloch, dann in das Gewinde des Ankers eingedreht. Die Spitze der Schraube durchstößt dabei den Anker. Das zweite Bild zeigt, wie sich die Arme des Ankers beim Festziehen der Schraube hinter der Bohrlochwandung spreizen.

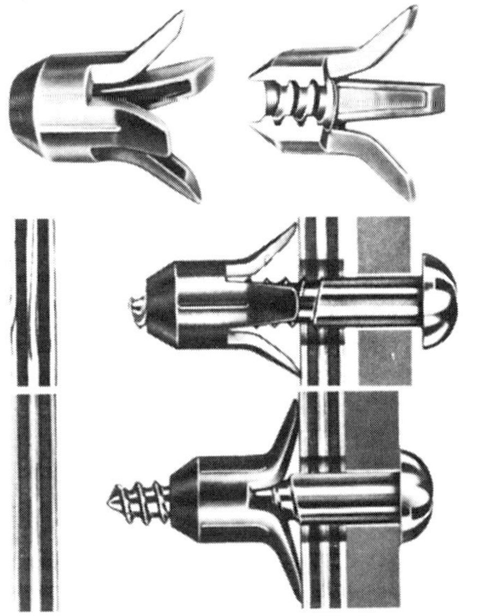

Fischer-Anker A. Oben: Ansicht und Schnitt. Darunter: Montage

Nylonkippdübel K Außer dem hier gezeigten Modell gibt es weitere Formen. Das Prinzip ist jedoch immer dasselbe: Der Tragebalken wird mit einem Führungsband hinter die Wandung oder Platte gebracht. Dort kippt der Balken, und nun kann in sein Gewinde ein Deckenhaken oder eine Holzschraube eingedreht werden. Das überstehende Nylonband wird abgeschnitten, sobald der Balken festgezogen und der Stopfen eingedrückt ist. Die Hohlraummontage, die solche Kippdübel ermöglichen, ist wichtig für Hohlwände und abgehängte Decken, wie sie besonders in Fertighäusern vorkommen. Diese und weitere Dübel sind beschrieben in einem kleinen Handbuch, das man von den Fischer-Werken, 7241 Tumlingen Kreis Freudenstadt, auf Anforderung erhalten kann.

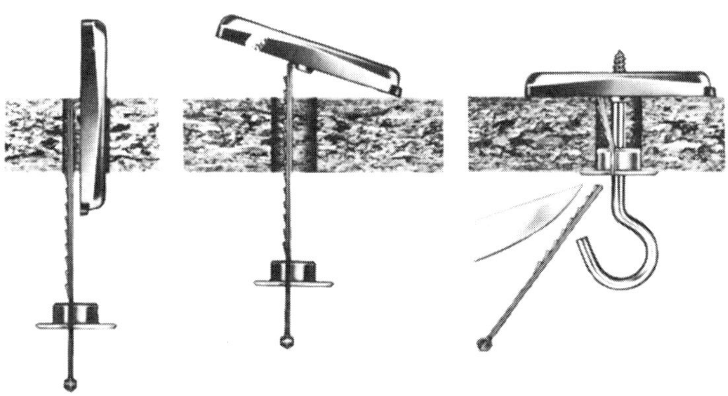

1. Der Kippdübel wird durch das Bohrloch geschoben

2. Der Balken legt sich hinter der Bohrlochwandung quer

3. Balken mit Nylonband anziehen. Stopfen in Bohrloch drücken. Schraube einziehen

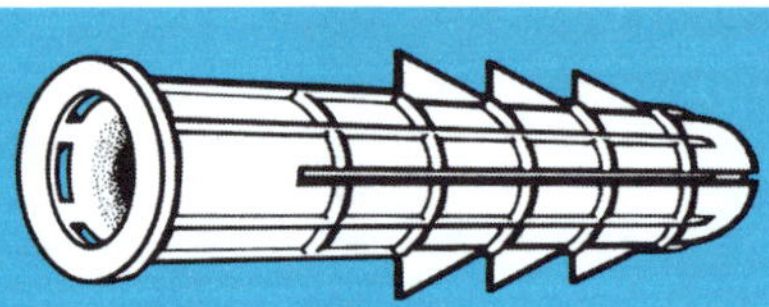

Combi-Dübel

Flossendübel

Hakendübel

Knetdübel

TOX-Dübel

Eine Auswahl für den Heimwerker

TOX-Combi-Dübel Wände, Decken oder Fußböden können aus ganz unterschiedlichen Baumaterialien bestehen. Deshalb muß man die jeweils geeignete Dübelart wählen. Zunächst das Loch schlagen – so tief wie der Dübel lang ist. In Hohlsteinwänden kann das Loch jedoch unverhofft viel tiefer ausfallen als gewollt. Beim TOX-Combi-Dübel (einem Kunststoff-Spreizdübel) macht das nichts. Seine Kappe verhindert das Hineinrutschen des Dübels, so daß er immer bündig mit der Wandfläche bleibt. Wenn in anderen Fällen seine Kappe stört, kann sie leicht mit einem Messer abgeschnitten werden.

Die hervorstehenden Sperrdreiecke halten den Dübel schon vor dem Montieren, z. B. in der Decke, fest und verhindern auch, daß sich der Dübel beim Verschrauben mitdreht. Dieser Dübel wird ebenso wie der Flossendübel in vielen verschiedenen Größen und unterschiedlichen Längen geliefert. Für schwerere Gegenstände wählt man die längeren Dübel und entsprechend lange Schrauben.

TOX-Flossendübel Ein kappenloser Kunststoffdübel mit ähnlichen Eigenschaften wie der Combi-Dübel; die langen Flossen geben ihm eine besonders ausgeprägte Drehsicherung. In Verbindung mit einschraubfertig vormontierten Haken-, Ring- oder Rundkopfschrauben wird er als *TOX-Hakendübel* angeboten. Man braucht die passende Schraube nicht zu suchen. Dübel einfach in das Loch stecken und drehen. Die Schraube übt auf der ganzen spreizbaren Dübellänge einen starken Preßdruck aus und gibt der Befestigung große Sicherheit. Den TOX-Haken-

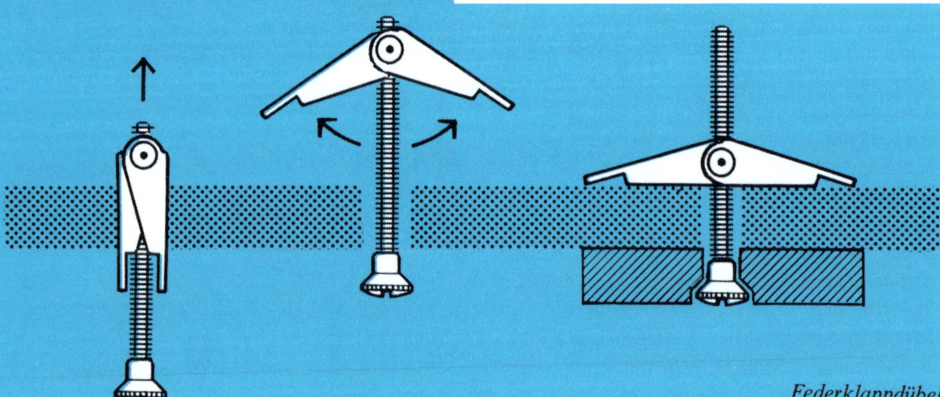

Federklappdübel

dübel gibt es in verschiedenen Schraubenformen (s. Abbildungen). Alle genannten TOX-Dübel zeichnen sich infolge ihres ausgesuchten Kunststoffmaterials durch große Haltbarkeit und durch besonders leichte Verschraubbarkeit aus.

TOX-Knetdübel In manchen Wänden hält kein »normaler« Spreizdübel. Die Bohrlöcher bröckeln aus oder bieten zu wenig Widerstand. Da hilft der TOX-Knetdübel. Er besteht aus einer Spezialmasse und wird vor Gebrauch kurz in Wasser getaucht. Er ist dann verformbar, wird in das Loch oder die Bruchstelle hineingedrückt und verbindet sich von selbst fest mit der Wand. Die Schraube kann an beliebiger Stelle des Dübels eingeschraubt werden. Sehr vorteilhaft, wenn das Loch nicht genau an der gewünschten Stelle sitzt!

TOX-Federklappdübel Oft gibt es Hohldecken oder Hohlwände, bei denen nur eine Verankerung auf der Rückseite einen soliden Halt ermöglicht. Hierfür gibt es den TOX-Federklappdübel. Das ist ein Bolzen mit metrischem Gewinde, auf dem zwei federnd zusammenklappbare Metallschenkel angebracht sind. Man bohrt das Loch, steckt den Dübel hindurch, wobei die Schenkel ein- und auf der Rückseite wieder ausklappen. Mit dem Festschrauben entsteht eine sichere Verankerung. Die abgebildete Dübelform mit Schlitzschraube eignet sich besonders auch zur Anbringung von Gardinenschienen. Es gibt auch eine Form mit offenem Rundhaken, die sich zum Aufhängen von Lampen eignet.

TOX-Hohlraumdübel Ein Spezialdübel, der sich allen, auch einseitigen und unregelmäßigen Hohlräumen in der Wand anpaßt und der dadurch auch bei unübersichtlichen Hohlräumen von selbst die jeweils richtige Verankerung herstellt. Es handelt sich um einen Kunststoffdübel mit Kappe, in den eine Gewindeschraube mit einer Mutter am Ende eingesetzt ist. Bei Drehung der Schraube knicken die Dübelschenkel aus und pressen sich an die Bohrlochwand oder nehmen die nötige Form an. Der Dübel kann auch wie der Federklappdübel verwendet werden; hierbei soll die Wand nicht stärker als 20 mm und nicht schwächer als 8 mm sein. Die Abbildungen zeigen die lieferbaren Schraubenformen.

TOX-Clip-Schelle Zum Verlegen von Rohren und Leitungen. Man braucht diese nur hineinzudrücken.

TOX-Türstop Ein Türpuffer, der automatisch die geöffnete Tür festhält, so daß sie auch bei Luftzug nicht zuschlagen kann. Es ist keinerlei Beschlag an der Tür nötig. Der Türstop ist nur im Fußboden festzuschrauben.

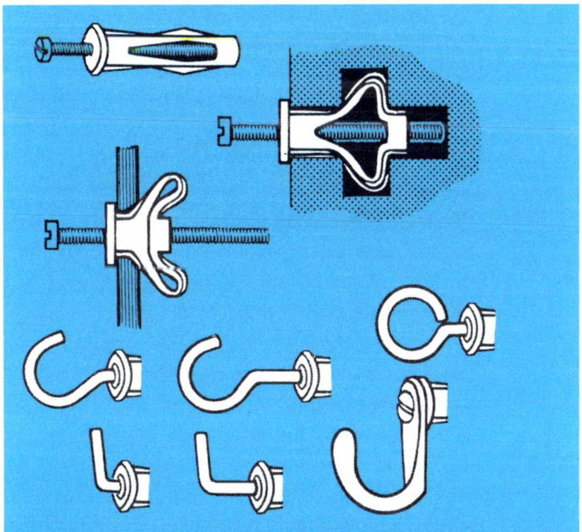

Hohlraumdübel

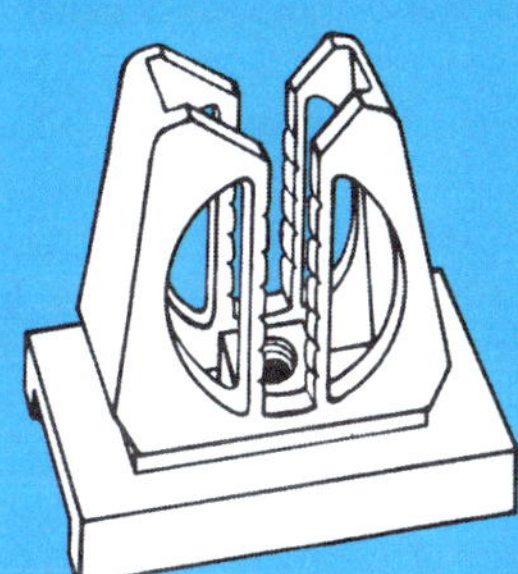

Clip-Schelle

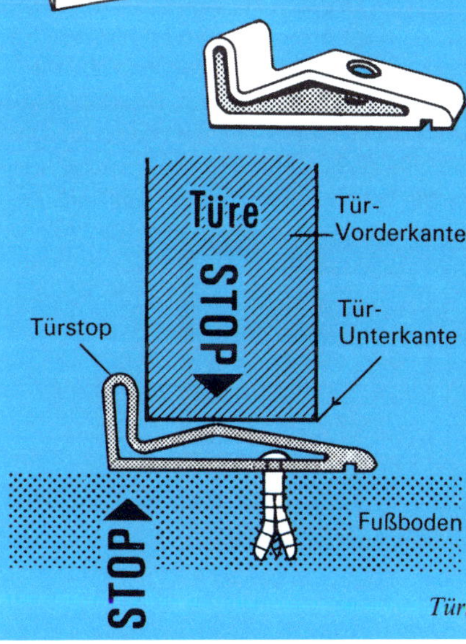

Türstop

9 Risse in Wand und Decke · Putzschäden

Risse in Gebäuden treten in mannigfacher Form auf, können die verschiedensten Ursachen haben und harmlos oder auch höchst gefährlich sein. Der sorgfältige Hausherr wird nicht einfach Risse flicken oder flicken lassen, sondern versuchen, sich über die Ursache klarzuwerden, um sie anzugreifen.

Risse in der Wand

Putzrisse Bei Neubauten zeigen sich bald nach Fertigstellen oder nach der ersten Heizperiode, namentlich innen an den Berührungsstellen zwischen Decken und Mauern, die verhältnismäßig harmlosen Putzrisse; sie entstehen durch Verdunstung des Mörtelwassers oder durch die natürlichen Setzungs- und Dehnungsbewegungen einzelner Baustoffe und des ganzen Baukörpers. Besonders treten sie auf, wenn »fetter« Mörtel – lehmiger Sand oder übermäßige Kalkzugabe – verwendet wurde. Diese Risse werden bei der ersten Wiederholung des Wand- und Deckenanstrichs zugestrichen.

Eingebaute Holzteile Häufig entstehen Risse an Stellen, wo Holzteile, besonders Holzsäulen, in Mauern eingesetzt werden und die ganze Fläche mit einer Putzschicht überdeckt wird. Das Holz arbeitet, die Bewegung überträgt sich auf den Putz, der Putz reißt. Von vornherein vermeidet man das, indem man dem Holz für seine natürliche Bewegung genügend Platz läßt und mit dünnen Latten zwischen Holz und Putzträger (meist »Heraklith«-Platten) einen Hohlraum läßt. Nachträglich kann man die Rissebildung abstellen, indem man den Putz abschlägt, die Holzsäule mit Ziegelgewebe überspannt, das nach beiden Seiten etwas überstehen soll, und neu verputzt. Ziegelgewebe besteht aus Drahtgeflecht mit Ziegelsternchen an den Kreuzungsstellen. Es wird in Bahnen von 1 m Breite hergestellt.

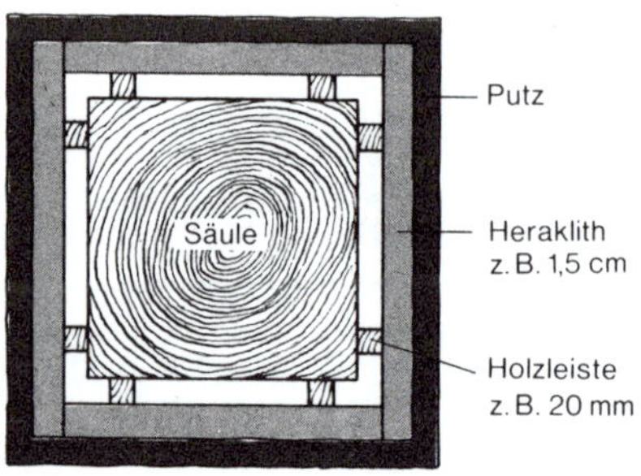

Schnitt durch eine richtig eingebaute Holzsäule

Unterbrochene Mauerverbindung Stärkere Rissebildung an der Verbindungsstelle zweier senkrecht aufeinanderstoßender Mauern sind ein Alarmzeichen: sie zeigen an, daß die Verbindung der beiden Mauern unterbrochen ist. Ist nur eine der beiden Mauern belastet, hat sie sich möglicherweise »gesetzt« und damit die Verbindung unterbrochen. In diesem Falle läßt man die Setzung dieser Mauer zuerst zum Abschluß kommen – das ist etwa ein Jahr nach Errichtung der Fall. Dann kann man, wie oft zur Beseitigung leichterer Fliegerschäden mit Erfolg geschehen, in jeder Stockwerkshöhe dreimal (oben, Mitte, unten) ein Loch in die Verbindungsstelle schlagen und hier neu vermauern. »Man« heißt jedoch hier soviel wie »Baufachmann«, er allein soll Arbeiten dieser Art ausführen.

Durchgehende Risse Ein ebenso ernstes Warnzeichen sind durchgehende senkrechte Risse in Außen- oder Mittelmauern. Die Ursache kann liegen in mangelhafter Tragfähigkeit, übermäßigen Setzungen, Längsdehnungen. In jedem Fall muß der Fachmann heran.

Risse in Kellermauern Besondere Aufmerksamkeit verdient Rissebildung in Kellermauern, weil sie häufig auf ein Ausweichen des Baugrundes zurückgeht. Zwar ist nicht nur Kies als Baugrund geeignet; weniger tragfähiger Grund, z. B. Lehmboden, verlangt jedoch andere Abmessungen bei den Fundamenten. Auch heute noch werden nicht wenige Gebäude auf schlecht tragfähigen Grund gestellt. Auch die Grundwasserverhältnisse sind von Bedeutung, Steigen und Sinken des Grundwasserspiegels beeinflussen die Tragfähigkeit des Bodens. In allen diesen Fällen ist der Fachmann heranzuziehen; vor neuen Baumaßnahmen stets bei der Baubehörde Erkundigungen über Grundwasserverhältnisse einziehen!

Leichtsteinwände In Leichtsteinwänden entstehen Risse durch starke Erschütterungen oder infolge falscher Vermauerung. Haarrisse sind unbedeutend. Stärkere Risse erfordern Gegenmaßnahmen. Meist genügt es, die Fugen zwischen den Steinen auszukratzen, von Staub zu säubern und mit Zementmörtel neu zu verschließen. Damit die Putzfläche einheitlich wird, muß dabei gewöhnlich der gesamte Wandputz erneuert werden.

Leichtbauplatten Falsche Verlegung oder falsche Ausbildung der Fugen ist auch die gewöhnliche Ursache bei Rissen in Wänden aus Leichtbauplatten. Gleichgültig, ob solche Platten vermauert oder auf eine Unterkonstruktion (Dachsparren oder Riegelgerippe) genagelt werden – die Fugen sollen in jedem Fall vor dem Aufbringen von Putz mit Gewebestreifen (S. 216) überdeckt werden. Ist das versäumt worden, muß man den Putz entfernen, die Fugendeckstreifen aufnageln und neu verputzen.

Risse in der Decke

Harmlose Putzrisse In Decken kommen zunächst die gleichen harmlosen Putzrisse vor wie in Wänden. Bei Holzbalkendecken haben sie ihre Ursache in der natürlichen Bewegung des Holzes der Deckenschalung. Sie können kaum auftreten, wenn man für die Deckenschalung schmale – nicht über 10 cm breite – Bretter verwendet und zwischen ihnen etwa 1 cm Zwischenraum läßt. Bei sogenannten Massivdecken – Stahlbetondecken, Decken aus Betonfertigteilen, Decken aus Beton in Verbindung mit Stahlträgern u. a. – ist die Ursache meist nicht Belastung, sondern Bewegung quer zur Tragrichtung.

Moltofill Zum Verspachteln harmloser Risse in Wand und Decke hat sich Moltofill bewährt, ein weißes Pulver, das ähnlich wie Gips zu verarbeiten und in Baustoffhandlungen, Drogerien und Farbgeschäften zu kaufen ist.

Andere Deckenschäden Verschwinden diese Risse nicht mit dem zweiten Anstrich, sind stärkere Risse vorhanden oder zeigt gar die ganze Decke Durchbiegungen, so muß zwar noch kein schwerer Schaden vorliegen, jedenfalls aber ein Fachmann herangezogen werden. Er wird feststellen, ob Konstruktions- oder Bemessungsfehler vorliegen oder z.B. eine das Normalmaß nicht überschreitende Durchbiegung.

Jeder Holzbalken biegt sich nämlich unter Belastung, ja sogar ohne Belastung, allein durch sein Eigengewicht, etwas durch, mag das auch dem bloßen Auge nicht wahrnehmbar sein. Die statischen Vorschriften sehen ein Durchbiegungsmaß von $^1/_{300}$ der Stützweite als zulässig an; demnach darf ein Balken von 6 m Stützweite eine Durchbiegung bis zu 2 cm aufweisen. Ist sie stärker, kann der Balken immer noch tragfähig sein, es rückt aber die Gefahr heran, daß die Decke von ihren Auflagern abgleitet.

Stahlträger in Holzbalkendecke Wir erwähnen noch einen Sonderfall, der uns zugleich Gelegenheit gibt, die Konstruktion einer Holzbalkendecke im Prinzip zu betrachten. Risse im Deckenputz treten auf an Stellen, wo ein Stahlträger – zur Aufnahme einer darüberliegenden Mauer – in eine Holzbalkendecke eingelegt wurde. Die Risse brauchen nicht zu bedeuten, daß der Träger zu schwach sei. Sie rühren gewöhnlich daher, daß Stahl andere Elastizitätseigenschaften hat als Holz.

Das Bild zeigt die normale Konstruktion: die Deckenschalung – meist 18 mm starke Bretter – ist von unten gegen die Balken genagelt; unter der Schalung sind Rohrmatten (gewöhnlich Bahnen von 1 m Breite) mit verzinktem Draht und Rohrhakenstiften angenagelt. Diese Schicht dient als Putzträger für den Deckenputz.

Stahlträger in Holzbalkendecke

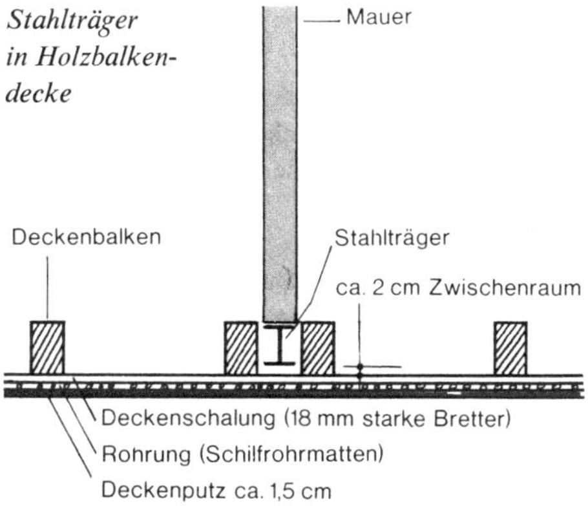

Der Stahlträger ist im Bilde in der Anordnung gezeigt, in der er keine Risse hervorrufen wird: Unterkante 2 cm höher als die der Holzbalken. Rissebildungen unter einem falsch verlegten Stahlträger kann man nachträglich beseitigen, indem man eine Bahn des oben (S. 240) erwähnten Ziegelgewebes – nach Entfernen des alten Putzes – auf den vorhandenen Putzträger legt, gut mit der Deckenschalung vernagelt und neu verputzt.

Andere Putzschäden, insbesondere an Fassaden

Feuchtigkeit Bröckeln ganze Putzflächen ständig ab, wie man es z.B. nicht selten in Treppenhäusern erlebt, so ist meist Feuchtigkeit die Ursache; oft zeigt sich gleichzeitig eine weißlich-mehlige Schicht an der Putzoberfläche. Es hat keinen Zweck, hier etwa einfach den Putz zu erneuern, solange nicht der Ursprung des Feuchtigkeitszustroms aufgedeckt ist. Oft steigt Feuchtigkeit vom Baugrund her auf. Die dann notwendigen Isoliermaßnahmen – waagerechtes Durchschneiden der Mauer, Einlegen einer Isolierschicht (meist Pappe und Metalleinlagen), sorgfältiges Austrocknen vor Neuverputzen – verlangen den Fachmann, und zwar ein auf solche Arbeiten eingestelltes Spezialunternehmen.

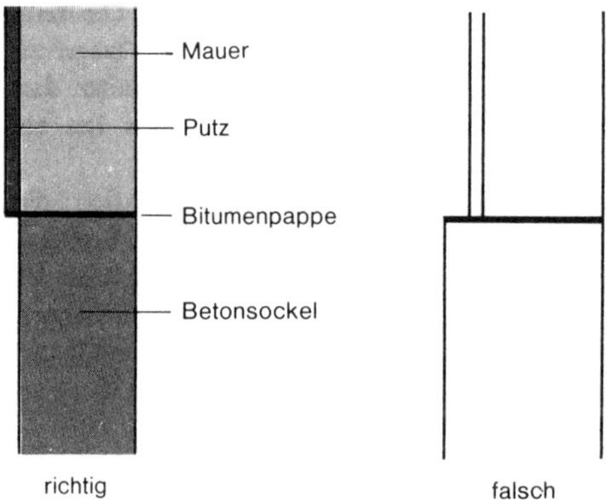

Treiben von Kalkteilchen Löcher bis zu Handtellergröße können in frischen Putzflächen entstehen, wenn für die Bereitung des Putzmörtels Sumpfkalk (Weißkalkteig) verwendet wurde, der nicht gut gelöscht und nicht genügend abgelagert war. Die nicht gelöschten Kalkteilchen ziehen Feuchtigkeit an, vergrößern ihr Volumen und sprengen die Putzschicht. Vereinzelte Löcher dieser Art kann man mit Schweißsandmörtel (S. 221) mit Gipszusatz verschließen. Vorher sind die ungelöschten Kalkstücke auszustechen. Bei größeren derartigen Schäden muß die ganze Schicht abgeschlagen und erneuert werden.

Ausblühungen Verfärbungen und Zerstörungen im Putz können auch vom vermauerten Steinmaterial herrühren, seltener bei Ziegelsteinen, häufiger bei Steinen aus Schlacke oder Ziegelsplitt. Schutz: Einkauf guter Steine im anerkannten Fachgeschäft. Ist das Malheur passiert, muß nicht selten das Mauerwerk ausgewechselt werden.

Durchfeuchteter Fassadenputz Manchmal zeichnen sich bei Regenwetter die Fugen des Mauerwerkes stark auf dem Fassadenputz ab, ein Zeichen dafür, daß der Putz durchfeuchtet wird. Kommt das einmal vor, ist es ungefährlich; wiederholt es sich, leidet der Putz Schaden. Ein wasserabweisender Anstrich schützt (S. 43f., 49f.). Wolkenartige Verfärbungen im Fassadenputz, die vom Sockel ausgehen und sich nach oben ausdehnen, beruhen meist darauf, daß ein falsch ausgebildeter Sockel das Niederschlagwasser nicht ablaufen läßt. Ist der Sockel falsch angelegt, kann man den hindernden Vorsprung streifenartig abschrägen: die durch die Brecharbeit entstandenen Unregelmäßigkeiten werden mit Zementmörtel ausgeglichen.

Abschrägen des Sockels

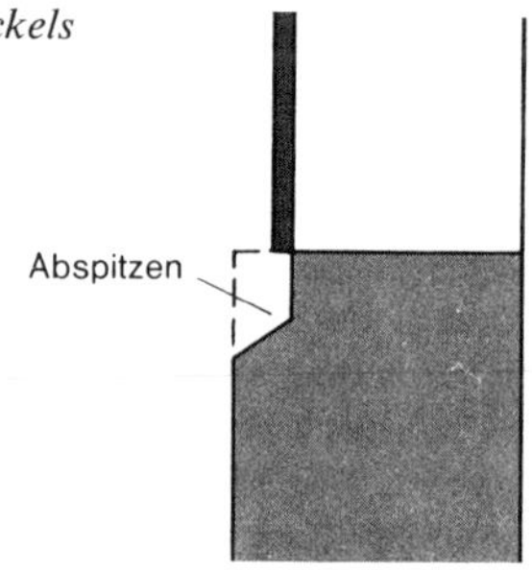

Überall, wo Putz erneuert werden muß, kommt es darauf an, das Mauerwerk zuerst von Putzresten aller Art zu befreien, dann die Fugen mit einem harten Gegenstand, z. B. der Spitze einer Bauklammer, etwa 1 cm tief auszukratzen sowie das Mauerwerk sauber abzukehren und austrocknen zu lassen, bevor neuer Putz aufgebracht wird.

Schwamm Der gefährlichste aller Putzzerstörer ist der echte Hausschwamm. Wegen dieser Gefährlichkeit und weil er sein schädliches Wirken keineswegs allein auf den Putz richtet, behalten wir ihm einen eigenen Abschnitt vor (S. 248).

Fleckenbeseitigung · Vergipsen von Rissen Soll eine Putzfläche einen Anstrich erhalten, braucht sie oft noch eine weitere Vorbehandlung (S. 37).

10 Dachkonstruktionen

Bauholz

Über die allgemeinen Eigenschaften des Holzes, über die wichtigsten Holzarten und Holzfehler können Sie sich, falls Sie den Abschnitt über Arbeiten mit Holz noch nicht gelesen haben, auf S. 137 orientieren.

Eignung der Holzarten Seine wichtigste Verwendung findet Bauholz in Form von Deckenbalken und Konstruktionshölzern für Dachstühle. Deshalb bevorzugt man langfaseriges Holz. An erster Stelle steht hier die Fichte; wo die Empfindlichkeit des Fichtenholzes gegen wechselnde Feuchtigkeit hindernd im Wege steht, bevorzugt man Kiefer. Der Verwendung des mittelharten, widerstandsfähigen Lärchenholzes als Bauholz sind durch seinen höheren Preis Grenzen gesetzt. Buchenholz wird wegen seines starken Arbeitens, seiner Riß- und Feuchtigkeitsempfindlichkeit als Bauholz weniger verwendet, außer für Türschwellen, Treppenstufen und zuweilen für Unterlagebretter. Das äußerst beständige Eichenholz nimmt man, weil es nicht sehr elastisch ist, weniger für Balken, dagegen gern für stark beanspruchte Säulen, Schwellen, Unterlagehölzer, Streben. Außerdem spielt es eine bedeutsame Rolle im Innenausbau, besonders für Parkettböden. Eiche muß vor dem Einbau gut ausgetrocknet sein. Eichenholz zählt zu den »schwer entflammbaren« Baustoffen!

Holzfehler Von den S. 90 besprochenen Holzfehlern macht der spiralförmige Drehwuchs den Stamm für Balken ungeeignet, weil er die Tragfähigkeit stark beeinträchtigt. Auch stärkere Rissebildung, die manchmal den Kern gänzlich vom Splint trennt, schließt die Eignung als Bauholz aus.

Angelaufenes Holz Blaue, rötliche oder auch schwarze Verfärbungen, die hauptsächlich im Splint auftreten und darauf zurückgehen, daß der Baum in der warmen Jahreszeit gefällt wurde und in der Rinde am Waldboden liegenblieb, beeinträchtigen in der Regel die Güte des Bauholzes nicht; doch muß derartiges »angelaufenes« Holz gut austrocknen können, es muß vor Feuchtigkeit unbedingt geschützt sein, darf nicht mit feuchten Bauteilen (Mörtel) in Berührung kommen. Angelaufenes Holz ist anfällig gegen Schädlinge. Dazu S. 139.

Güteklassen Bauholz wird in die Güteklassen I bis III eingeteilt. Die genormten Bestimmungen berücksichtigen: Beschaffenheit (Fäule, Risse, Streifenbildung, Wurmfraß u.a.) · Schnittklasse (scharfkantig geschnitten, fehlkantig geschnitten, sägegestreift) · Maßhaltigkeit (Genauigkeit des Schnittes) · Feuchtigkeitsgehalt · Jahresringbreite (breite Jahresringe geben weiches Holz) · Astansammlungen · Astdurchmesser · Faserverlauf (am besten parallel zur Schnittkante) · Krümmung des geschnittenen Holzes.

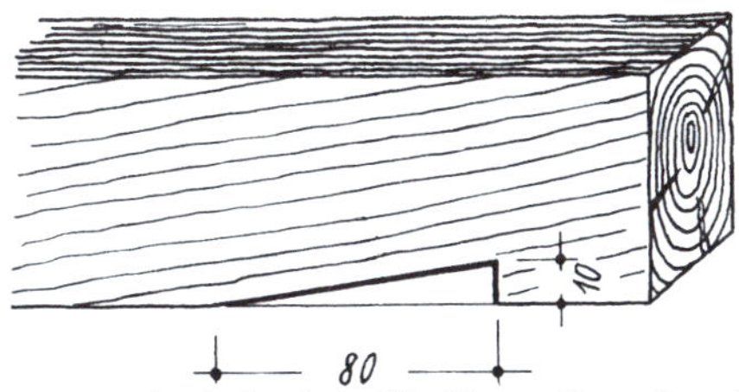

Faserverlauf der bei Güteklasse II noch zulässigen Neigung 1:8

Die große Masse des verwendeten Bauholzes gehört der Güteklasse II an.

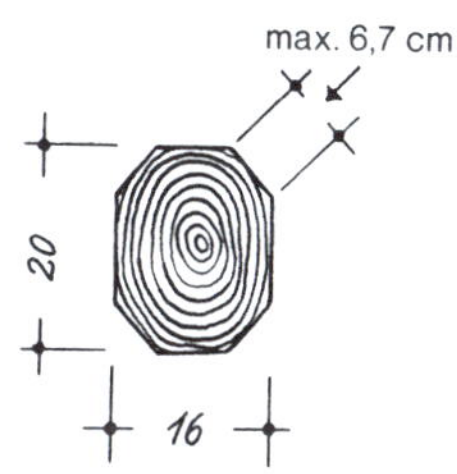

Schnitt durch einen Balken mit vier Fehlkanten

Feuchtes Bauholz Nicht ganz ausgetrocknetes Bauholz kann in der Regel unbedenklich eingebaut werden, sofern es in eingebautem Zustand völlig austrocknen kann, also auf mindestens einer Seite von frischer Luft umspült wird.

Balkenauflager Beim Auflager kommen Holz und Mauerwerk in Berührung. Hier kommt es darauf an, daß das Holz an der Stirnseite einen Luftraum von etwa 2 cm behält. Außerdem ist es trocken einzumauern: es darf keine Mörtelschicht zwischen Stein und Holz kommen.

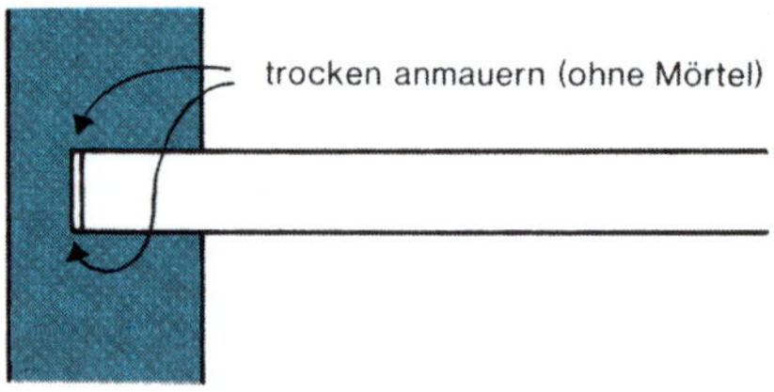

Balkenauflager (Draufsicht)

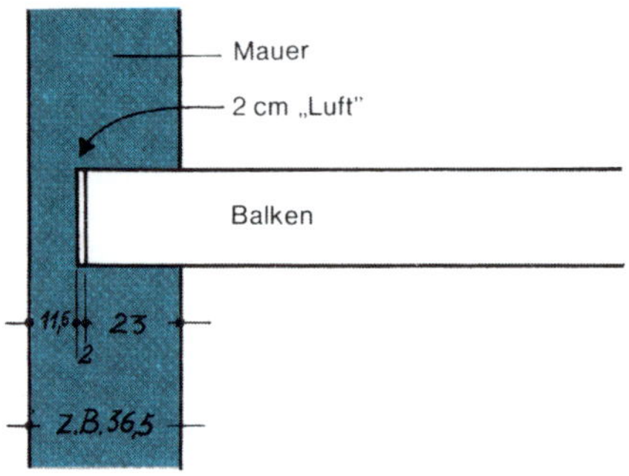

Balkenauflager (Schnitt)

Holzteile, die durch Putz umkleidet werden, sollen einen Bewegungsspielraum behalten, am besten einen Luftraum (gebildet durch Latten zwischen Holz und Verkleidung). Alle eingebauten Holzteile sollten außerdem einen Schutzanstrich erhalten. Dazu S. 139.

Drei Arten der Dachkonstruktion

Man muß unterscheiden zwischen Pfettendach, Sparrendach und Kehlbalkendach. Grundlage der Holzkonstruktionen ist die Normvorschrift DIN 1052.

Eine besondere Rolle spielen bei den Holzkonstruktionen die Verbindungsmittel wie Anker, Schrauben und Nägel. Bei der Nagelverbindung ist besonders darauf zu achten, daß der verwendete Nagel der Brettstärke entspricht. Die umstehende Tabelle enthält die Werte für alle Holzdicken von 20 bis 80 mm.

Das stuhlgestützte Pfettendach Pfetten sind waagerecht angeordnete, parallel zum Dachfirst verlaufende Balken. Das in der Zeichnung dargestellte Pfettendach ist durch einen zweifach stehenden Stuhl gestützt. Die Mittelpfetten werden in einem Abstand von 3 bis 4 m durch Säulen unterstützt. Die hierdurch entstehende Konstruktion nennt man Binder. Zum Binder gehört auch das bei der Unterstützung anfallende Sparrenpaar. Die Sparren zwischen den Bindern haben einen Abstand von 70 bis 80 cm.

Die Konstruktion muß nicht nur die Belastung aus den Eigengewichten (Dachdeckung und Konstruktion) sowie aus Schneelast und Winddruck aufnehmen können, sondern auch durch Verankerung an den darunter liegenden Bauteilen (siehe Details) gegen Abheben durch Windsog gesichert werden.

Das Pfettendach

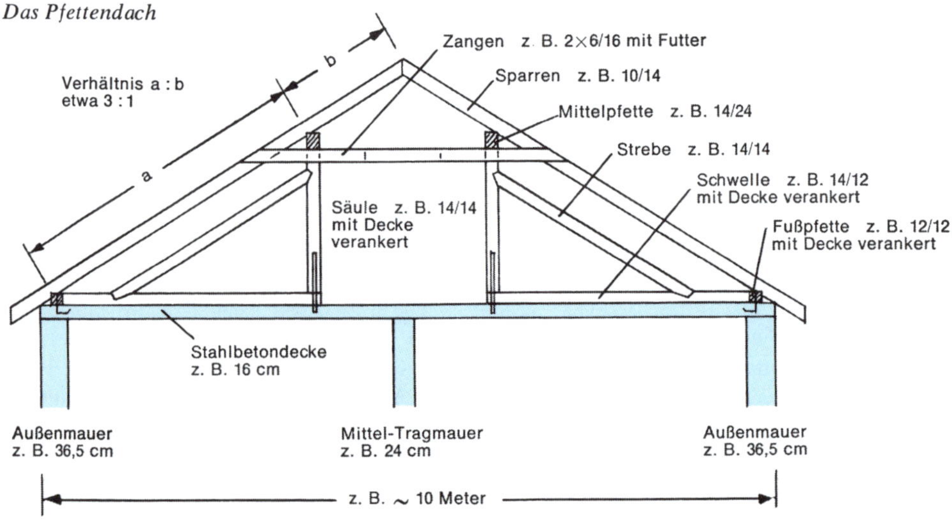

Detail Mittelpfette

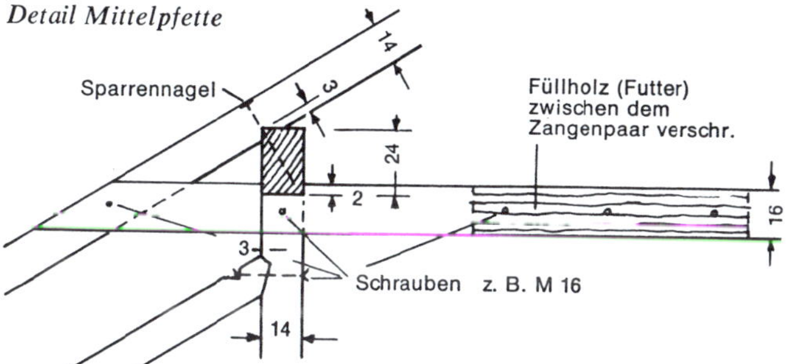

Detail Fußpfette

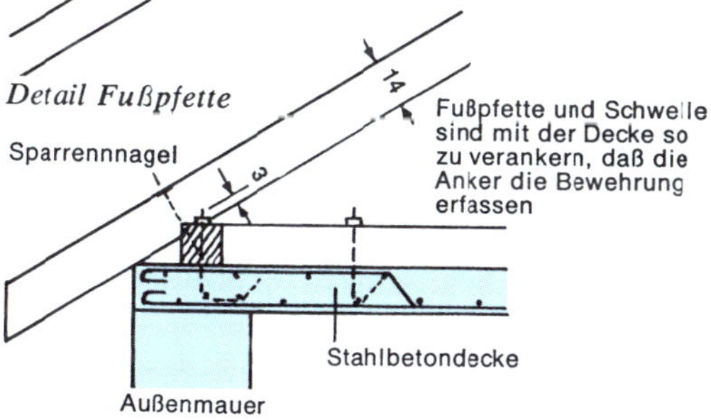

Detail Säulenfuß

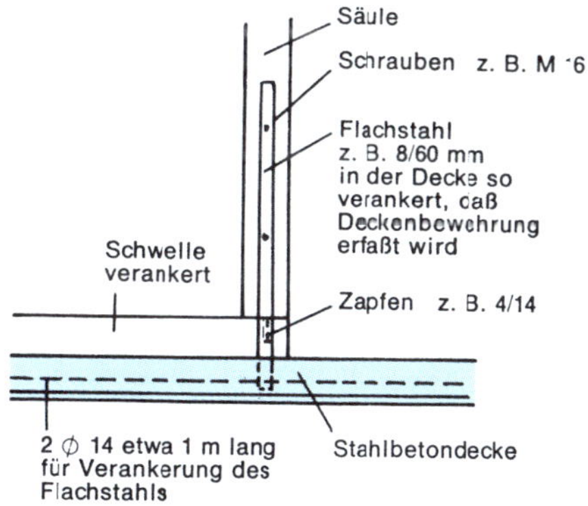

Das Sparrendach

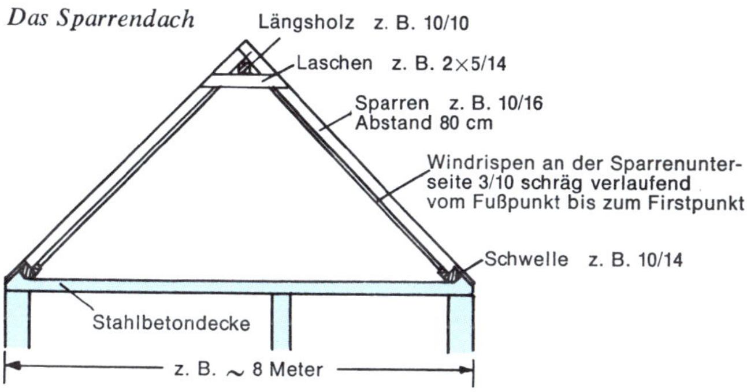

Detail Firstknotenpunkt

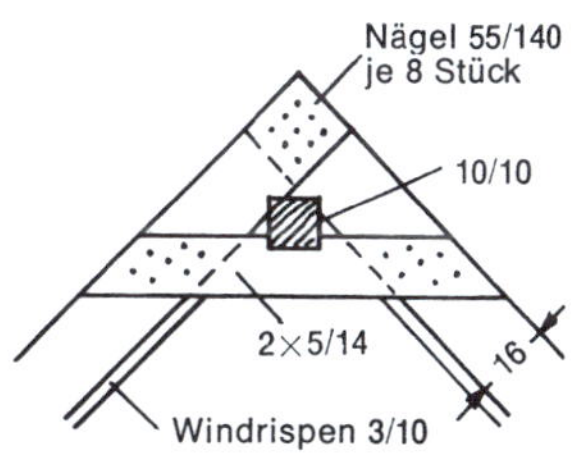

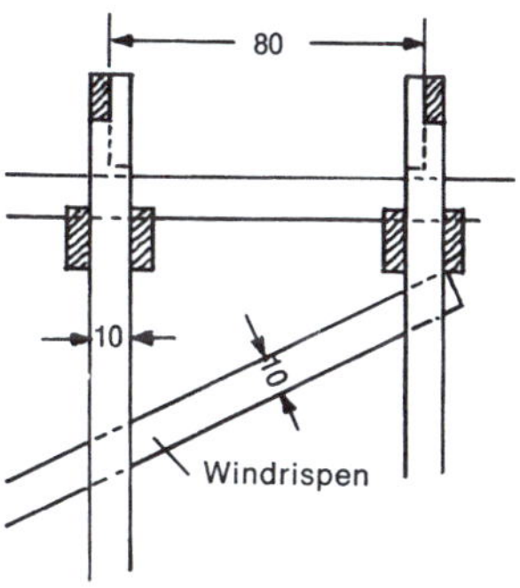

Detail Fußpunkt

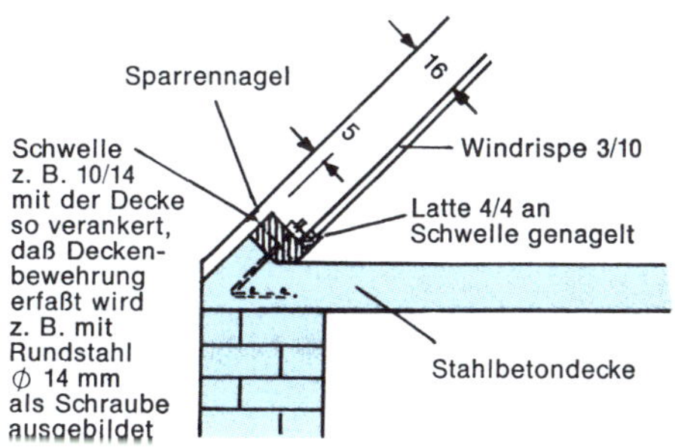

Das Sparrendach Diese Konstruktion wird besonders für steilere Dächer gewählt. Je ein Sparrenpaar mit dem zugehörigen Deckenstreifen bilden das Tragwerk (Dreigelenktragwerk). Ist keine Massivdecke vorhanden, kann für jedes Sparrenpaar ein Binderbalken angeordnet werden. Ein wesentlicher Vorteil des Sparrendachs liegt darin, daß es freien, nutzbaren Dachraum bietet. Allerdings können keine breiten Dachfenster angeordnet werden; die Tragfähigkeit der Konstruktion würde dadurch beeinträchtigt.

Die Sparren, die beim Pfettendach nur auf Biegung beansprucht werden, werden hier sowohl auf Biegung wie auf Druck beansprucht. Die Druckkräfte in der Längsrichtung der Sparren haben eine Beanspruchung der Massivdecke (bzw. der Binderbalken) auf Zug zur Folge.

Die Verankerung gegen Windsog an den Fußpunkten muß sehr sorgfältig vorgenommen werden. Die Verankerungsmittel sollen gleich bei der Herstellung der Decke mit einbetoniert werden. Wenn man nur Aussparungen anordnet und die Anker erst nachträglich setzt und ausgießt, wird die erforderliche Tragfähigkeit meist nicht mehr erreicht.

Wie die Zeichnungen deutlich machen, müssen die Anschlüsse hier anders als beim Pfettendach ausgebildet werden.

Das Kehlbalkendach Hier handelt es sich um ein Sparrendach, bei dem zur waagerechten Aussteifung Riegel oder Zangen (Kehlbalken) zwischen je zwei gegenüberliegenden Sparren angeordnet sind.

Der Dachraum läßt sich gut ausnutzen, vor allem können die Kehlbalken gleich die Decke für einen ausgebauten Dachraum bilden. Für die Statik des Tragwerkes gelten die gleichen Grundsätze wie beim Sparrendach.

Das Kehlbalkendach

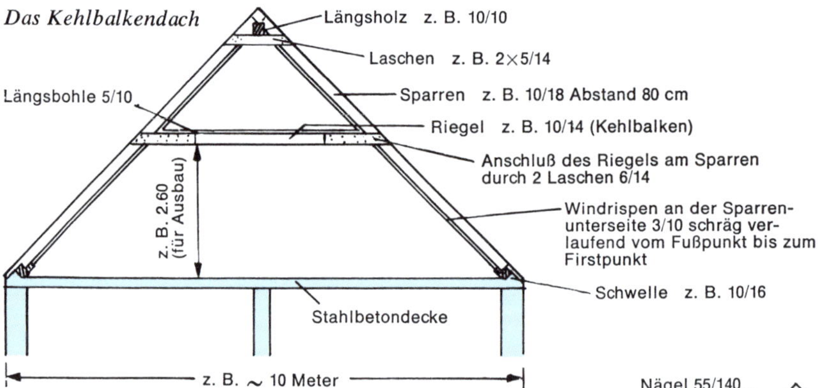

Detail Kehlbalken

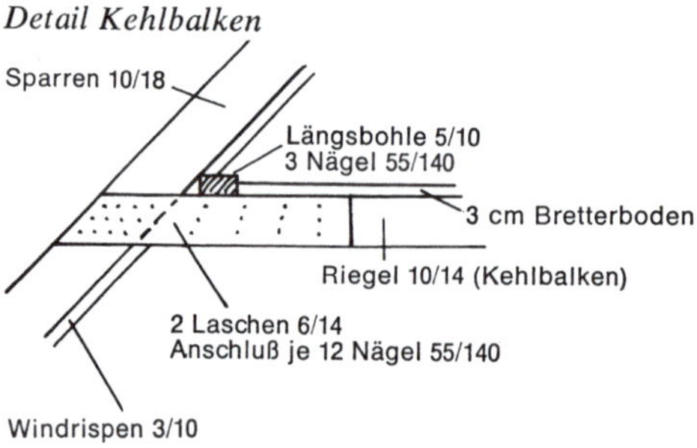

Detail Firstknotenpunkt

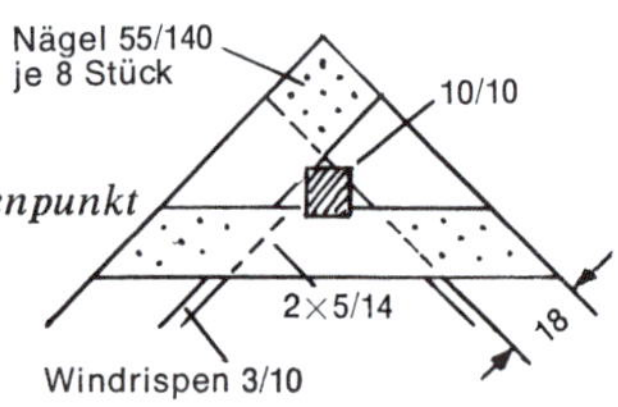

Detail Fußpunkt

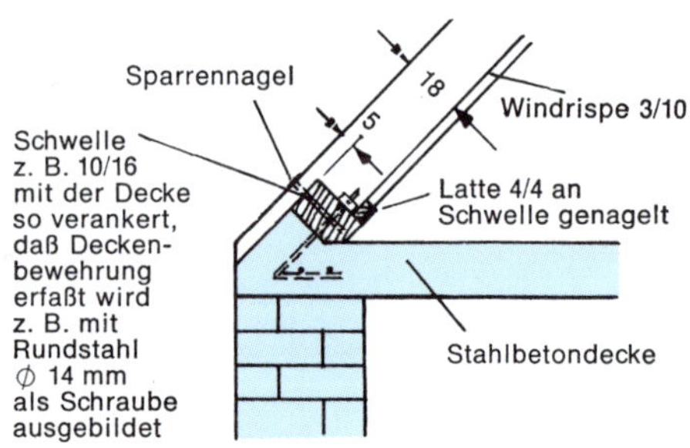

Zulässige Belastung von Nägeln nach DIN 1052

Nur runde Drahtstifte verwenden. Nageldicke nach dünnstem Holz bestimmen. Im allgemeinen fettgedruckte Werte wählen, bei nassem oder weitringigem Holz die dicken, bei trockenem oder engringigem die dünnen Nägel bevorzugen. Die zulässigen Belastungen sind zu ermäßigen: Bei Stoßlaschen von Zuggliedern um 10%, wenn mehr als 10, und um 20%, wenn mehr als 20 Nägel hintereinander angeordnet sind; bei Anschlüssen von Brettern, Bohlen u. dgl. an Rundholzflächen um 1/3.

Mindestabstände der Nägel: in der Kraftrichtung 12 *d* vom belasteten, 5 *d* vom unbelasteten Rande; 10 *d* untereinander; winkelrecht zur Kraftrichtung 5 *d* vom Rande, 5 *d* nebeneinander.

Holzdicke	Nägel	Zulässige Belastung je Nagel in kg	
mm	*d* in 1/10 mm, *l* in mm	einschnittig	zweischnittig
20	28 × 65	30	60
22	**31 × 70**	37,5	75
	34 × 90	45	90
	31 × 70	37,5	75
24	**34 × 90**	45	90
	38 × 100	52,5	105
26	34 × 90	45	90
28	**38 × 100**	52,5	105
	42 × 110	62,5	125
30	38 × 100	52,5	105
35	**42 × 110**	62,5	125
	46 × 130	72,5	145
	42 × 110	62,5	—
40	**46 × 130**	72,5	145
	55 × 140	95	190
45	46 × 130	72,5	145
	55 × 140	95	190
	46 × 130	72,5	—
50	**55 × 140**	95	—
	55 × 160	95	190
	55 × 140	95	—
55	**55 × 160**	95	190
	60 × 180	110	220
	55 × 140	95	—
60	**60 × 180**	110	220
	70 × 210	145	290
	60 × 180	110	—
70	**70 × 210**	145	290
	75 × 230	160	320
	70 × 210	145	—
80	**75 × 230**	160	320
	80 × 260	175	350

Nägel	für Holzdicke	Nägel	Zulässige Belastung je Nagel in kg	
d in 1/10 mm	mm	min *l* in mm	einschnittig	zweischnittig
28	20, 22	65	30	60
	20	70		
31	**22**	**70**	37,5	75
	24	70		
	20	90		
34	**22, 24**	**90**	45	90
	26, 28	90		
	24	100		
38	**26, 28**	**100**	52,5	105
	30, 35	100		
	26, 28	110		125
42	**30, 35**	**110**	62,5	
	40	110		—
	30, 35	130		
46	**40**	**130**		145
	45	130	72,5	
	50	130		—
	40	140		190
	45	**140**		—
	50	**140**		
55	**50**	**160**	95	190
	55	140		—
	55	**160**		180
	60	140		—
	55	180		220
60	**60**	**180**	110	
	70	180		—
	60	210		290
70	**70**	**210**	145	
	80	210		—
75	70	230	160	320
	80	**230**		
80	80	260	175	350

(*d* = Durchmesser; *l* = Länge; min *l* = Mindestlänge)

Achtung – Schwamm!

Alle möglichen Erkrankungen des Holzes und des Hauses werden von Laien oft unter dem Sammelbegriff »Schwamm« zusammengeworfen. Tatsächlich müssen wir unterscheiden mindestens zwischen Fäulniserscheinungen, hervorgerufen durch Pilze, dem eigentlichen oder echten Hausschwamm (gleichfalls eine Pilzerkrankung) und tierischen Schädlingen verschiedener Art.

Während andere Pilzerkrankungen von der Brutstätte Waldboden herrühren, befallen die Keime des echten Hausschwamms das Holz erst in eingebautem Zustand. Es ist also falsch, zu behaupten, Schwamm sei mit dem frischen Holz in ein Gebäude gekommen. Richtig dagegen ist, daß bereits vom Waldboden her befallenes Holz besonders schwammgefährdet ist. Feuchtigkeit, Dunkelheit und warme, stehende Luft begünstigen die Entfaltung und Ausbreitung auch des Schwamms.

Wenn die Sporen des Hausschwamms (kleine wurzelförmige Erreger) zu keimen beginnen, zeigt sich an der Oberfläche des befallenen Holzes ein weicher, feuchter Flaum, der sich allmählich zu einem dicken Fadengeflecht verwandelt. Von diesem Geflecht aus verbreiten sich in großer Zahl feine Fäden, die immer wieder geflechtartige Gewächse bilden. Die einzelnen Gebilde vereinigen sich durch ständige Ausbreitung zu großen Flächen und saugen buchstäblich alle erreichbaren Holzteile auf. Dann trocknet der Schwamm zu einer lederartigen Masse ab, ohne jedoch dadurch an Gefährlichkeit zu verlieren.

Vom Hausschwamm befallene Holzteile müssen restlos beseitigt und sofort verbrannt werden. Da die Sporen des Pilzes jedoch auch in der Putzschicht oder im Mauerwerk liegen können, müssen auch diese Bauteile sorgfältig untersucht werden. Vorbeugen gegen den Schwamm kann man, indem man nur trockenes Holz einbaut und das eingebaute Holz vor Feuchtigkeit schützt. Das gilt besonders für Bauteile, die nicht allseitig von Luft umspült werden können, wie Balkenköpfe (Auflager der Balken im Mauerwerk), Fußbodenlager, Schwellen u. ä. Gefährlich ist es, feuchten Deckenfüllstoff einzubringen oder gar Bauschutt für diesen Zweck zu verwenden. Gefährlich ist es, nicht völlig ausgetrocknete Holzteile mit luftundurchlässigen Stoffen zu verkleiden, etwa nicht ganz ausgetrocknete Holzfußböden mit Linoleum oder Gummibelag abzudecken. Den besten Schutz bieten die chemischen Imprägnierungsmittel. Am wirksamsten ist die Imprägnierung, wenn die Holzkonstruktionsteile nach der Bearbeitung und vor dem Zusammenbau in ein Bad mit Imprägniermittel gelegt werden (Tränkkessel). Ist Tränkung nicht möglich, muß man sich auf eine Oberflächenbehandlung beschränken (Auftrag durch Pinsel oder Spritzpistole).

Ein bekanntes Imprägniermittel ist das Xylamon. Dieses Mittel gibt es in verschiedenen Zusammensetzungen und Farbtönen. Bei der Verarbeitung ist Vorsicht geboten, es enthält Giftstoffe. Genaue Verarbeitungsanleitungen findet man auf den Behältern.

Größte Aufmerksamkeit verdienen alle feuchten, verfärbten, mit mehl- oder schimmelartigen Schichten überzogene Stellen im Bauholz. Bei jeder Unklarheit ist ein Fachmann zu befragen. Auch die Schwammbekämpfung ist Sache eines erfahrenen Fachmanns.

11 Bedachungen

Dachkonstruktion · Schalung · Dachhaut Das Dach besteht aus der Dachkonstruktion, die im vorigen Abschnitt ausführlich dargestellt ist, der Dachschalung (Verkleidung des Dachraumes mit Brettern o. ä.) und der Dachhaut (Dacheindeckung einschließlich der eventuell nötigen Dachlattung).

Die Dachhaut muß immer als Einheit mit den Rinnen und Ablaufrohren zur Niederschlagsbeseitigung betrachtet werden. Scharblech, Dachrinnen, Rinnenabläufe, Kamineinfassungen, Dachfensterverkleidungen verdienen die gleiche Aufmerksamkeit wie die Eindeckung selbst.

Arten von Bedachungen Als älteste Dachdeckungen findet man in Mitteleuropa Stroh und Schilfrohr, in Gebirgsgegenden auch Holzschindeln und Abdeckung durch einfache mit Steinen beschwerte Bretter. Neben diese »weichen« Deckun-

gen treten Hartbedachungen aus Schiefer und gebrannten Ziegeln. In einzelnen Gegenden finden sich Deckungen aus Sandstein- oder Kalksteinplatten. In neuerer Zeit haben sich Deckungen aus verschiedenen Blechen (verzinkte Eisen- oder Stahlbleche · Kupferblech · Zinkblech · Blei · Leichtmetall), aus Pappe, aus Glas verbreitet. Hinzu treten Betonplatten, Asbestzementplatten (z. B. Eternit) und verschiedene Kunststoffe.
Alle Bedachungsarten erfordern, sollen sie ihren Zweck erfüllen, richtige Aufbringung und eine bestimmte Neigung (Dachneigung). Wir befassen uns im folgenden hauptsächlich mit dem Ziegeldach und werfen daneben einen kurzen Blick auf einige andere Arten.

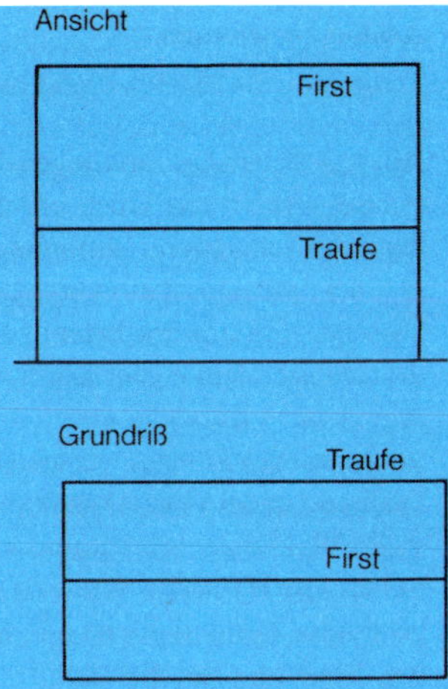

Satteldach

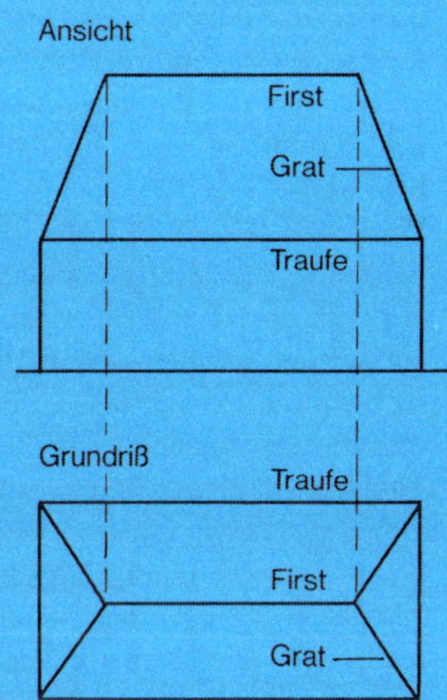

Walmdach

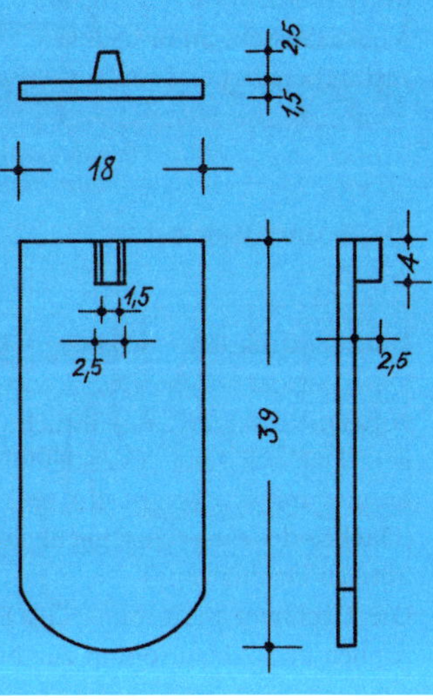

Biberschwanzplatte in Draufsicht und Schnitt

Ziegeldeckungen

Dachziegel sind wetterbeständig (wenn richtig gebrannt), sie geben schöne und belebte Dachformen und -flächen. Jede Ziegelart verlangt eine ganz bestimmte Dachneigung. Für fast alle Arten gibt es Formstücke aus Glas, die wie Ziegel eingesetzt werden können und dem Dachraum Licht geben. Fast alle Arten werden ferner mit oder ohne »Engobe« hergestellt. Das ist eine Farbschicht auf der sichtbaren Oberfläche der Ziegel, die das Aussehen verschönt und die Ziegel dichter macht.

Biberschwanz Die Biberschwanzplatte ist eine ebenflächige Ziegelplatte, die zum Einhängen auf der Dachlatte eine »Nase« am oberen Rande der Unterfläche hat. Der untere Abschnitt kann gerade, segmentförmig, halbkreisförmig oder dreieckig sein. Die Gradschnittplatte wird oft für Doppeldeckungen bevorzugt. Einfachdeckung, Doppeldeckung und Kronendeckung sind die drei mit Biberschwänzen möglichen und gebräuchlichen Deckungsarten.

Einfachdeckung Einfachdeckung verwendet man wegen ihres geringen Ziegelbedarfs für untergeordnete Bauten. Auf die Dachstuhlkonstruktion, in der Regel auf die Sparren, werden Dachlatten, etwa 3 × 5 cm stark, im Abstand bis zu 22 cm waagerecht aufgenagelt.
Die Platten werden reihenweise nebeneinander auf die Latten gehängt. Die unterste Reihe am Dachfuß legt man doppelt (Doppelschar). Die Längsfugen zwischen je zwei nebeneinander lie-

genden Platten werden durch die folgende Lage nicht ganz überdeckt; damit hier keine Feuchtigkeit eindringen kann, legt man unter diese Fugen Streifen aus Blech oder Pappe, am häufigsten jedoch aus Holz. Die »Holzspließe« sollen nicht geschnitten, sondern gespalten und zum Schutz gegen Fäulnis mit einem Imprägnierungsmittel (S. 139) getränkt sein. Die Einfachdeckung mit Biberschwänzen eignet sich nur für Dachneigungen von etwa 45 bis 50°.

Doppeldeckung Das Biberschwanzdoppeldach zählt zu den am meisten gewählten Eindeckungen. Die Dachlatten (Querschnitt meist 3×5 cm) haben hier nur einen Abstand von 14 bis 16 cm. Auf jeder Lattenreihe hängt eine Ziegellage, nur am First und an der Traufe werden auf einer

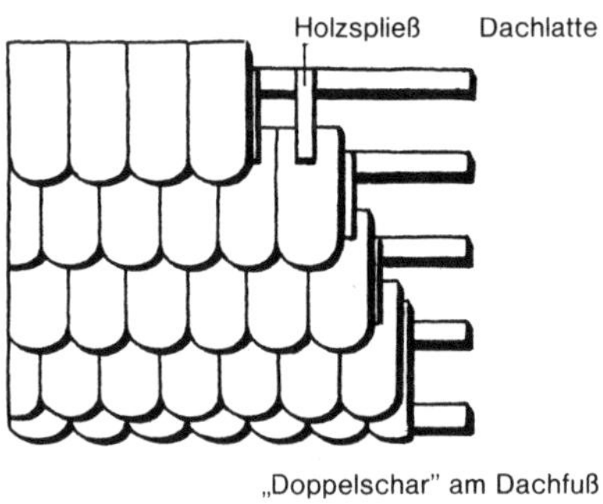

Einfachdeckung mit Biberschwänzen

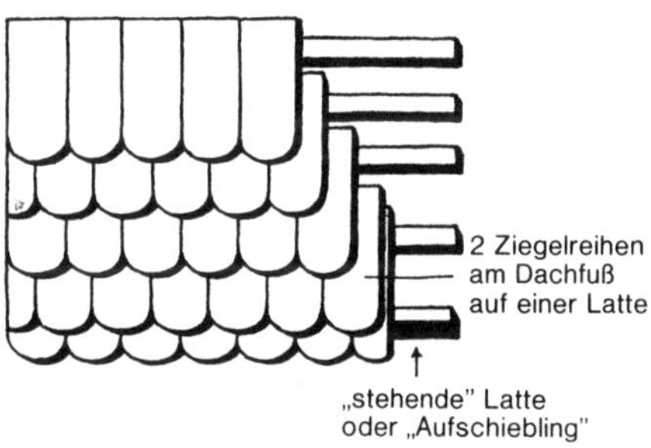

Doppeldeckung mit Biberschwänzen

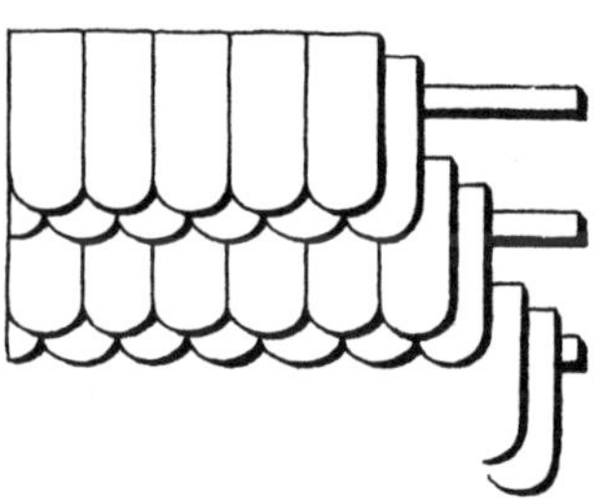

Kronendeckung mit Biberschwänzen

Latte zwei übereinanderliegende Ziegelreihen aufgelegt. Die Längsfugen der übereinanderliegenden Ziegellagen sind versetzt. Wegen des geringen Lattenabstandes liegen überall zwei, auf kurze Strecken sogar drei Ziegellagen übereinander. Deshalb wird dieses Dach sehr dicht, es schützt auch weitgehend gegen »Flugschnee« (Pulverschnee, den der Wind durch die Fugen einer Dachdeckung treibt) und gegen Rußteilchen, die von den Kaminen kommen. Es ist allerdings verhältnismäßig schwer. Eine entsprechend tragfähige Dachkonstruktion ist deshalb Voraussetzung. Das Biberschwanzdoppeldach eignet sich für Dachdeckungen zwischen 30 und 60° Neigung.

Kronendeckung Die dritte Eindeckungsart mit Biberschwänzen heißt Kronendeckung. Der Lattenabstand beträgt etwa 28 cm, auf jeder Latte hängen zwei Ziegelreihen übereinander, die Längsfugen gegeneinander versetzt. Da die Latten hier stärker beansprucht werden, brauchen sie einen Querschnitt von etwa 4×6 cm. Die Dachfläche ist sehr dicht, das ganze Dach recht schwer. Das Kronendach wirkt im Aussehen unruhiger (belebter) als die beiden vorher beschriebenen. Ein Vorteil besteht darin, daß für Ausbesserungsarbeiten die Ziegel sich wegen des großen Lattenabstandes leicht von der Unterseite aus herausnehmen lassen. Kronendeckung eignet sich für Dachneigungen von 35 bis 60°.

In manchen Gegenden Deutschlands pflegen die Dachdecker die einzelnen Biberschwanzplatten mit Mörtel aneinander zu kitten und die Fugen zu verstreichen. Auch wird manchmal bei Doppeldeckung ein durchlaufender Pappstreifen zwischen die Lagen gelegt. Erforderlich ist beides nicht.

Pfannendach Beim gleichfalls weitverbreiteten Pfannendach liegt auf jeder Latte eine Ziegelreihe; die Dichte und Festigkeit wird dadurch erreicht, daß die einzelnen Ziegel (Pfannen) im Gegensatz zur Biberschwanzplatte allseitig in einen Falz des Nachbarziegels eingreifen. Bei der Flachdachpfanne ist der Falz besonders sorgfältig durchdacht und gestaltet, unter Berücksichtigung der richtigen Wasserabführung an den Berührungsstellen der Ziegel, so daß man mit dieser Pfanne noch Dächer bis zu einer flachsten Neigung von etwa 20° abdecken kann. Der Lattenquerschnitt beträgt etwa 3×5 cm, der Abstand etwa 34 cm, doch muß man sich beim Einkauf von Pfannen den richtigen Abstand angeben lassen; die einzelnen Fabrikate weichen voneinander ab.

Das Pfannendach ist leichter als das Biberschwanzdoppeldach, bietet allerdings auch dem Wind leichter Zugang. Zur Sturmsicherung soll jede fünfte Pfanne mit Draht an der Latte befestigt werden. Pfannen soll man nach Möglichkeit nicht halbieren; man wählt deshalb die Abmessungen der Dachfläche in beiden Richtungen als ganzzahliges Vielfaches der Deckbreite bzw. Deckhöhe der Pfanne. Dachflächen lassen sich mit Pfannen schön gestalten.

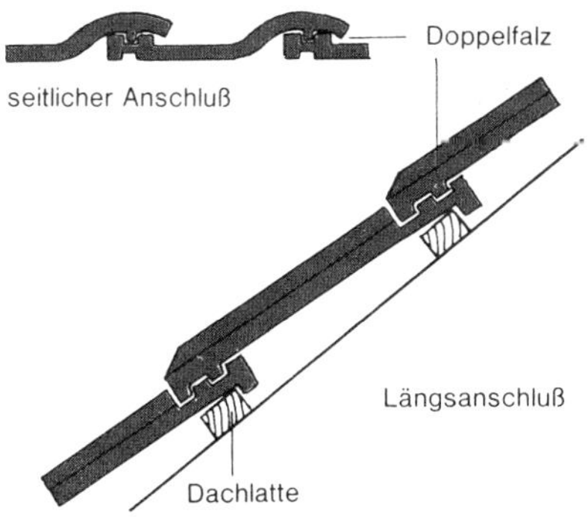

Das Ineinandergreifen der Dachpfannen

Falzziegeldach Dem Pfannendach verwandt ist das Falzziegeldach, weil auch hier die Ziegel mit Falzen ineinandergreifen. Das Dach ist leicht, billig, einfach zu decken und instandzusetzen. Es gibt verschiedene Systeme, im allgemeinen ist die Wasserabführung nicht so günstig wie bei der Flachdachpfanne, auch die ästhetische Wirkung der Dachfläche weniger befriedigend. Lattenstärke 3×5 cm, Lattenabstand zwischen 33 und 35 cm. Als unterste Grenze der Dachneigung gilt etwa 25°.

Mönch und Nonne Fast nur noch an mittelalterlichen Bauten können wir die sehr schwere, sehr teure und sehr schöne »Mönch-und-Nonnen-Deckung« bewundern. Die Ziegel sind fast durchweg in Mörtel verlegt. Heute findet man Mönch und Nonne noch als Zierdeckung für Gartenmauern oder bei Restaurierungen.

Mönch und Nonne

Abdecken von Firsten und Graten Bei allen Eindeckungsarten werden Firste und Grate mit tonnenförmigen Hohlziegeln abgedeckt, die durch Mörtel mit der Eindeckungsfläche verbunden werden. Dafür hat sich Haarkalkmörtel bewährt, das ist Kalkmörtel 1:2 (d.h. ein Raumteil Kalkteig [gelöschter Kalk] auf 2 Raumteile Sand), der mit Rinderhaaren vermengt wird. Die Haare geben der Mörtelmasse einen festen Zusammenhalt, so daß sie kaum abbröckelt. Zu beachten ist, daß der Ziegel nicht ganz mit Mörtel ausgefüllt sein darf.

Hohlziegel am First

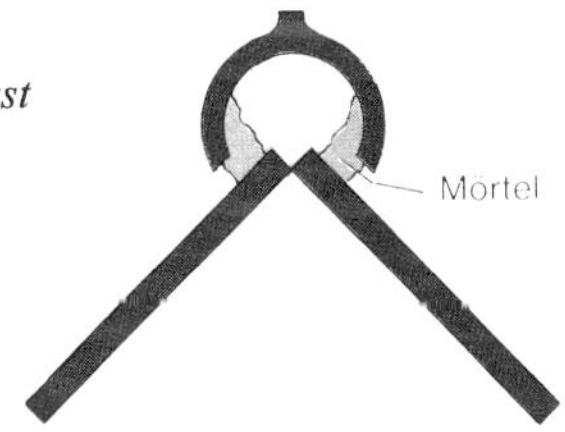

Schäden an Ziegeldächern

Der gute Hausherr prüft sein Dach nicht nur nach dem Wirbelsturm oder wenn Wasser in die Wohnstube dringt. Regelmäßige Prüfung – am besten monatlich einmal – auf undichte und feuchte Stellen verhütet größere Schäden.

Schadhafte Ziegel Die Ursache von Undichtigkeiten kann zunächst bei den einzelnen Platten liegen. Gebrochene Ziegel müssen durch einwandfreie ersetzt werden. Es kommt auch vor, daß die Oberfläche der Platten abblättert, »abmehlt«. Solche Platten haben als Folge nicht einwandfreien Brennens eine poröse Oberfläche, Wasser dringt ein und sprengt bei Frost die Ziegeloberfläche. Einzige Abhilfe: die schadhaften Ziegel ersetzen und »das nächste Mal« nur einwandfreie Platten von anerkanntem Fabrikat kaufen.

Undichte Anschlußstellen Sind die einzelnen Platten einwandfrei, wird die undichte Stelle gewöhnlich eine Anschlußstelle (Kamineinfassung, Einfassung eines Entlüftungsrohrs u. ä.) sein. In diesem Fall rate ich davon ab, die Stelle einfach mit Mörtel zu verstreichen. Es ist besser, den Dachdecker zu rufen.

Schwitzwasser An der Unterseite dichter Dachdeckungen, insbesondere bei Biberschwanzdoppeldächern, finden sich mitunter feuchte Stellen, auch wenn ein Eindringen der Nässe von außen her ausgeschlossen erscheint. Hier handelt es sich um Kondens- oder Schwitzwasser. Es kann zu Fäulnisbildung an Dachlatten und Dachstuhl führen und so großen Schaden anrichten. Die Ursache der Schwitzwasserbildung liegt im Unterschied der Temperatur im Freien und im Dachraum und in unzureichender Lüftung. Die erforderliche ständige Lüftung des Dachraums erreicht man am besten, indem man in den untersten Ziegellagen nahe am Dachfuß und oben nahe am First etwa alle 2 m Lüftungsziegel anordnet. Dadurch bildet sich ein Luftstrom an der Unterseite der Dachfläche.

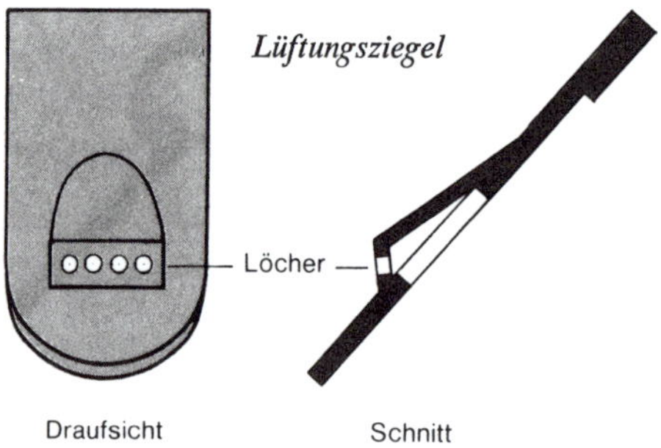

Schäden an Firstziegeln Da die Formziegel (Firstziegel) an First und Grat mit der Dachdeckung vermauert (vermörtelt) werden, kann hier im Laufe der Zeit der Mörtel abbröckeln. Es ist in diesem Fall nicht gut, einfach wieder Mörtel darüberzustreichen. Man soll den Firstziegel abnehmen, alle alten Mörtelreste beseitigen und dann neu verlegen – mit Haarkalkmörtel (S. 251). Wem das zu umständlich ist, der kann auch Kalkzementmörtel nehmen: 1 Raumteil Kalkpulver auf 2,5 Raumteile Sand mit geringem Zusatz von Portlandzement. Beim Aufmörteln daran denken, daß der Firstziegel nicht völlig mit Mörtel ausgefüllt sein, sondern nur an den Rändern eine Mörtelverbindung mit der Dachfläche bekommen soll. Risse in Firstziegeln haben meist zur Ursache, daß der Ziegel zu sehr mit Mörtel gefüllt war; dehnt sich dann die Mörtelmasse, springt er. Gerissene Firstziegel werden durch vorschriftsmäßig gemörtelte neue ersetzt.

Dachdeckerarbeit ist gefährlich! Wenn Sie aus diesem Abschnitt gelernt haben, das Dach Ihres Hauses vielleicht zum erstenmal mit sachverständigen Augen zu mustern und einfache Arbeiten selbst auszuführen: bitte denken Sie daran, daß Dachdecken ein gefährlicher Beruf ist, der Schwindelfreiheit verlangt. Der Laie soll sich beschränken auf Instandsetzungen, die von innen vorgenommen werden können, und auf Arbeiten an niedrigen Dächern (Stall · Schuppen · Garage · Gartenlaube usw.), aber niemals auf hohen Dächern herumturnen.

Dachdeckung mit Eternit

Wie bei der Fassadenverkleidung erwähnt, sind die als »Eternit« bekannten Asbestzementplatten ein Erzeugnis der Eternit AG; es gibt ähnliche Platten von anderen Firmen unter anderen Handelsnamen.

Eternit-Platten gibt es für alle Dachneigungen; man muß jeweils die richtige auswählen. Als Beispiel behandeln wir hier ein Dach mit 25° Neigung.

Soll das Dach nur gegen Niederschlag und Wind schützen, werden die Dachlatten 4/6 cm einfach auf die Sparren genagelt. Der Abstand der Dachlatten richtet sich nach der Größe der Eternit-Platte. Er muß soviel geringer sein als das Plattenmaß, so daß die Platten sich gut überdecken. Die Dachlatten werden mit nichtrostenden Spezialnägeln befestigt.

Ungedämmtes Eternit-Dach, belüftet

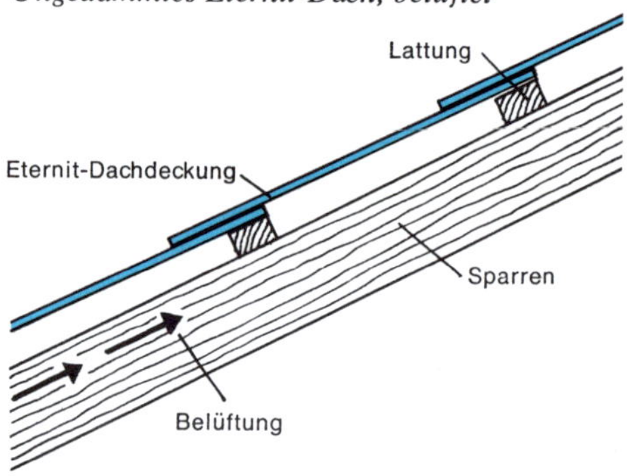

Wärmegedämmtes Eternit-Dach, belüftet

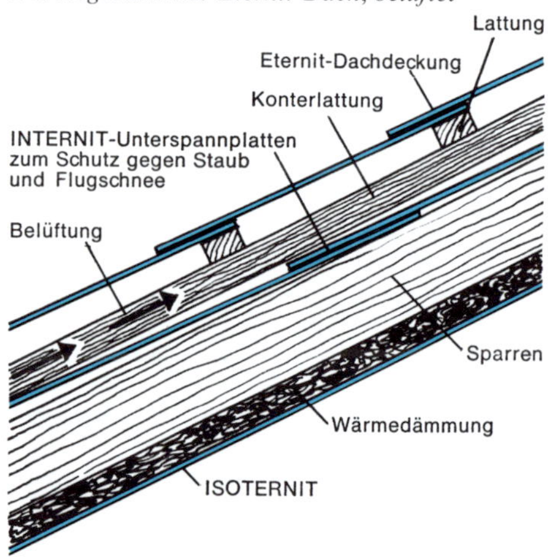

Die beschriebene einfache Konstruktion schützt nicht unbedingt gegen Staub und Flugschnee. Eine Dichtungsschicht aus »Internit«-Platten gewährleistet diesen Schutz. Solche Platten, relativ dünn, eben, Grundmaß 125/250 cm, bestehen aus Zellulose und Asbestfaser, sie sind dadurch flexibel und leicht zu nageln.

Diese Dichtungsplatten werden auf die Sparren genagelt. Darauf werden – gleichlaufend mit den Sparren – Konterlatten 4/6 cm genagelt; auf die Konterlatten – jetzt quer zu den Sparren – die Dachlatten und auf diese die Außenhaut.

Eine Wärmedämmschicht (z. B. aus Heraklith-Platten 5 cm) kommt dagegen an die Innenseite der Sparren. Die Eternit AG bietet für diesen Zweck eine Spezialplatte (»Isoternit«) an, die Feuerschutz bietet und die gestrichen wie auch tapeziert werden kann.

Blechdach (Arbeitsbeispiel)

Jede Dachform, steil oder flach, läßt sich sturmsicher und regendicht mit Blech eindecken. Den Vorteilen der Blechdeckung (leichtes Gewicht der Dachhaut, damit Dachstuhl leichter und billiger, lange Haltbarkeit) stehen Nachteile gegenüber wie die geringe Wärmeisolierung und das trommelnde Geräusch, das starker Regen hervorruft. Verschiedene Arten von Blechdächern sind zu unterscheiden:

Pfannendach: Am einfachsten auszuführen, deshalb unten als Arbeitsbeispiel gewählt. Flachste zulässige Dachneigung etwa 10°, d.h. 15 cm Gefälle auf den Meter.

Wellblechdach: Neigungsgrenze wie oben. Arbeitsgang wie Pfannendach. Die folgende Anleitung kann auch für ein Wellblechdach – und auch für ein Dach aus Well-Eternit – benützt werden.

Falzdach: Aus glatten Blechen, auch für ganz flache Dächer geeignet. Nur vom Fachmann auszuführen.

Thyssendach: Blechpfannen bis 12 m lang, 0,75 m breit. Verlegung wie Pfannendach, aber freitragend bis 12 m.

Material Die im Bild rechts gezeigte Garage soll ein Pfannendach bekommen. Von den im Bild gezeigten Bauteilen benötigen wir:

14 Normalpfannen 200 × 85 cm. Für Dachbedeckung soll die Blechstärke, wenn keine Vollschalung vorhanden ist, wegen der Begehbarkeit nicht unter 0,63 mm betragen.

Zu unserem Arbeitsbeispiel
Material für Pfannenblechdächer

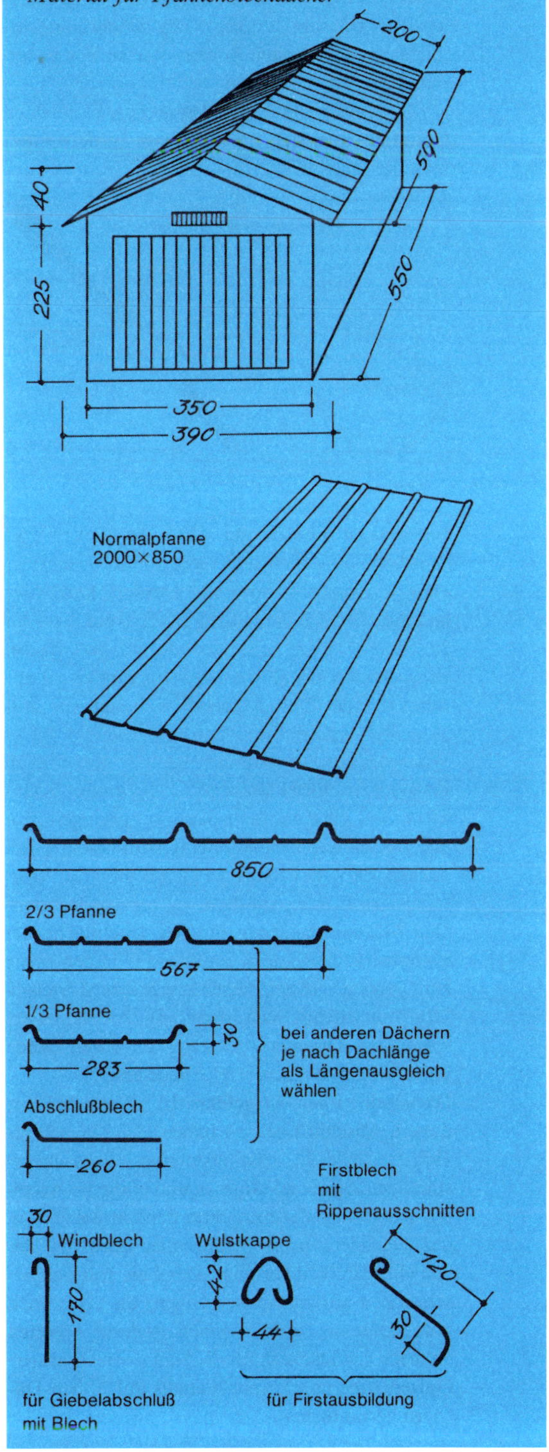

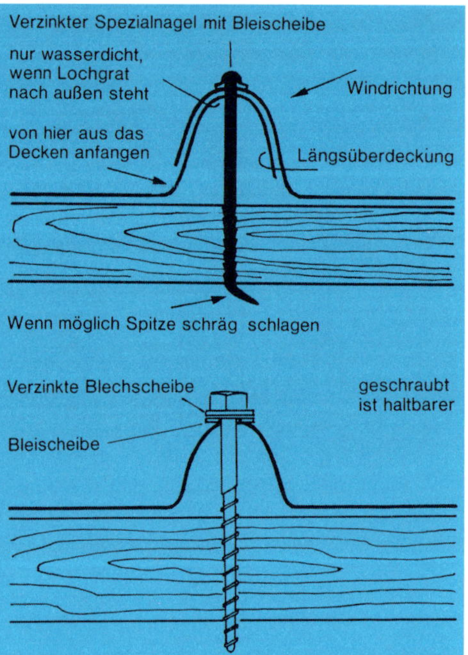

Die beiden Arten der Befestigung

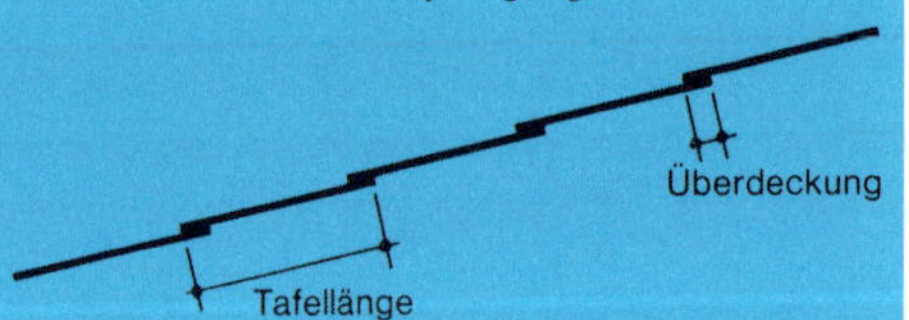

Überdeckung der Tafellängen. In unserem Beispiel reicht eine Tafellänge von der Traufe bis zum First

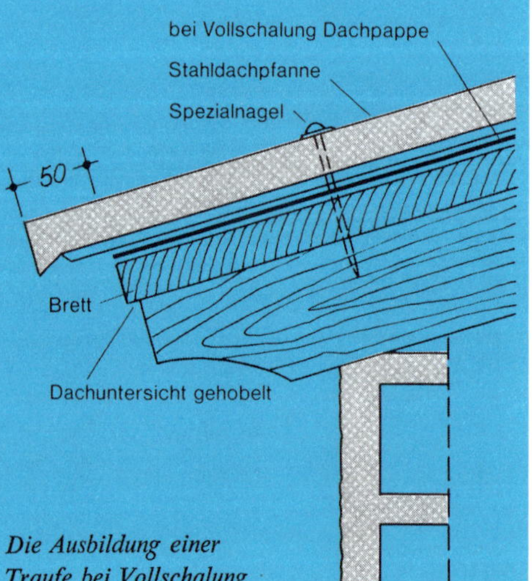

Die Ausbildung einer Traufe bei Vollschalung

12 m Firstblech mit Rippenausschnitten
6 m Wulstkappen
4 Blechstreifen je 2 m lang und 5 cm breit
4 Windbleche je 2 m lang
150 Spezialnägel mit Bleischeiben für Dachpfannen und Firstbleche.
Bei Verwendung von Schrauben sind Beilag- und Bleischeiben gesondert zu verlangen.
75 Decknägel für die Blechstreifen am Giebelabschluß (entfallen bei Anbringung von Windbrettern).

Wenn der Giebelabschluß mit Windbrettern versehen wird, entfallen Blechstreifen und Windbleche. Dafür sind dann notwendig:

4 Bretter je 12 cm breit, 2 cm dick, 2,10 m lang.
35 Stück Nägel 7 cm lang.

Schwitzwasserbildung Gelangt feuchte, warme Luft bei kühlerer Außentemperatur unmittelbar an die Unterseite des Blechdaches, so wird sie sich daran niederschlagen und allmählich abtropfen, eventuell auch vorübergehend als Rauhreif gefrieren. Nur durch dauernde Belüftung oder Isolierung der Unterseite läßt sich Schwitzwasserbildung vermeiden. Bei Verlegung der Bleche auf Vollschalung bringt man zur Isolierung gegen Schwitzwasser eine leichte Dachpapplage auf der Schalung an.

Auf Latten verlegte Pfannenbleche belüften sich durch die Rippen der Bleche.

Bei beheizten Garagen ist für entsprechende Isolierung und besonders gute Belüftung zu sorgen. In unserem Beispiel wären, selbst wenn die Garage nicht beheizt wird, Belüftungsöffnungen – mit Drahtgitter verschlossen – an beiden Giebelseiten oberhalb der Garagendecke zweckmäßig (s. die

Arbeitsgänge Alles Wesentliche geht aus den Zeichnungen hervor.

Bei Reparaturen oder Erneuerung einzelner Pfannenbleche ist zu beachten, daß Bleche nur noch in den Normalpfannenmaßen zu haben sind. »Süddeutsche« Pfannenbleche in den Abmessungen 2000 × 840 und 1000 × 410 mm gibt es nicht mehr.

Pappdach · Glasdach

Pappe Pappdächer setzen sich mehr und mehr durch, nicht nur für untergeordnete Bauten. Sie sind leicht und verhältnismäßig billig.

Die Industrie stellt zwei grundsätzlich verschiedene Arten von Dachpappe her: Teerpappe und Bitumenpappe. Teerpappe ist etwas billiger, muß jedoch in bestimmten Zeitabständen (6 Jahre sind ein Erfahrungssatz) nachgestrichen werden. Bitumenpappe braucht im allgemeinen keine Nachbehandlung; sie kann durch Feuchtigkeit nicht zerstört werden. Man verwendet sie vor allem, wo Nachstreichen nicht oder schwer möglich ist. Für den Laien sind beide Arten oft nur am Aufdruck der Banderole zu unterscheiden.

Pappbedachungen müssen sehr sorgfältig ausgeführt werden. Wichtig ist eine völlig ebene, starre Unterlage. Besonders geeignet ist Beton; soll ein Holzdachstuhl mit Pappe abgedeckt werden, muß er zuerst eine geschlossene Bretterschalung von mindestens 24 mm Stärke bekommen. Die Arbeitsbewegung des Holzes (S. 88) ist eine Gefahr; sie überträgt sich auf die Papplagen und kann sie zum Reißen bringen. Hagelschlag ist gefährlich für Pappdächer. Je starrer die Unterlage, desto besser überstehen sie ihn.

Pappdächer sollen stets in mindestens zwei, besser in drei Lagen übereinander aufgebracht werden. Die Stöße der Lagen werden gegeneinander versetzt und mit Spezialmasse verklebt.

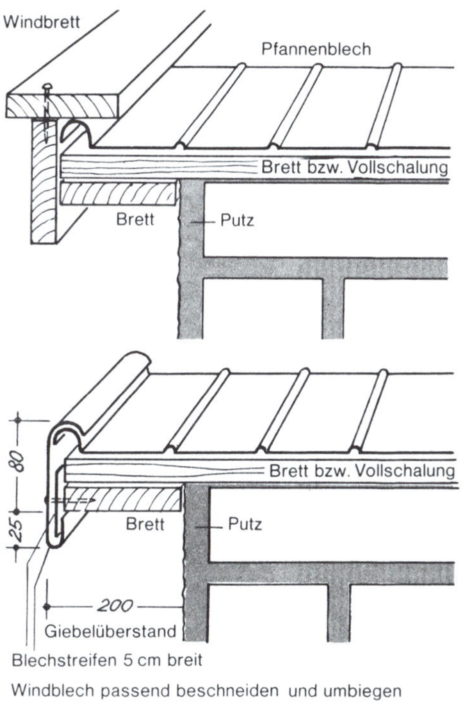

Giebelabschluß wahlweise in zwei verschiedenen Ausführungen. Die obere Ausführung wirkt besser und wird häufiger angewendet

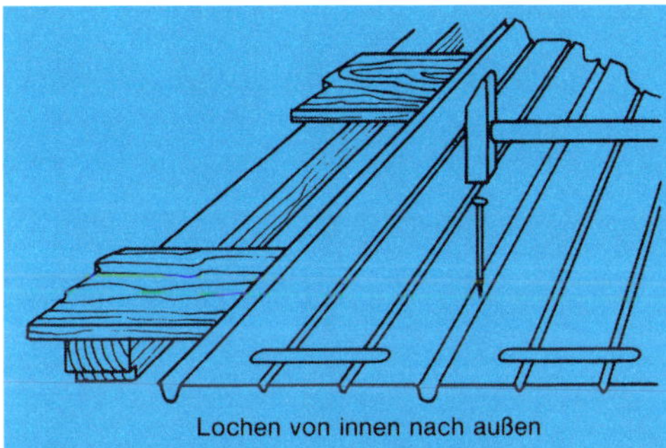

Vorlochen der einzelnen Teile. Die Nagellöcher sind vor dem Auflegen mit einem Durchschlag (Seite 323) von unten nach oben durchzuschlagen

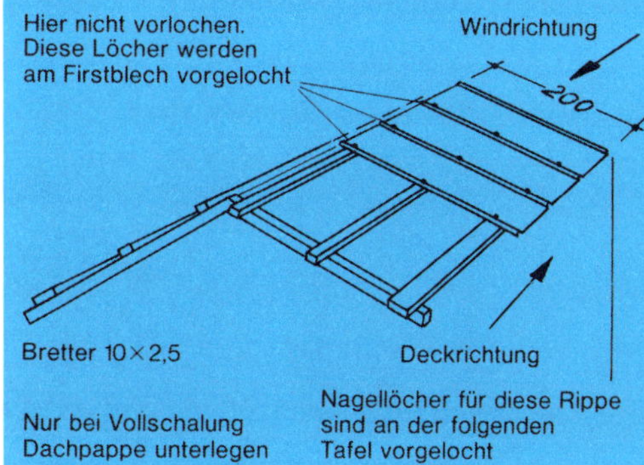

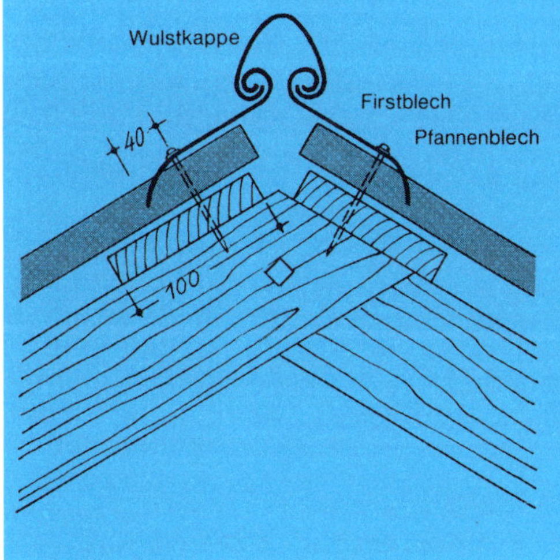

Firstausbildung

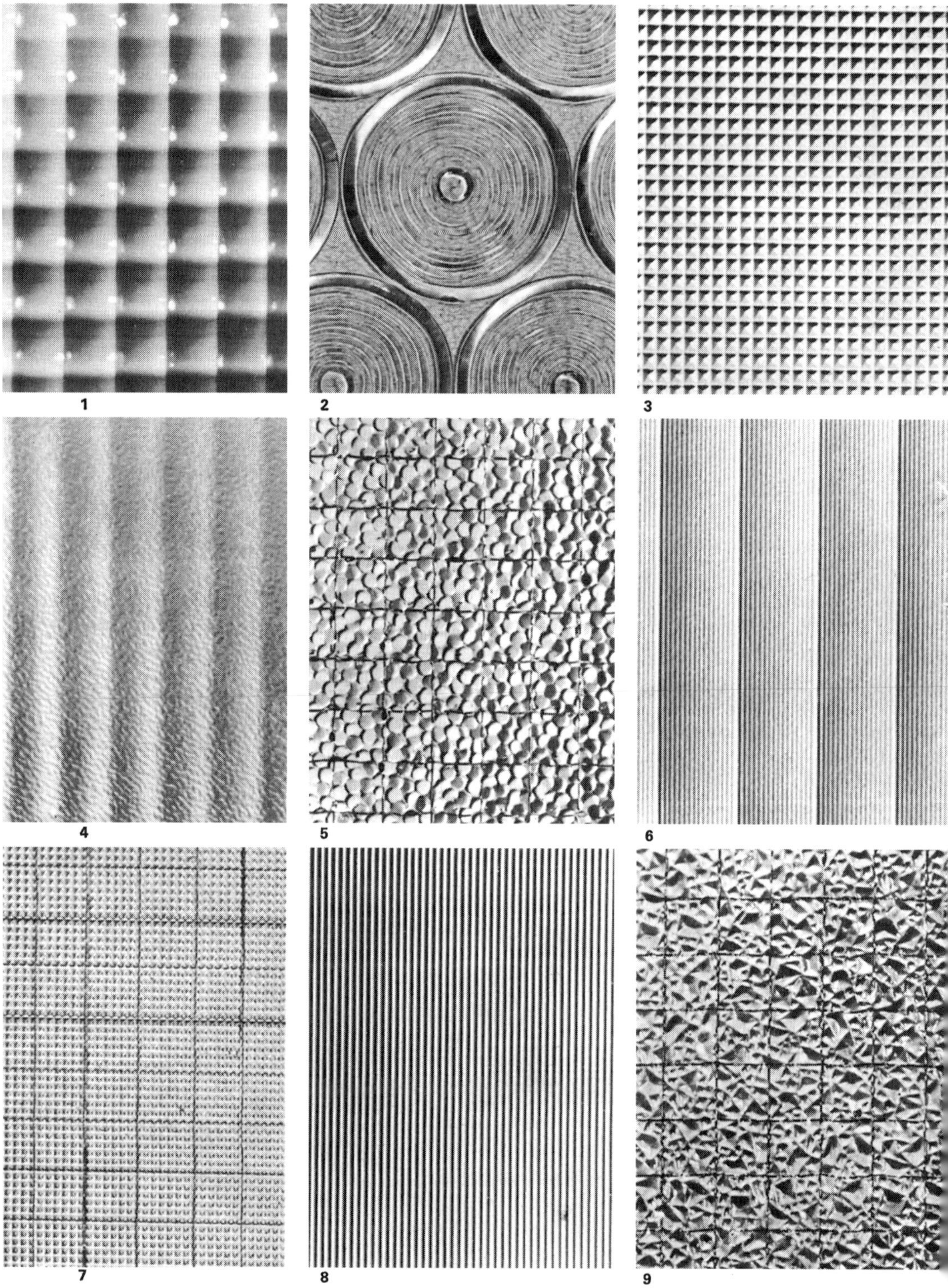

Gußglas - eine Auswahl *1 Edelit-Glas doppelseitig · 2 Butzenglas · 3 Ornamentglas · 4 Edelit-Glas 5 Drahtornamentglas · 6 Ornamentglas »Listral« satiniert · 7 Drahtsifulit-Glas · 8 Rohglas gerippt 9 Drahtornamentglas*

Agentur für Gußglas, Düsseldorf

1

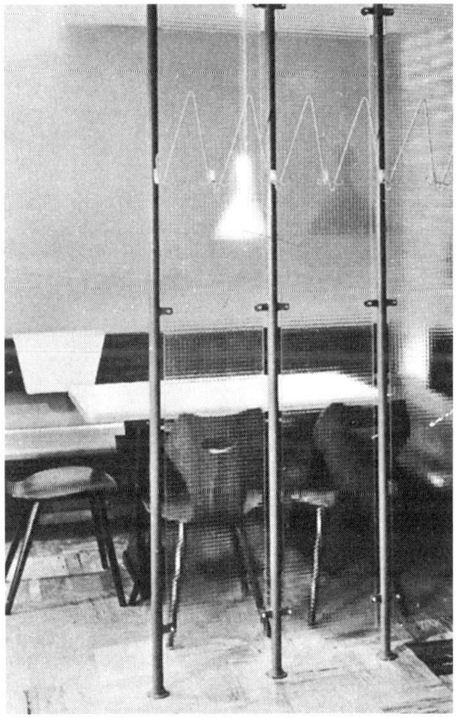

2

3

4

1 Garderobe aus Drahtglas, farbig hintermalt · 2 Garderobe aus Drahtglas · 3 Wohnungseingang, mit Karolit verglast · 4 Blumenfenster mit Drahtglas

Agentur für Gußglas, Düsseldorf

Oben: Trennwand zwischen Küche und Eßplatz aus gehämmertem Rohglas Unten: Terrassen-Trennwand aus gelbem Drahtornamentglas

Agentur für Gußglas, Düsseldorf

Undichte Stellen Undichte Stellen, die mitunter bei Pappdächern auftreten und Feuchtigkeit eindringen lassen, können am Stoß der einzelnen Bahnen liegen oder auch auf Zerstörung der Pappe selbst zurückgehen. Die Stöße können nachgeklebt und überstrichen (nicht nageln, ältere Pappe kann brechen!), beschädigte Pappe muß ausgewechselt werden. Liegt die Pappe auf Holzschalung, so muß man nachsehen, ob die Feuchtigkeit die Schalung unter der Schadenstelle angegriffen hat. Wenn ja, muß sie ebenfalls erneuert werden.
Glas Für Glasdächer wird meist Drahtglas (Glastafeln mit Drahtnetzeinlage) verwendet. Die Stoßstellen zwischen den Tafeln bilden das Hauptproblem. Dabei hat sich das kittlose Glasdach durchgesetzt. Solche Dächer ebenso wie die begehbaren und befahrbaren Glasdächer aus Glasbausteinen mit Stahlbetonrahmen sind Spezialkonstruktionen, die man nur einer erfahrenen Firma anvertrauen soll.

Gußglas als Gestaltungselement

Als Trennwand, als Abschirmwand für Terrassen, für Türen, für Garderoben – in vielfältiger Weise wird Gußglas heute als Bau- und Gestaltungselement verwendet. Die Fotos zeigen Beispiele.

12 Dachrinnen

Form und Abmessungen

Die für ein Dach erforderliche Rinnengröße wird aus der Dachgrundfläche, die an ein Regenrohr angeschlossen ist, und der Neigung der Dachfläche errechnet. Man kann für Blechrinnen von folgenden angenäherten Werten ausgehen:

Zuschnittbreite des Blechs (mm)	Anz. d. Rinnenstücke, die sich aus einer Tafel von 2 m Länge schneiden lassen	Durchmesser (mm)	reicht aus für Dachgrundfläche von m²
400	5	185	180
330	6	160	125
275	7	130	90
250	8	120	75
200	10	90	40

Hierbei ist die zweckentsprechendste und meistverwendete Form, die halbrunde Rinne, zugrunde gelegt.

Das Material: Kunststoff

Dachrinnen werden aus Kupfer, Aluminium, Zink, verzinktem Stahlblech und Asbestzement hergestellt; Kupfer ist am haltbarsten. Für die Montage durch den Laien sind jedoch Rinnen aus Kunststoff (PVC) am besten geeignet.
Die Hersteller von Rinnen und Regenfallrohren aus Kunststoff (Gebrüder Anger GmbH. & Co., 8 München 8; Fulgurit-Vertriebsgesellschaft mbH., 305 Wunstorf; F. Schmitz KG, 5376 Nettersheim, Eifel) liefern montagefertige Bauelemente mit Montageanleitung. Die Rinnen der beiden erstgenannten Firmen sind hellgrau, die der dritten silbergrau. Durch Anstreichen mit Vinoflex-Farben kann man den Rinnen auch eine andere Farbe geben; wegen der Korrosionsbeständigkeit des Materials ist jedoch ein Anstrich nicht erforderlich.
Die Rinnen und Rohre aus PVC werden bei Temperaturen unter 0 Grad schlagempfindlich; im Winter ist bei Arbeiten mit diesem Material deshalb Vorsicht geboten.

Montage · Allgemeines

Dachrinnen sollen als vorgehängte Rinnen mit mindestens 3 cm Abstand vom Haus angebracht werden; so kann aus- oder überlaufendes Wasser nicht ins Haus eindringen. Die Außenkante soll 15 mm tiefer liegen als die dem Haus zugekehrte, damit überlaufendes Wasser nach vorn abläuft. Das Gefälle soll 3 mm je laufenden Meter betragen. Bei Rinnen mit geklebten Nähten soll die Gefällstrecke (vom höchsten zum tiefsten Punkt der Rinne) nicht länger als 12 m sein.
Alle diese Forderungen (im wesentlichen auch die folgende Anleitung zur Montage) gelten gleichermaßen auch für Rinnen aus Metall.
Anbringung der Halter Rinnenhalter gibt es mit 2 Federn oder mit Feder hinten und Kantung vorn. Zuerst sind der höchste und der tiefste Halter für die vorgesehene Gefällstrecke anzubringen. Am höchsten Punkt soll der Halter mit der Hinterkante etwa 1 cm unter der Dachkante en-

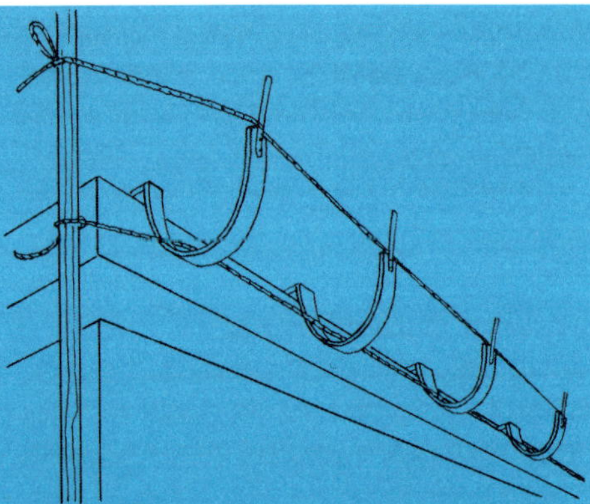

Anbringen der Rinnenhalter nach 2 gespannten Schnüren

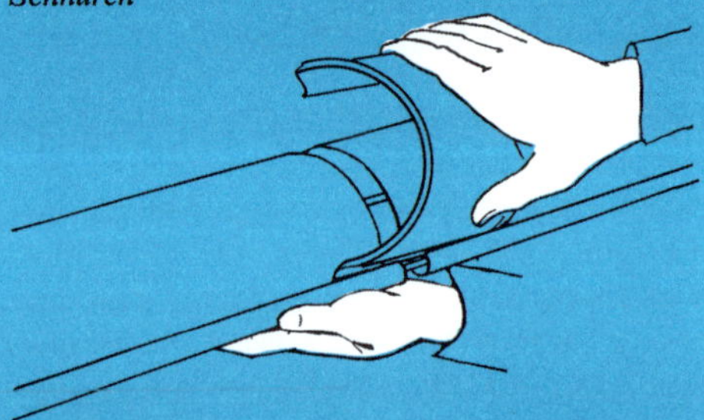

Verbinden der Rinnenstöße durch einfache Verbindungsklammer

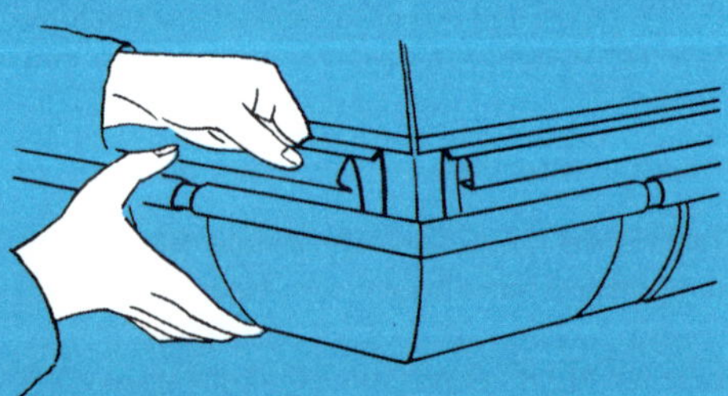

Verbinden und Abdichten am Rinnenwinkel wie zwischen Rinnenteilen

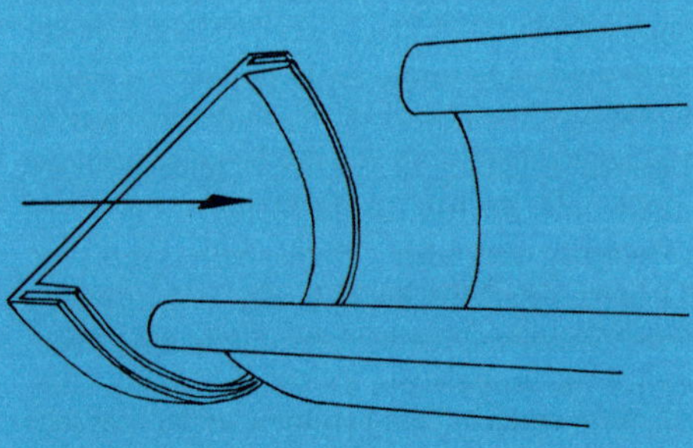

Aufstecken des Rinnenendbodens

den. Der tiefste Halter muß um das für die Rinnenlänge erforderliche Gefälle tiefer sitzen.

Jetzt wird zwischen den tiefsten Punkten der beiden Halter und entlang der zukünftigen Rinnenvorderkante je eine Schnur gespannt. Unter Ausrichtung auf diese Schnüre sind nun die übrigen Halter zu setzen, je Dachsparren ein Halter; bei Betondächern und anderen Dächern ohne Sparren soll der Abstand von Halter zu Halter 70 cm betragen. Das genaue Hinbiegen der Halter erleichtert der Rinnenhakenbieger, ein besonderes Werkzeug, verzinkt mit Hartholzgriffen.

Einlegen und Verbinden der Rinnenteile Die Rinnenstücke (Lieferlänge 4 m) auf benötigte Länge zuschneiden, Schnitt entgraten. Nach dem Einlegen in die Halter Federn nur lose umbiegen, damit die Rinne sich ausdehnen kann.

Dichtschnüre einlegen! 2 cm Zwischenraum zwischen den Stücken ermöglicht Dehnung.

Anger- und Fulgurit-Rinnen lassen sich ohne Werkzeug und ohne Kleben durch eine Verbindungsklammer zusammenschließen; dies gilt auch für die Rinnenwinkel.

Bei anderen Kunststoffrinnen müssen die Nähte geklebt (bei Blechrinnen je nach Material gelötet oder genietet) werden. Entsprechendes gilt für die Rinnenendböden, die entweder nur aufzustecken oder zu kleben sind.

Traufstreifen Der Spalt zwischen Dachkante und Innenkante der Rinne kann mit Traufstreifen überdeckt werden. Soll dies geschehen, müssen die Halter bündig eingelassen sein, damit die Traufstreifen glatt aufliegen. Die Federn der Halter sind vor Einlegen der Streifen in die hintere Rinnenkantung entsprechend zu kürzen. Die Stöße zwischen den Streifen sind entweder einfach mit Traufband zu überdecken oder zu kleben – je nach Fabrikat. Alle 50 cm werden die Traufstreifen von besonderen Blechhaften gehalten, die auf der Dachschalung mit verzinkten Stiften befestigt werden, wie es die Schnittzeichnung zeigt.

Regenfallrohre Auch diese Teile gibt es aus Kunststoff; sie entsprechen den S. 387ff. besprochenen. Werden die Fallrohre an die Kanalisation angeschlossen, müssen sie zum Schutz gegen mechanische Zerstörung bis 1,50 cm Höhe über Gelände aus Gußeisen bestehen. Die Regenfallrohre werden mit Stahlrohrschellen in 2,5 cm Abstand von der Wand befestigt; die Schellen sind jeweils 2 cm unter den Rohrmuffen anzubringen.

Vereisung Eisbildung an der Traufe verhindert eine elektrische Beheizung der Rinnen und Fallrohre (Bauelectric Willer, 8 München 71).

Verstopfung Regenrohre können verstopft werden durch Laub, Bruchstücke von Dachplatten und Mörtel; bei bewohnten Dachgeschossen gelangen Gebrauchsgegenstände in die Dachrinnen und werden beim nächsten Regen zum Regenrohr geschwemmt. Ein Laubfänger verhindert derartige Pannen.

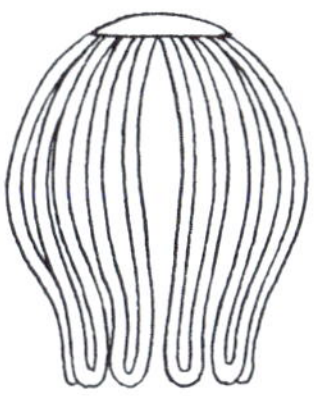

Laubfänger

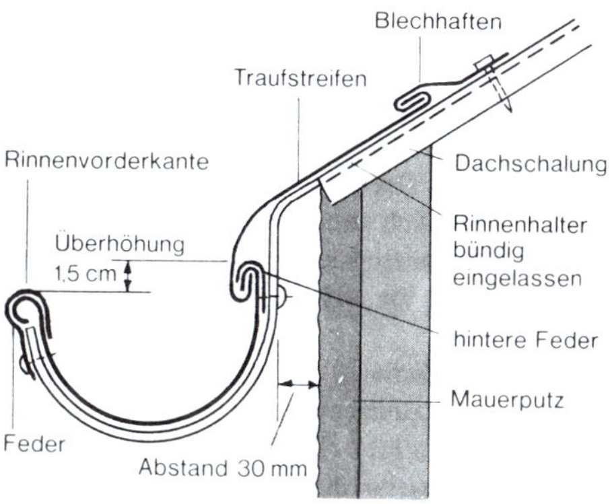

Rinne mit Traufstreifen; der Schnitt läßt die Befestigung mittels Blechhaften erkennen

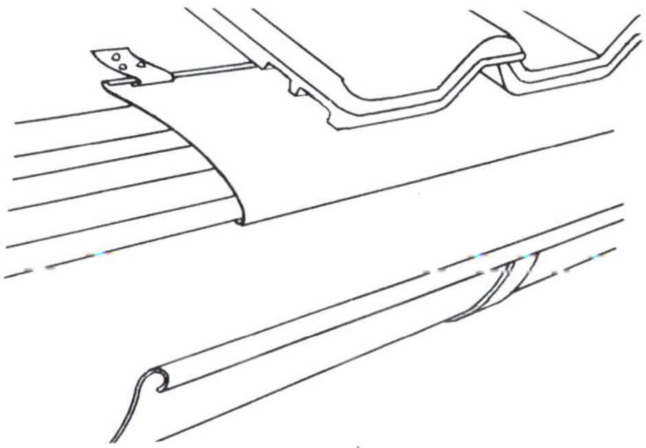

Traufstreifen zwischen Dachkante und Dachrinne

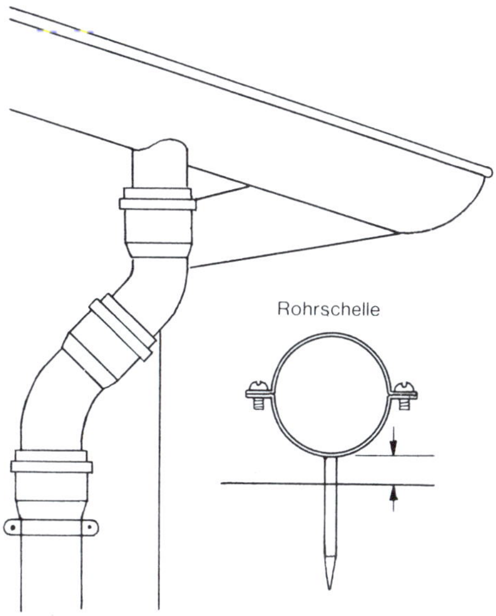

Anbringen der Regenfallrohre mittels Schellen

13 Fußböden

Ein Fußboden besteht in der Regel aus einer Tragschicht und einer Gehschicht. Entsprechend ihren verschiedenen Aufgaben bestehen beide Schichten aus verschiedenem Material. Die tragende Aufgabe erfüllt eine Holzbalkendecke oder eine Massivdecke aus Stahlbeton. Die Gehschicht besteht aus Stein (Naturstein · Kunststein · Estrich · Platten · Fliesen) oder Holz (Parkett · Dielen) oder Belag (Linoleum · Gummi · Kunstharz).

Die Beläge sind im ersten Teil des Buches, S. 66 f., und im Kunststoff-Teil, S. 484 ff., behandelt.

Die Gehschicht in Wohnzimmern soll Tritt- und Stoßgeräusche nicht aufkommen lassen; sie soll verschleißfest sein, »fußwarm«; sie soll gut aussehen. Schallarm wirken »weiche« Böden wie Filz, Teppiche und Gummi; harte Böden sind Stein, die meisten Estriche, Holz. Ob ein Boden »warm« ist, hängt zunächst ab von der Isolierschicht, die zwischen Tragschicht und Gehschicht angeordnet wird, aber nicht allein von ihr: Eine Tischplatte aus Glas oder Kacheln wird sich stets kälter anfühlen als die Tischbeine aus Holz, auch wenn beide Gegenstände die gleiche Temperatur haben. Glas entzieht dem berührenden Körper sehr rasch Wärme; bei Holz vollzieht sich dieser Übergang wesentlich langsamer. Je besser also die Wärmeleitfähigkeit eines Stoffes, um so kälter fühlt er sich an – und umgekehrt. Als warm empfinden wir Gehschichten aus Holz, Filz, Teppichen, Gummi, auch Steinholz, einer Spezialmasse, die der Fachmann aufbringt.

Herstellung eines einfachen Kellerfußbodens aus Zementestrich

Kies als Untergrund Zementestrichboden für Keller oder Garage verlangt eine tragfähige Kiesschicht als Unterlage. Auf den Kies kommt eine etwa 10 cm dicke Schicht Rauhbeton, darauf die etwa 2 cm starke Oberschicht aus Feinbeton. Wenn der Baugrund aus Kies besteht, kann der Unterbeton unmittelbar daraufgebracht werden. Andernfalls ist zunächst eine 15 bis 20 cm starke grobe Kiespackung erforderlich.

Festlegen der Bodenhöhe Vor Arbeitsbeginn ist die Oberflächenhöhe des fertigen Bodens festzulegen. Die in den Raum führende Tür ist dabei zu berücksichtigen. Soll das Türblatt in den Raum aufschlagen, muß der fertige Boden hier 2 cm tiefer liegen als der Boden im Vorraum. Die dadurch entstehende 2 cm hohe Kante ergibt den unteren Anschlag für die Tür.

Die Oberfläche der Unterschicht aus Rauhbeton

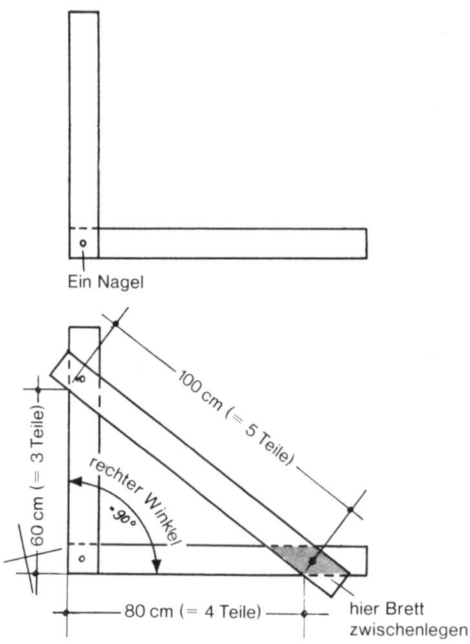

So wird aus Holzlatten ein rechtwinkliges Dreieck hergestellt

muß 2 cm tiefer liegen als die Oberfläche der 2 cm starken Oberschicht aus Feinbeton. In dieser Höhe sind vor dem Aufbringen des Unterbetons Festpunkte zu markieren: Einschlagen kurzer Pflöcke oder auch eingelegte Ziegelsteine, deren Oberkanten mit der Wasserwaage ausgerichtet werden.

Behelfsmäßig kann man die Waagerechte auch ermitteln, indem man ein selbst hergestelltes Lot hängen läßt und von dieser Senkrechten mit einem Winkel die Waagerechte abnimmt.

Einen rechten Winkel kann man selbst herstellen: Ein Dreieck, dessen Seitenlängen sich wie 3:4:5 verhalten, hat stets einen rechten Winkel. Zwei Lattenstücke, etwa 70 bis 90 cm lang, werden mit einem Nagel zusammengeheftet, wie es das Bild zeigt. Das genaue Maß von 60 bzw. 80 cm wird angetragen. Eine dritte Latte, über 100 cm lang, erhält zwei Markierungen im genauen Abstand von 100 cm.

Befestigt man die dritte Latte, wie es das untere Bild zeigt, auf den beiden ersten, so entsteht ein rechtwinkliges Dreieck.

Selbstverständlich kann man für die Längen der Latten auch andere Vielfache von 3:4:5 nehmen, z.B. 30:40:50 cm; 45:60:75 cm; 120:160:200 cm.

Rauhbeton (Mischung) Der Rauhbeton ist zu mischen aus Portlandzement und Kiessand im Verhältnis 1:10 bis 1:12 (Raumteile), die Masse soll nur so viel Wasser enthalten, daß sie erdfeucht ist. Über das Mischen S. 223.

Rauhbeton (Aufbringen) Der Beton wird in etwa 60 cm breiten Streifen aufgebracht, mit der Schaufel gleichmäßig verteilt und festgestampft. Die Oberfläche muß im ganzen genau waagerecht, sie braucht aber im einzelnen nicht völlig eben zu sein. Die Oberfläche braucht man nicht mit Latte oder Reibbrett glattzuziehen. Sie bleibt rauh, damit die nachfolgende Schicht gut haftet. Die Festpunkte (Pflöcke, Steine) werden im Zuge der Arbeit entfernt.

Zeitabstand Zwischen dem Aufbringen der Unterschicht und dem Aufbringen des Feinbetons kann eine beliebig lange Zeit vergehen. Die Oberschicht kann auch unmittelbar folgen. Wichtig ist, daß die Feinbetonschicht für einen Raum möglichst an einem Tage aufgebracht werden soll. Es entstehen sonst Unregelmäßigkeiten in der Fläche.

Feinbeton Der Feinbeton besteht aus reinem Sand mit Korngröße bis zu 3 mm und Portland-

zement im Mischungsverhältnis 1:3. Die Masse soll nur erdfeucht sein.
Zum Aufbringen werden in Abständen von 2 m Latten auf den Unterbeton gelegt, 2 cm stark, und mit der Wasserwaage ausgerichtet, so daß ihre Oberkanten die spätere Oberfläche markieren. Der Beton wird aufgebracht, mit der Maurerkelle auf Streifen von etwa 80 cm Breite verteilt und abgezogen mit einem Brett oder einer Latte, die auf den ausgelegten Latten entlanggleitet.
Die Latten bleiben liegen, bis der Belag hergestellt ist. Dann zieht man sie zurück, füllt die Rillen, die sie hinterlassen, nachträglich mit Feinbeton und reibt nun die ganze Fläche mit dem Reibbrett glatt.
Glattstreichen und Walzen Auch bei nur erdfeuchtem Beton wird sich Feuchtigkeit an der Oberfläche ansammeln. Man streut gleichmäßig Zementpulver auf die Fläche und wartet, bis dieser Zement Feuchtigkeit angezogen hat, sich also dunkel färbt. Jetzt kann man mit einer Glättkelle aus Stahlblech die Fläche glattstreichen; dabei schließen sich die Poren.
Auf einem so behandelten Estrich könnte man ausrutschen. Man walzt ihn daher mit einer Estrichwalze, die ein sternchenförmiges Muster in die Oberfläche eindrückt.

Kellerfußboden mit Belag

Soll ein Kellerraum längerem oder ständigem Aufenthalt dienen – z. B. als Spielzimmer, Bügelzimmer, Trinkstube, Heimwerkstatt –, so ist der blanke Estrich nicht geeignet. Er ist zu kalt. Zweckmäßig ist ein Belag. In diesem Fall muß der Unterboden aber eine Isolierschicht erhalten. Der Boden hat dann 4 Schichten: Rauhbeton · Sperr- und Isolierschicht · Zementestrich · Belag.
Rauhbeton Mischen und Aufbringen der Rauhbetonschicht wie im vorigen Beispiel. Ihre Oberfläche muß jedoch hier ganz eben und glatt sein. Das läßt sich erreichen, wenn man eine dünne Schicht weichen Feinbeton aufbringt und mit der Latte abzieht. Dieser Beton soll mindestens eine Woche abbinden, bevor man die Arbeit fortsetzt.
Sperr- und Isolierschicht Als Sperrschicht gegen Grundfeuchtigkeit dienen zwei Lagen verklebter Bitumenpappe auf dem Rauhbeton, als Isolierschicht gegen Kälte eine mindestens 3 cm starke Platte aus vorgepreßter Mineralwolle oder Glasfaser. Sie muß jedoch davor geschützt werden, daß Feuchtigkeit aus dem aufzubringenden Estrich in sie eindringt. Wir decken sie also mit einer leichten Bitumenpappe oder mit Bitumenpapier ab.
Feinbeton Die Feinbetonschicht soll mindestens 4 cm stark sein. Mischung wie im vorigen Beispiel. Um gegen Rissebildung vorzubeugen, ist es gut, wenn man in diese Schicht ein Drahtgewebe, sogenanntes Estrichgewebe, einlegt. Die Oberfläche wird hier nicht geglättet, sondern nur abgerieben. Diese Schicht muß 4 Wochen abbinden, bevor ein Belag eingebracht werden kann. Ständig gute Lüftung des Raums ist Bedingung. Die 4 Wochen sind ein Mindestmaß, hohe Luftfeuchtigkeit kann sie steigern.
Belag Über Fußbodenbeläge aus Linoleum und die Technik des Verlegens ist Näheres auf S. 66 ff. ausgeführt; über Kunststoffbeläge S. 484 ff.

Terrazzo

Den Zementestrichen verwandt sind Terrazzoböden. Als Zuschlagstoff (S. 222) dienen hier Natursteinkörner, die nach dem Abschleifen der Oberfläche als Schleiffläche sichtbar werden. Verschiedenste Farbtönungen lassen sich erreichen. Solche Böden können – ebenso wie Estriche mit anderen Bindemitteln als Zement: Gips, Magnesit, Bitumen – nur erfahrene Fachleute herstellen. Tragfähige Grundlage ist unbedingte Voraussetzung: Risse in Terrazzoböden sind sehr schwer zu beseitigen.

Bodenbelag aus Platten

Platten für Windfänge und Dielen, sowohl aus Naturstein wie Kunststeinplatten, werden ebenso wie Steinzeugplatten für Bäder und Waschräume auf einer Unterschicht aus Beton in Zementmörtel verlegt, die Fugen mit Zementmörtel ausgegossen. Im Abschnitt »Plattenbeläge im Freien« ist das etwas ausführlicher beschrieben. Die Zeichnung zeigt im Schnitt einen mit Platten belegten Fußboden:

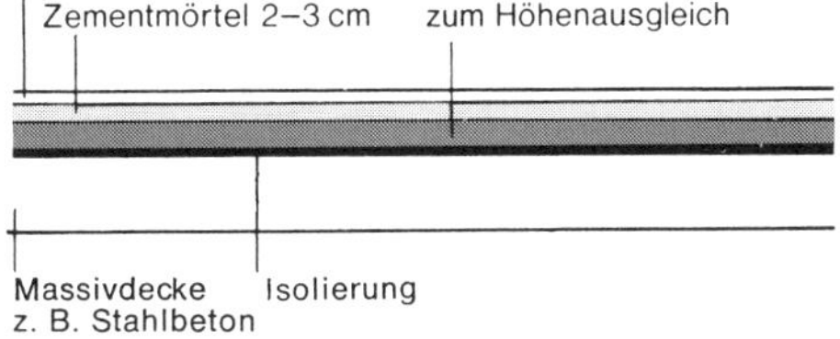

Als Scheuerleiste wird beim Anschluß an die Mauer ein Sockelstreifen aus dem gleichen Material angeordnet, solche Streifen kann man in Breiten von 8 bis 10 cm kaufen. Der Streifen wird mit Zementmörtel an der Mauer befestigt:

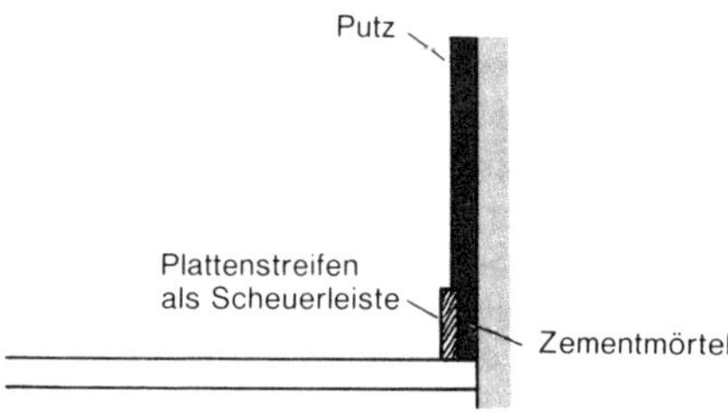

Wandplatten

Die üblichen Wandplatten für Bäder und Küchen (Fliesen) sind aus einem Tongemisch gepreßt und gebrannt und mit einer ebenfalls gebrannten Glasur überzogen. Plattenform und -größe sind genormt: Grundmaß 15 × 15 cm. Bei der Farbwahl ist Vorsicht am Platz gegen starke Farben, die im kleinen Stück prächtig aussehen, in der großen Fläche aber zu aufdringlich wirken.

Selbst verlegen? Einen dauerhaften Wandbelag selbst auszuführen, ist nicht geradezu unmöglich, aber auch nicht leicht. Wer sich daran versuchen will, sollte unbedingt zunächst ein kleines Probestück herstellen, um etwas Erfahrung zu sammeln und sich zu überzeugen, ob ihm eine exakte und tadellos aussehende Arbeit gelingt.

Spritzwurf Die Mauer erhält zuerst einen Spritzwurf aus dünnflüssigem, scharfkörnigem Zementmörtel (S. 220). Der Mörtel wird mit der Maurerkelle angeworfen, so dünn, daß die Fugen des Mauerwerks nicht ganz geschlossen werden. Die Platten können erst verlegt werden, wenn diese Schicht einige Tage abgebunden hat.

Keile Damit die Fugen schön gleichmäßig etwa 2 mm breit werden, schnitzt man aus 5 cm langen Holzstäbchen Keile, die am schwächeren Ende 2 mm stark sind. Die Keile werden zwischen die Platten gesteckt und erst zum Verfugen herausgenommen.

Das Verlegen Der Zementmörtel wird aus 1 Teil Portlandzement und 3 bis 4 Teilen Sand gemischt (S. 206). Die Platten sind vor dem Verlegen in Wasser zu legen. Beim Verlegen nimmt man die einzelne Platte aus dem Wasser, läßt ablaufen, bestreicht die Rückseite mit Zementmörtel (der Fachmann sagt: Man »mörtelt die Platte an«), schneidet die Mörtellage an den Rändern der Platte glatt ab und drückt die Platte gegen die Wand. Durch Klopfen mit dem Kellenstiel wird sie in die richtige Lage gebracht.

Verfugen Ist die ganze Fläche belegt, werden die Keile herausgenommen. Das Verfugen kann beginnen. Dazu nimmt man entweder Portlandzement – das ergibt eine dunkelgraue Färbung – oder weißen Zement (»Dyckerhoff-Weiß«), wenn die Fugen weiß aussehen sollen. Ein praktisches Werkzeug zum Verfugen ist ein etwa 30 cm langes Holzbrettchen, in dessen Längsseite ein Gummistreifen eingelassen ist. Damit wird der Ausfugmörtel in die Fugen gedrückt. Gips ist zum Verfugen ungeeignet. Seine Treibwirkung würde die Platte herausdrücken oder gar beschädigen. Unmittelbar nach dem Ausfugen muß der gesamte Belag sorgfältig gereinigt werden, damit nicht Zementreste auf der Oberfläche erhärten.

Lose Platten Löst sich eine einzelne Platte aus dem Verband, während das Mörtelbett an der Mauer bleibt, so befestigt man sie nicht mit Mörtel, sondern mit einem Spezialklebstoff, den man in Plattenhandlungen kaufen kann.

Kunststoff-Wandplatten Über Vinyl-Asbest-Wandplatten Näheres im Kunststoff-Teil S. 495.

Holzfußböden: Unterkonstruktion

Die Zeichnung zeigt im Schnitt eine Holzbalkendecke als Wohnungstrenndecke mit Parkettboden. Der Balkenabstand beträgt etwa 80 cm. Von besonderer Bedeutung ist neben den statischen Anforderungen der Wärme- und Schallschutz (DIN 4108 und 4109). Um Schallbrücken zu vermeiden, dürfen die Fußbodenbretter (hier der Blindboden) nicht direkt auf den Balken genagelt werden.

Von unten ist die Deckenschalung aus Fichtenbrettern gegen die Balken genagelt. Diese Bretter sollen nur etwa 8–10 cm breit sein; von Brett zu Brett ist etwa 1 cm Zwischenraum zu lassen, weil das Holz arbeitet. Die Deckenschalung trägt Rohrmatten als Putzträger, gegen diese ist der Deckenputz geworfen. An Stelle der hölzernen Deckenschalung und der Rohrmatten nimmt man auch Leichtbauplatten, die mit versetzten Stößen an die Balken genagelt, mit Fugendeckstreifen versehen werden und dann als Putzträger dienen.

Zwischen den Balken ruht auf Latten (die mit kräftigen Nägeln an den Balken befestigt sind) der Fehlboden. Dieser wird mit Bitumenpapier überzogen, darauf liegt die über die Balken geführte Mineralwollfilzmatte und darauf eine etwa 8 cm starke, absolut trockene, saubere Sandschüttung ohne Feinkorn. Wegen des Gewichtes dieser Auffüllung müssen die Deckenbalken entsprechend bemessen sein. Das Gewicht ist für die Dämmwirkung erforderlich.

Blindboden Die Gehschicht besteht in der dargestellten Deckenkonstruktion aus Parkett. Zwischen Lager und Parkett ist noch ein hölzerner Blindboden. Will man auf den Blindboden verzichten, kann Parkett nur im sogenannten Schiffsverband verlegt werden:

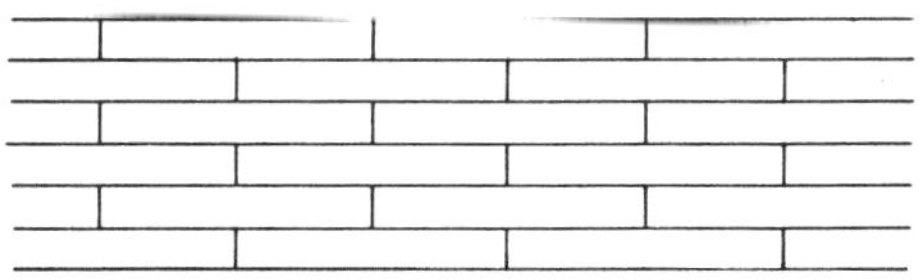

Im Schiffsverband verlegtes Parkett

Für einen Dielenboden braucht man den Blindboden nicht, die Dielenbretter werden unmittelbar auf die Lager genagelt.

Massivdecke mit Fußbodenlager Soll ein Holzboden auf eine Massivdecke – z. B. Kellerdecke aus Stahlbeton – kommen, so braucht man hierzu Lagerhölzer, entweder vierkantige Riegel von etwa 6 × 8 cm Querschnitt oder zweiseitig beschnittene Rundhölzer, von denen die Rinde restlos entfernt wird. Die Lagerhölzer sollen vor dem Einbau mit geeigneten Holzschutzmitteln getränkt oder zumindest gestrichen werden.

Die Lager werden in Abständen von etwa 60 cm verlegt (für Parkett 50 cm). An der Unterseite der Lagerhölzer werden Streifen aus Mineralwoll-

platten, z.B. aus Glasfaser 24/20 mm, angeklebt. Diese Streifen werden um die Stirnenden der Lagerhölzer herumgeführt, damit diese keine direkte Berührung mit den Wänden haben (Schallbrükken!). Das Ausrichten der Lagerhölzer erfolgt durch Keile zwischen der Betondecke und dem Isolierstreifen. Einschieben von Sperrholzstückchen zwischen Keile und Isolierstreifen erleichtert die Arbeit.

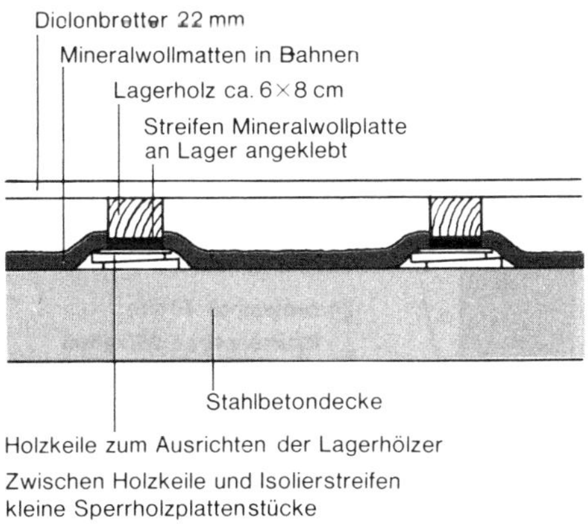

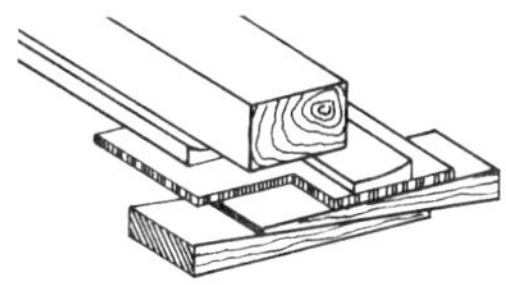

Holzfußboden auf Massivdecke Rechts: Detail des Lagerholzes

Vor Auflegen des Fußbodens wird zwischen den Lagerhölzern die Isolierung, z. B. Bahnen aus

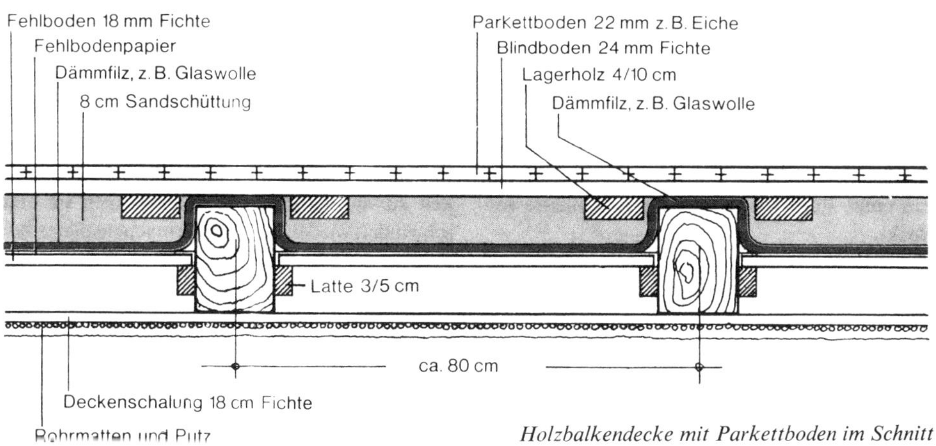

Holzbalkendecke mit Parkettboden im Schnitt

Mineralwolle, eingebracht. Eine besondere Befestigung der Lager an der Betondecke ist nicht erforderlich.

Die Lager sollen in der Längsrichtung des Raumes laufen. So laufen quer dazu die Fußbodenbretter in der kürzeren Richtung und brauchen wenig gestoßen zu werden.

Geklebte Holzböden Auf Massivdecken geht man mehr und mehr dazu über, eine Estrich- und Isolierschicht auf den Beton zu bringen und darauf mit einer Spezialmasse Parkettboden zu kleben. Solche Arbeiten wie überhaupt das Verlegen von Parkett sind dem Fachmann vorbehalten. Wir befassen uns im folgenden nur noch mit Dielenböden.

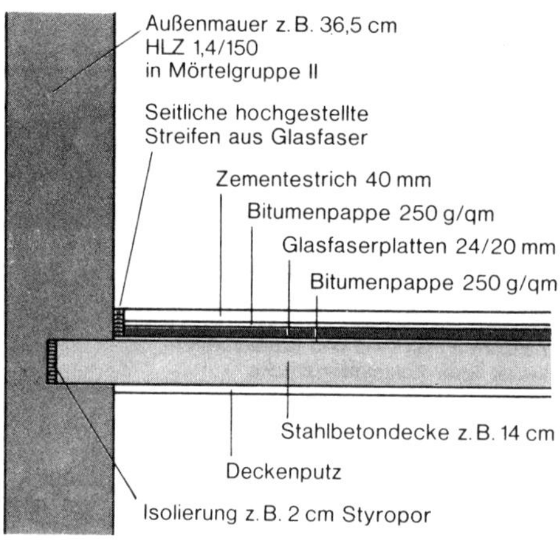

Beispiel einer massiven Geschoßdecke mit Wärme- und Schallschutz. (Auf den Zementestrich wird der Bodenbelag geklebt.)

Holzdielen: Verlegung und auftretende Schäden

Verlegen Die Dielenbretter sollen wenn möglich so lang sein, wie der Raum breit ist, damit Stöße vermieden werden. Genau sollen sie 2 cm kürzer sein – so hat das Brett Raum zum Arbeiten; die 1 cm breite Fuge wird durch die Sockelleiste verdeckt.

Die Dielenbretter kauft man zugeschnitten und gehobelt. Sie haben auf einer Längsseite eine Nut, auf der andern eine Feder. Das erste Brett wird 1 bis 2 cm von der Mauer entfernt aufgelegt und von oben genagelt – die Nut nach außen zeigend. Alle weiteren Bretter werden verdeckt genagelt, wie es das Bild zeigt:

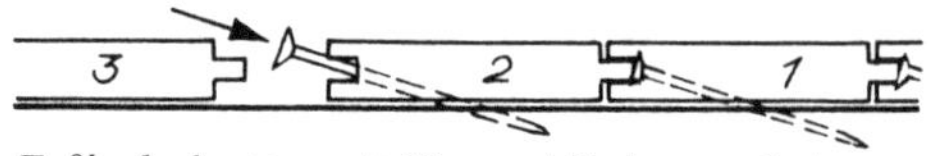

Fußbodenbretter mit Nut und Feder, verdeckt genagelt

Der fertig verlegte Boden muß glattgehobelt werden, weil beim Verlegen Unebenheiten an den Brettkanten entstehen können. Er wird dann mit Leinölfirnis eingelassen und nach dem Trocknen gewachst – sofern nicht eine andere Art der Oberflächenbehandlung in Betracht kommt: Anstrich, Lasur (S. 48).

Schäden Es können auftreten: Pilzerkrankungen · starke Fugenbildung · welliges Erheben einzelner Flächen oder Bretter · Durchbiegen · Knarren.

Fäulnis Fäulniserscheinungen fordern unverzügliche Maßnahmen. Das befallene Brett ist sofort herauszunehmen und an der Unterseite zu untersuchen. Oft geht die Erkrankung von der Unterkonstruktion aus. Feuchte und schlechte Auffüllung – z. B. aus Bauschutt – ist meist die Wurzel des Übels.

Zeigt nur die Oberseite Befall, ist das Brett auszuwechseln. Ist auch die Unterseite befallen, ist der gesamte Belag zu erneuern, die Unterkonstruktion gründlich zu untersuchen. Schlechte Teile sind zu erneuern, die übrigen gut auszutrocknen und neu zu imprägnieren (S. 139 f.), bevor ein neuer Belag aufgebracht werden kann.

Wegen der Nut-Feder-Verbindung ist es nicht ganz einfach, ein einzelnes Brett zur Untersuchung herauszunehmen. Liegt das Brett in Wandnähe, nimmt man den Boden vom Rande her auf. Andernfalls muß man das Brett wahrscheinlich aufsplittern und stückweise herausreißen.

Fugenbildung, Wellen Diese beiden Erscheinungen haben ihre Ursache im Schwinden und Quellen des Holzes. Sie treten zwangsläufig auf, wenn feuchte Bretter verlegt werden oder wenn ausgetrocknete Bretter in Räume kommen, in denen noch starke Baufeuchtigkeit herrscht. In diesem Fall nehmen die Bretter zunächst Luftfeuchtigkeit auf und quellen, danach trocknen sie und schwinden wieder. Eichenholz macht in dieser Beziehung am wenigsten Kummer. Stets soll Holzboden erst verlegt werden, wenn die Räume durch ausgiebiges Lüften und nötigenfalls Beheizen durchgetrocknet sind. Nach dem Verlegen soll der Boden alsbald begangen werden, damit sich Spannungen ausgleichen. Starke Fugen sind behelfsmäßig zu schließen durch Einschlagen von

Holzspänen oder Ausgießen mit sogenanntem flüssigen Holz, das durch chemischen Prozeß erhärtet. Dauerhafte Abhilfe bietet nur das – freilich umständliche und kostspielige – Aufnehmen und Neuverlegen des ganzen Bodens.

Wellige Erhebungen kann man oft durch neues Festnageln beseitigen.

Das Nageln kann in diesem Fall nur offen von oben geschehen, doch kann man die Nagelköpfe anschließend versenken (S. 104) und die Löcher auskitten. Man nimmt am besten Stahlstifte, weil sie auch in einen harten Unterboden eindringen.

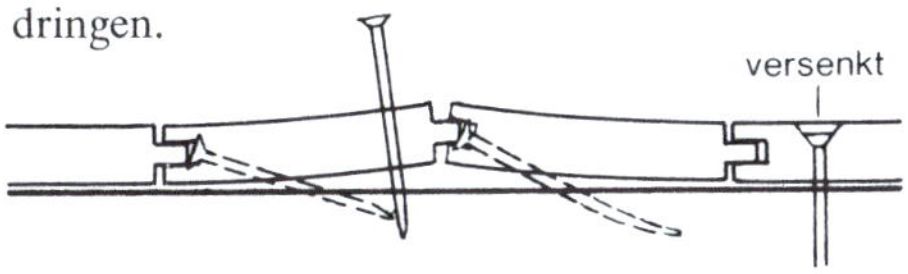

Aufgewellter Dielenboden wird niedergenagelt, die Nägel werden versenkt

Durchbiegen Zu großer Balkenabstand · zu geringe Brettstärke · falsches Einbringen der Auffüllung: das sind die möglichen Ursachen für Durchbiegungen. Die Aufzählung zeigt, daß Abhilfe nur möglich ist, wenn man den Boden neu verlegt. Sehr schwere Möbel – Bücherschränke vor allem – stelle man wenn möglich so auf, daß die Füße auf jeweils einen Balken treffen.

Knarren Knarrt ein einzelnes Brett, so ist Abhilfe möglich. Wahrscheinlich wird es windschief gewachsen sein. Man ersetzt es durch ein neues. Über das Herausnehmen siehe oben unter »Fäulnis«. Beim Einsetzen des trockenen Ersatzbrettes muß man vom Anschlußbrett die Feder abstemmen. Das neue Brett wird von oben genagelt, die Nagelköpfe werden versenkt.

Einem Fußboden, der in ganzer Ausdehnung jeden Darüberschreitenden mit freundlichem Knarzen begrüßt, kann man nur mit freundlicher Duldung begegnen – oder mit gut gefülltem Geldbeutel. Es kann sein, daß sich die Unterkonstruktion verzogen hat, so daß der ganze Boden federt und damit knarren kann. Das kann der Fachmann abstellen, indem er die Lager sorgfältig neu unterkeilt. In anderen Fällen kann selbst der Fachmann nicht helfen.

14 Winke zur Ofenheizung

Der Ofen

Strahlung · Lufterwärmung Ein erwärmter Körper sendet Wärmestrahlen aus, die sich gradlinig durch den Raum fortpflanzen. Daß man sich im Winter trotz niedriger Lufttemperatur sonnen kann, beruht auf der von der Sonne ausgehenden Wärmestrahlung. Auch der Ofen sendet Wärmestrahlung aus, besonders bei hoher Verbrennungstemperatur. Der einfach ummantelte eiserne Ofen strahlt die Wärme schnell aus und kühlt dann rasch ab. Beim Kachelofen wird Wärme im Mantel des Ofens gespeichert und strahlt dann langsamer ab.

Die an den Außenflächen des Ofens stehende Luft wird erwärmt und steigt nach oben. An anderen Flächen des Raumes, am meisten an den kühlen Außenwänden, gibt die Luft ihre Wärme ab und fällt wieder nach unten. So entsteht ein Kreislauf, in dem immer neue kühle Luft an den Ofen herangebracht wird. Bei dieser Art der Erwärmung dient die Luft als Transportmittel für die Wärme.

Jede Ofenheizung vereinigt beide Prozesse.

Aufstellung des Ofens Baupolizeiliche Vorschriften enthalten eine Reihe von Sicherheitsbestimmungen: Herde und Öfen dürfen nicht auf hölzerne Gestelle gesetzt werden. Bei Holzfußböden müssen Unterlagplatten aus Blech oder Stein angeordnet werden, bei manchen neueren Modellen befinden sie sich gleich am Ofen. Bleche müssen bei Holzfußböden auch vor der Aschentüre angebracht werden. Zugregulierung darf nicht am Rohr erfolgen (Rohrklappe), sondern an den Zugtüren des Ofens selbst, gewöhnlich beim Aschenkasten. Fachwerk- oder Riegelwände aus Holz müssen in der Umgebung des Ofens einen Verputz tragen. Auch dann müssen die Ofenflächen eine Mindestentfernung von der Wand haben (in Bayern z. B. 30 cm), die Seite mit der Feuerungsöffnung eine größere.

Das Ofenrohr

Länge Eine weitverbreitete Ansicht besagt: Je länger das Ofenrohr, um so besser wird die Wärme genützt. Das war nur richtig für alte eiserne Öfen (»Kanonenöfen«). Neuere Öfen sind so konstruiert, daß bei richtiger Beheizung durch ein normal langes Rohr die Rauchgase gerade mit der Temperatur (etwa 150 bis 200°) in den Schornstein gelangen, die erforderlich ist, damit durch den Wärmeauftrieb ein ausreichender Zug entsteht. Von unverputzten Holzteilen sollen Rauchrohre mindestens 45 cm entfernt sein, von verputzten, z.B. Holzbalkendecken, 25 cm. Das Rohr soll dicht sein und mindestens die gleiche Stärke aufweisen wie der Anschlußstutzen am Ofen.

Einführung in den Schornstein Ein Rauchrohr, das einfach in die Kaminwand eingemauert direkt in den Schornstein führt, wird stets Ärger verursachen. Beim Heizen dehnt sich das Rohr aus, Putzrisse treten im Umkreis der Einführungsstelle auf. Kühlt das Rohr wieder ab, entsteht eine Undichtigkeit, durch die Rußteile und Rauchgase austreten können.

Richtig ist es, in die Kaminwand ein Rauchrohrfutter einzusetzen – zu kaufen in Metallwaren- und Ofenhandlungen. Es sorgt dafür, daß die Ausdehnung des Rohres nicht auf den Putz wirken kann.

Wichtig ist ferner, daß mehrere Rauchrohre nicht in gleicher Höhe in den Kamin geführt werden.

Der Schornstein

Die Anordnung eines Schornsteins ist stets genehmigungspflichtig.

Beim Neubau ist darauf zu achten, daß der Kamin warm liegt (möglichst nicht an Außenmauer), daß er gradlinig senkrecht verläuft und daß er dicht ist. Undichte Stellen verursachen Kaltluftwirbel, sogenannte falsche Luft, behindern also den Zug; sie sind ferner eine der Hauptursachen für Brände.

Beim bestehenden Schornstein ist weiter zu beachten: Niemals die Umfassungsmauern (Wangen) durch Rohrschlitze, Dübellöcher u. ä. schwächen! Niemals einen Kamin als Entlüftungsrohr oder zum Ableiten von Abgasen (Gasgeräte) benutzen!

Der Ofen zieht nicht

Folgende Ursachen kommen in Betracht:

Verschmutzung, Ruß Flugrost, Asche, Ruß können den Durchzug verlegen. Abhilfe: Reinigen des Ofens, des Rohres, des Kamins (Kamin durch Kaminkehrer).

Undichtigkeit Durch undichte Stellen dringt

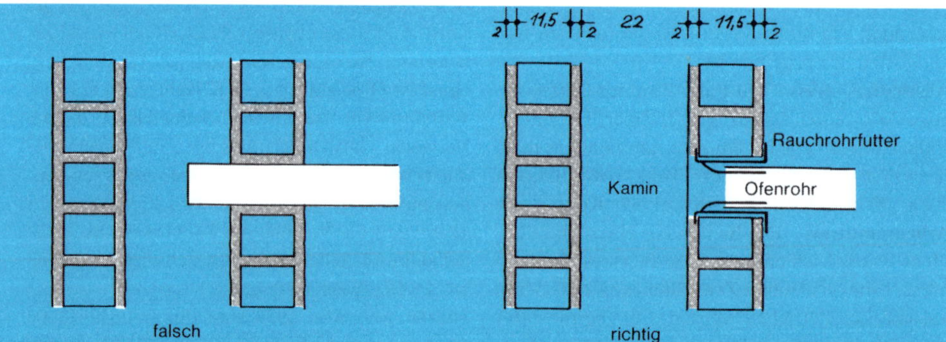

Das Rauchrohrfutter schützt den Putz

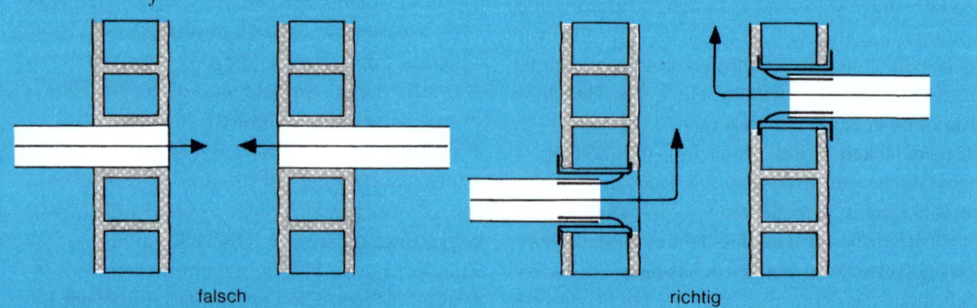

Zwei Ofenrohre dürfen nicht in gleicher Höhe in einen Kamin münden

falsche Luft ein, bildet Wirbel, hindert den freien Zug. Undichte Stellen können entstehen: durch schlechten Sitz der Rauchrohre und Knie, durch Durchrosten der Rohre, durch Risse im Kaminmauerwerk, durch Anschlagen der Wangenmauern, durch ein versehentlich offenstehendes Reinigungstürchen, gewöhnlich in Keller oder Speicher.

Falscher Rauchrohranschluß Namentlich in Mietshäusern kommt es vor, daß Rauchrohre, wie in der letzten Zeichnung abgebildet, bei nachträglichem Einbau falsch angeschlossen sind.

Zu langes Rohr Ein zu langes Rohr läßt die Rauchgase so stark abkühlen, daß sie, im Kamin angekommen, die dort stehende Luftsäule nicht mehr durch ihren Auftrieb in Bewegung setzen.

Hohe Außentemperatur Wer im Sommer Waschkessel oder Kohlenbadeofen anheizt, kann die Erfahrung machen, daß kein Zug zustande kommt. Man sagt, die »Hitze drückt auf den Schornstein«. Genauer müßte es heißen: Die Luftsäule im Kamin ist bereits vor dem Heizen so warm, daß die Heizgase sie nicht in Bewegung setzen können. Abhilfe: Am unteren Ende des Schornsteinzuges (meist im Keller) die Reinigungstür öffnen und unmittelbar im Kamin leicht brennbare Gegenstände entzünden. Keine explosiven Brennstoffe!

Zu kurzer Schornstein Ist der Kamin nicht hoch genug über den Dachfirst geführt, kann der Wind auf den Schornstein drücken und den Zug behindern. Abhilfe: Kamin höher aufmauern lassen. Das ist besser als die unschön wirkenden Rohraufsätze.

Über Zentralheizungen S. 375ff., über Gasöfen S. 407f., über elektrische Heizung S. 432f.

15 Was man von der Ölheizung wissen sollte

Ist Ölheizung teuer?

Diese Frage hört man immer wieder. Mit einem schlichten »Ja« oder »Nein« ist sie nicht zu beantworten. Zu beachten ist:

Anschaffungspreis Ein guter Zimmer-Ölofen ist etwa 20% teurer als ein Allesbrenner. Eine Zentralheizungsanlage für ein Zweifamilienhaus mag für Ölheizung (Ölbrenner, Tank, Installation) etwa 5000,– DM mehr kosten als für Koks.

Arbeitsersparnis Die Bedienung eines Einzelölofens ist ungleich einfacher als die eines Kohlenofens. Eine ölgefeuerte Zentralheizung kann vollautomatisch betrieben werden. Ein thermostatischer Regler (Wärmefühler im Zimmer) reguliert die Ölzufuhr. Man stellt lediglich die gewünschte Raumtemperatur auf einer Skala ein. Vielfach macht die Umstellung auf die arbeitsparende Ölheizung es der Hausfrau möglich, den Haushalt nun ohne Personal zu versorgen.

Bequemlichkeit Bei Ölheizung braucht man keine Asche wegzuräumen. Die Ruß- und Staubentwicklung ist unbedeutend. Die Anlage ist immer betriebsbereit. Da eine Tonne Öl den Heizwert von etwa zwei Tonnen Koks hat, vermindert sich auch das Transportgewicht. Nicht zu vergessen: Auch der Kohlenkeller wird eingespart!

Betriebskosten Bei größeren Anlagen ist Ölfeuerung mindestens ebenso wirtschaftlich wie Koksfeuerung. Bei kleineren Anlagen (Einfamilienhaus) ist Ölheizung gegen Koksheizung etwa im Verhältnis 1:1,2 teurer. Zu beachten ist bei diesem Vergleich, daß Ölheizung wegen der äußerst bequemen Bedienung in der Übergangszeit gewöhnlich mehr in Betrieb gesetzt wird; ferner und vor allem, daß die Vorteile der Sauberkeit, Bequemlichkeit und Arbeitsersparnis sich nicht unmittelbar in Geldwert ausdrücken lassen.

Heizöl Seit Mai 1957 sind durch DIN 51603 folgende Kurzbezeichnungen für Heizöl festgelegt:

ES = extra schwerflüssig
S = schwerflüssig
M = mittelflüssig
L = leichtflüssig
EL = extra leichtflüssig

Als Heizöl darf nur ein Produkt bezeichnet werden, das bei der Verarbeitung von Rohöl, Steinkohle, Braunkohle oder Ölschiefer anfällt.

Zum Bezug von Heizöl braucht man einen Zollerlaubnisschein. Die Lieferfirma hilft bei der Erledigung der Formalitäten.

Vordringen der Ölheizung In kohlearmen Ländern kennt man Heizöl als Brennstoff seit Jahrzehnten. Das Vordringen der Ölheizung in Deutschland in den letzten Jahren hat mehrere Gründe: veränderte Kohlensituation · Bau moderner Raffinerien in Deutschland, in denen Heizöl als Nebenprodukt anfällt · Zwang zur Arbeitsvereinfachung im Haushalt: berufstätige Ehefrau, Mangel an Dienstpersonal, veränderte Lebensgewohnheiten.

Zentralheizung mit Ölfeuerung

Prinzip Die Verwendung von Öl als Brennstoff besagt zunächst noch nichts über die Art der Heizungsanlage. Die häufigste, auch wirtschaftlichste, darum hier allein betrachtete Art ist die Warmwasserheizung mit Kessel, Kamin, Rohrsystem für Wasser-Vor- und Rücklauf und Radiatoren (Heizkörpern). Die Ölflamme bestreicht die Glieder des Kessels, das Wasser in diesen Gliedern wird erhitzt und zur Zirkulation durch die Radiatoren gebracht (vgl. hierzu S. 375: Warmwasserheizung). Damit die Ölflamme voll wirksam werden kann, muß der Kessel eine bestimmte Tiefe haben. Der Feuerraum braucht zum Schutz der Kesselwände eine Ausmauerung mit Schamottematerial.

Der Tank Mindestens einen Jahresbedarf sollte der Tank fassen (kleines bis mittleres Zweifamilienhaus: 6000 l · Drei- bis Vierfamilienhaus: 10000 l). Er kann entweder im Keller oder außerhalb des Gebäudes in frostfreier Tiefe liegen und soll so angeordnet sein, daß er vom schweren Tankwagen aus ohne Schwierigkeit beschickt werden kann. Die Leitung vom Tank zum Brenner muß außerhalb des Gebäudes ebenfalls in frostfreier Tiefe verlegt werden. Zweckmäßig ist dann ein kleiner Zwischentank vor dem Brenner, in dem das Öl schon vor seinem Eintritt in den Brenner etwas angewärmt wird.

Der Tankeinbau direkt in das Erdreich ist nur mehr zulässig, wenn es sich um einen doppelwandigen Tank handelt. Beim einwandigen wird eine Stahlbetonwanne um den Tank gefordert; Kosten hierfür bei einem Einfamilienhaus etwa 5000 DM.

Bei Neubauten wird der Tank jetzt meist im Kellergeschoß untergebracht; hier genügt einwandige Ausführung. Allerdings müssen die den Tank umschließenden Wände die Aufgabe einer Wanne erfüllen. Auch nachträglicher Tankeinbau im Kellergeschoß ist möglich. Man verwendet hierbei Rechteck-Ölbehälter aus Stahlblech, die erst im Keller zusammengeschweißt werden.

Wichtig ist, daß jeder Tank – ob im Keller oder außerhalb des Hauses – eine Entlüftungsleitung ins Freie erhält. Die Heizraumrichtlinien (insbesondere für den Feuerschutz) sind zu beachten. Die Bauaufsichtbehörden geben Auskunft.

Genehmigungspflichtig Ölfeuerungsanlagen sind auch bei nachträglichem Einbau genehmigungspflichtig. Für jede Anlage ist der Verwaltungsbehörde (Landratsamt, Stadtverwaltung) ein Baugesuch vorzulegen.

Der Brenner In Deutschland werden viele Fabrikate angeboten. Die richtige Wahl kann nur der Fachmann treffen. Der Laie soll wissen:

Um das Öl einwandfrei und wirtschaftlich zu verbrennen, muß es in feinste Teilchen zerlegt und mit Luft vermischt werden. Das ist die Aufgabe des Brenners. Der gebräuchliche Brennertyp für Wohnhäuser ist der Öldruckzerstäuber. Das Öl wird mit etwa 7 Atmosphären Druck durch eine Düse gedrückt. Dabei wird es zerstäubt und mit Verbrennungsluft gemischt. Die Zündung erfolgt an einem elektrischen Lichtbogen (ähnlich der Zündung durch die Zündkerze beim Verbrennungsmotor im Kraftfahrzeug). Entsteht keine Flamme oder erlischt sie wieder, so werden Ölzufuhr und Gebläse automatisch abgeschaltet. Andere Formen wie Luftdruckzerstäuber, Rotationszerstäuber arbeiten geräuschvoll und kommen nur für große Anlagen in Betracht.

Beim Zimmerölofen hat man Verdampfungsbrenner; darüber S. 271.

Richtig planen Architekt und Zentralheizungsbauer müssen gemeinsam die richtige Lösung für eine gegebene Aufgabe finden. Nicht jede Firma, die schon lange Zentralheizungen baut, hat die nötige Erfahrung im Ausbau von Ölanlagen!

Umstellung auf Ölfeuerung

Immer mehr Hausbesitzer stellen vorhandene Zentralheizungen auf Ölbetrieb um. Es gibt hierzu verschiedene Möglichkeiten. Als Beispiel nehmen wir hier ein Einfamilienhaus mit etwa 5 Zimmern, Küche und den üblichen Nebenräumen. Hier hat sich als zweckmäßig erwiesen:

Einschweißtank im Keller aus Stahlblechtafeln auf mindestens 10 cm hohen Stahlprofilträgern. Tankinhalt 6000 Liter.

Vom Tank aus führen: eine Ölleitung zum Öl-

brenner, eine Fülleitung durch die Außenmauer hindurch, eine Entlüftungsleitung ins Freie, mindestens 2,50 m über Gelände an der Außenmauer hochgeführt.
Der Tankraum im Keller muß mit einer mindestens 11,5 cm starken Ziegelmauer abgemauert werden, die Mauer ist beidseitig zu verputzen und auf der Tankraumseite mit einer Dichtungsschicht (entweder Spachtelschicht oder Anstrich) zu versehen. Auch der Boden muß im Tankraum mit einer Dichtungsschicht versehen werden, der Übergang vom Boden zu den Wänden ist mit einem Hohlkehlsockel aus Zementmörtel auszubilden. Die Abmauerung des Tankraumes erhält eine feuerbeständige Einstiegluke (im Handel erhältlich) etwa 90/100 cm, die möglichst weit oben angeordnet wird. Zu dieser Luke führen beidseitig der Wand Steigeisen.
Der Heizkessel wird um ein Glied vergrößert, dadurch ist allerdings auch ein neuer Blechmantel erforderlich. Anstelle der bisherigen Feuerungstüre kommt nun eine Brennerplatte, an die der Brenner montiert wird. Der Brenner braucht einen Elektroanschluß sowie einen Anschluß zum Thermostaten. Der Feuerungsraum des Kessels muß neu mit Schamotte ausgemauert werden.
Bei der beschriebenen Umstellung fallen etwa folgende Kosten an (nur Richtwerte):

Einschweißtank für 6000 Liter einschließlich Tankarmaturen, Ölleitung und Entlüftungsleitung	1900,— DM
Alternative: Kunststofftank 3200,— DM	
Ölbrenner einschließlich Anschluß, Elektroinstallation zum Brenner und zum Raumthermostat	1200,— DM
bei vollautomatischer Anlage mit Außenfühler zusätzl. 1500,— DM	
Kesselvergrößerung um ein Glied, Blechmantel, Brennerplatte, neue Schamotteausmauerung	900,— DM
Frischluftkanal (z. B. aus Asbestzementvierkantrohren) einschl. Gitter an der Außenmauer	150,— DM
Abmauerung des Tankraumes, Verputz und Dichtung, Einstiegluke und Steigeisen	1000,— DM
	5150,— DM

Kosten für Stahlbetonwanne etwa 7000,— DM

Für die Frischluftzufuhr ist die Anordnung eines Frischluftkanals vom Freien her erforderlich, der im Heizraum 50 cm über dem Fußboden enden muß. Bei größeren Heizungsanlagen (über 40000 Wärmeeinheiten) wäre auch ein eigener Abluftkamin erforderlich.

Der Ölofen im Zimmer

Der richtige Ofen Es gibt Formen und Farben für jeden Geschmack. Wichtig: Nicht zu klein! Die Anheizzeit für ein Zimmer soll unter einer Stunde liegen. Maßgebend für die Größe des Ofens ist nicht nur der Rauminhalt des Zimmers. Lage des Raumes zu den Außenmauern, Zahl und Größe der Fenster, Art der Deckenkonstruktion und Temperatur der Nebenräume verlangen Berücksichtigung. Wenn der Fachmann richtig raten soll, muß er den Raum kennen.
Wie schon erwähnt, hat der Zimmerölofen ein anderes Brennersystem als die Zentralheizung: den Verdampfungsbrenner. Die Verdampfung (Vergasung) des Öles wird hier dadurch eingeleitet, daß eine kleine eingelassene Ölmenge durch Zündholz, Docht oder auch elektrisch entzündet wird. Die dabei erzeugte Wärme bringt auch das nachlaufende Öl zur Verdampfung. Die Heizleistung wird dadurch reguliert, daß man die nachlaufende Ölmenge von Hand einstellen kann.
Nach etwa sieben Minuten ist der Brenner so heiß geworden, daß eine einwandfreie Verdampfung auch bei vollem Ölzulauf gewährleistet ist. Dann kann man »ganz aufdrehen«.
Beim Verdampfungsbrenner entfallen also Pumpe, Motor u. dgl. Die Temperatur im Verbrennungsbehälter beträgt hier nur etwa 350° C. Man braucht also Heizöl, das bereits bei dieser Temperatur ohne Rückstand verbrennt. Gewöhnlich entspricht dieser Forderung nur ganz leichtflüssiges Öl.
Aufstellung Der Ofen ist durch den Fachmann aufzustellen und anzuschließen. Die Aufstellung erfolgt waagerecht – nach Wasserwaage –, um einwandfreien Ölzulauf sicherzustellen. Anschluß an Kamine, die bereits Abgase von Kohleöfen aufzunehmen haben, ist unbedenklich.
Der Kamin soll einen guten Zug haben (mindestens 0,6 mm Wassersäule; durch Lieferfirma oder Kaminkehrer mittels Zugmesser nachzuprüfen). Das Ofenrohr soll nicht länger sein als 1,50 m. Um wirtschaftliches Heizen sicherzustellen, sollte in das Ofenrohr ein Zugregler eingebaut

werden; das ist eine in das Ofenrohr eingebaute Klappe, die sich bei einer bestimmten Zugstärke selbsttätig öffnet. Preis etwa 20,— DM.

Das Öl Als Heizöl für Zimmeröfen dient überwiegend die Qualität EL=extra leichtflüssig. Der Tank – Inhalt 10 bis 20 l – ist gewöhnlich eingebaut oder seitlich angebaut. Das Öl wird in Blechkanistern zu 10 l oder in Fässern zu 200 l geliefert. Die Behälter sind Leihgefäße und müssen zurückgegeben werden.

Man soll nur das für den Ofen vorgeschriebene Öl verwenden und über ein Sieb in den Tank einfüllen. Nichts verschütten – Ölgeruch!

Bedienung und Pflege Das Anzünden geschieht ähnlich wie beim Spirituskocher. Spezialdocht (100 Stück 2,— DM), Wattebausch, in Spiritus getaucht, oder Hartspiritustablette werden angezündet; dann wird der Ölzulauf mäßig geöffnet. Nach etwa 7 Minuten kann der Ölzulauf stufenweise ganz geöffnet werden.

Der Brenner soll – wie ein Gasbrenner – einen geschlossenen Flammenkranz zeigen. Ist der Ofen ausgegangen, so darf man auf keinen Fall in dem noch heißen Brenner Öl anzünden. Nach kurzer Abkühlungszeit ist erneutes Anzünden ohne Gefahr.

Zu jedem Ofen gehört eine Kratze, mit der man nach Bedarf, bei normalem Betrieb einmal im Monat, den Brennerboden reinigt. In gewissen Zeitabständen (Vorschrift der Lieferfirma) soll der Ölfilter mit Petroleum und Bürste gereinigt werden.

16 Ausbauten · Anbauten · Nebengebäude

Ausbau von Dachräumen

Genehmigungspflicht In der Regel sind Ausbauten von Dachräumen genehmigungspflichtig, weil sie die Konstruktion und, wenn Dachfenster (Dachgaupen) angeordnet werden, auch das Aussehen des Gebäudes beeinflussen. Frühzeitige Rücksprache mit der Bauaufsichtsbehörde und Eingabeplan sind erforderlich.

Zur Anordnung und Gestaltung von Dachfen-

Dachausbau beim Pfettendach

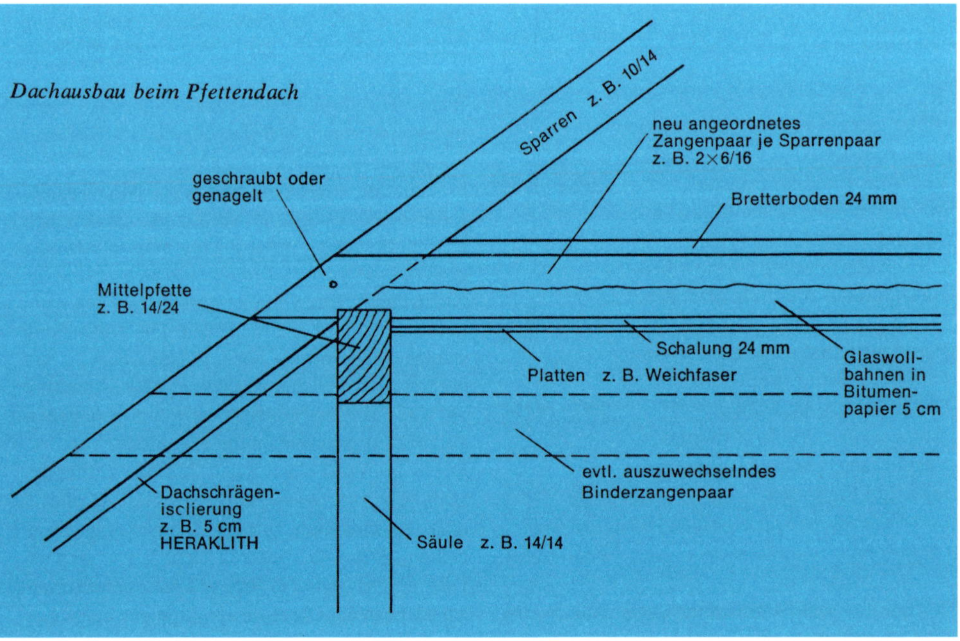

stern sollte immer der Rat eines Architekten eingeholt werden. Ein falsch gesetztes oder gestaltetes Dachfenster kann das Aussehen des ganzen Gebäudes beeinträchtigen. Beispiele für diese Wahrheit finden Sie in jeder Straße. Lösungen, die für ein Gebäude richtig sind, können nicht ohne weiteres auf ein anderes übertragen werden. Allgemeiner Grundsatz: Die Dachfläche soll so wenig wie möglich unterbrochen werden.

Die Decke Auf den Seiten 244–246 sind die drei wichtigsten Dachkonstruktionen dargestellt.

Wer einen Dachraum ausbauen will, muß sich stets zuerst fragen: Wie kann die raumabschließende Decke geschaffen werden? Keinesfalls dürfen beim Ausbau tragende Konstruktionshölzer entfernt werden.

Beim Kehlbalkendach liegen die Verhältnisse am einfachsten. Man braucht nur Isolierung und Verkleidung, denn die Kehlbalken können die Decke bilden.

Beim Sparrendach läßt sich die raumabschließende Decke dadurch schaffen, daß die Konstruktion zum Kehlbalkendach erweitert wird. Beim Pfettendach sind im allgemeinen die Zangen nur bei den Bindern (in Abständen von etwa 3 bis 4 m) angeordnet. Eine raumabschließende Decke läßt sich am einfachsten anbringen, indem bei jedem Sparrenpaar ein Zangenpaar angeordnet wird. Wird dadurch die Dachraumhöhe (die im Lichten noch mindestens 2,30 m betragen soll) zu gering, kann das Zangenpaar auch über der Mittelpfette angeordnet werden (Zeichnung). In diesem Fall muß aber das Binderzangenpaar nach oben versetzt werden.

Man muß sich darüber klar sein, daß das Gewicht der neuen Decke die Dachkonstruktion zusätzlich belastet. Das Gewicht der Decke ist darum so gering wie möglich zu halten. Dies gilt besonders für die Dämmstoffe.

Zwischenwände Zwischenwände werden zweckmäßig als Leichtbauwände ausgeführt, z.B. in 7 cm starken Heraklithplatten. Da solche Wände von den Decken aufgenommen werden können, braucht man nicht auf darunterliegende Mauern Rücksicht zu nehmen. Allerdings, Rücksicht ist zu nehmen auf die Lage der darunterliegenden Deckenbalken. Die neue Wand soll entweder auf einen solchen Balken zu stehen kommen oder, falls sie rechtwinklig zu den Deckenbalken steht, auf einen Riegel gestellt werden, der mit den Balken verschraubt oder vernagelt wird.

Einputzen von Holzteilen Müssen Holzteile wie Säulen, Streben, Balken beim Ausbau eingeputzt

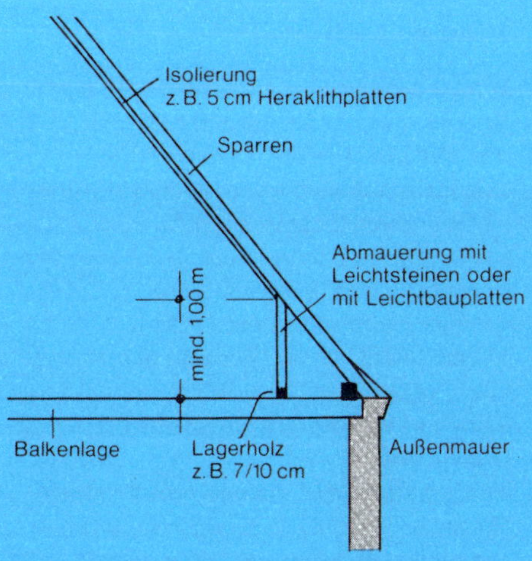

Senkrechte Abmauerung der Dachschräge

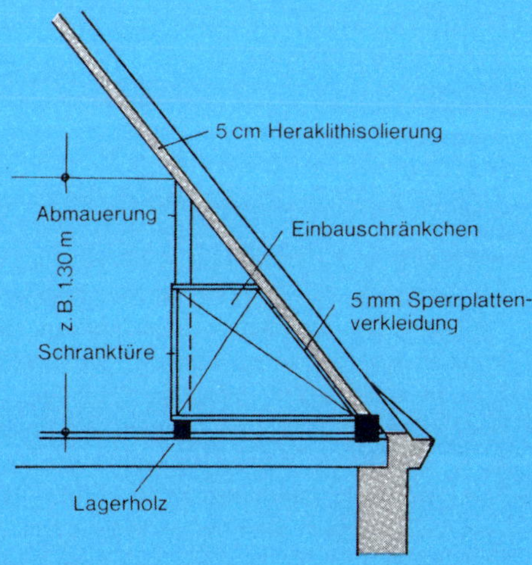

Dachschräge mit Einbauschrank (vergrößert)

(Zu beiden Zeichnungen: Bei Massivdecke Lagerholz nicht erforderlich.)

werden, so sind sie vorher mit Bitumenpappe zu isolieren und mit einem Putzträger (Gewebe wie zum Überdecken der Stöße von Bauplatten, S. 216) zu überspannen. Um Putzrisse zu vermeiden, soll dieser Putzträger beiderseits etwa 10 cm auf die anstoßende Wand übergreifen.

Dachschrägen Gewöhnlich müssen Dachschrägen in die entstehenden Räume einbezogen werden. Früher galt die so entstehende »Mansarde« (der Ausdruck, beiläufig gesagt, geht zurück auf den französischen Architekten Mansard) als minderwertig; heute weiß man solchen Räumen sehr reizvolle Wirkungen abzugewinnen.

»Heraklith«-Platten, 5 cm stark, werden mit verzinkten Drahtstiften gegen die Dachsparren genagelt, vor dem Verputzen werden die Stoßfugen mit Deckstreifen aus Jutegewebe oder Drahtnetz überspannt, S. 216. Für die senkrechte Abmauerung, deren Höhe mindestens noch 1 m betragen soll, eignen sich ebenfalls Heraklithplatten, hier 7 cm stark, oder 10 cm starke Gasbetonplatten. Der Winkel hinter der Abmauerung läßt sich gut für Einbauschränke ausnützen. In diesem Fall ist die Dachisolierung an den Sparren bis zum Dachfuß herunterzuführen. Mit Sperrholz verkleidet, bildet sie die Rückwand des Schrankes. Der Schrank besteht im übrigen, wie im Schnitt zu sehen, aus einer Türwand, Unter- und Oberboden und den Seitenwänden, welche die Fachböden tragen. Die hier erforderlichen Holzarbeiten: Zuschneiden · Leimen · Schrauben · Beschläge · Oberflächenbehandlung usw. sind im zweiten Teil dieses Buches erläutert.

Trinkstube im Keller

Beispiel für den Ausbau von Kellerräumen

Ausbauten im Keller sind meist einfacher als im Dachgeschoß, weil Trennwände ohne besondere Vorkehrungen errichtet werden können. Bei Mauerdurchbrüchen ist Vorsicht geboten, S. 226f. Im Keller soll möglichst nur feuchtigkeitsbeständiges Material verbaut werden, für Mauern z. B. Ziegelsteine oder Gasbetonblöcke. Als Trinkstube wird man einen Raum wählen, der vom Kellervorplatz unmittelbar zu erreichen ist.

Betonwände Sind die bestehenden Wände Betonmauern, werden sie auf der Innenseite mit Heraklithplatten, mindestens 2,5 cm stark, isoliert. Die Wände sind zunächst mit einem dünnflüssigen scharfkörnigen Zementmörtel (S. 220) zu bewerfen. Einen Tag später, nach dem Abbinden dieses Spritzwurfs, wird eine 2 cm starke plastische Zementmörtelschicht angeworfen. Die Platten werden gegen diese Schicht gedrückt, die Stöße mit Fugendeckstreifen überspannt. Zum Verputzen der ganzen Fläche dient wiederum als erste Lage Zementspritzwurf, als zweite Schicht Kalkmörtelputz, 2 cm stark, gemischt aus 1 Raumteil Putzkalkpulver auf 3 Raumteile Sand bis 3 mm Korngröße. Diese Schicht wird mit der Latte abgezogen und mit dem Reibbrett verrieben, ganz glatt braucht sie nicht zu sein.

Trennwand Ist eine neue Trennwand zu errichten, gilt die Anweisung auf S. 209. Man mauert eine 11,5 cm starke Ziegelmauer mit Kalkmörtel 1:3. Als Verputz dient rauher Kalkputz, wie eben beschrieben (schöner: Kalksandsteinmauer, vgl. S. 212).

Fußboden Ziegelpflaster aus hartgebrannten Vollziegeln paßt gut zum Charakter einer Trinkstube. Die Steine werden flach in ein 1,5 cm starkes Zementmörtelbett verlegt und mit Zementmörtel verfugt. Die Gehfläche kommt dadurch um etwa 9 cm höher. Das erfordert eine Stufe vor dem Zugang, die ebenfalls aus Hartbrandziegeln gemauert werden kann.

Für die Einrichtung empfehle ich eine kräftige Eckbank und einen recht kräftigen Holztisch, dazu Stühle oder Hocker aus Holz; keine Polstermöbel. Und recht viele gute Flaschen!

Wohin mit den Flaschen?

Wein in Flaschen soll so gelagert werden, daß der Korken umspült ist. Eine ebenso zweckmäßige wie reizvolle Lösung unseres Problems ergibt sich durch Aufmauern von gebrannten, unglasierten Tonrohren (Drainrohren). Ihre Abmessungen sind in DIN 1180 festgelegt. Die Länge beträgt einheitlich 33 cm. Folgende lichte Weiten (Innendurchmesser) sind lieferbar: 6,5 cm, 8 cm, 10 cm, 13 cm, 16 cm, 20 cm. Für unsere 0,7-Liter-Flaschen wählen wir Rohre mit 8 cm, für Literflaschen und Sektflaschen solche mit 10 cm lichtem Durchmesser.

Nun suchen wir uns in Keller oder Trinkstube ein geeignetes Wandstück. Es soll nicht an einer Kaminwandung oder an der Trennmauer zum Heizungskeller liegen. Zu bevorzugen ist die Außenmauer. Je nach Weinvorrat überlegen wir uns die Anordnung der Rohre und machen eine Skizze. Das wichtigste dabei ist, die Rohre so anzuordnen, daß ein harmonisches Bild entsteht. Darauf wird man erst recht achten, wenn das Mauerstück ins Kellertrinkstübchen kommen soll.

So selbstverständlich die Anordnung der Rohre in der Zeichnung aussieht – der Unkundige würde nach dem Schlüssel suchen, wäre nicht das Netzsystem eingezeichnet, das die gedachten Mittelpunkte der Rohrkreise verbindet: es setzt sich aus lauter gleichseitigen Dreiecken zusammen.

Bei der Festlegung der Seitenlänge ist von den zu verwendenden Rohren auszugehen. Bei der Austeilung ist darauf zu achten, daß die Rohrwandung etwa eine Dicke von 1 cm hat und daß sich die Rohre nicht berühren sollen. Die Fugenbreite soll mindestens 1,2 cm betragen.

In unserem Beispiel werden Rohre für 0,7-Liter-Flaschen verwendet (8 cm lichter Durchmesser), nur in dem umschließenden Mauerwerk sind links und rechts 8 Rohre mit 10 cm lichtem Durchmesser angeordnet. Hier sind natürlich die verschiedensten Varianten möglich.

Vermauert werden die Rohre und die Ziegel mit hydraulischem Kalkmörtel (1 Teil hydraulischer Sackkalk, 3 Teile Sand). Beim Vermauern ist darauf zu achten, daß die Rohre genau im Netzsystem liegen. Man kann sich an der Wand einige Hilfspunkte markieren und mit einer Schnur die richtige Lage kontrollieren. Weiter soll man darauf achten, daß die Rohrsichtflächen frei vom Mörtel bleiben. Gerade das leuchtende Rot soll erhalten bleiben (Lumpen zum Abwischen bereithalten). Der Vermauerungsmörtel soll etwa 1,5 cm hinter der Rohrvorderkante bleiben. Herausquellenden Mörtel entfernen.

Wenn alles aufgemauert ist, werden die Fugen mit Weißkalkmörtel (1 Teil gelöschter Kalkbrei mit 2,5 Teilen Sand) verfugt. Der Mörtel wird dabei mit Spachtel, Lanzette oder Fugeisen in die Fugen gedrückt und mit dem Fugeisen eingepreßt und glattgestrichen. Dabei soll aber die Rohr- bzw. Steinkante immer noch einige Millimeter über den Fugenmörtel vortreten.

Nach dem Verfugen die Ziegelsichtflächen mit Lappen reinigen, eventuell mit Öl oder besser mit Wachs etwas einreiben. Dadurch wird das Ziegelrot noch leuchtender, der Farbkontrast zu den nach einigen Tagen hellweißen Fugen noch besser. Es gibt auch chemische Mittel zum Entfernen von Mörtelschlieren, z. B. FEFIX (in Drogerien erhältlich).

Für die Trinkstube: Die Flaschen ruhen in Tonrohren

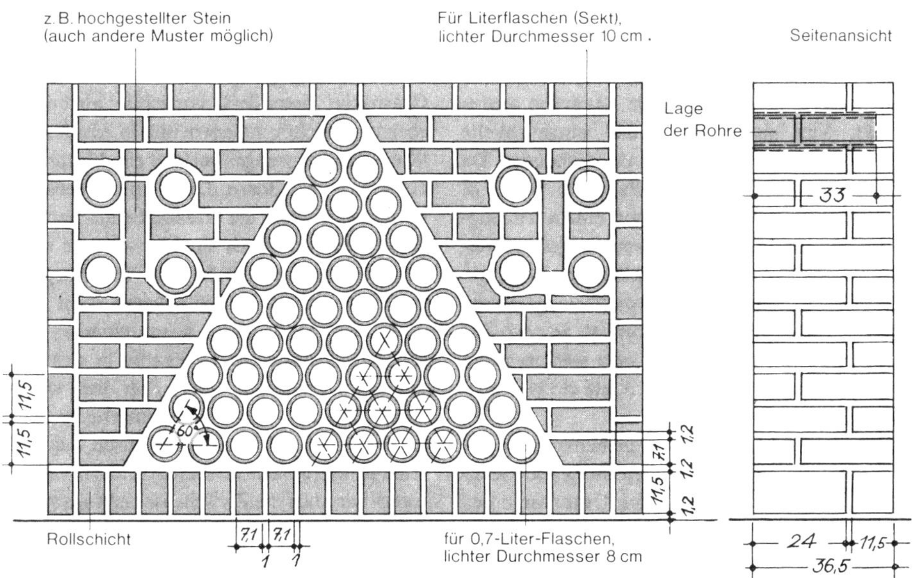

Das Netzsystem wird durch gleichseitige Dreiecke gebildet

17 Außenarbeiten rings ums Haus

Allgemeines über Erdarbeiten

Die Arbeitskleidung wird bei Erdarbeiten besonders beansprucht. Das wichtigste ist gutes Schuhwerk; zu empfehlen sind kräftige Gummistiefel. An Werkzeug und Geräten brauchen wir:
Spaten, Schaufeln, Pickel, einige Bretter von mindestens 24 mm Stärke, etwa 20 cm Breite und etwa 4 m Länge, mindestens 1 Schubkarren, am besten mit Luftreifen.
Achtung: Bei genehmigungspflichtigen Bauten darf mit dem Erdaushub erst nach Erteilung der Bauerlaubnis durch die Bauaufsichtsbehörde begonnen werden!
Vor Arbeitsbeginn machen wir eine Skizze des Grundstücks und zeichnen die Flächen ein, die während der Arbeiten zum Lagern der verschiedenen Baumaterialien gebraucht werden. In der Fachsprache nennt man das den Baustelleneinrichtungsplan. Diese Skizze ist auch beim kleinsten Vorhaben erforderlich, weil sonst die Gefahr besteht, daß man das Aushubmaterial an falscher Stelle lagert und dann während der Bauzeit umsetzen muß.
Wichtig ist der Zeitpunkt des Arbeitsbeginns. Liegt zwischen dem Ende der Aushubarbeiten und dem Beginn der Betonarbeiten ein längerer Zeitraum, besteht je nach Art des Baugrundes die Gefahr, daß an den Böschungen der Baugrube Erdreich nachrutscht und zusätzliche Arbeit macht.
Ist das alles geklärt, wird die Baugrube ausgesteckt. Vier eingemessene und eingewinkelte Pflöcke markieren die Ecken des Gebäudes. Da Kellerumfassungen fast durchweg in Beton in beiderseitiger Schalung oder aus einem feuchtigkeitsunempfindlichen Mauerwerk hergestellt werden, ist beim Aushub daran zu denken, daß ringsherum ein Arbeitsraum von etwa 50 cm, gemessen an der Aushubsohle, zuzugeben ist. Je nach Art des Baugrundes ist eine mehr oder weniger abgeschrägte Böschung erforderlich, um ein Nachrutschen zu vermeiden.
Um die Aushubtiefe festzulegen, nehmen wir den Bauplan zur Hand und stellen im gezeichneten Querschnitt des Gebäudes die Unterkante des Kellerfußbodens fest.
Von den vorher geschlagenen Pflöcken muß nun das Maß *a* (50 cm Arbeitsraum plus Zugabe für die Böschung) nach beiden Achsen zugemessen werden. So erhalten wir die oberen Ecken der Baugrube.

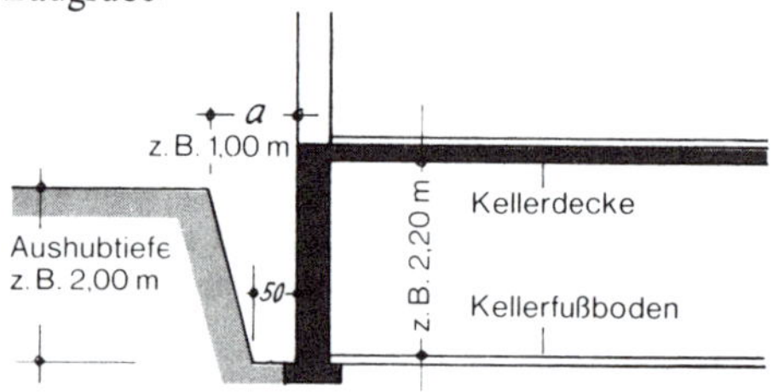

Maße für die Baugrube

Nun legen wir als Randbegrenzung der Baugrube Bretter aus. Wer keinen luftbereiften Schubkarren hat, legt auch auf den Fahrwegen zur Verkarrung des Aushubmaterials Bretter. Die Fläche für die Lagerung des Aushubmaterials haben wir schon in unserer Baustelleneinrichtungsskizze festgelegt.
Wenn wir uns die Baugrube im Querschnitt vorstellen, so haben wir oben den Mutterboden, bestehend aus Grasnarbe und Humus, dann eine Übergangsschicht und endlich den Unterboden, der z.B. Kiessand, Lehm oder Geröll sein kann. Unangenehm wird es, wenn es sich um gesteinsartige Bodenformationen oder gar um Fels handelt.
Es wird häufig gesagt und geschrieben, daß die Grasnarbe besonders vorsichtig abzunehmen, ebenso vorsichtig zu lagern und in Abständen mit Wasser zu besprengen sei, um ein Absterben des Grases zu verhindern. Diese Sonderbehandlung ist sinnvoll, wenn die Grasnarbe aus gepflegtem Rasen besteht. Sie ist sinnlos, wenn es sich um eine Wiesennarbe handelt, die den Ansprüchen des Hausbesitzers in spe sowieso nicht genügt, wenn also später neuer Rasen eingesät werden soll. Wir nehmen die Grasnarbe in diesem Fall mit dem Humus weg, lagern aber diese wertvolle Erde gesondert. Besteht der Unterboden aus annähernd reinem Kies-Sand-Gemisch, das als Zuschlagstoff für Betonarbeiten dienen kann, so lagern wir auch die Zwischenschicht gesondert.
Beim Ausheben gehen wir, um eine Gefährdung durch vielleicht ausrutschende Erdmassen zu vermeiden, von einer nicht zu kleinen Fläche aus. Ist

die Aushubtiefe erreicht, wird »vom Boden« weg gearbeitet: Man »unterpickelt« die Wand und hebt das nachrutschende Erdreich weg.
Tiefe Gräben, Versitzgruben und ähnliches auszuheben, ist gefährlich (vgl. S. 397). Die erforderliche Abbolzung wird im allgemeinen nur der Fachmann ausführen können.
Soll die gesondert gelagerte Humuserde für neu anzulegende Rasenflächen verwendet werden, wird sie durch ein Gitter geworfen, um Steine und grobe Unkrautwurzeln auszuscheiden.
Ein wohlgemeinter Rat zum Schluß: Ziehen Sie bei allen Schaufelarbeiten Lederhandschuhe an. Die Blasen kommen beim »Gelegenheitsschipper« schon nach ein bis zwei Stunden!

Der Gartenzaun

Genehmigungspflicht Einfriedungen an Straßenfronten beeinflussen das Straßenbild und sind deshalb genehmigungspflichtig. Bevor Material gekauft oder gar mit der Arbeit begonnen wird, ist deshalb bei der Bauaufsichtsbehörde, am besten durch persönlichen Besuch, zu erkunden, welche Vorschriften für Höhe und Gestaltung des Zaunes zu berücksichtigen sind. Wahrscheinlich wird verlangt werden, daß ein Eingabeplan vorgelegt wird, der Konstruktion und Gestaltung des geplanten Zaunes zeigt.

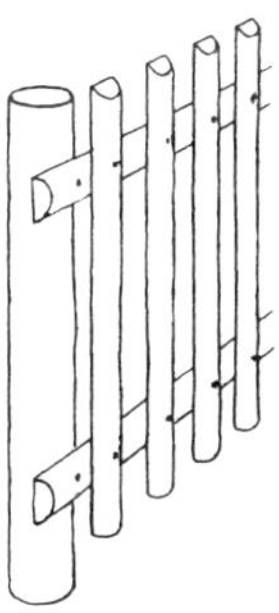

Hier sind die Stäbe senkrecht nebeneinander auf die Bindstangen genagelt –

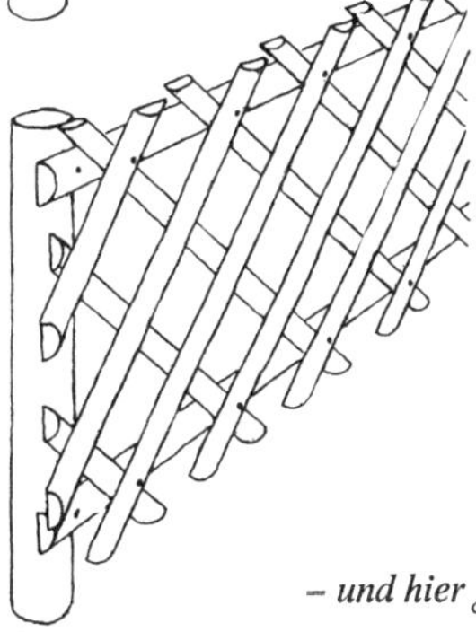

– und hier gitterförmig

Einfacher Holzzaun Der Zusammenbau eines einfachen Holzzaunes, ausreichend für den Hintergarten, gibt keine besonderen Probleme auf. Man nimmt geschälte Rundholzstangen oder auch vierkantige Latten. Die Holzteile sollen in jedem Fall mit einem Imprägnierungsanstrich versehen werden (S. 139 f.). Die zugespitzten Pfahlenden kann man zum besseren Schutz noch über einer offenen Flamme kurz ankohlen. Die Stäbe werden senkrecht nebeneinander oder gitterartig auf die querlaufende Bindstange genagelt.

Verankern von Pfählen Mehr Überlegung verlangt das Setzen und Verankern der Pfähle. Die zugespitzten Pfähle werden mit einem schweren Holzhammer eingetrieben. Axt, Eisenhammer und auch leichter Holzhammer sind ungeeignet. Den schweren Schlegel kann man selbst herstellen, indem man in einen großen Hartholzklotz einen Stiel einläßt (S. 184, Einsetzen eines Hammerstiels).

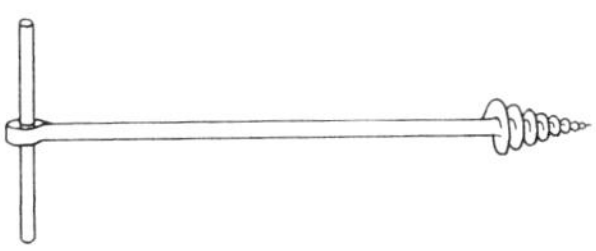

Erdbohrer

Es ist zweckmäßig, das Loch mit einem Erdbohrer vorzubohren oder auch mit einem spitzen Eisen (Pfahleisen) vorzuschlagen. Die Eckpfo-

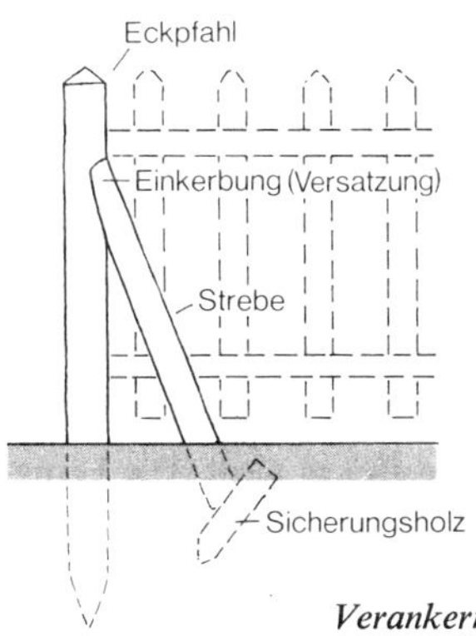

Verankern mit Schrägstrebe

sten müssen durch eine schräge Strebe oder durch Drahtverspannung besonders gesichert werden. Wie das Bild zeigt, soll der Eckpfahl eine Einkerbung für die Strebe haben. Damit die Strebe nicht nachrutschen kann, kommt ein Sicherungsholz gegen ihr unteres Ende. Während das Verankern mit Schrägstrebe nach der Innenseite erfolgt, muß das Verspannen mit Draht nach der

Außenseite geschehen. Der Knebel ermöglicht Straffziehen und späteres Nachspannen. Als Anker dient eine Steinplatte, eine Metallplatte oder ähnliches; praktisch ist ein ausgedienter Kanaldeckel. Der Anker wird eingegraben.

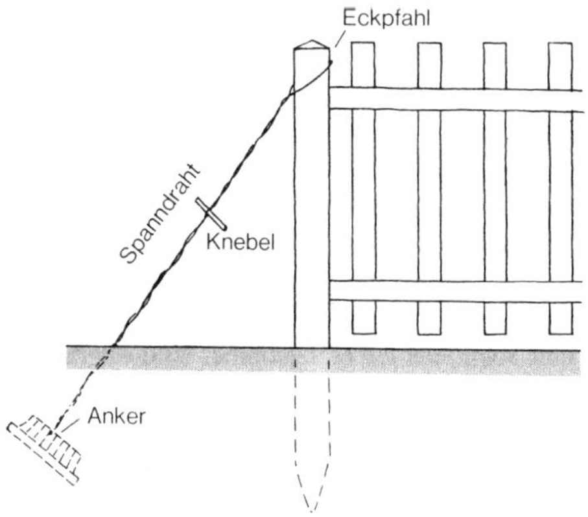

Verankern mit Drahtverspannung

Pfahlköpfe Die Pfähle sollen oben keine waagerechte Fläche haben, es dringt sonst zu schnell Nässe ins Holz. Man schneidet sie schräg zu, entweder in einer Fläche oder von 2 Seiten wie ein Dach. Das geht selbstverständlich erst nach dem Einschlagen, weil man dazu die waagerechte Fläche braucht. Zusätzlich kann man die abgeschrägten Flächen durch ein Brettstück oder eine Scheibe aus Zinkblech schützen.

Fertigbetonsäulen Der Baustoffhandel bietet Säulen aus Fertigbeton an, die man nur einzugraben braucht, etwa 60 bis 80 cm tief. Nicht immer ergeben sie ein befriedigendes Aussehen. Der Zaun sieht besser aus, wenn er nicht sichtbar unterbrochen wird. Das erreicht man bei der im nächsten Bild erkennbaren Anordnung. Dort ist ein Zaun gezeigt, wie er vielfach als seitliche Begrenzung von Grundstücken dient. Die Fertigbetonsäulen wird man hier in Abständen von etwa 3 m eingraben. Als Bindstangen (die waagerecht laufenden Riegel) dienen meist halbierte,

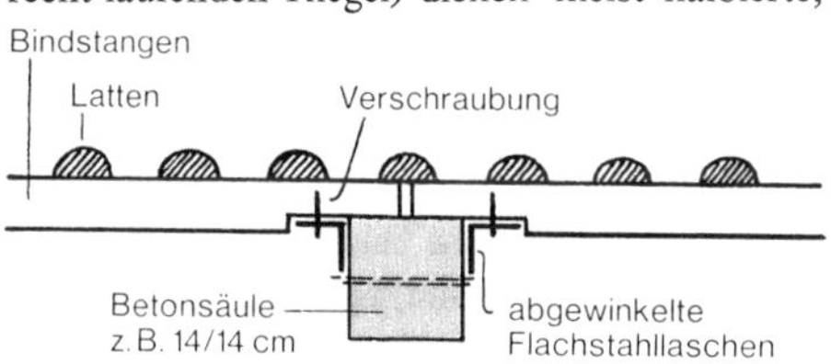

Bei dieser Anordnung bleibt die Betonsäule von außen unsichtbar

ungeschälte Fichtenstangen. Die Latten werden aus dünnen Fichtenstämmchen geschnitten. Zum Schutz gegen Ungeziefer sollen Bindstangen und Latten mit Schutzmitteln getränkt oder gestrichen werden (S. 137 ff).

Gehobelter Lattenzaun auf Betonsockel mit Eingangspforte

Wir nehmen als Arbeitsbeispiel einen Zaun aus gehobelten Latten auf Betonsockel: Höhe des Betonsockels 40 cm, Höhe des gesamten Zauns 1,20 m. Wenn Sie dieses Beispiel genau durchgehen, wird es Ihnen nicht schwerfallen, es Ihren Bedürfnissen entsprechend abzuwandeln. Die Länge der durch den Zaun abzuschließenden Front nehmen wir mit 18 m an. Die Gartentür erhält eine lichte Weite von 1,20 m. Betonpfeiler ordnen wir nur beiderseits der Gartentür an; ihr Querschnitt sei 30×40 cm. Zur Befestigung der Bindstangen werden T-Eisen in den Sockel einbetoniert. Sie müssen, da sie 30 cm tief im Sockel sitzen sollen, je etwa 1,10 m lang sein. An die T-Eisen werden durchbohrte Flacheisen geschweißt. An diese Eisen werden die Bindstangen geschraubt.

Zeitpunkt Für die Herstellung des Zauns muß eine möglichst niederschlagsarme Periode zwischen Frühjahr und Herbst gewählt werden.

Arbeitsablauf 1. Ausmessen im Gelände, Anfertigen einer Skizze mit Maßangaben, die auch als Unterlage für das Errechnen des Materialbedarfs dient. 2. Material einkaufen und bereitlegen. Werkzeug bereitlegen. 3. Fundamentgraben ausheben. 4. Fundament betonieren. 5. Pfeiler betonieren. 6. Sockel betonieren, dabei T-Eisen einbetonieren. 7. Nach genügendem Erhärten des Betons Bindstangen und Latten befestigen.

Gesamtmenge an Beton Wie tief man fundiert, hängt von der Beschaffenheit des Bodens ab. Man muß einige Schürflöcher anlegen und sehen, in welcher Tiefe unter dem Gelände man auf gewachsenen Kiessand trifft. Nehmen wir an, in unserem Fall seien das 50 cm, so genügt das als Fundamenttiefe; für die Pfeiler wird man aber auf 80 cm Tiefe gehen. In lehmigem oder humusartigem Erdreich müßte man auch für das Sockelfundament auf 80 cm Tiefe gehen. Um den Rauminhalt zu berechnen, zerlegen wir die Betonmasse in die drei Teile Fundament (für Sockel und Pfeiler), Sockel, Pfeiler. Das Fundament für den Sockel ist 18 m (Länge der Front) – 1,20 m (Gartentür-

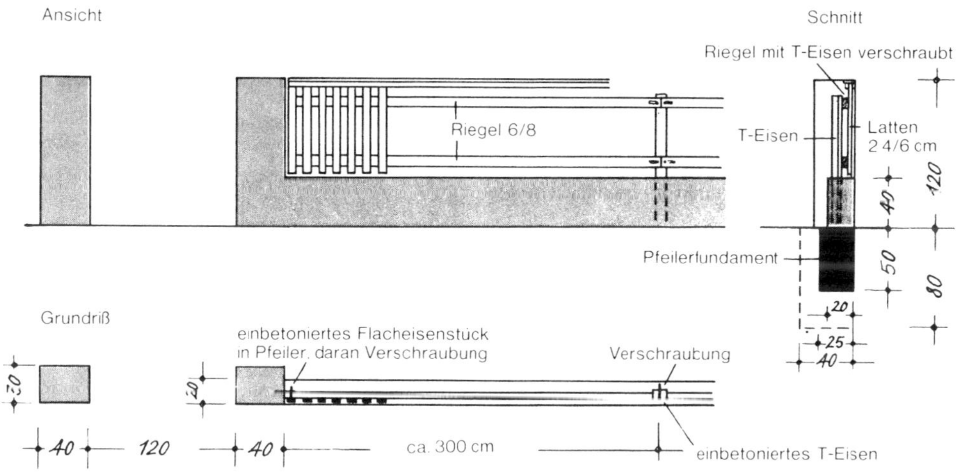

Plan des hier beschriebenen Zaunes mit Betonsockel und Holzriegeln

breite) – 40 cm (Pfeilerbreite) – 40 cm (zweiter Pfeiler) = 16 m lang. Das Fundament ist 50 cm tief, 0,25 m stark. Rauminhalt 16 × 0,5 × 0,25 = 2 cbm.
Rauminhalt der beiden Pfeilerfundamente: 2 × 0,40 × 0,40 × 0,50 = 0,16 cbm.
Gesamter Fundamentbeton 2,16 cbm. Da die Fundamentgräben wahrscheinlich nicht in genau 25 cm Breite ausgehoben werden können, runden wir auf 2,50 cbm auf.
Sockelbeton 16,0 × 0,20 × 0,40 = 1,280 cbm.
Pfeilerbeton 2 × 0,30 × 0,40 × 1,20 = 0,288 cbm.
Sockel und Pfeiler zusammen = 1,568 cbm.
Mischverhältnisse Für das Fundament kommt Rauhbeton 1:10 in Betracht = 1 Raumteil Portlandzement auf 10 Raumteile Grobkies. Für 1 cbm derartigen Beton braucht man rund 1,3 cbm Kies. Für 2,5 cbm demnach 3,25 cbm.
Bedarf an Kiessand Sockel und Pfeiler bestehen aus Stampfbeton 1 : 6, wobei als Zuschlagstoff absolut reines Kiesmaterial, Korngröße bis 30 mm, genommen werden soll. Hier muß man 1,15 cbm Kiessand für 1 cbm Fertigbeton rechnen. Wir brauchen also 1,568 × 1,15 = 1,803 cbm.
Bedarf an Zement Für das Fundament, Mischung 1:10, brauchen wir auf 3,25 cbm Kiessand 0,325 cbm Zement. Für Pfeiler und Sockel, Mischung 1:6, brauchen wir 1,803:6 = rund 0,301 cbm Zement. Gesamtbedarf an Portlandzement 0,625 cbm. Umgerechnet auf Gewicht (S. 222 f.) ergibt das rund 17 Sack Zement.
Bedarf an Schalbrettern Schalungsholz brauchen wir nur für Sockel und Pfeiler, denn das Fundament soll ohne Schalung eingebracht werden (das geht allerdings nur, wenn das Erdreich nicht nachrutscht). Gesamtfläche der benötigten Schalung:
Für Sockelbeton: je Seite 8 Bretter 400 cm lang, 20 cm breit; ergibt 16 m Länge × 40 cm Höhe = 6,4 qm; für beide Seiten 12,80 qm.
Für Pfeilerbeton: je Pfeiler 6 Bretter 120 cm lang, je 3 Bretter zusammen 40 cm breit, ergibt 0,96 qm. Dazu 6 Bretter 120 cm lang, je 3 Bretter zusammen 34,8 cm breit, ergibt 0,84 qm. Für 2 Pfeiler 2 × 1,80 qm = 3,60 qm.
Gesamtbedarf 16,40 qm.

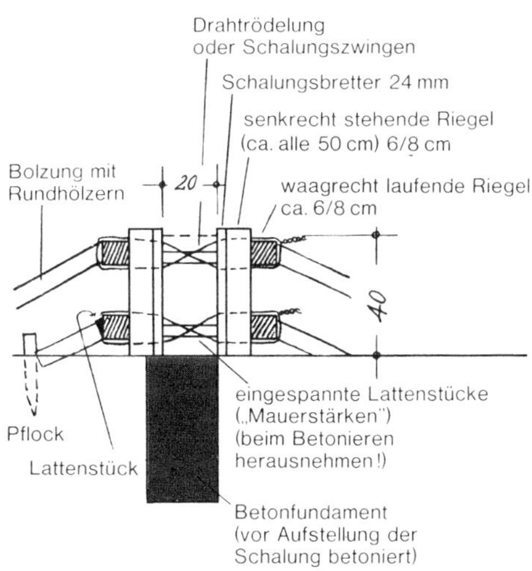

Die Schalung für den Betonsockel des Zaunes

Für Verschnitt muß man 10 v. H. dazurechnen. So ergibt sich der beachtliche Bretterbedarf von rund 18 Quadratmetern. Man kann ihn wesentlich herabmindern, wenn man sich entschließt, abschnittsweise zu arbeiten, also erst ein Stück zu betonieren und abbinden zu lassen, dann die Schalung abzunehmen und für den nächsten Abschnitt zu verwenden.

Sonstiges Schalungsmaterial Um den Bedarf an sonstigem Schalungsmaterial zu überschlagen, macht man am besten eine Skizze der Schalung. Die waagerechten Riegel laufen auf beiden Seiten oben und unten über die ganze Länge des Sockels durch. Die senkrechten Riegel werden in Abständen von etwa 50 cm angeordnet. Stärke beider Riegelarten mindestens 6×10 cm. In unserem Beispiel brauchen wir für das Einschalen des Sockels:

Längsriegel 4×16 m	= 64 lfdm
senkrechte Riegel 64 Stück je 40 cm lang	= 25,60 lfdm
	= 89,60 lfdm

Sollen die Pfeiler gleichzeitig eingeschalt werden, kommen noch etwa 18 laufende Meter hinzu. Die Längsriegel können beliebig gestückelt sein, doch muß der Stoß immer an einem senkrechten Riegel liegen, und die Enden der Einzelstücke müssen verrödelt sein. Zum Verrödeln dient Schalungsdraht von etwa 3 mm Durchmesser.

Endlich brauchen wir zum Abbolzen Rundhölzer oder auch Kanthölzer vom Querschnitt der Riegel, und wir brauchen Holzstücke von der genauen Stärke des Sockels – also 20 cm –, die bis zum Beginn des Betonierens zwischen die beiden Schalungswände geklemmt werden.

T-Eisen Eisenträger sollen etwa alle 3 m gesetzt werden. In unserem Beispiel brauchen wir 5, dazu zwei an den Enden des Zaunes, wenn dort kein andersartiger Anschluß vorhanden ist.

Bindstangen und Latten Die Länge der Bindstangen ist oben und unten je 18 m minus 2 m (Tür und Pfeiler) = zusammen 32 m. Stärke etwa 8×8 cm. Die Latten wählen wir 24×60 mm stark. Der Abstand zwischen 2 Latten soll der Lattenbreite entsprechen, also 6 cm. Wir brauchen also auf je 12 cm laufender Zaunlänge eine Latte. In unserem Fall brauchen wir etwa 134 Latten.

Zwischen dem Unterende der Latte und dem Sockel soll 3 cm Zwischenraum sein. Die Latten werden demnach 77 cm lang – sofern wir nicht oben eine einfache Abdeckleiste anbringen wollen, wie sie die folgende Zeichnung zeigt. In diesem Fall brauchen wir in der gesamten Zaunlänge noch Latten in der im Bild angegebenen Stärke, und die Zaunlatten werden nur 74 cm lang.

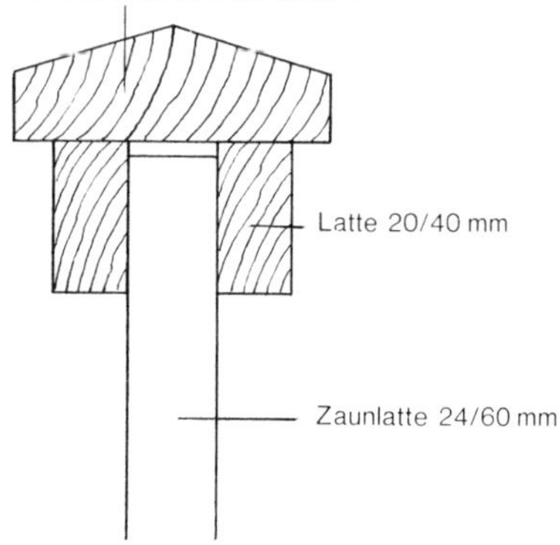

Schnitt durch die Oberkante mit Abdeckleiste

Tür Bei dieser Berechnung ist die Tür noch außer acht gelassen. Soll sie in entsprechender Ausführung hergestellt werden, sind dafür noch mal 2 Querriegel erforderlich, dazu ein diagonal laufender Riegel zur Versteifung, dazu etwa 10 Latten von je etwa 1,15 m Länge.

Nägel Zur Befestigung der Latten auf den Bindstangen dienen Nägel 31/70.

Fundieren Der Fundamentgraben wird mit Pickel und Schaufel ausgehoben. Das ausgehobene Material beseitigt man sofort, es stört sonst. An möglichst zentraler Stelle wird die Mischbrücke aufgestellt und der Fundamentbeton gemischt. Er wird lagenweise in den Graben geschaufelt und dort festgestampft. Der Graben wird bis zur Höhe des Geländes mit Beton gefüllt. Erdstücke vom Rand des Grabens sollen nicht in die Betonmasse kommen. Die obere Fläche soll rauh bleiben, damit sich der Sockelbeton gut mit dem Fundament verbindet.

Man kann das Fundament in mehreren Abschnitten betonieren. Dazu hebt man am besten erst ein Grabenstück aus und betoniert es, öffnet dann erst das nächste. Steht der Graben längere Zeit offen, wird er zusammenrutschen.

Pfeiler betonieren Mehr Arbeit machen die Betonteile in Schalung. Wir beginnen mit den Pfeilern. Zum Herrichten der Schalung sind an Werkzeug erforderlich:

Spannsäge · Bohrer, etwa 6 mm Durchmesser · Handbeil · Hammer · Beißzange · Wasserwaage.

Für jeden Pfeiler brauchen wir 4 Brettafeln zum

Einschalen, jede 1,20 m hoch (Höhe der Pfeiler), zwei davon 40 cm, zwei 34,8 cm breit. Die Einzelbretter werden durch aufgenagelte Querbretter zu Tafeln verbunden. Wir brauchen zwei Tafeln der links im Bild gezeigten Art und Abmessung, zwei der anderen. Die 4 Tafeln werden zu einem Kasten zusammengefügt. Auf die Querbretter kommen zur Versteifung der Schalung Querriegel 6 × 10 cm, die beiderseitig überstehen, damit man die Drahtrödelung anbringen kann.

Der verrödelte Kasten wird mit Hilfe der Wasserwaage über dem Fundament genau senkrecht gestellt und allseitig mit Rundhölzern oder Riegeln festgebolzt. An den Fuß jeder Abholzung kommt ein Pflock.

Nun könnte der Pfeilerbeton bereitet und eingebracht werden – aber die Pfeiler sollen noch Aussparungen erhalten für einen Briefkasten, für Klingelleitung, Türöffnerleitung, für die Befestigung der Tür. Die Aussparungen werden zweckmäßig gleich durch Holzklötze an der Innenseite der Schalung freigehalten. Für die elektrischen Leitungen wird ein Wasserleitungsrohr – etwa ½ Zoll – einbetoniert. Die Betonmischung für einen Pfeiler soll in einem Arbeitsgang gemischt und eingebracht werden, damit der Pfeiler ein gleichmäßiges Aussehen bekommt. Vor dem Einbringen werden die Schalungsflächen gut mit Wasser angefeuchtet, dann wird in Lagen von nur 10 cm eingeschaufelt und gut festgestampft, besonders an den Kanten.

Die Oberfläche wird mit dem Reibbrett völlig glattgerieben. Eine leichte Schräge von etwa 1 cm fördert das Ablaufen des Niederschlagwassers. Nach Beendigung der Arbeit wird die Oberfläche mit Brettern, Papiersäcken o. ä. abgedeckt. Tritt in den nächsten Tagen Sonnenbestrahlung auf, ist der frische Beton mehrmals täglich mit Wasser vorsichtig anzufeuchten. Die Schalung kann frühestens nach 4 Tagen vorsichtig entfernt werden; besser ist es, eine Woche zu warten.

Sockel betonieren Die Schalung für den Sockel kann man in Anbetracht ihrer geringen Höhe am Boden zusammennageln: die senkrechten Riegel in Abständen von 50 cm nebeneinander hinlegen und die Bretter daraufnageln. Die Schalung soll etwa 5 cm höher sein als der spätere Beton.

Die so gewonnenen Tafeln werden beiderseits des Fundamentgrabens aufgestellt, die Längsriegel mit einigen Nägeln angeheftet. Lattenstücke von 20 cm Länge werden zwischen die beiden Wände gesteckt. Dann wird das ganze Gefüge mit Scha-

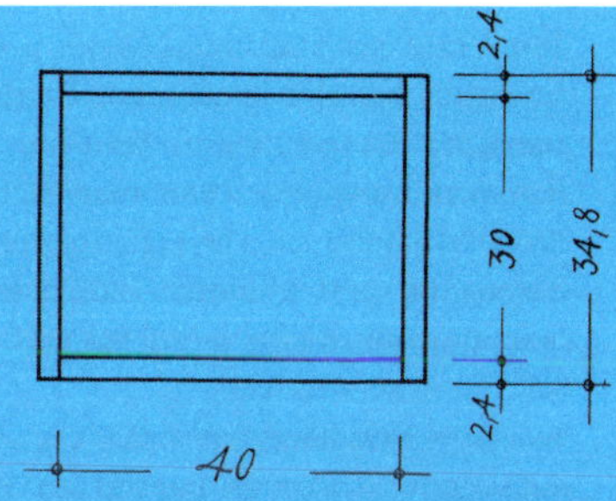

Die vier Brettafeln zum Einschalen des Pfeilers

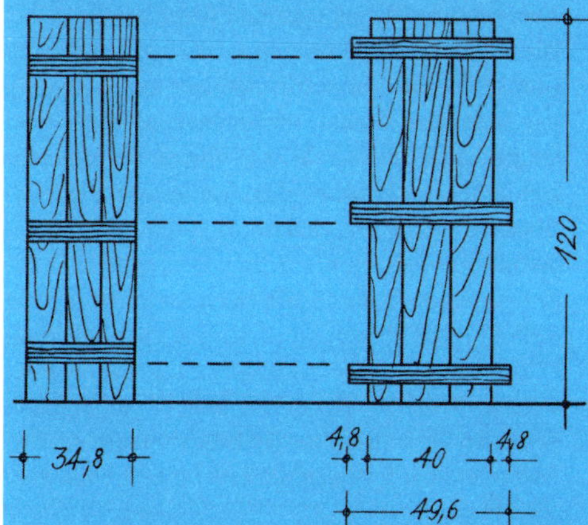

Die Einzelbretter sind durch Querbretter zu Tafeln verbunden

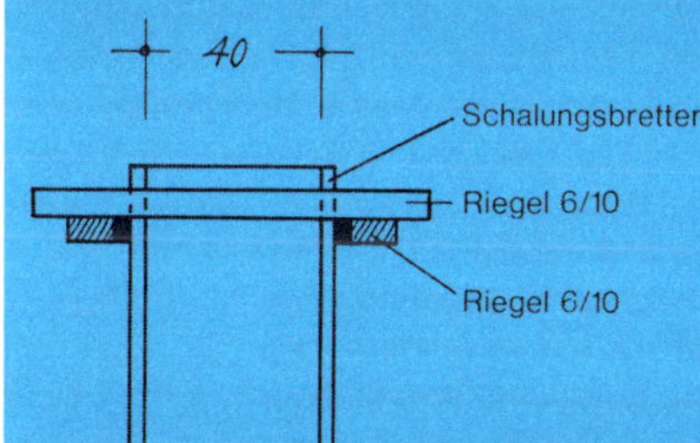

Die Versteifung des Schalungskastens durch Querriegel (Ansicht)

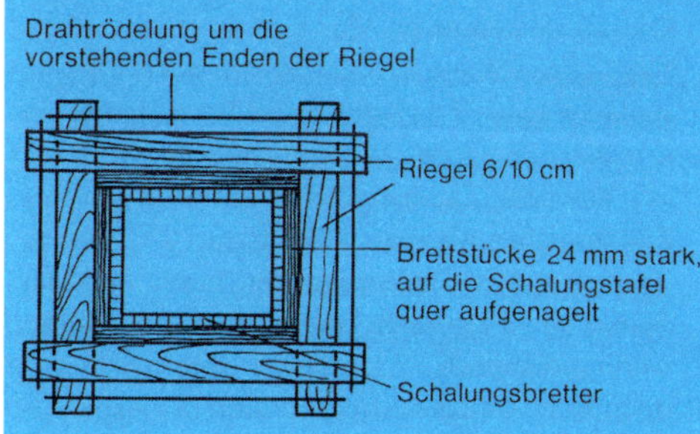

Der Schalungskasten in Draufsicht

lungsdraht gerödelt und seitlich abgebolzt. Das Abbolzen benutzt man, um die Schalung in die endgültig richtige Lage zu bringen.
Betonbereitung und Einbringen wie bei den Pfeilern angegeben. Die 20 cm langen Hölzer werden beim Betonieren jeweils herausgenommen, dagegen bleibt der Schalungsdraht im Beton; die Enden werden später, wenn nach einer Woche Abbindezeit die Schalung entfernt wird, mit scharfer Beißzange unmittelbar an der Betonoberfläche abgezwickt. Nimmt man Schalungszwingen, braucht man keinen Rödeldraht.
Die Oberkante des Sockels ist vor dem Einbringen des Betons an der Innenseite der Schalung mit Bleistrich – unter Zuhilfenahme einer 3 m langen Latte und der Wasserwaage – anzuzeichnen. Ebenso sind die Markierungen für die T-Eisen anzubringen. Diese müssen beim Einbetonieren durch Latten und Draht allseitig befestigt werden, damit sie beim Betonieren und während des Erhärtens ihre richtige Lage behalten. Nach dem Entfernen der Schalung sollen zwei weitere Wochen vergehen, bevor die T-Eisen durch das Anschrauben der Bindstangen und das Aufnageln der Latten einer Belastungsprobe ausgesetzt werden.
Bindstangen und Latten Einen gleichmäßigen Sitz der Zaunlatten erreicht man, wenn man auf den Bindstangen zuerst die Lattenaufteilung anzeichnet – in unserem Fall alle 6 cm ein Strich –, dann in Abständen von 3 m je eine Latte anbringt und über die Köpfe dieser Richtlatten eine waagerechte Schnur spannt, an der die übrigen Latten ausgerichtet werden.
Die Holzteile des Zaunes müssen durch Anstrich gegen Fäulnis und tierische Schädlinge geschützt werden. Darüber S. 139.
Nachbearbeiten des Sockels Die Betonoberflächen erhalten durch steinmetzmäßige Überarbeitung ein gefälligeres Aussehen, sie werden einem Naturstein ähnlich. Solche Arbeiten müssen vom Steinmetz ausgeführt werden, und zwar frühestens nach 8 Wochen Abbindezeit für den Beton.
Andere Zaunausführungen Das vorstehende Arbeitsbeispiel dürfte die äußerste Grenze dessen darstellen, was der Laie auf diesem Gebiet zu leisten vermag, nachdem er Erfahrungen bereits gesammelt hat. Ich habe es ausführlich geschildert, weil es leicht abgewandelt werden, z. B. sinngemäß auch für eine Ausführung von Sockel und Pfeilern in Ziegelmauerwerk statt in Beton zugrunde gelegt werden kann.

Ein Sandkasten für die Kinder

Wo ist der richtige Platz für den Sandkasten? Die spielenden Kinder sollen nach Möglichkeit vom Küchenfenster aus beobachtet werden können und nicht in der prallsten Sonne sitzen. Wie groß soll die Sandfläche sein? Man rechnet je Kind 1,5 qm Fläche – zu große Enge bringt Streit.
Die Umfassung eines Sandkastens kann aus Holz, Beton oder Mauerwerk bestehen. Gegen Holz spricht, daß der Wechsel von Feuchtigkeit und Trockenheit die Lebensdauer einschränkt.
Ausführung in Holz Die Ausführung ist einfach. Vier kräftige vierkantige Eckpfeiler werden zugespitzt und in den Boden geschlagen. Spitzen ankohlen zum Schutz gegen Faulen. Holzschutzanstrich zweckmäßig (S. 139). Die Seitenbretter werden von außen an die Pfeiler geschraubt. Die Höhe der Einfassung soll etwa 40 cm betragen. An einer Seite kann man von oben ein Sitzbrett aufschrauben. Als Sitze kann man auch kleinere dreieckige oder viertelkreisförmige Bretter auf die Ecken schrauben. Zum Schutz gegen Verletzungen werden die Schrauben versenkt (S. 117), alle Holzkanten abgefaßt oder gerundet (S. 114). Füllung: feiner gewaschener Sand. Bringt man jedoch den Sand ohne Unterlage einfach ein, läuft Regenwasser schlecht ab. Besser ist es, den Boden etwas auszuheben, eine Schicht grober Steine einzubringen und darauf den Sand. Noch besser, zwischen Gestein und Sand eine Schicht flachgelegter Ziegelsteine in Sandbettung zu verlegen.
Ausführung in Mauerwerk Einen Kasten aus Beton haben wir auf S. 222 als Beispiel erwähnt. Die Dauerhaftigkeit des Betons mag freilich für diesen Zweck eher ein Nachteil sein: der Kasten ist sehr schwer zu beseitigen, wenn er einmal nicht mehr benötigt wird. Wir besprechen hier eine Ausführung in Mauerwerk, Innenmaße von 3 × 1 m. Zuerst sind auf einer Fläche von etwa 3,50 × 1,50 m Rasen und Humus bis auf etwa 50 cm Tiefe abzuheben. Dann wird ein Fundament aus Rauhbeton 1:10 (vgl. Zaunfundament) betoniert, etwa 10 cm hoch und 24 cm breit. Darauf wird die Mauer errichtet, 24 cm stark (Mauerverband S. 202), aus gut gebrannten Vollziegelsteinen mit Kalkzementmörtel (S. 206). Die Mauer wird bis etwa 25 cm Höhe über Gelände ausgeführt. Die beim Mauern nicht ganz bis zur Steinkante geschlossenen Fugen werden anschließend mit einem Mörtel aus Schweißsand und Zement glatt verschlossen. Die Mauer kann dann unverputzt bleiben.

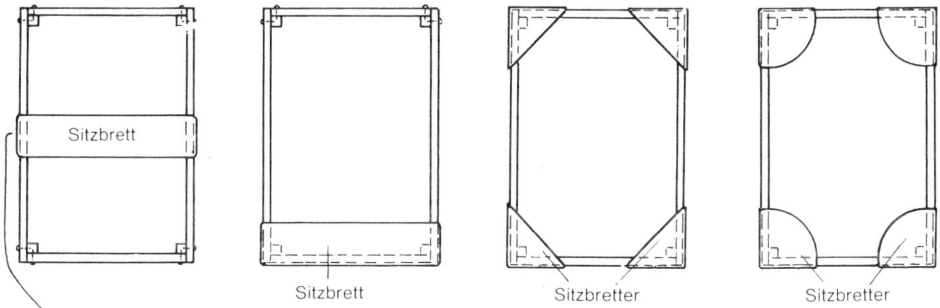

Verschiedene Anordnungen für die Sitzbretter

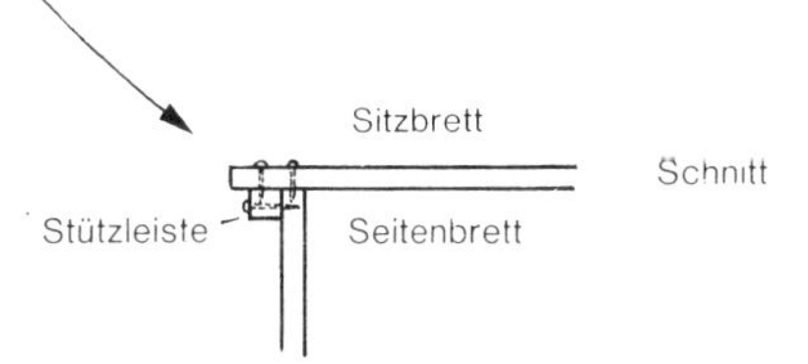

Schnitt durch den Sandkasten mit gemauerter Einfassung

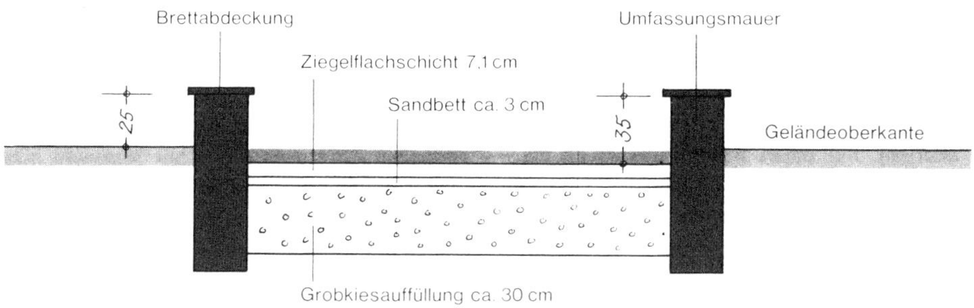

Auf die Maueroberfläche kommt zweckmäßig ein Belag gehobelter Bretter, Kanten selbstverständlich gebrochen (S. 114). Zur Befestigung dieser Bretter werden Holzdübel gleich in die Fugen an der Maueroberseite mit eingemauert, an denen die Bretter mit Holzschrauben (Linsenkopf oder versenkte Köpfe, S. 117) angeschraubt werden. Das Füllen mit Sand ist bei der Ausführung in Holz (S. 282) beschrieben.

Plattenbeläge im Freien

Auswahl der richtigen Platte Platten, die im Freien verlegt werden, müssen beständig sein gegen Feuchtigkeit und Frost. Platten mit poröser Oberfläche springen unter Frosteinwirkung auf. Je dichter die Platte in Oberfläche und Zusammensetzung, desto beständiger ist sie. Eine Reihe von Natursteinen, auch Kalksteinen (Marmoren), ist gut geeignet. Kalksteinplatten mit schiefrigem Aufbau dagegen sind wenig geeignet. Zu diesen zählt im allgemeinen (es gibt Ausnahmen) die wegen ihres schönen Aussehens beliebte Solnhofener Platte. Es ist nicht ratsam, sie im Freien zu verlegen, meist treten schon nach der ersten Frostperiode Abschieferungen (Abblätterungen) auf.

Zementgebundene Kunstplatten Im Baustoffhandel in vielen Abmessungen und Farben zu haben, unempfindlich und daher gut geeignet, bleiben aber in der ästhetischen Wirkung hinter Natursteinen zurück.

Gebrannte Ziegelplatten Ziegelsteine und die wie diese hergestellten Ziegelplatten ergeben befriedigende Beläge. Man verwendet insbesondere Hartbrandsteine flach verlegt (Plattengröße 11,5 × 24 cm) wie auch Klinkerplatten. Klinker sind haltbarer; Hartbrandsteine wirken, an Rasen grenzend, farblich besser.

Form · Tragfähigkeit Die unregelmäßig begrenzte Platte fügt sich der Natur, z. B. einer Rasenfläche, ungezwungen ein. Die Tragfähigkeit muß verschieden sein, je nachdem ob ein begehbarer (Gartenweg) oder befahrbarer Belag (Garagenzufahrt) hergestellt werden soll. Endlich wird man für manche Zwecke eine bruchrauhe Oberflächenbeschaffenheit vorziehen, für andere geschliffene Glätte.

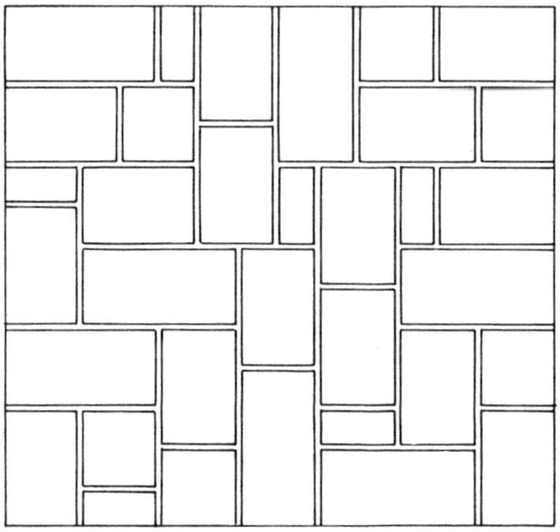

Platten von rechteckigem Format lassen sich in verschiedenen Mustern zu einer belebt wirkenden Fläche ordnen. Gestalterisch befriedigend ist der sogen. Römische Verband, wie ihn die Zeichnung wiedergibt. Für dieses Beispiel wurden als Plattengrößen 40×20 cm · 40×40 cm · 40×60 cm und 40×80 cm benutzt. Auch bei anderen Plattengrößen müssen die Seitenverhältnisse 1:0,5 · 1:1 · 1:1,5 und 1:2 sein.

Anteilige Stückzahl in Prozent der Gesamtfläche:

Plattengröße	1:0,5	rund	18%
	1:1	rund	18%
	1:1,5	rund	44%
	1:2	rund	20%

Flächenanteil in Prozent der Gesamtfläche:

Plattengröße	1:0,5	rund	7%
	1:1	rund	13%
	1:1,5	rund	50%
	1:2	rund	30%

Untergrund Beläge für mäßige Belastung (Fußgänger), die sich der Natur einfügen sollen und bei denen es nicht auf absolut ebene Fläche ankommt, werden mit einer Kiesauffüllung als Unterbett auf Sand verlegt. Beläge für höhere Ansprüche an Tragfähigkeit und Ebenmäßigkeit werden auf Beton gelegt. Einzelheiten bei den folgenden Arbeitsbeispielen.

Sitzplatz in Gartenfläche Die Humusschicht in der Größe des geplanten Plattenbelages vollständig entfernen. Der so entstandene Höhenunterschied wird bis auf 10 cm unter Gelände wieder ausgeglichen durch eine Auffüllung aus reinem Kies. Den Kies durch ausgiebiges Stampfen gut verdichten. Dann kommt eine etwa 10 cm starke Schicht Rauhbeton darauf: 1 Teil Portlandzement auf 10 Teile Kies. Die Oberfläche dieser Schicht bleibt rauh, damit der jetzt aufzubringende Zementmörtel (1 Teil Portlandzement auf 4 Teile Kiessand) gut haftet. In die 3 cm starke Zementmörtelschicht werden die Platten verlegt. Eine ebene Fläche erreicht man am leichtesten, wenn man in Abständen von etwa 2 m mit Hilfe von Latte und Wasserwaage einzelne Platten auf die richtige Ebene bringt und die übrigen Platten dann mittels Latte nach diesen ausrichtet. Der Verlegemörtel soll wenig Wasser enthalten.

Die Fugen werden mit Zementschlämme (nur Zement und Wasser) ausgegossen. Bei breiteren Fugen – über 3 mm – nimmt man besser einen dünnflüssigen Vergußmörtel aus 1 Raumteil Portlandzement und 1 Raumteil scharfkörnigem Quetschsand (oder Grubensand, wenn ganz rein). Vor dem Ausgießen ganze Plattenfläche mit Wasser besprengen. Damit keine Reste des Vergußmörtels an den Plattenoberflächen haftenbleiben und dort erhärten, werden die Platten nach dem Vergießen der Fugen sofort mit Sägemehl oder trockenem Schweißsand abgerieben. Erst etwa nach einer Woche soll der Belag vorsichtig begangen werden. In den ersten zwei Wochen nach dem Verlegen ist es zweckmäßig, den neuen Belag bei Sonnenbestrahlung vorsichtig mit Wasser zu besprengen. Diese Anweisung gilt gleichermaßen für zementgebundene Kunstplatten, Klinkerplatten und auch für Natursteinplatten. Bei Naturstein ist besonders auf die Wetterbeständigkeit zu achten. Werden farbige Marmorplatten verlegt, darf der Verlegemörtel (1:4 wie oben) nur so viel Wasser enthalten, daß er ein erdfeuchtes Aussehen hat. Höherer Wassergehalt im Zementmörtel kann bei den Platten Verfärbungen hervorrufen.

Gartenweg mit Hartbrandziegeln Das kräftige Rot hartgebrannter Ziegelsteine belebt die Gartenfläche. Die Steine werden gewöhnlich trocken verlegt. Entfernen der Humusschicht, Einbringen von Kies und Feststampfen wie eben geschildert. Darauf wird ein trockenes Gemisch aus 1 Teil Portlandzement und 4 Raumteilen Sand etwa 3 cm stark aufgebracht. In dieses Zementsandbett werden die Steine mit etwa 1 cm breiten Fugen flach verlegt. Auch hier sind verschiedene Verlegemuster möglich, auch Schrägverband. Die Fugen werden ebenfalls mit dem trockenen Zement-Sand-Gemisch ausgefüllt. Die fertige Fläche wird sorgfältig abgekehrt – ohne daß die Fugen dabei ausgekehrt werden – und leicht mit Wasser besprengt.

Plattenstreifen als Garagenzufahrt

Befahrbare Beläge erfordern widerstandsfähiges Material: Betonplatten, Natursteinplatten (wenn hart und mindestens 4 cm stark), starke Klinkerplatten. Hier ist die Kiesschicht sehr sorgfältig zu verdichten, der Unterbeton im Verhältnis 1:8 zu mischen und 12 cm stark einzubringen, der Zementmörtel als Plattenbett ist 1:3 zu mischen. Die ganze Fläche zwischen Straßenrand und Garagentor mit Platten zu belegen, ist unzweckmäßig. Der so entstehende »Plattensee« ist teuer und im Aussehen oft unbefriedigend. Es genügt, zwei Plattenstreifen anzuordnen. Gut geeignet sind Quarzbetonplatten, 6 cm stark, 40×40 cm groß; unsichere Fahrer nehmen 50×50 cm große Platten. Bei dem im Bild gezeigten Beispiel erfordert jeder Streifen 16 Platten: 16×0,40 m = 6,40 m; der Rest von 10 cm wird auf die Fugen verteilt. Wie groß soll der Abstand zwischen beiden Streifen sein? Das richtet sich nach der Größe Ihres Wagens. Der Abstand der Mittellinie soll der mittleren Spurweite des Fahrzeuges entsprechen. Beim Volkswagen z. B. sind das 1,30 m.
Seitliches Abrutschen der Räder vom Plattenstreifen und Lockerung der Platten werden verhindert, wenn man beiderseits jedes Streifens Betonbretter anbringt, deren Oberkante etwa 1,5 cm höher liegt als die Oberfläche der Platten. Dann ergibt sich ein Querschnitt der Zufahrt, wie ihn das Bild unten zeigt. Das Verlegen einer solchen Zufahrt erfordert folgende Arbeitsgänge:

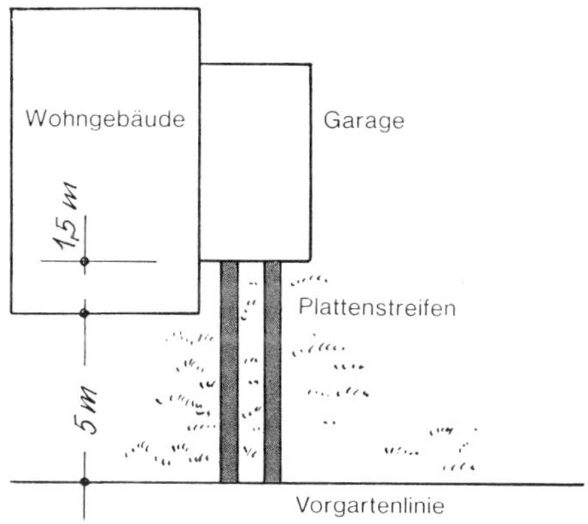

1. Die Mitten der künftigen Plattenstreifen am Boden anzeichnen.
2. Humusschicht beiderseits dieser Mittellinien abheben. Die Aushubstreifen müssen etwa 80 cm breit gemacht werden: Plattenbreite plus Stärke von zwei Betonbrettern plus Raum für das seitliche Anbetonieren der Bretter.
3. Kies auffüllen bis etwa 12 cm unter Gelände. Feststampfen.
4. Betonbretter einsetzen und beiderseits anbetonieren, wie im Bild unten gezeigt.
5. Unterlagbeton 1:8 etwa 10 cm stark (vom Kies ab gerechnet) einbringen, die Bretter wirken dabei wie eine seitliche Schalung.
6. Zementmörtel aufbringen, Platten legen.
7. Fugen ausgießen, Zementschlämme wie oben beschrieben.
8. Humus ergänzen, Rasen wo erforderlich nachsäen.
9. Befahren frühestens nach 14 Tagen.

Die Betonbretter werden beiderseits anbetoniert

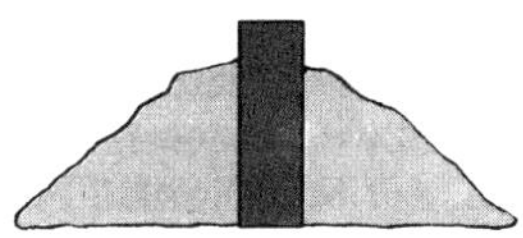

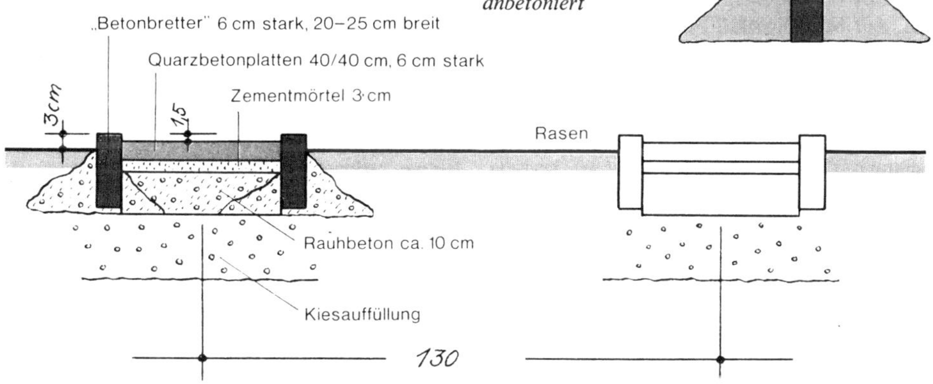

Anlegen einer Terrasse

Genehmigungspflicht beachten Erfordert die neu zu schaffende Terrasse das Durchbrechen einer Tür durch eine Außenmauer, wird die Anlage in der Regel genehmigungspflichtig sein, weil sie das Aussehen des Gebäudes wesentlich beeinflußt. Man wird also vor Arbeitsbeginn mit der Bauaufsichtsbehörde (S. 196) sprechen, die auch über formale Gesichtspunkte Rat erteilt.

Der richtige Platz Der Platz für eine Terrasse soll vier Forderungen entsprechen: er soll sonnig sein, gegen Wind geschützt, von Straße und Nachbargrundstücken nicht einzusehen, gut zugänglich von Wohnzimmer, Speisezimmer oder Diele.

Die Tür Ist eine Fensteröffnung vom Wohnzimmer zum vorgesehenen Terrassenplatz vorhanden, legt man die Terrassentür zweckmäßig in diese Öffnung, weil so keine neue Sturzausbildung erforderlich wird. Eine Fenstertür – das ist nichts anderes als ein bis zum Boden reichendes ein- oder zweiflügeliges Verbundfenster – sieht mit ihrer großen Glasfläche in den meisten Fällen befriedigend aus. Die Tür kann man bei einem Bauschreiner in Auftrag geben. Als Beschläge kann man Dreh-Kippbeschlag, z. B. Roto-Rekord V, wählen. Für die Verglasung ist 6/4 angemessen, S. 191. Soll zur Sicherung der neuen Tür ein Rollladen angebracht werden, ist zu bedenken, daß dafür eine besondere Sturzausbildung erforderlich ist. Für einen Klappladen gilt das nicht.

Höhe der Terrasse Die Höhe richtet sich hauptsächlich nach der Höhe des Zimmerfußbodens. Höher als diesen wird man die Terrasse keinesfalls legen, weil dann Niederschlagwasser zum Zimmer hin ablaufen könnte. Wird der Austritt der Terrasse ohne Stufen ausgebildet, soll der Terrassenbelag etwa 2 cm tiefer als der Zimmerfußboden liegen. Das ist bequem; allerdings besteht die Gefahr, daß bei Schneefall Feuchtigkeit ins Innere dringt und daß Niederschlagwasser von der Terrasse in den Fassadenputz einzieht, weil der Terrassenbelag fast an die Putzkante anschließt.

Eine Stufe am Terrassenaustritt vermeidet diese Gefahren. Die Stolpergefahr ist hier erfahrungsgemäß unbedeutend. Die Stufe soll etwa 15 cm hoch und mindestens 30 cm breit sein.

Die Umfassungsmauer Die Mauer kann auf dreierlei Weise ausgeführt werden: das Mauerwerk bleibt sichtbar, es wird durch Anschüttung verdeckt oder es wird verblendet. Kräftig muß die Mauer in jedem Fall sein, denn sie hat die

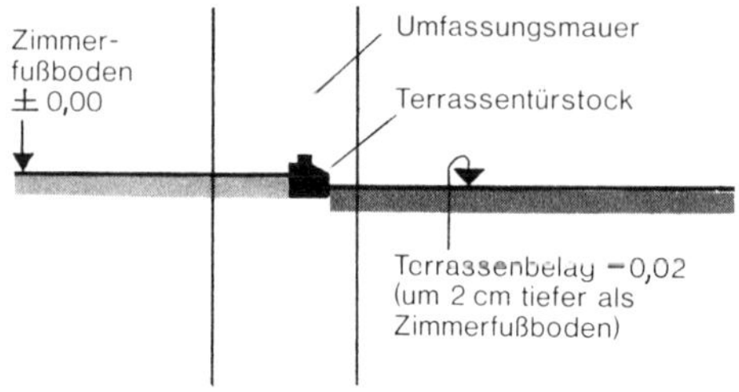

Terrassenaustritt ohne Stufe

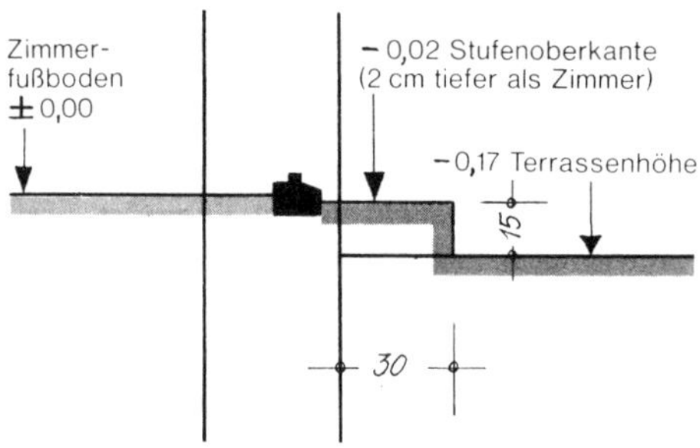

Terrassenaustritt mit Stufe

Schubkräfte aus der Auffüllung und die Belastung aus der Nutzung der Terrasse aufzunehmen.

Mauer bleibt sichtbar Die Mauer wird am besten in Beton ausgeführt. So widersteht sie der Witterung und sieht gut aus. Die Ausführung entspricht der beim Sockel für den Gartenzaun beschriebenen (S. 278 f.). Das Betonfundament muß etwa 60 cm tief im Boden sitzen. Für die Mauer – je nach Höhe 25 bis 30 cm stark – ist beiderseitige Schalung erforderlich. Die sichtbare Außenfläche kann steinmetzmäßig überarbeitet werden.

Mauer angeschüttet Wird die Mauer angeschüttet, braucht man auf das Aussehen keine besonderen Rücksichten zu nehmen. Auf ein Betonfundament werden Betonschalungssteine aufgemauert und anschließend mit Beton ausgegossen, wie S. 212 f. beschrieben. Als Mauermörtel dient Zementmörtel 1:3. Die Mauer wird beiderseitig 2 cm stark mit Zementmörtelputz versehen, die Putzoberfläche völlig glattgerieben oder mit Zement glattgestrichen.

Mauer verblendet Diese dritte Ausführung ist am schönsten und – wie so oft im Leben – am teuersten. Die Mauer kann wiederum aus Betonschalungssteinen mit beiderseitigem Zementputz bestehen. Die Blendmauer wirkt am besten als Natursteinmauer. Bruchsteine – z. B. Tuff · Marmor · Sandstein – werden trocken im Verband aufeinandergelegt. Der Raum zwischen beiden Mauern

wird mit gesiebter Humuserde ausgefüllt, so kann man den Terrassenrand mit Blumen bepflanzen.
Auffüllen der Terrasse Der durch die Mauer umschlossene Raum wird nach Entfernen der Humusschicht mit grobem Kies gefüllt. Je höher die Füllung, desto sorgfältiger muß verdichtet werden (übergießen mit Wasser, stampfen). Sonst treten nachträglich Setzungen auf, die sich auf den Belag übertragen. Am besten ist es, wenn das Material Zeit zum Setzen hat, indem man z. B. Umfassungsmauer und Auffüllung im Herbst herstellt, Unterbeton und Belag erst im folgenden Frühjahr. Damit die Terrasse in der Zwischenzeit nicht zu unfreundlich aussieht, kann man eine Schicht groben Sand aufbringen, die man im Frühjahr wieder entfernt.
Plattenbelag Für das Belegen mit Platten gilt das im vorigen Abschnitt Ausgeführte: Unterbeton 10 cm stark (Rauhbeton 1:10 bis 1:8), Platten in Zementmörtel verlegen, Fugen ausgießen usw. Es kommen nur wetterbeständige Platten wie zementgebundene Kunststeinplatte, wetterfeste Natursteinplatte und Klinker in Betracht.

Offene Grillfeuerstelle im Garten (Barbecue)

In Sitzplatznähe, doch nicht zu nahe am Gebäude (Brandgefahr) und nicht im Windschatten einer Mauer, auf einer Fläche von 1 × 1,5 m den Rasen in Stücken von 20 × 20 cm abheben und stapeln. Rasenflächen immer zueinander, Stapel regelmäßig anfeuchten. Erdreich 50 cm tief ausheben, Sohle mit 15 cm starker Rauhbetonschicht (Mischungsverhältnis mit Portlandzement 1:10) betonieren.
Zwei Pfeiler, je 11,5 cm (Steinbreite) × 49 cm (2 Steinlängen + Fuge) stark, 13 Schichten = 108 cm hoch, aus wetterbeständigen Lochsteinen VMz 250 Normalformat aufmauern. Mauermörtel (Zementmörtel 1:3) steinbündig abziehen, Mörtelreste an Steinsichtflächen sofort mit Lumpen abreiben.
Aus gehobelten Brettern oder Sperrholzplatten und gehobelten Leisten Schalung für Betonplatte 49 × 91 × 5 cm herstellen. Beton aus 1 Teil Portlandzement PZ 350 und 4 Teilen gewaschenem Rundsand 0 bis 7 mm Korngröße. Nur so viel Wasser zugeben, daß nach kräftigem Mischen plastischer, aber noch nicht flüssiger Beton entsteht. Damit die Platte Dehnungsspannungen aus Temperaturwechsel aufnehmen kann, werden in die Mitte der Plattendicke 5 mm starke Be-

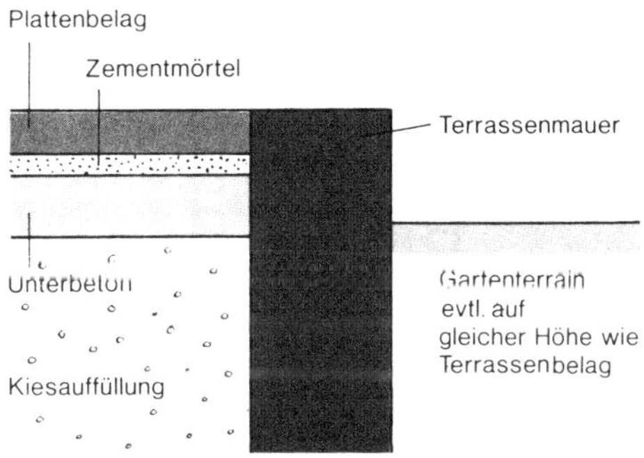

Umfassungsmauer sichtbar

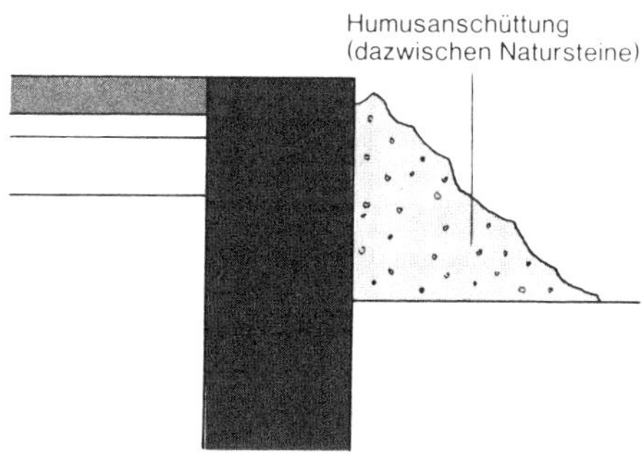

Umfassungsmauer angeschüttet

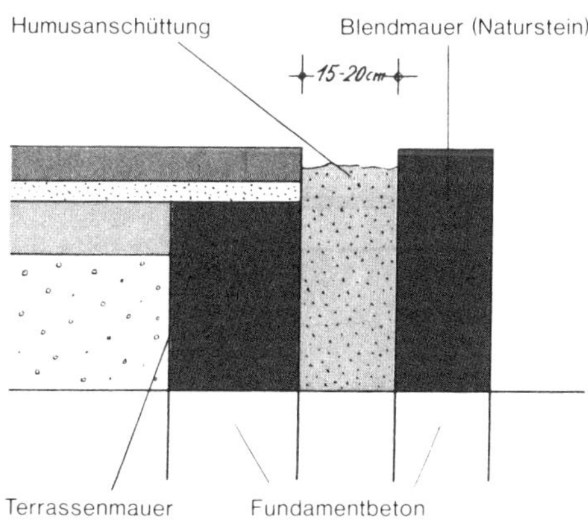

Umfassungsmauer verblendet

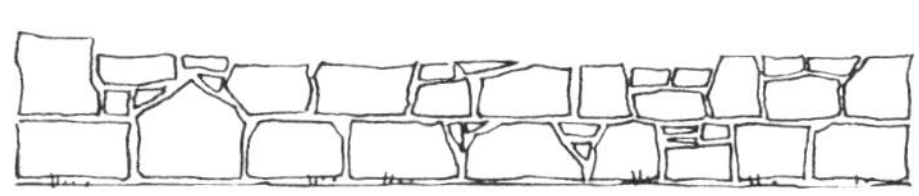

Blendmauer aus Natursteinen geschichtet

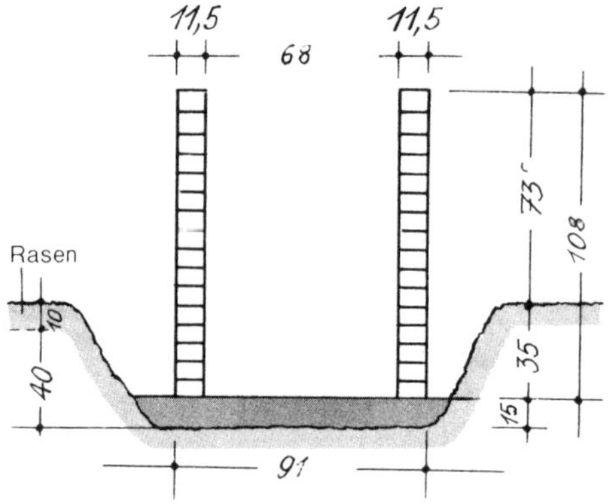

Erdaushub und Pfeiler

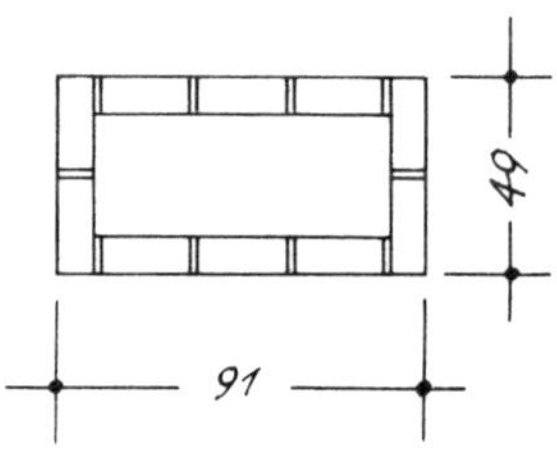

Steinverband der Ringmauer (von oben)

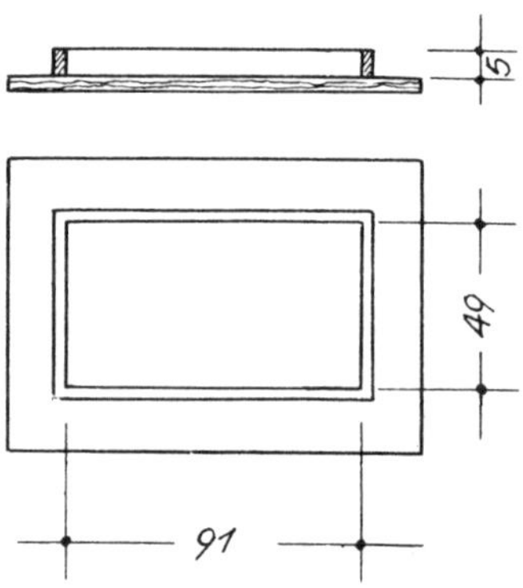

Die Schalung in Schnitt und Draufsicht

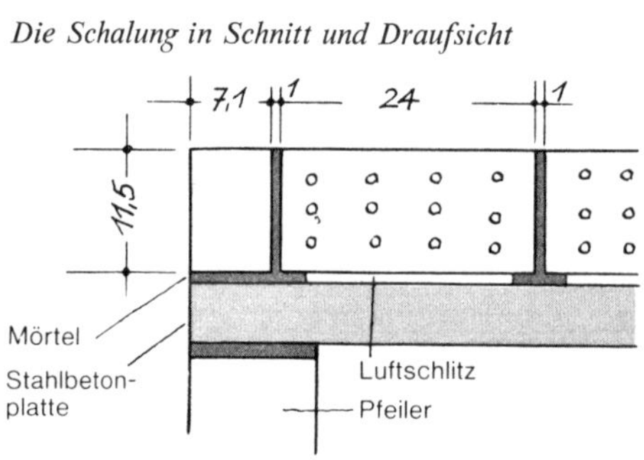

Ecke der Ringmauer im Detail

tonrundstähle oder Eisendrähte in etwa 8 cm Abstand nach beiden Richtungen eingelegt. Stäbe wegen Rostgefahr nicht ganz bis zum Plattenrand führen. Beton durch Klopfen gut verdichten, Oberfläche mit Traufe glattreiben.

Platte dann mit Papier oder Strohmatten abdekken, vor Sonne und Regen schützen. Platte nach einem Tag Abbindezeit und an den folgenden 6 Tagen mit Wasser besprengen. Nach etwa 14 Tagen kann sie vorsichtig ausgeschalt werden.

Auf die Pfeiler ein 1 cm starkes Zementmörtelband, darauf die Platte legen. Rings um den Plattenrand hochgestellte wetterbeständige Ziegellochsteine aufmauern. Das Mörtelband für die Ringmauer muß Luftdurchlässe haben. Auf den Feuerungsraum kann man einen Rost aus Rundstahl legen, zweckmäßig nichtrostenden Stahl verwenden.

Preistafel für einige Baustoffe und Werkzeuge (Stand Herbst 1972)

	Preis DM
1000 Stück Ziegelsteine, Normalformat (NF), Mz 150, frei Baustelle	240,—
1000 Stück Ziegelsteine, Hochformat (1½ NF), HLz 150, frei Baustelle	250,—
(Der Rohmaterialbedarf ist beim HLz wegen der größeren Löcher im Verhältnis geringer.)	
1000 Stück Kalksandsteine KSV 150, frei Baustelle	260,—
1 cbm Betonkies, frei Baustelle	19,—
1 cbm Mauer- oder Putzsand, frei Baustelle	18,—
1 Sack Zement (Portlandzement PZ 350) = 50 kg, ab Lager	4,50
1 Sack gelöschter Weißkalk, pulverisiert, = 40 kg, z. B. »Schwenk-Edelkalk«, ab Lager	7,—
1 Maurerhammer mit Stiel	8,—
1 Maurerkelle	11,—
1 Reibbrett, je nach Größe	5,— bis 8,—
1 Reibfilz	8,—
1 Wasserwaage, 75 cm lang, Teakholz	17,—
1 Senkel mit Schnur	6,—
1 Mörtelkasten	24,—
1 Plastikkübel, 12 Liter	3,—
1 cbm Bauholz (Kantholz ungehobelt), Fichte, Güteklasse II, ab Lager	280,—
1 qm Bretter, Fichte, ungehobelt, Dicke 24 mm	7,—
Dicke 30 mm	8,50

Vierter Teil

Vom Umgang mit Metallen

1 Werkstoff Metall

Wer nicht mit Metallen umzugehen versteht, wird bei vielen Arbeiten schnell an eine unüberschreitbare Grenze stoßen. Wer aber einige grundlegende Bearbeitungstechniken kennt und beherrscht, kann sich fast überall helfen.

In unserer häuslichen Umgebung begegnen uns hauptsächlich Eisen (Stahl), Kupfer, Messing (eine Legierung), Blei, Zinn, Zink, Aluminium (Leichtmetall). Allerdings begegnen sie uns kaum in chemisch reiner Form. Durch Zusammenschmelzen mit anderen Metallen (Legierungen), durch geringe metallische Zusätze (Mangan, Chrom, Nickel u.a.) oder durch geringe Beimischung nichtmetallischer Stoffe (Kohlenstoff, Silizium, Schwefel) gibt man den Metallen ganz bestimmte Eigenschaften wie Dehnbarkeit, Zähigkeit, Zugfestigkeit, Schmiedbarkeit, Spanbarkeit, Härte usw.

Blei, Aluminium, Zinn, Zink, Kupfer sind Metalle, die sich leicht biegen und mit einem Messer ritzen lassen; Späne sind leicht abzunehmen. Das wichtigste harte Metall ist der Stahl.

Stahl und Eisen

Was ist Eisen, was ist Stahl? Darüber besteht beträchtliche Verwirrung. Gehen Sie in eine »Eisenwarenhandlung« und verlangen »Winkeleisen« oder ein Stück »Eisenblech«, dann erhalten Sie das Gewünschte, aber es ist »Winkelstahl« und »Stahlblech« – und das Geschäft würde sich richtiger »Stahlwarenhandlung« nennen. Durch Normvorschriften ist festgelegt:

Stahl ist jedes schmiedbare Eisen: Stab- und Formstähle, Bleche, Nieten, Nägel, Schrauben usw. Die Bezeichnung Eisen ist deshalb nur noch verwendbar

für Eisen als chemisches Element,

für Roheisen (wie es aus dem Hochofen kommt),

für Gußeisen (das spröde Material, aus dem die Herdringe bestehen).

Man spricht daher richtig von: Stahlblech, Winkelstahl, T-Stahl usw.

Baustahl Für alle Schlosserarbeiten, die der Laie bewältigen kann, ist der einfache Baustahl ausreichend. (Der hochwertige Werkzeugstahl dient zur Herstellung von Werkzeugen.) Baustahl ist ausreichend zäh und fest, kann auf Druck, Zug, Biegung, Verdrehung und Stoß beansprucht werden.

Baustahl wird in den gezeigten wichtigsten Formen gehandelt. Die Stangen sind üblicherweise 3 bis 6 m lang, kürzere Stücke kann man in der Werkstatt eines Schlossers bekommen.

Formstähle werden verwendet z.B. für Stahltüren, feuerhemmende Türen (Garage, Heizraum, Speicher), Tür- und Fensterrahmen, Ofenteile.

Kupfer

Kupfer ist ein sehr weiches Metall, beständig gegen Witterungseinflüsse, von großer Leitfähigkeit für Wärme und Elektrizität. Es kann hart und weich gelötet werden (S. 323), läßt sich gut kalt verformen. Infolge seiner großen Dehnbarkeit läßt sich ein Kupferstreifen leicht auf das Vierfache seiner Breite aushämmern, ist also ausgezeichnet geeignet für Treibarbeiten (S. 307). Kupfer wird durch Hämmern hart und läßt sich dann nur schwer bearbeiten. Ausglühen macht es wieder weich.

Ausglühen Das beim Hämmern verdichtete innere Gefüge eines Metalls wird durch Ausglühen – Erhitzen bis Kirschrotglut – wieder gelockert. Der Handwerker benutzt dazu Schmiedefeuer

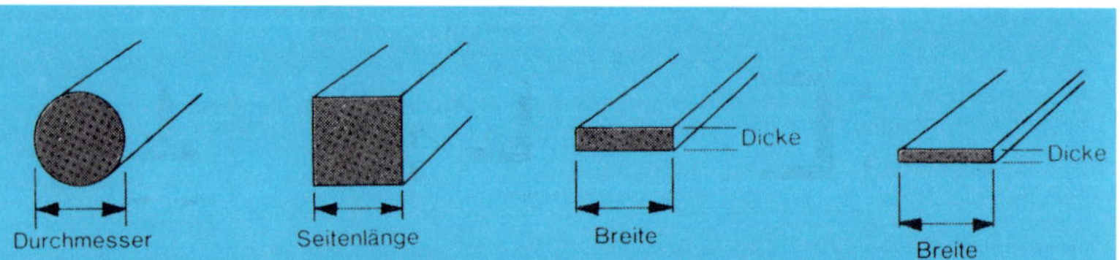

Stabstähle	*Rundstahl Durchmesser ab 5 mm*	*Vierkantstahl (Quadratstahl) ab 8 mm*	*Flachstahl Breite ab 12 mm Dicke ab 5 mm*	*Bandstahl Breite ab 10 mm Dicke ab 0,8 mm*

oder Schweißbrenner. In der Heimwerkstatt nehmen wir Herdfeuer, Gasflamme oder Lötlampe. Die Lötlampe ist vorzuziehen, weil man bei ihr die Hitzezone besser kontrollieren kann. Zum Glühen im Herdfeuer hält man das Werkstück mit einer Feuerzange, denn das Maul üblicher Werkzeugzangen ist gehärtet; die Härte könnte durch das Erhitzen verlorengehen.
Nicht stärker erhitzen als bis zur Kirschrotglut! Bei Weißglut »verbrennt« Stahl und wird unbrauchbar. Kupfer und Messing dürfen nach dem Ausglühen in kaltem Wasser abgeschreckt werden. Abgeschreckter Stahl jedoch wird hart (Grundlage des Härtens): er muß langsam auskühlen.

Verwendung Kupfer dient für kunstgewerbliche Arbeiten, Dachdeckungen, sonstige Klempner-Bauarbeiten, wird viel verwendet für Legierungen und in der Elektrotechnik, endlich für Gefäße und Geschirre. Jedoch müssen Kupfergefäße für Lebensmittel innen verzinnt werden, weil sich sonst der giftige Grünspan bilden kann. Zinn ist widerstandsfähig gegen organische Säuren, und seine chemischen Verbindungen sind nicht giftig.

Patina Auf Kupfer und auf Bronze (Legierung aus Kupfer und Zinn) bildet sich im Freien unter der Einwirkung von Kohlensäure und Feuchtigkeit (jedoch nicht in Industriegebieten mit ruß- und schwefelgeschwängerter Luft) der mattglänzende grüne Überzug, der Patina genannt wird und Dächern, Statuen u.ä. einen eigenartigen Reiz verleiht. Das Kunsthandwerk stellt Patina auch künstlich her. Patina ist chemisch gesehen Kupferkarbonat (Kupfer + Kohlensäure).

Grünspan Grünspan ist von ähnlicher Farbe, hat aber sonst nichts mit Patina gemein. Grünspan entsteht, wenn Säuren (Lötwasser) und Salze auf Kupfer oder Messing einwirken. Grünspan bildet im Gegensatz zu Patina keine Schutzschicht für das Metall; er frißt weiter und zerstört es wie der Rost das Eisen. Grünspan ist stark giftig. Grünspan ist chemisch gesehen Kupferazetat (Kupfer + Essigsäure).

Messing

Messing ist eine Legierung aus Kupfer und Zink, Kupferanteil 60 bis über 90 v. H. Die Farbe ist Hellgelb bis Goldgelb, je nach Kupferanteil, nähert sich schließlich dem Kupferrot. Messing mit hohem Kupfergehalt wird auch Tombak genannt. Messing läßt sich gut gießen (Türdrücker aus Messing), in weichem (ausgeglühtem) Zustand gut biegen und treiben; je höher der Kupferanteil, um so besser. Messing wird verwendet für Schloß- und Beschlagteile, Holzschrauben, kunstgewerbliche Arbeiten, in der Elektrotechnik. Lötmessing dient zum Hartlöten.

Blei

Blei ist das schwerste unter den unedlen Metallen. Es sieht blaugrau aus, verliert an der Luft durch Oxydation an der Oberfläche schnell den metallischen Glanz. Blei ist weich, zäh, dehnbar, biegsam, gut zu gießen (Silvester!), auch im kalten Zustand leicht zu bearbeiten. Durch Zusatz von 15 v.H. Antimon erhält es die dreifache Härte (Hartblei).
Blei wird angegriffen durch frischen Kalk- und Zementmörtel, durch Kohlen- und Salpetersäure, durch Essig und durch weiches Wasser. Daher dürfen für Wasserleitungen keine Bleirohre verwendet werden, wenn die Wasserhärte unter 6° (chemische Härtegrade, S. 356) beträgt; man nimmt dann Bleirohre mit Zinneinlage. Näheres über die Giftigkeit des Bleies siehe S. 30.

Zinn

Zinn ist silberweiß, sehr widerstandsfähig gegen Luft und Wasser, läßt sich leicht gießen (Zinn-

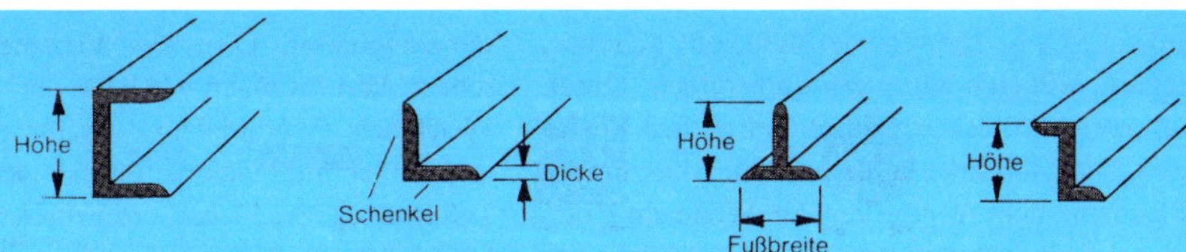

Formstähle	*U-Stahl*	*Winkelstahl*	*T-Stahl*	*Z-Stahl*
	Höhe in cm angeben, z.B.	*Schenkellänge und Dicke in mm angeben, z.B.*	*Fußbreite und Höhe in cm angeben, z.B.*	*Höhe in cm angeben z.B.*
	⊏ *3 cm*	∟ *40 · 40 · 4 mm*	⊥ *10 · 5 cm*	⅂ *4 cm*

krüge, -teller, -figuren), schaben, schneiden, dehnen. Beim Biegen von Zinn hört man ein Knistern, das aus der Reibung der Kristalle herrührt, den sogenannten »Zinnschrei«. Zinngegenstände, die längere Zeit unter +18° C gelagert werden, können zu einem grauen Pulver zerfallen (»Zinnpest«). Im allgemeinen tritt der Zerfall jedoch erst bei Kältegraden ein. Kupfergefäße, in denen Lebensmittel aufbewahrt werden, müssen verzinnt sein. Zinn ist widerstandsfähig gegen organische Säuren.

Zink

Zink ist bläulichweiß, rostet nicht, ist gut lötbar, sehr wetterbeständig. Im Freien bildet sich an der Oberfläche nach kurzer Zeit eine Oxydschicht, die das Zinkblech vor weiterem chemischen Angriff schützt.
Zink ist bei gewöhnlicher Temperatur sehr spröde, bricht daher leicht beim Abkanten; man muß es möglichst rund und quer zur Walzfaser biegen.
Von allen Metallen dehnt sich Zink bei Erwärmung am stärksten aus, etwa dreimal mehr als Eisen. Für Treibarbeiten muß es, um geschmeidig zu werden, auf 100 bis 120° erwärmt und in handwarmem Zustand weiterverarbeitet werden.
Zink ist leicht lösbar durch Säuren, aber widerstandsfähig gegen Laugen (deshalb verzinkte Waschgefäße und Eimer). Zerstörend wirkt die Verbindung mit anderen Metallen. Frischer Kalk, Zement und Kanalgase greifen Zink stark an. Verzinkte Gefäße sind für Lebensmittel ungeeignet, weil sich unter Einwirkung organischer Säuren schädliche Salze bilden. Solche Gefäße sind an den »Zinkblumen« leicht zu erkennen, die ähnlich aussehen wie Eisblumen am Fenster.

Leichtmetall

Aluminium Reines Aluminium ist silberglänzend, nur $^1/_3$ so schwer wie Stahl, gut dehnbar, biegsam, läßt sich hämmern und treiben. Durch Hämmern wird es hart, durch Ausglühen wieder weich. Die Glühfarbe kann man beim Aluminium schlecht mit dem Auge erkennen. Wenn ein Holzspan, auf das erhitzte Aluminium gedrückt, zu rauchen beginnt, ist die Glühtemperatur erreicht. An der Luft überzieht sich Aluminium mit einer schützenden Oxydschicht. Wird es mit schweren Metallen, z.B. mit Stahl oder Kupfer, zusammengebaut, so bildet sich, sobald Feuchtigkeit zutreten kann, ein kleines elektrisches Element. Dabei wird das Aluminium allmählich zerstört.
Legierungen Durch Zusammenschmelzen mit Kupfer, Magnesium, Mangan, Nickel, Silizium entstehen Legierungen mit bestimmten gewünschten Eigenschaften: Festigkeit, Härte, Verformbarkeit. Manche erreichen die Festigkeit guten Stahls. Vom Hersteller werden die einzelnen Sorten mit Kennfarben kenntlich gemacht. Handelsbezeichnungen sind u.a.: »Duraluminium«, Kennfarbe dunkelrot · »Hydronalium«, Kennfarbe grüngelb · »Anticorodal«, Kennfarbe weiß. Für gewöhnliche Schlosserarbeiten kommt vor allem »Anticorodal« in Betracht. Es ist zu kaufen in Blechen, Bändern, Stangen, Profilen, Drähten.

Bleche

Der Spengler – auch Klempner, Flaschner, Blechner genannt – verarbeitet hauptsächlich Bleche. Abmessungen und Eigenschaften sind genormt. Beim Einkauf soll man stets den Verwendungszweck angeben. Bleche von 0,1 bis 3 mm Dicke heißen Feinbleche.
Schwarzblech Für Ofenrohre, Ofenbleche, Backbleche, Kohleneimer dient Stahlblech (Schwarzblech). Normalformat der Tafel 1×2 m. Im Freien wegen Rostgefahr ungestrichen nicht zu verwenden.
Verzinktes Blech Verzinktes Stahlblech ist witterungsbeständig, wird u.a. gebraucht für Blechdächer, Wasserbehälter, Garagentore, Dachrinnen. Haushaltgeräte wie Eimer und Waschgefäße sind aus Stahlblech hergestellt und nachträglich verzinkt. Gebräuchliche Stärken: 0,63 mm (5 kg/qm) und 0,75 mm (6 kg/qm). Elektrolytisch verzinkte Bleche sind für Verwendung im Freien nicht geeignet.
Verbleites Blech Ein Stahlblech mit dünnem Bleiüberzug wird verwendet für Abgasleitungen, Benzinbehälter, Ölgefäße. Verboten für Eßgeschirr. Abmessungen wie beim verzinkten Blech.
Weißblech Weißblech ist verzinntes Stahlblech, im Handel unter vielerlei Bezeichnungen, übliche Tafelgröße 76×53 cm. Verarbeitet wird es für Haushaltungsgegenstände (»Konservenblech«). Um es für runde Arbeiten geschmeidig zu machen, zieht man Weißblech vor dem Bearbeiten über dem Knie oder einem weich umwickelten Rohr oder Sperrhaken hin und her. Versäumt

man das, kann das Blech beim Runden Knicke bekommen, die kaum zu beseitigen sind.

Zinkblech Nur aus Zink bestehend, vom Laien oft mit verzinktem Blech verwechselt, rostet nicht, dient insbesondere für Bauarbeiten und Waschgefäße. Normaltafel 1 × 2 m.

Kupferblech Kupferblech gibt es in weicher (geglühter), hartgewalzter und halbhartgewalzter Qualität; die Oberfläche kann roh, blank gebeizt oder poliert sein. Normaltafel 1 × 2 m. Verwendung für Kupferdächer, Fensterbleche, kunstgewerbliche Arbeiten. Für Koch- und Eßgeschirre nur verzinnt (Grünspan!).

Messingblech Für kunstgewerbliche Arbeiten. Qualität weich (geglüht), mittelhart, federhart. Oberfläche gebeizt oder poliert (ein- oder zweiseitig). Lieferbar in Tafeln und Rollen.

Aluminium-Blech Qualitäten weich, halbhart, hart. Verwendet für Blitzableiter, Aluminiumdächer, Milchtanks, Haushaltgeschirre. Aluminium-Folien dienen zum Verpacken von Lebensmitteln (Butter). Legierungen S. 292.

2 Werkbank · Schraubstock · Unterlagen

Die Werkbank

Ein ausgedienter Tisch als Werkbank ist eine Notlösung. Für Metallarbeiten sind Platte und Unterbau nicht stabil genug. Besser ist es, eine richtige Werkbank zu kaufen oder selbst anzufertigen. Eine Anleitung zum Bau einer einfachen Werkbank finden Sie im Teil »Holzarbeiten« auf S. 151. Für Metallarbeiten soll die Platte aus 5 cm starker Buchenbohle bestehen, wenigstens an der Kante; der Unterbau sehr stabil aus Holz oder auch Stahl. Für Metallarbeiten genügen als Abmessungen: 80 cm hoch, 60 bis 70 cm tief, 140 cm lang.

Werkbank mit geschmiedeten Stahlrohrfüßen

Werkbank mit Füßen in Winkelkonstruktion

Der Schraubstock

Flaschenschraubstock Der Flaschenschraubstock ist aus Stahl geschmiedet, unempfindlich gegen Schläge, verträgt rauhe Behandlung. Backen gehärtet. Nachteil: Backen nur in einer bestimmten Stellung parallel.

Folgende Ausführungen kommen in Betracht:

Backenbreite	90	100	110	120 mm
Gewicht	14–16	18–20	23–25	28–30 kg

Parallelschraubstock Empfehlenswert für die Heimwerkstatt. Die Backen stehen in jeder Lage parallel, halten so das Werkstück bei jeder Spannweite gleich gut fest. Aus Stahlguß für normale Beanspruchung, aus geschmiedetem Stahl für hohe Beanspruchung.

Richtige Anbringung Der Platz über dem Fuß der Werkbank gibt den besten Halt. Die Stütze des Flaschenschraubstocks wird am Fuß der Werkbank angeschraubt. Der Parallelschraubstock wird mit Schloßschrauben oder Vierkant-

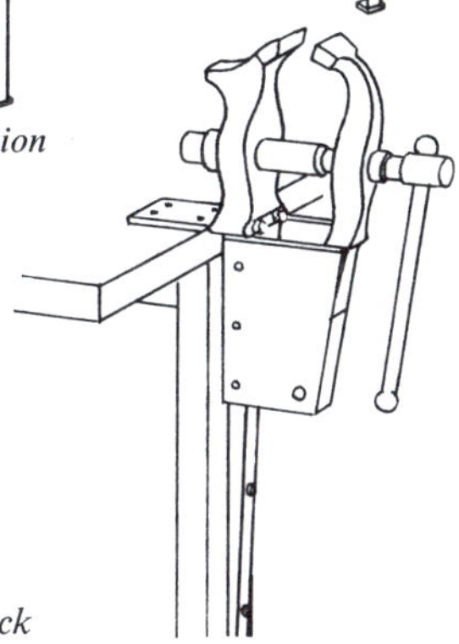

Flaschenschraubstock

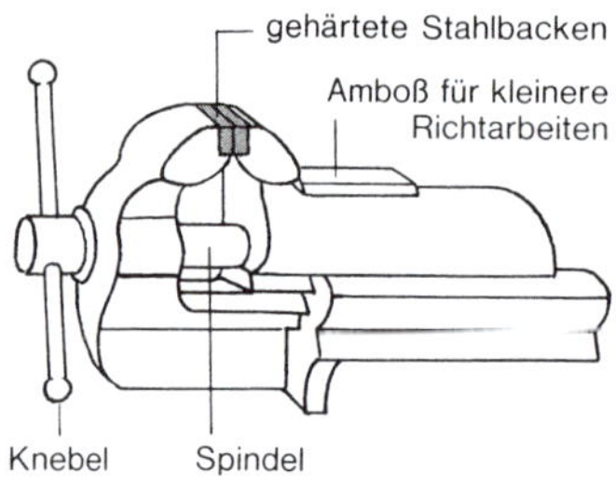

Parallelschraubstock, hintere Backe beweglich

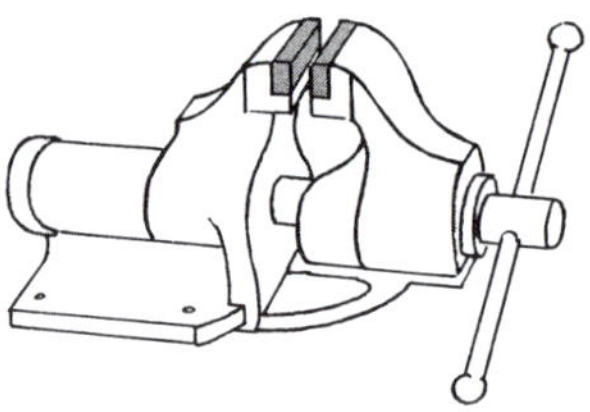

Parallelschraubstock, vordere Backe beweglich

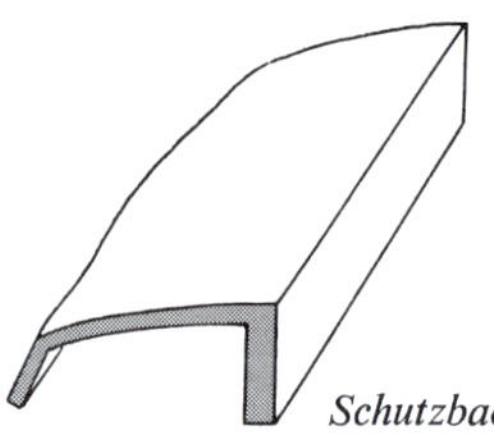

Schutzbacken für Schraubstock

holzschrauben möglichst nahe der Kante befestigt. Flaschenschraubstöcke öffnen sich nach vorn (zum Arbeitenden), Parallelschraubstöcke nach vorn oder nach hinten.

Anbringungshöhe: Steht der Arbeitende vor dem Werktisch und stützt die Faust unter das Kinn, soll sein Ellenbogen die Oberkante des Schraubstockes gerade berühren. Um die richtige Arbeitshöhe zu erreichen, kann man den Schraubstock mit einer Bohle unterlegen (wenn er sonst zu niedrig sitzt) oder einen Lattenrost auf den Boden legen (wenn der Schraubstock sonst zu hoch sitzt).

Nur mit Handkraft einspannen Es ist falsch, ein Rohr auf den Knebel zu stecken, um schärfer anziehen zu können; ebenso falsch, etwa mit dem Hammer auf den Knebel zu schlagen. Der Schraubstock ist so konstruiert, daß er mit Handkraft ausreichend festgezogen werden kann.

Schutzbacken verwenden! Zwischen den gehärteten Stahlbacken werden Werkstücke beim Einspannen leicht verformt. Man schützt sie durch Schutzbacken aus Schwarzblech, Kupfer, Blei, Aluminium oder auch Holz. Vielfach genügen aber selbst zu fertigende Backen aus Schwarzblech.

Die Backen schützen nicht nur das Werkstück, sondern auch das Werkzeug. Abgleitende Meißel, Feilen, Sägen werden durch Aufstoßen auf die gehärteten Backen leicht stumpf und unbrauchbar.

Pflege Der Schraubstock ist nicht gerade empfindlich; aber er ist Ihnen dankbar, wenn Sie bei Feierabend das eingespannte Werkstück herausnehmen; wenn Sie die Spindel von eingedrungenen Feilspänen reinigen und öfters leicht ölen.

Werkstück nicht einseitig in den Schraubstock spannen!

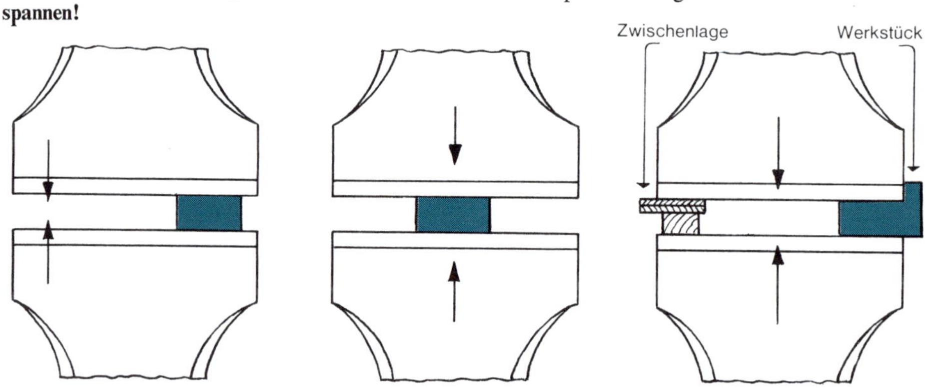

Falsch! Einseitig eingespannt

Richtig! Backenmitte spannt

Richtig! Einseitig eingespannt, aber mit Zwischenlage auf der Gegenseite

Feilkloben

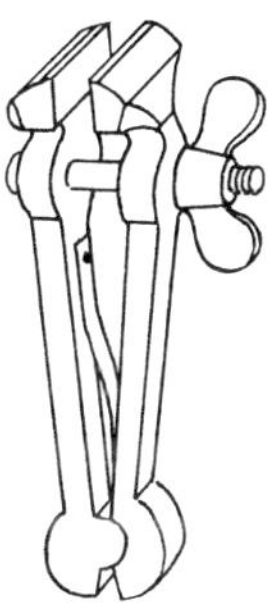

Feilkloben

Zum Einspannen kleinerer Werkstücke (Feilen von Schlüsseln und Zapfen). Zum Festspannen längerer Bleche kann man zwei Winkelstähle in den Schraubstock spannen, zwischen die das Blech gelegt wird. Die freistehenden Enden der Winkelstähle spannt man mit dem Feilkloben zusammen.

Unterlagen

Amboß Für die Heimwerkstatt genügt ein Tischamboß. Die Bahn ist gehärtet und glatt poliert. Gebräuchliche Größen:

Höhe	55	75	95	120 mm
Bahnlänge	140	180	220	280 mm
Gewicht	0,75	1,5	2,5	4,5 kg

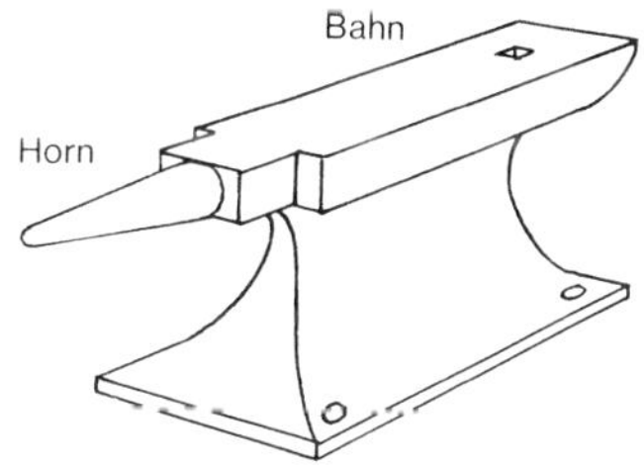

Tischamboß

Richtplatte Zum Richten verzogener Werkstücke (Stabstahl, Blech); aus Grauguß mit glattgehobelter Oberfläche.
Größen: 5 und 6 cm dick, Bahngröße von 30 × 30 cm bis 70 × 70 cm. Eine kleinere Ausführung – 40 × 40 cm Bahngröße – wiegt 80 kg.
Behelfsmäßig kann jede ebene Stahlplatte zum Richten dienen, sofern sie eine tadellos glatte Oberfläche aufweist.

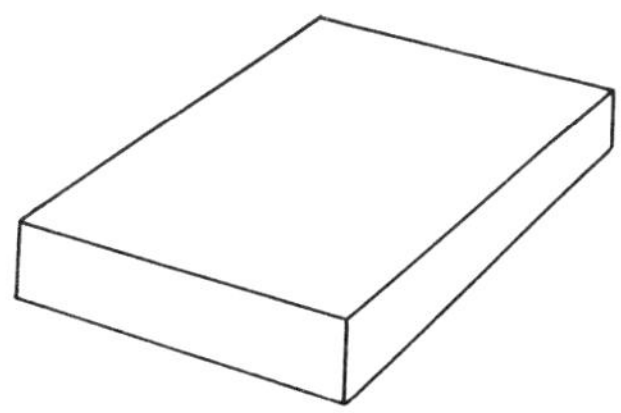

Richtplatte

Weiche Unterlagen Als weiche nachgiebige Unterlage z. B. für das Lochen und Treiben nimmt man entweder einen Hartholzklotz (die Stirnseite) oder einen Bleiklotz (Bleiamboß). Einen Bleiamboß kann man durch Zusammenschmelzen von Blei in einem Gefäß selbst herstellen.

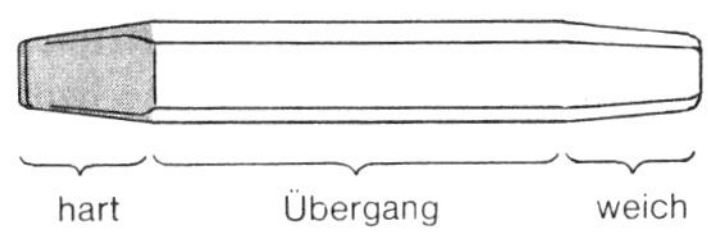

Hart und weich beim Meißel

»Hart auf hart«

Was passiert, wenn man mit dem Hammer kräftig auf den Amboß schlägt? Bitte probieren Sie das nicht aus! Es könnte geschehen, daß ein Stück des Hammers absplittert! Merken Sie sich als Grundsatz: Was im Leben manchmal unvermeidlich ist, daß es nämlich »hart auf hart« geht: Beim Umgang mit Metallen soll das nicht geschehen! Unsere Werkzeuge bestehen aus hochwertigem Werkzeugstahl, und sie sind obendrein gehärtet. Überall? Betrachten wir einen Meißel. Wäre er in seiner ganzen Länge gehärtet, könnte er leicht brechen und würde Prellschläge verursachen. Deshalb ist nur die Schneide gehärtet. Zum Schaft nimmt die Härte allmählich ab, und der Meißelkopf ist weich. So werden die Hammerschläge federnd und elastisch aufgenommen, der Meißelkopf kann nicht splittern. Nur weil der

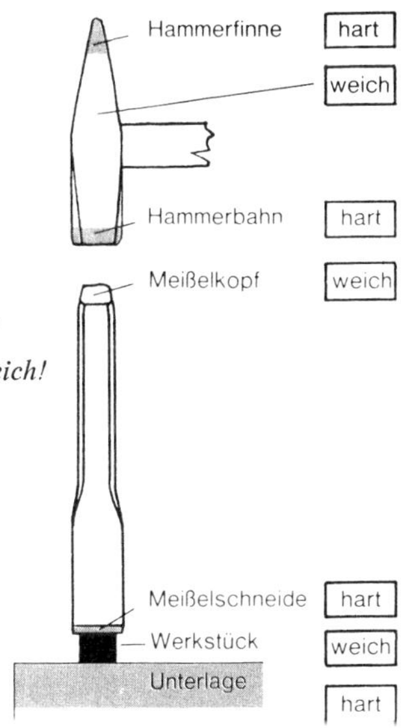

Steter Wechsel von hart und weich!

Meißelkopf weich ist, kann sich an ihm ein »Bart« (Grat) bilden.

Bei der Feile ist die Angel weich, bei der Säge die Mitte des Sägeblattes, beim Bohrer der Schaft. Beim Hammer sind Bahn und Finne gehärtet, beim Amboß die Oberfläche. Beim Gebrauch von Werkzeugen soll es nie »hart auf hart« gehen. Steter Wechsel von hart und weich – wie das Bild zeigt – ist erforderlich. Sonst leiden die Werkzeuge. Dieser Grundsatz ist auch beim Ablegen von Werkzeugen zu beachten. Kein Durcheinander und Aufeinander! Ordnung erleichtert nicht nur die Übersicht; sie schont auch die Werkzeuge.

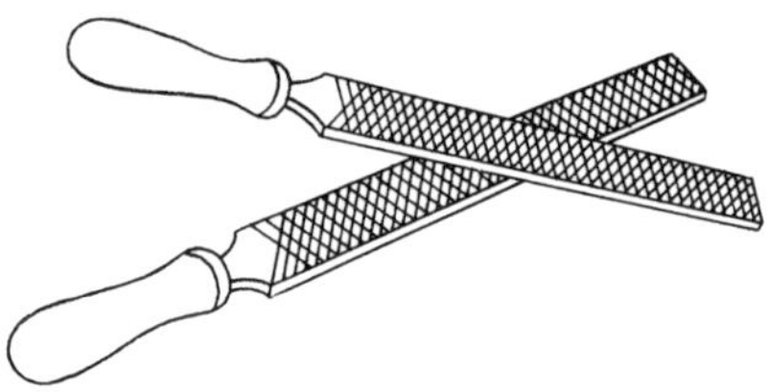

So werden die Feilen schnell stumpf

Gehärtete Werkzeuge können nur an der Schleifscheibe bearbeitet werden.

Beim Hämmern haben wir es stets mit drei Dingen zu tun: Hammer · Werkstück · Unterlage. Das Werkstück reagiert verschieden, je nachdem ob Hammer und Unterlage beide hart sind oder eines davon weich ist.

Harte Unterlage – harter Hammer Sind Hammer und Unterlage hart, ist der »Leidtragende« der zwischen ihnen liegende Werkstoff. Auf seiner Oberfläche bilden sich die Eindrücke des Hammers und der Unterlage ab. An den Schlagstellen wird er dünn und streckt sich. Bei Stabstählen ist das ohne wesentliche Bedeutung, aber Stahlbleche und weicheres Material wie Kupfer, Messing, Leichtmetall können mit harten Werkzeugen erheblich verformt werden (absichtlich) oder aus der Form geraten (unabsichtlich).

Die Werkstoffe werden durch das Hämmern hart und damit auch spröde. Wird zu lange gehämmert, können Risse auftreten. Ausglühen (S. 290 f.) macht das gehämmerte Werkstück wieder weich. Stahl darf aber nach dem Ausglühen nicht abgeschreckt werden; er wird sonst hart.

Harte Unterlage – weicher Hammer Um leichte Stahlbleche und weiches Material zu richten, muß man mit einem Hammer arbeiten, der weicher ist als der Werkstoff: Holzhammer, Aluminiumhammer, Gummihammer. Das Werkstück wird dann nicht im Querschnitt geschwächt, sondern nur gerichtet. Es kann in das weichere Material des Hammers »ausweichen«. Man sieht keine Hammerschläge.

Was machen Sie mit einer verbogenen Schraube? Aussichtslos? Nein, man kann sie geraderichten, wenn man sich eines weichen Hammers bedient.

Weiche Unterlage – harter Hammer Schlägt man auf ein Blech, das auf weicher Unterlage (Holzklotz, Bleiamboß) oder ganz frei liegt, so weicht der Werkstoff in die Unterlage hinein aus und bekommt eine Beule. Man kann ihn auf diese Weise plastisch verformen – die Grundlage der Treibarbeiten.

Nützen Sie diese Erkenntnisse, wenn Ihr Wagen einen kleinen Blechschaden hat!

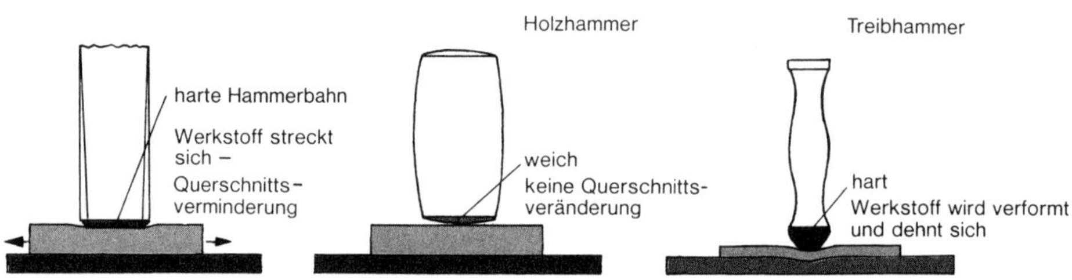

Harte Unterlage *Harte Unterlage* *Unterlage weich (Blei, Holz – auch Luft!)*

3 Messen und Anreißen

Folgende Werkzeuge, die schon an anderer Stelle aufgezählt sind, dienen auch zum Messen und Anreißen auf Metall:

Meterstab · Bandmaß · Winkel · Winkelschmiege (S. 93) · Senklot · Wasserwaage (S. 208). Folgende Werkzeuge werden darüber hinaus hauptsächlich verwendet:

Schublehre Zum genauen Messen von Durchmessern, Dicken, Bandstärken.

Auf dem Schenkel mit dem Schieber ist eine Millimetereinteilung. Der Schieber mit dem sogenannten Nonius ermöglicht das Ablesen von Zehntel-Millimetern; auf dem Nonius ist die Strecke von 9 mm in 10 gleiche Teile geteilt.

Mikrometer Zum genauen Feststellen der Stärke bei Blechen. Man dreht an der Hülse, bis die beiden Backen das Blech berühren. Durch die Gefühlsschraube wird ein zu festes Anziehen vermieden.

Zirkel Zum Zeichnen von Kreisen, Kreisbögen, zur Kreisteilung, zum Übertragen von Maßen.

Stangenzirkel Die Zirkelspitzen sind auf der Stange verschiebbar und feststellbar. Für große Kreise.

Innentaster Zum Messen und Vergleichen von Rohr-Innendurchmessern, Bohrungen und Hohlräumen. Schenkel gerade, Tastlippen stumpf und gehärtet.

Außentaster Zum Messen von Dicken und Rohr-Außendurchmessern. Gebogene Schenkel. Die Schenkel dürfen beim Messen nicht federn. Ablesen mit Maßstab oder Schublehre.

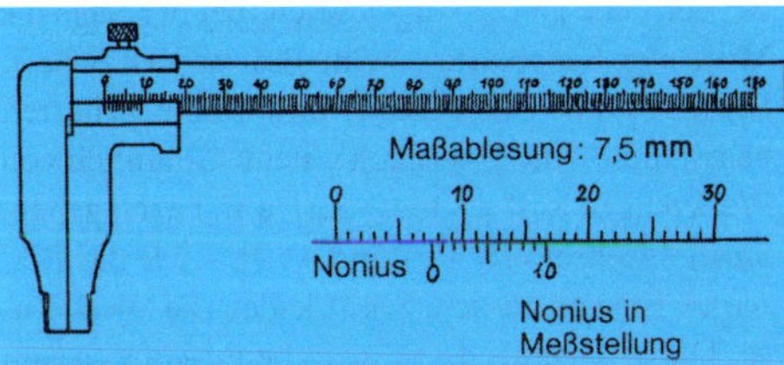

Schublehre

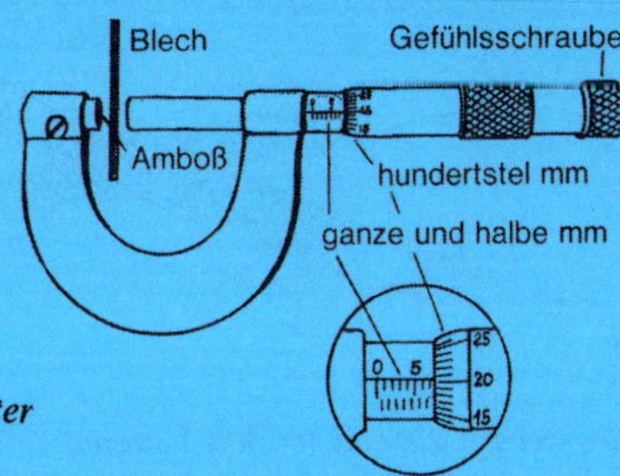

Mikrometer

Spitzzirkel

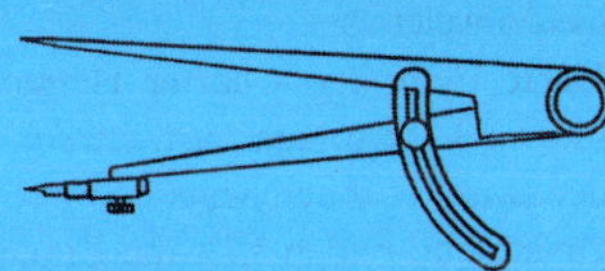
Spitzzirkel mit Bleistifteinsatz

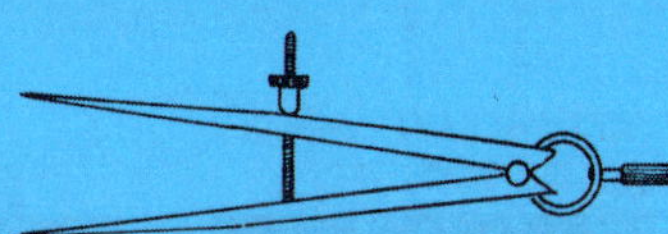
Federzirkel

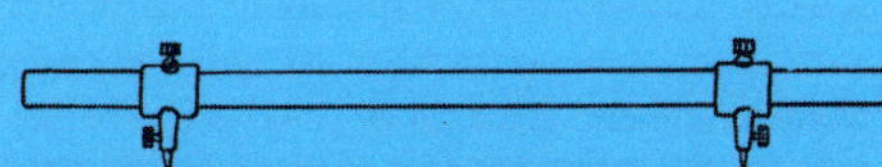
Stangenzirkel

Innentaster

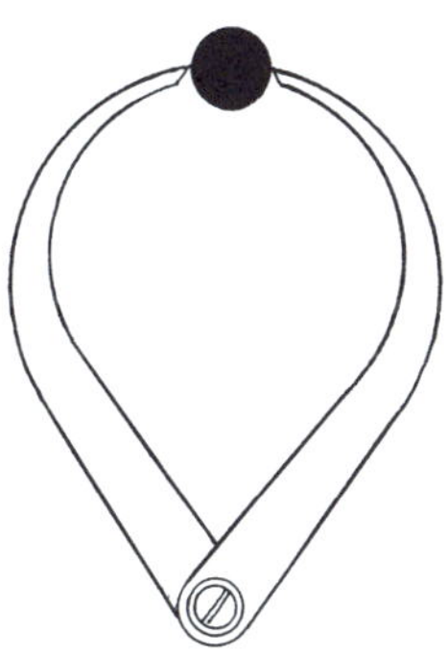
Außentaster

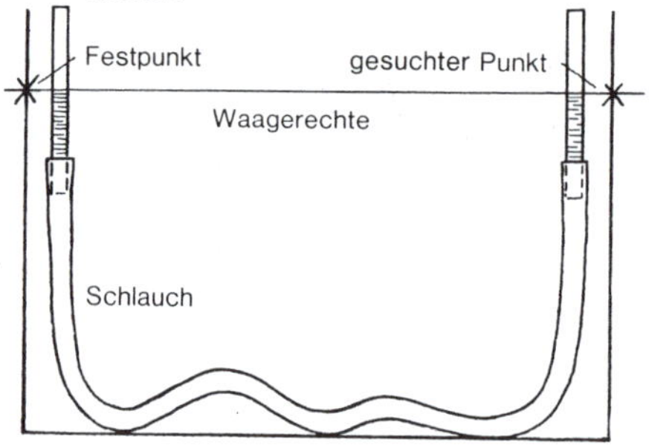

Schlauchwasserwaage

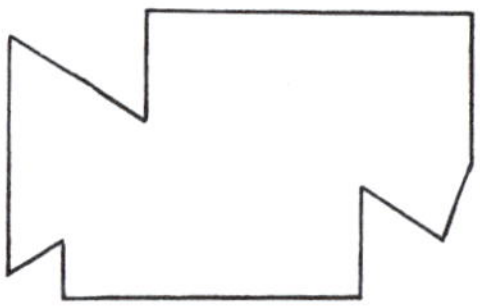

Anreißschablone

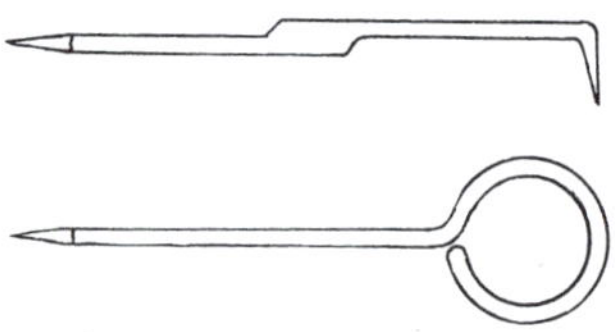

Reißnadeln

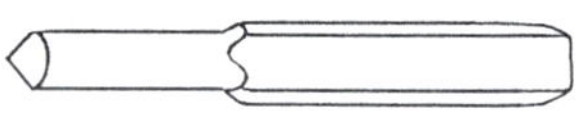

Körner

Schlauchwasserwaage Zum Höhenvergleich zweier entfernter Punkte. In die beiden Enden eines Gartenschlauches ist je eine Glasröhre gesteckt, mit einer Markierung versehen.

Anreißschablone Zum genauen Anreißen von Umschlägen und Falzen.

Reißnadel Zum Anreißen von Blechen. Auf Schwarzblech nimmt man Messingnadeln, die einen gut sichtbaren Strich hinterlassen.

Körner Zum Ankörnen (Markieren) wichtiger Punkte.

Beim Anreißen zu beachten Allgemein gilt, was auf S. 109 für Holzarbeiten gesagt ist, entsprechend auch für Metallarbeiten. Beachten Sie insbesondere:

1. Vorher überlegen, maßgerechte Zeichnung anfertigen.
2. Messen und Anreißen nur auf glatter Unterlage: Tisch · Werkbank · Reißbrett.
3. Oberfläche nicht verkratzen.
4. Auf Leichtmetall keinen Kopierstift benutzen (Zerstörungsgefahr).
5. Linien zum Abkanten von Blechen nicht mit der Reißnadel ausführen, sondern nur mit Bleistift (Graphitstift).
6. Bei schwierigen Zuschnitten erst ein Papiermodell in natürlicher Größe herstellen, dieses auflegen, beschweren oder ankleben, dann anreißen.
7. Zugaben für Verstärkungen, Versteifungen, Abkantungen und Verbindungsnähte nicht vergessen.
8. Darauf achten, daß entweder möglichst wenig Abfall entsteht oder daß die Abfallstücke noch verwendbar sind.

4 Strecken · Stauchen · Richten · Biegen (spanlose Bearbeitung)

Strecken und Stauchen

Von spanloser Bearbeitung spricht man, wenn ein Werkstück verformt wird, ohne daß Späne vom Werkstoff abgehoben werden. Spanlose Bearbeitungstechniken sind Richten, Biegen, Treiben, Schmieden. Das Arbeiten mit Blechen geschieht überwiegend in spanloser Bearbeitung. Am leichtesten verformbar ist ein Werkstück, wenn es glühend gemacht ist: das geschieht beim Schmieden. In der Heimwerkstatt fehlen die Voraussetzungen zum Schmieden. Was sehr stark verformt werden muß, müssen wir dem Schmied oder Schlosser anvertrauen. Wir können uns aber die Erkenntnis, daß das erhitzte Metall leichter zu verformen ist, ab und zu zunutze machen, indem wir das Metall mit der Lötlampe erwärmen. Die beiden wichtigsten Vorgänge beim Schmieden sind das Strecken (Werkstück wird länger, Querschnitt vermindert sich) und das Stauchen (Werkstück wird kürzer, Querschnitt nimmt zu). In beschränktem Ausmaß können wir Werkstücke auch in kaltem Zustand strecken und stauchen. Beides geschieht auf harter Unterlage, das Strecken mit der Finne, das Stauchen mit der Bahn des Hammers.

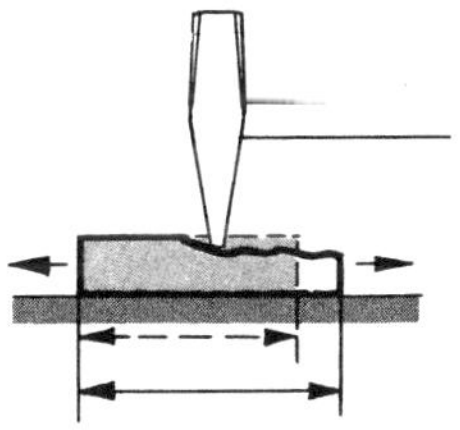

Strecken: mit der Hammerfinne

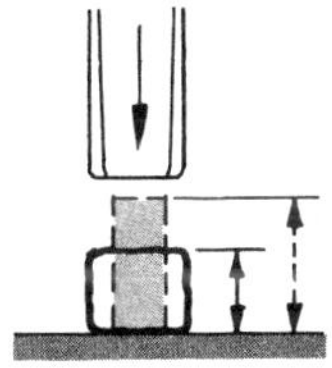

Stauchen: mit der Hammerbahn

Die Grenze liegt dort, wo das Material durch das Hämmern hart und spröde wird und einreißt. Die Streckgrenze läßt sich hinausschieben, wenn man das Werkstück mehrmals bis zur Rotglut ausglüht (S. 290f.).

Werkstoffe, die kalt gestaucht werden sollen (wie beim Nieten, S. 322f.), müssen weich und zäh sein (Nietstahl).

Richten

Bei der Bearbeitung (Hämmern, Meißeln, Fehlschläge, falsches Einspannen), beim Transport und durch übermäßige Beanspruchung werden Werkstücke verformt und müssen »gerichtet« werden. Wenn Sie einen krummen Nagel geradeklopfen, handelt es sich, fachlich ausgedrückt, um »Richten«. Kleine Werkstücke kann man zwischen den Backen des Schraubstockes vorrichten. Zum Richten weicher Werkstücke dürfen Sie nur weiche Hämmer nehmen!

Stabstahl Verbogenen Stabstahl legt man mit der Hohlseite auf eine feste, glatte Unterlage (Amboß, Richtplatte), unter die Auflegestellen Bleche oder Flachstahlstücke. Dann schlägt man das Stück mit dem Hammer gerade. Kontrolle durch Visieren.

Ist ein breiteres Stück der Seite nach verbogen, wird man mit der beschriebenen Methode nicht viel erreichen. Es ist dann besser, das Stück flach aufzulegen und die Innenseite der Biegung mit der Finne des Hammers so lange zu strecken, bis das Stück gerade ist. (Siehe auch S. 304 »Schweifen«!)

Winkelstahl Verzogenen Winkelstahl spannt man in den Schraubstock und biegt ihn mit dem verstellbaren Schraubenschlüssel zurecht.

Draht Verbogenen Draht kann man richten, indem man ein Ende in den Schraubstock spannt und den Draht durch zwei Hölzer zieht, die durch Feilkloben oder mit der Hand zusammengehalten werden. Das geht allerdings nur bei dünnem, geschmeidigem Draht. Der Elektriker (S. 442f.) empfiehlt darum dieses Verfahren.

Stärkeren Draht richtet man, indem man ihn auf ebener Unterlage (Amboß · Polierstock · Richtplatte) unter ständigem Drehen mit kleinem Handhammer bearbeitet. Leichte Schläge! Bei weichen Drähten (Kupfer · Messing · Aluminium) nimmt man Holz- oder Gummihammer, die das Metall nicht so leicht beschädigen.

Biegen

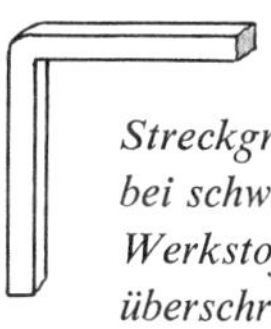

Streckgrenze wird bei schwachem Werkstoff nicht überschritten

Je stärker der Werkstoff, desto größer die Streckung. Wird die Streckgrenze überschritten, reißt der Werkstoff.

Starken Werkstoff deshalb innen nicht scharfkantig biegen

Mehrfaches Biegen (Schließkloben für Riegel)

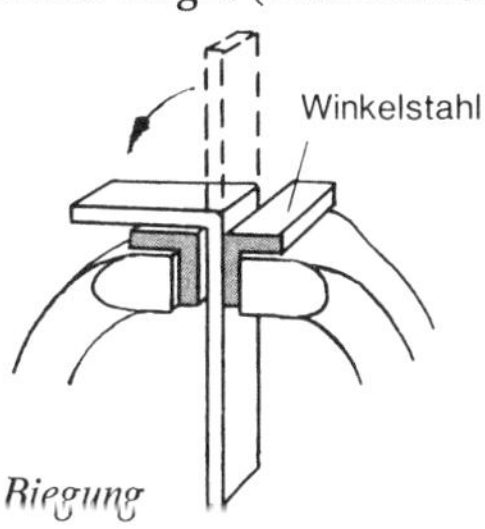

Erste Biegung

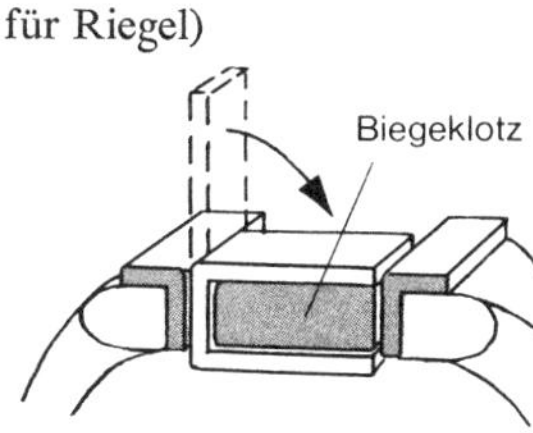

Zweite Biegung unter Zuhilfenahme eines Stahlklotzes

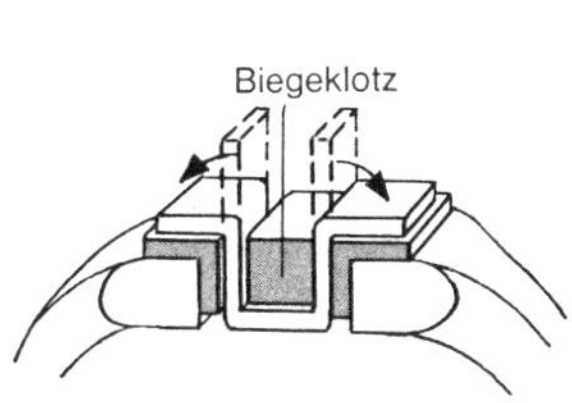

Dritte Biegung wieder mit Stahlklotz

Biegen

Beim Biegen ist zu beachten, wie auch im Abschnitt »Rund um den Bau« S. 225 auseinandergesetzt, daß sich der Werkstoff auf der Außenseite streckt, an der Innenseite staucht, während in der Mitte die »neutrale Faser« verläuft. Der zulässige Biegeradius für Stahl, Messing, Kupfer beträgt etwa das Ein- bis Zweifache der Dicke. Um diesen Biegeradius einzuhalten, muß man über eine abgerundete Kante biegen. Das Biegen wird erleichtert, wenn man den Werkstoff an der Biegestelle erhitzt. Auf S. 299 unten einige Beispiele für das Biegen kräftiger Metallstücke.

Biegen von Blechen (»Abkanten«) s. S. 303.

5 Techniken der Blechbearbeitung

Werkzeuge für die Blechbearbeitung:

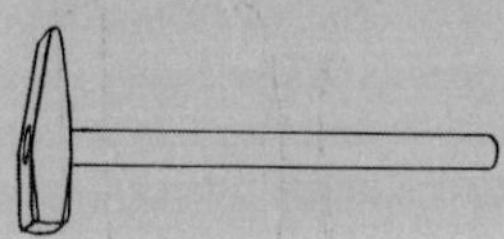

Schlosserhammer 300 g · 400 g · 500 g

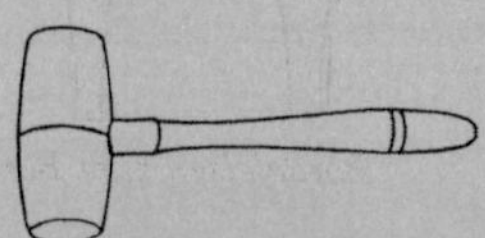

Holzhammer

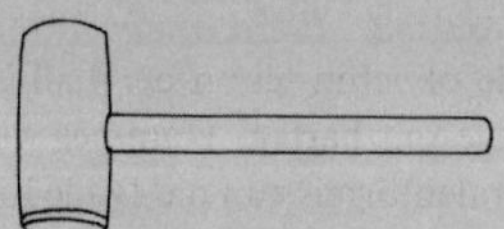

Gummihammer

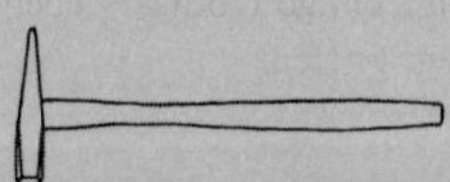

Kleiner Hammer (50 g) für leichte Arbeiten

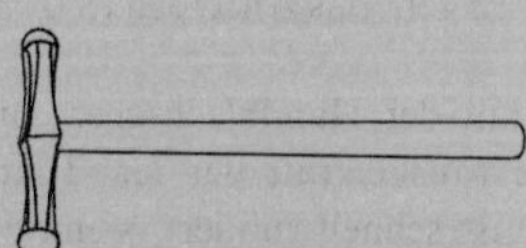

Treibhammer (250 g) zum Formen von Blechteilen und Kugelflächen

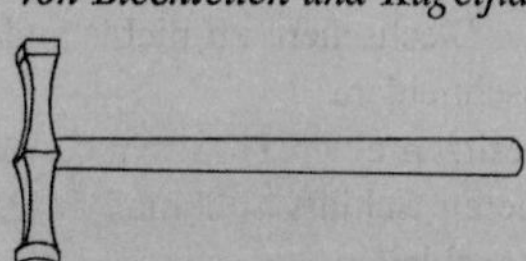

Schlichthammer zum Schlichten (=Glätten) von Kanten und Flächen

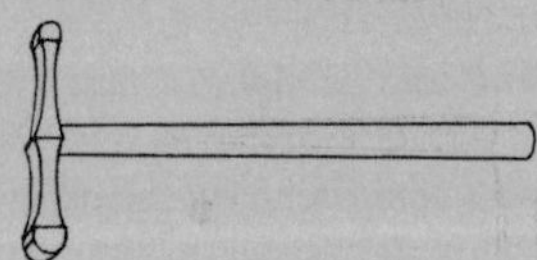

Schweifhammer zum Strecken von Blechen und Rändern

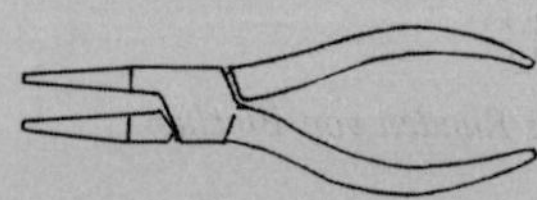

Flachzange zum Festhalten und Biegen

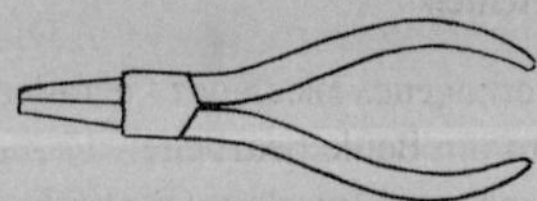

Spitzzange (Rundzange) zum Festhalten und Runden

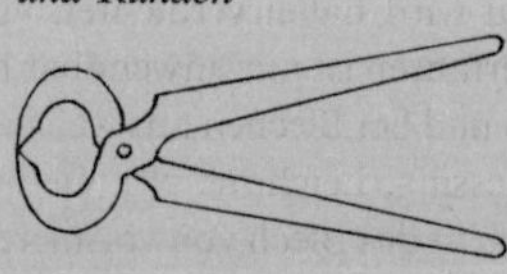

Beißzange

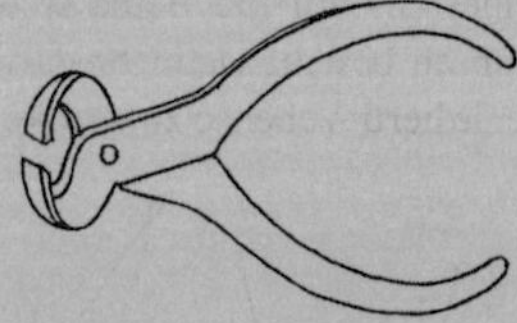

Drahtzange (Zwickzange)

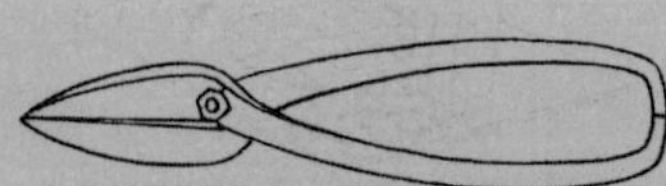

Gerade Blechschere für gerade Schnitte und Außenkreisbögen

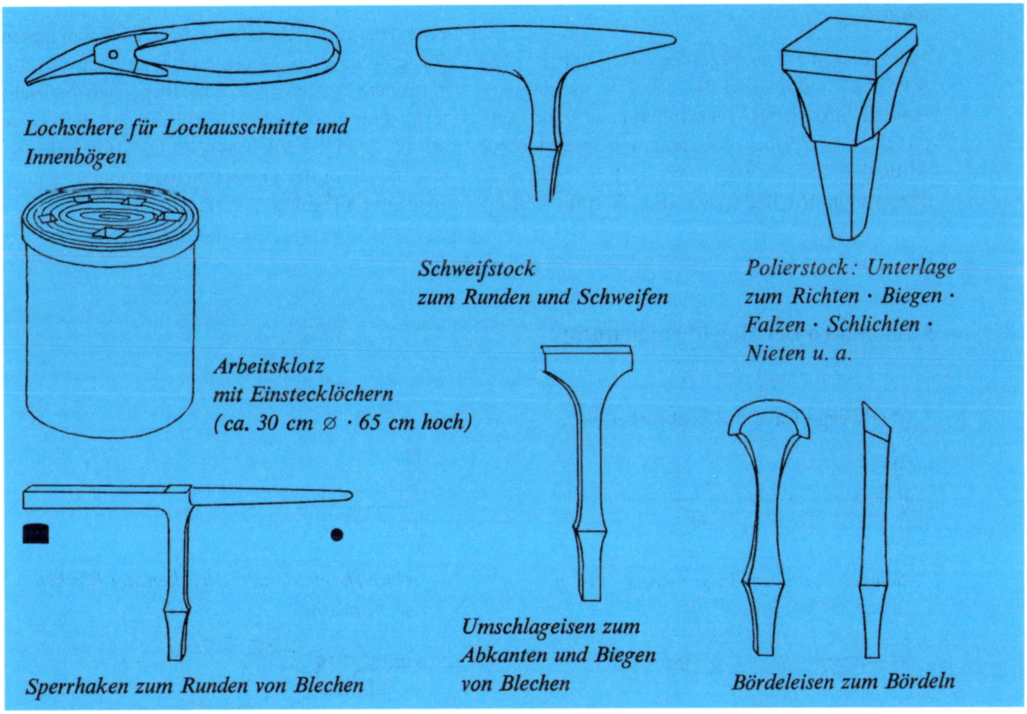

Lochschere für Lochausschnitte und Innenbögen

Schweifstock zum Runden und Schweifen

Polierstock: Unterlage zum Richten · Biegen · Falzen · Schlichten · Nieten u. a.

Arbeitsklotz mit Einstecklöchern (ca. 30 cm ⌀ · 65 cm hoch)

Sperrhaken zum Runden von Blechen

Umschlageisen zum Abkanten und Biegen von Blechen

Bördeleisen zum Bördeln

Verbeultes Blech richten

Verbeultes oder verzogenes Blech wird geradegerichtet, indem man die Beule bearbeitet. Das geschieht auf harter, ebener Unterlage (Richtplatte) mit dem Holzhammer. Man schlägt auf die Beule selbst, das Material wird dabei verdichtet, »gestaucht«. Dieses Verfahren ist nur anwendbar bei dünnem Stahlblech und bei Blechen aus weichem Metall (Kupfer, Messing, Leichtmetall). Gelingt das nicht oder erscheint das Blech von vornherein zu stark, gehen wir einen anderen Weg. In diesem Fall dürfen Sie keinesfalls auf die Beule selbst schlagen. Das Verfahren besteht vielmehr darin, das Blech um die Beule herum ebenso zu strecken,

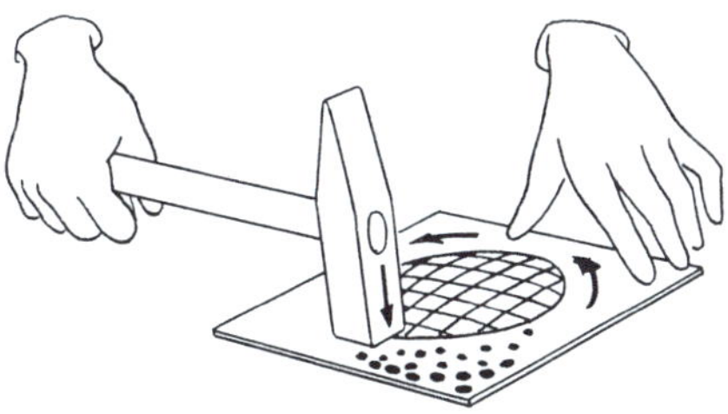

Richten eines verbeulten Bleches durch Strecken der um die Beule liegenden Blechteile

wie es bei der Beule ohnehin schon der Fall ist. Auf harter Unterlage mit hartem Hammer werden die Schläge spiralenförmig um die Beule herum geführt, sie nehmen dabei nach außen hin an Stärke zu.

Dieses Richten verlangt einige Übung – ebenso wie Bördeln, Schweifen, Falzen.

Zuschneiden

1. Dem Zuschneiden geht das Anreißen (S. 298) voraus.
2. Schneiden Sie mit der Handblechschere nur Bleche, soweit die Muskelkraft der Hand ausreicht. Die Schere ist schnell ruiniert, wenn Sie etwa mit dem Hammer auf den Handgriff schlagen.
3. Benützen Sie die Blechschere zu nichts anderem als zum Blechschneiden.
4. Blechscheren besitzen einen Hohlschliff. Wegen dieses besonderen Schliffs soll man Blechscheren nicht selbst schleifen.
6. Die Scherenbacken leicht einfetten.
7. Alles Weitere zeigen die Bilder:

Gerader Schnitt (mit gerader Blechschere)

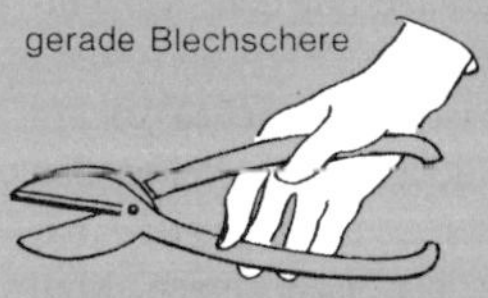

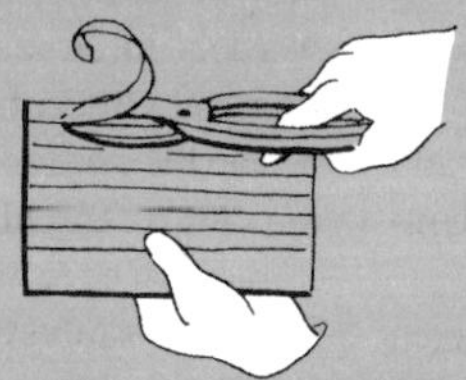

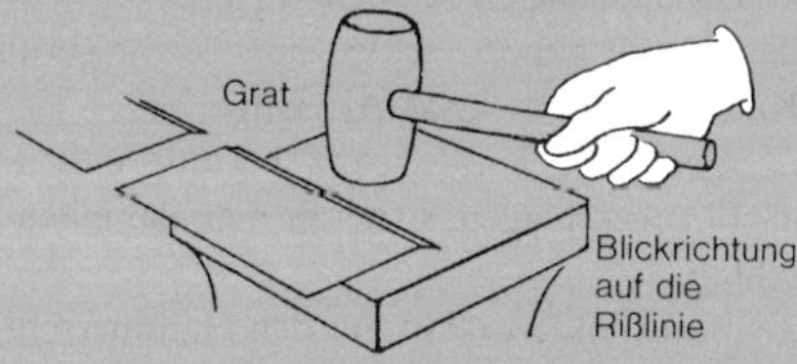

Handhaltung:
Zeigefinger zwischen die beiden Schenkel, er muß die zugedrückte Schere wieder öffnen. Beim Zudrücken der Schere den Handballen nicht in das Griffende bringen

Schneiden:
Schere nachschieben. ehe sie geschlossen ist, aber auch nicht zu weit öffnen! Der schmale Streifen liegt immer rechts der Schere

Nach dem Schneiden:
Beim Schneiden bildet sich ein Grat, das heißt, die Schnittkante biegt sich ein wenig nach unten. Blech nach jedem Schnitt glattschlagen. Grat nach unten legen, damit die Schärfe nicht den Holzhammer beschädigt

Außenbogen (mit gerader Blechschere)

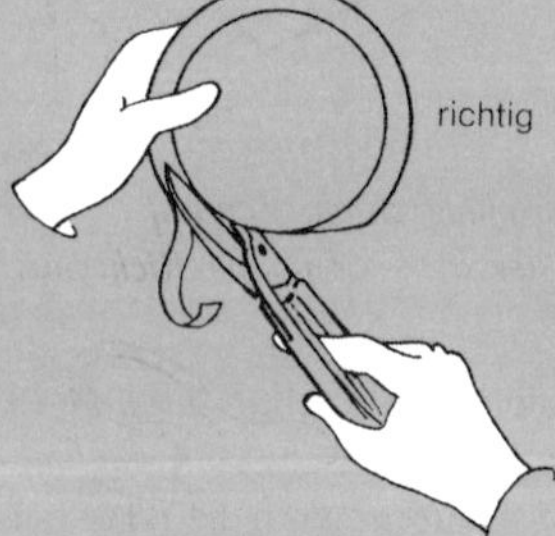

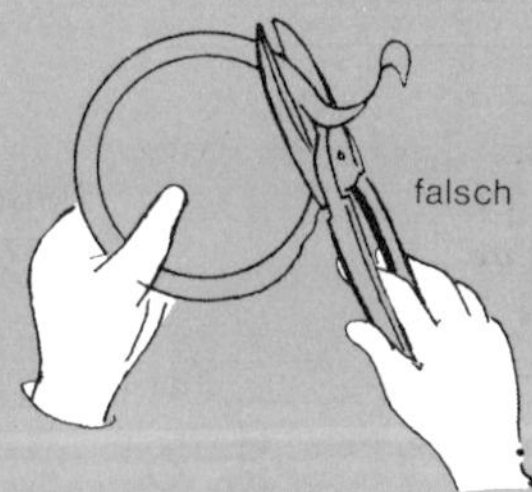

Sorgfältige Scherenhaltung! Schnittrichtung im Uhrzeigersinn!

Schere verdeckt den Strich. Anriß schlecht sichtbar (Papierschere wird so angewendet)

Innenbogen (mit Lochschere)

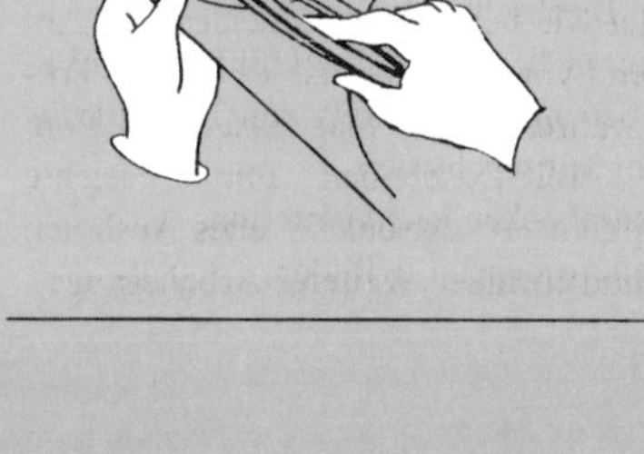

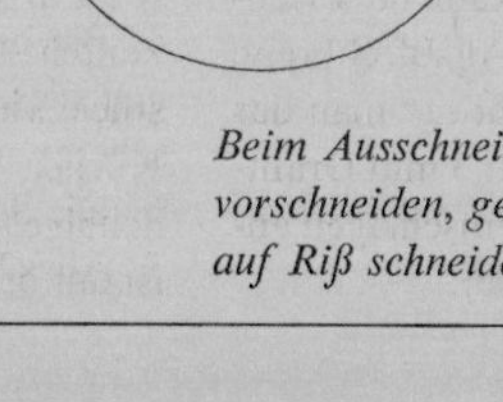

Beim Ausschneiden ganzer Böden erst annähernd vorschneiden, genügend stehenlassen, dann genau auf Riß schneiden

Abkanten, Umschlag

1. Das Aufbiegen des Bleches in jedem Winkel – damit eine nahezu eckige oder leicht gerundete Kante entsteht – heißt Abkanten.
2. Wird eine Kante ganz herumgebogen und leicht zugeschlagen, so nennt man das einen Umschlag.
3. Man wandert nicht mit den Hammerschlägen auf dem Werkstück entlang, schlägt vielmehr immer auf die gleiche Stelle der Unterlage, während man das Werkstück langsam mit der linken Hand weiterschiebt, und zwar stets vom Körper weg.
4. Unebenheiten, die beim Kanten entstehen, werden durch leichte Schläge mit dem Schlichthammer entfernt.
5. Bei kleineren Blechen ist die Arbeit des Abkantens und Umschlagens nicht schwer. Bei großen Längen ist es recht schwierig, eine ganz gleichmäßige und saubere Kante herauszubringen. Man geht dann besser zum Spengler oder Schlosser, dessen Maschinen eine gleichmäßige Abkantung oder Rundung herstellen.
6. Den Arbeitsgang zeigen die Bilder.

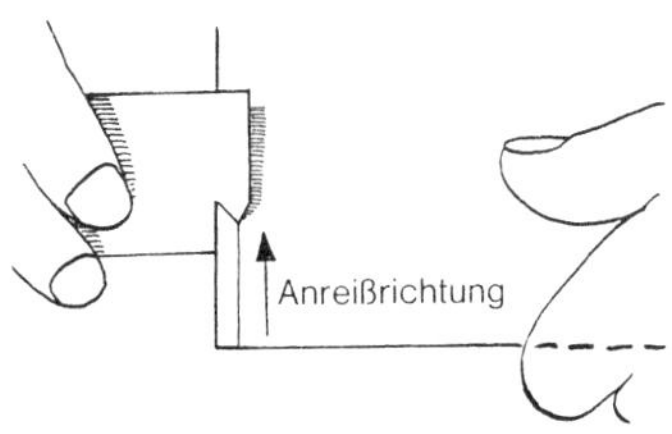

Umschlag anreißen mit der Anreißlehre

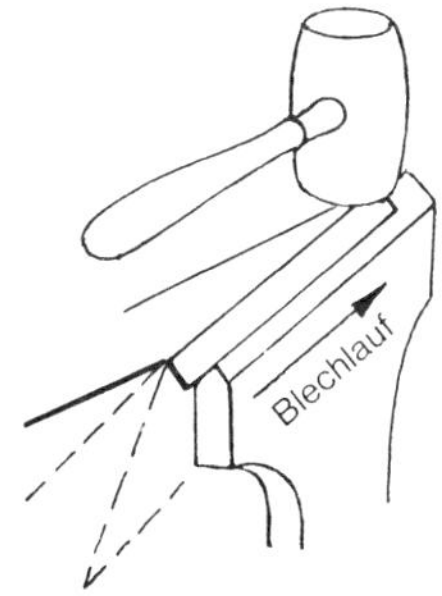

Umschlag ankanten auf Umschlageisen

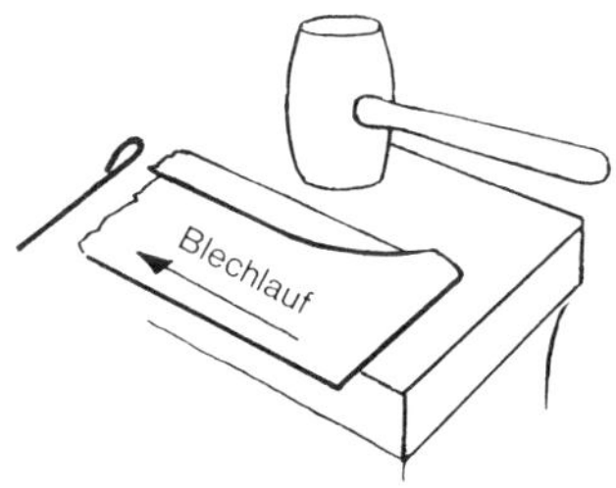

Umschlag zuschlagen auf Polierstock · Amboß · Richtplatte

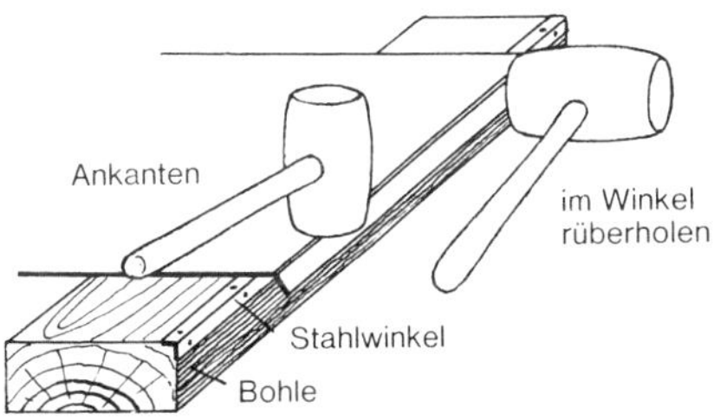

Abkanten (behelfsmäßig) auf Bohle, beschlagen mit Stahlwinkel

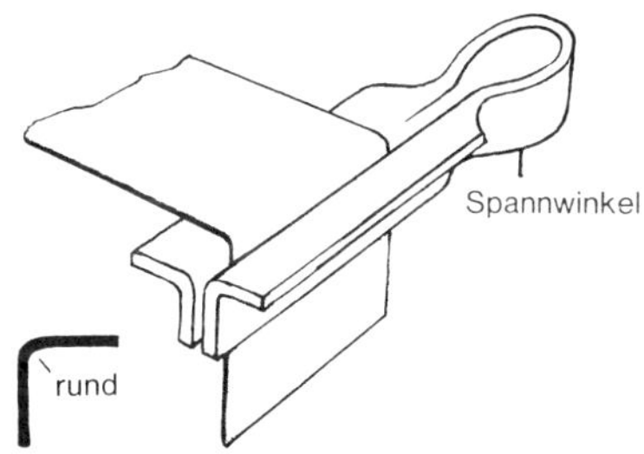

Gerundete Abkantung durch Spannwinkel (Bild) oder 2 entsprechende Winkeleisen. Biegevorrichtung in den Schraubstock spannen

Umschlag im Schnitt

Drahteinlage

Zur Verstärkung und Versteifung kann die Blechkante eine Drahteinlage erhalten. Als Blechbreite zum Umschließen des Drahtes benötigt man das 2½fache der Drahtstärke. Beispiel: 3 mm Drahtstärke · 7,5 mm Blechbreite zum Umschlagen anreißen (mit Zirkel oder Anreißlehre).

Man arbeitet wie beim Blechschneiden und Abkanten sitzend vor dem Arbeitsklotz. Das Werkstück wird während des Schlagens langsam vom Körper weg weitergeschoben. Flinke, leichte Schläge aus dem Handgelenk! Weites Ausholen ist unnötig und ermüdet. Weiterer Arbeitsgang:

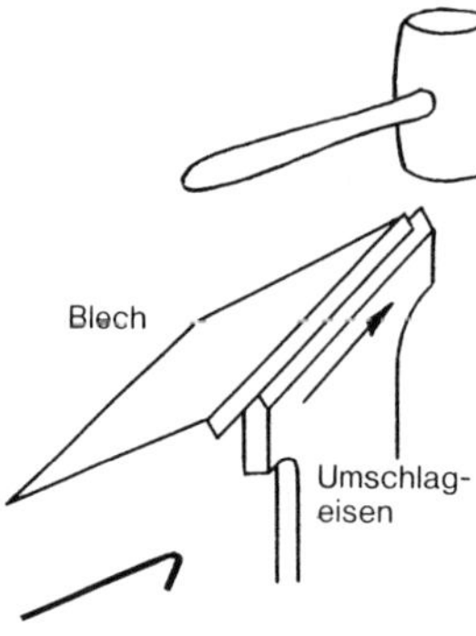

$^1/_3$ der angerissenen $2^1/_2$ Drahtstärken vorholen

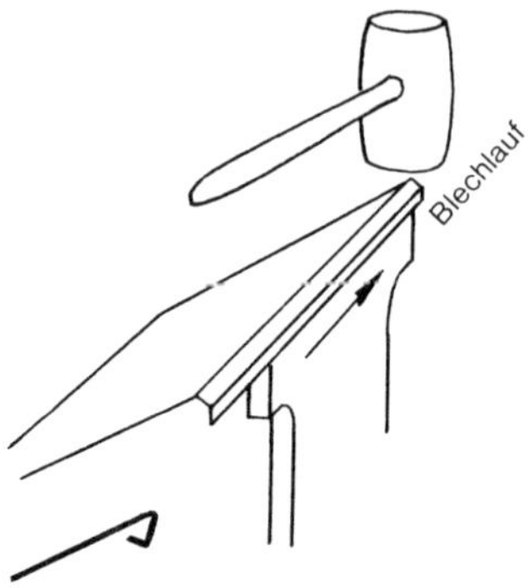

Gesamte Umschlagbreite herüberholen

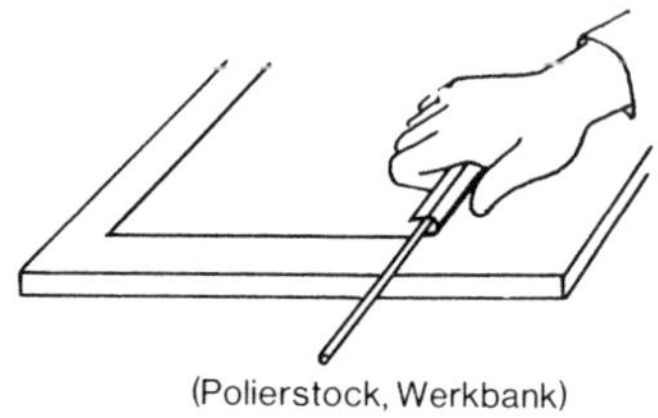

Draht eindrücken

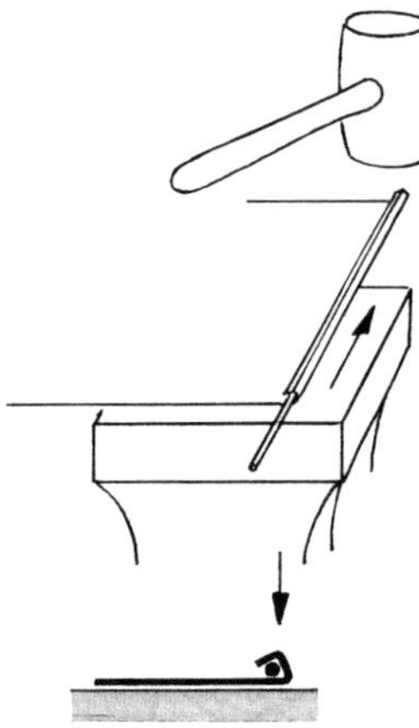

Einrollen

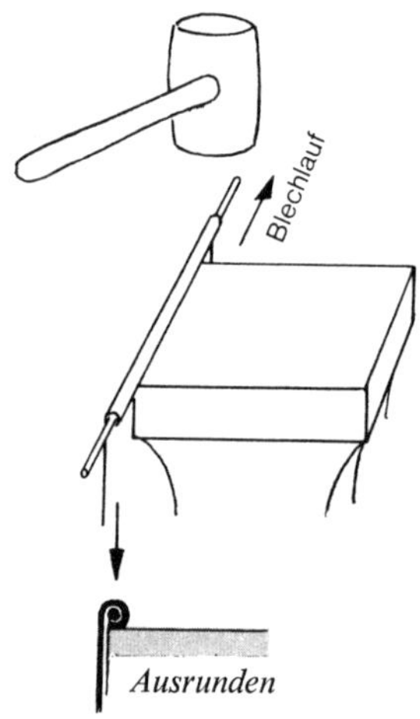

Ausrunden

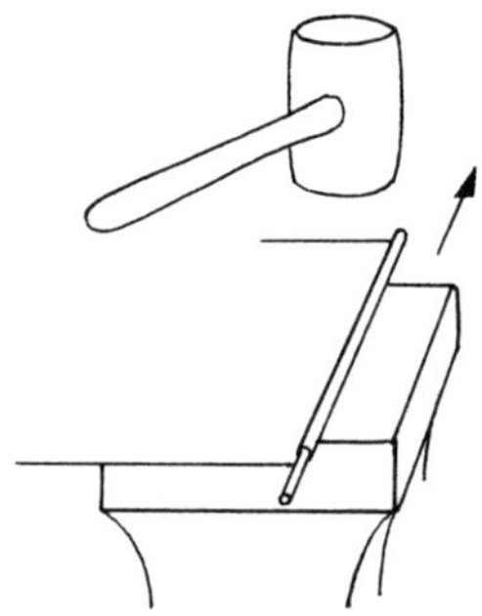

Richten

Bördeln und Schweifen

Soll auf ein rundes Rohr oder eine runde Büchse ein Boden aufgefalzt werden, so sind zwei verschiedene Arbeitsgänge erforderlich: Bördeln und Schweifen. Diese Arbeiten sind etwas schwieriger als das Abkanten und das (nachfolgend beschriebene) Falzen bei geraden Blechen: denn beim gekrümmten Blech muß der Werkstoff an den Verbindungskanten einmal gestaucht (gebördelt), zum anderen gestreckt (geschweift) werden.
Zum Bördeln brauchen wir ein Bördeleisen (S. 301) oder als Behelf ein Rohr oder rundes Stahlstück, dazu Holzhammer und Schlichthammer. Zum Schweifen brauchen wir eine flache Unterlage (Amboß, Polierstock, Richtplatte), Schweifhammer und Schlichthammer. Statt des Schweifhammers kann man als Behelf bei gröberem Werkstoff die Finne des Schlosserhammers nehmen. Bei schmalen Rändern kann auch der Holzhammer an die Stelle des Schweifhammers treten. Beim Schweifen müssen die Schläge am Außenrand am stärksten geführt werden und sich nach innen zu leicht verlieren.

Falzen

Die Falznaht bietet für Blechverbindungen, die nicht gelötet werden können oder sollen, eine haltbare Verbindung, die bei sachgemäßer Ausführung auch gegen Flüssigkeiten dicht hält – außer gegen dünnflüssige Stoffe wie Benzin oder heißes Wasser. Je nach Blechdicke beträgt die Breite der Falznaht etwa 3 bis 10 mm. Beim Zuschneiden des Bleches muß die entsprechende Breite zugegeben werden.
Alle Bleche können gefalzt werden; Zinkblech

Bördeln

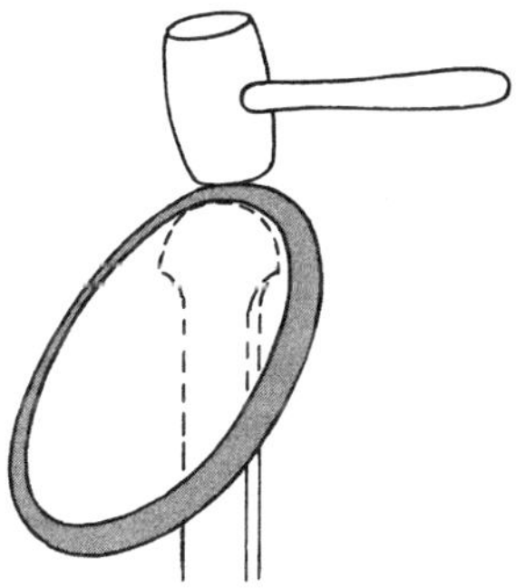

Linke Hand dreht Blech, rechte holt mit leichten, flinken Schlägen Bord zu leichter Schräge herum

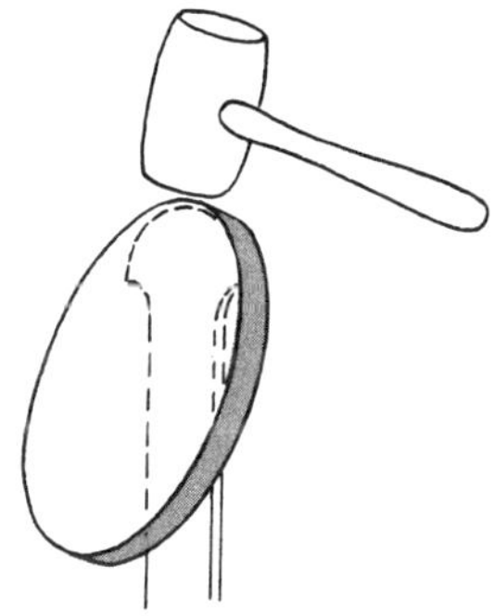

Bei folgenden Rundgängen Bord weiter herumholen bis zum rechten Winkel

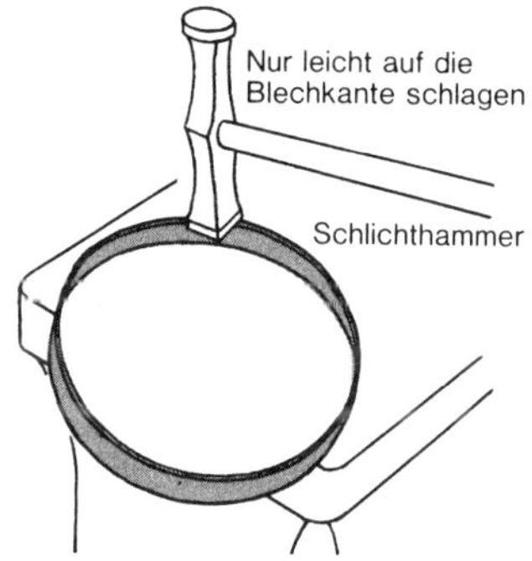

Geraderichten des Bodens

Schweifen

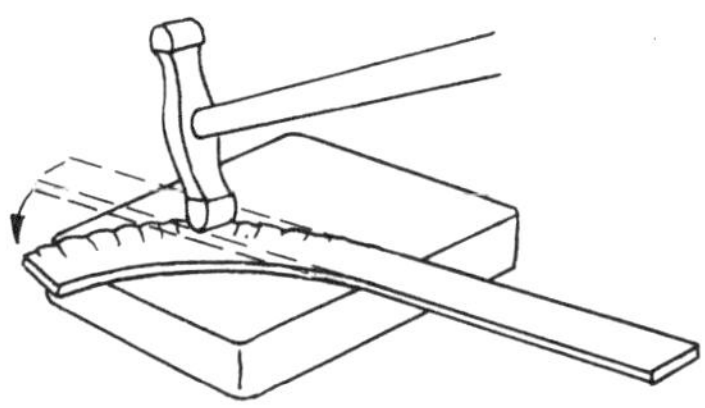

Schweifen eines geraden Streifens. Die Schläge strecken den Werkstoff an der Außenseite

Schweifen des Randes am runden Gefäß

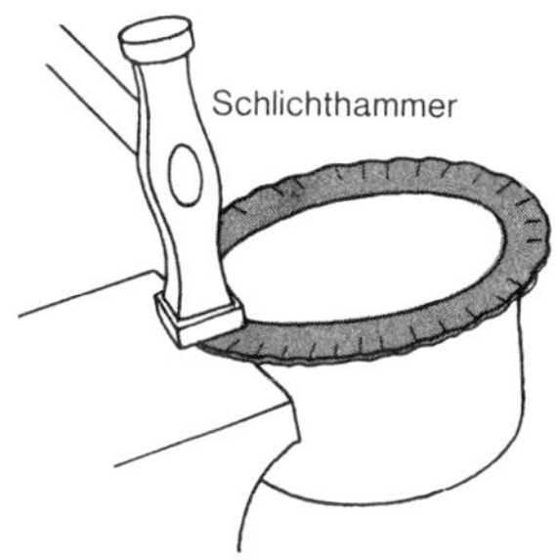

Schlichten des Schweifrandes

jedoch wegen seiner Sprödigkeit nur in geraden Nähten und nur in der Walzrichtung.

Einfacher Falz für runden Boden Zum Auffalzen des Bodens auf ein rundes Gefäß wird zunächst der Rand geschweift und der Boden gebördelt (siehe vorigen Abschnitt). Dann steckt man den gebördelten Boden über die Ausschweifung und schlägt mit der Finne des Schlosserhammers zu. Ein solcher einfacher Falz kann genügen für Ofenrohrkapseln, Kohleneimer u. ä.

Doppelfalz für runden Boden Guten Halt und sichere Dichtung erreicht man, wenn man den einfachen Falz nochmals herumholt und zuschlägt, wie es die nachfolgenden Bilder deutlich zeigen. Die Dichtung verbessert man weiter, wenn man vor dem Falzen ein Papierblatt zwischen die zu verbindenden Stücke legt und es mit einfalzt.

Einfacher Falz für runden Boden

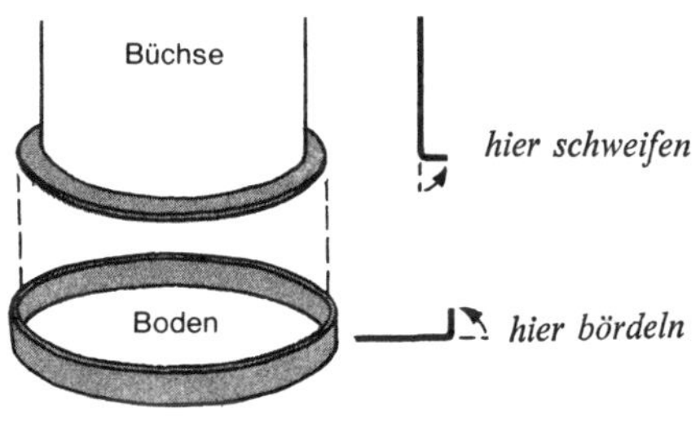

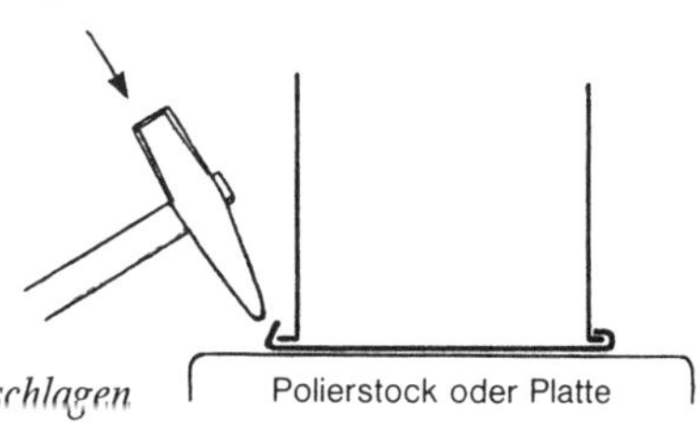

Das Zuschlagen

Falzen

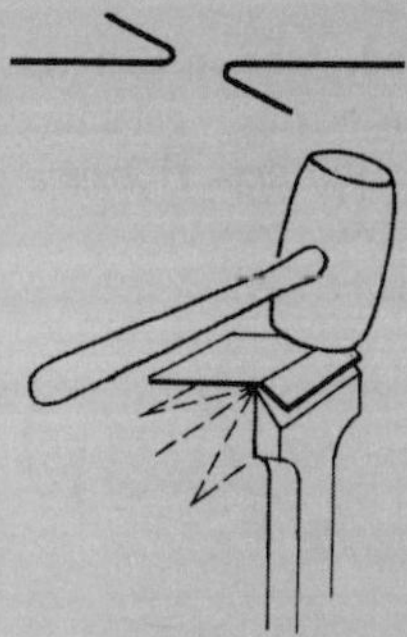

Ankanten auf dem Umschlageisen

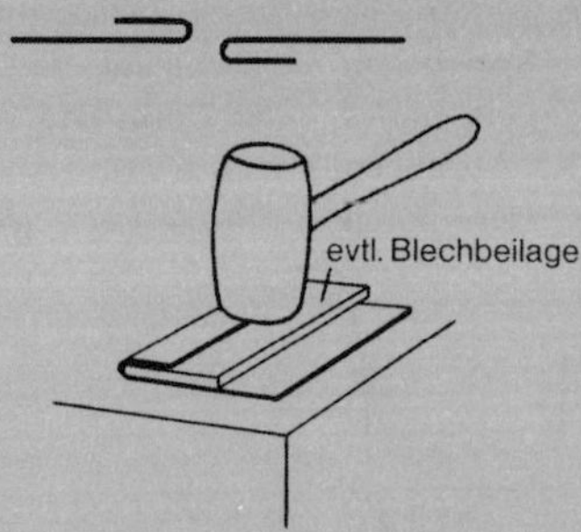

Leicht zuschlagen

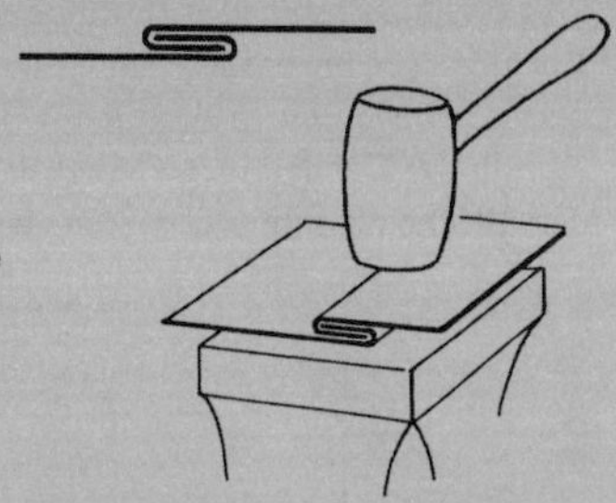

Einhängen und Falz zuschlagen

Durchsetzen verhindert Herausspringen des Falzes

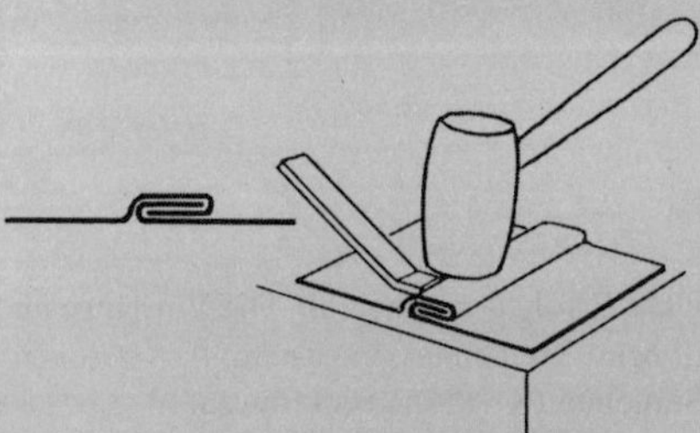

Falz durchsetzen mit Flachstahl, Setzmeißel o.ä.

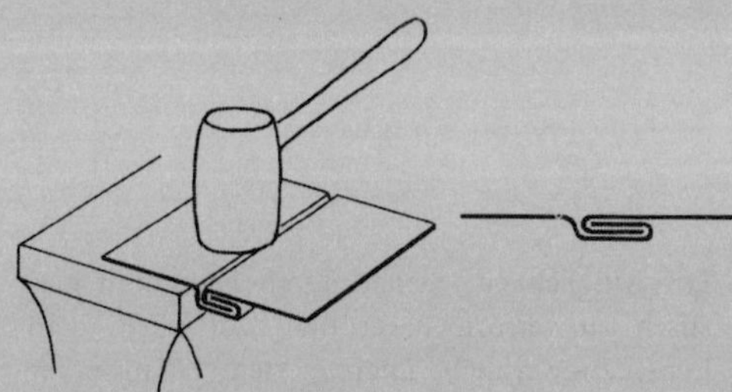

Dann Werkstück umdrehen und Falz nach innen durchsetzen, hart an scharfer Kante

Doppelfalz für runden Boden

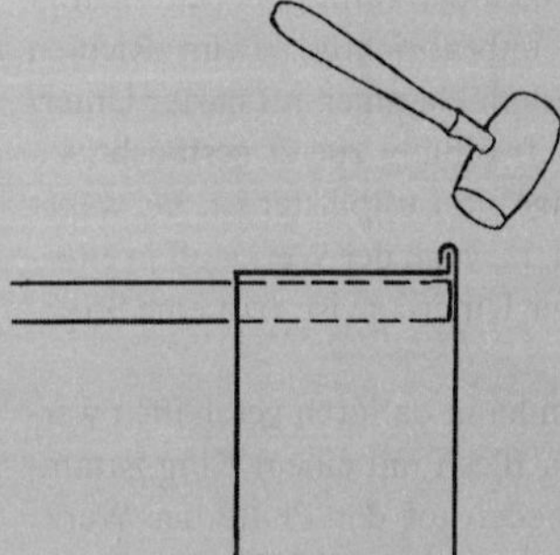

Sperrhaken, Rohr oder oben rundliche Eisenschiene im Schraubstock befestigen. Den einfachen Falz allmählich herumholen

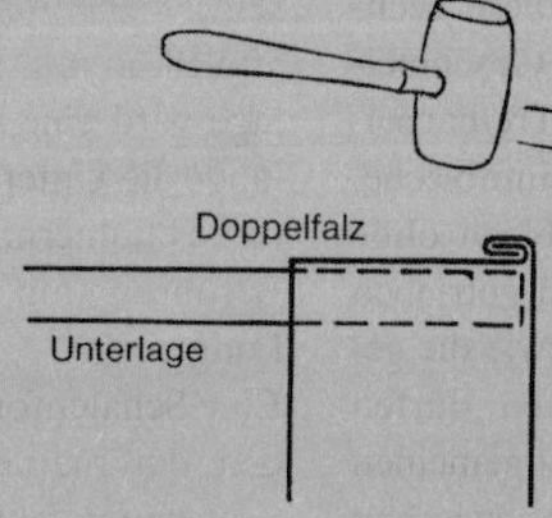

Doppelfalz mit Holzhammer zuschlagen; mit Schlichthammer oder Schlosserhammer nachschlichten

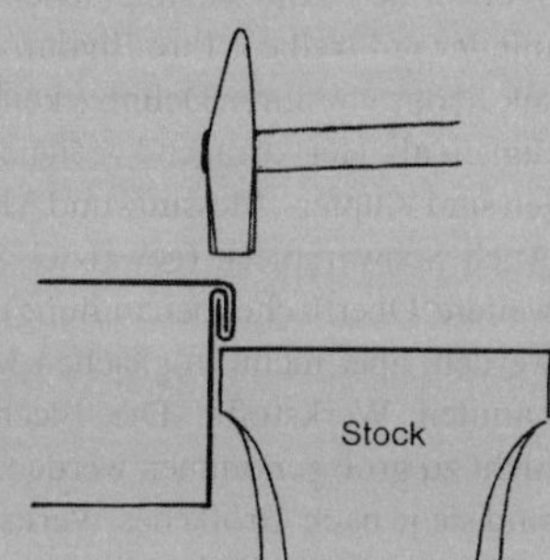

Die rundgewordene Außenkante kantig hämmern

Runden

Um Blech zu runden, d.h. ihm eine zylindrische Form zu geben, braucht man einen Sperrhaken oder als Behelf ein rundes Rohr oder ein glattes Rundholz. Das Runden erfolgt, nach Anrunden der Blechenden mit dem Holzhammer, durch freies Ziehen mit der Hand. Man zieht unter gleichmäßigem Druck rechts herum. Vollendung der Form und Nachrichten mit dem Holzhammer.

Einzelheiten zeigen die Bilder:

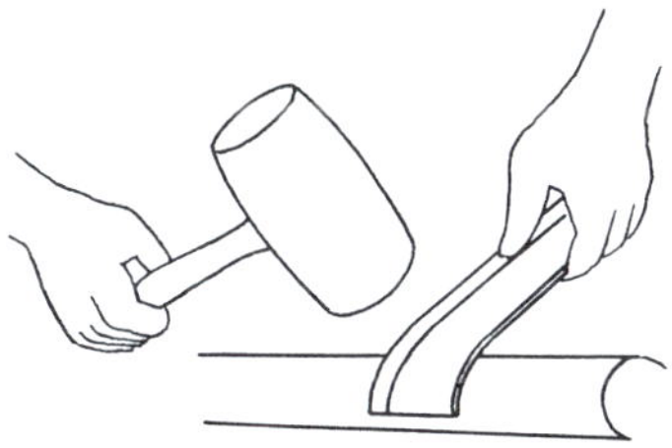

Anrunden der Blechenden auf Sperrhaken

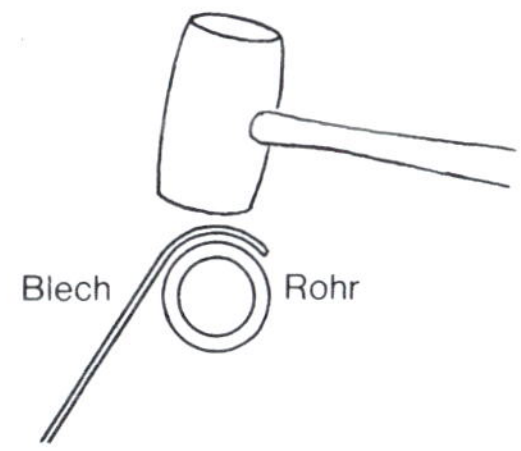

Behelfsmäßiges Anrunden auf einem Rohr

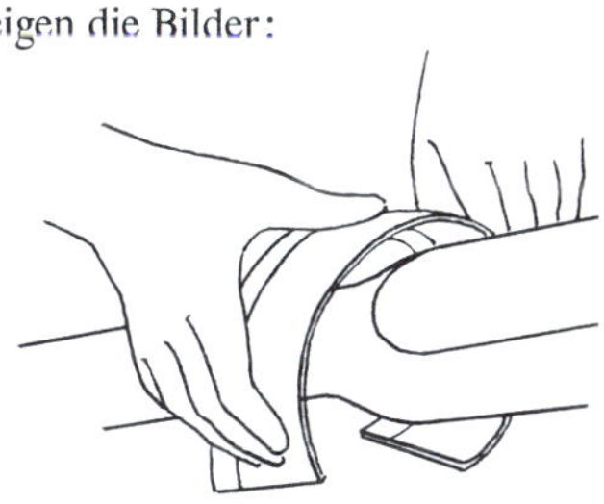

Fertigrunden durch Ziehen mit der Hand

6 Treiben von Metallen

Die Möglichkeit, Bleche durch Hämmern plastisch zu verformen, eröffnet vor allem dem kunsthandwerklich interessierten Heimwerker ein weites Feld der Betätigung. Die Arbeitsweisen, die dabei angewendet werden, sind unter dem Namen »Treiben« zusammengefaßt. Das Treiben beruht auf der Dehnbarkeit der Metalle. Es wird angewandt für die Herstellung von Schalen, Bekken, Gefäßen, Teilen von Beleuchtungskörpern u.ä. Das feine Treiben von Schriften oder Reliefs nennt man Ziselieren.

Werkstoffe Alle Metalle lassen sich mehr oder minder gut treiben. Ihre Eignung für diese Technik hängt von ihrer Dehnbarkeit und Geschmeidigkeit ab. Hervorragend geeignet für Treibarbeiten sind Kupfer-, Messing- und Aluminiumbleche. Auch Schwarzblech (gewalztes Stahlblech ohne weitere Oberflächenbehandlung) kann getrieben werden, aber nicht im gleichen Maße wie die genannten Werkstoffe. Die Blechstärken dürfen nicht zu groß genommen werden, im allgemeinen sind sie je nach Größe des Werkstückes zwischen 0,5 bis 1 mm zu wählen.

»Hammer und Amboß« bei Treibarbeiten

Vom Verständnis der Wechselwirkung zwischen Hammer und Amboß hängt in entscheidendem Maße der Erfolg der Arbeit ab. Die Vorgänge im Metall beim Treiben lassen sich auf das Strecken und Stauchen (S. 298) zurückführen.

Im Abschnitt »Hart auf hart« (S. 295) ist bereits Grundsätzliches über die Wirkung verschiedenartiger Hämmer und Unterlagen auf den Werkstoff gesagt.

Unterlagen Eine besondere Unterlage spielt bei Treibarbeiten häufig eine wichtige Rolle: das Luftpolster. Es ist immer dort zu finden, wo der Werkstoff nicht ganz auf der eigentlichen Unterlage aufliegt. Manchmal kann dies beabsichtigt sein, manchmal unbeabsichtigt. Beim Richten von Blech mit hartem Hammer auf harter Unterlage wird eine Aufwölbung zuerst gestaucht, solange die Unterlage ein Luftpolster ist. Bei weiterem Hämmern, d. h. wenn der Werkstoff in enger Berührung mit der Unterlage ist, tritt eine Streckung ein.

Eine Schalenform kann dadurch geschaffen werden, daß man ein Blech mit einem Ring zusammenspannt (entweder auf der Platte der Werkbank oder im Schraubstock) und mit dem Treibhammer auf der »Unterlage Luft« das Blech von innen her heraustreibt.

Harte Hämmer und Unterlagen müssen für Treibarbeiten glatt und poliert sein. Besonders bei so weichen Werkstoffen wie Kupfer und Messing

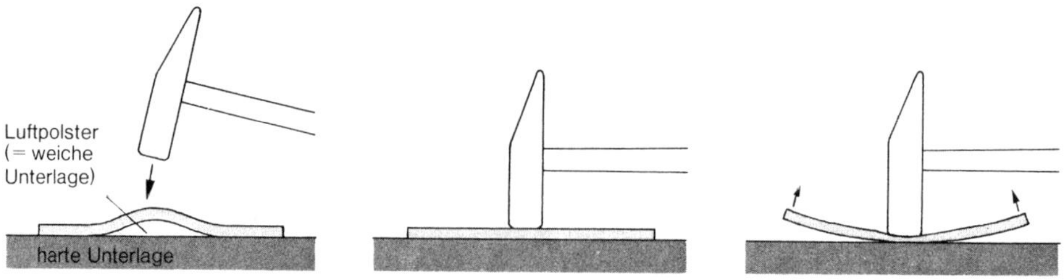

Werkstoff ist an der Schlagstelle bis zum Auftreffen auf die Unterlage gestaucht worden

Durch weiteres Hämmern wird der Werkstoff an der Schlagstelle gestreckt

drückt sich jede Unebenheit und Rauheit von Hammer und Unterlage wie ein Prägestempel im Werkstoff ab. Wenn notwendig, müssen Hammer und Unterlage mit feinem Schleifpapier geglättet und poliert werden.

Wichtig ist die Form der Unterlagen. Sie müssen sich der Krümmung des Werkstückes anpassen. Meist werden der Polierstock mit ebener Bahn und eine pilzförmige »Faust« mit verschiedenen Krümmungsradien ausreichen. Außer diesen beiden wichtigsten harten Unterlagen gibt es noch Fäuste verschiedener Formen. Dazu zählen natürlich auch die Unterlagen, die ohnehin für die Blechbearbeitung gebraucht werden, wie Sperrhaken, Schweifstock, Bördel- und Umschlageisen. Dem Erfindungsreichtum bei der Selbstherstellung von Unterlagen sind im übrigen keine Grenzen gesetzt. Rohre, Ringe, Rund-, Flach-, Vierkantstäbe werden durch Formfeilen und anschließendes Glätten verwendbar. Für weichen Werkstoff wie Kupfer, Messing und Aluminium reicht die Härte dieser Unterlagen aus Baustahl völlig aus. Eine für Treibarbeiten vielseitig verwendbare Unterlage gibt ein Stück Eisenbahnschiene ab, deren eines Ende mit der Schleifmaschine abgerundete Kanten erhält. Unterlagen müssen fest eingespannt sein, entweder im Arbeitsklotz oder im Schraubstock.

Für Richtarbeiten ist eine ebene Stahlplatte mit glatter Oberfläche besser geeignet als eine Richtplatte mit rauher Gußoberfläche.

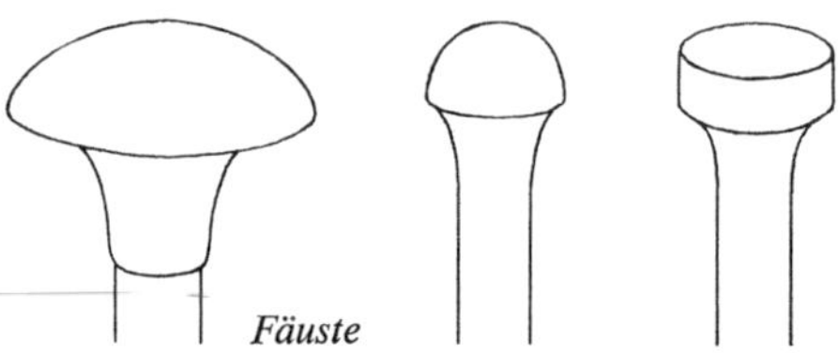

Fäuste

Hämmer Für Treibarbeiten benötigt man: Treibhammer (Kugelhammer),
Schlichthammer mit einer quadratischen oder kreisförmigen ebenen Bahn. Dieser Hammer dient zum Glätten (Schlichten) des Werkstückes. Beim Hämmern muß darauf geachtet werden, daß er mit der ganzen Oberfläche den Werkstoff trifft, weil sonst Kerben in das Material geschlagen werden. Der Gebrauch dieses Hammers erfordert einige Übung;
Schlosserhammer,
Holz- oder Gummihammer (siehe S. 300).
Setzmeißel (Punzen): sie stellen gewissermaßen eine verlängerte Hammerbahn dar und werden verwendet, wenn mit dem Hammer allein gewisse Stellen (Ecken, Kanten) des Werkstückes nicht mehr erreichbar sind. Diese Werkzeuge haben Meißelform, jedoch keine Schneide. Je nach dem Verwendungszweck können sie eine ebene, gewölbte, runde oder viereckige Arbeitsfläche haben. Man kann sie für die Bearbeitung weichen Werkstoffes durch Zurechtfeilen von Rund- oder Vierkantstahl selbst herstellen, für die Bearbeitung von Stahlblech ist Werkzeugstahl (gehärtet) vorzuziehen.

Ausglühen Durch das Hämmern wird das innere Gefüge der Werkstoffe verdichtet, der Werkstoff wird hart und bei weiterem Hämmern spröde. Reißt er ein, dann wird das Werkstück wertlos. Setzt der Werkstoff einer fortdauernden Bearbeitung stärkeren Widerstand entgegen, dann muß er ausgeglüht werden: Nur auf Kirschrotglut (dunkelrot) erwärmen. Bei Aluminium erkennt man die Glühtemperatur schlecht. Prüfen mit Holzspan. Kupfer, Messing, Aluminium können sofort in kaltem Wasser abgeschreckt werden, die Zunderschicht platzt dabei ab. Schwarzblech auskühlen lassen!

»Treiben« und »Einziehen«

Eine Schalenform kann aus einem ebenen Blech auf zwei Arten zustande kommen:

1. Die Schale wird von innen aus bearbeitet, der Schalenboden wird durch Hämmern auf weicher Unterlage (Bleiamboß, Stirnseite eines Hartholzklotzes) nach außen geschlagen. Diese Arbeitsweise ist das eigentliche »Treiben«. Die Materialstärke nimmt dabei ab, der Außendurchmesser der Schale kann dabei größer werden als der ursprüngliche Durchmesser des Bleches.
2. Die Schale wird von außen her bearbeitet, der Schalenrand wird nach innen gezogen. Diese Art der Treibarbeit ist das »Einziehen«. Die Materialstärke nimmt dabei zu, der Außendurchmesser wird kleiner als der ursprüngliche Blechdurchmesser.

»Treiben« und »Einziehen« sind die bei der plastischen Verformung sich ergänzenden grundlegenden Arbeitstechniken. Steter Wechsel beider ermöglicht die freie Formgebung von Blechen.

Das Treiben Schlägt man mit einem Treibhammer auf ein Blech, das auf weicher Unterlage aufliegt, dann entsteht eine Beule. Beult man rund um diese Vertiefung das Blech weiterhin ein und zwar so, daß man die letzte immer erweitert, dann entsteht die Schalenform. Eine Schale ist also die Summe aller kleinen Vertiefungen.

Der Werkstoff wird dabei nach unten gedehnt und bleibt unter der ursprünglichen Materialstärke, in Richtung auf den Rand nimmt die Stärke allmählich wieder zu.

Ist die Schalenform durch das Bearbeiten mit dem Treibhammer bereits vorhanden, dann läßt sich der Boden dadurch vertiefen, daß man ihn durch Bearbeiten mit einem flachbahnigen Hammer auf harter, der Wölbung entsprechenden Unterlage weiterhin streckt. Der Streckung sind durch das immer dünner werdende Material Grenzen gesetzt. Die Streckung erfolgt vom Mittelpunkt des Bodens aus. Die Hammerschläge werden in konzentrischen Kreisen herumgeführt. Die Schalenöffnung ist auf der Unterlage nach unten gerichtet.

Das Einziehen Soll der Durchmesser bei einer aufgezogenen Schale gegenüber dem ursprünglichen Durchmesser verkleinert werden, dann muß man »einziehen«. Die Unterlage ist hart, als Werkzeuge dienen Holzhammer, Gummihammer; geschickte Heimwerker können auch den Schlosserhammer (Bahn mit abgerundeter hinterer Kante) benützen. Das Einziehen zur Schalen-

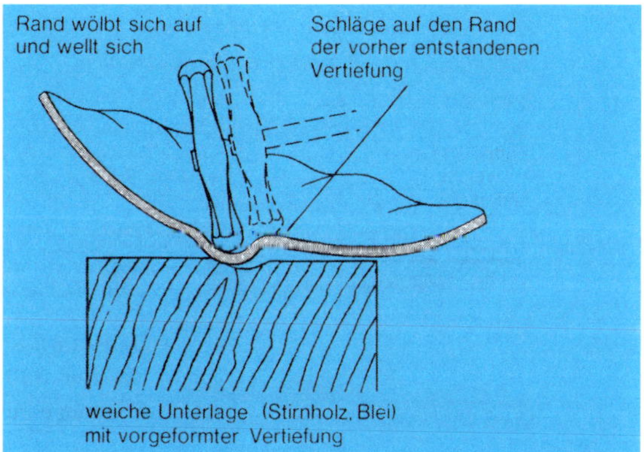

Treiben: *Bearbeitung der Form von innen*

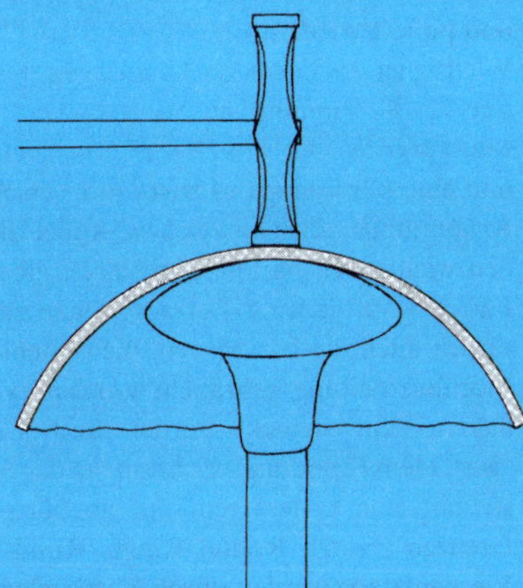

Strecken des Schalenbodens

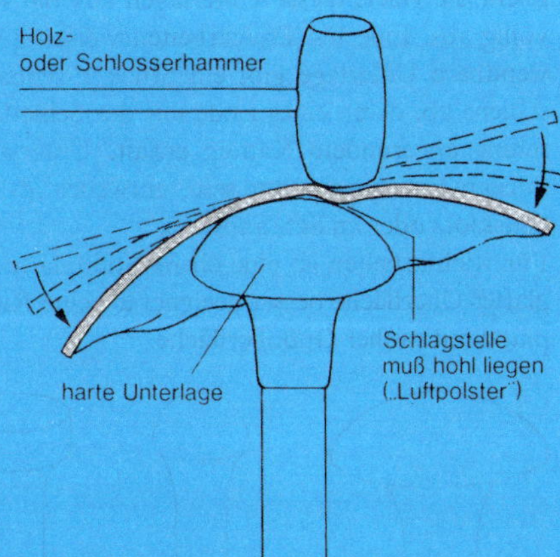

Einziehen: *Bearbeitung der Form von außen*

Werkstück und Form-Unterlage auf der Werkbankplatte mit Schraubzwingen zusammenspannen

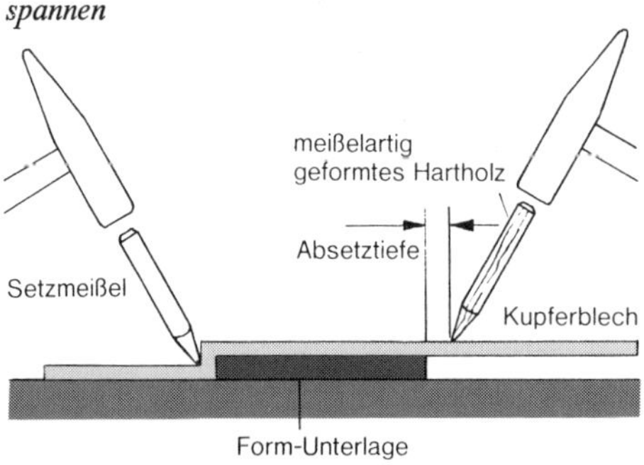

Das Absetzen des Bodens

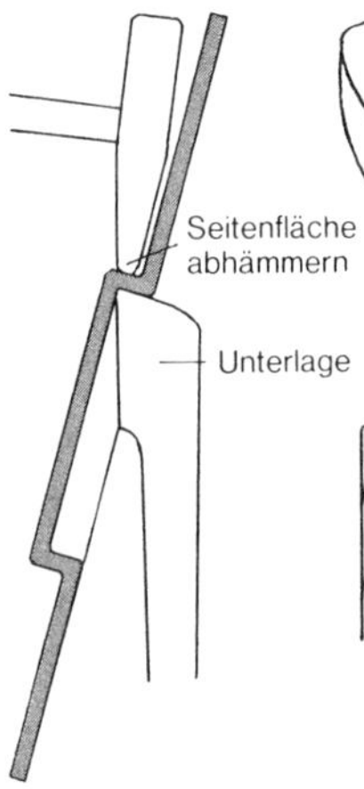

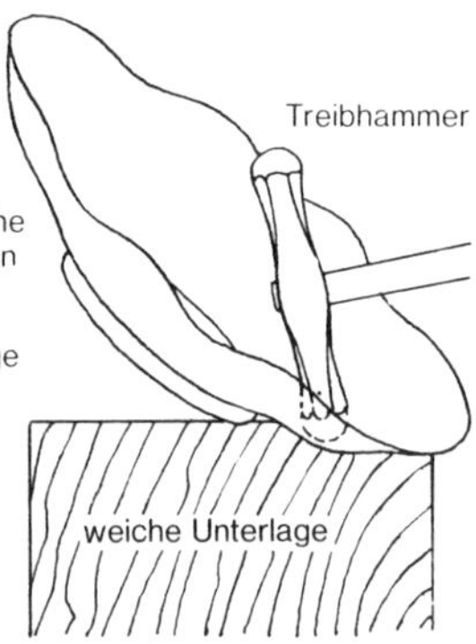

Das Abhämmern der Seitenfläche *Treiben der Schalenform*

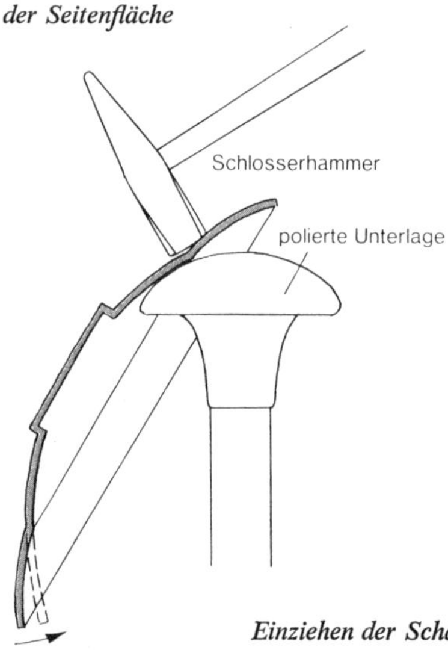

Einziehen der Schalenform

form erfolgt vom Boden zum Rand hin. Das Werkstück wird mit der Öffnung nach unten schräg zur Unterlage gehalten und liegt etwas hohl auf. Mit dem Hammer wird unter ständigem Drehen der Werkstoff hinter der Aufliegestelle nach innen getrieben (»eingezogen«). Die Schläge werden wieder in konzentrischen Kreisen um den Mittelpunkt herumgeführt, die Schläge der nächsten Reihe treffen auf den oberen Rand der Aufwölbung.

Arbeitsbeispiel: Schale aus Kupfer oder Messing
Werkstoff Wir verwenden 0,8 bis 1 mm starkes Kupfer- oder Messingblech. Mit dem Zirkel werden 2 Kreise mit 300 mm ⌀ und 100 mm ⌀ (Boden) angerissen. Ankörnen ist bei weichem Material nicht notwendig.
Zuschneiden Mit der Blechschere wird das Blech grob zugeschnitten, so daß ein etwa 2–3 mm breiter Rand zum Riß noch stehen bleibt. Dann erst wird der restliche Span am Riß abgenommen. Mit Schlichtfeile den Grat entfernen, damit keine »Fleischhaken« stehen bleiben!
Ausglühen Das Blech wird nunmehr, gleichmäßig über die Fläche verteilt, bis zur Dunkelrotglut erwärmt und dann in Wasser sofort abgeschreckt.
Absetzen des Bodens Das Werkstück wird auf eine kreisrunde Form-Unterlage (Durchmesser 100 mm), die eine Scheibe aus Stahl oder Hartholz oder auch ein Ring sein kann, mit einer Schraubzwinge auf die Werkbank festgespannt. Die Unterlage muß die Stärke der erwünschten Absetztiefe (etwa 5 mm) haben. Mit einem meißelartig zugespitzten Hartholz wird im Abstand der Absetztiefe schräg gegen die untere Kante der Form-Unterlage gearbeitet. Der Boden tritt nach oben heraus. Mit einem Ring als Unterlage (Innen-⌀ = Boden-⌀) entsprechend von innen her verfahren.
Dann mit Setzmeißel auf glatter Unterlage die Bodenkanten schärfer ausarbeiten (»durchsetzen«).
Die Seitenfläche des Bodens wird auf der runden Kante einer Unterlage (Bördeleisen, Schiene) leicht abgehämmert, damit sie hart wird und bei der weiteren Bearbeitung nicht mehr nachgibt. Dabei nicht auf die Kanten schlagen!
Treiben der Schalenform Als Unterlage dient entweder ein Hartholzklotz (Stirnseite) oder ein Bleiamboß. Das Treiben erfolgt mit dem Treibhammer von der oberen Bodenkante aus. Das Werkstück wird schräg auf die Unterlage aufge-

setzt, in etwa 1 cm Abstand von der Kante wird der Werkstoff in die Unterlage getrieben. Die Schläge sind ringförmig um den Mittelpunkt des Werkstückes zu führen. Beule neben Beule setzen, und zwar trifft der Schlag immer auf den Rand der vorhergehenden Vertiefung. Die linke Hand führt in drehender Bewegung das Werkstück, die rechte Hand hämmert immer auf die gleiche Stelle der Unterlage. Der Schlag muß in die Unterlage gehen. Je näher man dem Rand der Schale kommt, desto mehr wellt sich dieser. Der durch die Aufwölbung bewirkten Stauchung setzt der Werkstoff Widerstand entgegen. Die entstehenden Falten dürfen nicht übereinander geraten, weil sie sonst nicht mehr geglättet werden können. Je nach der gewünschten Form wird das Arbeitsverfahren wiederholt.

Ausglühen Das Werkstück muß vor der Weiterbearbeitung durch Ausglühen wieder geschmeidig gemacht werden.

Einziehen Soll der äußere Durchmesser der Schale verkleinert werden, dann wird die Schalenwölbung von außen her eingezogen. Als Unterlage eignet sich eine pilzförmige Faust oder eine Eisenbahnschiene mit abgerundeten Kanten.

Die Schale liegt – Öffnung nach unten – an der Schlagstelle etwas hohl auf der Unterlage auf. Nun wird der Werkstoff mit der Kante des Holzhammers nach innen getrieben. Auch hierbei Schlag neben Schlag ringförmig bis zum Schalenrand setzen. Die Hammerkante trifft immer den Rand der Aufwölbung. Auch mit dem Schlosserhammer kann man einziehen. Der Schlosserhammer muß an der Hinterkante der Bahn abgerundet sein. Die Mitte der Hammerbahn muß dabei auf den oberen (hohl liegenden) Rand der Aufwölbung treffen (»Unterlage Luft«): der eine Teil der Hammerbahn staucht dann die Aufwölbung, der andere glättet beim Schlag die vorher eingezogene Reihe. Diese Methode hat den Vorteil, daß der bereits eingezogene Teil des Werkstückes hart gemacht wird und bei der Weiterbearbeitung nicht mehr nachgibt.

Beizen Hat das Werkstück seine Form gefunden, die mit abwechselndem Treiben und Einziehen erreicht wird, dann ausglühen und beizen: Zum Kupferbeizen wird verdünnte Schwefelsäure genommen (⅔ Wasser, ⅓ Säure in Glas oder Keramikgefäß mischen. Die Säure wird dem Wasser langsam zugegeben, nicht umgekehrt!). Mit einem Lappen (mit Holzklammer halten!) wird die Schwefelsäure auf das Metall aufgetragen. Etwas Zeit zum Einwirken lassen. Anschließend unter fließendem Wasser gründlich abspülen, dann mit Sand oder Vim kräftig abreiben. Trocknen lassen, noch besser: Mit Sägespänen trockenreiben. Messing mit verdünnter Salzsäure beizen.

Abhämmern Mit dem Abhämmern soll die endgültige Formgebung, die Oberflächenbeschaffenheit und Härte des Werkstückes erreicht werden. Das Werkstück muß dazu vollkommen blank sein, damit die Hammerschläge sichtbar werden und kontrolliert werden können. So wenig wie möglich nach dem Abbeizen mit Fingern die Fläche berühren, Kupfer eventuell mit Sand nochmals nachreiben, Messing mit der Messingbürste bearbeiten.

Boden spannen Der Schalenboden des Arbeitsstückes soll blank bleiben, d. h. er soll keine Hammerabdrücke zeigen. Die Schale, Öffnung nach unten, auf eine ebene polierte Unterlage mit dem Boden legen und mit dem Schlichthammer den Boden spannen. Zuerst mit ganz leichten Schlägen im Mittelpunkt beginnen. Es findet dabei eine Streckung des Werkstoffes statt, er wölbt sich leicht auf. Die Schläge werden nun um den Mittelpunkt kreisförmig geführt und nehmen mit der Entfernung vom Mittelpunkt allmählich etwas an Intensität zu. (Die Streckung muß nach außen hin stärker werden!). Es ist einige Übung dazu notwendig, deshalb die Stärke der Schläge nicht zu stürmisch steigern. Wenn im Mittelpunkt eine Aufwölbung bleibt, dann zeigt dies an, daß die Streckung noch nicht ausreichend war. Der Boden kann mit Hilfe eines Hartholzklötzchens auf einer glatten Platte noch etwas nachgerichtet werden.

Spannen des Bodens

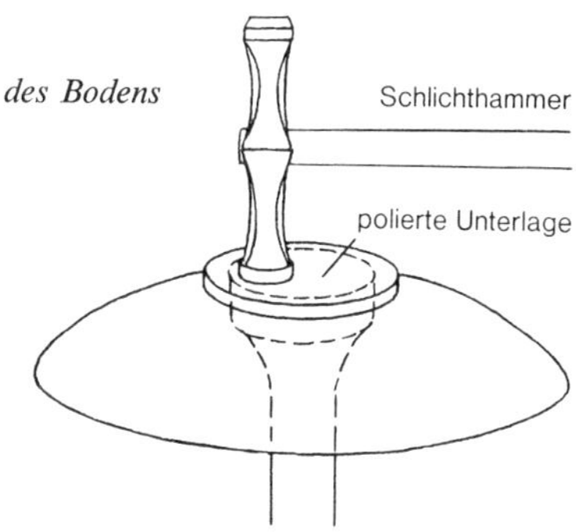

Seitenfläche des Bodens abhämmern Am Bördeleisen oder anderer geeigneter Unterlage werden mit dem Schlichthammer die Kanten noch ausgeglichen, dann wird die Seitenfläche abgehämmert.

Abhämmern der Schalenform Die Schale wird mit der Öffnung nach unten auf eine entsprechend gekrümmte Unterlage gelegt und die Schalenwand von außen abgehämmert. Um das charakteristische Hammerschlagmuster zu erzielen, wählt man zum Abhämmern einen Hammer mit schwach gekrümmter Bahn, die Unterlagestelle, auf der gehämmert wird, soll etwa die gleiche Krümmung aufweisen. Der Hammer prägt sich außen ab, die Unterlage innen. Soll die innere Seite blank bleiben, dann muß die Unterlagenkrümmung genau der Schalenkrümmung entsprechen. Beim Abhämmern darf das Werkstück an der Schlagstelle keinesfalls hohl liegen, weil sonst Beulen entstehen.

Vom Schalenboden her wird nun wieder kreisförmig Schlag neben Schlag in gleichmäßiger Stärke geführt (nicht zu stark hämmern, Hammer höchstens etwa 5 cm hochheben) bis zum Rand. Die linke Hand führt das Werkstück, rechte Hand führt den Hammer immer auf die gleiche Stelle der Unterlage. Abdruck neben Abdruck setzen. Die freien Finger der linken Hand stützen sich an die Unterlage. Nicht auf die Kante hämmern! Etwa 5 mm vom äußeren Rand entfernt das Abhämmern einstellen, wenn der Rand noch umgebördelt werden soll. Sonst durchhämmern, jedoch letzte Reihe mit schwächerem Schlag!

Bord umschlagen Der äußere Rand wird in etwa 1 cm Breite an der Kante einer Unterlage mit dem Holzhammer unter ständigem Drehen umgebördelt und dann abgehämmert.

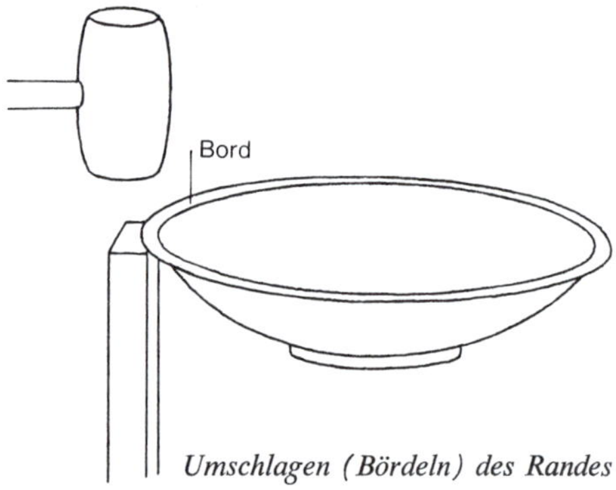

Umschlagen (Bördeln) des Randes

Letzter Schliff Die fertig geformte Schale wird mit Beize, Sand, Vim oder feinem Schleifpapier gesäubert und nach dem Trocknen mit Zaponlack überstrichen. Man kann sie auch innen verzinnen lassen.

Es ist für den Anfänger empfehlenswert, wenn er sich zuerst an kleineren Werkstücken versucht (Aschenbecher, Teile von Beleuchtungskörpern u.ä.). Die dabei gewonnenen Erfahrungen kommen ihm bei größeren Werkstücken zugute.

7 Meißeln · Sägen · Feilen · Bohren (spanabhebende Bearbeitung)

Meißeln

Beschaffenheit des Meißels Meißel sollen nicht zu lang sein, sie federn sonst. Wichtig ist der Keilwinkel. Für weiche Werkstoffe soll er 40 bis 60° betragen, für harte 60 bis 70°. Ein Bart, der sich am Kopf des Meißels gebildet hat, muß unbedingt entfernt werden. Er ist gefährlich, nämlich für den Daumen; durch Splitter, die abfliegen können, auch für die Augen. Der Bart ist am Schleifstein abzuschleifen. Schleifen der Schneide s. S. 107.

Verwendung des Meißels Den Meißel brauchen wir in folgenden Fällen:

Zum Trennen von Werkstücken: S. 313.

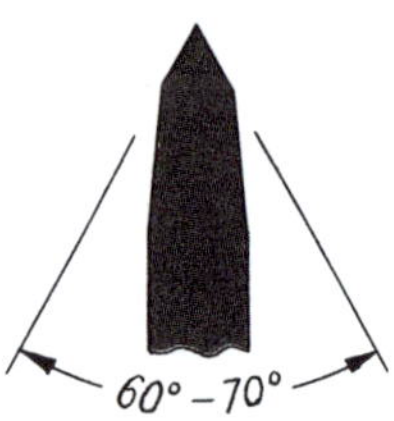

Der Keilwinkel

Zur Spanabnahme, wenn viel weggenommen werden muß und man sich langes Feilen ersparen will: S. 313.

Zum Lösen von Nietverbindungen: S. 323.

Zum Entfernen festgerosteter Schraubenmuttern: S. 320.

Richtiges Meißeln Zuerst anreißen, dabei Bearbeitungszugabe für später notwendiges Feilen nicht vergessen!

Der Blick ist grundsätzlich auf die Meißelschneide gerichtet und nicht auf den Meißelkopf – sonst werden die Schläge unsicher.

Hammerschläge nicht aus dem Ellenbogen, sondern aus der Schulter. Die Schläge müssen die Mitte des Meißelkopfes treffen, der Hammer kann sonst abgleiten.

Schwache Werkstücke werden beim Meißeln verformt und müssen vor der Weiterverarbeitung gerichtet werden.

Trennen

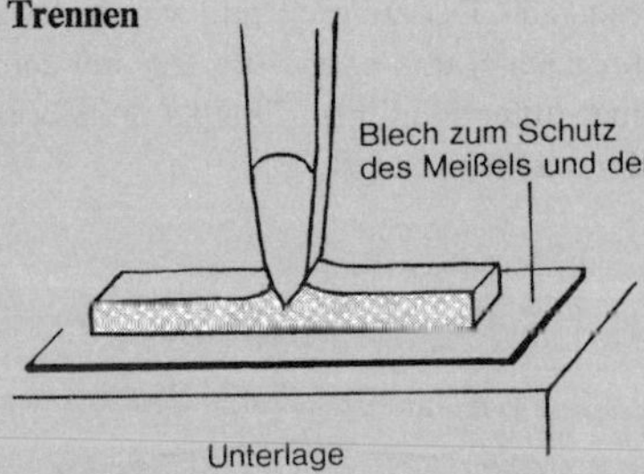

Trennen mit Flachmeißel

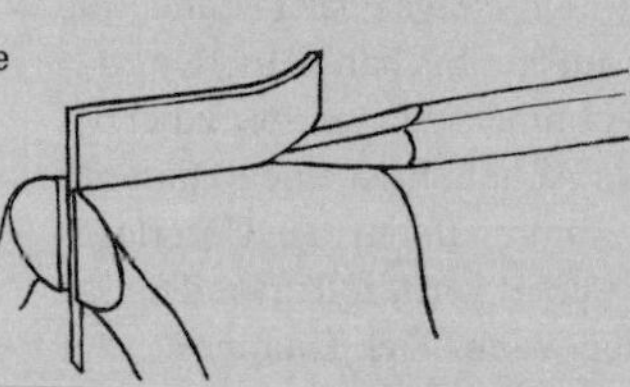

Trennen eines starken Bleches im Schraubstock
Hintere Schraubstockbacke wirkt abscherend

Meißel schräg ansetzen

Spanabnahme

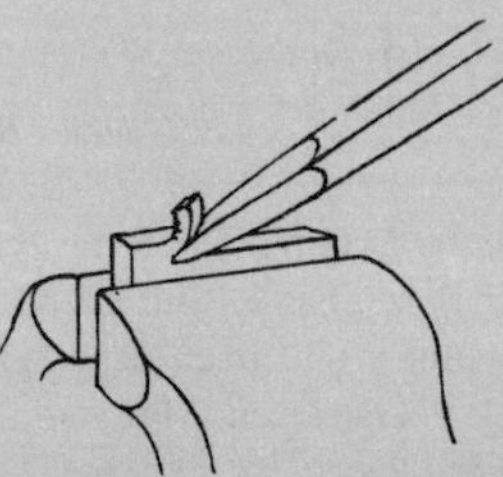

Nicht bis zum Ende durchmeißeln, weil sonst der Werkstoff an der Kante einreißt, sondern

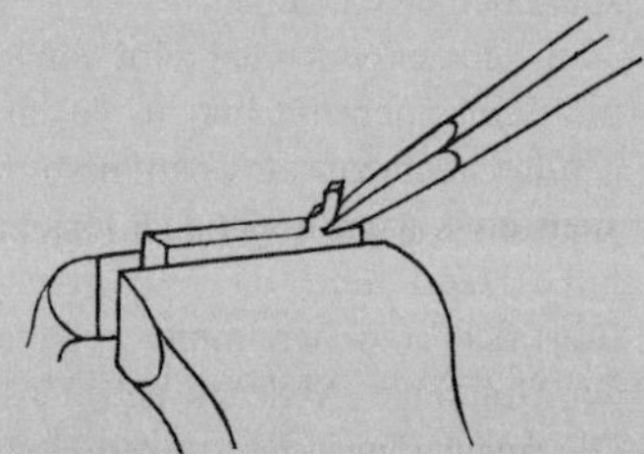

Werkstück umspannen und von der anderen Seite den Rest abmeißeln

---

Meißelhaltung bei der Spanabnahme

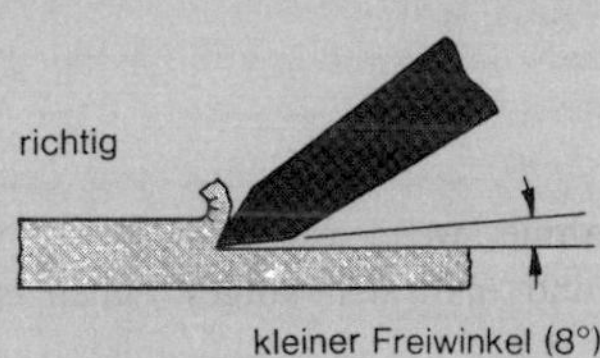

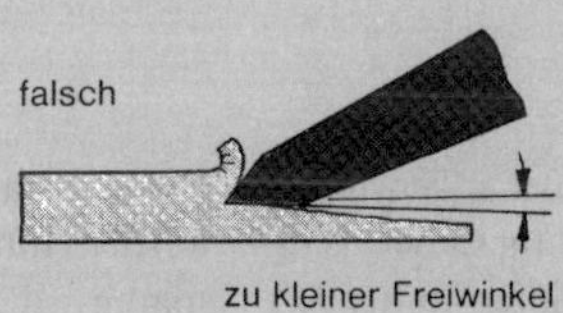

Meißel gleitet aus dem Werkstoff

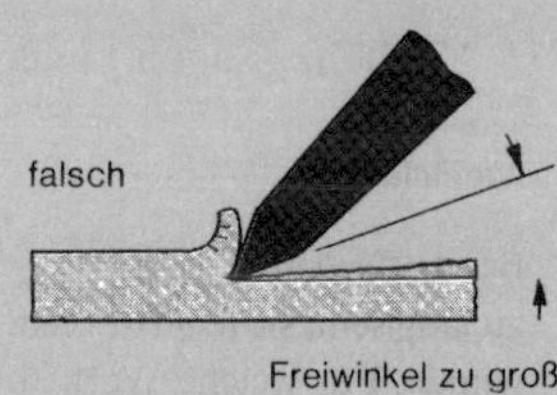

Meißel dringt in den Werkstoff

Meißeln großer Flächen

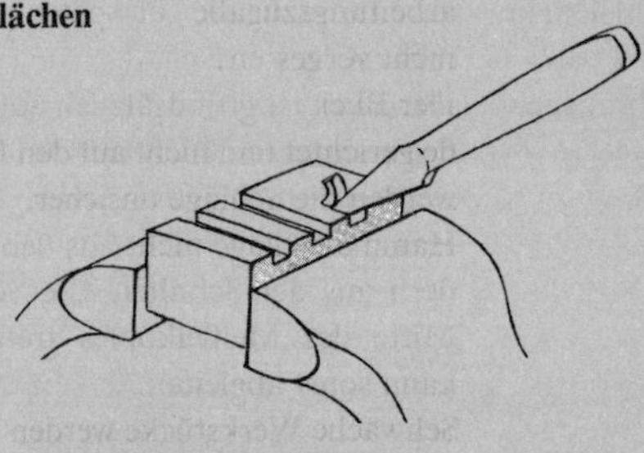

Mit dem Kreuzmeißel Nuten einziehen

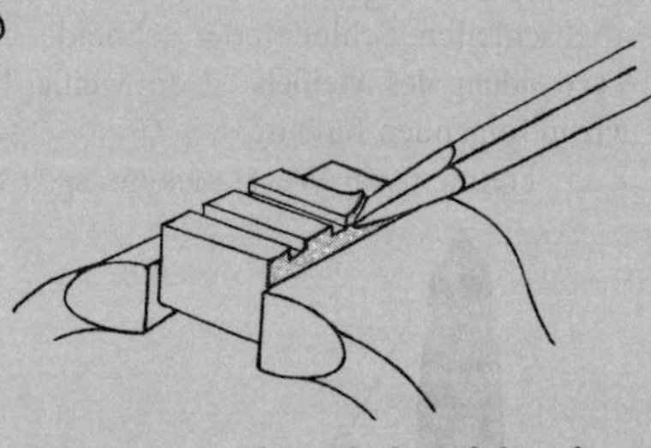

Die Stege mit dem Flachmeißel entfernen

Aushauen einer Rundung bei Blech

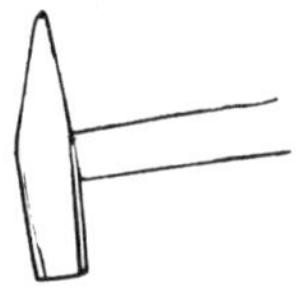

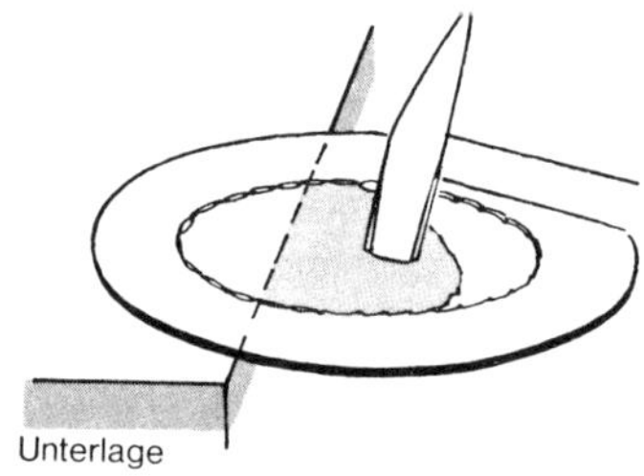

Einkerben mit Blechmeißel

Herausschlagen. Kerblinie liegt frei über der Kante der Unterlage

---

Meißeln von Durchbrüchen (starke Werkstücke)

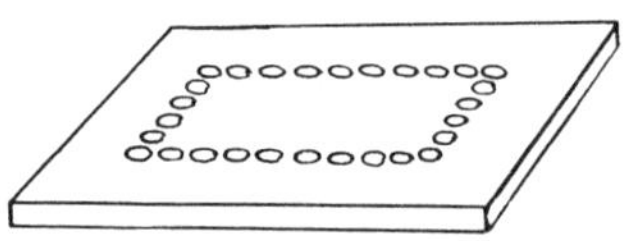

Vorbohren
Bohrlöcher dicht nebeneinander

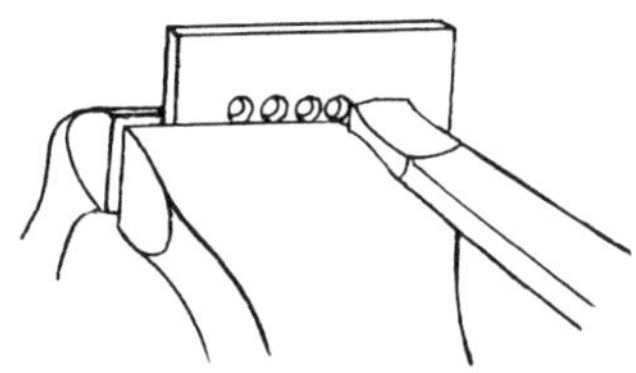

Stege mit schräg angesetztem Meißel, am besten Trennstemmer, durchstemmen

---

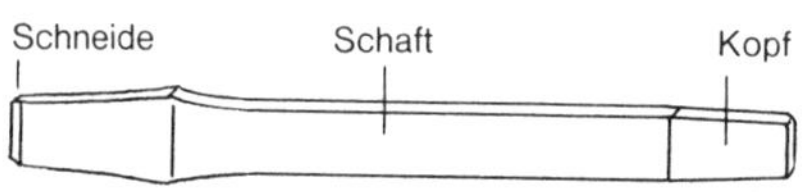

Flachmeißel

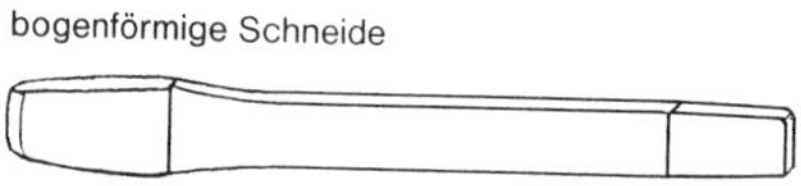

Aushaumeißel

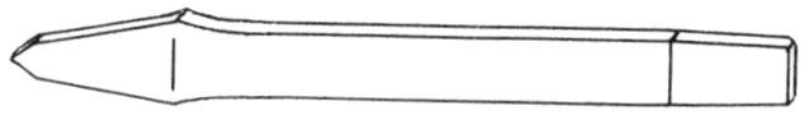

Kreuzmeißel

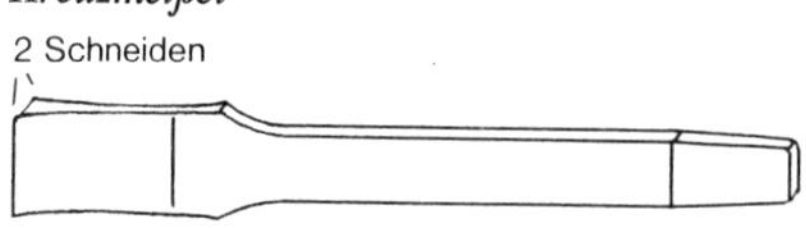

Trennstemmer

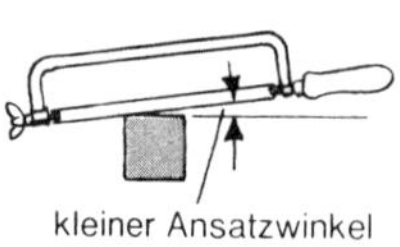

Das richtige Ansetzen der Metallsäge

Achtung, Splitter! Beim Meißeln abfliegende Metallsplitter gefährden die Augen. Beim Meißeln von Metall Schutzbrille tragen! Umgebung wenn nötig durch Schutzschirm sichern!

Für die verschiedenen Bearbeitungsarten unterscheidet man folgende Formen des Meißels:

Flachmeißel Zum Trennen von Werkstücken in gerader Richtung und zur Spanabnahme.

Aushaumeißel Zum Aushauen von Blech (Trennen). Auch Blechmeißel genannt. Breite, bogenförmige Schneide.

Kreuzmeißel Zum Aushauen von Nuten (Spanabnahme).

Trennstemmer Zum Durchstemmen vorgebohrter Platten (Trennen). Auch Durchtreiber genannt.

Sägen

Beim Metallsägen zu beachten: 1. Die Zähne der Metallsäge sind nichts anderes als eine Reihe kleiner, glasharter Meißel, meist wellenförmig hintereinander angeordnet. Die Säge arbeitet »auf Stoß«. Die Zahnspitzen müssen zur Flügelmutter hin, also vom Arbeitenden weg zeigen. Beim Sägen nur in der Stoßrichtung Druck geben; beim Zurückziehen Druck vermindern.

2. Werkstück so in den Schraubstock spannen, daß die Schnittkante knapp neben dem Schraubstock liegt.

3. Säge ansetzen an der dem Körper abgewandten Kante des Werkstückes, in leichtem Winkel, unter leichtem Druck (Bild links unten). Leichtes Einfeilen der Kante mit einer Dreikantfeile erleichtert das Ansetzen der Säge.

4. Blatt beim Sägen nicht ölen; die Zähne greifen sonst schlecht an.

5. Sägeblatt bei Nichtbenutzung entspannen.

Metallsägeblatt Das Blatt ist meist zweischneidig, hat gewellte Zahnung, ist 30 cm lang.

Stichsäge für Metall Das Metallsägeblatt kann ausgetauscht werden gegen ein Blatt zum Holzsägen.

Feilen

Der Feilenhieb Das Feilenblatt trägt schräg zur Achse Einkerbungen, die man »Hieb« nennt. Ein Feilenblatt mit nur einem Hieb nennt man »einhiebige« Feile; solche Feilen braucht man für Feilarbeiten an weichen Werkstoffen (Zinn · Blei · Aluminium). Feilen für harte Werkstoffe erhalten gekreuzt zum ersten Hieb (Unterhieb) einen zweiten Hieb (Oberhieb). Dadurch ist die Oberfläche in kleine meißelartige Zähnchen aufgeteilt.

Schlosserfeilen Schlosserfeilen, auch Dutzendfeilen genannt, gibt es in den 6 im Bild gezeigten Formen. Gebräuchliche Längen bis 40 cm.

Grober und feiner Hieb Je härter der Werkstoff, desto feiner muß der Hieb sein. Feilen werden in folgenden Hiebarten hergestellt:

Schruppfeilen: grober Hieb · grober Span (grobe Bearbeitung)

Bastardfeilen: mittlerer Hieb · mittlerer Span (mittelfeine Bearbeitung)

Schlichtfeilen: feiner Hieb · feiner Span (Feinbearbeitung, Glätten).

Bei den Schlichtfeilen unterscheidet man Halbschlicht-, Schlicht- und Feinschlichtfeilen.

Schlüsselfeilen Kleine Feilen, etwa 10 cm lang, nennt man Schlüsselfeilen oder Raumfeilen. Die Formen entsprechen denen der Dutzendfeilen.

Zinnfeilen Diese einhiebigen Feilen sind für weiche Werkstoffe bestimmt. Längen 20 bis 30 cm.

Beim Sägen langer Werkstücke Sägeblatt umspannen

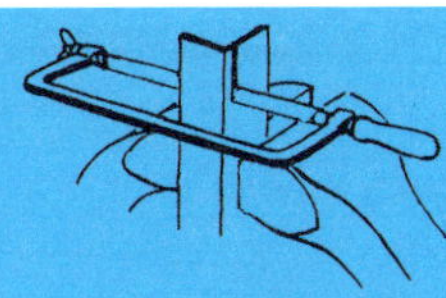

Richtig! Rohr ansägen und umspannen. Schnitt weiterführen

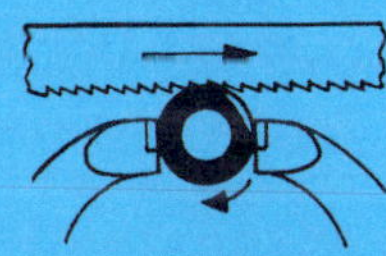

Falsch! Zähne brechen an der hinteren Rohrwand aus

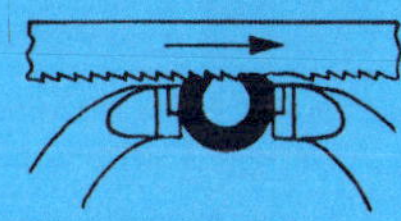

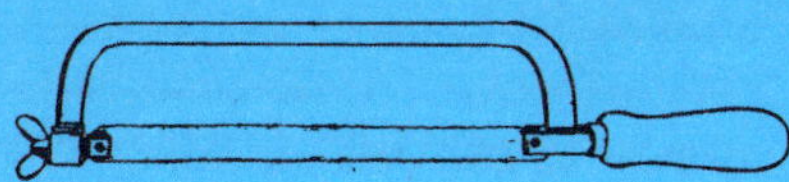

Bügelsäge für Metall

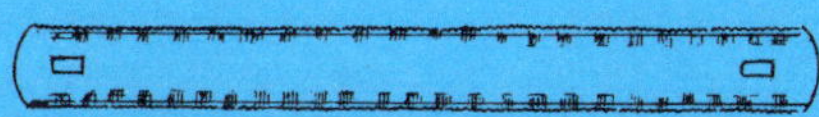

Metallsägeblatt

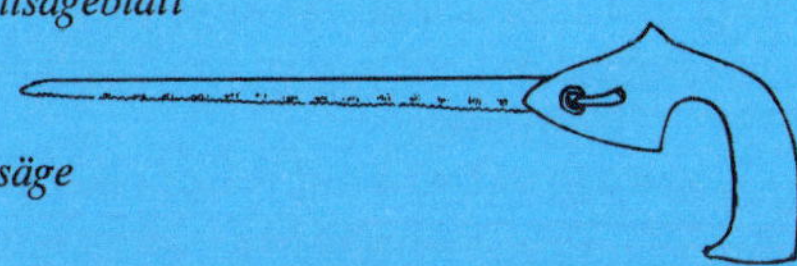

Stichsäge

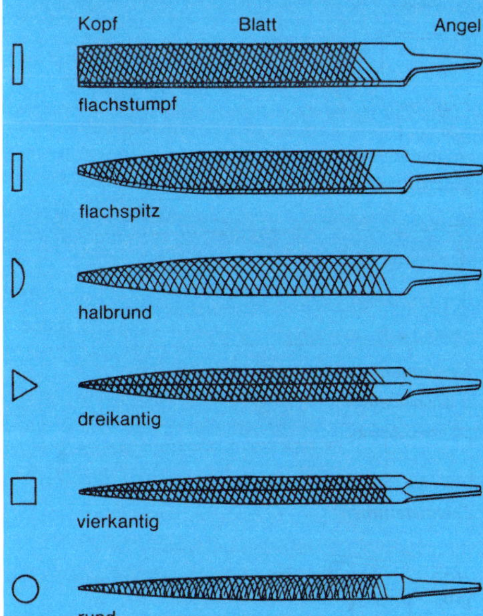

Die sechs Formen der Schlosserfeile

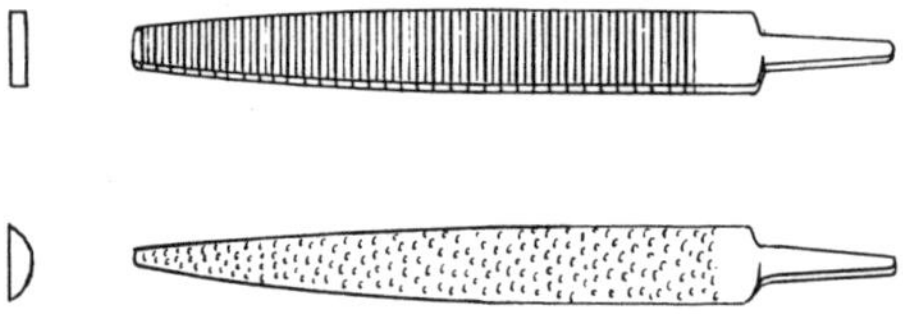

Zinnfeilen (Zinnraspeln)

Sitz des Feilenheftes Die Feilenangel muß gerade und fest im Heft sitzen. Schiefer oder lockerer Sitz erschwert genaues Arbeiten und birgt Verletzungsgefahr. Zum Einsetzen wird das Heft stufenförmig in 3 Weiten ausgebohrt. Beim Aufstoßen nur das Blatt anfassen!

Richtiges Einspannen Werkstück am besten im Parallelschraubstock einspannen, so daß die zu befeilende Fläche etwa 6 mm über den Schraubstockbacken steht. Das Werkstück darf beim Befeilen nicht federn! Schutzbacken aus Blech nicht vergessen! Die Feile trifft sonst beim Abgleiten auf die gehärteten Schraubstockbacken.

Handhaltung Die rechte Hand umfaßt das Feilenheft. Daumen liegt oben, sonst Verletzungsgefahr beim Abgleiten. Der Ballen der linken Hand liegt am Feilenende auf. Bei kleineren Feilen wird das Feilenende mit Daumen und Zeigefinger der linken Hand gehalten.

Gleichmäßigen Druck auf beide Enden der Feile ausüben. Die Spanabnahme geschieht beim Vorstoßen. Beim Zurückziehen daher Druck vermindern.

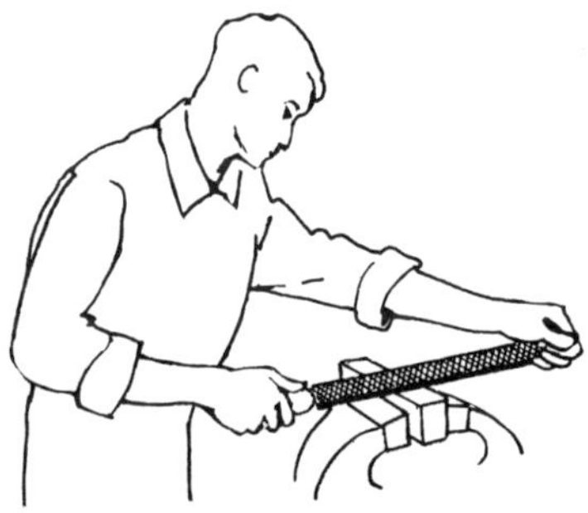

Haltung beim Feilen

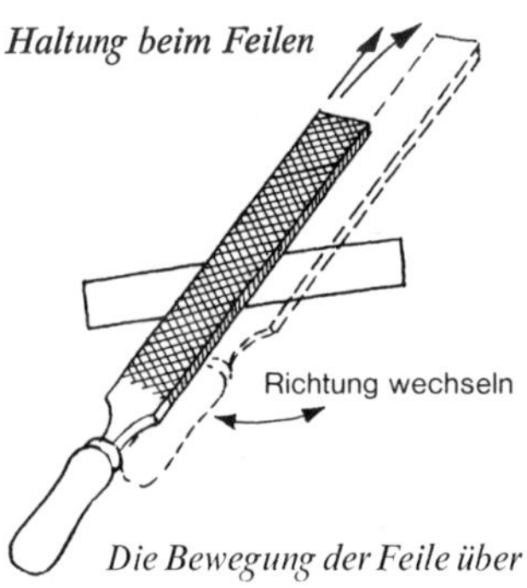

Die Bewegung der Feile über dem Werkstück

Die Feile wird im Winkel von etwa 45° über das Werkstück geführt, dabei erfolgt eine seitliche Verschiebung um etwa eine halbe Feilenbreite. Die Feilrichtung wechselt ständig um etwa 90°. An den Schattierungen (Feilstrich) erkennen Sie, ob Sie die ganze Fläche des Werkstücks erfassen. Wo Genauigkeit erforderlich, häufig kontrollieren durch Auflegen einer Winkelkante, Darüberstreichen und Visieren gegen das Licht.

Zur Feinbearbeitung mit der Schlichtfeile wird die Feile anders gefaßt: Daumen und Finger beider Hände greifen das Feilenblatt und führen die Feile senkrecht zur Feilenachse über das Werkstück.

Man kann dabei die Feile mit Kreide überziehen, damit sich keine Feilspäne festsetzen.

Zapfenfeilen Werkstück zuerst senkrecht zwischen Blechbacken einspannen, so daß die gewünschte Zapfenhöhe über den Schraubstock ragt. Feile mit der glatten Schmalseite auf die Backen aufsetzen. Zapfen achtkantig feilen. Dann wird mit einer zugleich stoßenden und wiegenden Bewegung der Feile die Rundung gefeilt.

Behandlung von Feilen Fassen Sie nicht mit den Fingern auf die Feilfläche! Das Hautfett »schmiert«, die Feile greift schlecht an. Feilen nie durcheinander und aufeinander werfen (S. 295). Beim Gebrauch sollen die Feilen geordnet rechts neben dem Schraubstock liegen.

Haben rohe, noch nicht bearbeitete Werkstücke eine Zunderschicht, die ersten Striche mit einer alten Feile abnehmen. Neue Feilen werden sofort stumpf, weil die Zunderschicht äußerst hart ist. Auch gehärtete Werkstücke nicht zu feilen versuchen!

Feilspäne aus der Feile entfernen mit einer Feilbürste oder einem angeschärften Messingblech.

Bohren

Bohrmaschine Die Handbohrmaschine genügt vielen Erfordernissen einer Heimwerkstatt. Viel Freude machen elektrische Bohrmaschinen, die als Antriebsmaschinen für alle möglichen Werkzeuge einen großen Anwendungsbereich haben. Näheres im Kapitel über Kombiwerkzeuge.

Spiralbohrer Die Bohrer sind spiralig geformt mit zylindrischem Schaft, Durchmesser 1 bis 10 mm. Der Spitzenwinkel für normale Spiralbohrer beträgt 116°. Vgl. S. 101.

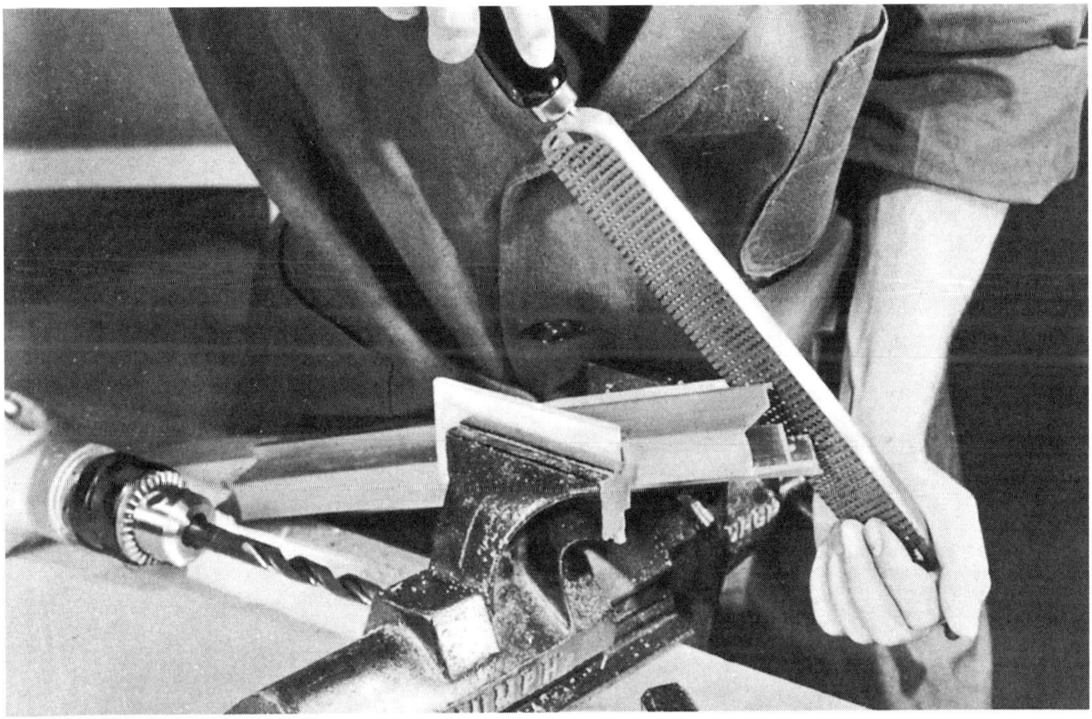

Oben: Leichtmetallbearbeitung mit der Surform-Standard-Feile. Hier werden die Profilkanten eines Schaufensterrahmens aus Aluminium paßgerecht gefeilt · Unten: Auch Kunststoffe lassen sich mit Surform-Werkzeugen bearbeiten. Hier das Bearbeiten eines Plastikrohrs mit dem Surform-Blockhobel.
Stanley Werkzeuggesellschaft mbH, Wuppertal-Barmen

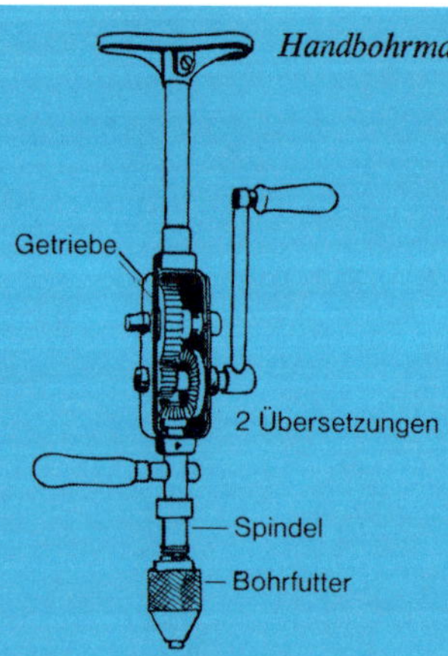

Handbohrmaschine im Schnitt

Spiralbohrer

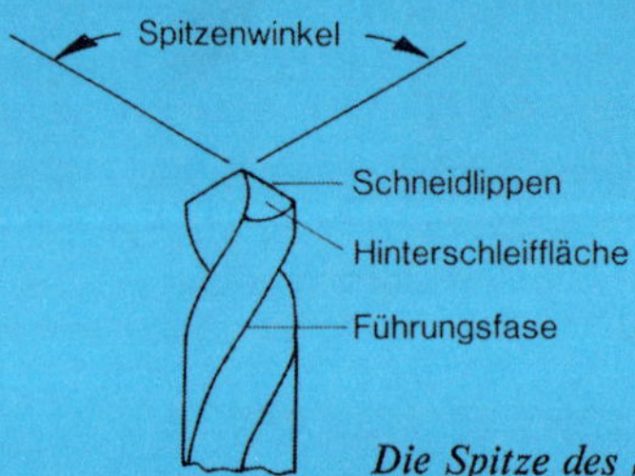

Die Spitze des Spiralbohrers

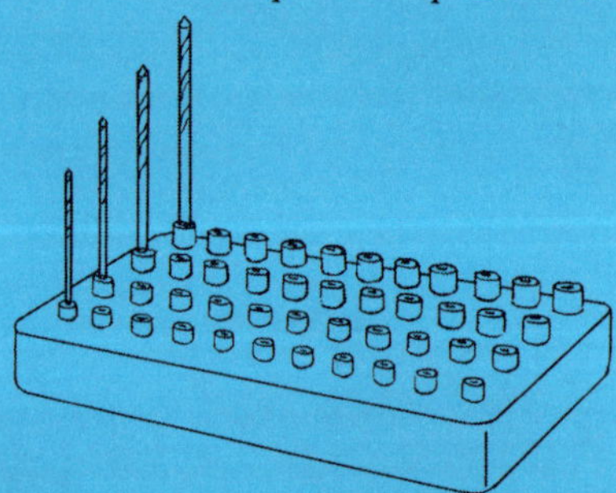

Aufsteckplatte aus Kunstharz oder Holz

Winkelreibahle zum Entfernen von Bohrgraten

Ein guter Weg, Bohrer schnell zu ruinieren, besteht darin, daß man sie durcheinander in eine Schachtel wirft und so aufbewahrt. Aufsteckplatten aus Kunstharz oder Holz zur sortierten Bohreraufbewahrung kann man fertig kaufen oder selbst herstellen.

Das Schleifen von Bohrern an der Schleifscheibe ist sehr schwierig. Ich rate davon ab, es selbst auszuführen. Sobald der Schneidewinkel etwas zu klein oder zu groß ist, der Winkel der Schneidelippen ungleichmäßig u. ä., ist die Leistung unbefriedigend, und der Bohrer wird schnell wieder stumpf.

Richtig einspannen Das Werkstück muß fest eingespannt sein, damit es nicht herumgeschleudert werden kann, entweder im Schraubstock oder mit Schraubzwingen (S. 105) – in diesem Fall weiche Unterlage nicht vergessen!

Richtig eingespannt sein muß auch der Bohrer im Futter der Bohrmaschine. Die Bohrerspitze darf nicht schleudern.

Richtig bohren 1. Bohrloch genau anreißen.
2. Bohrloch mit Körner (S. 298) markieren. Die Ankörnung gibt der Bohrerspitze eine Anfangsführung.
3. Der Bohrer muß genau senkrecht zur Arbeitsfläche stehen. Er kann sonst abgleiten oder brechen.
4. Wird während des Bohrens die Richtung verändert, kann der glasharte Bohrer sehr leicht abbrechen.
5. Vorsicht, wenn die Bohrspitze an der Rückseite des Werkstückes austritt! Druck vermindern und mit viel Fingerspitzengefühl den dort entstehenden Grat so weit schwächen, bis er durchbricht.
6. Größere Bohrlöcher erst mit kleinem Bohrer vorbohren, dann mit passendem Bohrer ausbohren.
7. Zum Entfernen des beim Bohren entstehenden Grates dient die Winkelreibahle oder ein Bohrer größeren Durchmessers.

8 Schraubverbindung

Schrauben · Muttern · Schlüssel

Schrauben Schrauben sind genormt. Für die Bezeichnung der Schraube ist der Bolzendurchmesser maßgebend. Für jeden Bolzendurchmesser ist die Steigung und die Schlüsselweite der zugehörigen Mutter festgelegt. Alle Maße sind in mm angegeben.

Schrauben gleichen Bolzendurchmessers gibt es in verschiedener Länge, je nach dem Verwendungszweck. Eine zu lange Schraube kann man mit der Metallsäge kürzen. Dazu zwischen Holzbacken in den Schraubstock spannen. Nicht abmeißeln – dadurch verformt sich die Schraube.

Schraubengewinde sind allgemein rechtsgängig. Linksgewinde gibt es u. a. an rechten Fahrradpedalen und an den Schraubverschlüssen von Propangasflaschen.

Schlitzschrauben Schlitzschrauben werden mit dem Schraubenzieher angezogen. Die Namen für die Kopfformen entsprechen denen von Holzschrauben (S. 123). Die Madenschraube (Gewindestift) wird in das Werkstück versenkt. Blechschrauben verwendet man zur Verbindung von Blechen bis zu 2 mm Stärke. Beim Eindrehen der Blechschraube in das vorgebohrte Loch schneidet sie sich selbst das Gewinde.

Schlüsselschrauben Das nebenstehende Bild zeigt die gebräuchlichsten Kopfformen. Die Schloßschraube, auch Flachrundschraube, dient zum Verbinden von Holz- und Metallteilen. Gewöhnlich liegt der Flachkopf am Holz auf, der Vierkantteil im Holz, das entsprechend auszustemmen ist; die Mutter liegt am Metall auf. Die Innensechskantschraube wird verwendet, wenn ein Gabelschlüssel wegen Platzmangels nicht angesetzt werden kann oder der Schraubenkopf im Werkstück versenkt werden soll.

Muttern Die Vierkantmutter gibt dem Schlüssel einen festeren Sitz. Die Flügelmutter kann mit der Hand gelöst werden.

Schlüssel Die Schlüsselweiten werden in mm angegeben. Gute Schlüssel aus Chrom-Vanadium-Stahl behalten ihre Schlüsselweite; schlechte Schlüssel weiten sich aus.

Umgang mit Schrauben

Festziehen einer Mutter Richtig: Genau passende Schlüssel verwenden. Falsch: Schlüssel, der

Benennungen an der Schraube

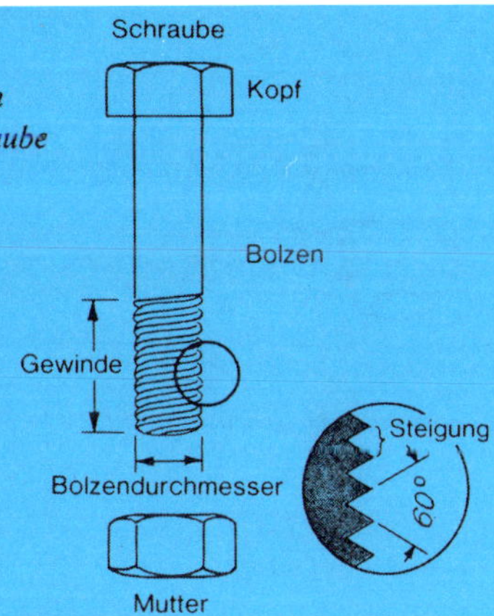

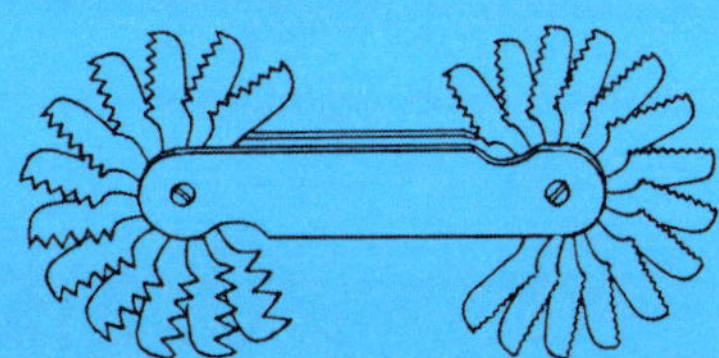

Gewindeschablone zum Feststellen der Steigung

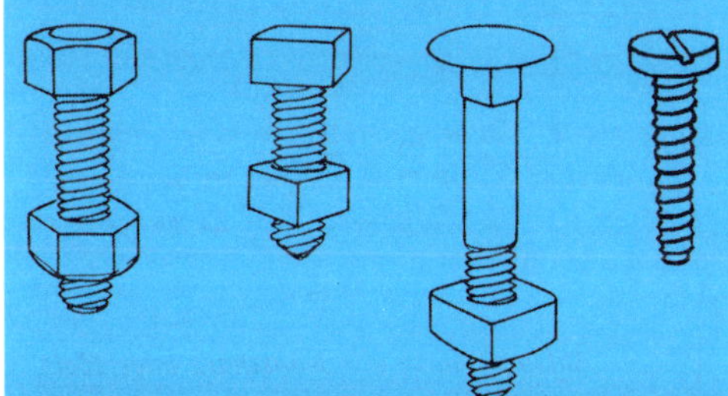

Sechskantschraube *Vierkantschraube* *Schloßschraube* *Blechschraube*

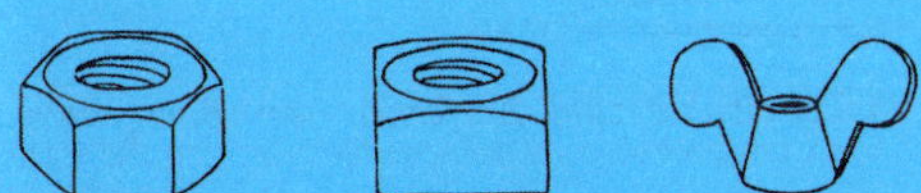

Sechskantmutter *Vierkantmutter* *Flügelmutter*

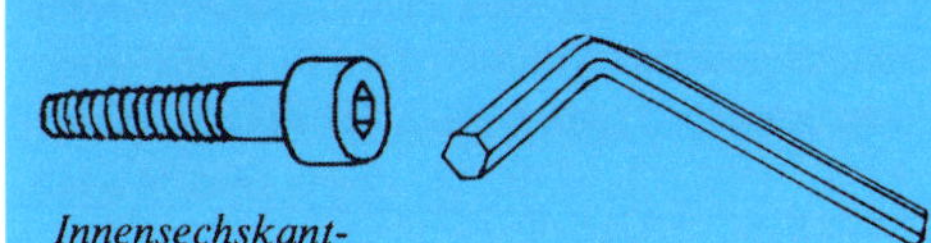

Innensechskantschraube *Innensechskantschlüssel*

Schraubenschlüssel (»Gabelschlüssel«)

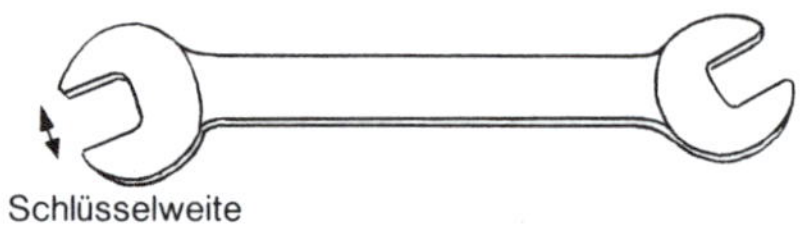

Verstellbarer Schraubenschlüssel »Engländer«

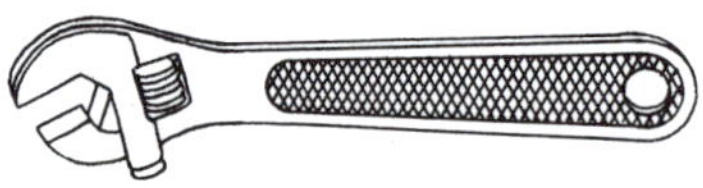

Verstellbarer Schraubenschlüssel »Franzose«

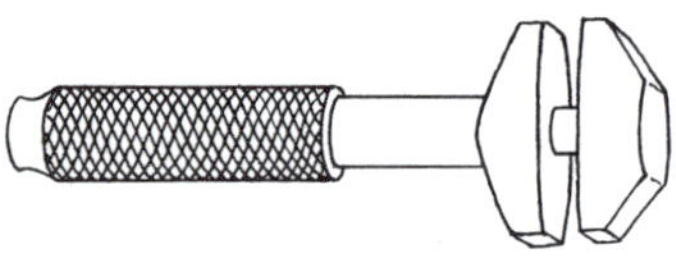

Ausbohren einer abgebrochenen Schraube

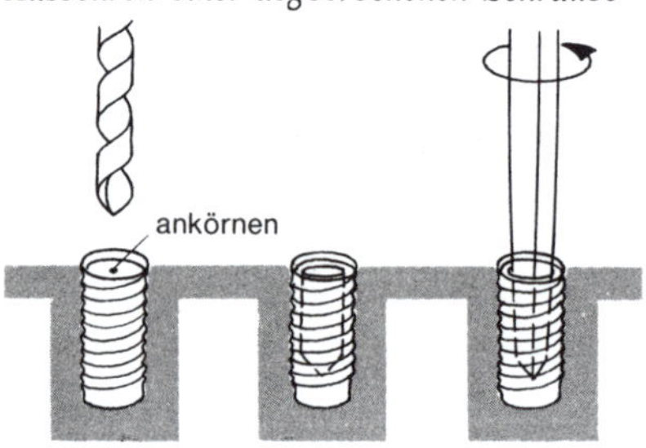

Bolzen mit Spiralbohrer ausbohren — *Bohrung stets kleiner als Bolzendurchmesser* — *Vierkantdorn festklemmen, Schraube lösen*

»ungefähr« paßt; er kann abgleiten und zu schmerzhaften Verletzungen führen. Richtig: Maßvoll anziehen, mit Gefühl – und nur mit Handkraft. Falsch: Mit dem Hammer auf den Schlüssel schlagen oder ein Rohr auf den Schlüssel stecken zur Verstärkung der Hebelkraft. Wird der Schraubenbolzen zu stark auf Dehnung beansprucht, kann er reißen.

Lösen einer Mutter Ist eine Mutter so festgezogen oder festgerostet, daß sie sich mit dem Schlüssel nicht lösen läßt, Gewinde so mit Petroleum oder »Caramba« einschmieren, daß die Flüssigkeit in die Gewindegänge dringt (evtl. das ganze Stück in Petroleum legen). Hilft das nicht, kann man die Mutter mit der Lötlampe erwärmen, so daß sie sich ausdehnt; wenn das wegen der Nähe brennbarer Stoffe nicht geht, durch Auflegen eines glühenden Stahlstücks oder einer Feuerzange.
Hilft das auch nicht, muß die Mutter mit dem Meißel in Bolzenrichtung aufgeschlagen werden.

Ausbohren Ist der Kopf einer festsitzenden Schlitzschraube im Metall versenkt oder der Bolzen im Gewindeloch abgebrochen, ist Ausbohren der letzte Ausweg. Das kann versucht werden wie in der Zeichnung dargestellt oder mit Hilfe eines Schraubenausdrehers, der im Fachgeschäft erhältlich ist.

Richten eines Gewindebolzens Verbogene Gewindebolzen kann man im Schraubstock zwischen Blei- oder Holzbacken geraderichten. Richten durch Schlag nur auf weicher Unterlage (Holz, Bleiamboß) mit weichem Hammer (Holz, Aluminium). Gewindegänge vorsichtig nachfeilen.

9 Gewindebohren (Schneiden von Innengewinden)

Ärger mit Schrauben Eine festgerostete Mutter ist noch kein Unglück. Selbst wenn Gewalt angewendet werden muß (siehe oben), kann mühelos Ersatz beim Eisenwarenhändler um die Ecke beschafft werden.
Peinlicher ist es, wenn die Schraube nicht in einer Mutter, sondern in einem Muttergewinde des Werkstückes festgerostet sitzt. Schraubenverbindungen, die der Witterung (Kraftfahrzeug) oder wechselnden Temperaturen (Herde) ausgesetzt sind, lassen sich häufig besonders schwer lösen. Man kann versuchen, rostlösende Mittel (Petroleum, »Caramba«) in die Gewindegänge zu bringen (einige Zeit einwirken lassen!) und dann die Schraube herauszudrehen. Oft ist dazu jedoch erheblicher Kraftaufwand nötig. Eine gewaltsam herausgedrehte Schraube ist meist beschädigt. Wenn sie ein abgeflachtes Gewindeprofil oder deformierte Gänge zeigt, gehört sie zum Alteisen! Besonders unangenehm ist es, wenn bei gewaltsamen Aktionen, wie z. B. auch beim Ausbohren abgebrochener Schrauben, das Muttergewinde im Werkstück in Mitleidenschaft gezogen wird. Hier ist ein Austausch nicht mehr möglich. Ein sicheres Mittel, Muttergewinde zu zerstören, besteht darin, die Schraube beim Einsetzen zu ver-

kanten und nun das Eingreifen in die Gewindegänge mit Gewalt zu erzwingen. Auch wer Schrauben zu stark anzieht, kann das Muttergewinde unbrauchbar machen. Die Wertlosigkeit solcher Verbindungen zeigt dann der »ewige Gang« einer Schraube an.

Wo ein Gewinde »ausgeleiert« ist oder wo für eine Schraubenverbindung keine durchgehende Bohrung am Werkstück angebracht werden kann, für sogenannte Sacklöcher also, muß ein Innengewinde geschnitten werden.

Welches Gewinde? Am häufigsten hat es der Heimwerker mit »metrischem Gewinde« zu tun; Gewinde an Rohren haben Zollmaße (1 Zoll = 25,4 mm). Metrische Gewinde werden in mm gemessen, das Maß bezeichnet den Bolzendurchmesser der Schraube (oder Innendurchmesser der Gewindebohrung). »M 5« bedeutet: metrisches Gewinde – 5 mm Bolzendurchmesser. Die Schraubenlänge kann verschieden sein. Sie richtet sich nach dem Verwendungszweck. Deswegen wird für jede benötigte Schraube auch noch die Schaftlänge angegeben, z. B. M 5 × 20.

Gewindebohren Vor dem Schneiden der Gänge mit dem Gewindebohrer muß zuerst das Kernloch mit dem entsprechenden Spiralbohrer vorgebohrt werden (Kern = zylindrischer Teil des Schraubenbolzens ohne Gewindeprofil). Nachstehende Tabelle mit häufig vorkommenden metrischen Gewinden gibt die zu verwendenden Spiralbohrer an:

Gewindedurchmesser in mm	Spiralbohrer für Kernloch in mm	Gewindedurchmesser in mm	Spiralbohrer für Kernloch in mm
3	2,5	6	5
3,5	2,9	8	6,7
4	3,3	10	8,4
5	4,2	12	10

Für Gußeisen und Messing sind die Spiralbohrer um 0,1–0,2 mm kleiner zu wählen.

Gewindebohrer Die Gewindegänge werden mit einem Satz Gewindebohrer (3 Stück) in die Wandung der Bohrung geschnitten. Die Bohrer sind nach der Reihenfolge ihrer Anwendung gekennzeichnet: Vorschneider (1 Ring), Mittelschneider (2 Ringe), Fertigschneider (3 Ringe). Jeder dieser kegelförmig zugeschliffenen Bohrer tritt ein Stück weiter in die Wandung ein, bis der Fertigschneider endgültig das Gewindeprofil formt. Wenn die Gewindetiefe nicht größer ist als 1½ Gewindedurchmesser (also für dünnere Werkstücke), kann man einen längeren Einzelbohrer verwenden, der alle drei Gewindebohrer in sich vereinigt: den Muttergewindebohrer.

Das Kernloch wird etwas angesenkt, damit der Vorschneider eine bessere Anfangsführung erhält. Beim Schneiden muß ausgiebig mit Öl geschmiert werden, am besten eignet sich dazu Schneidöl (Bohröl), auch Petroleum oder Terpentinöl. Gewinde in Gußeisen werden trocken geschnitten.

Windeisen Zur Führung des Bohrers dient ein Windeisen, das über den Vierkant des Bohrers gesteckt wird. Bei Verwendung von Schraubenschlüsseln oder Zangen besteht die Gefahr des Verkantens: das Gewinde wird schief oder der glasharte Bohrer bricht ab. Gewindebohrer senkrecht ansetzen, eventuell durch Anlegen eines Winkels prüfen! Hat der Bohrer gegriffen, dann wird er ohne Druck, aber mit Gefühl gleichmäßig – nicht ruckweise – weitergedreht. Ab und zu wird der Bohrer etwas zurückgedreht, damit die Spanlocken abbrechen, die Späne durch die Nuten des Bohrers abgeführt werden und das Schmiermittel an die Schneidstellen gelangt. Mittel- und Fertigschneider werden zuerst mit der Hand in das Gewindeloch eingeschraubt, ehe das Windeisen angesetzt wird. Bei nicht durchgehenden Gewindelöchern, sogenannten Sacklöchern, muß darauf geachtet werden, daß der Gewindebohrer nicht auf dem Grund aufsitzt, weil er sonst leicht abbricht. Solche Sacklöcher müssen tiefer ausgebohrt werden als das benötigte Gewinde. Die abgeführten Späne beim Bohren sammeln sich am Grund und müssen des öfteren entfernt werden.

Wenn ein ausgeleiertes Gewinde neu geschnitten werden muß, dann den bisherigen Gewindedurchmesser mit dem nächst höheren Kernlochdurchmesser vergleichen. Mit dem entsprechenden Spiralbohrer das neue Kernloch bohren. Ist

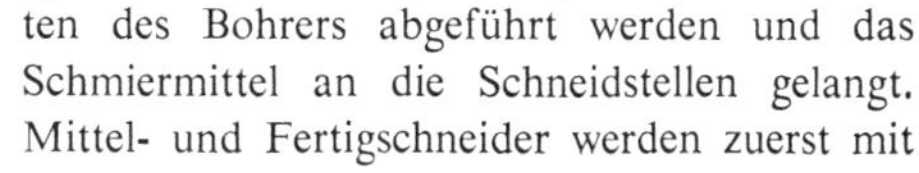

Windeisen

Gewindebohrersatz:
1 Ring: Vorschneider,
2 Ringe: Mittelschneider,
3 Ringe: Fertigschneider

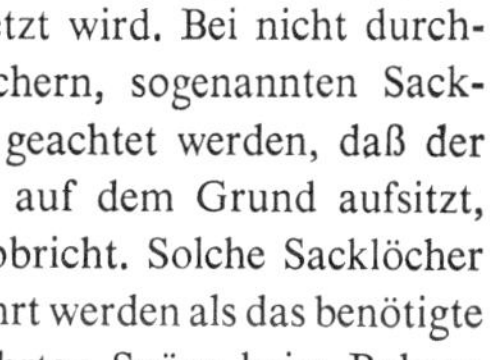

also z.B. ein 4-mm-Gewinde zerstört, dann auf 4,2 mm aufbohren. Das neu zu schneidende Gewinde wird dann das Maß M 5 haben (vgl. S. 381). Über Außengewinde an Rohren S. 382.

Entfernen abgebrochener Gewindebohrer Steht der Bohrerschaft über das Werkstück hinaus, kann er mit der Zange durch Linksdrehung entfernt werden. Wenn er zu fest sitzt, kann man ihn durch leichte (!) seitliche Schläge mit Hilfe eines Durchschlags (Bild S. 323) etwas lockern.

Der Bohrerschaft ist im Bohrloch abgebrochen: Die Nuten zur Spanabführung dienen als Angriffsfläche für den Ansatz einer Spitzzange oder eines Durchschlages. Durch Linksdrehung, nötigenfalls unterstützt durch leichtes Klopfen mit dem Hammer, wird der Gewindebohrer herausgedreht. Mißlingt die Entfernung des Bohrers, dann kann nur ein Mechaniker mit einem Gewindebohrer-Auszieher helfen.

»Rostgefährdete« Schrauben Ein Tip, der es manchmal überflüssig macht, ein Gewinde neu schneiden zu müssen: Es empfiehlt sich, »rostgefährdete« Schrauben vor dem Eindrehen mit Öl zu schmieren. Sind sie höheren Temperaturen ausgesetzt (Auspuff, Herd), dann Graphit als Schmiermittel benützen.

10 Nietverbindung

Denken Sie nicht gleich an das Dröhnen der Niethämmer auf einer Schiffswerft, wenn Sie die Überschrift lesen! Mit einigen einfachen Werkzeugen kann man durchaus zu Hause nieten. Man kann diese Fertigkeit brauchen z. B. bei Dachrinne, Aschenkasten, beim Blechdach (Quernähte), beim Befestigen von Griffen und Stielen an Gefäßen, beim Reparieren von Schlössern.

Nietformen Die Kopfformen der Niete entsprechen denen der Schrauben. Es gibt demnach Niete mit Halbrundkopf, Flachrundkopf, Linsenkopf, Senkkopf. Zu Hause werden wir hauptsächlich Blech nieten. Dafür ist der Flachrundniet geeignet, der auch Blechniet genannt wird.

Die Niete sollen aus dem gleichen Metall bestehen wie die zu verbindenden Teile.

Nietnaht Zuerst wird die Nietnaht angerissen. Die einfache Naht besteht aus einer Reihe Niete; die Doppelnaht, die besser hält und dichtet, aus zwei Reihen, wobei die Niete gegeneinander versetzt sind.

Lochen Nietlöcher werden gelocht, gestanzt oder gebohrt; bei schwächeren Blechen durchgeschlagen mit dem Lochmeißel (Durchschlag). Dazu Werkstück auf weiche Unterlage legen.

Bei stärkeren Werkstücken werden die Löcher mit der Bohrmaschine gebohrt. Der Niet muß sich mit etwas Spiel durch das Loch hindurchstecken lassen.

Die beiden Werkstücke müssen beim Schlagen oder Bohren der Löcher fest zusammengehalten werden durch Feilkloben (S. 295) oder durch Zusammennieten der Endlöcher.

Nieten Zum Nieten selbst brauchen wir außer Unterlage, Hammer und passenden Nieten noch zwei Hilfsmittel, die in einem Stück vereint sein können: Nietzieher und Kopfmacher. Den Arbeitsgang zeigt die Zeichnung.

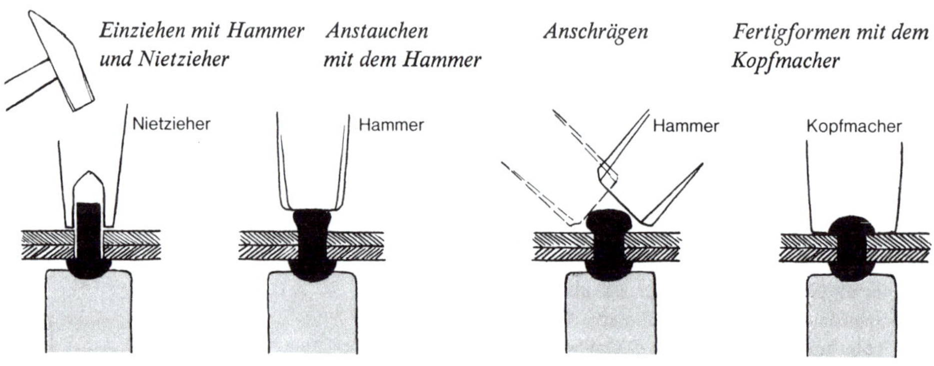

Durchschlag

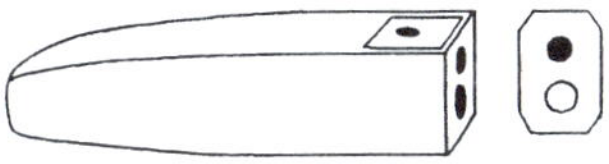

Nietzieher und Kopfmacher in einem Stück

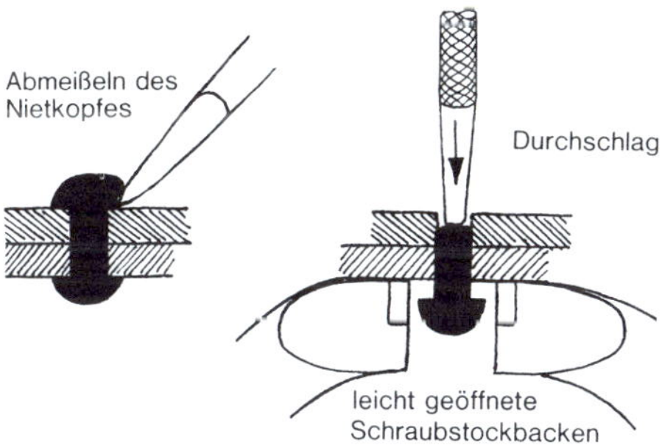

So wird eine Nietverbindung wieder gelöst

Blindnieten Durch Blindnieten kann man Teile verbinden, die nur von einer Seite zugänglich sind, z. B. an Autokarosserien. Blindnieten kann auch in anderen Fällen angewendet werden, soweit keine extremen Anforderungen an Festigkeit oder Dichtheit gestellt werden. Blindnieten ist einfach, das Werkzeug (Nietzange) nicht teuer. Blindniete sind Hohlniete aus Aluminium, Kupfer, auch Stahl, die auf einem Dorn stecken. Der Niet wird in das Nietloch gesteckt, der Dorn in die Zange eingeführt. Der Schließdruck zieht den Dorn hoch und staucht dabei das entgegengesetzte Ende des Blindniets. Am Schluß reißt die Zange den Dorn ab.

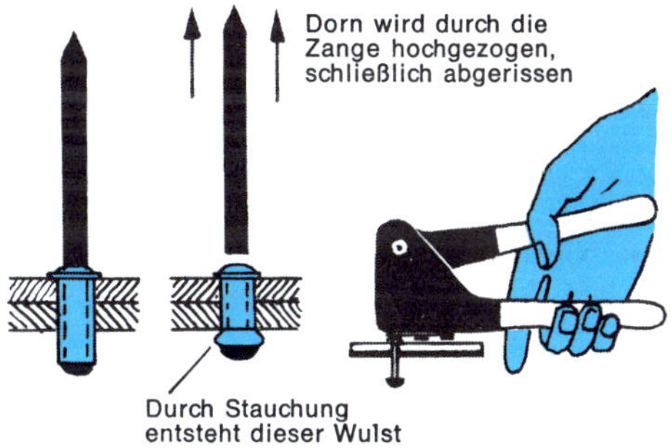

Blindniet mit Dorn vor und nach dem Nietvorgang

Die Nietzange im Augenblick des Nietens

Nietfehler

11 Lötverbindung

Löten ist das Verbinden von Metallteilen durch ein anderes Metall oder Metallgemisch mit niedrigerem Schmelzpunkt, das sogenannte »Lot«. Das Lot wird in flüssigem Zustand zwischen die Metallteile gebracht und schafft beim Erstarren die Verbindung.

Weichlöten

Zum Weichlöten dienen Lote, deren Schmelzpunkt unter 330° C liegt – in der Hauptsache das sogenannte Lötzinn, eine Zinn-Blei-Legierung. Weichlötnähte sind biegsam; sie haben nur eine verhältnismäßig geringe Festigkeit. Zunächst behandeln wir die Lötwerkzeuge.

Lötkolben Der Lötkolben besteht aus Kupfer, das die Wärme gut aufnimmt und ableitet, und ist befestigt an einem Eisenstiel mit Holzgriff.

Der Form nach unterscheidet man Hammer- und Spitzkolben. Der Spitzkolben dient hauptsächlich für Innen- und Ecklötungen, also für schwer zugängliche Stellen.

Die Größe des Kolbens muß sich nach der Schwere, Dicke und Wärmeleitfähigkeit der zu verbindenden Stücke richten. Der Bastler, der zunächst nur einen Kolben anschafft, nimmt einen Hammerkolben von 200–300 g Gewicht.

Zum Erhitzen des Kolbens dient hauptsächlich die Lötlampe, die weiter unten ausführlich behandelt ist. Der elektrische Kolben erhitzt sich selbst durch einen eingebauten Widerstand. Elektrische Lötkolben mit mehreren Schaltstufen (z. B. für 40, 60 und 100 Watt) sind vielseitiger verwendbar. Gaskolben werden durch einen Schlauch an die Gasleitung (Stadtgas oder Flüssiggas) angeschlossen.

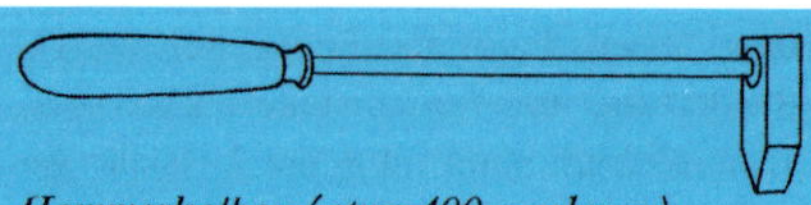

Hammerkolben (etwa 400 g schwer)

Spitzkolben

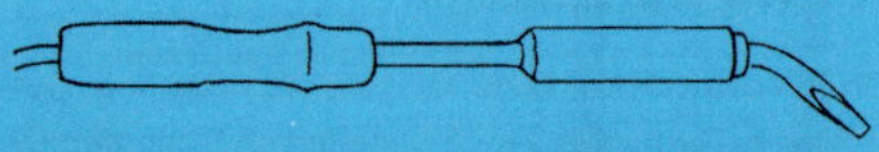

Elektrischer Lötkolben

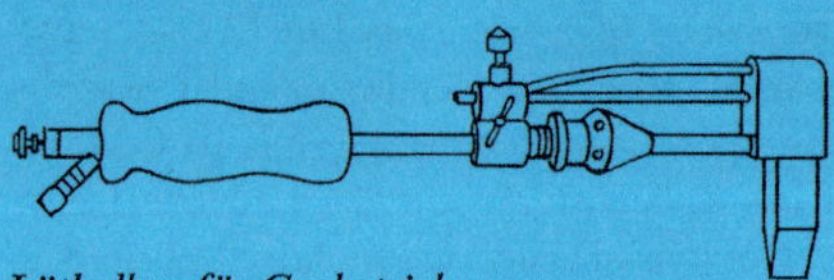

Lötkolben für Gasbetrieb

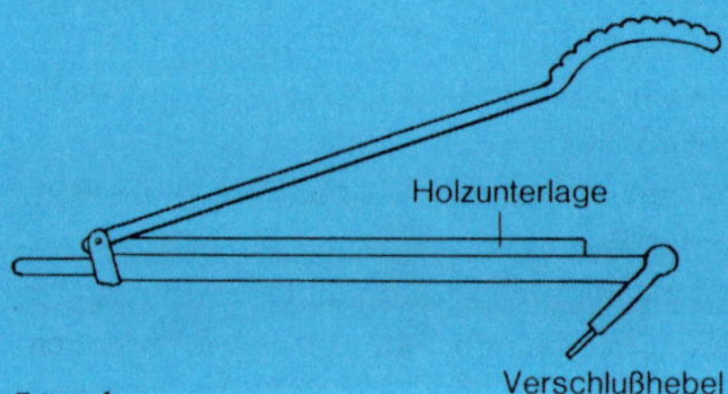

Lötschere

Dreikantschaber

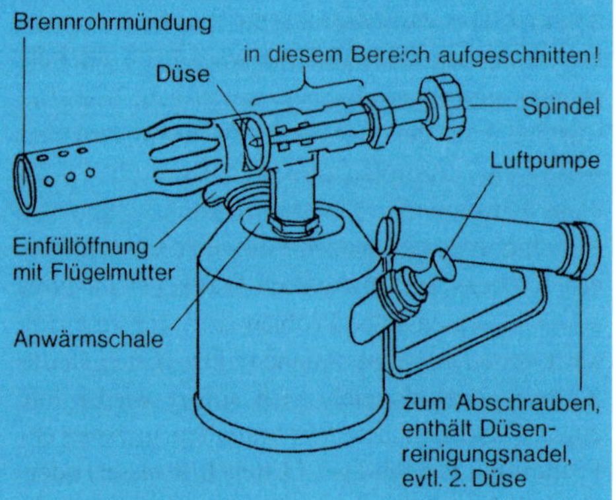

Die Lötlampe und ihre Teile

Lötschere Zum Zusammenhalten von Lötnähten. Die Holzunterlage (siehe Bild) ist angebracht, weil Holz ein schlechter Wärmeleiter ist.

Dreikantschaber Mit dem Schaber säubert man nach dem Löten die Lötnähte von überflüssigem Lötzinn. Es gibt Schaber, bei denen eine Seite hohlgeschliffen ist.

Umgang mit der Lötlampe

Wer mit der Lötlampe arbeiten will, muß ihre Konstruktion und die Bedienung kennen. Leichtsinnige Handhabung kann zu Bränden und Verletzungen führen.

Füllen Die Lampe wird nach Abschrauben der Flügelmutter mit dem für das jeweilige Modell vorgeschriebenen Brennstoff gefüllt, jedoch nur zu $^4/_5$, damit beim Anwärmen sich bildende Gase Platz haben. Die Flügelmutter ist mit der Hand fest wieder aufzuschrauben. Ab und zu muß man sich überzeugen, daß die Dichtung gut ist.

Anwärmen Anwärmen ist nötig, um die Vergasung des Benzins einzuleiten. Man füllt dazu die Anwärmschale mit Spiritus und entzündet ihn. Eine Benzinflamme würde rußen und die Brennerdüse verkrusten.

Anzünden Kurz vor dem Verlöschen der Anwärmflamme gibt man zwei oder drei Stöße mit der Luftpumpe und öffnet dann die Lampe durch leichtes Linksdrehen der Spindel. Sollten die entströmenden Gase nicht sofort Feuer fangen, hält man ein Zündholz an die Brennrohrmündung.

Regulieren Drehen der Ventilspindel nach links ergibt eine größere Flamme, nach rechts eine kleinere. Außerdem kann man mit der Luftpumpe mehr Druck geben. Jede Lampe wird ausgelöscht durch Zudrehen der Spindel nach rechts.

Lötbrenner Für kleinere Arbeiten sind die Flüssiggas (Propan, Butan) betriebenen Lötbrenner gut geeignet. Gas in auswechselbaren Kartuschen. Anwärmen entfällt.

Lötzinn

Die Lötzinn oder Zinnlot genannte Legierung besteht aus Zinn und Blei. Je höher der Zinnanteil, desto niedriger im allgemeinen der Schmelzpunkt. Je höher der Zinngehalt, desto stärker knistert es, wenn Sie eine ans Ohr gehaltene Zinnstange abbiegen (Zinnschrei, S. 291 f.). Weil Blei giftig ist, darf zum Löten von Eßgefäßen nur Lot von höchstens 10 v.H. Bleigehalt genommen werden. Die Zinn-Blei-Lote sind genormt. Die

Kennzahl bezeichnet den Zinnanteil in v.H. Hier einige häufig gebrauchte Lote:

Lötzinn	Schmelzpunkt	Verwendung
30	248°	Bauspenglerei, grobe Spenglerarbeiten
33	242°	Zinkblech, verzinktes Blech
40	223°	Kupfer, Messing, Weißblech
98	230°	Eßgeschirre

Flußmittel (Lötmittel)

Eine Lötstelle muß, wie gleich noch näher zu besprechen ist, metallisch rein sein. Sie würde sich aber, zumal bei der zum Löten erforderlichen Erwärmung, sogleich wieder mit dem Luftsauerstoff verbinden (oxydieren), wenn wir das nicht verhindern würden. Dazu dient das Flußmittel. Es hat die Aufgabe, die beim Erwärmen entstehenden Oxydhäutchen aufzulösen, neues Oxydieren durch Abschließen der Lötstelle von Luftsauerstoff zu verhindern und dem Lot Platz zu machen, sobald es zu fließen beginnt. Das Flußmittel wird auf die saubere Lötstelle mit einem Pinsel, der nur diesem Zweck dient, aufgetragen.

Lötwasser Dieses einfachste Flußmittel besteht aus verdünnter Salzsäure (etwa 1:1), in der Zinkschnitzel bis zur Sättigung aufgelöst sind. Um Lötwasser selbst anzusetzen, braucht man einen Steinzeugtopf, der wegen der Gasentwicklung und des Aufbrausens bei der Zersetzung die zehnfache Größe der Säuremenge haben soll. Das Ansetzen darf nur im Freien geschehen, da sich Wasserstoff bildet, der explosionsgefährlich ist.

Lötwasser wird benutzt für alle Metalle mit Ausnahme von Zink, verzinkten Blechen, Aluminium und Aluminiumlegierungen.

Pasten An Stelle von Lötwasser wird für Lötungen an empfindlichen Apparaten, z.B. Meßinstrumenten, säurefreie Lötpaste (Lötfett) verwandt (im Handel erhältlich).

Salzsäure Für Zink und verzinktes Blech dient als Flußmittel etwa 1:1 verdünnte Salzsäure.

Kolophonium Wo eine saubere Lötnaht verlangt wird, dient Kolophonium als Flußmittel. Im Handel gibt es Kolophoniumzinn: eine Röhre aus Lötzinn mit Kolophonium im Innern, das bei Erwärmung herausfließt und auf die Lötfläche tritt. Dieses Mittel ist bestens geeignet für Lötungen an Kupferdrähten, darum empfiehlt es der Elektriker auf S. 444

Bleilötung Hier dient als Flußmittel Stearin oder Rindertalg, auf die Lötstelle aufgetragen, oder auch Kolophonium, auf die Lötstelle gestreut.

Aluminiumlötung Für Aluminium gibt es Spezial-Fluß- und Lötmittel, die nach der mitgelieferten Anweisung anzuwenden sind. Aluminium läßt sich schlecht löten. Festigkeit und chemische Beständigkeit der Lötung sind begrenzt.

Vorbereitungen zum Löten

Drei Voraussetzungen müssen vor Beginn des Lötens erfüllt sein: Die Lötstellen müssen metallisch rein sein. Ein Flußmittel muß aufgetragen werden. Der Kolben muß verzinnt werden.

Säubern der Lötstellen Das Lot ist nicht etwa eine Art Klebstoff für Metalle; es bildet vielmehr bei ausreichender Temperatur mit dem Werkstoff des Arbeitsstücks eine hauchdünne Legierung. Deshalb ist erstes und wichtigstes Erfordernis: die Lötstelle muß metallisch rein sein. Ist sie es nicht, so bildet sich im besten Fall eine Klebestelle, die sich mit geringem Kraftaufwand wieder aufreißen läßt.

Auch wenn das Metall äußerlich blank aussieht: es ist nicht chemisch rein – und in der Regel außerdem mechanisch verschmutzt. Man säubert es entweder mechanisch: durch Feilen, Schaben, Bürsten oder Schleifen mit Schmirgelpapier – oder chemisch: mit verdünnter Salzsäure (1:1).

Verzinnen des Kolbens Da wir über Flußmittel bereits gesprochen haben, gehen wir gleich zum Verzinnen des Kolbens über.

Die Kolbenspitze soll beim Löten nicht nur das Lot aufnehmen und auf die Lötstelle bringen, man muß mit ihr auch das Zinn über die Naht ziehen. Das geht nur, wenn die Kolbenspitze verzinnt ist. Das Zinn haftet sonst nicht.

Der Kolben wird zunächst erwärmt, bis die Flächen ein purpurnes Farbenspiel zeigen. Beim Erwärmen mit der Lötlampe erwärmt man am besten vom stumpfen Ende her, damit die Spitze nicht »verbrennt«.

Mit einer nicht zu groben Feile wird die Lötbahn des Kolbens jetzt metallisch blank gefeilt. Nun tritt sogleich dasselbe Problem auf, wie wir es für die Lötstellen bereits kennen: Die blankgefeilte Kolbenspitze überzieht sich sofort wieder mit einem Oxydhäutchen. Wir brauchen auch hier ein Flußmittel. Ein flüssiges Mittel (Lötwasser) oder ein halbfestes (Lötfett) wäre aber unpraktisch.

Als Flußmittel für den Kolben – und für das Zinn – dient hier ein Salmiakstein. Er bewahrt die Kolbenbahn vor einer Oxydhaut und entfernt die bläulich schimmernde Oxydhaut des erwärmten Zinns. Das Verzinnen geht so vor sich, daß man den gut erwärmten Kolben mit einem Tropfen Zinn auf dem Salmiakstein hin- und herreibt. Nach öfterem Erhitzen verliert der Kolben seine

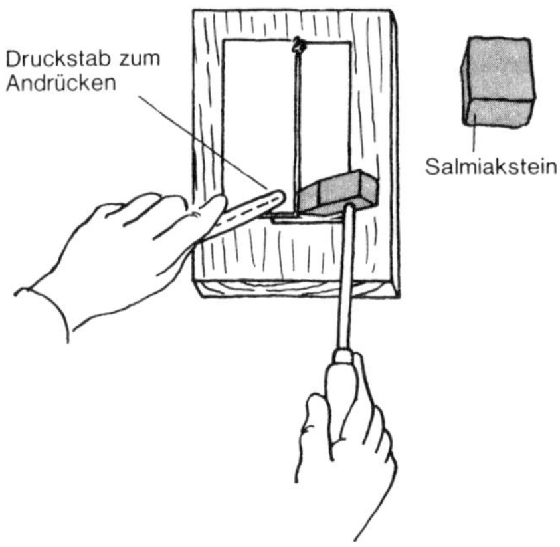

Die Enden der Lötnaht werden mit je einem Zinntropfen geheftet

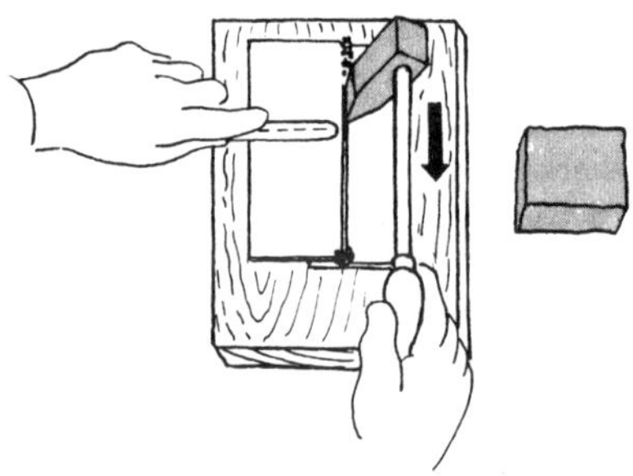

Kolbenhaltung für eine schmale Lötnaht

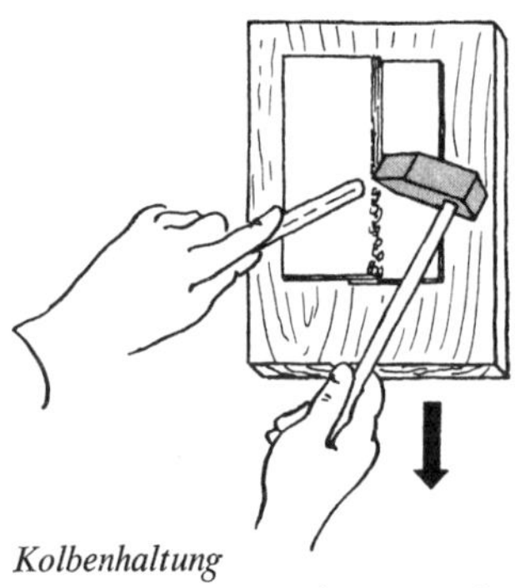

Kolbenhaltung
für eine breite Lötnaht von großer Festigkeit

glatte Lötbahn, das Verzinnen muß wiederholt werden. Ein schlecht verzinnter Kolben lötet nicht einwandfrei.

Der Lötvorgang

1. Lötnaht anreißen.
2. Lötstellen mit Flußmittel bestreichen und übereinanderlegen. Wenn ein Grat vorhanden ist, kommt er nach innen:

3. Mit einem Holzstäbchen oder der Zinnstange die Enden andrücken und schwach heften, d.h. durch einen Tropfen Zinn miteinander verbinden.
4. Nun kann man die zusammengehefteten Teile in die Lötschere (Bild S. 324) spannen, behelfsmäßig auch zwischen zwei Holzstäbchen. Ist das geschehen, so kann man anschließend die ganze Naht in einem Zuge löten. Andernfalls lötet man besser schrittweise, d.h. man lötet erst weiter, wenn das Zinn an der vorher gelöteten Stelle erstarrt ist.
5. Haltbar wird die Lötung nur, wenn die Nahtbreite gut von Zinn durchflossen wird. Der Kolben muß dazu ausreichend erhitzt sein (sonst fließt das Lot nicht in die Fugen); er darf aber nicht zu heiß sein (sonst verbrennt das Lot und ergibt eine rauhe körnige Lötnaht). Für eine schmale Lötnaht wird die Kolbenbahn genau in Richtung der Naht gehalten: Die linke Hand drückt die Zinnstange neben der Lötnaht auf, die rechte nimmt mit dem Kolben tropfenweise Zinn ab, bringt es auf die Naht und zieht es diese entlang. Für eine breite Lötnaht von großer Festigkeit läßt man das Zinn direkt von der Zinnstange auf die Naht tröpfeln, bringt es wieder zum Schmelzen und zieht es mit dem Kolben weiter.
Beachten Sie die Kolbenstellung!
6. Nach dem Löten die Naht gut mit einem feuchten Lappen reinigen, weil Reste des Flußmittels das Metall angreifen.
7. Das außen an der Naht anhaftende Zinn trägt nicht, wie manchmal angenommen wird, zur Haltbarkeit der Naht bei. Nur das in der Naht sitzende Zinn gibt den Halt, und zwar um so besser, je dünner die Lotschicht ist.
Das außen haftende Lötzinn wird daher entfernt. Das geschieht bei groben Arbeiten zunächst mit der Zinnraspel (S. 316), im übrigen mit dem Drei-

kantschaber (Bild S. 324). Beachten Sie jedoch, daß man auf verzinkten, verzinnten und verbleiten Blechen nicht feilen und schaben darf, um den Überzug nicht zu beschädigen.
Der Schaber hat eine angeschliffene Kante. Durch Schleifen einer Kante kann man aus einer alten Dreikantfeile selbst einen Schaber herstellen. Die angeschliffene Kante (niemals die Spitze) wird über das Blech gezogen. Die Schneidkante darf dabei keinesfalls in der Streichrichtung nach vorn zeigen; sie schneidet sonst wie ein Meißel. Schaber werden wie Schneidwerkzeuge am Schleifstein geschliffen und auf einem Ölstein abgezogen (Werkzeugpflege S. 106).
8. Nach dem Schaben kann man die Naht noch mit Schmirgelpapier abreiben. Stets in der Nahtrichtung reiben!
Einzelhinweise Für Kupferlötungen braucht man einen ziemlich großen Kolben, weil Kupfer die Wärme schnell ableitet. Die Lötung hält besser, wenn man die Naht vorher verzinnt. Man tropft dazu ein wenig Zinn auf die schräg gehaltene Lötfläche und zieht es mit dem Kolben nach unten.
Zinkbleche dürfen nicht mit zu heißem Lötkolben behandelt werden (Schmelzpunkt des Zinks bei 410°). Für Zinkblechlötungen nimmt man am besten einen schweren breiten Kolben, der die ganze Naht bedeckt. Bei langsamem Vorgehen stets nur eine kurze Strecke bearbeiten.
Aluminium mit dem Kolben weichzulöten, gelingt schwer. Das Löten wird hier überwiegend mit Spezial-Loten und -Flußmitteln mit der Flamme ausgeführt. Die Lötnaht bei Aluminium ist nicht korrosionsbeständig.

Hartlöten

Wenn an die Verbindungsstelle höhere Anforderungen gestellt werden (Hitzefestigkeit, Hämmerbarkeit) oder wenn die Lötnaht der Farbe des Werkstücks möglichst angenähert werden soll (kunstgewerbliche Gegenstände), wendet man die Hartlötung an. Die dabei verwandten Silber- und Messinglote haben einen höheren Schmelzpunkt.
Als Flußmittel dient Streuborax, eine Mischung aus gebranntem Borax, Kochsalz und Pottasche. Handelsübliche Flußmittel sind angeteigt und werden mit dem Pinsel aufgetragen.
Niedrigschmelzende, silberhaltige Hartlote (Arbeitstemperatur über 600° C), die mit dem Flußmittel bereits ummantelt sind, können leicht auch vom Heimwerker verarbeitet werden.
Die zu lötende, möglichst eng zu haltende Fuge wird von Schmutz gesäubert und mit der Lötflamme erwärmt. Gleichzeitig wird etwas Flußmittel vom Lötdraht abgeschmolzen und in die Fuge gebracht. Das Lot selbst wird so lange an der Spitze erwärmt, bis es schmilzt und in die Fuge läuft. Das Lot dann erkalten lassen, Reste des Flußmittels mit Wasser und Bürste entfernen.

Was der Laie nicht löten soll

Lötungen an Gefäßen und Tanks, die Flüssigkeiten wie Benzin, Benzol, Spiritus, Petroleum enthielten, sollen dem Fachmann vorbehalten bleiben. Auch in entleerten Gefäßen finden sich nicht selten in toten Winkeln, unter Nähten und Falzen noch Reste der Flüssigkeit. Unter der Hitzeeinwirkung beim Löten können auch ganz geringe Mengen bereits zu Explosionen führen.

»Kaltlöten«

Unter diesem Begriff – der eigentlich irreführend ist, da es sich um keine »Lötung« handelt – versteht man die Verbindung zweier Metallteile mit Hilfe einer Paste, die auf die Verbindungsstellen aufgetragen wird. Besser als von »Kaltlötmitteln« sollte man von »Metallklebern« sprechen. Diese Mittel enthalten feinstes Aluminiumpulver und Kunstharze und sind pastenförmig angemengt. An der Luft erhärtet die Masse und kann geschmirgelt, gefeilt, gebohrt oder anderweitig bearbeitet werden. Kaltlötmittel sind in einem erstaunlichen Maß auch hitzefest. Auch ungleichartige Materialien wie Metall, Beton, Glas lassen sich miteinander verbinden. Der Verwendungsbereich von Kaltlötmitteln ist damit noch nicht erschöpft. Sie können zur Ausbesserung schadhafter Karosserien verwendet werden, zum Abdichten von Dachrinnen, Rohren, zur Beseitigung von Lecks in Gefäßen und Behältern u.ä. Die Verarbeitungsweise wird vom Hersteller jeweils angegeben. Auf die Reinigung der Lötstellen muß größte Sorgfalt verwandt werden. Ohne Zweifel wird das Metallkleben in Zukunft eine immer wachsende Bedeutung gewinnen, da es einfach anzuwenden ist und eine erstaunliche Festigkeit ergibt. Vgl. zum Umgang mit Klebern auch die Tabellen S. 510ff.

12 Lichtbogenschweißen

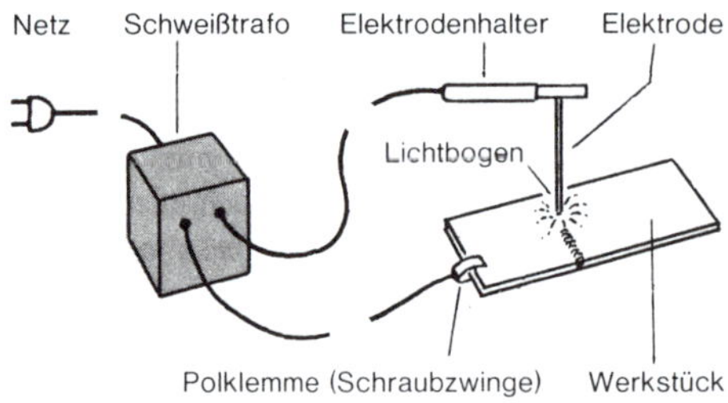

Schema einer Lichtbogenschweißanlage

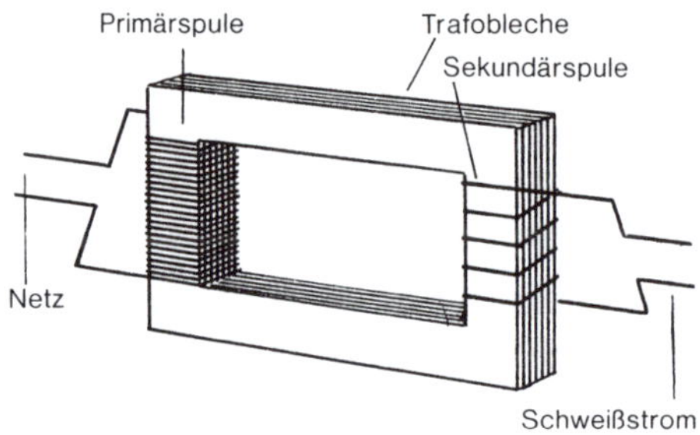

Prinzip des Schweißtransformators (Trafo, Umspanner)

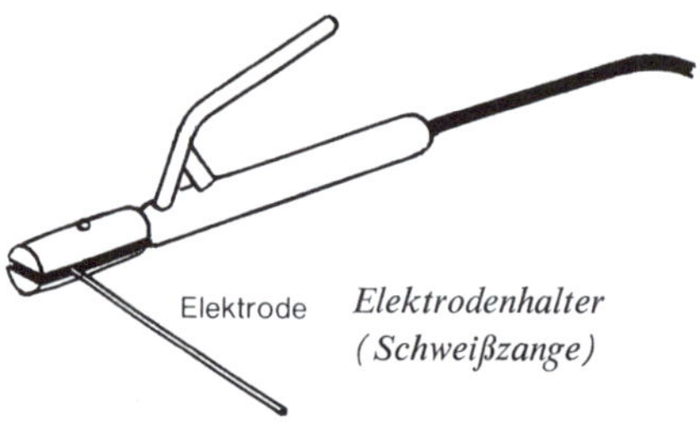

Elektrodenhalter (Schweißzange)

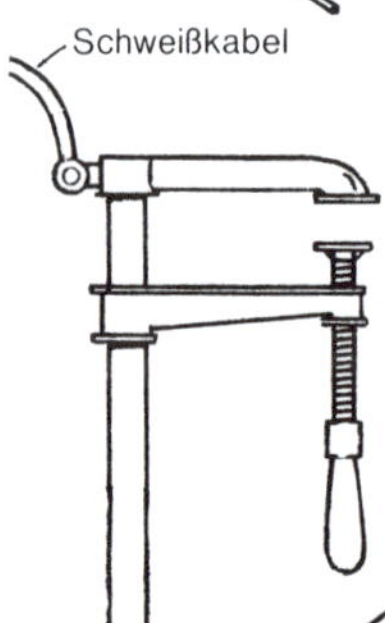

Schraubzwinge, an Stelle einer Polklemme verwendbar

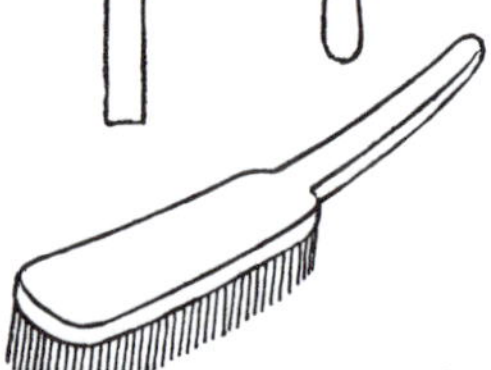

Stahldrahtbürste

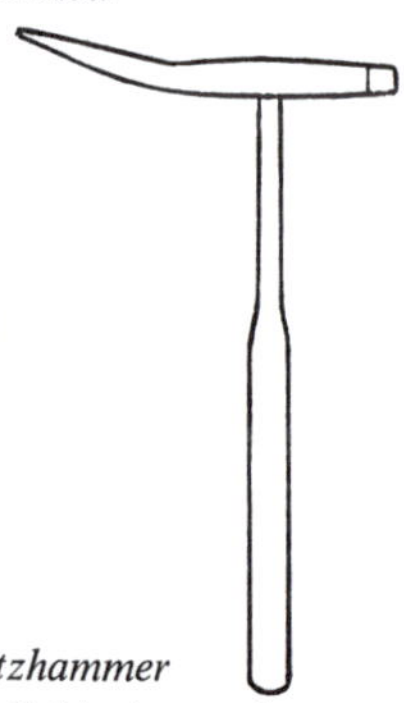

Spitzhammer zur Schlackenentfernung

Die neuerdings hergestellten kleinen Schweißtransformatoren (Umspanner), die mit einer 10-Ampere-Absicherung (träge) an das 220-Volt-Lichtnetz angeschlossen werden können, öffnen dem Metall-Heimwerker ein Gebiet, das ihm bisher wegen der Größe und Kostspieligkeit der Anlagen verschlossen war.

Gute Geräte haben mindestens 2 Regelbereiche. Ein Überhitzungsschutz gewährt zusätzliche Sicherheit. Das Schweißen ist durchaus keine »Schwarze Kunst«. Wer die nötige Handgeschicklichkeit aufbringt, wird nach kurzer Übung damit zurechtkommen und kann sich an Geländer, Gitter, Gartentüren und -tore, Zaunpfosten aus T- oder Winkelstahl, Tischgestelle und andere Konstruktionen heranwagen.

Beim Lichtbogenschweißen wird die Wärme eines elektrischen Lichtbogens benutzt, um Metalle zu verflüssigen. Der Lichtbogen entsteht bei hoher Stromstärke zwischen zwei Polen eines Stromkreises, wenn sie einander nahekommen. Im Schweißtransformator wird der Netzstrom auf diese Stärke umgespannt. Ein Pol des Stromkreises der Sekundärspule wird mit einer Klemme oder Schraubzwinge an das Werkstück angeschlossen; den anderen Pol bildet die Elektrode, ein dünner Eisenstab, den ein Mantel aus mineralischen Stoffen umgibt.

Zubehör Wir brauchen außer dem Transformator

Elektrodenhalter (Schweißzange), vollisoliert

Polklemme oder Schraubzwinge mit Schweißkabel

Stahlbürste und Spitzhammer zum Entfernen der Schlacke

Schutzschild (vors Gesicht zu halten) oder Schutzhaube (mit Bändern befestigt, nach oben zu klappen, läßt Hand frei zum Halten des Werkstücks)

Lederhandschuhe

Schutzschürze gegen Metall- und Schlackenspritzer.

Unfallgefahr Gefahren können entstehen aus der elektrischen Energie, der Strahlen- und Wärmewirkung des Lichtbogens und der Gasentwicklung.

Werkstück und Elektrode stehen unter Spannung. Solange der Lichtbogen brennt, besteht für den Arbeitenden keine Gefahr. Gefahr durch Berühren der unter Spannung stehenden Teile

(Werkstück, Unterlage, Elektrode) kann beim »Leerlauf« (= höchste Spannung) entstehen, wenn der Arbeitende auf leitendem Untergrund steht, schweißfeucht ist oder nasse Kleidung trägt. Die Leerlaufspannung ist auf den Geräten angegeben; sie muß unterhalb der Gefahrengrenze von 70 Volt liegen. Der Schweißer sollte sich stets durch isolierende Unterlagen (Brett, Gummimatte) gegen Stromdurchgang schützen, Handschuhe tragen und im Freien nicht bei Regen oder Schnee schweißen.
Der grelle Lichtbogen enthält gefährliche ultraviolette und infrarote Strahlen, beide unsichtbar. Sie können das Auge schädigen, Bindehautentzündung hervorrufen (»verblitzte Augen«, erst nach Stunden merkbar, aber keine Dauerschädigung). Sie können auf der ungeschützten Haut Verbrennungen (Sonnenbrand) hervorrufen. Deshalb: nicht Sonnenbrille oder Schweißbrille, sondern Schutzschild mit dunklem Spezialglas! Kinder von der Arbeitsstelle fernhalten. Gefährliche Strahlen können auch durch Spiegelung ins Auge gelangen.
Gegen glühende Eisen- und Schlackenspritzer schützen Handschuhe und schwer entflammbarer Schurz. Brennbares aus der Nähe entfernen. Wo Rauchen verboten ist, darf nicht geschweißt werden. Die beim Schweißen entstehenden Gase enthalten Stickoxyde und müssen durch gute Lüftung entfernt werden.
Schweißvorgang Der Lichtbogen schmilzt den Stahl des Werkstücks und bildet dabei ein Schmelzbad; außerdem kommt auch die Elektrode zum Schmelzen und geht tröpfchenweise in das Schmelzbad über. Beim Erstarren des Schmelzbades werden die Werkstückteile fest verbunden. Die Elektrode muß ummantelt sein, nackte Elektroden sind für Wechselstrom unbrauchbar. Die mineralischen Stoffe des Mantels schmelzen mit. Die beim Erstarren hieraus entstehende Schlacke mit Spitzhammer und Drahtbürste, Metalltropfen mit Feile oder Meißel entfernen.
Für kleine Schweißumspanner sind Titandioxyd-Elektroden von 1,5 bis 2,5 mm Kerndurchmesser mit mitteldicker oder sehr dicker Umhüllung geeignet. Je schwächer das Werkstück, desto schwächer soll die Elektrode gewählt werden. Je schwächer die Elektrode, desto geringer die benötigte Stromstärke. Der Regelbereich der Trafos reicht meist von 40 bis 110 Ampere.
Das Werkstück wird zweckmäßig auf eine leitende Unterlage gestellt (Blech, Rost, Schiene), die

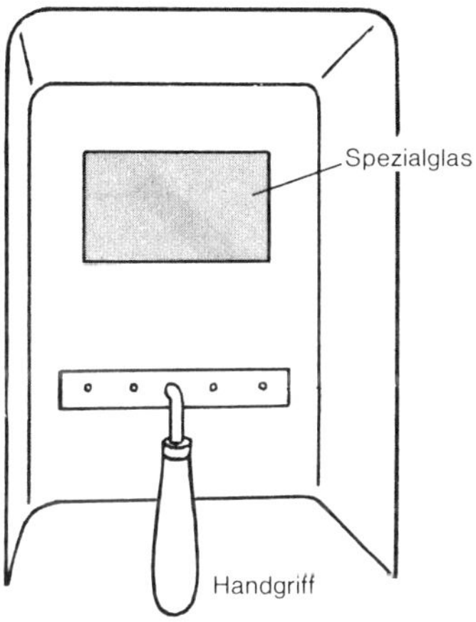

Schutzschild für den Schweißer

Der Schweißvorgang

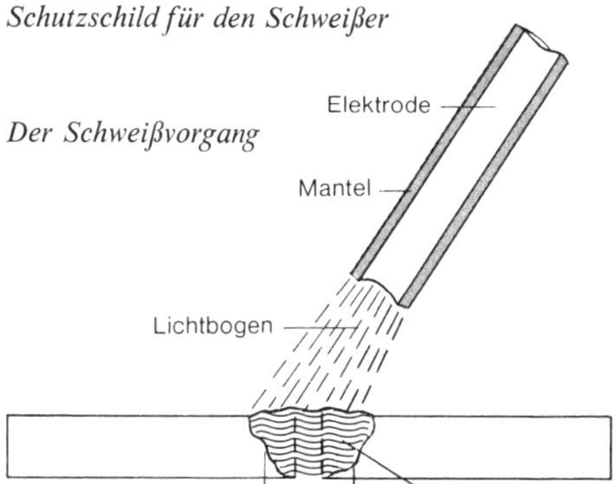

Schweißzwinge oder -klemme an Unterlage oder Werkstück befestigt.
Der Lichtbogen wird gezündet, indem man mit der Elektrode auf das Werkstück tupft oder über die Schweißstelle streicht und den Elektrodenabstand einhält. Der Abstand Elektrode–Werkstück soll dem Durchmesser der Elektrode entsprechen. Bei richtiger Führung der Elektrode entsteht eine leicht auftragende Schweißraupe von gleichartiger Struktur.
Es empfiehlt sich, zuerst Übungen durchzuführen: Auftragschweißungen auf starkem Blech und Verbindungen zweier Stücke. Elektrode nicht senkrecht, sondern etwa 70° geneigt über die Naht führen, in gerader Linie; Pendeln nur bei stärkerem Material nötig. Waagerechte Nähte sind leichter zu schweißen als senkrechte; letztere müssen von unten nach oben geschweißt werden. Bei zu starkem Strom wird der »Einbrand« zu tief und das Werkstück geschwächt (siehe Bild); bei zu niedriger Stromstärke entsteht keine ausreichende Bindung.

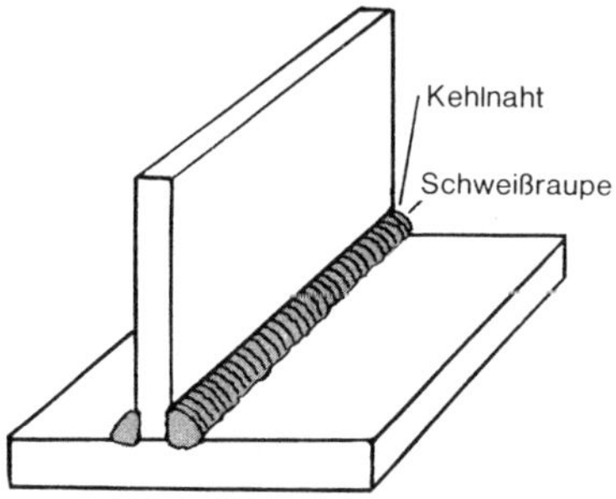

Kehlnaht und Schweißraupe

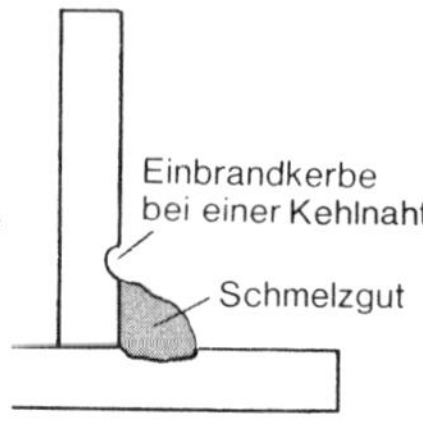

Schweißfehler: zu tiefer Einbrand

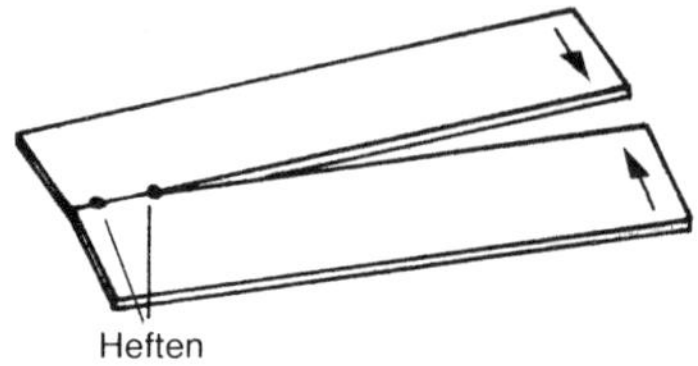

Das Heften einer längeren Naht; bei fortschreitendem Schweißen schließt sich die Lücke

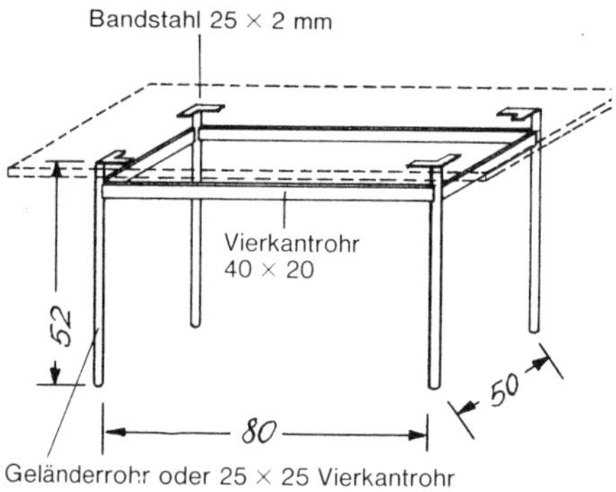

Couchtisch: Zusammensetzung des Gestells

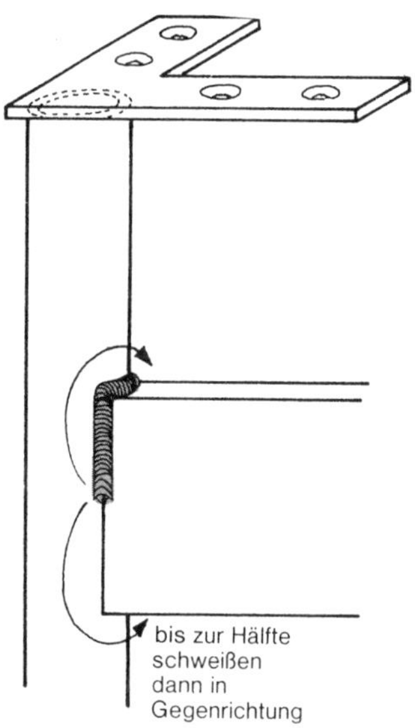

Anschweißen der Zargen und Aufschweißen der Winkel. Bandstahl 25×2 mm im rechten Winkel aufschweißen. Schenkellänge außen 70 mm, jeder Schenkel 2 Bohrungen 4 mm

Die Schweißnaht zieht sich beim Erkalten zusammen. Dadurch und durch die einseitige Erwärmung beim Schweißvorgang können Verziehungen am Werkstück auftreten. Längere Nähte erfordern unbedingt gerade, von Fett, Rost, Schmutz freie Nahtkanten und werden zuerst in Abständen von 3 bis 5 cm geheftet, wobei die Enden zuerst auseinanderklaffen (»Vorgabe«). Dann können die Werkstücke vor dem endgültigen Schweißen nochmals richtig zueinander gestellt werden.

Arbeitsbeispiel (Couchtisch aus Stahlrohren)

Material 4 Geländerrohre, 1 Zoll Durchmesser oder quadratisch 25×25 mm – je 52 cm lang. Vierkantrohre mit rechteckigem Querschnitt 40×20 mm als Zargen - 2 von 50, 2 von 80 cm Länge; etwa 60 cm Bandstahl 25×2 mm.

Arbeitsgang 1. Rohre auf Länge sägen, auf rechte Winkel an den Schnittstellen achten. Zargen für stumpfe Naht vorbereiten, bei runden Tischbeinen Rundung ausfeilen.

2. Zargen 4 cm unterhalb der Tischplatte anschweißen. Erst heften! Nach dem Richten die Schweißnaht nicht in einer Richtung herumführen, sondern zum Schutz gegen Verziehung nur bis zur Hälfte, dann vom Ausgangspunkt in entgegengesetzter Richtung. Wenn möglich Werkstücke beim Schweißen mit Schraubzwingen festspannen. Winkelrichtigkeit in der Horizontalen durch Messen der Diagonalen überprüfen, in der Senkrechten durch Anlegen eines Winkels.

3. Auf die Tischbeine oben je 2 Bandstahlstücke in rechtem Winkel laut Zeichnung aufschweißen; vorher Schraubenlöcher bohren.

4. Untere Öffnungen der Tischbeine durch Aufschweißen eines kreisrunden Bleches oder Aufstecken einer im Handel erhältlichen Kunststoffkappe abdecken.

5. Schweißnähte säubern und glätten.

6. Tischgestell mit Nitrolack streichen oder spritzen.

7. Tischplatte aufsetzen und anschrauben.

13 Die Metalloberfläche

»Flecken« auf Metallen können auf mechanischem und chemischem Weg entfernt werden, um das blanke Metall zum Vorschein zu bringen. Mit Ausnahme von Eisen ist bei allen Metallen, die in Haus und Hof vorkommen, die Bildung einer Oxydhaut ein sicherer Schutz vor einer Zerstörung. Rost jedoch geht keine feste Verbindung mit dem blanken Metall ein. Er »frißt« weiter bis zur völligen Zerstörung.

Bei Gegenständen aus Kupfer, Messing, auch Aluminium, ist oft der blanke Metallglanz erwünscht; er kann nur erhalten werden durch einen Überzug mit farblosem Zaponlack. Bei Berührung mit der Luft setzt die Oxydation wieder ein. Für die Metallpflege im Haushalt sind im allgemeinen Putzmittel wie z. B. Sidol ausreichend. Stärkere »Flecken« werden durch Scheuern mit Vim oder Sand entfernt.

Für Heimwerker, die selbst Werkstücke aus Metall anfertigen, seien zusätzlich einige Hinweise für die Behandlung und Verschönerung der Metall-Oberfläche gegeben.

Eisen und Stahl Rost kann mechanisch entfernt werden mit Stahlbürste, Feile, Schaber, Schleifmaschine, Schmirgelpapier, Sand und Vim. Starker (abblätternder) Rost wird zuerst mit einem Schlosserhammer (evtl. Spitzhammer), unter Umständen auch unter Zuhilfenahme eines Meißels, bis zur Grundschicht abgeklopft. Dann folgt die restliche Entrostung mit den obengenannten Mitteln.

Gründlicher als die mechanische Entrostung wirkt die Entrostung durch Säureeinwirkung. Sie wird angewandt, wenn für die Weiterbearbeitung ein völlig reiner Metalluntergrund erforderlich ist, wie z.B. beim Verzinken, Verzinnen oder Galvanisieren von Werkstücken aus Stahl. Dazu werden die Werkstücke in schwache Säurebäder gelegt, der Rost wird dabei von der Säure (Salzsäure) »aufgefressen«. Diese Art der Entrostung wird im wesentlichen für industrielle Zwecke angewendet.

Auch mit »Rostumwandlern« kann Rost beseitigt werden. Diese Mittel wandeln den Rost auf chemischem Wege in eine korrosionsfeste Eisenverbindung um, die zudem einen guten Anstrichträger abgibt. Zuerst muß der lose Rost mechanisch entfernt werden, dann wird der Rostumwandler mit dem Pinsel aufgetragen. Die Anwendung dieser Rostumwandler ist also sehr einfach und empfiehlt sich deshalb immer, wenn rostige Werkstücke einen Anstrich erhalten sollen (vgl S. 50).

Werkstücke aus Stahl (z.B. kunstgeschmiedete Gegenstände) schützt man vor Rost durch das Schwarzbrennen, ein sehr altes Verfahren. Das Werkstück wird mit Leinöl bestrichen und mit der Flamme (Kohlenfeuer, Gas- oder Lötlampenflamme) mehrmals erwärmt, nur auf etwa 400 Grad. Das Werkstück darf nicht ins Glühen kommen. Das Leinöl wird dabei eingebrannt. Das Verfahren kann mehrmals wiederholt werden. Nach dem Abbrennen wird die schwarzgebrannte Fläche mit einem eingewachsten Lappen nachgerieben.

Kupfer Kupfergegenstände, die angelaufen sind, kann man mechanisch mit dem Universalmittel Vim naß oder trocken kräftig abreiben, dann abspülen. Der Glanz wird erhöht durch ein Metallputzmittel oder eine Polierpaste, wie sie auch der Autofahrer zur Lackpflege verwendet. Ein sehr leicht herzustellendes Hausmittel, um stark angelaufenes Kupfer (auch Messing) wieder auf Hochglanz zu bringen, ist eine Lösung aus etwa 1 Eßlöffel unverdünntem Essig und 1 Teelöffel Salz. Diese Lösung wird mit einem Lappen auf das Metall aufgetragen. Einwirken lassen, dann gründlich abspülen. Mit Vim nachreiben (die alkalische Wirkung des Vim ist hierbei sehr günstig), eventuell auch wieder mit Metallputzmittel oder Polierpaste.

Soll stark angelaufenes Kupfer (auch patiniertes) blank gemacht werden, verwendet man verdünnte Schwefelsäure. Mischungsverhältnis: 2 Drittel Wasser, 1 Drittel konzentrierte Schwefelsäure. Im Glas- oder irdenen Gefäß ansetzen, die Säure vorsichtig dem Wasser zugeben (es tritt Erwärmung ein); nicht umgekehrt!

Je nach Größe kann das Werkstück entweder eingetaucht oder mit einem getränkten Lappen bestrichen werden. Lappen nicht mit der Hand, sondern mit Holzklammer oder säurefestem Handschuh halten (Achtung auf Kleider). Beize einige Minuten einwirken lassen, Werkstücke gründlich abspülen, am besten mit Sägespänen trocken reiben.

Messing wird mechanisch wie Kupfer gereinigt, auch die Essig-Salz-Lösung ist wirksam wie bei Kupfer.

Zum Beizen von Messing verwendet man verdünnte Salzsäure (1 Teil Wasser, 1 Teil Salzsäure). Weitere Behandlung wie Kupfer.

Aluminium reinigt man am besten mechanisch mit Vim; ist Glanz erwünscht, mit Polierpaste nachreiben oder mit käuflichem Aluminiumputzmittel behandeln.

Die chemische Reinigung mit Ätznatron ist für den Heimwerker nicht zu empfehlen.

Zink kann mit verdünnter Salzsäure (1:1) gereinigt werden.

All diese Maßnahmen zur »Fleckentfernung« können es allerdings nicht verhindern, daß das Metall sofort wieder mit der Oxydation beginnt. Abhilfe schafft nur der vollständige Abschluß vom Luftsauerstoff durch einen Lack- oder Fett-(Wachs-)überzug. Für das Lackieren von Metallen nimmt man Zaponlack (S. 54).

14 Beschläge

Übersicht über die Beschläge Beschläge nennt der Fachmann alle aus Metall gefertigten Vorrichtungen, um Türen oder Fenster zu bewegen, festzuhalten oder zu verstärken. Man unterscheidet Baubeschläge und Möbelbeschläge. In diesem Abschnitt behandeln wir hauptsächlich Baubeschläge. Doch unterscheiden sich beide Gruppen häufig nur durch die Abmessungen, und beim Anschlagen sind die gleichen Grundsätze zu beachten. Über Möbelbeschläge außerdem S. 134 f.

Die wichtigsten Baubeschläge sind Bänder (mit den zugehörigen Kloben), Riegel (am Schluß dieses Abschnittes erwähnt), Schlösser (Abschnitte 15 bis 18).

Für Hebefenster und -türen, Schwingfenster, Verbundfenster, Schiebe- und Faltschiebefenster und

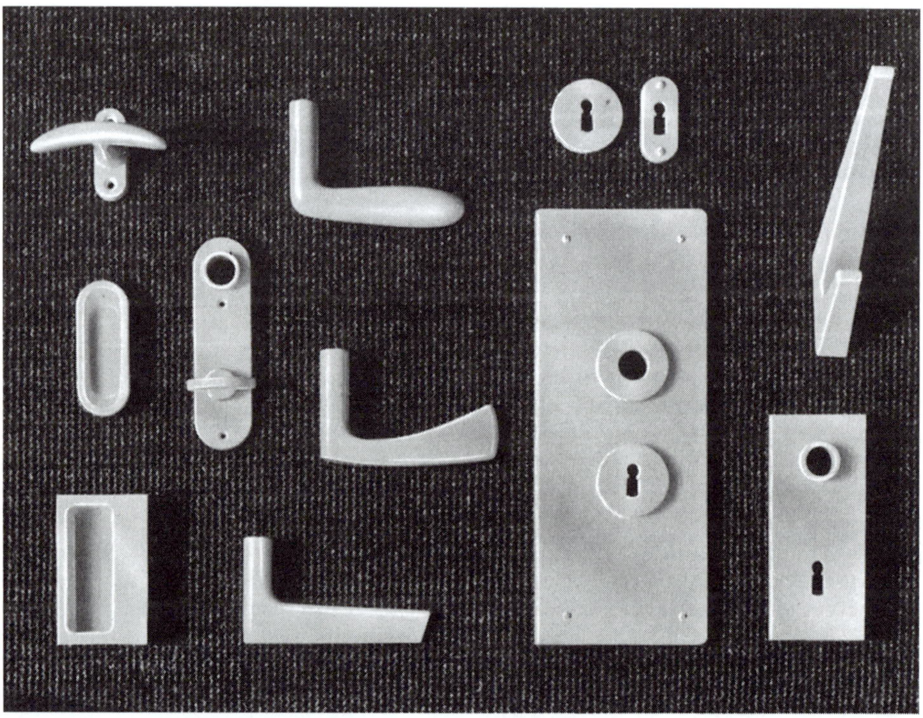

HEWI-Nylon-Beschläge, vom Türdrücker bis zum Garderobehaken · Heinrich Wilke GmbH, Arolsen

-türen benötigt man Sonderbeschläge, die nur der Fachmann anschlagen soll. Sie sind hier nicht behandelt.

Band und Kloben Jedes Drehgelenk an Tür und Fenster besteht aus zwei Teilen: Band und Kloben. Ihre Partnerschaft ist unerläßlich. Der Kloben ist an Türstock oder Mauerwerk angebracht, das Band an der Tür.

Manche Drehverbindungen sind deutlich in Band und Kloben zu unterscheiden (linkes Bild); bei anderen ist der Kloben als Stocklappen (Bandkloben) ausgebildet (rechtes Bild).

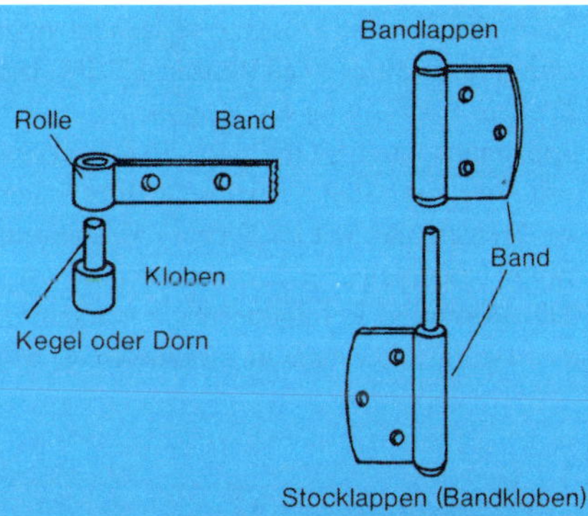

Die wichtigsten Fachausdrücke bei Bändern

Sichtbare Bänder

Bei Zimmer- und Wohnungstür soll das Band möglichst wenig zu sehen sein. Wo dieses Erfordernis keine Rolle spielt (z. B. Kellertür) oder wo die Stabilität es erfordert (z. B. schweres Garagentor), wird jedoch ein sichtbares Band angeschlagen.

Langband Dieses Band wird auf das Holz aufgesetzt, also nicht eingelassen. Je schwerer die Tür, desto länger muß es sein: für Lattenverschläge reichen 30 bis 40 cm, für ein Gartentor mit Balkenrahmen bis 120 cm – alle Längen als Handelsware käuflich. Zum Befestigen kommen in das erste Loch eine Schloßschraube (S. 319), in die übrigen Holzschrauben (S. 122 f.). Aufnageln ist nicht zu empfehlen.

Kreuzband Auch Kreuzbänder werden meist aufgesetzt; man verwendet sie allein, meist aber als drittes (mittleres) Band neben Lang- oder Winkelbändern.

Befestigung: durch Schloßschrauben (bei schweren Bändern mehrere) und Holzschrauben. In der Regel soll der Schraubenkopf der Schloßschraube am Holz aufliegen (dazu für den vierkantigen Schraubenhals vierkantig ausstemmen), die Mutter am Band. Bei Türen aber, die einen Raum abschließen, muß es umgekehrt sein, damit das Band nicht von außen abgeschraubt werden kann: Mutter auf der Holzseite (Beilagscheibe unterlegen); Schraubenkopf auf der Bandseite (dazu Schraubenloch im Band vierkantig feilen).

Winkelband Hier ist der Querriegel als Winkel ausgebildet. Die Schenkel können gleich lang oder ungleich sein. Das Winkelband wirkt nicht nur als Teil des Drehgelenks; es dient gleichzeitig als Verstärkung der darunterliegenden Holzteile. Deshalb und aus Gründen der Symmetrie setzt man dem Winkelband an der anderen Seite des

Langband

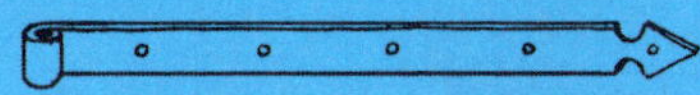

Kreuzband

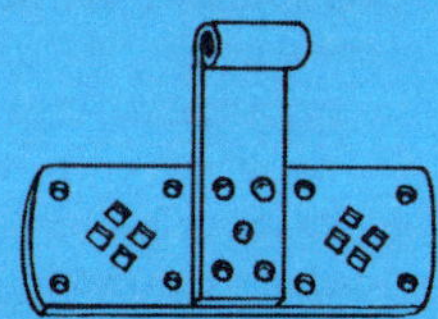

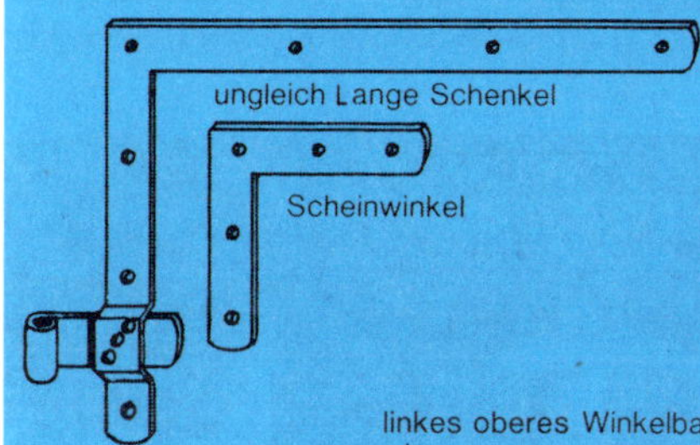

Winkelband

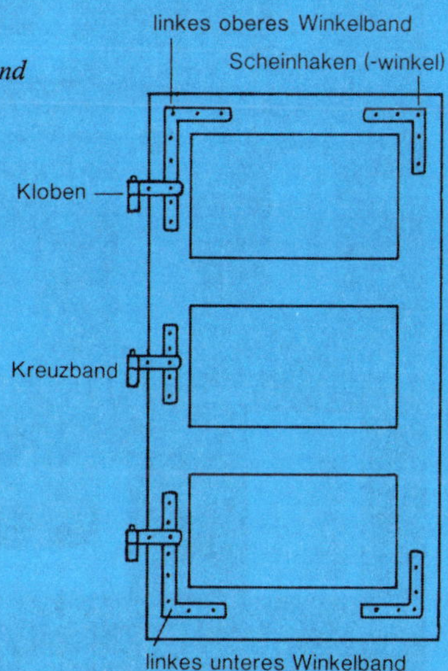

Schwere Türe mit Winkelbändern, Scheinwinkeln und zusätzlichem Kreuzband als Verstärkung

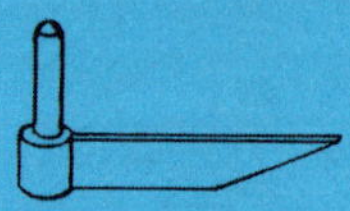

Kloben zum Einschlagen ins Holz

Plattenkloben (Platte ins Rahmenholz einlassen, mit Holzschrauben befestigen)

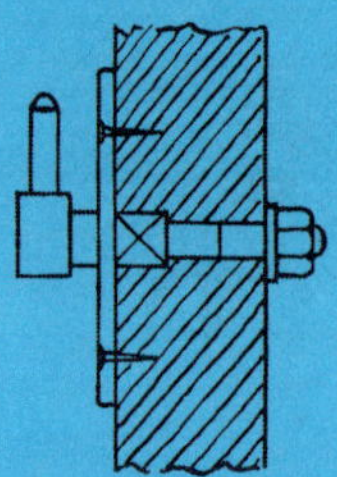

Plattenkloben mit durchgehender Schraube (große Festigkeit)

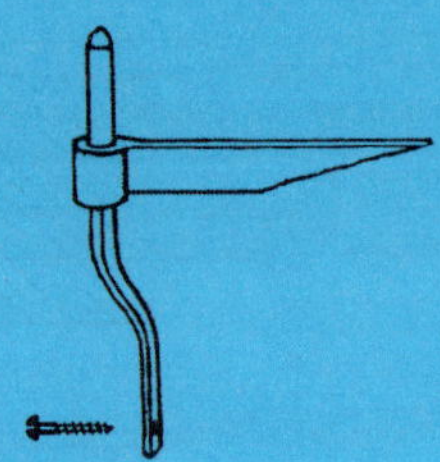

Stützkloben für leichtere Türen (Kloben zum Einschlagen)

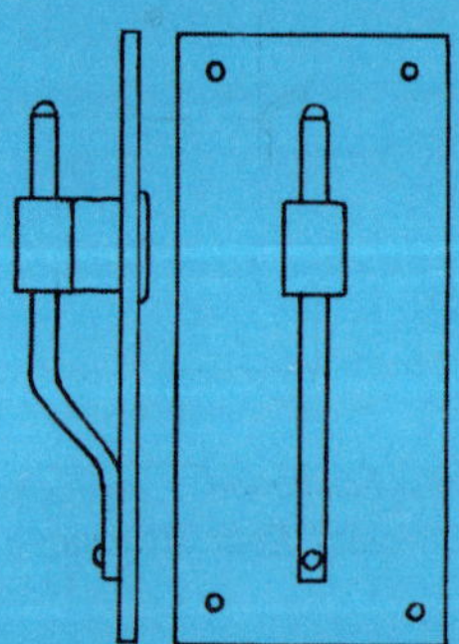

Stützkloben mit Platte

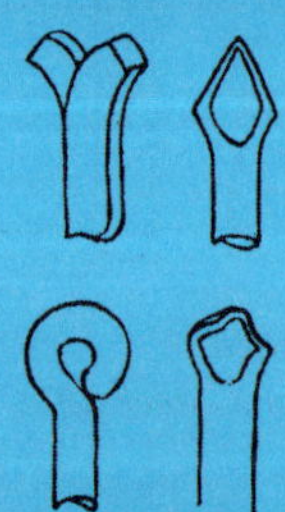

Einige Formen der Steinschraube

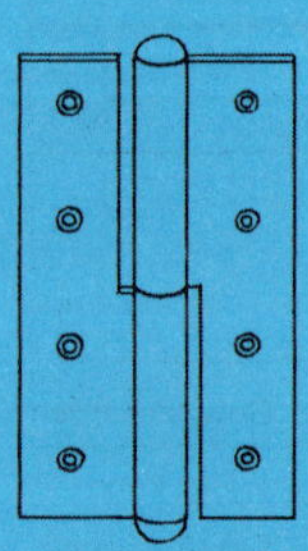

Gerades Aufsatzband

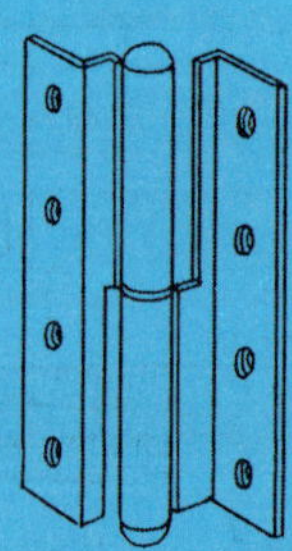

Gekröpftes Aufsatzband

Türblattes sogenannte Scheinwinkel (Scheinhaken) entgegen, vor allem bei Flügeltüren und Fenstern.

Das Winkelband wird entweder ins Holz eingelassen oder z.B. bei gewöhnlichen Fensterläden (Klappläden) aufgesetzt. Beim Einkauf müssen Sie angeben, ob das Band aufgesetzt oder eingelassen werden soll, denn bei aufgesetzten Bändern sind die Kanten abgerundet, einzulassende Bänder haben scharfe Kanten. Winkelbänder mit Scheinwinkeln gibt es ebenso wie Kreuzbänder in den Fachgeschäften. Befestigung mit Schloßschrauben und Holzschrauben.

Zierformen Die aufgezählten sichtbaren Bänder gibt es in Zierformen. Man kann sie fertig kaufen, auch vom Schlosser machen lassen, wenn man will nach eigenem Entwurf. So macht man aus der Not der Sichtbarkeit eine Tugend und gibt einer Tür, z.B. in einer Bauernstube, einen bestimmten Stil.

Rostschutz Bänder, die der Witterung ausgesetzt sind, sollen vor dem Anschlagen allseitig einen Rostschutzanstrich bekommen (S. 49 f.).

Kloben · Arten und Befestigung Spitzkloben zum Einschlagen nimmt man für gering beanspruchte Türen (Lattentüren). Plattenkloben können stärker beansprucht werden, noch stärker mit durchgehender Schraube. Stützkloben verwendet man, wenn die Tür so schwer oder das Türfutter so beschaffen ist, daß ein einfacher Kloben keine ausreichende Festigkeit bietet. Stützkloben gibt es wiederum zum Einschlagen, als Plattenkloben und mit durchgehender Schraube (diese Form ist in der Abbildung nicht enthalten).

In Mauerwerk setzt man Kloben mit Steinschraube. Über das Einsetzen finden Sie Näheres auf S. 231 f. Auch solche Kloben können als Stützkloben ausgebildet sein.

»Unsichtbare« Bänder

Da man für Zimmertüren und Fenster Bänder vorzieht, die möglichst wenig in Erscheinung treten, werden Sie in Ihrer Wohnung vorwiegend die folgenden Formen vorfinden.

Gerades Aufsatzband Dieses Band – fälschlich oft Scharnier genannt – dient für Türen ohne Falz, sogenannte stumpfe Türen. Für gefalzte Türen braucht man gekröpfte Aufsatzbänder. Den Unterschied verstehen Sie an Hand der beiden Schnittzeichnungen rechts oben.

Der Stocklappen wird eingelassen (nicht aufgesetzt) in den Türstock, der Bandlappen in die Stirnseite des Türblattes (Rahmens). Der in der Schnittzeichnung angegebene Abstand von 2 mm zwischen Rolle und Holz ist erforderlich, damit beim Drehen der Tür keine Anstrichfarbe abgeschabt wird.

Rechts und links Dieser Unterschied ist wichtig auch für die nachfolgend beschriebenen Bänder: Betrachten Sie die Tür von der Seite, auf der die Rolle sichtbar ist. Liegt die Rolle jetzt rechts, so müssen Sie ein »rechtes« Band einkaufen, sonst ein linkes.

Gekröpftes Aufsatzband Dieses Band für gefalzte Türen hat rechtwinklig gebogene Lappen. Beim Einkauf müssen Sie außer »Rechts« und »Links« (siehe oben) die Falztiefe beachten. Der Abstand von der Rolle zur Kröpfungskante muß der Falztiefe entsprechen. Gekröpfte Aufsatzbänder sind für die gebräuchlichen Falztiefen passend zu kaufen.

Fischband Für Wohnungs-, Zimmertüren und Fenster wird am häufigsten das Fischband – auch Einstemmband genannt – gewählt. Der Name hat nichts mit einem Fisch zu tun, sondern kommt vom französischen Wort »ficher« = einstemmen, ausfugen.

Die beiden abgeschrägten Lappen werden in vorher gestemmte Schlitze in Tür und Türstock gesteckt und durch von außen eingeschlagene Stifte festgehalten. Sie sind damit unsichtbar. Für Türen mit schwachem Futterholz nimmt man Bänder mit schmalerem Stocklappen. Alle gebräuchlichen Größen – auch für Möbeltüren – gibt es fertig im Handel.

Das rechts gezeigte Band hat eine schraubenförmig ansteigende Gleitfläche. Dadurch hebt sich die Tür beim Öffnen an und kann Hindernisse wie einen davor liegenden Teppich übersteigen. Die schrägen Laufflächen bewirken außerdem, daß sich die Tür durch ihr Gewicht von selbst schließt. Bei voll geöffneter Tür verhindert eine Rast das Zufallen. Zum Öffnen der Tür muß etwas mehr Kraft aufgewendet werden. Der obere Türfalz muß für ein steigendes Band etwas tiefer gelegt werden.

Einbohrband Einbohrbänder finden in letzter Zeit eine immer weitere Verbreitung. Sie werden sowohl im Möbelbau wie auch als Baubeschläge für Türen und Fenster verwendet. An Stelle der Lappen hat das Einbohrband Gewindezapfen, die konisch verlaufen und in das Holz der Türe (bzw. des Fensterrahmens) und des Stockes ein-

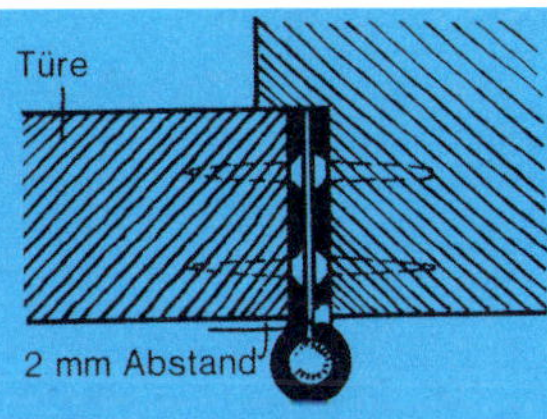

Sitz des geraden Aufsatzbandes (stumpfe Tür)

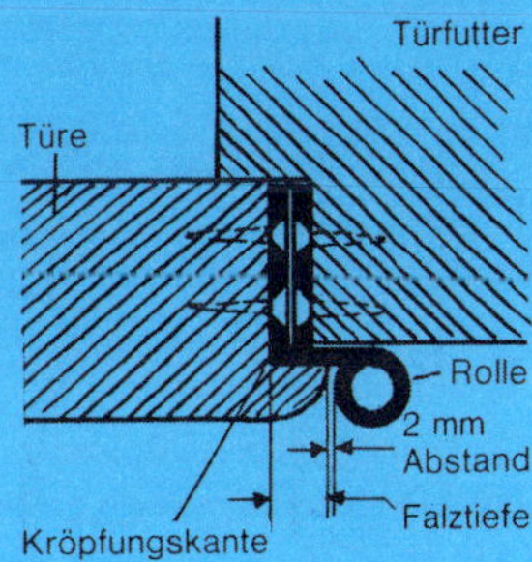

Sitz des gekröpften Aufsatzbandes (gefalzte Tür)

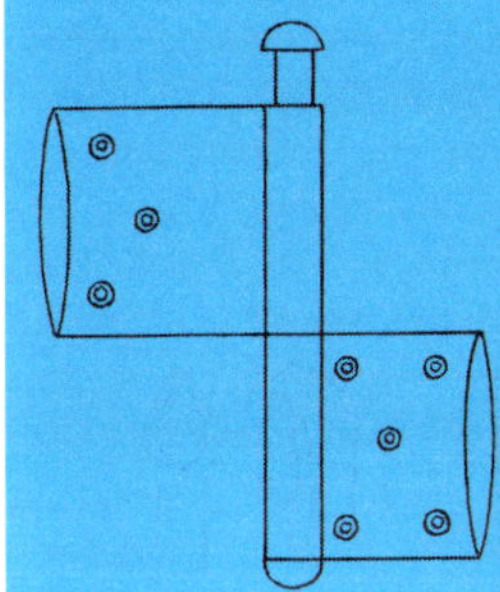

Fischband (hier mit Steckstift)

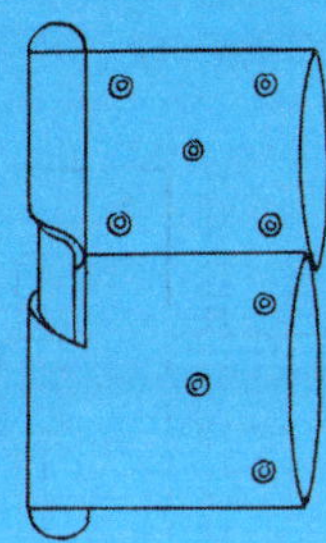

Fischband »auf Rolle steigend«

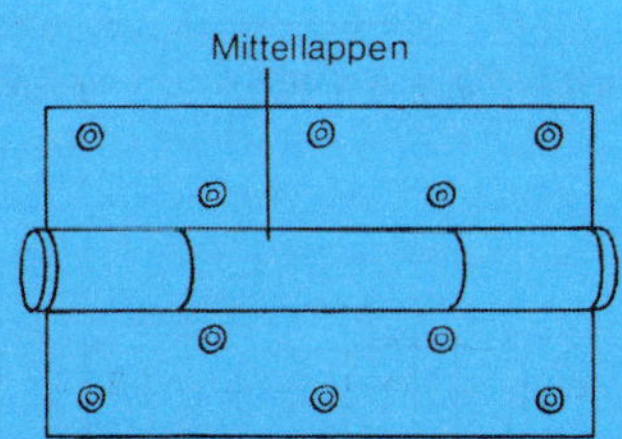

Band mit Mittellappen

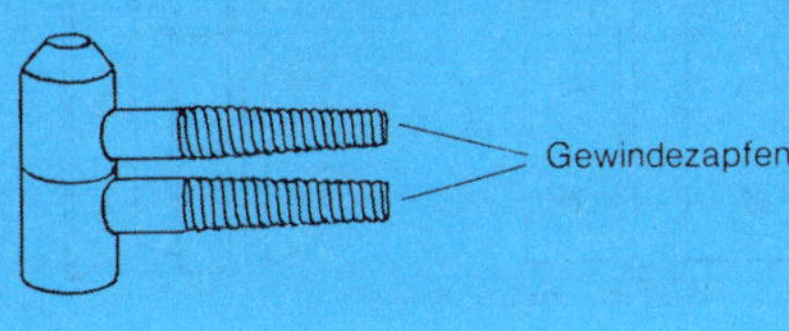

Einbohrband

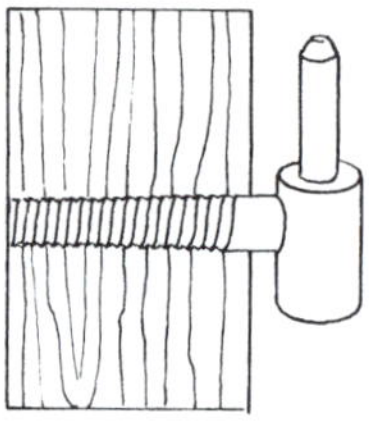
Eingeschraubter Kloben

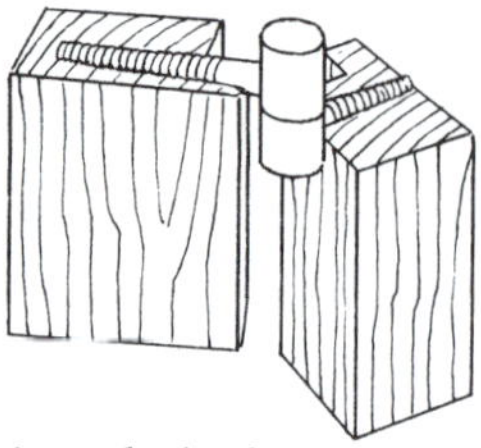
So sitzen die beiden Gewindezapfen des Einbohrbandes im Holz

geschraubt werden. Der Bohrungsdurchmesser muß so bemessen sein, daß sich die Gewindegänge beim Eindrehen in das Holz einschneiden. Einbohrbänder erlauben nachträgliche Lagerkorrekturen durch einfaches Ein- oder Ausdrehen der Gewindezapfen, z. B. wenn sich die Türe gesenkt hat. Das Anschlagen wird mit Hilfe einer Bohrlehre vorgenommen, durch die die Lage der Bohrlöcher genau fixiert werden kann. Zu Einbohrbändern können die benötigten Werkzeuge und Vorrichtungen einschl. einer Montageanleitung mitgeliefert werden: Bohrlehre, Stufenbohrer für konische Gewindezapfen und ein Montiereisen.

Steckstift Für Türen, die sich nach dem Anschlagen (z. B. wegen niedriger Decke) nicht mehr in die Höhe heben lassen, verwendet man Bänder mit Steckstiften. Der Stift – erkennbar in der Abbildung des Fischbandes – wird beim Einhängen der Tür von oben durch die Bandteile gesteckt. Es gibt sowohl Aufsatzbänder wie Fischbänder mit Steckstift. Bänder mit Mittellappen und Scharniere (siehe unten) haben immer Steckstifte.

Mittellappen Für schwere Türen nimmt man Bänder mit Mittellappen. Die Tür kann sich nicht senken und hat eine verbesserte Führung. Auch gekröpfte Aufsatzbänder und Fischbänder sind mit Mittellappen erhältlich.

Vorrichtungen zum Vermindern der Reibung

Eine Tür soll »leicht gehen«. Die Reibung von Rolle auf Kloben erschwert den Gang. Bei dauernder Benutzung nützen sich die Laufflächen ab, die Tür kann sich senken. Die Reibung wird vermindert durch Beilagringe – aus Stahl, Messing oder Leichtmetall, je nach dem Material des Bandes.

Eine Tür, die sich gesenkt hat, kann man durch Aufstecken solcher Ringe auf den Kegel (Dorn) wieder anheben. Das Senken geht meist nicht darauf zurück, daß sich die Lage der Bänder verändert; vielmehr gibt die Holzkonstruktion der Tür durch Schwinden des Holzes nach. Beschläge mit Scheinwinkeln (S. 333) wirken dem entgegen.

Bei Aufsatz- und Fischbändern ist die Reibung gering, wenn in der Rolle des Bandlappens ein Zapfen angebracht ist, der so auf dem Kegel aufsitzt, daß eine Fuge zwischen den Lappen bleibt. Die Fuge stört das Auge, man legt einen Beilagring ein.

Besonders leichtgängig sind Bänder und Scharniere, die auf Kugellagern laufen.

Scharnier Scharniere nennt man die Bänder, deren Lappen zahnartig ineinandergreifen. Sie geben – wie Bänder mit Mittellappen – eine gute Führung und verhindern ein Senken der Tür. Die beiden Bandlappen sind durch Steckstifte (S. 335) verbunden; Scharniere können deshalb verwendet werden für Türen, die sich nach dem Anschlagen nicht mehr heben lassen.

Das Anschlagen erfolgt wie beim Aufsatzband (S. 334). In Ausnahmefällen kann man ein Scharnier auch so anbringen, daß die beiden Lappen sichtbar sind. Die Drehachse (= Mittelachse des Stifts) muß dann genau in die Stoßfuge fallen.

Scharniere werden häufig verwendet als Möbelbeschläge, insbesondere auch für Türen, Klappen,

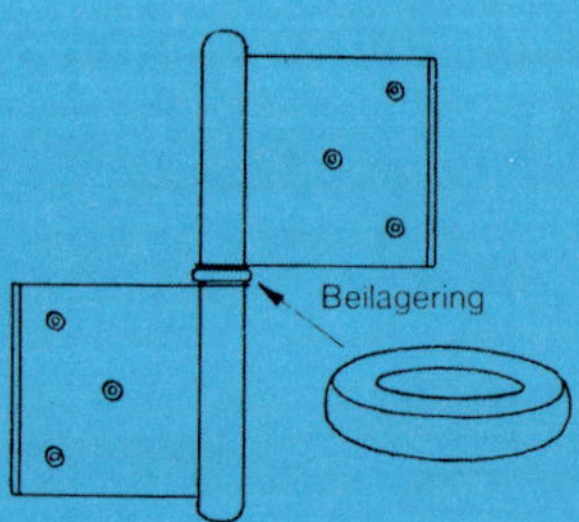

Band mit Beilagering

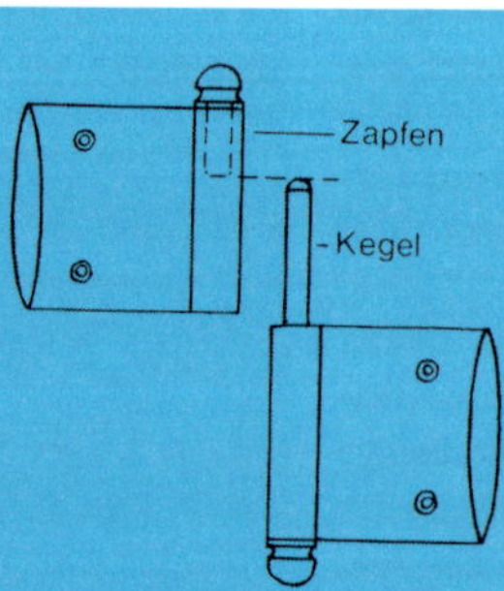

Zapfen in der Rolle des Bandlappens

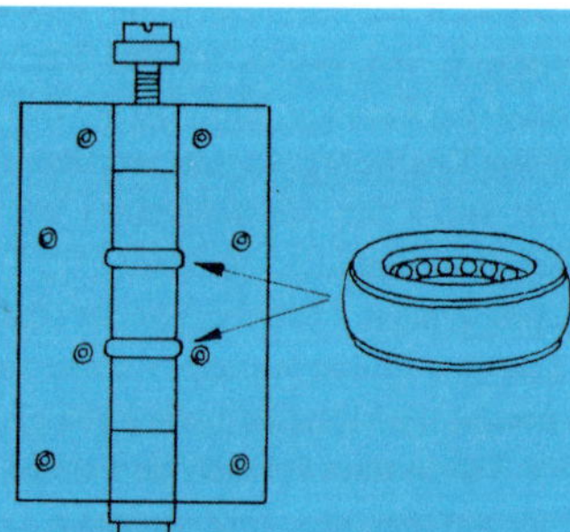
Türscharnier mit Steckstift und Kugellager-Zwischenringen

Deckel mit waagerecht liegender Drehachse. Die Verzahnung der Bänder verhindert ein seitliches Verschieben. Der Stift ist beim Möbelscharnier meist an den Enden gestaucht und deshalb nicht herausnehmbar.

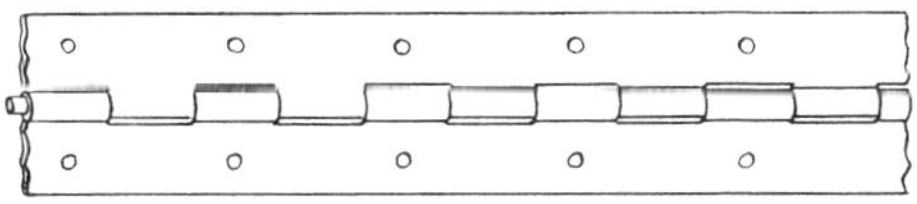

Klavierband (Möbelbeschlag)

Klavierband Das Klavierband ist ein Scharnier, das über die ganze Drehachse der Türe reicht. Es wird für stumpfe Türen verwandt und in der Stoßfuge so aufgesetzt oder eingelassen, daß die Drehachse (Mitte des Stifts) etwa 1 mm Abstand von der Holzoberfläche hat. Es gibt eine ausgezeichnete Führung. Die Rolle ist aber in ganzer Länge der Tür außen sichtbar.

Winke für das Anschlagen von Bändern

Der Laie wird nicht so leicht in die Lage kommen, eine Zimmertür anschlagen zu müssen. Es ist ihm auch nicht zu raten; allerhand Übung und Erfahrung gehören dazu. Doch bei untergeordneten Türen und bei Möbeln wird er Bänder auch selbst anschlagen. Deshalb einige kurze Tips dazu:

1. Grundsätzlich zuerst das Band an der Tür, dann erst am Türstock anschlagen.
2. Die Befestigungsschrauben müssen aus dem gleichen Material wie die Bänder sein.
3. Die Drehachsen beider Teile eines Drehbeschlags müssen haargenau in einer Linie liegen.
4. Das Einpassen geht am besten, wenn man den Türstock (Rahmen) waagerecht legen kann, wenn er also noch nicht eingebaut ist.
5. Rollen dürfen nicht auf dem Holz aufliegen, sie schaben sonst den Anstrich ab und bremsen.
6. Soll ein Band eingelassen werden, so daß es mit der Holzoberfläche abschließt, so benutzt man das Band selbst als Schablone zum Anreißen der Umrißlinien und Bohrlöcher. Über Stemmarbeiten S. 115f.
7. Eine Falztür (Zimmertür) soll oben etwa 2 mm »Spiel« haben (Platz für den Farbanstrich!). Das seitliche Spiel richtet sich nach der Art des Bandes. Bei Aufsatzbändern und Scharnieren bleibt auf der Bandseite kein Spiel, weil hier die beiden eingelassenen Lappen bei geschlossener Tür aufeinanderliegen. Sind bei solchen Bändern Türstockfalz und Tür nicht genau gehobelt, kann die Tür klemmen! Eine Zimmertür mit Fischbändern erhält auf der Bandseite etwa 2 mm, auf der Schloßseite bis zu 5 mm Spiel.
8. Zum Anschlagen eines Fischbandes müssen Schlitze in Tür und Türstock gestemmt werden. Dazu nimmt man einen besonders geformten Stechbeitel, das Fischbandeisen. Der Laie soll sich aber eher am sichtbaren Band, am Aufsatzband oder Scharnierband versuchen. Das Anschlagen von Fischbändern ist nicht einfach.

Die Tür quietscht

Zum Schmieren einer quietschenden Tür braucht man außer Öl oder Fett noch etwas Vorsicht und Bedachtsamkeit. Drei Fälle sind denkbar.

Ölloch Am einfachsten ist das Ölen, wenn das Türband ein Ölloch hat. Bei guten neueren Bändern ist das gewöhnlich der Fall. Das Loch finden Sie beim Fischband 1,5 cm vom oberen Rand entfernt. Wenig Öl! Einige Tropfen hineingeben. Dabei Wollappen bereithalten, um danebenlaufendes Öl gleich abzuwischen. Tür mehrmals bewegen, dann nötigenfalls noch ein wenig Öl nachgeben.

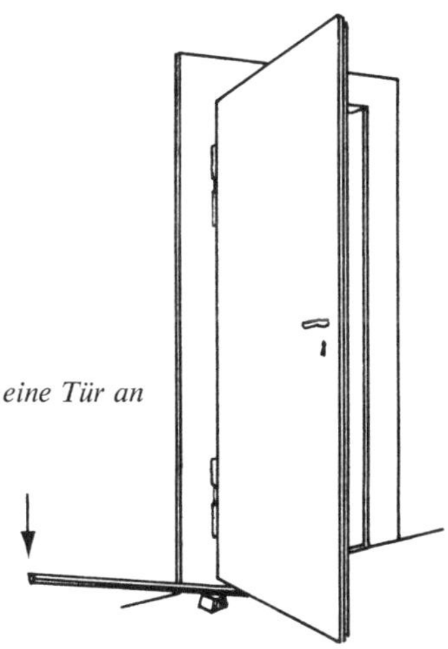

So hebt man eine Tür an

Tür anheben Ist kein Ölloch vorhanden, so muß die Tür angehoben werden, damit wir an die Kegel (Drehzapfen) herankommen. Anheben, aber nicht aushängen! Das geschieht mit einem Hebel, der über ein Klötzchen gelegt wird. Der Ansatzpunkt des Hebels muß möglichst nahe am Drehpunkt der Tür liegen, sonst verbiegen sich die Bänder. Nicht ruckweise anheben, sondern langsam, mit Gefühl.

Langsam – das ist aus mehreren Gründen nötig: einmal, weil man vorher nicht sehen kann, wie lang die Drehzapfen (Dorne) sind. Sie sind manchmal überraschend kurz, und schon fällt die Tür ins Zimmer. Das ist besonders unangenehm bei sogenannten gedoppelten Türen – das sind Türen, die aus zwei Holzflächen zusammengearbeitet sind. Sie können ein Gewicht bis zu zwei Zentner haben. Ebenso unangenehm ist es bei Türen, die drei oder mehr Bänder haben. Eine solche Tür wieder einzuhängen, besonders wenn die Zapfen noch gleich lang sind, aber nicht ganz genau in einer Flucht stehen, ist ein Geduldsspiel. Langsam anheben, auch deshalb, damit man rechtzeitig merkt, ob die Tür sich überhaupt ausheben läßt oder ob sie vielleicht gleich an ein Profil oder eine Putzleiste anstößt. Wird ein Fenster ruckweise angehoben, kann die obere Kante leicht ein Stück Putz wegschlagen.

Steckstifte anheben Läßt sich die Tür nicht ausheben, so ist anzunehmen, daß die Steckstifte der Türbänder herausnehmbar sind – denn irgendwie muß die Tür ja hineingekommen sein! Die Stifte schlägt man mit Hilfe eines stabilen Schraubenziehers hoch. Erst einen Stift hochschlagen, ölen, wieder einsetzen – dann den nächsten, damit die Tür nicht herausfallen kann.

Diese Ratschläge sind für den Laien bestimmt, der es sich einfach machen will. Der Fachmann fügt hinzu: Besser, die Tür aushängen, altes verharztes und mit Staub verkrustetes Fett mittels Petroleumlappen entfernen, dann die Bänder mit rotem Maschinenfett (Staufferfett) einfetten.

Ein Wort über Riegel

Der Riegel, empfehlenswert für Türen und Tore, die nur von einer Seite geöffnet und verschlossen werden sollen, ist ein so einfacher Beschlag, daß wenige Worte über ihn genügen. Die Platte wird mit Holzschrauben am Türblatt befestigt; der Riegel greift in einen Kloben oder ein Schließblech am Türstock ein, je nachdem ob sich die Tür nach innen oder außen öffnet. Im letzteren Fall verwendet man in der Regel einen gekröpften Riegel. Wissen müssen Sie außerdem für den Einkauf, daß man für eine einflügelige Tür den einfachen Türriegel braucht, für eine zweiflügelige den längeren Stangentürriegel.

Gerader Türriegel

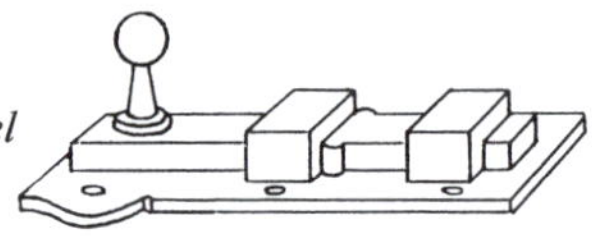

Gekröpfter Türriegel

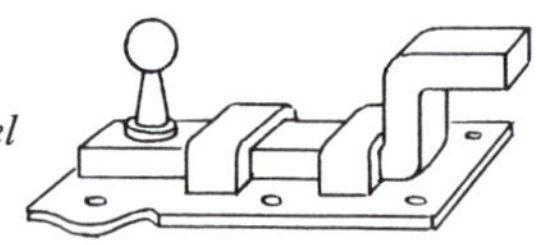

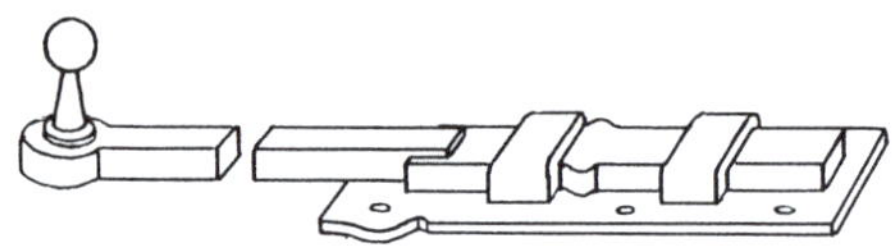

Gerader Stangen-Türriegel für zweiflügelige Tür (auch gekröpft erhältlich)

15 Sind Sie Schloßbesitzer?

Sie ahnen, lieber Leser, was gemeint ist: Wahrscheinlich bewohnen Sie kein fürstliches Schloß – aber in Ihrer Wohnung besitzen Sie eine Fülle von Schlössern: an Haus- und Wohnungstür, an jeder Zimmertür, an Schreibtisch, Bücher- und Wäscheschrank, an Koffern und Aktentaschen. Alle tun sie ihren Dienst; man kümmert sich nicht um sie, gibt ihnen vielleicht noch nicht einmal ab und zu ein wenig Öl. Wenn aber eines versagt, nicht mehr auf- oder zugeht, wenn wir ohne Schlüssel vor verschlossener Wohnungstür stehen, dann erfordern sie plötzlich unsere Aufmerksamkeit. Wer ein wenig Bescheid weiß über ihren Bau und ihre Funktion, kann sich oft selbst helfen. Er kann das richtige Schloß für den jeweiligen Zweck wählen; er kann ein Schloß selbst anbringen (»anschlagen«); er kann kleine Schäden beheben, Schlüssel selbst anfertigen, einfache Schlösser öffnen, wenn der Schlüssel verloren ist.

Viel ärgerlicher noch tritt ein Schloß in unser Bewußtsein, wenn es einmal durch einen »Unbefugten« geöffnet werden sollte. Wer Gerichtsverhandlungen gegen Einbrecher beiwohnt, sieht immer wieder, wie erstaunlich leicht viele Leute

So funktioniert ein einfaches Riegelschloß
I = Riegel
II = Zuhaltung
III = Zuhaltungsfeder

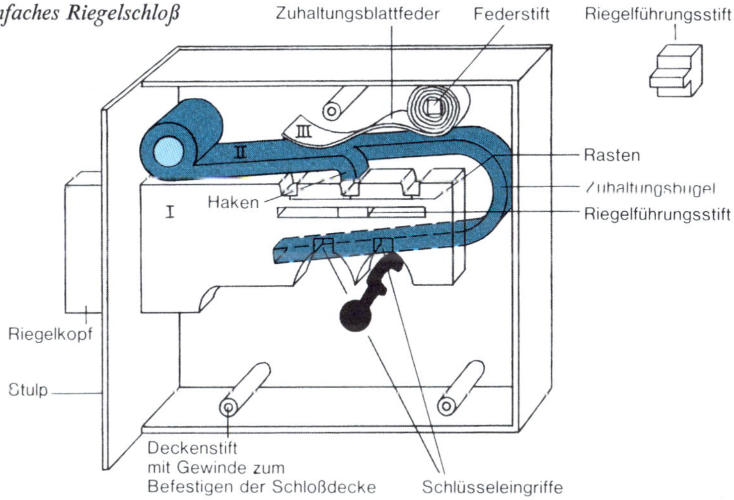

es denen machen, die es auf fremdes Eigentum abgesehen haben. Ein zu einfaches, zu schwaches, falsch angebrachtes oder defektes Schloß ist geradezu eine Einladung für den Einbrecher! Wäre es nicht gut, wenn das Wissen von den Schlössern nicht nur zur »Berufsausbildung« des Langfingers gehörte, wenn wir vielmehr alle den Schlössern Aufmerksamkeit schenken würden, um unser Eigentum zu sichern?

Allerdings, Schlösser sind heute manchmal nicht mehr ausreichend. Alarmanlagen können zusätzliche Sicherheit geben, denn Einbrecher scheuen Lärm und Licht. Eine einfache Alarmanlage zum Selbstbau ist S. 466f. beschrieben. Es gibt auch alarmgesicherte Zylinder-Schlösser, die auf falsche Schlüssel reagieren. Wer sich eingehend über Einbruchssicherungen und Alarmanlagen unterrichten möchte, kann die nächstgelegene Beratungsstelle der Kriminalpolizei aufsuchen.

In Deutschland gibt es über 10000 Patente für Schlösser; doch die Mechanik der meisten Schlösser läßt sich auf einfache Elemente zurückführen, die wir jetzt betrachten.

Wie funktioniert ein Schloß?

Kastenschloß · Einsteckschloß Wir betrachten ein einfaches Kastenschloß. Kastenschlösser sind solche, die außen sichtbar an der Tür sitzen, während Einsteckschlösser im Holz der Tür verschwinden.

Riegel und Falle Riegel heißt das Stück, das beim Drehen des Schlüssels aus dem Stulp herauskommt. Der Riegel hat rechteckigen Querschnitt. Falle heißt das Stück, das durch den Türdrücker bewegt wird und die Tür verschlossen hält, auch wenn der Riegel nicht schließt. Unser Schloß soll zunächst nur einen Riegel haben.

Bitte machen Sie sich an Hand der Zeichnung mit den Benennungen der Teile vertraut.

Der Riegel erhält seine Führung durch die viereckige Öffnung im Stulp und durch den Riegelstift, der im Schloßboden vernietet sitzt.

In die Aussparungen am oberen Teil des Riegels (Rasten) greift unter dem Druck der Zuhaltungsfeder der Rastenhaken ein.

Was tut der Schlüssel? Zweierlei:

1. Er hebt den Zuhaltungsbügel (hinter dem Riegelschaft, gestrichelt gezeichnet) und hebt damit den Zuhaltungshaken aus seiner Raste.
2. Zugleich transportiert er, indem er in die abgerundeten Aussparungen unten am Riegel greift, den Riegel vor oder zurück, so weit, bis der Haken in die nächste Raste fällt.

Das oben gezeigte Schloß ist zweitourig. Für Schränke gibt es auch eintourige Schlösser. Die unbeweglichen Teile sind im Schloßboden versenkt vernietet. Die Schloßdecke ist bei billigen Schlössern aufgenietet, bei besseren aufgeschraubt.

Verstärkte Sicherheit durch Veränderungen am Schlüssel

Es leuchtet ein, daß es leicht wäre, ein einfaches Riegelschloß zu öffnen. Man braucht nur einen einfachen Sperrhaken (»Dietrich«), der den Zuhaltungsbügel heben und den Riegel transportie-

Jeder Teil des Schlüssels hat seinen Namen

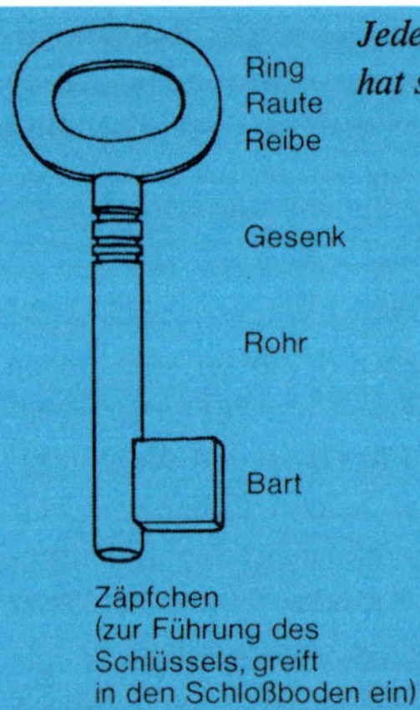

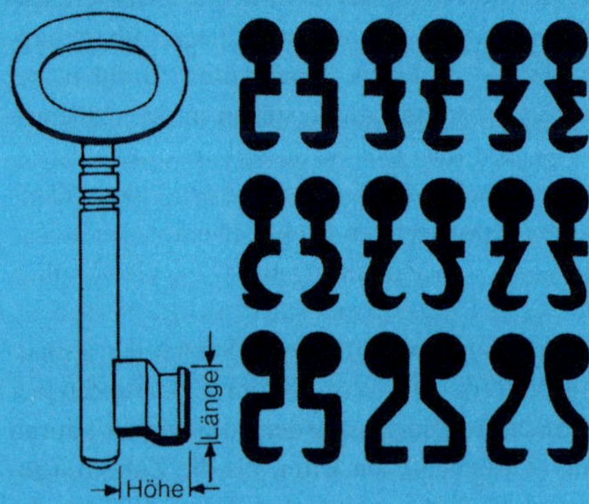

Geläufige Formen des Buntbartschlüssels

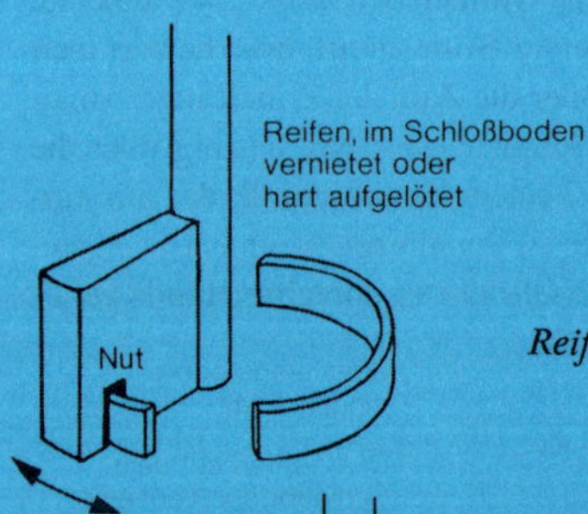

Reifenbesatzung

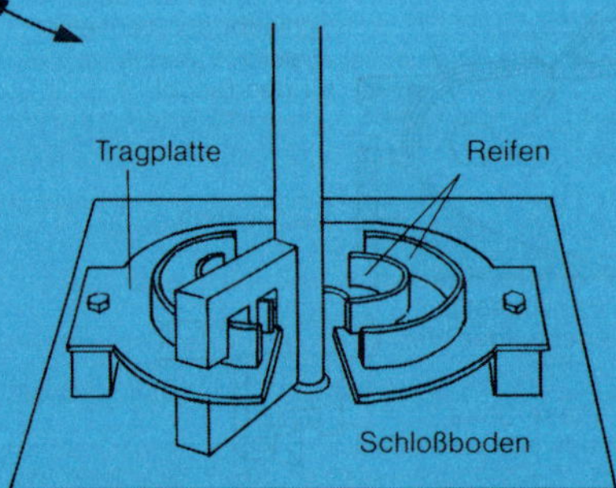

Mittelbruchbesatzung

ren kann. Jedes Schloß, das ein Mindestmaß an Sicherheit bieten soll, braucht zusätzliche Vorrichtungen. Drei Wege werden beschritten:

1. Der Schlüssel, insbesondere der Schlüsselbart, erhält eine bestimmte Form.
2. Die Zuhaltungen werden vervielfacht.
3. Beide Möglichkeiten werden kombiniert.

Buntbartschlüssel Für Zimmertüren verwendet man vorwiegend einfache Buntbartschlüssel, d. h. Schlüssel mit geschweiften Bärten. Solche Schlüssel gibt es in allen möglichen von Buchstaben oder Zahlen abgeleiteten Formen. Worin besteht die verstärkte Sicherheit? Nur darin, daß allein ein Schlüssel mit dem »richtigen« Bart sich durch das Schlüsselloch – das die gleiche Form hat – einführen läßt.

Der Vorzug solcher Schlösser liegt in ihrer Robustheit. Auch kann man die Buntbartschlüssel fertig kaufen, sie brauchen oft nicht einmal nachgearbeitet zu werden. Nötigenfalls kann man Bart und Rohr mit einer Raumfeile (S. 315) ohne Schwierigkeit auf das Profil des Schlüssellochs zurechtfeilen. Beim Einkauf müssen Sie das Profil so angeben, wie es sich von der Reibe, also vom Schlüsselgriff aus gesehen darbietet. Einen Abdruck stellt man her, indem man ein mit erwärmtem Wachs überzogenes Holztäfelchen auf das Schlüsselloch drückt. Bei Einsteckschlössern muß man dazu das Schloß erst ausbauen.

Hohlschlüssel Schlösser, die nur einseitig geöffnet werden sollen, insbesondere an Kästen, Schubläden, Koffern, erhalten zusätzliche Sicherheit durch Hohlschlüssel; ein Dorn ist am Schloßboden eingenietet, das Schlüsselrohr ist am Ende hohl. Vorkommende Mängel: Läßt sich bei solchen Schlössern der Schlüssel schlecht einführen, so hat sich wahrscheinlich der Dorn gelockert, durch häufige Benutzung oder weil er schlecht vernietet war. Abhilfe: Schloß ausbauen, Dorn festnieten.

Reifenbesatzung Diese für einfache Schlösser häufig gebrauchte Sicherung besteht darin, daß man an Schloßboden oder -decke ringförmig um den Drehpunkt des Schlüssels Blechstreifen oder Stifte anbringt:

Der Schlüssel muß an der Stirnseite des Bartes eine passende Nut haben. Hat er sie nicht, läßt er sich nicht drehen. Sie können demnach stets am Schlüssel erkennen, ob eine Reifenbesatzung vorliegt.

Zwei Reifenbesatzungen erhöhen die Sicherheit, insbesondere in Kombination mit einem Hohlschlüssel.

Schlüsselbart für Reifen- und Mittelbruchbesatzung

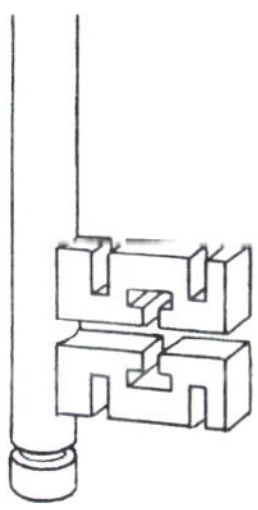

Hauptschlüssel für Mittelbruchbesatzung

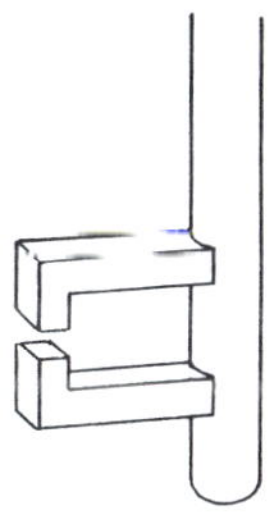

Vorkommende Mängel: Läßt sich ein Schlüssel in einem Schloß mit Reifenbesatzung nicht drehen, so ist die Besatzung wahrscheinlich gelockert (schlecht vernietet oder verlötet) oder durch Gewaltanwendung (falschen Schlüssel) verbogen. Abhilfe: Schloß herausnehmen, Deckel abnehmen. Verbogene Besatzung durch Biegen mit Rundzange richten, bis Probeschließungen eine einwandfreie Funktion ergeben. Gelockerte Besatzung vernieten oder löten (möglichst Hartlötung).

Mittelbruchbesatzung Bei älteren Schlössern findet sich nicht selten die Mittelbruchbesatzung – eine Reifenbesatzung, die nicht auf Schloßboden oder -decke, sondern einer eigens angeordneten Tragplatte zwischen beiden befestigt ist. Der Schlüsselbart ist dafür eingeschnitten, von diesem Einschnitt gehen die Nuten für die Reifen aus.

Durch einen entsprechend geformten Schlüssel ist die Besatzung leicht zu umgehen. Sie eignet sich gut für einfache Hauptschlüsselanlagen, z. B. in Geschäftshäusern.

Mittelbruchbesatzung kann mit Reifenbesatzung und Hohlschlüssel kombiniert sein. So entstehen die reizvollen Schlüsselformen alter Schlösser.

Vorkommende Mängel: wie bei der Reifenbesatzung. Neuerdings dreht man Platte und Besatzung aus einem Stück Messing; solche Schlösser sind weniger empfindlich.

Chubb-Schlösser

Alle bisher beschriebenen Schlösser sind wegen ihrer begrenzten Sicherheit nur für untergeordnete Zwecke geeignet. Für Haus- und Wohnungstüren, Geschäftsräume, wichtige Behälter verwendet man Schlösser mit mehreren Zuhaltungen, die nach ihrem Erfinder Chubb-Schlösser (sprich Schubschlösser) genannt werden.

Wenn Sie sich in das Bild vertiefen, verstehen Sie die Funktion ohne viel Kommentar. Mehrere Zuhaltungsblätter (aus Messing) liegen übereinander, an einem Dorn (Drehzapfen) drehbar befestigt. Ihre Unterkanten stehen in der Ruhelage verschieden tief. Der Schlüsselbart muß entsprechend gestuft sein. Die Stufe nächst dem Zäpfchen transportiert den Riegel. Die übrigen Stufen heben jede ein Zuhaltungsblatt an. Gewöhnlich ist die erste Stufe 2,5 mm stark (Stärke des Riegelschaftes), die übrigen 2 mm (Stärke der Zuhaltungsblätter). Die verschiedenen Bartstufen heben die Blätter so an, daß der Führungsstift durch seine »Gasse« gleiten kann, bis die Zuhaltungen ins nächste Fenster einrasten. Für Schlösser, die von beiden Seiten geöffnet werden sollen, müssen die Bartstufen symmetrisch sein. Die äußerste oder die innerste Stufe greift und bewegt den Riegel. Je größer die Zahl der Zuhaltungen (man kann sie am Schlüssel ablesen), desto größer die Sicherheit. Bei einem Chubbschloß, das nur einseitig zu öffnen ist, kann man, wenn der Schlüssel verloren und vielleicht in unrechte Hände gefal-

Chubb-Schloß während des Schlüsseleingriffs

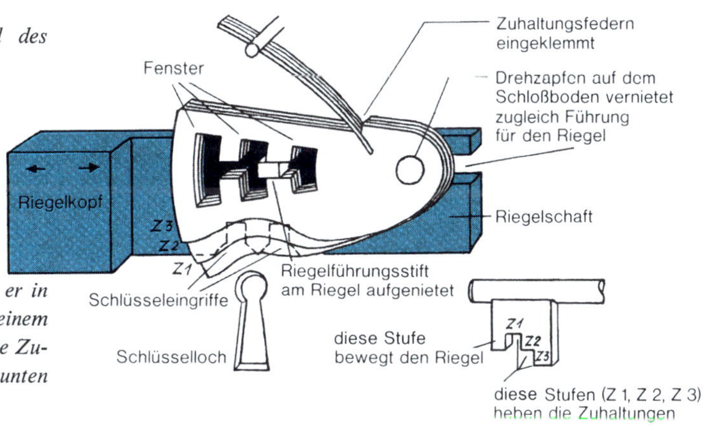

Der Riegelstift wandert gerade durch die Gasse. Ist er in seiner ganzen Breite in einem der Fenster, so rasten die Zuhaltungsblättchen nach unten und halten ihn fest

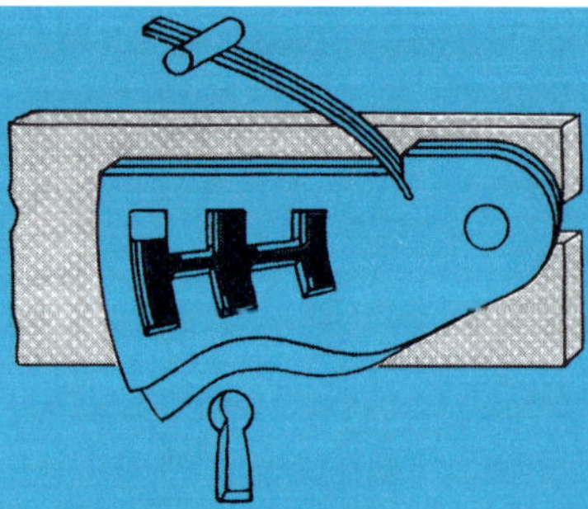

Überscherende Zuhaltungen geben verstärkte Sicherheit (kein Anhaltspunkt für das Stufenbild des Schlüssels)

Zylinderschloß im Schnitt

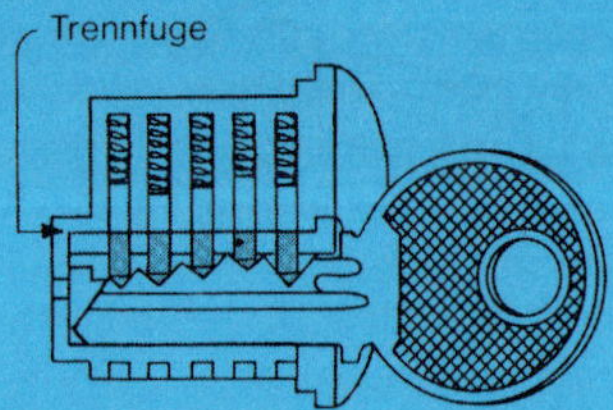

Richtiger Schlüssel: Stifte ausgeglichen, Kern kann gedreht werden

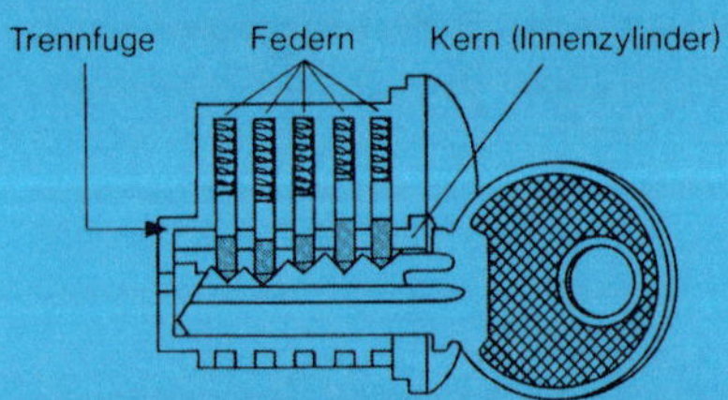

Falscher Schlüssel: Stifte sperren den Kern

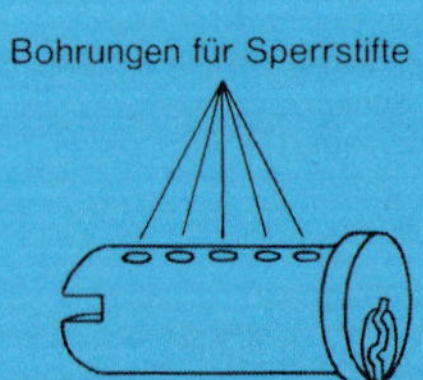

Zylinderkern

Zylinder-Einsteckschloß mit Wechsel (hier nicht sichtbar) für eine Haustür

len ist, zwei beliebige Zuhaltungen vertauschen und nun einen neuen Schlüssel anfertigen. Der alte schließt dann nicht mehr.

Einfache Chubb-Schlösser für Haus- und Zimmertüren haben meist 4, schwere Chubb-Schlösser haben bis zu 7 Zuhaltungen. Die Zahl der Verstellmöglichkeiten (d. h. der möglichen Schlüsselformen) wächst schnell mit der Zahl der Zuhaltungen:

Zuhaltungen	3	4	5	6	7
Verstell-möglichkeiten	6	24	120	720	5040

Die tatsächliche Sicherheit solcher Schlösser ist noch größer, als diese Zahlen erkennen lassen, weil man das Stufenbild verschieden gestalten und dem Schlüssel außerdem Buntbartform (Schweifungen und Längsnuten) geben kann.

Überscherende Zuhaltungen Zuhaltungen mit gleicher Hubhöhe kann man in der Ruhelage abtasten, so die Schlüsselform herausbekommen und dann einen Nachschlüssel anfertigen. Zuhaltungen mit verschieden hohen Fenstern – und damit verschiedener Hubhöhe – bieten eine weitere Sicherheit. Man nennt sie »überscherende« Zuhaltungen. Das Abtasten der Unterkanten gibt hier keine Grundlage für das Anfertigen eines Nachschlüssels.

Moderne Sicherheitsschlösser (Zylinderschlösser)

Eine noch größere Sicherheit als die bisher dargestellten Systeme bieten die modernen Sicherheitsschlösser, die man wegen der zylindrischen Form ihres Hauptteils auch Zylinderschlösser nennt.

Vorzüge Die Vorzüge des Zylinderschlosses: fast unbegrenzte Verstellmöglichkeit; kleiner Schlüssel; Dietriche können nicht angesetzt werden; ohne Kenntnis des Schlüsselprofils ist es praktisch unmöglich, die Stifte gleichzeitig richtig anzuheben; das Schlüsselloch ist »undurchsichtig«; Zylinderschlösser eignen sich ausgezeichnet für Hauptschlüsselanlagen. Für diese muß ein Schließplan vom Fachgeschäft oder Handwerker angefertigt werden, nach dem die Zylinder mit den entsprechenden Schlüsseln vom Herstellerwerk geliefert werden. Verlorengegangene Schlüssel von Hauptschlüsselanlagen werden nur gegen Vorlage des ausgehändigten Sicherungsscheines und des Schließplanes nachgefertigt. In Fachgeschäften können jedoch gewöhnliche Zylinderschlüssel mit einer Fräsvorrichtung in kurzer

Zeit angefertigt werden, sofern ein gut passender Originalschlüssel zur Verfügung steht.

Arbeitsweise Die Zeichnung zeigt den wesentlichen Vorgang: Der Eingriff des (passenden) Schlüssels hebt die Stifte so weit hoch, daß der über jedem Stift stehende Sperrstift – den eine Feder nach unten drückt – nach außen gedrängt wird. In dieser Stellung kann der Kern (Zylinder) gedreht werden. Einzelheiten schenken wir uns, denn wir wollen uns nicht vornehmen, Zylinderschlösser selbst auzubessern; das überlassen wir dem Fachmann. Einbauen dagegen können wir sie selber.

Zylinderschlösser gibt es für alle möglichen Verwendungen; die wichtigsten führen wir hier vor:

Zylinder-Einsteckschloß Das im Bild gezeigte Schloß hat Riegel, Falle und Wechsel (S. 342). Ähnliche Ausführungen, etwas leichter, gibt es für Zimmertüren, daneben auch gleichartige Schlösser nur mit Riegel, also ohne Falle, und ebenso Fallenschlösser ohne Riegel.

Einbauzylinder Ein einfaches Riegelschloß kann man durch Einsetzen eines Einbau-Sicherheitszylinders in ein Sicherheitsschloß verwandeln. Eine Einbauanleitung der Herstellerfirma erhalten Sie beim Kauf eines solchen Zylinders mitgeliefert. Wie Sie in der Zeichnung sehen, wird der Zylinder gehalten durch eine Schraube, die vom Stulp aus zum Zylinder führt.

Das Bild zeigt einen Doppelzylinder, der von beiden Seiten schließbar ist. Es gibt daneben Einzelzylinder zum Einbauen, die nur von einer Seite schließbar sind, und verlängerte Zylinder zum Einbauen in Kastenschlösser.

An der Zeichnung erkennen Sie auch, daß außen am Zylinder ein Bart (auch Nase genannt) sitzt; er übernimmt die Rolle, die beim gewöhnlichen Schloß der Schlüsselbart spielt. Bei abgezogenem Sicherheitsschlüssel steht die Nase schräg.

Beim Einkauf eines Einbauzylinders müssen Sie angeben, ob es sich um »Rechts«-Schloß oder »Links«-Schloß handelt, dazu S. 347 oben.

Die wichtigsten Fabrikate für Zylinderschlösser (nicht nur für Einbauzylinder) sind »Wilka« · »BKS« · »Zeiß-Ikon«.

Zylinder-Kasten-Riegelschloß Hat eine Wohnungstür nur ein gewöhnliches Türschloß, so erreicht man zusätzliche Sicherheit durch das sehr einfach anzubringende Zylinder-Kasten-Riegelschloß, das links und rechts verwendbar ist.

Sie haben, wie Sie auch in der Zeichnung erkennen, die Wahl zwischen einer Ausführung mit

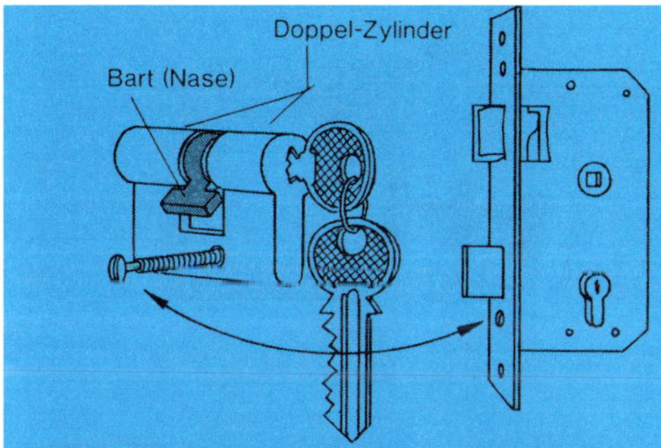

Sicherheits-Einbauzylinder (hier Doppelzylinder, von beiden Seiten zu schließen)

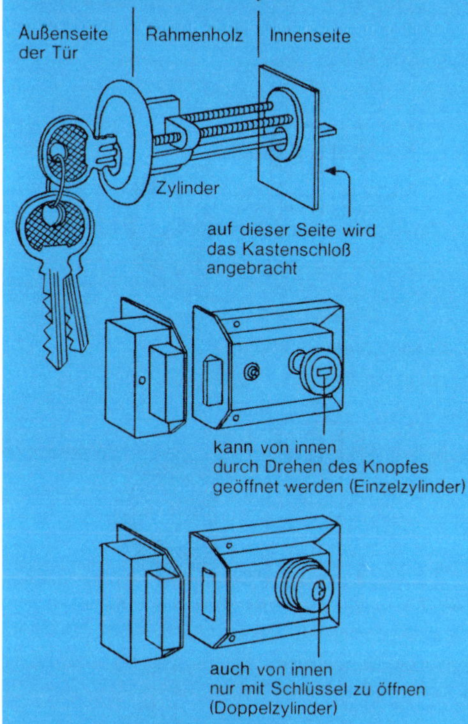

Zylinder-Kasten-Riegelschloß

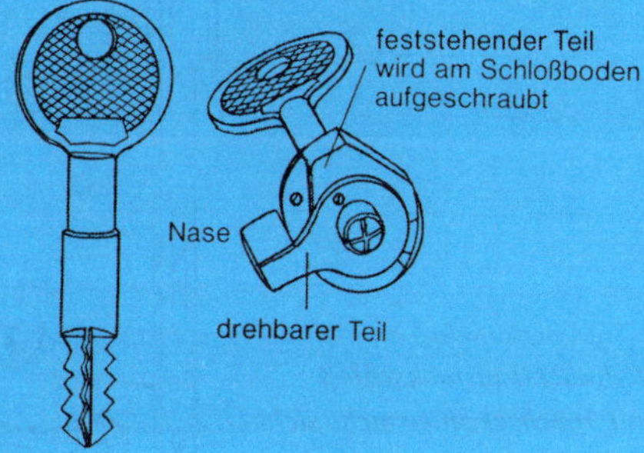

Einbau-Sicherung mit Kreuzbartschlüssel

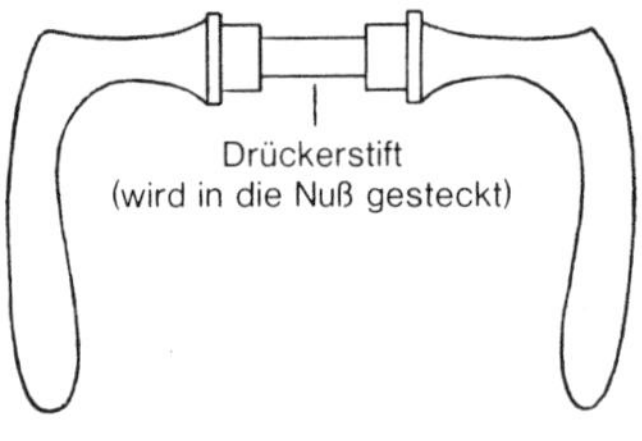

Türdrücker (der Laie sagt »Klinke«)

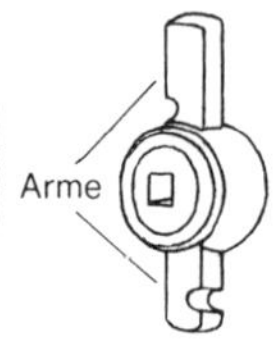

Nuß

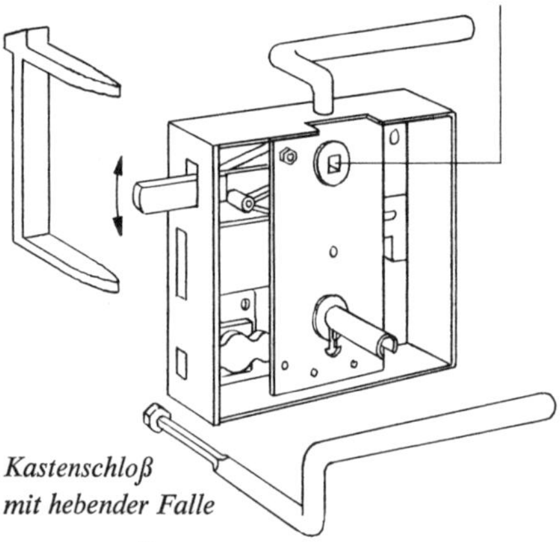

Kastenschloß mit hebender Falle

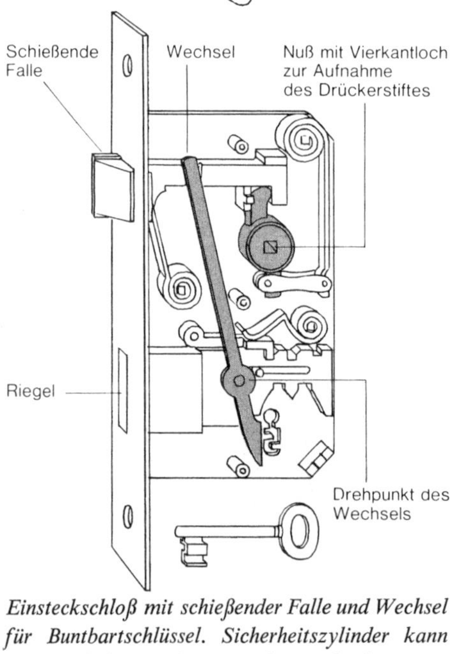

Einsteckschloß mit schießender Falle und Wechsel für Buntbartschlüssel. Sicherheitszylinder kann nachträglich eingebaut werden und übernimmt Funktion des Schlüssels

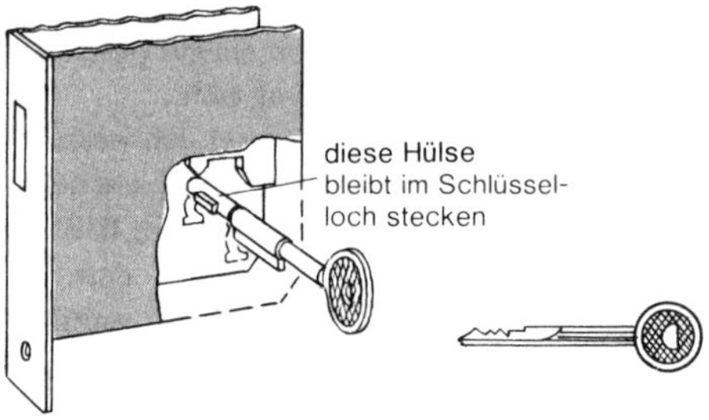

Schlüssellochsperrer, kurze Form für Einsteckschloß

Einzelzylinder, bei der Sie den Riegel von der Innenseite aus durch einfaches Drehen des Knopfes öffnen und schließen; und einer Ausführung mit Doppelzylinder, die auch von innen nur mit Schlüssel zu öffnen ist (bei Glastüren verwendet).

Einbau-Sicherung Die einfachste und billigste Art, ein Türschloß in ein Sicherheitsschloß zu verwandeln, besteht im Einsetzen einer Einbau-Sicherung. Die Sicherung mit ihrer kurzen gedrungenen Form verschwindet im Schloß, so daß äußerlich keine Veränderung wahrzunehmen ist.

Schlüssellochsperrer Den einfachen Schlüssellochsperrer erwähnen wir hier – obwohl er kein Zylinderschloß darstellt –, weil man ihn ebenfalls am gewöhnlichen Schloß zur zusätzlichen Sicherheit verwendet. Der Sperrer wird eingeführt und gedreht; nach Abzug des Sperrschlüssels bleibt die Hülse im Schlüsselloch stecken. Sperrzeug kann jetzt nicht eingeführt werden. Die Hülse wird mit dem Sperrschlüssel wieder entfernt.

Für gelegentliches zusätzliches Sichern eines Schlosses – z.B. für die Dauer eines Urlaubs – kann man dieses Behelfsmittel verwenden. Für dauernde Sicherung rate ich Ihnen zum oben beschriebenen Zylinderschloß.

Die Falle

Schlösser an ständig benutzten Zimmertüren haben außer dem Riegel die Falle, die durch den Türdrücker (Klinke) geöffnet,im übrigen durch Federdruck stets geschlossen gehalten wird. Der Vierkantstift des Drückers steckt in der sogenannten Nuß, die drehbar zwischen Boden und Decke des Schlosses gelagert ist. Die Arme der Nuß können je nach Schloßkonstruktion verschieden geformt sein.

Hebende Falle Die hebende Falle dreht sich um einen Punkt. Sie kommt nur bei Kastenschlössern vor.

Schießende Falle Die schießende Falle führt eine geradlinige Bewegung aus. Kastenschlösser können anstatt einer hebenden Falle wie die Einsteckschlösser auch eine schießende haben. Im Bild sehen Sie, daß ein Schloß mit schießender Falle außer der Zuhaltungsfeder zwei weitere Federn hat: eine wirkt auf die Nuß, hält den Drücker; die andere drückt die Falle nach vorn.

Wechsel Bei Haus und Wohnungstüren, die nur auf der Innnenseite einen Drücker haben, muß man die Falle von der Außenseite mit dem Schlüssel öffnen können. Das ermöglicht der »Wechsel« genannte Hebel. Er ist drehbar am Riegel befestigt. Der Schlüsselbart erfaßt und bewegt ihn, jedoch nur bei zurückgezogenem Riegel.

16 Ein Schloß anschlagen

Kastenschloß oder Einsteckschloß?

Beide Arten haben Vor- und Nachteile. An einer glatten Zimmertür beeinträchtigt ein Kastenschloß das Aussehen. Es kommt freilich auf die Art des Raumes an. Zu einer Bauernstube oder Trinkstube kann das Kastenschloß gut passen. Wo es auf die Sichtbarkeit des Schlosses nicht ankommt – bei Keller, Speicher, Kammer, Schrank, Schublade – können wir eine Kastenschloß unbedenklich verwenden. Es hat den Vorzug, daß die Anbringung wesentlich einfacher ist. An seinen Kanten kann man sich allerdings vielleicht verletzen.

Aus ästhetischen Gründen wird man jedoch meist ein »unsichtbares« Einsteckschloß bevorzugen – vorausgesetzt, daß das Holz der Tür genügend stark ist. Zwar werden sehr schmale Einsteckschlösser hergestellt. Aber ein Mindestmaß darf nicht unterschritten werden, wenn die Festigkeit des Schlosses nicht leiden soll. (Ein Kastenschloß unterliegt diesen Beschränkungen nicht.) Bei einer Zimmertür soll beiderseits des Einsteckschlosses mindestens 4 mm Holz stehenbleiben. Bei Schranktüren und Schubladen kann es weniger sein. Haustüren sind gewöhnlich aus stärkerem Holz, Haustür-Einsteckschlösser entsprechend stärker. Zu bedenken ist stets, daß bei Einbau eines Einsteckschlosses die Tür durch den eingestemmten Schlitz an einer wichtigen Stelle stark geschwächt wird. Bei Türen unter 36 mm Stärke Kastenschloß verwenden! Gewöhnliche Zimmertüren sind 40 mm stark.

Einlaßschlösser Ein Mittelding zwischen Kasten- und Einsteckschloß ist das Einlaßschloß. Es wird nur im Möbelbau verwendet. Man stemmt an der Innenseite der Tür (oder der Schublade) eine Aussparung aus und schlägt das Schloß so an, daß die Schloßdecke mit der Holzfläche eine Ebene bildet.

Die richtige Größe Zu berücksichtigen sind: die erwünschte Sicherheit, die Stärke des Rahmenholzes und das Aussehen. Ferner darf das Dornmaß (siehe Abbildung) nicht zu klein sein. Liegt der Drücker – oder der Knopf an der Außenseite einer Haus- oder Wohnungstür – zu dicht an der Türkante, klemmt man beim Schließen die Finger; da das Schlüsselloch genau unter der Nuß liegt, ist man auch beim Schließen mit dem Schlüssel behindert.

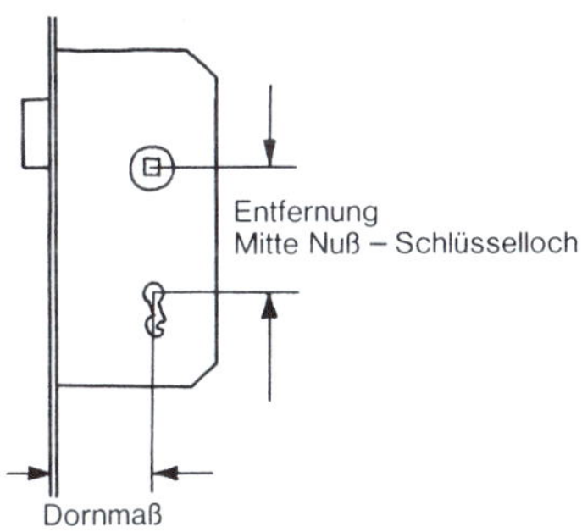

Der senkrechte Abstand vom Schlüsselloch zur Nuß ist von Bedeutung, wenn Sie ein Langschild zu einem vorhandenen Schloß kaufen. Das Normalmaß dieses Abstandes ist für Zimmertüren 72 mm, für Wohnungstüren 92 mm.

Auswärts · Einwärts · Rechts · Links

Diese vier Begriffe muß man kennen, wenn man ein Türschloß kaufen will. Die beiden ersten spielen nur eine Rolle bei Kastenschlössern. Das Kastenschloß muß sich in dem Raum befinden,

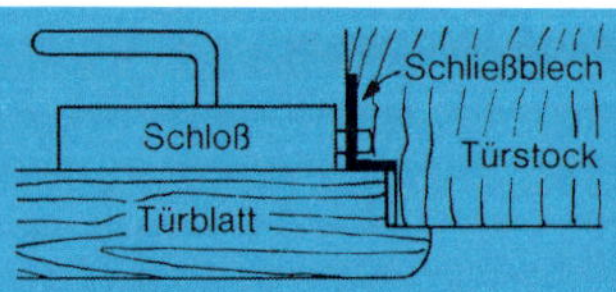

Auswärts-Kastenschloß mit Schließblech

Schließbleche

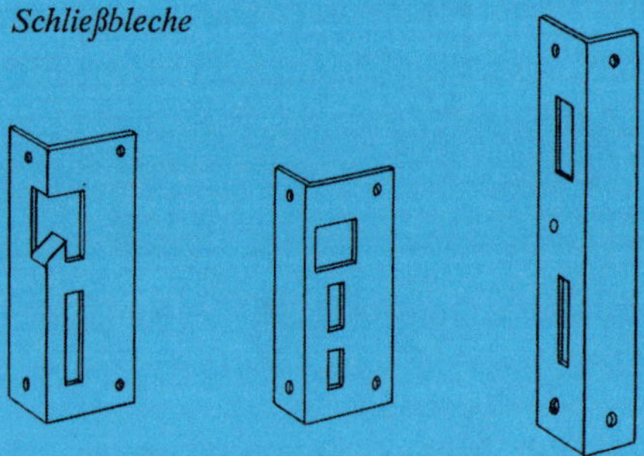

Auswärts-Kastenschloß, hebende Falle

Auswärts-Kastenschloß, schießende Falle (unten Öffnung für Nachtriegel)

Einsteckschloß

So sitzt das Schließblech beim Kastenschloß

So sitzt das Schließblech beim Einsteckschloß

Stumpf in den Falz schlagende Tür

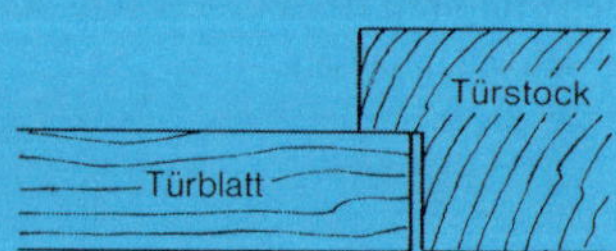

Tür mit Überfalz

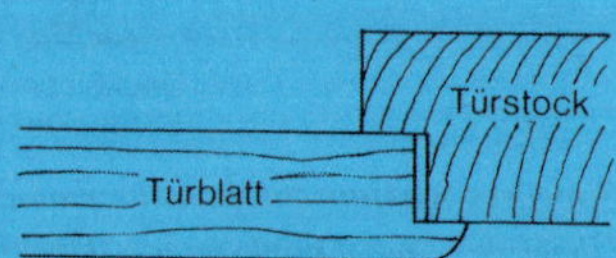

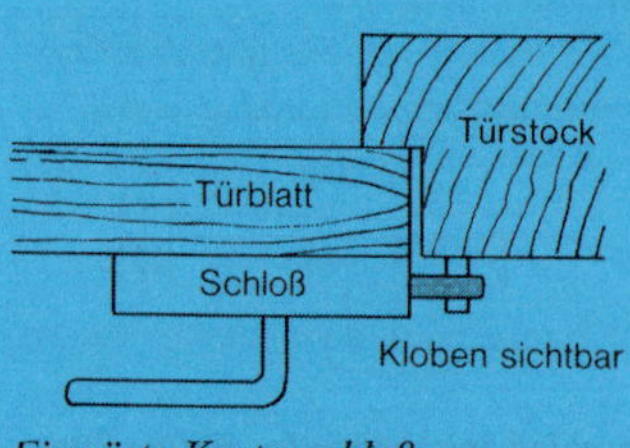

Einwärts-Kastenschloß: hebende Falle – stumpfe Türe

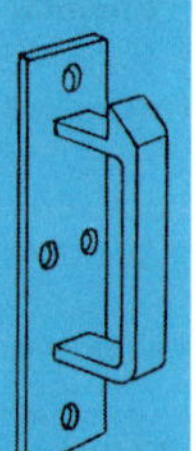

Schließkloben

der versperrt werden soll. Andernfalls könnte jemand, der eindringen will, einfach den Schloßkasten abschrauben. Schlägt die Tür in den Raum, der versperrt werden soll, brauchen wir ein »Einwärts-Schloß«, schlägt sie nach der anderen Seite, ein »Auswärts-Schloß«. Für das Einsteckschloß, das im Holz der Tür sitzt, spielt dieser Unterschied keine Rolle.

Nun kommt es außerdem darauf an, ob die Tür nach links oder nach rechts aufschlägt. Das gilt für Kasten- und Einsteckschlösser gleichermaßen.

Es gibt demnach bei Kastenschlössern vier Arten: Rechts-Auswärts · Rechts-Einwärts · Links-Auswärts · Links-Einwärts. Bei Einsteckschlössern gibt es nur Rechts und Links. Was heißt Rechts und was heißt Links? Das regelt für Einsteckschlösser eine DIN-Vorschrift, für Kastenschlösser (bisher) die allgemeine Übung. Unglücklicherweise sind beide einander in zwei Fällen genau entgegengesetzt! Die Zeichnung rechts oben läßt Sie aber die richtige Wahl treffen.

Anschlagen eines Kastenschlosses

Hier müssen wir unterscheiden: zunächst zwischen Auswärts- und Einwärts-Kastenschloß.

Auswärts Beim Auswärts-Kastenschloß befindet sich am Türstock ein Schließblech.

Das Schließblech sieht verschieden aus, je nachdem ob es für ein Schloß mit hebender oder mit schießender Falle bestimmt ist. Vom Schließblech für ein Einsteckschloß unterscheiden sich beide Arten dadurch, daß sie verschieden große Schenkel haben. Das Schließblech wird so befestigt, daß der kürzere Schenkel im Falz liegt.

Einwärts, Tür ohne Falz Für Einwärts-Schlösser ist noch ein Unterschied zu beachten, der beim Auswärts-Schloß keine Rolle spielt: Schlägt die Tür stumpf in den Falz oder hat sie einen Überfalz?

Hebende Falle Hat das Schloß eine hebende Falle, so kommt an den Türstock ein Schließkloben.

Bei dieser Ausführung bleibt der Kloben sichtbar. Das sogenannte Vorbauschloß dagegen hat eine Kappe, die den Kloben verdeckt hält, solange die Tür geschlossen ist.

Schießende Falle Für das Einwärts-Kastenschloß mit schießender Falle kommt an den Türstock eine Schließkappe.

Aus diesem Bild können Sie die Bezeichnung des gerade benötigten Schlosses entnehmen

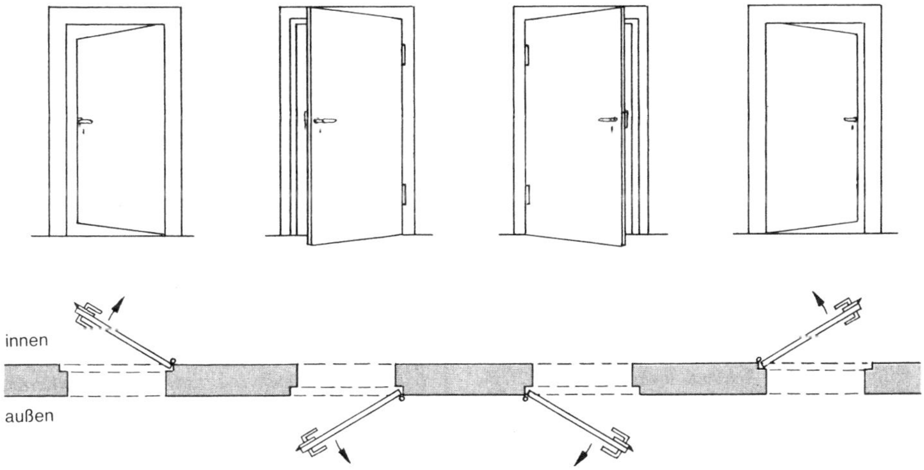

Kastenschloß: Rechts einwärts
Einsteckschloß: DIN links

Kastenschloß: Rechts auswärts
Einsteckschloß: DIN rechts

Kastenschloß: Links auswärts
Einsteckschloß: DIN links

Kastenschloß: Links einwärts
Einsteckschloß: DIN rechts

Tür mit Überfalz Hat die Tür einen Überfalz und soll ein Einwärts-Kastenschloß mit schießender Falle bekommen, so muß der Überfalz dazu ausgeklinkt (weggestemmt) werden.
Hat das Schloß eine hebende Falle, braucht man den Überfalz nicht oder nicht ganz wegzustemmen. Das richtet sich nach der Form des Überfalzes. Hat er ein halbrundes Profil (wie im folgenden Bild gezeichnet), wird man ihn wegnehmen. Hat der Falz kein gerundetes Profil, so kann man den Stulp mit der Vorderkante des Falzes bündig abschließen lassen.

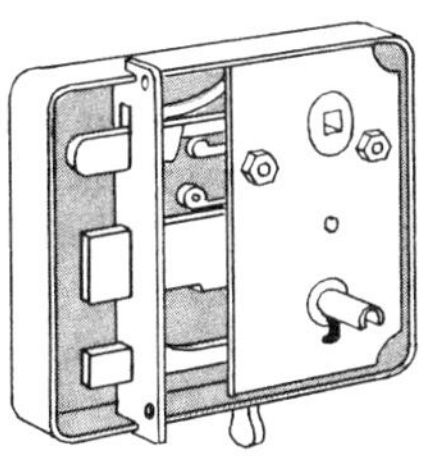

Das Vorbauschloß macht den Kloben unsichtbar

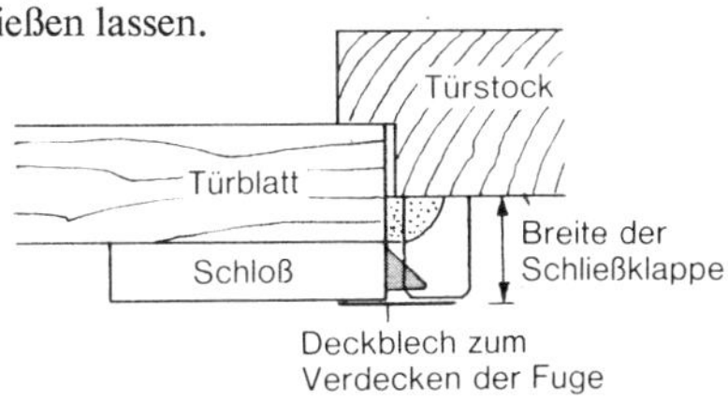

Einwärts-Kastenschloß: schießende Falle, Tür mit Überfalz. Der (punktierte) Überfalz muß weggestemmt werden

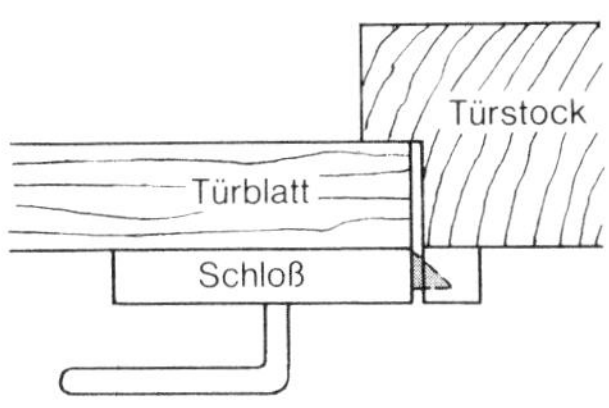

Einwärts-Kastenschloß: schießende Falle – stumpfe Türe

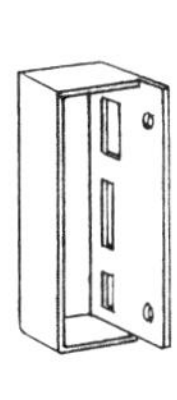

Schließkappe

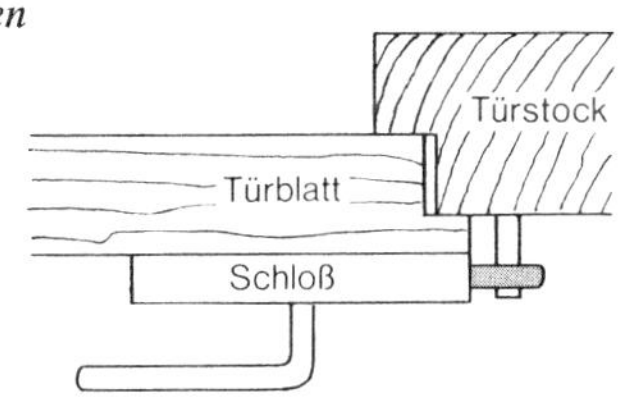

Einwärts-Kastenschloß mit hebender Falle. Stulp schließt bündig mit Türfalz ab

Anschlagen eines Einsteckschlosses

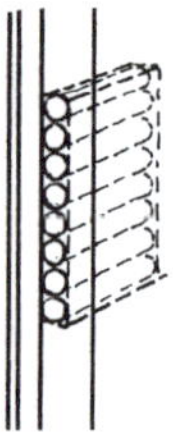

1 *Schloß in Falz legen. Größe des Schlitzes anzeichnen. Mit Schlangenbohrer, Stärke etwas unter Schlitzbreite, ausbohren*

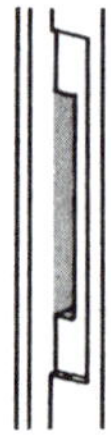

2 *Wände zwischen Bohrlöchern einreißen. Schlitz mit Stechbeitel säubern und auf Maß bringen. Schloß einstecken zum Anzeichnen der Stulpgröße. Holz in Stulpstärke ausstemmen*

3 *Schloß als Schablone zum Auszeichnen der Drückeröffnung und des Schlüssellochs benutzen. Öffnungen durchbohren*

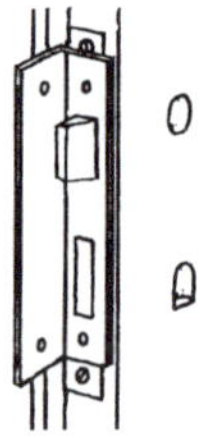

4 *Nachdem das Schloß sitzt, Schließblech an Falle hängen. Tür schließen. Lage an Türstock markieren; jedoch 1–2 mm höher montieren, damit Falle und Riegel nicht streifen*

17 Allerlei Pannen mit Schlössern

Vor verschlossener Tür

Fast jeder hat schon einmal mehr oder weniger verzweifelt vor der verschlossenen Haus- oder Wohnungstür gestanden. Ein einfacher Hinweis, der keine Kenntnisse in der Metallbearbeitung voraussetzt: Kluge Leute schützen sich, indem sie einen zweiten Haus- und Wohnungsschlüssel bei einem vertrauenswürdigen Nachbarn oder beim Hausmeister hinterlegen.

Was tun, wenn man das versäumt hat oder nicht tun kann? Wie weit man sich selbst helfen kann, hängt jetzt davon ab, wie die Tür verschlossen ist:

Erster Fall: Die Tür ist nur »zugeschnappt« (z. B. vom Winde zugeschlagen), es hält also kein Riegel die Tür zu, sondern nur die Falle.

Zweiter Fall: Der Riegel von Schlössern mit einfacher Zuhaltung ist geschlossen.

Dritter Fall: Der Riegel von Chubb- oder Zylinderschlössern ist geschlossen.

Fall 3 können wir gleich erledigen: Zylinderschlösser ohne Kenntnis des Schlüssels auf »sanfte« Art zu öffnen, ist praktisch unmöglich. Auch ein Chubbschloß zu öffnen, gelingt selbst einem Schlosser nicht immer. Bei mehr als 4 Zuhaltungen ist es ohnehin aussichtslos. Wenn nun aber schon Gewalt angewendet werden muß, dann überlassen Sie diesen Fall dem Fachmann.

Eine Beschädigung der Türe kann zwar auch er jetzt nicht mehr vermeiden, aber er wird sie auf Grund seiner Erfahrung in Grenzen halten können.

Die folgenden Hinweise gelten sinngemäß auch für Möbelschlösser.

Die Haus- oder Wohnungstür ist zugeschnappt
Hierbei ist also nur die Falle eingerastet. Handelt es sich um ein Schloß mit einfacher Zuhaltung oder um ein Chubb-Schloß, dann kommt es, wie Sie sich aus dem Bild auf S. 344 erinnern werden, nur darauf an, den Wechsel zu fassen und zu bewegen. Dazu ist nur ein einfacher Sperrhaken (Dietrich) aus kräftigem rechtwinklig gebogenem Draht erforderlich. Mit etwas Gefühl – und nach einigem Probieren – werden Sie den Wechsel fassen. Die Zuhaltungen halten ja nur den Riegel fest, nicht den Wechsel. Das Griffende des Sperrhakens wird abgewinkelt oder zu einem Ring gebogen.

Was aber tun, wenn eine Türe mit Zylinderschloß zugefallen ist? Hier können Sie durch das Schlüsselloch kein Sperrzeug einführen. In diesem Fall entfernen Sie den aufgeschraubten Drückerknopf. Darunter wird nun meist schon die Nuß des Einsteckschlosses durch die Bohrung im Türblatt sichtbar. Fassen Sie nun den verstemmten Kopf des Vierkantdornes in der Nuß mit einer Zange und drehen Sie damit die Falle zurück. Bei einer nicht durchgehenden Drückerbohrung muß das die Nuß verdeckende Holz des Türblattes zuerst mit Stemmeisen oder Bohrer entfernt werden. So leicht ist es, eine nur zugeschnappte Tür zu öffnen! Die bloß zugeschnappte Tür ist geradezu eine Einladung für Einbrecher! Selbst ein Zylinderschloß bietet nur dann Sicherheit, wenn der Riegel betätigt wurde!

Schlüsselschilder, deren beide Teile durch das Türblatt hindurch mit durchgehenden Schrauben verbunden sind, können nicht entfernt werden!

Riegel ist vorgeschoben Wenn der Riegel vorgeschoben ist, können also nur Schlösser mit einfacher Zuhaltung, wie sie z. B. für Zimmertüren üblich sind, ohne große Schwierigkeiten geöffnet werden. Man benötigt dazu nur einen Sperrhaken, mit dem man versucht, den Zuhaltungsbügel zu heben und gleichzeitig den Riegel zu fassen und zu bewegen. Betrachten Sie noch einmal die Zeichnung des Schlosses auf S. 344!

Schlüsselloch für Buntbart-schlüssel

Sperrhaken, vereinfachte Form

Buntbart Handelt es sich um ein Schloß mit Buntbart-Schlüssel (S. 340), so müssen Sie dem Sperrhaken die vereinfachte Form des Schlüssellochs geben.

Hohlschlüssel Bei Schlössern für Hohlschlüssel (S. 340), wie sie besonders an Möbeln zu finden sind, hindert uns der Dorn, einen einfachen Sperrhaken einzuführen. Wir brauchen jetzt einen Sperrhaken folgender Form:

Sperrhaken für Schlösser mit Dorn

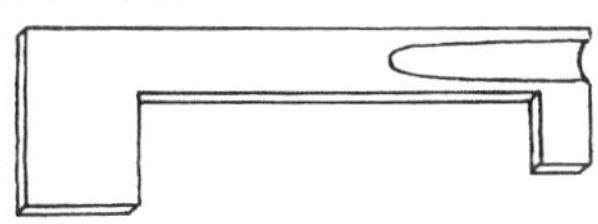

Dieser Haken besteht aus ausreichend kräftigem Stahlblech. Das vordere Ende muß so gerundet werden (am besten mit dem Hammer auf entsprechend geformter Unterlage), daß er sich um den Dorn schmiegt.

Im Haushalt hat man meist mehrere Hohlschlüssel, von denen kein Mensch mehr weiß, zu welchem Schloß sie gehören. Ist die Bohrung im Schlüssel groß genug, lassen sie sich oft durch Befeilen des Bartes in ein Sperrzeug verwandeln.

Reifenbesatzung Hatte der Schlüssel eine Nut auf der Stirnseite des Bartes? Dann hat das Schloß Reifenbesatzung (S. 340 f.). Der Reifen muß umgangen werden mit einem Sperrhaken, der nach vorne gebogen ist:

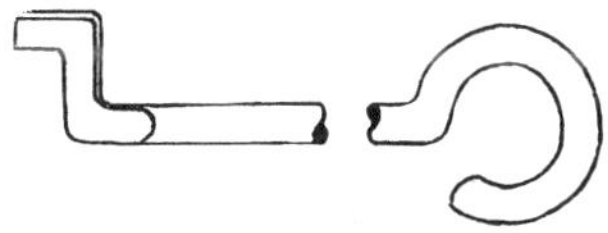

Mittelbruchbesatzung Um diese Besatzung (S. 341) zu umgehen, muß der Sperrhaken nach hinten zurückgebogen sein:

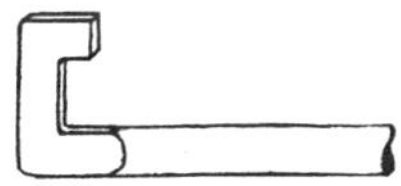

Kombination Ist Hohlschlüssel mit einer Besatzung kombiniert, muß der Sperrhaken beiden Bedingungen entsprechen.

Schleichwege Manchmal läßt sich das Schloß gleichsam hinterrücks überlisten: Man kann, wenn man sich auf der Bandseite befindet und das Band Steckstifte hat (S. 335), die Stifte nach oben herausziehen oder -schlagen; in Ausnahmefällen vielleicht auch die Bänder abschrauben. Man kann die Tür dann seitlich herausnehmen. Das Schloß kann anschließend ausgebaut werden. Bei Türen und Schubladen ohne Falz kann man oft mit einer feinen Stichsäge in den Spalt fahren und den Riegel absägen.

Wenn der Bart ab ist

Wenn der Bart durch Gewaltanwendung im Schloß abgebrochen ist und festgeklemmt im Schloß sitzt, wird er mit Haken aus starkem Draht (Dietrich) gelockert, bis er im Schloß nach unten fällt. Nach dem Öffnen mit zweitem Schlüssel oder Sperrhaken Schloß ausbauen.

Tür schnappt nicht ins Schloß

1. Ist vielleicht die Feder der Türfalle erschlafft? Das prüft man, indem man die Falle mehrmals mit der Hand eindrückt. Vielleicht muß das Schloß nur geölt werden?
2. Ist vielleicht ein Fremdkörper im Türfalz, insbesondere auf der Seite der Türbänder? Eventuell Farbe? Wenn ja, Türfalz mit Stemmeisen abfahren, mit Schleifpapier überschleifen

3. Trifft beides nicht zu, prüfen, ob nur die Falle oder nur der Schloßriegel oder beide nicht einrasten.

4. Tür bei zugetriebenem Riegel (also Schloß zugeschlossen) an die Bekleidung anlehnen. Die genaue Lage von Riegel und Falle auf der Seite des Schließblechs anreißen. Die Risse mit dem Winkelhaken um die Kante herum auf das Schließblech übertragen.

5. Ergibt sich, daß Falle und Riegel der Höhe nach richtig liegen, muß die Vorderseite des Fallenloches abgefeilt werden, wie im Bild gezeigt.

6. Liegen Falle und Riegel zu tief, hat sich also die Tür auf der Schloßseite gesenkt, so kann es genügen, je einen Beilagring auf die beiden Bolzen der Drehbeschläge zu schieben. Das geht aber nur, wenn zwischen Tür und oberem Falz genügend Luft vorhanden ist.

7. Geht das nicht, müssen die Öffnungen im Schließblech weiter ausgefeilt werden. Jedes Ausfeilen vorher anreißen. Riegel und Falle müssen oben und unten etwas Luft haben. Muß nur ein winziges Stück weg, kann man es bei angeschraubtem Schließblech abzufeilen versuchen. In allen übrigen Fällen muß das Schließblech abgenommen und zum Feilen in den Schraubstock gespannt werden.

8. Macht die erforderliche Korrektur mehr als 2 mm aus, nicht feilen, sondern das Schließblech nach oben oder unten versetzen.

Schließblech-Korrekturen, wenn die Tür nicht einschnappt

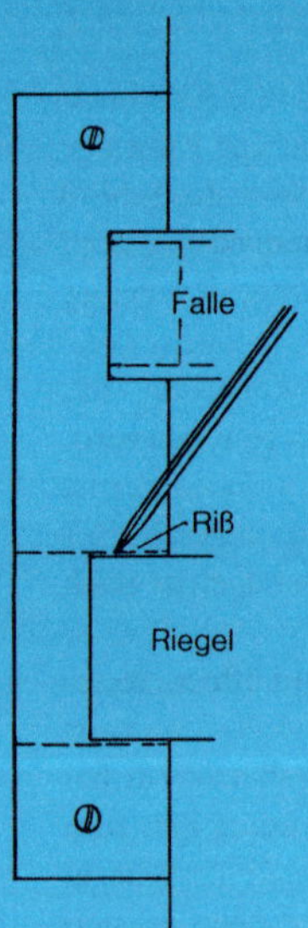

Anreißen am Schließblech

Seitliches Ausfeilen

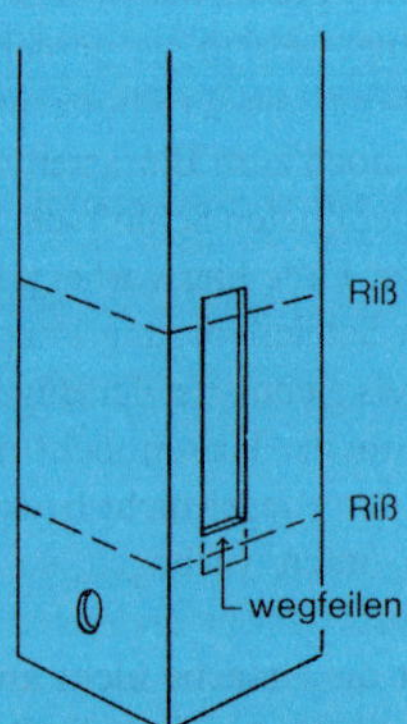

Korrektur der Höhe nach

Schloß schließt nicht

Ein Schloß muß schnell oder langsam gleichermaßen ohne Störung betätigt werden können. »Hakt« es, dann liegt eine Störung vor, die man gleich beseitigen soll, will man nicht dauernden Ärger in Kauf nehmen, bis das Schloß eines Tages den Dienst versagt (bestimmt dann, wenn es am ungelegensten kommt!).

Ausbauen Zunächst ist das Schloß auszubauen. Bei Türschlössern muß man dazu nicht nur die Befestigungsschrauben lösen, sondern auch den Drücker abnehmen. Die Drückerteile werden durch eine Madenschraube oder einen kleinen Keil (Splint) zusammengehalten. Man entfernt diesen, indem man einen stumpfen Nagel entsprechender Stärke von der Unterseite des Drückers eintreibt, so weit, bis man den Keil glatt mit der Zange fassen und herausziehen kann. Ein Einsteckschloß (S. 345), das nach dem Abnehmen des Drückers noch fest im Holz sitzt, löst sich durch leichtes Klopfen auf den etwas eingesteckten Drückerstift.

Öffnen Das Schloß wird durch Abschrauben der Schloßdecke geöffnet. Ist die Schloßdecke aufgenietet und also nur mit Gewalt zu entfernen (bei einfachen Möbelschlössern), so werfen Sie das Schloß ruhig weg und setzen ein neues ein. Es kann sich nur um ein billiges Schloß handeln.

Bei abgenommener Schloßdecke versuchen wir, durch Probeschließungen die Ursache des Übels zu ergründen. In Betracht kommen Nietfehler und Federbrüche.

Nietfehler Bei der Besprechung der Reifenbesatzung und der Mittelbruchbesatzung (S. 340f.) wurde schon einmal darauf hingewiesen, daß die Reifen sich durch Abnützung oder Gewaltanwendung lockern können. Sie behindern dann den Schließvorgang. Waren sie vernietet, kann man sie neu vernieten. Waren sie verlötet, kann man den Schaden kaum selbst beheben, weil Hartlötung (S. 327) erforderlich ist.

Nietfehler können im übrigen vor allem an den Schloßstiften entstehen, die eingenietet sind: Riegelstift, Nußanschlagstift, Anschlagstift für den Nachtriegel. Besonders wenn der Riegelstift gelockert oder abgebrochen ist, gibt es Störungen, weil der Riegel dann keine Führung hat.

Ist ein genieteter Stift locker, ist er festzuklopfen. Die Grundsätze des Nietens finden Sie auf S. 322f. erläutert. Ist ein Stift abgebrochen, muß der noch festsitzende Teil herausgeschlagen werden. Das geschieht mit Hammer und Durchschlag (Ersatz: stumpfer Nagel) auf den leicht geöffneten Backen des Schraubstocks. Wenn Sie sich daran versuchen wollen, einen neuen Stift einzusetzen, so müssen Sie ihn zunächst aus einem entsprechend großen Stahlstück zurechtfeilen und mit einem Zapfen zum Vernieten versehen. Über Zapfenfeilen S. 316. Dann wird der Zapfen im Schloßboden versenkt vernietet (Bild).

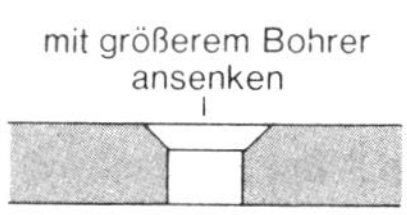

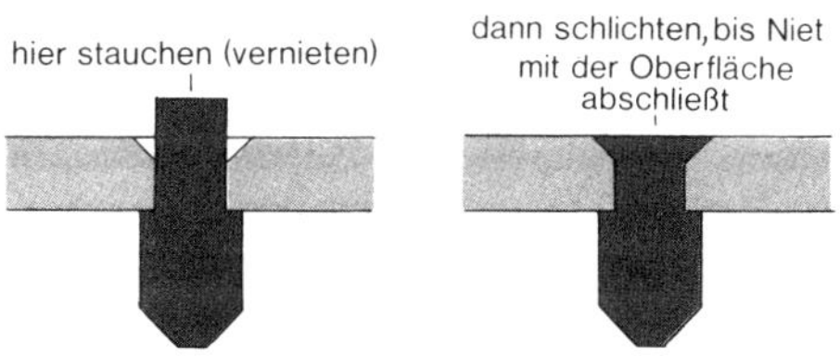

So wird ein Zapfen versenkt vernietet

Federbruch Die verschiedenen Federn sind im Bild S. 344 sichtbar. Ihr Bruch ist eine häufige Störungsursache.

Ersatzfedern gibt es in allen gängigen Größen im Fachgeschäft, das Schlösser und Schlosserbedarf führt. Beim Einkauf Maß des Federstiftes angeben oder Schloß mitnehmen.

Der Einbau ist einfach. Die Feder wird so auf den vierkantigen Federstift gesetzt, daß sie einen leichten Druck ausübt. Die stärkste Feder ist die Nußfeder, denn sie muß den Drücker hochhalten. Eine alte Schlosserregel sagt: Man muß die Falle mit der Nase zurückdrücken können – dann ist die Federspannung richtig.

Ein zu langer Federarm muß verkürzt werden. Nichtgehärteter Federstahl kann mit Blechschere oder Meißel auf Länge gebracht werden. Bei gehärtetem Federstahl muß das zu entfernende Stück zuerst ausgeglüht werden (S. 290f.). Wenn nicht ausgeglüht wird, darf gehärteter Federstahl nur an der Schleifscheibe getrennt werden.

Schloß überschlägt sich

Wenn Sie ein zweitouriges Schloß (S. 339) schnell schließen und der Riegel fällt von der Ruhelage gleich in die Endstellung, dann hat sich das Schloß »überschlagen«. Ein Schloß, bei dem das passiert, hat seine Tücken. Sie tun gut daran, den Fehler gleich zu beseitigen.

Die Ursache liegt darin, daß die Zuhaltung (des einfachen Riegelschlosses) zu hoch gehoben wird. Das aber kann zwei Gründe haben: Entweder ist der Schlüsselbart zu hoch (neu angeschaffter Schlüssel) – oder der Zuhaltungsbügel ist nach unten verbogen.

Wenn Sie das Schloß ausbauen und öffnen, so sehen Sie beim Probeschließen, wie das Malheur zustande kommt: Der Zuhaltungshaken hat bei einer schnellen Schließbewegung keine Zeit zum Einrasten. Entweder steht er, wenn der Riegel zum Stehen kommt, gleich in der übernächsten Raste – oder (falls der Schwung dazu nicht ausreichte) zwischen der zweiten und dritten Raste. Das ist am unangenehmsten, weil häufig in dieser Stellung der Schlüssel nicht mehr in die Schlüsseleingriffe greift; das Schloß kann dann nicht mehr geöffnet werden, wenn nicht die Zuhaltung zufällig durch die Erschütterungen des Probeschließens noch zum Einrasten veranlaßt wird.

Am geöffneten Schloß sehen Sie auch, welcher der beiden Fälle hier vorliegt. Der Rastenhaken muß beim Schließvorgang knapp über den Rand des Riegels gleiten. Ist der Bügel nach oben verbogen, so kann der Haken nicht mehr aus der Raste gelöst, der Riegel nicht bewegt werden. Ist er aber nach unten verbogen, so überschlägt sich das Schloß.

Liegt die Ursache nicht am Zuhaltungsbügel, so muß durch Abfeilen die Barthöhe des Schlüssels vermindert werden.

Störungsursachen beim Chubb-Schloß

Beim Chubb-Schloß (S. 341) sind zunächst alle Fehler möglich, die beim einfachen Riegelschloß auftreten; dazu andere, die auf den Eigenheiten dieses komplizierteren Schlosses beruhen, vor allem Bruch der Zuhaltungsfedern und Abnutzung der Zuhaltungsblättchen.

Bruch der Zuhaltungsfeder Wenn bei einem Chubb-Schloß der Schlüssel »hakt« und der Riegel sich erst nach mehrmaligem Hin- und Herbewegen des Schlüssels transportieren läßt, dann deutet das auf den Bruch einer Zuhaltungsfeder. Ein Zuhaltungsblättchen, dessen Feder gebrochen ist, wird nach dem Schließvorgang nicht mehr in die Ruhelage zurückgedrückt. Beim neuerlichen Schließen wird es durch die benachbarten Blättchen mit hochgehoben, und zwar über die Höchstlage hinaus. So sperrt es den Riegelstift. Erst durch das Hin- und Herbewegen des Schlüssels rutscht es dann wieder in seine Arbeitslage. Das Austauschen einer Zuhaltungsfeder können Sie auch beim Chubb-Schloß selbst erledigen. Zuhaltungsfedern gibt es im Fachgeschäft. Sie sind nur so breit wie die Zuhaltungsblättchen (etwa 2 mm).

Die Federn sind – wie im Bild S. 344 erkennbar – im Schlitz der Zuhaltungsblätter eingeklemmt, »verstemmt«. Sie müssen zuerst mit der Zange den Rest der defekten Feder entfernen, dann die auf Länge gebrachte neue Feder einklemmen und mit dem Hammer leicht »verstemmen«, bis sie festsitzt.

Abgenützte Zuhaltungsblätter Die Blätter sind aus Messing, einer weichen Legierung. Hat der Schlüsselbart einen Grat, nützen sie sich schnell ab. Dann hakt der Schlüssel ebenfalls. Achten Sie darauf, daß die Schlüsselstufen keinen Grat haben!

Ein wenig Pflege

Schlösser verlangen nur ein Minimum an Pflege – aber dieses Mindestmaß sollten Sie ihnen angedeihen lassen! Wenn sie erst den Dienst versagen, kann es recht unangenehm werden.

Wenn Sie die Tür streichen, besonders wenn sie liegt, ohne das Schloß ausgebaut zu haben, müssen die Schloßöffnungen mit Papier abgedeckt werden. Auch beim Fallen- und Riegelkopf darf keine Farbe eindringen. Moderne Lacke werden beim Trocknen so hart, daß schon geringe Mengen die Funktion des Schlosses beeinträchtigen. Ist das Unheil geschehen, müssen sie durch Schaben sorgfältig entfernt werden, ebenso Farbreste, die sich zwischen Riegel- oder Fallenkopf und Stulpöffnung festsetzen.

Ein zäh gehendes Schloß von außen – ohne Ausbauen – mit Öl zu schmieren, hat nur Sinn, wenn vom Stulp aus ein Ölrohr in das Schloßinnere führt. Im übrigen ist es wertlos, ein Schloß von außen durch Falle oder Schlüsselloch zu schmieren: es wird innen zwar stellenweise mit Öl beträufelt, aber die entscheidenden Stellen erreichen Sie so nicht. Zum Ölen muß das Schloß ausgebaut werden. Das geöffnete Schloß ist mit Petroleum von alten Ölresten zu reinigen. Zum Ölen nur harzfreies Öl verwenden. Am ungeeignetsten ist Salatöl. Binnen kurzer Zeit würde das Schloß schwerer gehen als zuvor! Die Schmierung mit Öl ist für Schlösser im Innern des Hauses ausreichend. Allerdings wird auch das beste Öl im Laufe der Zeit durch Staubaufnahme dick und zäh. Zylinderschlösser dürfen überhaupt nicht mit Öl geschmiert werden. Die Präzisionsmechanik des Zylinderschlosses würde ein Verkrusten und Dickwerden des Öles übelnehmen. So mancher Kraftfahrer hat es schon erlebt, daß bei starker Kälte die Schlösser und Klinken seines Wagens sich nur mehr schwer oder gar nicht bewegen ließen. Am besten ist für Schlösser aller Art die Schmierung mit reinem Graphit. Vorteile: Ausbau des Schlosses nicht notwendig, kein Dickwerden des Schmiermittels bei Kälte, kein Verharzen. Graphitpulver in Zerstäuberkännchen aus Plastik (sie haben die Form von Ölkännchen) ist in Fachgeschäften erhältlich. Das Graphitpulver wird durch Druck auf den Behälter durch das Schlüsselloch bzw. die Fallenöffnung in das Schloß geblasen und erreicht dabei auch verborgene Stellen.

18 Schlüssel feilen

Zum Schluß lernen wir Schlüssel für Chubbschlösser feilen. Als Werkzeug brauchen wir eine Schublehre (S. 297) und Raumfeilen (Schlüsselfeilen, S. 315), dazu zum Einspannen Schraubstock, Feilkloben (S. 295), ein Steckholz (Bild), ferner als Hilfsmittel ein 2 bis 3 mm starkes Bleiblech (selbst herzustellen, s. unten), endlich als wichtigstes Stück einen »Rohling«. Das ist ein Schlüssel mit »Vollbart«, aus dem die gewünschte Form erst herauszufeilen ist. Der Bart muß etwas länger und höher sein als der des späteren Schlüssels. Rohlinge kann man kaufen; auch solche, die bereits eine Schweifung der benötigten Form aufweisen; mit ihnen geht die weitere Arbeit leichter.

Nach vorhandenem Modell

Hier müssen wir eine genaue Kopie des vorhandenen Schlüssels herstellen.

Die Bartlehre Jetzt brauchen wir das oben genannte Bleiblech. Man kann es selbst herstellen, indem man in einem Gefäß (Büchse) so viel Blei zum Schmelzen bringt, daß der Boden 3 mm hoch mit Metall bedeckt ist.

In das Blech wird ein Loch gebohrt, so groß, daß das Zäpfchen des Modellschlüssels glatt durchgesteckt werden kann. Das Zäpfchen darf kein Spiel haben.

An Stelle des Bleiblechs kann man für den jetzt folgenden Bartabdruck auch Seife, Wachs oder Gips nehmen. Diese Stoffe haben aber den Nachteil, daß die Kanten beim Einpassen des neuen Schlüssels leicht beschädigt werden.

Der Modellschlüssel wird senkrecht in den Schraubstock gespannt, das Bleiblech auf den Bart gelegt. Durch leichtes Hämmern auf das Blech (leichtes! sonst werden die Stufen des Modells verbogen) entsteht ein Abdruck des Bartes: unsere »Bartlehre«.

Feilen des Schlüsselrohrs Jetzt ist das Rohr zur benötigten Stärke abzufeilen. Der »bartlose« Teil des Rohres wird auf dem Steckholz gefeilt (Bild), der Bartteil des Rohres durch Längsfeilen. Rundung durch Schublehre laufend kontrollieren. Am Ende muß das Zäpfchen des neuen Schlüssels in die Bartlehre passen.

Feilen der Schweifung Jetzt wird der Schlüssel eingespannt, die Reibe über einen Dorn (Draht oder Keil, siehe Bild S. 354 oben) gesteckt. Mit

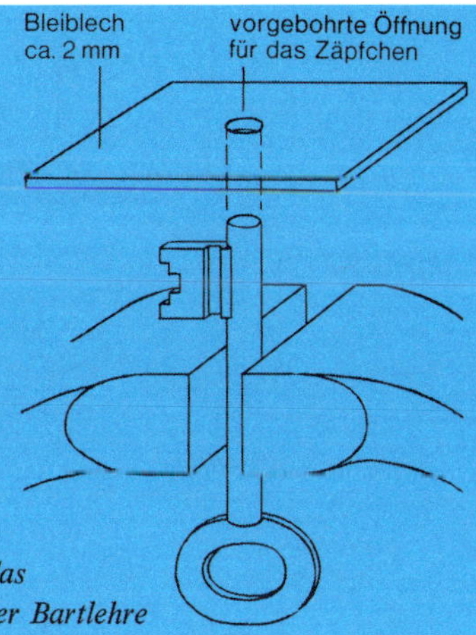

So beginnt das Herstellen der Bartlehre

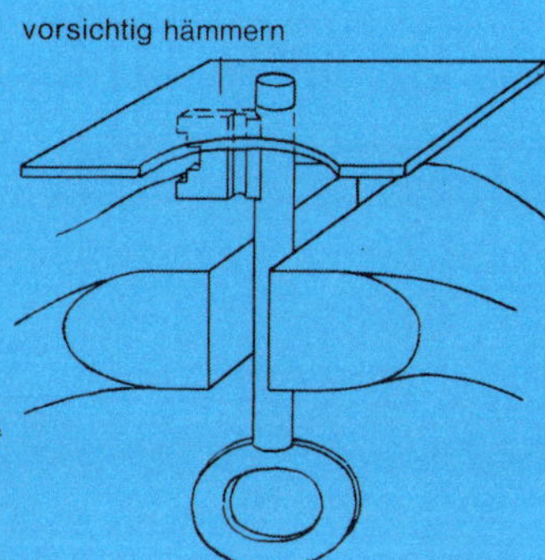

Hier entsteht der Abdruck

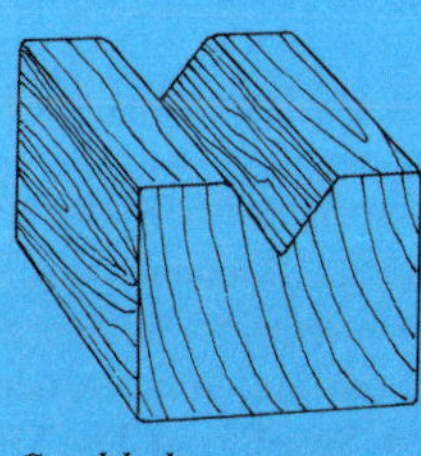

Steckholz zum Schlüsselfeilen

So sieht die fertige Bartlehre aus

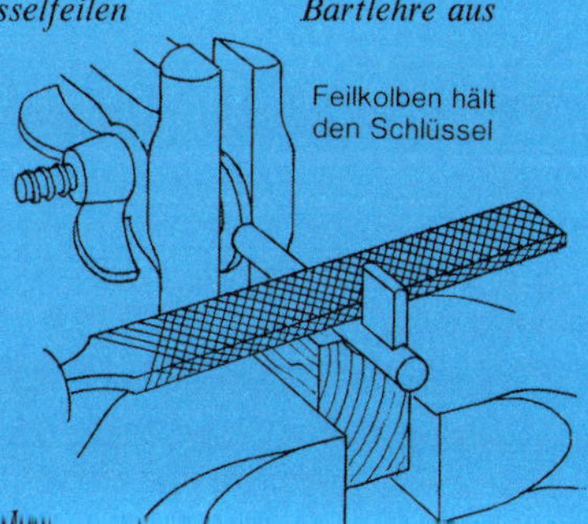

Feilen des Schlüsselrohrs

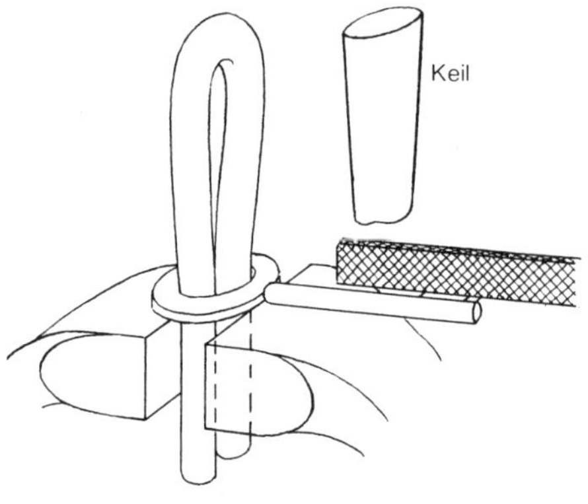

Feilen der Schweifung

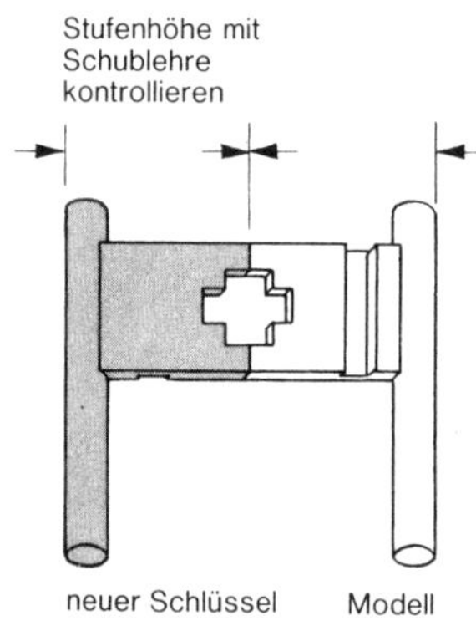

Feilen der Stufen

Stufen leicht runden

Schlüsselfeilen formen wir das Profil der Schweifung, bis es in die Bartlehre paßt. Das Profil muß auf seiner ganzen Länge die gleiche Stärke aufweisen und der Schlüsselachse gleichlaufen. Kontrollieren mit Schublehre.

Feilen der Stufen Jetzt ist noch das Stufenbild zu feilen. Der Schlüssel wird – Bart nach oben – der Länge nach in die Schraubstockbacken gespannt. Breite und Höhe der Stufen am Modell mit der Schublehre messen. Ständig mit dem Modell vergleichen. Die Stufen müssen oben etwas gerundet sein. Die Oberfläche wird schließlich mit der Schlichtfeile oder mit Schleifpapier geglättet. Durch Probeschließungen am geöffneten Schloß wird die Schließfähigkeit des Schlüssels erprobt.

Feilen ohne Modell

Ist kein alter Schlüssel da, muß der Schlüssel an Hand von Probeschließungen gefertigt werden. Das klingt beängstigend, ist aber nicht ganz so schlimm (einfach ist es auch nicht), weil wir ja alles am geöffneten Schloß ausprobieren können. Da die Arbeitsgänge den eben geschilderten entsprechen, können wir uns hier kürzer fassen.

1. Als Bartlehre dient das Schlüsselloch. Rohr und Bartprofil werden zurechtgefeilt, bis sie das Schlüsselloch leicht, aber ohne zuviel »Luft« passieren. Riegel und Zuhaltung dabei entfernen.
2. Riegel wieder einbauen. Erste Schlüsselstufe (bei Chubb-Schloß) auf Höhe feilen, bis sie den Riegel in jeder Stellung gut gleitend faßt und transportiert. Breite dieser Stufe gleich Riegelbreite.
3. Unterste Zuhaltung auf den Riegel legen und in Arbeitsstellung bringen – die Stellung, in der der Riegelstift frei in der Gasse steht. In dieser Stellung muß die zweite Bartstufe bei Schlüsseldrehung die Zuhaltung hochhalten. Diese Stufe auf Höhe feilen, bis sie gleitend dem Kreisbogen am Zuhaltungsblatt folgt, also während der Riegelbewegung die Zuhaltung hochhält. Breite der Stufe entspricht der Stärke des Zuhaltungsblättchens – Messen mit Schublehre. Die Bewegungsfreiheit der lose aufeinanderliegenden Blättchen muß berücksichtigt werden.
4. Weitere Stufen entsprechend feilen.
5. Der Bart muß so lang sein, daß er ohne zu klemmen zwischen Schloßboden und Schloßdecke bewegt werden kann.
6. Schlüsselstufen abrunden, das Ganze schlichten und glätten.

Einzelhandelspreise wichtiger Werkstoffe (Stand Herbst 1972)

	Preis DM		Preis DM
1 kg Stahl (je nach Form	um 3.—	1 Tafel Zinkblech (1 × 2 m) je nach Stärke ab 0.6 mm	16.— bis 23.—
1 Tafel Schwarzblech (1 × 2 m) je nach Stärke ab 0,63 mm	13.— bis 18.—	1 kg Kupferblech	11.70
1 Tafel verzinktes Stahlblech (1 × 2 m) je nach Stärke ab 0,63 mm	13.— bis 24.—	1 kg Messingblech	12.—
		1 kg Aluminiumblech	10.—
		1 kg Walzblei	3.—

Fünfter Teil

Wasser und Gas

1 »Unser täglich Wasser«

Herkunft Da Seewasser (Salzwasser) ungenießbar ist, kommen für Trinkwasser in Betracht: Regenwasser, das Süßwasser der Flüsse und Seen, Quellwasser, Grundwasser. Regenwasser – besser gesagt Niederschlagwasser, denn das in der Luft enthaltene Wasser geht als Regen, Nebel, Tau, Hagel, Schnee nieder – gilt als rein, obwohl es aus der Luft mitgerissene kleine Bestandteilchen und Gase enthält. Von mineralischen Bestandteilen ist es frei.
Was an Niederschlagwasser im Boden versickert, speist den unterirdischen Grundwasserstrom, der sich mit einer Geschwindigkeit von 3 bis 4 m in 24 Stunden abwärts bewegt. Stößt das Grundwasser auf eine wasserundurchlässige Schicht, staut es sich und fließt langsam den Flüssen und dem Meere zu. Grundwasser von 6 m unter der Oberfläche und tiefer ist gewöhnlich keimfrei und, falls es nicht aus Moorboden stammt, ohne weiteres als Trinkwasser verwendbar, denn die Bodenschichten wirken als Filter. Auch Quellwasser rührt in der Regel von Niederschlagwasser her, das in die oberen Erdschichten eindringt. Es ist das beste Trinkwasser, farblos, bakterienfrei, luft- und kohlensäurehaltig, erfrischend.
Unsere Flüsse sind meist im Anfang ihres Laufes rein, werden aber dann durch Abwässer der Städte und Fabriken mit Bakterien, Salzen, Krankheitsstoffen verunreinigt, so daß ihr Wasser, wie auch das Wasser der meisten Binnenseen, nur nach Aufbereitung (Reinigung) als Trinkwasser verwendbar ist. Gereinigt wird es in Kies- und Sand-Filteranlagen; auch von gelöstem Eisen wird es durch intensive Belüftung und Filterung größtenteils befreit.
Anforderungen Leitungswasser soll frei sein von Krankheitserregern, frei von fremdartigem Geruch und Geschmack, klar, farblos und möglichst gleichmäßig kühl (9–12° C) im Sommer wie im Winter; außerdem soll es Behälter und Rohre nicht angreifen.
Weiches und hartes Wasser Der Unterschied zwischen hartem und weichem Wasser beruht darauf, daß im harten Wasser Kalk, Gips und Salze, sogenannte Härtebildner, gelöst sind. Ganz weich, praktisch frei von solchen Beimengungen, ist das Regenwasser. Die Hausfrau nimmt es gern zum Waschen, der Gärtner zum Gießen; auch die Industrie, unser größter Wasserverbraucher, wünscht meist weiches Wasser. Unser Trinkwasser, sowohl aus der Leitung wie aus Brunnen, ist gewöhnlich hart, weil Grund- und Quellwasser im Erdinnern Mineralien aufnehmen. Im einzelnen hat die unterschiedliche Bodenbeschaffenheit ganz verschiedene Härtegrade zur Folge. Man mißt die Härte des Wassers nach Graden, wobei ein (deutscher) Härtegrad 1 Teil Kalk auf 100000 Teile Wasser entspricht (=1 Gramm Kalk auf 100 Liter). Der menschliche Organismus braucht hartes Wasser.

Wasserversorgung

Speicherung Das in Filteranlagen gereinigte Wasser wird gespeichert in Hochbehältern (im Gebirge) oder in Wassertürmen (im Flachland). Liegt das Gewinnungsgebiet höher als der Behälter, fließt es mit natürlichem Gefälle dorthin, sonst wird es gepumpt. An manchen Orten beginnt die Verteilung schon von der Druckleitung aus, die zum Hochbehälter führt.
Verteilung Druckrohrstränge – meistens Guß- oder Stahlrohre – führen das Wasser in die Versorgungsgebiete. Dort wird es über ein strahlen- oder netzartiges Rohrsystem auf die Straßenzüge verteilt. Einzelne Abschnitte können durch Absperrschieber vom Netz getrennt werden.
Hausanschluß Das Grundstück ist durch eine Anschlußleitung mit dem Straßenhauptwasserrohr verbunden. Ist eine Straße berohrt, besteht für die Anlieger Anschlußpflicht.
Wasserzähler Bevor die Leitung sich im Hause weiter verzweigt, führt sie zum Wasserzähler

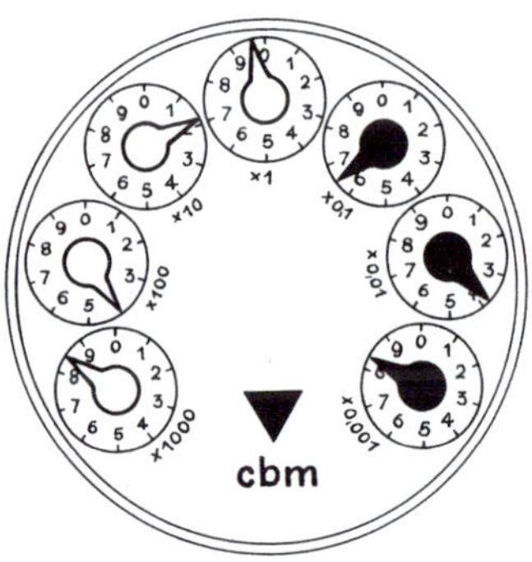

Dieser Wasserzähler zeigt einen Verbrauch von 8419 cbm und 638 Liter an

(Wassermesser). Er muß frostfrei und jederzeit erreichbar angebracht sein, Zuleitungen so kurz wie möglich. Einbau, Versetzen, Auswechseln, Entfernen des Messers, ebenso seine Unterhaltung sind ausschließlich Sache des Wasserwerks. Der Arbeitsbereich des Installateurs beginnt erst jenseits des Privatabsperrventils an der Verteilungsleitung.

Wasserzählerschacht Bei nicht unterkellerten Häusern, z. B. Wochenendhäuschen, muß für den Wasserzähler ein eigener Schacht gebaut werden, meistens 1 m hinter der Anwesensgrenze. Genaue Bestimmungen der Wasserwerke schreiben u. a. vor, daß er unfallsicher abgedeckt sein und Steigeisen haben muß. Der Besitzer des Anwesens haftet für Sauberhaltung, Abdeckung und unfallsichere Besteigbarkeit.

Verteilungsleitungen Die Leitungen im Hause bestehen gewöhnlich aus verzinktem Stahlrohr; in Gebieten, in denen das Wasser die Verzinkung angreift, nimmt man Blei- oder Hartbleirohre, bituminierte Stahlrohre, Kupfer- oder Kunststoffrohre. Die Leitung wird vom Zähler aus meist an der Wand dicht unter der Kellerdecke weitergeführt. Die Steigleitung zieht von da möglichst senkrecht nach oben. Die Zuleitungen zu den Verbrauchsstellen sollen kurz sein. Leitungen sollen

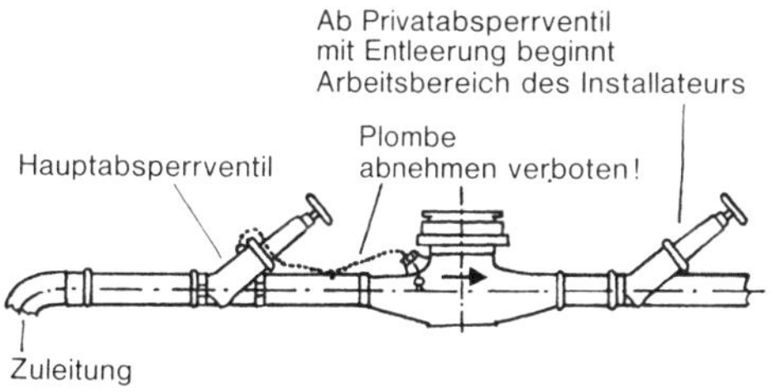

nicht an kalten Außenwänden liegen. Wasserleitungen unter Putz können einfrieren, vor allem in Nebenräumen. Eine sauber verlegte Leitung über Putz braucht als einwandfreie technische Lösung nicht zu stören.

Sind mehrere Steigleitungen vorhanden, soll jede ihren eigenen Absperrhahn und Entleerungshahn haben, damit bei Reparaturen oder Frost nicht gleich die Wasserzufuhr fürs ganze Haus gesperrt werden muß. Jeder Absperrhahn erhält zweckmäßig sein Schildchen, »Küche«, »Bad« usw.

Befindet sich eine Wasserauslaufstelle im ungeheizten Dachraum, so muß die Rohrleitung ein Stockwerk darunter an leicht zugänglicher Stelle einen Absperrhahn mit Entleerung haben.

In frostgefährdeten Häusern sollte, damit die Bewohner bei abgesperrten Steigleitungen nicht ohne Wasser sind, in der Kellerleitung ein Notauslaufhahn angebracht sein, für jeden Bewohner zugänglich und möglichst in der Nähe einer Abflußstelle. Wo und wie, muß der Installateur entscheiden.

Entleeren Um bei Frostgefahr oder zu Reparaturen eine Leitung zu entleeren, wird der betreffende Absperrhahn geschlossen, der Entleerungshahn und sämtliche Auslaufhähne werden geöffnet.

Hydranten Das Wasser für Feuerwehr, Sprengwagen und zum Spülen der Straßenkanäle wird aus den Hydranten genannten Wasserauslässen entnommen. Es gibt Unterflur- und Überflurhydranten. Damit man die Unterflurhydranten und Absperrschieber bei Dunkelheit und Schnee auffindet, sind an Häusern, Mauern, Zäunen, Ständern Hinweisschilder angebracht. Sie tragen den Kennbuchstaben H für Hydrant, S für Schieber, daneben die Angabe der Rohrweite in mm. Der Hydrant, der zum abgebildeten Schild gehört, befindet sich vom Schild aus 2,5 m nach rechts (weil »2,5 m« rechts steht), die untere Zahl 6,5 bezeichnet den Abstand in gerader Richtung, vom Schild nach vorn gemessen.

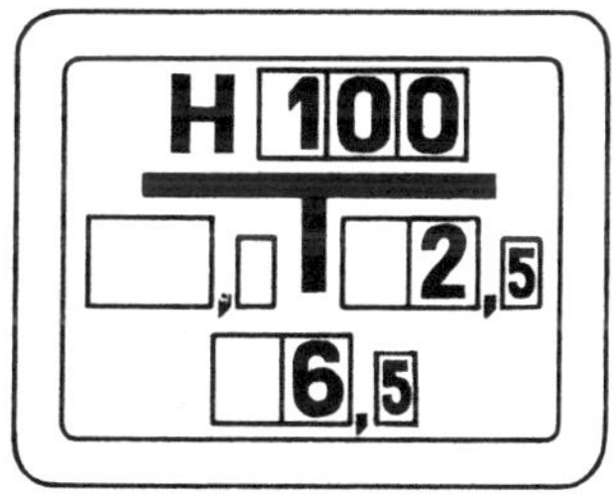

Behandlung und Pflege sanitärer Einrichtungsgegenstände

Von sanitären Einrichtungen wie Waschbecken, Klosettbecken, Badewanne erwarten wir, daß sie ein Leben lang halten. Dazu bedürfen sie pfleglicher Behandlung. Die roten oder gelben Zettel mit der Aufschrift »Gebrauchsanweisung«, die man beim Neukauf solcher Dinge erhält, sollte man sorgsam verwahren, und zwar an einem ein für allemal für diesen Zweck vorbestimmten Platz in Schrank oder Schreibtisch.

Emaille ist ein glasartiger Schmelz auf Gußeisen oder Stahlblech. Emaillierte Gegenstände sind auch wie Glas zu behandeln – das heißt: Immer nur mit weichem Putzmittel reinigen, niemals mit Sand, sandhaltigem Putzmittel oder gar Schmirgelpapier! Fremdkörper, z. B. Farbschichten, die fest auf der Emaille haften, entfernt man mit Warmwasser und Topfbürste (Topfreiniger) oder durch Reiben mit einem weichen Holzstück. Ein harter Gegenstand, der in oder auf ein emailliertes Gefäß fällt, bringt die Emailleschicht zum Platzen. Bei Arbeiten, bei denen diese Gefahr besteht, stets für Abdeckung sorgen! Rostige Eimer, Blechbüchsen, Gießkannen und ähnliches niemals zum Füllen in Badewanne oder Waschbekken stellen! Es gibt Firmen, die Emailschäden an Ort und Stelle beheben.

Eingebaute Badewanne Bei eingebauten (eingekachelten) Badewannen verdienen die Fugen Aufmerksamkeit; zunächst die Fuge zwischen Wannenrand und Platten. Es ist zweckmäßig, den nichtemaillierten Wannenrand zu überstreichen, das verhütet ein Gelbwerden der Fuge. Dringt Feuchtigkeit durch die Fuge in die Wand, ist sie sorgfältig auszukratzen und mit weißem Zement neu auszufüllen.

Offene Fugen innerhalb der die Wanne umgebenden Täfelung entstehen durch Erschütterungen, auch durch das Arbeiten von noch nicht ganz ausgetrockneten Trägerbalken im Fußboden sowie durch Setzbewegungen im Baukörper. Damit nicht Wasser ins Gemäuer eindringt – wenn Sie es lieben, kräftig zu duschen, würde es schnell beim Nachbarn oder »Untermieter« ankommen –, müssen solche Fugen verstrichen werden. Man nimmt dazu Marmorzement, ein weißes Pulver, das, mit Wasser zu einem dicken Brei angerührt, mit der Spachtel fest in die Fugen gedrückt und glattgestrichen wird.

Holzteile Den Einlegerost aus Holz im Spülbecken stellt die erfahrene Hausfrau möglichst oft nach gründlicher Säuberung zum Trocknen vors Küchenfenster. Selten denkt sie an die Schutzleiste aus Holz, die am Rande des Spülbeckens sitzt. Auch sie muß ab und zu abgeschraubt, gereinigt und an der Luft getrocknet werden.

Neue Holzteile dieser Art von Zeit zu Zeit mit Leinölfirnis einlassen, sie halten dann länger.

Hartsteingut Waschbecken und Klosettbecken bestehen nicht aus emailliertem Metall, sondern aus keramischem Werkstoff, Hartsteingut oder Kristallporzellan. Sie können daher leicht beschädigt werden oder zerbrechen, was z. B. beim Entleeren von Eimern zu beachten ist.

Die glänzende glasierte Oberfläche keramischer Gegenstände ist leicht zu reinigen. Wasser und Seife genügen meist. Fachgeschäfte (Drogerien) führen geeignete weitere Putzmittel. Sand und sandartige Putzmittel sind zu vermeiden.

Nicht wenige Hausfrauen nehmen Salzsäure zum gründlichen Reinigen, insbesondere des Klosettbeckens. Zu empfehlen ist das nicht: die Oberfläche, auch bei Emaille, ist stets porös, die Säure arbeitet sich hinein und richtet auf die Dauer Schaden an, die glänzende Oberfläche geht verloren. Stark verdünnte Salzsäure kann man einmal zum Entfernen hartnäckiger Schmutzstellen nehmen, wenn man sofort gut nachspült.

Achtung Säure!

Niemals wiedergutzumachende Schäden an Leben und Gesundheit sind wiederholt dadurch entstanden, daß Säuren und andere schädliche Flüssigkeiten in Trinkgefäßen, z. B. Bierflaschen, verwahrt wurden. Säuren gehören in die sechskantig geformten Giftflaschen, wie sie der Apotheker verwendet!

2 Der Wasserhahn

Der gewöhnliche Auslaufhahn

Der einfache Auslaufhahn besteht aus dem mit der Leitung verschraubten Unterteil und dem Oberteil, eingeschraubt in die nach oben zeigende Öffnung des Unterteils.

Durch die Mitte des Oberteils führt die Hahnspindel, versehen oben mit dem Bedienungsgriff, unten mit einem groben Außengewinde, das zusammen mit dem Innengewinde am Fuße des Oberteils beim Öffnen und Schließen Halt und Führung gibt. In das untere Ende der Spindel ist der Hahnkegel (Ventilkegel) eingelassen, und zwar so, daß er sich drehen läßt, aber nicht herausfallen kann. Auf einer runden Metallplatte, dem Hauptteil des Hahnkegels, ist an einem kurzen Schraubgewinde mit einer kleinen Mutter die Dichtungsscheibe aus Gummi, Leder oder Kunst-

Einfacher Auslaufhahn im Schnitt

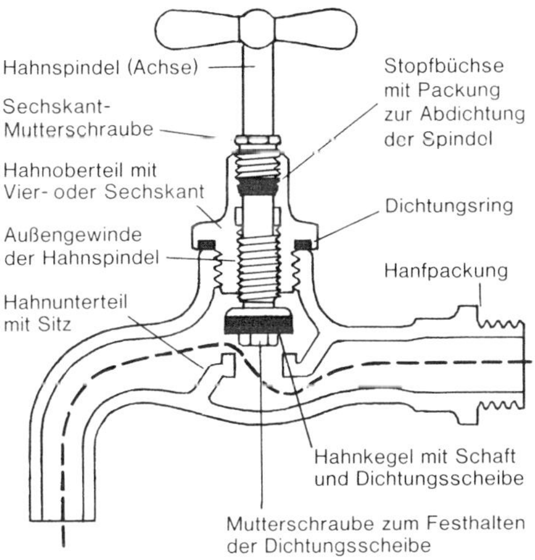

stoff befestigt. Neben flachen Scheibchen werden auch halbkugelige Dichtungen aus Gummi verwendet, bei ihnen fällt die kleine Schraubenmutter weg.

Beim Zudrehen drückt der Hahnkegel die Dichtungsscheibe auf den Hahnsitz und unterbricht damit den Wasserdurchlauf.

Damit beim Aufdrehen des Hahnes oben an der Spindel kein Wasser austreten kann, ist unterhalb der Sechskantschraube die Stopfbüchse eingebaut.

Undichte Hähne

Undichte Stopfbüchse Tritt beim Gebrauch des Hahns oben Wasser aus, erfüllt also die Stopfbüchse ihre Funktion nicht, so versuche man zunächst, die Sechskantschraube vorsichtig anzuziehen, damit die Packung dichter wird. Hat das keinen Erfolg, löst man die Schraube – die Leitung braucht dabei nicht abgesperrt zu werden – und zieht mit einer Häkelnadel oder einem ähnlichen spitzen Gegenstand die Dichtungsschnur heraus. Sie muß durch eine neue ersetzt werden, am besten durch eine im Handel erhältliche Talgschnur, notfalls durch eine mit Talg getränkte Hanfschnur. Die neue Dichtungsschnur wird rechtsdrehenderweise um die Spindel gelegt und mit einem flachen Stäbchen oder Schraubenzieher tief hineingedrückt, damit eine feste Packung entsteht. Darauf wird die Sechskantschraube – die übrigens auch eine etwas andere Form haben kann – wieder in das Gewinde geschraubt, mit Druck nach unten – und mit Fingerspitzengefühl.

Der Hahn tropft Tropfen kann verschiedene Ursachen haben. Es zu ergründen, muß auf jeden Fall zunächst die Leitung abgesperrt, der Hahn geöffnet und das Oberteil herausgeschraubt werden. Manchmal hat sich ein Fremdkörper zwischen Hahnsitz und Dichtung festgesetzt. Oder die Dichtung ist abgenutzt (hart und brüchig) und muß erneuert werden. Dazu wird die kleine Mutterschraube, die die Scheibe festhält, mit der Flachzange entfernt. Ist die neue Dichtung angeschraubt, überzeugt man sich, bevor man Oberteil wieder auf Unterteil schraubt, ob der zwischen beiden Teilen sitzende Dichtungsring noch einwandfrei ist. Wenn nötig, ist er gleich mit auszuwechseln; notfalls ist hier eine Dichtung auch durch Umwickeln mit einigen Hanffäden zu erreichen. Erst nach dem Zusammenbau darf der Hahn wieder zugedreht werden. Beim Einkaufen von Dichtungsringen und -scheiben nehmen Sie am besten die alten Stücke jeweils mit, denn Größen und Formen sind recht verschieden. Gewöhnlich benutzt man als Entleerungshähne ¼″-Hähne, für Waschbecken ⅜″, in der Küche ½″ (″=Zoll; 1 Zoll=25,4 mm).

Bevor die Hauswasserleitung oder einer ihrer Stränge abgestellt wird, muß man andere Hausinwohner verständigen – nicht nur höflichkeitshalber, denn unter Umständen haftet man für Schäden, die durch die Absperrung oder Wiederinbetriebnahme in anderen Wohnungen entstehen.

Defekter Hahnsitz Tropfen kann auch darauf beruhen, daß der Hahnsitz durch das ständig durchströmende Wasser – besonders durch gechlortes – beschädigt (porös geworden) ist. In diesem Fall muß er durch den Installateur nachgefräst werden. Ist der Hahnsitz nur verkalkt, genügt Abreiben mit feinem Schmirgelpapier.

Man kann das Fräsen auch selbst besorgen, wenn man sich einen Fräsapparat beschafft. Ein einfacher Handfräsapparat besteht aus einer etwa bleistiftdicken Spindel, dem Handrad zum Drehen, einem oder zwei konischen Gewindekörpern und der Frässcheibe, die radial angeordnete Zähne hat und in den Größen ⅜, ½, ¼ und 1 Zoll zu haben ist.

Bei dem S. 360 abgebildeten Fräser kann der Druck durch eine feine Regulierschraube mit Gegendruckfeder genau eingestellt werden. Das schont den Hahnsitz.

Ob der Hahn nachgefräst werden muß, sieht man,

wenn man nach Abschrauben des Hahnoberteils mit Taschenlampe oder Zündholz von oben hineinleuchtet. Ist der Hahnsitz – also die ringförmige Wulst, auf die beim Zudrehen des Hahnes die Dichtungsscheibe drückt – schadhaft, zerfressen, nicht glatt, muß mit Fräser nachgeglättet werden. Man stellt fest, welcher Teil des Gewindekörpers in das Gewinde des Hahnes paßt, steckt es über die Spindel und schraubt dann die Frässcheibe mit den Zähnen nach unten an. So kann man den Apparat mit der Hand in den Hahn einschrauben, das Fräsen kann beginnen.
Man dreht das Handrad unter leichtem Druck. Keinesfalls mehr abfräsen, als nötig ist, um eine glatte Fläche zu bekommen – deshalb ständig nachschauen.
Die scharfen Frässpäne müssen restlos entfernt werden. Wo ein kleiner Wasserstrahl nichts scha-

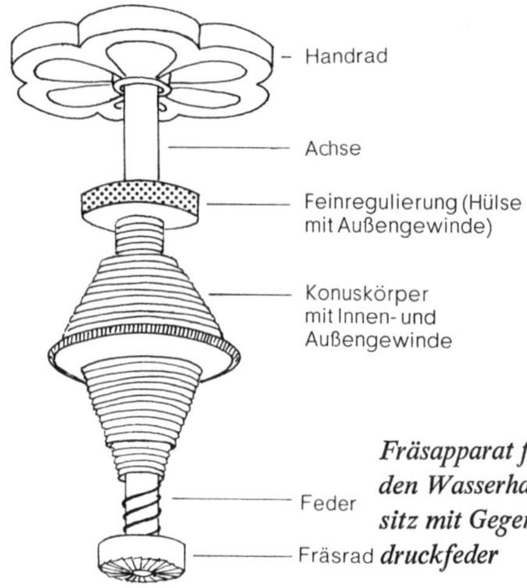

Fräsapparat für den Wasserhahnsitz mit Gegendruckfeder

den kann – im Freien, in Waschküchen –, geschieht das durch mehrmaliges kurzes Öffnen und Schließen des Absperrhahnes; andernfalls muß man durch Einschütten von Wasser die Frässpäne ausspülen. Nach dem Spülen kann das Oberteil aufgeschraubt, der Hahn geschlossen und der Absperrhahn geöffnet werden. Durch nochmaliges volles Öffnen des Auslaufhahnes nachspülen.
Ähnliche Fräser gibt es auch für Schwimmerkugelhähne in Klosettspülkästen. Es gibt auch Hähne mit auswechselbarem eingeschraubtem Hahnsitz aus widerstandsfähigeren Metallegierungen oder aus Kunststoff.
Verchromte Hähne über Waschbecken und Badewannen haben vielfach eine Schutzkappe über dem Oberteil. Will man einen solchen Hahn auseinandernehmen, muß zuerst der Sterngriff entfernt und diese Schutzkappe abgeschraubt werden.

Wie man Wasserhähne anfaßt

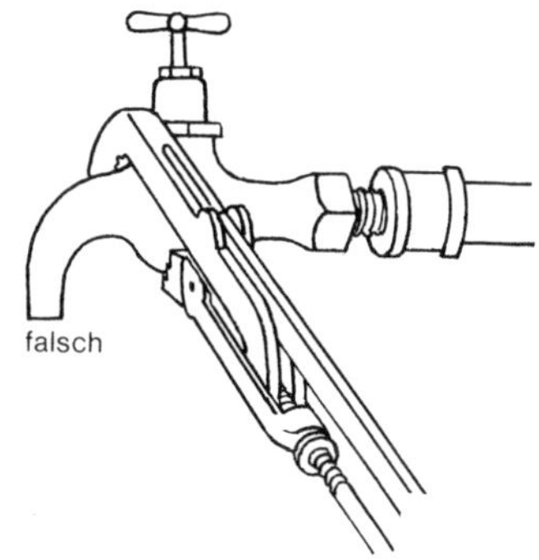

Nicht mit der Zange den Hahnkörper anfassen

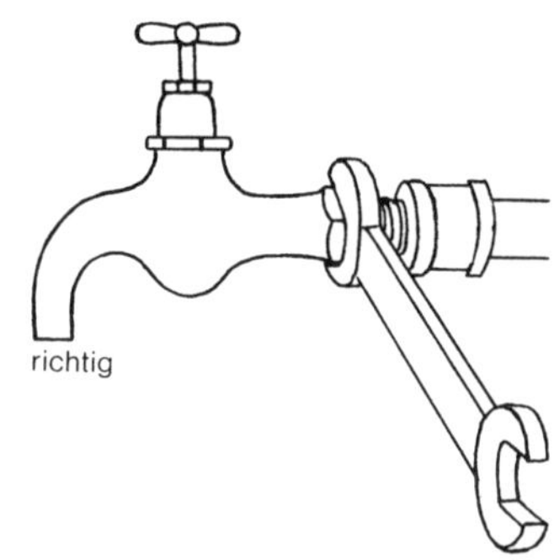

Schraubenschlüssel an dem Sechskant ansetzen

Überdrehtes Gewinde Ist das Spindelgewinde eines Hahnoberteils überdreht, kann man sich für einige Zeit behelfen durch Auflegen einer dickeren oder zweiten Dichtungsscheibe.
Fließgeräusch Haben Sie eine Reparatur beendet und danach durch Öffnen des Absperrhahnes den Wasserzulauf wieder freigegeben, so hören Sie das Fließgeräusch (Rauschen) des einlaufenden Wassers. Dauert aber das Rauschen an, nachdem die Leitung gefüllt ist, so ist entweder in der Zwischenzeit ein Hahn geöffnet und nicht mehr geschlossen worden, oder Sie haben bei der Reparatur einen Fehler gemacht. Auf jeden Fall sperren Sie das Wasser sofort wieder ab und gehen der Ursache des Geräusches nach.

Der Konushahn

Der Konushahn, auch Kegelhahn, Kükenhahn, Reiberhahn genannt, dient als Absperrvorrichtung bei Waschkesseln, Wasserschiffen an Küchenherden, Waschmaschinen und Wäschepressen, Bierfässern, als Umstellhahn an Badebatterien und für ähnliche Zwecke, wo der Hahn dem auslaufenden Wasser keinen erheblichen Widerstand zu leisten braucht, ferner als Gashahn. Er besteht aus dem äußeren Gehäuse und dem inneren Konuskörper mit Handgriff. Die Mutterschraube am unteren Ende des Konuskörpers verhindert ein Herausziehen.

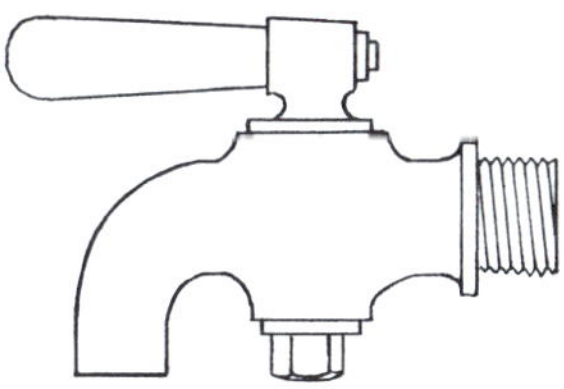

Ansicht eines Konus-Auslaufhahns

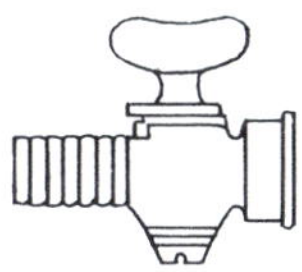

Gashahn

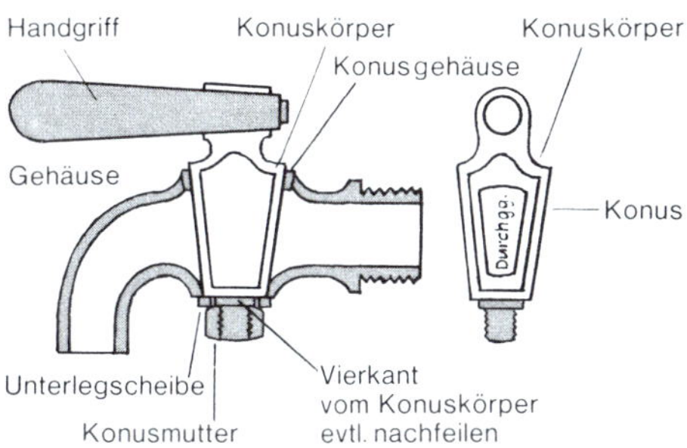

Schnitte durch einen Konus-Auslaufhahn

Wird der Hahn undicht und tropft oder läßt er sich schwer betätigen, so kann das auf Oxydation oder Kalkansatz an der Dichtungsfläche liegen. Es kann auch das Hahnenfett, das sich bei diesem Hahn an der Dichtungsfläche befinden muß, eingetrocknet sein.

Einfetten Zum Herausnehmen des Konuskörpers wird die Mutterschraube am unteren Ende gelöst. Dann kann man den Konus reinigen und frisch einfetten mit Hahnenfett oder Hirschtalg. Bei kleineren Hähnen achtgeben, daß kein Fett den Durchgang verlegt!

Einschleifen Ist der Konus so rauh und angefressen, daß durch Neueinfetten keine Abdichtung zu erreichen ist, muß er samt seinem Gehäuse frisch eingeschliffen werden. Wer das selbst machen will, kauft ein wenig Schleifpaste oder stellt sie selbst her aus feinem Schmirgelpulver oder Bimssteinpulver oder feinem gestoßenem Glas, vermengt mit einigen Tropfen Öl oder Wasser. Wenig Schleifpaste wird auf die Dichtungsflächen gestrichen, der Konus wieder ins Gehäuse gesteckt und durch Hin- und Herdrehen unter Aufdrücken eingeschliffen. Sind durch ausgiebiges Schleifen alle Unebenheiten an den Dichtungsflächen beseitigt, werden Gehäuse und Konus gereinigt, mit Hahnenfett oder Hirschtalg eingestrichen und wieder zusammengesetzt.

3 Klosettspülung

Der Spülkasten und seine Wirkungsweise

Wasserspülung erfolgt durch Spülkästen, die entweder hoch oder tief (unmittelbar über dem Becken) angebracht sein können, oder durch Druckspüler. Wir betrachten zuerst den noch am weitesten verbreiteten hochhängenden Spülkasten.

Hochhängender Spülkasten Damit das Wasser ausreichende Druckwirkung hat, soll die Unterkante des Kastens etwa 2,00 m über dem Fußboden liegen. Das Spülrohr vom Kasten zum Becken muß eine lichte Weite von mindestens 30 mm haben, soll möglichst senkrecht laufen und in sanftem Bogen in das Becken münden. Der Kasten kann aus Gußeisen, Beton, einem keramischen Werkstoff oder Kunstharz bestehen, mit oder ohne geräuschdämpfendem Deckel.

Saugwirkung Die Wirkungsweise beruht auf dem physikalischen Prinzip der Saugwirkung. Sie kennen sicher das Verfahren, mit Hilfe einer gebogenen Röhre oder eines Schlauches ein Gefäß zu entleeren oder die Flüssigkeit in ein tieferstehendes Gefäß umzufüllen. Mit Mund oder Luftpumpe saugt man etwas Flüssigkeit in den längeren Arm – oder man füllt zuvor Schlauch oder Röhre ganz mit Flüssigkeit – und öffnet dann das tieferliegende Ende. Die in diesem längeren Arm nach unten fallende Flüssigkeit übt eine Saugwirkung aus, sie schafft einen verdünnten Raum hinter sich. Da die atmosphärische Luft auf die Oberfläche der Flüssigkeit drückt, fließt der Inhalt des oberen Gefäßes so weit aus, bis der Spiegel an die Öffnung des kurzen Schenkels gesunken ist. Die Absaugewirkung bei Geruchverschlüssen, auch das unangenehme Absaugen von Schmutzwasser in die Reinwasserleitung und das bei Kohlenbadeöfen vorkommende Zusammengedrücktwerden beruhen auf diesem Prinzip, und ebenso der Spülkasten.

Das obere Bild zeigt im Schnitt einen normalen Spülkasten, gefüllt, im Ruhezustand. Die Füllung geschieht durch das (hier von rechts kommende) Rohr aus der Wasserleitung. Am Ende dieses Zuleitungsrohres sitzt ein Hahn (Schwimmerkugelhahn, Schwimmerventil), verbunden durch die quer übers Bild laufende Hebelstange (aus Messing) mit dem Schwimmer (Schwimmerkugel) aus Kupfer oder Kunststoff. Der Schwimmer hebt und senkt sich mit dem Wasserspiegel. Bei normaler Wasserhöhe drückt die Schwimmerkugel durch den Hebel das Schwimmerventil zu, es läuft kein Wasser mehr zu. Sobald Wasser abfließt, sinkt der Schwimmer, öffnet damit das Ventil, es fließt wieder Wasser zu. Bitte beachten Sie, wenn Sie die Zeichnung studieren, daß diese Zu-

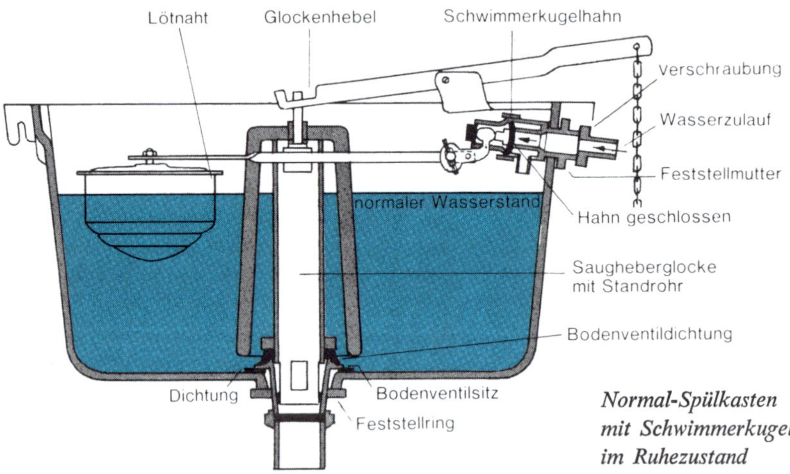

Normal-Spülkasten mit Schwimmerkugelhahn im Ruhezustand

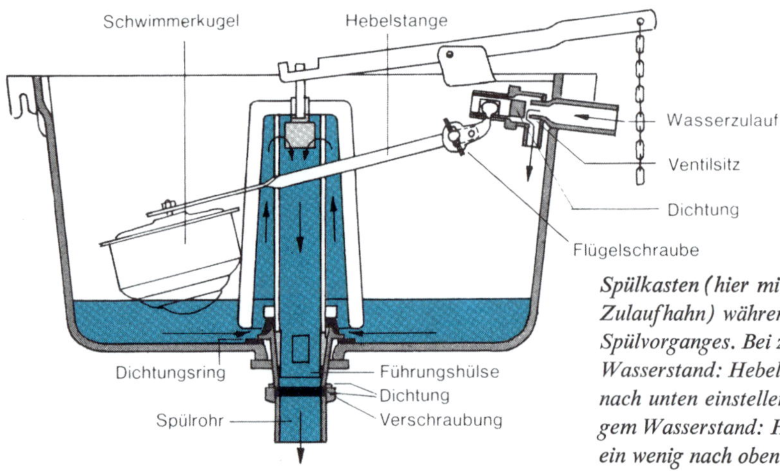

Spülkasten (hier mit anderem Zulaufhahn) während des Spülvorganges. Bei zu hohem Wasserstand: Hebelstange ein wenig nach unten einstellen. Bei zu niedrigem Wasserstand: Hebelstange ein wenig nach oben einstellen

laufvorrichtung Hahn–Hebel–Schwimmer nicht in Verbindung steht mit der jetzt zu betrachtenden Auslaufvorrichtung.
Die Kette, die den Spülvorgang auslöst, hängt am äußeren Ende des Glockenhebels. Am anderen Ende dieses Hebels hängt die Saugheberglocke (aus Gußeisen, Blei oder keramischem Werkstoff). Im Ruhezustand sitzt die Glocke mit dem darin befindlichen Standrohr unten fest auf, so daß das Bodenventil geschlossen ist und kein Wasser ablaufen kann.
Wird jetzt durch Ziehen am Handgriff der Glokkenhebel am äußeren Ende heruntergezogen, hebt sich innen die Glocke. Das Bodenventil öffnet sich. Wasser fließt durch das Spülrohr ab. Wird der Glockenhebel in dieser Stellung festgehalten, so entleert sich die gesamte Wassermenge auf diesem Wege, und sobald das geschehen ist, fließt auch das (infolge Sinkens des Schwimmers) neu zufließende Wasser sofort ab.
Normalerweise wird am Handgriff nur kurz gezogen. Die Glocke senkt sich also sofort wieder und verschließt das Bodenventil. (Im unteren Bild hat sich die Glocke bereits wieder gesenkt.) Jetzt kommt das Saugprinzip zur Geltung. Die geringe Wassermenge, die beim kurzen Anheben der Glocke abfließen konnte, übt eine Saugwirkung aus. Der atmosphärische Luftdruck, der auf die Wasseroberfläche wirkt, bekommt jetzt gewissermaßen die Oberhand. Er drückt Wasser in der Glocke empor, bis dahin, wo es durch Öffnungen im Standrohr (die im Ruhezustand über dem Normalwasserspiegel liegen) in dieses Rohr treten und durch das Spülrohr nach unten stürzen kann. So wird alles Wasser abgesaugt, bis der Wasserspiegel im Kasten unter den unteren Rand der Glocke gesunken ist.
Sobald man sich diese Arbeitsweise einmal klargemacht hat, versteht man leicht die möglichen Störungen im Spülprozeß und die Abhilfe. Zuvor noch ein Wort über die zweite Art von Spülkästen.
Tiefhängender Spülkasten Der tiefhängende Spülkasten – gleich über dem Becken angebracht, meist aus Hartsteingut – arbeitet nicht nach dem Saugprinzip. Er entleert sich durch die Stoßwirkung des ausströmenden Wassers. Man braucht hier eine größere Wassermenge, nämlich 16 bis 20 Liter gegen 8 bis 12 Liter beim hochhängenden Kasten, und man braucht ein weiteres, nämlich 50 mm messendes Spülrohr. Die Verbindung zwischen Spülrohr und Klosett stellt ein Spülrohrverbinder her. Wird diese Verbindung undicht, muß der im Bilde sichtbare Gummiring erneuert werden.

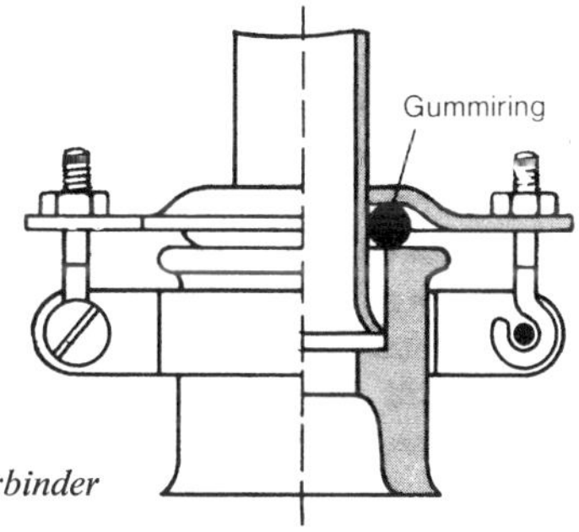

Spülrohrverbinder

Störungen

Ist alles in Ordnung, muß das Wasser im Klosettbecken nach abgeschlossenem Spülvorgang ruhig stehen; es darf kein Wasser mehr nachlaufen. Die gewöhnlichste Störung besteht darin, daß trotzdem ständig Wasser läuft. Wir gehen die möglichen Ursachen der Reihe nach durch:
Falscher Wasserspiegel Der Hebel vom Schwimmer zum Schwimmerventil kann falsch eingestellt sein. Der Winkel zwischen Hebel und Ventil kann nachgestellt werden durch eine Flügelschraube, bei anderen Ausführungen durch eine besondere Stellschraube. Solange der Winkel falsch eingestellt ist, kann es sein, daß entweder das Wasser zu hoch steigen muß, bevor sich der Zufluß schließt: dann läuft ständig Wasser nach. Es kann auch sein, daß der Wasserspiegel zu niedrig ist: dann ist die Spülwirkung zu gering.
Schwimmer undicht Die Schwimmerkugel kann klemmen oder undicht sein. Die undichte Kugel füllt sich mit Wasser, es fehlt der Auftrieb. Eine defekte Schwimmerkugel aus Kunststoff muß ersetzt werden. Eine Schwimmerkugel aus Kupfer wird gewöhnlich an der Naht undicht. Man sticht durch die Mitte des Bodens ein kleines Loch und entfernt durch Schütteln das eingedrungene Wasser. Dann wärmt man sie leicht an, damit etwa darin verbliebene Wasserreste verdunsten. Dann kann man die Naht und die zur Entleerung durchgestochene Öffnung nach vorherigem Blankmachen verlöten (über Löten S. 323); die Kugel soll dabei nicht zu stark erhitzt werden; sie könnte sonst platzen – wie eine aufs Feuer gestellte geschlossene Wärmflasche.
Schwimmerhahn defekt Der Fehler kann am Schwimmerhahn liegen. Man baut ihn – selbst-

verständlich nach Absperren des Wassers – durch Lösen der äußeren Verschraubung und der Feststellmutter am Kasten aus. Eine schadhafte Schwimmerhahndichtung muß ausgewechselt werden. Ist der Sitz des Ventils uneben, kann der Hahn nachgefeilt oder glattgefräst werden. Hilft das nicht oder erscheint es zu schwierig, muß ein neuer herbei.

Bodenventil defekt Läuft das Wasser gleich nach der Spülung, bevor der Spiegel im Kasten seinen Normalstand wieder erreicht hat, ununterbrochen weiter, wird das Bodenventil defekt sein. Das festzustellen, muß man – nach dem Absperren der Zuleitung – die Glocke vom Hebel abheben. Jetzt sieht man, ob nur die Gummidichtung am Bodenventil erneuert werden muß, oder ob der Sitz des Ventils porös ist. Im letzteren Fall kann man, wenn man geschickt genug ist, durch feines Feilen und Nachschmirgeln die Sitzfläche wieder glätten; sonst muß das Ventil auf der Drehbank nachgedreht oder erneuert werden.

Zu starker Zufluß Manchmal entleert sich der Spülkasten selbsttätig und läuft, obwohl alle Innenteile in Ordnung sind. Die Ursache liegt dann in einem zu starken Wasserzufluß: der Kasten füllt sich schneller, als er abläuft; durch den nicht abreißenden Wasserzustrom sinkt der Spiegel nicht unter den unteren Glockenrand, die Saugwirkung bleibt dauernd bestehen. Abhilfe: Drosseln des Zuflusses am Absperrhahn.

Herausspringen der Glocke Wird mit zu starkem Ruck gezogen, kann die Glocke aus dem Glokkenhebel herausspringen. Zur Abhilfe muß gewöhnlich der Glockenhebel etwas nach unten gebogen werden. Herausspringen der Glocke kann auch durch eine schadhafte Führungshülse verursacht werden. Sie ist zu ersetzen. Spülkästen, bei denen das Heben der Glocke durch einen Drücker anstatt durch Ziehen am Strang ausgelöst wird, sind gegen dieses Übel weitgehend gefeit.

Rostbildung In einem gußeisernen, nicht emaillierten Kasten kann sich im Laufe der Zeit eine Rostschicht bilden. Rostteilchen springen ab, legen sich auf den Sitz des Bodenventils und machen es undicht. Ein solcher Kasten muß abgenommen, gut ausgetrocknet, dann mit Drahtbürste und Spachtel gründlich vom Rost befreit werden. Der Kasten wird dann zwecks Rostschutz mit Mennige gestrichen (S. 50).

Schwitzwasser Besonders im Sommer sieht man außen am Spülkasten und an Wasserleitungsrohren Wassertropfen hängen. Es sieht manchmal aus, als wenn das Wasser durch die Wandungen nach außen dränge. Es handelt sich jedoch um harmloses Schwitzwasser, also um Luftfeuchtigkeit, die sich bei Berührung mit den kalten Außenwänden von Rohr oder Kasten niederschlägt – der gleiche Vorgang wie beim Beschlagen einer Fensterscheibe.

Druckspüler

Um ein Klosettbecken richtig zu säubern, die Fäkalienstoffe flüssig durch den Geruchverschluß in die Abflußleitung zu schleusen, müssen mindestens 8 bis 10 Liter Wasser binnen höchstens 10 bis 12 Sekunden durch das Becken fließen. Beim Spülkasten erreicht man das durch entsprechende Größe des Kastens. Für Druckspüler bestehen, damit die gleiche Spülleistung sichergestellt wird, besondere Einbauvorschriften der Wasserwerke. Druckspüler verlangen eine weite Zuflußleitung und ausreichenden Wasserdruck. Sie haben eine lange Lebensdauer.

Richtige Einstellung Für die Instandhaltung von Druckspülern ist am wesentlichsten, daß Zeit und Wasserdruck richtig eingestellt sind. Durch einen richtig eingestellten Druckspüler soll bei normalem Wasserdruck etwa ein Liter je Sekunde fließen. Falsche Einstellung kann, abgesehen von ungenügender oder auch zu starker Spülwirkung (Spritzen über das Becken hinaus oder auch aus dem Belüftungsventil, das hier »Rohrunterbrecher« genannt wird), auch zu plötzlichem Schließen des Druckspülers führen. Die plötzlich gehemmte Wassermenge verursacht Schläge und ratternde Geräusche, die bis ins Nachbarhaus hörbar sind, unter Umständen auch Rohrbrüche. Manche Druckspüler haben Außenregulierung. Bei ihnen wird die durchlaufende Wassermenge eingestellt durch eine Regulierschraube, die oberhalb des Wasserzulaufs sitzt. Andere haben eine automatische Einstellung im Inneren.

DAL-Druckspüler als Beispiel Dieser weitverbreitete Spüler wird wie ein Wasserhahn eingeschraubt und ist dann sofort betriebsfertig. Seine Automatik paßt sich dem Wasserdruck an, so daß Falscheinstellung unmöglich und Regulieren nicht notwendig ist.

Die Zeichnung zeigt das Standardmodell in geschlossenem Zustand und läßt zugleich die Wirkungsweise erkennen: Beim Herabdrücken des Hebels 10 werden Hülse 4, Hubstift 5, Brücke 7 sowie Kegel 6 (mit Dichtung 11) angehoben und dieser 1 mm hoch geöffnet. Durch die entstehende Öffnung fließt Wasser aus der Druckkammer 17 zum Klosettbecken ab. Der Kolben 8 und die fest mit ihm verbundenen Teile 9, 18, 12, 2 lassen sich nun beim weiteren Herabdrücken des Hebels 10 leicht ganz anheben. Unter der Kolbendichtung 2 kann jetzt das Wasser vom Leitungsanschluß 23 direkt zum Klosettbecken fließen.

Sobald man den Hebel 10 wieder losläßt, zieht die Feder 14 die zuvor angehobenen Teile und damit den Entlastungskegel 6 auf seinen Sitz im Kolben 8 zurück, ebenso den Kolben selbst mit seiner Dichtung 2. Das Zulaufwasser, das jetzt durch die Düse D in die Druckkammer 17 einströmt, drückt gleichfalls den Kolben nach unten und bewirkt ein festes Schließen. Damit endet der Spülvorgang.

Der Normalspüler liefert etwa 8 Liter Wasser je Spülung. Durch Herausdrehen der Schraube 21 läßt sich die Spüldauer verkürzen und damit Wasser sparen; doch sollten 6 Liter je Spülung nicht unterschritten werden, damit die Abflußleitung nicht verstopft wird.

Bei Frostgefahr kann man durch Hineindrehen der Frostschraube, die sich seitlich am Gehäuse befindet und deshalb in unserer Schnittzeichnung nicht sichtbar ist, ein ständiges leichtes Rinnen herbeiführen und damit die Gefahr des Einfrierens verringern.

Störungen Läuft das Wasser dauernd, zunächst den Hebel 10 kräftig auf- und niederdrücken. Ist die Druckausgleichsdüse verstopft, so reinigt sie sich dabei eventuell von selbst. Außerdem Frostschraube zurückdrehen.

Hilft das nicht oder liegt eine Störung anderer Art vor, muß der Druckspüler auseinandergenommen werden:

1. Deckel 3 abschrauben; nicht zerkratzen!
2. Entlastungskegel 6 losschrauben, herausheben und reinigen. Wenn nötig, Dichtung 11 erneuern.
3. Kolben 8 nach oben herausnehmen. Düse D reinigen, dazu nur 0,2 mm dicken Stahldraht verwenden, Düse nicht aufweiten!
4. Kolbendichtung 2 und Manschette 18, sofern schadhaft, erneuern. Ring 9 über der Manschette fest anziehen.
5. Kolben 8 einsetzen. Dabei sollen keine Falten an der Ledermanschette entstehen.
6. Entlastungskegel 6 so einschrauben, daß unbedingt ein Vorhub von 1mm verbleibt.
7. Deckel 3 wieder aufschrauben; die zugehörige Dichtung 13 wenn nötig erneuern.

DAL-Automatik-Druckspüler in geschlossenem Zustand (Schnitt)

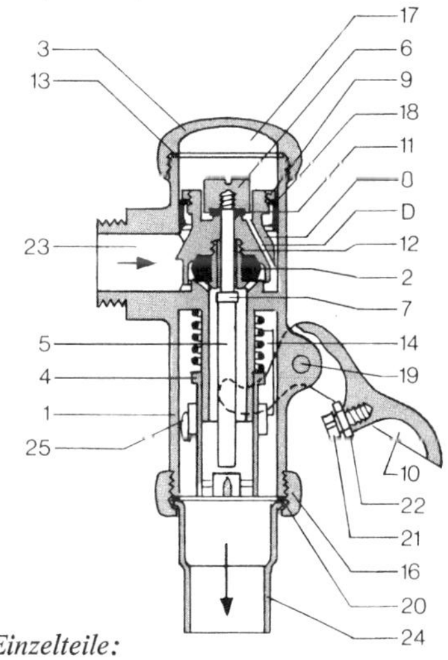

Die Einzelteile:

1 *Gehäuse*	14 *Feder*
2 *Kolbendichtung*	16 *Überwurfmutter*
3 *Deckel*	17 *Druckkammer*
4 *Hülse*	18 *Ledermanschette*
5 *Hubstift*	19 *Hebelschraube*
6 *Kegel*	20 *Fiberdichtung*
7 *Brücke*	21 *Hubeinstellschraube*
8 *Kolben*	22 *Hubeinstellmutter*
9 *Kolbenring*	23 *Leitungsanschluß*
10 *Hebel*	24 *Lötstutzen*
11 *Entlastungsdichtung*	25 *Öffnung (Rohrunterbrecher)*
12 *Kolbenschraube*	
13 *Deckeldichtung*	

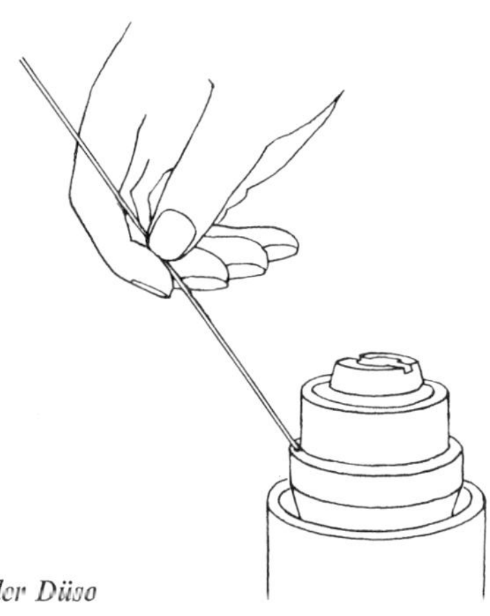

Reinigen der Düse

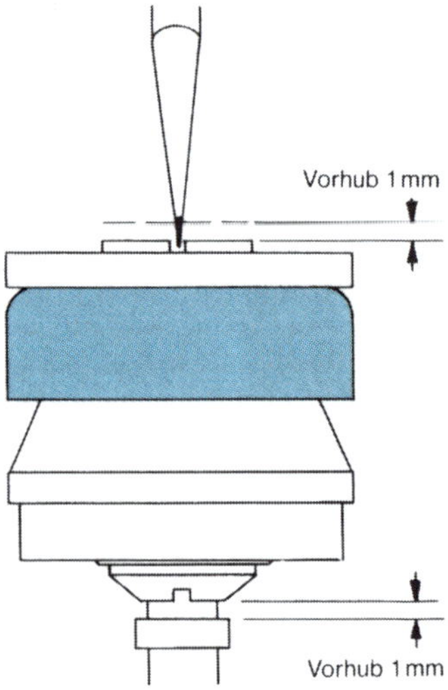

Vorhub beachten!

Um die Feder 14 zu erneuern, muß Lötstutzen 24 mit Spülrohr abgeschraubt (Überwurfmutter 16) und zur Seite gehalten werden. Nach Herausschrauben der Hebelschraube 19 und Abnehmen des Hebels 10 fallen Hülse 4 mit Hubstift 5 und Feder 14 nach unten heraus. Dichtungssatz mit Feder ist im Installationshandel erhältlich.

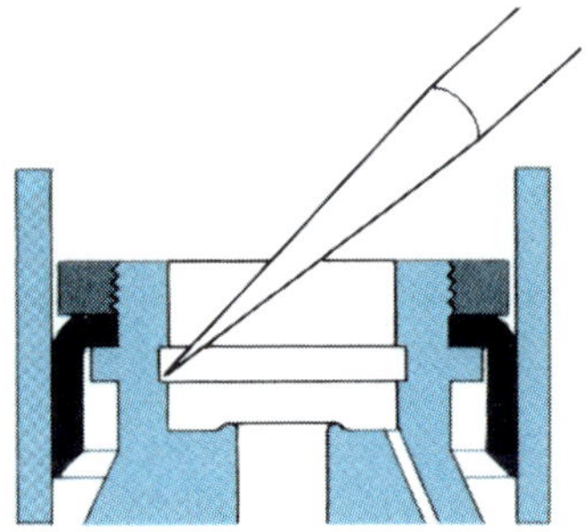

Herausheben des Kolbens

4 Störungen an Wasserleitungen

Verseuchung der Reinwasserleitung durch Schmutzwasser

Daß es gesundheitsgefährdend wäre, wenn Schmutzwasser in die Frischwasserleitung dränge, bedarf keiner Ausführung. Nach den amtlichen Vorschriften über das Verlegen von Wasserleitungen sind alle Anlagen so einzurichten, daß unter keinen Umständen Flüssigkeiten in die Reinwasserleitung zurückgesaugt werden können. Trotz ordnungsgemäßer Anlage kann das aber passieren, wenn Schläuche, die an Auslaufhähnen hängen, z. B. in der Waschküche, an Spül- und Ausgußbecken, in Schmutzwasser hineinragen, und wenn der Auslaufhahn dabei geöffnet (oder undicht!) ist. Wird nämlich in diesem Augenblick das tiefer gelegene Zuleitungsrohr entleert, so entsteht in ihm eine Saugwirkung (Unterdruck), die das Schmutzwasser aufzieht. Ein Rohrbelüfter schließt diese Gefahr aus. Seit 1.1.1958 sind für Gartenwasserhähne Belüfter (Bild S. 384 oben) zwingend vorgeschrieben.

Geräusche in der Leitung

Fließgeschwindigkeit Übermäßige Geräusche werden durch große Fließgeschwindigkeiten verursacht. Große Fließgeschwindigkeiten entstehen in sehr langen waagerechten Leitungen (deshalb sollen die Zuleitungen von der Steigleitung zur Entnahmestelle kurz gehalten werden), in zu engen Leitungen und – was auf zu enge Leitung hinausläuft – durch Auslaufhähne, die im Verhältnis zu den Rohren zu groß sind, oder auch durch zu viele Hähne. Wenn in dieser Beziehung beim Einbau der Anlage etwas versäumt wurde, hilft nur Auswechseln der Rohre oder Hähne durch den Fachmann.

Singendes Geräusch Die Ursachen eines singenden oder surrenden Geräuschs kann man selbst beseitigen: lose Kegel in Hähnen, ausgeleierte Hahnspindeln, undichte Stopfbüchsen, lose Dichtungsscheiben.

Bei Druckspülern Das heftige Geräusch bei Druckspülern ist durch ihre Konstruktion bedingt, daher nicht zu vermeiden. Der Druckspüler hat einen »Rohrunterbrecher«, der als Luftventil wirkt, das während der Spülung große Luftmengen ansaugt, die sich mit dem Spülstrahl vereinigen und im Becken als Luftblasen wieder ausscheiden. Der Rohrunterbrecher verhindert damit ein Rücksaugen von Schmutzwasser in die Reinwasserleitung. Näheres über Druckspüler S. 364 ff.

Frostschutz

Schäden Nicht wenige Prozesse werden geführt über Schäden, die durch eingefrorene Wasserleitungen entstanden sind, an den Leitungen selbst, an Kohlen- und Gasbadeöfen, Klosetts, Geruchverschlüssen, darüber hinaus an Gebäuden und Einrichtung. Wer soll das bezahlen – Mieter oder Vermieter? Auf jeden Fall ist der Mieter für seinen Bereich mit verantwortlich. Fast alle Stoffe dehnen sich bei Erwärmung aus, verkleinern also bei Abkühlung ihr Volumen. Das Wasser macht von dieser Regel eine Ausnahme. Es ist am dichtesten bei + 4° C. Gefriert es, so nimmt es als Eis mehr Raum ein als vorher die Flüssigkeit. Frierendes Wasser in Felsspalten sprengt härtestes Gestein. Frierendes Wasser in der Leitung sprengt die stärksten Rohre und Behälter.

Daraus können wir gleich eine wichtige Erkenntnis schöpfen. Man hört nicht selten die Meinung, das Auftauen eingefrorener Wasserleitungsrohre sei gefährlich, weil die Leitungen dabei platzen könnten. In Wahrheit erfolgt, aus dem eben erwähnten Grunde, die Zerstörung der Rohre meist beim Einfrieren – nur tritt der Schaden gewöhnlich erst im Augenblick des Auftauens in Erscheinung, weil jetzt das Wasser vom festen zum flüssigen Zustand zurückkehrt und nun durch die schon vorher entstandenen Risse dringen kann!

Vorbeugung Der einzig vernünftige Rat, den man auf diesem Gebiet geben kann, lautet: Es darf nie so weit kommen, daß eine Leitung einfriert. Vorbeugen!

Laufenlassen genügt nicht Hier können wir gleich noch einer irrigen Meinung entgegentreten: daß es genüge, die Auslaufhähne in feinem Strahl laufen zu lassen. Das bietet zwar bei mäßiger Kälte einen gewissen Schutz, denn bewegtes Wasser gefriert nicht so leicht wie stehendes. Bei stärkerer Kälte kann jedoch der auslaufende Strahl ebenfalls gefrieren und ein Schaden entstehen, der ebenso groß ist wie bei geschlossenen Hähnen.

In regelmäßig benutzten Räumen innerhalb des Wohnbereichs wie Bad, Schlafzimmer, Klosett, die nicht beheizt sind, genügt es gewöhnlich, daß man die Temperatur bei einbrechender Kälte kontrolliert und, sobald sie auf 2 bis 3° sinkt, durch Offenlassen der Türen und Geschlossenlassen der Fenster einen Wärmeausgleich mit den beheizten Räumen herstellt. Wenn nötig stellt man ein kleines Heizgerät, Elektro- oder Petroleumofen, in die gefährdeten Räume.

Leitungen entleeren In allen anderen Fällen müssen die Leitungen bei Beginn der Frostgefahr abgesperrt und entleert werden. Das gilt zunächst für alle Leitungen im Freien (Gartenleitungen) und für alle Leitungen in unbenutzten Gebäuden (Wochenendhaus!). Es ist ferner erforderlich bei leichtgebauten Häusern und allen Leitungen, die aus baulichen Gründen oder aus Unkenntnis an Außenwänden, Hauseingängen, Dachböden verlegt wurden – auch wenn sie gut isoliert sind. Bedenkt man, daß bei starkem Frost der Boden bis zur Tiefe von 1,20 m und mehr einfriert, so ist klar, daß auch gute Isolierung versagen kann.

Wasserzähler schützen Ist der Wasserzähler an einer frostgefährdeten Stelle angebracht, so ist zu empfehlen, ihn sowie die zu ihm führende Leitung vom Eintritt in das Haus an zu schützen durch einen mit Torfmull, Stroh oder Glaswolle gefüllten Holzverschlag.

Durchführung des Entleerens Ist die gesamte Leitung oder ein Strang zu entleeren, so wird der Absperrhahn geschlossen, der Entleerungshahn geöffnet. Er muß auch ganz geöffnet bleiben, sonst könnte sich die Leitung eventuell durch nicht ganz schließende Absperrhähne wieder langsam füllen und doch einfrieren. Alle übrigen Hähne im betreffenden Leitungsabschnitt müssen ebenfalls geöffnet werden, die höchstgelegenen, z. B. auf dem Speicher, eingeschlossen. Erst das Öffnen dieser Hähne schafft einen Ausgleich zwischen äußerem und innerem Druck und macht die Leitung ganz wasserfrei.

Behälter und Geräte Alle Wasserbehälter im Leitungsbereich sind gleichfalls zu entleeren. Zum Entleeren von Einzelgeräten wird der Absperrhahn vor dem Gerät geschlossen, alle Entleerungs- und Auslaufhähne werden geöffnet.

Kohlenbadeöfen werden entleert durch das unten am Ofen sitzende Entleerungshähnchen (evtl. Schlauch anstecken). Klosettspülkasten durch Ziehen am Griff entleeren.

Warmwasserbereiter mit Gasbetrieb haben eine Entleerungsschraube. Die Ansicht ist irrig, daß das Brennenlassen der kleinen Zündflamme genüge, um das Einfrieren zu verhindern. Die von ihr entwickelte Wärme ist ungenügend.

Wiederauffüllen Nach der Frostperiode werden zum Wiederauffüllen alle Entleerungs- und Auslaufstellen geschlossen, der Absperrhahn wird vorsichtig geöffnet. Gleich danach sind alle Auslaufstellen zu überprüfen. Gas- und Kohlenbadeöfen sind vor dem Auffüllen zu entlüften, d. h. kräftig mit kaltem Wasser durchzuspülen, damit Luftreste mitgerissen werden.

Das Auftauen eingefrorener Leitungen

Wenn das Unheil nun doch passiert ist? Nicht jede eingefrorene Leitung muß platzen. Beginnt nämlich das Einfrieren in einem kalten Raum am Auslaufhahn und schreitet von dort in Richtung wärmerer Teile fort, so wird das Wasser in dieser Richtung zurückgedrängt, anstatt das Rohr zu sprengen.

Wo beginnen? Fängt man in der Mitte an, kann sich bei übermäßiger Erwärmung Dampf bilden und das Rohr platzen. Der besseren Übersicht halber ist es am praktischsten, an einem Ende, in der Regel an der Auslaufstelle, zu beginnen. Wo eine Leitung gefroren ist, merkt man bei leichtem Beklopfen mit einem Hammer am Klang.

Heiße Tücher oder Sandsäcke Ein ungefährliches Auftauverfahren besteht darin, Säckchen mit vorher erhitztem Sand oder mit heißem Wasser getränkte Tücher (möglichst saugfähig) auf die Rohre aufzulegen. Es empfiehlt sich, die Wand durch Pappe o. ä. vor der Nässe zu schützen.

Lötlampe Stärker wirken eine oder zwei Lötlampen. (Handhabung von Lötlampen S. 324.) Um die Wand vor zu großer Hitze zu schützen, schiebt man eine Blech- oder Asbestplatte dazwischen; Gardinen und andere leicht brennbare Gegenstände sind aus der Umgebung zu entfernen. Das Auftauen mit größeren Lötlampen und anderen offenen Flammen überläßt man besser dem Fachmann, da gefährlich.

Das Erwärmen wird fortgesetzt, bis das Wasser frei aus dem offenen Auslaufhahn tritt.

Elektrische Auftaugeräte Installationsgeschäfte verfügen über elektrische Geräte zum Auftauen. Mit ihnen kann man verdeckt in Erdboden und Wänden liegende Leitungen in kurzer Zeit auftauen.

Elektrische Rohrwärmer für Wasser- und Ölleitungen Für kleinere Leitungen, die frostgefährdet sind, aber gleichwohl nicht abgestellt und entleert werden können, gibt es elektrische Rohrwärmer. Sie werden im Keller oder auch unter dem Hahn an den gefährdeten Steigstrang angeschlossen und erwärmen ihn so weit, daß das Wasser zirkuliert und nicht gefriert. Derartige Geräte sind billig, der Stromverbrauch ist gering.

Für die Beheizung von WC-Räumen sind Allgas-Heizgeräte (z. B. Germa-Apparatebau, 8018 Straußdorf) zugelassen, die bei 600 kcal Stundenleistung keine Abgasleitung brauchen.

5 Badeöfen und Warmwasserbereiter

Der Kohlenbadeofen

Der übliche Kohlenbadeofen ist der drucklose, der dem normalen Wasserdruck nicht standhält. Es ist durch entsprechende Konstruktion dafür gesorgt, daß der Leitungsdruck nur auf den Kesselinhalt wirken kann, wenn zugleich der Auslauf geöffnet ist. Es gibt daneben allerdings auch druckfeste Kessel mit direktem Anschluß an die Leitung, unter Vorschaltung eines Sicherheitsventils. Es gibt auch Öfen, die neben der Kohlenfeuerung eine Heizschlange haben, durch die Wasser der Zentralheizung fließt.

Ausführungen, Funktion Kohlenbadeöfen gibt es als Standöfen und Wandöfen, in Kupfer, Stahlblech verzinkt, emailliert und lackiert. Die auf 700 bis 900° erhitzten Heizgase geben durch den Unterboden des Kessels und durch das Rauch- oder Flammrohr, in dem sie aufsteigen, ihre Wärme an das Wasser ab. Ist der Ofen gut konstruiert, genügen vier bis fünf Briketts, um ein Vollbad zu bereiten und den Baderaum leicht zu erwärmen. Ist der Ofen unmittelbar neben oder über der Wanne angebracht, ist die Mischbatterie (Armatur) mit dem Ofen verbunden; ist der Ofen weiter entfernt – er kann auch im Nebenraum sein –, bringt man über der Wanne eine Mischbatterie (Wandbatterie) an.

Das Bild zeigt den Wasserkreislauf. Der Kaltwasserauslauf ist nicht an ihm beteiligt. Wird der

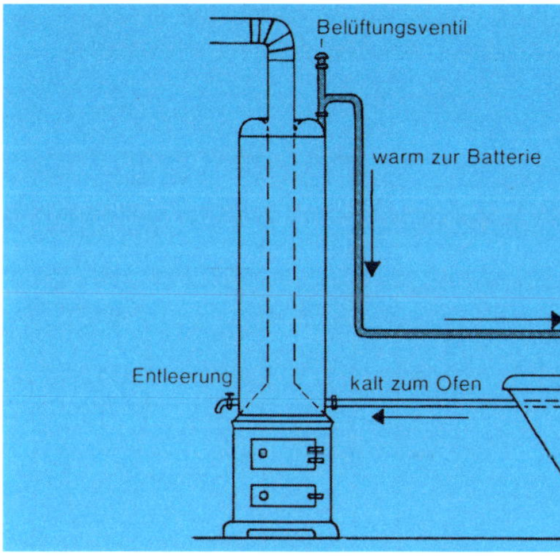

Die Wirkungsweise eines Kohlenbadeofens mit Wandbatterie

Kalthahn geöffnet, fließt Kaltwasser unmittelbar aus der Leitung in die Wanne. Der Warmhahn sitzt nicht etwa am Wege des Warmwassers vom Ofen in die Wanne, sondern er sperrt und öffnet den Zulauf von Kaltwasser in den Kessel. Wird er geöffnet, dringt Kaltwasser durch den Leitungsdruck in den Kessel und drückt das im Kessel enthaltene, nach dem Beheizen erwärmte Wasser aus dem oberen Ausgangsstutzen heraus. Es fließt dann je nach der Stellung des Umstellhahnes durch die Brause oder unmittelbar in die Wanne.

Tröpfeln bei Beheizung Da, wie wir eben sahen, der Weg vom oberen Auslaufstutzen des Kessels zur Wanne stets offen steht, tritt bei zunehmender Erwärmung des Kesselinhalts das Ausdehnungswasser in diesen Stutzen und tröpfelt in die Wanne. Das ist demnach eine normale und sogar notwendige Erscheinung, nicht zu verwechseln mit dem Tropfen eines undichten Wasserhahnes.

Brennstoff Steinkohle enthält Schwefel und andere schädliche Stoffe, die das Kupfer an den Feuerungsflächen angreifen, besonders wenn sie sich mit Schwitzwasser (das sich beim Auftreten der erwärmten Gase auf die kalte Kesselwand niederschlägt) zu der zerstörenden schwefeligen Säure verbinden. Deshalb soll man, damit der Ofen lange gebrauchsfähig bleibt, die ersten 10 bis 12 Bäder mit trockenem Tannen- oder Fichtenholz bereiten. Die gefährdeten Flächen überziehen sich dabei mit einer schützenden Glanzrußschicht. Auch später soll man nicht mit Steinkohle feuern, sondern mit Braunkohlenbriketts.

Erst füllen Es ist gefährlich, einen nicht oder nicht ganz gefüllten Ofen anzuheizen. Wieso kann der Kessel nur teilweise gefüllt sein? Wasser kann verdunsten, wenn der Ofen, besonders in der heißen Jahreszeit, einige Zeit nicht benutzt wird.

Ferner wird Heißwasser, das nicht verbraucht wurde, sich beim Abkühlen zusammenziehen und nimmt nun weniger Raum ein, ohne daß Wasser aus der Leitung nachdringen kann. Ist aber die Weichlötnaht am oberen Rande des Ofens nicht von Wasser umspült, so schmilzt sie (Schmelzpunkt etwa 250°).

Folgerung: Niemals anheizen, bevor man sich überzeugt hat, daß der Kessel ganz gefüllt ist. Das geschieht durch einfaches Öffnen des Warmwasserhahnes an der Batterie. Das Wasser muß hier gleichmäßig ohne Glucksen oder Stoßen austreten.

Schornsteinzug Zu starker Schornsteinzug ist Wärmeverschwendung. Eine Absperrklappe am Ofenrohr drosselt den Zug. Sie darf höchstens ¾ des Rohrquerschnitts verdecken. Solche Klappen sind im Eisenhandel erhältlich. Schlechter Zug entsteht durch sogenannte falsche Luft (undichtes Ofenrohr, schadhafter Schornstein). Näheres darüber S. 267.

Undichte Batteriehähne Ist ein Batteriehahn zu dichten, wird zuerst der Absperrhahn vor dem Ofen oder vor der Batterie geschlossen, dann wird der Ofen durch Öffnen aller Auslaufhähne entleert. Das Oberteil der Hähne wird mit dem Schraubenschlüssel abgeschraubt.

Vagabundierende Ströme Gefährlich ist die Nachbarschaft von Badeofen und Wanne mit elektrischen Geräten. Ein erstaunliches Beispiel dafür, welche schweren Unglücksfälle dabei vorkommen können, finden Sie auf S. 412.

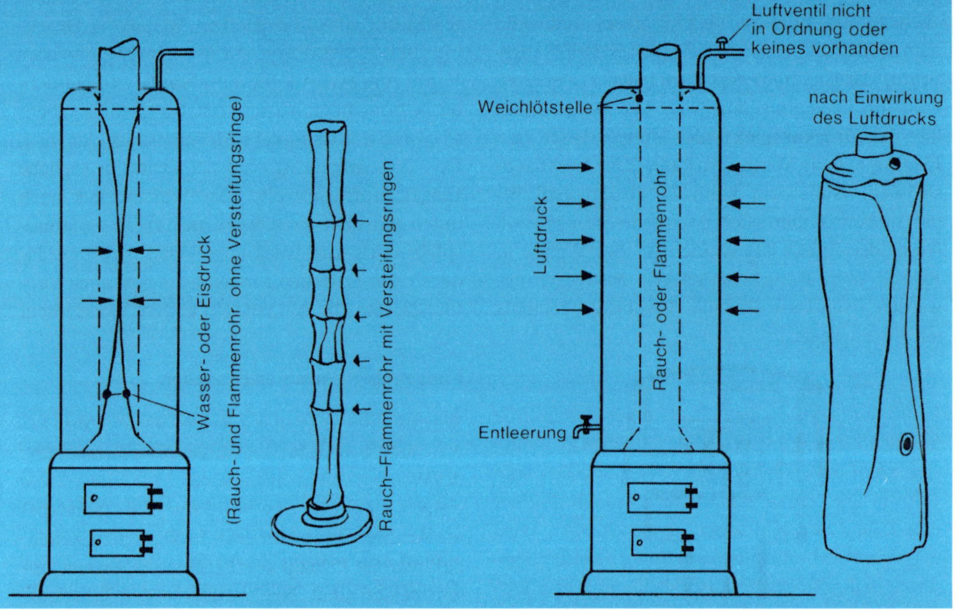

Überdruck im Kessel kann das Flammenrohr zusammendrücken, auch den Kessel zerreißen. Das gleiche passiert, wenn das Wasser im Kessel gefriert

Bei Unterdruck im Kessel preßt der Druck der Außenluft den Badeofenmantel zusammen

Druckschäden Weitaus die meisten und gefährlichsten Schäden an Badeöfen entstehen durch falschen, d. h. zu geringen oder zu hohen Druck.

Überdruck Wird dem Ofen mehr Wasser zugeführt, als abfließen kann, entsteht durch Stauung Überdruck. Er kann das Flammenrohr im Innern zusammendrücken und den Außenmantel zerreißen. Das Bild zeigt ein Beispiel. Überdruck entsteht durch Behinderung des Ablaufs oder zu starken Zulaufdruck. Der Ablauf wird behindert durch verkalkte Löcher an Hand- und Kopfbrause. Die Brause ist ja so berechnet, daß durch sie die Wassermenge abfließt, die beim Öffnen des Warmhahns aus der Leitung in den Ofen zufließt. Wenn Sie gleich einmal Ihre Brause daraufhin untersuchen, werden Sie wahrscheinlich auf verkalkte Löcher stoßen. Bitte nicht nur betrachten, sondern mit einer feinen Nadel durchstechen, denn Kalk kann auch von innen vor Löchern liegen, die von außen durchlässig aussehen. Der Kalk wird mit einer Nadel beseitigt. Spielereien mit der Brause, wie das Andrücken an den Körper, können ebenfalls Überdruck hervorrufen, ebenso Knicke im Brauseschlauch. Wenn Sie den Brausekopf erneuern, verwenden Sie unbedingt einen Kopf mit gelochtem Rand.

Zu starker Zulauf entsteht, wenn die Kaltwasserleitung zum Kessel gegenüber den Ablaufmöglichkeiten zuviel durchläßt. Es sollen in der Minute 12 bis 15 Liter Wasser durchlaufen können. Die Anschlußverschraubung zur Batterie besitzt in der Regel eine Drosselscheibe mit einer Bohrung von etwa 3 mm Weite, die zu starken Zufluß drosselt. Der örtlich verschiedene Wasserdruck kann eine kleinere oder größere Bohrung erfordern. Solche Einstellungen sind unbedingt dem Fachmann zu überlassen.

Unterdruck Unterdruck ist ebenso gefährlich wie Überdruck. Sobald durch Saugwirkung (S. 361 f.) im Kesselinnern ein luftverdünnter Raum entsteht, drückt der von außen wirkende atmosphärische Luftdruck den Mantel des Kessels ein. Das Bild zeigt den Vorgang und ein Beispiel. Unterdruck muß entstehen, sobald der Zulauf unterbrochen wird, z. B. durch Absperren der Leitung, unter Umständen auch durch eine plötzliche starke Wasserentnahme im Hause, sofern nicht für einen Druckausgleich gesorgt ist.

Belüftung durch Kopfbrause Ist eine feststehende Kopfbrause vorhanden, so übernimmt sie diese Sorge. Der Weg vom Kesselinnern zur Brause ist ja in der Regel offen, so daß bei einem Unterdruck im Kessel von hier Luft nachdringen kann. Freilich, ist die Brause durch Kalkablagerung völlig verstopft, kann sie diese Aufgabe nicht erfüllen!

Belüftungsventil Badeöfen mit einer beweglichen Schlauchbrause (Handbrause) brauchen zum Druckausgleich ein besonderes Belüftungsventil, das am höchsten Punkt des Wasserauslaufs am Ofen eingebaut wird. Die Brause kann hier den Druckausgleich nicht immer herstellen. Liegt sie z. B. im Wasser, so kann keine Luft nachströmen. Außerdem kann in diesem Fall bei plötzlichem Unterdruck (wenn Belüftungsventil fehlt oder defekt ist) Wasser aus der Wanne in Kessel und Reinwasserleitung zurückgesaugt werden. Man lasse also die Handbrause niemals im Wasser liegen!

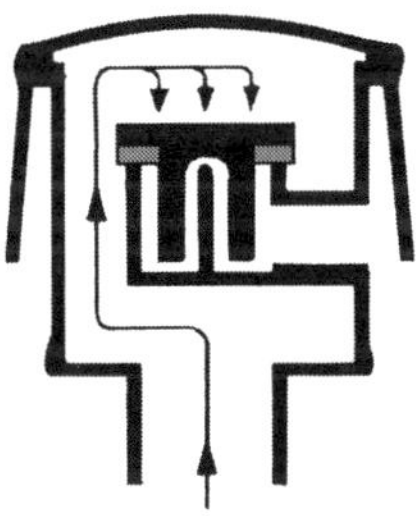

Belüftungsventil im Normalzustand (geschlossen)

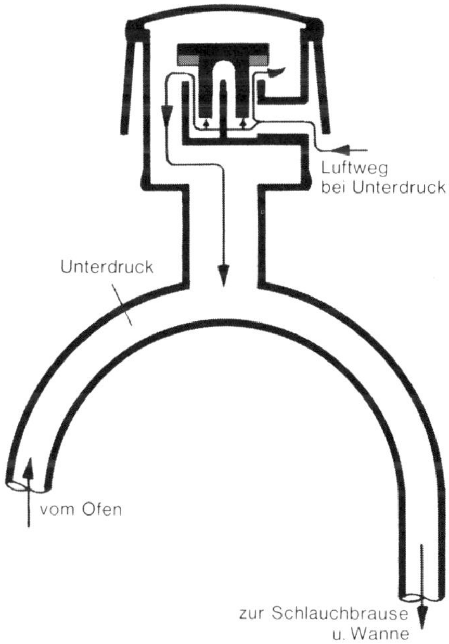

Belüftungsventil in Funktion (bei Unterdruck im Kessel)

Das Ventil ist so gebaut, daß es normalerweise durch den inneren Wasserdruck geschlossen ist. Bei Unterdruck im Innern wird es durch den äußeren Luftdruck sofort geöffnet, so daß der Druckunterschied sich ausgleicht. Wenn man ein solches Ventil zum ersten Male aufschraubt und betrachtet, so braucht man eine Weile, bis einem der eben so einfache wie sinnvolle Mechanismus klar wird. Das Wesentliche ist, daß der kleine bewegliche Einsatz normalerweise vom Wasserdruck nach unten gedrückt, bei Unterdruck aber vom atmosphärischen Luftdruck angehoben wird und dadurch den Luftzutritt freigibt. Es gibt auch Ventile, die dieselbe Aufgabe auf andere Weise lösen.

Einiges über Warmwasserbereiter

Warmwasserbereitungsanlagen dienen zur Erwärmung von Gebrauchswasser. Die Temperatur des Wassers soll im allgemeinen 85° C nicht übersteigen. Es würde zu weit führen, alle Geräte dieser Art hier zu beschreiben. Es genügt zu wissen, daß man im Prinzip vorzüglich zwei Systeme unterscheidet: den Niederdruck- oder Überlaufspeicher und den Hochdruckspeicher. Beide Arten werden gewöhnlich auch Boiler genannt.

Niederdruckspeicher Im Niederdruckspeicher herrscht kein Innendruck, da er nicht unter Wasserleitungsdruck steht. Durch ein Überlaufrohr steht er mit der Außenluft in Verbindung, so daß er auch bei hoher Aufheizung nicht platzen kann. Das Gefäß ist immer mit Wasser gefüllt. Die Entnahme des Warmwassers erfolgt dadurch, daß beim Öffnen des mit »Warm« bezeichneten Hahnes Kaltwasser unten in den Speicher einläuft, so daß das heiße Speicherwasser nach oben in das Überlaufrohr gedrängt wird und dann frei oder durch die Überlaufmischbatterie auslaufen kann. Es ist der gleiche Vorgang wie beim Kohlenbadeofen, S. 368.

Hochdruckspeicher Anders ist die Sache beim Hochdruckspeicher. Das ist ein geschlossener Behälter, in dem das Wasser unter dem Druck des örtlichen Wasserleitungsnetzes steht. Damit bei einem Absperren und Entleeren der Zuflußleitung oder bei Rohrbruch das warme Speicherwasser nicht in die Kaltwasserleitung zurückfließen kann, besteht die Vorschrift, bei Speichern mit über 10 Liter Inhalt – gleich, ob sie kohle-, strom- oder gasbeheizt sind – ein Rückschlagventil oder eine Klappe einzubauen. Freilich ist keine Gewähr gegeben, daß dieses Ventil dauernd völlig dicht

Etagen- und Zentralheizungen mit Gas/Erdgas *Oben links: »Getarnt« als Heizkörper versieht dieser Gasspezialheizkessel für Außenwandanschluß Aufstellungsraum und Etage mit Wärme · Oben rechts: Gasumlaufwasserheizer (Prinzip des Durchlauferhitzers) mit einstellbaren Heizleistungen von 9000 bis 18000 kcal/h; Außenwandanschluß · Unten links: Der Gasspezialheizkessel ist in der Kellerecke untergebracht; dadurch bleibt Raum für Basteleinrichtungen · Unten rechts: Wärme und Warmwasser liefert das kompakt gebaute Gaskombigerät. Zentrale für Gasverwendung, Frankfurt.*

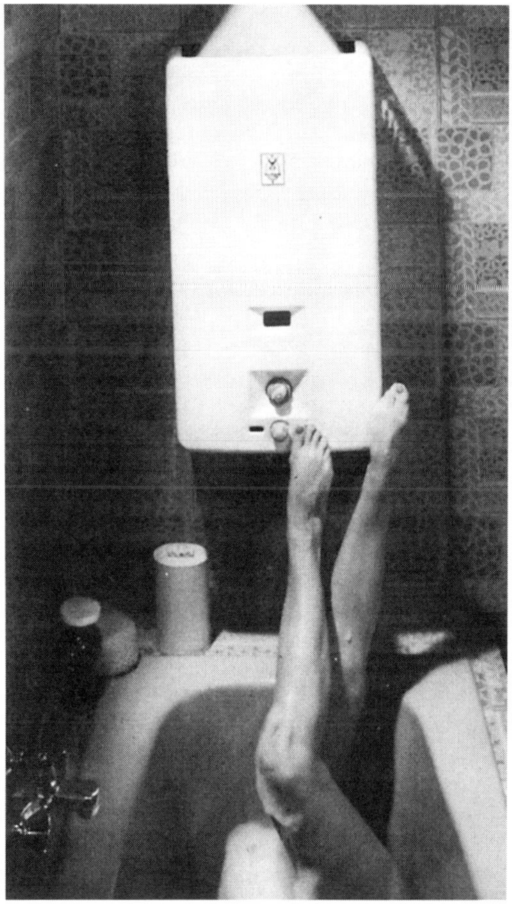

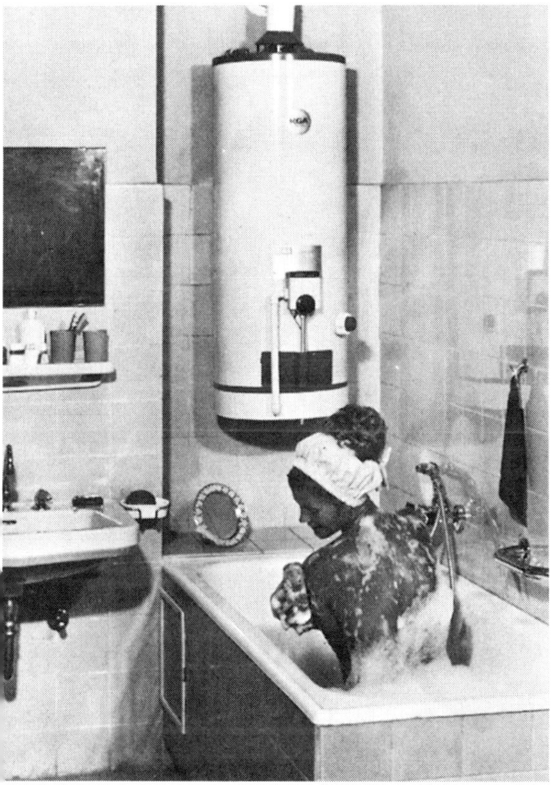

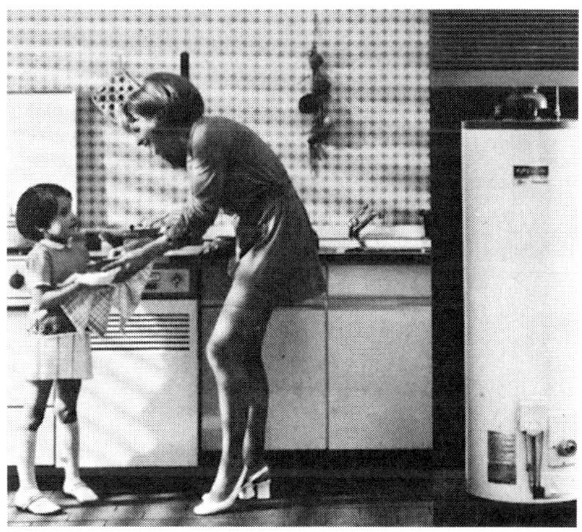

Warmwasserbereiten mit Gas/Erdgas *Obere Bilder: Gaswasserheizer (Durchlauferhitzer) versorgen mehrere Zapfstellen zu jeder Stunde mit Warmwasser · Untere Bilder: Große Mengen gleichtemperierten Wassers liefert der Gasheißwasserspeicher. Die Unterbringung kann im Bad wie in der Küche erfolgen.*

Zentrale für Gasverwendung, Frankfurt

bleibt. Oft machen es kleine Fremdkörper oder Kalkansatz und Oxydation undicht, so daß es seine Aufgabe nicht voll erfüllen kann. Außer dem Rückschlagventil muß jeder Hochdruckspeicher mit einem Sicherheitsventil ausgerüstet sein.

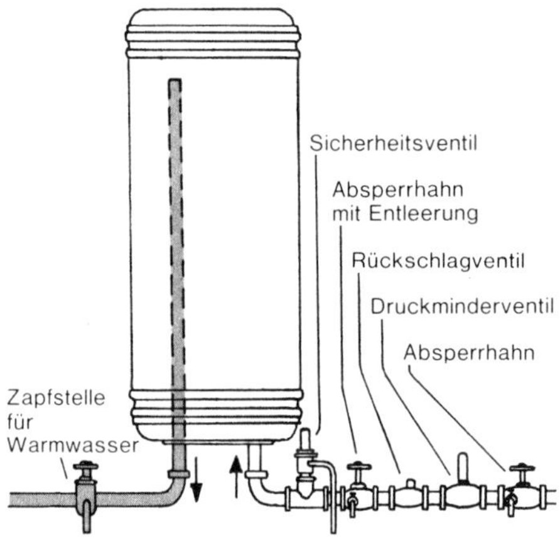

Anschlußschema für einen Hochdruckspeicher. Das Druckminderventil wird nur in Sonderfällen eingebaut (Wasserdruck über 6 atü oder stark schwankend). In der Regel werden Sie an Ihrer Anlage nur Rückschlagventil, Sicherheitsventil und einen Absperrhahn finden

Beim Erwärmen dehnt sich das Wasser aus und erzeugt im Behälter einen oft gefährlichen Überdruck. Beim Aufheizen von 10° C auf 85° C vermehren sich 100 Liter um einen Raum von etwa drei Liter. Der durch diese Volumenvermehrung erzeugte Überdruck würde sich, wäre kein Sicherheitsventil vorhanden, ähnlich auswirken wie bei einer geschlossenen Wärmflasche auf dem heißen Ofen; der Behälter würde an der schwächsten Stelle platzen. Diesen Überdruck abzuleiten, ist Aufgabe des Sicherheitsventils. Ist die Warmwasserbereitungsanlage mit einem Membran-Sicherheitsventil mit Probierhebel (Anlüfthebel) versehen, hat man jederzeit die Möglichkeit, selbst zu prüfen, ob das Ventil richtig arbeitet. Der Prüfung des Sicherheitsventils wird im allgemeinen viel zuwenig Bedeutung beigemessen. Das beweisen die immer wieder vorkommenden Schäden an diesen Anlagen: durch eingesperrtes Ausdehnungswasser werden Drücke hervorgerufen, die Undichtheiten oder Unglücksfälle verursachen. Funktioniert das Sicherheitsventil nicht richtig, ist der Fachmann zu Rate zu ziehen. Sollte das Sicherheitsventil versagen oder sollte beim Aufheizen des Speichers kein Ausdehnungswasser am Sicherheitsventilablauf austreten, ist zu vermuten, daß das Wasser durch das oft undichte Rückschlagventil in das Zuleitungsrohr der Kaltwasserleitung entweicht. Auch tropfende Hähne geben dem Ausdehnungswasser den Weg nach außen frei, und es tritt der eigentümliche Fall ein, daß Unzulänglichkeit oder Schadhaftigkeit des Materials zum Segen wird.

Verkalkung In Orten mit stark kalkhaltigem Wasser treten häufig Schäden durch Kalkablagerung an Innenwänden und Leitungen auf. Verkalkte Geräte müssen durch den Fachmann vom Kesselstein befreit werden. Regelmäßige Prüfung und Reinigung einmal jährlich ist zu empfehlen. Bei Badeöfen und Durchlauferhitzern mit Gasbetrieb kann man den Kalkansatz weitgehend vermeiden, wenn man jedesmal nach dem Durchlauf heißen Wassers noch kaltes nachlaufen läßt, denn sobald die Rohre kaltes Wasser enthalten und wieder abgekühlt sind, lagert sich kein Kalk mehr ab. Man schließt also den Gasgriff (Zündflamme bleibt brennen), schließt aber den Warmwasser-Auslaufhahn erst, wenn kaltes Wasser nachkommt. Ist die Zapfstelle etwas weiter vom Gerät entfernt, kann man den Warmwasserhahn rasch schließen und dann noch einmal ein wenig aufdrehen, so daß das heiße Wasser ausläuft, ohne daß sich der Brenner am Gerät neu entzündet.

Die vorstehenden Bemerkungen betreffen die Warmwasserbereiter nur als Bestandteil der Wasserinstallation. Über Gasbetrieb S. 405f., über Elektroboiler S. 436.

6 Warmwasserheizung

Arbeitsweise

Wärmespender für Zentralheizungen sind Koks, Stadtgas, Erdgas und Heizöl. Wärmeträger sind Dampf, Luft oder Wasser. Vorzüge der Warmwasserheizung: leicht regulierbar entsprechend der Außentemperatur, einfacher und sauberer Betrieb, Kosten verhältnismäßig gering. Nur diese Art der Zentralheizung betrachten wir hier.

Prinzip Das Bild zeigt, wie das durch die Kerze erwärmte Wasser im linken Rohr aufsteigt. Der Behälter A nimmt das Ausdehnungswasser auf. Das Wasser fließt weiter in den Behälter im rechten Abschnitt der Leitung. Hier staut es sich und gibt einen großen Teil seiner Wärme an die Luft ab. Das abgekühlte und damit schwerere Wasser fällt nach unten, wo es seinen Kreislauf von neuem beginnt. Sobald der Wasserstand durch Überkochen, undichte Rohrstellen u. ä. unter die Linie B–B sinkt, hört der Kreislauf auf. Es wird keine Wärme mehr im rechten Gefäß abgegeben, das Wasser verdampft allmählich, und die Anlage ist ohne Wärmeträger (Wasser).

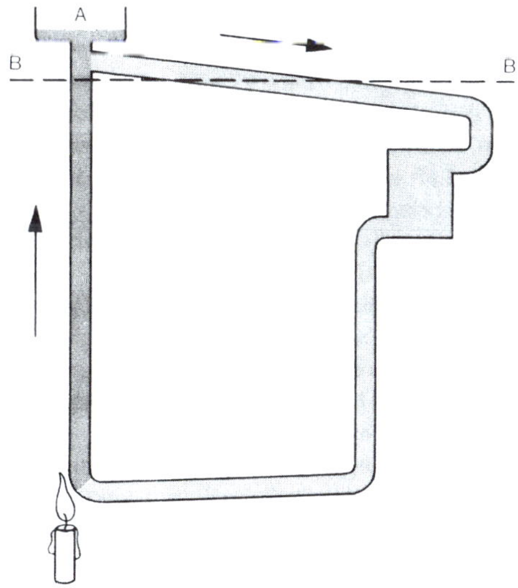

Denken Sie sich anstelle der Kerze den Heizkessel und anstelle des rechten Gefäßes einen Heizkörper, so haben Sie das Modell einer Warmwasserheizung. Genaugenommen ist es ein Modell einer der beiden Arten der Warmwasserheizung, nämlich der mit oberer Verteilung.

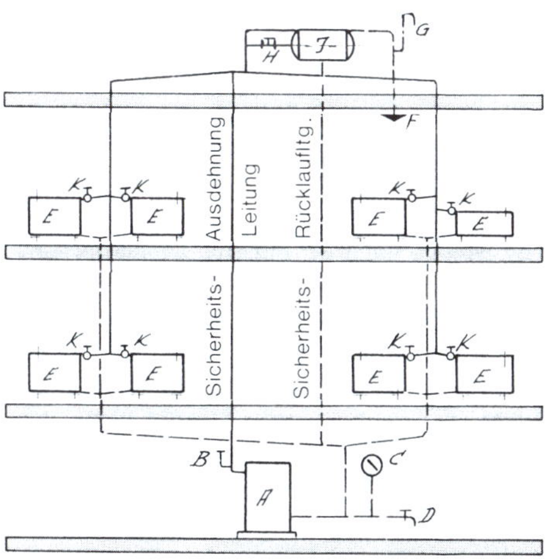

Warmwasserheizung mit oberer Verteilung
A Kessel · B Thermometer · C Hydrometer · D Füll- u. Entleerhahn · E Heizkörper · F Überlauf · G Entlüftung · H Regulier-T · I Ausdehnungs-Gefäß · K Absperrventil (durchgezogene Linie = Vorlauf, – – Rücklauf, - · - Entlüftungsleitung)

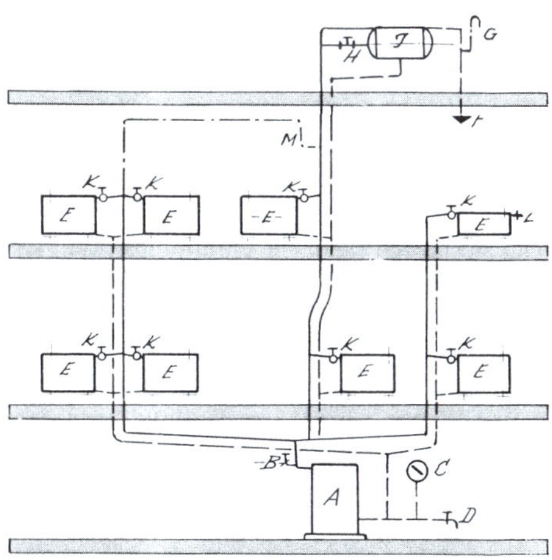

Warmwasserheizung mit unterer Verteilung

A Kessel · B Thermometer · C Hydrometer · D Füll- u. Entleerhahn · E Heizkörper · F Überlauf · G Entlüftung · H Regulier-T · I Ausdehnungs-Gefäß · K Absperrventil · L Lufthahn · M Sturz

Obere Verteilung Das Wasser steigt vom Heizkessel zunächst senkrecht durch die Steigleitung (Vorlaufleitung) zum Ausdehnungsgefäß im Dachgeschoß oder im höchsten Stockwerk, von da durch fallende Vorlaufleitungen zu den Heizkörpern und durch Rücklaufstränge zurück zum Kessel.

Ausdehnungsgefäß Dieses Gefäß hat außer seiner Aufgabe, das Ausdehnungswasser aufzunehmen, auch den Zweck, aus dem Wasser ausscheidende Luft ins Freie treten zu lassen. Das Regulier-T ist eingebaut, damit im Ausdehnungsgefäß selbst eine schwache Zirkulation stattfindet, die ein Einfrieren verhindert.

Das Gefäß muß einen sichtbaren Überlauf haben, der entweder zu einem Ausgußbecken geleitet oder besser noch bis zum Kesselhaus geführt wird. Über das Dach soll er wegen der Gefahr des Einfrierens nicht hinausgeführt werden.

Untere Verteilung Die Warmwasserheizung mit unterer Verteilung verteilt das Warmwasser durch Vorlauf-(Verteilungs-)Leitungen bereits im Keller; die Leitungen liegen meist an der Kellerdecke. Steigstränge (Ausdehnungsstränge) führen zu den Heizkörpern, Rücklaufstränge leiten das abgekühlte Wasser zurück in den Keller zum Kessel. Bei dieser Anlage können etwaige Luftansammlungen nicht ohne weiteres zum Ausdehnungsgefäß aufsteigen. Sammeln sie sich an den höchsten Stellen der Leitungen, so können sie die Zirkulation unterbrechen. Deshalb führt man hier von den Endsträngen dünne Entlüftungsleitungen zum Ausdehnungsgefäß oder zum Ausdehnungsstrang, der ja zu diesem Gefäß führt. Die Entlüftungsleitung muß dabei vor ihrer Einmündung einen Sturz von 50 cm haben, damit kein Wasser in ihr zirkulieren kann. Die Entlüftungsleitung ist entbehrlich, wenn die oberen Heizkörper mit kleinen Lufthähnchen versehen sind. Beim Füllen der Anlage müssen diese Hähnchen mit einem Steckschlüssel geöffnet werden, bis alle Luft entwichen ist und Wasser austritt – andernfalls kann das Wasser nicht zirkulieren.

Zirkulation Auftrieb und Umlaufgeschwindigkeit sind in Anlagen mit unterer Verteilung etwas geringer als in Anlagen mit oberer Verteilung. Sie erfordern deshalb stärkere Verteilungsleitungen. Stets ist es für die Zirkulation am günstigsten, wenn das Gebäude möglichst hoch, die waagerechte Ausdehnung dagegen möglichst kurz ist, denn in liegenden Leitungen entsteht nur Reibungswiderstand, aber kein Auftrieb.

Behandlungshinweise

Nachfüllen Die Anlage bleibt stets mit Wasser gefüllt, auch im Sommer. Entleert wird sie nur zu Instandsetzungen und zum Schutz gegen Einfrieren, falls der Betrieb im Winter ausgesetzt wird. Nachfüllen ist selten erforderlich, da nur geringe Wassermengen durch Verdunstung verlorengehen. Wird das Wasser bei unaufmerksamer Bedienung bis zum Siedepunkt (100° C) erhitzt, kocht es über. Dabei entsteht in der Leitung durch das herausstoßende Wasser ein heftiges Poltergeräusch – ein Alarmzeichen! Der Heizkessel kann durch Überhitzen beschädigt werden.

Nachfüllen darf man nur, wenn die Anlage außer Betrieb ist, es können sonst gefährliche Spannungen im Kessel auftreten. Muß eine Anlage infolge falscher Bedienung, Überkochen, Leckstellen oder wiederholter Reparaturen häufig entleert und wieder gefüllt werden, besteht die Gefahr überstarker Kesselsteinbildung. Das verringert die Heizwirkung, kann unter Umständen sogar zum Durchbrennen des Kessels führen. Auch bildet sich bei ständigem Wechsel von Luft und Wasser in Rohren und Heizkörpern verstärkt Rost; das verringert die Lebensdauer der Anlage.

Schutz gegen Kesselstein durch Wasseraufbereitung Kesselstein kann sich nicht bilden, wenn hartes Wasser zuvor eine Wasseraufbereitungsanlage (z. B. Dosophos-Apparat) durchfließt und später nicht über 90° erwärmt wird. Eine hinter dem Wasserzähler eingebaute Wasseraufbereitungsanlage schützt die Rohre der Wasserleitungs- und Heizungsanlage sowie alle im Haus installierten Warmwasserbereiter vor Verkalkung. Jeder Installateur kann solch Apparate einbauen. Eine Anlage mit 3 kg Füllung, ist ausreichend für ein Zweifamilienhaus. Nach einem Wasserverbrauch von 500000 l (500 cbm) muß 1 kg Füllsubstanz nachgefüllt werden.

Die gleichen Apparate, mit Füllsubstanz zum Entchloren versehen, geben Gewähr dafür, daß das Wasser entchlort ist: Wer empfindliche Fische hält, weiß das zu schätzen.

Entlüftung Bei abgelegenen Heizkörpern, besonders im untersten Stockwerk (z. B. in der Garage), ist häufig auch ein kleiner Entlüftungshahn angebracht, weil solche Körper wegen großer Entfernung vom Hauptstrang durch eine Entlüftungsleitung nicht genügend entlüftet werden können. Wird ein solcher Körper nicht genügend warm, so ist anzunehmen, daß Luft in ihm sitzt und den

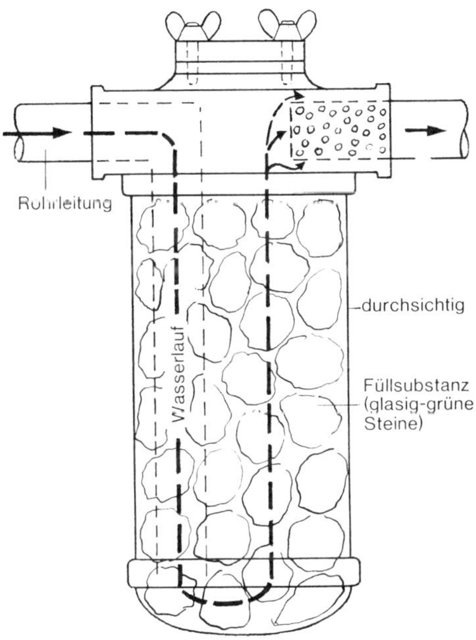

Wasseraufbereitungsanlage, etwa halbe natürliche Größe, für 1 kg Füllung. Die Füllsubstanz löst sich auf und hält die Härtebildner (Kalk und Magnesium) schwebend im Wasser. Bei Wasserentnahme fließen die Härtebildner mit aus, und Kesselstein kann sich nicht festsetzen

Wasserlauf behindert. Mit dem kleinen Steckschlüssel, der zum Entlüftungshahn gehört, öffnet man das Hähnchen, nicht ohne vorher ein Gefäß (Flasche, Topf, Gießkanne) unter die Auslaßöffnung zu halten (unter Umständen Schlauch verwenden). Es wird dann zuerst nur Luft ausströmen, dann Luft untermischt mit Wasserspritzern. Die Entlüftung ist beendet, wenn ein gleichmäßiger Wasserstrahl austritt.

Wärmeschutz Zum Schutz gegen Wärmeverluste und Einfrieren sollen Heizrohre, die nicht zu beheizende Räume durchlaufen, isoliert werden (S. 387). Das Ausdehnungsgefäß im Dachraum und die zu ihm führenden Rohre sind zu schützen, am besten durch eine Holzverschalung, ausgefüllt mit Sägemehl, Torfmull oder Glaswolle. Wird im Winter die ganze Anlage außer Betrieb gesetzt, muß sie entleert werden. Teile ganz abzuschalten, ist im Winter nicht ratsam. Man soll auch nichtbenutzte Räume leicht mitheizen.

Heiztemperatur Die Vorlauftemperatur der Warmwasserheizung, also die Temperatur des vom Kessel zu den Körpern strömenden Wassers, richtet man nach der Außentemperatur. 60° bis 90° C geben eine milde, angenehme Ausstrahlung der Körper. Überkochen ist dabei unmöglich. Über 90° C darf man die Temperatur keinesfalls treiben. Hier beginnt die kritische Temperatur, die Staubverschwelung oder Staubversengung hervorruft. So nennt man das bei dieser Temperatur beginnende langsame Verkohlen organischer Staubteilchen. Durch diese Verschwelung entstehen die rußigen Wände hinter den Heizkörpern.

Wasserschalen Zentralheizung mache trockene Luft, sagt man und stellt Wasserschalen auf die Körper. Das Trockengefühl rührt aber daher, daß Staubteilchen auf den Körpern und Rohren verschwelen, dann in die Luft wirbeln und sich auf die Schleimhäute legen. Wer daher Körper und Rohre tadellos sauberhält, kann auf die Schalen (die Zuchtstätten für Bazillen sind) verzichten.

Anstrich der Heizkörper Metallbronze (Aluminiumbronze) hindert die Wärmeabgabe. Man nimmt sie daher nicht für Heizkörper, dagegen für durchlaufende Rohre, die keine oder wenig Wärme abgeben sollen.

Über Heizkörperanstriche S. 51.

Verkleidung Obwohl für die Heizwirkung ein ganz ungehindertes Strömen der Luft wünschenswert ist, entschließt man sich häufig, die Heizkörper zu verkleiden. Die Verkleidung soll auf jeden Fall viel durchbrochen sein, vor allem oben. Mindestens 60 v. H. der Gesamtfläche sollen frei sein. Die Art der Verkleidung richtet sich nach der Eigenart der jeweiligen Einrichtung. Sperrholz ist ein geeignetes Material. Im Handel gibt es auch Metallplatten mit durchbrochenen Mustern.

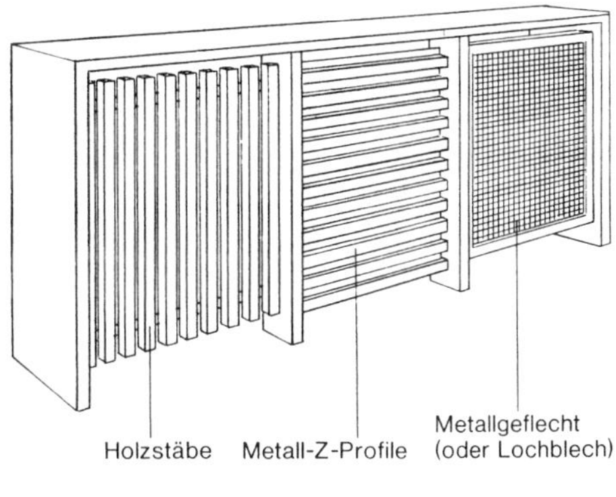

Drei Beispiele für Heizkörperverkleidungen

7 Legen einer Gartenwasserleitung

Als Arbeitsbeispiel wählen wir die Aufgabe, die im Bild gezeigte Gartenwasserleitung selbst zu installieren. Installieren heißt, die Einzelteile wie Rohre, Winkel, Hähne zu einer betriebsfertigen Anlage zusammen- und einbauen.

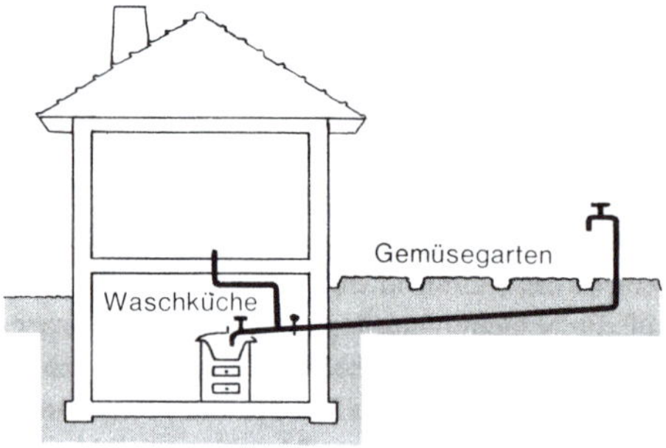

Die Wasserleitung in ihrer Lage zu Haus und Garten

Rohrband mit Holzschrauben (für Holzpfeiler)

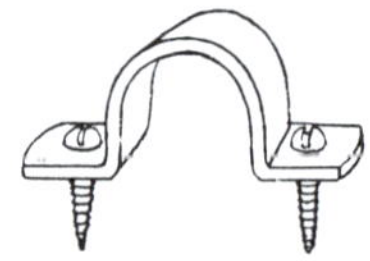

Rohrschelle (für Steinpfeiler)

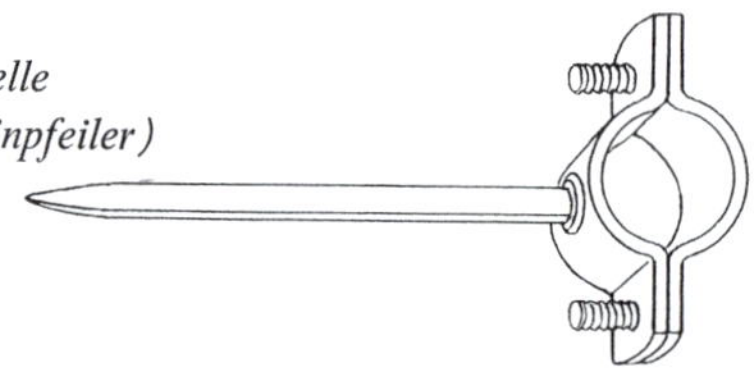

Wandscheibe

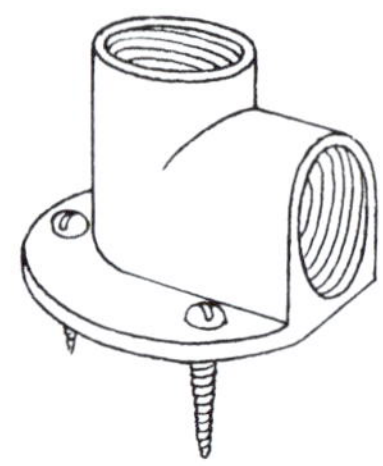

Rohre Wegen der Rostgefahr verwenden wir verzinktes Stahlrohr. Es gibt Rohre mit geschweißter Längsnaht und nahtlose Rohre (Mannesmann-Rohre). Für die bei Hausleitungen auftretenden Drücke genügen die stumpf zusammengeschweißten Rohre.

Der Durchmesser richtet sich nach Wasserdruck, Zahl der Auslaufstellen, Länge der Leitung und Anzahl der Winkel oder Bögen. Für unsere Leitung, zusammen knapp 7 m lang, mit nur zwei Winkeln und einem Auslauf, genügt ein Rohr mit ½″ (Zoll; 1 Zoll = 25,4 mm) Durchmesser. Käme eine zweite Auslaufstelle hinzu, müßte man bis zur ersten Zapfstelle ein ¾″-Rohr nehmen.

Fittings Die Verbindungsstücke, Fittings genannt, bestehen aus Temperguß oder Weichguß; für Wasserleitungen haben sie einen Oberflächenschutz durch Eintauchen in ein Zinkbad (Feuerverzinkung). Die Industrie stellt eine Fülle von Fittings in allen notwendigen Größen und Formen her. Eine Zusammenstellung sehen Sie auf S. 385.

Anschluß In unserem Beispiel beginnt die Leitung in der Waschküche im Kellergeschoß. Hier ist bereits ein Absperrhahn mit Entleerung und einer Verschraubung von ½″ Durchmesser vorhanden. Der Entleerungshahn ist erforderlich, um die (nicht frostfreie) Gartenleitung bei Ein-

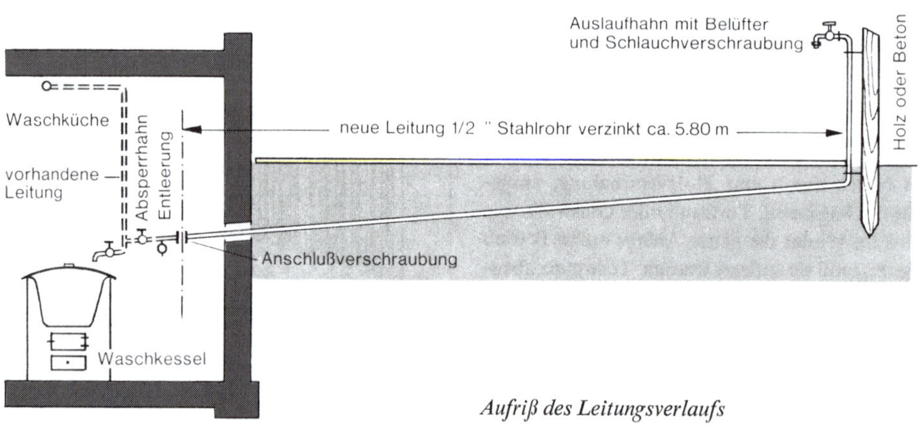

Aufriß des Leitungsverlaufs

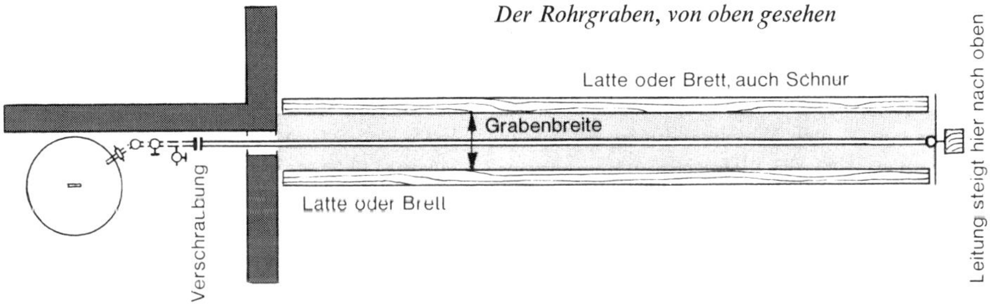

Der Rohrgraben, von oben gesehen

bruch des Winters zu leeren. Ist eine solche Anschlußmöglichkeit nicht vorhanden, müssen Absperr- und Entleerungshahn und Anschlußverschraubung durch den zugelassenen Installateur eingesetzt werden.

Die Leitung verläuft unterirdisch mit einem leichten Gefälle zum Hause hin, damit sie entleert werden kann. Unterhalb der Auslaufstelle biegt sie nach oben, befestigt an einem Pfeiler aus Holz oder Beton.

Materialbedarf

7 m Stahlrohr, verzinkt, ½″ (Meterpreis etwa 2 DM)	14,— DM
2 Winkel, verzinkt, ½″, Stück –,90	1,80 DM
1 Auslaufhahn m. Belüfter und Schlauchverschraubung, ½″	15,50 DM
1 Rohrband mit Holzschrauben (wenn Holzpfeiler) oder 1 Rohrschelle (wenn Steinpfeiler) etwa	—,40 DM
Dichtungsstoffe, Hanf, Öl	—,50 DM
	32,20 DM

Die S. 378 oben rechts abgebildete Wandscheibe, auf Holz mit Schrauben zu befestigen, kann an Stelle eines Rohrbandes verwendet werden. Über die ebenfalls verwendbaren Leitungsrohre aus Kunststoff s. S. 387ff.

Weg der Rohrleitung, Ausmessen und Materialeinkauf

Die Arbeit beginnt (vor dem Materialeinkauf!) damit, daß Sie den günstigsten Platz für die Zapfstelle aussuchen, von der aus Sie alle Beete gut mit dem Schlauch erreichen und die kürzesten Wege beim Gießen haben. Von ihr aus soll die Leitung möglichst ohne Biegung zur Anschlußstelle im Haus führen. Jeder Winkel mehr vermindert den Wasserfließdruck und kostet Geld. Ist der Rohrweg festgelegt, so wird nach genauem Ausmessen die Materialliste zusammengestellt und das Material eingekauft.

Rohrgraben und Mauerdurchbruch Der Rohrgraben wird gerade abgesteckt (Latten, Bretter, Schnur) und mit leichtem Gefälle zum Hause zu nicht tiefer ausgehoben, als es der Anschluß im Hause erfordert. Die Rohre werden am besten in Kies gebettet, weil feuchter Humus das Metall angreifen kann.

Das Loch durch die Mauer soll nicht größer sein als unbedingt erforderlich. Dicke Mauern bricht man von beiden Seiten her durch, nachdem die beiden Ausgangspunkte maßgerecht festgelegt wurden. Allgemeines über Mauerdurchbrüche finden Sie auf S. 226ff.

Schutzrohr Nach den Vorschriften über den »Bau und Betrieb von Wasserleitungsanlagen in Grundstücken« (DIN 1988) sind Leitungen, die durch Umfassungsmauern führen, in Schutzrohre zu legen. Schutzrohre müssen in der Lichtweite mindestens 20 mm größer sein als der äußere Durchmesser das Leitungsrohres. Das Schutzrohr selbst ist dicht einzumauern. Mit einem fettigen Dichtstrick (Denso-Wickel) und einem plastisch bleibenden Abdichtmittel (Densoplast) ist der

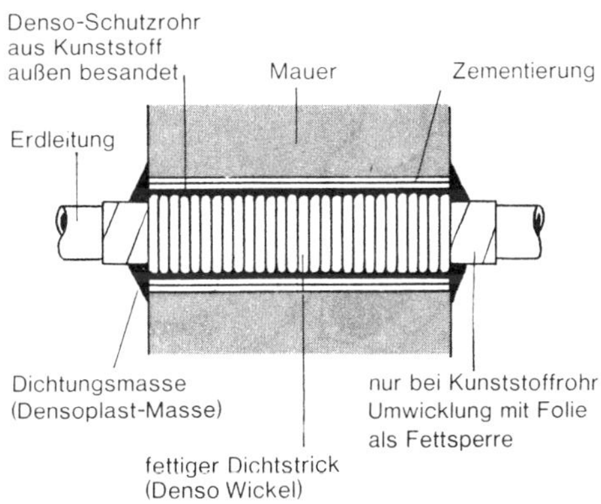

Schutzrohr für Umfassungsmauer

Zwischenraum zwischen Wasser- und Schutzrohr abzudichten. Für unser Beispiel ergeben sich dazu folgende Überlegungen und Arbeitsgänge. Das Leitungsrohr $^1/_2$ Zoll hat einen äußeren Durchmesser von 21 mm. Einzumauern ist ein Schutzrohr mit etwa 40 mm Lichtweite; Länge entsprechend der Mauerdicke.

Nach Dichtprüfung der Wasserleitung wird der Raum zwischen Leitungs- und Schutzrohr mit Strick ausgefüllt: Man legt außerhalb des Schutzrohres entsprechende Windungen um das Leitungsrohr und drückt sie mit einem passenden Holzstab ins Schutzrohr. Die beiden Enden der Durchführung werden so mit plastisch bleibendem Kitt verstrichen, daß das Schutzrohr samt der ums Rohr laufenden Mauerfuge abgedeckt ist.

Diese Mauerdurchführungen verhüten Rohrbrüche bei Mauersenkungen, das Eindringen von Wasser und Gas in den Keller und geben einen sicheren Rostschutz. Die Materialkosten für eine Mauerdurchführung von 40 cm Länge ohne Einzementierung betragen einschließlich des Schutzrohres kaum mehr als 5 DM.

Festspannen von Rohren und Armaturen

Rohrzange Um Rohre und Fittings nicht einzudrücken, werden sie mit der Rohrzange angefaßt.

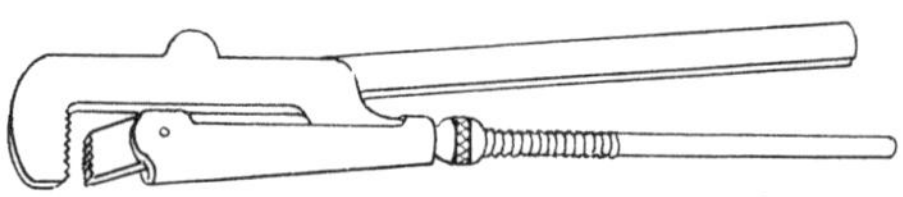

Rohrzange

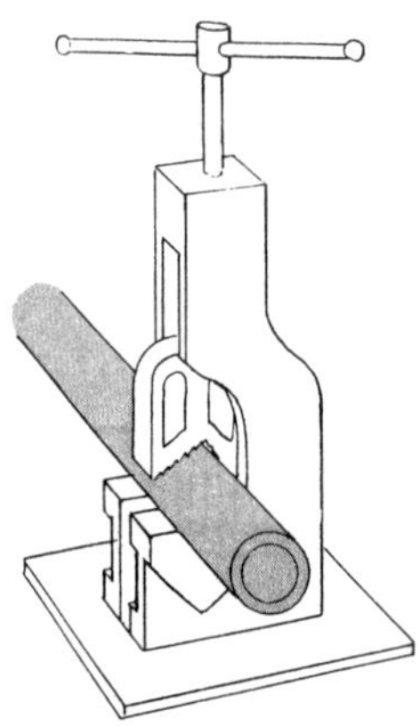

Rohrschraubstock

Rohrschraubstock Müssen Rohre zum Bearbeiten, z.B. zum Trennen, Gewindeschneiden, Zusammenschrauben, eingespannt werden, so ist am zweckmäßigsten der Rohrschraubstock. Die gezahnten Backen halten das Rohr und hindern es am Mitdrehen.

Prismenbeilage Wer keinen Rohrschraubstock besitzt und deshalb zum Einspannen den normalen Schraubstock (S. 293f.) benutzt, muß eine geeignete Beilage zwischen Schraubstockbacken und Rohr bringen, die einerseits das Rohr festhält, es andererseits vor dem Verdrücken schützt. Dafür sind die hier gezeigten Prismenbeilagen geschaffen.

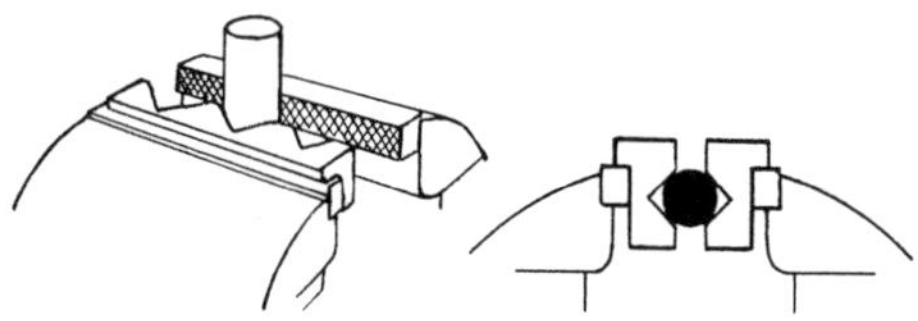

Prismenbeilagen

Klemmbacken Dem gleichen Zweck dient das gezahnte Klemmfutter, das zweiteilig mit Feder (wie abgebildet), aber auch einteilig zu haben ist

Klemmbacken

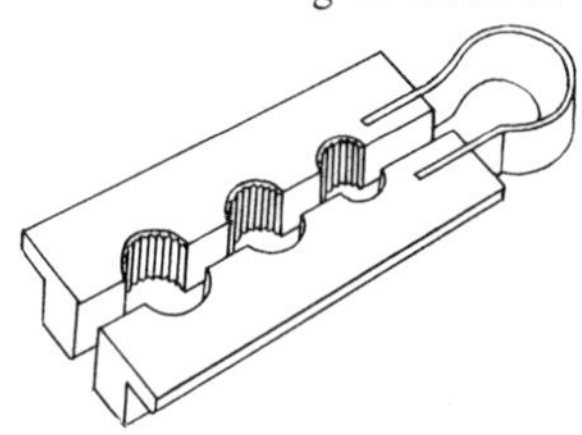

Schutzbacken Müssen empfindliche Teile, insbesondere Armaturen, in den Schraubstock gespannt werden, erhalten sie zum Schutz gegen Verkratzen ebenfalls eine Beilage. Sie kann behelfsmäßig aus Leder, Pappe oder nicht zu hartem Holz bestehen. Praktisch sind die hier gezeigten Bleibacken. Solche Schutzbacken gibt es auch in Leichtmetall. Siehe auch S. 294.

Schutzbacken

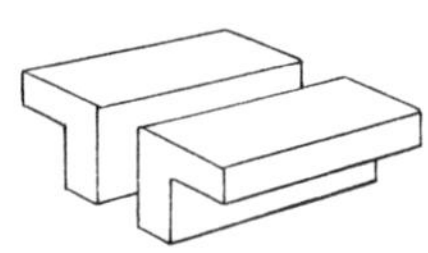

Trennen von Rohren

Auch in unserem einfachen Beispiel kommen wir nicht darum herum, Rohre abzutrennen: das lange und das kurze Stück müssen passend geschnitten werden.

Bei Rohren kleineren Durchmessers genügt die Metallsäge. Der dabei entstehende geringe Grat ist mit wenigen Feilenstößen zu beseitigen.

Rohrabschneider Für Rohre größeren Durchmessers eignet sich der Rohrabschneider. Das

erste Bild zeigt, wie das Werkzeug bei der Benutzung ständig um das Rohr herumgeführt wird. Das zweite Bild zeigt die Wirkungsweise (die im Prinzip bei allen Ausführungen gleich ist): eine Schraubspindel drückt auf das Rädchen, ein Bügel dient als Widerlager. Der Druck wird von Zeit zu Zeit durch Anziehen der Spindel gesteigert.
Das dritte Bild zeigt, wie man den Grat nach dem Abschneiden abfräst. Man kann ihn auch abfeilen. Die Rohrkante wird dabei leicht gebrochen, d.h. es wird ihr durch Abschrägen die Schärfe genommen.

Gewindeschneiden

Gewinde Nach unseren Normvorschriften werden die Außengewinde an Rohren konisch geschnitten, sie verjüngen sich nach dem Rohrende zu. Die Innengewinde der Fittings sind dagegen zylindrisch geschnitten, also mit gleichbleibendem Durchmesser, ohne Verengung.
Für das Zusammenschrauben bedeutet das: bei den ersten Drehungen wird das Gewindeteil sich leicht aufdrehen, erst die weiteren Drehungen lassen die Gewinde tiefer eingreifen, die letzten Gänge geben den festen Halt und die Dichtigkeit.

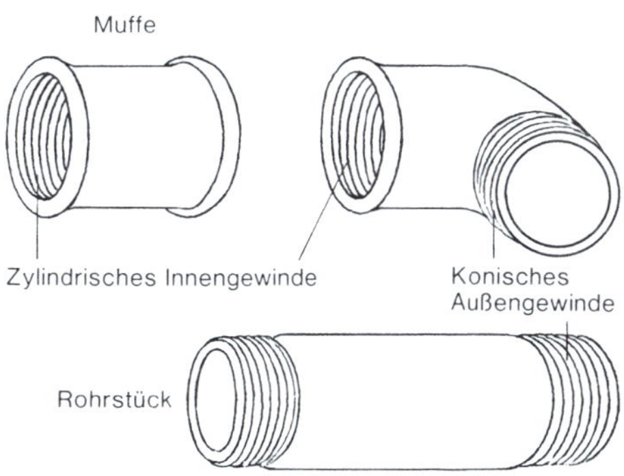

Länge der Gewinde Nach den Normvorschriften soll die Länge der Gewinde betragen:

bei 2-Zoll-Rohren	26 mm
bei $1^1/_2$ und $^3/_4$ Zoll	21 mm
bei 1 Zoll	19 mm
bei $^3/_4$ Zoll	17 mm
bei $^1/_2$ Zoll	15 mm

Schneidkluppen Zum Gewindeschneiden dient die Schneidkluppe. Die auf den Zeichnungen S. 383 erkennbaren Hauptteile sind das Gehäuse, in ihm die Schneidbacken (austauschbar für verschiedene Rohrstärken), eine Führung sowie ein

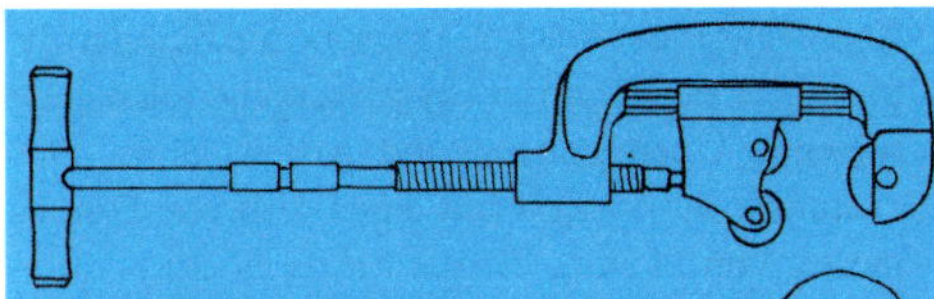

Rohrabschneider

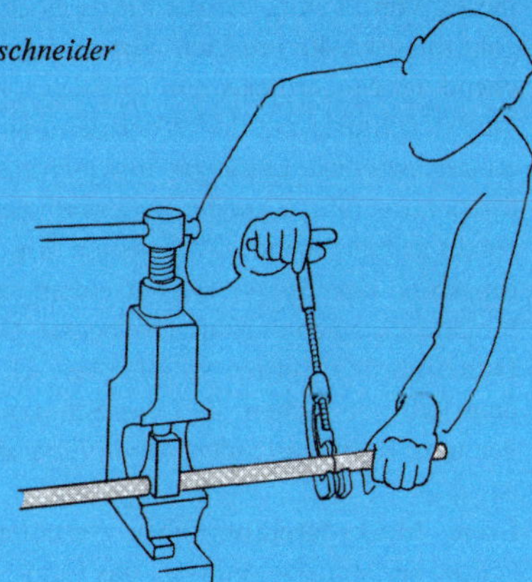

Das Abschneiden eines Rohres mit dem Rohrabschneider

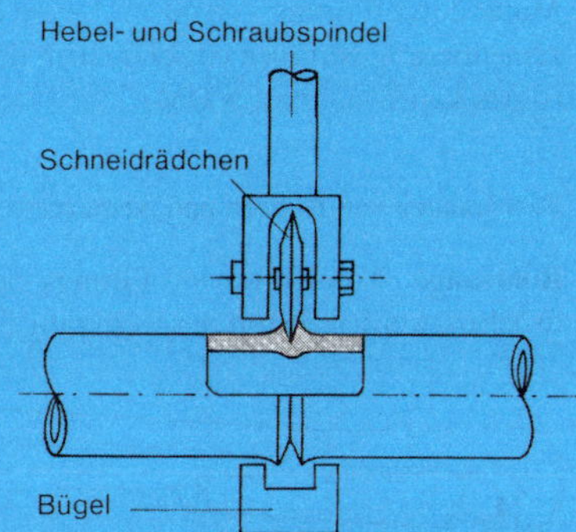

Die Wirkungsweise des Rohrabschneiders

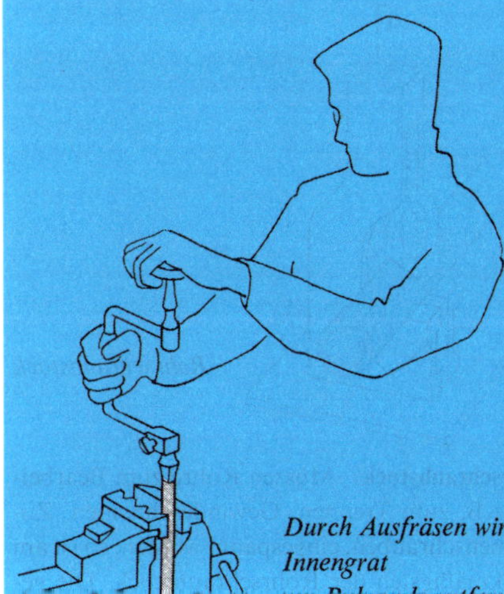

Durch Ausfräsen wird der Innengrat am Rohrende entfernt

Schneiden eines Rohrgewindes I: Kluppe senkrecht zur Rohrachse ansetzen, Hebelarme gleichmäßig andrücken und nach rechts drehen

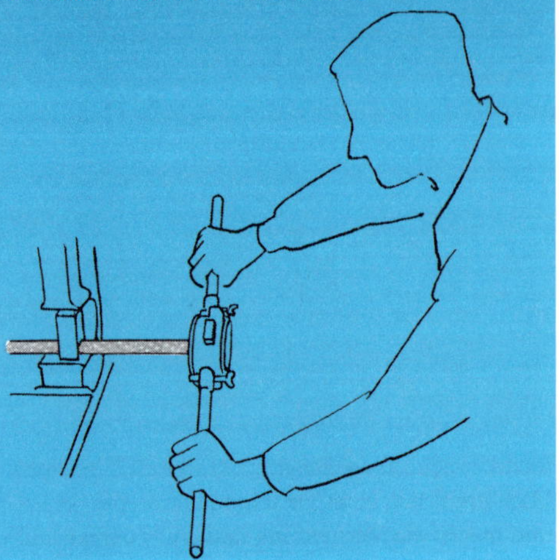

Schneiden eines Rohrgewindes II: Unter gleichmäßigem Druck auf die Hebelarme weiter nach rechts drehen

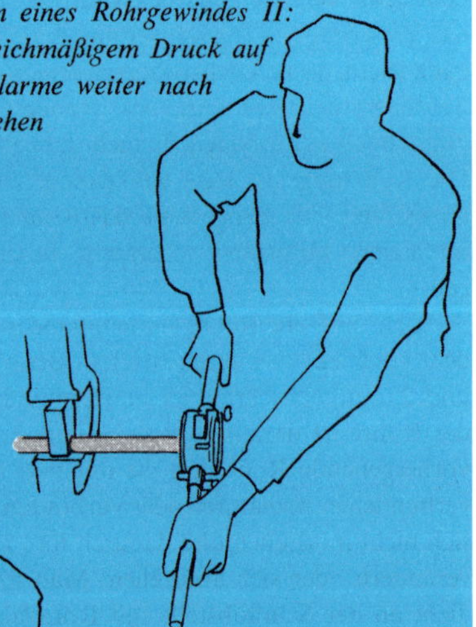

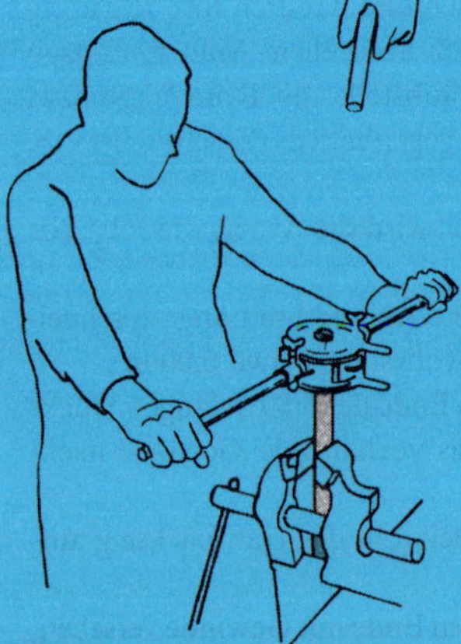

Rohrgewindeschneiden, behelfsmäßig im Schraubstock, von oben

oder zwei Hebel. Wer keine Kluppe hat und auch keine leihen kann, kann die Gewinde beim Fachmann schneiden lassen, alle übrigen Arbeiten trotzdem selbst ausführen.

Handhabung Da wir die Fittings auf alle Fälle fertig kaufen, brauchen wir uns nur mit dem Schneiden von Außengewinden zu befassen. Dazu wird die Kluppe genau nach Bedienungsanweisung eingestellt. Die Stellschraube wird festgedreht, die Kluppe auf das Rohr gesteckt. Damit kein schiefes Gewinde entsteht, muß die Führung leicht am Rohr anliegen, die Kluppe muß im rechten Winkel zur Rohrachse angesetzt sein, die Schneidbacken müssen an das Rohrende stoßen. Das Schneiden beginnt, indem die beiden Hebelarme gleichmäßig angedrückt werden und das Gerät nach rechts gedreht wird. Dann wird unter etwas stärkerem Druck auf die Hebelarme weitergedreht, bis das Gewinde die richtige Länge hat. Vor dem Schneiden und zwischendurch wird die Gewindestelle mit Öl bestrichen (mit Pinsel).

Ist die richtige Länge erreicht, wird die Gewinde-Feststellschraube (wenn vorhanden) gelöst und nochmals eine halbe Umdrehung gemacht, um den beim Schneiden entstandenen Grat zu entfernen. Um die Kluppe abzunehmen, muß man sie bei älteren Modellen wieder über das Gewinde zurückdrehen. Neuere Formen lassen sich öffnen und abheben. Anweisung beachten!

Das Außengewinde soll so geschnitten sein, daß das zugehörige Formstück mit Innengewinde bis auf $^2/_3$ des Außengewindes mit der Hand aufgedreht werden kann. Läßt es sich nicht oder zu wenig aufdrehen, muß das Außengewinde nachgeschnitten werden. Sitzt es dagegen nicht fest (schlottert), so ist das Gewinde zu tief geschnitten. Dann bleibt keine Wahl, als das Gewinde abzuschneiden und neu anzufangen.

Ein schlecht geschnittenes Gewinde bringt Ärger; wenn nicht sofort, dann später. Vielleicht erhöht es auf heimtückische Weise die Wasserrechnung.

Dichten und Zusammenbauen

Das Bild auf S. 384 zeigt schematisch alle für unseren Fall benötigten Teile in ihrer Zusammengehörigkeit. Wir haben vier Gewinde zu schneiden, dann kann das Zusammenschrauben beginnen. Jedoch nicht ohne Dichtung!

Dichten Das Rohr wird in den Rohrschraubstock gespannt (oder in den Schraubstock, dann aber nicht ohne Klemmfutter). Beim Einspannen

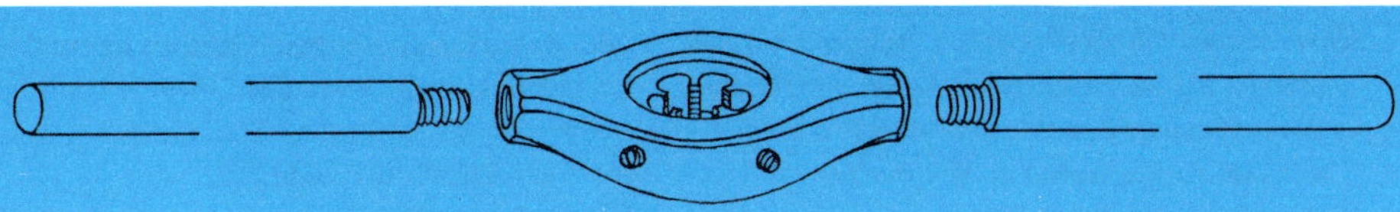

Billigste Rohrgewinde-Schneidkluppe mit einteiligen Schneidbacken

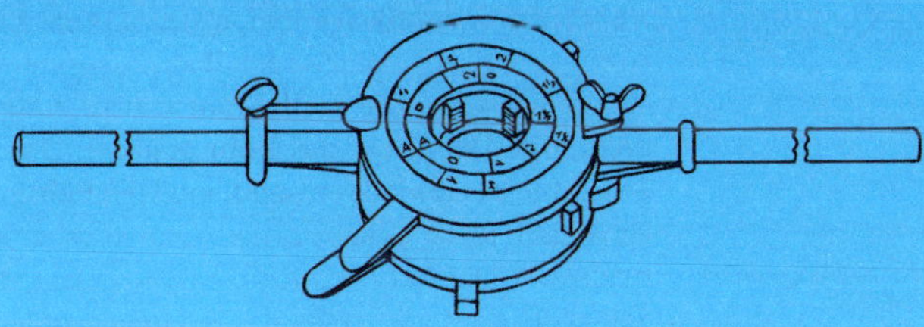

Schneidkluppe mit verstellbaren Schneid- und Führungsbacken

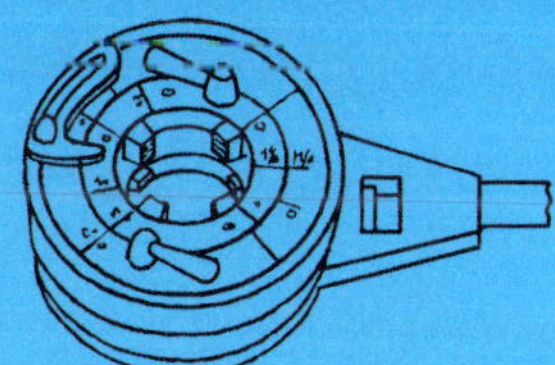

Ratschenkluppe

von Rohren – das gilt auch für das Gewindeschneiden – soll das zu bearbeitende Rohrende, um Verwindungen zu vermeiden, nicht weiter als 15 bis 20 cm aus dem Schraubstock vorstehen.

Wenige Hanffäden werden nun breit und gleichmäßig, unter festem Anziehen und nach rechts drehend, in das Gewinde gelegt und mit Öl, Fett oder einem Dichtungskitt rechtsherum bestrichen.

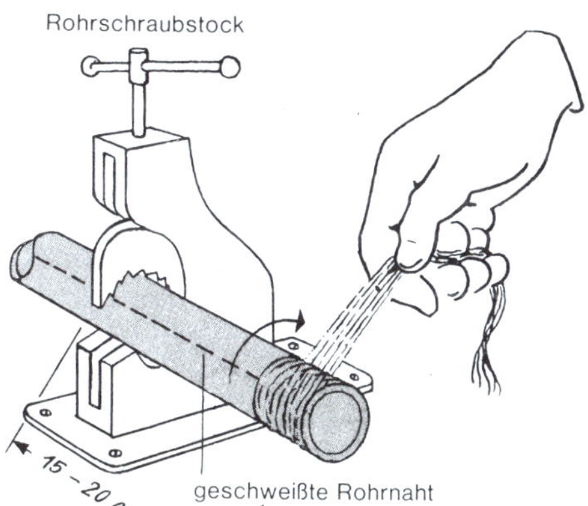

Das Dichten: Rohrgewinde mit Hanfpackung versehen. Hanf oben auflegen. Anfang mit linkem Daumen festhalten. Festwickeln

Zusammenbauen Dann wird das Verbindungsstück aufgedreht. Mit der Hand so weit es geht, dann mit der Rohrzange so weit, daß der letzte Gewindegang noch sichtbar bleibt. Alle frei hängenden Hanffäden sind sauber zu entfernen. Auf keinen Fall dürfen Hanffäden in das Rohrinnere hineinragen. Zu viel und zu locker gelegter Hanf dreht sich beim Verschrauben wieder heraus und macht die Verbindung undicht. Niemals mit Gewalt drehen! Keine zu große Zange verwenden! Das Verbindungsstück kann reißen. Geht das Verschrauben erst schwer und dann plötzlich ganz leicht, so ist höchstwahrscheinlich das Verbindungsstück (Fitting) am Rande geplatzt. Dann heißt es ausbauen. Ja nicht flicken!

Die Rohrzange ist stets winkelrecht zur Achse anzusetzen. Die Zange muß das Rohr fast ganz umfassen. Ausgleiten verursacht Beschädigungen.

Werden mehrere Rohre hintereinander verbunden, geschieht das durch Muffen. Beim Dichten und Zusammenschrauben hintereinanderliegender Rohre ist darauf zu achten, daß das jeweils vorhergehende Rohr und die mit ihm vielleicht verbundenen Armaturen oder Verbindungsstücke sich nicht mitdrehen und dadurch ihre Richtung verändern oder sich aufdrehen. Man muß dazu dicht an der Schraubstelle mit Rohrzange bzw. Schraubschlüssel gegenhalten (Zeichnungen S. 384 unten).

In unserem Beispiel wird die Arbeit wie folgt vor sich gehen:

1. Je 1 Stück von 5,80 m und 1 m Länge zuschneiden (Länge einer Rohrstange etwa 6,00 m).
2. Gewinde an ein Ende des 5,80 m langen Stücks schneiden (und das vorhandene Gewinde nachschneiden).
3. Winkel unter Beilegen der Hanfpackung aufschrauben.
4. Rohr am anderen Ende mit Gewinde versehen, unter Dichtung verschrauben mit dem vom Anschluß abgeschraubten Verschraubungsteil.

Hier sehen Sie übersichtlich zusammengestellt sämtliche Rohre, Fittings und Armaturen für die in diesem Abschnitt beschriebene Wasserleitung (Messing-Auslaufhahn mit Belüfter und Schlauchverschraubung 1/2″)

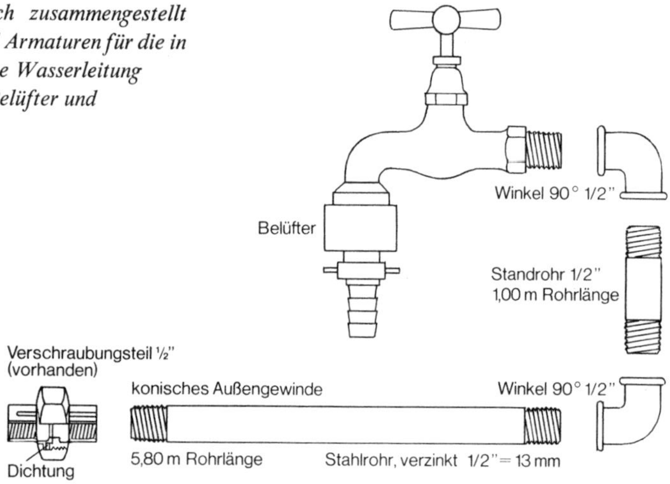

5. Rohr in den Rohrgraben legen, Ende mit der Verschraubung durch das Mauerloch führen, die beiden Verschraubungsteile der Anschlußstelle unter Zwischenlegen eines Dichtungsringes verschrauben. Beim Verschrauben muß das Gegenstück festgehalten werden.
6. Gewinde an beiden Enden des kurzen Rohrstücks (Standrohr) schneiden, sie mit Hanfpakkung versehen; dann Winkel oder Wandscheibe aufschrauben.
7. Unteres Ende des Standrohrs in den Winkel am liegenden Rohr einschrauben.
8. Durch mehrmaliges kurzes Öffnen des Absperrhahns im Keller Leitung durchspülen, um sie von Fremdkörpern zu befreien, die sich später an den Dichtungsscheiben festlegen und den Hahn undicht machen könnten.
9. Auslaufhahn am Winkel anschrauben. Anfassen nicht mit Rohrzange, sondern mit passendem oder verstellbarem Schraubenschlüssel (Abbildung S. 320).
10. Standrohr am Pfeiler mit Schelle oder Rohrband oder Wandscheibe mit Schrauben befestigen.
11. Absperrhahn öffnen und die Anlage auf Dichtigkeit überprüfen.
Einem kurzen Standrohr kann man durch einen Zementsockel (unter Verzicht auf den Pfeiler) Halt geben. Im Abschnitt »Rund um den Bau« finden Sie alle Anweisungen für Betonarbeit.
Werden Rohre zum Probieren und Messen in den Graben gelegt – das gleiche gilt für das Durchführen durch das Mauerloch –, sind ihre Öffnungen provisorisch zu verschließen durch Holzpfropfen oder die im Handel erhältlichen verschraubbaren Stopfen (für Innengewinde) oder Kappen (für Außengewinde).
Die vorstehende Anleitung können Sie auch benutzen, um eine Brause (Dusche) im Garten zu schaffen.

Das Aufdrehen eines Rohrwinkels mit der Rohrzange. Prismenbeilage nicht vergessen!

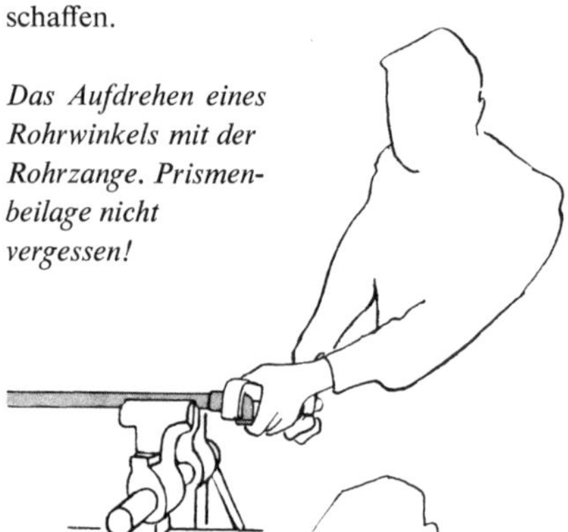

Beim Zusammenschrauben muß man dicht neben der Schraubstelle »gegenhalten«

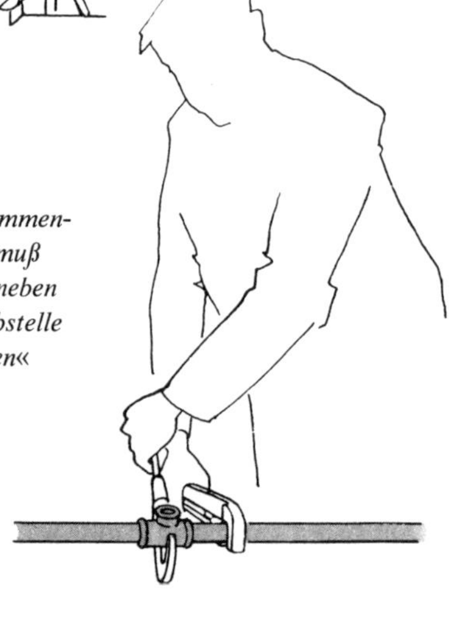

»Metallbaukasten für Erwachsene«

Sollten Sie am Umgang mit Rohren und Fittings Gefallen finden, so können Sie viele andere nützliche Dinge, wie Schutzgeländer für Außentreppen, Vorrichtungen zum Wäschetrocknen, Einfassungen für Planschbecken, Zäune, daraus zusammenbauen. Vorrichten und Zusammenbau gehen im Prinzip auf die gleiche Weise vor sich, wie sie hier beschrieben wurden. Kataloge der Fachgeschäfte über Geländerfittings geben vielerlei Anregungen.

Einen regelrechten »Metallbaukasten für Erwachsene« hat man mit Rohren von 33,7 mm Durchmesser und Rohrverbindern (»Klemmfix«) für rechtwinklige und schräge Verbindungen. Die Klemmfix werden beim Zusammenbau mittels einer Madenschraube fest mit dem Rohr verbunden. Die benötigten Rohrlängen können mit Rohrabschneidern (S. 380) oder mit der Metallsäge von größeren Rohren abgeschnitten werden. Die Bauelemente eignen sich für den Bau von Geländern, Gestellen, Gerüsten, Regalen, Stellwänden, Einfriedungen, Arbeitstischen (Werkbänken), Gartenlauben usw. Eine gute Verankerung erhöht die Stabilität; für in die Höhe strebende Konstruktionen ist sie sehr wichtig.

Als Arbeitsbeispiel ist ein einfaches Klettergerüst für Kinder in der Zeichnung dargestellt. Die benötigten Rohrlängen und Klemmfix-Formen sind der Zeichnung zu entnehmen. Eine mögliche Gefahrenstelle sind die offenen Rohrenden. Es ist am besten, sie mit einem Holzpfropfen zu verschließen.

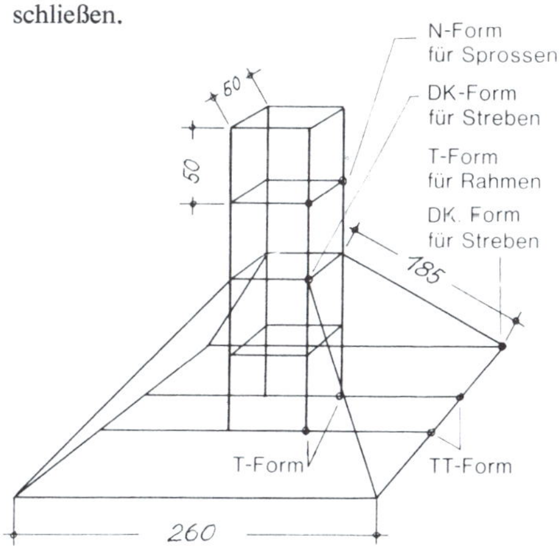

Einfaches Klettergerüst für Kinder

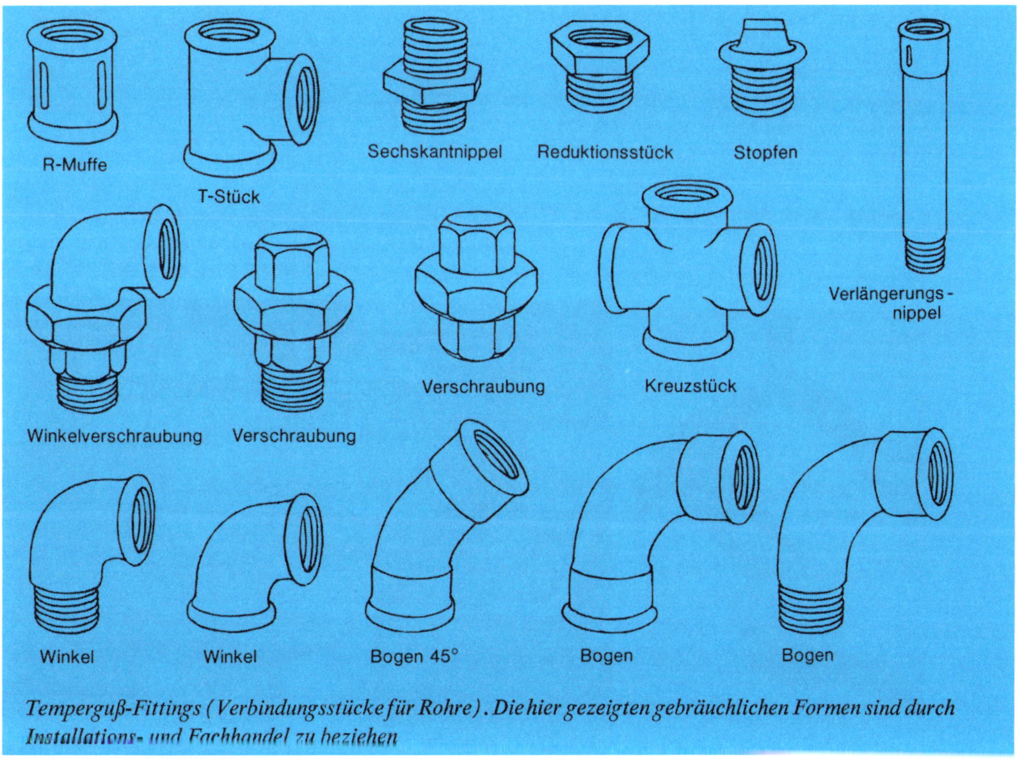

Temperguß-Fittings (Verbindungsstücke für Rohre). Die hier gezeigten gebräuchlichen Formen sind durch Installations- und Fachhandel zu beziehen

1

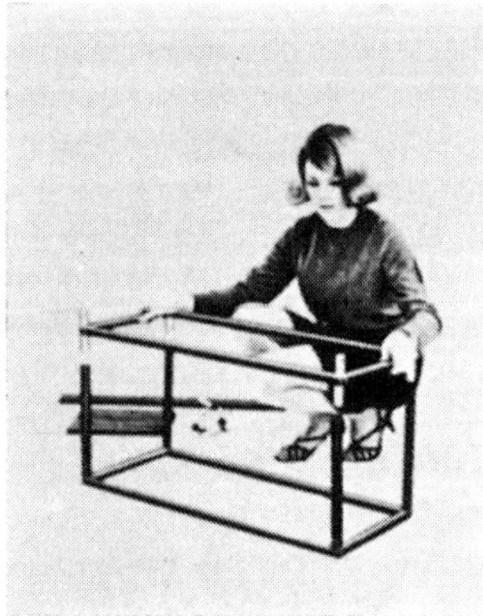
2

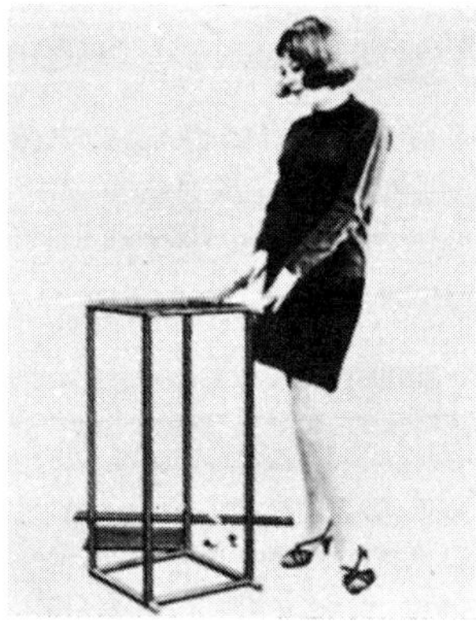
3

4

5

6

1 Für Metallkonstruktionen werden SÜSSCO-Versiform-Vierkantrohre einfach mit Eckverbindern zusammengesteckt. Eine einfache Drehung mit dem Spezialschlüssel schließt die Verbindung. 2, 3 Eine einfache Rahmen-Konstruktion. Die Teile (Rohrlängen und Zubehör) werden nach den benötigten Maßen geliefert. 4, 5, 6 So entsteht ein Doppelrahmen, der, entsprechend verkleidet, als Regal oder Ablagetisch dient. 7 Drehen mit diesem Spezialschlüssel schließt die Verbindung. 8 Die Metallkonstruktion dieser hübschen Bar ist aus SÜSSCO-Versiform-Bauteilen zusammengesetzt – wie oben gezeigt durch einfaches Zusammenstecken und anschließendes Festziehen mittels Drehung um 45° oder 90°. *R. H. Süss & Co. KG, Hamburg*

7

8

8 Das Isolieren von Rohrleitungen

Da Wärmeverluste aus ungeschützten Rohrleitungen die Betriebskosten erhöhen, machen sich Isolierungen immer bezahlt. Sie können auch angezeigt sein, wenn die Erwärmung bestimmter Räume unerwünscht oder schädlich ist. Bei Kaltwasserleitungen unterbindet Isolieren die lästige Schwitzwasserbildung.

Für die gängigsten Rohrdicken gibt es viele Isolierstoffe in Formstücken. Das Isolieren wurde damit wesentlich vereinfacht. Die Formstücke werden mit Kunststoffolie, Nägeln, Draht u. a. befestigt.

Für den Heimwerker ist Umwickeln der Rohre mit Isolierschnüren das einfachste Verfahren; es setzt keine technischen Kenntnisse voraus.

Kaltwasserleitungen Für das Isolieren gegen Schwitzwasser eignet sich das billige Holzwollseil von 25 mm Durchmesser. Holzwollseile dürfen nur Temperaturen unter 100° C ausgesetzt werden.

Das Wickeln erfolgt so, daß die Windungen fest um das Rohr und eng aneinander liegen; Unebenheiten (Buckel) mit einem Klopfholz beseitigen. Dann kann eine frisch angerührte Gipsmasse mit der Hand etwa 10 mm dick ringsherum auf die Wicklung aufgetragen werden. Damit der Gips nicht zu schnell erhärtet, setzt man ihm als Verzögerungsmittel Knochenleim oder Policosal zu. Vor dem Erhärten wird der Gips, damit eine glatte zylindrische Oberfläche entsteht, mit einer Latte (s. Bild) abgezogen. Für einen eventuell folgenden Anstrich (mit Kalk- oder Binderfarbe) ist Glätten mit feuchtem Pinsel oder Gummischeibe von Vorteil.

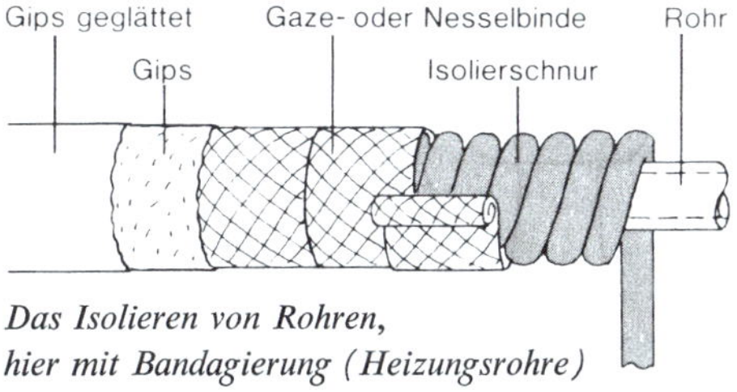

Das Isolieren von Rohren, hier mit Bandagierung (Heizungsrohre)

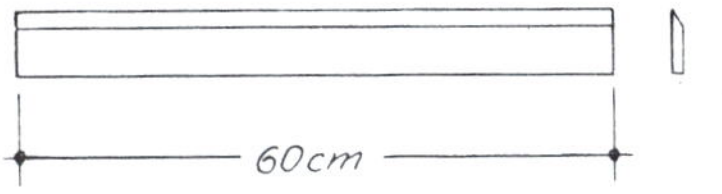

Abziehlatte aus Buchen- oder Eschenholz

Heizungsrohre Für Temperaturen bis 450° C sind Schnüre aus Glaswatte verwendbar, die mit Drahtgewebe überzogen in Dicken von 30, 40, 50 und 60 mm geliefert werden. Im allgemeinen genügen 30 mm. Unmittelbar nebeneinanderliegende Rohre können gemeinsam umwickelt werden. Sind die Schnüre weich, ist beim Wickeln darauf zu achten, daß sie nicht geschwächt werden, also die Isolierdicke erhalten bleibt. Anfang und Ende der einzelnen Schnüre sind mit Bindedraht am Rohr zu befestigen. Die Arbeit ist gut, wenn die Schnüre gleichmäßig dicht und fest sitzen und nur wenig Unebenheiten mit dem Klopfholz zu beseitigen sind.

Ist ein Anstrich vorgesehen oder sind auf Grund großer Wärmeschwankungen Risse zu befürchten, sollte die Isolierung bandagiert werden (Zeichnung) mit dünnen Gaze- oder Nesselbinden, die mit 2 cm Überdeckung fest und gleichmäßig gewickelt und mit sämig angerührtem Gips 10 mm dick überzogen werden. Damit die frische Gipsmasse nicht abfällt, soll man sie schichtweise aufbringen und jede Schicht erst etwas abtrocknen lassen.

9 Leitungen aus Kunststoff

Rohre aus Kunststoff werden immer häufiger verwandt, besonders für Leitungen in saurem, aggressivem, metallzerstörendem Erdreich. Kunststoffrohre sind aus Polyäthylen oder aus PVC (Polyvinylchlorid) hergestellt: beide Stoffe gehören der Gruppe der Thermoplaste an, sind also unter Wärmeeinwirkung formbar (vgl. S. 484).

Rohre aus Polyäthylen

Die im vorigen Abschnitt beschriebene Gartenwasserleitung kann man auch aus Polyäthylenrohren herstellen: Sie eignen sich für Wasserleitungen (Kaltwasser) bei Außenverlegung, nicht dagegen für Warmwasser und nicht für die Verlegung in Gebäuden. Die Vorteile dieses Materials sind im wesentlichen: geschmacksfrei, ungiftig, geruchlos, achtmal leichter als Stahl, elastisch bis zu sehr tiefen Temperaturen, biegsam, unzerbrechlich, beständig gegen aggressive Böden, gegen gechlortes Wasser, Säuren, Laugen und Salze, sehr glatte Oberfläche (geringe Reibungsverluste), frostsicher (Rohr platzt nicht, sondern gibt nach und geht beim Auftauen wieder auf das alte Maß zurück); es wird von vagabundierenden Strömen nicht zerstört, von Mäusen und Ratten nicht angefressen. Einige Handelsnamen: Trolen · Nicolen · Gaboleen. Die Rohre werden in Ringen bis zu 1000 m Länge geliefert. Außendurchmesser 20 bis 65 mm.

Verbinden Während die unlösbare Verbindung von Polyäthylenrohren im Schweißverfahren nur vom Fachmann hergestellt werden kann, ist die nachfolgend beschriebene lösbare Rohrverbindung durch Metallfittings mit konischer Quetschabdichtung vom geübten Laien ohne weiteres auszuführen. Zunächst betrachten Sie bitte, um den Arbeitsgang zu verstehen, die fertige Verbindung:

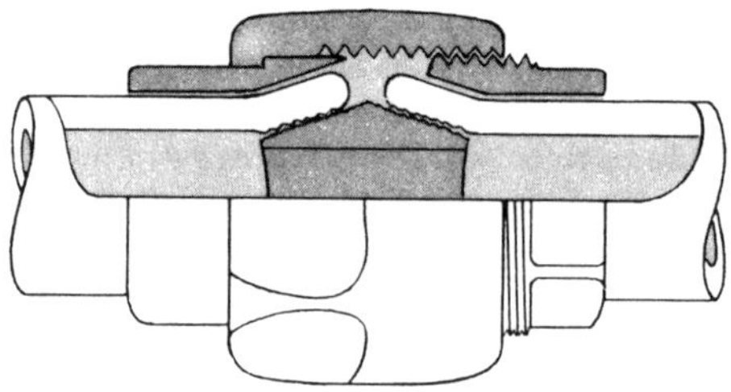

Der untere Teil der Zeichnung stellt die Außenansicht, der obere Teil einen Schnitt dar. Sie sehen im Schnitt, daß die beiden Rohrenden aufgeweitet und über ein nach beiden Seiten abgeschrägtes Metallstück geschoben sind. Auf der Außenseite ist je eine Metallmuffe übergeschoben. Die beiden Muffen werden durch eine geschraubte Kappe zusammengehalten.

In der Praxis fängt die Arbeit damit an, daß Sie die Rohre mit Säge oder Messer gerade abschneiden, entgraten und die Innenkanten etwas abschrägen.

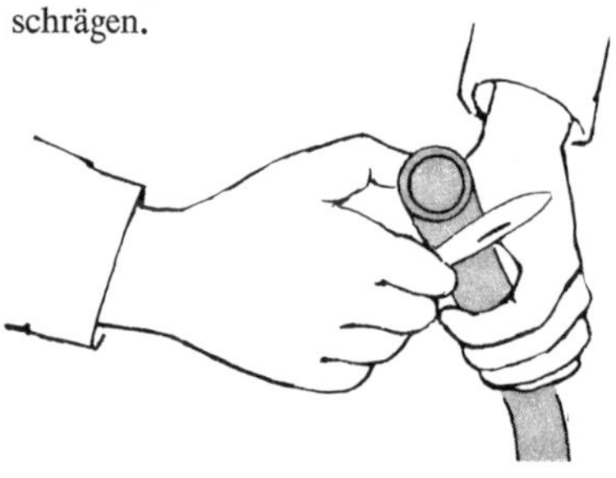

Die Verbindungsteile werden der Reihenfolge entsprechend aufgeschoben:

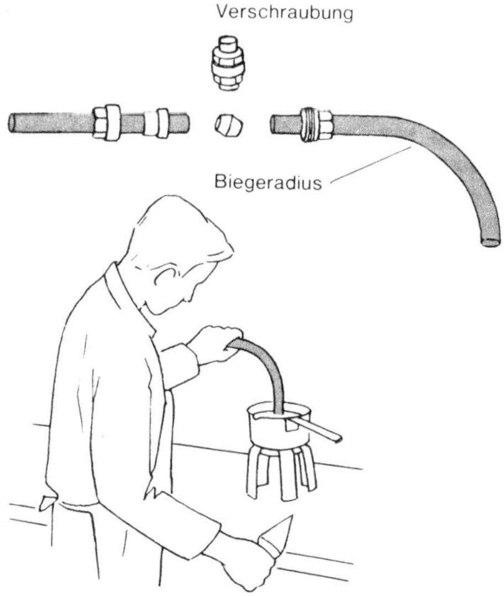

Das Rohrende wird etwa 3 cm lang in kochendem Wasser angewärmt. Mit einem Aufweitdorn kann das jetzt plastisch gewordene Rohrende aufgeweitet werden. Kein Öl benützen!

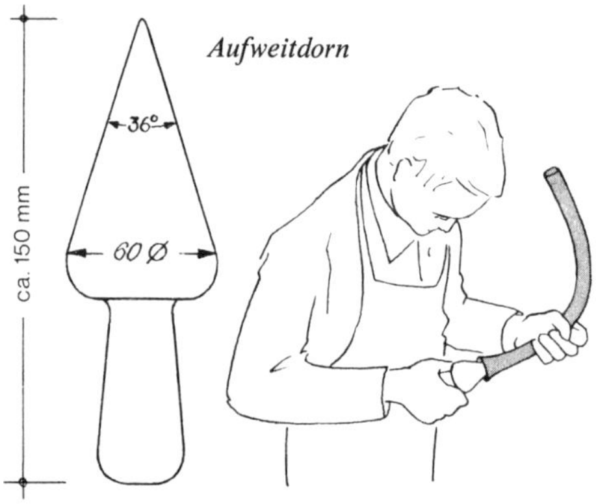

In das plastisch gewordene Rohrende Aufweitdorn einschieben

Das aufgeweitete Ende langsam auf dem Dorn abkühlen lassen. Nun die Verbindung ohne Schmiermittel zusammenfügen und verschrauben. Etwas trockener Graphit kann in das Gewinde gegeben werden. Nach 20 Minuten Überwurfmutter nochmals nachziehen.

Übergangsstücke von Stahlrohr auf Kunststoffrohr in Messing und in Temperguß gibt es im Handel.

Biegen Der kleinste Biegeradius beträgt beim Biegen in kaltem Zustand das 20fache des Rohrdurchmessers, beim Biegen in warmem Zustand das 8fache des Rohrdurchmessers. Angewärmt wird mit kochendem Wasser.

Verlegehinweise Polyäthylenrohr in Frostschutztiefe (1,20 bis 1,50 m) verlegen. Wegen der starken Wärmeausdehnung (sechsmal größer als bei Stahl) einen Verlegungszuschlag zur vermessenen Länge geben und das Rohr im Graben leicht geschlängelt verlegen. Die Grabensohle soll von Schotter und scharfkantigen Steinen frei sein; beim Auffüllen soll kein grober Aushub unmittelbar aufs Rohr kommen.

Hauseinführungen erfolgen mittels Schutzrohr, wie auf S. 379 beschrieben.

Eingefrorene Leitungen nicht mit Flamme (Lötlampe) auftauen, sondern mit Warmluft oder heißem Wasser.

Metallverbindungen, die in die Erde kommen, mit Kunststoffolie und Denso-Binde (im Installationshandel erhältlich) umwickeln.

Rohre aus PVC

Einiges Allgemeine über diesen Kunststoff ist im siebten Teil auf S. 484 ausgeführt. Einige Handelsnamen für PVC-Rohre sind: Trovidur · Renadur · Brandur · Subradur · Gabodur. Die Rohre sind in Stangen von 3 bis 6 m Länge zu beziehen, Durchmesser bis 150 mm. PVC-Rohre eignen sich für Frischwasser- wie für Abwasserleitungen und sind auch für die Verlegung in Gebäuden zugelassen.

Einige für die Verwendung wichtige Eigenschaften: geschmackfrei · ungiftig · geruchlos · sechsmal leichter als Stahl · Wärmeausdehnung siebenmal stärker als bei Stahl · verwendbar für Temperaturbereiche von –10 bis + 40° C · beständig gegen die meisten Säuren, Laugen, Öle und Benzin · glatte Oberfläche · bei 70° tritt Erweichung ein, bei 95 bis 130° gut zu formen. Für Abwasser über 40° ist das PVC-Rotstrichrohr im Handel.

Verbinden Wiederum gibt es neben dem Kleben und Schweißen, die dem Fachmann vorbehalten bleiben müssen, eine einfache Verbindungsart, die der Laie ausführen kann. Die im Bild gezeigten Rohre und Formstücke (Gabodur, Hersteller: Gebr. Anger GmbH & Co., München, Einsteinstraße 104) lassen sich durch einfaches Zusammenstecken dauerhaft und unbedingt druckdicht verbinden. Sie erkennen in den Schnittzeichnungen überall den eingelegten Dichtungsring; er ist vor dem Zusammenstecken mit einem Gleitmittel einzustreichen, das mit den Rohren zusammen käuflich ist. Einfacher geht's nimmer!

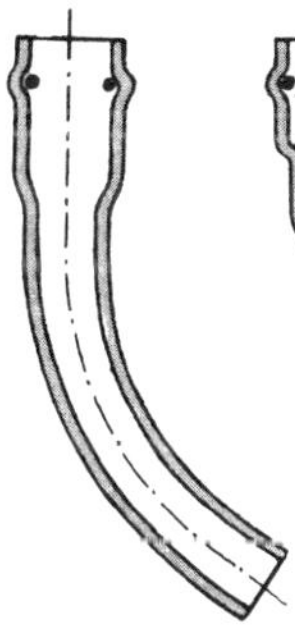

Bogen

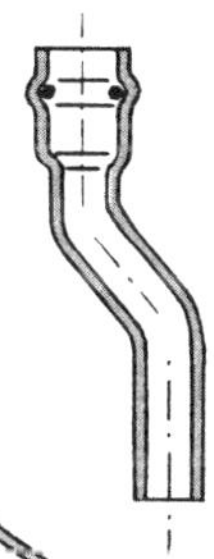

Etagenbogen

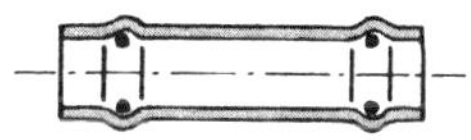

Überschiebmuffe für Rohrstücke ohne Muffe

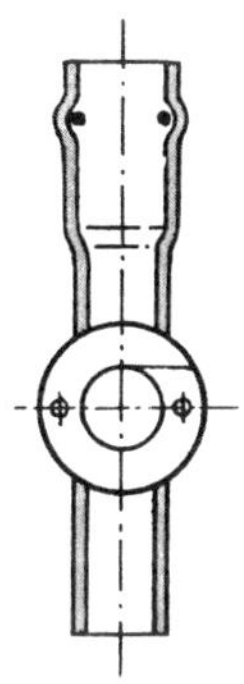

Reinigungsrohr

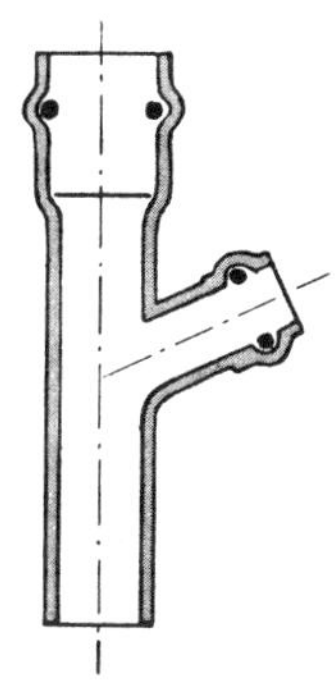

Abzweig

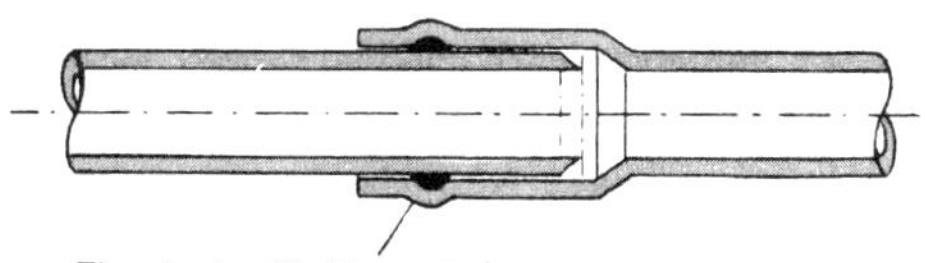

Rohr zusammengesteckt

Biegen PVC-Rohr wird zum Biegen am besten mit Sand gefüllt, der auf 130° vorgewärmt ist. Das Biegen erfolgt auf einem Tisch nach Schablonen, das Abkühlen mit Wasser. Der kleinste Biegeradius ist gleich dem dreifachen Rohrdurchmesser. PVC soll der Erwärmung nicht länger als bis zur gleichmäßigen Durchwärmung auf die gewünschte Temperatur ausgesetzt werden, d. h. etwa 1½ Minuten lang je 1 mm Dicke.

Kupferrohr mit PVC-Mantel
Der Vollständigkeit und des Interesses halber erwähnen wir, daß es seit 1957 ein Kupferrohr gibt, das mit einem PVC-Stegmantel versehen ist. Der Fachmann verwendet es gern wegen seiner außerordentlichen Isolierfähigkeit gegen Schall und Wärme.
Kupferrohre lassen sich bequem biegen sowie leicht und schnell verlegen. Die Verbindungen werden mit Flamme weich (Zinn) oder hart (Silber) gelötet. Rohre für Warmwasser sollen hartgelötet werden. Nach der Lötung wird der PVC-Mantel wieder aufgeklebt.

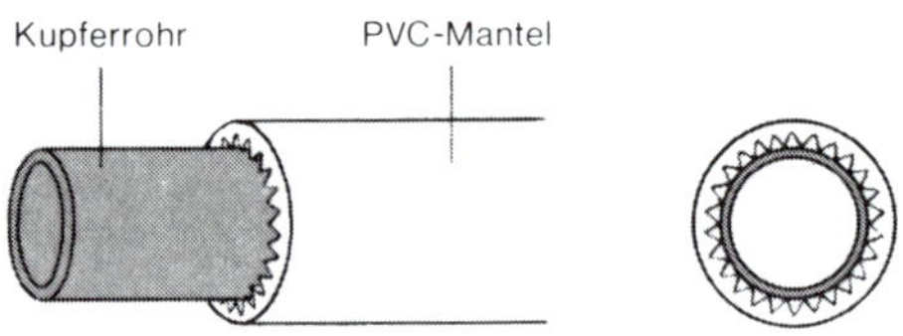

Wicu-Rohr (Wärme-isoliertes Cu-Rohr)

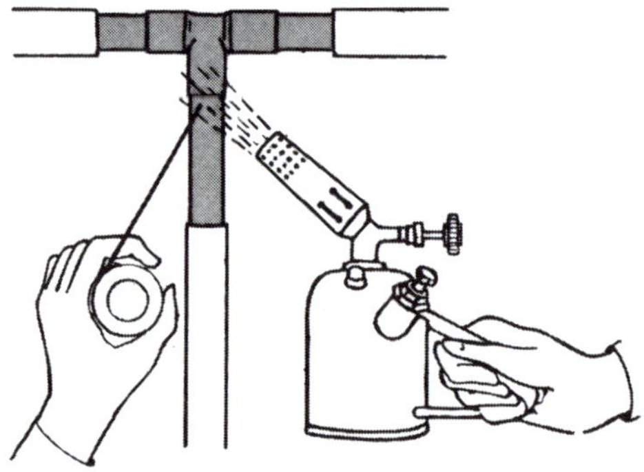

Löten von Kupferrohr (PVC-Mantel vorläufig teilweise entfernt)

10 Abwasser

Der Weg des Abwassers

In der Zeichnung sehen Sie, wie Abwasser von der Versitzgrube in den Boden sickert und sich über einer wasserundurchlässigen Schicht sammelt. Wenige Meter daneben ragt das Pumprohr des Trinkwasserbrunnens in den Grund. Ein unmöglicher Zustand! ruft jedermann aus. Gewiß, aber vor hundert Jahren noch war es der Normalzustand auch in Kulturstaaten. Erst als man die Rolle der Bakterien als Krankheitserreger erkannt hatte, ging man daran, Abwässer systematisch abzuleiten und unschädlich zu machen – einer der wichtigsten Gründe für den Rückgang der großen Seuchen. Jede Vernachlässigung unseres Systems der Abwässerbeseitigung würde sofort von neuem schwerste Gefahren herauf beschwören. Deshalb ist das Gebiet durch strenge gesetzliche Vorschriften geregelt.

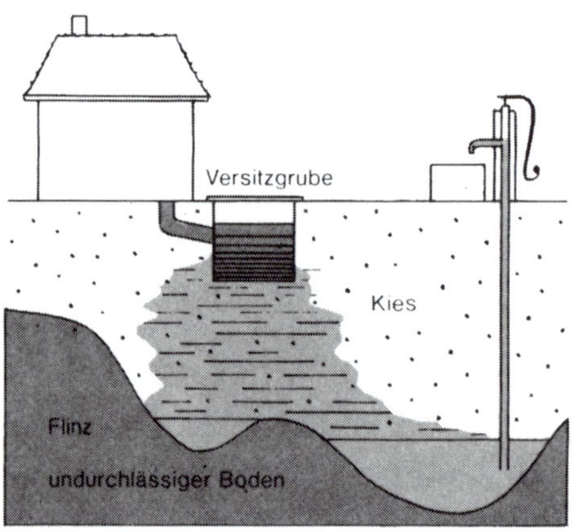

So werden Untergrund und Brunnenwasser durch Abwässer verseucht

Geruchverschlüsse Im Abfluß eines Klosettbekkens steht stets in bestimmter Höhe Wasser. Warum? Dieses sogenannte Sperrwasser läßt Abwässer nach unten abfließen, versperrt aber den schädlichen und übelriechenden Kanalgasen, die aus den unterirdischen Kanalisationsrohren aufsteigen, den Zugang in unsere Räume. Trocknet das Sperrwasser bei wochenlanger Nichtbenutzung des Abflusses aus, so machen sich diese Gase sogleich bemerkbar.
Auch die anderen Abflüsse in unseren Wohnungen – Waschbecken, Badewannen, Spülbecken, Ausgüsse – haben einen entsprechenden Geruchverschluß (auch Knie, Siphon oder Traps genannt), nur daß das Sperrwasser bei ihnen nicht von außen sichtbar ist. Es gibt verschiedene Arten solcher Verschlüsse. Wie die Bilder erkennen lassen, funktionieren sie alle nach dem gleichen

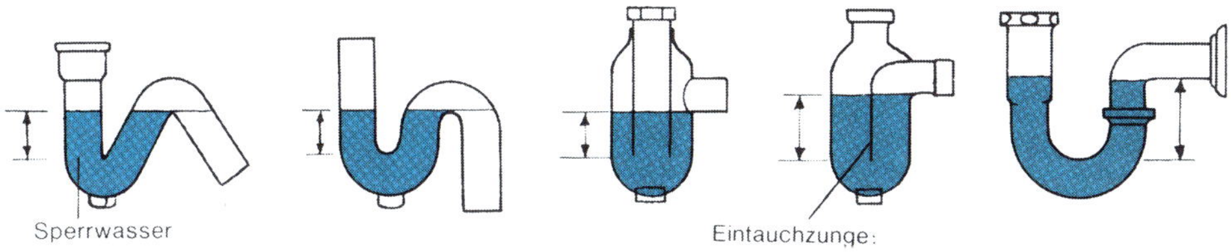

Fünf verschiedene Arten von Geruchverschlüssen, auch Knie, Siphon oder Traps genannt. Sinkt das Sperrwasser bis unterhalb der Eintauchzunge, so treten die Kanalgase in den Raum

Prinzip. Alle Ablaufstellen müssen einen Geruchverschluß haben. Eine Ausnahme machen nur in bestimmten Fällen Regenrohre und Hofsinkkästen in sehr großen Höfen, die zugleich zur Entlüftung der Kanäle dienen.

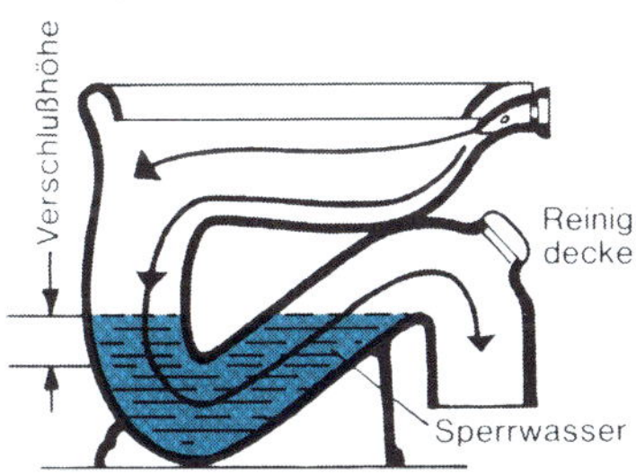

Entwässerungsplan Für jedes Grundstück, das bebaut wird, muß bei der Aufsichtsbehörde ein Entwässerungsplan eingereicht werden. Hausbesitzern ist dringend anzuraten, die genehmigten Pläne sorgfältig aufzubewahren.

Leitungen im Hause Alle Rohrleitungen sollen einfache, klare Linien und wenig Gefälleknickpunkte haben. Verbindungen müssen fachgemäß gedichtet sein; undichte Stellen können ein ganzes Gebäude durchfeuchten.

Von der Ablaufstelle führt ein kurzes Verbindungsstück aus Gußeisen, Blei, Zink, Kunststoff oder verzinktem Stahlrohr zur Falleitung, die gewöhnlich aus Gußeisen besteht. Unter dem Kellerfußboden verwendet man Rohre aus Steinzeug (Tonrohre), ebenso im Freien.

Reinigung Manche Städte leiten die Abwässer zur Reinigung auf große Ackerflächen (Rieselfelder). Das hat aber verschiedene Nachteile und läßt sich nicht überall anwenden. In anderen Städten werden die ankommenden Abwässer im sogenannten Rechenhaus von Sand und groben Beimischungen wie Lumpen und groben Küchenabfällen befreit und dann in Kläranlagen geleitet. Ein einzelnes solches Becken, bis etwa 25×25 m groß und 15 m tief, enthält an beiden Längsseiten Absetzrinnen, durch die der Schlamm in den darunterliegenden Faulraum sinkt. Hier macht er einen Fäulnisprozeß durch. Nach einigen Monaten ist er ausgefault und kann zur Felddüngung verwendet werden. Das beim Faulprozeß entstehende Faulgas (Methan) steigt nach oben, wird aufgefangen und in Rohrleitungen dem Gaswerk zugeführt, von wo es, mit Stadtgas gemischt, in die Haushalte strömt.

Hauskläranlagen

In Gebieten ohne öffentliches Kanalisationsnetz müssen die Hausabwässer in eigenen Kleinkläranlagen gereinigt werden. Es ist verboten, nicht geklärte Abwässer in das Erdreich, in Flüsse, Seen, Bäche, offene Gräben und Teiche abzuleiten.

Hauskläranlagen müssen genügend groß sein und regelmäßig und sachgemäß gewartet werden. Einzelheiten der Bauart bestimmt die Behörde.

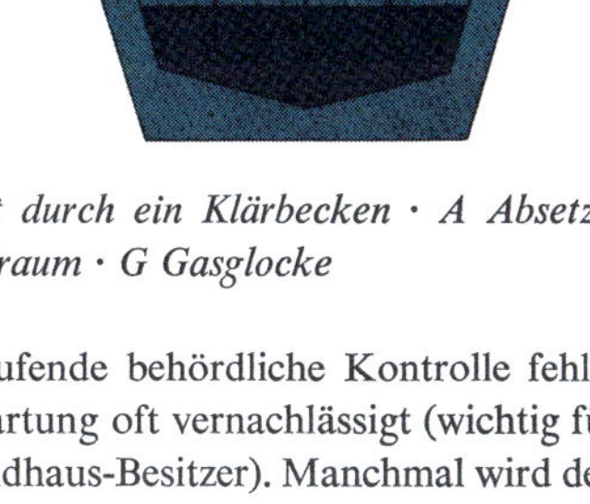

Schnitt durch ein Klärbecken · A Absetzrinne · F Faulraum · G Gasglocke

Wo laufende behördliche Kontrolle fehlt, wird die Wartung oft vernachlässigt (wichtig für Wochenendhaus-Besitzer). Manchmal wird der Dekkel übersandet, oder es wächst gar Rasen darüber, die Anlage gerät in Vergessenheit. Eines Tages

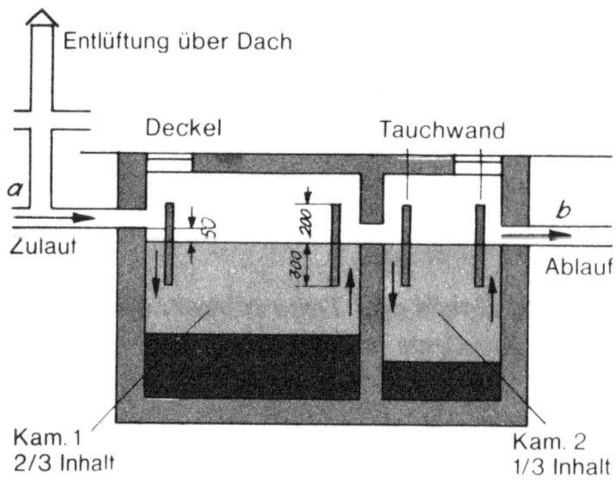

Zweikammerige Hauskläranlage alter Art. Tauchrohr oder -wand verhindert Ausfließen von Schlamm von Kammer zu Kammer und in die Versitzgrube

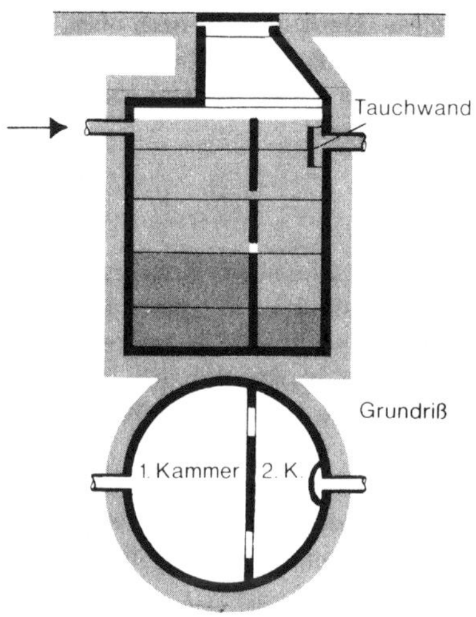

Faulgrube neuer Art (aus fabrikmäßig hergestellten Betonringen)

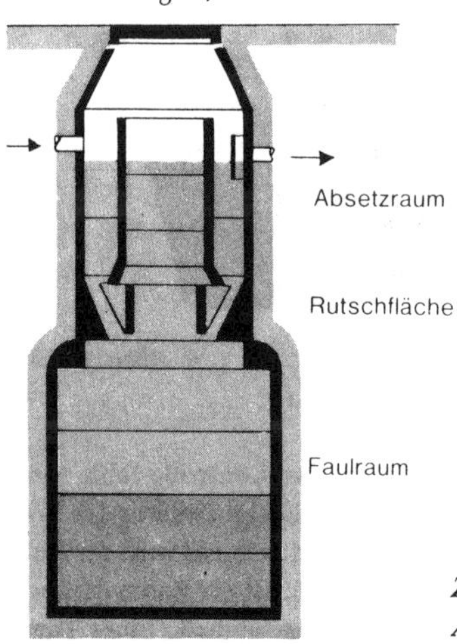

Zweistöckige Absetzanlage

wundert man sich über übelriechendes Wasser im Keller, über feuchte Mauern, Schäden in Beton und Putz u.ä.

Gartenbesitzer mögen bedenken, daß die Grube einen wertvollen Dünger liefert. Der Schlamm muß allerdings zunächst mit Erde, Laub, Torfmull vermischt (Komposthaufen) längere Zeit ruhen, bevor er auf die Beete gebracht werden kann.

Anlagen alter und neuer Art Anlagen älterer Bauart, aus zwei oder drei Kammern bestehend, werden an Ort und Stelle betoniert, Anlagen neuerer Art in Einzelteilen (Stahlbetonringe) fabrikmäßig angefertigt und an der Baustelle zusammengebaut.

Entleerung Anlagen beider Arten sind zu räumen, sobald der Bodenschlamm in der ersten Kammer $^2/_5$ der Nutztiefe erreicht hat, mindestens aber einmal jährlich. Dabei muß etwa $^1/_6$ des ausgefaulten Schlammes zur Fortpflanzung des Fäulniserregers (»Impfung«) auf den nachkommenden Frischschlamm im Faulraum verbleiben. Schwimmdecken sind abzuheben. Zum Reinigen bedient man sich eines Schöpfgefäßes, das an einer langen Stange befestigt ist, oder man beauftragt ein Abfuhrunternehmen mit der Grubenentleerung.

Störungen an der Abwasseranlage

Achtung, Gas! Eine Warnung voraus: In Brunnenschächten, Klär- und Versitzgruben bilden sich Gase, die schwerer als Luft sein können. Sie senken sich zum Boden hin, verdrängen dort die Luft und rufen, wenn sie eingeatmet werden, in schweren Fällen Erstickungen mit Todesfolge hervor. Wer in eine solche Grube steigen will, entlüfte zuvor 30 Minuten durch Fortnahme des Deckels. Beim Besteigen der Grube soll man sich durch Anseilen sichern und einen zweiten Mann dabeihaben. Machen sich in der Grube durch geringste Anzeichen von Benommenheit, Übelkeit, Schwindelgefühl oder Atemnot Sauerstoffmangel oder Giftgas bemerkbar, so ist diese sofort zu verlassen und nochmals längere Zeit zu lüften.

Absturzgefahr Alle Gruben müssen sorgfältig verschlossen, offene Gruben auch im eigenen Grundstück und auch bei nur vorübergehendem Öffnen durch geeignete Absperrung abgegrenzt werden. Wer das unterläßt, gefährdet Menschenleben, besonders Kinder, und ist haftpflichtig.

Rückstauungen Eine der unangenehmsten Pannen an der Abwasseranlage kann auftreten in Kellern, in denen sich offene Kellereinläufe (Sinkkästen, Gullys) befinden, wie es häufig z.B. bei Waschküchen im Kellergeschoß der Fall ist. Alle Kanalleitungen eines Netzes bilden ein verbundenes System, in dem nach dem Gesetz der Gleichheit (kommunizierende Röhren) das Wasser überall bis zur gleichen Höhe aufsteigt. Überall, wo Wasserablaufstellen in Häusern unter der Höhe der Straßenoberkante oder unter dem höchsten bekannten Hochwasserstand liegen, müssen sie deshalb mit einem doppelten Rückstauverschluß versehen sein. Er verhindert, daß das Wasser bei Gewitterregen und Wolkenbrüchen durch Rückstauung im Keller ebenso hoch steigt wie in den Kanälen.

Ein solcher Verschluß hat eine selbsttätig wirkende Sperrvorrichtung und zusätzlich eine von Hand zu bedienende, außerdem eine Reinigungsöffnung. Ist der selbsttätige Teil nicht in Ordnung und gleichzeitig der von Hand zu bedienende Teil nicht geschlossen, so kommt es zu Kellerüberschwemmungen; ebenso natürlich, wenn entgegen der Vorschrift kein solcher doppelter Rückstauverschluß eingebaut ist. Feuchte Mauern und verdorbene Lebensmittel sind die Folge, vom Ärger und Schmutz nicht zu reden. Es ist deshalb wichtig, daß solche Verschlüsse frei zugänglich bleiben, also nicht z. B. durch lagernde Kohlen zugedeckt werden, und daß Hausbesitzer und Mieter sich regelmäßig – mindestens halbjährlich – vom guten Zustand der Absperrvorrichtung überzeugen. Einmal jährlich soll man sie öffnen und reinigen. Der Handverschluß ist nur zum Ablaufen zu öffnen, sonst geschlossen zu halten.

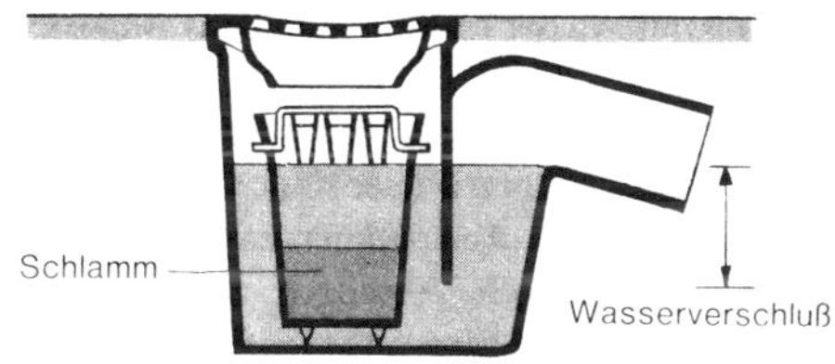

Einfacher Sinkkasten (darf nicht eingebaut werden in Kellern, in denen Rückstaugefahr besteht)

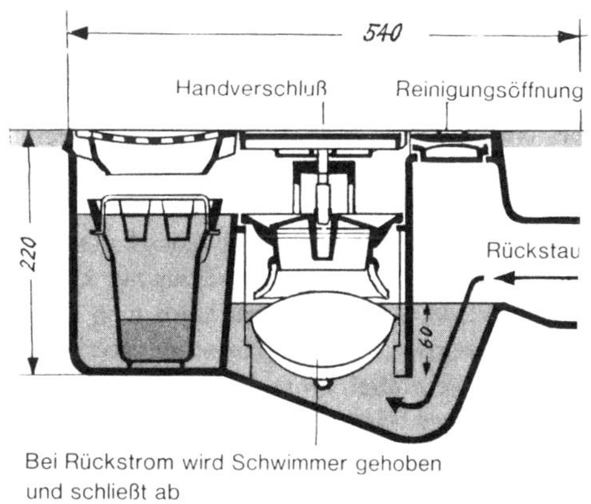

Kellerablauf mit doppeltem Rückstauverschluß

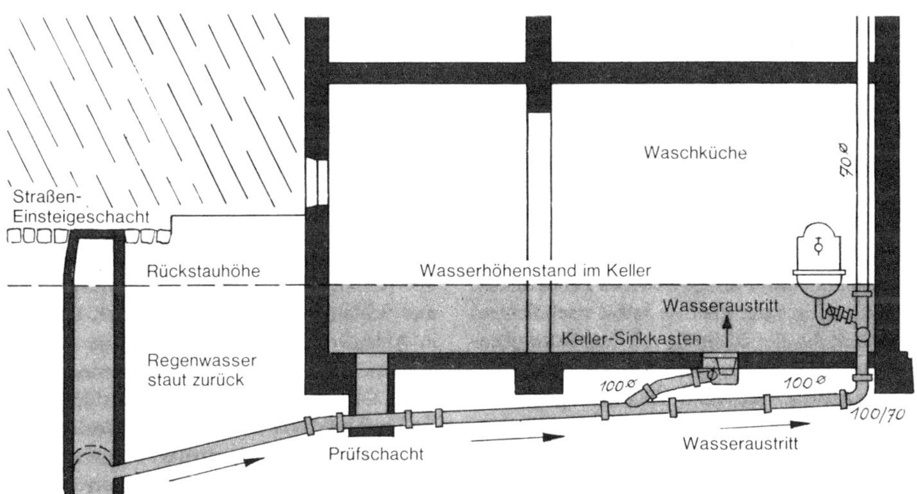

Kellerüberschwemmung durch nicht ordnungsgemäßen Rückstauverschluß

Luftverunreinigung Sobald das Sperrwasser in Geruchverschlüssen austrocknet, treten die übelriechenden und schädlichen Kanalgase ins Hausinnere. Ausgetrocknete Geruchverschlüsse sind deshalb mit Wasser nachzufüllen. Das Austrocknen der Geruchverschlüsse, wenn sie lange Zeit nicht benützt werden, kann durch Aufgießen von Speiseöl auf das Sperrwasser stark verzögert werden. Außer durch Austrocknen kann das Sperrwasser auch durch Absaugen verschwinden. Stürzt eine größere Wassermenge durch das Fallrohr, weil z. B. im Oberstock ein Eimer sehr schwungvoll ausgegossen wurde und die über Dach gehende Entlüftungsleitung verstopft oder das Fallrohr zu eng ist, so kann im Fallrohr ein Unterdruck entstehen, der das Sperrwasser anderer Ausläufe wegsaugt. Es gibt auch Spezial-Geruchverschlüsse, die so konstruiert sind, daß sie ein Absaugen ausschließen. Sie sind überall zugelassen. Wer feststellt, daß Sperrwasser öfters durch Absaugung verschwindet, rufe den Fachmann.

Frostschutz der Geruchverschlüsse Auch das Sperrwasser in den Geruchverschlüssen kann einfrieren. Bleiben Wohnung oder Haus nur kurze Zeit unbeheizt und unbenutzt, kann man dem Sperrwasser etwas Viehsalz beimischen oder auch ein Frostschutzmittel, wie es dem Kühlwasser der Kraftfahrzeuge beigemischt wird.

Der sicherste Schutz bei längerer Abwesenheit besteht darin, das Sperrwasser zu entfernen. Das geschieht durch Öffnen der Reinigungsschraube (die danach wieder anzuschrauben ist), beim Klosettbecken muß man ausschöpfen. Hat man eine alte Fahrradpumpe, kann man auch mit ihr das Wasser absaugen.

Damit keine Kanalgase in den Raum dringen können, müssen Ablauf und Überlauföffnung gut mit Leder- oder Gummiplatte abgedeckt oder mit Pfropfen verschlossen werden. Das Klosettbekken kann man mit einem festen Papierballen oder Stoffballen verstopfen. Vergessen Sie nicht, ihn vor Inbetriebnahme wieder zu entfernen!

Undichte Muffen Auch durch undichte Muffen können Kanalgase dringen, ebenso Feuchtigkeit. Behelfsmäßig kann man sie selbst nachdichten. Man holt die alte Dichtung mit dem Schraubenzieher heraus. Der freigemachte Spalt wird nach gutem Austrocknen dünn mit Firnis bestrichen, dann mit Diamantkitt, eventuell auch Glaserkitt, gefüllt. Mit Spachtel glattstreichen.

Eingerostete Schrauben In der Regel versehen Abwasserleitungen jahrelang ihren Dienst, ehe einmal eine Verstopfung (darüber gleich anschließend) Anlaß gibt, Reinigungsöffnungen oder sonstige Verschlüsse aufzumachen. Häufig sind dann die Mutterschrauben festgerostet. Nicht mit Gewalt lösen! Man betropft das Gewinde mit Petroleum oder Terpentinöl. Diese dünnen Öle dringen schnell in die feinsten Ritzen, das Losdrehen geht dann leichter.

Wollen Sie beim Wiederanziehen der Schrauben einem erneuten Festrosten vorbeugen, bestreichen Sie die Schrauben mit einem dünnen Brei aus Graphit und Schmieröl oder Talg. So geschützte Schrauben lösen sich leicht noch nach Jahren.

Baumwurzeln Im Boden liegende Steinzeugleitungen sind durch Baumwurzeln gefährdet, wenn ihre Muffen schlecht dichten. Die nahrungsuchenden Saugwurzeln dringen durch den Muffenspalt, finden hier dauernde Feuchtigkeit, durchwuchern und verstopfen das ganze Rohr. Vorbeugung durch einwandfreie Leitungen; an gefährdeten Stellen verlegt man statt Tonrohren Gußrohre mit Strick- und Bleidichtungen. Ist der Schaden aber passiert, nützen sogenannte Wurzelschneider nichts; die Leitung muß aufgegraben und auseinandergenommen werden, was sehr kostspielig ist.

Die häufigste Störung: Verstopfungen

Vorbeugen gegen Verstopfungen Verstopfungen verhüten ist besser als Verstopfungen beseitigen. Dazu gehört als erstes, daß Gebrauchsgegenstände, auch die kleinsten, wie Knöpfe und Nadeln, daß Küchenabfälle, Sand, Asche, Haare, Lappen, Fette, Laub und ähnliches nicht in die Abflußkanäle kommen, sondern in den Mülleimer! Das Klosett darf nicht durch härteres oder zusammengeballtes Papier belastet werden. Beim Ausgießen von Wasch- und Putzwasser ist darauf zu achten, daß nicht Bürsten oder Wäschestücke mit eingeschleust werden.

Wasch- und Ausgußbecken müssen ein Sieb oder Sperrkreuz, Sinkkästen (Gullys) müssen Rost- und Schlammfänger haben. Die Schlammeimer in Abläufen sind alle Vierteljahre zu entleeren. Verrostete Eimer müssen ersetzt werden.

Fette, Öle, Brennstoffe, Säuren, Karbidschlamm sind gefährlich für alle Kanäle (Explosionsgefahren). In gewerblichen Betrieben müssen sie durch besondere Vorkehrungen beseitigt werden.

Trotz aller Vorsicht kommen Verstopfungen vor;

sie sind der gewöhnliche Anlaß, daß der Laie sich mit der Abwasseranlage beschäftigen muß.
Häufig liegt das Übel gleich unter dem Sieb oder Sperrkreuz. Fremdkörper wie Haare und Fasern krallen sich an der Unterseite des Siebbodens oder Kreuzes fest. Man kann sie von oben entfernen mit einem 2 bis 3 mm starken Draht, der am Ende zu einem Häkchen gebogen ist.

Reinigungsspirale Hilft ein Draht nicht, hilft vielleicht die Reinigungsspirale. Man kann sie in jedem Fachgeschäft für Installation kaufen, Längen von 1 m aufwärts. An einem Ende ist eine Kurbel, am anderen eine Rohrkralle. Man fährt mit der Spirale bequem durch die Windungen von Geruchverschluß und Anschlußleitung. Durch Vor- und Zurückschieben und durch kräftiges Drehen an der Kurbel lockert man mit der Rohrkralle die verstopften Stellen. Kurbel nur rechts drehen, damit die Spirale geschont wird und damit sich nicht die Kralle abschraubt und im Rohr steckenbleibt. Nur wenn die Kralle im Rohr steckenbleibt, dreht man nach beiden Seiten, um sie zu lösen. Kräftiges Nachspülen mit heißem Wasser, das möglichst schnell in das Becken geschüttet wird, schwemmt die gelösten Schmutzteile hinweg.

»Pumpfix« Ein recht praktisches Werkzeug zum Beseitigen von Verstopfungen nennt sich »Ausgußreiniger Pumpfix«. Es besteht aus einem kräftigen halben Gummiball, befestigt an einem Holzstiel. Ohne die Reinigungsschraube am Geruchverschluß zu lösen, setzt man den Gummirand fest um die Ablaufstelle auf. Durch kurzes kräftiges Auf- und Abwärtspumpen entsteht im Rohr wechselnd Sog und Druck und lockert die Schmutzteilchen. Heiße Wassernachspülung schwemmt sie weg. Soweit ein Überlauf vorhanden ist (die knapp unter dem oberen Wannen- oder Beckenrand sitzende Öffnung, die das Überlaufen verhindert), muß er beim Pumpen mit Papierballen, Gummiplatten o. ä. luftdicht zugehalten werden.
Auch ein verstopftes Klosettbecken kann mit dem »Pumpfix« gereinigt werden. Das Bild zeigt zugleich das vorher beschriebene Reinigen mit einem Hakendraht. Der Deckel an der Rückseite des Beckens kann eingeschraubt oder eingekittet sein, vielfach fehlt er bei neueren Fabrikaten auch ganz.

Chemische Mittel Chemische Mittel unter Namen wie »Frißdurch«, »Rohrfrei« gibt es im Handel. Sie sind sehr wirksam; der Umgang mit ihnen

Reinigungs-spirale

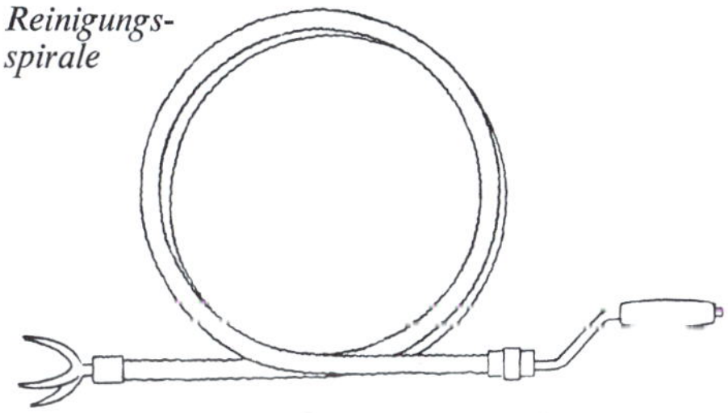

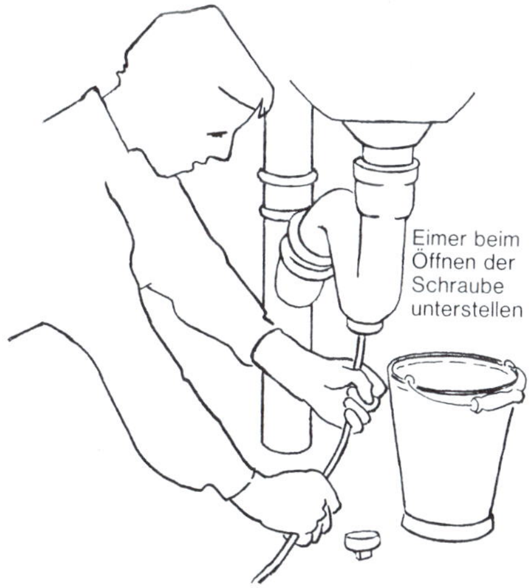

Reinigen eines Abflusses mit Reinigungsspirale

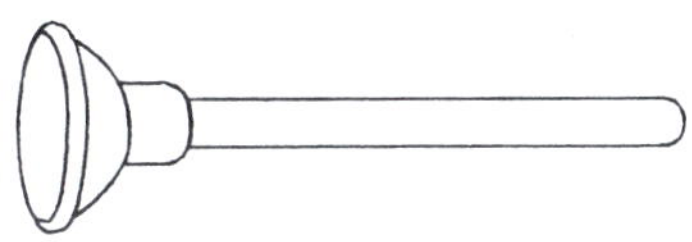

»Pumpfix«

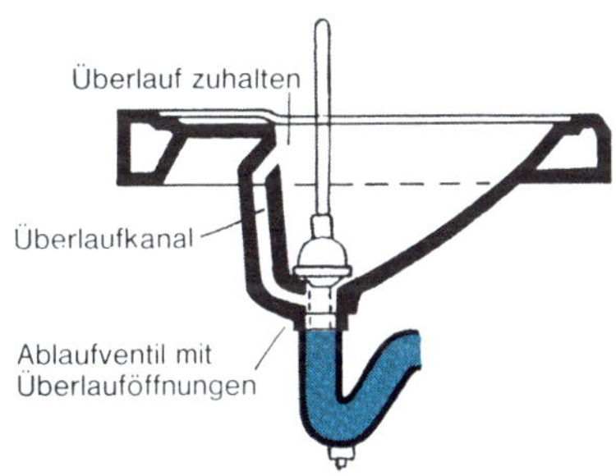

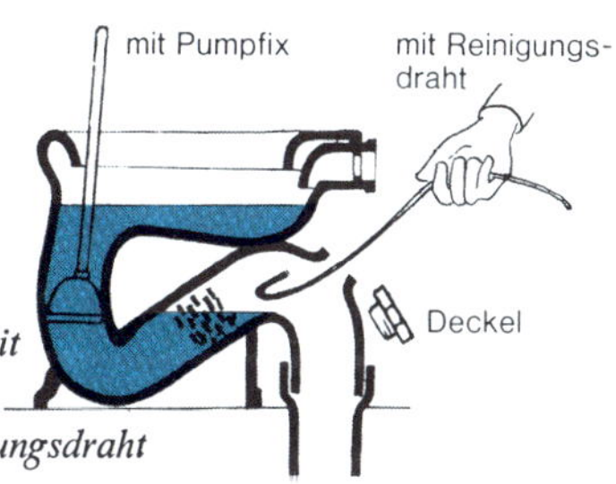

Reinigen mit Pumpfix und Reinigungsdraht

Schema einer Falleitung

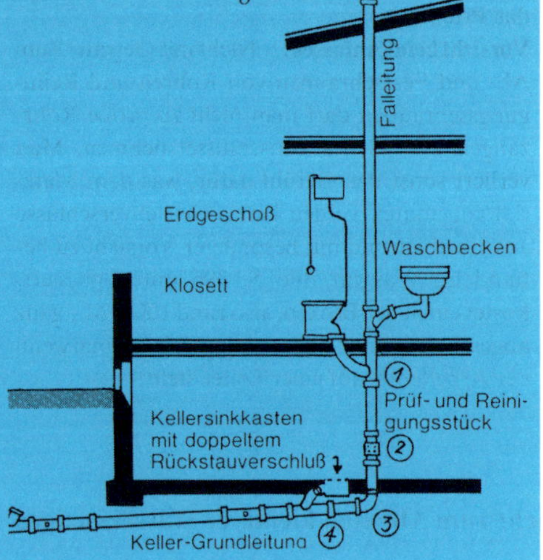

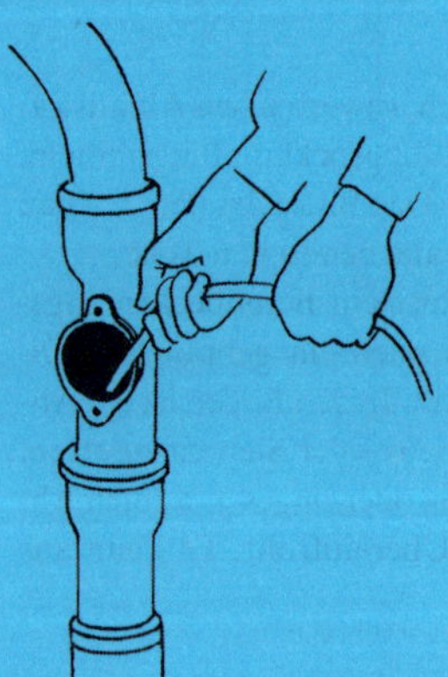

Reinigungsstück am Fallrohr geöffnet

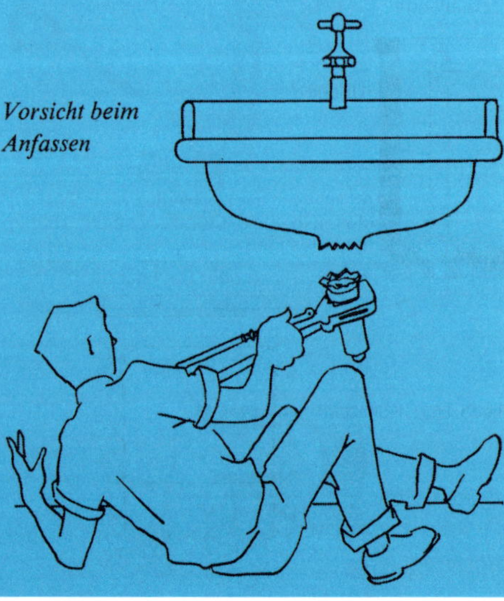

Vorsicht beim Anfassen

verlangt aber Umsicht und Vorsicht. Für leichtere Fälle kann man ein Reinigungsmittel wie etwa »Imi« nehmen; es erfordert keine besonderen Vorsichtsmaßnahmen.

Vor Anwendung der ätzenden Reinigungsmittel sind Klosettdeckel abzumontieren oder aufzuklappen, Teppiche, Linoleum, Farben und Fußböden durch Pappe gegen Spritzer zu schützen. Aluminium- und Zinkblechrohre werden durch solche Mittel angegriffen und dürfen nicht behandelt werden. Für Eisen- und Steinzeugrohre, für Glas, für Becken aus Porzellan, Steingut und Emaille sind die Mittel unschädlich. Das Pulver darf nicht mit feuchten Händen angefaßt werden. Spritzer an Haut und an Kleidern sind sofort mit Essig abzuwaschen. Das etwa im verstopften Becken stehende Wasser ist durch Ausschöpfen zu entfernen. Man schüttet – je nach Gebrauchsanweisung – bis zur Hälfte des Doseninhalts in das Becken und gießt sofort 1 Liter kochendes Wasser hinzu. Die Mischung schäumt stark auf, daher zurücktreten, Vorsicht vor Spritzern und Dämpfen. Diese Mittel zersetzen Verstopfungsstoffe wie Fett, Seifenreste, Küchenabfälle, Haare, sogar Kesselsteinablagerungen. Nachspülen mit heißem Wasser ist auch hier erforderlich.

Verstopfte Falleitung Verstopfung der Fall- oder Grundleitung äußert sich gewöhnlich darin, daß Schmutzwasser, das in den Ausguß gegossen wurde, in einem anderen, tiefer liegenden Ablauf, z.B. im Klosett oder im Stockwerk darunter, wieder austritt. Wohnen Sie nun in einem Ort mit öffentlichem Kanalnetz, so ist die Selbsthilfe hier zu Ende, denn Arbeiten an Fall- und Grundleitungen, die an die allgemeine Kanalisation angeschlossen sind, darf nur der Fachmann ausführen. Das Bild oben macht zunächst deutlich, daß bei verstopfter Falleitung der »Pumpfix« nicht hilft, weil die Falleitung weiter oben durch Entlüftungsleitung oder andere Ausflüsse entlüftet ist, so daß keine Saugwirkung entsteht. Tritt im gezeigten Beispiel Schmutzwasser, das im Waschbecken abfließt, im Klosettbecken aus, so muß die Ursache unterhalb der Einmündung des Klosettabflusses (Punkt 1) liegen. Ist der Ablauf vom Sinkkasten (Punkt 4) frei, so liegt die Verstopfung wahrscheinlich im Bogen (Punkt 3). Reinigen kann man zunächst wieder mit Draht oder Spirale, soweit diese von der Reinigungsschraube am Klosettbecken aus bis in das Fallrohr hinunterreichen. In manchen Fällen hilft auch eine kräftige Druckwasserspülung mit einem Schlauch, der

von der Reinigungsöffnung des Klosetts oder vom Punkt 2 aus möglichst tief in die Rohrleitung geschoben wird.
Ist beides ohne Erfolg, müssen die Schrauben am Prüfstück (Reinigungsstück) im Keller (Punkt 2) gelöst werden. Vielleicht stürzt beim Öffnen Schmutzwasser heraus, das aufgefangen werden muß, wenn kein Sinkkasten vorhanden ist. Von dieser Öffnung aus fährt man nach oben oder unten, je nachdem wo die Verstopfung liegt, mit Draht oder Spirale durch das Fallrohr. Will man ein chemisches Mittel anwenden, muß es, falls die Verstopfung oberhalb des Prüfstücks liegt, in das Klosettbecken geschüttet werden, andernfalls in das Prüfstück.

Vorsicht beim Anfassen! Nicht mit Gewalt! Zum Ab- und Festschrauben von Rohren und Reinigungsschrauben darf man nicht zu große Rohrzangen oder Schraubenschlüssel nehmen. Man verliert sonst das Gefühl dafür, was dem Material zugemutet werden kann. Geruchverschlüsse aus Hartblei sind mit besonderer Vorsicht zu behandeln. Was im Bild S. 396 unten passiert, kostet ein neues Becken, also rund 100 DM – ganz abgesehen von der Verletzungsgefahr, zumal wenn der Arbeitende auf einer Leiter steht.

11 Anlegen von Sickerdole oder Sickerschacht zum Ableiten kleinerer Wassermengen

Sickerdole im Garten

Wenn im Garten kein Abwasserkanal vorhanden ist, kann man selbst auf einfache Weise und mit geringen Kosten eine Anlage schaffen, um Wasserbehälter, Brunnentröge, Planschbecken und ähnliches ablaufen zu lassen. Voraussetzung ist, daß es sich um kleinere Wassermengen handelt, denn eine solche selbstgebaute Anlage ist nur bis etwa 1,25 m tief. Voraussetzung ist ferner, daß das ablaufende Wasser keinen schädigenden Einfluß auf das Grundwasser haben kann, also frei ist von Schlammstoffen, gewerblichen Abfallstoffen, Resten von Schädlingsbekämpfungsmitteln.

Die benötigten Teile Das Bild zeigt den Aufbau der Anlage und auch alle benötigten Teile.
Als Brunnentrog ist hier ein Betonbecken angenommen. Man kann auch ein gebrauchtes Öl- oder Benzinfaß nehmen. In den Boden ist ein Ablaufventil mit Sperrkreuz oder Sieb einzusetzen. In dem einzementierten oder eingeschraubten Ablaufventil steckt ein Überlaufrohr. Es kann aus

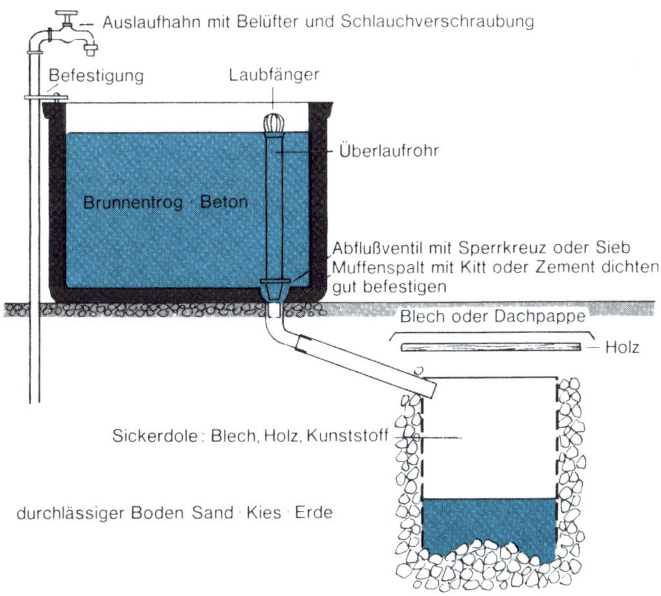

Die hier im Schnitt gezeigte kleine Sickerdole ist ausreichend für den Garten (Laubfänger s. S. 260)

Zink- oder verzinktem Blech bestehen. Es sorgt dafür, daß das Becken sich nur bis zur gewünschten Höhe füllt. Am oberen Ende soll es ebenfalls ein Sperrkreuz oder Sieb haben. Wegen des im Herbst anfallenden Laubes setzt man außerdem einen Laubfänger auf. Die Einzelteile bekommt man im Installationsgeschäft, vielleicht auch bei einem Altmetallhändler.
Unter dem Ablaufventil sitzt unten im Boden ein gebogenes Rohrstück, darauf ein gerades Stück, das bis zur Sickerdole reicht. Die Rohre, die aus Gußeisen, verzinktem Stahl, Steinzeug oder auch Kunststoff bestehen können, sollen 50 bis 60 mm Durchmesser haben und müssen fest ineinanderstecken. Nimmt man hierzu Blechrohr, muß es innen und außen mit Bitumen oder Asphalt überstrichen werden.
Als Dole dient ein rundes Gefäß – z. B. eine Holztonne, ein Ölfaß, eine verzinkte Ölkanne o. ä. – mit einem Durchmesser von 30 bis 40 cm und einer Höhe von 35 bis 45 cm. Je größer, desto schneller geht das Versickern vor sich. Der Boden des Gefäßes wird entfernt, der Deckel erhält eine Öffnung zum Einführen der Leitung. Auch die Seitenwände werden, damit das Versickern schneller geht, mit 2 bis 3 cm großen Löchern versehen.

Dole aus Kunststoff

Die ganze eben beschriebene Anlage kann aus Kunststoff (PVC) hergestellt werden und ist dann von praktisch unbegrenzter Lebensdauer. Über PVC-Rohre finden Sie alles Wissenswerte vorn auf S. 389. Die Abdeckplatte läßt sich wie aus Holz auch aus PVC zuschneiden.
Für die Dole brauchen wir entweder ein PVC-Rohr von etwa 33 cm Durchmesser, 40 cm lang, oder wir biegen sie aus einer PVC-Platte selbst zurecht. Die Platte muß etwa 100 × 400 cm groß und 3 mm stark sein und zum Biegen auf etwa 130° C erwärmt werden. Der Handwerker macht das im Wärmschrank. Der Laie kann mit weicher, fächelnder Flamme (Lötlampe) anwärmen, langsam und geduldig: PVC brennt zwar nicht, bildet aber bei zu starker Erwärmung Blasen, färbt sich schwarz und verkohlt schließlich.
Die Löcher können wie bei Holz mit Bohrer oder Lochsäge hergestellt werden.
Das Einsetzen Man hebt ein rundes Loch aus, so weit, daß nach dem Einsetzen des Gefäßes noch eine Schicht groben Gesteins außen herumgepackt werden kann. Auch auf den Boden der Grube kommt eine Kiesschicht. Man gräbt, bis man auf wasserdurchlässigen Boden stößt: Sand, Erde, Kies. Man soll aber nicht tiefer gehen als 1,25 m Aushub. So weit kann man bei einigermaßen standfähigem Boden ohne Einschalung oder Verbolzung ausheben, ohne daß eine ins Gewicht fallende Unfallgefahr entsteht. Wo tiefere Anlagen erforderlich sind, überläßt man die Arbeit einem Fachmann.
Ist die Dole eingesetzt, legt man einen gut imprägnierten und mit Dachpappe abgedeckten Brettboden, eine Blechplatte oder Kunststoffplatte aus PVC über die Dole, bevor die Grube

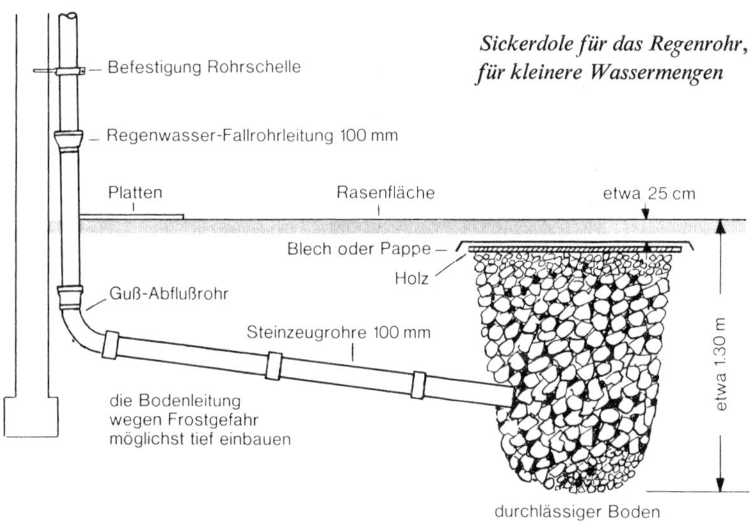

Sickerdole für das Regenrohr, ausreichend für kleinere Wassermengen

wieder mit Erdreich eingeebnet wird. Die Abdeckung soll etwas größer sein als der Durchmesser des Gefäßes.

Sickerdole für Regenrohr

Eine solche Dole kann man auch anlegen, um vom Dach abfließendes Regenwasser versickern zu lassen. Eine Anlage wie die im Bild gezeigte reicht jedoch nur aus für kleinere Wassermengen, wie sie vom Dach etwa eines Stalles, Schuppens oder sonstiger kleiner Nebengebäude kommen. Man kann hier auf das Gefäß verzichten und einfach ein so tiefes Loch graben, bis man auf durchlässigen Boden kommt; es wird mit Steinen angefüllt. Zweierlei ist zu beachten:

1. Sorgfältiges Abdecken ist hier erforderlich zum Schutz gegen Eindringen von Erde.
2. Die Sickerdole muß 2 bis 3 m von der Hausmauer entfernt liegen. Läge sie näher, könnte Regenwasser die Mauer durchnässen und sogar in den Keller dringen. Diese Vorschrift gilt ebenso für die nachfolgend beschriebenen Sickerschächte.

Sickerschacht, gemauert

Leistungsfähiger als eine Sickerdole ist ein Sickerschacht. Er wird angelegt, wenn es gilt, öfters größere Wassermengen abzuführen.

Arbeitsgang Grube ausheben bis auf durchlässigen Boden. Eine Sickeranlage, die in Ton- oder Lehmboden endet, ist zwecklos. Aushub wegen der Gefahr des Nachrutschens nicht unmittelbar am Grubenrand ablagern. Ist eine Grube tiefer als 1,25 m erforderlich, überläßt man die Arbeit dem Fachmann.

Wie das Bild zeigt, werden Ziegelsteine kreisförmig aufgeschichtet. Es genügt, jede 4. bis 5. Lage mit einer Mörtelfuge zu versehen. Das Mauern ist auf S. 209 beschrieben. Der Raum rings um die Mauer ist mit grobem Gestein zu füllen.

Ein solcher Schacht ist abzudecken mit einem Deckel aus Stahlbeton. Man kann ihn fertig kaufen. Wer mit Beton umzugehen weiß (S. 221 f.), kann ihn auch selbst herstellen. Die oberste Steinlage wird so gemauert, daß ein Rand bleibt, auf den der Deckel fest aufgesetzt werden kann.

Sickerschacht aus Stahlbetonringen

Ringe aus Stahlbeton von 50 bis 60 cm Durchmesser mit Sickerlöchern erhält man in Betonwerken. Die Grube muß so geräumig ausgehoben werden, daß man darin arbeiten kann. Die Grube wird gut 1 m tief gemacht, so daß 2 Ringe, je 50 cm hoch, aufeinandergestellt werden können. Der obere Ring braucht keine Sickerlöcher zu haben. Die Ringe haben Quetschfugen (Bild unten), die zum Zusammensetzen gut angefeuchtet und mit Zementmörtel verbunden werden. Das Umgehen mit den Stahlbetonringen verlangt zwei Mann und einige Vorsicht. Ein Ring von 50 cm Durchmesser

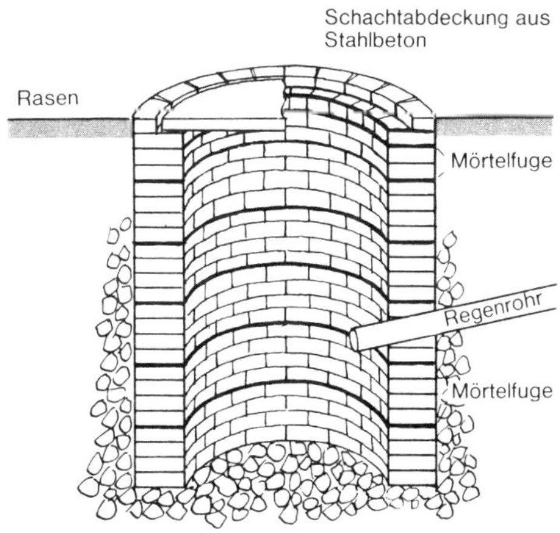

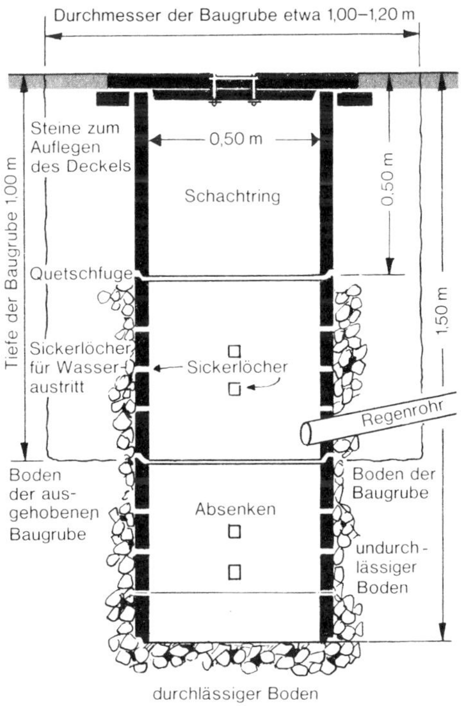

wiegt 95 kg, ein Ring von 60 cm Durchmesser 115 kg. Die waagrechte Stellung des unteren Ringes ist vor dem Aufsetzen des oberen mit der Wasserwaage zu prüfen. Steht der Ring schief, entstehen schiefe Wände, das Ganze kann einstürzen. Auch hier wird der Raum um die Ringe herum mit grobem Gestein gefüllt.

Ist bei 1 m Tiefe noch kein durchlässiger Boden erreicht, kann man noch einen Ring tiefer bauen, ohne dazu die Grube vertiefen zu müssen. Man setzt einen Ring auf die Bodenfläche der Gruben und lockert mit Maurerhammer oder Hacke das Erdreich außen und innen, so daß der Ring langsam tiefer sinkt. So verfahren die Brunnenbauer. Einen auf diese Weise vertieften Schacht zeigt das Bild S. 399 unten.

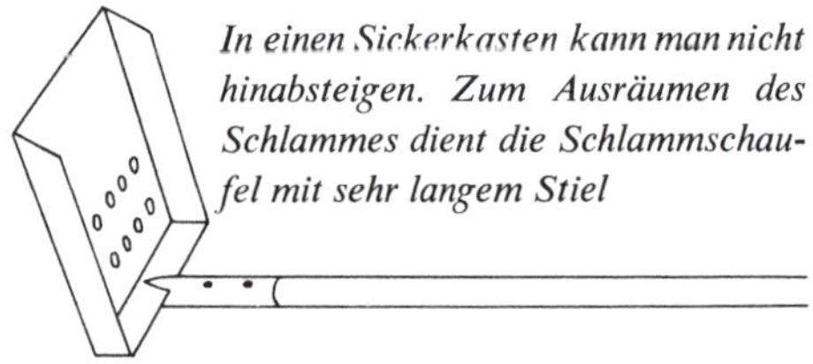

In einen Sickerkasten kann man nicht hinabsteigen. Zum Ausräumen des Schlammes dient die Schlammschaufel mit sehr langem Stiel

12 Stadtgas (Leuchtgas)

Die Flamme als Werkzeug

Der perfekte Diener Gasförmige brennbare Stoffe sind ideale Brennstoffe. Streng genommen muß jeder Brennstoff, ob Öl, Benzin, Holz, Kohle oder der Talg der Kerze, erst zu Gas verwandelt sein, bevor er brennen kann. Beim Gas als Brennstoff kann die Wärme mit sofortiger Wirkung stufenlos geregelt werden.

Das Gas in unseren Leitungen nannte man früher Leuchtgas. Seit es zur Beleuchtung höchstens noch auf der Straße dient, sagt man besser Stadtgas. Es besteht aus einer Mischung von Steinkohlengas (aus Steinkohle durch Trockendestillation gewonnen), Wasser- oder Koksgas (gewonnen durch Einblasen von Wasserdampf in hocherhitzten Koks), mitunter Methan (Gas aus Kläranlagen, S. 391) und Erdgas.

Stadtgas ist schon in geringen Mengen an seinem eigentümlichen süßlichen Geruch zu erkennen. Das ist gut so. Denn der Geruch, der in der Regel auch noch von Menschen mit schwachem Geruchssinn oder Schnupfen wahrgenommen werden kann, warnt vor Gasgefahr.

Der gefährliche Diener Stadtgas enthält das giftige Kohlenoxyd. Einatmen führt zu schweren Bewußtseinsstörungen und zum Tode.

Ausgeströmtes Gas, das sich mit Luft vermischt hat, ist hochexplosibel. Eine Explosion im umschlossenen Raum kann ein Gebäude zerreißen. Beim Umgang mit Gas ist vor allem folgendes zu beachten: Gashähne sorgfältig schließen. Bei längerer Abwesenheit Haupthahn schließen. Unbenutzte Brennstellen abschalten. Speisen nicht überkochen lassen, damit nicht überkochende Flüssigkeit die Flamme auslöscht. Leitungen und Geräte in Ordnung halten. Sollte einmal der Zustrom an Gas aussetzen, alle Brennstellen schließen, auch Zündflammen und Haupthahn.

Vereinzelt findet man noch an Geräten die veraltete Schlauchzuleitung. Wer sie nicht vom Fachmann durch eine feste Zuleitung ersetzen läßt – das ist am besten –, muß sie auf jeden Fall ersetzen durch einen modernen gassicheren Schlauch, der mit festen Schlauchklammern auf den Rohrenden befestigt wird.

Erdgas dringt gegenüber dem Stadtgas immer mehr vor. Für den Verbraucher besteht kein Preisunterschied zwischen beiden. Für die Verbrennung von Erdgas ist nur ein Brenner mit Erstluft (wie der Bunsenbrenner S. 403) geeignet. Beim Einkauf eines neuen Gasgerätes deshalb ein Gerät mit Allgasbrenner verlangen. Erdgas ist nicht giftig. Bei Sauerstoffmangel besteht aber Erstickungsgefahr. Die Vorsichtsmaßnahmen bleiben die gleichen wie beim Stadtgas.

Riecht es hier nach Gas? Das richtige Verhalten, wenn Geruch oder vielleicht ein feines Zischen auf Gasausströmung deuten:

1. Jegliches Feuer augenblicklich löschen und jede Möglichkeit der Flammen- und Funkenbildung ausschalten. Kein offenes Licht! Die brennende Zigarette, ja der winzige Kontaktfunke einer elektrischen Taschenlampe oder Klingel können genügen, um eine Explosion auszulösen.
2. Fenster und Türen weit öffnen, so daß Durchzug entsteht.
3. Prüfen, ob alle Hähne wirklich geschlossen sind.

4. Hält der Gasgeruch an, dann sofort die Gaswache verständigen (ersatzweise Feuerwehr oder Polizei). Jedes Gaswerk unterhält eine Tag und Nacht dienstbereite Gaswache, die Gasgeruchsmeldungen unverzüglich nachgeht.

Ist die Gasrechnung zu hoch?

Ob Gas ungenutzt entweicht, kann man selber auf einfache Weise prüfen.

Gaszähler – Ablesen und Kontrolle Sie schließen am Abend, nachdem der Haushalt zur Ruhe gekommen ist, sämtliche Hähne und die Zündflamme am Gaswasserheizer. Dann lesen sie den Zählerstand ab und notieren ihn. Das Ablesen zeigt das Bild. Am nächsten Morgen sehen Sie den Zählerstand erneut an und vergleichen. Hat er sich nicht verändert, ist die Anlage dicht.

Der schlechte Verbraucher Ein Autofahrer braucht für die gleiche Strecke mit dem gleichen Fahrzeug bei gleicher Durchschnittsgeschwindigkeit mehr Kraftstoff als ein anderer, der rationeller fährt. Auch Hausfrauen arbeiten verschieden rationell. Zum richtigen Ausnützen der Gasenergie finden Sie einige Tips in diesem Abschnitt.

Der Untermieter Wenn Sie einem Mitbewohner die Mitbenutzung des Gasanschlusses gestatten, seiner Ehrlichkeit aber mißtrauen, so hilft vielleicht ein Münzautomat. Der Einwurf eines Geldstücks öffnet das Gasventil so lange, bis eine dem Geldwert entsprechende Gasmenge entnommen ist.

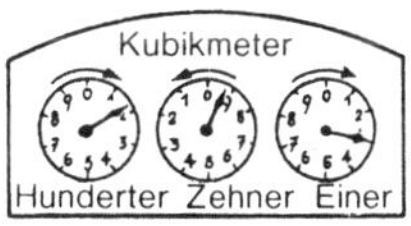

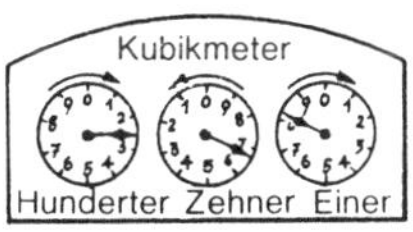

30. Juni: 193 cbm *31. Juli: 268 cbm*
Gasverbrauch: 75 cbm

30. Juni: 2817,058 cbm *31. Juli: 3185,330 cbm*
Gasverbrauch: 368,272 cbm

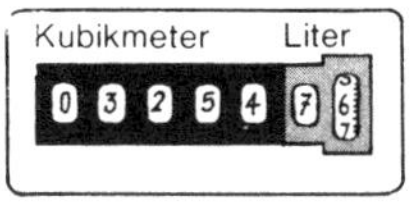

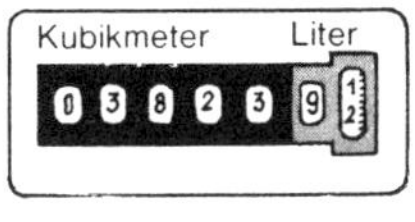

30. Juni: 3254,760 cbm *31. Juli: 3823,915 cbm*
Gasverbrauch: 569,155 cbm

Der Installateur und die Axt im Haus

Der Bereich des Gaswerks Die Zuführungsleitungen bis zum Gaszähler und dieser selbst – er ist geeicht und plombiert – sind dem Gaswerk vorbehalten. Störungen an mehreren oder allen Flammen (Brennern) einer Anlage deuten darauf hin, daß der Fehler in diesem Bereich zu suchen ist. Das Gaswerk (die Gaswache) ist auch zuständig bei jedem Verdacht auf Gasausströmung.

Der Bereich des Installateurs Störungen an einzelnen Geräten oder Flammen (Brennern) deuten auf Mängel an der Innenanlage. Sie zu beheben, ist der Installateur berufen. Der zugelassene Installateur! Sie tun gut daran, die Frage nach dem schriftlichen Ausweis an jeden zu richten, der begehrt, sich in Ihrem Haushalt an Gasleitungen, Zähler und Geräten zu betätigen.

Die gleiche Frage ist angebracht gegenüber allen, die sich mehr oder weniger wortreich anbieten, Ihren alten Herd durch Wunderbrenner oder »Gassparer« zu »veredeln«. Der Installateur ist auch zuständig – mit ganz wenigen unten erwähnten Ausnahmen – für das Einstellen (Regulieren) aller Gasgeräte, ebenso für jegliches Neuanschließen von Geräten sowie für das Abbauen und gasdichte Verschließen bei einem Wohnungswechsel. Wenn Sie Bedenken haben, den Handwerker wegen »einer Kleinigkeit« zu bemühen – und das Regulieren ist manchmal wirklich nur ein Handgriff –, so benutzen Sie die Gelegenheit, ihn gleich mit der Kontrolle der gesamten Gas- und Wasserinstallation zu beauftragen, die einmal jährlich vorgenommen werden sollte.

Der Bereich der Selbsthilfe Wenn man die Hände von Gasgeräten und -leitungen lassen soll – wozu sprechen wir in diesem Buch über Gas? Aus vier Gründen: um die Werte, die in den Gasgeräten stecken, durch vernünftige Pflege und Handhabung zu erhalten; um durch sachgerechte Benutzung und einige kleine Tricks aus ihnen den größten Nutzen zu ziehen; um beim Kauf eines neuen Gasgeräts richtig beraten zu sein; um Gefahrenquellen zu erkennen und auszuschalten.

Der Gasherd

Brenner und Flamme Die Zuführungsleitung für jeden Brenner im Gasherd und Gaskocher endet in einer Düse. Das Rohr des Brenners schließt nicht unmittelbar an, so daß das durchströmende Gas Luft mitreißt, die sogenannte

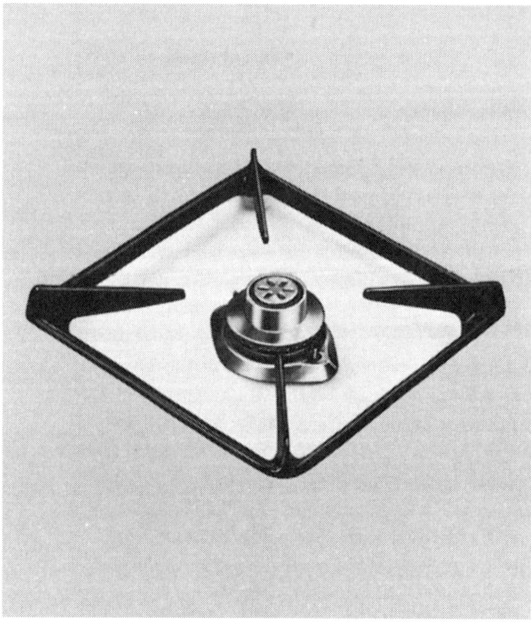

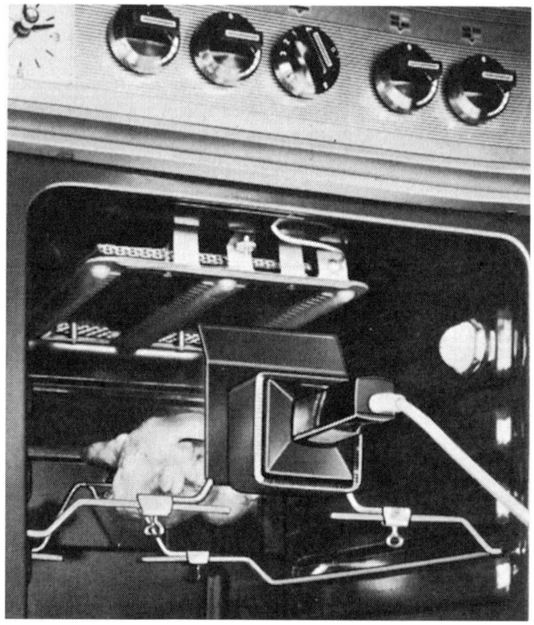

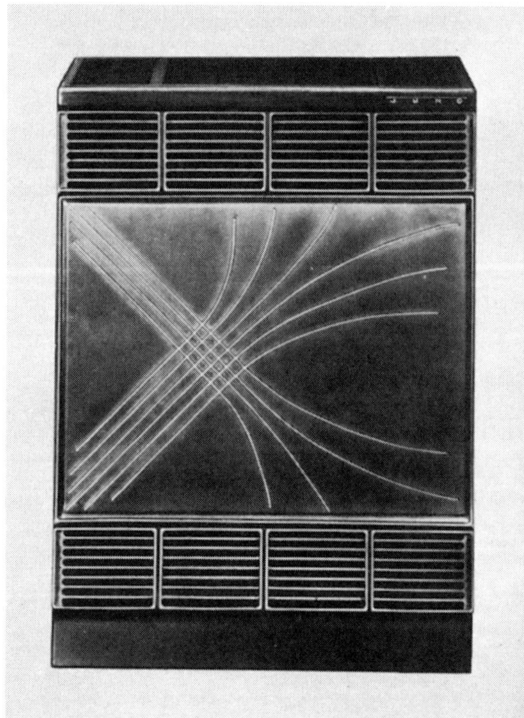

Oben links: Brenner mit Thermofühler einer automatisch arbeitenden Gaskochstelle · Oben rechts: Gasherd mit Zeituhr, Stark-Glühgrill und Motordrehspieß · Unten links: Gasheizherd zum Kochen, Backen und Raumheizen. Das Heizteil wird mit Piezozündung in Betrieb genommen · Unten rechts: Gasheizautomat mit dekorativer Kachelverkleidung. *Zentrale für Gasverwendung, Frankfurt*

Erstluft. Am Brennerkopf tritt also bereits ein Stadtgas-Luft-Gemisch aus. Die in ihm enthaltene Luft reicht noch nicht zur vollständigen Verbrennung aus. Das Gemisch verbrennt mit der

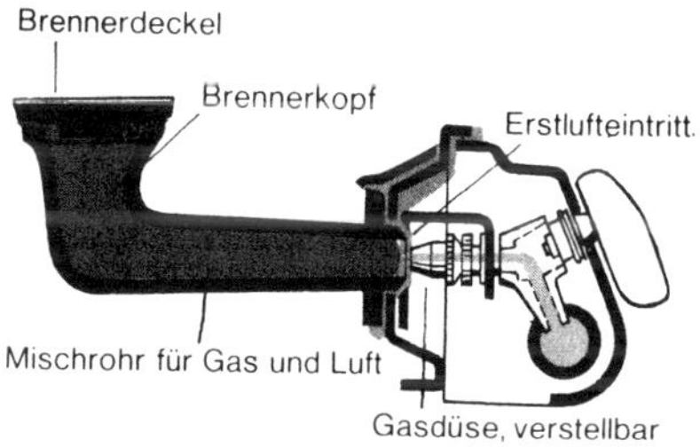

Gasherd-Brenner (Bunsenbrenner) im Schnitt

hellen bläulich-grünen Flamme, die als sogenannter grüner und kalter Kern sichtbar ist. Um den Kern herum liegt die eigentliche Hitzezone. Der Sog der Flamme reißt weitere Luft heran, die sogenannte Zweitluft. In dieser äußeren Zone verbrennt das Gas mit der bläulich-violetten, manchmal leise rauschenden Flamme, die jeder kennt. Haben die Flammen kleine gelbe Spitzen, so ist das kein gutes Zeichen. Sie entstehen, wenn bis zum Flammenende nicht genügend Zweitluft für eine vollständige Verbrennung angesaugt wird. Manchmal bringt man sie durch eine einfache Hahneinstellung zum Verschwinden. Gelingt das nicht, muß die Gasluftzufuhr des betreffenden Brenners nachgestellt werden. Das ist nur ein Handgriff; aber er soll dem Installateur überlassen werden.

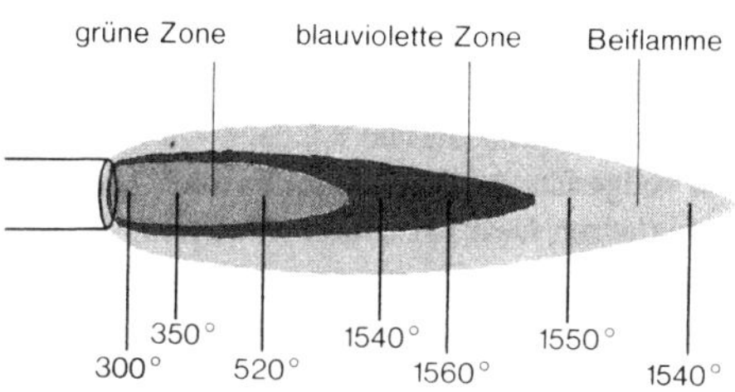

Temperaturzonen in der Gasflamme (Bunsenbrenner)

Der eben besprochene Brenner, bei dem das Gas auf seinem Anmarschweg schon einen Teil der benötigten Luft mitnimmt, heißt Bunsenbrenner nach dem deutschen Gelehrten Bunsen, der dieses Prinzip zuerst anwandte. Die Brenner am Gasherd sind von dieser Art. Einfacher gebaut ist der sogenannte Leuchtbrenner. Er hat keine Erstluftzufuhr. Der gesamte Luftbedarf wird erst beim Austritt des Gases angesaugt. Leuchtbrenner sind im Gaswasserheizer zu finden. Auch bei diesem Brenner deuten gelbe Flammenspitzen auf unvollkommene Verbrennung. Wir kommen beim Gaswasserheizer kurz darauf zurück.

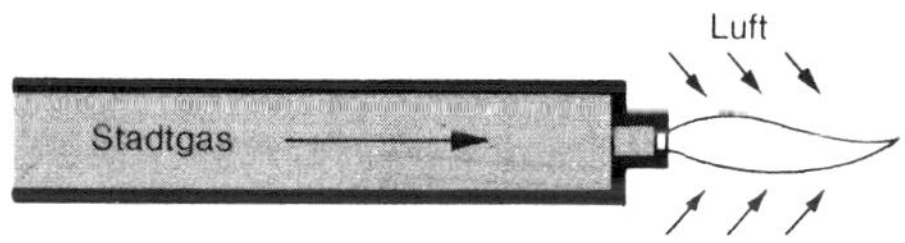

Leuchtbrenner

Backofen mit Thermostat Der Thermostat, eingestellt auf eine bestimmte – für den jeweiligen Ofeninhalt zweckmäßige – Wärmestufe, sorgt dafür, daß die Wärme schnell erreicht und dann während des ganzen Back- oder Bratvorgangs genau eingehalten wird. Von außen sehen Sie nur einen vergrößerten Schalterhahn mit einer Einstellskala von 1 bis 8. Welche Stufe ist richtig? Die Anweisung erhält man beim Einkauf oder findet sie an der Innenseite der Backofentür. Der Thermostat spart Zeit, Gas und Reinigungsarbeit. Im thermostatgesteuerten Ofen brennen die Flammen zuerst ganz groß, damit die eingestellte Temperatur schnellstens erreicht wird. Ist das der Fall, bewirkt ein Wärmefühler im Ofeninnern (ein Gegenstand, an dem Sie keinesfalls herumbasteln sollten), daß sich die Flammen automatisch kleinstellen.

Zentralzündung Zusätzliche Bequemlichkeit bietet die Zentralzündung oder automatische Zündung (»Bosch-Magnet-Zündung«). Eine ständig brennende Zündflamme – wie beim Gaswasserheizer – entzündet den Brenner, dessen Schalterhahn man öffnet. Auf folgendes ist dabei zu achten:

1. Die Zündflamme muß groß genug sein, um richtig durchzuzünden, aber sie soll nicht größer sein, denn je Millimeter Länge verbraucht sie stündlich etwa 1 Liter Gas. Die richtige Länge liegt gewöhnlich bei 18 mm. Beim Aufstellen des Herdes muß der Installateur die Zündflamme zusammen mit den Brennern einstellen.

2. Das Überzünden von der Zündflamme zu den Brennern geschieht durch Zündkanäle, in denen sich bei Freigabe der Gaszufuhr ein schnellzündendes Gasluftgemisch bildet. Das dauert manchmal einen Augenblick, der auch nach Sekunden bemessen sein kann, aber nicht länger sein soll, damit nicht unverbranntes Gas ausströmt. Die

Zündkanäle müssen sauber sein, die Brenner richtig in ihren Halterungen liegen. Manche Brenner haben eine eigene kleine Zünddüse dicht am Zündkanal. Diese Dinge richtig einstellen: das kann man selbst machen, wenn man beim Aufstellen des Herdes dem Fachmann genau zugesehen hat.

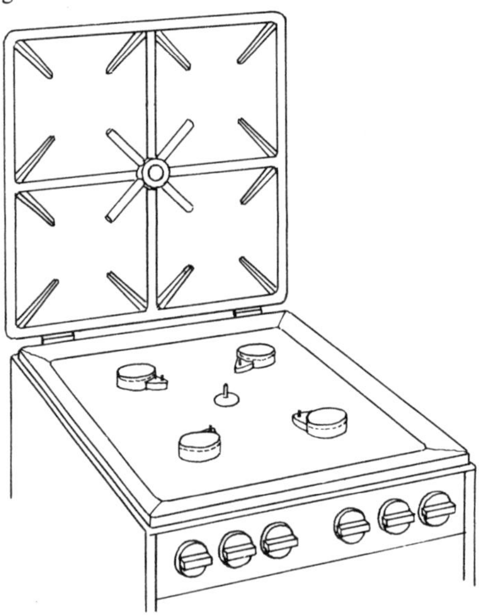

Zentralzündung: In der Mitte zwischen den vier Kochbrennern brennt die Zündflamme. Die oben sichtbaren gekreuzten Zündkanäle lassen die Brenner zünden, sobald der Schaltergriff geöffnet wird

Backofen mit Zentralzündung und Sicherung

Manche Herde zünden auch den Backofen von der Zündflamme her. In diesem Falle wird zunächst von der oberen Zündflamme eine untere

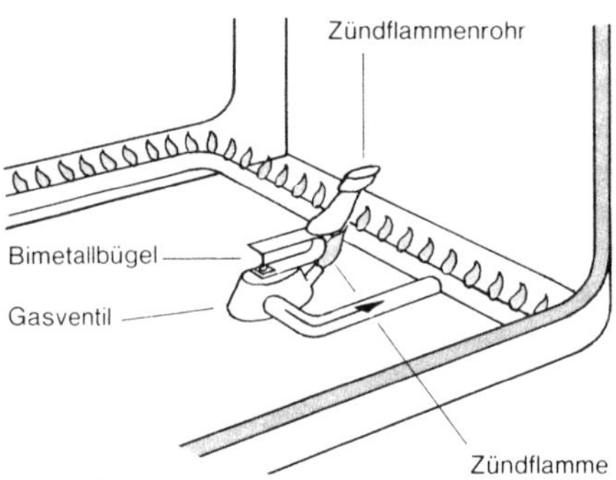

Backofen mit Zentralzündung und Bi-Metall-Sicherung

entzündet; diese wirkt auf die sogenannte Zündsicherung. Erst diese gibt den Hauptgasweg frei. Zündsicherungen gibt es in zwei Formen.

Eine Art besteht aus einem Bi-Metall-Streifen, einem Blechstreifen aus zwei aufeinandergeschweißten verschiedenartigen Metallen. Das äußere Metall wird an der Biegung durch die Zündflamme erwärmt. Es dehnt sich schneller aus als das innere. Das U schließt sich und öffnet dabei ein Sperrventil, das jetzt den Hauptgasweg freigibt. Nun zündet der Brenner vollends durch und gibt seine volle Wärmeleistung her. Wird der Hahn für den Ofen geschlossen, bleibt die Zündflamme brennen, um beim nächsten Öffnen erneut durchzuzünden.

Bei der zweiten Art der Sicherung – thermoelektrische genannt – läßt das durch die Zündflamme erwärmte Reglermetall ein elektromagnetisches Stromfeld entstehen, welches dann die Freigabe des Hauptgasweges bewirkt. Eine Stromleitung ist dazu keineswegs erforderlich! Würde hier das Zündflämmchen durch einen Zufall verlöschen (ein solcher Zufall ist bisher noch niemals bekanntgeworden), so würde die elektrische Feldwirkung aufhören, der ganze Gasweg für Hauptbrenner und Zündflämmchen würde abgesperrt.

Das vollgesicherte Gasgerät Herde, die mit dieser Art Sicherungen an den Kocherbrennern sowie im Backofen ausgerüstet sind, nennt man vollgesichert. Sie bieten verläßlichen Schutz gegen Vergiftungen und Explosionen (die im übrigen ganz überwiegend durch Unachtsamkeit entstehen und nicht durch Fehler an Anlagen). Ein solcher Herd kostet etwa 15% mehr als ein gewöhnlicher. Das ist nicht zuviel, um Leben und Eigentum gegen Unvorsichtigkeit – eigene und fremde, besonders die von Kindern – zu schützen. Die vollgesicherte Bauart gibt es auch bei Gaswasserheizer, Gaskühlschrank, Heizofen, Waschmaschine. Wir erwähnen sie nicht überall noch eigens. Nachträglich kann man solche Vollsicherung nicht einbauen.

Richtig kochen 1. Die Hitze geht auf die wirtschaftlichste Weise auf Topf und Inhalt über, wenn die Flammenspitzen 1 cm vom Topfrand entfernt bleiben. Die über den Topfboden hinausschlagenden Flammenspitzen sind reine Verschwendung! Also: breite und niedrige Töpfe sind am besten.

2. Volle Wärme – »Ankochwärme« – ist nur erforderlich, bis der Inhalt zum Kochen gebracht ist. Dann sofort Flamme klein stellen! Wenn Sie

mit zuviel Hitze kochen oder braten, brauchen Sie unnötig viel Wasser- und Fettzugabe.
3. Beim Kohlenherd wird der Backofen stets vorgeheizt. Manche Hausfrauen heizen auch den Gasbackofen stets vor. Aber nur manche Rezepte erfordern das. Bei allen übrigen ist es sparsamer, das Back- oder Bratgut in den kalten Ofen zu schieben und die Flammen für die ganze Dauer des Arbeitsvorgangs auf die gleiche Größe einzustellen.

Störungen Manchmal kommt es vor, daß die Gasflammen im Kocher heftig flackern. Wo noch uralte Gaszähler mit runden Bäuchen in Gebrauch sind, auf die man von Zeit zu Zeit Wasser aufgießen muß, liegt das an unzureichender Wasserfüllung des Zählers. Gasableser oder Geldheber werden den Schaden auf Verlangen kostenlos beheben; wenn das zu lange dauert, kann man auch den Kundendienstmonteur des Gaswerks rufen. Aber nicht selbst aufgießen – Zähler bleibt Zähler und gehört zum Bereich des Gaswerks.
Ist ein moderner Gaszähler mit Zahlenfeld (Bild S. 401) vorhanden, deutet ein Flackern aller Flammen auf Störung der Straßenzuleitung oder Steigleitung im Haus. Deshalb Meldung ans Gaswerk! Dabei angeben, ob das Übel sich auf mehrere Wohnungen oder das ganze Haus erstreckt.

Reinigung Nur ein saubergehaltener Herd funktioniert einwandfrei. Brenner, Innenteile des Brat- und Backofens und Auffangblech werden in eine Reinigungslauge – bereitet mit normalem Abwaschmittel – gelegt, anschließend mit einer weichen Bürste gesäubert (Emaille nicht schmirgeln und kratzen, S. 357), dann wieder richtig zusammengesetzt und eingebaut. Wenn Sie diese Operation in Abwesenheit der Hausfrau vornehmen, wird sie anschließend staunen, wie fachmännisch Sie den Herd »überholt« haben. Besser aber, Sie machen es ihr vor und empfehlen es ihr zur allmonatlichen Nachahmung.

Gaswasserheizer

Arbeitsweise Gaswasserheizer erhitzen das durchlaufende Wasser im Augenblick des Bedarfs und nur in der gerade benötigten Menge. Sie sind also keine Speicher. Gaswasserheizer haben gesicherte Zündflammen. Man kann den Hauptgashahn für den großen Brenner nur öffnen, wenn zuvor der Zündflammenhahn geöffnet wurde. Das Gerät fängt erst an zu arbeiten, wenn die Zündflamme brennt. Es dauert einige Sekunden, bis die Bi-Metall-Zündsicherung (S. 404) anspricht. Dann springen die Flammen an, sobald man den Warmwasserhahn aufdreht.

Regulieren Bei Stadtgas hat der Brenner des Gaswasserheizers keine Erstluftzufuhr (S. 403). Ist er nicht ganz richtig auf den örtlichen Gasdruck eingestellt, so sieht man über jeder straffen, pfeilspitzenähnlichen Grundflamme eine rötlichgelbe, weiche Flamme schweben. Das ist ein Fehler, der durch richtige Einstellung beseitigt werden muß. Gelingt das nicht durch Hahneinstellung, muß die Drosselschraube eingestellt werden. Das soll der Installateur machen. Notfalls kann man sich vom Installateur Schraube und Einstellvorgang am gleichartigen Gerät zeigen lassen und die Einstellung dann selber vornehmen.

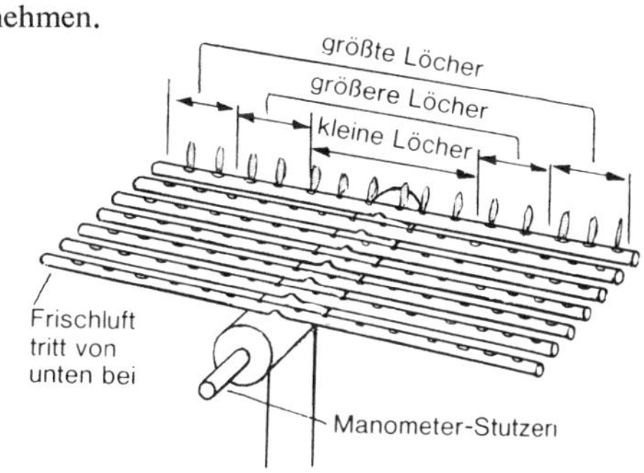

Leuchtbrenner für Gaswasserheizer

Wer das gelernt hat, sollte unbedingt der Versuchung widerstehen, sein Gerät durch weiteres Verstellen »höherzutrimmen« wie einen Rennwagen. Vermehrte Gaszufuhr wird zwar das Wasser auf etwas höhere Temperatur bringen als bei Normaleinstellung. Aber: »Die letzten Grade sind die teuersten«; außerdem wird das Gerät überbeansprucht.

Anbringung Neue Wohnungen werden nach Möglichkeit so installiert, daß Küche und Bad nebeneinander liegen. Man hat dann kurze Zuleitungen und braucht nur einen Wasserheizer, den man am günstigsten in der Küche über dem Spülbecken anbringt. Das ist der Schwerpunkt des Bedarfs. Badewanne und Waschbecken werden mit angeschlossen.
Liegen die »Naßräume« weit auseinander, nimmt man besser zwei Geräte, für die Küche ein 5-Liter-, für das Bad ein 13-Liter-Gerät. Die Zahlen besagen, daß das eine Gerät pro Minute 5, das andere 13 Liter um 25° erwärmt. Läßt man weniger Wasser auslaufen, z. B. beim 5-Liter-Heizer

nur 3 Liter pro Minute, so steigert sich die Wassertemperatur auf 60 bis 65°; entsprechend auch beim größeren Gerät.

Wärmewähler Eine technische Annehmlichkeit: Mit einem Drehknopf stellt man die gewünschte Wassertemperatur ein. Die so dem jeweiligen Verwendungszweck des Wassers angepaßte Wassertemperatur wird durch einen Wassermengenregler konstant gehalten. Beim Gerät ohne Wassermengenregler wird die Temperatur schwanken, sobald durch Zapfen an benachbarten Wasserhähnen der Wasserauslauf zu- oder abnimmt. Der Wassermengenregler gleicht das selbsttätig aus. Ein großer Vorteil zum Beispiel beim Duschen.

Gas sparen · Kesselstein vermeiden Bei jeder Benutzung wird das Innere des Geräts durch die starken Flammen aufgeheizt. Schließt man den Wasserhahn, so wird das in den Röhren stehenbleibende Wasser stark erhitzt. Kesselsteinablagerung ist die Folge, besonders bei hartem Wasser (S. 356). Was tun? Den Hauptgashahn am Wasserheizer schließen, kurz bevor der Heißwasserbedarf gedeckt ist. Dann läuft der Rest heißen Wassers aus, ohne daß nochmals nachgeheizt wird. Gerät und Geldbeutel werden gleichermaßen geschont.

Denselben Erfolg kann man auch »ferngesteuert« erreichen, also von einem Wasserhahn aus, der weiter vom Gerät entfernt ist. Man schließt den Warmwasserhahn für eine Sekunde und öffnet ihn dann ganz wenig, so daß der Rest heißen Wassers herausfließt, ohne daß der Brenner noch einmal aufflammt.

Sauberhaltung Im Gaswasserheizer trifft das in großer Menge verbrennende Gas beim Beginn des Zapfens immer auf ein kaltes Innengehäuse und eine kalte Rohrleitung. Sekundenlang schlägt sich dadurch eine Mischung aus Abgas und Schwitzwasser nieder, im Gehäuse und namentlich im oberen Lamellendurchgang, der dem Wasserkühler eines Autos ähnelt. Es entsteht ein staubähnlich aussehender Belag, der manchmal auch auf den Brennrost herunterfällt. Nach einigen Monaten Betrieb sieht man dann auf den Brennrohren und dem darunterliegenden Teller eine weißgraue Schicht, die Verbrennung und Leistung stören kann. Man entfernt sie mit einer weichen Bürste. Alte Zahnbürste genügt. Regulierschraube für die Zündflamme dabei nicht berühren und verstellen! Jedes Jahr, spätestens alle zwei Jahre, muß ein Handwerker Lamellen und Innenkörper gründlich reinigen, wenn das Gerät seine volle Lebensdauer erreichen soll.

Abgasleitung · Schornsteinanschluß Beim Verbrennen von Gas entstehen feuchte Abgase. Der Gaswasserheizer ist ein Gerät mit starker Augenblicksleistung. Das kleine Gerät für die Küche, dem stets nur wenige Liter Warmwasser auf einmal entnommen werden, kommt ohne eigene Abgasleitung aus. Sobald er aber z.B. für Kinder- oder Brausebäder längere Zeit in Betrieb bleiben soll, braucht er einen Schornsteinanschluß. Dasselbe gilt für alle anderen Gasgeräte mit starkem Verbrauch (Ausnahme S. 408).

Die heißen Abgase steigen in Abgasleitung und Schornstein nach oben. Es entsteht ein »Zug« wie im Kamin des Kohlenofens. Ist der Zug einwandfrei, entweichen die Abgase, und der Raum wird außerdem entlüftet. Zu starker Zug oder zu schwacher (Stauung) oder gar Rückstrom können dagegen Verbrennung und Abfließen der Abgase beeinträchtigen. Abgase, die sich im Innenraum stauen, sind gesundheitsschädlich.

Strömungssicherung Diese Vorrichtung – das trichterförmige Gerät, das bei den meisten Geräten eingebaut, bei älteren etwa 25 cm darüber nachgeschaltet ist – sorgt für einwandfreies Abfließen der Abgase. Im Innern liegt ein waagerechtes Prallblech. Das Bild auf S. 407 erläutert die Wirkungsweise.

Prüfung Das Funktionieren der Strömungssicherung kann man auf einfache Weise prüfen. Zwischen Gerät und Haube muß, wenn die Gasflammen brennen, ein Sog spürbar sein. Hält man ein Zündholz oder eine Kerzenflamme in die Nähe des Spalts, so muß sich die Flamme hineinbiegen. Ein kleiner Handspiegel – Glas oder Metall – kann ebenfalls zur Prüfung dienen. Bei geschlossenen Fenstern und Türen wird der Spiegel, der kalt sein muß, an den Schlitz gehalten. Bildet sich

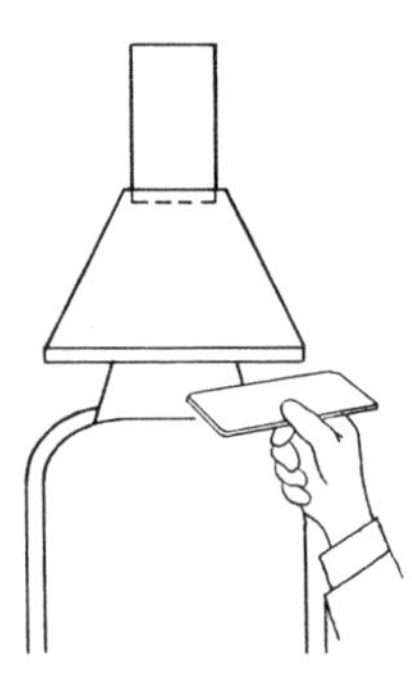

»Tauplattenprüfung« mit einem Handspiegel

Die Wirkungsweise der Strömungssicherung

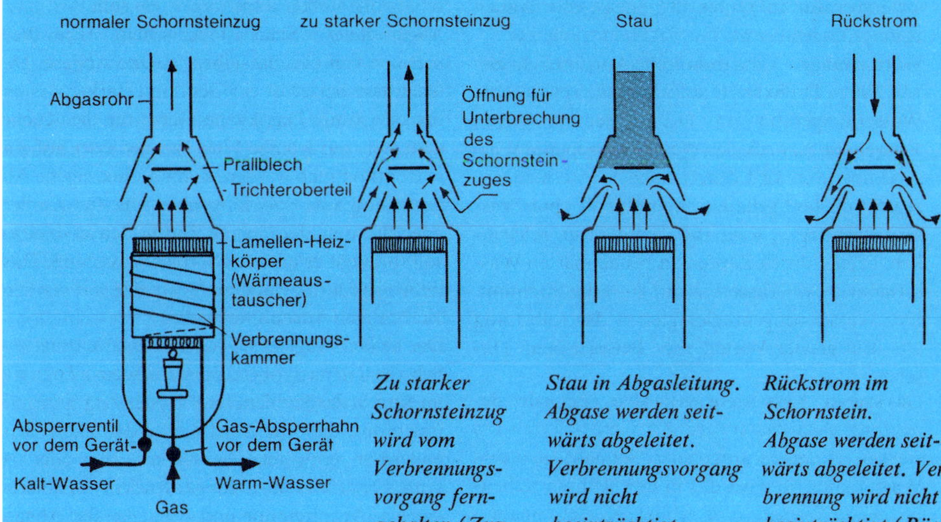

Zu starker Schornsteinzug wird vom Verbrennungsvorgang ferngehalten (Zugunterbrechung)

Stau in Abgasleitung. Abgase werden seitwärts abgeleitet. Verbrennungsvorgang wird nicht beeinträchtigt (Stausicherung)

Rückstrom im Schornstein. Abgase werden seitwärts abgeleitet. Verbrennung wird nicht beeinträchtigt (Rückstromsicherung)

ein Niederschlag wie beim Beschlagen einer Fensterscheibe, so treten Abgase aus.

Die Abgasleitung gelegentlich zu prüfen, ist unbedingt ratsam. Es sind Fälle bekanntgeworden, in denen Vögel ihr Nest in die Abgasleitung gebaut und sie damit verstopft hatten. Wenn das auch ganz verschwindende Ausnahmen sein, so können doch schwere Unglücksfälle die Folge sein. Mangelhaftes Funktionieren der Abgasleitung macht sich durch schlechtes Brennen und Geruch bemerkbar.

Abgasklappe Solange das Gerät nicht arbeitet, hängt die Luftabführung vom Unterschied zwischen Innen- und Außentemperatur ab. In der Regel wird sie gering sein und gerade das hygienisch erwünschte Maß an Entlüftung darstellen. Bei starker Kälte außen entweicht natürlich warme Raumluft auf diesem Wege. Wer das verhindern will, darf keineswegs die Strömungssicherung etwa zustopfen! Das Richtige ist eine selbsttätige Absperrklappe, die oberhalb der Strömungssicherung eingebaut wird. Von Hand zu verstellende Klappen wie bei Kohlenöfen üblich sind für Abgasleitungen nicht zulässig. Die warmen Abgase öffnen durch eine sich ausdehnende Feder (ähnlich der Bi-Metall-Sicherung, S. 404) die Klappe. Sobald das Gerät abgeschaltet wird und die Abgase ausbleiben, schließt sich die Klappe wieder und versperrt der Raumwärme den Ausgang.

Gasheizofen

Die richtige Größe Gasbetriebene Öfen gibt es vom kleinen Wandofen bis zum großen Zentralheizungskessel. Da Gasheizung eine Heizung »nach Maß« ist, muß die richtige Größe sorgfältig ermittelt werden: Raumgröße, Zahl, Größe und Dichtungsfähigkeit der Fenster und Türen, Lage des Raumes im Baukörper (Außenwände, Windseite u. a.), Art des Wärmebedarfs (kurzfristig oder dauernd) sind zu berücksichtigen. Es ist richtig, sich beim Wählen der Ofengröße und des Standortes durch einen Fachmann beraten zu lassen. Vielfach sind Gaswerke bereit, Garantien für bestimmte Heizleistungen zu übernehmen.

Eine überschlägige Ermittlung der richtigen Ofengröße kann nach folgender Tabelle erfolgen.

Wärmebedarf in kcal/h für 1 m^3 Raum

Wohnraum	150
Badezimmer	175
Büro	100
Läden	90
Werkstätten	80

Ein Wohnzimmer mit 60 m^3 erfordert demnach einen Ofen mit einer Heizleistung von 60 mal 150 = 9000 kcal.

Automatische Regelung Wie der Thermostat beim Backofen sorgt der Temperaturregler dafür, daß eine gewünschte und eingestellte Temperatur erreicht und gleichmäßig gehalten wird. Schwankungen beim Öffnen von Fenstern oder durch veränderte Außentemperatur gleicht er selbsttätig aus. Er wird zuerst vom Fachmann eingestellt; Veränderungen kann man selbst vornehmen, sobald man sich die Handgriffe hat erklären lassen.

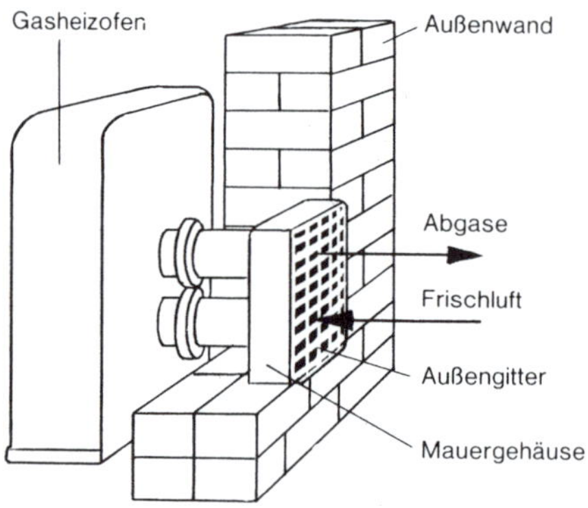

Gasofen mit direkter Abgasführung

Nicht überheizen Bei Geräten ohne selbsttätige Regelung ist zu beachten, daß sie in der Regel den Raum sehr schnell aufheizen. Sobald das erreicht ist, stellen Sie die Gaszufuhr klein, so daß nur noch so viel Wärme zugeführt wird, wie durch Mauern, Fenster, Türritzen nach draußen geht (Wärmegleichgewicht). Überheizen ist gesundheitsschädlich, macht anfällig gegen Erkältungen.

Schornsteinanschluß In der Regel müssen Gasöfen wie Wasserheizer an den Schornstein angeschlossen werden (S. 406). Es gibt jedoch auch Öfen mit direkter Abgasführung ins Freie. Sie werden an einer Außenwand aufgestellt, möglichst in einer Fensternische. Ein Mauerkastensystem saugt Frischluft von draußen an und führt die Abgase an Ort und Stelle ins Freie.

Die Pflege besteht im Abstauben Schlechte Zimmerluft im Winter rührt – außer von der meist geringeren Lüftung und den Ausdünstungen etwa feuchtgewordener Kleidung – in der Hauptsache davon her, daß auf dem Heizkörper oder Ofen Staubteilchen verschwelen oder verbrennen, die dann durch am Heizkörper erwärmte und bewegte Luft mitgetragen werden. Daher rühren auch die staubdunklen Stellen, die sich in der Nähe aller Öfen leicht an Wänden und Decken bilden. Regelmäßiges gründliches Abstauben begegnet dieser typischen Heizbelästigung. Dieser Hinweis gilt für alle Arten der Heizung.

13 Flaschen- oder Flüssiggas (Propan · Butan)

In Stadtrandgebieten und Orten abseits des Gasrohrnetzes, im Wochenendhaus, im Kleingarten, auf der Reise im Campingzelt, auch für Handwerk, Schiffahrt, Industrie wird Flüssiggas in Flaschen verwendet: Propan und Butan sind bei normalem Druck und normaler Temperatur gasförmige Stoffe; unter Druck von 5 Atmosphären gesetzt werden sie flüssig. In diesem Zustand kann man sie in Stahlflaschen speichern und transportieren.

Eigenschaften Je nach seiner Zusammensetzung hat Flüssiggas einen sechs- bis siebenmal höheren Heizwert als Stadtgas. Verkauft wird es nicht nach Raummenge (cbm), sondern nach Gewicht (kg). Ein Kilogramm Flüssiggas liefert die gleiche Wärmemenge wie knapp 3 cbm Stadtgas oder 10 bis 12 Kilowattstunden Strom.

Wegen des gegenüber Stadtgas etwa zehnmal höheren Druckes und des höheren Heizwertes müssen die Brenner – in Betracht kommen nur Bunsenbrenner (Leuchtbrenner verrußen) – anders gebaut sein; die Abmessungen sind so gewählt, daß die Leistung des Propan-Butan-Gemisches pro Zeiteinheit ungefähr der des Stadtgases gleichkommt.

Giftig ist das Flaschengas nicht, es enthält kein Kohlenoxyd. Es ist aber ohne Verbrennung bei freiem Austritt ebenso explosiv wie Stadtgas. Deshalb ist die gleiche Vorsicht wie beim Umgang mit Stadtgas geboten.

Erstickungsgefahr Flaschengas ist – im Gegensatz zu Stadtgas – schwerer als Luft. Es sinkt nach unten, sammelt sich wie Wasser in Vertiefungen. Verboten ist deshalb das Aufstellen von Flüssiggasflaschen und das Hantieren mit ihnen in Kellern und allen sonstigen Räumen, deren Boden tiefer als die Hoffläche liegt, auf Kellertreppen, und wegen der Kriechgefahr auch außen an Kellerfenstern. Das Gas verdrängt die Luft, jedes Lebewesen muß in ihm ersticken. Ansammlungen

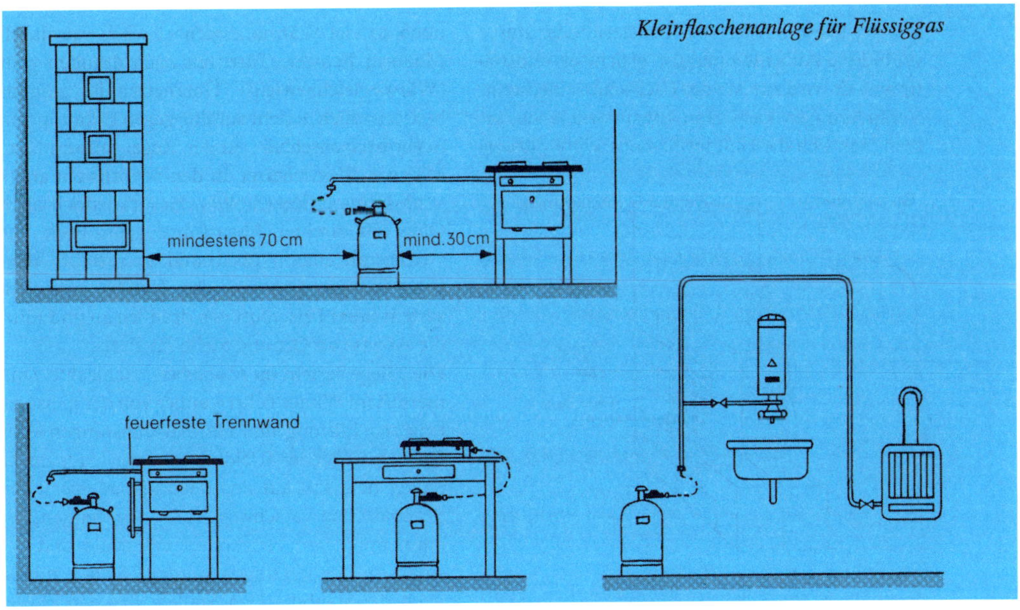

Kleinflaschenanlage für Flüssiggas

von Flaschengas halten sich lange, weil es sich sehr träge mit Luft vermischt.

Installation Für die Flaschengasversorgung sind nur bestimmte Unternehmen, sogenannte Hauptverteiler, behördlich zugelassen. Flüssiggasanlagen dürfen nur eingerichtet, unterhalten und instand gesetzt werden durch Unternehmen, die mit einem Hauptverteiler im Vertragsverhältnis stehen.

Flaschen Es gibt Klein- oder Haushaltsflaschen, Inhalt bis 14 kg. Sie reichen aus für einen Herd, Kocher oder Kleinwasserheizer. Sie dürfen innerhalb bewohnter Räume aufgestellt werden. Allerdings sind bestimmte Vorschriften zu beachten. Wer mit Flüssiggas umgeht, sollte sich die einschlägigen Vorschriften beschaffen (erhältlich bei der Lieferfirma für das Gas).

Kleinflaschenanlagen Mindestabstände bzw. festen Strahlungsschutz beachten · Feste Rohrleitung, Präzisionsstahlrohr 8 × 1 oder Gasrohr · Schlauchanschluß nur für Verbrauchsgeräte bis 0,3 kg Verbrauch je Stunde (Herde, Bunsenbrenner) · Absperrventile nur bei mehreren Verbrauchsgeräten · Außer der Gebrauchsflasche nur eine Reserveflasche bis 6 kg im gleichen Raum,

Großflaschenanlage für Flüssiggas

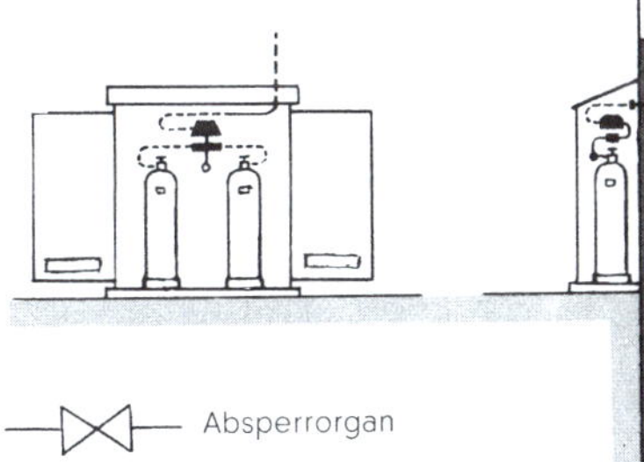

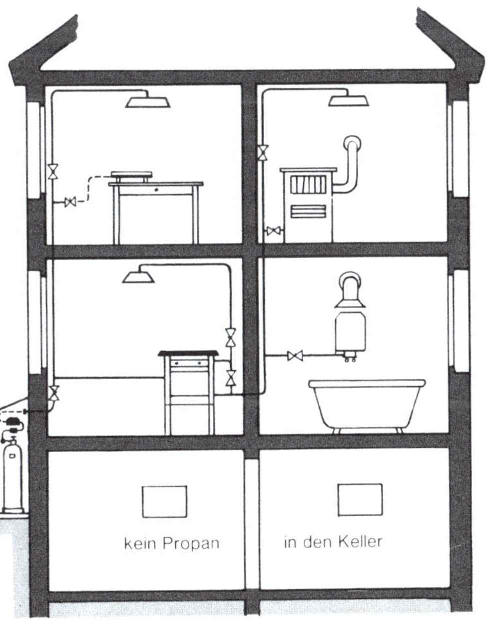

bis 14 kg in getrenntem Raum zulässig · Großflaschen mit 22 oder 33 kg Inhalt reichen für den Bedarf größerer Gaswasserheizer, Herde, Raumheizöfen, Kühlschränke. Sie müssen außerhalb des Hauses aufgestellt werden in einem nur von außen zugänglichen verschlossenen Raum oder in verschließbarem Schutzschrank aus nicht brennbarem Baustoff.

Großflaschenanlagen (Flaschen über 14 kg Füllung) Die Flaschen sollen außerhalb des Hauses in einem verschließbaren, unten entlüfteten Schrank untergebracht sein, oder: Flaschenhals freistehend in einem nur von außen zugänglichen Raum (nicht unter der Erde) mit Entlüftungsleitung vom Sicherheitsauslaß des Reglers · Höchstzahl der Gebrauchs- und Vorratsflaschen: 6 Stück · Feste Rohrleitung, Präzisionsstahlrohr 12×1 mit lötlosen Verschraubungen (wie »Ermeto«) oder Gasrohr · Hauptabsperrventil nach Eintritt der Leitung in das Haus, Absperrventil vor jedem Verbrauchsgerät · Kein Propan in den Keller!

Ungefähre Preise einiger Materialien und Geräte (Stand Herbst 1972)

	Preis DM		Preis DM
Handfräsapparat	35.—	Rohrband oder Rohrschelle ½ Zoll	—.50
Elektrischer Rohrwärmer	30.—	Dichtungsstoffe (Hanf, Öl)	—.50
Allgas-Heizgerät für WC	100.—	Schutzrohr	5.—
Dosophos-Wasseraufbereitungs-Anlage	200.—	Gewindeschneidkluppe	20.— bis 200.—
1 kg Füllsubstanz dazu	10.—		
verzinktes Stahlrohr, ½ Zoll, je Meter	3.30		
Winkel ½ Zoll	1.—	Reinigungsspirale je Meter	7.—
Auslaufhahn mit Belüfter und Schlauchverschraubung ½ Zoll	16.—	Pumpfix	3.—
		Rohrfrei 1 kg	4.20

Sechster Teil

Elektrizität

1 Achtung – Lebensgefahr!

Jede schlecht ausgeführte Arbeit kann Ärger, Zeit- und Geldverlust bringen. Aber eine gepfuschte elektrische Anlage bringt Lebensgefahr. Darum muß dieser Teil mit einer nachdrücklichen Warnung beginnen.

Bereits ein elektrischer Strom von 0,05 Ampere – der Strom, den unsere kleinste Gebrauchslampe, die 15-Watt-Lampe, aufnimmt – kann das menschliche Herz zum Stillstand bringen. Sicher haben Sie schon einige Male in Ihrem Leben einen elektrischen Schlag verspürt. Das war etwas unangenehm, aber mehr nicht. Das lag daran, daß Sie gerade gut isoliert standen. Unter ungünstigen Umständen wäre es nicht so gut abgegangen.

Welches sind diese ungünstigen Umstände?

Ich will Ihnen zwei Beispiele erzählen.

Eine Hausfrau hatte ihren elektrischen Wasserkocher (Wassertopf mit eingebautem Heizwiderstand) an die Steckdose angeschlossen. In der Absicht, noch etwas Wasser nachzufüllen, ging sie – ohne den Stecker herauszuziehen – zum Wasserhahn. Als ihre rechte Hand den Wasserhahn ergriff, bekam sie einen elektrischen Schlag und fiel tot um.

Ein neunjähriger Bub stand in der halbgefüllten Badewanne. Als er die Brause des Kohlenbadeofens ergriff, bekam er einen Schlag und war sofort tot.

Wie ist das möglich? Das erste Beispiel ist leicht zu verstehen. Der Wasserkocher war defekt. Sein metallischer Teil stand unter Strom. Sobald die Frau durch Anfassen des Wasserhahns die Verbindung zur Erde herstellte, konnte der todbringende Strom fließen.

Im Laufe der Zeit stellen sich an fast allen elektrischen Leitungen kleine Fehler an der Isolation der Drähte ein. Dadurch können kleinste Ströme zur Erde abfließen. Die Erde ist ja ein vorzüglicher Leiter. Solche Fehlerströme können ganz beträchtliche Strecken in der Erde zurücklegen. Über Wasserleitung, Zentralheizung, Beton- oder Steinboden können solche Ströme in der Wohnung sein. Sie warten gewissermaßen nur darauf, bis die Verbindung zum Leitungsnetz wieder hergestellt wird – hergestellt durch den Menschen.

Wie ist aber das zweite Beispiel zu verstehen, bei dem gar keine elektrische Anlage mitzuspielen scheint?

Die Unfallspezialisten, die den Fall aufzuklären hatten, stellten durch Messung fest, daß zwischen Badewanne und Brause eine Spannung von 170 Volt bestand! Einen Stock tiefer hatte der Mieter einen Lüster angeschlossen. Dabei hatte er einen Anschlußdraht nicht richtig eingeführt oder nicht ordentlich mit Isolierband versehen. Das blankgebliebene Drahtstück berührte die metallische Abdeckung (Deckenschale) des Beleuchtungskörpers. Diese hatte Kontakt mit der Aufhängung und diese mit dem in die Decke eingeschraubten Haken, an dem die Lampe hing. Dieser Haken berührte ein Eisendrahtgeflecht, das unter dem Putz in der Zimmerdecke lag und bis zum Badezimmer durchlief. Das Drahtgeflecht berührte hier das Abflußrohr der Badewanne aus dem darüber gelegenen Badezimmer der oberen Wohnung. So stand die gefüllte Badewanne unter Strom. Sobald der Bub die Brause ergriff, stellte er die Verbindung zur Erde her, und das Unheil war geschehen.

Wer fehlerhafte elektrische Anlagen legt oder duldet, gefährdet sein Leben sowie das seiner Angehörigen und unbeteiligter Dritter. Er läuft auch

So geschah das Unglück in der Badewanne

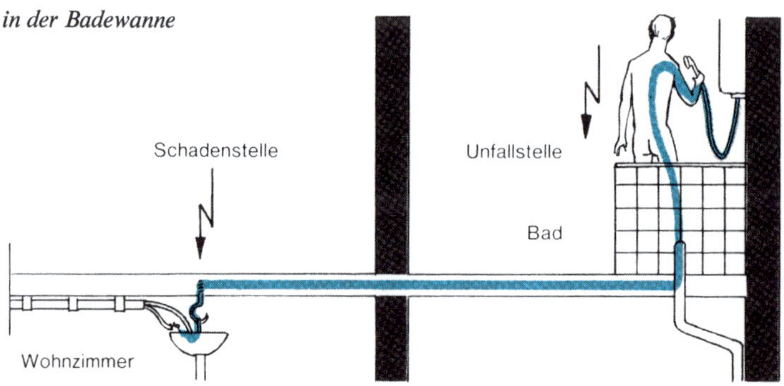

Gefahr, daß das Werk, welches ihn mit Strom beliefert, den Anschluß oder die weitere Stromlieferung verweigert. Ferner kann die Brandversicherung eine Fortführung des Versicherungsvertrages ablehnen oder wegen erhöhten Risikos einen Zuschlag verlangen. Außerdem wird selbstverständlich, wer eigenes oder fremdes Gut und Leben schädigt oder gefährdet, vom Strafrichter zur Rechenschaft gezogen. – Es ist bekannt, daß eine Taschenlampenbatterie oder auch eine Autobatterie dem Menschen gänzlich ungefährlich ist. Tatsächlich liegt die Gefahrengrenze etwa bei 60 Volt Spannung; was darunter liegt, ist harmlos. Sicherheitshalber hat man in der Fachwelt die Grenze auf 42 Volt festgelegt. Solche »Kleinspannung« ist vorgeschrieben für elektrische Anlagen, bei denen mit viel Feuchtigkeit und Dämpfen zu rechnen ist und die Gefahr einer Berührung mit stromführenden Teilen besteht. Warum nur für solche Anlagen und nicht für alle? Wäre dann nicht jede Gefahr ausgeschaltet? Ja. Aber: je höher die Spannung, um so wirtschaftlicher läßt sich ein Stromversorgungsnetz aufbauen und betreiben. Deshalb verwendet man bei der Energieübertragung durch Hochspannungsleitungen Spannungen bis zu mehreren hunderttausend Volt, und deshalb haben die Haushalte die bereits gefährlichen Spannungen von 110 und (jetzt überwiegend) 220 Volt.

Elektrisches Kinderspielzeug Eine wichtige Folgerung wollen wir daraus gleich ziehen, bevor wir zu unserem Hauptgedanken zurückkehren: für Kinderspielzeug niemals die normale Netzspannung! Vorschriftsmäßiges Kinderspielzeug darf nur bis 24 Volt Spannung haben. Eine Ausnahme hat man interessanterweise gemacht: Kinderkochherde und Kinderbügeleisen dürfen für eine Netzspannung für 220 Volt gebaut werden; allerdings werden dem Hersteller besondere Auflagen für die Isolation dieser Geräte gemacht. Ich sagte eben »vorschriftsmäßig«. Wer erläßt Vorschriften dafür? Selbstverständlich hat sich zunächst der Staat dieses Gebietes angenommen. So heißt es z. B. in einer bayerischen ministeriellen Verordnung vom 31.3.1937 (heute noch gültig): »Elektrische Anlagen dürfen nur durch Fachleute hergestellt und verändert werden ... Das Überbrücken von Sicherungen ist verboten ... Schadhafte elektrische Anlagen sind unverzüglich von einem Fachmann instandsetzen zu lassen.«
Die anderen Bundesländer haben entsprechende Bestimmungen.

VDE-Vorschriften Der Verband Deutscher Elektrotechniker (VDE) hat im Laufe der Zeit Richtlinien und Vorschriften für Errichtung und Betrieb elektrischer Anlagen aufgestellt, die Bände füllen und so umfangreich sind, daß auch der Fachmann, der sie beachten muß, sie nicht alle im Kopf haben kann, sondern ab und zu in seinem Vorschriftenbuch nachsehen muß. Außerdem können die Elektrizitäts-Versorgungs-Unternehmen (EVU) für ihr jeweiliges Netz den Installateuren noch besondere Auflagen machen.
Ist nun das Auswechseln einer Steckdose oder die Reparatur eines Haushaltgeräts schon gleichbedeutend mit »Errichtung und Betrieb einer elektrischen Anlage«? Jawohl! In der VDE-Begriffserklärung heißt es: »Starkstromanlagen sind elektrische Anlagen mit Betriebsmitteln zum Erzeugen, Umwandeln, Speichern, Fortleiten, Verteilen und Anwenden elektrischer Energie zum Verrichten einer Arbeit, z. B. in Form von mechanischer Arbeit, zur Wärme- und Lichterzeugung oder bei elektrochemischen Vorgängen.«
Merken Sie sich deshalb bitte: Lassen Sie elektrische Anlagen vom Fachmann ausführen und instand halten! Lassen Sie die Finger davon – schon die Verwechslung von zwei Anschlußdrähten in einem Stecker oder einer Steckdose kann, ohne auf den Betrieb des Geräts Einfluß zu haben, Menschenleben in Gefahr bringen.

VDE-Prüfzeichen

VDE-Prüfzeichen Die Firmen, die Elektrogeräte bauen, sollen sich an die VDE-Vorschriften halten. Allerdings: soweit die Vorschriften nicht Gesetzeskraft erlangt haben, können sie nicht dazu gezwungen werden. Im Zeichen der Gewerbefreiheit sind Hersteller aufgetreten, die sich nicht an sie halten, leider oft zum Nachteil für die elektrische Sicherheit.
Für Geräte, die den Sicherheitsbestimmungen des VDE entsprechen, erteilt die Prüfstelle des Verbandes auf Antrag das abgebildete Prüfzeichen. Die Überprüfung von Geräten mit VDE-Zeichen wird während der weiteren Produktion regelmäßig wiederholt. Achten Sie beim Kauf auf dieses Zeichen. Es gewährleistet Ihnen ein einwandfreies Gerät.

Können wir mit diesen Hinweisen das Kapitel »Elektrizität im Haus« bereits schließen oder höchstens noch über die defekte Sicherung sprechen (denn die dürfen Sie allein auswechseln)? Keineswegs! Aus zwei Gründen:
Erstens: Wenn man die Finger von der elektrischen Anlage lassen soll, so heißt das keineswegs, daß man nicht über sie Bescheid zu wissen braucht. Um etwa bei der Planung eines neuen Heimes die elektrische Anlage bestmöglich zu gestalten, oder um im bestehenden Haushalt die vielfältigen Möglichkeiten der Zeit- und Arbeitsersparnis durch elektrische Geräte voll auszunützen, muß man Bescheid wissen. Darum beginne ich diesen Teil mit einigen aufklärenden und beratenden Abschnitten über elektrische Anlagen und Geräte.
Zweitens: Die Warnung bezieht sich nur auf Starkstromanlagen, also das normale Lichtnetz. Die Schwachstromtechnik dagegen, die elektrische Anlagen bis zu 60 Volt umfaßt, bietet dem Betätigungsdrang eine ganze Reihe von Möglichkeiten. Von ihnen handeln die späteren Abschnitte.

Praktische Winke für Selbstmörder

Sie sparen Zeit, wenn Sie den Schnellkocher erst anschalten und dann (mit nachhängender Schnur) zum Wasserhahn gehen, um ihn zu füllen.
Wir haben kein Geld zum Wegwerfen. Eine mit kräftigem Draht geflickte Sicherung kann noch Jahre halten.
Während man in der Badewanne sitzt, kann man sich gleichzeitig mit dem Fön schon die Haare trocknen oder sich elektrisch rasieren.
Handwerker sind teuer. Das bißchen Leitung verlegen kann man auch selber.
Feiglinge lösen die Sicherungen, bevor sie eine Steckdose aufschrauben. Ein Mann hat das nicht nötig. Ein gelegentlicher Schlag stärkt die Nerven.

2 Wenn eine Sicherung druchbrennt ...

Sie kennen das: Gerade hat man sich recht gemütlich niedergelassen – da ist es schon passiert: ein kleiner Blitz, ein sanfter Knall, und während die Gesellschaft im plötzlichen Dunkel verstummt ist, tönt es schon aus der Küche: »Ist dort auch das Licht aus?«
Im düsteren Licht des Adventskerzenstummels, den die Gattin in einer Küchenschublade ertastet hat, erkennen Sie, daß hinter der Scheibe einer Sicherungskappe das kleine grüne oder rote Kennplättchen liegt: Sicherung unbrauchbar. Manchmal ist nicht auf den ersten Blick erkennbar, welche Sicherung durchgebrannt ist. Das Kennplättchen ist nicht eindeutig herausgefallen. Dann müssen Sie die Sicherung herausschrauben und genauer betrachten. Wenn das Kennplättchen etwas absteht und sich mühelos herausziehen läßt, ist die Sicherung unbrauchbar.
Wenn Sie nun eine Ersatzsicherung finden (oder schlimmstenfalls die Sicherung eines im Augenblick nicht benötigten Stromkreises herausnehmen können), dann ist alles gut. Allerdings: Es muß die gleiche Sicherung sein wie die vorher eingeschraubte. Grünes Plättchen = 6 Ampere, rotes Plättchen = 10 Ampere.
Vergessen Sie nicht, bevor Sie die neue Sicherung einsetzen, die defekte Stehlampe abzuziehen, in der Sie den Kurzschluß vermuten. Sonst wiederholt sich das Schauspiel augenblicklich. Sie müssen aber auch alle anderen Stromverbraucher abschalten, die eingeschaltet waren, als der Kurzschluß eintrat. Sonst bildet beim Einschrauben der neuen Sicherung der plötzlich einsetzende Strom an der Sicherung einen elektrischen Flammbogen und verschmort den Kontakt.
Außer dem schadhaften Elektrogerät kommen als Ursache für das Durchbrennen von Sicherungen in Betracht: Überlastung durch gleichzeitigen Anschluß mehrerer leistungsstarker Geräte (z. B. Backofen und Bügeleisen), Isolationsfehler in einer Leitung (nur durch Fachmann zu beheben), altersschwache Sicherung (selten).
Ist keine Ersatzsicherung da, so können Sie zu Bett gehen oder ins nächste Restaurant, doch hüten Sie sich vor der dritten Möglichkeit: Versuchen Sie nie, eine Sicherung zu flicken!
Das Flicken von Sicherungen ist verboten Warum? Die Sicherung soll den Leitungsdraht vom Zähler bis zur Steckdose und die angeschlossenen Geräte einschließlich ihrer Zuleitung vor Über-

lastung schützen. Der Strom, der durch einen Draht fließt, erwärmt diesen. Er erwärmt ihn um so mehr, je größer die Stromstärke, also die Ampere-Zahl. Ist die Sicherung geflickt, so kann bei neuerdings auftretendem Kurzschluß oder beim Anschließen eines Gerätes mit zu hohem Stromverbrauch der Leitungsdraht überhitzt werden und zu glühen anfangen. Dann beginnt die Isolation zu brennen, und schon ist der Ausgangspunkt für einen hübschen Brandherd geschaffen. Wäre z. B. in einer Stehlampe, die den oben geschilderten Zwischenfall verschuldet hat (Ständerlampen sind ein beliebter Aufenthaltsort der Kurzschlußteufelchen) weiterhin ein Isolationsfehler, der die geflickte Sicherung nicht zum Durchbrennen bringt, aber die Leitungsschnur stark erwärmt, so können sich Teppiche und Vorhänge alsbald zu einem flotten Zimmerbrand entzünden. Aus demselben Grunde darf man eine mit 6 A oder 10 A (Ampere) abgesicherte Leitung nicht mit höherem Wert sichern.

Vielleicht finden Sie es übertrieben, so nachdrücklich vor der geflickten Sicherung zu warnen. Aber jede Brandversicherung wird Ihnen gern bestätigen, daß der überwiegende Teil aller Brandschäden aus elektrischen Kurzschlüssen entsteht und daß diese immer wieder durch geflickte Sicherungen verursacht werden.

Übrigens: Auch bei geringfügigen Arbeiten, wie beim Auswechseln einer Glühlampe, sollen Sie stets vorher die Sicherung zurückschrauben – und davor alle Stromverbraucher abschalten! Ist z. B. ein Elektroherd eingeschaltet und Sie schrauben die Sicherung los, so entsteht hinter der Sicherung ein beträchtliches Feuerwerk, der metallische Teil der Sicherung kann mit dem Kontaktmetall geradezu zusammenschmelzen.

Sicherungsautomaten Wenn Sie jeden Ärger mit Sicherungen vermeiden wollen und insbesondere wenn Sie mit einer schlechten elektrischen Anlage gesegnet sind, bei der ab und zu ein Kurzschluß passiert, so besorgen Sie sich Sicherungsautomaten. Diese Automaten lassen sich wie Sicherungen einschrauben; auf der Stirnseite haben sie meist einen dicken schwarzen und einen kleinen roten Knopf. Die Leitung wird in Betrieb genommen (der Stromkreis geschlossen), sobald man den schwarzen Knopf drückt. Bei Kurzschluß oder Überlastung springt der schwarze Knopf heraus. Ist der Schaden behoben, drückt man ihn wieder hinein, und der Strom ist wieder da. Will man irgend etwas an einer Lampe arbeiten, so trennt man den Stromkreis durch einen einfachen Druck auf den roten Knopf, ohne daß man den Sicherungsautomaten herauszudrehen braucht.

Für den Haushalt haben diese Automaten eine fast unbegrenzte Lebensdauer.

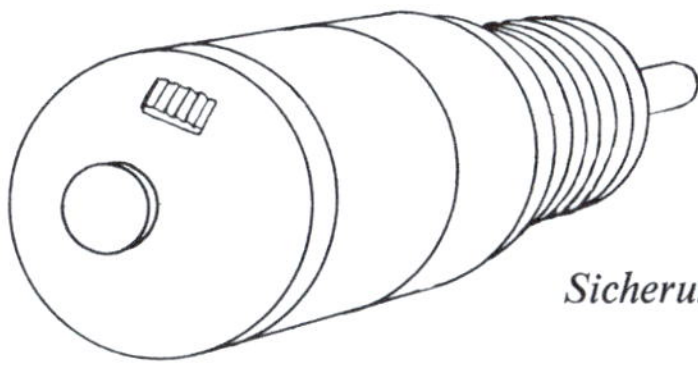

Sicherungsautomat

Ein kleiner Ratschlag noch: Es ist zweckmäßig, am Sicherungskasten kenntlich zu machen, welche Sicherung zu welchem Stromkreis gehört. Dazu genügen – wenn keine Einschiebevorrichtungen für Schildchen vorhanden sind – Kennbuchstaben mit Kreide oder Pinsel aufgemalt: Ke für Keller, D für Diele usw. Sie ersparen sich damit das Herumprobieren; Sie ersparen es vor allem Ihrer Frau, falls in Ihrer Abwesenheit eine Sicherung durchbrennt.

3 Wenn Sie ein neues Heim planen

Denken Sie beim Bau eines neuen Heimes rechtzeitig an die elektrische Anlage! Wenn der Zimmermann mit dem Dachstuhl anfängt, beginnen meistens auch schon die Elektromonteure mit ihrer Arbeit. In diesem Augenblick muß der Bauherr sich über seine Wünsche endgültig klar sein. Sind die Mauern erst verputzt, kosten Nachinstallationen Zeit, Geld und Ärger.

Leitungen

Isolierrohr Früher verlegte man elektrische Leitungen ausschließlich mit Isolierrohr: Zuerst werden die leeren Rohre verlegt; erst später werden die Drähte eingezogen, so wie man sie braucht, Spätere Änderungen sind dabei ohne erheblichen Arbeitsaufwand möglich,

Stegleitung Heute verwendet man bei Neubauten häufig die Stegleitung. Bei ihr sind die Drähte so in Isoliermaterial eingebettet, daß kein besonderes Rohr erforderlich ist. Die Leitung wird im Putz verlegt. An der Wand ist also keine Stemmarbeit zu leisten. Das Verlegen geht schnell und ist billiger als die Rohrverlegung. Spätere Änderungen sind allerdings immer unangenehm, manchmal unmöglich.

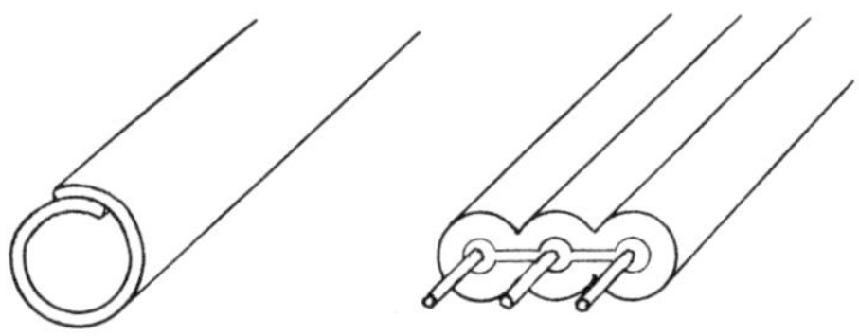

Isolierrohr *Stegleitung (3adrig)*

Welche Leitungsart ist vorzuziehen? Wenn möglich die Rohrinstallation. Der Kostenanteil der elektrischen Anlage an der Gesamtbausumme eines Wohnhauses ist nur gering, er beträgt etwa 4 bis 5 v. H.

Erfordert die Bauart des Hauses (z. B. bei Betondecken, bei denen Stemmarbeiten für Rohrleitungen zu zeitraubend wären und auch die Tragfähigkeit beeinträchtigen könnten) das Verlegen von Stegleitungen, oder entschließt man sich aus Sparsamkeitsgründen zu dieser Leitungsart, so sollte man großzügig verfahren und lieber eine Leitung zuviel als zuwenig ziehen lassen.

Ist man sich für einen bestimmten Raum noch nicht schlüssig geworden, ob er eine Deckenleuchte erhalten und wo sie angebracht werden soll, so ist es besser, drei Deckenanschlüsse herzustellen als nur einen. Die Anschlußstellen, die dann nicht gebraucht werden, läßt man leer und verschließt das Rohrende so, daß nichts zu sehen ist. Braucht man eine Lampe an dieser Stelle, so öffnet man und braucht nur die erforderlichen Drähte nachzuziehen. Entsprechendes gilt für Wandleuchten.

Schalter

Vor dem Einziehen der Drähte – bei Stegleitung bereits beim Verlegen – muß man sich entscheiden, wie die einzelnen Beleuchtungskörper geschaltet werden sollen. Drei Arten der Schaltung sind zu unterscheiden: Ausschaltung, Serienschaltung, Wechselschaltung.

Ausschaltung Die einfachste und am meisten verwendete Schaltung ist die Ausschaltung. Mit ihr kann man die angeschlossene Beleuchtung von einem Schalter aus lediglich entweder ganz ein- oder ganz ausschalten. An Schalter und Lichtanschluß sind zwei Drähte erforderlich.

Serienschaltung Sollen zwei Lampengruppen eines Beleuchtungskörpers (Lüsters) oder zwei Wandleuchten wahlweise von einem Schalter aus ein- und ausgeschaltet werden können, verwendet man die Serienschaltleitung. Sie ist etwas komplizierter. Bei einem Kronleuchter mit fünf Lampen z. B. wird man die Gruppen so einteilen, daß zunächst zwei Lampen brennen, dann beim Weiterschalten alle fünf. Beim Abschalten verlöschen zuerst zwei Lampen, dann die restlichen drei. Die Serienschaltung benötigt drei Drähte, von denen einer stets besonders gekennzeichnet sein soll.

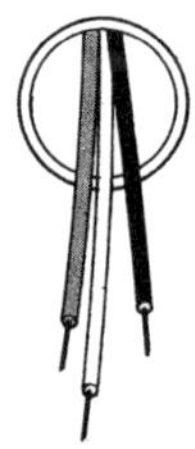

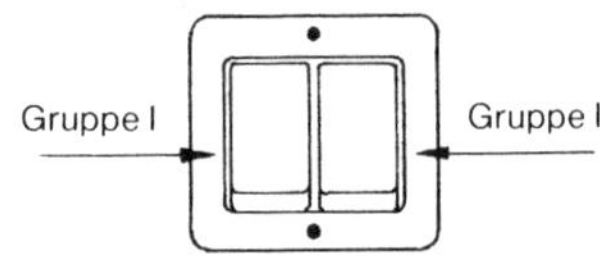

Serienschaltung

Wechselschaltung Wenn eine Beleuchtung von zwei verschiedenen Stellen aus wahlweise ein- und auszuschalten sein soll – insbesondere in Treppenhaus, Korridor, Diele, Schlafzimmer kommt das vor –, verwendet man die Wechselschaltung. Bei ihr führen zwei Drähte zum Beleuchtungskörper; an den Schaltern sind jeweils drei Drähte erforderlich. Die Entfernung der Schalter voneinander spielt keine Rolle.

Kreuzschaltung Man kann die Wechselschaltung erweitern, indem man z. B. noch an weiteren Türen oder auf mehreren Treppenabsätzen Schalter anbringt, so daß das gleiche Licht von vielen Stellen aus ein- und ausgeschaltet werden kann. Diese erweiterte Wechselschaltung nennt man Kreuzschaltung.

Doppelte Wechselschaltung Soll eine Serienschaltung (siehe oben) von zwei Stellen aus betätigt werden können, so brauchen wir die etwas komplizierte doppelte Wechselschaltung. Ein besonderer Schalter wird für diesen Zweck nicht hergestellt. Man löst die Aufgabe mit zwei Wechselschaltern. Am besten bringt man die zwei Schalter, die man an jeder Tür (Schaltstelle) braucht, in einer sogenannten Kombination unter, im doppelt großen Schaltergehäuse mit ge-

Kreuzschaltung

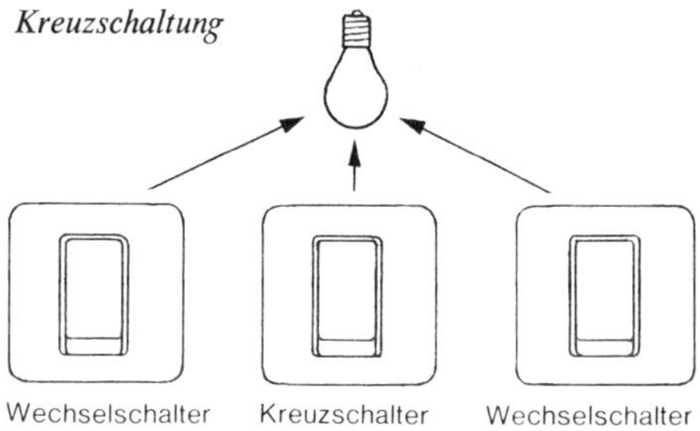

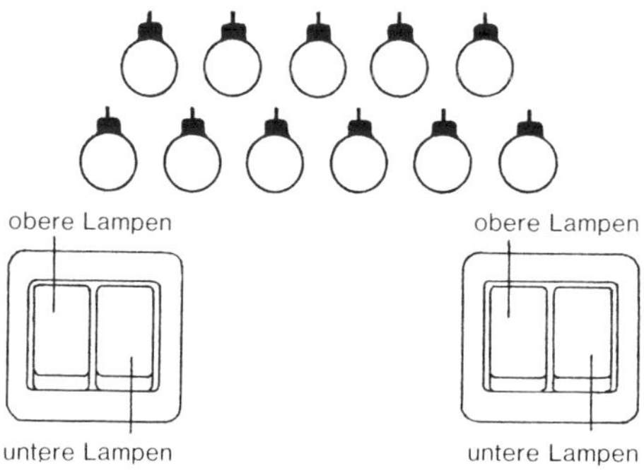

Doppelte Wechselschaltung

meinsamer Abdeckplatte. Kombinationen gibt es übrigens auch für Schalter und Steckdose, für Steckdose und Klingeldrücker und ähnliches, auch Dreizweckkombinationen, z. B. Außenbeleuchtung, Innenbeleuchtung und Türöffner.

Schalter in feuchten Räumen In feuchten Räumen soll man möglichst gar keine Schalter anbringen. Sie werden besser außerhalb des Raumes neben der Tür installiert. Ist das z. B. bei einem Badezimmer aus Platzgründen nicht möglich, so sollte hier ein Zugschalter verwendet werden. Er wird knapp unter der Decke angebracht und durch eine herabhängende Schnur bedient. Auf jeden Fall darf im Berührungsbereich der Badewanne, d. h. von ihrer Außenkante bis 0,6 m waagerecht und bis 2,25 m senkrecht entfernt, weder Schalter noch Steckdose angebracht werden.

Bei Räumen, deren Schalter außerhalb liegt, kann man schlecht kontrollieren, ob man beim Verlassen des Raums das Licht ausgeschaltet hat. Zweckmäßig sind für solche Räume Türen mit Glaseinsatz. Sind Sichttüren nicht möglich, kann man Schalter mit eingebauter Kontrollampe verwenden.

Schalterart In Wohnräumen verwendet man heute ausschließlich Wippenschalter. Der Tastenteil soll möglichst großflächig sein, damit er auch mit dem Ellbogen bedient werden kann, falls man einmal die Hände nicht frei hat. Oft sind die Tasten selbstleuchtend.

Welche Höhe für den Schalter? Ein Kreis von Architekten hat eine zur DIN Norm erhobene Empfehlung ausgearbeitet, die uns ebenfalls von dem lästigen blinden Tasten nach dem Schalter befreien soll: Schalter sollen grundsätzlich in Höhe der Türklinke angebracht sein. Nicht übel! Keine Schmutzflecke mehr auf der Tapete rund um den Schalter! Probieren Sie es beim nächsten Mal!

Steckdosen

Möglichst viele! In mancher Wohnung begegnet man dem wenig schönen Bild: eine Steckdose, darin ein Dreifachstecker, daran in wildem Knäuel drei Kabel. Will man ein Kabel abziehen, fallen alle drei heraus. Ältere kennen noch folgendes Bild in der Küche: In der Zuglampe eine Schraubfassung mit Steckvorrichtung; daran hängt einerseits das Rundfunkgerät auf dem Küchenschrank, andererseits das Bügeleisen. Das ganze Gehänge schwingt im Arbeitsrhythmus des Bügelns mit. Kein Wunder, wenn da etwas passiert!

Damit hat der VDE Schluß gemacht: seit 1959 dürfen Steckvorrichtungen, wie sie nachfolgend abgebildet sind, nicht mehr in den Handel gebracht werden. Ihre Verwendung ist unzulässig, gleich, ob es sich um normale oder um Schuko-Ausführungen handelt.

Das klingt hart; aber Sie brauchen keine Angst zu haben, daß die Polizei von Haus zu Haus geht und die verbotenen Steckvorrichtungen einsammelt. Sie können diese Teile ruhig aufbrauchen. Dem VDE kommt es nur darauf an, daß sie nicht mehr in den Handel kommen und damit allmählich aussterben.

Daraus ergibt sich ganz von selbst die Notwendigkeit, von Anfang an in einem Raum möglichst viele Steckdosen vorzusehen. Lassen Sie gleich für jede vorgesehene Steckdose eine Zwillings- oder Drillingssteckdose einbauen, an der man mehrere Geräte anstecken kann. Denken Sie auch an den Anschluß für Staubsauger und sonstige Bodenreinigungsgeräte in der Diele oder nahe der Zimmertür! Zweckmäßig ist die Kombination von Schalter und Steckdose. Steckdosen

Die verbotenen Steckvorrichtungen

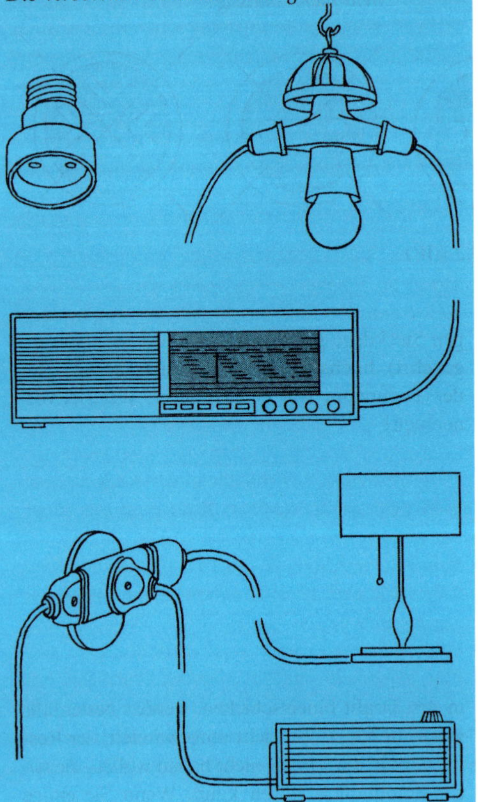

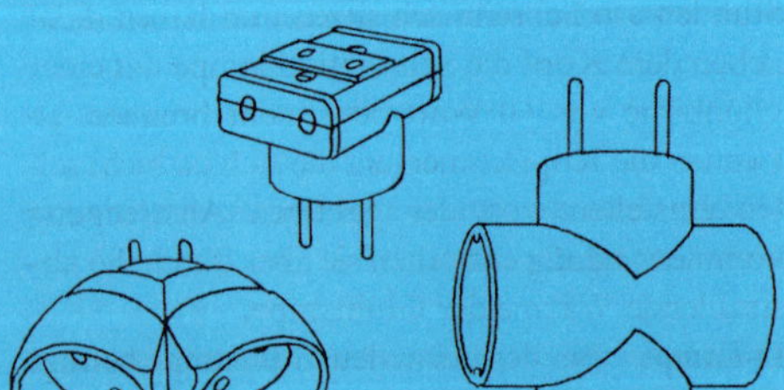

Mehrfachstecker früherer Bauart (nicht mehr zulässig)

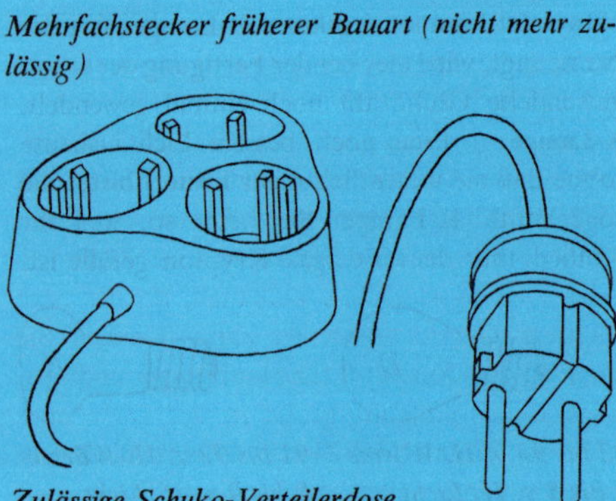

Zulässige Schuko-Verteilerdose

auf offenem Balkon und Terrasse müssen einen Klappdeckel haben.

Allerdings bleibt weiterhin eine Möglichkeit, durch Zwischenschaltung eines Mehrfachsteckers auch an einer einzelnen Schuko-Steckdose mehrere Geräte anzuschließen. Das Bild unten zeigt die vorschriftsmäßige Einrichtung, eine Verteilerdose.

Im Bad Das Sorgenkind aller Männer mit einem elektrischen Rasierapparat ist die Steckdose im Badezimmer. Nach der VDE-Vorschrift sind Steckdosen in Badezimmern erlaubt, wenn sie außerhalb des Berührungsbereichs (der bis 0,6 m waagerechter und bis 2,25 m senkrechter Entfernung von deren Außenkante gerechnet wird) der Badewanne angebracht werden. Ist das Bad dafür zu klein, so muß eine Sondersteckdose mit Trenntransformator verwandt oder die Steckdose aus dem Bad verbannt werden. Man kombiniert sie dann zweckmäßig mit dem Lichtschalter an der Badezimmertür, oder man schafft sich an anderer Stelle der Wohnung einen Platz zum Rasieren, mit Steckdose und elektrisch beleuchtetem Spezialrasierspiegel.

Welche Höhe für die Steckdose? Sie liegt im Ermessen des einzelnen und ist nur an eine Mindesthöhe gebunden: 30 cm vom Fußboden. Sind kleine Kinder im Hause, kann diese Höhe gefährlich werden. Es gibt für diesen Fall Schutzverschlüsse, welche bei Nichtbenutzung der Dose mit einem Schlüssel eingesetzt werden können.

Schuko-Steckdose Bisher sprachen wir nur von Steckdosen allgemein. Es gibt jedoch mehrere Arten von Steckdosen. Die früher übliche Dose mit zwei Buchsen und flacher Ausführung ist im Aussterben, in alten Anlagen darf sie jedoch noch aufgebraucht werden. Dann kam die Schuko-Dose (Schutz-Kontakt-Steckdose) mit den zwei Buchsen und den beiden Erdungskontakten. Sie ist derzeit die einzige zulässige Steckdose für eine Stromentnahme bis zu 15 Ampere.

Vor einigen Jahren kam eine Steckdose mit drei gewinkelten Buchsen versuchsweise auf den Markt. Wegen der schon sehr verbreiteten Schuko-Normung wurde sie aber vom VDE nicht mehr zugelassen. Auch sie darf noch aufgebraucht werden.

Wegen der zunehmenden Anschlußleistung unserer Haushaltgeräte wurde eine neue, genormte Schuko-Steckdose für eine Stromentnahme bis 25 Ampere entwickelt. Sie hat drei asymmetrisch angeordnete runde Buchsen. Der nur hierfür

Steckdosen

Nicht mehr zulässig!

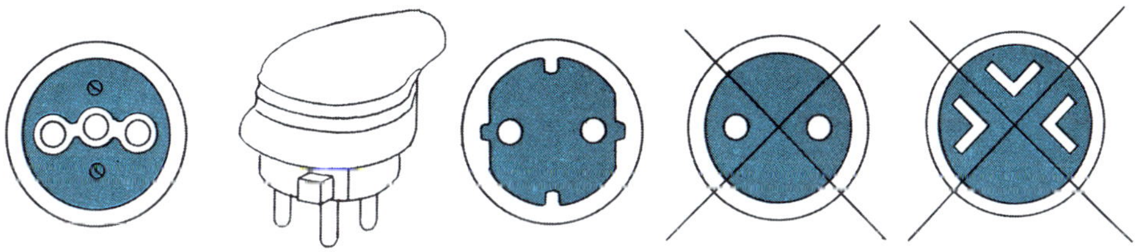

Schuko 25 A (5,5 kW) mit dazugehörigem Stecker *Schuko 15 A (3,3 kW)*

passende Stecker kann nur in einer Lage (Kabel nach unten hängend) eingesteckt werden.
Mit Nachdruck ist darauf hinzuweisen, daß das unsachgemäße Auswechseln einer alten zweipoligen Steckdose gegen eine Schukodose (und umgekehrt) höchste Gefahr mit sich bringt. Nur der Fachmann soll einen solchen Wechsel vornehmen!

4 Die Beleuchtung

Glühlampen

Die Glühlampe ist der erfolgreichste und in der ganzen Welt am meisten verbreitete Elektroartikel, billig dank fast vollautomatischer Massenfertigung (eine Kolbenblasmaschine stößt z.B. 50000 Glaskolben pro Stunde aus), zuverlässig dank millionenfacher Erprobung. Während aber für unsere Großeltern die Glühlampe noch der bestaunte Lichtbringer in einer dunklen Welt war (in entlegenen Gebieten der Erde ist sie es heute noch), sind unsere modernen Lichttechniker mit der alten ehrlichen Glühbirne, obwohl sie immer wieder verbessert worden ist, nicht mehr so recht zufrieden. Sie suchen nach neuen Wegen, und es scheint tatsächlich, daß die Glühlampe in der bisherigen Form das Ende ihrer Entwicklung erreicht hat.
Wie funktioniert so eine Glühlampe? Ein haardünner Draht ist zu einer Wendel aufgewickelt und wird durch den hindurchgehenden Strom auf eine Temperatur von 2500° C erhitzt. Er glüht. Aber, leider, von der gesamten Energie, die wir in den Draht hineinschicken, werden bestenfalls vielleicht 5 v. H. in Licht umgewandelt, der Rest in Wärme, die wir gar nicht haben wollen, die sogar empfindlich stören kann. Wenn Sie einige Stunden am Schreibtisch sitzen und haben dicht neben dem Kopf die Schreibtischlampe mit einer Glühbirne von 60 Watt oder mehr brennen, so können die Kopfschmerzen, die sich da nicht selten einstellen, von der geistigen Anstrengung kommen; häufig entstehen sie aber durch die abstrahlende Wärme der Glühlampe.
D-Lampe Bei der normalen Glühlampe beträgt die Lichtausbeute etwa 5 v. H. Bis auf 7 bis 8 v. H. hinaufgetrieben ist sie in der sogenannten Doppelwendel-Lampe, abgekürzt D-Lampe. Wie der Name sagt, wird hier bei der Fertigung der schon gewendelte Glühdraht noch einmal gewendelt.
K-Lampe Eine noch bessere Lichtausbeute (ohne daß sie wesentlich mehr kostet) bietet die sogenannte K-Lampe. Sie heißt so, weil ihr Kolben mit dem Edelgas Krypton gefüllt ist.

Lichtausbeute bei verschiedenen Lampenarten (normal – Doppelwendel – Krypton)

95 v. H. Wärme 5 v. H. Licht *92 bis 93 v. H. Wärme 7 bis 8 v. H. Licht* *91 bis 92 v. H. Wärme 8 bis 9 v. H. Licht*

Die wichtigsten Lampentypen (Osram)

1 Silizierte Lampe

2 Doppelwendellampe (innen mattiert)

3 »Bellalux«-K

4 Superlux-Lampe

5 Kerze klar

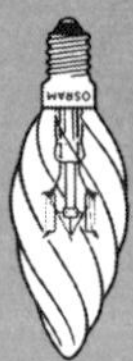

6 Kerze kristall

7 Krypton-Lampe

8 Tropfenlampe

9 Birnenlampe

10 Röhrenlampe

11 Soffitte E 27

12 Kerzenschaftlampe

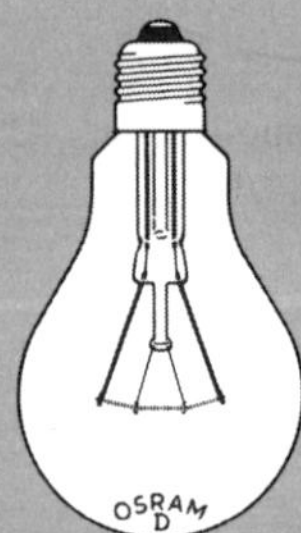

13 200-Watt-Allgebrauchslampe

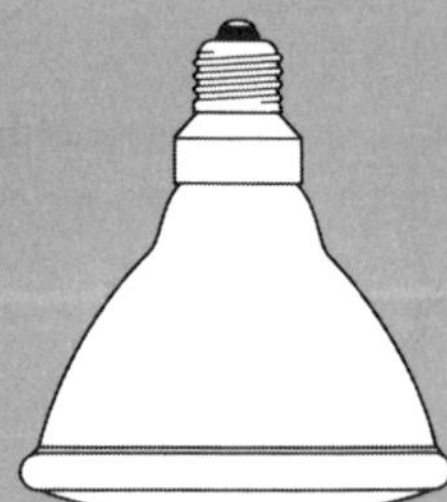
14 Preßglaslampe

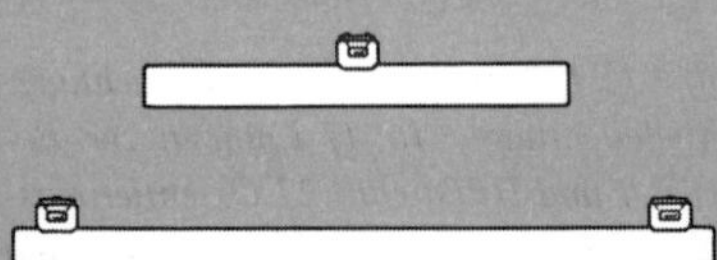
15 röhrenförmige Glühlampen

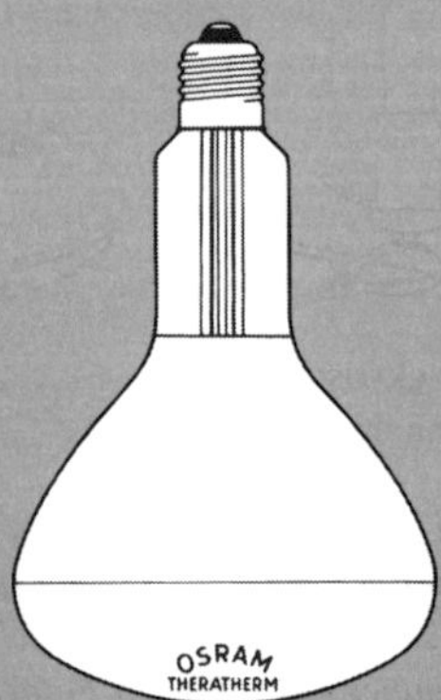

16 Infrarotstrahler

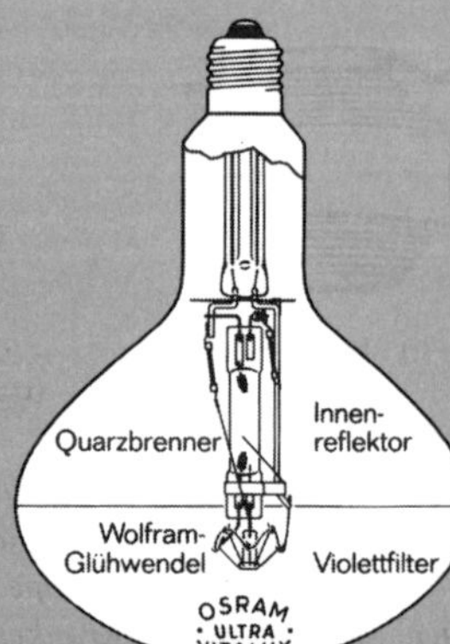

17 UV-Strahler

18 Nählichtlampe

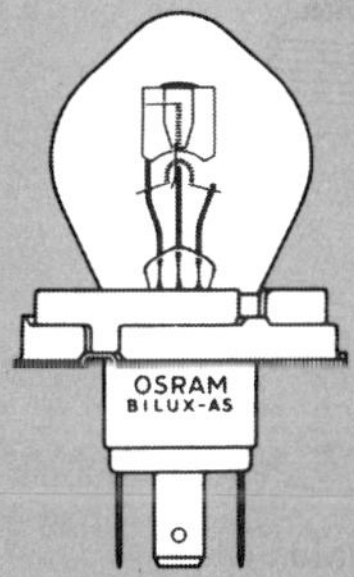

19 Autolampe (asymmetrisch)

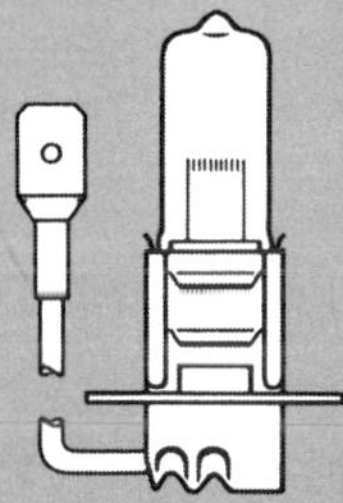

20 Halogen-Autolampe H 3

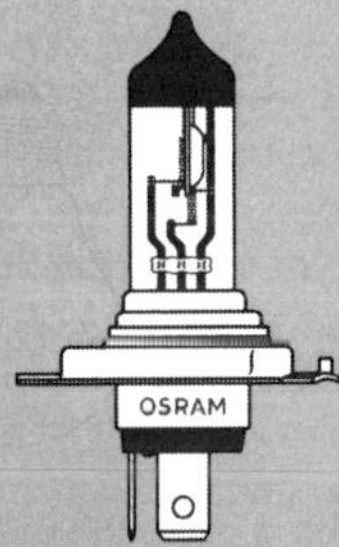

21 Halogen-Glühlampe

22 Zwerglampe

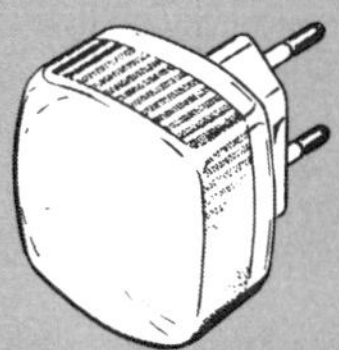

23 »Lunetta«-Nachtlicht

24 Foto-Aufnahme-Lampe »Nitraphot-BR«

25 Halogenlampe 1000 W

26 Vacublitz AG 1

27 Blitzwürfel

28 Halogen-Proj.-Lampe

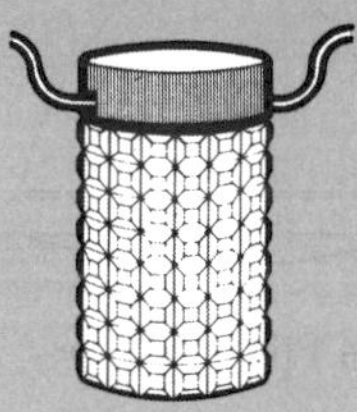

29 »partylux«

30 »happylux«

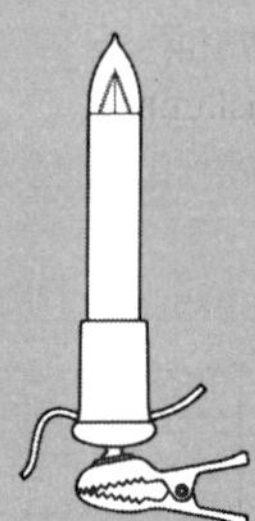

31 elektrische Weihnachtskerze

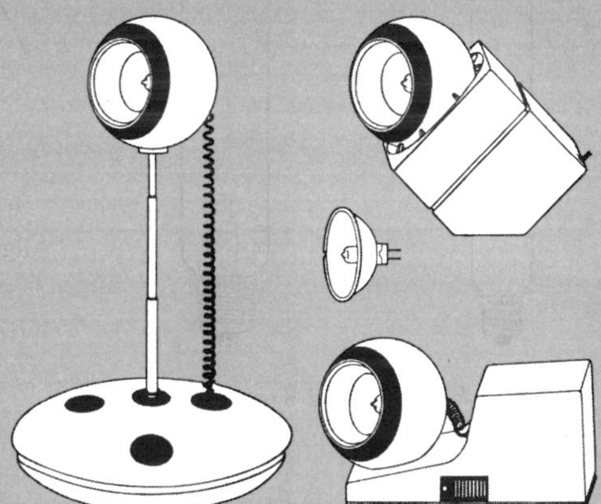

32 Effektleuchten

1–14 Lampen für den Wohnraum (Tisch-, Steh-, Pendelleuchten) · 15 Lampen für Flächenbeleuchtung, senkrecht oder waagerecht anzubringen (Küche, Bad, Spiegelbeleuchtung) · 16, 17 Lampen zur Bestrahlung · 18 Nählichtlampe · 19–22 Lampen für Autoscheinwerfer und Hilfslicht · 23 Orientierungslicht (Kinderzimmer, Krankenzimmer etc.) · 24, 25 Foto-Aufnahme-Lampen (für Fotografieren und Filmen) · 26, 27 Blitzlampen für Foto-Aufnahmen · 28 Projektorlampe · 29, 30 Partyketten · 31 Weihnachtskerze · 32 Leuchten für Effektlicht, Arbeitslicht, Hobby (gebündelter Lichtstrahl)

Leuchtstofflampen – Eine Übersicht (Philips)

Lichtfarbe und Farbwiedergabeeigenschaft von TL-Leuchtstofflampen Im neuen DIN Normblatt 5035 »Innenraumbeleuchtung mit künstlichem Licht« wird die Farbwiedergabeeigenschaft in vier Stufen unterteilt, wobei Lampen der Stufe 1 die besten Farbwiedergabeeigenschaften besitzen.

Die Lichtfarben sind in der untenstehenden Tabelle in vier Gruppen unterteilt. Hierin bedeuten:

tw = tageslichtweiße Lichtfarben; Farbtemperatur im Bereich 6000 K. Gut mischbar mit natürlichem Tageslicht.

nw = neutralweiße Lichtfarben; Farbtemperatur im Bereich 4000 K. Mischbar mit natürlichem Tageslicht und Glühlampenlicht.

ww = warmweiße Lichtfarben; Farbtemperatur im Bereich 3000 K. Gut mischbar mit Glühlampenlicht.

gl = Glühlampenlichtfarbe; Farbtemperatur im Bereich 2700 K.

Warme Lichtfarben bei relativ niedrigen Beleuchtungsstärken erzeugen in Räumen, die der Entspannung dienen, eine behagliche Raumstimmung. In Arbeitsräumen dagegen schaffen hohe Beleuchtungsstärke und neutralweiße Lichtfarbe eine der Arbeit förderliche Atmosphäre. Tageslichtweiße Lichtfarben wirken bei niedrigen Beleuchtungsstärken unbehaglich. Bei hohen Beleuchtungsstärken können sie dagegen einen belebenden, frischen Eindruck hervorrufen.

Stufe der Farbwiedergabeeigenschaften	Lichtfarben			
	tw = tageslichtweiß	nw = neutralweiß	ww = warmweiß	gl = Glühlampenlicht
1	TL/47 »47 de Luxe«	TL/37 »brillant de Luxe« TL/34 »Weiß de Luxe«	TL/32 »Warmton de Luxe«	TL/27 » comfort de Luxe«
2		TL/25 »Weiß U«		
3		TL/33 »Weiß«	TL/29 »Warmton«	
4				

TL Standard-Programm

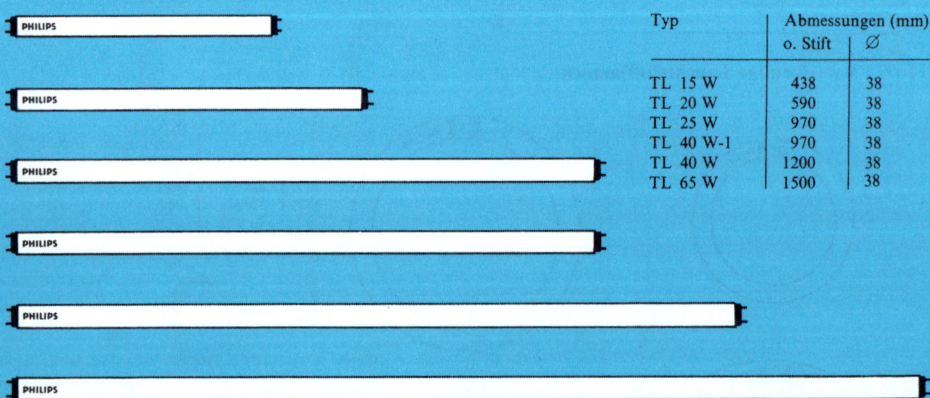

Typ	Abmessungen (mm) o. Stift	Ø
TL 15 W	438	38
TL 20 W	590	38
TL 25 W	970	38
TL 40 W-1	970	38
TL 40 W	1200	38
TL 65 W	1500	38

TL Kleinst-Leuchtstofflampen

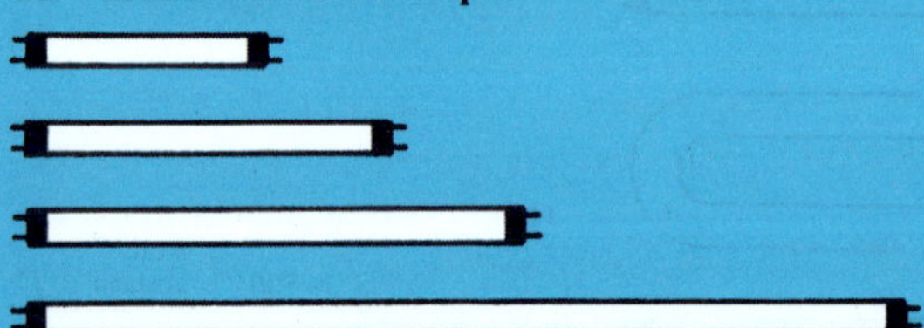

Typ	Abmessungen (mm) o. Stift	Ø
TL 4 W	136	16
TL 6 W	212	16
TL 8 W	288	16
TL 13 W	517	16

TL-D Leuchtstofflampen

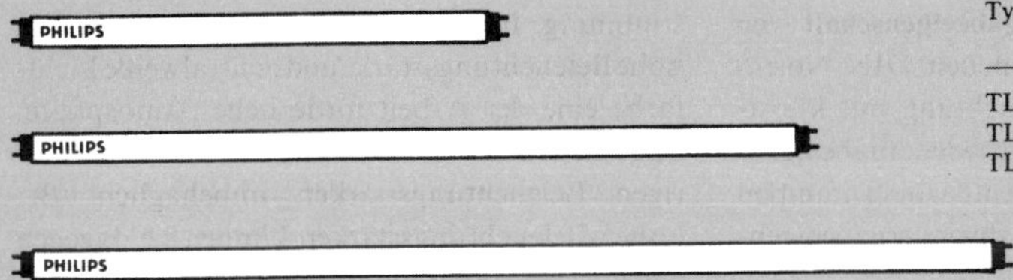

Typ	Abmessungen (mm) o. Stift	Ø
TL-D 15 W	438	26
TL-D 16 W	720	26
TL-D 30 W	895	26

TL-U U-förmige Leuchtstofflampen

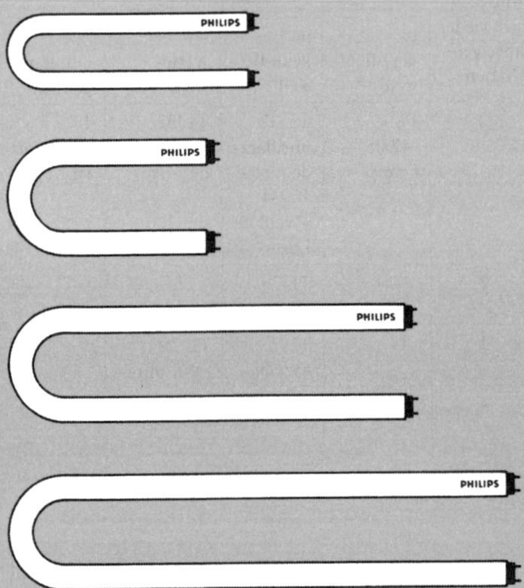

Typ	Abmessungen (mm)		
	o. Stift	Rohr-abstand	Ø
TL-U 16 W	370	56	26
TL-U 20 W	310	92	38
TL-U 40 W	610	92	38
TL-U 65 W	765	92	38

TL-E Kreisförmige Leuchtstofflampen

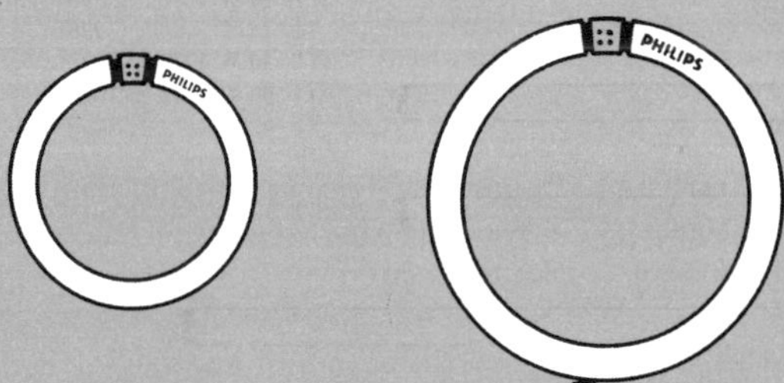

Typ	Abmessungen (mm)	
	Kreis-Ø außen max.	Rohr-Ø
TL-E 22 W	220	29
TL-E 32 W	312	32
TL-E 40 W	411	32

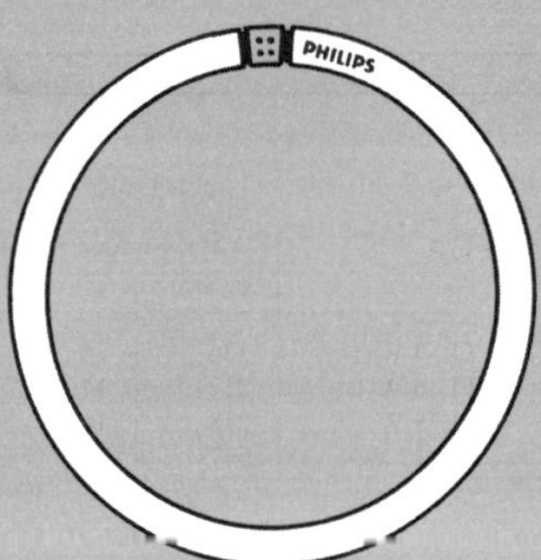

TL-W W-förmige Leuchtstofflampen

Typ	Abmessungen (mm)		
	o. Stift	Rohr-abstand	Ø
TL-W 23 W	262	51	20

Der Kolben hat eine eigenartige Form und, was ein Vorteil ist, er ist etwas kleiner als bei anderen Lampen gleicher Stärke. Ein Vorteil ist das zum Beispiel, wenn Sie eine kleine Kugelleuchte mit einer 60-Watt-Glühlampe ausstatten wollen. Geht die normale Glühlampe dieser Stärke nicht durch die Öffnung, so hilft die K-Lampe.

Grundsätzlich könnte man die Lichtausbeute der Glühlampe weiter steigern, indem man einfach die Temperatur am Glühfaden erhöht. Doch damit sinkt ihre Lebensdauer beträchtlich. Sie wissen sicher, daß es Foto-Blitzlampen gibt, die das Sonnenlicht ersetzen. Sie haben aber auch nur eine Lebensdauer von Minuten oder gar nur Sekunden oder deren Bruchteilen.

Betriebsdauer Wie lange hält eine Glühlampe? Die Fabriken nennen als mittlere Lebensdauer 1000 Stunden. Meist hält sie erheblich länger. Allerdings, wie sonst im Leben, so auch hier: die äußerste Sparsamkeit ist nicht das wirtschaftlichste. Nach einer gewissen Brenndauer wird der Glühdraht dünner, und durch abgeschleuderten Metallstaub bedeckt sich das Innere des Kolbens allmählich mit einer schwarzen Schicht. Die Leuchtkraft sinkt. Es ist deshalb nicht wirtschaftlich, jede Glühlampe so lange zu verwenden, bis ihr Lebenslicht erlischt.

Ab und zu brennt eine Glühlampe nach verhältnismäßig kurzer Zeit durch. Passiert das einmal, so kann ein Fertigungsfehler vorliegen oder auch eine kurzzeitige Überspannung im Netz, welche die Lampe überlastet. Kommt es aber häufiger vor, so wird die Ursache eher in Erschütterungen oder Schwingungen des Gebäudes liegen, hervorgerufen meist durch vorbeifahrende schwere Fahrzeuge oder durch laufende Maschinen. Abhilfe: Aufhängen der Beleuchtungskörper an kleinen, weichen Spiralfedern. Es gibt im Handel auch »stoßfeste« Speziallampen mit besonderer Aufhängung des Glühdrahtes.

Klar · matt · opal Dem äußeren Aussehen nach unterscheiden wir: Klarglaslampe · mattierte Lampe · Opalglaslampe. Klarglaslampen verwenden wir für geschlossene Kugeln und Glasschalen. Bei der mattierten Lampe ist die innere Glaswand zwecks gleichmäßiger Lichtverteilung aufgerauht. Opalglaslampen geben ansprechendes samtartiges Licht und sind geeignet überall da, wo keine weitere Abschirmung erwünscht oder möglich ist.

Den Zustand des Glühfadens kann man in der Klarglaslampe ohne weiteres mit dem Auge erkennen, bei der mattierten Lampe nicht immer. Bei Opal-Lampen sieht man gewöhnlich nichts vom Glühfaden. Zwei Sonderarten müssen wir erwähnen:

Reflektorlampen Es gibt Lampen in Pilzform. Im Innern ist, wie bei einem Scheinwerfer, ein Spiegel angebracht, der die Lichtstrahlen gebündelt auf einen bestimmten Punkt lenkt. Diese Lampen wurden für Anleuchtzwecke (Schaufenster) entwickelt; da sie aber in jede gewöhnliche Fasssung passen, können Sie sie auch im Heim verwenden, wenn Sie einen besonderen Beleuchtungseffekt dieser Art erzielen wollen.

Glimmlampe – die Lampe ohne Stromverbrauch Die andere Art, sehr praktisch, aber wenig bekannt, ist die Glimmlampe. Sie hat keinen Heizfaden. In ihrem mit Edelgas gefüllten Kolben stehen sich zwei Eisendrähte gegenüber, die meist bienenkorbförmig gewendelt sind. Die Lampe paßt in die gewöhnliche Schraubfassung. Es gibt auch Glimmlampen (Philips), die einfach über Nacht unmittelbar in eine Schuko-Steckdose gesteckt werden können. Wärme entwickelt eine solche Glimmlampe nicht; das bringt den gewaltigen Vorteil: der Stromverbrauch ist so gering, daß nicht einmal der Zähler darauf anspricht. Sie kann die ganze Nacht brennen, ohne daß es einen Pfennig kostet. Natürlich kann man bei diesem Glimmlicht keine Zeitung lesen. Aber sie erhellt den Raum doch so weit, daß man sich zurechtfindet und die Gegenstände erkennt. Man kann sie benutzen als Nachtbeleuchtung im Kinderzimmer – bei Kindern, die sich im Dunkeln fürchten – oder im eigenen Schlafzimmer oder auf dem Korridor.

Umgang mit Glühlampen Nun noch ein paar Tips für den Umgang mit Glühlampen:

1. Wenn Sie eine Glühlampe schütteln und ein leichtes Klappern hören, so beweist das nicht, daß sie defekt ist. Meist handelt es sich um Glassplitterchen, die beim Einschmelzen mit in den Kolben gelangt sind.
2. Greifen Sie eine heiße Lampe nicht mit einem feuchten Lappen an. Sie springt dabei leicht auseinander. Das gleiche Schicksal erleidet sie, wenn sie in heißem Zustand einen kalten Wasserspritzer bekommt.
3. Jeder hat die Erfahrung gemacht, daß die Glühlampe beim Einschrauben nicht gerade ins Gewinde geht, sondern sich festklemmt. Man drehe die Lampe zuerst in der entgegengesetzten Richtung – also links herum –, bis das Lampen-

Moderne Leuchten beispielhafter Formgebung.
Oben: Pendelleuchten, rauchgrau und goldoliv, verspiegelt; unten links: Pendelleuchte, Bleikristall handveredelt; rechts Pendelleuchte, Schleiergraphit.
Werkfotos Peill + Putzler Glashüttenwerke GmbH, Düren

gewinde in das der Fassung einrastet. Jetzt stimmen die Gewinde überein, und Sie können mühelos die Lampe im richtigen Drehsinn – rechts herum – festschrauben. Mühelos: das ist wichtig, denn wenn Sie Gewalt anwenden, lockert sich der Glaskolben in der Fassung, und die Lampe hat nur ein kurzes Leben. – Diese Methode des Einschraubens kann man sinngemäß auch bei anderen Gewinden, wie beim Einschrauben der Sicherungskappe, anwenden.

4. Beim Herausdrehen der kümmerlichen Reste einer zerplatzten Glühlampe kann man sich leicht verletzen. Zweckmäßig ist es, ein Papierknäuel oder einen nicht zu kleinen Lappen gegen die Reste zu drücken und so zu drehen.

5. Vergessen Sie nicht, daß Sie vor dem Einschrauben einer neuen Glühlampe erst die Leitung durch Herausdrehen der Sicherung stromlos machen sollen. Ein kleiner Stromübergang am Beleuchtungskörper kann Ihnen einen Schlag versetzen. Auch wenn er nicht tödlich wirkt, können Sie doch einen leichten Schock erleiden und dadurch beispielsweise von der Leiter fallen.

Die gebräuchlichen Leistungen bei Glühlampen sind 15 · 25 · 40 · 60 · 75 · 100 · 150 Watt.

Leuchtstofflampen

Leuchtröhre und Leuchtstofflampe Die für Reklamezwecke verwendeten buntfarbigen Leuchtröhren, die unsere abendlichen Großstadtstraßen beleben, werden mit Hochspannung betrieben und kommen deshalb für Wohnräume nicht in Betracht. Die bunten Farben erzielt man durch verschiedenartige Gasfüllung, die rötliche z. B. durch Füllung mit Neon – weshalb der Laie auch die ganze Gruppe dieser Röhren oft fälschlich als Neonröhren zu bezeichnen pflegt.

Im Gegensatz zur Leuchtröhre kann die Leuchtstofflampe, die die Glühlampe in vielen Bereichen – nicht nur in der Straßenbeleuchtung oder in Arbeitsräumen – großenteils verdrängt hat, an die übliche Netzspannung von 220 Volt angeschlossen werden. Diese Lampen werden in Längen von 15 cm bis 1,50 m hergestellt; die Form kann gerade, ringförmig oder U-förmig sein. Es gibt verschiedene Farbtöne, darunter auch »Warmlicht«. Die für die Rundung erforderlichen zusätzlichen Bauteile bedingen den höheren Preis.

»Kaltes Licht« Das Ideal der Lichttechniker ist das »kalte Licht«. Die Natur macht uns das bei gewissen Lebewesen, die Licht aussenden – wie die Glühwürmchen – vor. So gut kann es die Technik noch nicht. Aber mit der Leuchtstofflampe, die bei gleichem Energieverbrauch gegenüber der Glühlampe etwa die vierfache Lichtausbeute liefert, sind wir dem Ideal um einen großen Schritt nähergekommen.

Leuchtstofflampe im Heim? Da könnte zunächst die Farbe des Lichts im Wege stehen, die manche über dem Familientisch nicht mögen und die den Teint der Damen nicht ins günstigste Licht setzt. Die Industrie kommt jedoch diesem Einwand entgegen und hat in den letzten Jahren viele Farbtöne geschaffen, die sich dem Glühlampenlicht annähern.

Sehr viel kommt auf die richtige Anbringung an. Es gibt reizvolle Möglichkeiten. Die Bilder auf S. 415 vermitteln einige Anregungen.

Zu einem wesentlichen Teil wird der hohe Anschaffungspreis ausgeglichen durch die größere Wirtschaftlichkeit im Betrieb. Viele Firmen geben die Lebensdauer ihrer Leuchtstofflampen mit 7000 Stunden und mehr an – ein Vielfaches von der einer Glühlampe. Die Lebensdauer hängt aber gerade bei diesen Röhren wesentlich von der Häufigkeit des Ein- und Ausschaltens ab. An den meisten Stellen unserer Wohnungen schalten wir täglich viele Male ein und aus.

Als Arbeitsleuchte In einer anderen Verwendung hat die Leuchtstofflampe im Heim unbedingt ein Daseinsrecht: am Arbeitsplatz. Vor allem in der Küche und im Arbeitszimmer, am Schreib- und Zeichentisch also; schließlich auch, wenn Sie eine Heimwerkstatt besitzen oder nach der Lektüre dieses Buches einrichten, über dem Werktisch. Eine 40-Watt-Leuchtstofflampe über dem Arbeitstisch gibt Ihnen das Licht einer 150-Watt-Glühlampe, blendungsfrei und ohne lästige Wärme. Stehen Maschinen in der Heimwerkstatt, z. B. eine Kreissäge, ist Vorsicht gegen Leuchtstofflampe geboten. Ihr (bei Wechselstrom – nicht bei Drehstrom) etwas flimmerndes Licht kann irritieren und Gefahr bringen.

Sollten Sie für die ebengenannten Zwecke oder auch für einen sehr großen und sehr modern gestalteten Wohnraum zur Leuchtstofflampe greifen, so gehen Sie nicht von dem Grundsatz aus: »Das gleiche Licht für weniger Geld«, sondern sagen Sie sich: »Viel mehr Licht für das gleiche Geld.« Bringen Sie also z. B. in der Küche eine 40-Watt-Leuchtstofflampe an. Sie gibt – wie gesagt – das Licht einer 150-Watt-Glühbirne.

Oben: Küche mit Wannenleuchte für zwei Leuchtstofflampen an der Decke, zusätzlich Philinea-Lampen unter den Hängeschränken · Unten: Küche mit Waschautomat, Elektroherd und Kühl-Gefrier-Kombination, unter der Decke hängend Rundleuchte Deutsche Philips GmbH

Beleuchtungskörper und ihre Aufhängung

Die Formgestalter haben in den letzten Jahren viele neuartige Formen von Beleuchtungskörpern geschaffen und den Geschmack des Publikums in der Richtung auf moderne, sachliche Formen beeinflußt. Richten Sie sich beim Einkauf auf jeden Fall nach dem Charakter und der Einrichtung des betreffenden Raumes. Zweckmäßig ist es, sich ein Umtauschrecht zu sichern, denn nicht selten sieht das stolz erworbene Objekt im häuslichen Rahmen wesentlich anders aus als im Ausstellungsraum. Das gegenwärtige Angebot an Beleuchtungskörpern ist so reichhaltig, daß der Einzelhändler oder Elektromeister nur eine kleine Auswahl am Lager halten kann. Man hilft sich, damit der Kunde nicht zu viel herumlaufen muß, häufig so, daß der Elektromeister dem Kunden, der bei ihm nichts Passendes findet, eine Besuchskarte für eine Großhandlung gibt. Der Kunde wählt dort aus dem großen Angebot, bezahlt aber in seinem Einzelhandelsgeschäft.
Gegenwärtig sind Leuchten mit vielen schlanken Armen beliebt, an deren Enden kleine kugelige Glühlampen sitzen. Meist sind sie für Serienschaltung eingerichtet (siehe Abschnitt »Schalter«). Wenn Ihnen ein solcher Igel mit vielleicht zehn Stacheln gefällt, brauchen Sie nicht gleich Angst vor der Lichtrechnung zu bekommen. Schließlich verbraucht ein Lüster mit 10 Lampen von je 25 Watt – der mit 250 Watt eine strahlende Lichtfülle verbreitet – erst bei vierstündiger Einschaltung eine Kilowattstunde. Hinweisen möchte ich Sie auf die gute alte Zuglampe, die über dem Eßtisch nach wie vor praktisch sein kann.
In feuchten Räumen In feuchten Räumen – also Küche · Bad · Keller · Waschküche – sind Beleuchtungskörper erforderlich, die möglichst keine metallischen Teile haben, sondern aus Porzellan oder anderem Isolierstoff bestehen. Der Formgestaltung sind damit gewisse Schranken auferlegt. Die Kugelform hat sich bisher am besten bewährt, weil sie auch gegen Dampf abdichtet, wenn ein Gummiring zwischen Armatur und Kugel vorhanden ist. Beleuchtungskörper im Freien sollen ebenfalls nur Fassungen aus Porzellan oder Isolierstoff enthalten.

Das Anschließen von Beleuchtungskörpern

Montage und Anschluß eines Beleuchtungskörpers müssen sorgfältig ausgeführt werden. Was passieren kann, wenn man das vernachlässigt, haben Sie dem zu Anfang dieses Teils berichteten Beispiel entnehmen können. Vielleicht wird die Firma, die einen neuen Leuchtkörper liefert, den Anschluß kostenlos durchführen. Fachmännische Arbeit ist um so mehr zu empfehlen, als alle metallischen Beleuchtungskörper – ob Deckenleuchte oder Wandleuchte – die seit März 1959 hergestellt werden, laut VDE-Vorschrift mit entsprechenden Schutzmaßnahmen ausgeführt sein müssen. Ein unsachgemäßer Anschluß würde dabei nur noch die Unfallgefahr erhöhen. Außerdem muß die Aufhängeöse des Beleuchtungskörpers von seinen Metallteilen durch ein isoliertes Zwischenstück getrennt sein.

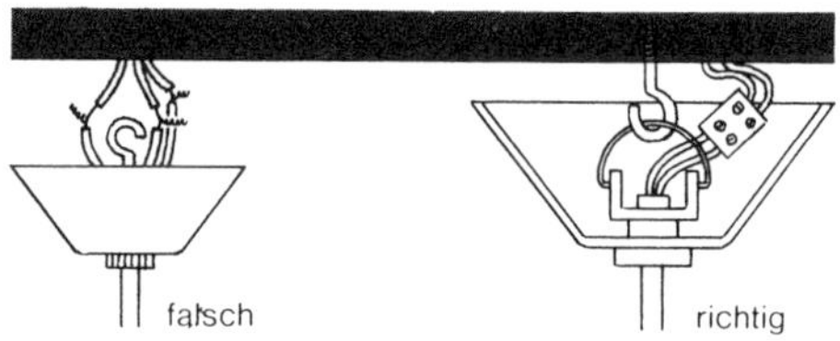

Deckenhaken und Lüsterklemme sind unerläßlich

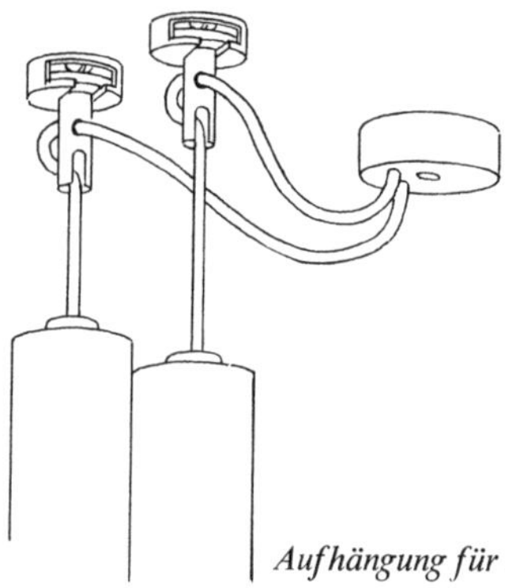
Aufhängung für Pendelleuchten

Beim Aufhängen einer Deckenlampe – für eine Wandleuchte gilt das Entsprechende – kommt es auf zwei Dinge an.
Erstens: Die Leitungsdrähte dürfen niemals den Beleuchtungskörper tragen. Sie müssen völlig zugentlastet sein. Man braucht also einen offenen Ringhaken, der in die Decke geschraubt wird. Ist unter dem Deckenverputz Holz, geht das ohne weiteres. Bei anderen Arten von Decken – in Neubauten hat man vielfach Beton – und ebenso an Wänden muß, wo nicht schon ein Haken angebracht ist, zunächst ein Dübel eingesetzt werden (siehe S. 229ff.).
Zweitens: Die Leitungsdrähte dürfen mit den

Lampendrähten keinesfalls bloß zusammengedreht oder zusammengeknüpft werden. Sie werden stets mit einer Lüsterklemme zusammengeschlossen, die zweipolig ist bei einfacher Schaltung, dreipolig bei Serienschaltung. Von den blankgeputzten Drahtenden darf nicht ein Millimeter aus der Lüsterklemme herausragen!
Will man eine Leuchte nicht unter der üblichen Anschlußstelle (meist in Deckenmitte) aufhängen, braucht man eine Anschlußdose mit Klemmvorrichtung und muß ebenfalls für zugkraftfreie Befestigung der Zuleitungen sorgen. Fertige, vorschriftsmäßige Aufhängungen wie die abgebildete gibt es im Handel.

Reinigung Neu angeschlossen wird eine Leuchte nur selten; gereinigt sollte sie häufiger werden. Staub ist überall. Die Zimmerwärme treibt ihn nach oben, besonders während der Heizperiode. Auf den Schirmen, Schalen und Glühlampen läßt er sich nieder. Das vermindert die Leuchtkraft erheblich.
Vor dem Säubern wird die Sicherung losgedreht! Metallische Teile nur trocken abreiben, durch feuchtes Putzen geht der meist vorhandene Schutzlack ab. Schalen und Schirme je nach Material in kaltem oder warmem Wasser säubern. Bei den Glühlampen wird der Glaskörper – nur dieser – mit einem feuchten Lappen abgewischt.

5 Die wichtigsten elektrischen Geräte

Beim Einkauf eines Elektrogerätes soll man über drei Begriffe Bescheid wissen: Stromart · Spannung · Leistung.
Stromart Stromarten gibt es drei: Gleichstrom · Wechselstrom · Drehstrom. Drehstrom spielt in der modernen Versorgung die beherrschende Rolle. Während die großen industriellen Abnehmer ihn unmittelbar als Drehstrom verbrauchen, erhalten die Haushalte als Kleinverbraucher sozusagen nur einen Teil, nämlich den Wechselstrom, der dem Drehstrom entnommen wird. In Deutschland sind alle Haushaltsversorgungsnetze, auch soweit sie früher Gleichstrom hatten, auf Wechselstrom umgestellt. Im Ausland sollten Sie sich, bevor Sie ein mitgebrachtes Gerät einschalten, über die Stromart vergewissern, denn für einige Geräte ist sie von Bedeutung.
Spannung Im Unterschied zur Stromart ist die Spannung bei jedem Gerät von Bedeutung. Die übliche Spannung in Deutschland ist 220 Volt. Manche Netze haben noch 110 Volt. Der Kraftstrom für Werkstätten und Fabriken hat gewöhnlich 380 Volt. Viele Geräte, z. B. elektrische Trokkenrasierer, können durch einen kleinen Schalter oder durch Umstecken des Kabels wahlweise auf 110 oder 220 Volt eingestellt werden. Niemals darf man ein Gerät an eine höhere Spannung anschließen als die, für die es gebaut oder eingestellt ist. Wird es an eine zu schwache Spannung angeschlossen, funktioniert es gar nicht oder unvollkommen, erleidet aber keinen Schaden.

Leistung Die Leistung, angegeben in Watt oder Kilowatt (1 kW = 1000 W), ist wichtig vor allem für unseren Geldbeutel, denn von der Leistung hängt der Stromverbrauch und damit die Stromrechnung ab. Ein 1000-Watt-Gerät, z. B. eine Kochplatte, verbraucht in einer Betriebsstunde eine Kilowattstunde, abgekürzt kWh. Darüber sprechen wir noch weiter im Abschnitt »Zähler · Tarif · Stromverbrauch«.

Leistungsschild eines Staubsaugers.
Oben (von links): Firmenzeichen · Type · VDE-Prüfzeichen. Mitte: lfde. Nummer · Zeichen für Schutzisolierung. Unten: Leistungsaufnahme · Stromart (Allstrom) · Spannung.

Leistungsschild Stromart, Spannung und Leistung sind auf jedem Gerät angegeben, gewöhnlich auf einem Blechschild, dem sogenannten Leistungsschild. Die Stromart ist häufig nur durch ein Zeichen angegeben: gerader Strich für Gleichstrom, Wellenlinie für Wechselstrom. Ist die Stromart nicht angegeben, kann das Gerät mit Gleichstrom oder Wechselstrom betrieben werden.

Die Schutzmaßnahmen

Die meisten elektrischen Unfälle entstehen durch defekte Haushaltgeräte mit unsachgemäßen Anschlußleitungen. Deshalb wurden vom VDE gerade für diese immer stärker verbreiteten Geräte eindeutige Vorschriften erlassen, um den Benützern unbedingte Sicherheit zu geben.
Man unterscheidet zwei Schutzmaßnahmen; eine muß bei jedem elektrischen Haushaltgerät angewandt sein, auch bei Stehlampen und Nachttischlampen. Nehmen wir erst die unkomplizierte. die Schutzisolierung. Leider läßt sich dieser Schutz nur in manchen Fällen anwenden, denn das Gerät muß ganz in Isolierstoff eingehüllt sein, wie es bei Staubsaugern, bei Haartrocknern oder auch bei vielen Küchenmaschinen der Fall ist. Diese Geräte müssen durch ein Zeichen, zwei ineinandergestellte Quadrate gekennzeichnet sein. Die Zuführungsleitung ist bei ihnen durchweg fest eingeführt. Es sind nur zwei Adern erforderlich. Am Ende muß ein Schuko-Stecker ohne Erdkontakte sein. Bestehen aber Anschlußleitung und Stecker aus einem Stück, so kann auf den Schuko-Stecker verzichtet werden; dafür ist dann ein eigens entwickelter Stecker zu verwenden, der in die Schuko-Dose paßt.
Nun zur anderen Schutzmaßnahme, zur Anwendung des Schutzkontaktes oder, wie der Fachmann sagt, zur »Nullung«. Davon werden alle elektrischen Geräte betroffen, deren Gehäuse metallische Teile aufweisen. Alle diese Geräte müssen mit einer dreiadrigen Zuführungsleitung versehen sein. Im Gerät muß die dritte, gelb/grüne Ader (früher rot) mittels einer gekennzeichneten Schraube an den Metallteilen befestigt werden. Am anderen Ende der Zuführungsleitung muß ein Schukostecker sein, und zwar so, daß diese dritte Ader (gelb/grün) auf die Erdungsschiene des Steckers kommt. Auch diese Schutzmaßnahme hat eine besondere Kennzeichnung:
Welche Bedeutung hat nun diese Schuko-Ausführung? Jedes Gerät kann einmal einen Fehler in der Isolation bekommen. Dann stehen die metallischen Teile unter Strom, und der Bedienende ist gefährdet, sobald er sie berührt. Hat man eine Schuko-Steckdose (mit dem zugehörigen Anschlußkabel!), so wird in dem Augenblick, da das Metallgehäuse unter Strom tritt, die Sicherung durchgehen. Das Gerät ist sofort stromlos, und man weiß, daß es fehlerhaft ist. Wie geht das zu? Dem Fehlerstrom wird vom Gehäuse aus über Erdungskontakt des Gerätesteckers – gelb/grüne Kabelader – Erdungskontakt des Schukosteckers – Steckdose ein guter Leitungsweg ins Netz bereitet. Der Fehlerstrom wird zum Kurzschluß.

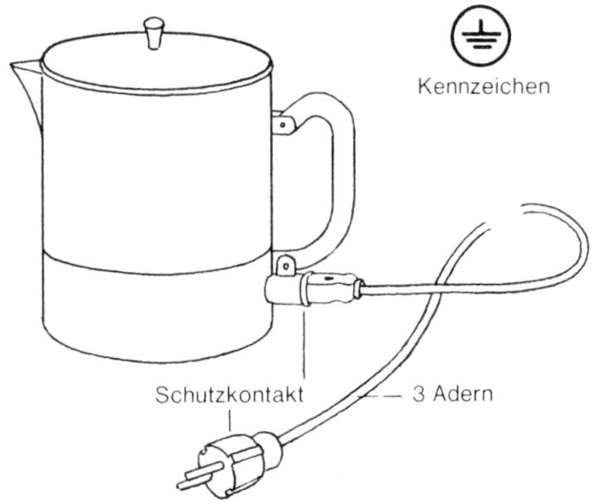

Wasserkocher mit Schutzkontakt

Wir lernen daraus: Die Schuko-Steckdose nützt nur, wenn das Gerät mit einem dreiadrigen Kabel, mit vorschriftsmäßigem Netzstecker und Gerätestecker angeschlossen wird. Hat das Kabel nur zwei Adern, so ist überhaupt kein Schutz vorhanden; im Gegenteil kann die Unfallgefahr dadurch größer werden.
Die klare Schlußfolgerung aus dieser Erkenntnis: Haben wir nur Schuko-Steckdosen in der Wohnung und verwenden wir nur Geräte mit Schuko-Ausrüstung und dreiadrigem Anschlußkabel, so sind Unfälle durch elektrische Geräte so gut wie ausgeschlossen.

Anschlußleitungen · Verlängerungsleitungen

Fast alle Geräte, die wir nachfolgend betrachten, werden an die Steckdose angeschlossen und brauchen daher eine biegsame und isolierte Anschlußleitung. Man nennt sie Anschlußkabel, wenn die äußere Umhüllung aus Weichgummi oder Kunststoff, Anschlußschnur, wenn die äußere Umhüllung aus einem Textilgeflecht besteht. Kabel oder Schnur, was ist besser? Das kommt auf den Zweck an. Das Gummikabel ist robuster. Bei Staubsauger und Küchenmaschine, bei denen das Kabel viel herumgezogen wird, ist Gummi besser. Im Wohnraum ist die Schnur am Platze, weil sie erstens beim Schleifen über Teppiche, an Vorhängen und Tapeten niemals Spuren hinterlassen kann, zweitens mehr Wärme verträgt als der

Gummimantel, und weil sie drittens in jeder gewünschten Farbe zu haben ist. In feuchten Räumen: nur Gummikabel!
Der Überlegung, ob Gummi oder Kunststoff, ob blau oder gelb, werden wir in Zukunft dadurch enthoben, daß nach den Empfehlungen des VDE alle Geräte bereits mit der dazu zweckmäßigen Anschlußleitung in der erforderlichen Länge ausgestattet werden sollen.

Gerätestecker

Fast jeder hat schon erlebt, daß es am Gerätestecker (manchmal auch Geräte-Steckdose genannt), der bisher bei Bügeleisen, Staubsauger, Heizplatte zum Anstecken der Schnur an das Gerät diente, wackelte, funkte oder schmorte. Auch die Stahldrahtspirale, durch welche die Anschlußleitung den Stecker verläßt, ist ein Übeltäter und an manchem Unfall schuld. Deshalb wird der Gerätestecker jetzt auch in die Verbannung geschickt. Solange noch alte Geräte in Gebrauch sind, beachten Sie bitte folgendes: Ein Schutz gegen elektrische Unfälle besteht nur dann, wenn der Erdungskontakt des Gerätesteckers mit dem metallischen Schutzkragen des gesteckten Gerätes innige Verbindung hat. Bei Gerätesteckern an elektrischen Wärmegeräten wie Bügeleisen oder Heizöfen ist zu beachten: Der Vorderteil des Gerätesteckers, der sich durch die Berührung mit dem Gerät stark erwärmen kann, soll aus einem wärmebeständigen Material bestehen. Gut ist Porzellan, noch besser ist Steatit, das man an seiner bräunlichgrauen Farbe erkennt. Beim Gerätestecker aus dem gewöhnlichen braunen Preßstoff würde das Vorderteil in der Wärme bald brüchig werden und schließlich auseinanderbrechen.

Verlängerungsschnur Bei den meisten elektrischen Geräten sind die fest eingebauten Anschlußleitungen zu kurz. Richtiger gesagt: In unseren Räumen sind zu wenig Steckdosen. Wenn nun aber ein Verlängerungskabel – dann nur mit drei Adern, Stecker und ein Kupplungsstück beide in Schuko-Ausführung! Eine andere Ausführung darf nicht mehr verkauft werden.
In einem modernen Haushalt sollte es überhaupt keine losen Kabel und auch keine Verlängerungsleitungen mehr geben! Voraussetzung dafür ist natürlich: genug Steckdosen in jedem Raum.
Noch ein wichtiger Hinweis: Achten Sie unbedingt darauf, daß alle elektrischen Spielsachen Ihrer Kinder einen andersartigen Stecker haben, der nicht in die Netzsteckdose eingeführt werden kann!

Bessere Bügeleisen!

Die Älteren kennen noch die schweren gußeisernen Ungetüme von Bügeleisen, die, den Bauch voll glühender Holzkohlen, in der Hand unserer Großmütter dampfend übers faltige Leinen fuhren. Der elektrische Heizkörper hat Form und Gewicht des Bügeleisens wesentlich verändert und dadurch die Bedienung vereinfacht.
Eine gewisse Kunst und Erfahrung mußte die bügelnde Hausfrau freilich immer noch besitzen, insbesondere die Temperatur des heißen Eisens richtig abschätzen können. Sie pflegte sie durch Betupfen mit nassem Finger oder leichtes Draufspucken zu prüfen und durch häufigeres Abziehen und Neueinschalten zu regulieren.
Bei der Leinenwäsche vergangener Zeiten spielten leichte Schwankungen der Bügeltemperatur keine große Rolle. Die heute gebräuchlichen Gewebe

Schuko-Anschlußkabel für Geräte

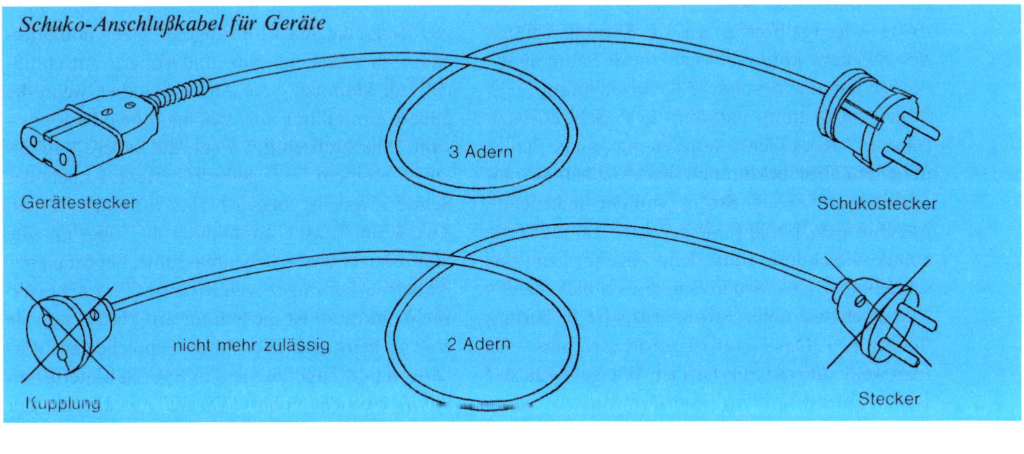

erfordern dagegen ganz bestimmte, jeweils verschiedene Bügeltemperaturen:

Leinen	um 220° C
Baumwolle	um 195° C
Wolle	um 170° C
Seide	um 140° C
Kunstseide	um 120° C
Nylon, Perlon	um 95° C

Die Antwort des Technikers auf diese Entwicklung war das Reglerbügeleisen (Bügelautomat) mit Wählschalter für die Temperatur. Es hat zunächst mit 1000 Watt die doppelte Leistung eines hergebrachten Bügeleisens. Trotzdem verbraucht es nicht etwa mehr Strom, sondern sogar weniger. Der Heizkörper schaltet sich nämlich automatisch ab, sobald er die am Wählschalter eingestellte Temperatur erreicht hat. Er schaltet sich wieder ein, wenn die Temperatur um etwa 10 Grad gefallen ist. Der Strom wird also nur in ziemlich kurzen Impulsen durch den Heizwiderstand geschickt.

Weitere Vorteile des Automaten sind das geringere Gewicht und die wesentlich verminderte Unfallgefahr. Denn ein auf 150° C eingestelltes Reglerbügeleisen wird nicht heißer, selbst wenn Sie vergessen, es abzuschalten, bevor Sie in Urlaub fahren.

Elektrisch heizen

Es ist bequem, elektrisch zu heizen, und es ist technisch kein Problem, eine elektrische Raumbeheizung vollautomatisch zu regeln, so daß die gewünschte und eingestellte Zimmertemperatur bis auf 0,5° C genau eingehalten wird und die Anlage schlechterdings keiner Wartung bedarf. Aber es ist teuer bei unseren Strompreisen, die auf absehbare Zeit auch nicht gesenkt werden können. Als Übergangsheizung jedoch, wenn es sich im Herbst noch nicht lohnt, die Kohlen- oder Ölheizung in Betrieb zu nehmen, oder wenn im Frühsommer kühle Tage kommen, ist die elektrische Heizung bewährt.

Strahlungsheizkörper Heizsonnen mit ihrer gebündelten Wärmestrahlung kommen in Betracht, wenn man einen begrenzten Teil des Raumes erwärmen will. Die Strahlen wärmen aber weniger die Luft als vielmehr den angestrahlten Gegenstand. Man sitzt im Sessel und wird einseitig gebraten, während die andere Seite friert. Und die Staubverbrennung in unmittelbarer Nähe des Glühkörpers verschlechtert die Luft.

Wollen Sie den Standort einer eingeschalteten Heizsonne verändern, so schalten Sie sie ab und warten einen Augenblick, bis die Heizspirale nicht mehr glüht. In glühendem Zustand dehnt sie sich nämlich bei Erschütterungen sehr leicht aus, hängt durch und berührt andere Teile; dabei kann es geschehen, daß der Heizdraht durchbrennt.

Alle Strahlungs-Heizkörper mit Reflektoren sind um so zweckmäßiger, je größer die abstrahlende Fläche ist.

Heizgeräte mit Lüfter Viele Heizkörper verstärken die Zirkulation der Luft: ein elektrisch angetriebener Lüfterflügel hinter dem Heizkörper bläst die Luft an diesem entlang. Das ganze ist einem Fön (Haartrockner) vergleichbar. Vorteile: schnelle Zirkulation, lange Lebensdauer und keine Staubverbrennung, weil der Heizdraht nicht glühend wird.

Heizgeräte mit Lüfter sind wesentlich teurer als Sonnen; sie können aber im Sommer bei abgeschaltetem Heizkörper als Ventilator für Frischluft sorgen.

Welche Leistung ist erforderlich? Bevor man ein Heizgerät kauft, ermittelt man die erforderliche Leistung nach der einfachen Erfahrungsregel: 40 Watt pro Kubikmeter. Das reicht aus, um die Zimmertemperatur auf etwa 20° C zu halten, wenn die Außentemperatur um 0° C ist.

Beispiel: Das Zimmer ist 4 mal 5 m groß und 2,80 m hoch. 4 mal 5 mal 2,8 gibt 56. 56 mal 40 Watt gibt 2240. Es ist also ein Heizgerät von 2000 bis 2500 Watt erforderlich. Das ist schon ein beachtlicher Stromverbraucher. Es braucht pro Betriebsstunde 2 Kilowattstunden, bei zehnstündigem Betrieb und einem Strompreis von 10 Pfennig je kWh ergibt das 2 DM täglich Heizkosten für diesen einen Raum. Es ist zweckmäßig, daß die Leistung des Heizgeräts in mehreren Stufen geregelt werden kann.

Fußbodenheizung (nur für Neubauten) Verschiedene Kabelwerke stellen heute kunststoffisolierte Heizleitungen her. Diese Leitungen, etwa 5 mm stark, werden in engen Schleifen auf dem Betonboden ausgelegt und dann in eine 4 cm starke Schicht aus schwimmendem Estrich eingegossen. Die höchste Heiztemperatur beträgt etwa 40 Grad. Diese Fußbodenheizung wäre die ideale Heizung, aber die Installations- sowie die Betriebskosten sind ganz erheblich. Übrigens werden diese Heizleitungen heute auch in Dachrinnen verlegt, um sie im Winter eisfrei zu halten.

Speicherheizung Mit billigem Nachtstrom wird elektrische Wärme erzeugt und damit ein mit Luftkanälen durchzogener Betonblock bis auf 400 Grad aufgeheizt. Natürlich ist der Block sehr gut wärmeisoliert. Bei Wärmebedarf am Tage wird ein Schieber geöffnet und ein Ventilator eingeschaltet. Die Raumluft wird durch die Luftkanäle gedrückt und dabei aufgewärmt. Die Anschlußwerte liegen zwischen 2 und 6 kW, das Gewicht ist ungeheuerlich (bis zu 400 kg) und die Anschaffungskosten sind nicht gering.

Die Berechnung der Anschlußleistung sowohl für die Fußboden- als auch die Speicherheizung muß man dem Fachmann überlassen. Bei Neubauten mit Speicherheizung muß größter Wert auf bestmögliche Wärmedämmung gelegt werden.

Elektrisch kochen

Beim Kochen hat der elektrische Strom im Wettbewerb mit anderen Wärmequellen wesentlich günstigere Aussichten als beim Heizen, und zwar deshalb, weil das elektrische Kochgerät die Wärme so konzentriert auf Topf und Kochgut übertragen kann, daß wenig Wärmeverluste entstehen. Jeder weiß, daß ein Kohlenherd die Küche mit erwärmt, ein elektrischer Herd nicht.

Vollherd Der elektrische Vollherd mit Brat- und Backrohr und mehreren Kochplatten hat meist eine Gesamtleistung von über 5000 Watt. Ein Vollherd mit dieser Leistung wird entweder fest mittels einer Herd-Anschlußdose oder neuerdings mittels Stecker an eine 25-Ampere-Steckdose (s. S. 419) an die Leitung angeschlossen. Er erfordert einen besonderen Stromkreis mit Sicherung. Wird vom Stromlieferanten für Kochzwecke verbilligter Strom geliefert, braucht man dafür einen Zähler mit einer Umschalteeinrichtung für den neuen Tarif (Doppeltarifzähler) und eine Schaltuhr. Daran bei der Planung von Neubauten denken! Manche Werke verlangen bei elektrischen Vollherden die Anbringung eines »Schutzschalters« zum Schutz gegen Unfälle.

Stufenschaltung Um mit elektrischem Gerät wirtschaftlich zu kochen, muß man mit Verstand zu Werke gehen. Vor allem muß man von der Möglichkeit Gebrauch machen, die Heizleistung und damit auch die Temperatur in Stufen – auch Takte genannt – zu schalten. Man spricht von Viertakt-Schaltung, wenn eine Platte außer der Nullstufe drei Heizstufen hat. Die Stufe mit der höchsten Leistung heißt »Ankochstufe«, die schwächeren Stufen nennt man »Fortkochstufen«, die schwächste ist die »Warmhaltestufe«.

Automatische Regelung Sogenannte Blitz- oder Expreß-Kochplatten schalten nach einigen Minuten, sobald die erforderliche Wärme erreicht ist, automatisch auf die schwächere Fortkochleistung um. Bei manchen modernen Herden hat das Backrohr, manchmal auch die Kochplatte, automatische Regelung. Das Gerät stellt sich automatisch auf den am Wählschalter eingestellten Wert und hält ihn. Solange Strom zugeführt wird, leuchtet eine Kontroll-Lampe auf. Ist außerdem eine automatische Schaltuhr eingebaut, schaltet sich das Gerät nach der eingestellten Zeit automatisch ab. Verbrennen des Kuchens oder Bratens ist bei richtiger Einstellung ausgeschlossen. Automatische Geräte sind nur für Wechselstrom verwendbar. Ihre Leistung, meist über 2000 Watt, mutet hoch an. Sie sind aber in Wahrheit – ähnlich dem Reglerbügeleisen – sparsamer als Ausführungen ohne automatische Regelung.

Kochgeschirr Zum elektrischen Kochen gehört das richtige Geschirr. Leichte Töpfe, wie man sie auf dem Gasherd benutzt, sind unbrauchbar. Der Topf soll den gleichen Durchmesser wie die Platte haben, sonst geht Wärme verloren. Er soll einen massiven und völlig ebenen Boden haben. Sonst liegt zwischen Topf und Platte ein Luftpolster, das die Wärmeübertragung behindert. Man benutze also nur Elektro-Kochtöpfe, die in den genormten Größen der Kochplatten hergestellt werden.

Niemals trockenkochen! Niemals soll eine Platte »trockenkochen«. Ist das Kochgut im Topf vollständig verdampft, kann die Wärme nicht mehr an das Kochgut abgegeben werden. Da Luft ein guter Wärme-Isolator ist, also die Wärme schlecht ableitet, nimmt die Eigentemperatur der Platte –

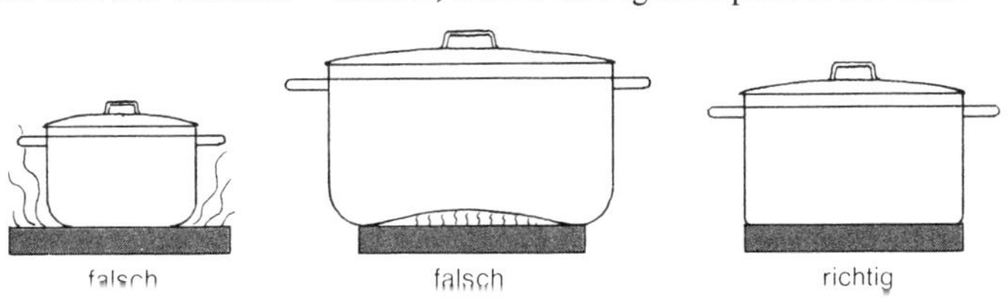

Der richtige Topf

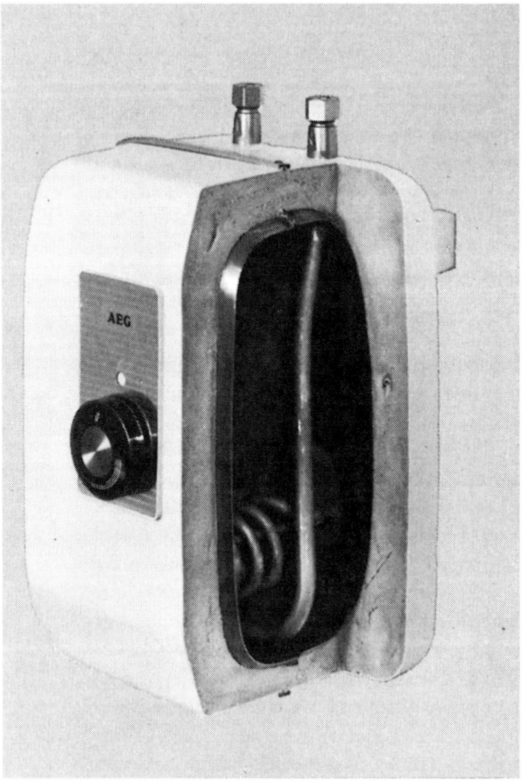

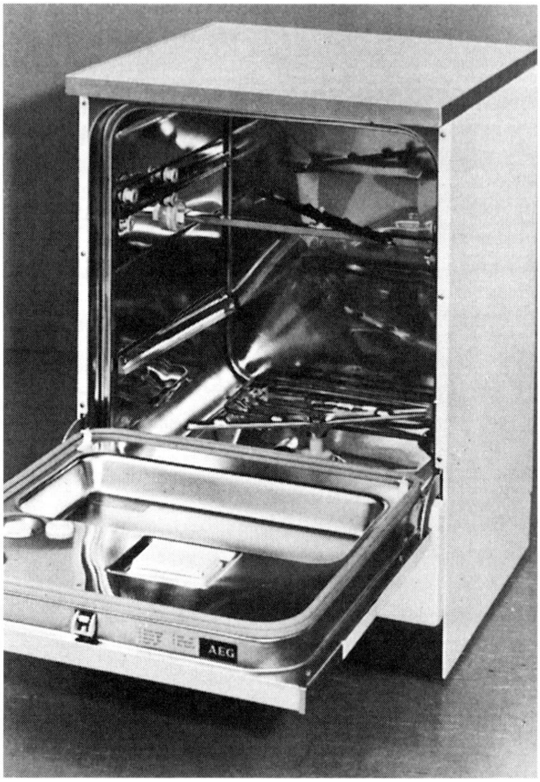

1 Untertisch-Heißwasserspeicher (AEG). Bei dieser Schnitt-Aufnahme erkennt man den Innenbehälter (Kupfer verzinnt), die Schaumstoff-Isolierung aus Polyurethan und den spiralförmigen Heizkörper, ebenfalls Kupfer verzinnt. 2 Die Aufnahme zeigt den Innenraum eines Geschirrspülers (AEG-FAVORIT); man erkennt die beiden Düsen-Sprüharme oben und unten. 3 Ein Fön im Schnitt. Unmittelbar hinter dem Luftaustritt befindet sich die Heizung, im runden Teil das Radialgebläse, in dessen Mitte der Motor. Ein eingebauter Übertemperaturschutz schaltet das Gerät bei Überhitzung selbsttätig ab; nach kurzer Abkühlung kann es durch Knopfdruck erneut eingeschaltet werden (AEG-Foen).

AEG-TELEFUNKEN, Nürnberg

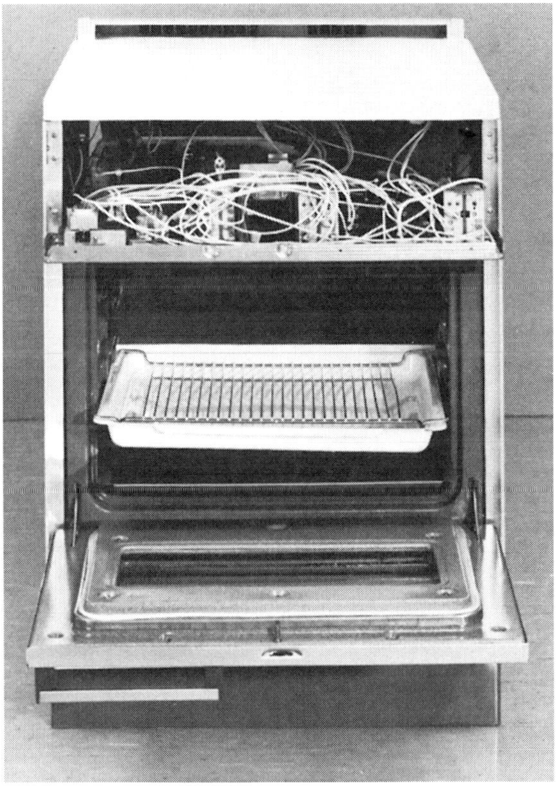

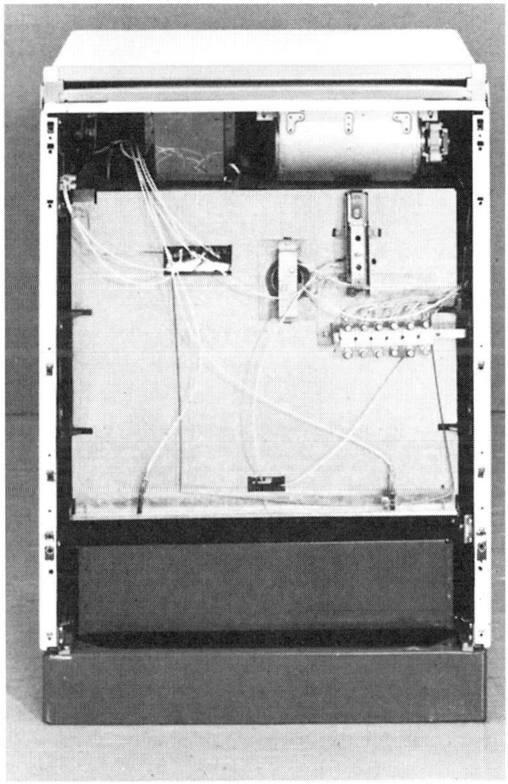

1 Elektroherd (AEG-PYROLUXE) von vorn gesehen mit heruntergeklappter Blende; Schaltelemente und Verkabelung dadurch sichtbar. 2 Rückansicht: man erkennt den isolierenden Blechmantel um den Bratofen, der für niedrige Außentemperatur während des selbsttätigen Reinigungsvorgangs sorgt. Oben links der Nachverbrenner, der Geruchsbelästigung verhindert. 3 Der Innenaufbau eines Wärmespeichers; man erkennt den Speicherkern aus Magnesitsteinen, rechts davon einen der Heizkörper.

AEG-TELEFUNKEN, Nürnberg

und des Topfes – bis zum Glühen zu. Dasselbe passiert, wenn man die Platte einschaltet und dann vergißt, den Topf aufzustellen. Manche Herde haben eine Vorrichtung, die den Heizkörper beim Erreichen einer kritischen Temperatur automatisch zum Teil abschaltet und so das Trokkenkochen ausschließt. Für das elektrische Kochen gibt es besondere Kochbücher.

Wasserkocher und Tauchsieder Um kleinere Mengen Wasser zum Kochen zu bringen, genügt der elektrische Wasserkocher oder der Tauchsieder. Der elektrische Wasserkocher soll einen Topf aus nahtlosem Messingblech mit Nickelüberzug haben. Für beide Geräte sollte man die Leistung nicht unter 1000 Watt wählen. Für beide Geräte ist die sogenannte Trockenauslösung wichtig. Das ist gewöhnlich ein roter Knopf in der Nähe des Anschlusses. Wird die Temperatur des Geräts durch Verkochen des Wassers zu hoch, springt er heraus und schaltet damit den Strom ab. Die Trockenauslösung kann auch mittels Thermokontakt unmittelbar am Heizkörper erfolgen; in diesem Fall ist sie von außen nicht sichtbar. Ohne diese Vorrichtung wird das Gerät bald defekt werden.

An beiden Geräten pflegt sich im Lauf der Zeit eine Kalkschicht abzusetzen. Bei sehr kalkhaltigem Wasser geht das ziemlich schnell. Diese Schicht läßt die Wärme schlecht durch und mindert die Leistung des Geräts. Sobald sich ein grauer Niederschlag zeigt, lasse man das Gerät eine Nacht in Essigwasser stehen. Dadurch löst sich der Kalk.

Warmwasser bereiten und speichern

Durchlauferhitzer Der Durchlauferhitzer erwärmt das Wasser »im Vorbeilaufen«. Man öffnet die Zapfstelle, das herauslaufende Wasser strömt an Heizelementen vorbei und erwärmt sich in Sekundenschnelle. Das bedarf einer erheblichen Heizleistung, und die erfordert eine eigene elektrische Leitung mit verstärktem Querschnitt und entsprechender Absicherung. Bei Anschluß an eine normale Leitung oder Steckdose muß man sich mit einer geringeren Wassermenge oder mit niederer Auslauftemperatur begnügen. Die niedere Temperatur hat den Vorteil, daß die Bildung des unerwünschten Kesselsteins im Gerät vermieden wird. Kesselstein bildet sich erst von etwa 55° C aufwärts.

Bisher wurden vielfach kleine Durchlauferhitzer verwendet, die lediglich auf den Kaltwasserauslauf aufzuschieben sind. Das ist nicht mehr zulässig; sie müssen jetzt ortsfest montiert sein.

Speicher Der Warmwasserspeicher (auch Boiler genannt) erwärmt das Wasser auf Vorrat und speichert es in einem wärmeisolierten Kessel. Speicher werden gewöhnlich mit billigem Nachtstrom angeheizt. Da die Erwärmung sich über einen größeren Zeitraum verteilt, liegt die Leistung im allgemeinen in den Grenzen anderer Haushaltsgeräte, so daß man keine besondere Zuleitung braucht. Je kürzer das Rohr vom Speicher zum Auslauf, um so geringer die Wärmeverluste.

Beim Durchlauferhitzer ist das Gas dem elektrischen Betrieb durch kürzere Aufheizzeit und Wirtschaftlichkeit überlegen.

Aus Sicherheitsgründen sollte die Höchsttemperatur für Warmwasserbereiter bei 85° C liegen. Bei höherer Temperatur bildet sich Dampf und steigt die Druckbeanspruchung. Weiteres über Boiler im Abschnitt »Wasser und Gas«, S. 371 f.

Der Kühlschrank

Absorber Beim sogenannten Absorber-Schrank wird der Kreislauf des Kältemittels – so seltsam das klingt – durch elektrische Heizung aufrechterhalten. Vorteil: der Schrank arbeitet völlig geräuschlos, weil er keine beweglichen Teile enthält. Nachteil: hoher Stromverbrauch. (Trotzdem ist Kühlen billiger als Heizen. Ein kleiner Absorber-Schrank verbraucht etwa für 25 Pfennig Strom pro Tag.) Absorber-Schränke gibt es auch für den Betrieb mit Gas.

Kompressor Die andere Bauart – der Kompressor-Schrank – arbeitet, wie der Name sagt, mit einem Kompressor, der von einem Elektromotor angetrieben wird. Ein solcher Schrank verbraucht gegenüber einem gleich großen Absorberschrank nur ⅓ des Stroms. Im allgemeinen werden kleinere Schränke nach dem Absorber-, größere nach dem Kompressor-Prinzip gebaut. Absorber gibt es bis etwa 80 Liter Kühlraum, Kompressor-Schränke von etwa 60 Liter aufwärts.

Beide Arten benötigen keine besondere Leitung und können an jede Steckdose (Schuko) angeschlossen werden. Sie halten die Temperatur automatisch auf etwa +4°. Größere Schränke haben vielfach ein Tiefkühlfach. Die in diesem erzeugte Temperatur von –18° reicht aus, um Lebensmittel für lange Zeit aufzubewahren.

1

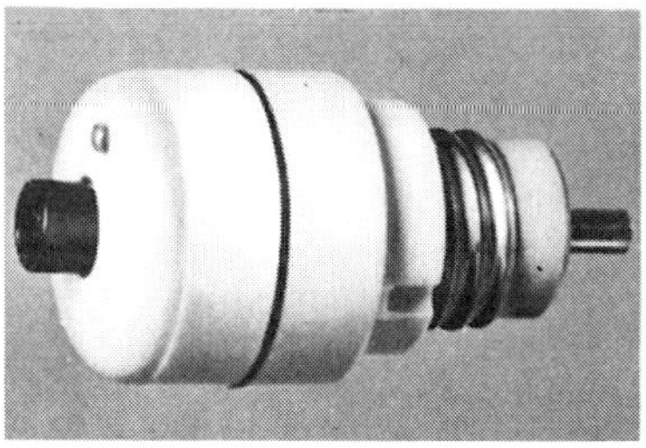

2

3

4

1 Kleinlader für KFZ-Batterie · 2 Sicherungsautomat · 3 Tragbare Kleinpumpe für Gartenberegnung
4 Schwimmbeckenfilter (Kleinpumpe, Oberflächenabsauger, Porofilter) *Werkfotos Siemens*

Nicht zu klein! Welche Größe ist richtig? Das hängt ab von der Größe des Haushalts, von den Einkaufsmöglichkeiten und von den Lebensgewohnheiten, z. B. bei verschiedener Arbeitszeit der Haushaltsangehörigen. Mein Rat: Überlegen Sie sorgfältig, welche Größe Sie brauchen – und dann kaufen Sie einen Schrank, der anderthalb mal so groß ist. Ich habe noch niemand getroffen, dem sein Kühlschrank zu groß gewesen wäre.

Behandlung Hauptpunkte: richtig aufstellen (horizontal und mit genügend Abstand von der Wand); alle 1 bis 2 Wochen abtauen (sofern nicht Abtau-Automatik eingebaut), gründlich mit lauwarmer Spülmittel-Lösung reinigen und vor dem Wiedereinschalten austrocknen. Speisen stets abdecken bzw. einwickeln.

Gefriertruhe Die Gefriertruhe sollte an einen Stromkreis angeschlossen sein, der Lampen in Küche und Keller versorgt und somit stets unter Kontrolle ist, damit nicht durch einen unbemerkten längeren Stromausfall der Inhalt verdirbt. Manche Truhen haben ein akustisches Warnsignal (Klingel, Hupe), das natürlich durch einen anderen Stromkreis oder Schwachstrom versorgt werden muß. Bei längerer Abwesenheit Kontrolle der roten Warnlampe durch freundliche Nachbarn empfehlenswert!

Staubsauger

Handstaubsauger haben bis etwa 500 W Leistung; sie sollen nicht zu schwer und gut ausbalanciert sein. Bodenstaubsauger (auch als Klopfsauger zu haben) leisten bis 800 W. Staubsauger halten lange; nur die Kohlebürsten des Motors müssen vielleicht einmal ausgewechselt werden.

Elektrisch waschen

Antrieb Jede elektrische Waschmaschine braucht zunächst einen Antrieb für die Waschtrommel oder eine ähnliche bewegliche Einrichtung. Der dazu erforderliche Elektromotor hat eine verhältnismäßig kleine Leistung, etwa 200 Watt. Insofern könnte die Waschmaschine an jede normale Netzsteckdose angeschlossen werden.

Beheizung Da der Waschkessel jedoch elektrisch beheizt wird, ist eine erhebliche Leistung erforderlich. 2200 oder 3300 Watt – je nach Vorschrift des Elektrizitäts-Versorgungsunternehmens – sind die Höchstgrenze für den Anschluß an die normale Steckdose; für eine Maschine mit größerer Leistung ist ein besonderer Anschluß mit stärkerem Drahtquerschnitt erforderlich. Maschinen mit großem Fassungsvermögen brauchen Leistungen bis 6000 Watt.

Trockenschleuder Die Wäscheschleuder, die das lästige Auswringen ersetzt, ist ein bescheidener Stromverbraucher. Sie braucht nicht mehr als 200 Watt und kann ohne Bedenken überall angeschlossen werden.

Uhr und Schaltuhr

Elektrische Uhren sind in den Haushalt noch wenig eingedrungen. Zu unterscheiden ist zwischen normalen mechanischen Uhren, bei denen nur der Aufzug durch eine eingebaute Batterie betätigt wird, und den von der Elektroindustrie entwickelten Synchron-Uhren; diese haben mit den mechanischen Uhren, wie sie die Uhrenindustrie herstellt, kaum noch etwas gemeinsam. Sie werden durch einen winzigen Motor bewegt, der mit einer ständig gleichbleibenden Drehzahl läuft. Für den Antrieb der Zeiger sind nur ein paar Zahnräder erforderlich, die sich nur ganz geringfügig abnutzen. Reparaturen sind äußerst selten. Synchron-Uhren können nur an Wechselstrom angeschlossen werden. Sie gehen unbedingt genau, wenn das Netz frequenzgeregelt ist. Bei allen größeren Versorgungsnetzen ist das heute der Fall. Der Stromverbrauch ist ganz gering. Soll eine solche Uhr als Wanduhr verwendet werden, läßt man zweckmäßig eine Anschlußleitung legen, denn die baumelnde Anschlußschnur zur Steckdose sieht nicht gut aus.

Schaltuhr Vielseitig verwendbar ist die Schaltuhr. Sie hat etwa die Größe einer Handfläche und wird mit zwei Kontaktstiften unmittelbar in die Steckdose gesteckt. An der Vorderseite trägt sie zwei Buchsen für das durch Stecker anzuschließende Gerät, das geschaltet werden soll, und eine Zeitskala, an der sich die gewünschte Zeit einstellen läßt. Man kann das angeschlossene Gerät nach der gewünschten und eingestellten Zeit einschalten und auch ausschalten. Zum Beispiel kann man das Rundfunkgerät zum Nachrichtendienst oder früh zur Aufstehzeit einschalten lassen, um sich mit Musik wecken zu lassen; es sorgt auch dafür, daß der Empfänger nicht weiterläuft, wenn man beim Rundfunkhören einschlafen sollte. Auch jedes andere Gerät läßt sich anschließen, allerdings nur bis zu einer Leistung von 1500 Watt.

6 Zähler · Tarif · Stromverbrauch

Geht Ihr Zähler richtig?

Der Platz des Zählers Der unsympathischste Teil der elektrischen Anlage ist der Zähler – besonders wenn er sich noch an der Stelle der Wohnung befindet, an der man ihn keineswegs haben möchte. Geben Sie, wenn Ihr Zähler die ganze Diele verschandelt oder den Platz für einen schönen Einbauschrank wegnimmt, nicht unbedingt der Elektrofirma die Schuld. Die Versorgungsunternehmen pflegen nämlich für die Placierung des Zählers ganz bestimmte Anforderungen zu stellen. Er darf nicht in einem feuchten Raum angebracht und nicht durch Schränke oder Regale verstellt sein. Er muß gut zugänglich montiert sein, in Augenhöhe, und vor allem muß der Platz in unmittelbarer Nähe der senkrechten Zuleitung liegen.

Wenn Sie bauen, können Sie den Zähler ohne weiteres im Keller anbringen lassen, sofern der Keller einwandfrei trocken ist und sofern eine mechanische Beschädigung des Zählers ausgeschlossen erscheint.

Den Zähler unsichtbar machen Hängt der Zähler in der Wohnung an einem unglücklichen Platz, so kann man ihn mit einem Holzkästchen umschließen. Wenn Sie den Teil »Arbeiten mit Holz« durchgearbeitet haben, können Sie ein solches Schränkchen selbst bauen. Man streicht es zur Umgebung passend, kann es auch wie die Wand tapezieren. Ferner kann man den Zähler in ein Einbauregal oder einen Einbauschrank einbeziehen. Er bekommt dann ein Fach für sich. Schließlich kann man ihn, wenn die Mauer sehr stark ist, auch in einer Nische in der Wand verschwinden lassen. Das darf man freilich keinesfalls selber erledigen, denn der Zähler muß dazu verlegt werden.

Wie kontrolliert man den Zähler?

Sicher haben Sie schon die Aluminiumscheibe gesehen, die sich im Zähler hinter einem Fenster befindet und an einer Stelle eine rote oder schwarze Markierung hat, damit man die Umdrehung besser beobachten kann. Der Strom, der in der Wohnung verbraucht wird, fließt durch den Zähler und treibt dort die Scheibe, die mit einem Zählwerk gekuppelt ist. Je mehr Strom Sie verbrauchen, desto schneller läuft die Scheibe – und desto rascher springen auch die Zahlen des Zählwerks.

Ist in der Wohnung keine Lampe und kein sonstiges Elektrogerät eingeschaltet, so darf die Scheibe sich nicht von der Stelle rühren. Auch wenn Sie nach zwei Stunden wieder nachsehen, muß die Markierung noch an derselben Stelle stehen. Sollten Sie feststellen: »Und sie bewegt sich doch!«, so ist etwas nicht in Ordnung. Die Ursache eines solchen Fehlerstroms ist meist ein Isolationsfehler in einem Leitungsstück; nur der Fachmann kann das durch Messungen ermitteln. Derlei Störungen sind nicht selten in Neubauten, die bei Regenwetter gebaut und noch ungenügend ausgetrocknet sind. Als erste Hilfe kann man, soweit möglich, das heißt soweit der betreffende Wohnungsteil im Augenblick keinen Strom benötigt, die Sicherungen zurückschrauben.

Vielleicht haben Sie das Gefühl, daß Ihr Zähler zuviel anzeigt, Ihre Lichtrechnung also ungerechtfertigt hoch ist. Mit wenig Mühe kann man das selbst prüfen. Man braucht dazu ein Gerät mit einem Anschlußwert von 1000 Watt, oder auch mit 500 oder 2000 Watt, und man muß ein bißchen rechnen, was man aber in solchem Fall ganz gern tut.

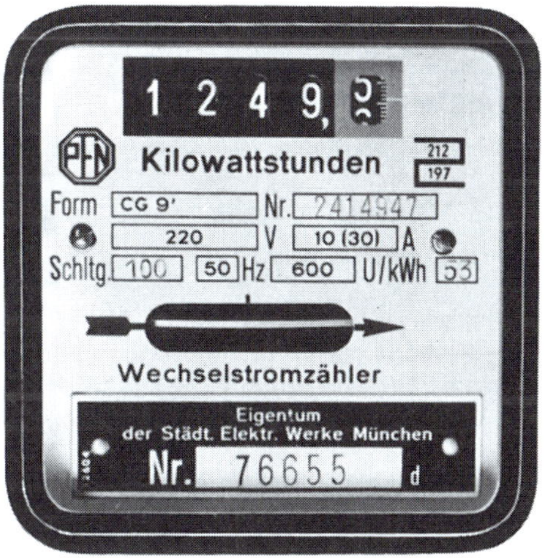

Auf jedem Zähler muß die Umdrehungszahl der Scheibe pro Kilowattstunde verzeichnet sein. Da steht z. B. »600 U/kWh«. Das heißt, wenn die

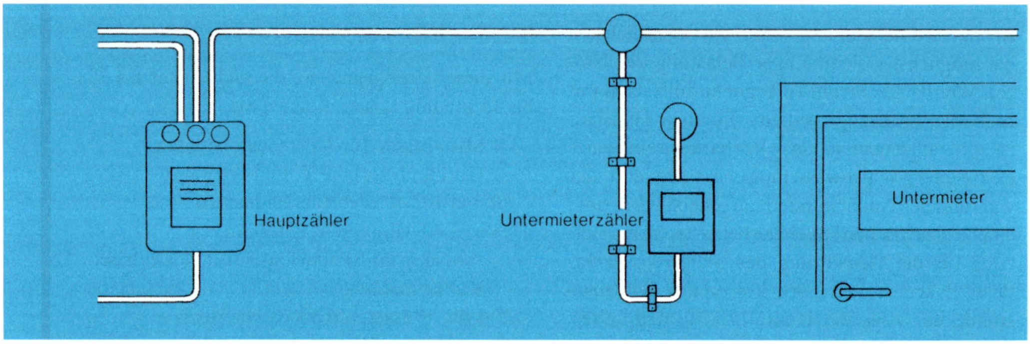

Scheibe sich in einer Stunde 600mal dreht, dann ist in dieser Stunde eine Kilowattstunde verbraucht worden.

Schließen Sie also ein 1000-Watt-Gerät an (und schalten, selbstverständlich, alles andere für diese Probe ab), so muß die Scheibe mit dieser Geschwindigkeit laufen. Wir brauchen nicht eine Stunde lang zu zählen. Eine Minute genügt. In unserem Beispiel (600 U/kWh und 1000-Watt-Gerät) muß die Scheibe in einer Minute 10mal (den 60. Teil von 600) umlaufen. Steht auf dem Zähler »1200 U/kWh«, dann 20mal.

Dieses Beispiel können Sie leicht auf andere Anschlußwerte übertragen; wenn Sie gut rechnen können, auch auf andere als 500, 1000 oder 2000 Watt.

Zählen Sie – im ersten Beispiel – 12 statt 10 Umdrehungen pro Minute, so läuft der Zähler einwandfrei zu schnell, d. h., er zeigt zuviel an. Dann werden Sie ihn nachsehen lassen. Häufiger allerdings kommt es vor, daß ein Zähler zu langsam läuft, besonders nach mehrjähriger Betriebszeit. In diesem Fall werden Sie wahrscheinlich nicht gleich den Kontrolleur rufen? Aber das Elektrizitätswerk läßt alle Zähler nach einer bestimmten Frist überprüfen und neu eichen.

Ein Zähler für den Untermieter

Das unbehagliche Gefühl, daß die Stromrechnung nicht dem eigenen bescheidenen Verbrauch entspricht, kann (sofern es nicht auf Selbsttäuschung beruht) außer Isolationsfehlern oder ungenauem Zähler noch eine dritte Ursache haben: den Untermieter. Jeder kennt die leidigen Streitigkeiten über den Stromverbrauch des Untermieters. Beim möblierten Zimmer kann man sich zwar meist auf einen Pauschalbetrag einigen. Wird aber ein Leerzimmer oder ein größerer Teil der Wohnung untervermietet, so ist es fast immer zweckmäßig, einen eigenen Zähler dafür anbringen zu lassen. Das kostet zwar zunächst etwas – bei günstigen Leitungsverhältnissen vielleicht gute 150.— DM – aber es erspart Ärger und wahrscheinlich auf die Dauer auch Geld.

Die Anbringung eines solchen Zählers können Sie nicht von Ihrem Elektrizitätswerk verlangen. Das will damit nichts zu tun haben: es hält sich an den Hauptmieter. Sie müssen selbst für Anschaffung, Montage und regelmäßiges Ablesen sorgen. Den Zwischenzähler muß man an der Stelle anbringen, wo die Leitung zu dem untervermieteten Raum von der Diele abzweigt. Da die Untermieterzähler wesentlich kleiner sind als gewöhnliche und da auch nicht die Vorschriften gelten, die beim Hauptzähler eingehalten werden müssen, können sie auch an einem sonst ungünstigen Platz angebracht werden.

Man liest am besten monatlich ab, trägt den Zählerstand in das Mietbüchlein ein und berechnet in diesem auch den zu zahlenden Betrag. Es ist billig, daß der Untermieter auch einen Teil der Grundgebühr trägt. Die Grundgebühr richtet sich im allgemeinen nach der Anzahl der Räume, die eine gewisse Flächengröße überschreiten. Da die Tarifbestimmungen bei den verschiedenen Werken recht unterschiedlich sind, muß man sich nach ihnen erkundigen, bevor man den Anteil des Untermieters festlegt.

Ein Wort über Stromtarife

Großabnehmer bekommen die Ware billiger. So ist es auch beim Strom. Darum liegt der Tarif für die Haushaltungen, die bei weitem die kleinste Verbrauchergruppe darstellen, höher als die Tarife für Industrie und Gewerbe. Gegenwärtig kostet eine Kilowattstunde etwa 10 bis 15 Pfennig.

Nachttarif Außer den Großabnehmern bevorzugen die EVU auch die Verbraucher von Nachtstrom. Stromerzeugung ist am wirtschaftlichsten bei möglichst gleichmäßiger Belastung des Netzes. Wer nachts Strom verbraucht, hilft dazu mit und wird bevorzugt bedient. Für den Haushalt ist im allgemeinen das Vorhandensein eines elektrischen Warmwasserspeichers (Boilers), der während der Nachtstunden aufgeheizt wird, oder einer elektrischen Speicherheizung Voraussetzung für die Gewährung des billigeren Nachttarifs. Nach diesem Tarif kostet eine Kilowattstunde nur etwa die Hälfte des Normalpreises. Will man den Nachttarif in Anspruch nehmen, braucht man einen Doppeltarifzähler und eine Schaltuhr.

Außer dem Preis für die entnommene Strommenge, nach Kilowattstunden gerechnet, verlangen die EVU eine monatlich zu entrichtende Grundgebühr. Das ist das Entgelt für die Benutzung von Zähler (manchmal auch gesondert berechnet), Zuleitungen, Kabeln, Schalteinrichtungen usw. Die Höhe der Grundgebühr richtet sich im Haushaltstarif häufig nach der Zahl der Räume, die eine bestimmte Mindestgröße, z. B. 8 qm, haben. Danach zahlt also der Inhaber einer 4-Zimmer-Wohnung ungefähr (je nach Art der Nebenräume) doppelt soviel Grundgebühr wie der einer 2-Zimmer-Wohnung.

Die Regelung ist nicht einheitlich. Manche Werke stellen dem Abnehmer mehrere Haushaltstarife zur Wahl. Z. B. hat ein Tarif eine verhältnismäßig hohe Grundgebühr, aber einen niedrigen Kilowattstundenpreis; beim andern ist es umgekehrt. Je nach dem eigenen Verbrauch kann man den Tarif wählen, bei dem man besser abschneidet. Wer viel verbraucht, wird mit dem geringeren kWh-Preis besser fahren. Auf jeden Fall ist es zweckmäßig, wenn man sich über diese Möglichlichkeiten unterrichtet.

Mit einer Kilowattstunde...

Mit dieser Energiemenge, die nicht mehr als 10 bis 15 Pfennig kostet, können Sie

1 Mittagessen für 4 Personen bereiten
1 Kuchen oder eine Torte backen
20 mal 10 Minuten Fleisch hacken
5 mal 40 Minuten Teig rühren
1 Jahr lang im 4-Personen-Haushalt elektrisch Kaffee mahlen
20 Liter Wasser von 55° C bereiten
10 mal 1 Liter Wasser mit Schnellkocher zum Kochen bringen
1 Tag kühlen im 150-Liter-Kühlschrank
2 mal warm duschen mit je 15 Liter Wasser von 37° C
25 Stunden eine 40-Watt-Lampe brennen
1 Monat eine elektrische Synchron-Uhr laufen lassen
1 Woche jeden Abend Rundfunk hören
20 mal einen halben Liter Wasser mit dem Tauchsieder kochen
30 Stunden einen Ventilator betreiben
3 Kleider elektrisch nähen
14 Tage den Staubsauger benutzen
10 mal 3 Stunden mit dem Heizkissen den Magen wärmen
8 mal 15 Minuten mit dem Fön die Haare trocknen
5 Jahre sich täglich mit dem elektrischen Rasierapparat rasieren
50 mal 2 kg Wäsche waschen (ohne Beheizung)
1,5 kg Wäsche waschen, kochen und spülen
1200 kg Wäsche trocken schleudern
2 Stunden bügeln
5 Stunden fernsehen
oder auch (was ich besonders empfehle)
200 mal 1 Minute Mixgetränke bereiten.

7 Schwachstrom – das Feld eigener Betätigung

Starkstrom: Hände weg! Schwachstrom: alle Türen offen für freude- und nutzbringende Tätigkeit! Die Schwachstromtechnik, heute auch Fernmeldetechnik genannt, befaßt sich mit Spannungen von 4,5 · 6 · 12 · 24 Volt.
Sie sind für den Menschen gefahrlos. Im Haushalt kommen im allgemeinen nur 4,5 V und 6 V vor. Sie werden angewandt für Hausklingel, Türöffner, Alarmanlage, Haustelefon. Wir betrachten zunächst Werkzeug, Material und die Grundtechniken des Arbeitens auf diesem Gebiet.

Das Werkzeug

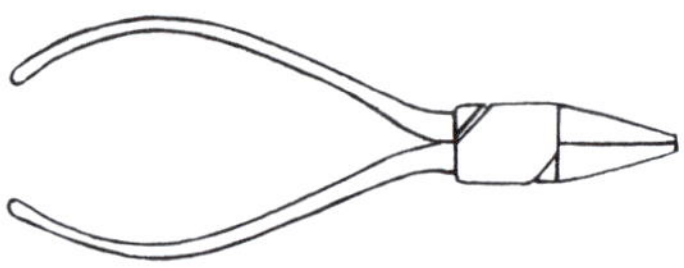

1 Flachzange zum Biegen von Drähten

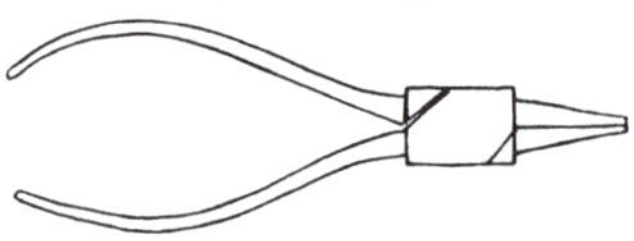

1 Rundzange zum Biegen von Drahtösen

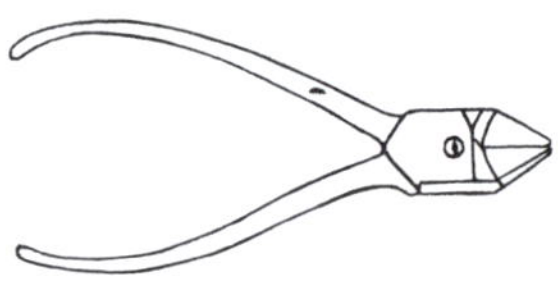

1 Seitenschneider zum Abzwicken von dünnen Drähten

1 Uhrmacherschraubenzieher mit mehreren Einsätzen

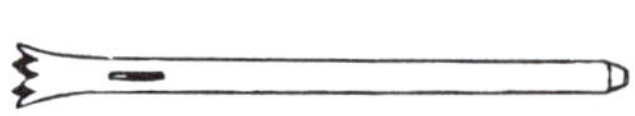

1 Kronenmeißel

Dazu folgendes Werkzeug, das schon früher im Buch abgebildet ist:

1 Kombinationszange, nach Möglichkeit mit Isoliergriff
3 Schraubenzieher mit 2 mm, 4 mm und 6 mm breiter Schneide mit Isoliergriff
1 Vorstecher (Spitzbohrer) mit durchgehender Klinge
1 Schere (es kann eine alte aus dem Nähkorb der Hausfrau sein)
3 Nagelbohrer, grob, mittel und fein
1 Meterstab, möglichst Metallbandmaß
2 Hämmer mit 500 Gramm und 200 Gramm Gewicht
1 Meißel, flach, etwa 200 mm lang und 20 mm breit
1 Gipsgeschirr (recht praktisch ist eines aus Gummi)
1 Wasserpinsel, rund, etwa 20 mm Durchmesser
1 Spiritus-Lötlampe (nicht nötig, wenn Gas im Hause)
1 elektrischer Lötkolben, etwa 80 Watt.

Noch zwei aus Erfahrung geborene Hinweise: Die Kombinationszange finden Sie, wenn Sie sie brauchen, meistens nicht im Werkzeugkasten. Vermutlich ist sie dann in der Küche, z. B. im Besteckkasten. Die Hausfrau braucht sie zum Öffnen von Ölsardinenbüchsen, zum Losschrauben des Fleischwolfs und ähnlichem. Sie kaufen deshalb besser gleich zwei Zangen. Sonstiges fehlendes Werkzeug findet sich meistens in der Spielkiste des Nachwuchses. Man sollte den Werkzeugsatz einschließen.

Die Drähte

Nur Kupferdraht nehmen Für Leitungs- und Schaltdrähte nehmen wir nur Kupfer. Es leitet den Strom gut und ist gut zu bearbeiten. Aluminium leitet nur halb so gut und hat Nachteile bei der Verarbeitung.

Stärke Wir brauchen für den Schwachstrom keine besonders dicken Drähte, gewöhnlich genügen Drähte von 0,6 bis 0,8 mm. Diese Zahl gibt den Durchmesser an. Den Durchmesser nimmt man bei Schalt- und Spulendrähten bis 1 mm Durchmesser als Maß der Dicke. Die Drahtsorten für die Starkstromtechnik werden dagegen mit dem Querschnitt angegeben, z. B. 1,5 mm², 2,5 mm² usw.

Kupferdraht läßt sich gut biegen. Biegt man aber eine Zeitlang an ihm herum, verliert er seine Elastizität und bricht leicht.

Strecken Will man ein Stück Draht schnurgerade und etwas steif haben, macht man das eine

Ende im Schraubstock fest oder wickelt es um die Türklinke und zieht am anderen Ende mehrere Male ruckartig an. Damit der Draht nicht in die Hand schneidet, wickelt man dieses Ende um das Heft eines Schraubenziehers.

Bei sehr feinen Drähten ist dieses Verfahren nicht anwendbar. Bei ihnen macht man – nachdem zuvor etwaige Verschlingungen und Ösen entfernt wurden – wiederum das eine Ende fest, wickelt dann gleich dahinter den Draht einmal (nicht mehrmals!) um das Heft des Schraubenziehers und zieht nun den Schraubenzieher gleichmäßig über die ganze Länge des Drahtes durch.

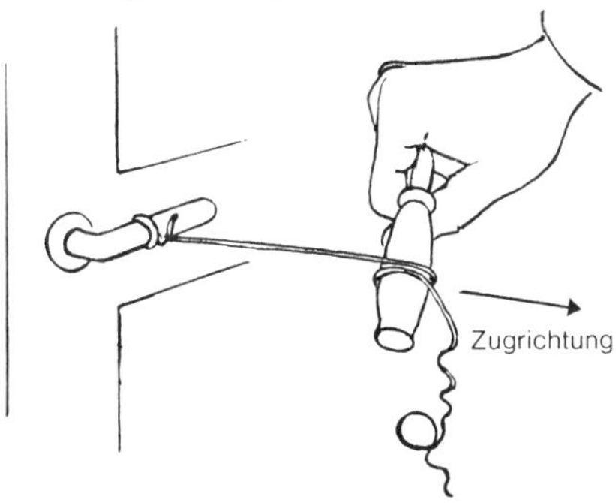

Zusammenlegen Draht soll nicht in losen Stükken herumliegen, sondern aufgewickelt sein; jedoch nicht wie Bindfaden um vier Finger, sondern in Ringen von 15 bis 20 cm Durchmesser. Das gelingt am besten, wenn man einen Topf dieses Durchmessers nimmt, das Drahtende an einem Henkel festmacht und nun die Windungen um den Topf legt. Zum Schluß dreht man einige Drahtreste (nicht das Ende des aufgewickelten Drahtes) um die Windungen.

Die Isolation

Wir arbeiten fast nur mit isoliertem Draht. Es gibt verschiedene Arten der Isolierung; welche man wählt, richtet sich nach dem Verwendungszweck.

Lack Drähte mit einem Lacküberzug als Isolierung werden viel verwendet, jedoch vorwiegend für Spulen und ähnliches, nicht aber für Leitungen, weil der feine Lacküberzug zu leicht verletzt werden kann. Will man das Ende eines lackisolierten Drahtes blank machen, faltet man ein Stück feines Glaspapier zusammen und zieht das Drahtende so lange hindurch, bis die Isolierung völlig entfernt ist.

Gummi Der in der Starkstromtechnik häufig als Isoliermittel verwendete Gummi kommt bei Schwachstromanlagen selten vor, weil Gummiisolation aufträgt und nicht in so vielfältigen und schönen Farben zu haben ist wie andere Isolationen.

SL-Draht Sehr gut zu verarbeiten sind die mit Seide umsponnenen und außen mit Lack getränkten Drähte, die man abgekürzt SL-Draht nennt. Sie sind in den von uns benötigten Stärken 0,6 und 0,8 mm erhältlich.

PVC Noch zweckmäßiger sind die mit dem Kunststoff PVC isolierten Drähte, abgekürzt YA-Drähte genannt. Sie sind in allen Stärken zu haben und in vielen Farben. Das ist wichtig bei Schaltdrähten – des schönen Aussehens und besonders der besseren Übersicht wegen.

Entfernen der Isolierung Der Laie, der die Isolierung von einem Draht entfernen will, setzt das Messer senkrecht auf, schneidet einmal kreisförmig herum und versucht dann, die Isolierhülle abzuziehen. Das ist falsch. Denn wenn Kupferdraht an seiner Oberfläche geritzt wird, bricht er bald an dieser Stelle.

Richtig setzt man das Messer flach an, fast liegend, zieht die Klinge parallel am Draht entlang und legt damit den Draht auf einer Seite frei. Die andere Hälfte der Isolation kann man jetzt abziehen und wegschneiden.

Die Litze

Litzen sind aus einer Anzahl feiner Drähte zusammengedreht. Man verwendet sie, wo ein Leitungsstück besonders beweglich sein soll. Das

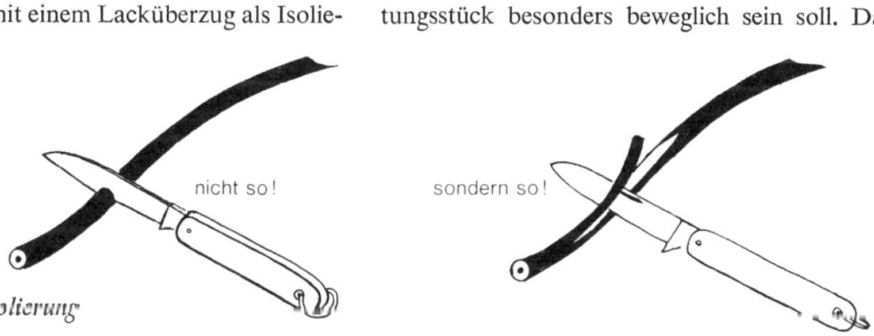

Entfernen der Isolierung

erfordert eine entsprechend bewegliche Isolation, gewöhnlich Gummi oder Baumwolle.

Entfernen von Gummi-Isolation Verhältnismäßig einfach ist das Entfernen der Isolation bei Gummikabeln. Man bringt an der Stirnseite des Kabels mit dem Messer einen Schnitt an und spaltet so das Kabel auf. Man erfaßt jedes Teil mit

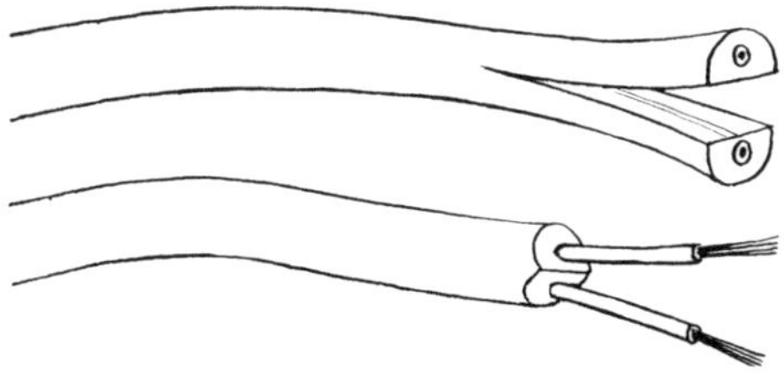

Daumen und Zeigefinger einer Hand und reißt das Kabel, soweit erforderlich, auf. Die beiden leeren Hälften des Gummimantels werden abgeschnitten. Nun muß man noch die Adern von vielleicht vorhandener weiterer Isolierung befreien. Die Übergangsstelle wird mit etwas Isolierband umwickelt.

Isolierband Da wir hier zum ersten Male auf dieses unentbehrliche Hilfsmittel stoßen, will ich einfügen, daß mit halbiertem Isolierband wesentlich besser zu arbeiten ist als mit der vollen Breite. Man kann das Band teilen, indem man die beiden Ecken mit Daumen und Zeigefinger jeder Hand ergreift und mit kurzem Ruck auseinanderreißt. Gelingt das nicht, nimmt man die Schere.

Entfernen von Baumwoll-Isolierung Eine Isolierhülle aus Baumwollgeflecht – wie sie auch Anschluß- und Verlängerungsschnüre von Starkstromgeräten haben – entfernt man mit der Schere. Die Umhüllung wird vom Ende her einige Zentimeter aufgeschnitten und dann abgestreift und weggeschnitten. Gleichzeitig schneidet man die mit den Adern parallel laufenden Baumwollfäden ab. Das abschließende Umwickeln mit Isolierband muß sorgfältig geschehen, damit sich die Umhüllung nicht verschieben kann.

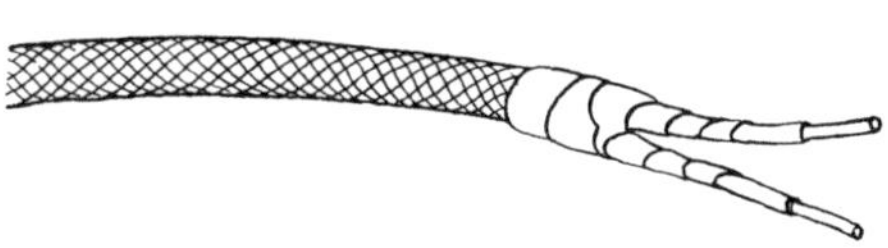

Verlöten (hierzu S. 323ff.): Ist das Ende einer Litze von der Isolation befreit, müssen die feinen Drähte miteinander verlötet werden. Geschieht das nicht, kann beim Einklemmen der Litze ein Drähtchen herausstehen und einen Kurzschluß verursachen.

Man braucht dazu eine Gasflamme oder eine kleine Spirituslampe und etwas Lötzinn, und zwar am besten Kolophonium-Zinn. Das ist ein 2 bis 3 mm starker Zinndraht mit einer Beimischung von Kolophonium. Beim Erwärmen des Drahtes schmilzt zunächst das Kolophonium und reinigt die zu lötende Stelle. Es hat also die gleiche Aufgabe wie bei anderen Lötungen das Lötwasser, aber es ist schonender; Lötwasser soll man für unsere Zwecke nicht verwenden. Es ist zu aggressiv. Die nach dem Löten zurückbleibenden Lötwasserspuren würden die feinen Drähte allmählich zersetzen.

Sind die einzelnen Drähtchen metallisch sauber, werden sie zusammengedreht, so daß keines absteht, und über die Flamme gehalten. Sobald die Litze genügend erhitzt ist, streicht man mit dem Lötdraht darüber. Das Zinn schmilzt sehr schnell, sickert in die Ritzen zwischen den Drähtchen ein und verbindet sie. Nun sofort wieder von der Flamme weg, damit die Litze nicht verbrennt! Hat sich aus überschüssigem Zinn ein Tropfen gebildet, geht man nochmals kurz über die Flamme und schlenkert ihn mit einer kurzen Bewegung ab. Das Verlöten einer Litze soll sehr flott vonstatten gehen, damit die Isolation nicht durch die Hitze leidet.

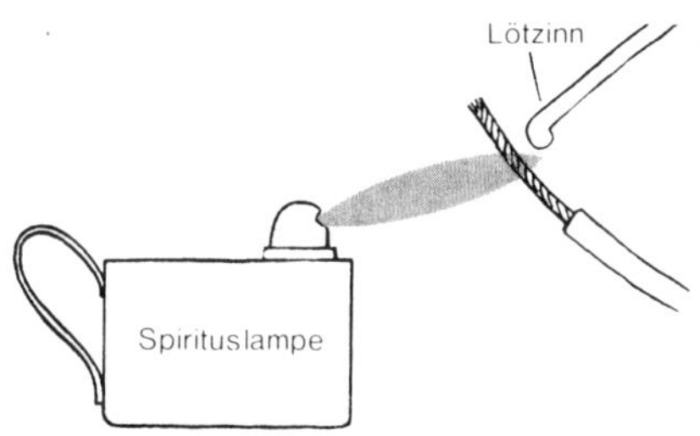

Wo einkaufen?

Die Radiobastler-Geschäfte sind am besten auf den Bedarf des Laien an elektrischen Kleinmaterialien eingestellt. Sie sind zuweilen wahre Fundgruben der Schwachstromtechnik. Wenn Sie hingehen, werden Sie nicht nur das in diesem Abschnitt beschriebene Material sehen, sondern noch vieles andere, das Sie vielleicht zu weiteren Arbeiten anregt.

Drahtverbindungen

Klemmschraube Anschließen und Verbinden von Leitungsdrähten geschieht am häufigsten mittels Klemmschrauben. Damit ein guter Kon-

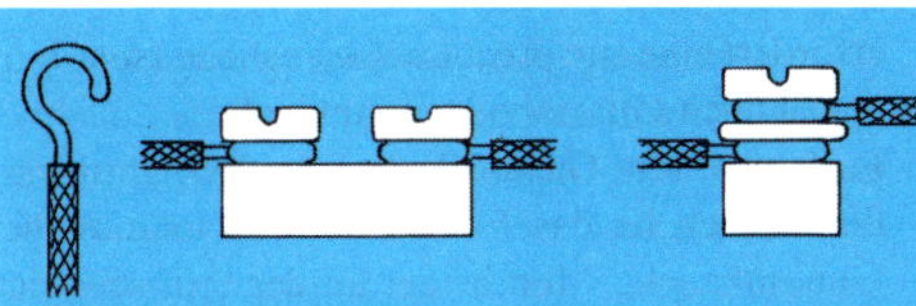

Klemmschraube

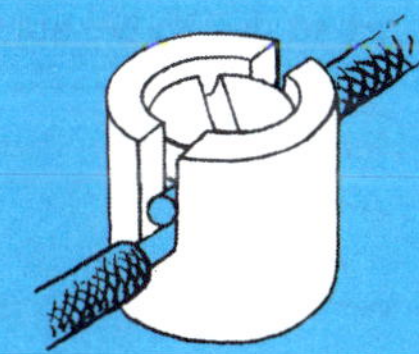

Madenschraube

Reihenklemme

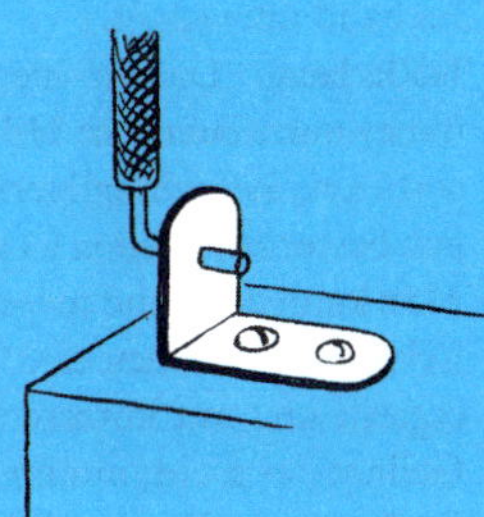

Lötverbindung

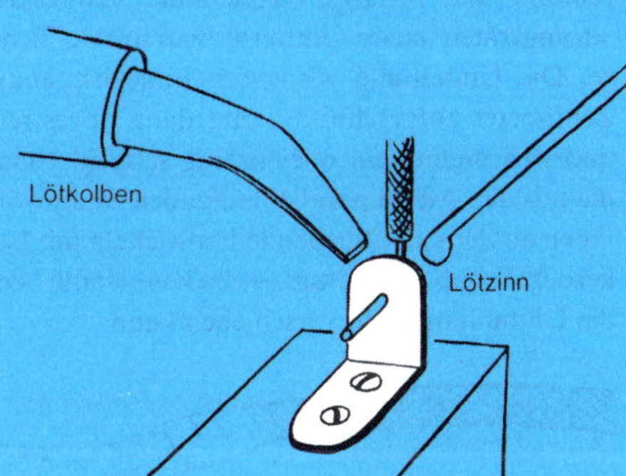

takt entsteht, soll der Draht auf einer möglichst großen Fläche von der Schraube erfaßt werden. Deshalb biegt man das Drahtende zu einer Öse. Man nimmt dazu die Rundzange; ein bißchen Übung ist erforderlich, damit die Ösen schön rund werden und auf die betreffende Schraube passen. Beim Einklemmen muß die Drehrichtung der Öse mit der Drehrichtung der Schraube übereinstimmen, also in der Regel nach rechts sehen. Andernfalls öffnet sich die Öse beim Festdrehen der Schraube, und der Kontakt wird fragwürdig. Kommen unter eine Klemmschraube zwei Drahtösen, werden sie durch eine Beilagescheibe getrennt.

Madenschrauben Die Madenschraube ist eine Abart der Klemme: eine kleine Messinghülse mit einem Innengewinde und einem Schlitz, in den von zwei Seiten die Drahtenden eingelegt werden. Mit der Madenschraube werden sie dann fest zusammengedrückt. Beim Einführen der Schraube muß man darauf achten, daß man sie richtig einsetzt, damit nicht das Gewinde ausbricht. Wir machen das so wie beim Einschrauben von Glühlampen und Sicherungen: erst kurz links herumdrehen, bis der Gewindegang einrastet, dann erst nach rechts drehen und festziehen.

Reihenklemmen Sicher kennen Sie die Lüsterklemme für zwei oder drei Leitungen, wie sie beim Anschließen von Decken- oder Wandleuchten Verwendung findet. Für Schwachstromanlagen gibt es entsprechende Reihenklemmen, lange Stangen mit 10 oder 20 Einzelklemmen. Von der Stange kann man ein beliebig langes Stück abzwicken. Zwischen je 2 Klemmen ist ein Befestigungsloch zum Anschrauben der Klemme auf einer Unterlage. Es gibt auch Klemmen mit Steckvorrichtungen.

Lötverbindung Lötverbindungen erfordern einen größeren Arbeitsaufwand als das Arbeiten mit Klemmen, aber sie sind die besten elektrischen Verbindungen. Sie kommen insbesondere in Betracht beim Anschließen mancher Bauteile wie Spulen und Kondensatoren, die als Anschluß eine Lötöse aufweisen. Man schiebt das blanke Ende des anzuschließenden Drahts durch die Lötöse, knickt es aber nicht um, damit man es später leicht auslöten kann. Das Verlöten geschieht zweckmäßig mit dem elektrischen Lötkolben. Lötöse und Draht müssen völlig sauber sein. Sobald die Kolbenspitze soweit erhitzt ist, daß das Lötzinn rasch schmilzt, tupft man mit dem Lötzinn auf die Kolbenspitze, so daß sich dort ein kleiner Zinntropfen bildet. Geht man damit sofort auf die Lötöse, so muß das Zinn auseinanderfließen, die ganze Öse mit dem durchgesteckten Draht ausfüllen und eine glänzende Oberfläche bilden. Dann den Kolben sofort abziehen und abkühlen lassen.

Würgeverbindung ohne Klemme Drahtverbindungen ohne Klemmen durch einfaches Zusammendrehen der Drähte nennt man Würgeverbindungen. Sie sind nicht so zuverlässig wie andere Verbindungen – außer sie werden gelötet. Auf

Würgeverbindung (mit Isolierband umwickeln)

jeden Fall muß die Würgestelle einwandfreie Berührung und gute Isolierung haben. Zwei Arten der Verbindung sind möglich. Soll die Würgestelle weniger auftragen, so legt man von beiden zu verbindenden Drähten je 15 bis 20 mm blank und verdrillt diese blanken Enden miteinander in entgegengesetzter Richtung. Jedes Ende soll in mindestens 4 Windungen um den anderen Draht liegen. Die Enden sind mit der Zange fest anzudrükken, damit sie nicht später durch die Isolation stechen und einen anderen Draht berühren können. Die Würgestelle wird schließlich mit halbiertem Isolierband in zwei Lagen fest umwickelt.

Würgeverbindung mit Isolierschlauch Die zweite Art der Verbindung ist oft praktischer, aber nur zu verwenden, wenn man die Möglichkeit hat, die Würgestelle verborgen unterzubringen, z. B. in einer Abzweigdose. Wiederum werden die Drahtenden auf 15 bis 20 mm blankgelegt, diesmal aber nicht gegeneinander, sondern in gleicher Richtung nebeneinandergelegt und so verdrillt. Den letzten Teil des Zusammendrehens macht man mit der Flachzange, damit die Finger heil bleiben. Die Würgestelle kann man nun wie vorhin mit Isolierband umwickeln; viel zweckmäßiger ist aber hier ein Stückchen Isolierschlauch, etwa 10 mm länger als die Würgestelle. Solche Schläuche gibt es billig in allen Stärken und Farben zu kaufen. Ist das Schlauchstück aufgeschoben, knickt man die ganze Kupplungsstelle in der Mitte mit der Zange und preßt sie zusammen. Der Schlauch bietet den Vorteil, daß man ihn schnell wieder entfernen kann, wenn man z. B. etwas zu prüfen hat.

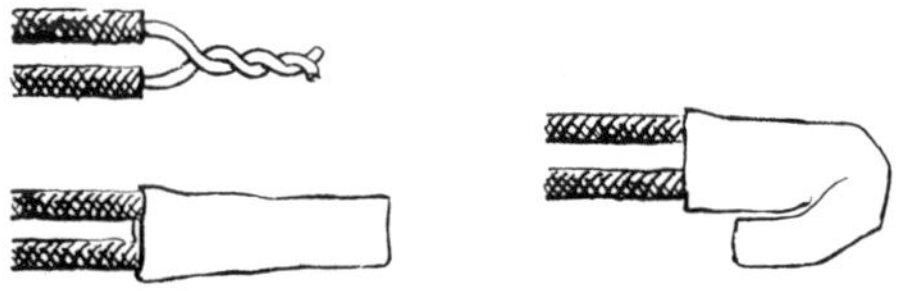

Würgeverbindung mit Isolierschlauch

Leitung an der Wand

Rohrdraht NRA Ziehen wir eine Schwachstromleitung durch die Wohnung, werden wir sie auf dem Putz verlegen müssen; das soll möglichst unauffällig geschehen. Man legt keine Rohre, sondern eine fertige Leitung, Rohrdraht genannt, in der Fachsprache mit der Abkürzung NRA bezeichnet. Rohrdraht trägt wenig auf und ist leicht zu verarbeiten. Es gibt Rohrdraht mit 2 · 4 · 6 · 8 · 10 und mehr isolierten Adern von 0,6 oder 0,8 mm Stärke. Die eng aneinanderliegenden Adern sind von einer Umhüllung umschlossen, um diese herum liegt noch ein gerillter Aluminiummantel, der die Leitung vor Verletzung schützt. Legt man die Adern frei, muß man das Ende dieses Metallmantels mit Isolierband umwickeln, damit die Isolierung der einzelnen Adern durch die scharfen Kanten nicht verletzt wird.

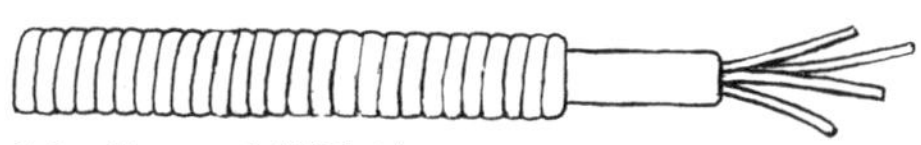

Metallmantel (NRA)

PVC-Mantel (YM)

Schlauchleitung aus PVC (YM) Außerdem gibt es Rohrdraht mit einem Mantel aus dem Kunststoff PVC statt aus Metall, auch als Schlauchleitung bezeichnet, abgekürzt YM; noch leichter zu verarbeiten als NRA und ohne die scharfen Kanten des Aluminiums.

Schellen Die Leitung wird mit Schellen an der Wand befestigt. Es gibt Schellen, die mit Stahlstiften angenagelt, und Schellen, die mit Holzschrauben befestigt werden. Sicherer ist die Befestigung mit Schrauben. Allerdings wird man dann bei Mauerwerk erst Dübel einsetzen müssen. Darüber S. 229 ff. Der Abstand von Schelle zu Schelle soll nicht mehr als 30 cm betragen. Bei jedem Bogen soll man von Schelle zu Schelle nur etwa 15 cm einrücken.

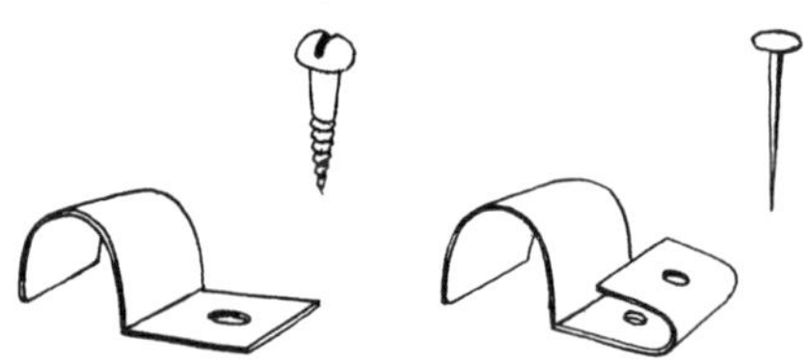

Schellen mit Holzschraube (links) und Stahlstift (rechts)

An der Fußbodenleiste Schwachstromleitungen verlegt man am einfachsten an der Fußbodenleiste. An ihr sind die Schellen leichter zu befestigen. Starkstromleitungen dürfen keinesfalls auf diese Weise verlegt werden!

Leitung durch die Wand

Leitungen von einem Raum in den anderen kann man nicht einfach durch die Türöffnung ziehen, weil die Drähte beim Öffnen und Schließen der Tür alsbald beschädigt würden. Man muß durch die Wand oder den Türstock hindurch.

Durch die Wand Eine Trennwand ohne tragende Funktion bis etwa 15 cm Stärke kann man durchstemmen, am besten in Fußbodennähe. Mit dem Vorstecher sucht man zunächst eine Fuge im Mauerwerk, indem man ihn an einigen Stellen mit dem Hammer in den Verputz treibt. Stößt man nach 2 cm Eindringen noch nicht auf nennenswerten Widerstand, ist die Fuge gefunden. Mit höchstens 5 Proben müßte man das wohl schaffen!

Mit Meißel und Hammer stemmt man jetzt an dieser Stelle etwas von dem Verputz ab, bis die Mauerfuge sichtbar ist. Das Durchstemmen erfolgt am besten mit dem Kronenmeißel. Man treibt den Meißel unter fortwährendem Drehen in die Fuge hinein, zieht ihn aber ab und zu heraus und entleert ihn von Sand und Steinchen (der Kronenmeißel ist hohl). Hat man keinen Kronenmeißel, geht es auch mit einem dicken Eisendraht oder einem langen Schraubenzieher oder einem etwa 20 cm langen Stück einer Vorhangstange. Keinesfalls darf man Meißel, Rohr oder was immer man verwendet in einem Zuge durch die ganze Mauer treiben. Sonst fällt auf der anderen Seite der Wand ein großer Fladen des Verputzes ab. Man fängt vielmehr, wenn man etwa bis zur Mitte der Mauer vorgedrungen ist, von der anderen Seite in gleicher Weise zu arbeiten an. Die richtige Stelle findet man durch Abmessen der Höhe vom Fußboden und der Entfernung von Ecke, Türrahmen oder ähnlichem. Ist der Rohrdraht durchgezogen, kann man das Loch und die vom Probieren mit dem Vorstecher zurückgebliebenen Spuren wieder vergipsen.

Durch den Türstock Dicke Mauern – Tragmauern – durchzustemmen, ist nicht zu empfehlen. Hier versucht man es besser am Türstock. Zwischen Türstock und Mauerwerk ist fast immer etwas Luft. Man mißt von der Innenseite des Türstockrahmens 2 cm nach außen und versucht, dort mit dem kleinsten Nagelbohrer durchzukommen. Fällt der Bohrer nach einiger Zeit durch, kann man frohlocken und von der anderen Seite der Tür die Bohrung wiederholen. Hört aber das Holz nicht auf, muß man etwas weiter nach außen rucken und von neuem bohren.

Hier ist die Leitung oben durch den Türstock geführt

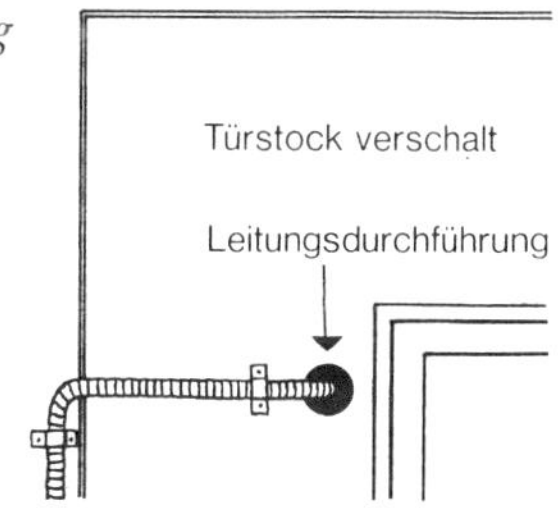

Diesen Versuch macht man möglichst weit unten in der Nähe des Fußbodens – die Leitung wird ja auch in der Regel an der Bodenleiste liegen. So fallen Fehlbohrungen nicht allzusehr auf. Außerdem kann man sie mit weißem Kitt wieder füllen. Jetzt versucht man mit einem geraden und steifen Drahtstück durch beide Löcher zu kommen. Gelingt das, hängt man den Rohrdraht an dieses Drahtstück an und zieht ihn durch. Gelingt es nicht, empfehle ich, zunächst fleißig Zielwasser zu trinken.

Die Stromquellen

Klingeltransformator Hausklingel und Türöffner werden im allgemeinen über einen kleinen

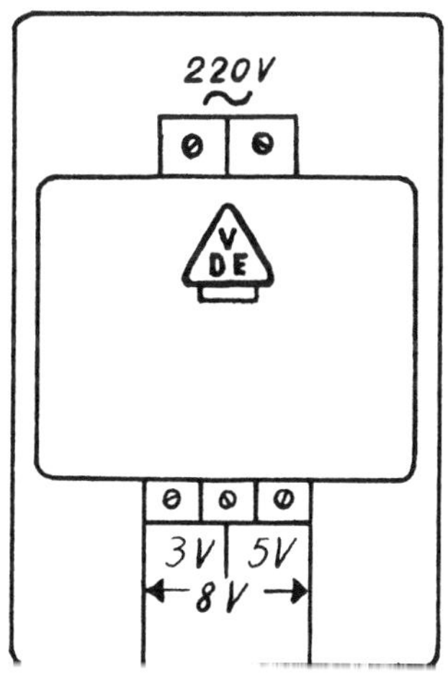

Klingel-transformator

Transformator versorgt: den Klingeltransformator. Er setzt die Netzspannung von 220 V auf etwa 5 V, also eine ganz ungefährliche Spannung, herunter. Er hat gewöhnlich drei Anschlußmöglichkeiten, so daß man je nach Wunsch 3 · 5 · 8 Volt abnehmen kann. Für solche Transformatoren bestehen besondere Bauvorschriften – deshalb auf das VDE-Zeichen achten! Sie bieten den großen Vorteil, daß bei einem Kurzschluß in der Schwachstromanlage keine Gefahr auf das Starkstromnetz übergreifen kann. Es geht lediglich die Spannung zurück, die Klingel oder was es sei funktioniert nicht mehr, aber mehr kann nicht passieren. Der Klingeltransformator bedarf keiner Wartung, kann stets Strom abgeben und kostet nur 5 bis 10 DM.

Trockenelement Hat das Lichtnetz Gleichstrom oder verlangt eine Schwachstromanlage, z. B. Telefon, Gleichstrom, werden Trockenelemente verwendet, wie wir sie von der Taschenlampenbatterie kennen. Sie sind ebenfalls ungefährlich. Allerdings verbraucht sich die Batterie bei einem Kurzschluß in der angeschlossenen Leitung sehr schnell.

Die Lebensdauer einer Batterie hängt ab von ihrer Größe und der Stromentnahme. Mit einer gewöhnlichen Taschenlampenbatterie von 4,5 Volt kann man die Klingel einer Wohnung bei durchschnittlicher Beanspruchung 6 Monate lang betreiben. Im Handel sind Batterien mit 1,5 V · 3 V · 4,5 V · 6 V · 12 V üblich. Es gibt verschiedene Ausführungen für verschiedene Zwecke. Wir brauchen für unsere hier besprochenen Zwecke hauptsächlich 4,5 V oder 6 V.

Die Trockenbatterien sind aufgebaut aus Zellen, auch Elemente genannt. Jede Zelle hat 1,5 V. Man kann die Elemente einzeln anschaffen und selbst zusammenschließen. Für eine Klingelanlage braucht man 3 (ergibt 4,5 V) oder 4 (ergibt 6 V). Die längste Lebensdauer haben Luft-Sauerstoff Elemente. Jedes Element hat den Pluspol (+) an der Klemmschraube und den Minuspol (–) an dem abstehenden Draht. Die Schaltung beim Zusammenschließen zeigt die Zeichnung.

Aufbewahrung Trockenbatterien sind trocken und kühl unterzubringen und aufzubewahren. Austrocknung mindert die Leistung. Eine verbrauchte Trockenbatterie ist wertlos und kann weggeworfen werden.

Sammler Der Sammler, auch Akkumulator, im Kraftfahrzeug auch Starterbatterie genannt, muß im Unterschied zur Trockenbatterie erst aufgeladen werden, bevor man Strom entnehmen kann. Zum Aufladen braucht man ein Ladegerät. Solche Geräte, gewöhnlich nur für Wechselstrom zu verwenden, sind nicht ganz billig. Da auch die Behandlung des Sammlers mit seiner Säurefüllung nicht ganz einfach ist, gibt man ihn zum Aufladen besser zu einer Ladestelle. Das Aufladen besorgen heute die Kraftfahrzeugwerkstätten.

Es gibt Sammler von der Größe einer Streichholzschachtel bis zu solchen, die drei Männer nicht aufheben können. Für unsere Zwecke reicht ein Sammler bis etwa 7 Ah (Ampere-Stunden). Das entspricht etwa der Größe der Batterie eines leichten Motorrades.

Das Aufladen, das je nach Entnahme alle 2 bis 6 Monate erfolgen muß, kostet etwa 80 Pfennig. Einem Sammler kann man verhältnismäßig viel Strom entnehmen, ohne daß die Spannung merklich abnimmt. Allerdings entsteht dadurch die Gefahr, daß bei Kurzschluß an der Schwachstromanlage starke Erhitzung und damit Brandgefahr auftritt. Deshalb braucht man, wenn man mit Sammler arbeiten will, unbedingt eine Sicherung. Sie sehen, das Arbeiten mit dem Sammler ist wesentlich umständlicher als mit Trockenbatterien. Da der Sammler aber im Kraftfahrzeug eine wichtige Rolle spielt, wollen wir noch etwas über ihn sagen.

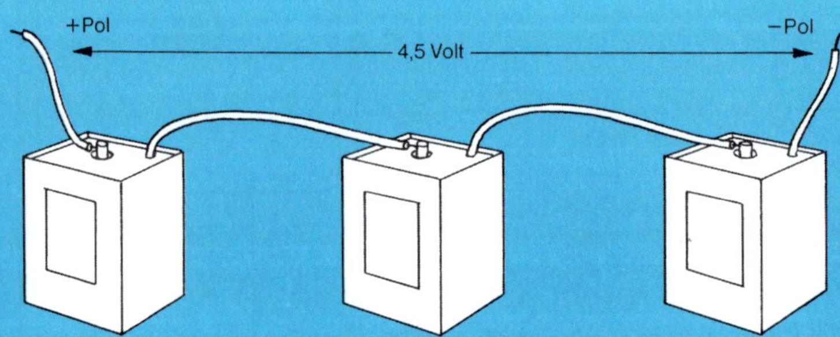

3 Elemente von je 1,5 V sind zu einer Batterie zusammengeschaltet (4,5 V)

Die Kraftfahrzeugbatterie

Lichtmaschine und Batterie Der Verbrennungsmotor des Kraftfahrzeugs treibt die Lichtmaschine (einen kleinen Dynamo), und diese liefert den für Zündung, Hupe und die übrigen elektrischen Einrichtungen des Fahrzeugs erforderlichen Strom. Liefert die Lichtmaschine keinen Strom, z. B. bei stehendem Motor, oder nicht genügend Strom, so wird Strom aus der Batterie entnommen, in erster Linie also beim Anlassen des Motors, das die stärkste Beanspruchung für die Batterie bringt. Eine Regeleinrichtung steuert das Zusammenwirken der beiden Stromquellen und sorgt dafür, daß die Batterie nicht nur geschont, sondern sogar wieder aufgeladen wird, sobald die Lichtmaschine ausreichend Strom liefert.

Behandlung, Lebensdauer Die Lebensdauer der Kraftfahrzeug-Batterie hängt nicht allein von der Beanspruchung ab (häufiges Starten bei kaltem Motor, Einschaltung der Beleuchtung bei stehendem Fahrzeug), sondern auch davon, wie man sie behandelt. Eine gut gepflegte Batterie kann 3 Jahre ihren Dienst tun, eine schlecht gepflegte schon nach einem Jahr den Dienst versagen. Während Störungen an Lichtmaschine und Regler nur der Fachmann beheben kann, kann zur Pflege des Sammlers auch der Laie einiges tun.

Wenn Sie zu den Kraftfahrern gehören, die an ihrem Wagen, Motorrad oder Roller ab und zu etwas selber tun, sollten Sie einmal die Batterie herausnehmen und folgendes prüfen:

Zunächst können Zerstörungen an den Anschlußbolzen auftreten. Man erkennt diesen Vorgang daran, daß sich ein weißlichgelbliches Pulver bildet, das die Bleistutzen umgibt und auch zwischen den Klemmen sitzt. Das beeinträchtigt den Stromübergang, und im Bleistutzen entstehen Zersetzungsnarben. Mit einer Stahlbürste, notfalls auch mit einem Messer, kann man Anschlußstutzen und Klemmen wieder blank machen. Reibt man dann die blanken Stellen mit säurefreiem Fett ein, hat man für eine Weile Ruhe. Die Deckfläche der Batterie soll ab und zu gereinigt werden. Durch abgelagerten Staub und Feuchtigkeit können sonst Kriechströme fließen und die Batterie frühzeitig entleeren. Nun schrauben Sie die Stöpsel ab und prüfen den Säurestand. Die Flüssigkeit soll 1 cm über dem oberen Rand der Platten stehen. Ist das nicht der Fall, muß sofort destilliertes Wasser bis zu diesem Stand nachgefüllt werden. Geschieht das nicht, leidet die Batterie für die Dauer, denn an der Stromspeicherung nimmt nur der von der Flüssigkeit bedeckte Teil der Platten teil; auch verhärtet dann der trokkene Teil und scheidet damit für spätere Stromabgabe aus.

Bevor Sie die Stöpsel wieder einschrauben, prüfen Sie, ob die feinen Löcher nicht verstopft sind. Während des Ladens durch die Lichtmaschine können nämlich im Sammler Gase entstehen. Können sie nicht durch die Entlüftungslöcher entweichen, so wird unter Umständen der eingegossene Deckel durch den Gasdruck abgehoben. Dadurch entstehen Risse, durch die die Säure herausquellen kann.

Wollen Sie ohne Hilfsmittel prüfen, ob Ihr Sammler noch einwandfrei und ausreichend geladen ist, so wischen Sie mit einem langen Schraubenzieher ganz kurz über beide Pole gleichzeitig hinweg. Entsteht an der Berührungsstelle ein kräftiger spritzender Funke, ist der Sammler in Ordnung. Zeigt sich überhaupt nichts, ist er wahrscheinlich reif zum Wegwerfen. Keinesfalls dürfen Sie mit dem Schraubenzieher auf den Klemmen verweilen. Das tut weder dem Schraubenzieher noch dem Sammler gut.

Die Hupe – übrigens der größte Stromverbraucher nächst dem Anlasser – bietet ebenfalls eine einfache Möglichkeit, die Batterie zu überprüfen. Spricht sie bei stillstehendem Motor einwandfrei an, ist die Batterie in gutem Zustand.

Wird ein Fahrzeug über Winter stillgelegt, soll die Batterie herausgenommen werden. Wenn sie im Frühjahr noch richtig arbeiten soll, muß sie im Laufe des Winters mindestens einmal aufgeladen werden.

Größte Vorsicht ist bei allen Arbeiten am Sammler geboten. Die Batterie ist gefüllt mit einer $10^0/_0$igen Schwefelsäure-Lösung. Jeder Spritzer auf dem Anzug entwickelt sich nach einiger Zeit zu einem Loch. Bekommt man einen Spritzer ins Auge, muß das Auge sofort mit lauwarmem Wasser, noch besser Borwasser ausgewaschen werden. Dann sofort zum Arzt! Da Blei giftig ist, sogleich nach dem Umgang mit der Batterie die Hände waschen!

8 Rund um die Hausklingel

Zunächst ein Hinweis für den Bauherrn eines neuen Heims: Die Leitung von der Gartentür zum Haus wird in einem Erdkabel verlegt und ist deshalb später nicht mehr ohne weiteres zugänglich. Sorgen Sie deshalb dafür, daß das Kabel einige Reserveadern aufweist, die man in Betrieb nehmen kann, wenn einmal eine Ader gestört ist, wenn für einen Untermieter eine eigene Klingel gebraucht wird usw. Ein Kabel mit 10 Adern kostet nur unerheblich mehr als eines mit 5 Adern.

Die abschaltbare Hausklingel

Kaum hat man sich zu einem kurz bemessenen Mittagsschlaf niedergelegt (oder: kaum schläft das Baby), da ertönt die Klingel. Der Ärger darüber, daß es bloß ein Vertreter ist, der ein Waschmittel oder einen Lesezirkel anpreist, oder jemand, der nur die Haustür geöffnet haben wollte, läßt einen nicht mehr schlafen. Man sollte die Klingel abstellen können, wenn man nicht gestört sein will. Das läßt sich leicht bewerkstelligen.

Material Es ist nicht mehr erforderlich als ein Stück Leitung mit 2 Adern und ein einfacher Umschalter:

1 Umschalter, einpolig, in Hebelausführung
2 Holzschrauben zur Befestigung des Schalters
Rohrdraht oder Schlauchleitung 2 × 0,6 mm oder 2 × 0,8 mm mit dem erforderlichen Befestigungsmaterial: Schellen und Holzschrauben oder Stahlstifte.

Der richtige Platz für den Schalter wird am Türstock der Eingangstür sein. So liegt er nahe der Klingel, die ebenfalls in der Nähe dieser Tür sein wird; man braucht nur ein kurzes Leitungsstück. Man kann ihn mit Holzschrauben am Türstock befestigen und braucht keine Dübel einzusetzen. Man wird beim Verlassen der Wohnung an eine vielleicht nötige Umschaltung erinnert. Zweckmäßig setzt man den Schalter in Augenhöhe, etwas höher als sonst für Schalter üblich, damit er nicht im Vorbeistreifen unabsichtlich betätigt werden kann.

Arbeitsgang Die Löcher für das Anschrauben des Schalters mit kleinem Nagelbohrer oder Vorstecher vorbohren. Schalter anschrauben. Die Holzschrauben sollen so lang sein, daß sie etwa 1 cm in den Türstock eindringen. Nun wird die Leitung gelegt, nach Möglichkeit am Türstock entlang, so daß man die Schellen am Holz befestigen kann. Die Leitung wird bis knapp neben die Klingel geführt. Die Adern werden freigelegt und so angeschlossen, wie es die Zeichnung zeigt. Damit man weiß, bei welcher Schalterstellung die Klingel ein- und ausgeschaltet ist, schreibt man »Ein« und »Aus« neben den Schalter.

Haben Sie eine abschaltbare Klingel einige Wochen im Betrieb, so tritt der Fall ein, daß Sie vergessen, die abgestellte Klingel wieder einzuschalten, und dadurch vielleicht einem erwünschten oder sogar eingeladenen Besucher nicht öffnen. Dieser Panne entgeht man, wenn man die Ab-

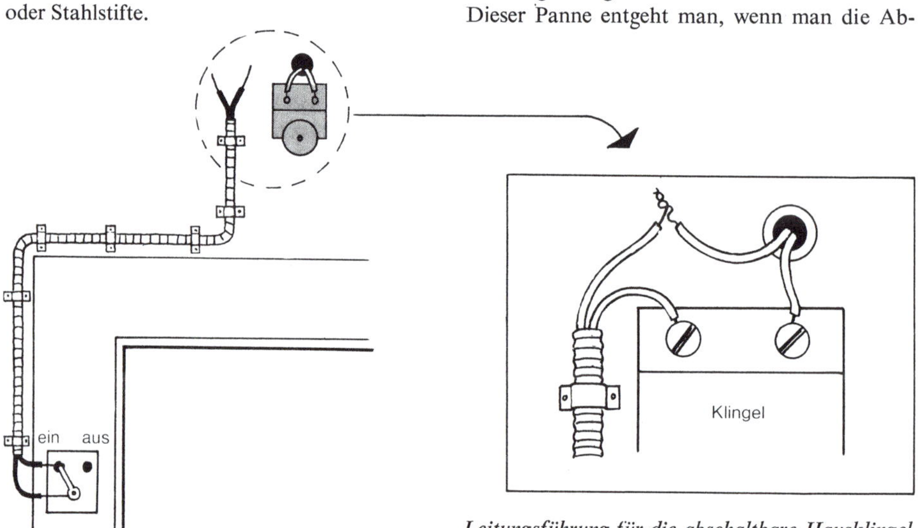

Leitungsführung für die abschaltbare Hausklingel

schaltvorrichtung mit einer Signallampe verbindet, die so lange brennt, wie die Klingel abgeschaltet ist. Um diese Einrichtung selbst schaffen zu können, müssen wir uns zunächst mit einem Hilfsmittel befassen, das dabei gebraucht wird:

Ein einfaches Fehler-Suchgerät

Das hier beschriebene Gerät ist so einfach, daß die Bezeichnung Fehler-Suchgerät dafür fast hochtrabend klingt; aber es ist praktisch unentbehrlich.

Prinzip Ausgangspunkt ist die Überlegung: Ist eine Schwachstromanlage gestört, gibt es grundsätzlich nur zwei mögliche Fehlerquellen: entweder ist kein Strom da, oder das betreffende Gerät – Klingel, Türöffner usw. – ist nicht in Ordnung.

Auf diese beiden Möglichkeiten ist unser Gerät abgestellt: Seine beiden Hauptbestandteile sind eine Signallampe, die anzeigt, ob Strom vorhanden ist (an die Stelle der Lampe kann ein kleiner Summer treten, das ist ebenso praktisch), und eine Taschenlampenbatterie, mit der wir Strom durch das zu prüfende Gerät schicken können.

Material Folgendes Material ist erforderlich:

1 Sperrholzbrett, etwa 15 × 20 cm groß, 1 cm dick
1 Lampenfassung zum Aufschrauben, Größe E 10
1 Glühlämpchen 6 V, 0,2 Ampere
1 Taschenlampenbatterie 4,5 Volt
4 Steckbuchsen
2 × 1 bis 1,50 m biegsame Litze in zwei verschiedenen Farben
1 drittes Stück Litze, etwa 25 cm lang
6 Bananenstecker
Kleinmaterial, wie Holzschrauben, Draht, Bindfaden, Blech, Gummiband.

Arbeitsgang Wir gehen nun folgendermaßen vor:

1. Die Kanten des Brettchens werden, soweit erforderlich, gesäubert, die Oberfläche des Brettchens vielleicht auch mattiert oder lackiert.
2. Die im Bild gezeigte Anordnung (s. oben) wird mit Bleistift aufgezeichnet. Ein Kreis bezeichnet den Platz für die Lampenfassung, ein Viereck den Platz für die Batterie. Die 4 Löcher von 5 mm Durchmesser sollen die Steckbuchsen aufnehmen. (Die beiden oberen Löcher von 4 mm Durchmesser brauchen wir erst ganz am Schluß der Arbeit.) Die genaue Aufteilung der Fläche bestimmen Sie nach den Abmessungen des von Ihnen eingekauften Materials.
3. Die 4 Löcher für die Isolierbuchsen bohren (5 bis 6 mm groß, das geht mit dem größten Nagelbohrer), auch die kleineren Löcher oben gleich mit bohren.

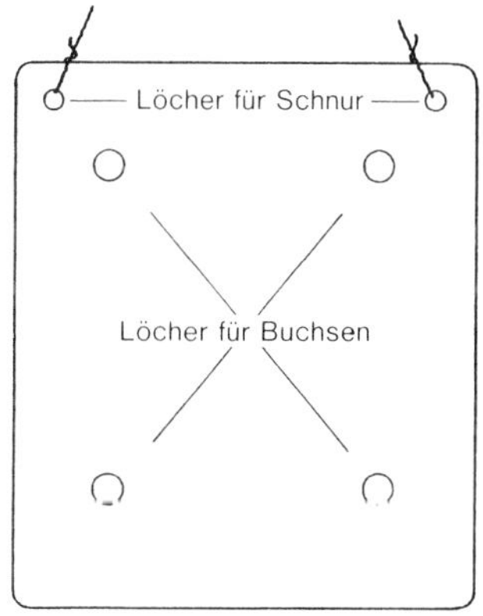

Das Sperrholzbrett mit Bohrungen

4. Die 4 Steckbuchsen werden eingesetzt und zunächst mit einer Mutter befestigt. Die zweite Mutter brauchen wir später.
5. Die Lampenfassung wird befestigt; ihre Anschlußklemmen sollen möglichst nahe an den beiden oberen Steckbuchsen liegen.
6. Die Batterie wird befestigt. Sie wird gehalten durch ein 1,5 bis 2 cm breites Stück kräftigen Gummibands. Auf die Enden des Gummibandes kommt je ein Stückchen Blech in der Breite des Bandes. In die Blechstücke bohrt man je 2 Löcher von etwa 3 mm Durchmesser und schraubt sie nun mit 4 Holzschrauben fest, so daß das Gummiband straff angedrückt wird.

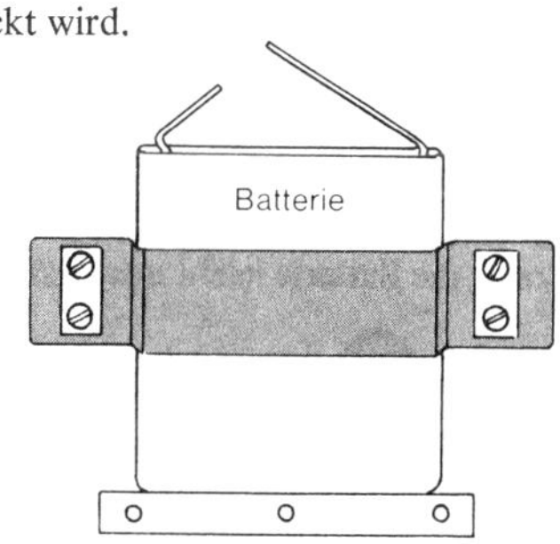

Befestigung der Batterie

(Weniger haltbar kann man das Gummiband auch durch zwei Schrauben mit großen Beilagscheiben befestigen.) Unter die Batterie wird eine kleine Holzleiste genagelt, damit sie nicht nach unten herausrutschen kann.

Schaltverbindungen 7. Jetzt beginnt das Schalten. Es sollen verbunden werden: die beiden Pole der Fassung mit den danebenliegenden Buchsen, die beiden Pole der Batterie mit den danebenliegenden Buchsen.

Das fertige Fehlersuchgerät

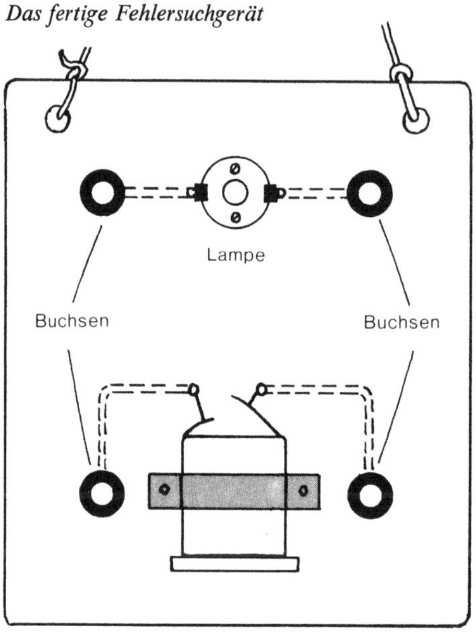

Da die Anschlüsse für Fassung und Batterie auf der Vorderseite liegen, die Anschlüsse für die Buchsen aber auf der Rückseite des Brettchens, führen wir den Draht auf der Rückseite von der Buchse bis hinter die betreffende Anschlußstelle und dann durch ein zu diesem Zweck mit dem mittleren Nagelbohrer gebohrtes kleines Loch nach vorn. Die Zeichnung zeigt diesen Verlauf der Leitungen. Was gestrichelt dargestellt ist, liegt auf der Rückseite des Brettchens.
Für den Anschluß an die Pole der Batterie gibt es die in der Zeichnung abgebildeten Klemmen. Sie gewährleisten eine gute Verbindung, und man kann die Batterie leicht auswechseln.

Batterieklemme

Für den Anschluß an die Steckbuchsen wird das jeweilige Drahtende mit der Rundzange zu einer Öse gebogen und mit der zweiten Mutter festgeklemmt (Öse in Drehrichtung legen!).
8. Jetzt kommen wir zu den beiden oberen Löchern. Durch sie ziehen wir eine Schnur und knüpfen sie zu einer Schlaufe, die so weit ist, daß wir das Brettchen bequem um den Hals hängen können. So haben wir bei der Fehlersuche beide Hände frei.

Die Prüfschnüre 9. Das Brettchen ist jetzt fertig; nun kommen die beiden Prüfschnüre und die kurze Hilfsschnur an die Reihe. Die beiden langen Schnüre sind verschiedenfarbig, damit sie nicht verwechselt werden können. Die Enden aller drei Schnüre erhalten einen Bananenstecker. Nimmt man Bananenstecker mit Schraubbefestigung, muß man erst das Ende der Litze verlöten. Das haben wir auf S. 444 beschrieben, jedoch wollen wir diesmal das blankgelegte Litzenende vor dem Verlöten umknicken und so den blanken Teil verdoppeln.

Einlöten von Bananensteckern Besser halten Bananenstecker, in die die Litze eingelötet wird. Zunächst wird die Isolierhülse vom Stecker abgeschraubt und gleich auf die Prüfschnur geschoben, denn sie muß später von hinten aufgeschraubt werden. Den Stecker klemmen wir in eine Buchse unseres Brettchens, so daß er aufrecht mit der Lötöffnung nach oben steht. Der Stecker wird mit Lötkolben oder Lötlampe so weit angewärmt, daß der eingeführte Lötdraht in der Lötöffnung schmilzt. Sobald die Lötöffnung des Steckers etwa halb voll Zinn ist, steckt man das schon verzinnte Litzenende in die mit Zinn gefüllte Öffnung hinein und stellt die Wärme ab. Anblasen beschleunigt das Abkühlen.

Kontrolle 10. Zum Schluß prüfen wir unser Suchgerät auf richtiges Funktionieren (eine Prüfung, die man vor jeder Benutzung des Gerätes wiederholen soll). Wir verbinden einfach mit den Prüfschnüren die beiden linken und die beiden rechten Buchsen. Damit fließt der Batteriestrom durch die Signallampe; sie muß aufleuchten.

Kontrolle: Lampe leuchtet, Prüfgerät in Ordnung

Fehlersuche in Klingelanlagen

Das Wesentliche bei der Fehlersuche an Klingelanlagen – sagt der Fachmann – ist eine gewisse Ruhe und Bedächtigkeit. Nicht gleich alle Dosen öffnen und die Drähte herausreißen – erst überlegen! Angenommen, die Türklingel setzt aus, so kann der Fehler in folgenden Teilen der Anlage liegen:
1. an der Stromversorgung, 2. am Drücker, 3. an der Klingel, 4. an den Leitungen.
Punkt 1, die Stromversorgung, ist am leichtesten zu prüfen, wenn außer der Klingel noch eine weitere Schwachstromeinrichtung, z.B. ein elektrischer Türöffner, vorhanden ist. Funktioniert dieser, so ist Strom vorhanden, und Punkt 1 scheidet aus. Funktioniert auch der Türöffner nicht, wird der Fehler mit ziemlicher Sicherheit in der Stromversorgung liegen. In diesem Fall – und ebenso, wenn kein zweites Schwachstromgerät angeschlossen ist – können wir mit unserem Suchgerät die Stromquelle (Batterie, Sammler oder Klingeltransformator) prüfen: Die beiden Enden der Prüfschnüre in die Lampenbuchse, die anderen an die Anschlüsse der Stromquelle. (Suchgerät selbst vorher prüfen, siehe vorigen Abschnitt!)
Ist Strom vorhanden, wird der Drücker geprüft. Die Abdeckplatte wird abgeschraubt, die beiden Drähte werden abgeklemmt und miteinander verwürgt. Ertönt dabei die Klingel, ist der Drücker defekt und wird ausgetauscht. Ertönt sie nicht, liegt der Fehler an anderer Stelle. Die beiden Drähte bleiben zunächst noch verwürgt.
Jetzt geht es zur Klingel. Die beiden Drähte werden abgeklemmt, vorsichtig, daß sie einander nicht berühren, denn sie könnten ja Strom führen. Ob das der Fall ist, prüfen wir, indem wir die Prüfschnüre mit einem Ende an die Lampenbuchsen des Suchgeräts stecken und mit den freien Enden die Drähte berühren. Leuchtet das Lämpchen des Prüfgeräts, ist die Leitung in Ordnung.
In diesem Fall ist jetzt die Klingel selbst zu prüfen: Prüfschnüre in Batteriebuchsen, freie Enden an die Klingelanschlüsse. Spricht jetzt die Klingel nicht an, liegt der Fehler in ihr.
Schaltbild einer Wohnungsklingel mit Klingeltransformator Hat sich jedoch ergeben, daß die Leitung an der Klingel keinen Strom führt, so kommt jetzt das schwierigste Stück Arbeit: den Fehler einzugrenzen und aufzufinden. Dazu nehmen wir aber am besten jetzt ein Schaltbild zur Hand:

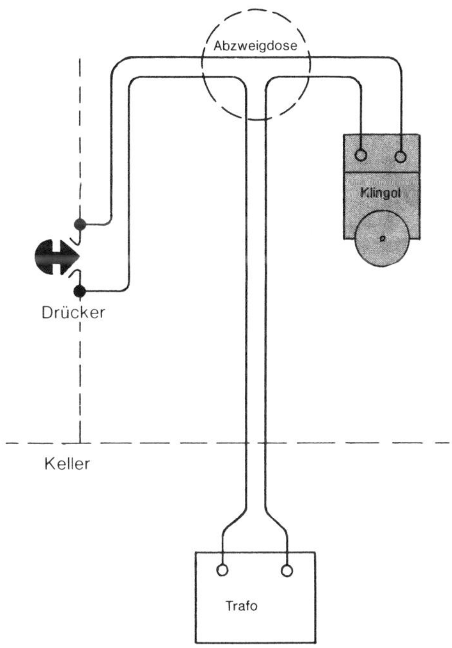

Schaltbild einer Wohnungsklingel mit Klingeltransformator

Der Ansatzpunkt für das Eingrenzen des fehlerhaften Leitungsstücks, das sieht man auf dem Schaltbild sofort, ist die Abzweigdose. Da wir die Drähte am Drücker noch miteinander verwürgt gelassen haben, ist hier der Kontakt, der sonst nur durch Drücken des Klingelknopfes hergestellt wird, ständig geschlossen. Es besteht also ein geschlossener Stromkreis – besser gesagt, er bestünde, wenn nicht die Leitung irgendwo gestört wäre. Ist dieses irgendwo in dem Leitungsstück, das von der Abzweigdose nach rechts zur Klingel führt? Das prüfen wir, indem wir Strom aus der Batterie unseres Suchgeräts hindurchschicken. Prüfschnüre in die Batteriebuchsen, die freien Enden an die beiden nach rechts führenden Leitungen. Spricht die Klingel nicht an, liegt der Fehler in diesem Leitungsstück.
Liegt der Fehler in dem Leitungsstück Abzweigdose – Klingeltrafo? Prüfschnüre in die Lampenbuchsen, freie Enden an die beiden nach unten zum Trafo führenden Drähte: Leuchtet das Lämpchen nicht auf, liegt der Fehler in diesem Stück.
Sind beide Stücke in Ordnung, brauchen wir das dritte Stück zum Drücker gar nicht erst zu prüfen, denn jetzt *muß* der Fehler in diesem Stück liegen.

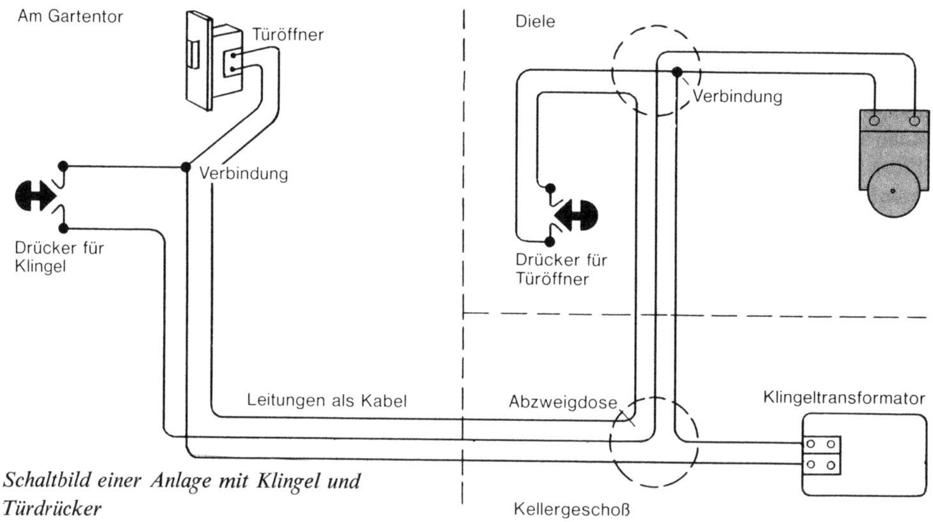

Schaltbild einer Anlage mit Klingel und Türdrücker

Der Vollständigkeit halber will ich jedoch erwähnen, wie diese Prüfung zu machen ist: Auf dem Prüfgerät eine Lampenbuchse mit einer Batteriebuchse mit der kurzen Hilfsschnur verbinden. Eine Prüfschnur in die freie Lampenbuchse, die andere in die freie Batteriebuchse. Die freien Enden mit den beiden Drähten von der Dose zum Drücker in Berührung bringen. Wenn die Leitung in Ordnung ist, muß die Lampe aufleuchten.

Schaltbild einer Anlage mit Klingel und Türdrücker Im verschlossenen Mietshaus und im Einfamilienhaus ist in der Regel neben der Klingelanlage ein elektrischer Türöffner vorhanden. Damit wir uns auch zurechtfinden, wenn eine Anlage dieser Art gestört sein sollte, machen wir jetzt dieselbe Übung noch einmal an diesem Beispiel.

Nachdem wir das Bild studiert haben, können wir uns an den Fall wagen, daß der Türöffner versagt. Die Überlegung ergibt wiederum 4 mögliche Fehlerquellen: 1. Stromversorgung, 2. Drükker, 3. Türöffner, 4. Leitungen.

Da, wie wir in diesem Fall annehmen wollen, die Klingel weiterhin funktioniert, scheidet Punkt 1 aus; der Klingeltransformator liefert Strom und braucht nicht eigens geprüft zu werden.

Den Drücker prüfen wir wie im vorigen Beispiel: Verschraubung lösen. Drähte abklemmen und miteinander verwürgen. Spricht der Türöffner auch jetzt nicht an, liegt der Fehler nicht am Drükker. Die Drähte bleiben für die weitere Prüfung noch verwürgt. Punkt 3: Türöffner. Drähte abklemmen (nicht berühren lassen), Prüfschnüre in die Batteriebuchsen des Prüfgeräts, Strom durch Türöffner schicken. Jetzt muß, wenn der Öffner in Ordnung ist, das Betätigungsgeräusch des Öffnens ertönen. Da der Öffner ein kräftiger Stromverbraucher ist, darf man bei dieser Prüfung nur kurz mit den Prüfschnüren auf den Klemmen bleiben.

Sind Drücker und Öffner in Ordnung, bleiben die Leitungen zu prüfen. Ein Studium des Schaltbildes ergibt, daß die im Bild zuunterst gezeichnete Leitung, die vom Klingeltrafo unmittelbar zur Gartenpforte läuft, in Ordnung sein muß. Denn sie läuft zugleich auch zum Klingeldrücker, und da die Klingel anspricht, muß sie in Ordnung sein. Ebenso muß aber das Leitungsstück vom Trafo bis zur Abzweigdose in der Diele in Ordnung sein; andernfalls würde die Klingel nicht ansprechen. Drittens scheidet auch das Stück aus, das vom Klingeldrücker und der Gartenpforte zur Klingel führt. So ist der Fehler bereits auf zwei Stücke eingegrenzt:

Entweder liegt er zwischen der Abzweigdose in der Diele und dem Drücker für den Türöffner. Das prüfen wir wie vorhin: Eine Lampenbuchse mit einer Batteriebuchse mit Hilfsschnur verbinden. Prüfschnüre in die beiden freien Buchsen, die freien Enden an die Leitung. Oder – und das ist die letzte Möglichkeit – der Fehler sitzt in der einen Ader, die von der Abzweigdose in der Diele direkt zum Türöffner läuft. Da sie über Abzweigdosen im Keller führt, können wir sie in zwei Etappen prüfen.

Schaltbild der abschaltbaren Klingel mit Kontrollampe

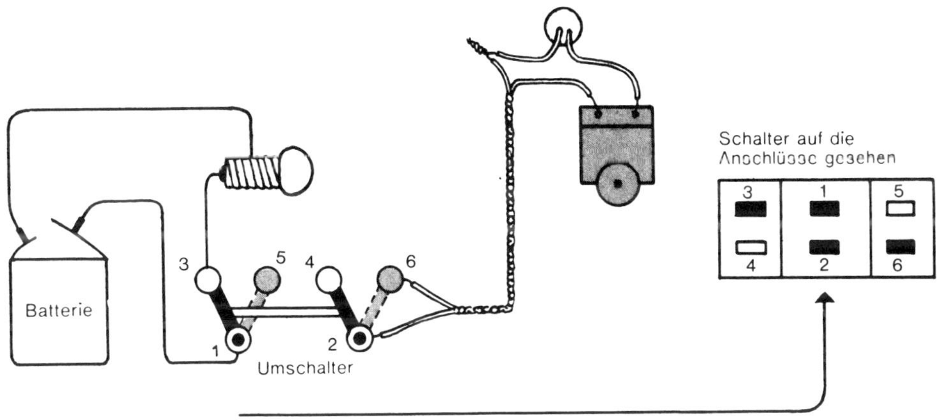

Abschaltbare Hausklingel mit Kontrollampe

Mit dem Prüfgerät vertraut, können wir uns der S. 450 gestellten Aufgabe zuwenden: eine Klingelanlage, bei der ein Signallämpchen anzeigt, daß sie abgeschaltet ist.

Material

1 Umschalter, zweipolig, mit Einlochbefestigung. Dieser zweipolige Umschalter sieht anders aus als der im vorigen Beispiel verwendete. Er ist kenntlich an seinen 6 Anschlüssen. Meist sind es Anschlüsse zum Anlöten. Den Schalter für Einlochmontage kann man in einem Loch von 12 mm Durchmesser ohne Schrauben festklemmen.

1 Signallampe, Fassung mit roter Linse, Größe E 10, ebenfalls für Einlochbefestigung.

1 Glühlämpchen 4,5 V · 0,05 Ampere. Wird für den Betrieb des Lämpchens der vorhandene Klingeltransformator verwendet, nimmt man eine Lampe von 6 Volt und 0,2 Ampere.

1 Taschenlampen-Batterie 4,5 Volt

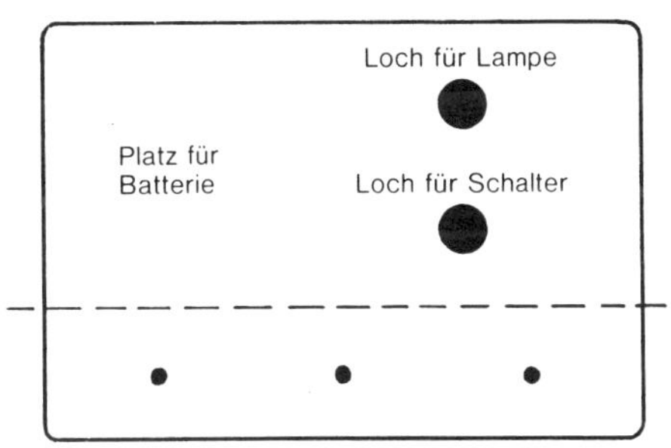

Verteilung der Bauteile auf dem Brett

1 Sperrholzbrett, etwa 4 bis 5 mm stark und 10 × 10 cm groß

Holzschrauben, etwa 3,5 mm stark und 20 mm lang.

Arbeitsgang Die drei Bauteile Batterie, Umschalter und Lampe werden, nachdem das Brettchen zugeschnitten ist und die Kanten abgeschliffen sind, aufgelegt und angezeichnet, wie es die Abbildung zeigt. Die drei kleinen Löcher dienen zum Anschrauben des Brettchens, sie sind mit dem Nagelbohrer schnell gebohrt. Die beiden großen Löcher für Lampe (oben) und Schalter (unten) kann man entweder auch bohren, wenn man einen Bohrer entsprechender Stärke besitzt. Anderenfalls bohren wir im Umfang des aufgezeichneten Kreises kleine Löcher mit dem Nagelbohrer, arbeiten das Ganze mit dem Stemmeisen heraus und feilen es nach.

Sind die Bauteile befestigt, können die Anschlüsse gemacht werden. Bis auf die beiden Drahtanschlüsse zur Klingel können wir alle Verbindungen am Arbeitstisch fertigmachen; namentlich für Lötverbindungen ist das vorteilhaft. Das Bild oben verdeutlicht die Schaltung. Der rechte Teil zeigt den zweipoligen Umschalter (Draufsicht auf die Anschlüsse). Solche Schalter gibt es in verschiedener Ausführung. Wenn Sie nicht zurechtkommen, können Sie die zusammengehörigen Anschlüsse mit Hilfe unseres Prüfgeräts ermitteln.

Ist die Schaltung durchgeführt und auch die Klingel, wie im ersten Abschnitt über die Hausklingel (S. 453) beschrieben, angeschlossen, so haben wir bei

Schalterstellung links: Klingel aus und Lampe ein,
Schalterstellung rechts: Klingel ein und Lampe aus.

Anbringung Das Brett wird mit den drei Holzschrauben an der oberen Kante des Türstocks angeschraubt. Dabei ist darauf zu achten, daß auf der Rückseite keine blanken Klemmen oder Lötösen das Mauerwerk berühren. Ist der Türstock zu flach, legen wir ein Stück Leiste unter und befestigen das Brett mit entsprechend längeren Holzschrauben.

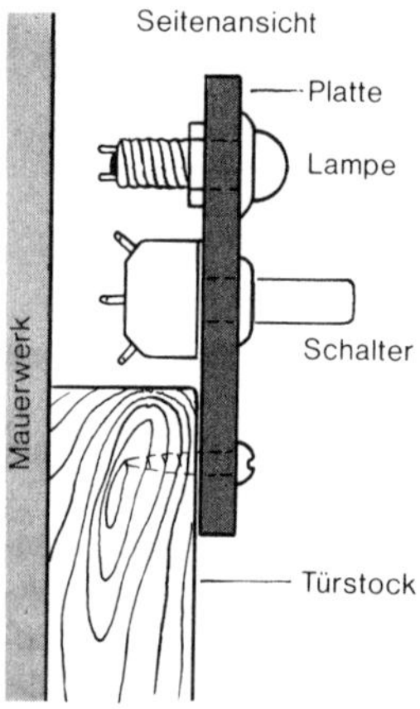

Montage des fertigen Brettchens an Türstockkante

Anschluß an den Klingeltransformator Bei häufiger Abschaltung wird die Taschenlampenbatterie nicht allzulange reichen. Ist ein Klingeltransformator schon vorhanden, kann die Lampe anstatt aus einer Batterie aus ihm gespeist werden. In diesem Fall kommen nur Schalter und Lämpchen auf das Holzbrett, das entsprechend kleiner sein darf. Die Schaltung entspricht der bereits gezeigten, nur daß jetzt zwischen Umschalter und Lampe an Stelle der Batterie der Transformator angeschlossen wird. Das ist etwas leichter gesagt als getan. Zuerst verfolgen wir die Leitung von der Klingel bis zur nächsten Abzweigdose und öffnen diese. Jetzt gilt es, unter den Drähten die beiden richtigen herauszufinden. An Hand der beiden im Abschnitt »Fehlersuche« (S. 453) gezeigten und besprochenen Schaltbilder wird Ihnen das jedoch nicht schwerfallen.

Ausführung auf Metallbügel Wer lieber mit Metall arbeitet als mit Holz, nimmt statt des Sperrholzbrettchens einen etwa 2 mm starken und 5 cm breiten Streifen aus Stahlblech oder Aluminiumblech und biegt ihn im Schraubstock zu der im Bild oben gezeigten Form. Der Bügel trägt Schalter und Lampe. Die Löcher werden ausgebohrt und gefeilt. Einsetzen der beiden Teile und Herstellen der Anschlüsse wie bei Ausführung in Holz. Die Batterie wird in der schon bekannten Weise unter dem Bügel unmittelbar am Türstock angebracht. (Metall biegen S. 300.)

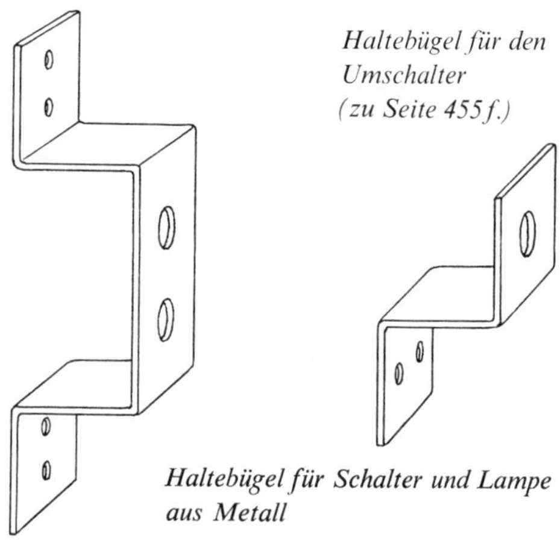
Haltebügel für den Umschalter (zu Seite 455 f.)

Haltebügel für Schalter und Lampe aus Metall

Reserve-Spirale Ein kleiner Tip noch: Beim Anschließen einer Schwachstromleitung an Batterie, Klingel usw. läßt man die Enden etwas länger und rollt das überschüssige Stück auf einem Bleistift zu einer Spirale, wie sie die Abbildung zeigt.

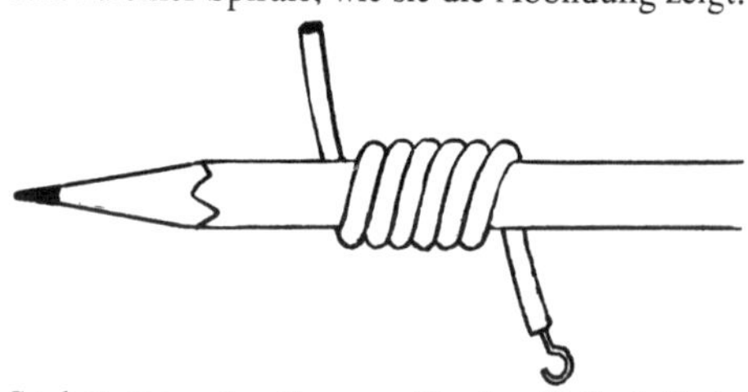

So hat man eine Reserve für den Fall, daß ein Draht bricht oder daß aus irgendwelchen Gründen etwas versetzt werden muß.

Die umschaltbare Hausklingel

In vielen Einfamilienhäusern ist die in der Diele angebrachte Klingel nicht von allen Räumen aus gut zu hören. Besonders wenn man sich auf die Terrasse oder in den Garten begeben will, muß man fürchten, sie ganz zu überhören. Dem ist abgeholfen, wenn man an der Terrasse eine zweite Klingel oder einen Summer anbringt und in der Nähe der bisherigen Klingel einen Umschalter, mit dem wahlweise die bisherige oder neue Klingel eingeschaltet werden kann.

Als Beispiel nehmen wir hier die Anlage eines Summers – für die Klingel gilt das gleiche – auf einer Terrasse, die auf der dem Eingang abgekehrten Seite des Hauses liegen soll. Wir wählen dieses Beispiel, weil sich dabei ein interessanter Leitungsweg durch das ganze Haus ergibt. Die Anleitung ist entsprechend anzuwenden für eine zweite Klingel oder einem Summer im Keller, im Schlafzimmer, auf dem Balkon usw.

Material Wir brauchen:

1 Umschalter, zweipolig, mit Einlochbefestigung (wie im vorigen Beispiel)
1 Summer für 6 Volt
1 Reihenklemme, vierpolig
1 Blechstreifen, Stahl oder Aluminium, etwa 2 mm stark und 5 cm breit, genaue Maße nach Größe des Umschalters
Leitungs- und Befestigungsmaterial.

Arbeitsgang Der Blechstreifen wird zu einem Haltebügel von der im Bild S. 456 rechts oben gezeigten Form gebogen, das Loch für den Umschalter gebohrt, dieser daraufmontiert.

Der Schalter soll möglichst nahe an der bisherigen Klingel sitzen; für unser Beispiel nehmen wir an: am Türstock der Eingangstür, über der sich die alte Klingel befindet.

Von der alten Klingel zu diesem Umschalter brauchen wir jetzt ein Stück Leitung mit 6 Drähten. Dafür nehmen wir entweder Rohrdraht oder Schlauchleitung (S. 446) mit 6 Adern – oder auch, wenn es sich nur um eine kurze Entfernung bis etwa zu einem Meter handelt, drei Stück Rohrdraht zu je 2 Adern. Die 3 Leitungen werden dann exakt nebeneinandergelegt und alle 20 cm einige Male mit Isolierband umwickelt. In diesem Fall können wir ohne Schellen auskommen. Wir drücken einfach durch jeden Isolierbandwickel einen Stahlstift und schlagen ihn ein. Unter den Kopf des Stifts kommt ein Lederflecken. Beim Eintreiben der Stahlnägel darf man nicht danebenschlagen, sonst wird die Isolierung der Drähte gequetscht.

Hat der Schalter Lötanschlüsse, so wird man diese erst am Arbeitstisch fertigmachen und dann die Leitung an den Türstock nageln.

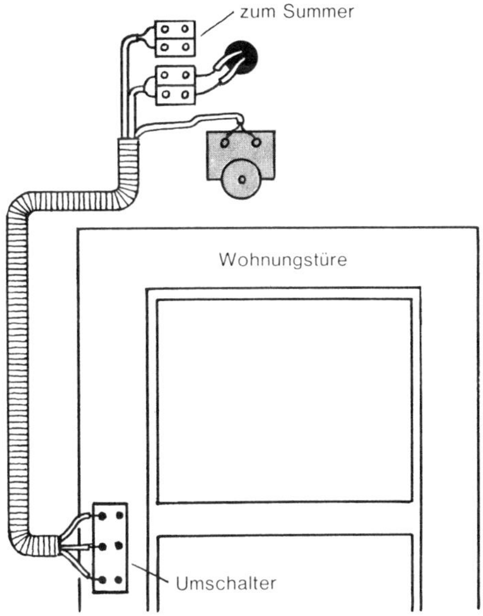

Anschlüsse Das Bild oben zeigt, wie sich die 6 Adern verteilen: Die zwei Anschlüsse, die bisher an der alten Klingel liegen, werden abgeklemmt und zum Umschalter geführt, jedoch nicht direkt, sondern über 2 Pole der vierpoligen Klemme, die

Umschaltbare Hausklingel: Die Anschlüsse am Schalter

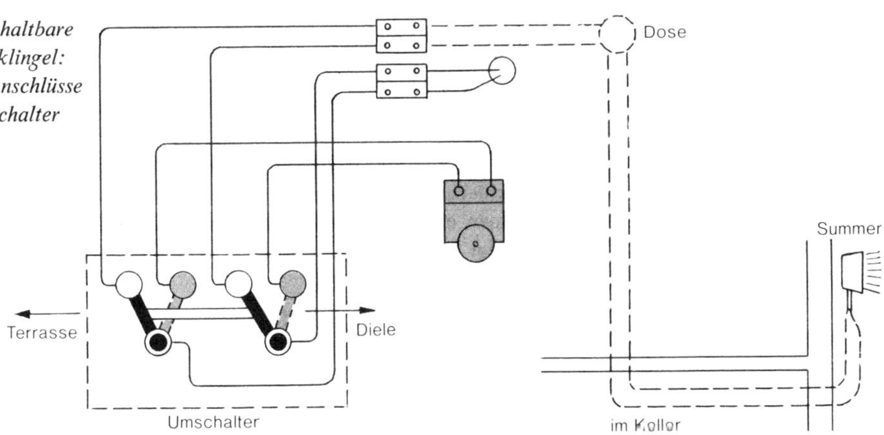

neben der alten Klingel befestigt wird. Vom Umschalter führen zwei weitere Adern zurück zur alten Klingel. Sie brauchen nicht über die Klemme geführt zu werden. Wird der Umschalter jetzt so eingestellt, daß diese beiden Anschlüsse verbunden sind, so fließt der Strom – sobald der Drücker von draußen betätigt wird – in der alten Weise (nur auf dem Umweg über den Umschalter), so daß die Klingel in der Diele ertönt. Die beiden letzten der 6 Adern verbinden den Umschalter mit den noch freien Polen der Reihenklemme. Von diesen zweigt die Leitung zum neuen Summer ab. Die Anschlüsse am Schalter zeigt das Bild S. 457 unten. Die Schalterstellung – in unserem Fall rechts Diele, links Terrasse – wird durch Beschriften festgehalten.

Die Leitung durchs Haus Die Leitung zur Terrasse ist jetzt noch zu verlegen. Beim Einfamilienhaus ist der Weg durch den Keller dem durch sämtliche dazwischenliegenden Zimmer vorzuziehen. In der Regel wird, da der Klingeltransformator im allgemeinen im Keller sitzt, eine Rohrleitung von der der Klingel nächstgelegenen Abzweigdose in den Keller hinabführen. Ist ein solches Rohr vorhanden, führen wir unsere neue Leitung hindurch. Ist es nicht vorhanden, wird man meist die Leitung an der Fußleiste der Kellertreppe entlang führen können.

Wir nehmen zwei miteinander verdrillte Adern, die wir in dieser Form fertig kaufen. Wie bringen wir sie in das Leitungsrohr hinein? Der Elektriker nimmt dazu ein Stahlband, das sich überall leicht hindurchschieben läßt. Sobald das Ende des Bandes am anderen Ende des Rohrs herauskommt, hängt man den Leitungsdraht an und zieht das Band mit dem Draht wieder zurück. Wir können uns behelfen mit einem etwas stärkeren und damit steiferen Draht von etwa 1,5 mm^2 Querschnitt, wie er für Starkstromleitungen verwendet wird. Er wird von der Abzweigdose in der Diele aus in das nach unten führende Isolierrohr eingeführt. Beim Einschieben darf man den Draht jeweils nur ganz kurz anfassen, etwa alle 5 cm, sonst knickt er ein und läßt sich dann kaum weiterschieben. Kommt das Ende im Keller an, zieht man ein Stück heraus, macht es blank und befestigt den verdrillten Draht recht haltbar daran, z. B. durch eine mit Isolierband zu umwickelnde Würgeverbindung. Zum Zurückziehen ist ein Helfer erforderlich. Er führt den Draht unten richtig ein, während der andere von oben anzieht.

Haben wir den verdrillten Draht glücklich oben an der Abzweigdose, ziehen wir noch so viel heraus, wie wir bis zur Klemme neben der Klingel brauchen, und schließen dort an.

Auf Isolier-Rollen durch den Keller Im Keller verlegen wir weiter bis zu dem der Terrasse nächstgelegenen Kellerfenster. Für einen feuchten Keller brauchen wir Rohrdraht oder Schlauchdraht. Im trockenen Keller können wir die verdrillte Leitung gleich weiter verwenden und so, wie sie ist, auf Isolier-Rollen verlegen. Die verdrillte Leitung wird so auf die Rollen aufgeschoben, daß eine Ader oben, die andere unten am Hals der Rolle vorbeiläuft. Man kann die Drähte noch mit dünner Schnur festbinden. Wie sind die Isolier-Rollen zu befestigen? Für Ziegelmauerwerk nehmen wir Isolier-Rollen aus Porzellan. Sie müssen angeschraubt werden. Dazu müssen wir Löcher ausstemmen und die erforderlichen Dübel einsetzen. Da die Rollen so recht festsitzen, kann man den Abstand von Rolle zu Rolle etwa einen Meter groß machen.

In Beton ist schwer stemmen. Da helfen Rollen aus Isolierstoff, die anstatt mit Schrauben mit Stahlnägeln befestigt werden können. Allerdings, diese Stifte halten längst nicht so gut wie Schrauben, deshalb darf der Abstand von Rolle zu Rolle hier nur etwa 50 cm betragen. An sehr glatten Betonwänden kann man die Rollen aus Isolierstoff auch mit einem Spezialkleber ankleben.

Durchs Kellerfenster Das letzte Hindernis für den Durchbruch zur Terrasse bildet das Kellerfenster. Ist der Fensterstock aus Holz, bohrt man mit dem Nagelbohrer ein Loch, vergrößert es soweit nötig und zieht die verdrillte Leitung durch. Ist der Fensterstock aus Eisen, müssen wir daneben mit einem Meißel oder einem kräftigen Schraubenzieher einen Kanal durchstemmen.

Die verdrillte Leitung überziehen wir, bevor sie durchgezogen und der Kanal wieder vergipst wird, mit einem Stück Isolierschlauch. Dieses Stück wird zweckmäßig gleich so lang genommen, daß es außen weiterreicht bis zur Anschlußstelle des Summers. Dadurch ist die verdrillte Leitung etwas wettergeschützt. Der Summer soll regengeschützt angeordnet oder mit einem kleinen Regendach versehen werden.

Die Klingel für den Untermieter

Sobald zwei oder mehr Parteien in einer Wohnung oder einem Einfamilienhaus wohnen, sollte der Untermieter eine eigene Klingel erhalten.

Schaltbild für Untermieter-Klingel

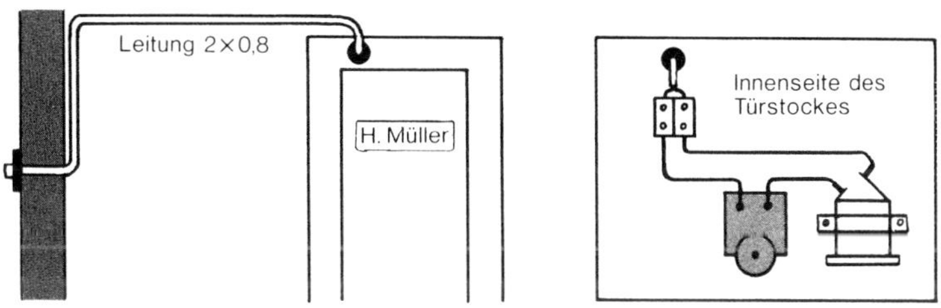

In der Regel wird man für die zweite Klingel zur deutlichen Unterscheidung eine Glocke mit anderem Klang wählen. Der Klang hängt im wesentlichen von der Schalenform ab. Hat der Hauptmieter eine Glocke mit flacher Schale, bekommt der Untermieter eine Schalmei-Schale und umgekehrt. Den Klang von zwei gleichen Glocken kann man dadurch unterscheidbar machen, daß man über eine Schale einen Streifen Leukoplast klebt. Handelt es sich nur um ein Zimmer, so wird man einen Summer unbedingt bevorzugen, denn er ist im Zimmer deutlich genug, draußen aber kaum zu hören, und Verwechslungen sind dann ausgeschlossen.

Material Wir brauchen:

1 Summer für 4 Volt
1 Klingeldrücker für Schraubbefestigung, mit Einschiebvorrichtung für das Namensschild
1 Taschenlampen-Batterie 4,5 Volt
1 Reihenklemme 2polig
Rohrdraht oder Schlauchleitung (2×0,8 mm) von der erforderlichen Länge
Befestigungsmaterial

Arbeitsgang Wir nehmen zunächst den einfacheren Fall an, daß es sich um eine Mietwohnung handelt, bei der der Klingeldrücker an die Wohnungstür kommen soll. An diesem Klingeldrükker beginnen Sie am besten mit der Arbeit. Die Leitung zum Drücker wird durch den Türstock zugeführt. Wie man am besten durchkommt, ist auf S. 447 beschrieben. Das Bohrloch kommt am besten in die Höhe des Drückers, damit der aufgeschraubte Drücker es überdeckt.

Die zweiadrige Leitung wird nun zur Zimmertür des Untermieters geführt. Ist die Entfernung größer als 2 bis 3 Meter, wird man wieder an der Fußleiste entlang gehen. Tritt eine Tür als Hindernis in den Weg, geht man um ihren Türstock herum. Das kostet etwa 5 m Leitung mehr. Wieder durch den Türstock führt die Leitung in das Zimmer des Untermieters und dort zunächst auf die Klemme. Summer und Batterie wird man gleich daneben anordnen. Die einfache Schaltung zeigt das Bild.

Untermieter-Klingel an der Gartenpforte Etwas schwieriger ist die Arbeit, wenn der Drücker an der Gartenpforte sein soll. Sie wird in der Regel auch einen elektrischen Türöffner haben. Wiederum hilft uns das auf S. 454 wiedergegebene Schaltbild einer solchen Anlage.

Wir brauchen zunächst eine neue Ader, die vom Haus zur Gartenpforte führt. Wir gehen in den Keller, öffnen die Abzweigdose und sehen nach, ob das in den Garten führende Kabel noch eine freie Ader hat. Wir nehmen jetzt zunächst an, daß dieser glückliche Fall gegeben sei. Die freie Ader, die wir verwenden wollen, merken wir uns an ihrer Farbe. Eine Ader genügt uns, denn ein stromführender Leiter ist ja schon am Gartentor für den bisherigen Klingeldrücker vorhanden. Den benutzen wir mit.

Jetzt müssen wir an der Säule des Gartentors unsere Ader suchen. Dazu muß der Türdrücker herausgenommen werden, denn hinter ihm in einem Hohlraum der Säule endet gewöhnlich das Kabel. Laut Schaltbild und Zeichnung müssen hier zu sehen sein: eine Ader unmittelbar zum Türöffner, eine Ader unmittelbar zum alten Klingeldrücker, eine Ader, die mit beiden Geräten verbunden ist, und als vierte unsere noch freie Ader.

Der neue Klingeldrücker ist anzuschließen mit einem Pol an den stromführenden Leiter, der sowohl mit dem Öffner wie mit dem alten Drücker

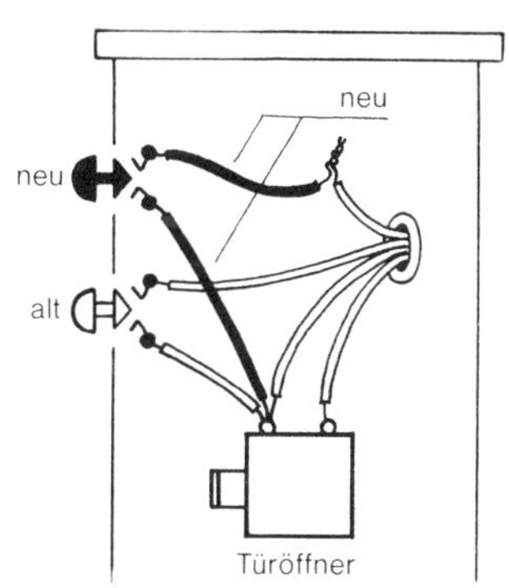

So wird der Türdrücker angeschlossen

Schaltbild für Untermieter-Klingel an der Gartentür

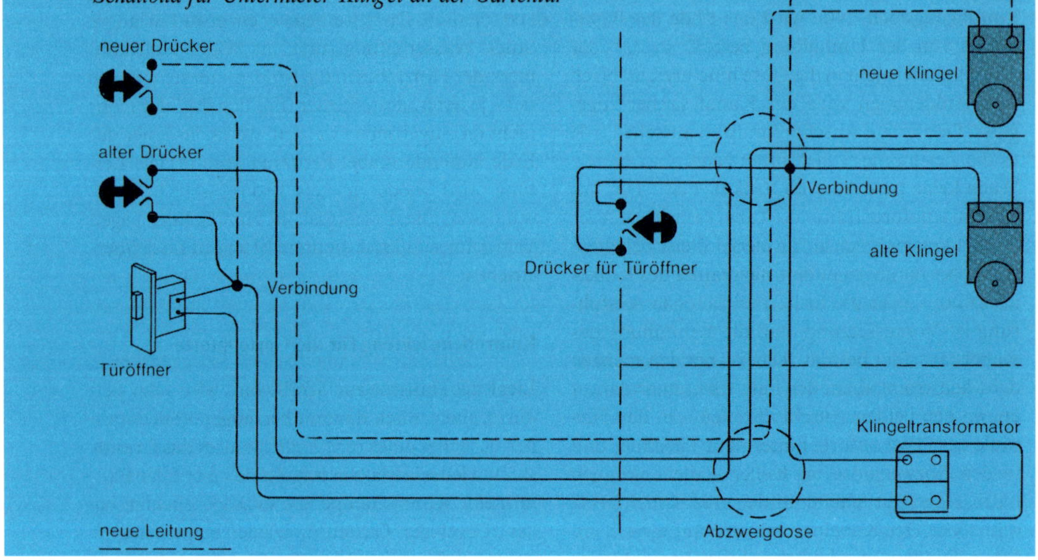

verbunden ist, mit dem anderen Pol an die neue bisher unbenutzte Ader. Für den neuen Klingeldrücker muß ein Dübel einzementiert werden – sofern man nicht statt des bisherigen Klingeldrückers mit Schild eine Kombination mit 2 Klingelknöpfen und 2 Namensschildern anbringen kann. Das Dübelloch muß mit einem scharfen Meißel und mit Geduld ausgestemmt werden: nur mit leichten Schlägen arbeiten. Man soll für die Gartenpforte keinen gewöhnlichen, sondern den etwas teureren wasserdichten Drücker anschaffen.

Ist die Arbeit an der Gartenpforte beendet, können wir zur Abzweigdose im Keller zurückkehren. Von hier aus müssen wir jetzt die neu in Betrieb genommene Ader weiterführen bis zur neuen Klingel. Wir nehmen an, diese soll nicht ins Erdgeschoß, sondern in den ersten Stock kommen. Während wir bisher die freie Ader des Gartenkabels zur Verfügung hatten, müssen wir jetzt einen neuen Draht einziehen. Bis zur Abzweigdose im Erdgeschoß brauchen wir nur einen Draht (Y-Ader 0,8 mm). Wie das Einziehen vor sich geht, haben wir auf S. 458 beschrieben.

Von dieser Dose bis zur neuen Klingel brauchen wir eine kurze zweiadrige Leitung. Die eine Ader wird angeschlossen an den eben eingezogenen neuen Draht im Keller. Die zweite Ader wird angeschlossen – siehe Schaltbild – an die Leitung vom Trafo zur alten Klingel. Führt von der Dose aus ein Leerrohr zum ersten Stock (wie es stets mit eingeplant sein sollte), so brauchen wir nur die Leitung durch dieses Rohr zu ziehen. Ist das nicht der Fall, müssen wir eine Rohrdraht- oder Schlauchdrahtleitung neu nach oben verlegen, am besten wahrscheinlich im Treppenhaus.

Einführen einer Leitung in bestehende Unterputz-Dose In dem letzteren Fall, daß die Leitung neu verlegt werden muß, entsteht die Aufgabe, sie in die Abzweigdose einzuführen. Liegt die Dose, wie es meistens der Fall sein wird, unter Putz, stemmen wir zunächst mit dem Meißel einen kleinen Kanal. Er führt in der Richtung, aus der die Leitung an die Dose heranführt, bis an die Wand der Dose und vertieft sich allmählich. Wo der Kanal auf die Wand der Dose mündet, stemmen wir von der Innenseite der Dose mit Schrauben-

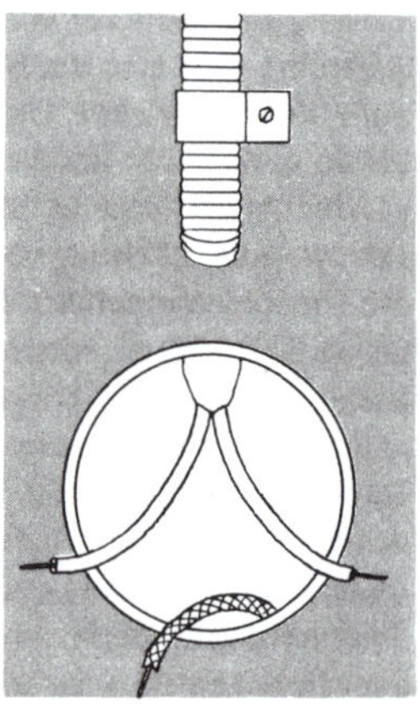

Zuführung für eine Unterputz-Dose

zieher und einigen leichten Hammerschlägen das Einführungsloch. Nun wird das Ende des Rohrdrahts von der Umhüllung befreit, so daß der Metallmantel nicht in die Dose hineinreicht. Nach dem Anklemmen wird der Kanal sauber zugegipst. Der fertige Anschluß muß so aussehen, wie es die Zeichnung S. 460 unten zeigt.

Wenn keine freie Ader im Erdkabel ist Hat das zur Gartenpforte führende Kabel keine freie Ader mehr, kann man sich auf zweierlei Weise behelfen. Entweder nimmt man den Bleimantel des Kabels als Leiter – oder die Erde. Für die erste Ausführung ist Voraussetzung, daß die Umhüllung des Kabels aus Blei besteht. Das ist bei den meisten Schwachstromkabeln der Fall. Es kommt darauf an, an den beiden Anschlußstellen – in der Türsäule der Gartenpforte hinter dem Türöffner und in der Abzweigdose im Keller – die Leitungen haltbar und gut leitend an den Bleimantel anzuschließen: Der Kabelmantel wird auf etwa 2 cm Länge mit dem Messerrücken blank geschabt, der ebenfalls blankgemachte Kupferdraht in straffen Schlingen herumgelegt, wie es das Bild zeigt.

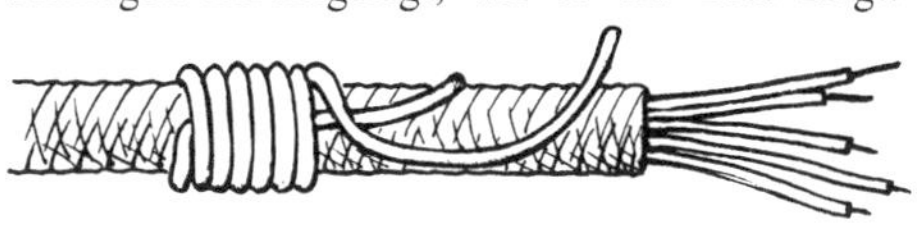

(Sicherer wäre die Verbindung, wenn man den Drahtwickel mit dem Kabelmantel verlöten würde; jedoch hat Blei einen niederen Schmelzpunkt, so daß es beim Löten leicht davonläuft.) Die Verbindungsstelle muß gut gegen Feuchtigkeit geschützt sein. Deshalb ist sie mit Isolierband zu umwickeln. Darauf ist das Ganze mehrmals mit einem Lack zu überstreichen.

Die Erde als Leiter Hat das Kabel keinen Bleimantel oder ist es in der Gartentorsäule so kurz abgesetzt, daß man nicht an den Mantel herankommt, muß die Erde als Leiter herangezogen werden. Das heißt, wir müssen einerseits im Keller von dem Ende der zur neuen Klingel führenden Leitung, andererseits am Gartentor von der zum neuen Drücker führenden Leitung eine gute Verbindung zur Erde herstellen.

Im Keller ist das nicht schwer, weil die Wasserleitung zur Verfügung steht. Man führt einen Draht bis zum Wasserrohr, befreit es an der Anschlußstelle von Schmutz und schließt den Draht mit einer Erdungsschelle an. Die Erdungsschelle ist ein verzinktes Messingband, das um das Wasserrohr liegt und durch eine Verschraubung fest angedrückt wird.

An der Gartenpforte müssen wir die Erdleitung erst schaffen. Dazu treiben wir ein etwa 1 m langes Stück Wasserleitungsrohr mit einem Holzhammer oder Holzklotz in die Erde, mindestens 40 cm tief – je tiefer, desto besser. Freilich darf das Rohr nicht da eingetrieben werden, wo es das unter der Erde laufende Kabel berühren könnte! Die Leitung wird wieder mittels Erdungsschelle angeschlossen, die Erdungsstelle zum Schutz gegen Witterungseinflüsse mehrere Male mit Lack überstrichen.

Kontrolleinrichtung für die Gartenpforte

Liegt die Haustür zur Straße hin, wird man sich durch einen Blick davon überzeugen können, ob der Besucher eines Einfamilienhauses das Grundstück wieder verlassen hat. Ist das nicht der Fall, hilft eine Kontrollampe, die so lange leuchtet, bis der Riegel der Gartentür wieder eingeschnappt ist. Es gibt im Handel einen Türöffner, der diese Kontrolle ermöglicht (Fa. F. Fuß, Ebingen). Dieser Öffner ist ein wenig größer als der normale und hat zwei Riegel. Die Signallampe kann gleich mit in die Türöffnertaste eingebaut werden. Nur eine Ader zusätzlicher Leitung ist erforderlich.

Material Ist ein solcher Öffner nicht einzubauen oder will man die Anlage aus anderen Gründen lieber selbst einrichten, so ist folgendes Material erforderlich:

1 Gehäuse-Schaltkontakt, möglichst wasserdicht, bei Betätigung Kontaktunterbrechung
1 Stück Bandstahl, 3 bis 4 mm stark und 4 cm breit
1 Messingschraube, etwa 8 mm stark, mit 2 Muttern
1 Signallampe, 6 Volt, 0,2 Ampere
1 Fassung dazu mit roter Abdecklinse oder
1 Drücker für Türöffner mit eingebauter Fassung für Signallampe
NY-Draht 0,8 mm von der erforderlichen Länge
Befestigungsmaterial.

Der Gehäuse-Schaltkontakt Wie ein Gehäuse-Schaltkontakt gebaut ist, zeigt das Bild. Aus einem Gehäuse, das fest und wasserdicht sein soll,

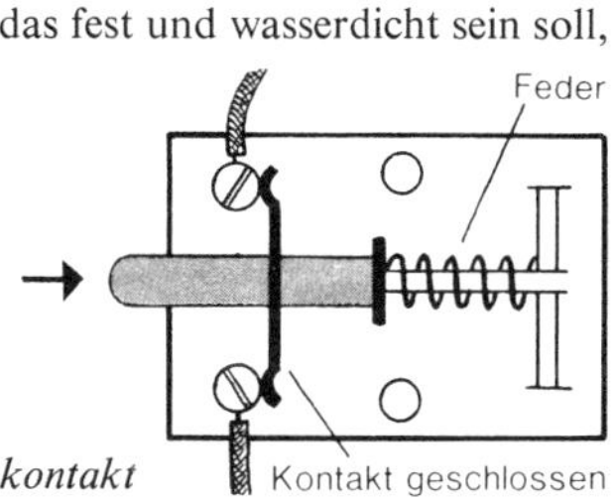

Gehäuse-Schaltkontakt

ragt ein Bolzen heraus. Eine Spiralfeder im Innern des Gehäuses drückt den Bolzen nach außen und schließt die beiden Kontaktfedern. Ist die Gartentüre geschlossen, drückt sie den Bolzen in das Gehäuse hinein und unterbricht den Kontakt. Wird die Tür geöffnet, drückt die Feder den Bolzen heraus und schließt die Kontakte, die Signallampe leuchtet auf. Der Bolzen darf nicht zu schwer gehen, sonst schnappt die Tür nicht einwandfrei zu.

Gehäusekontakte benutzt man u.a. bei elektrischen Förderanlagen, z.B. einem Speiseaufzug. Der Aufzug drückt an seiner oberen und unteren Endstation einen Bolzen in das Gehäuse, unterbricht den Kontakt und bleibt dadurch stehen. Wenn Sie einen solchen Kontakt – »Endlagen-Kontakt« genannt – bekommen können, ist es am besten. Verwendbar ist aber auch ein Schaltkontakt, wie er bei Kühlschrank und Phonotruhe verwendet wird, um die Innenbeleuchtung einzuschalten, sobald die Tür geöffnet wird. Ist der Kontakt leicht gebaut, versieht man ihn mit einem Wetterschutz.

Anbringung Wie der Gehäusekontakt anzubringen ist, zeigt das Bild. Ist die Türsäule aus Holz, wird der Kontakt angeschraubt. Ist sie aus Stein, wird man einen Dübel einsetzen müssen. Einen spitzen Meißel nehmen und vorsichtig schlagen! Der Dübel soll nicht zu klein sein, damit man außer dem Kontakt ein Blech zum Regenschutz mit an ihm befestigen kann. Ist die Säule aus Eisen, muß man Löcher hindurchbohren und den Kontakt anschrauben, und zwar mit Messingschrauben und -muttern, denn diese rosten nicht und lassen sich deshalb später wieder öffnen. Der Höhe nach soll der Kontakt etwa in der Mitte der Türhöhe sitzen, weil ein Quellen der Türe sich an dieser Stelle am wenigsten auswirkt.

Das Bild zeigt auch, wozu das Stück Bandstahl dient. Zu der im Bild ersichtlichen Form wird es im Schraubstock gebogen. Ist das eine Ende an

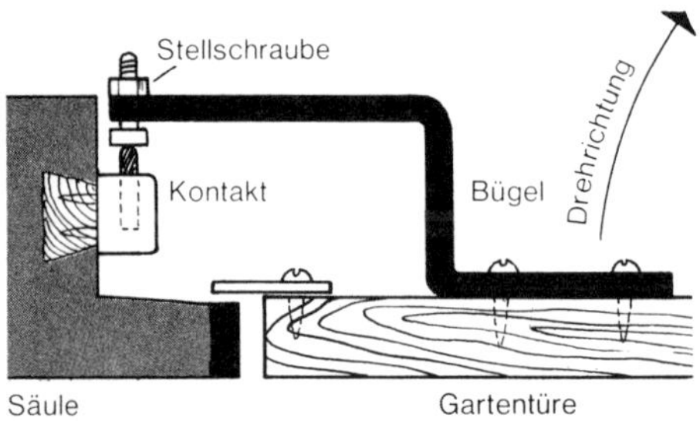

Anbringung des Gehäuse-Schaltkontakts

der Tür festgeschraubt, soll das andere etwa 1 cm vom Bolzen unseres Schaltkontakts entfernt sein. Ihn genauso zu biegen, daß er den Bolzen eindrückt, ist nicht nur schwierig, sondern auch unzweckmäßig, weil man dann keine Möglichkeit hat, Korrekturen des Abstandes vorzunehmen, die durch Aufquellen des Türbolzens oder Verziehen bzw. bei Metalltüren Verbiegen der Tür erforderlich werden. Darum setzen wir eine Stellschraube ein, aus Messing, mit etwa 8 mm starkem Gewinde, mit möglichst großem und glattem Kopf.

Anbringung der Signallampe Die Lampe kommt am besten zum Drücker an der Innenseite der Haustür. Am einfachsten ist es, den vorhandenen Drücker durch einen neuen zu ersetzen, bei dem die Fassung für die Kontrollampe mit eingebaut ist. So spart man jegliche Stemm- und Gipsarbeit. Soll die Kontrollampe gesondert angeordnet

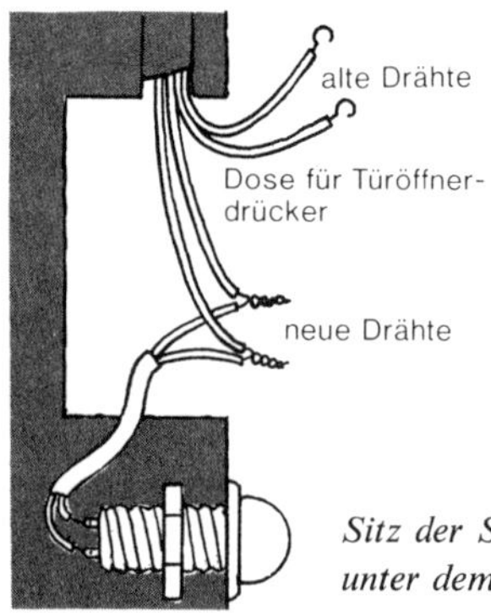

Sitz der Signallampe unter dem Drücker

werden, ist der richtige Platz etwa 5 cm unter dem Türdrücker. Hier wird ein Loch gestemmt, das der Fassung ausreichend Platz bietet. Von diesem Loch wird ein kleiner Kanal unter dem Putz zur Dose des Drückers gestemmt und ein Loch durch die Dosenwand geschlagen. Da die Fassungen für Signallampen aus Preßstoff sind und ein Außengewinde haben, kann man die Fassung eingipsen. Zuvor klemmt man zwei kurze Drahtstücke an die Fassung, schiebt ein Stück Isolierschlauch darüber und führt dieses Anschlußstück durch den Kanal in die Dose. Beim Eingipsen muß man darauf achten, daß Linse und Abdeckplatte draußen bleiben, damit man später die Lampe auswechseln kann.

Leitungen Für Schaltbild und Leitungswege könnten wir uns zum größten Teil auf das stützen, was in dem vorangegangenen Beispiel erläutert wurde: zunächst kommen die Anschlüsse an

Schaltbild zur Kontrolleinrichtung für die Gartenpforte

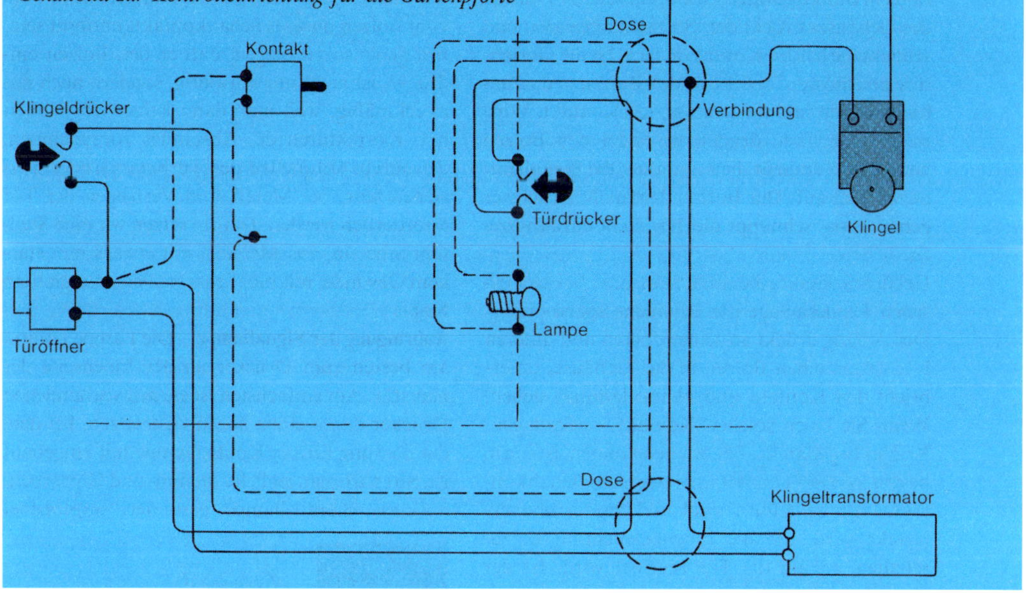

der Gartenpforte an die Reihe. Sie brauchen nur in dem Schaltbild von S. 460 oben an die Stelle des neuen Drückers den Schaltkontakt zu setzen, an die Stelle der neuen Klingel die Signallampe. Der besseren Übersicht halber finden Sie hier ein neues Schaltbild.

Sie sehen, an der Gartentür wird der Schaltkontakt mit einem Pol an den stromführenden Draht angeschlossen, der bereits zum Türöffner und zum Klingeldrücker führt. Vom anderen Pol muß eine neue Leitung ins Haus führen. Das kann wieder, wie im vorigen Beispiel, eine freie Ader des Kabels sein oder notfalls der Mantel des Kabels oder die Erde. Diese Leitung muß von der Dose im Keller zur Dose im Erdgeschoß durchgezogen werden. Von der Dose zur Signallampe brauchen wir zwei Drähte. Einer setzt die eingezogene Leitung fort, der andere wird in der Dose im Erdgeschoß an den stromführenden Leiter angeschlossen. Der Türdrücker erhält, sobald die Signallampe angeschlossen ist, wieder seine beiden früheren Anschlußdrähte. Damit man weiß, welche das sind, wird man beim Abschrauben des Drückers diese beiden alten Drähte etwas miteinander verdrehen.

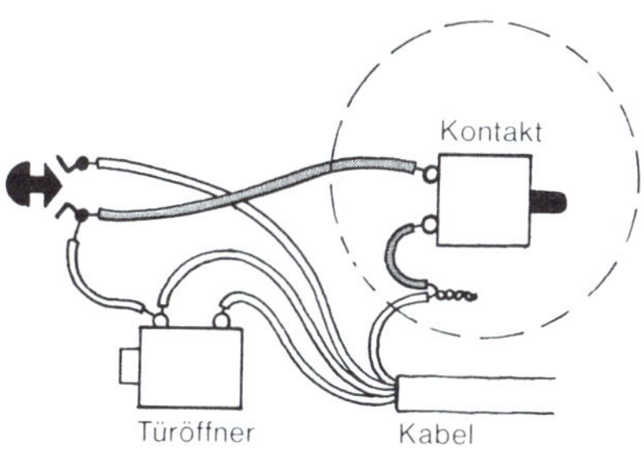

Die Anschlüsse an der Gartentür

Klingelanlage mit Türkontakt für Haustür · Laden · Büro

Wer eine Eingangstür für den Besucherverkehr offenlassen will – z.B. Ladengeschäfte, Büros, Arztpraxis, Atelier – möchte gewöhnlich durch ein Klingelzeichen erfahren, wenn jemand aus und ein geht. Soll sich dieses Signal von der normalen Hausklingel unterscheiden, so nehmen wir für eine solche Anlage eine zweite Klingel (z. B. einen Summer). Es ist angenehm, wenn man den Türkontakt an Sonn- und Feiertagen oder auch abends abschalten kann.

Material Wir benötigen dazu:

1 Tür-Schleifkontakt

1 Klingel oder Summer (wenn nicht die vorhandene Klingel benutzt werden soll)

Leitung 2×0,8 mm in erforderlicher Länge

Befestigungsmaterial

Der Schleifkontakt Die in der Zeichnung dargestellte Art hat sich unter den verschiedenen Formen von Türkontakten gut bewährt. Sie sehen, daß die Tür beim Auf- und Zumachen die Isoliernocke hochdrücken und so den Kontakt schließen wird. Der Kontakt wird also oben am Türstock angeschraubt auf der Seite, nach der die Tür aufschlägt. Der Seite nach darf der Kontakt nicht zu weit von der Scharnierseite entfernt sein – sonst spricht die Klingel kaum oder gar nicht an, wenn die Tür schnell aufgerissen wird. Er darf auch nicht zu nahe an den Türbändern sitzen – sonst kann man unter Umständen die Tür einen Spalt breit öffnen und ohne Alarm hindurchschlüpfen. Der richtige Platz ist etwa ⅓ der Türbreite von der Scharnierseite nach innen gemessen.

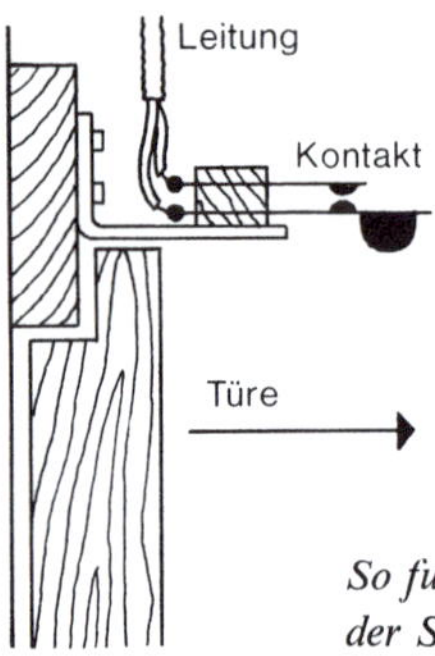

So funktioniert der Schleifkontakt

Anschluß an vorhandene Klingel Die weitere Arbeit ist sehr einfach, wenn der Türkontakt an die vorhandene Klingel angeschlossen werden soll. Wir brauchen dann nur 2 Adern von dem Schleifkontakt zum Klingeldrücker vor der Tür zu führen. Die Leitung läuft am Türstock entlang bis zur Höhe des Klingeldrückers nach unten und dann durch den Türstock nach außen. Die beiden Adern werden an die Klemmen des Türdrückers mit angeschlossen. Der Stromkreis fürd ie vorhandene Klingel wird jetzt sowohl geschlossen, wenn der Knopf gedrückt, als auch, wenn der Schleifkontakt betätigt wird.

Liegt der Klingeldrücker weiter entfernt, z. B. an der Gartenpforte, so wird wenigstens der Knopf für den Türöffner in der Nähe sein. Wir führen dann die beiden Adern vom Schleifkontakt in die Dose des Türdrückers und von da im vorhandenen Rohr entlang so weit, bis wir sie mit den beiden Leitungen, die zum Klingeldrücker führen, verbinden können.

Schleifkontakt mit eigener Klingel und eigener Batterie Ganz anders sieht die Leitungsführung aus, wenn der Schleifkontakt eine zweite Klingel oder einen Summer betätigten soll, die in einem anderen Raum liegt als die alte Klingel. Die An-

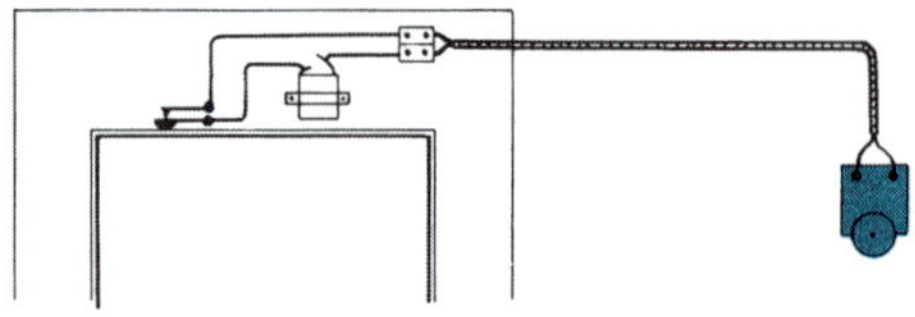

Anschlüsse für Schleifkontakt mit eigener Klingel und Batterie

lage wird in diesem Fall am einfachsten, wenn man die neue Klingel aus einer eigenen Stromquelle (Taschenlampen-Batterie) speist. Die Batterie wird gleich in der Nähe des Türkontakts in der bekannten Weise (S. 451) befestigt, neben oder über ihr eine zweipolige Klemme. Von hier führt eine zweiadrige Leitung zur neuen Klingel. Die Art des Anschlusses zeigt das Bild oben.

Zweite Klingel aus Trafo gespeist Hat die vorhandene Klingel eine Batterie als Stromquelle, wird man stets der zweiten Klingel eine eigene Batterie geben. Wird die alte Klingel aus einem Klingel-Trafo gespeist, will man vielleicht auch die neue an diesen anschließen. In diesem Fall kommt eine dreipolige Reihenklemme neben den Schleifkontakt. Die Anschlüsse an dieser Stelle und die Leitung zur neuen Klingel zeigt das letzte Bild. Von der Klemme führt eine zweiadrige Leitung zur nächsten Abzweigdose der vorhandenen Anlage.

Um hier den Anschluß richtig auszuführen, betrachten Sie am besten noch einmal das ganz einfache Schaltbild auf S. 453. Sie sehen, daß stets eine Ader vom Trafo unmittelbar zur Klingel führen muß, die andere über den Drücker. Diese beiden Drähte werden Sie mit unserem Prüfgerät (S. 452) herausfinden können.

Liegt die zweite Klingel im Kellergeschoß, wird es praktisch sein, die neue Leitung unmittelbar zum Transformator zu führen.

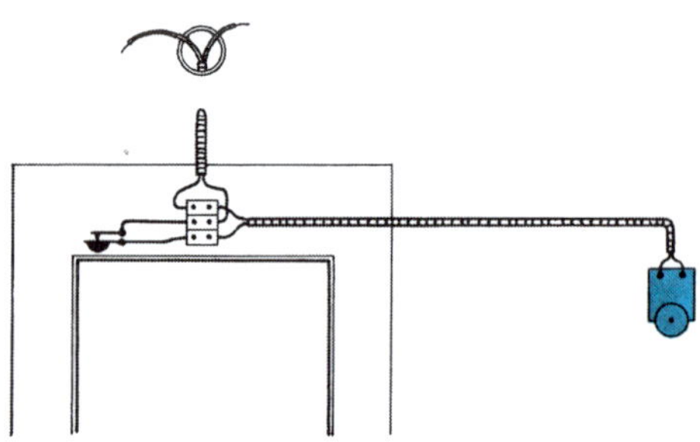

Zweite Klingel aus Trafo gespeist

9 Die Ferneinschaltung

Manchmal möchte man ein Starkstromgerät aus einiger Entfernung ein- und ausschalten können, z. B. den Rundfunkapparat von der Terrasse aus. Das ermöglicht die nachfolgend beschriebene Einrichtung. Ihr Hauptbestandteil ist ein kleiner Magnetschalter. Er wird durch Schwachstrom gesteuert, dient aber zum Ein- und Ausschalten eines Starkstromgeräts und heißt darum »Schwachstrom-Starkstrom-Fernschalter«.
Dieser Schalter wird in das gleich zu beschreibende Fernschaltgerät eingebaut. Das Fernschaltgerät wird an die Netzsteckdose, das zu schaltende Gerät wird anstatt an die Netzsteckdose an das Fernschaltgerät angeschlossen. Von dem Fernschaltgerät bis zu dem Punkt, von dem aus wir schalten wollen, führt eine Schwachstromleitung mit einem Drücker am Ende, meist birnenförmig, der bei einmaligem Drücken ein-, bei nochmaligem Drücken wieder ausschaltet.

Material 1 Schwachstrom-Starkstrom-Fernschalter 6 V/220 V
1 Steckdose zum Verlegen auf Putz (keine Unterputz-Dose)
1 Meter Anschlußkabel für Starkstrom mit Stekker an einem Ende
1 Anschlußschnur für Schwachstrom mit 2 Adern von der gewünschten Länge
1 Steckdose für Schwachstrom
1 Stecker für Schwachstrom
1 Sperrholzbrettchen
1 Schwachstromdrücker (Birnenform).

Arbeitsgang Die Größe des Brettchens läßt sich erst bestimmen, wenn die übrigen Teile eingekauft sind. Man legt sie in der im Bild gezeigten Anordnung auf das Brett und schneidet dieses dann passend zu.
Auf dem zugeschnittenen und saubergemachten Brett wird die Anordnung mit Bleistift aufgezeichnet. Die einzelnen Bauteile müssen genau senkrecht untereinander sitzen. Im einzelnen:
1. Zuoberst Fernschalter aufschrauben. Er muß geradesitzen. Hängt er schief, arbeitet er nicht einwandfrei.
2. Darunter die Starkstrom-Dose. Hier wird später das zu schaltende Gerät angesteckt.
3. Darunter die Schwachstrom-Dose. Sie ist wesentlich kleiner als eine Starkstrom-Dose und hat einen kleineren Buchsenabstand. Das ist wichtig. Nähme man hier eine zweite Starkstrom-Dose, so könnten später die Anschlüsse verwechselt und Unfälle hervorgerufen werden. An diese Schwachstrom-Dose wird die Schwachstromschnur mit dem Drücker angesteckt.
4. Zuunterst die Batterie. Taschenlampen-Batterie genügt. Sie kann in der bekannten Weise mit Gummiband und Leiste befestigt werden. Eine 6-Volt-Batterie, die etwas mehr leistet, ist für diese Art der Anbringung zu schwer. Sie verlangt ein Sperrholzkästchen.
5. Die Starkstromschnur wird mit dem steckerlosen Ende an den Fernschalter angeschlossen. Damit sie nicht zu leicht herausgerissen werden kann, wird sie oberhalb des Schalters mit einer Schelle befestigt.
6. Die übrigen Anschlüsse zeigt das Schema. Stark- und Schwachstromdrähte dürfen sich keinesfalls berühren. Am besten zieht man über Schwachstromdrähte noch ein Stück Isolierschlauch.

Verteilung der Bauteile auf dem Brett

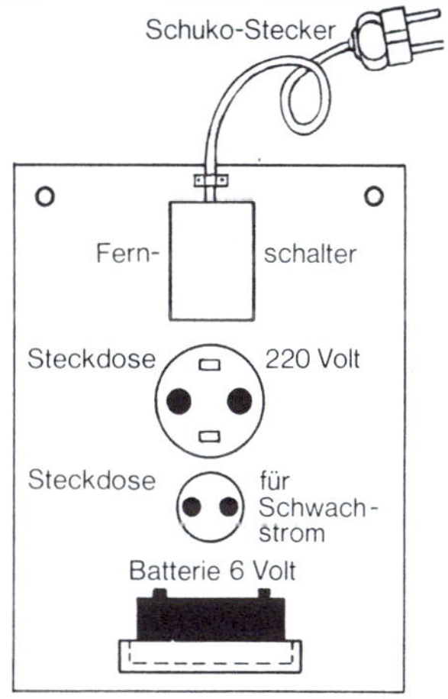

Schema der Anschlüsse für den Fernschalter

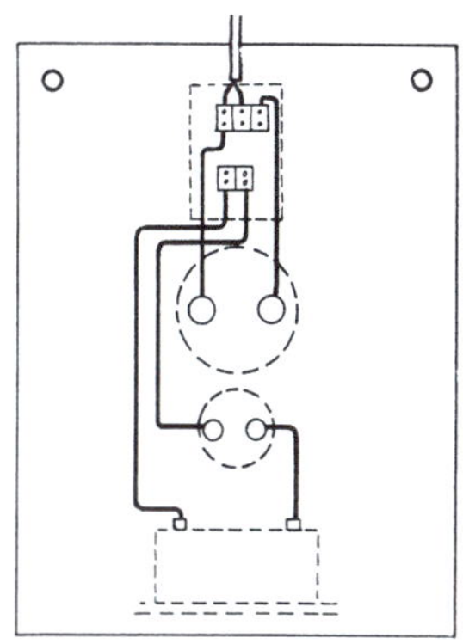

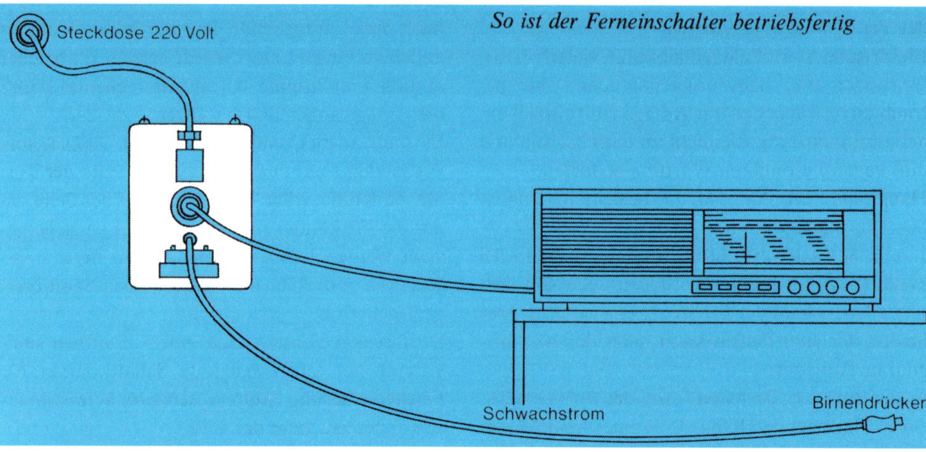

So ist der Ferneinschalter betriebsfertig

7. Durch die beiden Löcher an den oberen Ecken des Brettchens wird jetzt eine Schnur gezogen und das ganze Gerät an Haken oder Nägeln in der Nähe des zu schaltenden Geräts und der zugehörigen Netz-Steckdose an die Wand gehängt.

8. Kabel des Fernschalters an Netzdose anstekken.

9. Das zu schaltende Gerät an die Starkstrom-Dose auf dem Brettchen anstecken.

10. Die Schwachstromschnur an die Schwachstrom-Dose anstecken und zum gewünschten Ort ziehen. Im Gegensatz zu einem Starkstromkabel kann sie unbedenklich unter einem Teppich durchgezogen werden. Das Bild oben zeigt noch einmal übersichtlich die Verbindungen.

Der Druck auf den Schaltknopf schaltet nun das Gerät ein. Die Fernschalter haben meist eine Schaltleistung bis 1000 Watt. Geräte bis zu dieser Leistung können daher angeschlossen werden.

Diese Fernschaltvorrichtung leistet praktische Dienste auch für die jetzt zu besprechenden Alarmanlagen.

10 Alarmanlagen

Einbrecher bevorzugen Einfamilienhäuser in den Randgebieten der Städte. Man kann nicht vor jedem Fenster Eisengitter haben. Schlösser und Riegel kann man auch nicht überall anbringen. Wenn die Einbrecher in Ruhe arbeiten können, weil die Bewohner abwesend sind oder einen gesunden Schlaf haben, werden sie solche Hindernisse überwinden. Eine elektrische Alarmanlage bietet zusätzlichen Schutz.

Ein weiterer Vorteil besteht darin, daß die Prämie für eine Einbruchsversicherung unter Umständen niedriger bemessen wird, wenn das Haus durch eine Alarmanlage gesichert ist. Allerdings muß die Anlage dann ganz einwandfrei gebaut sein und einen beträchtlichen Sicherheitsgrad aufweisen. Man wird sie für diesen Zweck von einem Fachmann ausführen lassen. Auch für den, der sich dazu entschließt, bieten die folgenden Ausführungen eine nützliche Orientierung über die verschiedenen Möglichkeiten.

Keinen Starkstrom! Die Alarmanlage bietet zwar nur einen mittelbaren Schutz. Er besteht darin, daß der Einbrecher durch Licht oder Lärm geschreckt wird, daß ihm unter Umständen vorgespiegelt wird, die Bewohner seien auf der Wacht. Ein unmittelbarer Schutz würde natürlich durch eine Starkstromanlage gewährt, die dem Eindringling einen kräftigen Schlag versetzt. Namentlich auf dem Land kommt hin und wieder ein vorsorglicher Hausbesitzer auf den Gedanken, einen blanken Draht um seinen Obstgarten oder Hühnerstall zu spannen und durch Anschluß an das Lichtnetz mit Starkstrom zu laden. Nach dem Notwehrparagraphen unseres Strafgesetzbuches muß jedoch die Abwehr gegen einen rechtswidrigen Angriff, soll sie straffrei bleiben, sich in dem zur Abwehr des Angriffs erforderlichen Rahmen halten. Würde ein Mensch, der nur Äpfel oder Hühnereier stehlen will, durch eine Starkstromanlage verletzt oder gar getötet, so würde der Verantwortliche sehr schwer bestraft werden. Elektrische Alarmanlagen gibt es in vielerlei Ausführungen und Schwierigkeitsgraden. Wir betrachten im folgenden nur Anlagen mit einfachem Schaltungsaufbau, die nicht zu empfindlich sind und keiner besonderen Wartung bedürfen.

Hauptteile Die Alarmanlage besteht aus folgenden Hauptteilen:

1. eine Kontaktvorrichtung an der zu sichernden Stelle (bzw. an mehreren Stellen). Sie soll sich schließen, sobald der Einbrecher sie berührt. Der Strom, der jetzt fließen kann, setzt das Alarmsignal in Tätigkeit;
2. die Zentrale, bestehend aus der Stromquelle, dem Alarmgeber (Klingel, Sirene) und einem Schalter zum Ein- und Ausschalten der Anlage;
3. wenn gewünscht, eine zusätzliche Vorrichtung, die gleichzeitig mit dem Alarmsignal Beleuchtungskörper am Haus oder im Haus einschaltet.

Zwei Arten von Kontakten

Der Einbrecher wählt den Weg des geringsten Widerstands. Der führt stets durch eine Tür oder ein Fenster. Auf diese schwächsten Stellen richten wir unser Augenmerk und legen zuerst fest, welche von ihnen der Sicherung bedürfen. Die beiden nachfolgend genannten Kontakte schließen sich und schalten damit den Strom ein, sobald Tür oder Fenster geöffnet wird.

Gehäuse-Schaltkontakt Wir kennen bereits (S. 461) den Gehäuse-Schaltkontakt aus Isolierstoff. Er ist auch für Alarmanlagen zu verwenden, jedoch nur unter bestimmten Voraussetzungen: Die Tür muß nach außen aufgehen, damit der Kontakt innen angebracht werden kann. Eine

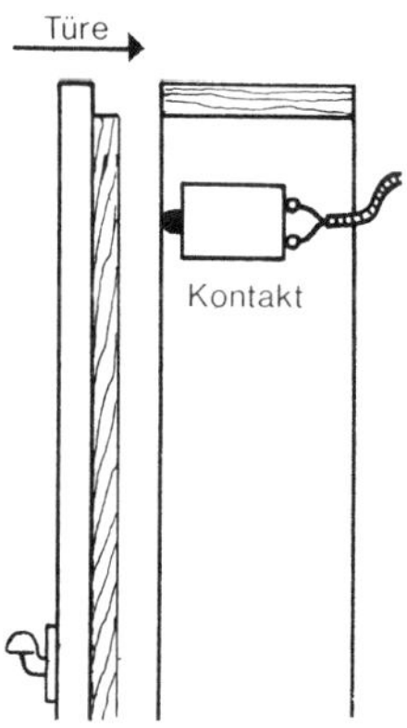

Anbringung des Gehäuse-Schaltkontakts

nach innen aufgehende Tür würde den Kontakt außen verlangen. Dort würde er dem Einbrecher auffallen, er könnte ihn abklemmen und damit die Anlage außer Betrieb setzen.

Es muß ausreichend Platz für die Anbringung vorhanden sein, und zwar auf der Seite der Tür, die die Klinke trägt – also nicht auf der Seite, an der die Türbänder sitzen –, weil nur so sichergestellt werden kann, daß der Alarm bereits einsetzt, wenn die Tür nur einen kleinen Spalt breit geöffnet wird.

Da fast alle Fenster nach innen zu öffnen sind, kommt der oben genannte Schaltkontakt für Fenstersicherung kaum in Betracht. Wie er anzuschrauben ist, zeigt das Bild.

Falzkontakt Zweckmäßiger ist der Falzkontakt, der in den Falz von Tür oder Fenster eingebaut wird. Er ist schmal genug dazu; ist er montiert, sieht man nur ein längliches Abdeckblech, aus der eine kleine Isoliernocke herausschaut. Den Einbau des Falzkontakts zeigt die Zeichnung. Solange die Tür geschlossen ist, drückt sie die Isoliernocke nach innen. Die Feder, welche die

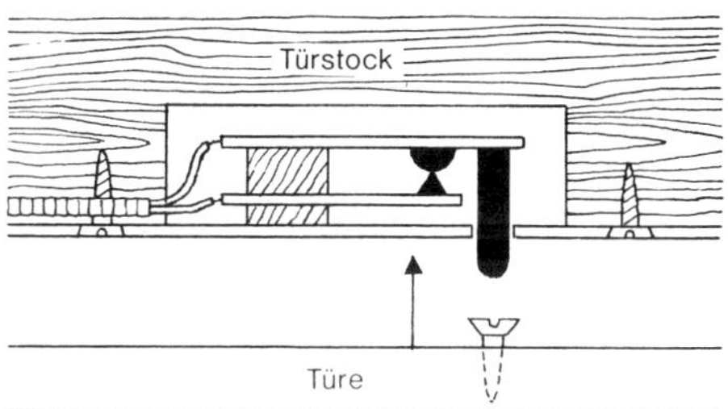

Nocke und einen Pol des Kontakts trägt, biegt sich zurück. Wird die Tür geöffnet, schnellt die Feder vor und schließt den Kontakt.

Anbringung Das Einsetzen erfordert einige Fertigkeit, vor allem im Umgang mit dem Stemmeisen. Den Platz wird man wiederum so wählen, daß der Alarm beim geringsten Öffnen der Tür einsetzt, also möglichst weit weg von der Scharnierseite der Tür. Vor dem Ausstemmen zeichnet man sich an, wie lang die Ausstemmung sein muß, damit einerseits die Feder sich hin- und herbiegen kann, ohne hängenzubleiben, andererseits aber nach Durchführung der Montage möglichst wenig zu sehen ist. Auch für die Drähte muß ein kleiner Kanal ausgestemmt werden.

Bei Anbringung an Fenstern wäre es am bequemsten, den Falzkontakt an der Unterseite des Fensters zu montieren. Von den Scheiben herablaufendes Kondenswasser, das sich am Rahmen und auf dem Fensterbrett sammelt, könnte aber bei dieser Anordnung in den Kontakt eindringen, einen Kurzschluß verursachen oder auch die Kontaktfedern zersetzen. Der richtige Platz ist deshalb an der oberen Seite des Fensters – auch wenn das etwas unbequemer ist. Bei Außentüren wird man aus dem gleichen Grunde ebenso verfahren.

Drähte erst auf Klemme führen Beim Anschließen der Leitung wird man zunächst nur zwei Drahtstücke von je etwa 20 cm Länge an die Kontaktfedern anlöten oder anschrauben. Litze paßt sich am besten an und ist am haltbarsten für diesen Zweck. Ist der Kontakt eingeschraubt, werden die beiden Drähte etwas verdrillt und auf ein Klemmerpaar geführt, das gleich neben dem Kontakt angeschraubt wird. Diese Anordnung bewährt sich bei späterer Fehlersuche. Man kann dann, ohne den Kontakt selbst loszuschrauben, seine Funktion prüfen, indem man die Anschlüsse von den Klemmen löst und mit dem Prüfgerät berührt.

Gegen Quellen des Holzes Das natürliche Quellen des Holzes unter dem Einfluß der Luftfeuchtigkeit kann man nicht verhindern. Es führt dazu, namentlich bei Neubauten, daß ordnungsgemäß eingesetzte Kontakte nach einiger Zeit, wenn die Rahmen sich verzogen haben, nicht mehr funktionieren. Die Isoliernocken der Kontakte sind nur kurz und werden unter Umständen schon bei einer geringfügigen Veränderung des Abstandes zwischen Tür oder Fenster und Rahmen aussetzen. Man kann sich helfen, indem man von vornherein an der Stelle der Tür, welche die Nocke berührt, eine Holzschraube mit flachem Kopf eindreht. Wirft sich die Tür, kann man durch Drehen der Schraube den richtigen Abstand wieder herstellen. Für das Regulieren des Abstandes nehmen wir unser Prüfgerät zu Hilfe. Auf dem Prüfgerät wird eine Batteriebuchse mit einer Lampenbuchse verbunden. In die beiden übrigen Buchsen kommen die beiden Prüfschnüre. Tastet man jetzt mit den freien Enden der Prüfschnüre an die Anschlüsse des Kontakts, so muß die Prüflampe dunkel bleiben, solange Tür oder Fenster geschlossen sind, und aufleuchten, sobald sie geöffnet werden.

Verspannung

Vorteil Die beschriebenen Kontakte haben den Nachteil, daß sie sich nur schließen, wenn Tür oder Fenster geöffnet werden, dagegen nichts nützen, wenn der Einbrecher die Fensterscheibe eindrückt oder die Türfüllung herausnimmt. Die Verspannung schützt dagegen in beiden Fällen. Dafür brauchen wir eine andere Art Kontakt, die man selbst herstellen kann. Er ist robust und vielseitig verwendbar. Wir kaufen dazu zwei gleich lange Kontaktfedern. In den Elektrogeschäften bekommt man solche Federn, die meist aus ausgeschlachteten elektrischen Geräten stammen, ohne weiteres. Ferner brauchen wir ein Klötzchen, entweder aus einem Isolierstoff wie z. B. »Pertinax« oder auch aus hartem Holz, das durch Lack oder ein anderes Schutzmittel gegen das Eindringen von Feuchtigkeit geschützt wird. Die Maße des Klötzchens richten sich nach der Länge der Federn, die man bekommt, die Zeichnung gibt ungefähre Maße.

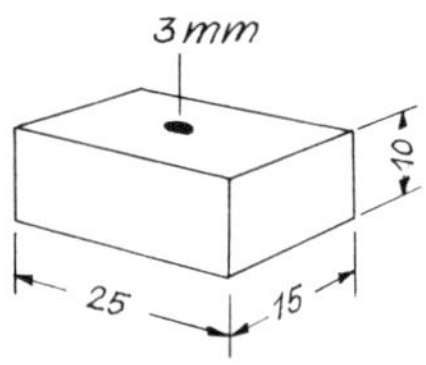

Klötzchen aus Isolierstoff oder Holz

Die Federn werden auf die beiden Schmalseiten des Klötzchens geschraubt, wie es das Bild zeigt. Auf Holz geht das sehr leicht mit Holzschrauben (bei Hartholz erst vorbohren!). Bei Isolierstoff muß man erst Löcher bohren und Gewinde hineinschneiden. Damit die Schrauben sich im Innern nicht berühren können, versetzt man sie etwas gegeneinander. Durch die Mitte des Klötzchens ist ein durchgehendes Loch von etwa 3 mm Durchmesser zu bohren, damit der Kontakt später befestigt werden kann. Die Kontaktfedern stehen an beiden Enden über. Die Federn haben gewöhnlich Lötanschlüsse. Hier werden die Anschlußdrähte befestigt und zur Klemme geführt.

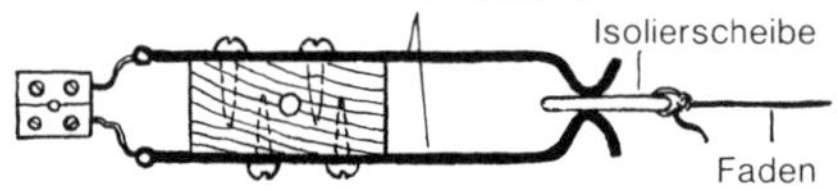

Das Anschrauben der Kontaktfedern

Nun kommt die Hauptsache: Die beiden anderen Enden der Federn werden mit Flach- und Rundzange so gekröpft, wie es das Bild zeigt. Sie sollen mit einiger Kraft aufeinanderdrücken und einen

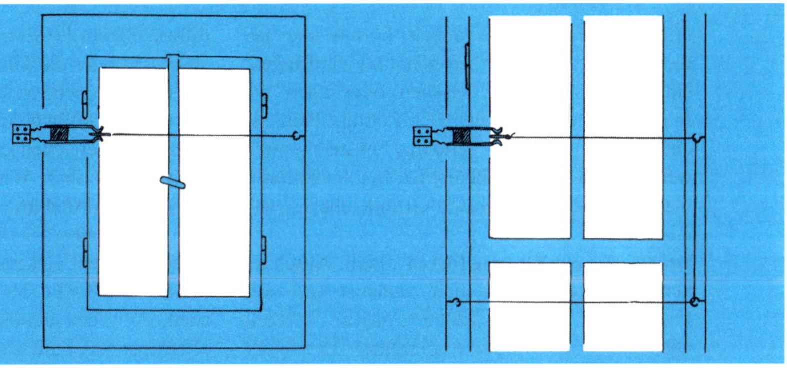

Links: Einfache Verspannung vor einem Fenster

Rechts: Doppelte Verspannung vor einer Tür

guten Kontakt haben. Zwischen die beiden Federn wird eine Isolierscheibe geklemmt. Gut eignet sich eine Snip-Scheibe, wie sie Kinder bei Flohspielen verwenden, oder eine Spielmarke. Damit sie bei Erschütterungen nicht herausrutschen kann, bohrt man auf beiden Seiten eine kleine Mulde. Man nimmt dafür den Bohrer mit dem größten Durchmesser und bohrt ganz vorsichtig an. Außerdem muß die Scheibe zur Befestigung einer Schnur ein kleines Loch von etwa 2 mm Durchmesser haben.
Angebracht wird die ganze Kontaktvorrichtung an der Innenseite von Tür oder Fenster (nur zu verwenden, wenn Tür oder Fenster nach innen aufgeht!). An einer Seite des Fensters wird der Kontakt angeschraubt, der Faden wird quer über Tür oder Fenster gezogen und auf der anderen Seite an einem Ringhaken festgebunden. Ist der Faden straff gespannt, wird jede Bewegung die Isolierscheibe herausziehen und damit den Kontakt schließen. Sind Tür oder Fenster recht hoch, kann man den Faden – wie das zweite Bild zeigt – noch einmal umlenken, am besten über Rollen, zur Not auch über Ringhaken, die etwas aufgebogen werden, damit das Einlegen des Fadens schnell geht. Denn bei Tage, solange die Anlage ausgeschaltet ist, wird man die Isolierscheibe herausziehen und am Faden herunterhängen lassen.

Gegen Gartendiebe

Die Verspannung mit dem selbstgefertigten Kontakt kann man gut im Freien verwenden. Dazu wird der Faden als Stolperdraht in etwa 30 cm Höhe über eine Reihe von Stützen geführt. Als Stützen dienen genügend breite Holzlatten von etwa 50 cm Länge, angespitzt und 20 cm in die Erde getrieben, auf etwa 3 m Faden eine Stütze. Jede Stütze erhält eine Ringschraube, durch die der Faden geführt wird. Das eine Ende des Fadens wird an einem Baum oder Zaunpfahl festgebunden. Das andere Ende führt zum Kontakt.

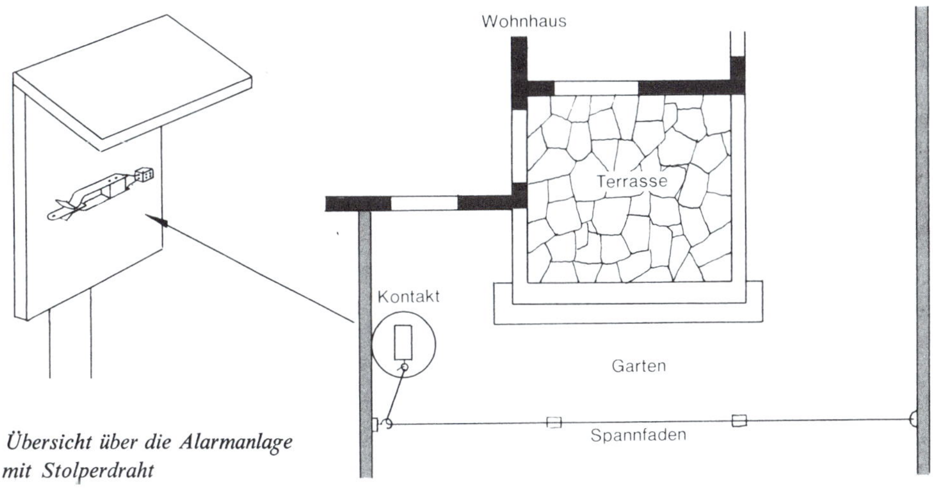

Übersicht über die Alarmanlage mit Stolperdraht

Der Kontakt wird entweder an die Hauswand geschraubt (mit Dübel) oder ebenfalls an eine genügend breite Latte, die zum Schutz gegen Regen mit einem kleinen Dach aus Holz oder Blech versehen wird. Bei Tage wird der Faden abgenommen und auf eine Haspel oder ein Stück Holz gewickelt.

Die Zentrale

Alle Bauteile der Zentrale werden gemeinsam auf ein Holzbrettchen montiert, das an der Stelle aufgehängt wird, wo der Alarm ertönen soll, gewöhnlich im Schlafzimmer.

Material: Wir brauchen folgende Teile:

1 Klingel 4,5 V
1 Taschenlampen-Batterie 4,5 V
1 Schalter für Schwachstrom, einpolig
1 Klingeldrücker
1 Anschlußklemme, zweipolig
1 Sperrholzbrettchen, Abmessungen je nach Größe der Bauteile
Holzschrauben zur Befestigung.

Zuerst werden alle Bauteile in der im Bild gezeigten Anordnung auf das Brettchen gelegt und angezeichnet. Die Batterie wird in der schon beschriebenen Weise mit Gummiband und Holzleiste befestigt, die übrigen Teile angeschraubt. Der Drücker bietet den Vorteil, daß man abends vor dem Einschlafen mit einem einfachen Druck auf den Knopf sich überzeugen kann, daß die Anlage in Ordnung ist. Die Abbildung zeigt auch sämtliche erforderlichen Anschlüsse.

Mit Hupe und Relais In einer Etagenwohnung oder einem kleineren Haus wird die Klingel in allen Räumen zu hören sein. Für ein größeres Heim kann man die Klingel durch eine Hupe ersetzen. Damit wird der Aufbau der Zentrale etwas anders. Vor allem ist jetzt statt der Taschenlampenbatterie ein Blei-Sammler erforderlich, also eine kleine Kfz.-Batterie, weil die Taschenlampen-Batterie für die Hupe keinen ausreichenden Strom liefert. Er kann nicht auf das Brettchen montiert, sondern muß gesondert aufgestellt werden. Außerdem ist noch ein magnetischer Schalter erforderlich, der den hohen Strom ein- und ausschaltet. Er soll einen Quecksilberkontakt haben – fachmännische Bezeichnung: Relais mit Quecksilberwippe –, weil nur dieser den von der Hupe benötigten Strom von 4 bis 6 Ampere einwandfrei schaltet.

Das Bild unten rechts zeigt die neue Anordnung und Schaltung. An die Stelle der Klingel ist jetzt der magnetische Schalter getreten. Die Hupe kann anstatt auf dem Brett auch an einer anderen Stelle der Wohnung angebracht werden.

Diese Erweiterung der Anlage ist nicht ganz billig, weil die drei zusätzlichen Bauteile Hupe, Blei-Sammler und Relais gebraucht werden. Auf den Sammler kann man verzichten, wenn man eine Hupe wählt, die an das 220-V-Netz anzuschließen ist. Geld spart man dabei kaum, weil eine solche Hupe erheblich teurer ist als eine Autohupe für 6 Volt.

Die Hupe ist in der Nachbarschaft zu hören, das ist ein Vorteil. Passiert allerdings mehr als einmal

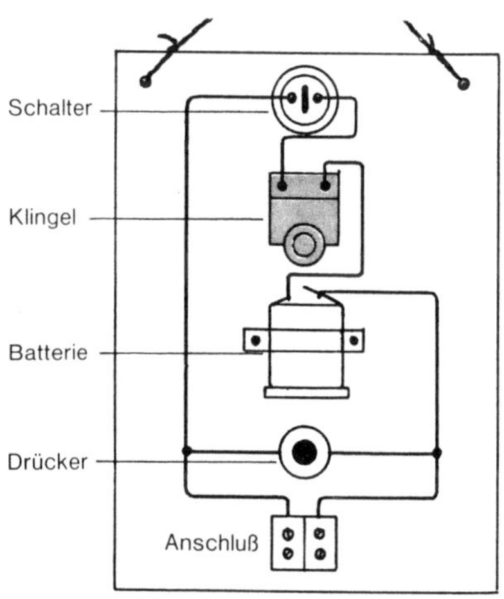

Die Anordnung der Bauteile für die Zentrale

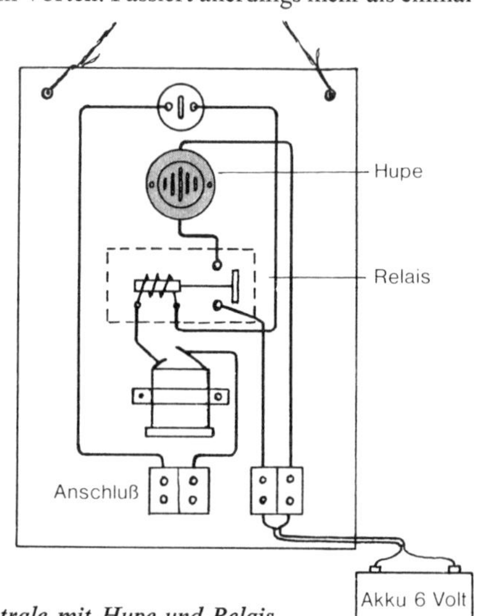

Zentrale mit Hupe und Relais

Leitungsführung einer Alarmanlage im Erdgeschoß eines Einfamilienhauses

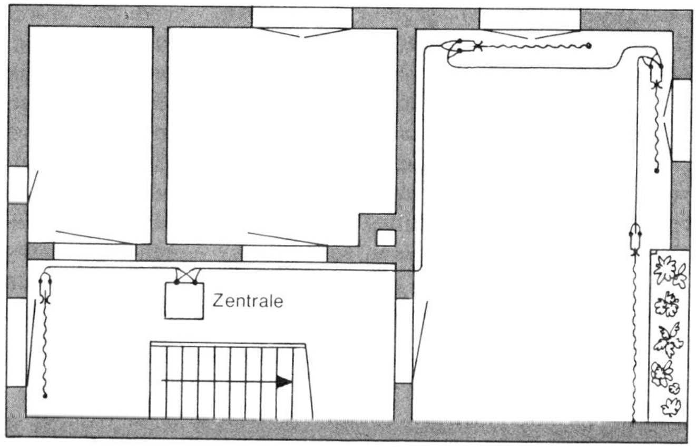

ein Fehlalarm, werden die Nachbarn im Ernstfall nicht mehr reagieren. Aus diesem Grund soll die Anlage mit Hupe nur gelegentlich durch ein ganz kurzes Schließen des Kontakts geprüft werden.
Noch eindringlicher ist der Alarm durch eine Sirene. Nur für abgelegene alleinstehende Häuser wird man zu ihr greifen. Sie wird an das Lichtnetz angeschlossen und ist deshalb von einer Elektrofirma zu installieren.

Leitungsführung

Nachdem auch die Zentrale fertig montiert ist, wird die ganze Anlage durch die Leitungen zusammengeschlossen. Die Abbildung zeigt als Beispiel das Erdgeschoß eines Einfamilienhauses. Es ist angenommen, daß drei Stellen durch Verspannung gesichert werden: der Hauseingang zur Diele, der Gartenausgang im Wohnraum und ein breites Fenster (z.B. Blumenfenster), das nicht durch Eisengitter gesichert ist. Je mehr Türen und Fenster man einbezieht, um so komplizierter wird die Leitungsführung. Im allgemeinen wird man sich auf einige besonders gefährdete Stellen beschränken.
Die Zentrale ist in unserem Beispiel in der Diele angebracht. Das hat den Vorteil, daß man den Durchbruch zum Obergeschoß spart. Leitungswege und Schaltung gehen aus der Zeichnung hervor. Soweit möglich, werden die Leitungen an den Fußleisten entlanggeführt. An die einzelnen Verbindungsstellen kommen Klemmen, damit spätere Fehlersuche erleichtert wird.

Mit Ferneinschaltung

Einen wirksamen Schutz für alleinstehende Häuser bietet auch eine Anlage, die bei einsetzendem Alarm gleichzeitig die Außenbeleuchtung des Hauses einschaltet. Dazu muß die Beleuchtung so installiert sein, daß alle Seiten des Hauses gut beleuchtet werden. Eine Anlage dieser Art kann nur eine Elektrofirma einrichten.

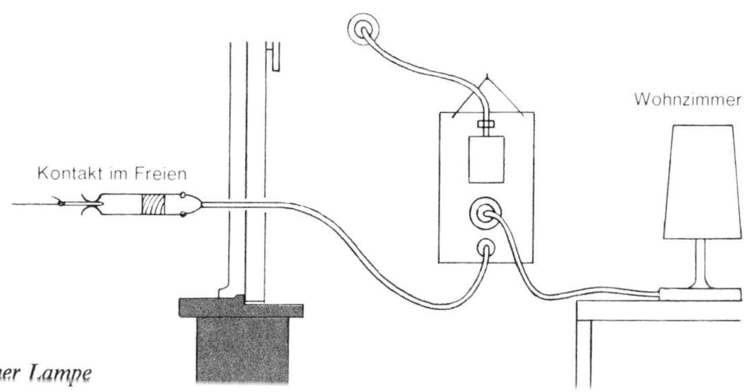

Alarmanlage mit Ferneinschaltung einer Lampe

Jedoch wird auch eine Anlage gute Dienste leisten, die in einem Raum des Hauses Licht aufflammen läßt, sobald ein Einbrecher unwissentlich einen Kontakt betätigt. Das läßt sich verhältnismäßig einfach bewerkstelligen mit dem im vorangegangenen Abschnitt beschriebenen Gerät zur Ferneinschaltung. Wir schließen dazu die vom Alarmkontakt kommende Leitung an die Schwachstrom-Steckdose des Fernschaltgeräts an. An die Starkstromdose stecken wir eine Schreibtisch- oder Ständerlampe mit nicht zu schwacher Glühlampe, mindestens 60 Watt. Natürlich muß das Licht von draußen zu sehen sein. Rolläden oder Vorhänge dürfen nicht hermetisch geschlossen werden. Der Alarmkontakt versieht jetzt die Rolle des Schalters, den wir sonst an die Schwachstromdose anschließen. Sobald er betätigt wird, fließt Strom, und die Lampe flammt auf.

Die Zeichnung zeigt schematisch die gesamte Anordnung. Dabei ist angenommen, daß der Alarmkontakt außerhalb des Hauses liegt. Die Leitung ist durch den Fensterstock ins Zimmer geführt.

11 Die Antennenanlage

Die Radiobastler bilden eine weltumspannende Gilde. Über Radiotechnik und Rundfunkempfänger wissen sie viel mehr, als in diesem Buch stehen könnte. Wer kein Bastler ist und sich ein fertiges Gerät kauft, wird dabei vom Fachmann beraten. Ist das Gerät defekt, wird er gleichfalls den Fachmann zu Rate ziehen. Das ist auch anzuraten. Über Geräte deshalb hier nur wenige Bemerkungen.

Empfangsgeräte Die Entwicklung der Rundfunkempfänger hat einen Stand erreicht, bei dem keine plötzlichen umwälzenden Neuerungen mehr zu erwarten sind. Im Mittelwellenbereich wird die Freude nicht selten dadurch gestört, daß sich zwei Sender überlagern. Abhilfe dagegen kann nicht von der geräteherstellenden Industrie kommen, sondern nur von einer besseren Verteilung der Wellenlängen auf die Sender; in gewissem Umfang auch von der Antenne, über die wir deshalb hier hauptsächlich sprechen wollen. Für den Bereich der Ultrakurzwellen spielt die Antenne eine entscheidende Rolle.

Nur verhältnismäßig wenige ausgesprochene Liebhaber pflegen auf die Dauer eine Vielzahl von Sendern abzuhören. Meist begnügt man sich, wenn die erste Freude am abendlichen Suchen mit dem neuen Gerät abgeklungen ist, mit ganz wenigen Sendern oder überhaupt mit dem Ortssender. Deshalb soll man sich beim Kauf nicht blenden lassen durch die Vielzahl der Tasten, Röhren und Kreise, sondern in erster Linie auf gute Wiedergabe und Klangfülle Wert legen.

Geräte der höheren Preisklassen bieten durch Einbau mehrerer Lautsprecher (»3-D-Klang«) eine besonders gute Wiedergabe. Über Stereo-Empfang s. Abschnitt 12.

Ferrit-Antenne Die eingebaute Ferrit-Antenne trägt zur Verbesserung der Wiedergabe bei, weil sie störende Sender oder auch in der Nähe befindliche Störquellen ausschalten oder wenigstens dämpfen kann.

Antennen einst und jetzt

Große Antenne nützt nichts Solange die Sender nur eine geringe Leistung hatten und auch die Verstärkungsleistung der Empfangsgeräte dürftig war, brauchte man eine möglichst große Antenne, um eine möglichst große Leistung einzufangen. Heute haben die Sender des Mittelwellenbereichs gegenüber früher die zehn- bis zwanzigfache Leistung, und ihre Zahl ist – leider – auch erheblich gestiegen. Im Mittelwellenbereich kann aber nur eine begrenzte Anzahl von Sendern arbeiten, ohne sich gegenseitig zu stören. Trotz internationaler Regelung gibt es Sender, die auf der gleichen Welle oder eng benachbarten Wellen arbeiten. Je ausgedehnter nun die Antennenanlage, um so größer die Wahrscheinlichkeit, daß man mehrere Sender zugleich einfängt.

Störnebel Und weiter: Die größere Antenne fängt nicht nur mehr Sender ein, sondern auch mehr Störungen. Hauptsächlich in Großstädten und in Wohngebieten, die von Industrie durchsetzt sind, bildet sich der sogenannte Störnebel. Er setzt sich zusammen aus zahllosen Einzelstörungen, die von elektrischen Maschinen und von Haushaltgeräten stammen. Der Störnebel füllt

Antennenformen und Störnebel

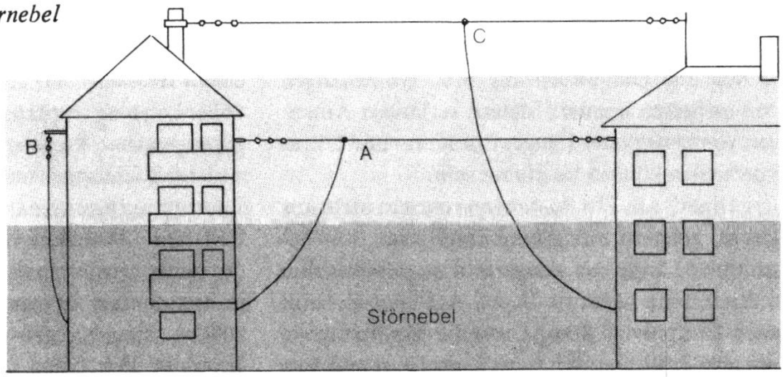

gewissermaßen die Straßenzüge bis an die Dächer oder über sie hinaus. Jede Antenne, gleich welcher Form und Größe, wird diese Störungen aufnehmen, soweit sie im Bereich des Störnebels angeordnet ist.

Antennenformen Betrachten wir daraufhin die drei hergebrachten Antennenformen in der obenstehenden Zeichnung: Antenne A, gewöhnlich als L-Antenne bezeichnet, liegt ganz im Störnebel, ebenso Form B, die als hängender Draht ausgeführt ist. Antenne C, wegen ihrer Form T-Antenne genannt, liegt über dem Störnebel. Das wäre sehr gut, wenn nicht die Ableitung zum Empfänger auch wieder durch den Störnebel führte. So nimmt die Ableitung jetzt die Störungen auf, und nichts ist gewonnen.

Daraus folgt: Die Güte einer Antenne, sei sie noch so hoch über dem Störfeld, hängt von der Ableitung zum Empfänger ab. Mit ihr müssen wir uns deshalb etwas genauer befassen.

Die Ableitung zum Empfänger

Die Industrie hat besondere, kabelähnliche Leitungen für diesen Zweck geschaffen. Das Wesentliche an ihnen ist: Sie haben zunächst um die eigentliche Leitung herum – die aus einer oder zwei Adern bestehen kann – eine vorzügliche Isolierung; um diese herum noch ein Metallgeflecht, das die Störwellen abschirmt. Daher nennt man ein solches Kabel auch »abgeschirmte Leitung«. Für Außenverlegung gibt es außerdem Kabel, bei denen das Abschirmgeflecht noch von einer Kunststoffhülle umgeben ist.

Damit das Metallgeflecht seinen Zweck erfüllt, darf es erstens in seiner ganzen Länge keine Unterbrechung aufweisen; zweitens müssen seine beiden Enden geerdet werden. Auch ein üblicher isolierter Draht in einem Rohr mit Metallmantel kann zur Not als abgeschirmte Leitung dienen. Auch hier müssen, wenn das Rohr aus mehreren Stücken besteht, die einzelnen Muffen eine gutleitende Verbindung miteinander haben, am besten durch Verlötung.

Abgeschirmte Leitung

Diese Zeichnungen zeigen, wie abgeschirmte Leitungen aussehen. Aus den beiden unteren geht hervor, wie man das Metallgeflecht am Leitungsende behandelt. Hat man die richtige Länge ermittelt, so wird das Geflecht nicht einfach abgezwickt. Sonst stehen Drahtspitzen hervor, an denen man sich verletzen kann. Man schlägt vielmehr das Geflecht nach innen um. Eine Hand hält das Kabel, die andere schiebt das Geflecht zurück, so daß es sich auf baucht. Jetzt stülpt man das aufgesprungene Ende des Geflechts nach innen durch und zieht darauf den umgestülpten Drahtstrumpf wieder zum Ende hin glatt.

einadrig

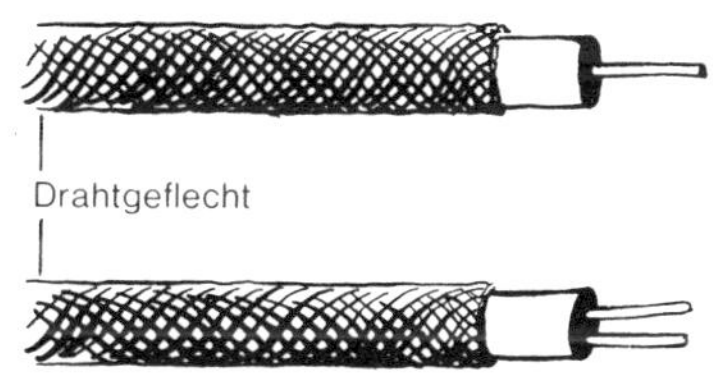

zweiadrig

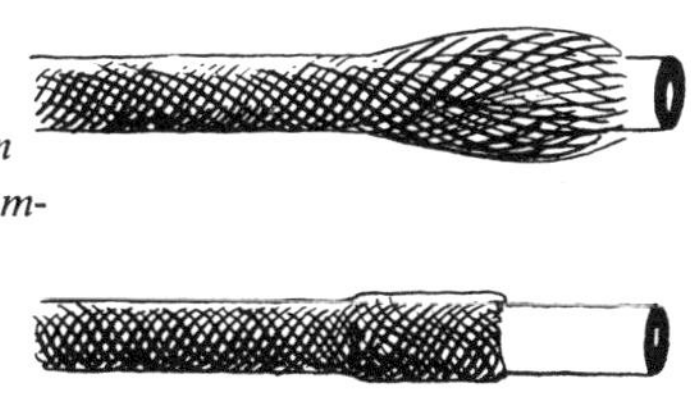

Umschlagen des Abschirmgeflechts

Die UKW-Antenne

Mittel- und Langwellen mit ihren Wellenlängen von mehreren hundert Metern verlangen Antennen von bestimmter Länge. Für Kurz- und Ultrakurzwellen können sie kürzer sein.

Der Dipol Die UKW-Antenne besteht nicht aus Draht, sondern aus Aluminiumrohren von bestimmter Länge, die waagerecht angeordnet sein müssen. Man nennt sie Dipol. Auf deutsch heißt das »Zweipol«. Während von der Drahtantenne nur eine Zuleitung zum Empfänger führt und dort in die Antennenbuchse gesteckt wird, gehen vom Dipol zwei Drähte zum Empfänger. Dafür entfällt die Erde.

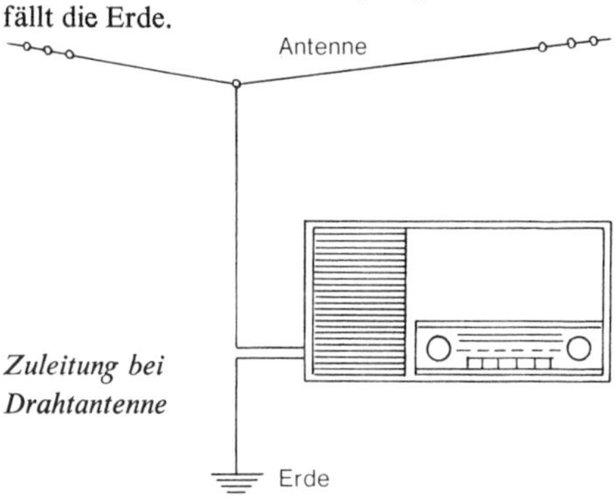

Zuleitung bei Drahtantenne

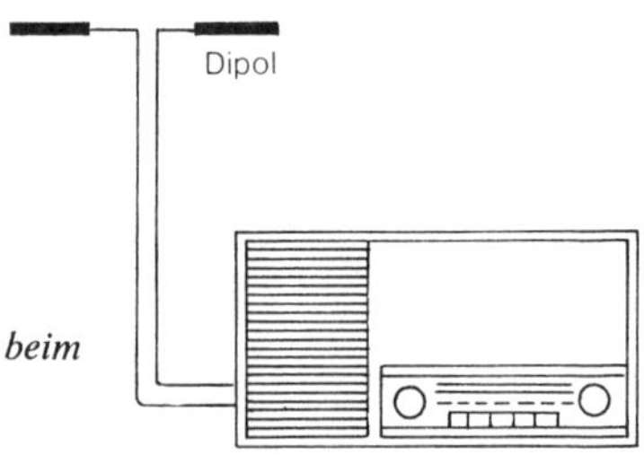

Zuleitung beim Dipol

Will man aber über eine UKW-Antenne auch die anderen Wellenbereiche empfangen, dann ist ein besonderes Empfänger-Anschluß-Kabel erforderlich. Da die Firmen, die fertige Antennen für UKW-Empfang herstellen, im einzelnen recht verschiedene Wege gehen, lassen sich dafür schwerlich weitere allgemeine Hinweise geben.

Störfreiheit und Trennschärfe Der Störnebel kann bei UKW-Empfang nur wenig einwirken, so daß praktisch ein störungsfreier Empfang gewährleistet ist. Und es ist nahezu ausgeschlossen, daß sich zwei Sender überlagern.

Richtwirkung Die Trennschärfe beruht auf der Richtwirkung des Dipols: Er nimmt nur dann die volle Empfangsleistung auf, wenn seine Breitseite zum Sender zeigt. Daraus folgt, daß man mit einem feststehenden Dipol nur zwei Sender mit voller Leistung empfangen kann, die in genau entgegengesetzter Richtung liegen. Alle Sender aus anderen Richtungen werden nur mit verminderter Leistung aufgenommen.

Reflektor Von diesen beiden Sendern kann man den nicht erwünschten ausscheiden, indem man in bestimmtem Abstand vom Dipol noch einen zweiten waagerechten Stab, Reflektor genannt, anordnet. Der Dipol nimmt jetzt nur noch den von der anderen Seite her strahlenden Sender auf, und zwar verstärkt.

Eine weitere Verstärkung erzielt man durch einen zweiten Stab, der auf der »offenen«, dem Sender zugewandten Seite des Dipols angeordnet wird und etwas kürzer sein muß als der Reflektorstab. Die Zeichnung stellt die eben besprochenen drei Anordnungen des Dipols für Richtempfang zusammen. Einfacher Dipol: Empfang aus zwei Richtungen; Dipol mit Reflektor: Empfang aus der nicht durch den Reflektor abgeschirmten Richtung; Dipol mit zwei Stäben: der Reflektor schirmt die eine Richtung ab, der kürzere Stab in Empfangsrichtung erhöht die Aufnahmeleistung.

Formen des Dipols Der Dipol-Stab kann gerade sein, aber auch gefaltet, geknickt oder gebogen. Eine wesentliche Bedeutung für den Empfang haben diese Unterschiede nicht.

Die Fernseh-Antenne

Das bisher über UKW-Antennen Gesagte gilt im Grunde auch für das Fernsehen. Wegen der hohen Frequenzen und der verhältnismäßig geringen abgestrahlten Leistungen ist hier eine gute Antenne meist überhaupt die Voraussetzung für einen genußreichen Empfang. Wer im Schatten der Senderausstrahlung wohnt, muß der Antenne besondere Aufmerksamkeit widmen.

Der Empfangsgewinn einer Dipol-Antenne läßt sich dadurch erhöhen, daß man vor dem Dipol mehrere Stäbe von bestimmter Länge und in bestimmten Abständen anordnet. Bis über 20 solcher Stäbe können unter Umständen erforderlich werden. Die Stäbe nebst Dipol selbst bezeichnet man als Elemente.

Wieviele Elemente für eine Fernsehantenne erforderlich sind, kann nur der erfahrene Fachmann bestimmen. Höchster Antennengewinn wird erzielt, wenn die Länge der Elemente, vor allem des Dipols, genau im Verhältnis zu der zu empfangenden Wellenlänge (Programm, Kanal) bemessen wird. Also für jedes Programm eine eigene Antenne! In günstigen Lagen reicht aber eine sogenannte Breitband-Antenne für alle Programme aus. Mit der Einführung des Farbfernsehens werden die Anforderungen an die Antenne noch steigen.

Eine Dipol-Antenne selbst zu bauen, ist unzweckmäßig. Es kommt dabei auf allerhand an: perfekt leitende Verbindung der Aluminiumrohre, besonderer Isolierstoff, richtige Abmessungen. Auch die Kopie einer fabrikmäßig hergestellten Antenne durch einen gewandten Bastler wird kaum Erfolg bringen.

Nach dieser vorläufigen Übersicht über Mittelwellen-, UKW- und Fernsehantennen können wir uns der Frage zuwenden, wo die Antenne angebracht werden soll: im Zimmer (Zimmerantenne), vor dem Fenster (Fensterantenne) oder auf dem Dach (Dachantenne).

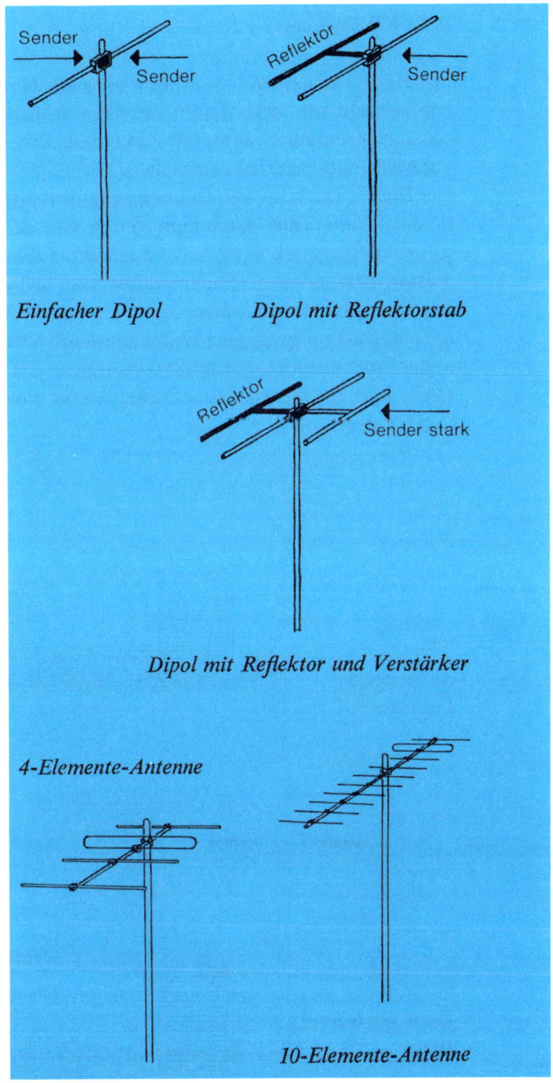

Einfacher Dipol — *Dipol mit Reflektorstab*

Dipol mit Reflektor und Verstärker

4-Elemente-Antenne

10-Elemente-Antenne

Die Zimmerantenne

Wer aus finanziellen oder baulichen Gründen auf eine Außenantenne verzichtet, findet in der einfachen, billigen und anspruchslosen Zimmerantenne eine Ausführung, die bescheidenen Ansprüchen durchaus genügt.

Material Wir brauchen nur einige – etwa 3 bis 5 – Meter isolierten Antennendraht und zur Befestigung einige Isolatoren (alle 80 cm ein Isolator).

Verlegung Wohin mit der Zimmerantenne? Man sieht sie häufig an dem Ansatz des Wandanstrichs oder der Tapete knapp unter der Zimmerdecke. Oft ist es aber besser und sieht auch besser aus, wenn sie knapp oberhalb der Fußbodenleiste gezogen wird. Das eine Ende führt bis an den Empfänger heran; man läßt das freie Stück lang genug, daß es, mit Bananenstecker versehen, in die Antennenbuchse des Empfangsgeräts eingeführt werden kann.

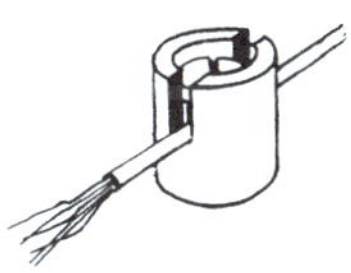

Isolator für Antennenlitze, zur Befestigung der Zimmerantenne

Einfache Zimmerantenne (nicht für UKW)

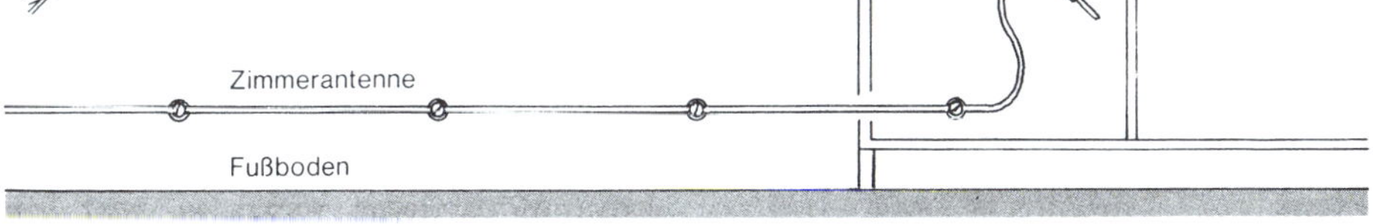

Die Isolatoren werden befestigt mit Stahlstiften, die mit Bolzen und Hammer eingetrieben werden. Der Antennendraht wird in einen Schlitz der Isolatoren eingelegt und dann mit einer Isolierschraube festgeklemmt. Der Bananenstecker soll festgelötet sein. Eine oberflächliche Verbindung im Stecker verursacht Kratzgeräusche beim Empfang. Wie das Anlöten vor sich geht, haben wir schon beschrieben (S. 452).

Zimmerantenne für UKW-Empfang Legt man Wert auf den UKW-Empfang, muß die Zimmerantenne etwas anders aussehen. Man braucht in diesem Fall ein Antennen-Flachkabel mit 2 Litzen, wie es in der Zeichnung abgebildet ist. Für dieses Kabel gibt es passende Isolatoren. Unter günstigen Voraussetzungen genügt schon ein 2 m langes Stück. Günstige Voraussetzungen sind gegeben, wenn die Antenne an einer Wand angebracht wird, deren Breitseite zum UKW-Sender zeigt, die also von ihm angestrahlt wird.

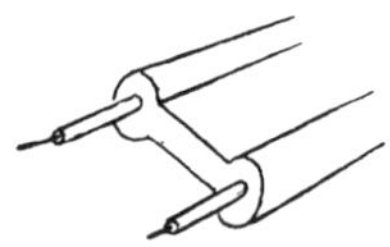

Antennen-Flachkabel mit zwei Litzen

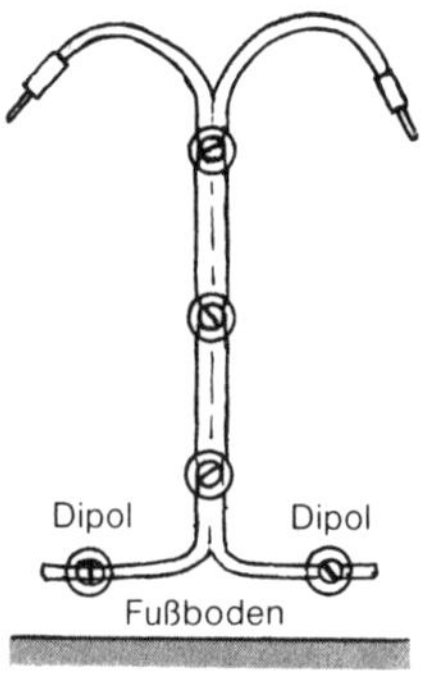

Aufbiegen des Flachkabels zum Dipol

Das Flachkabel wird von einem Ende her 70 cm aufgeschlitzt und so aufgebogen, wie es die Abbildung zeigt. Diese beiden abgewinkelten Enden bilden jetzt ein Dipol. Ihre genaue Länge ermittelt man durch einen Versuch mit dem eingeschalteten Empfänger. Die beiden Enden der Anschlußseite erhalten Bananenstecker. Diese Dipol-Zimmer-Antenne kann man auch umgekehrt – also gegenüber unserer Zeichnung auf den Kopf gestellt – anordnen. Doch läßt sie sich in der hier gezeigten Ausführung leichter hinter einem Schrank oder ähnlichem verbergen. Eine bessere Leistung erreicht man, wenn man diese einfache Dipol-Leitung vor dem Fenster anbringen kann. Aber dann handelt es sich schon um eine Außenantenne. In günstigen Lagen kann eine Zimmer-Dipol-Antenne auch für Fernsehempfang ausreichen.

Allgemeines über Außenantennen

Den Hausbesitzer fragen! Wer als Mieter eine Außenantenne anlegen will, muß vorher beim Hausbesitzer anfragen. Handelt es sich um eine handelsübliche Form der Antenne und wird die Fassade des Hauses nicht verunziert, wird der Hauseigentümer seine Einwilligung nicht verweigern können. Wohl aber kann er verlangen, daß die Antenne von einem Fachmann montiert wird und daß der Mieter sich verpflichtet, die Antenne zu entfernen und den ursprünglichen Zustand wieder herzustellen, wenn er ausziehen sollte.

Da später angebrachte Antennen in der Tat das Bild einer Fassade beeinträchtigen können, tut man gut, bei allen Neubauten die Antennenanlage einschließlich der Ableitung mit einzuplanen, bei Mietshäusern eine Gemeinschaftsantenne.

Blitzschutz Bei allen Außenantennen – also bei Fenster- und noch entschiedener bei Dachantennen – ist größte Aufmerksamkeit auf den Blitzschutz zu richten. Besonders groß ist die Blitzgefahr in ländlichen Gegenden und in Ortsteilen mit aufgelockerter Bauweise. Im übrigen: Je höher der Standort der Antenne, um so wichtiger die Blitzschutzerdung.

Im allgemeinen werden einschlagende Blitze von den Blitzschutzeinrichtungen zur Erde abgeleitet. Der Weg, den ein Blitz nimmt, ist aber unberechenbar. Es kann vorkommen, daß er vom Blitzableiter auf die Antenne überspringt. Er muß dann, soll er keinen Schaden anrichten, die Möglichkeit haben, auf dem kürzesten Wege die Erde zu erreichen. Andernfalls kann er mit entsprechender Wirkung das Rundfunkgerät heimsuchen.

Wo erden? Grundsatz: Alle metallischen Teile der Antennen-Anlage müssen eine gute Erdverbindung haben. In den oberen Stockwerken eines Mietshauses gibt es dafür nur eine beschränkte Zahl von Möglichkeiten. Praktisch kommen nur in Frage: Dachrinne außen, Wasserleitung oder Zentralheizung innen. Besser ist es, wenn man die Erdung außen vornehmen kann.

Besteht außen keine Möglichkeit, ist die Zentralheizung gewöhnlich der Wasserleitung vorzuziehen, weil sich die Heizkörper in der Nähe des Fensters befinden – denn eine Erdleitung für Blitzschutz soll möglichst geradlinig verlegt werden und nicht zu lang sein. Ist keine der geschilderten Möglichkeiten vorhanden, wird man

1

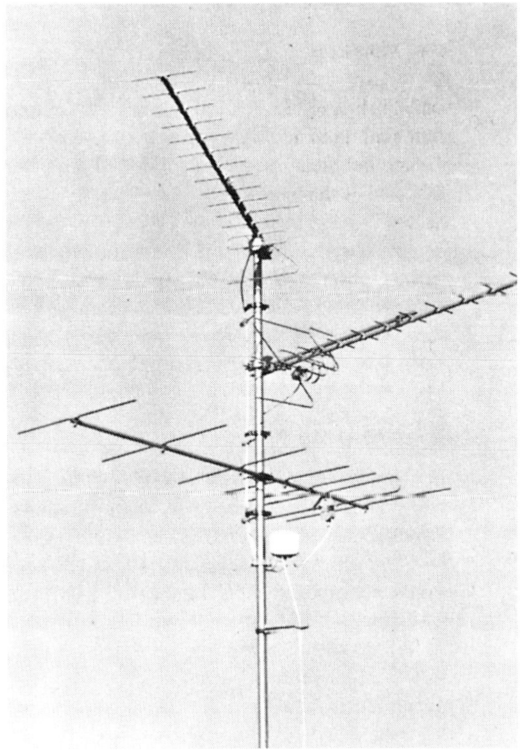

2

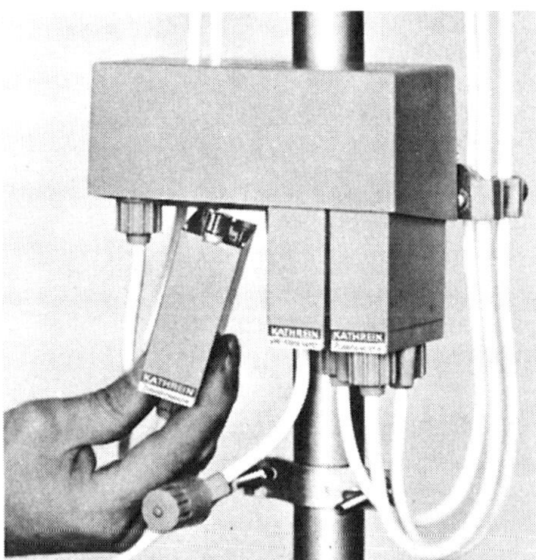

3

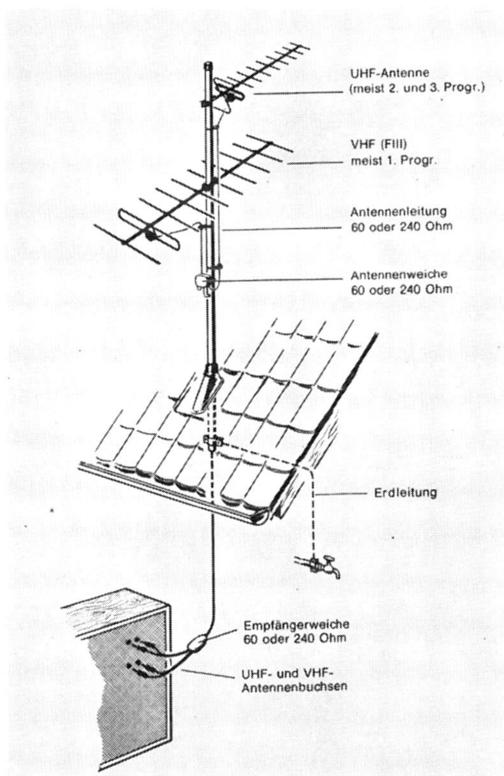

4

1 Antennen (von oben nach unten) für Rundfunk, UKW, UKW-Stereo und Fernsehen (UHF, VHF) · 2 Fernsehantennen (von oben nach unten) für UHF, VHF; Antennenweiche und Leitung zum Empfänger · 3 Steckbare Antennenweichen · 4 Schematische Darstellung einer Antennenanlage mit UHF und VHF.
KATHREIN-Werke KG, Antennen · Elektronik, Rosenheim

schließlich auf die Erdung verzichten müssen; man muß dann allerdings beim Anzug eines Gewitters und stets, wenn man die Wohnung verläßt, den Antennenstecker vom Empfänger abziehen. Wir kommen auf die Erdung bei der folgenden Besprechung der Antennenformen noch zurück; ganz allgemein gilt als Grundsatz: Antennenleitung von der Antenne in einen Raum – stets waagerecht! Erdleitung von der Antenne weg – stets senkrecht!

Die Fensterantenne

Wer besonderes Interesse am UKW-Empfang hat, greift zur Fensterantenne, wenn sie günstig angebracht werden kann, d. h. wenn das Fenster etwa in der Richtung zum Sender blickt und wenn – nicht buchstäblich, aber annähernd – eine Sichtverbindung von der Antenne zum Sender gegeben ist. In der Großstadtstraße wird man deshalb – die richtige Richtung vorausgesetzt – nur in den oberen Stockwerken mit der Fensterantenne Erfolg haben, bei aufgelockerter Bauweise dagegen auch im Erdgeschoß. Als Fensterantenne kommt nur die Dipol-Antenne in Betracht. Um sie zu befestigen, müssen wir 2 Haltebügel anbringen, einen für den Dipol, einen für den Blitzschutz.

Anbringung Am einfachsten ist es, die Haltebügel am Holz des Fensterstocks festzumachen. Dann sitzt die Antenne allerdings vor dem Fenster und stört den Ausblick. Wer das nicht will, muß sie seitlich vom Fenster an der Außenwand montieren. Dazu muß man Dübellöcher stemmen. Dabei mindestens 20 cm vom Fensterstock nach außen beginnen! Sonst bricht beim Ausstemmen das ganze Mauereck ab!

Blitzschutz Das Bild zeigt eine vor dem Fenster angebrachte Dipol-Antenne. Man sieht oben den Dipol an einem Haltebügel, darunter den Blitzschutz an einem zweiten Haltebügel. Die Ableitung muß zunächst über diesen Blitzschutz geführt werden – den man montagefertig kauft –, bevor sie durch das Fenster in den Raum geführt wird. Damit ist die Antennenleitung – auch der Dipol – gegen Blitzgefahr geschützt. Nicht geschützt dagegen sind die beiden Haltebügel, denn sie sind gegen Dipol bzw. Blitzschutzgerät isoliert. Das Erden der beiden Haltebügel erfolgt mit 3 mm starkem verzinktem Eisendraht.

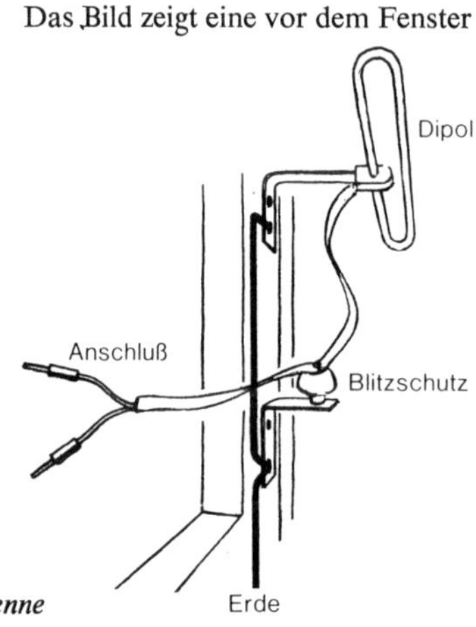

Dipol als Fensterantenne

Durch den Fensterstock Bevor man die Bügel befestigt, muß man den Platz bestimmen, an dem die Ableitung durch den Fensterstock nach innen geführt werden soll. Denn die Ableitung soll möglichst geradlinig verlaufen. Das Loch im Fensterstock kann man durchbohren.

Einstellung des Dipols Ist die gesamte Montage beendet, wird der Dipol auf die günstigste Richtung eingestellt. Man schließt den Empfänger an, stellt den Sender ein und dreht am Dipol – er ist am Haltebügel drehbar–, bis man die größte Lautstärke erreicht hat. In dieser Stellung wird der Dipol mit der am Haltebügel vorhandenen Schraube festgestellt.

Die Dachantenne

Blitzschutz zwingend notwendig Die Dachantenne ist die ideale Form, aber am meisten blitzgefährdet. Kann man bei der Fensterantenne hinsichtlich der Erdung noch ein Auge zudrücken, so wirkt die Dachantenne geradezu als Blitzableiter – je höher sie ist, um so mehr. Für Hochantennen, die mehr als 3 Meter über die Dachkante hinausragen, sind deshalb besondere Vorschriften erlassen. Sie dürfen nicht zwecks Erdung mit der Wasser- oder Heizleitung verbunden, sondern müssen mit der Blitzableiteranlage gekoppelt werden.

Dachantenne bei eingebauter Ableitung Die Antenne wird gehalten durch ein Tragrohr, das am Gebälk des Dachstuhls festgeschraubt wird. Für die gesamte Anbringung sind zwei Mann erforderlich. Zuerst wird die günstigste Stelle ausgesucht. Die Antenne soll da liegen, wo die Zuleitung zur vorgesehenen Erde – Wasser- oder Heizrohr z. B. – möglichst einfach und kurz ist. An der vorgesehenen Stelle werden einige Dachplatten entfernt.

Anbringung des Tragrohrs Das Tragrohr ist ziemlich schwer. Es wird am besten an zwei Bal-

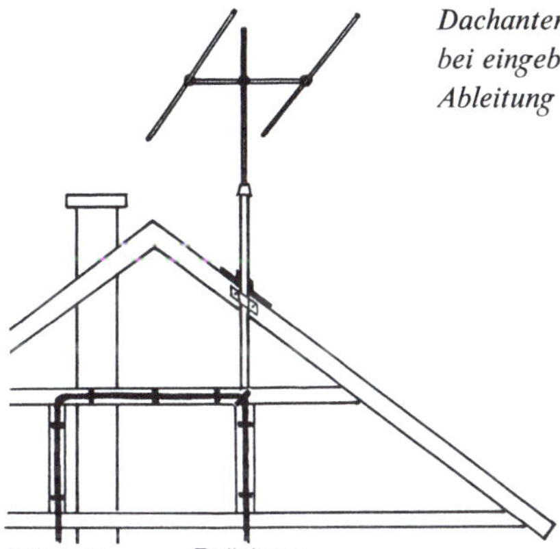

Dachantenne bei eingebauter Ableitung

ken befestigt, einem waagerechten und einem schrägen. Entsprechend braucht man eine gerade und eine schräge Befestigungsschelle. Nun wird zuerst die schräge Schelle am Balken angeschraubt, zunächst locker, damit man das Rohr von oben noch einführen kann. Während jetzt der eine Mann das Tragrohr festhält, schlägt der zweite zunächst unter dem unteren Rohrende einen kleinen Haken ein. Auf ihm ruht das Rohr vorläufig, so daß man es beim Ausrichten nicht festzuhalten braucht. Nun wird das Rohr senkrecht gerichtet. Das geht am leichtesten, wenn der erste Mann aus einiger Entfernung beobachtet, während der zweite es bewegt. Ist die richtige Stellung gefunden, wird die waagerechte Schelle angesetzt. Dann werden beide Schellen festgezogen. Das Anschrauben geschieht mit sogenannten Schloßschrauben (S. 319).

Antennenrohr und Ableitung Auf das feste Tragrohr wird das eigentliche Antennenrohr aufgesetzt und leicht festgeschraubt. Aus dem unteren Ende des Rohrs kommt die Antennenleitung heraus. Sie ist jetzt nach der vorhandenen nach unten führenden Rohrleitung zu ziehen. Sie wird leicht gebogen und auf dem waagerechten Balken entlang verlegt. Ist sie zu kurz, muß eine Klemmdose eingeschaltet werden. Ein abgeschirmtes Kabel ist dabei nicht erforderlich.

Dachantenne ohne eingebaute Ableitung

Schwieriger liegt der Fall, wenn das Haus keine eingebaute Rohrleitung für die Ableitung hat. In diesem Fall muß die Antennenleitung über das Dach bis zur Dachkante geführt werden: von da durch Abstandsisolatoren gehalten nach unten bis vor das Fenster des betreffenden Zimmers.
Wenn das Antennentragrohr am Kamin befestigt werden muß, so darf man keinesfalls in den Kamin Dübel einzementieren, an denen das Tragrohr festgeschraubt würde. Man nimmt vielmehr zwei besondere Halteschellen – Stahlbänder, die den ganzen Kamin umklammern. An diesen Schellen wird das Tragrohr angeschraubt.
Ist das Tragrohr mit Antennenrohr befestigt, kommt die Ableitung an die Reihe. Man nimmt geschirmtes Kabel, und zwar gleich ein so langes Stück, daß es bis zum Empfänger reicht. Man führt die Ableitung mit besonderen Abstandschellen über das Dach bis zur Kante, dann in elegantem Bogen über eine Dachrinnenstütze. Von da fällt es frei nach unten. Die Einführung

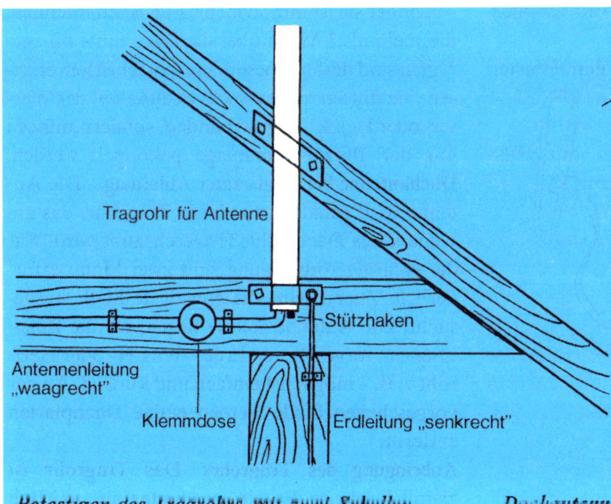

Befestigen des Tragrohrs mit zwei Schellen

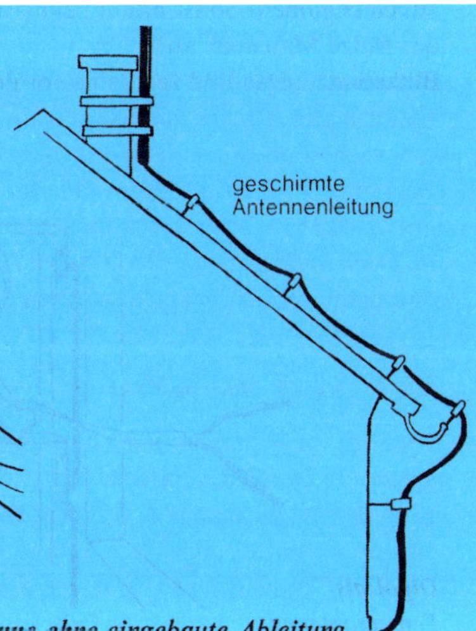

Dachantenne ohne eingebaute Ableitung

durch das Fenster erfolgt in der bekannten Weise.

Erdung bei Innen-Ableitung Bei der zuerst beschriebenen Ausführung – Ableitung im Hausinnern – wird die Erdleitung, ein 3 mm starker verzinkter Eisendraht, an der waagerechten Halteschelle des Standrohrs mit untergeklemmt. Von da senkrecht wegführen und ohne scharfe Bögen und Knicke zum vorgesehenen Erdanschluß.

Erdung bei Außen-Ableitung Bei der zweiten Ausführung wird die Erdleitung von der Rohrschelle, die das Halterohr am Kamin hält, weggeführt – auch hier senkrecht und möglichst geradlinig zur vorgesehenen Erde. Ist kein Wasser- oder Heizrohr für den Erdanschluß erreichbar, kann man die Erdleitung an eine vorhandene Blitzschutzeinrichtung anschließen oder, wenn eine solche fehlt, an die Dachrinne. Dabei ist Voraussetzung, daß die Dachrinne eine metallische Verbindung bis zur Erde hat.

Eigene Blitzschutzerde Wer blitzgefährdet wohnt oder ganz sichergehen will, gräbt eine eigene Blitzschutzerde. Das geht auf einfache Weise wie folgt: Etwa ein bis zwei Meter von der Hauswand wird ein Loch gegraben bis unter den Grundwasserspiegel, also bis Grundwasser einsickert. In das Loch versenkt man einen alten verzinkten Wassereimer, in dessen Boden Löcher geschlagen sind, damit später das Wasser eindringen kann. Der Erdungsdraht wird mit dem Eimer verlötet oder vernietet. Der Erdungsdraht muß gut verzinkt sein, damit er nicht zu schnell rostet. Der Eimer wird dann mit Steinen gefüllt und das Erdreich wieder aufgeschüttet.

Einrichten Sind Antennen- und Erdanschluß hergestellt, kann der Empfang beginnen. Hat man eine Dipol-Antenne mit Richtwirkung, wird nunmehr der Empfänger in Betrieb genommen, der Dipol durch Drehen des Antennenrohrs genau eingerichtet und so endgültig festgeschraubt.

Bei der ersten Ausführung – Ableitung im Hausinnern – kann man erst jetzt zum Schluß das Loch im Dach schließen, zuerst mit einem Abdeckblech und dann mit den weggenommenen Ziegeln.

Die Erdleitung des Empfängers

Nicht zu verwechseln mit der Erdung der Außenantenne gegen Blitzgefahr ist die Erdleitung des Empfängers, die man meistens braucht, um einen einigermaßen störungsfreien Empfang zu erzielen. Die Blitzschutzerde führt von Antenne oder Antennenableitung zur Erde. Die Erdleitung des Empfängers hingegen führt von der mit »Erde« bezeichneten Steckbuchse des Empfangsgeräts zur Erde.

Nicht nach außen führen! Während die Erdung einer Antennenleitung außen am Haus erfolgen kann – Regenrinne, Fallrohr, Blitzableiterseil, vergrabener Eimer –, soll man die Erdleitung des Empfängers keineswegs an Metall an der Außenmauer anschließen. In diesem Fall wäre die Erdleitung das Gegenteil eines Blitzschutzes: Es könnte geschehen, daß ein vom Hausdach abgeleiteter Blitzschlag über die nach innen führende Erdleitung einen Besuch im Empfangsapparat macht.

Wo anschließen? Im Hausinnern haben wir an Erdleitungen zur Verfügung: Wasserleitung, Zentralheizung, Gasrohr, Abwasserleitung. Die beiden zuletzt genannten haben aber meistens eine recht schlechte Erdverbindung und sind deshalb untauglich. Wir entscheiden uns also für Wasserleitung oder Zentralheizung.

Verlegen Für die Erdleitung können wir massiven Kupferdraht von etwa 1 mm² Querschnitt nehmen. Da er nicht isoliert zu sein braucht, können wir ihn einfach mit Krampen an die Wand oder noch einfacher an die Fußbodenleiste nageln. Besser ist Litze von gleichem Querschnitt. Sie ist widerstandsfähiger gegen mechanische Beanspruchung und einfacher zu befestigen. Man treibt einfach spitze Nägel mit leichtem Hammerschlag durch die Litze und nagelt sie dann an der Fußbodenleiste fest. Keine Angst, daß die Drähte verletzt werden! Die Nagelspitze drängt sich an den Adern vorbei. Besonders wenn die Fußleiste aus Hartholz ist, lassen sich diese Nägel wesentlich leichter einschlagen als Krampen.

Erdungsschelle Zum Anschluß an das Wasser- oder Heizrohr nehmen wir eine Erdungsschelle. Damit ein guter Kontakt entsteht, muß das Rohr

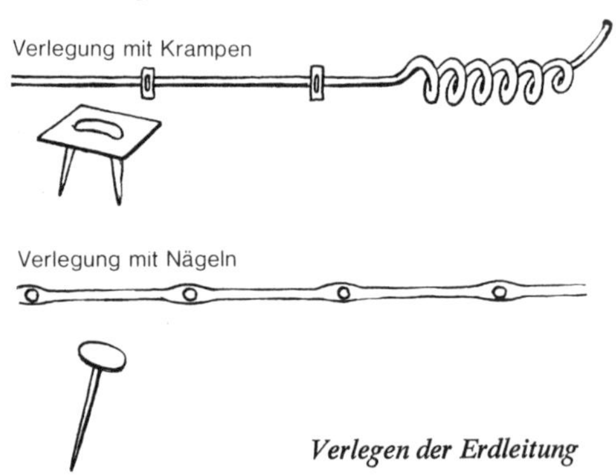

Verlegen der Erdleitung

zunächst dort, wo die Schelle sitzen soll, saubergemacht werden. An das Empfängerende der Erdleitung kommt ein Bananenstecker.

Anbringung der Erdungsschelle

Drahtreserve Für den Fall, daß der Draht einmal brechen sollte, halten wir an beiden Enden der Erdleitung eine kleine Drahtreserve von 20 cm. Damit das zunächst überzählige Stück nicht unordentlich herumhängt, wird es blank gemacht und dann auf einem dicken Bleistift zu einer schönen Spirale gewickelt (Bild S. 456 r. u.).
Eine abschließende Bemerkung: Die im Handel erhältlichen montagefertigen Antennen sind recht verschieden. Neben den hier ausgeführten Grundsätzen sind deshalb die mitgelieferten Montageanweisungen stets zu beachten.

Hinweise für Fernsehantenne

Die Aufstellung einer Fernsehantenne sollte man stets dem Rundfunkfachmann überlassen. Eine Verschiebung des Standortes um wenige Meter kann bereits eine beträchtliche Verbesserung oder Schwächung des Empfangs bewirken. Nur der Fachmann hat die erforderlichen Meßgeräte, um die zu erwartende Empfangsleistung zu ermitteln. Nur er kann auch die geeigneten Maßnahmen treffen, um Störeinflüsse, die im Fernsehbild besonders unangenehm sind, auszusperren.

Störungen des Empfangs

Gleichmäßiges Prasselgeräusch, das den Empfang ganz unmöglich macht, kommt von Maschinen mit elektromotorischem Antrieb. Der Störer ist in unmittelbarer Nachbarschaft des Empfängers zu suchen.
Kratzgeräusche und Knacken in unregelmäßigen Zeitabständen entstehen durch Kontaktfehler in elektrischen Leitungen, Schaltern, Steckvorrichtungen und in fehlerhaften Heizkörpern. Auch das Einschalten einer größeren Zahl von Leuchtstoffröhren ergibt heftige Störungen.
Den Herd der Störung kann der Laie nicht ermitteln. Wer unter Störungen leidet, wende sich an die Entstörungsstelle der Bundespost. Wer als Besitzer des störenden Gerätes festgestellt wird, ist verpflichtet, die Entstörung auf eigene Kosten durchzuführen.

11 Die Stereo-Anlage

Raumklang durch Stereo-Wiedergabe Der Musikfreund, der im Konzertsaal sitzt, läßt die Klänge des Orchesters aus der ganzen Bühnenbreite auf sich einwirken. Sitzt er zu Hause vor Rundfunkgerät oder Plattenspieler, so erhält er das Klangbild aus der relativ kleinen Fläche des Lautsprechers. Dem erwünschten Raumklang kommt er näher, wenn 2 oder 4 Lautsprecher, wie es bei Musiktruhen der Fall ist, möglichst weit voneinander angebracht sind. Aber auch bei einem Spitzengerät mit mehreren Lautsprechern wird der Kenner nicht immer zufrieden sein, besonders wenn viele Instrumente oder Stimmen zusammen erklingen.
Die Rundfunkanstalten strahlen bereits Stereo-Sendungen aus. Natürlich können sie nur mit Stereo-Empfängern abgehört werden.
Die Schallplattenindustrie hat sich bereits auf die Stereo-Wiedergabe umgestellt. Die meisten neueren Aufnahmen sind bereits in Stereo-Ausführung erhältlich. Die Musik wird dazu über zwei Mikrophone aufgenommen und auf der Platte in zwei nebeneinander liegenden Tonspuren aufgezeichnet. Zum Abspielen muß der Plattenspieler mit einem Tonarm mit Stereo-Abtastnadel versehen sein. Durch Abspielen mit Mono-Abtastnadel wird die Stereoplatte zerstört. Dagegen können mit Stereo-Tonarm die Monoplatten (Langspielplatten mit Mikrorillen) ohne weiteres abgespielt werden; für alte N-Platten mit 78 Umdrehungen braucht man allerdings eine besondere Nadel.
Für Stereo-Wiedergabe: Verstärker und getrennte Lautsprecher Die beiden von der Stereoplatte abgetasteten Teilprogramme müssen zwei getrennten Verstärkern zugeführt werden. Rundfunkgeräte der höheren Preisklasse sind heute schon entsprechend eingerichtet; sie haben dann

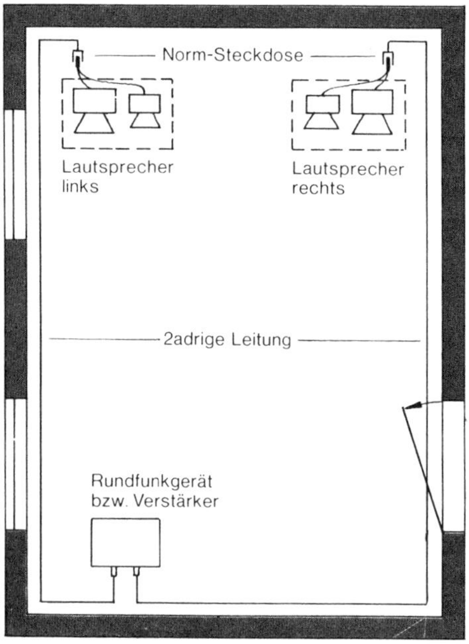

auf der Rückseite zwei Lautsprecher-Anschlüsse, meist mit »Rechts« und »Links« bezeichnet. Es gibt im Handel auch reine Stereo-Verstärker ohne Rundfunk-Empfangsteil; sie werden an Plattenspieler oder Tonbandgerät (natürlich Stereogeräte) angeschlossen und sie sind auch erheblich billiger.

In jedem Fall erfordert die Stereo-Wiedergabe zwei getrennte Lautsprecher-Kombinationen, deren jede mindestens aus einem Hoch- und einem Tieftonlautsprecher besteht. Die Qualität der Lautsprecher ist entscheidend, an ihnen darf man nicht sparen.

Die Verlegung Vom Verstärker bzw. vom Rundfunkgerät mit Stereoteil sind zunächst zwei Leitungen mit je zwei Adern möglichst auf getrennten Wegen zu der Wand zu führen, an der die Lautsprecher angeordnet werden sollen. Die beiden Adern sollen verdrillt sein.

Auf der Verstärkerseite enden die Leitungen in je einem Stecker, der der Lautsprecherbuchse des Geräts entspricht; an neuen Geräten finden sich nur mehr Norm-Buchsen für je einen dicken und einen dünnen Flachstift:

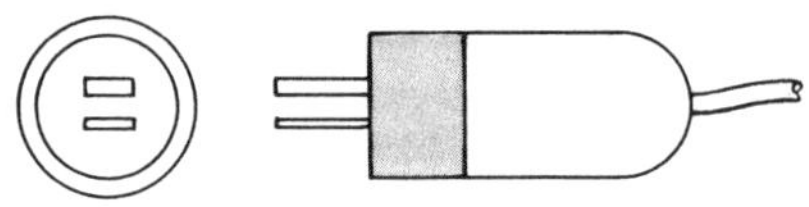

Auf der Lautsprecherseite werden beide Leitungen durch je eine Lautsprechersteckdose in Normausführung abgeschlossen. Die Lautsprecher erhalten jeder ein etwa 1,50 m langes zweiadriges Anschlußkabel mit Normstecker. So kann man sie nach Bedarf an- und abschließen und die Lautsprecherkästen stellen oder hängen, wie es sich als zweckmäßig erweist. Rundfunkgeräte mit Stereo-Ausrüstung sind gewöhnlich so eingerichtet, daß die internen Lautsprecher abgeschaltet werden, sobald man die Stecker der beiden Stereo-Lautsprecher an die Apparate-Buchsen ansteckt. Um den Stereo-Effekt genießen zu können, braucht man einen mindestens mittelgroßen Raum, denn die die Entfernung der beiden Lautsprecher-Kombinationen voneinander wie die zum Hörer soll mindestens einige Meter betragen.

Ungefähre Preise einiger Materialien und Geräte (Stand Herbst 1972)

	Preis DM		Preis DM
Klingeltransformator	8.— bis 10.—	Schaltuhr	25.— bis 70.—
Element 1,5 V	4.— bis 6.—	Glimmlampe	2.— bis 2.50
Bleisammler 6 V	20.— bis 30.—	Fassung für Signallampe E 10	1,50 bis 2.—
Klingel	3.— bis 6.—	Lüsterklemme 2polig	–.20
Summer	2.— bis 4.—	Bananenstecker	–.30 bis –.90
Klingeldrücker	2.— bis 3.—	Steckerbuchsen	–.20 bis –.80
Klingelumschalter 1polig	2.— bis 4.—	Schaltdraht 1 m je nach Stärke	–.10 bis –.20
Klingelumschalter 2polig	3.— bis 4.—	Schaltlitze 1 m je nach Stärke	–.12 bis –.24
Schleifkontakt	2.— bis 2.50	Schlauchleitung 2×0,75 1m	–.35 bis –.40
Thermokontakt	2.— bis 4.—	Antennen-Bandleitung 1 m	–.20 bis –.25
Sicherungsautomat	12.— bis 16.—	Spiritus-Lötlampe	4.— bis 6.—
Schaltrelais (Stromstoßschalter)	16.— bis 20.—	Elektrischer Lötkolben	16.— bis 25.—

Siebenter Teil

Kunststoffe

1 Kunststoffe – ein weites Feld

Das Gebiet der Kunststoffe ist heute schon unübersehbar, dabei ständig in Ausdehnung und Weiterentwicklung begriffen. Mit der verwickelten Chemie der Kunststoffe können wir uns hier nicht befassen. Wissen sollten wir aber: Immer liegt der Herstellung ein chemisches Umwandlungsverfahren zugrunde, das geeignete Moleküle verbindet, verkettet, vernetzt und sonstwie aneinanderlagert, so daß neue Materialien mit neuen Eigenschaften entstehen.
Die beiden wichtigsten Verfahren sind Polymerisation: Verbindung kleiner Moleküle gleicher oder verwandter Art zu Großmolekülen von der Form des Fadens; Polykondensation: Verbindung von Großmolekülen untereinander, netzartig.
Was muß nun der Verarbeiter wissen? Er muß die Eigenschaften und Eignungen des jeweiligen Stoffes kennen. Da Kunststofferzeugnisse jeweils für bestimmte Verwendungszwecke geschaffen sind, sind sie nur für diese geeignet, für andere dagegen nicht. Immer gilt: Die Anweisungen des Herstellers sind zu lesen und peinlich genau zu beachten.
Im großen kann man nach dem werkstofflichen Verhalten zwei Gruppen unterscheiden:
1. Thermoplaste: In der Herstellung oder als Fertigerzeugnis durch Wärme verformbar (Folien, Bodenbeläge, Profile, Handläufe u.ä.).
2. Duroplaste (Schichtpreßstoffplatten, Preßschichthölzer u.a.): Nicht durch Wärme, sondern nur durch spangebende Techniken verformbar. Die Eigenschaften variieren von weichelastisch bis zu glasartiger Härte.
Einzelne Kunststoffe können je nach Herstellungsverfahren in sich sehr variabel sein; Schaumstoffe z.B. können sowohl sehr weich als auch ganz hart hergestellt werden.
In den folgenden Abschnitten beschränken wir uns auf solche Stoffe und ihre Anwendungen, die für den Laien in Betracht kommen und an Raum- oder Einrichtungselementen Verwendung finden.

2 Bodenbeläge aus Kunststoff

Beläge aus Weich-PVC Diese Beläge werden sehr häufig verwendet. Sie bestehen entweder ganz aus diesem Material (z. B. »deliplast«), bei anderen ist die PVC-Schicht auf eine Unterschicht aus anderem Material aufgebracht, auf Kork (z.B. »Friedola«) · auf Filz (z.B. »Maturo«) · auf Polyestervlies (z.B. »Bocato F«) · als Spannteppich (z. B. »Taraflex«) · auf Schaumstoff (z. B. »Pegulan-Elastic«). Von den Belägen auf Trägern setzen sich PVC-Beläge auf Filz zunehmend durch. Die PVC-Beläge (PVC ist eine Abkürzung für Polyvinylchlorid) sind strapazierfähig, bruch- und knickfest, farb- und lichtecht, von guter Schall- und Wärmeisolierung, wasserunempfindlich, alterungstüchtig und leicht zu pflegen. Die Tabelle gibt eine vereinfachte Übersicht über die auf dem deutschen Markt angebotenen Normalausführungen.
Hartfliesen (besser »Vinyl-Asbest-Beläge«) Dies ist die zweite gebräuchliche Art von Bodenbelägen aus Kunststoff. Das Material hat weniger Kunststoffanteile und einen beträchtlichen Anteil von Asbest. Die Platten bestehen nicht aus verschiedenen Schichten, sondern aus einer einheitlichen Masse, die durchgehend gefärbt bzw. gemustert ist. Hartfliesen sind sehr widerstandsfähig gegen Gehbeanspruchung, auch gegen normale Feuchtigkeitseinwirkung. Wo jedoch mit stärkerer Einwirkung von Wasser, Fett oder Chemikalien zu rechnen ist, sind sie nicht zu empfehlen. (Für solche Verhältnisse gibt es die auf PVC-Asbest-Grundlage hergestellten sogenannten Flex-Platten.) Auch gegen intensive Sonnenstrahlung sind die Hartfliesen etwas empfindlich. Die Tabelle gibt eine Übersicht über Liefersorten.
Hartfliesen werden im ganzen ähnlich verarbeitet wie PVC-Beläge; im einzelnen sind – wie bei allen Arbeiten mit Kunststoff – die Verarbeitungsanweisungen des Herstellers genau zu beachten. Einige allgemeine Hinweise: Hartfliesen sind gegenüber Belägen aus Weich-PVC verhältnismäßig spröde und entsprechend bruchempfindlich; sie verlangen deshalb einen unbedingt ebenen Untergrund. Sie sollen vor dem Kleben in dem zu

Beläge aus Weich-PVC

Bahnware
Bahnbreiten: 100 · 115 · 125 · 130 · 150 und 200 cm.
Dicke in mm: 1,5 · 1,8 · 2,0 · 2,8 und 3,0, je nach Fabrikat.
Fabrikate: Balaflex · Contan · deliplast · Dunloplast · Gerflex · Marleyflor · Mipolam · Pegulan · Spoknol

Tafeln
Mipolam 40 × 40 · 60 × 60 · 120 × 60 · 150 × 63 cm.

Fliesen
Fliesengrößen: 25 × 25 · 30 × 30 · 33 × 33 · 40 × 40 · 50 × 50 · 60 × 60 cm, auch Zwischengrößen
Dicken: wie bei Bahnware und 4,0 mm
Fabrikate: bedoplan · BHS-Super · Contan · deliplast · Dunloplast · Gerflex · Marleyflor · Mipolam · Pegulan · Spoknofloor

Weich-PVC auf Jutefilz

Bahnware
Bahnbreiten: meistens 150 und 200 cm
Dicke in mm: von 2,3 bis 4,0 mm, je nach Fabrikat
Fabrikate: Balatred · bedofilz · Bocato F · Bouclesa · elverplast · Friedola · Gerfilz · Mipolam-Verbund · Neodon-Cronos · Pegulan-Maturo · Planatex · Satin · tapiflex

Hartfliesen (Flexfliesen)

Fabrikat	Größe in cm	Stärke in mm
deliflex	25 × 25	1,6 · 1,8 · 2,0
Excelon	25 × 25	1,6 · 2,0 · 2,5
Floorflex	25 × 25 30 × 30	1,6 · 2,0
Marleyflex	25 × 25	1,6 · 2,0 · 2,5
Pegulan	25 × 25	1,6 · 2,0
Polyflex	25 × 25	1,6 · 1,8 · 2,0

belegenden Raum bei mindestens 20° C ausgelagert werden.

Untergründe und Vorarbeiten Die Anforderungen an den Untergrund lauten für alle Arten von Kunststoffbelägen: Er muß völlig trocken, fest, rißfrei, dicht, eben und sauber sein und darf sich auch im Lauf der Zeit nicht verändern.

Welche Böden erfüllen diese Forderung? Man verwendet Kunststoffbeläge hauptsächlich auf Estrich, und zwar vornehmlich auf Massivdekken, bei denen sie zur Trittschalldämmung beitragen. Wichtig ist, daß Schallbrücken zur Wand hin vermieden werden, daß also eine Isolierschicht Wand und Estrich trennt. Im Abschnitt »Boden-Abschlußleisten aus Kunststoff« zeigt eine Abbildung deutlich, wie die Isolierschicht (Glaswolle) zwischen Wand und Estrich liegt. (S. 487).

Es gibt Zementestrich (Trockenzeit etwa 10 Wochen) · Gipsestrich (trocken nach 3 Wochen) · Steinholzestrich (frühestens aufzubringen einen Monat nach der Betonausführung) · Asphaltestrich (bereits nach 24 Stunden zu belegen). In der Regel werden diese Estriche durch den Fachmann ausgeführt. Hinweise zur Herstellung eines einfachen Zementestrichs, den der Laie von den genannten am leichtesten ausführen kann, stehen auf S. 261 f. Auf jeden Fall sollte man sich, bevor man derartiges beginnt, für den gegebenen Fall mit dem Fachmann besprechen, und wenn man einen Belag auf vorhandenen Boden aufbringen will, den Untergrund durch ihn begutachten lassen.

Etwaige Unebenheiten können mit fertig einzukaufender Ausgleichsmasse beseitigt werden (z. B. Thomsit AGL DD oder AGL 25 = extra feine Ausgleichsmasse).

Kann man Kunststoffbeläge auch auf Holzböden verlegen? In Ausnahmefällen ja. Es muß sich aber um einen gut festliegenden Boden handeln. Auch dann sollte jedoch, wie es das Bild zeigt, eine Zwischenlage aus Filzpappe oder Filz plus Hartfaserplatten aufgebracht werden.

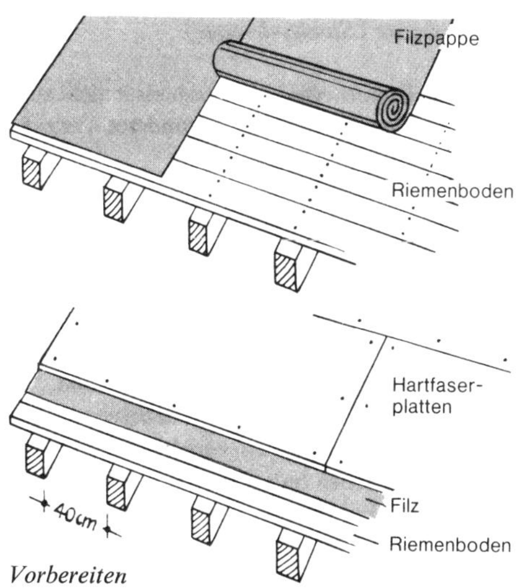

Vorbereiten eines festen Holzbodens für Kunststoffbelag

Das Verlegen von Kunststoff-Fliesen Zum Verlegen durch den Laien eignen sich die Beläge in Fliesenform am besten; sie sehen übrigens auch besonders hübsch aus.
Zunächst: Was ist beim Einkauf zu bedenken? Selbstverständlich haben wir vorher den zu belegenden Boden genau ausgemessen, eine Zugabe für Verschnitt am Rande gemacht. Wichtig ist dann, daß wir gleich den geeigneten Kleber mit einkaufen (s. auch Tabelle S. 512, 513f.): Für PVC-Beläge sind gewöhnlich Kautschuk-Kleber vorgeschrieben, für Plastikfliesen auch spirituslösliche Kopalharz-Schnellbinder. Die Lieferfirmen für Beläge bieten entweder selbst Kleber an oder benennen sie. Endlich brauchen wir noch zum Auftragen des Klebers eine Zahnkelle.

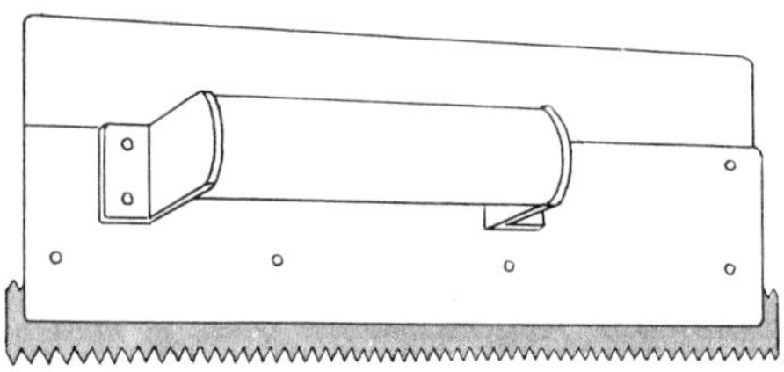

Zahnkelle zum Auftragen des Klebers beim Verlegen von Kunststoffböden

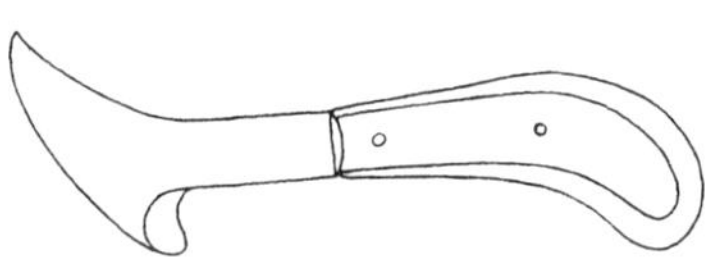

Verlegemesser (Stanley-Messer)

Oft reicht ein normales Linoleummesser nicht aus. Deshalb sollte man sich ein besonderes Verlegemesser beschaffen.
Bei der Farbwahl berücksichtigen wir, daß ein Boden, der unbedeckt bleibt und für sich selbst wirken soll, vielleicht lebhafte Farben haben kann (etwa helles Grau mit unregelmäßig verteilten einzelnen roten Fliesen), daß aber gute, vor allem echte Teppiche nur auf einem neutralen, zurücktretenden Untergrund zur Geltung kommen.
Abgesehen von der richtigen Vorbereitung des Untergrundes, die wir im vorhergehenden Abschnitt beschrieben haben, ist jetzt vor Arbeitsbeginn noch zweierlei wichtig: Temperieren des Belags (wie Linoleum, S. 67) und Planen.
Die Verlegung soll bei einer Raumtemperatur von mindestens 18° C vorgenommen werden.

Beim Einteilen der Bodenfläche gehen wir von der Raummitte aus. Wir messen zunächst alle vier Seiten des Raumes, markieren die Mitte jeder Seite und verbinden diese Punkte durch Schnurschlag (Schlagschnur S. 25). Der Schnittpunkt beider Schlaglinien ist die Raummitte.
Beim Verlegen gehen wir nun von diesem Punkt (nicht von einer Wand oder Ecke) aus. Am einfachsten ist die sogenannte Treppenverlegung. Das Bild zeigt das Schema dieser Verlegungsart, rechts daneben den richtigen Ausgang von der Raummitte: in diesem Mittelpunkt stoßen also bei richtiger Verlegung 4 Fliesen mit ihren Ecken zusammen.
Die beiden unteren Bilder geben weitere Beispiele dafür, wie man die sogenannte Diagonalverlegung von der Raummitte aus beginnt. Anstatt den Boden ganz mit Fliesen auszulegen, können wir auch ringsherum einen Fries aus gleichem Material (Bahnware) laufen lassen.
Die Einteilung für den Belag markieren wir zunächst nur an den Seiten; so haben wir die Endpunkte der späteren Verlegelinien.
Jetzt beginnt das Kleben, und zwar abschnittsweise. Am besten wird doppelt geklebt: sowohl der Boden wie die Rückseite der Fliesen erhalten einen Kleberauftrag. Der Boden wird mit der

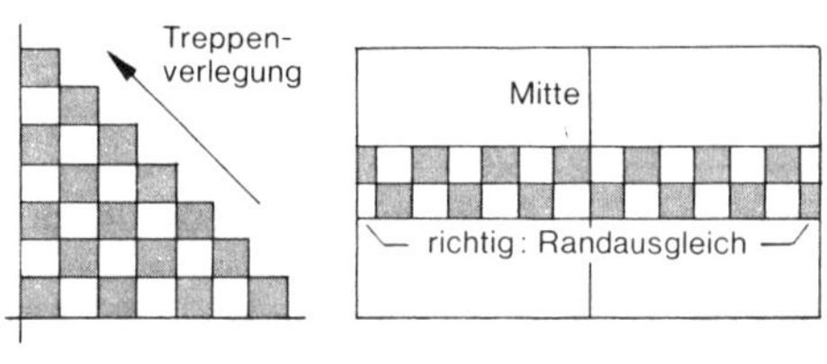

Die Treppenverlegung und das richtige Ausgehen von der Raummitte

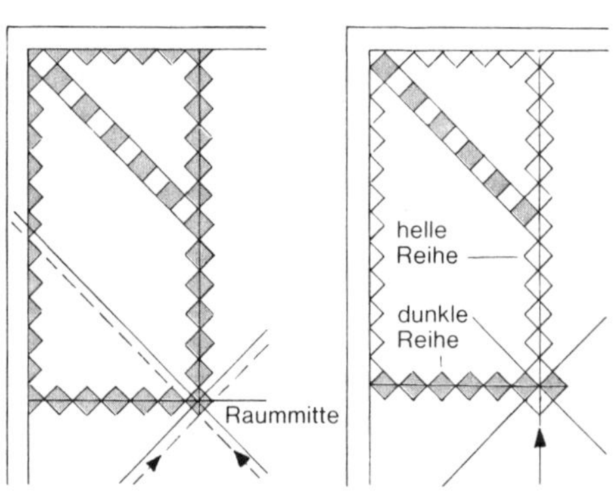

Anordnung der Fliesen bei Diagonalverlegung

Zahnkelle bestrichen; für die Fliesen dagegen wird ein Teil des Klebers mit dem dazugehörigen Verdünnungsmittel so weit verdünnt, daß der mit dem Pinsel aufgetragen werden kann. Es werden jeweils nur so viel Boden und Fliesen bestrichen, daß der Kleber bis zum Auflegen der Platten noch klebfähig bleibt. Erst jetzt, also auf dem Kleber, werden die Verlegelinien – durch Verbinden der entsprechenden Markierungspunkte am Rand – mit der Schlagschnur geschlagen. Dann legen wir die Platten sorgfältig von einer Kante her aneinander (nicht schieben!) und reiben sie fest an.

Ist ein Abschnitt fertig, wird er, bevor der nächste in Angriff genommen wird, zum Schutz mit Papier abgedeckt. Das Verlegen der Randplatten zeigt die Zeichnung.

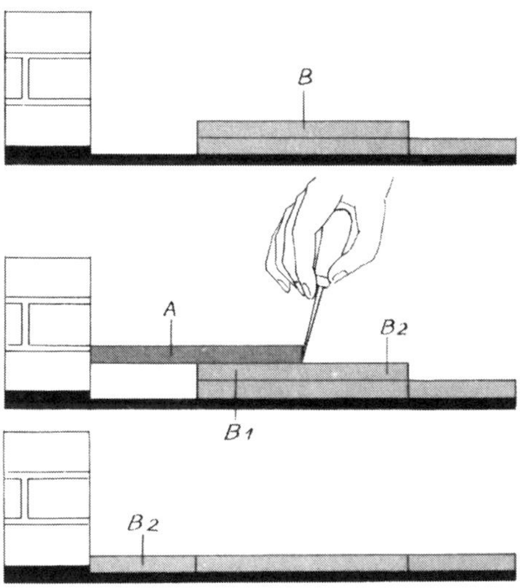

Verlegen der Randplatten: die obere Platte A dient als »Lineal«, während Platte B Randplatte ist

Kunststoff-Bahnware verlegen Wenn Sie sich auch hierin versuchen wollen: es gelten dieselben Arbeitsanweisungen wie für das Verlegen von Linoleum (S. 68 f.). Die Bahnen werden in voller Breite mittels einer Spachtel dünn mit Kleber eingestrichen und ohne Stauchungen verlegt (Nahtschnitt s. S. 488, Abb. 6/7). Die Bahnkanten sehr kräftig andrücken, wenn möglich mit einem Gummihammer anklopfen. Kleinere Luftblasen lassen sich durch Anstechen mit einer Nadel und anschließendes Anklopfen beseitigen. Etwaige Kleberflecken an den Kanten sofort entfernen.

Der Boden muß einige Tage lang vor direkter Sonnenbestrahlung geschützt werden. Verarbeitungsanweisungen der Hersteller und die Empfehlungen zur Reinigung und Pflege genau beachten – wie bei den Fliesen.

Über das Kleben von Teppichböden S. 79 f.

Bodenabschlußleisten aus Kunststoff

Wenn Sie sich nicht gleich als Fußbodenverleger versuchen wollen, so können Sie mit Abschlußleisten aus PVC, die bei glatten Bodenflächen vorzüglich geeignet sind, vielleicht einen Raum schöner und der Hausfrau eine Freude machen. Die Leisten schließen den Boden zur Wand hin dicht ab und schützen, wenn der Boden gereinigt wird, die Wand vor dem Verschmutzen. Die Leisten (auch »Profile« genannt) werden in mannigfachen Formen vom laufenden Meter geliefert und sind an der Wand exakt aneinanderzusetzen. Sie werden mit einem Spezialkleber aufgebracht, den man gleich mit einkauft. In den Ecken schneidet man sie entweder auf Gehrung (S. 128) oder kerbt sie dem Profil entsprechend ein. Es gibt auch mehrere Profile, die mit Dübeln zu befestigen sind.

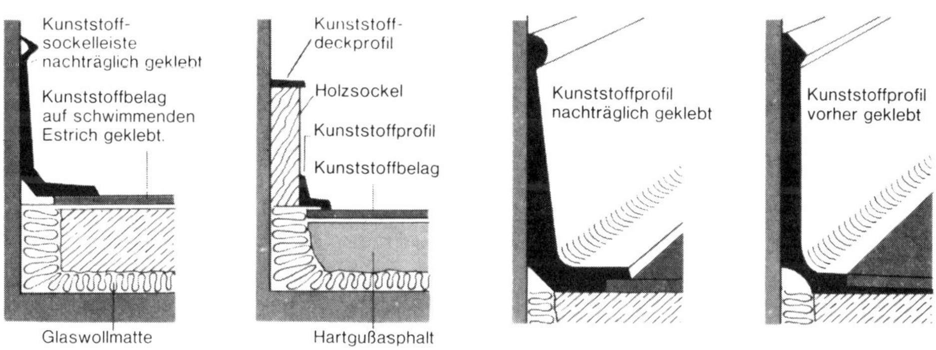

Vier Beispiele für die Anbringung von Boden-Abschlußleisten aus Kunststoff. Der »schwimmende« Estrich ist durch eine Isolierschicht vom Unterboden wie von der Wand getrennt.

1 Viertelstäbe abnehmen. Die erste Bahn muß an den Kopfenden bei nicht geraden Wänden auch in Längsrichtung 2–3 cm hochstehen.

2 Mit den anderen Bahnen genauso verfahren. In der Mitte die Kanten 2 bis 3 cm übereinanderlegen. Belag 3 bis 4 Tage liegen lassen.

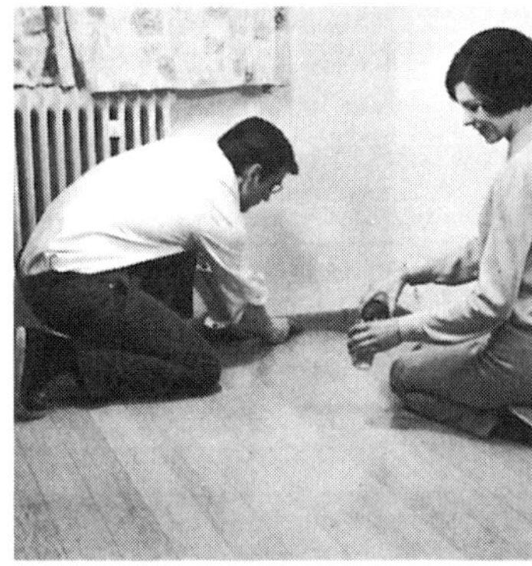

3 Kopfenden und Längsseiten an die Wände anpassen. Belag in die Ecken drücken und mit scharfem Messer schneiden.

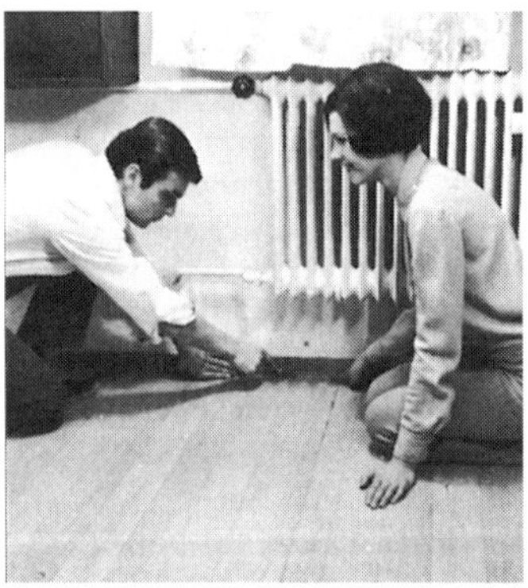

4 Sie können toplan auch mit einem angespitzten Holzstab o. ä. fest in die Ecken drücken, dabei die Überlängen markieren und

5 mit der Schere abschneiden.

6 Die Mittelnähte: Latte oder Stahllineal auf Mitte der Überlappung legen; mit Messer beide Bahnen auf einmal durchschneiden.

7 Nach dem Durchschneiden die Abschnitte der oberen und unteren Bahn entfernen. Die Naht ist jetzt kaum sichtbar.

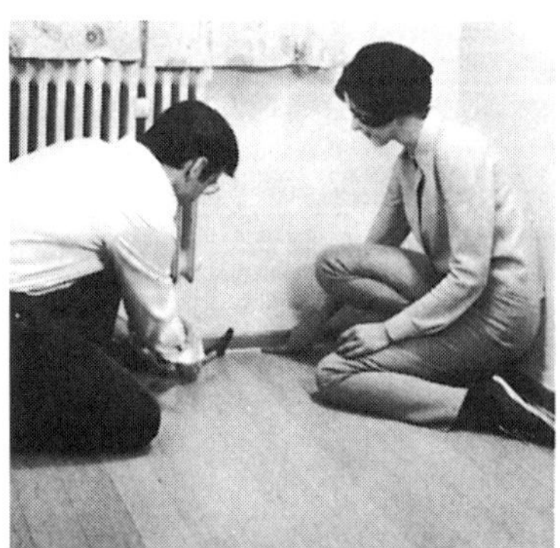

8 Viertelstäbe wieder befestigen

9 Schon fertig – also ohne Kleben

Dunloplan GmbH, Hanau a. M.

Die Zeichnungen stellen verschiedene Möglichkeiten dar. Sie ersehen daraus, daß solche Leisten vor dem Verlegen des Fußbodenbelags geklebt, aber auch nachträglich angebracht werden können.

Kunststoffbelag auf der Treppe

Äußerst praktisch wegen der Beständigkeit und des leichten Reinigens ist ein Kunststoffbelag auf der Treppe. Das Verlegen ist zwar etwas komplizierter als auf größerer Fläche, jedoch durchaus auszuführen, wenn man einige Überlegung walten läßt und die folgenden Anweisungen beachtet.
Ein geeigneter Untergrund sind Betonstufen. Sie müssen einen möglichst glatt abgezogenen Auftrag aus Zementestrich haben oder bekommen: 1 Raumteil Portlandzement auf 3 Raumteile Sand; 1,5 bis 3 cm stark auftragen, völlig durchtrocknen lassen. (Ausführliche Anweisungen im Teil »Rund um den Bau« S. 261 ff.) Etwaige Unebenheiten werden mit Spezial-Spachtelmasse ausgeglichen, nach dem Trocknen noch mit Glaspapier abgeschliffen. Auch Massivholzstufen bilden einen geeigneten Untergrund, wenn die Kanten noch ein gutes Profil aufweisen.
Ehe wir mit dem Belegen der Stufen beginnen, schaffen wir einen seitlichen Wandschutz, indem wir eine Abschlußleiste aus Kunststoff, wie im vorherigen Abschnitt beschrieben, sauber auf Gehrung schneiden und an die Wand kleben. Der Wandputz muß dazu frei von Farbe sein (abkratzen oder abwaschen, Einzelheiten im Ersten Teil dieses Buches); er ist ferner mit Ausgleichspachtelmasse vorzubereiten.
Die Abbildung zeigt die richtige Reihenfolge: Zuerst die Stücke für die Stehstufen ausschneiden

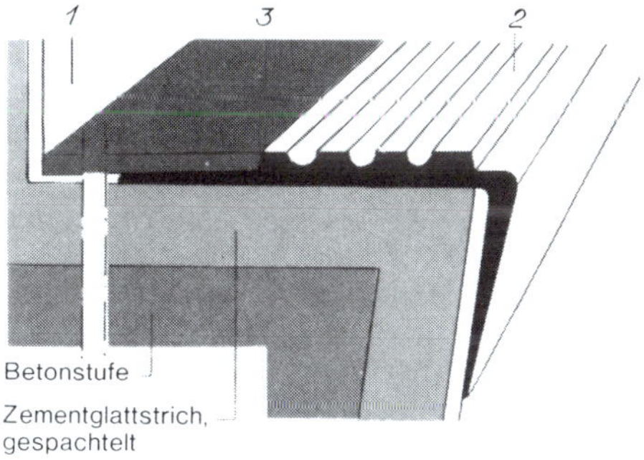

Kunststoffbelag für eine Treppenstufe aus Beton: 1. Belag auf Stehstufe kleben; 2. Treppenkantenprofil einpassen und kleben; 3. Trittstufenbelag einpassen und kleben.

(aus Bahnware) und ankleben. Dann kommt das Kantenprofil, das in verschiedenen Ausführungen fertig käuflich ist und nur der Länge nach zugeschnitten zu werden braucht. Es greift an der Stehstufe über den vorher geklebten Belag, und zwar gewöhnlich lose. Zum Schluß kommt der Belag für die Trittstufe, der zwischen der schon belegten Stehstufe und dem Kantenprofil eingepaßt wird. Wesentliche Arbeitserleichterungen bringt die Verwendung eines ausgesprochenen Treppenbelages, bei dem Trittstufenbelag und Kantenprofil aus einem Stück gebildet sind, z.B. Mipolam-Treppenbelag.

3 Platten aus Kunststoff

Da die Holzfaser- und Holzspanplatten, die im weiteren Sinn (weil kunststoffgebunden) mit in diesen Abschnitt gehören würden, bei den Holzarbeiten behandelt sind (S. 92 f.), haben wir es hier nur noch mit vier Hauptgruppen von Plattenerzeugnissen zu tun.
Eine Gruppe sind die sogenannten Schichtstoffplatten. Vielleicht haben Sie diesen Ausdruck nie gehört; was gemeint ist, wird aber sogleich klar, wenn man als Beispiele Markennamen wie »Resopal«, »Formica«, »Ultrapas« nennt. An sie denkt der Laie zuerst, wenn von »Kunststoffplatten« gesprochen wird. Wegen der oft gleichartigen oder verwandten Oberfläche sollen hier kunstharzbeschichtete Platten und Möbelhartfolien mit erwähnt werden.
Die zweite Gruppe sind Platten aus Schaumstoff, die man hauptsächlich für Isolierzwecke braucht. Die glasfaserverstärkten Polyesterplatten bilden die dritte Gruppe. Den Schluß bilden verschiedene Kunststoff-Wand- und Deckenplatten einschließlich Platten aus Weich-PVC.

Schichtstoffplatten und verwandte Plattenarten

Dekorative Schichtstoffe Es handelt sich hier meist um lagenweise geschichtete Baumwollpapiere, die mit Melamin-, Phenol- oder Kresolharzen bei Hitze und hohem Druck zu ebenen Platten verpreßt werden. Die obere Lage, ein sogenanntes Dekorpapier, gibt die Farbe, das Holzdekor oder andere Wirkungen. Auch dieses Dekorpapier liegt noch unter der schützenden Kunstharzschicht.
Es gibt mehrere Glanzstufen. Die heutige Reproduktionstechnik erlaubt äußerst naturgetreue Holzimitationen. Ferner gibt es Uniplatten und Pastellfarben in zahlreichen Farbtönen, lineare, gerasterte und viele andere Dekors; auch Bildmotive als sogenannte Unterdrucke, Platten mit leicht strukturierter Oberfläche, Kupferrelief-Platten und andere Entwicklungen. Solche Platten besitzen beachtliche Gebrauchseigenschaften; sie sind aus der heutigen Möbelfertigung nicht mehr wegzudenken.
Tafelgrößen: 103 × 213 (Türmaß) · 122 × 244 · 122 × 250 · 122 × 274 · 122 × 285 · 130 × 300 cm und Zwischenmaße *Dicke in mm:* je nach Fabrikat 0,9 bis 3,0 mm
Fabrikate: dekodur · dekoral · DUROpal · Formica · Getalit · Homapal · Hornit · Hornitex · Perstorp · Resopal · tacon · Thermopal · Trespa · Ultrapas

Kunstharzbeschichtete Platten Dieses ist eine verwandte, ebenfalls sehr widerstandsfähige und vielfältig geartete Plattensorte, bei der die Beschichtung auf einfachere »Trägerwerkstoffe« homogen aufgebracht wird. Trägerplatten sind z. B. Holzfaser- und Holzspanplatten, Hartfaserplatten, auch Baufurnierplatten u. ä. Die Beschichtung kann ein- oder beidseitig erfolgen, letzteres z. B. für Regalbretter oder Schrankinnenwände. Farben, Dekore und Holzmaserungen sind auch hier sehr vielseitig und oft den zuvor genannten ähnlich. Vorteile dieser Platten sind der geringere Preis, in bestimmten Fällen eine gute »Stehfestigkeit« und bei den dünneren Erzeugnissen ein leichtes Aufbringen auf andere Platten, z. B. Hartfaserdekore auf alte Möbelflächen.
Fabrikate: Decatex · Getalan · Homaspan · Homapac · Homapas · Hornitex super · Igavspan · Novatex · Ricolor · Spanodur · Thermopal-Span · Trespa-Span · Westag-Coloplan

Beschichtete Stahl- und Aluminiumbleche Diese können in der äußeren Gestalt den eben geschilderten Platten ähnlich sein. Es gibt sie als Tafeln, Bänder oder Profile. Die Bearbeitung erfolgt in den Techniken der Metallbearbeitung (S. 300ff.).
Fabrikate: Aluform · Folastal · Krupp · Platal · Sinaplast

Möbelhartfolien Diese sogenannten Kunststoff-Furniere sind dünne, trägerlose PVC-Folien, die zum Aufleimen auf Spanplatten und andere Träger durch den Heimwerker geeignet sind. Auch hier gibt es sehr viele und gute Holzimitationen sowie Farbfolien.
Dicken: etwa 0,08 bis 0,40 mm
Fabrikate: Alkorfol HO · Benelit · Dynaplan KF · Elastotherm · furnit · Guttagena MF · Roxan
Es gibt auch kunststoffbeschichtete Spanplatten verschiedener Stärken und Maße.

Verarbeitung Als Untergründe kommen nur völlig glatte, nichtarbeitende Flächen in Frage: Sperrholz, Spanplatte, Hartfaserplatte, ebene Estrich- oder Betonfläche, Metall. Kein Massivholz! (Ausnahme: schmale Streifen von höchstens 5 cm Breite.) Unterflächen, bei denen es zu Spannungsverzug kommen kann, werden am besten auch auf ihrer Rückseite mit der gleichen Kunststoffplatte beklebt. Hier kann man eine mindere Qualität (»II. Wahl«) verwenden.
Die Platten sollen vor der Verarbeitung den Klimaverhältnissen des Raumes angepaßt werden, in dem sie angebracht werden sollen. Also auf Raumtemperatur bringen und auch so verarbeiten.
Geschnitten werden die Platten mit einer Feinsäge. Man kann aber auch die Bruchlinie mit einem scharfen, spitzen Werkzeug (z. B. Spitzbohrer) einritzen und dann die Platte an dieser Linie über eine Kante brechen.
Das Kleben erfolgt mit einem Spezialkleber, der dem jeweiligen Plattenerzeugnis entsprechen muß. Der Kleber wird mit einer gezahnten Spachtel (Zahnkelle, S. 486) aufgebracht. Sowohl Plattenrückseite wie Untergrund werden mit Kleber versehen, und zwar in verschiedenen Richtungen streichend; besonders sorgfältig an den Kanten und Rändern.
Ist das Lösungsmittel des Klebers verdunstet, während die Klebfähigkeit noch besteht, so wird die zugeschnittene Platte unter kräftigem Druck auf den Untergrund gebracht. Hier liegt eine der Schwierigkeiten für den Laien, der mit diesen Stoffen arbeiten will: der erforderliche Preßdruck

ist nämlich außerordentlich hoch: Mindestdruck bei entsprechendem Kleber 2 kg pro qcm! Dazu genügt aber das kräftige Schlagen mit einem Hammer auf einen festen Klotz, den man auf der ganzen Fläche schnell bewegt. Nach 36 Stunden ist in der Regel die Endfestigkeit des Klebprozesses erreicht. Wegen des erforderlichen hohen Druckes wird der Laie sich kaum daran wagen, große Flächen mit Schichtstoffplatten zu überziehen. Bei kleineren Gegenständen bzw. Flächen – einem Regal, einem kleineren Küchentisch, der Tür eines Hängeschrankes in der Küche – verfährt man in der zuvor beschriebenen Weise.

Arbeitsbeispiel · Kantenschutz Für die erste Arbeit mit Schichtstoffplatten werden wir uns zunächst etwas Einfaches aussuchen, etwa ein Abstellbrett für Geschirr, das, sagen wir, mit »Resopal« überklebt werden soll. Wir werden das Brett nicht aus Massivholz zuschneiden, sondern etwa aus »Novopan« oder »Vowinckel«-Platten, 16 bis 20 mm stark; und wir werden sowohl Ober- wie Unterseite bekleben.

Das wichtigste Problem ist nun die Behandlung der Kanten. Die Zeichnung führt verschiedene Möglichkeiten vor. Sollen die Ecken leicht gerundet werden oder die ganze Kante etwa gerundet oder geschweift sein, so lassen sich am besten Profile aus Kunststoff (PVC, fertig zu kaufen) verarbeiten. Die Schichtstoffplatte muß am Rand, wenn dieser nicht durch ein Profil überdeckt ist, mit einer Flachfeile vorsichtig glattgefeilt werden. Feilstrich nur in einer Richtung: so, daß die Platte nicht von der Unterlage weggedrückt wird!

Biegen oder Verformen von Schichtstoffplatten ist zwar möglich, dem Laien ist es aber wegen der dazu erforderlichen schwierigen Temperierungen und Techniken nicht zu empfehlen.

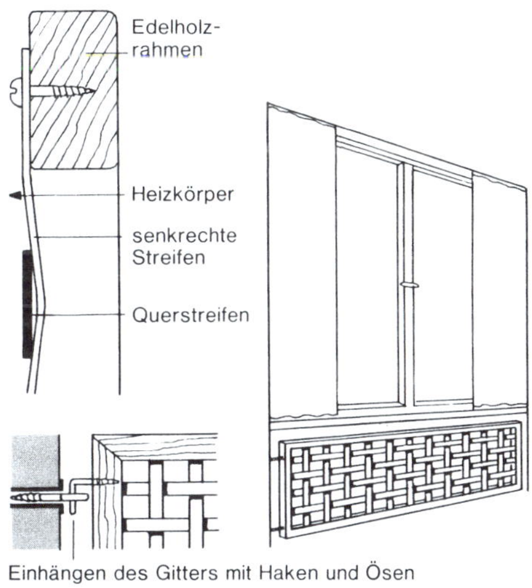

Eine Heizkörperverkleidung. Holzrahmen mit Geflecht aus Kunststoffstreifen

Geflechte aus Schichtstoffplatten Man schneidet die Platte in entsprechend breite Streifen und verflicht diese, wie es die Zeichnung veranschaulicht. Viele Abwandlungen dieses Beispiels nach Form und Farbe sind denkbar. Für Heizkörperverkleidungen, Brüstungsfelder, Zwischen-

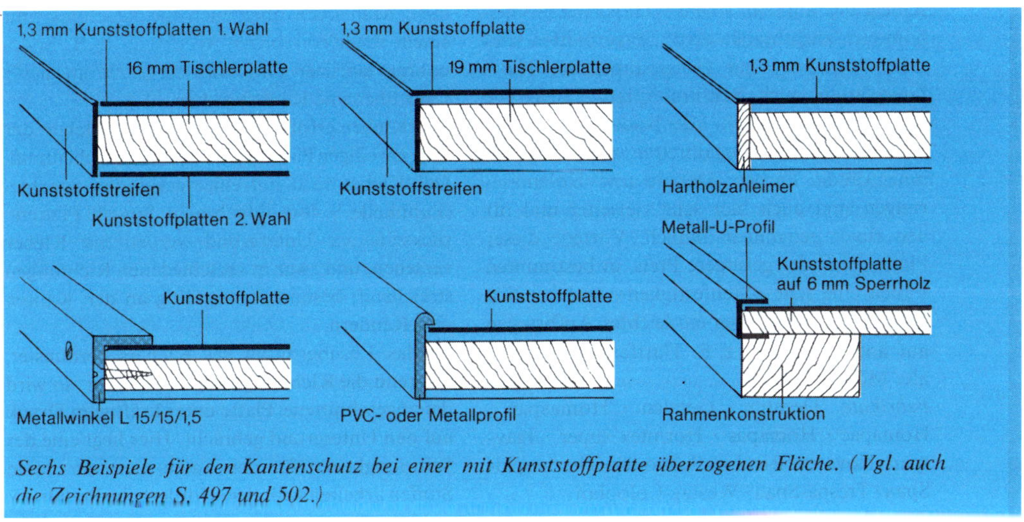

Sechs Beispiele für den Kantenschutz bei einer mit Kunststoffplatte überzogenen Fläche. (Vgl. auch die Zeichnungen S. 497 und 502.)

wände, Paravents lassen sich so sehr hübsche Wirkungen erzielen. Bei Verklebungen in Heizkörpernähe ist ein Neoprenkleber mit Härterzusatz zu verwenden.

Schaumstoffplatten

Allgemeines Schaumstoffplatten zeichnen sich durch zwei Dinge aus: Sie sind extrem leicht; ein cbm wiegt zwischen 14 und 50 kg (zum Vergleich: ein cbm Wasser wiegt 1000 kg!). Zum zweiten isolieren sie vorzüglich gegen Wärme und Kälte, je nach Ausführung auch etwas gegen Schall. Dazu sind sie noch beständig gegen Wasser, Säuren, Alkalien, Schimmel und Schwamm.
Einfache Arbeiten mit Schaumstoff kann der Laie ausführen. Zu beachten ist: Wird Schallregulierung angestrebt, so sollen die Platten keine zusätzliche Oberflächenbehandlung erhalten. Sollen die Platten nach der Anbringung mit Verputz versehen werden, so nimmt man die hierfür gedachten Ausführungen mit gerillter oder gesandelter Oberfläche (spezielle Anweisungen des Herstellers beachten).
Schaumstoff gibt es der Materialbasis nach in zwei Hauptsorten: Polystyrol · Polyurethan.
Polystyrol Dieses Material wiegt pro cbm nur 14 bis 25 kg, wird geliefert in Stärken zwischen 0,5 und 20 cm. Plattengrößen 50 × 50 sowie 50 × 100 cm. Die Platten haben eine rein weiße Oberfläche. Auf Grund der Forderungen nach brandfesteren Stoffen befinden sich seit 1966 sogen. »schwerentflammbare« Platten auf dem Markt (Stukotherm). Sie sind an der Oberfläche zusätzlich mit einem weißen oder getönten Anstrich versehen, so daß bei Renovierungen und Neuanstrich die Schwerentflammbarkeit erhalten bleibt.
Polystyrol kann mit dem Messer geschnitten, gesägt, gebohrt und geschliffen werden. Nageln soll man nur ausnahmsweise und dann mit nichtrostenden Breitkopfnägeln oder unter Verwendung von Unterlegscheiben. In der Hauptsache arbeitet man aber mit Spezialklebern. Mit ihnen können Schaumstoffplatten auf allen ebenen, nichtarbeitenden Untergründen befestigt werden. Alle Platten sind vollflächig zu verkleben, also nicht auf Roste oder Plattenstreifen.
Ein Anstrich soll nicht zu stark ausgeführt werden. In der Regel genügt ein dünner Auftrag von Binderfarbe auf Mowilith-Basis mit einer Farbwalze.
Polyurethan Dieser Stoff ist etwas schwerer, 1 cbm wiegt 30 bis 50 kg. Schaumstoff auf Polyurethan-Basis (z. B. »Moltopren«) wird sowohl in Platten geliefert – Stärken von 1 bis 20 cm, Größe 50 × 100 cm – wie auch in Blöcken, die sich beliebig schneiden lassen. Oberfläche elfenbeinweiß oder in zahlreichen Bunttönen.
Polyurethan-Platten sind noch verhältnismäßig teuer. Ihre Isolierfähigkeit ist vorzüglich. Verarbeitet werden sie meist in fertigen Platteneinheiten. Man kann sie sägen und fräsen, aber nicht schrauben oder nageln.

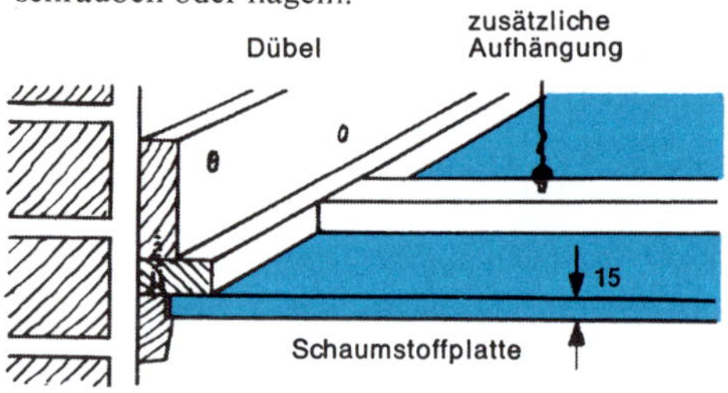

Schaumstoffplatten, mit Holzlatten-Unterkonstruktion an der Decke befestigt

Schalldämmung mit Schaumstoffplatten Bei Polystyrol-Schaumstoff (für Schallschluck gelochte Platten) kann man an der Decke eine leichte Unterkonstruktion aus Holzlatten verwenden, die zunächst mit Styropor-Isolierplatten benagelt und/oder beklebt wird (Zeichnung oben). Haltbarer ist es jedoch, auf den neuen oder von Farbe usw. befreiten Untergrund die Platten vollflächig zu verkleben. Dafür ist Spezialkleber zu verwenden, der die Platten nicht angreift. Man beginnt in der Deckenmitte, ähnlich wie beim Fußboden (s. Skizzen S. 486). Dazu wird die Decke abgeschnürt. Randplatten werden auch hier zuletzt einzeln eingepaßt. Will man einen umlaufenden Streifen Binderfarbe haben, ist dieser zuerst zu streichen. In diesem Falle schließt der »Deckenspiegel« mit ganzen, unzerschnittenen Platten ab. Bei Renovierungen lassen sich die Platten mit der Farbwalze und Binderfarbe überstreichen, wenn sie gut verklebt sind. Auch gibt es aufzuklebende Profile aus Schaumpolystyrol. Diese Profile sind in mehreren Ausführungen und Abmessungen in Längen von etwa 2,00 m erhältlich. Sie eignen sich gut für den oberen Wand-Decke-Abschluß. Man klebt sie mit Styropor-Klebern. Ein etwaiger Anstrich sollte vorher erfolgen.
Zur Schalldämpfung mittels Polyurethan gibt es jetzt fertige Schallschluckbahnen auf dem Markt, z. B. »Klimaton-Akustikmatten«. Die Schaumstoffbahnen sind hier fest mit einer pa-

pierähnlichen Unterschicht verbunden, die zur Kleisteraufnahme dient. Die Vorderseite trägt ein Textilgewebe. Das elastische und biegsame Material kann man überstreichen. Man klebt mit den vom Hersteller empfohlenen Klebern. »Delta-Wand« ist ein weiteres Erzeugnis dieser Art, das eine grobe textile Struktur aufweist. Schaumstoffe können auch mit anderen Werkstoffen fest verbunden sein, z. B. mit Holzwollplatten, Asbestzement oder Gipskartonplatten. Neben zusätzlicher Isolierung erreicht man dadurch Stehfestigkeit (Dachplatten, Zwischenwände).

Polyesterplatten (glasfaserverstärkt)

Diese glasähnlichen Kunststoffplatten werden aus dem beinahe glasklaren Polyesterharz hergestellt, erhalten jedoch ihre Festigkeit und die mechanischen Werte fast nur durch die eingebetteten alkalifreien Glasfasermatten. Diese Matten bestimmen auch Aussehen und Struktur in hohem Maße. Neben guter Wetterfestigkeit ist eine 80 bis 90%ige Lichtdurchlässigkeit vorhanden. Außerdem sind diese Platten splitterfrei. Die gewellten Platten werden in den üblichen Wellblech- und Asbestzementprofilen und in einigen Sonderprofilen geliefert. Einige Hersteller bringen auch ebene Tafeln auf den Markt. Für Balkonverkleidungen eignen sich gut die endlosen quergewellten Polyesterbahnen. Man hüte sich jedoch davor, zu starkfarbige Platten wahllos an Wohngebäuden anzubringen!

Alle Erzeugnisse lassen sich gut sägen, bohren, schrauben und auch kleben. Gesägt wird mit der Feinsäge (Fuchsschwanz), hochtourige Trennscheiben geben saubere Schnitte. Gebohrt wird mit Metallbohrern auf einer Unterlage. Dauerhafte Verklebungen erreicht man bei 5–10 cm Überlappung mit Spezialklebern (z. B. Palatal PV 6 der BASF). Üblicher ist jedoch die Halterung durch Zapfen, Stifte oder Schraubenverbindungen, wobei die Fugen der überliegenden Platten durch besondere Dichtungsbänder ausgefüllt werden.

Fabrikate: Acoplan · Acowell · Eterplast · Filon · Grillowell · Krinklglas · Lamilux · Owellan · Polydet · Scobalit · Trocal

Polyester-Lichtwände Hier handelt es sich um stehfeste, teils für außen, sonst für innen verwendbare Wandelemente. Es gibt verschiedene Ausführungen, z. B. mit transparentem Wärmedämmkern (aco-Therm), mit verstärkter Randeinfassung (Polydet randversteift), mit Stabraster (ebenfalls Polydet), mit Alugittern (Kalwall-Lichtwände). Dem geschickten Heimwerker dürfte es nicht schwerfallen, solche in verschiedenen Abmessungen vorliegenden »fertigen« Wände zu montieren, zumal auch hier zahlreiche Kunststoffprofile oder selbstgefertigte Holzeinfassungen zu Hilfe genommen werden können. Gute Arbeitsanleitungen werden meist mitgeliefert.

Vinyl-Asbest-Wandplatten

Die bei den Bodenbelägen genannten harten Fliesen sind in dünnerer Ausführung und in den Maßen 12,5 × 25 cm · 15 × 30 cm sowie quadratisch 12,5 × 12,5 cm als Wandplatten zu haben.

Fabrikate: Deliflex · Dunloplan · Floorflex · Marley und Pegulan. Es gibt genügend angenehme Wandfarben in den einzelnen Kollektionen. Die Kunstharzbasis verleiht diesen Wandplatten hohe Unempfindlichkeit gegenüber allen Haushaltsmitteln, sie sind stoß- und abriebfest und lassen sich gut reinigen.

Die Verlegung sollte auf verputzten Alt- oder Neubauwänden erfolgen. Unebenheiten sind mit Ausgleichsmassen (z. B. Sichel-Glättputz) zu beseitigen. Man klebt mit sogenannten Kontaktklebern (S. 511) oder den angebotenen Spezialerzeugnissen der Hersteller. Mit den ersteren soll »doppelt« geklebt werden, also Untergrund und Plattenrückseite einstreichen. Es gibt auch Kleber für einseitiges Kleben, z. B. Saxit · Sista. Man unterscheidet das Verlegen ohne Fuge und auf Fuge. Fugenloses Verlegen heißt enges, peinlich rechtwinkliges Aneinanderreihen der Platten. Diese Verlegung ist weniger zeitraubend, aber sie läßt Unebenheiten des Untergrundes leichter sichtbar werden.

Beim Verlegen auf Fuge werden nach dem Ansetzen jeder Platte an je einer Längs- und Querseite Abstandstreifen aus Messing oder Bodenplattenmaterial angesetzt. Nach dem Verlegen und Abnehmen der Streifen wird die Wandfläche sorgfältig zweimal mit gutem Bohnerwachs (lösungsmittelfrei) eingerieben und poliert. Bohnern der nebeneinanderliegenden, unverlegten Platten ist aber einfacher! Mit fertiger Fugenmasse (z. B. Dyckerhoff-Fugenweiß, Typ 2) und einem Kunststoffspachtel füllt man die Fugen gut aus und reinigt sie nach dem Anziehen der Masse von überflüssigem Material. Solche Verlegungen sehen

1

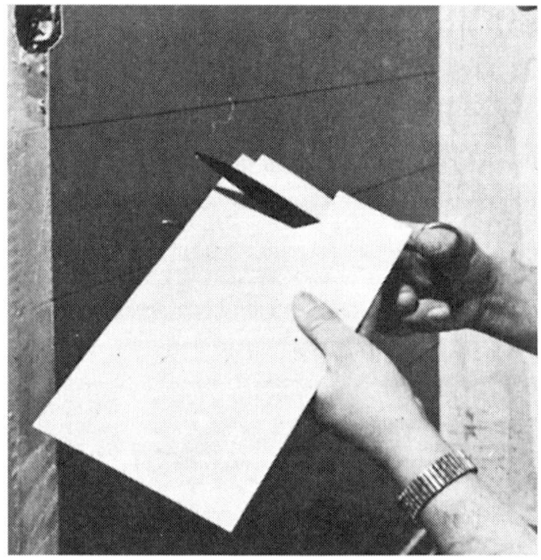

2

3

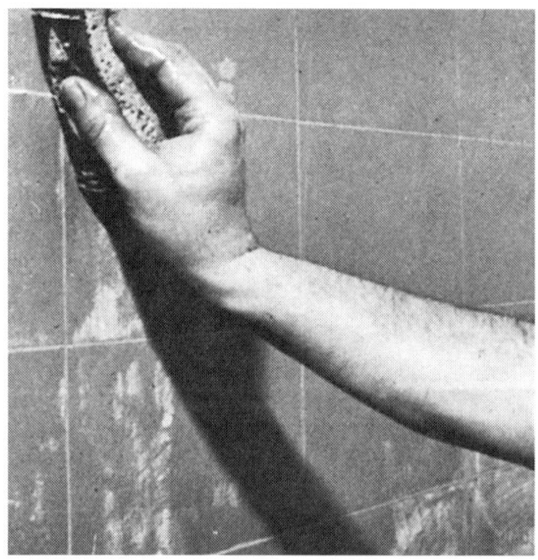

4

Verlegen von Vinyl-Asbest-Wandplatten

1 Nach sorgfältiger Flächeneinteilung Saxit Fliesenkleber mit feingezahnter Spachtel auf Untergrund auftragen. Nur so viel Fläche bearbeiten, wie in 20 Min. geklebt werden kann. Vinyl-Asbest-Platten unter Beachtung der Fugenabstände in den noch feuchten Kleber einlegen. Nach Ansetzen mehrerer Platten mit Gummiwalze anrollen.

2 Ausschnitte für Steckdosen, Rohrdurchlässe u. ä. können nach Erwärmung der Platten (Fön, Heizkörper) leicht mit einer Schere gemacht werden. – Nach Trocknen des Klebers (ca. 24 Std.) kann verfugt werden. Es ist zweckmäßig, die Plattenvorderseite vor dem Verlegen mit Bohnerwachs einzureiben und die Platten dann mit Papierzwischenlagen zu stapeln. So läßt sich später die Verfugungsmasse leichter entfernen.

3 Zum Verfugen Saxit Fugenweiß in Wasser anrühren und mit Gummispachtel in die Fugen eindrücken.

4 Nach dem Antrocknen wird die Fugenmasse mit feuchtem Schwamm egalisiert. Getrocknete Reste der Verfugungsmasse von der Vorderseite mit einem trockenen Lappen abreiben.

Henkel & Cie. GmbH, S-AK, Düsseldorf

1

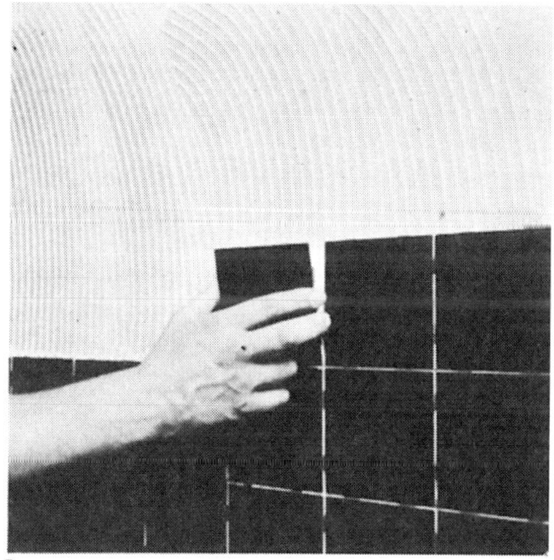

2

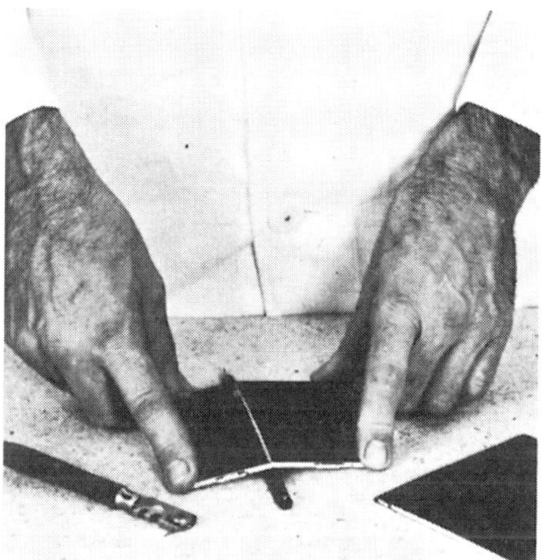

3

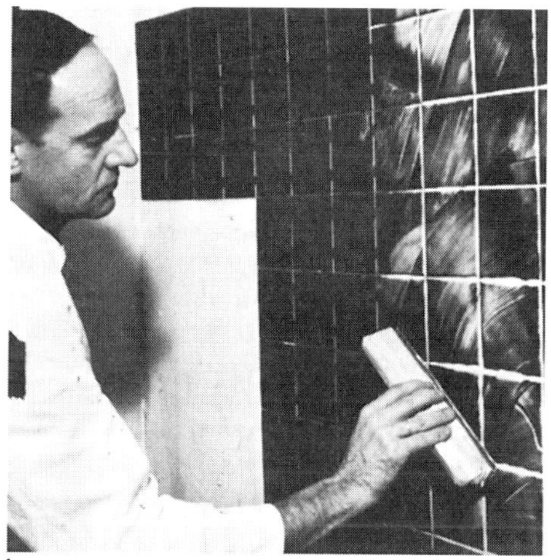

4

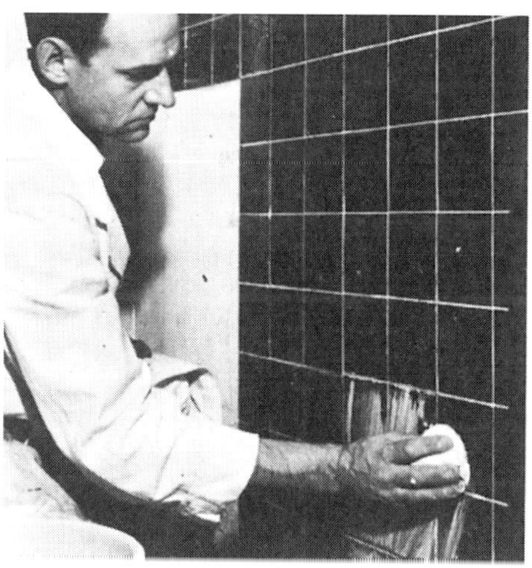

5

Verlegen keramischer Fliesen

1 Auf sauberem Untergrund Saxit-Fliesenkleber mit grobgezahnter Spachtel auftragen

2 Das Ansetzen der Fliesen, hier mit Abstandhalter

3 Das Zuschneiden von Fliesen geschieht durch Anritzen der Glasurseite mit einem Glasschneider und Brechen über einen untergelegten Bleistift oder Nagel

4 Das Verfugen mit Saxit Fugenweiß

5 Mit einem sauberen Lappen werden die Reste der Verfugungsmasse entfernt

Henkel & Cie. GmbH, S-AK, Düsseldorf

gewöhnlich angenehmer aus; Unebenheiten werden durch die Fugen gemildert.
Das Verlegen erfordert große Sorgfalt. Eine genaue Waagerechte bildet den oberen Abschluß; der Boden verläuft selten waagerecht. An die Oberkante gehören niemals geteilte Platten, ebenso nicht an Fenster und Türen. Geteilt wird mit scharfem Messer an einem Stahllineal, evtl. bei erwärmter Platte. Desgleichen kann man gut erwärmte Platten um vorspringende Ecken biegen. Ausschnitte macht man mit der Schere von innen heraus. Ein Selbstklebeband an der Oberkante garantiert einwandfreien Verlauf der Kleberschicht. Quadratplatten sollte man möglichst nur auf Fuge verlegen. Nach dem Anlegen einer Platte von der Seite her ist mit einem Filzbrett kräftig anzuklopfen. Für Ecken und Kanten gibt es Profile, die zuerst zu setzen sind.

Weitere Wand- und Deckenplatten aus Kunststoff

In jüngster Zeit sind dünnere, im Kunststoff-Spritzverfahren hergestellte sogenannte Polystyrol-Fliesen sowie Platten aus Hart-PVC in Eigenschaften und Aussehen so verbessert worden, daß sie gleichberechtigt neben anderen Arten stehen. Die Formate sind meist 10×10, 12,5×12,5 und 15×15 cm. Verklebt werden sie auf ebenen, trokkenen und festen Flächen: Putz · Beton · Gips · Bauplatten ausreichender Dicke · angeschliffenen Öl- und Lackfarbflächen. Um das Verlegen auf Fuge zu erleichtern, haben manche Ausführungen angespritzte Abstandhalter, die gleichmäßige Fugen gewährleisten. Die vertieft liegenden Abstandhalter sind nach dem Ausfugen nicht mehr zu sehen.
Fabrikate: Elis · Triplastik.
Profile und Bausätze Diese kommen in mehreren Formen, Größen, Strukturen und vor allem Holzimitationen zunehmend auf den Markt. Die meisten eignen sich gleichzeitig für Wand- und Deckenverkleidungen.
Fabrikate: aka (Hohlkammerprofile) · Atex-Effektwände · Baufil · Dannit (Reproduktion auf Echtholz) · Haro-Vertäfelungen · Hofalon · Homanit-Bausatz · Kömmerling (Plattenelemente aus Hart-PVC) · Organit (Hart-PVC) · Pagholz-Dekor- und Bauelemente · Werzalit-Wandplatten · Westag-Paneel-Wandvertäfelungen
Holzmaserungen überwiegen; oft handelt es sich um kunstharzverpreßte oder -beschichtete Echthölzer.

Das Verlegen erfolgt nach besonderen Anweisungen, z. B. auf Lattenrosten oder aber durch Festheften des ersten Profils und Einschieben des folgenden in eine Nut. Passende Eckprofile und Abdeckungen sind gewöhnlich lieferbar.

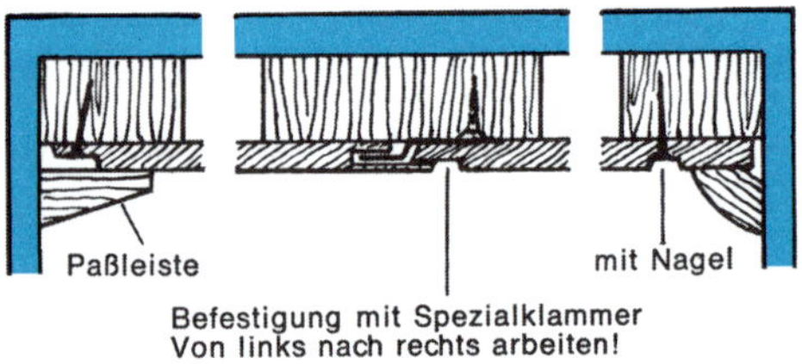

Verlegebeispiel: Profile mit Nut und Feder

Kassetten- und Rasterdecken Diese sind ebenfalls in verschiedenen Ausführungen durch Heimwerker montierbar.
Fabrikate: Aldecor-Deckenplatten (tiefgezogenes Hart-PVC) · Spimaton-Deckenplatten (System 62,5 zum Selbstverlegen) · Robex-Relief-Deckenplatten (auch farbige) · PK-tex-Rasterdecke (Spanplatten mit vergüteter Oberfläche) · Prestige-Kunstholzdecke · Triplastic-Deckenverkleidung · Werzalit-Kassettenplatten
Auch hier gibt es verschiedene Verlegesysteme. In allen Fällen ist jedoch von einem Schnurschlagkreuz in der Deckenmitte aus zu montieren (z. B. durch Kleben, Heften, Klammern). Alle derartigen Platten kauft man in Platten-Spezialgeschäften oder Baustoffhandlungen.
Weitere Verkleidungen Das kaum übersehbare Angebot wird ergänzt durch selbstklebende Wandverkleidung (vito-Wantex) · Wandverkleidung mit Feinputzeffekt (Ruberstein) · Kunststoff-Heizkörperverkleidungen (Komet · Mantl) · Außenverkleidungen (Pagholz · Werzalit).
Weich-PVC als Flächenverkleidung Im Abschnitt über Bodenbeläge (S. 484f.) haben wir uns ausführlicher mit Weich-PVC befaßt. Ähnlich wie sich Linoleum nicht nur als Bodenbelag eignet, sondern z. B. auch als Tischplattenauflage, so eignen sich die Beläge aus Weich-PVC ebenfalls als Tischplattenauflagen oder auch zur Oberflächenverkleidung von Raum- und Schranktüren. Für diese Zwecke sind auch Ausführungen in geringerer Dicke zu haben, z. B. Mipolam.
Der Untergrund muß auch hier ganz eben sein

und darf nicht mehr arbeiten. Bei Holzuntergrund, der sich verziehen kann, muß auf der Rückseite mit dem gleichen Material gegenkaschiert werden.
Das Kleben geschieht ebenso, wie es beim Bodenbelag beschrieben wurde. Der nötige Preßdruck für die Trockenzeit muß unbedingt gewährleistet sein.
Die Abbildungen zeigen Beispiele für den Kantenschutz.

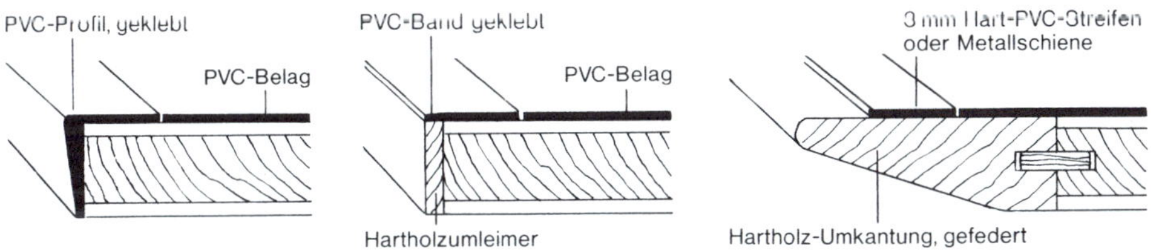

Drei Beispiele für die Kantenausbildung bei PVC-Belag als Flächenverkleidung (s. auch S. 491 und 502)

4 Kunststoff-Folien

Folien an Raum- und Einrichtungselementen (Übersicht) Folien aus Kunststoff begegnen uns tagtäglich, z. B. als Verpackungsmaterial oder bei Bucheinbänden. Unter ihnen gibt es zahlreiche, die sich für Arbeiten zur Raumausstattung eignen, ja die hierfür geschaffen sind.
Zwei Hauptgruppen sind zu unterscheiden:
Folien ohne Trägerschicht (trägerlose Folien), die ganz aus Kunststoff bestehen; Folien mit Trägerschicht (auf Träger kaschierte Folien): die Folie ist mit einer andersartigen Unterlage fest verbunden. Die Folie bestimmt hier nur die Oberflächenwirkung. Eine Unterschicht aus anderem Material macht das Ganze strapazierfähiger, erleichtert die Verarbeitung, vermehrt die Anwendungsmöglichkeiten.
Bei den trägerlosen Folien sind drei Arten zu unterscheiden:
1. Transparentfolie: glasklar, also durchsichtig und lichtdurchlässig, leicht weißlich oder farbig getönt, auch gemustert. Für die nachfolgend beschriebenen Dekorationsarbeiten kommt sie weniger in Betracht.
2. Opake oder strukturierte Folie: durchscheinend, etwaige Muster sind auf beiden Seiten sichtbar (z. B. Plastik-Tischdecken).
3. Undurchsichtige Dekorfolie: Uni oder farbig (ein- oder zweiseitig) gemustert, glatt oder strukturiert, matt oder glänzend, zahlreiche besondere Oberflächeneffekte. Wie der Name sagt, dient sie für Dekorationszwecke, z. B. als Vorhang oder zum Bekleben eines Möbelstückes.
Alle trägerlosen Folienarten gibt es heute auch als Selbstklebefolien in größter Auswahl. Diese – z. B. »Contakt«, »Acella-Quick«, »d-c-fix», »Mipofix« – sind rückseitig wie die bekannten Haftklebebänder mit Klebstoff versehen, durch den sie auf fast allen ebenen Untergründen gut haften. Von glatten Flächen lassen sich solche Folien jederzeit wieder abziehen, so daß man die Grundfläche unversehrt sichtbar machen kann. Auf das Schutzpapier sind Maßeinteilungen aufgedruckt, die das genaue Zuschneiden erleichtern. (Da diese Folien später um etwa 1% schrumpfen, ist ein entsprechender Zuschlag vorzusehen.)
Die Folien mit Träger teilt man ein nach dem Material der Trägerschicht:
1. auf Papier oder Vlies kaschiert, tapetenähnlich;
2. auf Gewebe kaschierte Folie oder mit PVC beschichtete Gewebe, häufig einfach als PVC-Wandbekleidungen bezeichnet;
3. Steppfolie: die Folie ist aufgesteppt auf Schichten aus Isoliermaterial (Zell- oder Schaumstoff); verwendbar für Schall-Isolierung oder zum Erzielen »weicher« Flächenwirkungen;
4. auf Schaumstoff (z. B. Styropor) kaschierte Folien, mit besonderen Isoliereigenschaften versehen (z. B. Buflon-Lamin; vgl. S. 502).
Die Folien werden in Rollen geliefert, Breiten

zwischen 70 und 130 cm, bei Selbstklebefolien 45 und 90 cm. Die Rollen sind meist 30 m lang. Im Einzelhandelsgeschäft werden Folien von der Rolle nach Metern verkauft. Manche Folien gibt es auch in Rollen, die fast genau den Tapetenrollen entsprechen: 10 m lang, 56 cm breit.

5. Spezialfolien schwerer Qualitäten sind für den Heimwerker u. a. interessant als Gartenbaufolien für Abdeckungen und kleine Gewächshäuser. Es empfiehlt sich, hier etwas mehr Geld anzulegen und die mit einem Perlonnetz o. ä. Verstärkung ausgerüsteten Erzeugnisse zu kaufen. Sie halten länger und besitzen gewöhnlich eine zehnfache Reißfestigkeit. *Fabrikate:* Floracella · Howelon · Plastopack · Platofol · Polyen · Renolen.

Eigenschaften und Eignungen Alle Folien sind, entsprechend den allgemeinen Eigenschaften des Kunststoffmaterials, elastisch, wasserfest, abwaschbar und abreibbar, schmutzabweisend, hinreichend beständig gegen Fette und Benzin, manche schalldämmend, isolierend und von guter Desinfektionswirkung.

Das klingt sehr verlockend! In der Tat gewinnt die Folie, z.B. als Vorhangmaterial, schnell an Verbreitung. Trotzdem gilt es, zu prüfen, ob die genannten Eigenschaften und die optischen Effekte im Einzelfall wirklich erforderlich und erwünscht sind. Die Wasser- und Luftundurchlässigkeit kann z.B. auch unerwünscht sein. Beim Auswählen eines Vorhangs wird man sich stets fragen müssen, ob nicht Stoff doch günstigere Strapaziereigenschaften hat; manche Folie ist z.B. stärker reißgefährdet.

Bei der Raumgestaltung kommen Folien hauptsächlich für folgende Anwendungen in Frage (und diese betrachten wir im folgenden): als Wandbespannung · zur Verkleidung von Wand- und Deckenflächen, ganz oder in Ausschnitten · zur Verkleidung von Türen und Schränken, von Tisch- und Ablageflächen · als Vorhang · für feste oder bewegliche Trennwände zur Raumteilung.

Schneidewerkzeuge für Folien Einfache trägerlose Folien können Sie mit der Schere schneiden. Für mehrschichtiges Material (Folien mit Trägerschicht) verwenden Sie besser ein Spezialwerkzeug: entweder den S. 60 abgebildeten Tapetenschneider (die dort abgebildeten Roller – Gummi- und Nahtroller – dienen auch zum Andrücken der Folien) oder für Schneiden am Stahllineal das S. 486 gezeigte Spezialmesser der Bodenverleger (»Stanley-Messer«) oder ein Allzweckmesser mit auswechselbaren und verstellbaren Klingen.

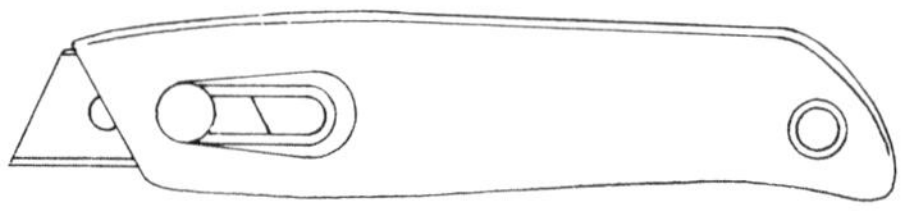

Pajarito-Allzweckmesser

Für schwerere Wandbekleidungen (PVC-beschichtete Gewebe) nehmen Sie einen speziellen Schneider wie den abgebildeten. Er kann für den »doppelten Wandschnitt« (S. 502) so eingestellt werden, daß die an der Wand zu schneidende Folie auf dem Fuß entlanggleitet, so daß das Messer nicht in die Wand einschneidet und entsprechend lange scharf bleibt.

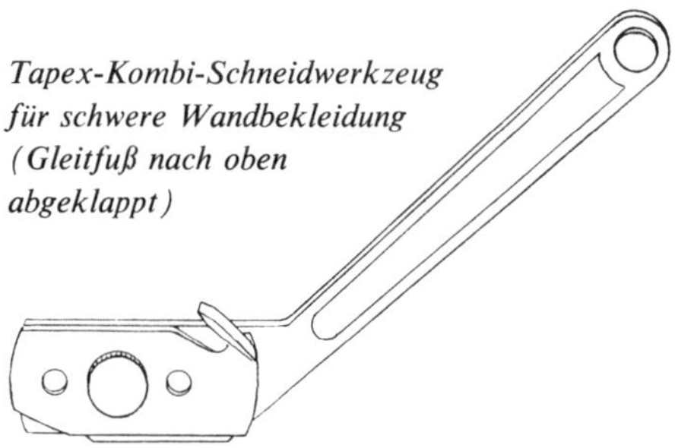

Tapex-Kombi-Schneidwerkzeug für schwere Wandbekleidung (Gleitfuß nach oben abgeklappt)

Die Techniken: Spannen und Kleben Folien werden gespannt oder geklebt. Dem Laien ist, namentlich bei größerer Fläche, das Spannen trägerloser Folien eher anzuraten als das Kleben, da hier Folie, Untergrund, Spezialkleber und Ausführung sachkundig aufeinander abgestimmt sein müssen. Folien auf Trägerschichten lassen sich leichter kleben (siehe Seite 501). Über papierkaschierte Folie und ihre Anwendung einiges auf S. 59 unter »Plastikwandbelag«, über die Klebemöglichkeiten auf verschiedenen Untergründen Hinweise in der Tabelle »Kleben von Folien« auf S. 510.

Untergrund, Unterkonstruktion Auf verputzter Mauer kann man sowohl spannen wie kleben. Doch müssen die Putzflächen trocken, ganz eben und kornfrei sein. Ist das nicht der Fall, muß man eine Glätteschicht (z. B. Sichel Glättputz) aufbringen. Auf unverputztem Mauerwerk müssen wir zunächst eine Unterkonstruktion aus Holzlatten anbringen. Wenn man sich aber diese Mühe schon macht, ist immer zu überlegen, ob man nicht auf dieser Unterkonstruktion zunächst noch eine Zwischenschicht (Abpolsterungsschicht,

Dämmschicht) aufbringt. Zur Isolierung: Isolierpappe. Zur Polsterung und Isolierung: Glaswollmatte.
Die Zeichnung gibt vier Beispiele für solche Unterkonstruktionen.
Bauplatten als Untergründe für Folien haben recht verschiedene Eigenschaften. Man sollte sie allenfalls mit kaschierter Folie bekleben. Umspannen mit Folie, wenn die Oberfläche eben und sauber ist, ist möglich.
Holz als Untergrund: Kleben ist nicht zu empfehlen. Wenn das Holz arbeitet, reißt die Folie. Überspannen ist unbedenklich, solange es sich um kleinere Flächen handelt. Ein leichtes Arbeiten

Vier Beispiele für eine Unterkonstruktion aus Holzlatten für anschließende Folienbespannung (nach der Schrift »Acella schluckt Schall«)

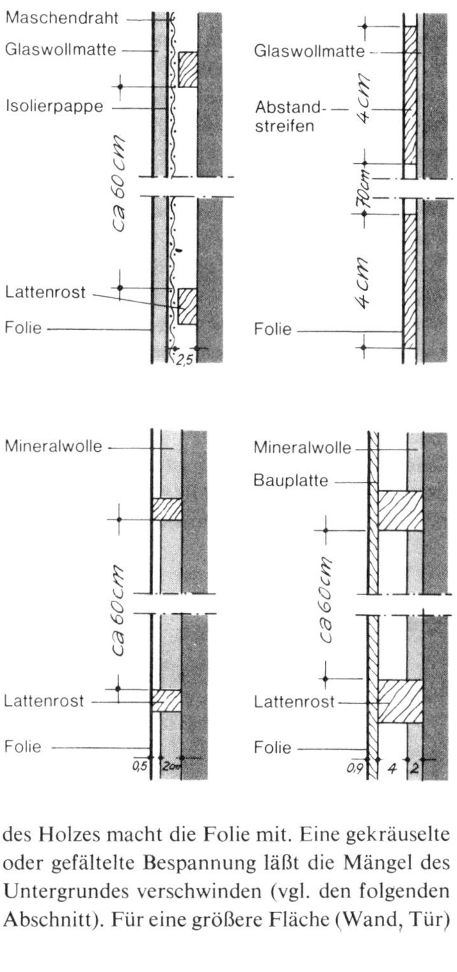

des Holzes macht die Folie mit. Eine gekräuselte oder gefältelte Bespannung läßt die Mängel des Untergrundes verschwinden (vgl. den folgenden Abschnitt). Für eine größere Fläche (Wand, Tür) ist stets auch zu prüfen, ob man nicht, ähnlich wie auf Mauerwerk, zuerst eine Unterkonstruktion und eine Isolier- oder Polsterschicht anbringt. Bei stärkerer Spannwirkung muß man für entsprechende Gegenspannung an der Rückseite sorgen.

Wandbespannung mit Folie, glatt (Mit Stoffen vgl. S. 72f.). Wandbespannung mit Folie kommt besonders an Stellen in Betracht, die einen Strapazierschutz brauchen: Rückwand der Garderobe, Wand hinter dem Kinderbett, Bettnische. Man kann sie ferner benutzen, um einen alten Anstrich, eine schadhafte Stelle, eine unschöne Holzkonstruktion zu überdecken.
Zur Befestigung brauchen wir oben und unten eine Nagel- oder Dübelleiste. Der Putz muß herausgeschlagen werden. Die Leiste wird in ganzer Länge angenagelt, bei Ziegelmauerung eingedübelt (S. 229ff.). Die Folie wird – bei glatter Bespannung – an dieser Leiste befestigt, siehe linkes Bild.

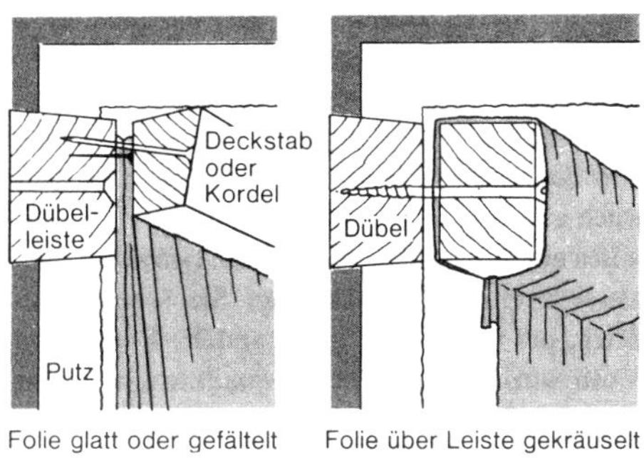

Zur Technik der Wandbespannung mit Folien, links bei glatter, rechts bei Kräuselbespannung

Beim Zuschneiden der Bahnen, gleich, ob glatt oder gekräuselt gespannt wird, kann man von der ermessenen Länge 5% abrechnen. Sie ergeben sich aus der Dehnung beim Spannen. Nach dem Zuschneiden werden die Bahnen mit Nylon- oder Perlongarn mit weiten Stichen zusammengenäht. Jetzt legen wir die obere Kante zweimal um und nageln sie mit Blauköpfen an der oberen Dübelleiste fest (nicht erst heften!). Bei breiten Bahnen beginnt die Befestigung in der Mitte. Bei dünnen Folien legt man, um das Einreißen zu vermeiden, kleine Kartonstücke unter die Nagelköpfe.
Hängt die Bahn, so wird unter leichtem Spannen (nicht zu stark ziehen!) unten angenagelt. Die Nagelkanten werden abgedeckt durch eine aufgenagelte Deckleiste aus Kunststoff oder eine Kordel.

Wandbespannung gekräuselt oder gefältelt Oft empfiehlt es sich, gekräuselt anstatt glatt zu spannen. Die Kräuselspannung verdeckt Unschönheiten und Unebenheiten des Untergrundes. Die Ausführung ist leichter als die glatte Bespannung. Man rechnet in der Breite mit einer Materialzugabe von 100 bis 150 % für die Falten. Die Folienbahn erhält oben und unten einen 3 bis 5 cm breiten Saum. Man schiebt eine Holzleiste in den oberen Saum und versucht eine möglichst gleichmäßige Kräuselung. Auf das Aneinandernähen bei mehreren Bahnen kann man verzichten. Die obere Leiste wird angenagelt. Dann wird die Folie auch auf der unteren Leiste gleichmäßig verteilt und diese ebenfalls – mit genügender Spannung – angenagelt. Die Nagelköpfe läßt man in den Falten verschwinden.

Um eine ganz gleichmäßige Fältelung zu erzielen, braucht man eine Hilfskraft. Die Materialzugabe beträgt hier 100 % gegenüber der glatten Spannung. Man muß oben und unten jede einzelne Falte markieren. Dann heftet der eine oben, während der andere gleichzeitig an der unteren Leiste spannt und heftet. So wird Falte um Falte oben und unten gleichzeitig fixiert. Am exaktesten sieht die Sache aus, wenn man in jeden Faltenbruch einen Bindfaden einlegt.

Folien auf Rahmen spannen Bitte betrachten Sie zuerst einmal die Zeichnung! Sie sehen dann gleich, um was es sich hier handelt: Eine ganze Wand wird mit einzelnen – quadratischen oder rechteckigen – Elementen bedeckt, die, jedes für sich, mit Folie bespannt sind.

Wir beginnen damit, daß wir die ganze Fläche, am besten an Hand einer genauen Skizze im Maßstab 1:10, in gleichmäßige Felder aufteilen. Da die Folie um jeden Rahmen seitlich herumläuft, ist die Folienstärke dabei mit zu berücksichtigen. Der einzelne Rahmen besteht aus Dachlatten, Querschnitt 3 × 5 cm. Die Latten werden durch Überplattung oder mit Schlitz und Zapfen zusammengefügt (beides ist S. 126f. erläutert). Darauf kommt eine Weichfaserplatte von 1 cm Stärke. Sie wird aufgeleimt und zusätzlich mit Stiften befestigt. Die Kanten der Platte müssen leicht gebrochen (angeschrägt oder gerundet) werden. Nun wird das Gestell mit der zugeschnittenen Folie überzogen. Je nach Wunsch kann man vorher noch mit Polsterwatte unterlegen. Die Folie wird mit Stiften an der Rahmenrückseite befestigt. Sind alle Rahmen fertig, zeichnet man die Aufteilung auf der Wand an und markiert die Schraubstellen. In der Regel wird man zum Festschrauben Dübel setzen müssen, am besten Patentdübel (S. 233 ff.). Die Rahmen werden, von unten beginnend, Reihe um Reihe festgeschraubt. Am einfachsten ist die Befestigung durch sichtbare Zierschrauben an den Rahmenecken.

Schließen die Platten nicht dicht genug aneinander oder werden sie aus dekorativen Gründen mit Abstand angeordnet, so kann man die Stoßfugen durch sogenannte Keder oder Schnüre verdecken. Am besten faßt man die Platten einseitig so mit Keder ein, daß bei der Montage immer eine eingefaßte und eine nicht eingefaßte Kante aneinanderstoßen.

Die Decken- und Wandanschlüsse werden mit Deckleisten abgedeckt. Ist eine gute Wandisolierung erwünscht, so können die Hohlräume der Rahmen mit Glaswolle ausgefüllt werden.

Man kann von Rahmen zu Rahmen die Farbe, Musterung oder Struktur der Folie abwechseln lassen.

Kleine Polsterplatten Dies ist eine weitere der eben beschriebenen verwandte Methode, einzelne mit Folien überzogene Elemente zu schaffen, die

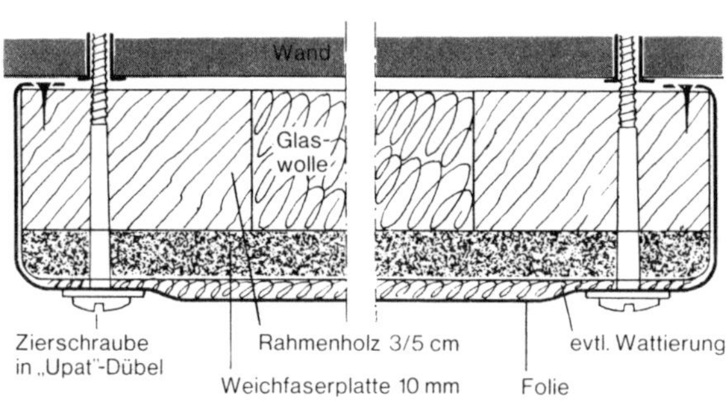

Schnitt durch einen einzelnen Holzrahmen

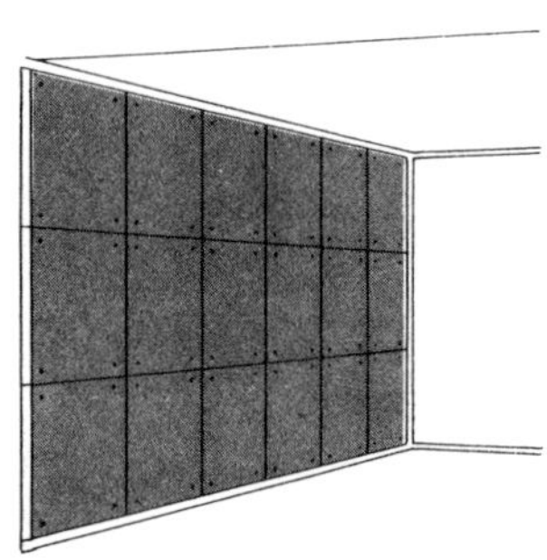

So sieht eine fertige Wand aus

sich dann auf einer größeren Fläche zusammenfügen.
Als Träger dienen Platten aus Sperrholz oder Holzspanplatten. Einen Rahmen brauchen wir also nicht. Die Täfelchen können verschiedene Formen haben: Quadrat, Rechteck, Rhombus u. a. Die zugeschnittene Tafel wird zuerst mit Jute bespannt, dann in mehreren Schichten gepolstert und dann mit Folie überzogen. Die Befestigung erfolgt an den Eckpunkten mit großen, nicht rostenden Beschlagnägeln. Die Stöße können ähnlich wie im vorher beschriebenen Beispiel mit Keder überdeckt werden. Das Bild zeigt Anordnungsbeispiele.

Polsterplatten, mit Folie überzogen: verschiedene Formen und Möglichkeiten der Anordnung

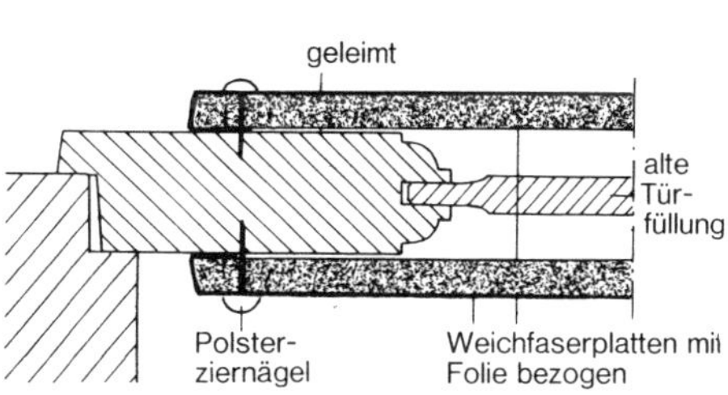

Folienbespannung für eine Zimmertür

Folienbespannung an Raum- und Schranktüren
Auf S. 18 finden Sie die Anregung, ältere Türen mit Füllungen, die dem modernen Geschmack nicht entsprechen, durch »Aufdoppeln« (Aufsetzen einer Platte) zu modernisieren. Diese Platte kann man nun nicht nur streichen oder tapezieren, sondern auch mit einer Folie überspannen.
Die Arbeit ist verhältnismäßig einfach. Der Rahmen der Tür, soweit er sichtbar bleibt, wird von alten Farbresten befreit und neu gestrichen.
Als Material für die Platte kann Sperrholz oder eine Spanplatte dienen. Eine Weichfaserplatte tut es auch; sie ist am billigsten. Stärke 10 mm. Die Platte wird mit einer scharfen Feinsäge bei schrägem Schnitt zugeschnitten.
Die Folie soll nicht zu schwach sein, weil sie an einer Tür ziemlich stark beansprucht wird. Man schneidet ein Stück von der Größe der Platte zu, mit ausreichender Zugabe zum Umlegen um die Kanten. Die Folie wird an der Rückseite der Platte mit Blauköpfen befestigt, zuerst von der Mitte her an einer Längsseite, dann unter mäßiger Spannung an den übrigen Seiten.
Die so vorbereitete Platte wird auf der Rückseite ringsum mit Kleber bestrichen und auf das Türblatt gedrückt. Nun nimmt man Polsterziernägel – in der Farbe der Folie oder zu ihr kontrastierend – und schlägt sie ringsum in gleichmäßigen Abständen von etwa 2,5 cm ein. Das Bild läßt die oft erforderliche Aussparung für den Türdrücker erkennen. Es gibt auch ausgesprochen für diesen Zweck bestimmte PVC-Türfolien. Sie werden bei glatten Türen direkt, sonst auf Hartfaserplatten aufgeklebt.
Für Schranktüren sind meist selbstklebende Folien ausreichend, auf glatte Flächen achten.

Folienbespannung für Tisch- und Ablageflächen
Hier kommen wir, nachdem wir schon von Schichtpreßstoff und Weich-PVC als Tischbelag gesprochen haben, zu einer dritten Möglichkeit, eine Tisch- und Ablagefläche mit einer Oberfläche aus Kunststoff zu versehen. Für einen Küchen- oder Arbeitstisch wird man am besten ein sehr hartes, strapazierfähiges Material nehmen, also Schichtpreßstoffplatte. Für ein Tischchen in Wohnzimmer, Salon oder Kinderzimmer kann Folienüberzug sehr hübsch aussehen. Die Arbeit ist verhältnismäßig einfach. Selbstklebefolie wird

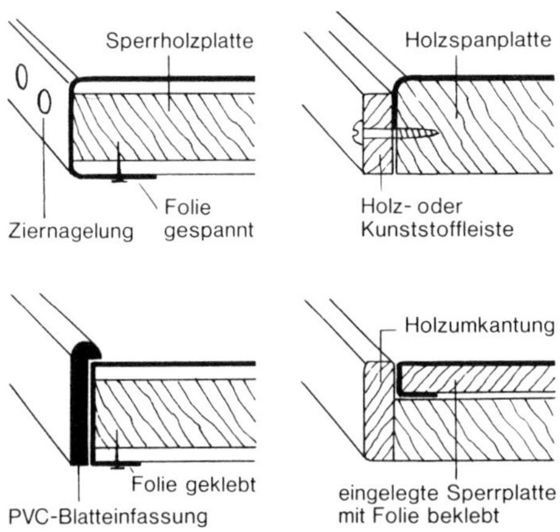

Vier Möglichkeiten für den Kantenschutz bei einer mit Folie überspannten Tischfläche: Ziernägel · Leiste aus Holz oder Kunststoff · Umkantungsleiste aus PVC · Holzumkantung mit eingelegter Platte

(unter Verstreichen aller Luftblasen) aufgepreßt, trägerlose, nicht zu dünne Folie wird gespannt, auf Trägerschicht kaschierte Folie wird geklebt. Eine mit Folie bezogene Tischfläche braucht einen Kantenschutz. Das Bild zeigt Lösungen ohne Maschinenarbeit. Kugelschreiber und Lippenstift von allen PVC-Folien fernhalten.

Kleben von Folien

Daß das Kleben von PVC-Folien, wie früher bemerkt, mit mancherlei Schwierigkeiten verbunden sein kann, gilt in erster Linie für die trägerlose, unkaschierte Folie. Mit PVC-Folien auf Trägern ist es leichter. Es gibt heute mehrere Erzeugnisse dieser Art, z. B. Acella-stepp · Buflon · Elopan-Vlies · Gurimur · stamoid · Suwide · Tapion. Kleber und Klebetechnik richten sich in erster Linie nach der Rückseite, also dem Träger der Folien. Qualität und Preise liegen bei Folien auf Papier oder Vlies höher, desgleichen bei besonders dicken Steppfolien. Zusätzliche Isoliereigenschaften erwirbt man durch den Kauf der etwas starren und kräftigen PVC-Folien auf Schaumstoff (z. B. Buflon-Lamin). Sofern Sie diese und ähnliche Werkstoffe wie auch die zugehörenden Werkzeuge (z. B. Folienschneider) nicht in Kaufhäusern oder Spezialgeschäften erhalten, bekommen Sie alles bestimmt in Tapezierer- und Malereinkaufsgenossenschaften.

Im ganzen gleicht das Kleben der Folien auf Trägern dem Tapezieren schwerer Tapeten. Eines jedoch ist gewöhnlich anders: Es wird die Wand und nicht die Folienrückseite mit Kleber gleichmäßig eingestrichen! Dadurch entfällt der Umgang mit einer eingekleisterten Folie; sie wird ja trocken an die Wand gebracht. Die auf Länge mit etwas Übermaß zugeschnittene Bahn wird zusammengerollt und sofort genau paßgerecht oben an der Wand angelegt. Während des langsamen Abrollens nach unten werden mit der Hand, einem Tuchballen oder dem Gummiroller alle Lufteinschlüsse nach beiden Seiten ausgestrichen. Als Kleber dienen besondere Kleber (z. B. Sichel-UT-Kleber, auch alle Zellulosekleister mit dem Zusatz »Spezial« einschl. Glutolin 77). Kleberhinweise finden Sie auf S. 510ff.

Sofern die hier besprochenen PVC-Folien nicht gleich »kantenfertig«, d. h. maschinell beschnitten, geliefert werden, sind besondere Techniken des Kantenschnitts zu beachten, denn bekanntlich wird mit zunehmender Dicke jedes Belages auch die Frage des »Stoßes« an den Bahnenkanten kritischer. Andererseits bietet dickes Material den Vorteil, Unebenheiten des Untergrundes zu verdecken und damit zusätzliches Spachteln (S. 45) zu sparen.

Steppfolien und PVC-Schaumbeläge (vgl. nächste Seite) stellen dabei die geringsten Ansprüche; nur fest und trocken muß der Untergrund sein. Beide Werkstoffe decken auch Risse zu und fangen Neubaurisse in beachtlicher Breite bis zu mehreren Millimetern auf.

Für das Kantenschneiden benutzt man am besten einen scharfen Tapetenschneider, der auf Rollen an einem Stahllineal des Tapeziertisches läuft. Da Sie aber wegen des »trockenen Anbringens« kaum eine Tapezierplatte benötigen, können Sie den »doppelten Wand- oder Trennschnitt« anwenden. Dazu kleben Sie jede folgende Bahn gut 2 cm überlappend über die Kante der vorhergehenden. Danach schneiden Sie mit einem Stanley-Messer (S. 486), am besten an einem Stahllineal, die beiden übereinanderliegenden Streifen bis zum Untergrund, aber nicht weiter, durch. Jetzt schlagen Sie die eine verbleibende obere Kante zurück, ziehen den darunterliegenden losen Streifen heraus, drücken beide Stoßkanten vorsichtig und exakt zusammen, entfernen mit einem sauberen, feuchten Tuch etwaige Flecken – und der Stoß sitzt einwandfrei. Mit zunehmender Materialdicke sollten Sie aber bei diesem letzten

Schließen des Stoßes, weil das Material eventuell arbeitet, die Bahnenkanten schon von etwa 30 cm beiderseits des Stoßes langsam zusammenschieben, dann bleibt er sauber geschlossen.
Das Schneiden an der Fußleiste oder Türkante erfolgt mit demselben Schneider. Man setzt ein Stahllineal (in Holzlineale schneidet man zu leicht hinein) auf die Fußleiste (also flach an die Wand gelegt) und schneidet jetzt an der unteren Kante des Lineals entlang. Ausschnitte werden mit dem Klingenschneider oder der Schere ähnlich wie beim Tapezieren (S. 61 f.) durchgeführt.
Das Schließen der Nähte bei Steppfolie muß wegen der auftragenden Zellstoffschicht anders erfolgen. Man schneidet deshalb an der zu überlappenden Kante von der Bahnrückseite her den Zellstoff bis fast an die erste Steppnaht ab. Beim Zusammenfügen der beiden Schnittkanten stößt dann die beschnittene Steppfutterkante direkt gegen die Außenkante der bereits verklebten Bahn. Mit einem vom Folienhersteller gelieferten Kleber in einer Tube streicht man einen schmalen Streifen auf die untere Bahn. Nach kurzer Ablüftung wird die zellstofflose Kante der letzten Bahn daraufgedrückt.
PVC-Schaumbeläge Seit einigen Jahren sind auch geschäumte PVC-Wandbekleidungen auf dem Markt, z. B. »buflon« · »Mipolan« · »somvyl«. Diese abwaschbaren und stoßfesten Beläge, etwa 2,5 mm dick und 1 m breit, gibt es in zahlreichen Strukturen und Farbstellungen. Man klebt sie auf saubere Flächen mit Spezialklebern (z. B. Sichel VL-Kleber · Saxit · Sista) ähnlich wie Tapeten, also Kleberauftrag auf die Bahnenrückseite. Kantenschnitt durch »doppelten Wandschnitt« (siehe S. 502).

Vorhänge aus Kunststoff-Folien

Vorhänge aus Folie (Dekorfolie, ein- oder beidseitig gemustert) kommen in Betracht für Fenster, an denen sich stärkere Luftfeuchtigkeit entwickelt (Küche, Bad, Waschraum) · für Fenster in Vorräumen, Treppenhäusern u. ä. wegen der stärkeren Schmutzbeanspruchung · für Durchgangsöffnungen · für Raumabteilungen (Koch-, Eß-, Sitznische, Duschstelle). Solche Vorhänge sind unempfindlich, auch gegen Motten, und abwaschbar. Je stärker die zu erwartende Beanspruchung, desto kräftiger soll die Folie sein.
Was ist bei der Anbringung zu beachten? Die Bahnen werden zugeschnitten (Muster beachten!) In der Länge gibt man außer dem Saum noch 5 % zu. Oberen Rand umlegen, Gardinenband zum Einhängen der Rollen oder Gleiter annähen. Es gibt auch ein Aufhängeband (Acella), das durch Aufbügeln mit der Folie verbunden wird.
Wichtig beim Nähen von Folien: Mit weiten Stichen nähen: 2½ bis 3 Stiche auf 1 cm. Nahtstellen vorher mit einem öligen Lappen bestreichen.

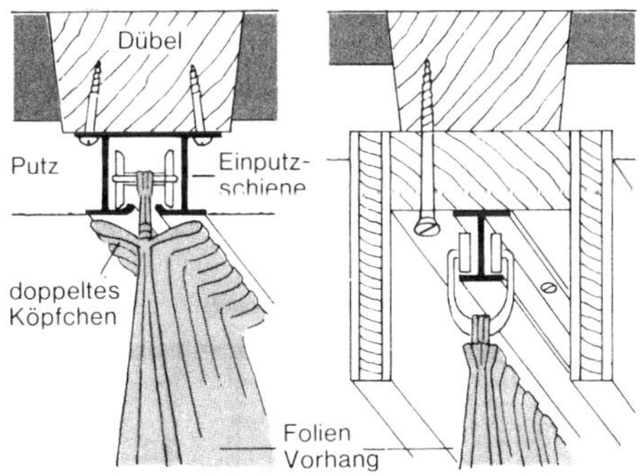

Anbringung eines Folienvorhangs in einem Durchgang: links mit eingeputzter Schiene, rechts mit Blenden (Sperr-, Spanplatte u. ä.)

Die Längsseiten sollen einen 3 bis 4 cm breiten Saum erhalten. Die Unterkante braucht keinen Saum; die Vorhänge hängen allerdings wesentlich straffer, wenn man auch unten einen Saum macht und eine Bleischnur einlegt.
Als Vorhangschienen für Folien eignen sich besonders gut Schienen aus Kunststoff mit Kunststoffgleitern. Die Abbildung zeigt Möglichkeiten, bei einem Durchgang einen Vorhang anzubringen, der auf beiden Seiten gleich gut aussieht.

Trenn- und Schmuckelemente mit Folien, Geweben, Schnüren und Bändern aus Kunststoff

Feste oder freie verstellbare Tafelwände oder Faltwände (Paravents) bieten mannigfache Anwendungsmöglichkeiten für Kunststoffe. In der Regel brauchen wir zunächst einen Rahmen, auf den geschlossene oder teiloffene Gewebe oder Geflechte angebracht werden. Einen Holzrahmen kann man selbst herstellen. Je nach der Möblierung des Raumes wird man vielleicht ein dieser angepaßtes Edelholz verwenden, etwa Rüster, Kirsche, Esche. Die Eckverbindung der Rahmenhölzer muß sehr stabil sein, am besten wird »auf Gehrung geschlitzt« (S. 128). Zwischenverstrebungen werden oft erforderlich sein.

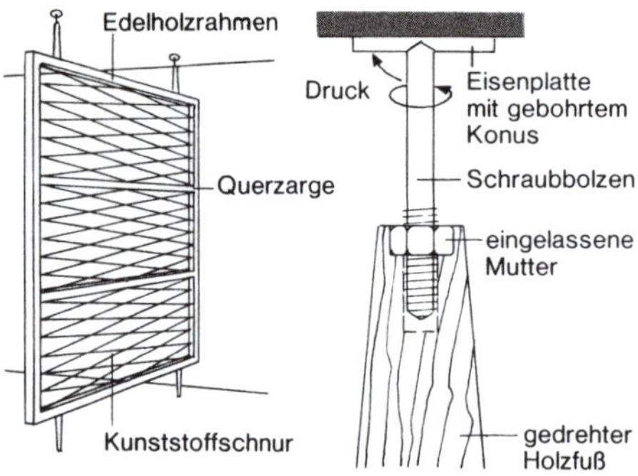

Eine Trennwand mit Holzrahmen, Versteifung durch Holzzargen (quer) · Geflecht aus Kunststoffschnur

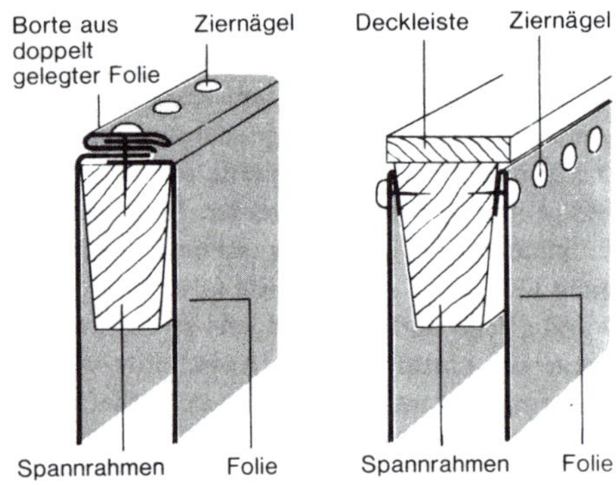

Zwei Beispiele für eine leichte Trennwand: mit Folie beiderseits bespannter Holzrahmen

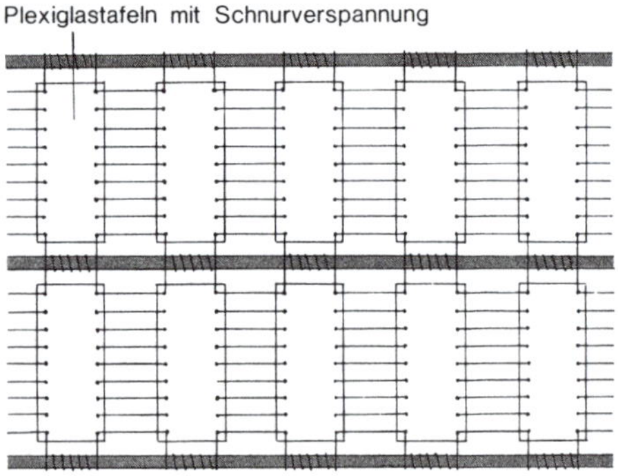

Beispiel eines Geländers mit Kunststoffen

Einen Metallrahmen läßt man aus Rohr oder T- oder U-Profilen vom Schlosser anfertigen. Um Schnüre zu spannen, brauchen wir Durchbohrungen oder eingeschraubte Ringösen; für Bänder sind Schlitze oder angeschweißte Bügel erforderlich.

Für das Spannen und Flechten mit Kunststoffschnüren sind der Phantasie gerade bei solchen Arbeiten kaum Grenzen gesetzt. Die Dame des Hauses wird sich gern beteiligen! Die beiden Abbildungen führen einige Möglichkeiten der Verknotung vor und zeigen Bindeglieder, die man selbst herstellen kann, wie Ringe, Rohrabschnitte, aus Draht gebogene Vielecke, Holzformteile, Blechtäfelchen, Plexiglasschildchen.

Da Kunststoffschnüre mit der Zeit etwas nachgeben, sind für stärkere Beanspruchungen solche mit Drahteinlage zu verwenden. Auch Folien lassen sich für Trennwände verwenden. Wo nicht mit Stoß- und Druckstrapazierungen zu rechnen ist, kann man Folien auf einen Rahmen ziehen. Die Abbildung gibt dafür zwei Beispiele.

Für stabilere Wände verwenden wir Unterflächen aus Sperrholz, Hartpappe, Hartfaserplatte. Das Überspannen kann glatt, gefältelt oder gekräuselt geschehen. Im wesentlichen gelten hier die S. 500 unter »Folie auf Rahmen spannen« gegebenen Hinweise. Die einzelnen Tafeln werden mit Leisten oder Zierschrauben auf einen Rahmen montiert.

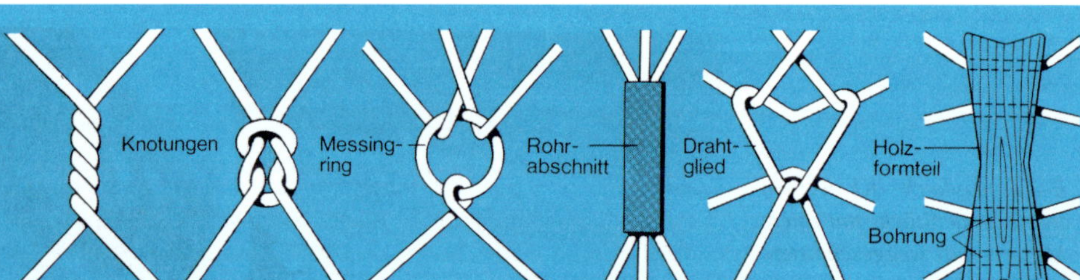

Beispiele für verschiedene Knotungen und Bindeglieder bei Geflechten aus Kunststoffschnüren

Kunststoff-Furniere

Die Folie Dynaplan® T wird aufgebracht, nachdem die Platte vorher mit Kleber bestrichen wurde. Diese Weich-PVC-Folie wird für Türbeläge, Tische, Theken, Sockel verwendet.

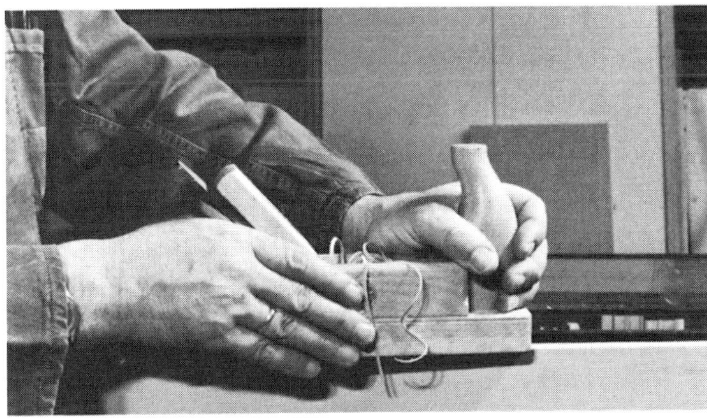

Die überstehenden Kanten lassen sich bei Dynaplan® T wie bei anderen Furnieren mit einem Hobel abstoßen.

Eine andere Ausführung – Dynaplan® KF – ist so biegsam, daß man das Furnier, nachdem Kante und Rückseite mit Kontakt-Kleber eingestrichen sind, einfach um die Kante herumlegen und festkleben kann.

Bei Dynaplan® KF werden überstehende Stücke mit einem Messer glatt weggeschnitten.

Dynamit Nobel AG, Troisdorf

5 Intarsien- und Schnittechnik mit Weich-PVC oder Linoleum

Beläge aus Weich-PVC eignen sich, wie schon auf Seite 496 erwähnt, nicht nur als Bodenbelag, sondern auch zum Verkleiden von Flächen wie Raumtüren, Schranktüren, Nischen, Garderoberückwänden u. ä. Reizvolle Wirkungen lassen sich erzielen, wenn dabei verschiedenfarbiges Material intarsienartig zusammengefügt wird. Eine weitere Belebung des Bildes erzielt man mit der Schnitt-Technik, wie sie vom Linolschnitt her bekannt ist.

Intarsieren Als Muster eignen sich geometrische Formen wie Quadrate, Rechtecke, Dreiecke, auch einfache Streifen. Paßgerechter Zuschnitt macht dabei kaum Schwierigkeiten. Die Stücke werden, nachdem man vorher im Maßstab 1:10 eine Skizze gemacht hat, mit dem Kerbschnittmesser an einem Eisenlineal ausgeschnitten. Für größere Flächen nimmt man besser die Pappschere des Buchbinders; mit ihr schneidet man genauer. Als Material eignet sich Weich-PVC und ebenso auch Linoleum – jeweils 1,5 bis 2 mm stark; auch kaschierte Kunststoffolie ist geeignet. Nach dem Zuschneiden wird die ganze Fläche zusammengesetzt; die Stücke werden mit Tesafilmstreifen aneinandergeheftet. Nun wird das Material im ganzen auf die Unterlage geklebt (Kleber-Hinweise S. 510ff.). Der Kleber wird mit einer Spachtel auf die beiden zu verbindenden Flächen gleichmäßig dünn aufgetragen. Nach einigen Minuten Trockenzeit können die Flächen aufeinandergebracht werden. Den erforderlichen Druck kann man für kleinere Flächen durch Beschweren erzielen; größere Flächen wie Türblätter werden nur einwandfrei haften, wenn sie in der Fournierpresse des Schreiners gepreßt werden.

Schnittechnik Noch reizvoller und interessanter wird die Arbeit, wenn Sie die Flächen in Schnitttechnik verzieren. Es eignen sich wiederum Weich-PVC wie Linoleum, die beide in zahlreichen aparten Unifarben im Handel sind. Das Material muß wegen der Schnittiefe 3 mm stark sein. Zum Schneiden dient der Geißfuß (siehe Zeichnung), der einen keilförmigen Schnitt ergibt. Je nach dem angewendeten Druck wird der Schnitt schmaler oder breiter. Erst an Abfallstücken üben, bis die nötige Sicherheit erreicht ist! Als Motive kommen in erster Linie wieder geometrische Figuren in Betracht, daneben aber auch freie Formen, etwa Motive, die man an alten Backmodeln findet.

Nach dem Schneiden werden die Schnittlinien mit wasserfester Plakatfarbe ausgemalt, und zwar bei hellem Grund dunkel, bei dunklem Grund hell. Nach dem Trocknen überschüssige Farbe mit schwach feuchtem Schwamm abwaschen, darauf Fläche reinigen: bei PVC mit Terpentin, bei Linoleum mit Nitrolösung. Zum Schluß werden die Flächen leicht gewachst.

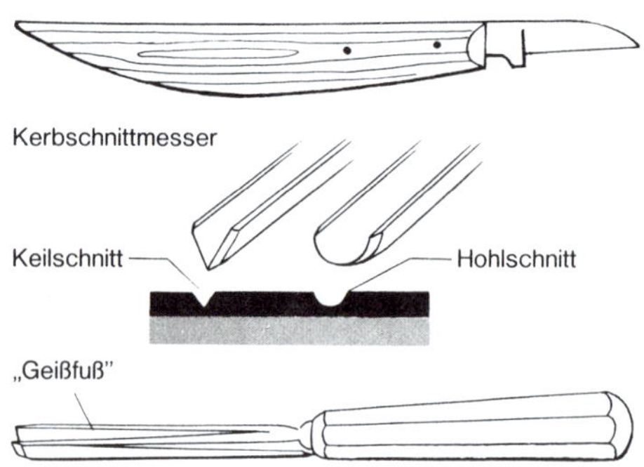

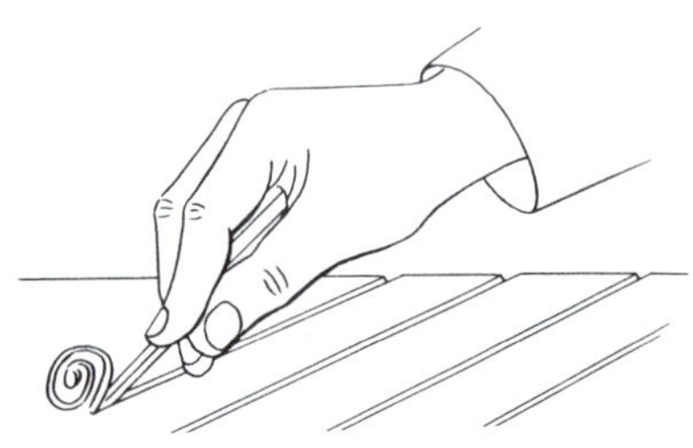

Bei seitlichem Lichteinfall bietet das Licht- und Schattenspiel der Schnittlinien reizvolle dekorative Wirkungen. Die hier beschriebenen Techniken sind bei den im nächsten Abschnitt gezeigten Beispielen angewandt.

6 Einige Arbeitsbeispiele zur Anregung

Will man Türen mit einem Strapazierschutz versehen und gleichzeitig dekorativ hervorheben, so eignen sich Weich-PVC-Beläge und auch Linoleum vorzüglich. Hier einige Beispiele. Neue Sperrholztüren kommen ebenso in Frage wie alte Rahmen-Füllungstüren.

In älteren Haushalten finden sich oft auch Möbelstücke, die nur durch Verkleidung mit Kunststoffen noch ansehnlich zu erneuern sind. Die Beispiele zeigen Kleinmöbel, die mit einfachen Mitteln neu oder aus älteren unzeitgemäßen anzufertigen sind.

Innen- wie Außenflächen kann man auch mit Folie verkleiden. Beliebt hierfür und in reichster Auswahl der Muster erhältlich sind z. B. Selbstklebefolien. Besonders als Auskleidungen von Flurgarderoben haben sich Kunststoffe aller Art bewährt.

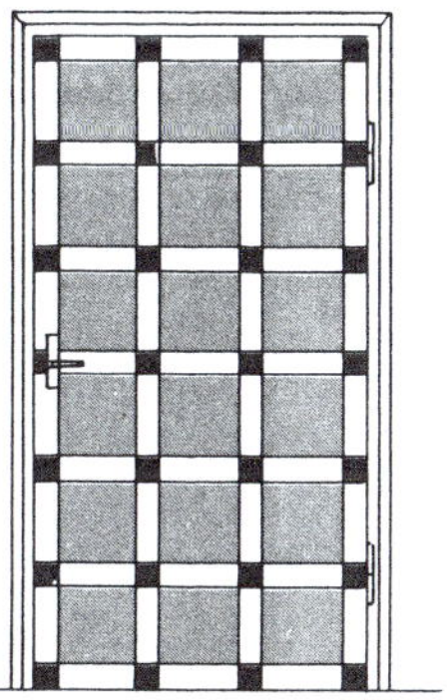

Tür mit Oberflächenverkleidung in Weich-PVC: Material aus drei Farben zusammengesetzt

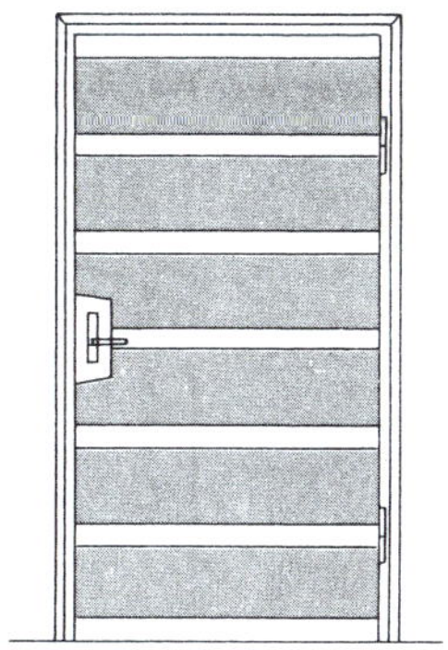

Ausführung in zwei Farben: das Material bildet einen sehr guten Strapazierschutz

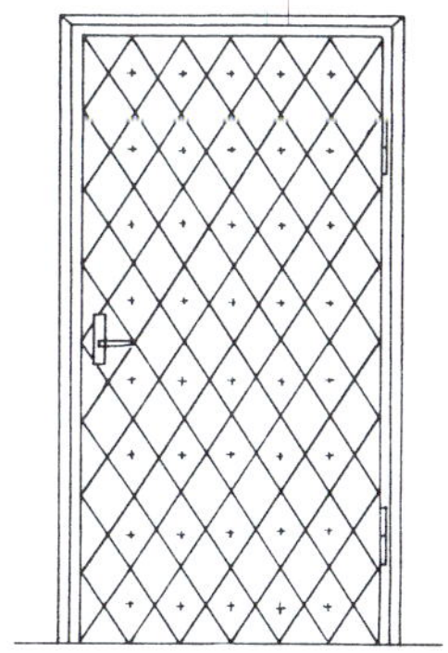

Einfarbiges Material, Linien und Sterne mit dem Geißfuß eingeschnitten und farbig gefaßt

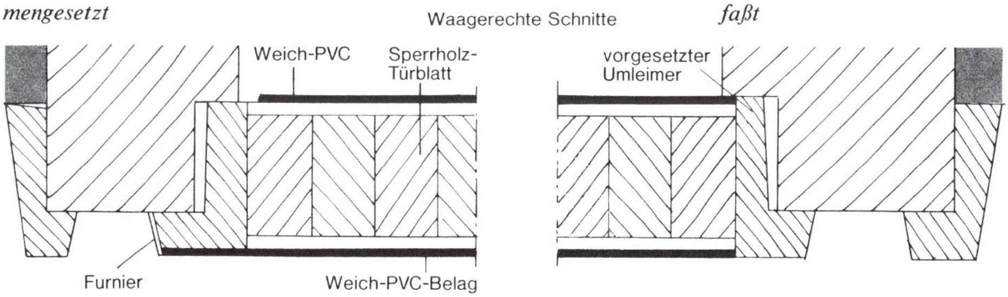

Zwei Möglichkeiten für die Ausbildung des Kantenschutzes bei den hier gezeigten Türverkleidungen

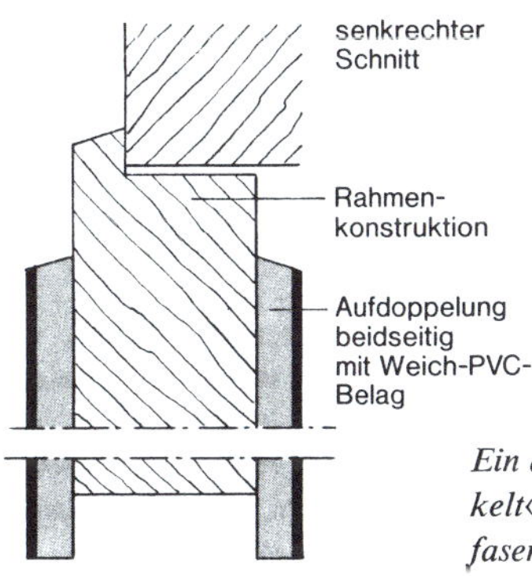

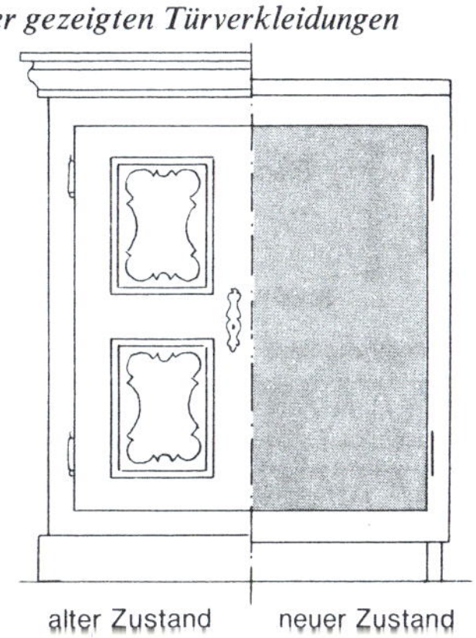

Ein alter Schrank wurde »entschnörkelt«. Türen mit Kunststoff auf Hartfaser oder Sperrholzplatte verkleidet

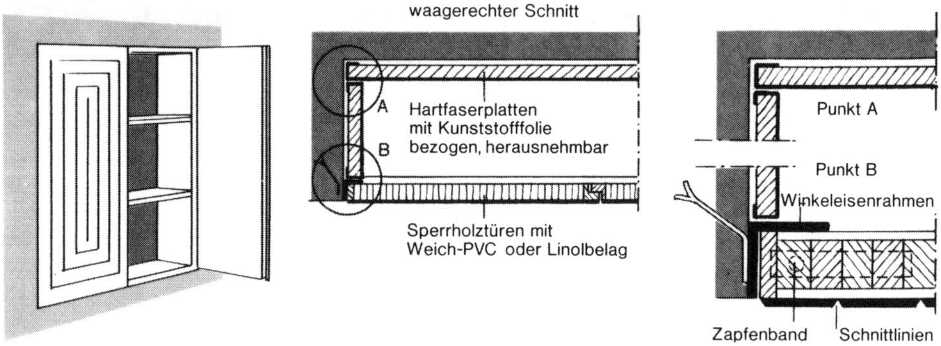

Kleines Wandschränkchen für Gläser, Flaschen, Bücher. Innenflächen und Gefachbretter mit selbstklebender Kunststoff-Folie bezogen. Der Belag aus Weich-PVC oder Linoleum auf den Außenseiten der Sperrholztüren ist mit einem eingeschnittenen Linienornament versehen

Spieltisch mit eingelegtem Schachbrett

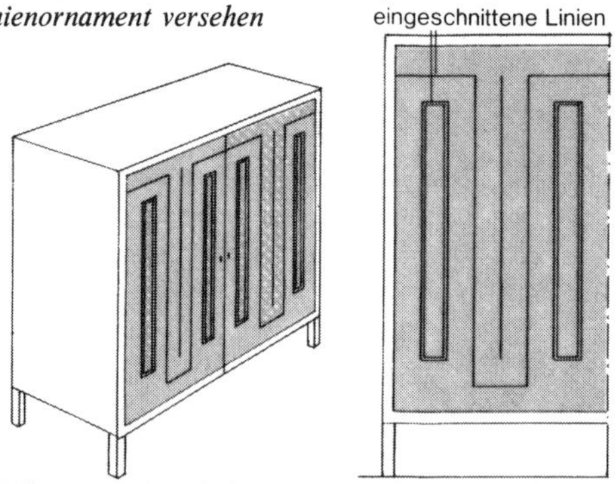

Kleines Schränkchen. Vorderfront zweifarbig. Weich-PVC oder Linoleum. Die Füße sind an den Seiten angeleimt und von innen geschraubt

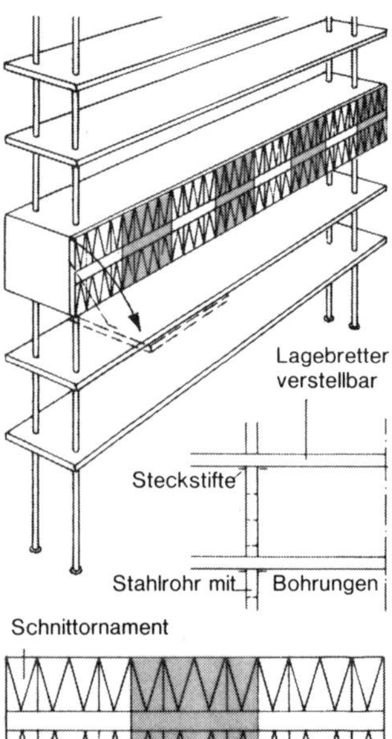

Einfaches Bücherregal mit Klappfach für Briefschaften o.ä. Die Türen zweifarbig mit Kerbschnitt

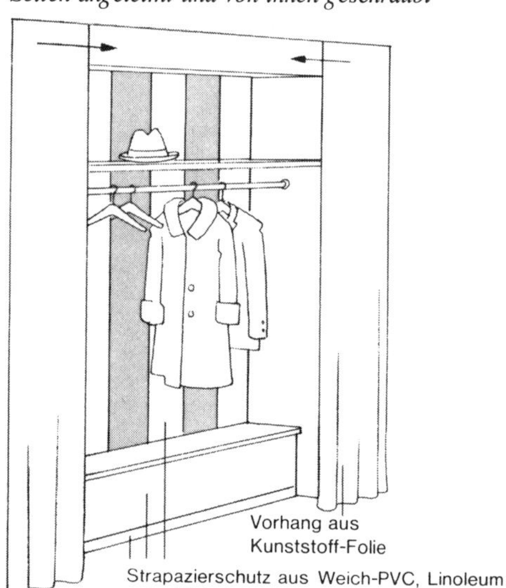

Flurgarderobe in Wandnische, rückwärtige Wand mit Kunststoff-Strapazierschutz. Die Nische kann mit einem Folien-Vorhang geschlossen werden

Kunststoff-Falttür (Harmonikatür) Falttüren aus PVC (»Kunstleder«) sind leichter als Holztüren; die zahlreichen Farben und Prägungen gestatten Anpassung an Farbgebung und Zweck des Raumes. Der Hohlraum der gewöhnlich doppelseitig gefertigten Türen kann mit einer Schallschluckschicht ausgefüllt werden.

Nur bei besonders großen Abmessungen (man spricht dann von Faltwänden) ist eine Halterung auch am Fußboden erforderlich; im allgemeinen genügt eine obere Führungsschiene, so daß die Einbauarbeit sich auf das Anbringen der Deckenschiene und den seitlichen Anschlag beschränkt. Einige Erzeugnisse (Marley) sind sogar ausdrücklich für die Selbstmontage konstruiert; die Hersteller liefern Deckenschienen und Schutzprofile sowie Einbauanleitungen mit.

Vor dem Einkauf ist selbstverständlich die Türnische genau auszumessen – ferner ist zu klären: Soll die obere Halterung verdeckt, versenkt, halbversenkt, verkleidet angebracht werden? Die Zeichnungen führen einige Beispiele vor. Schließlich müssen Sie vorher wissen: Soll das »Paket«, das die Falttür in geöffnetem Zustand bildet, unverkleidet dastehen oder eine Verkleidung bekommen oder in einer besonderen Nische der Türleibung verschwinden? Auch hierfür 3 Beispiele in der Zeichnung. Die Herstellerfirmen und Fachgeschäfte haben Tabellen, aus denen die Abmessungen des Türpakets bzw. der erforderlichen Nische für die verschiedenen Türbreiten abzulesen sind.

Fabrikate: »Acordial« · »Atlan« · »Kusto« · »Marley« · »modernfold« · »Multiflex«.

Das »Türpaket« der zusammengeschobenen Falttür kann unverkleidet stehen bleiben oder eine Verkleidung erhalten oder in einer Mauernische (mit beweglicher Rückwand) verschwinden.

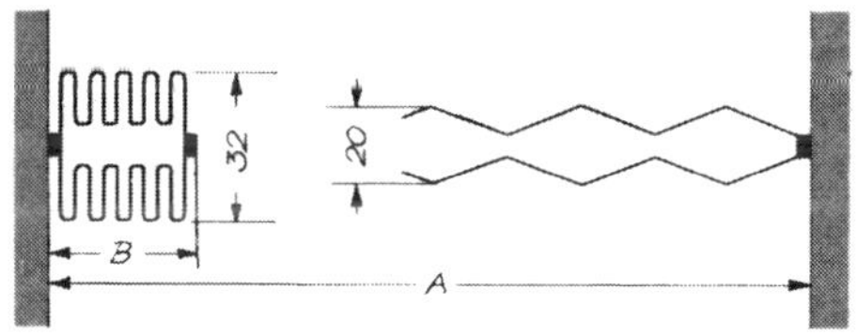

Türpaket unverkleidet

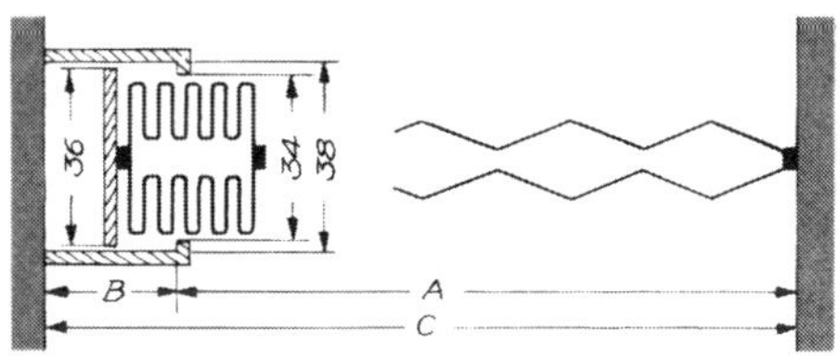

Türpaket in Verkleidung

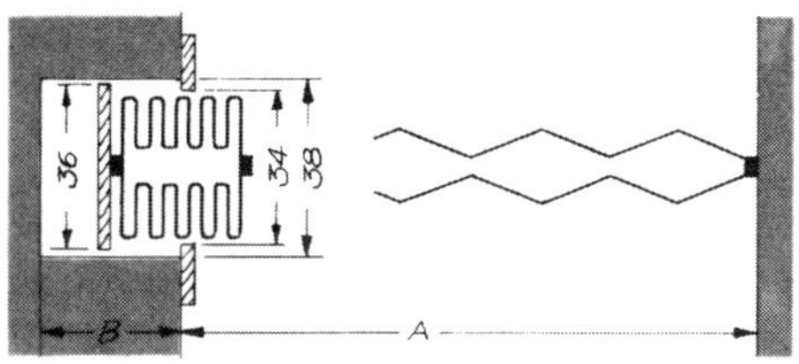

Türpaket in Mauernische

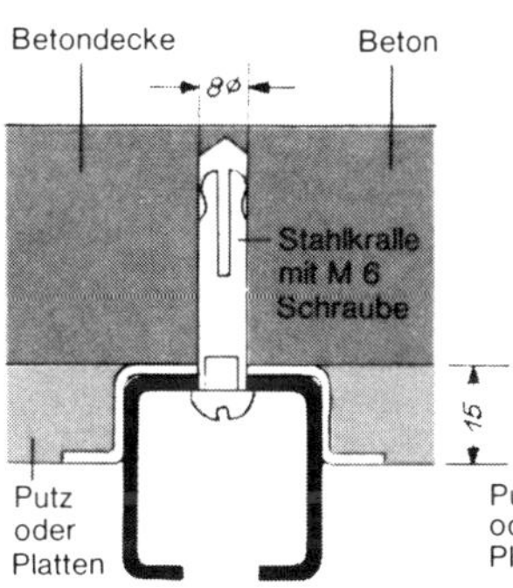

Deckenschiene für Falttür (modernfold), hier freistehend gegen Holz geschraubt

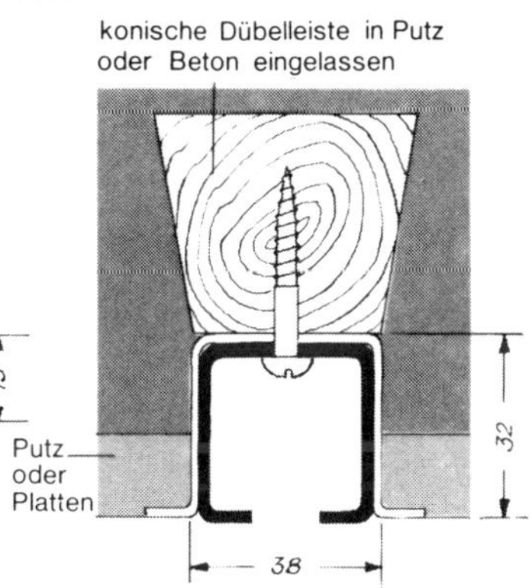

Deckenschiene versenkt angebracht, gegen eingelassene Dübelleiste geschraubt

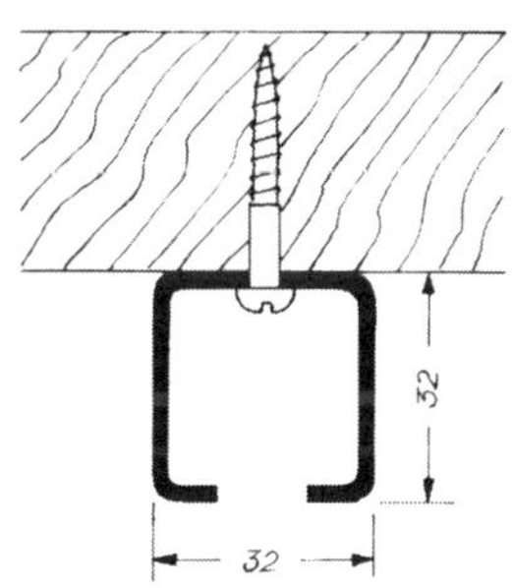

Halbversenkte Anbringung einer Deckenschiene bei Massivdecke, zu empfehlen für Falttüren mit Schallschluckeinlage

7 Hinweise für den Umgang mit Klebern

Wer andere Kunststofferzeugnisse als die selbsthaftenden Dekorfolien an Raumflächen oder Einrichtungsgegenständen verarbeitet, stößt oft auf Schwierigkeiten, wenn geklebt werden muß. Nicht jeder Kleber eignet sich für jeden Untergrund und für jedes Material. Die Hersteller von Platten und Folien geben deshalb stets genaue Anweisungen; wer keinen Mißerfolg erleben will, muß sie berücksichtigen. Nicht jeder Untergrund ist überhaupt für das Bekleben mit Folien geeignet. Vor allem müssen die Flächen trocken, glatt, eben, staubfrei und kornfrei sein und dürfen nicht zu stark saugen. Die untenstehende Tabelle gibt die Eignung verschiedener Untergründe für das Folienkleben wieder. Es sei hier jedoch ausdrücklich daran erinnert, daß das Kleben von Folien heute durch aufkaschierte Trägerrückseiten (Papier, Baumwollgewebe) erleichtert wird und man deshalb unkaschierte Folien möglichst nicht verkleben sollte (s. S. 497). Die Kleber sollte man unbedingt beim Fachhändler kaufen. Selbst für diesen ist allerdings das Angebot kaum noch übersehbar.

Es gibt von manchen Firmen ganze Sortimente von Klebstoffen für die verschiedenen Anwendungsgebiete, die zum überwiegenden Teil für industrielle Verwendung gedacht sind. Grundsätzlich unterscheidet man Leime und Kleber: Leime sind in Wasser gelöste Klebstoffe pflanzlicher oder tierischer Herkunft (z. B. Stärkeleim, Zellulosekleister bzw. Tafelleim, Knochenleim); unter ihnen finden sich auch einige wenige geeignete Kunstharze. Man verwendet Leim für einfachere Arbeiten, so als Anstrichbindemittel, Tapetenkleister, Papier- und Büroleim, Aufstrich für Klebstreifen und Tischlerleim, auch für kaschierte und gesteppte Folien. Kleber werden aus verschiedenartigen Kunstharzen sowie Natur- und Kunstgummi gefertigt. Somit zählen sie im weiteren Sinn selbst zu den Kunststoffen, da sie ja häufig deren flüssigen Zustand darstellen. Sie dienen zum Verkleben von Kunststoffen untereinander und mit anderen Werkstoffen, oft aber auch zum Verkleben herkömmlicher Werkstoffe untereinander.

Es gibt zwei Hauptgruppen von Kunstharzklebern:

Dispersionskleber (Milchkleber) sind beständige Aufschwemmungen milchiger Kunstharze; sie sind wasserverdünnbar. Sie kamen zuerst als weiße Holzleime auf den Markt. Heute klebt man mit ähnlichen Typen auch Akustikplatten und andere Werkstoffe. Andere Kunstharzdispersionen werden in Form hellgelber bis dunkelbrauner Kleber für das Kleben von Bauplatten, Holzwerkstoffen, Fußbodenbelägen oder ähnlichen Werkstoffen verwendet.

Dispersionskleber werden meist auf beide zu verklebenden Flächen gestrichen, zuerst auf das weniger saugende Material. Für besondere Zwecke können sie mit füllenden Stoffen verdickt werden, z. B. beim Kleben von Deckenplatten mit Bimsmehl oder Weißzement.

Lösungsmittelkleber Diese unter Verwendung von Lösungsmitteln hergestellten Kleber benötigen das Lösungsmittel vornehmlich zum geeigne-

Kleben von Folien

Untergrund	Normale Dekorationsfolie (trägerlos)	Schwere trägerlose Folie	Folie auf Papier kaschiert	Folie auf Zellstoff gesteppt
Mauerwerk verputzt	ja, wenn Untergrund völlig glatt		ja	ja
Spanplatte Faserplatte	ja	ja	ja	ja
Holz	nicht anzuraten	nicht anzuraten	nicht anzuraten	ja, bei ebener Fläche
Pappe	ja, wenn Pappe ausreichend stark		ja, wenn Pappe ausreichend stark	
Ölfarbe Lack	nein (entfernen, aufrauhen)	nein (entfernen, aufrauhen)	nein (entfernen, aufrauhen)	nein (entfernen, aufrauhen)

Nach »Kunststoffe im Raum« von E. Jakubowski und F. Nitsch (hier vereinfacht).

Verkleben von Kunststoffen Verwendung der Spezialkleber der Firmen Henkel-Sichel zum Verkleben auf übliche Untergründe

Beläge Platten Bekleidungen	Untergründe: a) Beton/Putz/Holz und Holzwerkstoffe	b) Lattenrost	c) Metall
1. Hartfaserplatten (Dekorationsplatten)	Linoleumkleber L 200		
2. PVC-Wandplatten	Wandkleber M 300		Neoprene K 172
3. PVC-Folien mit Geweberückseite	Sichel UT-Kleber Sichel VL-Kleber	nicht anzuraten, da nur größere, *selbst*tragende, plattenförmige Kunststoffe so klebbar sind (gilt für 2.–7.)	nicht üblich, da solche Flächen kaum vorkommen (notfalls UHU-plus) (gilt für 3.–6.)
4. PVC-Folien mit Papierrückseite	Optalin-Spezialkleister Ansatz 1:15		
5. PVC-Schaum-Wandbelag	Sichel VL-Kleber		
6. Steppstoff oder Steppfolie	Optalin, Spezialkleister Ansatz 1:20		
7. PVC-Folien mit Hartschaumrückseite	Sichel UT-Kleber		kaum üblich (notfalls UHU-por)
8. Akustikplatten (Weichfaserplatten)	Thomsit P 600	Thomsit K 182	Thomsit K 182
9. Dämmplatten aus Faserstoffen	Thomsit P 600	Thomsit K 182	Thomsit K 182
10. Platten aus Styropor-Hartschaumstoff (untereinander zu verkleben mit Siporit)	Sichel PH-Kleber Sichofix W	nicht anzuraten	Thomsit M 350
11. Bahnen aus Styropor-Hartschaumstoff	Sichel UT-Kleber	nicht anzuraten, da nur größere, *selbst*tragende, plattenförmige Kunststoffe so klebbar sind (gilt für 11.–12.)	kaum üblich (notfalls UHU-por)
12. Schichtstoffplatten	Thomsit K 182		Thomsit K 182
13. Keramisches Kleinmosaik, Glasmosaik	Sista oder dextra-Universalkleber	nicht üblich	nicht üblich
14. Universalkleber für Boden- und Wandbeläge	Sichel dextra	für Reparaturen und kleine Verlegearbeiten	

ten Auftrag der klebenden Bestandteile. Die Verdunstung des Lösungsmittels braucht danach eine bestimmte Zeit, die Ablüftezeit. Sie ist etwa dann verstrichen, wenn ein aufgelegter Finger beim Abheben keine Fäden nach sich zieht, andererseits die Fläche noch klebrig ist. Die Klebefilme sind hier gut wasserfest. Bei den sogenannten Kontaktklebern kann man die einmal aneinandergelegten, mit dem Kleber eingestrichenen Werkstoffe nicht mehr voneinander abheben oder verschieben, also keine Klebfehler mehr korrigieren. Der »Kontakt« ist sofort vorhanden. Das Kleben mit diesen Klebern setzt also einige Übung voraus. Das Verkleben größerer Flächen will gelernt sein. Wichtig sind die richtigen Auftragswerkzeuge, wie Zahnspachtel, Kelle und Spachtelmesser. Stets genau die beigegebene oder auf Tuben und Dosen gedruckte Anleitung lesen! Ratsam ist vorheriges Probekleben: sorgfältiges Aufkleben des Werkstoffes auf dem vorgesehenen Untergrund in einem kleinen Stück, z. B. an einer verdeckten Ecke. Beim Versuch, später dieses Stück gewaltsam wieder zu entfernen, kann man gleich die Klebkraft des Klebers feststellen. An der fertigen Arbeit dennoch auftretende Mängel sind gewöhnlich auf einen oder mehrere der folgenden Punkte zurückzuführen: ungereinigte oder feuchte Untergründe · chemische oder physikalische

Einflüsse des Untergrundes · ungleichmäßiger Kleberauftrag · zu geringer Kleberauftrag · Nichteinhalten der Ablüftezeiten · fehlender Zusatz von Härtern (z. B. bei der Wärme ausgesetzten Objekten) · ungenügender Druck beim Aufkleben.

Bestimmten Klebern kann ein Härterzusatz beigegeben werden, der besondere Festigkeit, Wasser- und Wärmebeständigkeit der Klebnaht gewährleistet. Der Härter darf erst kurz vor Beginn der Klebearbeit zugesetzt werden.

Neben den Henkel-Sichel-Klebern, die vor allem in größeren Gebinden verkauft werden, eignen sich auch die nachstehenden Fabrikate für die Untergründe der Spalten a, b und c:

Belag (Nr. der vorhergehenden Tabelle)	Untergrund (Buchstabe der Spalte in der Tabelle)	Handelsnamen der Kleber
1	a	Ardak 258 AK · Bostik 704 · Pattex
1	b	Pattex, Bostik Pad
1	c	Bostik 704 · Pattex
2	a, c	Pattex · Helmikitt
4	a	Metylan-Kleister
6	a	Metylan-Spezialkleister · Glutolin 77
8	a	Henkel · Colimal W · Helmipren
9	a, b	Bostik Pad
10	a	Henkel Assil P · Terokal 2397 · Helmipor
10	b	Terokal 2397 · UHU-por
11	a	Henkel Assil F · UHU-por
12	a	Bostik A 4 · Ponal · Pattex · UHU-Kontakt · Kleiberit-Furnierleim
13	a	Henkel Saxit · Kö-Folienkleber

Auf Grund der vielfältigen Ausgangsstoffe und Handelsformen ist es hier nicht möglich, das Gebiet der Kleber kurz und übersichtlich darzustellen. Die zwei Tabellen zeigen eine Auswahl von Fabrikaten, die 1972 auf dem Markt sind.

Zweikomponentenkleber bestehen aus zwei getrennten Bestandteilen, die man – gewöhnlich in unterschiedlicher Menge – kurz vor der Verarbeitung zusammenrührt. Erst diese Mischung ergibt durch chemische Reaktion der beiden Komponenten die Klebefähigkeit. Die Mischung hat nur begrenzte Verarbeitungsdauer, da sie bald erhärtet. (Der bis zur Erhärtung zur Verfügung stehende Zeitraum wird auch »Topfzeit« genannt.) Die Härte und Beständigkeit einer solchen Klebung läßt sich durch Erhitzen des geklebten Gegenstandes während des Pressens steigern. Darüber stehen jeweils genaue Angaben in der Gebrauchsanweisung.

Bostik-Pad Dies ist eine neuartige Klebemethode, besonders für Verklebungen an Decken und Wänden erdacht. Tragendes Material ist ein elastischer, beiderseits mit einer aktivierbaren Klebstoffschicht belegter Schaumstoffstreifen, der mit einem mitgelieferten Kleber einzustreichen ist.

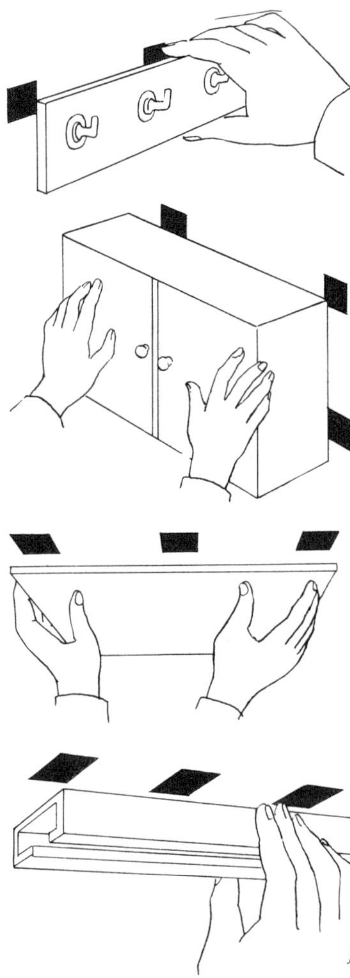

Handtuchhalter oder Schlüsselbrett, Badezimmerschränkchen, Deckenvertäfelung, Vorhangschiene können mit Streifen oder Stücken aus »Bostik-Pad« haltbar gegen verschiedenste Untergründe (Wand, Decke) geklebt werden

Nach dem Verflüchtigen des Lösungsmittels setzt man die Padstreifen oder Stücke auf die vorher markierten Stellen an Wand oder Decke, markiert die Gegenstellen auf dem aufzubringenden Belag und verfährt nun entsprechend. Das Verfahren eignet sich für vielerlei Untergründe und Beläge. Auch ganze Vertäfelungen können mit ihm – einfacher als auf jede andere Weise – befestigt werden. Da das Verkleben jeweils nur an einzelnen Stellen erfolgt, können Unebenheiten des Untergrundes überbrückt, Spannungen und Vibrationen gut aufgefangen werden.

Kleber-Übersicht für das Kleben von Schaumstoffen, Kautschuk, Naturstoffen mit verschiedenen natürlichen Werkstoffen

Schaumstoffe	verklebt mit den natürlichen Werkstoffen Leder	 Papier, Holz, Filz, Textilien	 Glas, Keramik	 Beton, Putz, Stein
Styroporhartschaum	Kö-Kleber KS 27	UHU-por Holz: Siporit E	UHU-por	UHU-por Siporit E
Polyurethanschaum weich (Moltopren)	Kö-Kleber Mo 10	Pattex Bostik 757	Dekalin 6790	Kö-Kleber N 15, KS 27
Schaumgummi (Latexschaum)	Kövulfix	Kö-Kleber Mo 10	Kö-Kleber Fu 31	Metallogum KH

Natur- und Kunstkautschuk	verklebt mit den natürlichen Werkstoffen Leder	 Papier, Holz, Filz, Textilien	 Kork, Stein- und Glaswolle	 Eisen, Stahl, Aluminium
Naturgummi	Kövulfix Kleiberit C 110	Pattex	Terokal 510 hell	Bostik 705 Kleiberit C 110
Styrol-Butadien-Kautschuk (BUNA)	Kövulfix Kleiberit C 110	Pattex	Kleiberit C 110	Kleiberit C 110

Natürliche Werkstoffe	verklebt mit den natürlichen Werkstoffen Leder	 Papier, Holz, Filz, Textilien	 Glas, Keramik	 Beton, Putz, Stein	 Eisen, Stahl, Aluminium
Eisen, Stahl, Aluminium, Zink	UHU-plus	Pattex Metallon	UHU-plus	Stabilit Bostik A 4	Stabilit
Beton, Putz, Stein	UHU-plus	UHU-plus	UHU-plus Keramik: Bostik 726	Bostik A 4	Bostik A 4 Stabilit
Glas, Keramik	Kö-Kleber F 138	Pattex UHU-plus	mit Keramik: Technicoll 800 Glas + Glas: Disbon U 41 Stabilit	UHU-plus Keramik auf Zement: Stabilit Ultra	UHU-plus Stabilit Ultra
Kork	UHU-plus Kö-Kleber J 58	UHU-plus	UHU-plus	UHU-plus	Kleiberit C 110
Papier, Holz, Filz, Textilien	Bastelfix	UHU (normal) UHU-hart Pattex Holz auf Holz: Ponal	UHU-plus Metallogum K	UHU-plus	UHU-plus Metallogum K
Leder	Kövulfix	UHU-plus	Kö-Kleber F 140	UHU-plus	UHU-plus

Das Problem, Kunststoffe untereinander zu verkleben, ist ebenfalls gelöst bis auf wenige Ausnahmen, z. B. Polyäthylen-Erzeugnisse (weiches Plastik-Spielzeug usw.).
Zwar stehen verschiedene Spezialkleber für Kunststoff-Verklebungen zur Verfügung, doch kann der Bastler die bei ihm vorkommenden Arbeiten fast immer mit UHU-plast durchführen, bei Folienvorhängen u. dgl. mit einem Folienkleber (z. B. Ovalit F).

Richtpreise für Kunststoffe (Stand Herbst 1972)

Beläge und Platten	je m^2 DM
PVC-Bahnenbeläge	10,— bis 28,—
PVC-Bahnenbeläge auf Filz	7,— bis 25,—
Vinyl-Asbest-Bodenplatten	7,20 bis 11,50
Teppichböden	13,— bis 60,—
getuftete Teppichböden	15,— bis 89,—
Teppichboden-Unterlagen	
Haarfilz	6,50
Jutegewebe	3,—
Vinyl-Asbest-Wandplatten	5,50 bis 11,80

Sehr einfache Beläge und Platten können noch billiger sein.

Kunststoff-Falttüren	je Stück DM
Marley Miniraum (Standardtür)	
88 × 203 cm	80,—
176 × 203 cm pro Türflügel	97,—
Maßanfertigung	
81—92 cm breit	146,—
schwere Ausführung	
81—92 cm breit	180,—

Kunststoff-Faltwände	DM/m^2
Normal	
bis 3,00 × 2,60 m hoch	86,—
Fold-Luxus	127,—

Folien	je m^2 DM
Steppfolien	7,50 bis 13,—
beschichtete Gewebebahnen	
(Kunststofftapeten)	6,— bis 7,60
PVC-Folien auf Hartschaumunterbahn	6,80
Selbstklebefolien	
bei 45 cm Breite	2,95*)
*) je lfd. Meter	
PVC-Schaumstoffbahnen	7,50 bis 13,90

Soweit im Teil »Kunststoffe« Fabrikate genannt werden, handelt es sich um Beispiele; die Zahl der auf dem Markt angebotenen Marken ist so groß, daß es unmöglich ist, sie alle aufzuzählen (z. B. ca. 214 PVC-Beläge homogen und auf Trägern, nur Fabrikate der BRD).

Achter Teil

Kombi- werkzeuge

1 Was Sie vor dem Kauf wissen sollten

Wie sich Elektromaschinen als Helfer der Hausfrauen bewährt haben, so haben sich die Vielzweck-Elektromaschinen ihren Platz in der Werkstatt des Hausherrn erobert. Sie sind eine ideale Ergänzung der klassischen Handwerkszeuge und erlauben für zahlreiche Arbeitstechniken an Holz und Metall ein schnelleres und genaueres Arbeiten. Der Besitzer einer Bohrmaschine sollte sich allerdings nach einem geeigneten Arbeitsraum umsehen. In Wohnungen mit hellhörigen Wänden kann der Maschinenlärm die Nachbarn empfindlich stören.

Die meisten Heimwerker benutzen als Antrieb eine Elektro-Handbohrmaschine, die mit verschiedenen Zusatzgeräten und Einspannböcken eine Vielfalt von Arbeiten ermöglicht.

Es ist eine ganze Reihe von Elektromaschinen auf dem Markt, und der Käufer mag zunächst ratlos vor der Frage stehen, welche Maschine er sich anschaffen soll. Die Anschaffungskosten sind verhältnismäßig hoch (DM 200.– bis 800.–, je nach Ausstattung mit Zusatzgeräten), so daß man vor der Wahl genau überlegen sollte. Es ist dabei zu beachten, daß fast alle Zusatzgeräte nur für die Antriebsmaschine gebraucht werden können, für die sie hergestellt sind. Ein Wechsel von einem Fabrikat zum anderen ist kaum möglich. Es ist auf die zwei folgenden Hauptpunkte zu achten:

1. Welche Zusatzgeräte benötige ich für meine Arbeit, und welche Firma liefert mir diese Zusatzgeräte?
2. Wie gut und wie stark ist die Antriebsmaschine, und welche Leistungen kann ich von ihr erwarten?

Es ist wie beim Kauf eines Kraftfahrzeugs: Fahren kann man mit jedem Auto; ob man aber einen Kleinwagen oder einen Straßenkreuzer wählt, hängt schließlich von den Ansprüchen und vom Geldbeutel ab. Wer Modelle bastelt und nur gelegentlich über diesen Bereich hinausgeht, wird vollauf mit einer kleineren, handlichen und sparsamen Maschine zurechtkommen. Wer größere Arbeiten in Angriff nimmt und eine höhere Dauerbelastbarkeit von seiner Maschine verlangen muß, wer als Allround-Handwerker die verschiedensten Werkstoffe bearbeiten will, der benötigt eine Maschine höherer Leistung und mit größerem Anwendungsbereich.

Bei jeder Antriebsmaschine sind stets drei Dinge zu beachten:

1. ihre Leistung, die sich in der Wattzahl ausdrückt;
2. die Möglichkeit, verschiedene Geschwindigkeiten einzustellen, die man für Holz, Metall oder Stein benötigt;
3. das Vorhandensein einer Schlagbohr-Einrichtung, die für das Dübeln in Mauerwerk unbedingt notwendig ist.

Die Leistung Auf dem Typenschild der Maschine ist die Leistungsaufnahme in Watt angegeben. Für die Beurteilung der Maschine wäre die Leistungsabgabe aufschlußreicher. Der Hersteller ist aber für sie nicht allein verantwortlich: sie ist ja nicht nur von konstruktiven Eigenheiten der Maschine abhängig, sondern auch vom Arbeitsdruck, vom Pflegezustand und der Schärfe des verwendeten Werkzeuges. Ein Teil der zugeführten Energie wird bereits in der Maschine zur Überwindung der inneren Reibung verbraucht. Wie weit aber die dann noch zur Verfügung stehende Leistung genutzt wird, hängt wesentlich auch vom Benützer ab. So kann z. B. eine schwache Maschine mit einem scharfen Kreissägeblatt mehr leisten als eine starke Maschine mit einem stumpfen Sägeblatt. Eine gereinigte, gut geschmierte Maschine liefert naturgemäß bessere Ergebnisse als eine schlecht gepflegte. Die optimale Leistung ist auch vom Arbeitsdruck abhängig. Wer z. B. einen falschen Druck auf das Werkstück ausübt, beeinträchtigt die Leistung der Maschine: Bei einem zu schwachen Druck kommt man nicht voran, bei einem zu starken Druck sinkt die Drehzahl schnell unter einen kritischen Punkt, die Maschine wird überlastet, und die Wicklung des Motors kann durchbrennen. Dieser Gefahr begegnen manche Hersteller durch den Einbau eines Überlastungsschutzes oder einer Sicherheitskupplung. Die Maschine wird dadurch zwar etwas teurer, man sollte diese Mehrausgabe aber nicht scheuen, vor allem für den Fall, daß eine Maschine einmal in die Hände eines Unerfahrenen gelangt.

Wer mit einer Elektromaschine einige Zeit umgeht, erkennt bald am Maschinengeräusch, ob er seiner Maschine zu viel oder zu wenig zumutet. Für einen guten Autofahrer ist dies sicher nichts Neues: Auch er schaltet nach Gehör und weiß, daß er seinen Motor bei zu niederen Drehzahlen zu Tode quälen würde. Ein geschickter Heimwerker reguliert den Arbeitsdruck nach Gehör (»Lastdrehzahl«), um die beste Leistung aus der Maschine zu holen.

Im allgemeinen werden für die Heimwerkstatt Maschinen zwischen 300 bis 400 Watt Leistungsaufnahme angeboten, in Einzelfällen werden für besondere Zwecke diese Leistungsgrenzen über- oder unterschritten.

Für geringe Materialstärken (Modellbasteln) reichen Maschinen um 250 Watt aus. Für die Bearbeitung stärkeren Materials (Heimwerker-Arbeiten) benötigt man Maschinen über 300 Watt Leistung.

Die Drehzahl Die Drehzahl verrät uns, für welchen Werkstoff die Maschine geeignet ist. Für weiche Werkstoffe (Holz und verwandte Werkstoffe) werden hohe bis höchste Drehzahlen benötigt, für harte (Metall, Stein, Beton) niedere Drehzahlen: Holzbearbeitung ab etwa 2000 U/min aufwärts, Metallbearbeitung unter 1000 U/min. Es ist aber auch noch darauf zu achten: Je größer der Durchmesser des eingespannten Werkzeuges (z. B. eines Bohrers) ist, desto höher ist die Umfangsgeschwindigkeit (Außengeschwindigkeit). Damit wächst die Gefahr, daß das Werkzeug überhitzt (Verlust der Schneidefähigkeit!) bzw. die Maschine überlastet wird.

Die Drehzahl eintouriger Maschinen liegt normalerweise über 2000 Umdrehungen, deshalb sind sie im wesentlichen nur für Holzarbeiten verwendbar. Dabei ist zu beachten, daß für die verschiedenen Zusatzgeräte auch bei der Holzbearbeitung die Drehzahlen verschieden hoch sein können.

Maschinen mit Zweiganggetriebe können sowohl für weiche Werkstoffe (Holz) wie auch für harte Werkstoffe (Metall) verwendet werden. Sie sind auf 2 Drehzahlen umschaltbar, z. B. 850/3000 U/min. Viergangausführungen ermöglichen die Wahl zwischen 4 Drehzahlen und damit eine bessere Anpassung an die jeweilige Arbeitstechnik. Eine sehr hohe Drehzahl (bis 20000 U/min) wird für Fräsarbeiten benötigt.

Maschinen mit stufenlosem Getriebe lassen sich zwischen Null und einem Höchstwert auf jede beliebige Drehzahl einstellen.

Zum Dübeln: Schlagbohrmaschine Eines der Hauptanwendungsgebiete dieser Maschinen im Haushalt ist das Dübeln, welches durch die heute auf dem Markt befindlichen Kunststoffdübel (hierzu S. 233f.) eine einfache und einwandfrei haltbare Befestigung von schweren Geräten an der Wand möglich macht (Bücherregal, Wandschränke, Konsolen). Die Schlagbohrmaschine hat ein eingebautes Schlagbohrgetriebe, das bei Bedarf eingeschaltet werden kann. Die Maschine ist also auch eine normale Antriebsmaschine. Das Schlagbohrgetriebe bewirkt, daß der Bohrer eine zugleich drehende und hämmernde Bewegung ausführt. Nur so ist es möglich, Bohrlöcher in Beton und Hartstein einzubringen. Für diese Arbeiten muß ein Steinbohrer verwendet werden. Auch bei Schlagbohrmaschinen kann zwischen Ein- und Mehrgangmaschinen gewählt werden. Manche Hersteller liefern zu ihren normalen Bohrmaschinen einen Schlagbohrkopf als Zusatzgerät.

Verwandte Maschinen Außer den Vielzweckmaschinen, die auf der Grundlage einer Handbohrmaschine mit Zusatzgeräten eine Reihe von Arbeiten möglich machen, gibt es weitere Antriebsmaschinen und Kleinmaschinen-Kombinationen speziell für die Arbeit des Laien. Sie sind in ihrer Antriebsleistung stärker und können auf ihrem speziellen Gebiet auch mehr leisten.

Zu den Tabellen Tabelle 1 gibt einen Überblick über bekannte und lieferbare Bohrmaschinen für Heimwerker mit wichtigen technischen Daten. Ein Maß für die Leistungsfähigkeit der Maschine ist neben der Leistungsaufnahme in Watt auch die Bohrleistung. Die hier gebrachten Daten beruhen (wie die der folgenden Tabellen) auf Angaben der Hersteller.

Tabelle 2: In dieser Tabelle sind die Zusatzgeräte zu den Bohrmaschinen aufgeführt; Einsatzwerkzeuge (Zubehör) wie z. B. Bohrer, Fräser, Sägeblätter, Gummiteller, Drahtbürsten u.a. sind nicht erwähnt. Sie sind für die einzelnen Programme nicht charakteristisch, weil sie allgemein verwendet werden können. Alle Hersteller bieten geeignete Einsatzwerkzeuge (z.B. zum Polieren und Entrosten) im Rahmen ihrer Programme an.

Tabelle 3: Für anspruchsvollere Heimwerker werden an Stelle der Handbohrmaschinen als Antriebsmaschinen sehr leistungsfähige spezielle Antriebsmotoren mit den entsprechenden Zusatzgeräten für ortsfesten Betrieb angeboten. Diese Motoren verfügen über hohe Leistungsreserven, die Arbeitswellen können mit Hilfe von Stufenscheiben oder Keilriemenscheiben auf mehrere Geschwindigkeiten eingestellt werden, außerdem sind sie geräuscharm. Einzelheiten im Fachgeschäft.

Tabelle 1: Handbohrmaschinen (Antriebsmaschinen)

Hersteller	Bezeichnung der Bohrmaschine (Antriebsmaschine)	Getriebeart	Leistungs-aufnahme in Watt	Drehzahl(en) U/min Leerlauf	Vollast
AEG	SB2 — 350	Zweiganggetriebe mit Schlagbohreinrichtung	350	3200	1200/1800
	SB2 — 420	Zweiganggetriebe mit Schlagbohreinrichtung	420	3600	800/1800
	SB4 — 350	Vierganggetriebe mit Schlagbohreinrichtung	350	3800	740/1000/ 1600/2100
	SB4 — 500	Vierganggetriebe mit Schlagbohreinrichtung	500	3500	480/670/ 1500/2100
	SB2E — 600 Electronic	mech. Zweigangschaltung mit elektronischer Dreh-zahlregelung	600	—	250—900/ 780—2800
Black & Decker	D 500 N	Einganggetriebe	300	2600	
	DN 70	Einganggetriebe	340	2600	
	D 520 N	Zweiganggetriebe	300	900/2400	
	DNI 52	Zweiganggetriebe	340	900/2400	
	DNI 72 Super	Zweiganggetriebe	370	900/2400	
	DNI 72 V	Zweiganggetriebe	370	0—900/ 0—2400	
	DNI 74	Zweiganggetriebe mit Schlagbohreinrichtung	370	1250/2800	
	DNI 74 Super	Zweiganggetriebe mit Schlagbohreinrichtung	370	1250/2800	
	DNI 74 V	Zweiganggetriebe mit Schlagbohreinrichtung	370	0—1250/ 0—2800	
	DNI 84 S	Viergang: 2 mechanische und 2 elektronische Getriebe	400	880/1200/ 2200/3000	
Bosch	E 10 S	Einganggetriebe	350	3300	1850
	E 20 S	Zweiganggetriebe	350	1000/3300	550/1850
	E 21 SB	Zweiganggetriebe mit Schlagbohreinrichtung	350	1000/3300	550/1850
	E 41 SB	Zweiganggetriebe mit Schlagbohreinrichtung (4 Drehzahlen durch elektrische Schaltung)	350	740/1000/ 2600/3300	410/550/ 1450/1850
	E 21 SBo electronic	Zweiganggetriebe mit Schlagbohreinrichtung	350	0—1000/ 0—3300	0—550/ 0—1850
	Jumbo 42 SB	Zweiganggetriebe mit Schlagbohreinrichtung (4 Drehzahlen durch elektrische Schaltung)	450	750/950/ 2800/3500	400/580/ 1500/2100
	Jumbo 22 SBo electronic	Zweiganggetriebe mit Schlagbohreinrichtung	450	0—950/ 0—3500	0—580/ 0—2100
C.&E.Fein	AHSy 636 S	Einganggetriebe	280	3000	1700
	DHS 636 S	Zweiganggetriebe	280	1450/3100	850/1850
	AHSye 636 S	Einganggetriebe	280	0—3000	0—1700

Bohrfuttergröße mm	Bohrleistung mm Ø Stahl	Holz	Stein	Gewicht kg	Preis inkl. MWSt Mai 1972 DM	Bemerkungen
10	10	20	10	1,5	196.—	Schlagzahlen/min: 24 000/36 000
13	10	30	12	2,1	298.—	Schlagzahlen/min: 16 000/36 000
10	10	30	12	1,9	251.—	Schlagzahlen/min: 14 800/20 000/32 000/42 000
13	13	40	20	3,0	344.—	Schlagzahlen/min: 9600/13 400/30 000/42 000
13	13	40	20	3,0	386.—	Schlagzahlen/min: 14 600/46 000
10	10	28	10	1,6	Keine empfohlenen Richtpreise mehr: Preise sind frei kalkulierbar	Schlagbohrfest (SB-Vorsatz)
10	10	28	10	1,7		Schlagbohrfest (SB-Vorsatz)
10	10	28	10	1,7		Schlagbohrfest (SB-Vorsatz)
10	10	28	10	1,7		Schlagbohrfest (SB-Vorsatz)
13	10	30	13	1,9		Schlagbohrfest (SB-Vorsatz)
13	10	30	13	1,9		Stufenlose Drehzahlregelung Schlagbohrfest (SB-Vorsatz)
10	10	30	13	1,9		
13	10	30	13	2,0		
10	10	30	13	2,0		Stufenlose Drehzahlregelung
13	10	30	13	2,0		
10	8	20	8	1,38	108.—	Schlagbohrfest (SB-Vorsatz) Abschaltautomatik
10	10	25	10	1,65	154.—	Schlagbohrfest (SB-Vorsatz) Abschaltautomatik
10	10	25	10	1,9	224.—	Abschaltautomatik
10	10	25	10	1,9	239.—	Abschaltautomatik
10	10	25	10	1,9	254.—	Stufenlose Drehzahlregelung Abschaltautomatik
13	13	32	13	2,3	275.—	Abschaltautomatik
13	13	32	13	2,3	299.—	Stufenlose Drehzahlregelung Abschaltautomatik
8	6	20	—	1,3	169.—	
8	6	20	—	1,45	196.—	
8	6	20	—	1,3	219.—	Stufenlose Drehzahlregelung

Tabelle 1: Handbohrmaschinen (Antriebsmaschinen)

Hersteller	Bezeichnung der Bohrmaschine (Antriebsmaschine)	Getriebeart	Leistungsaufnahme in Watt	Drehzahl(en) U/min Leerlauf	Drehzahl(en) U/min Vollast
Metabo	060	Einganggetriebe	310	2400	1400
	064	Einganggetriebe	310	2400	1400
	064/2	Einganggetriebe	310	2000/2800	1150/1600
	064 electronic	Einganggetriebe	310	0—2800	0—1600
	066/2	Zweiganggetriebe	350	1000/2500	600/1400
	0164/2	Einganggetriebe mit Schlagbohreinrichtung	310	2000/2800	1150/1600
	0164 electronic	Einganggetriebe mit Schlagbohreinrichtung	310	0—2800	0—1600
	0168/2	Zweiganggetriebe mit Schlagbohreinrichtung	350	1000/2800	600/1600
	0169/4 S-automatic	Zweiganggetriebe mit Schlagbohreinrichtung	400	700/1000/ 2000/2800	400/600/ 1150/1600
	0172/2 S-metabomatic	Zweiganggetriebe mit Schlagbohreinrichtung	400	0—2800	0—1600
	7512/6 S-automatic	Zweiganggetriebe	500	600/850/1900/ 2700/14 000/ 20 000	350/500/1100/ 1600/8500/ 12 000
	0176/2 S-metabomatic	Zweiganggetriebe mit Schlagbohreinrichtung	600	0—3000	0—1600
Philips	HR 7102	Einganggetriebe	310	3000	1550
	HR 7103	Zweiganggetriebe	310	900/3000	460/1520
	HR 7104	Einganggetriebe	310	0—3000	0—1550
SKIL	1411 H	Einganggetriebe	380	0—2600	
	1414 H	Zweiganggetriebe	400	0—900/ 0—2600	
	1417	Zweiganggetriebe	400	0—900/ 0—2600	
	1431	Zweiganggetriebe	400	0—900/ 0—2600	

Bohr-futter-größe mm	Bohrleistung mm ⌀ Stahl	Holz	Stein	Gewicht kg	Preis inkl. MWSt. Mai 1972 DM	Bemerkungen
8	8	20	—	1,3	104.—	—
8	8	20	—	1,3	114.—	Schlagbohrsicher, Überlastungsschutz
8	8	20	—	1,4	133.—	Elektronische Drehzahl-umschaltung, schlagbohr-sicher, Überlastungsschutz
8	8	20	—	1,4	150.—	Stufenlose elektronische Drehzahlsteuerung, schlagbohrsicher, Überlastungsschutz
10	10	25	—	2,0	165.—	Schlagbohrsicher, Über-lastungsschutz, Seitenhandgriff
10	10	25	10	1,5	183.—	Elektronische Drehzahl-umschaltung, Überlastungs-schutz
10	10	25	10	1,5	204.—	Stufenlose elektronische Drehzahlsteuerung, Überlastungsschutz
10	10	25	12	2,3	240.—	Überlastungsschutz
13	13	30	16	2,4	257.—	Elektronische Drehzahl-umschaltung, Sicherheits-kupplung
13	13	30	16	2,5	299.—	Stufenlose elektronische Drehzahlregelung, Regelauto-matik, Sicherheitskupplung und Überlastungsschutz
13	13	40	—	3,5	299.—	Elektronische Drehzahl-umschaltung, Drehzahlen 14 000 bzw. 20 000/min an Spannzange am rückseitigen Maschinenende, schlagbohr-sicher, Überlastungsschutz
13	13	40	20	2,7	349.—	Stufenlose elektronische Drehzahlregelung, Regelauto-matik, Sicherheitskupplung und Überlastungsschutz
10	10	25	13	1,55	109.—	Schlagbohrfest (SB-Vorsatz) Überlastungsschutz
10	10	25	18	1,85	165.—	Schlagbohrfest (SB-Vorsatz) Überlastungsschutz
10	10	25	18	1,55	174.—	Stufenlose Drehzahlregelung Schlagbohrfest (SB-Vorsatz) Überlastungsschutz
8	8	25	10	1,6	139.—	Stufenlose Drehzahlregelung
10	10	30	16	1,9	205.—	Stufenlose Drehzahlregelung Drehzahlarretierung
13	13	30	16	1,95	216.—	Stufenlose Drehzahlregelung Drehzahlarretierung
10	10	30	12	2,4	216.—	Stufenlose Drehzahlregelung Drehzahlarretierung

Tabelle 2: Zusatzgeräte zu den Bohrmaschinen (Antriebsmaschinen)

Hersteller	Bohren	Sägen	Schleifen	Hobeln
AEG	Bohrständer	Handkreissäge (Schnittiefe 42 mm) Tischkreissäge (Schnittiefe 34 mm) Hand- u. Tischkreissäge (Schnittiefe 42/39 mm) Stichsäge (Schnittiefe 40 mm)	Schleifbock zum Schleifen von Werkzeugen Schleif-, Drechsel- und Bohreinrichtung Schwingschleifer zum Bearbeiten großer Flächen	Hand- und Tischhobel
Black & Decker	Bohrständer (Ausladung 123 mm Hub 75 mm) Schlagbohrvorsatz Winkelgetriebe	Handkreissäge (Schnittiefe 32 mm) Tischkreissäge Stichsäge Stichsäge-Tischplatte zum stationären Betrieb Sägeplatte	Vibrationsschleifer (Schleiffläche 92×184 mm) Schleiftisch Schleifbock	
Bosch	Schlagbohrvorsatz Winkelgetriebe Tischbohrständer (Ausladung 85 mm Hub 50 mm oder 92/60 mm) Bohrständer aus Grundgerät S 1 (Ausladung 95 mm Hub 100 mm)*) *) Siehe letzte Spalte	Vorsatz-Kreissäge (Schnittiefe 42 mm, Fräsen bis 10,5 mm Breite) Sägetisch Vorsatz-Stichsäge (Schnittiefe 50 mm) Tischkreissäge *) (Schnittiefe 42 mm) Bügel- u. Stichsäge *) zum Laubsägen, Stichsägen, Schneiden	Vorsatz-Schwingschleifer (Schleiffläche 220×112 mm) Bandschleifgerät als Vorsatzgerät, als Tischgerät *) Schleifbock	Vorsatzhobel (60 mm Breite)
C. & E. Fein	Bohrständer (Ausladung 54 mm Hub 62 mm) Schlagbohrkopf	Handkreissäge (Schnittiefe 26 mm) Sägetisch Stichsäge	Sander (Schleiffläche 95×170 mm) Schleifbock	
Metabo	Grundgeräte C 1/C 2 als Tischbohrmaschine (Ausladung 85 mm, Bohrhub 90 mm) Schlagbohrvorsatz Bohrständer mit Ausladung 90 mm Bohrständer mit Ausladung 125 mm Winkelbohrvorsatz	Grundgerät C 1 als Kreissäge (Schnittiefe 42 mm) Grundgerät C 2 mit großem Tisch als Kreissäge (Schnittiefe 40 mm) Tischkreissäge (Schnittiefe 42 mm) Tischkreissäge mit großem Tisch (Schnittiefe 40 mm) Kreissägevorsatz (Schnittiefe 37 mm) Stichsägevorsatz Laubsägeausrüstung zu den Grundgeräten C 1/C 2 Bandsäge (Schnittiefe 150 mm, Seitendurchlaß 330 mm)	**Schleifen von Holz:** Grundgeräte C 1/C 2 als Schleifmaschine Tischkreissägen als Schleifmaschine Sandervorsatz (Schleifplatte 110×210 mm) Bandschleifvorsatz **Schleifen von Metall:** Schleifbock Schleifeinrichtung Winkelschleifvorsatz	Abrichthobelmaschine (Hobelbreite 160 mm) Hobelvorsatz (Hobelbreite 62 mm, Falztiefe 15 mm)

Drechseln	Aufspannen für ortsfesten Betrieb	Besondere Zusatzgeräte	Bemerkungen
Schleif-, Drechsel- und Bohreinrichtung	Aufspannbock mit Schraubzwingen	Biegsame Welle Heckenschere-Vorsatzgerät Winkelschleifer-Vorsatzgerät Winkelbohrgetriebe-Vorsatzgerät Maschinenschraubstock für Bohrständer	**Spezialmaschinen mit fest eingebautem Antriebsmotor:** Handkreissägen Stichsägen Kettensäge Schwingschleifer Schleifbock Hand- und Tischhobel
Drechselbank	Horizontalständer	Heckenschere Schraubenzieher-Zusatzgerät (nur für Zweigang-Maschinen) Frästisch Handfräse	**Spezialmaschinen mit fest eingebautem Antriebsmotor:** Handkreissäge Vibrationsschleifer Stichsäge Heckenschere E-Rasenmäher
Drechseleinrichtung *) Metalldrehbank	Aufspannbock Maschinenschraubstöcke Grundgerät S 1 *)	Biegsame Welle Reduziergetriebe (4:1) Vorsatzkompressor Spritzpistole Reifenfüller Bohrerschärfgerät Sägeblattschärfgerät Heckenschere Rasenmäher	Grundgerät S 1 zum stationären Betrieb: Sägen, Fräsen, Bohren, Schleifen, Drechseln Kombi-Schrank und -Koffer mit Grundgerät S und verschiedenen Vorsatzgeräten einschl. Maschine Jumbo 22 SBo electronic **Spezialmaschinen mit fest eingebautem Antriebsmotor:** Stichsäge, Schwingschleifer, Kreissäge, 2 Heckenscheren, Rasenkantenschere
Drechselbank	Aufspannbock	Heckenschere	
Drechselausrüstung zu den Grundgeräten C 1/C 2	Aufspannbock Maschinenhalter	Biegsame Welle mit Bohrfutter Biegsame Welle mit Spannzange Sägeblattschärfgerät Schraubvorsatz Spiralbohrer-Schleifgerät Knabbervorsatz für Bleche und Kunststoff Heckenscherenvorsatz Tischfräse Fräsvorsatz	Weitere Antriebsmaschinen siehe Tabelle 3!

Tabelle 2: Zusatzgeräte zu den Bohrmaschinen (Antriebsmaschinen) — Fortsetzung

Hersteller	Bohren	Sägen	Schleifen	Hobeln
Philips	Schlagbohrvorsatz Tischbohrständer (Ausladung 85 mm Hub 50 mm)	Vorsatz-Kreissäge (Schnittiefe 42 mm) Vorsatz-Stichsäge (Schnittiefe 50 mm)	Vorsatz-Schwingschleifer (Schleiffläche 220×112 mm) Schleifstein	Vorsatz-Hobel (Spanabnahme bis 1 mm)
SKIL	Vertikaler Bohrständer Horizontaler Bohrständer	Handkreissäge (Schnittiefe 32 mm) Tischkreissäge Handstichsäge Tischstichsäge	Schwingschleifer (Schleiffläche 92×230 mm) Schleif- und Polierbock	

Tabelle 3: Andere Antriebsmaschinen und Kleinmaschinen-Kombinationen

Hersteller	Bezeichnung der Grundmaschine	Getriebeart	Leistungsaufnahme in Watt	Leerlaufdrehzahlen der Arbeitswelle (U/min)
Metabowerke Nürtingen	Tischmotor 910 W für Einphasen-Wechselstrom	Keilriemenantrieb	750	1100/1600/2900/5500/7800 (mit Vorgelege auch 540/780/11 300/16 000)
	Tischmotor 910 D für Drehstrom	Keilriemenantrieb	950	wie 910 W
Georg Ott (Ulmia) Ulm/Do.	»Ulmia universa« Klein-Kreissäge-Maschine (Vielzweck-Kleinmaschinen-Kombination)	Keilriemenantrieb über Stufenscheiben	Leistung 0,75 PS (Drehstrom) 0,65 PS (Wechselstrom)	750/1250/1400/1500/2000/3000/4200/6000

Drechseln	Aufspannen für ortsfesten Betrieb	Besondere Zusatzgeräte	Bemerkungen
	Horizontaler Bohrständer	Heckenschere Schleif- und Poliersatz Wanknutscheiben für Fräsen	
	Tischständer	Biegsame Welle Verstellbare Lochsäge Schraubendreher-Zusatzgerät Heckenschere Gras- und Gestrüppschere	Schnapp-Fix-System für den sekundenschnellen Zusammenbau der Bohrmaschine mit den Zusatzgeräten

Gewicht kg	Besonderheiten	Preis incl. MWSt Mai 1972 DM	Bemerkungen
11	Geräuscharm, konstante Drehzahl auch unter Belastung	398.—	Induktionsmotoren zum Antrieb verschiedener Vorsatzgeräte, die ortsfest aufgebaut werden können
10,5	wie 910 W	385.—	wie 910 W
27	Hohe Leistungsreserve, konstante Drehzahl auch unter Belastung	997.— (Drehstrom)	Konstruktion wie bei gewerblichen Normalmaschinen, eingebaute Hobelmesserwelle. Die Zusatzeinrichtungen sind komplett montiert und besonders rasch austauschbar.
		1038.— (Wechselstrom)	Folgende Zusatzeinrichtungen können angeschlossen werden: Abricht-Hobeleinrichtung (100 mm Hobelbreite) Langloch-Bohreinrichtung (Bohrtiefe 120 mm) Holzdreheinrichtung (Spitzenweite 500 mm) Tischbohreinrichtung (Bohrleistung Stahl bis 8 mm, Holz bis 20 mm) Laubsägeeinrichtung (Hubzahl: 20 Doppel-Hube/sec) Bandsägeeinrichtung (Schnittgeschw. 920 m/min) Werkzeugschärfeinrichtung Kreissägeschärfeinrichtung Hobelmesser- und Hobeleisenschärfeinrichtung Zinkenfräseinrichtung und weitere Zusatzgeräte und Maschinenwerkzeuge

2 Zum Arbeiten mit Kombiwerkzeugen

Bohren

Die Handbohrmaschine wird wie die Bohrleier mit verschiedenen Bohrern bestückt. Am gebräuchlichsten sind Spiralbohrer verschiedenen Durchmessers, Schlangenbohrer, Zentrums- und Forstnerbohrer (vgl. S. 100f., 316ff.).

Bohrständer Durch Einspannen der Antriebsmaschine in einen Bohrständer (oder eine andere Einspannvorrichtung, je nach Fabrikat) wird die Bohrarbeit viel genauer, was z.B. beim Dübelbohren in Holz und für genaues Bohren in Metall wichtig ist. Das Werkstück muß dabei auf der Grundplatte des Bohrständers festgespannt werden. Mit einem Fräsbohrstichling können Sie auch Schlitze fräsen.

Das Bohren Drücken Sie den Bohrer nicht mit Gewalt in das Material, er wird sonst leicht heiß und stumpf. Besonders Spiralbohrer setzen sich in Holz gern zu, wenn Sie nicht mit Gefühl arbeiten. Ab und zu einmal herausziehen und die Späne entfernen! Beim Herausziehen stets laufenlassen.

Für genaue Bohrarbeiten nehmen Sie den Bohrständer. Ob Sie dabei senkrecht oder waagerecht bohren, hängt von der Arbeit und dem Werkstück ab. Auf alle Fälle soll das Stück auf einer ebenen Fläche festliegen. Wollen Sie nicht durchbohren, dann benutzen Sie immer eine Bohrmanschette (S. 102), denn: die schnellaufenden Bohrer sind meist schon tiefer, als man denkt!

Winkeltrieb Mit diesem Vorschaltgerät können Sie Bohrer (auch Polier- und Schleifscheiben) im rechten Winkel zum Gerät einspannen. Dadurch können Sie an Stellen arbeiten, die sonst nicht erreicht werden können.

Biegewellenvorsatz Dieses hauptsächlich für den Modellbau wichtige Zusatzgerät ermöglicht es Ihnen, wie ein Zahnarzt an schwer zugänglichen Stellen mit kleinen Bohr-, Fräs- und Sägeeinsätzen zu arbeiten.

Sägen

Tischkreissäge Neben dem Elektrobohrer ist die Tischkreissäge das wichtigste und vielseitigste Gerät für den Heimwerker; man kann sagen, daß saubere Tischlerarbeit nur mit einer solchen Säge durchgeführt werden kann. Mit ihr werden Massivholz, Tischler-, Span-, Sperr- und auch Kunststoffplatten zugeschnitten. Mit ihr können Sie saubere, winkelrechte Schnitte und Gehrungen sowie Fälze, Nuten und Zinken ausarbeiten. Der Sägetisch aus Metall, durch den das Kreissägeblatt höhenverstellbar herausragt, ist die genaue, ebene Arbeitsunterlage. In eingeschnittenen Nuten der Grundplatte werden die Anschlagschienen genau bewegt. Einer der Anschläge sollte in jedem Winkel verstellbar sein, um beliebige Gehrungswinkel genau zu sägen. Auch der Sägetisch soll zum Sägeblatt schräggestellt werden können; damit sägt man genaue Gehrungen an den Kopfseiten von breiten Brettern oder Platten.

Wanknutsäge Zum Sägen von breiten Nuten und Fälzen sollte die Kreissäge eine Wanknuteinstellung haben. Das Sägeblatt wird dabei zwischen zwei verstellbare angeschrägte Scheiben eingespannt, so daß das Sägeblatt bei der Drehung »wankt« und dadurch einen breiteren Schnitt erzeugt. Bei der hohen Umdrehungsgeschwindigkeit von 2000 bis 3000 pro Minute wirkt das Sägeblatt wie ein Fräser.

Die Säge soll auf jeden Fall einen Schutzbügel und einen Spaltkeil besitzen.

Arbeiten mit der Kreissäge Die Kreissäge ist die meistgebrauchte und auch vielseitigste Maschine des Schreiners. Sie ist aber auch die gefährlichste! Wenn Sie bedenken, daß ein Kreissägeblatt je nach der Art 12 bis 90 Zähne hat und daß sich diese Säge mit etwa 3000 Umdrehungen pro Minute bewegt, dann erkennen Sie, daß in jeder Sekunde 2500 scharf geschliffene Sägezähne an Ihren Fingerspitzen vorbeirasen. Leider vergessen viele diese Tatsache – mit dem Erfolg, daß die Kreissäge im Handwerk die höchste Unfallziffer stellt. Vorsicht ist nicht gleich Ängstlichkeit!

Hier noch einige Grundregeln:

1. Stellen Sie sich immer seitlich vom Sägeblatt-Drehkreis.
2. Benutzen Sie immer Spaltkeil, Schutzbügel oder Schutzhaube.
3. Die Sägezähne dürfen nicht mehr als die halbe Zahnhöhe über das Werkstück herausragen. Machen Sie sich die Mühe und benutzen Sie den Höhenversteller; er wurde nicht ohne Grund eingebaut.
4. Beim Sägen von schmalen und kurzen Teilen

das Werkstück nur mit dem Schiebestock gegen die Säge führen.
5. Achtung bei Holz mit Ästen oder mit stark wechselndem Faserverlauf: Das Werkstück kann ruckartig aus der Säge geschleudert werden.
6. Beim Absägen mehrerer gleichlanger Teile sollten Sie nur mit Abweisleiste arbeiten, damit die abgeschnittenen Stücke nicht von der rotierenden Säge zurückgeschleudert werden.
7. Bei Fräsarbeiten, wenn das Holz wegen des breiteren Schnittes der Säge mehr Widerstand entgegensetzt und die Wanknutsäge das Holz in verschiedenen Richtungen angreift, muß das Werkstück besonders sorgfältig geführt und nach oben abgesichert werden.
8. Schieben Sie das Werkstück immer mit Gefühl und nicht mit Gewalt gegen die Säge. Die Kombiwerkzeuge haben nur eine begrenzte Leistungsfähigkeit (jeder Maschine sind Leistungstabellen beigegeben). Der Zahnkranz wird sonst durch Überbelastung heiß und stumpf. Stumpfe Sägen sind gefährlich.
9. Achten Sie darauf, daß der Breitenanschlag parallel zum Sägeblatt steht. Sonst klemmt das Werkstück, der Schnitt wird unsauber, und die Säge wird in der Blattmitte heiß und unbrauchbar.
10. Ein angerissenes Sägeblatt sofort auswechseln.
11. Die Säge erst verlassen, wenn das Blatt völlig still steht.
12. Ein auslaufendes Sägeblatt nie durch seitliches Anhalten abbremsen.

Sägen quer zur Faser (Ablängen) Auf den sauberen Sägetisch (es sollen keine Reste der vorhergehenden Arbeit und auch kein Werkzeug herumliegen) legen Sie das Werkstück und prüfen an der stehenden Kreissäge die Höheneinstellung der Säge. Nachdem Sie die Säge in Gang gesetzt haben, legen Sie das Werkstück mit der Winkelkante gegen den Queranschlag und führen es mit dem Anschlag gegen die Säge. Nach einem kleinen Einschnitt an der Kante ziehen Sie das Werkstück zurück und prüfen, ob der Schnitt richtig am Riß liegt. Nachrichten und nochmals probieren. Erst wenn der Schnitt richtig liegt, wird das Werkstück mit dem Anschlag gegen die Säge geführt und langsam abgesägt.

Das Einschneiden eines Falzes oder einer Überplattung quer zum Holz geschieht auf die gleiche Weise, nur daß hier auch die Höhe des Schnittes, der ja nicht durchgehen darf, genau überprüft werden muß. Hierzu nehmen wir ein Probestück, an dem der Schnitt so lange probiert werden kann, bis die Höhe des Schnittes genau stimmt. Auch das Probestück immer am Anschlag führen.

Bei einer Ausfälzung am Rand, z.B. beim Ausschneiden von Zapfen, wird der Parallelanschlag als Begrenzung der Zapfenbreite eingestellt und das Werkstück an diesem entlanggeführt.

Zum Schneiden einer Gehrung wird der Queranschlag auf den gewünschten Winkel eingestellt und das Werkstück am Anschlag gegen die Säge geführt. Zum Sägen einer Gehrung entlang einer Brettkante muß der Tisch geschwenkt werden, dann wird am senkrechtgestellten Queranschlag gearbeitet.

Ist das Brett oder die Platte so lang, daß eine Führung am Anschlag nicht mehr möglich ist, dann können Sie sich helfen, indem Sie eine Latte oder Ihren normalen Anschlagwinkel mit Spannschrauben so unter dem Werkstück anklemmen, daß Sie unten eine Führung am Sägetisch entlang haben.

Achten Sie darauf, daß die Jahresringe an der Hirnseite nicht in gleicher Krümmung verlaufen wie die Säge, sonst reißt Ihnen das Brett ein.

Sägen mit der Faser (Trennen) Beim Trennen langsam und mit Gefühl arbeiten. Hier ist die Gefahr, daß Maschine und Sägeblatt überlastet werden, besonders groß. Eile mit Weile! Sonst ist Ihre teure Maschine bald in Reparatur. Die Arbeit wird am Parallelanschlag durchgeführt. Alle Arbeitsgänge wie beim Quersägen, nur mit dem wesentlichen Unterschied, daß der Anschlag nicht mitbewegt wird, sondern daß zwischen dem feststehenden Anschlag und der rotierenden Säge hindurch geführt werden muß. Benutzen Sie dazu immer den Schiebestock, sobald Sie mit der Hand in die Nähe der Säge kommen. Versuchen Sie nicht, bei langen Werkstücken hinter die Säge zu greifen, um das Holz festzuhalten: Ihre Kleidung könnte in die Säge geraten.

Alle Nuten und Fälze werden genauso gearbeitet wie beim Quersägen.

Arbeiten mit der Wanknut-Säge Durch abgeschrägte Beilagscheiben, sogenannte Wanknutscheiben, kann das Sägeblatt schräg zur Achse gestellt werden und taumelt, »wankt« dann beim Umlauf, so daß ein breiter Sägeschnitt, eine Nut, entsteht. Die Nutbreite kann reguliert werden. Auf den abgeschrägten Wanknutscheiben ist eine Skala, auf der Sie ablesen können, wie breit der Schnitt wird; es empfiehlt sich jedoch immer, Schnittbreite und Höhe an einem Probestück zu kontrollieren und gegebenenfalls nachzurichten. Mit dieser Säge können Sie auch Zinken schneiden. Die Vorrichtungen hierzu sind je nach Fabrikat verschieden (Betriebsanweisung).

Handkreissäge Für das Zuschneiden von übergroßen Platten, zum groben Ablängen von Brettern, bei der Arbeit an Holzverkleidungen, eben bei allen groben Sägearbeiten ist die Handkreissäge am Platz. Da die Säge beweglich ist, muß sie einen guten Handgriff haben und einen beweglichen, immer gut abdeckenden Schutzbügel. Eine planebene Grundplatte, auch schrägstellbar, ist wichtig, ebenso die Anbringungsmöglichkeit für einen Parallelanschlag, damit Sie lange Leisten vom Brett heruntertrennen können. Bei manchen Handkreissägen ist die Grundplatte so ausgebildet, daß sie die Säge, wenn Sie sie umgekehrt am Werktisch festspannen, auch als Tischkreissäge verwenden können. Für größere Werkstücke ist die Grundplatte jedoch zu klein und ergibt ungenaue Schnitte. Ein geschickter und geübter Handwerker wird aber auch mit der Handkreissäge saubere Arbeit leisten.

Da Sie beide Hände zur Führung der Säge brauchen, muß das Werkstück immer fest eingespannt sein. Denken Sie daran, daß diese Säge »umgekehrt« arbeitet, das heißt, von unten nach oben schneidet. Die »gute Seite« des Werkstückes soll dabei unten liegen. Was wegen der Jahresringe bei der Tischkreissäge gesagt wurde, gilt hier sinngemäß. Die Säge soll laufen, ehe sie gegen das Werkstück geführt wird. Um möglichst gerade Schnitte ausführen zu können, benutzen Sie den Parallelanschlag. Hat das Brett noch keine gerade Anschlagkante, dann können Sie sich helfen, indem Sie eine gerade Leiste als Anschlag auf das Brett spannen.

Stichsäge Dieses Vorsatzgerät dient den gleichen Zwecken wie die gleichnamige Handsäge, nämlich dem Sägen von Schweifungen und Innenöffnungen. Mit ihr können Sie aber auch große Platten teilen oder mit einem entsprechenden Anschlag Bretter trennen.

Für die Handhabung gilt sinngemäß das für die Handkreissäge Gesagte. Sie arbeitet auch von unten gegen die obenliegende Grundplatte. Gute Seite unten!

Sägen Sie ohne Druck und achten Sie darauf, daß sich das Sägeblatt an scharfen Ecken freiarbeitet und nicht verklemmt. Für die verschiedenen Materialien gibt es gesonderte Sägeblätter, benutzen Sie diese nach der Gebrauchsanweisung.

Bügelsäge Diese hauptsächlich für Modellbau benutzte Säge ist eine elektrisch angetriebene Laubsäge, die durch einen Auflagetisch geführt ist. Arbeiten Sie auch hier je nach Werkstoff mit verschiedenen Sägeblättern. Die Säge arbeitet von oben nach unten. Gute Seite ist hier oben! Bei scharfen Ecken besonders aufpassen und ohne Druck arbeiten, denn die dünnen Blätter brechen besonders leicht. Bricht das Sägeblatt trotzdem auffallend oft, dann ist es nicht richtig eingespannt. Sägeblattneigung kontrollieren und prüfen, ob es nach Vorschrift in der Führung läuft.

Hobeln

Eine Hobelmaschine arbeitet rundlaufend wie eine Kreissäge, doch sind statt der Zähne Hobeleisen auf einer rotierenden Walze angebracht. Die Breite der Fläche, die gehobelt werden kann, hängt von der Breite der Messer ab. Man kann hier nicht wie beim Handhobel Strich neben Strich legen.

Da beim Hobeln durch die Maschine eine große Kraft aufgebracht werden muß, können mit Kombimaschinen in der Regel keine großen Flächen gehobelt werden. Für das Bearbeiten der Kanten, besonders der Winkelkante, von der aus Sie arbeiten müssen, sind sie gut geeignet. Manche Maschinen sind auch zum Fräsen von gerundeten Kantenfälzen einrichtbar.

Das Holz wird der Drehrichtung entgegen über die Walze geführt. Achten Sie darauf, daß die Walze nicht zu hoch eingestellt ist. Die Leistungsfähigkeit der Maschine ist in der Bedienungsanleitung angegeben; 1–2 mm werden im allgemeinen richtig sein. Im Zweifel lieber zuwenig als zuviel einstellen! Sie können mit dem Werkstück ja mehrmals über die Maschine gehen.

Wichtig ist, daß Sie den Faserverlauf beachten (wie beim Handhobeln). Das Holz reißt sonst ein, was eine unsaubere Hobelfläche ergibt; die Gewalt der Maschine kann Ihnen auch das Werkstück aus der Hand schlagen. Deshalb sind Maschinen, die nach oben noch einen Schutz haben, besonders zu empfehlen. Sonst bauen Sie sich einen oberen Anschlag, indem Sie eine entsprechende Leiste oberhalb der Werkstückführung anklemmen.

Soll das zu bearbeitende Stück durch das Hobeln auf eine bestimmte Stärke gebracht werden, dann probieren Sie die Stärke des Hobelschnittes wie bei der Kreissäge.

Schleifen

Die Wirkungsweise von Zusatzgeräten wie Gummiteller, Schwing- und Bandschleifer, Schleifscheibe ist in der Gerätebeschreibung erläutert. Allgemein ist zu sagen: Halten Sie die aufgespannten Schleifpapiere sauber, klopfen Sie den Staub ab und zu heraus. Ist das Papier mit Leim oder Farbresten verklebt, dann reibt es nur noch, schleift aber nicht. Schleifen Sie mit Schwing- und Bandschleifern Holz möglichst in Faserrichtung, auf jeden Fall beim letzten Schliff. Mit grobem Papier beginnen und mit feinem Papier vollenden.

Für einen ungeübten Heimwerker ist ein Schwingschleifer besser zu handhaben als ein Putzhobel, um eine maschinengehobelte Fläche endgültig zu glätten. Ähnlich wie bei der Hobelmaschine kann man mit dem Bandschleifer genau winklige Flächen anschleifen, jedoch nur bei kleinen oder schmalen Werkstücken.

Wie bei der Hobelmaschine wird das zu bearbeitende Stück über die Maschine geführt. Dabei kann durch Schrägstellung der Grundplatte auch eine genaue Gehrung oder eine andere schräge Fläche nachgeschliffen werden.

Schleifen Sie auf alle Fälle ohne Druck, denn sonst lösen sich die Schleifkörner bei der entstehenden Wärme vom Papier, und es entstehen Kratzer.

Schwingschleifer Dieses Gerät verwenden Sie, um einen sauberen Planschliff zu erreichen. Unter eine rechteckige Grundfläche werden die entsprechenden Schleifpapiere gespannt. Die Schleiffläche schwingt hin und her. Innenecken und Kanten können genau ausgeschliffen werden.

Bandschleifgerät Zum Schleifen von genau winkelrechten Flächen. Hier läuft das Schleifband immer in einer Richtung über Walzen.

Gummischleifteller Auf dem elastischen Gummischleifteller werden Schleifpapiere befestigt. Das Gerät ist gut geeignet zum Brechen von Kanten und zum Schleifen von gewölbten Flächen. Größere ebene Flächen können Sie damit allerdings nicht sauber schleifen, da der elastische Teller keine ganz ebene Fläche entstehen läßt.

Polierteller mit Lammfellhaube Wenn Sie den elastischen Teller mit der Lammfellhaube überziehen, haben Sie ein gut wirkendes Poliergerät (auch für Ihren Wagen).

Schleifscheibe Für manche Schleifarbeiten, vor allen Dingen bei Hirnholz und zum Rundschleifen von Kanten, ist eine Schleifscheibe gut, die je nach Fabrikat in den Kreissägetisch oder in die Drechseleinrichtung eingesetzt werden kann.

Schleifscheibe zum Schärfen Beim Schärfen Ihrer Werkzeuge auf der elektrisch angetriebenen Scheibe müssen Sie darauf achten, daß bei der hohen Drehzahl das Werkzeug nicht zu heiß wird. Ist die Spitze einmal blau, dann ist es schon zu spät! Im übrigen wird geschliffen wie beim Handschleifapparat (S. 106). Ist die Scheibe schmaler als die Werkzeugschneide, dann muß das Werkzeug sorgfältig hin und her geführt werden, damit die Schneide gerade bleibt. Eventuell können Sie auch an der Seitenfläche des Steines schleifen. Auch hier müssen Sie natürlich die letzte Schärfe auf dem Abziehstein erarbeiten. Schutzbrille nicht vergessen!

Weitere Zusatzgeräte

Genannt seien hier noch:

Drechselbank Aus den Grundgeräten des Bohrständers mit einigen Zusatzteilen kann bei vielen Elektrowerkzeugen eine Drehbank für Holz oder auch Metall zusammengebaut werden.

Entrostungsbürste Eine runde Topf- und Tellerbürste aus Draht, die Metallflächen und -gegenstände schnell und mühelos von Rost und Korrosionsbelag befreit.

Für den Garten Für manche Maschinen gibt es Heckenschere, Rasenmäher, Spritzpistole als Zusatzgeräte.

Bosch-Combi

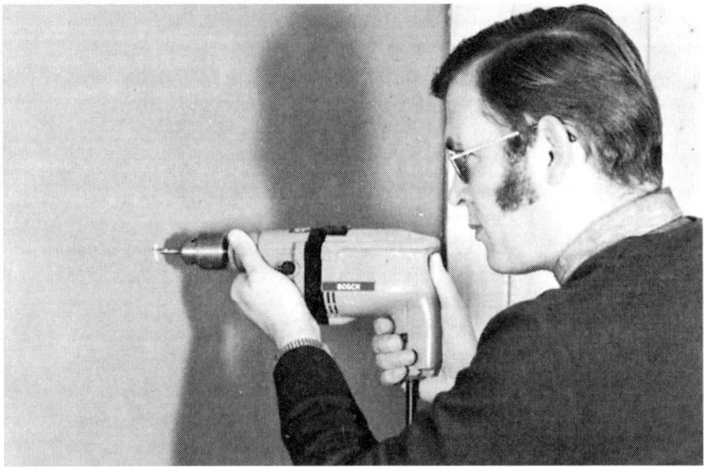

»Jumbo«

Vorsatzkreissäge

Vorsatzschleifbock

Bandschleifer

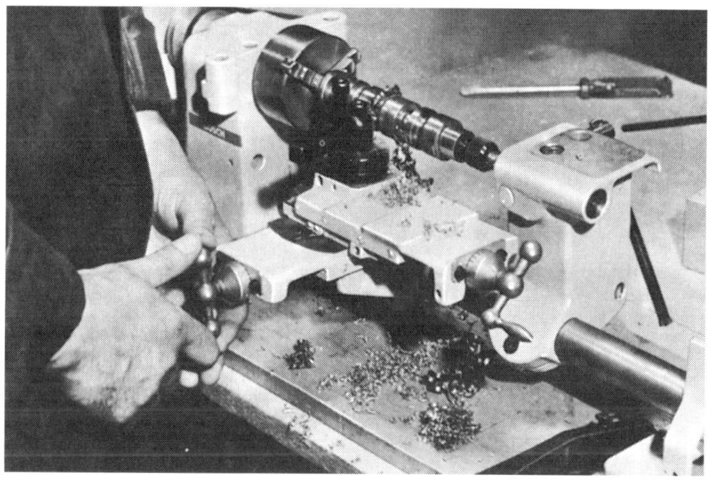

Metalldrehbank

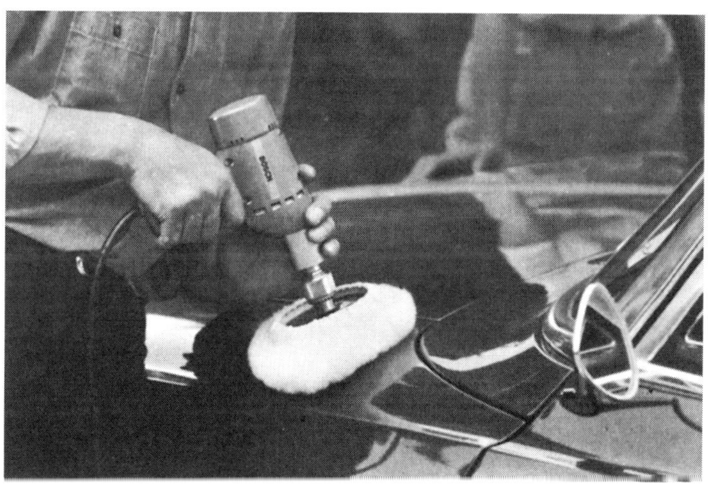

Polierschwamm
mit Lammfellhaube

Metabo Multitool System

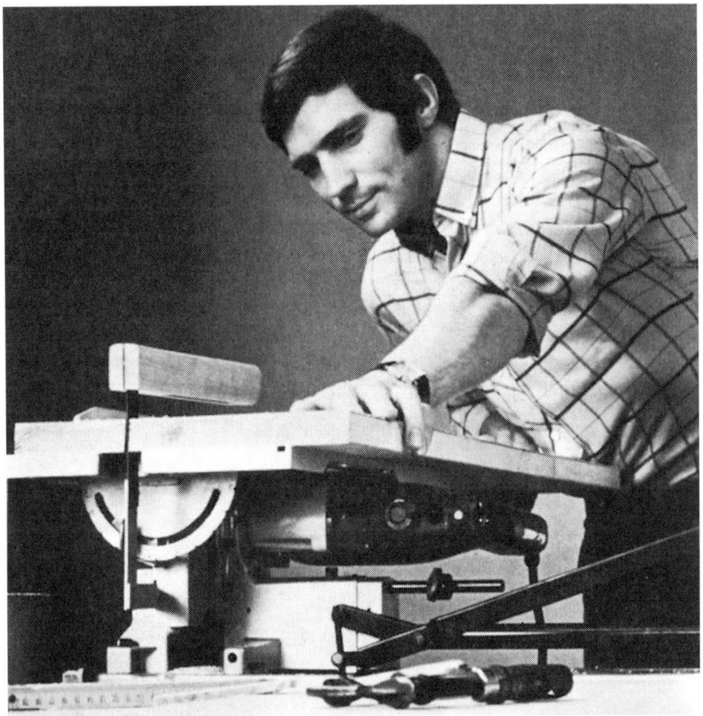

Grundgerät C 2 als Kreissäge

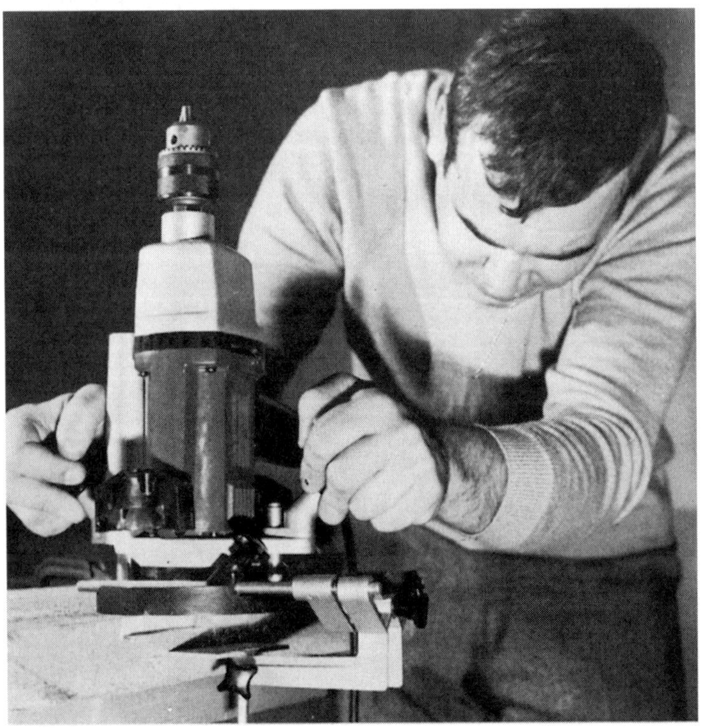

Fräsvorsatz BFV

Abrichthobel BH 2

Winkelschleifvorsatz BWV 1 S automatic

Bandschleifvorsatz BBV

Ulmia universa

Zuschneiden am Längslineal

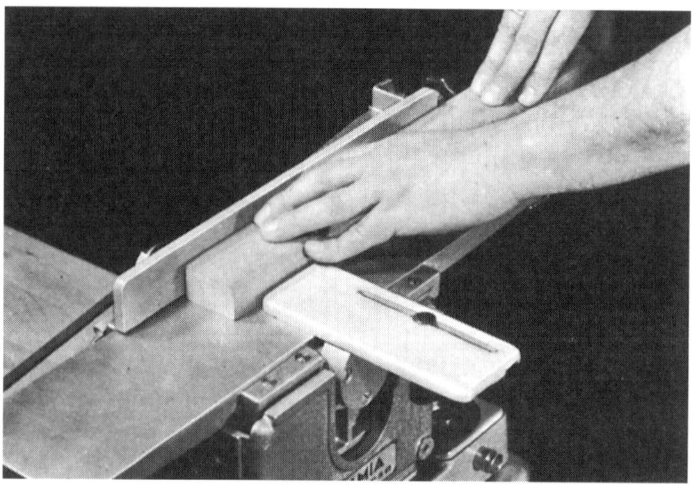

Abrichthobeln eines Kantholzes

Langdrehen (Drechseln) mit der Holzdreheinrichtung

Nuten mit der Wanknutsäge

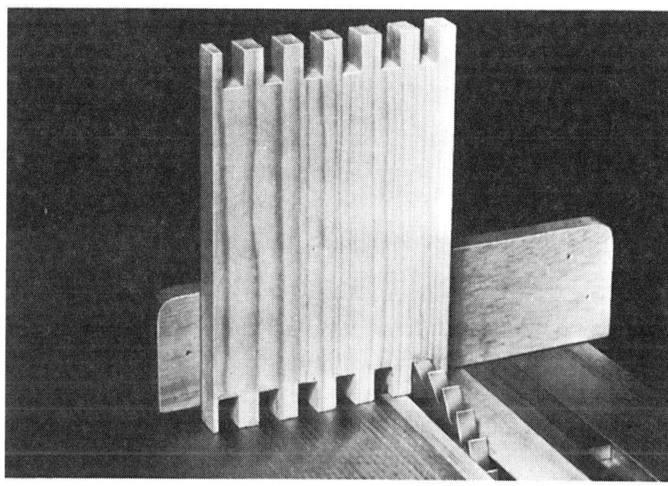

Fräsen von Nuten und Zinken

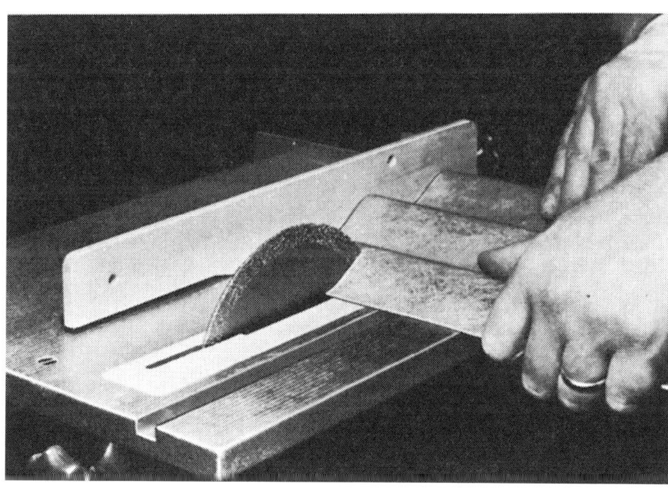

Trennen von Kunststoffen
mit Spezial-Trennscheibe

Erste Hilfe bei Verletzungen

Auch beim Heimwerker kann es einmal einen Betriebsunfall geben, etwa wenn er mit elektrisch angetriebenen Geräten (Kreissäge) arbeitet, wenn er mit ätzenden oder giftigen Stoffen umgeht, wenn er auf Leitern steigt, Erdreich aushebt usw. Bitte beherzigen Sie, wenn Sie sich handwerklich betätigen:

1. Sie sollten einen Verbandskasten im Hause haben. Ist der Inhalt vollzählig und voll brauchbar?
2. Ordnung am Arbeitsplatz hilft Unfälle verhüten.
3. Achten Sie auf die Arbeitskleidung: festes Schuhwerk! Ärmel einschlagen!
4. Arbeiten Sie niemals in einer durch Alkohol beflügelten Stimmung.

Für den Fall, daß trotz aller Vorsicht jemand verletzt wird, folgen hier einige einfache Anweisungen für die Erste Hilfe; sie sind einem Merkblatt der gewerblichen Berufsgenossenschaften entnommen.

Wunden

Wunde nicht berühren! Wunde nicht auswaschen! Auch die schmutzige Wunde nicht! Wunde sofort bedecken!

Womit? Nur mit keimfreiem, trockenem, gebrauchsfertigem Verband (Verbandpäckchen – Gebrauchsanweisung aufgedruckt). Nicht mit anderen Stoffen (Zeug, Watte, Putzwolle, altes Leinen). Wenn kein keimfreier Verbandstoff vorhanden, Wunde offen lassen, bis der Arzt hilft; Blutkruste nicht entfernen.

Nur bei oberflächlichen Wunden, besonders an den Fingern, ist Pflasterverband ausreichend, darüber Lederfingerling.

Verletztes Glied beim Anlegen des Verbandes hochheben. Wenn Verband durchblutet, Druckverband darüberwickeln.

Bei größeren oder tieferen Wunden und bei allen Wunden (auch kleinen) in der Nähe der Gelenke, besonders an den Fingern und nahe dem Kniegelenk, immer schleunigst zum Arzt, am besten zum Facharzt für Chirurgie; wenn es irgendwie möglich ist, innerhalb von sechs bis acht Stunden vom Unfall an gerechnet. Das gilt für jede – auch die kleinste – Wunde, wenn in ihr Stechen oder Klopfen auftritt.

Besondere Arten von Wunden

Schlagaderblutungen, erkennbar daran, daß das Blut stoßweise aus der Wunde spritzt.

Blutstillung durch fester angewickeltes Verbandpäckchen (Druckverband). Wenn das nichts nützt, Blutstillung durch Absperren der Schlagader! Entweder das oberhalb der Wunde gelegene Gelenk (Hüft-, Knie- oder Ellenbogengelenk) bis zum äußersten beugen und in dieser Lage feststellen durch Binde oder Tuch. Oder, wenn das nicht genügt, Abbinden durch Abbindegurt am Oberarm oder Oberschenkel. Notfalls statt des Gurtes Hosenträger oder dgl. Wenn Abbinden nicht möglich, Schlagader mit beiden parallel nebeneinanderliegenden Daumen abdrücken: am Arm nur Innenseite des Oberarmes (wo innere Rocknaht liegt), am Bein nur Mitte der Leiste (wo vordere Bügelfalte der Hose oben endet). Möglichst rasch zum Arzt, weil abgebundene Glieder nur kurze Zeit lebensfähig bleiben! Nach spätestens einer Stunde bei stärkst gebeugtem Gliede Abbindung lockern, alsbald wieder anziehen. Wenn sich das Blut durch keine der angegebenen Maß-

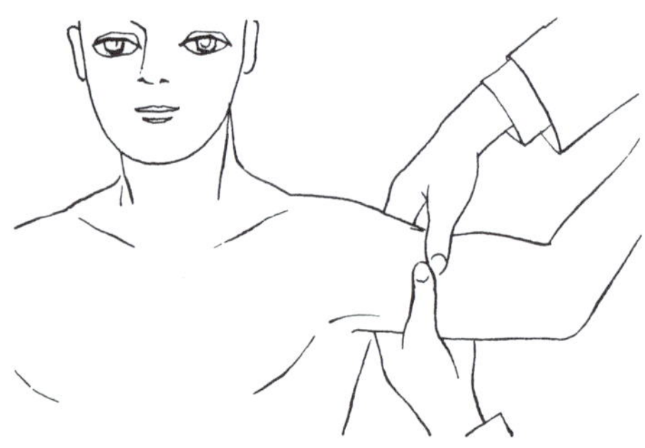

Schlagaderabdrückstelle am Oberarm

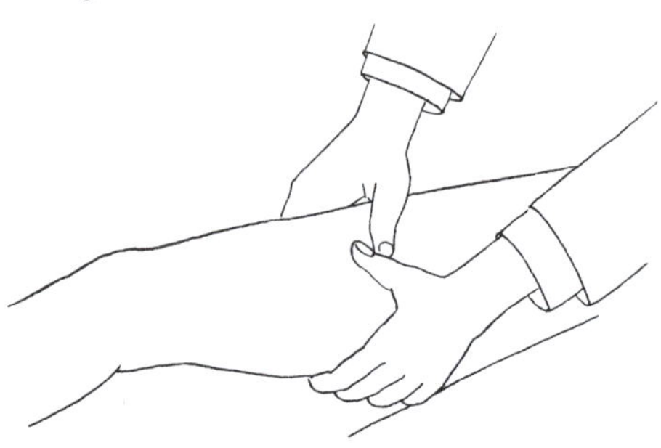

Schlagaderabdrückstelle am Oberschenkel

nahmen stillen läßt, etwa bei Abtrennung von Gliedmaßen, versuchen, durch Aufdrücken von Tüchern, Zeug, Kleidern oder dgl. die Blutung zu stillen.

Augenverletzungen Beide Augen – auch das unverletzte – zubinden (mit Schnellverband, Taschentuch, Halstuch). Bei Verätzung (durch Kalk, Säure, Ammoniak usw.) das Auge sofort mit viel Wasser gründlich ausspülen (ausschwemmen). Dabei die Augenlider mit Daumen und Zeigefinger weit auseinanderhalten (siehe Bild). Das Auge nach allen Seiten bewegen lassen. Schnell zum Augenarzt. Nur wenn nicht erreichbar, zum anderen Arzt.

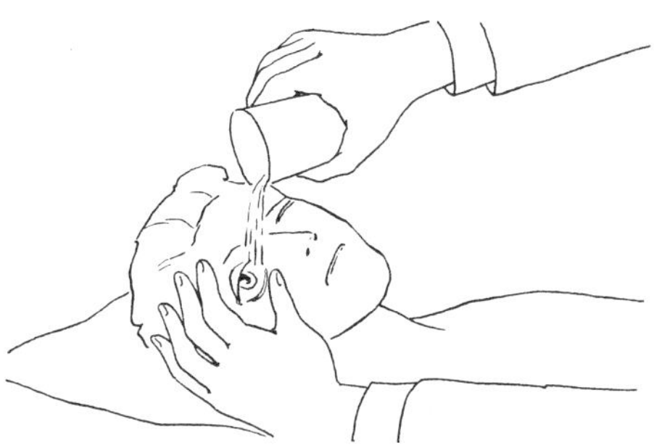

Das Ausspülen des Auges

Verbrennungen Brennende Personen anhalten, zu Boden werfen. Brand durch Umhüllen mit Decken, Kleidungsstücken, Tüchern usw. oder Herumwälzen des Brennenden auf dem Boden ersticken. Festgeklebte Kleider nicht entfernen. Brandblasen nicht öffnen! Kleinere Brandwunden mit »Brandwundenverband« oder, falls nicht vorhanden, mit Verbandpäckchen bedecken. Kein Brandpuder, kein Öl, keine Salbe.

Bei größeren Verbrennungen überhaupt keinen Verband. Falls vorhanden, Brandwunden-Verbandtücher verwenden. Den Verletzten gegen Wärmeverlust durch Zudecken schützen, aber ohne mit der Decke die verbrannte Stelle zu berühren (Decke über Drahtgestell, Reifenbahre, Stuhl).

Äußere Verätzungen Bei Verätzung durch Laugen oder Säuren Kleider herunter und sofort die verätzten Stellen mit viel Wasser ausgiebig abspülen (zur Verdünnung der ätzenden Substanz)! Weitere Versorgung wie bei Verbrennungen (Keimfreier Verband; Schutz gegen Wärmeverlust)! Saubere Kleider anlegen.

Innere Verätzungen Nach Verschlucken von Säuren und Laugen den Verunglückten Wasser oder Tee trinken lassen und ihn schnellstens ins Krankenhaus bringen!

Innere Verletzungen Bei allen inneren Blutungen (aus Lungen oder Magen) den Kranken auf der Seite lagern und ruhig liegenlassen. Schleunigst Arzt hinzuziehen; denn nur er kann helfen! Bei inneren Verletzungen durch stumpfe Gewalteinwirkung (Tritt, Hufschlag, Stoß usw.) auf den Bauch oder den Schädel sofort ins Krankenhaus, möglichst in die Behandlung eines Facharztes für Chirurgie, dies ausnahmslos bei Auftreten von Übelkeit, Brechreiz, Erbrechen. Nichts zu essen, nichts zu trinken geben. Auf der Seite liegend und besonders schonend abbefördern.

Literaturhinweise

Die Auswahl enthält hauptsächlich Fachbücher, die den an einem Thema speziell interessierten Heimwerker über das in der *Axt im Haus* Dargestellte hinaus belehren und anleiten können. Die meisten Fachbücher sind für den Laien nicht ohne Mühe zugänglich.

Anstrich (Farben)
Handbuch der Anstrichtechniken, Deva Fachverlag, Stuttgart · Helmut Laubsch: Mit Pinsel und Farbe, Georg Westermann Verlag, Braunschweig · W. Schneider: Farbkunde für den Maler, Deva Fachverlag, Stuttgart · Sponsel/Wallenfang: Lexikon der Anstrichtechnik, Verlag Georg D. W. Callwey, München · Wulf: Große Farbwarenkunde, und Wulf: Kleine Farbwarenkunde, Verlagsgesellschaft Rudolf Müller, Köln

Bau
Baukunde für die Praxis, Bd. I: Die Rohbauarbeiten, Verlag Julius Hoffmann, Stuttgart

Dekorationsarbeiten
H. Güßbacher: Dekoration im Heim, Busse Verlag, Frankfurt/Main

Gas
Utecht/Roßner/Wagner: Lehrbuch für Gasinstallateure, Verlag Gebrüder Jänecke, Hannover

Holzarbeiten (vgl. Zimmern)
K. Bastian: Fachkunde für Tischler, Verlag für Wissenschaft und Fachbuch, Bielefeld · Karl Bieler: An der Hobelbank, Georg Westermann Verlag, Braunschweig · Flocken/Walkling: Lehrbuch für Tischler in 3 Bänden, Verlag Gebrüder Jänecke, Hannover · Fußeder/Wenninger/Beck: Holzoberflächenbehandlung, Verlag H. Rösler, Augsburg · Georg Grentz: Viel Schönes aus Furnieren, Kemper Verlag, Heidelberg · Holzlexikon, Verlag Holz-Zentralblatt, Stuttgart · A. Schwankl: Welches Holz ist das?, Franckh'sche Verlagshandlung, Stuttgart · F. Spannagel: Der Möbelbau, Verlag Otto Maier, Ravensburg · Werkkunde des Tischlers. 3 Bde., Hrsg. Andreae/Büstrin/Kohnert/Kröning, Verlag Handwerk und Technik, Hamburg · Werkstoff Holz, Kleines Kompendium, Deva Fachverlag, Stuttgart

Intarsien
Hans Beblo: Die Intarsie und ihre Techniken, Verlag Hans Rösler, Augsburg

Klempnerarbeiten
Ahlzweig/Wagner: Lehrbuch für Klempner in 2 Teilen, Verlag Gebrüder Jänecke, Hannover

Kunststoffe
Wolfgang Hart: Handbuch der Verlegetechnik, Deutsche-Verlags-Anstalt, Stuttgart · W. Oelkers: Welcher Kunststoff ist das?, Franckh'sche Verlagshandlung, Stuttgart · Schurz: Kunststoffpraxis für jedermann, Franckh'sche Verlagshandlung, Stuttgart · Bauen mit Kunststoffen (Baustoffliste, Handelsnamen, Firmen), Curt R. Vincenz Verlag, Hannover

Mauern
A. Behringer/F. Rek/Haeberlen: Das neue Maurerbuch, Verlag Otto Maier, Ravensburg

Metallarbeiten
Conrad Barth: Metall als Werkstoff, Georg Westermann Verlag, Braunschweig · Friedrich Bendix: Fang an mit Metall, Georg Westermann Verlag, Braunschweig · Derendinger: Kunstgewerbliche Metallarbeiten, Ria Verlag, Burgdorf/Schweiz · Fachkunde für metallverarbeitende Berufe, Verlag Willing & Co., Wuppertal-Barmen · Grund/Appold/Schmiedgen/Heidorn: Grundkenntnisse Metall, Verlag Handwerk und Technik, Hamburg

Polstern
Bücheler/Ulmschneider: Neuzeitliches Polstern, Verlag für Fachschrifttum, München

Schweißen
K. Rellensmann: Fachgerechtes Lichtbogenschweißen, Verlag Handwerk und Technik, Hamburg

Stahldächer
Stahldach-Baufibel – Anwendung und Verlegung von verzinkten Stahldachpfannen, Deutscher Verzinkerei-Verband, Düsseldorf

Wasser
Utecht/Wagner: Lehrbuch für Wasserinstallateure, Verlag Gebrüder Jänecke, Hannover

Wellblech
Handbuch für Konstruktion und Montage, Deutscher Verzinkerei-Verband, Düsseldorf

Zentralheizung
Arnold: Fachkunde für Zentralheizungsbauer, Verlag Gebrüder Jänecke, Hannover

Zimmern
Fritz Kress: Der praktische Zimmerer, Verlag Otto Maier, Ravensburg

Stichwort-Verzeichnis

A

Abachi 89
Abbeizen alter Anstriche 46
Abbinden (Beton) 225
Abbinden des Mörtels 204
Abbinden (Putzmörtel) 220
Abbolzen 224
Abbrennen alter Anstriche 46
Abdecken eines Schraubenlochs 117
Abdichten von Gipsuntergrund 41
Abdichten von Putzuntergründen 39
Abfallstutzen (Anstrich) 36
Abgasklappe 407
Abgasleitung 406
Abgeschirmte Leitung 473
Abgesetzte Nutverbindung 129
Abhämmern 311
Abkanten (Blech) 303
Ablängen (sägen) 527
Abreiben von Decke und Wand 37
Abrichten 108
Abschaltbare Hausklingel 450
Abschaltbare Hausklingel mit Kontrollampe 455
Absetzanlage 392
Absorber 436
Abwaschbare Tapeten 57
Abwaschen alter Anstriche 37
Abwasser 380 ff.
Abziehen mit der Ziehklinge 139
Abziehen von Schneiden 107
Abziehlatte 387
Abziehstein 106
Abzweigdosen (Übertapezieren) 61
Abzwicken und Stauchen von Nägeln 120
Ahle 102
Akkumulator 448
Alak 55
Alarmanlagen 466 ff.
Alkalische Abbeizmittel 46
Alkalität 34
Alleskleber 124
Alte Malereien an Möbeln 23
Alte Messertechnik 144
Aluminium 292
Aluminium als Anstrichträger 50
Aluminium-Blech 292
Aluminium-Bronze 32
Aluminiumlötung 325
Amboß 295
Am Riß sägen 111 f.
Anilinfarbe, Durchbluten 53
Anleimen (Massivholz) 143 f.
Anregende Farbtöne 17
Anreißen 110 f., 297
Anreißen beim Nageln 120
Anreißschablone 298
Anschlagen (Mauerwerk) 210
Anschlagen von Bändern 337
Anschlagwinkel 95
Anschlußleitungen 430
Anstreichbürste 28
Anstricharten 29 f.
Anstriche auf Metall 49
Antennenanlage 460 ff.
Anticorodal 282
Arbeiten des Holzes 88
Arbeiten mit Kombiwerkzeugen 526 ff.
Arbeitsdruck 516
Arbeitsklotz mit Einstecklöchern 291
Arbeitsraum für Anstreicharbeiten 24
Arbeitsraum für Holzarbeiten 84
Armierungsfarben 42
Asphaltestrich 485
Aststellen 90
Aufbewahren von Farben 24
Aufbewahren von Pinseln 27 f.
Aufdoppeln einer Tür 501
Auf Gehrung geschlitzt 128
Aufgelegte Rahmendecke 180
Aufhängen von Beleuchtungskörpern 428 f.
Aufklauung eines Dachsparrens 133
Aufrauhen alter Öl- und Lackanstriche 45 f.
Aufrauhen (Zink, Aluminium) 50
Aufreißen 109 f.
Aufsatzband 334
Aufsteckplatte für Bohrer 318
Aufstich 209
Auftauen eingefrorener Leitungen 368
Auftaugerät, elektrisches 368
Aufziehen von Fotos 171
Augenverletzungen 537
Ausbau von Dachräumen 272 ff.
Ausblühungen im Putz 242
Ausbohren einer abgebrochenen Schraube 320
Ausdehnungsgefäß 376
Ausdrehhaken 103
Ausdreh-Schlichtstahl 103
Ausgleichsmasse für PVC-Böden 485
Ausgleichsmasse (Linoleum) 67
Ausglühen 290 f., 308, 311
Aushaumeißel 314
Auskellen (Mauerwerk) 210
Ausländische Hölzer 89
Ausreiber 102
Ausschaltung 416
Außenantennen 476
Außenarbeiten 276 ff.
Außentaster 297
Automatische Regelung bei Gasofen 407

B

Backofen 403
Badeofen 368 ff.
Badeofen (Anstrich) 36
Balkenauflager 243
Balsaholz 89
Bandagierung (Heizungsrohre) 387
Band mit Mittellappen 335
Band und Kloben 333
Bandlappen 333
Bandschleifgerät 529, 531
Bandstahl 290
Bank aus genuteten Brettern 153
Bankhaken 84
Bankknecht 86
Barbecue 287 f.
Bartlehre 353
Bastmatten 72
Batterieklemme 452
Batterien 448 f.
Bauantrag 197
Bauaufsichtsbehörden 196
Baugenehmigung 197
Baugesetze 196
Bauglas 191
Baugrube 276.
Bauholz 243 f.
Bauleitplanung 196
Bauleitung 200
Baumwurzeln in Abwasserleitungen 394
Bauordnung 196
Baustahl 290
Bebauungsplan 196
Bedachungen 248 ff.
Bedarfserrechnung bei Tapeten 58
Bedarfserrechnung für Betonarbeiten 222 f.
Behandlung der Hobelbank 86
Behandlungen der Holzoberfläche (Übersicht) 138
Beheizung für Dachrinnen 260
Beilade der Hobelbank 86
Beinageln 122
Beißzange 104, 300
Beizen (Holz) 140
Belebungen der Wand 21
Belüftungsventil 371
Beschädigungen an Tapeten 63
Beschichtete Hartfaserplatten 179
Beschläge 332 ff.
Besenstiel locker 185
Bestoßen von Hirnholz 115
Bettbeschlag 135
Beton 221 ff.
Betonstampfer 224
Betriebsdauer von Glühlampen 424
Biberschwanz 249
Biegen (Metall) 299 f.
Biegen von Kunststoffrohren 389
Biegewellenvorsatz 526
Bilder aufhängen 73 f.
Bilderhaken 74
Bilder ohne sichtbaren Rahmen 170
Bilderrahmen 169
Bi-Metall-Sicherung am Gasbackofen 404
Bindeglieder für Kunststoffschnüre 504
Bindemittel (Anstrich) 31
Bindstangen für Gartenzaun 282
Bitumenkitt 68
Bitumenpappe 255, 263
Blankes Metall (Anstrich) 36
Blattschaufel 205
Blaustreifigkeit 89, 140
Blechbearbeitung 300 ff.
Blechdach 253 ff.
Bleche 292 f.
Blechschere 300
Blei 291
Bleiamboß 295
Bleilötung 325
Bleimennige 32, 50
Bleivergiftung 30
Blendmauer aus Natursteinen 286
Blindboden 265
Blindnieten 323
Blitzschutz 478 f.
Blitzschutzerde 480
Blockverband 202
Blumenkästen 160
Bock 86
Bodenabschlußleisten aus Kunststoff 487 f.
Bodenbeläge aus Kunststoff 484
Bodenbelag aus Platten 263
Bördeleisen 301
Bördeln 304 f.
Bohren (Holz) 116
Bohren (Metall) 316
Bohren von Dübellöchern 116
Bohrer 101
Bohrhülse 102
Bohrmanschette 102, 116
Bohrmaschinen 518 ff.
Bohrschablone 131
Bohrständer 526
Bohrwinde 101
Bootslack 53
Bostik-Pad 176, 512
Bouclételppich 78
Brandwundenverband 537
Brenner für Ölheizung 270
Brettertüre, genagelt 150
Brettlaschen 132
Brettreibe 219
Brettstärken 91
Bronze 291
Brustzapfenversatz 133
Buchenholz 89
Bücherregal gedübelt 161
Bücherregal, zerlegbar 158
Bücherschrank 163
Bügelautomat 432
Bügeleisen 431
Bügelsäge 528
Bügelsäge für Metall 315
Bügeltemperaturen 432
Buflon-Lamin 497, 502
Bundesbaugesetz 196
Bunsenbrenner 403
Buntbartschlüssel 340
Buntpigmente 32
Butan 408

C

Ceresit 220
Chemische Mittel gegen Ablaufverstopfung 395

Chemisch härtende Lacke 54 f.
Chlorkautschuklack 54
Chromgelb 32
Chromgrün 32
Chromoxydgrün 32
Chubb-Schlösser 341
Colfirmitanstrich 40
Couchtisch 154
Couchtisch (geschweißt) 330

D

Dachantenne 478
Dachausbau 272 ff.
Dachdeckung mit Eternit 252 f.
Dachfenster 272 f.
Dachhaut 248
Dachkonstruktion 244 ff.
Dachlatten 248 ff.
Dachpappennagel 120
Dachrinne (Anstrich) 36
Dachrinnen 259 ff.
Dachschalung 248
Dachschräge mit Einbauschrank 273
Dachstuhl 244 f., 272 f.
DD-Lacke 54 f.
DD-Reaktionsversiegler 48
Deckenanschlüsse 416
Deckenbürste 28
Deckenhaken 428
Deckenplatten aus Kunststoff 496
Deckenputz 221
Deckenschalung 248 ff.
Defekter Hahn 359 f.
Dekorationsarbeiten 72 ff.
Dekorationslack 53
Dekor-Folie 497, 503
Densoplast 379
Denso-Wickel 379
Dichten von Rohren 382 f.
Dichtung für Wasserhahn 359
Dielenboden 265 f.
Dietrich 339
Dipol 474
Dispersionsfarben 42 f.
Dispersionskleber 510
D-Lampe 419
Dole aus Kunststoff 398
Doppeldeckung 250
Doppelhobel 97
Doppelschar 249 f.
Doppelscheiben 193
Doppelscheiben-Isolierglas 193 f.
Doppelschiebetür 164
Doppelter Kamm 133
Doppelter Wandschnitt 502
Doppelte Überplattung 128
Doppelte Wechselschaltung 416 f.
Doppelversatz 133
Doppelwendellampe 419
Doppelzapfenverbindung 130
Drahtglas 259
Drahtrödelung 279
Drahtstift 120
Drahtverbindungen 444 f.
Drahtzange 300
Dralon (Teppich) 78
Drechselbank 102, 529, 534
Drechseln 118 f.
Drechselstähle 103
Drehbank 102
Drehen in Holz 118 f.
Drehen von Langholz 118
Drehen von Querholz 119
Dreh-Kipp-Beschlag für Terrassentür 286
Drehstift 136
Drehstrom 429
Drehwuchs 90
Drehzahl (Kombiwerkzeuge) 517
Dreibackenfutter 103
Drei-D-Klang (3-D-Klang) 472
Dreikantschaber 324
Dreipigmentweiß 30
Dreipol-Dose 409
Dreizack 103
Drillbohrer 102
Drillschraubenzieher 102
Druckschäden an Badeöfen 370
Druckspüler 364 ff.
Dübeln 130 f., 517
Dübel und Halter 232 ff.
Dübelmasse 230
Duraluminium 292
Durcharbeiten von Pinseln 52
Durchdübeln und Zusammendübeln 130
Durchfeilen 108
Durchgedübelte Ecke 130
Durchlauferhitzer (elektrisch) 436
Durchnageln 122
Durchschlag 323
Durchsichten 20
Duroplaste 484
Dyckerhoff-Fugenweiß 493
Dyckerhoff-Weiß 264
Dynaplan 505

E

Echtholztapeten 58
Ecke, überplattet 128
Eckenverbinder 130
Eckenverstärkungen 130
Eckenüberplattung mit Zapfen 132
Eckverbindung mit zurückgesetzten Zapfen 127
Eichenholz 89
Eigenschaften des Holzes 88
Einbaubadewanne 358
Einbau eines Zwischenbodens 179
Einbauschrank für Dachschräge 173
Einbau-Sicherung 343
Einbohrband 335
Einfachdeckung 249 f.
Einfache Nutverbindung 128
Eingabeplan 198 f.
Einkauf und Pflege von Massivholz 90
Einlaßschloß 345
Einlöten von Bananensteckern 452
Einschleifen (Konushahn) 361
Einspannen 111
Einspannvorrichtungen zum Drehen 103
Einsteckschloß 339, 343
Eisen als Anstrichträger 49
Eisenoxydgelb 32
Eisenoxydrot 32
Eisenoxydschwarz 32
Elektrische Uhren 438
Elektrische Waschmaschine 438

Elektrischer Lötkolben 324
Elektrisches Kinderspielzeug 413
Elektrodenhalter 328
Elektrogeräte 429
Elektroherd 433
Emaillack 53
Enge Gänge 18 f.
Engländer 320
Englischrot 32
Entfetten (Aluminium) 50
Entlüftungsleitung 376
Entrosten 50
Entrostungsbürste 529
Entwässerungsplan 391
Erdarbeiten 276 f.
Erdbohrer 277
Erdfarben 30
Erdgas 400
Erdleitung 480
Erdungsschelle 481
Erste Hilfe bei Verletzungen 536
Estrich, schwimmender 487
Eternit-Dach 252 f.
Eternitplatten 213 f.
Eternitplatten (Anstrich) 36
Europa-Normalrolle (Tapete) 58
EVU 413
Exotische Hölzer (Anstrich) 47
Exzenterverschluß 134
Exzenterzwinge 105

F

Fachbodenträger 136
Fadengerades Verlegen 79 f.
Färben (Holz) 140
Fäulnis bei Holzfußböden 266
Fahrrad (Anstrich) 36, 51
Falle (Schloß) 339, 344 f.
Falleitung 396
Faltenwurf (Stoffbedarf) 75
Falzen (Blech) 305
Falzkontakt 467
Falzziegeldach 251
»Familienhammer« 103 f.
Farbänderung beim Trocknungsprozeß 34
Farbeimer 27
Farben, fertige 29
Farbenkunde 29 ff.
Farbige Anstriche für Holzböden 48 f.
Farbige Möbelanstriche 22 f.
Farbsieb 26
Fase bei Schneid- und Stemmwerkzeugen 107
Fassade (Wahl des Anstrichs) 35
Fassadenanstrich (Kalkfarbe) 35 f.
Fassadenverkleidung mit Eternitplatten 213 f.
Faulgas 391
Faulgrube 392
Federbruch (Schloß) 351
Federnde Vorhangstange 76
Federzirkel 297
Fehlerströme 412
Fehlersuche in Klingelanlagen 453
Fehler-Suchgerät 451
Feilen 315 f.
Feilenhieb 315
Feilen (Holz) 116
Feilhobelgeräte 101
Feilkloben 295
Feilkluppe 106
Feinbeton 223, 262
Feinmakulatur 60
Feinputz 221, 229
Feinsäge 96
Fensterantenne 478
Fenstergrund 47
Fensterscheibe einsetzen 191
Fenster undicht 191
Ferneinschaltung 465, 471
Fernseh-Antenne 474
Ferrit-Antenne 472
Fertigbetonsäulen 278
Fertigsturz 211
Feste Holzverbindungen des Schreiners und des Zimmermanns 126
Feststellbarer Zirkel 95
Feststeller (Vorhänge) 75
Feuchtigkeitsprüfung (Estrich) 67
Fichtenholz 88
Filzmörtel 38
Filzpappe 68
Filzreibbrett 219
Fingerzinken 129
Firstausbildung beim Blechdach 253
Firstziegel 251 f.
Fischband 335
Fischer-Dübel 236 f.
Fittings 378, 385
Flachkopfschraube 123
Flachmeißel 208, 314
Flachpinsel 29
Flachstahl 290
Flachzange 300, 442
Flachzange mit langem Schnabel 104
Flächennutzungsplan 196
Flächenstreicher 28
Flaschengas 408
Flaschenschraubstock 293
Flecke auf Anstrich und Tapeten 25
Flecke in Wand und Decke 19
Flecke auf Metallen 331
Fleckentfernung (Farbflecke) 24 f.
Flicken von Sicherungen 414 f.
Fluate 37
Flügeläste 90
Flügelmutter 319
Flüssiges Holz 45
Flüssiggas 408
Flurgarderobe mit Kunststoff-Strapazierschutz 508
Flußmittel (Löten) 325
Flußsand 205
Föhre 89
Folien als Vorhangmaterial 497 f.
Folienbespannung 500 ff.
Folien, kaschierte 497
Folienbespannung für Tisch 501
Folienbespannung für Zimmertür 501
Fondtapeten 57
Forche 89
Formica 489
Formröhre 103
Formsäge 95
Formstähle 291
Forstnerbohrer 100
Fräsapparat für Wasserhahn 360
Fräsvorsatz 532

Franzose 320
Frostschutz für Wasserleitungen 367
Fuchsschwanz 96
Fügelade 97, 152
Fütterungskasten für Hühner 182
Fugeisen 208
Fugkelle 208
Fundament für Gartenzaun 278 f.
Furnieren 142 f.
Furniermesser 143, 144
Furniersäge 144
Furnierte Fläche beschädigt 187
Furnierte Platten 93
Fußbodendübel 77
Fußbodenheizung 432
Fußbodenlack 53
Fußböden 261 ff.
Fußböden (Anstriche) 48
Fußböden (Farbwahl und Pflege) 22
Fußleisten beim Tapezieren 61

G

Gabelschlüssel 319
GADO-Verglasung 193
Ganzglas-Doppelscheiben 193
Gardinen 74 ff.
Gartenmöbel 36, 50
Gartenwasserleitungen 378 ff.
Gartenweg mit Hartbrandziegeln 284 f.
Gartenzaun 277 ff.
Gasbeton 214 f.
Gasgefahr 400 f.
Gashahn 361
Gasheizofen 407
Gasherd 401 ff.
Gaswasserheizer 405
Gaszähler 401
Gebeiztes Holz als Anstrichträger 47
Gebrannte Ziegelplatten 283
Gedrechselte Leuchter 181
Geflechte aus Kunststoffschnur 503
Geflechte aus Schichtstoffplatten 491
Gehärtete Werkzeuge 295 f.
Gehäuse-Schaltkontakt 449 f., 461 f., 467
Gehrmaß 93 f., 95
Gehrung 95, 527
Gehrung mit Feder 127
Gehrung mit zusätzlicher Nagelung 127
Gehrung, stumpfe 127
Gehrungsklammer 105
Gehrungszinken 129
Geißfuß 506
Genagelte Brettertüre 150
Genagelte Rahmenecke 121
Genehmigungspflicht 200, 272
Gerätestecker 431
Geräusche in Wasserleitung 366
Geruchverschlüsse 390 f.
Gestaltung von Innenräumen 18
Gestell für Weinflaschen 149
Gestürzt tapezieren 62
Getriebe, stufenloses 517
Gewinde, metrisches 321
Gewinde, überdreht (Wasserhahn 360
Gewindebohren 320 ff.
Gewindeschablone 319
Gewindeschneiden (Rohre) 381 f.
Gezinkte Ecke 129
Gipserpfännchen 219
Gipsestrich 485
Gipsglättputz 221
Gipskalkmörtel 218
Gipskartonplatten 179
Gipskelle 219
Gipsmörtel 218
Glasdach 254 ff.
Glaserkitt 191
Glasfaservlies 42
Gleichstrom 429
Glimmlampe 424
Glockenhebel 363
Glühlampen 419 ff.
Glutinleim 124
Goldener Schnitt 20
Grasnarbe abheben 276
Grastapeten, japanische 58
Grate am Bankhaken 86
Grathobel 101
Großes Wandbord 157
Grubensand 205
Grünspan 291
Grundausrüstung mit Werkzeug 106 f.
Grundieren 38
Grundieren (Holz) 45
Grundwasser 356
Güteklassen (Bauholz) 243
Gummibeläge für Fußböden 72
Gummifinger 210
Gummihammer 300
Gummihammer(Gasbeton) 215
Gummiroller 60
Gummischleifteller 529
Gußeisen 290
Gußglas 256 ff.
Genagelte Brettertüre 150
Genagelte Rahmenecke 121

H

Haarkalkmörtel 251
Hängebucht (Linoleum) 68 f.
Hängender Werkzeugkasten 164
Härtegrade von Ziegeln 201
Härtegrade (Wasser) 356
Haftgrund 51
Haftkleber 79
Haftpflichtversicherung 87
Hahnenfett 361
Hahn tropft 359
Hakenblatt, gerades verkeiltes 133
Hakenschrauben 123
Hakenstift 120
Halböl 27
Halbrund-Holzschraube 123
Halbverdeckte Zinkung 129
Halteprofile für Schichtplatten 179
Halter für Teppichstange 231
Halterungen für Läufer 77
Haltevorrichtungen für Werkzeug 164
Hammer 103 f.
Hammerkolben 324
Hammerstiel zerbrochen 184
Handbohrmaschine 316 ff.
Handbohrmaschinen (Antriebsmaschinen) 518 ff.
Handhaltung beim Hobeln 113
Handkreissäge 528

Handlauf splittert 189
Handmischen von Beton 223
Handschleifapparat 106
Hanfpackung 383
Harmonikatür 509
Hartfaserplatten (Tapezieren) 60
Hartfliesen 484
Hartlöten 327
Hart-PVC-Platten 496
Hartsteingut 358
Harttrockenöl 31, 44
Harzgallen 45, 90
Hauptabsperrventil 357
Hauptstoßfuge 203
Hauskläranlagen 391 f.
Hausklingel, umschaltbar 456
Hausschwamm 248
Hebel-Vorschneider 104
Heckenschere 529
Heißdampf-Tapetenentferner 59
Heizgeräte mit Lüfter 432
Heizkörper (Anstrich) 36, 51
Heizkörperlack 53
Heizkörperpinsel 29
Heizkörperroller 28
Heizkörperverkleidung 377, 491
Heizöl 269
Heraklith 216
Hinterzange 84
Hirschtalg 361
Hobelbank 84
Hobeleisen 97
Hobelmaschine 528, 533 f.
Hobeln 112 f., 528
Hochdruckspeicher 371 f.
Hohlschlüssel 340
Holz als Anstrichträger 44
Holz, flüssiges 45
Holz zum Drechseln 90
Holz zum Schnitzen 89
Holz (Wahl des Anstrichs) 36
Holzarten 88
Holzbalkendecke 265
Holz biegen 117
Holzdielen 266 f.
Holzeinlegearbeiten 144
Holzfaserplatte 92
Holzfehler 90
Holzfehler (Bauholz) 243
Holzfußboden (Anstrich) 36
Holzfußböden 264 ff.
Holzhammer 97, 300
Holzoberfläche 137 ff.
Holzschädlinge 139
Holz schimmelt 188
Holzschraube locker 186
Holzschraube will sich nicht lösen 185
Holzschutzmittel 139
Holzspanplatte 92
Holzstapel 91
Holzverbindungen 126 ff.
Holzwurm 140
Holzzaun 277 ff.
Hornitex 490
Hydrant 357

I

Imprägnieren 45, 139
Imprägnieren (Bauholz) 248
Innenanstrich mit Kalkfarbe 39 f.
Innenputz 221
Innentaster 297
Innere Verletzungen 537
Intarsien 144
Intarsien- und Schnittechnik mit PVC oder Linoleum 506 ff.
Isolation (Schwachstrom) 443
Isolator für Antennenlitze 475
Isolieren (harziges Holz) 45
Isolieren (Kellerboden) 210
Isolieren von Anstrichuntergründen 37
Isolieren von Rohrleitungen 387
Isolierende Untertapete 63
Isolierpappe 68,–210
Isolierrohr 415
Isolier-Rollen 458
Isoliersalze 37
Isolierverglasung 193 f.

J

Jahresringe 88
Japanische Grastapeten 58
Japanspachtel 25

K

Kalk 30
Kalkbeständige Farben 39
Kalkbürste 28
Kalkfarbenanstrich 38 ff.
Kalkmörtel 204
Kalksandstein 212
Kalksteinplatten 283
Kalkzementmörtel 206
Kalte Farbtöne 17, 19 f., 57
Kaltes Licht 426
Kalthärtende Lacke 54 f.
Kaltlöten 327
Kanalgase 394
Kantenfurnier 143 f.
Kantengestaltung (Kissen) 81
Kantenhobel 101
Kantenprofil 489
Kanten bestoßen und brechen 114
Kantenschutz 502, 507
Kantenschutz bei Kunststoffplatten 491
Kaschierte Folien 497
Kasperltheater 173
Kasseler Braun 140
Kasten mit Einsatzfächern 164f.
Kastenschloß 339, 344
Kautschuk-Kleber 486
Keder 501
Kegelhahn 361
Kehlbalken 273
Kehlbalkendach 246
Kehlnaht 330
Keilfalte 78
Keilverschluß 134
Keilwinkel 312
Kellenspachtel 219
Kellerablauf 393
Kellergrund 47
Kellerregal 148
Kerbschnittmesser 506
Kernholz 89
Kesselstein im Gaswasserheizer 406
Kfz.-Batterie 449
Kiefernholz 89
Kiene 89
Kiessandgemisch 222
Kindermöbel (Anstrich) 23
Kinderschaukel 181

Kinderspielzeug, elektrisches 413
Kinderzimmer (Farbwahl) 24
Kittmesser 27, 191
Klärbecken 391
K-Lampe 419
Klapptisch 154
Klarlack 52, 55
Klavierband 136, 337
Kleben von Folien 502, 510
Kleber 126, 510 ff.
Kleber für Polstermaterial 82
Kleber-Übersicht 513
Klebstoffe 124
Kleingeräte 181
Kleinschraubstock 105
Kleister zum Tapezieren 60
Klemmbacken 380
Klemmfix 385
Klemmschraube 445
Klettergerüst 385
Klimaton-Akustikmatten 492
Klingen für den Untermieter 458 f.
Klingelanlage mit Türkontakt 463
Klingeltransformator 447 f.
Klinke 344
Klinker 201
Kloben 334
Klosettbecken (Reinigung) 358
Klosettspülung 361 ff.
Klüpfel 97
Klüppel 97
Knarrender Fußboden 267
Kneifzange 104
Knie (Abwasser) 391
Knotungen und Bindeglieder für Kunststoffschnüre 504
Kochplatte 433
Körner 298
Körperfarbe 30
Kofferboden unter der Decke 180
Kohlenbadeofen 368 ff.
Kokosteppich 78
Kolophonium 325
Kombinationslack 47
Kombinationszange 104
Kombiwerkzeuge 516 ff.
Kompressor 436
Konservenblech 292
Konsolhaken 120
Kontaktkleber 493, 511
Kontrolleinrichtung für die Gartenpforte 461 f.
Konushahn 361
Kopalharzkitt 68
Kopalharz-Schnellbinder 486
Kopal-Schnellbinder 68
Kopal-Spachtelkitt 45
Kopfbrause 370
Kopfmacher 323
Korkplatte 216
Korktapeten 58
Korngröße (Kies) 222
Kräuselbespannung 72 f.
Kräuselbespannung mit Folie 499 f.
Kräuselschnur 75
Krampe 120
Krankes und nagelhartes Holz 90
Krauskopf 102
Kreide 30
Kreissäge 526, 532
Kreuzband 333
Kreuzbartschlüssel 343
Kreuzmeißel 313 f.
Kreuzschaltung 416
Kronendeckung 250
Kronenmeißel 442
Krummer Wuchs 90
Kryptonlampe 419
Kübelhaken 27
Kükenhahn 361
Kühlschrank, elektrisch 436
Kunstharzanstrich (neues Holz) 47
Kunstharzfarben 43 ff.
Kunstharzlack 53, 82
Kunstharzleim 124
Kunstharzmennige 50
Kunstharz-Metallgrund 50
Kunstharzbeschichtete Platten 490
Kunstplatten, zementgebunden 283
Kunstschaum 80
Kunststoffbelag auf der Treppe 489
Kunststoffbeschichtete Platten 93
Kunststoffdachrinne 259
Kunststoff-Falttür 509
Kunststoff-Fliesen 484 ff.
Kunststoff-Folien 497 ff.
Kunststoffschnüre, Knotungen und Bindeglieder 504
Kunststoffverschweißte Schichtenplatte 92
Kupfer 290 f.
Kupferblech 293
Kupferdraht 442
Kupferrohr mit PVC-Mantel 390

L

Lackarten 53
Lackfarbe 52
Lackieren 51
Lackieren, Mattieren (Holzoberfläche) 141
Lärche 89
Lärchenholz 89
Läufer und Teppiche 76 ff.
Läuferverband (Mauer) 202
Lagerfuge 202
Lammfellroller 28
Lampentypen 420 f.
Langband 333
L-Antenne 461
Lanzette 219
Lasieren 47
Lasieren von Holzböden 48
Lattenstuhl 150
Lattenzaun auf Betonsockel 278
Laubfänger 261, 397
Laubsäge 95
Laufschiene 74
Lautsprecher 481 f.
Ledertapeten 58
Leibung 228
Leichtbauplatten 216 f.
Leichtbauplatten (tapezieren) 59
Leichtmetall 292
Leimen und Kleben 124
Leimfarbenanstrich 40 ff.
Leimgips 59
Leistung bei Kombiwerkzeugmaschinen 516
Leistungsschild 429
Leiter 26

Leitungen, elektrische 415 f.
Leitungen, offenliegende 18
Leitungsrohre aus Kunststoff 387 ff.
Leuchtbrenner 403
Leuchtbrenner für Gaswasserheizer 405
Leuchter, gedrechselt 181
Leuchtgas 400 ff.
Leuchtstofflampen 422 f., 426 f.
Libelle 208
Lichtbogenschweißen 328 ff.
Lichtempfindlichkeit des Holzes 89
Lichtmaschine und Batterie 449
Limba 89
Lincrusta 58, 63
Linoleum 66 ff.
Linsenkopfschraube 123
Linsen-Senkholzschraube 123
Lithopone 30
Litze 443 ff.
Lochbeitel 98
Lochsäge 95
Lochschere 301
Löffelbohrer 103
Lösbare und bewegliche Holzverbindungen 134 ff.
Lösen einer Mutter 320
Lösende Abbeizmittel 46
Lösungsmittel-Kleber 510 f.
Löten von Kupferrohr mit PVC-Mantel 390
Lötkolben 323 f.
Lötkolben, elektrischer 324
Lötlampe 324
Lötmittel 325
Lötschere 324
Lötverbindung 323 ff.
Lötwasser 325
Lötzinn 324
Lüftungsziegel 252
Lüsterklemme 429
Luftlack 53
Luftkalkmörtel 204

M

Madenschraube 445
Magerbeton 223
Magnethammer 104
Makoré 89
Makulatur 60 f.
Malerlineal 26
Malerspachtel 219
Malerwerkzeug 25 ff.
Maserung des Holzes 89
Massivdecke 265
Massivholz 88
Materialbedarf bei Maurerarbeiten 206 f.
Materialliste 148
Mattieren (Holzoberfläche) 141
Mauerdurchbruch 226 ff.
Mauerdurchbruch für Wasserleitung 369
Mauerecke 204
Mauermörtel 204 f.
Mauerpratzen 231
Mauersand 205
Mauerverband 202 f.
Mauerwerk 200 ff.
Mauerziegel 200 f.
Maurerfäustel 208
Maurerhammer 208
Maurerkelle 207
Maurerlatte 208
Maurerschapfer 208
Mehlkleister 60
Mehrfachstecker 418
Mehrkomponentenlacke 54 f.
Meißeln 312 f.
Meißel zum Drechseln 103
Messen und Anreißen 297
Messerfurnier 142
Messertechnik, neue 145
Messing 291
Messingblech 293
Metallbaukasten 385
Metalldrehbank 531
Metalloberfläche 331 f.
Meterstab 93
Methan (Faulgas) 391
Metrisches Gewinde 321
Mikrometer 297
Milchkleber 510
Mineralfarben 30
Mineralwollfilzmatte 264
Mischbrücke 223 f.
Mischen von Farbtönen 31 ff.
Mischwasser (Beton) 222
Mittelbruchbesatzung 340, 349
Modelleisenbahnanlage, klappbar 182
Möbelhartfolien 490
Mönch und Nonne 251
Mörtelhacke 205
Mörtelkasten 205
Mörtelpfanne 205
Mörtelrühre 205
Mörtelzubereitung 206
Moltoclar 52
Moltofill 38, 45
Moltopren 492
Montageschrauben 135

N

Nachttarif 440 f.
Nägel, zulässige Belastung (Tabelle) 247
Nägel herausziehen 122
Nägel und Drahtstifte 119
Nähen von Folien 503
Nahtschnitt 487
Nagelbohrer 101, 102
Nagelkasten 120
Nageln 119
Nageln einer Kastenkante 121
Nageltypen 120
Nahtroller 60
Naturelltapeten 57
Naturholzlackierung 47
Neonröhre 426
Nesselbespannung 72
Neue Messertechnik 145
Niederdurckspeicher 371
Niederdruckspritzgerät 56
Nietfehler 323
Nietverbindung 322 f.
Nietzieher 323
Nischen und Winkel 18 f.
Nitrolack 54
Nonius 297
Normbuchsen für Lautsprecher 482
Normenzeichen (Beton) 221
Novopan 491
NRA 446
Nußbaum-Körner-Beize 140
Nuthobel 101

Nutstahl 103
Nut und Feder 131
Nylonbeschläge 332
Nylonteppich 78

O

Obsthurde 149
Ocker 32
Ölanstrich auf Putz 49
Öldrucktapeten 57
Öldruckzerstäuber 260
Ölen (Holzoberflächen) 141
Ölfarbenanstrich 43 ff.
Ölheizung 269 ff.
Ölkitt 45
Öllack 53
Ölofen 271
Ofen zieht nicht 268 f.
Ofenheizung 267 ff.
Ofenrohr 267
Ofenrohre (Anstrich) 36, 51
Offene Grillfeuerstelle 287 f.
Opake-Folie 497
Oxalsäure 46

P

Pajarito-Allzweckmesser 498
Palatal 493
Pannen mit Schlössern 348 ff.
Papiermakulatur 60
Pappdach 254 f.
Parallelriß mit dem Streichmaß 111
Parallelschraubstock 293 f.
Paravent 171
Pariserblau 32
Parkettboden 254
Passepartout 73
Patentdübel 233 ff.
Patentschalung 225
Patina 291
Pendelleuchten 425
Perlonteppich 78
Pfannendach 250 f.
Pfettendach 244 f., 272
Pflege von Schlössern 352
Phenolphthalein 34
Piezozündung 402
Pinsel 27 f.
Pinsel für Lackarbeiten 52
Pinselreiniger 52
Planscheibe 103, 119
Plastikschienen 74
Plastikwandbelag 59
Platten aus Kunststoff 489 ff.
Plattenbeläge im Freien 283 ff.
Plattenkloben 334
Plattenstreifen als Garagenzufahrt 285
Polierstock 301
Polierteller mit Lammfellhaube 529, 531
Polklemme 328
Polsterarbeiten 80 ff.
Polsterplatten 500 f.
Polyäthylenrohre 387 f.
Polyesterlacke 54 f.
Polyester-Lichtwände 493
Polyesterplatten, glasfaserverstärkt 493
Polykondensation 484
Polymerisation 484
Polystyrol 492
Polyurethan 492
Polyurethanlacke 54 f.
Polyvinylchlorid 484
Poronkleber 65
Porotonstein 211 f.
Portland-Zement 220
Preistafel (Elektrizität) 482
Preistafel (Metall) 354
Preistafel (Holz) 194
Preistafel (Wasser und Gas) 410
Preistafel (Kunststoffe) 514
Preistafel (Bau) 288
Preistafel (Malerarbeiten) 82
Prismenbeilagen 380
Propan 408
Psychische Wirkung der Farben 16 f.
Pumpfix 395
Punze 308
Putz 218 ff.
Putzerkelle 219
Putzhaken 219
Putzhobel 97
Putzlatte 219
Putzleib 220
Putzmörtel 218
Putzrisse 241 ff.
PVC 387, 484
PVC-Draht 443
PVC-Rohre 387, 389
PVC-Schaumbeläge 503

Q

Quadratstahl 290
Quarzbetonplatten 285
Quelldübel 130
Quetschsand 205

R

Rahmen, stumpf gestoßen 126
Rahmenecke, genagelt 121
Rahmenecke, überplattet 126
Rahmenliege 172
Rampa-Schrauben 135
Rapport bei Tapeten 61
Rasenmäher 529
Raspeln 103
Raspelscheiben 103
Ratschenkluppe 383
Rauchrohrfutter 268
Rauhbank 97
Rauhfasermakulatur 60
Raumgliederung 21
Raumkorrektur durch Farbe 24
Raumteiler 159
Reaktionslacke 54 f.
Rechtsmittel (Bauen) 197
Rechtwinkliges Dreieck aus Holzlatten 262
Reflektor 474
Reflektorlampen 424
Reflektorstab 475
Regal für Schallplatten 161
Regal für Schuhe oder Gerät 159
Regal in Türnische 156
Regalturm 158
Regenfallrohr 260
Regenwasser 356
Reglerbügeleisen 432
Reibbrett 219
Reibefilz 219

Reiberhahn 361
Reifenbesatzung 340, 349
Reihenklemme 445
Reinigungsspirale 395
Reißnadel 298
Reißschiene 147
Reißzirkel 95
Reitstock 102
Resopal 489
Richten (Metall) 299
Richten von Sägen 107 f.
Riegel 338 f.
Riegelschloß 339
Rieselfelder 391
Ringpinsel 29
Rinnenhalter 259 f.
Römischer Verband 284
Roheisen 290
Rohrabschneider 380 f.
Rohrband 378
Rohrbelüfter 366
Rohrdraht 446
Rohrhaken 120
Rohrmatten 241, 264
Rohrschelle 378
Rohrschraubstock 380
Rohrunterbrecher 365
Rohrverbindung durch Metallfittings mit Quetschabdichtung 388
Rohrwärmer, elektrischer 368
Rohrzange 380
Rollstreichbürste 28
Rost-Primer 50
Rostumwandler 50, 331
Rückstauverschluß 393
Rückversatz 133
Rührholz 27
Runddrehen 118
Runden (Blech) 307
Runder Tisch mit Kunststoffplatte 155
Rundfunkempfänger 472
Rundkopfschraube 123
Rundraspeln 103
Rundzange 300, 442

S

Sackkalk 30
Sägefurnier 142
Sägen 111
Sägen (Maschinen) 530 ff.
Sägen (Metall) 314 f.
Sägen mit der Faser 527
Sägen mit Doppelschnitt 145
Sägen quer zur Faser 527
Sägenfeile 106
Sägenfeilkluppe 106
Salmiakgeistwasser 46
Salubra (Tapete) 57 f.
Sammler 448
Sandkasten aus Beton 222 f.
Sandkasten aus Holz 282
Sandkasten aus Mauerwerk 282 f.
Sandwichplatte 216
Sapeli 89
Satteldach 249
Schabhobel 101
Schälfurnier 142
Schärfen der Ziehklinge 108 f.
Schärfen von Schneid- und Stemmwerkzeugen 107
Schalldämmung 178
Schalldämmung mit Schaumstoffplatten 492
Schallhemmende Zwischenwand 178
Schallschluckende Verbretterung 177
Schaltbild einer Wohnungsklingel 453
Schalter 416 f.
Schaltuhr 438
Schalung für Beton 224 f.
Schalung für Betonsockel 279 f.
Schalungsdraht 224
Scharnier 336 f.
Scharnierband 135
Schaukelgerüst 181
Schaukelpferd 181
Schaumgummi 80
Schaumstoffplatten 492 f.
Scheibengardinen 76
Schellack 53
Schellen 446
Schichtenplatte 91
Schichtstoffplatten 489 f.
Schiebetüren 163 f.
Schiffsverband 265
Schimmelbildung an Küchenwänden 35
Schinder 101
Schlafzimmer (Farbwahl) 24
Schlagaderblutungen 536
Schlagbohrmaschine 517
Schlagfestlack 51, 53
Schlagschnur 25
Schlammschaufel 400
Schlangenbohrer 100
Schlauchleitung aus PVC 446
Schlauchwasserwaage 298
Schleifbrett (Gasbeton) 215
Schleifen (Holz) 46, 138
Schleifen von Schneiden 107
Schleifklotz 46, 105
Schleiflack 23, 53
Schleifpapier 105 f.
Schleifpaste 361
Schleifscheibe 529
Schleifscheibe zum Schärfen 529
Schleifvorsatz 533
Schlichtfeile 315
Schlichthammer 300
Schlichthobel 97
Schließblech 346
Schließblech-Korrekturen 350
Schließkloben 346
Schlitz und Zapfen 127
Schlitzschraube 319
Schlösser 338 ff.
Schloß anschlagen 345 ff.
Schloß schließt nicht 350
Schloß überschlägt sich 351
Schlosserfeile 315
Schlosserhammer 300
Schloßschraube 123, 309
Schlüssel 339 ff.
Schlüssel feilen 353 f.
Schlüsselfeile 315
Schlüssellochsperrer 344
Schlüsselschraube 123
Schmatzen (Mauerwerk) 209
Schmierseife als Mörtelzusatz 206
Schmutzwasser in Wasserleitung 366
Schnäpper für Schranktüren 137
Schneckenbohrer 102
Schneiden von Innengewinden 320 ff.
Schneidkluppe 381 f.

Schneidlade 153
Schneidewerkzeuge für Folien 498
Schönheitsfehler in Räumen 18
Schornstein 268
Schränkeisen 106
Schränke mit Türen 162
Schränken 108
Schränkzange 106
Schrankbeschläge 134
Schrank in Türnische 163
Schrankschraube 134
Schrankverbindungen 134
Schrauben (Holz) 122 f.
Schraubenbolzen 123
Schraubenfutter 103, 119
Schraubenloch, vorgebohrt 116
Schraubenschlüssel 320
Schraubentypen 123
Schraubenzieher 102
Schraubstock 293 f.
Schraubverbindung (Metall) 319 f.
Schraubzwinge 105
Schreinerhammer 104
Schreinerstift 120
Schropprröhre 103
Schruppfeile 315
Schubladen 165
Schublehre 297
Schuko-Steckdose 418 f.
Schuko-Verteilerdose 418
Schutzbacken 380
Schutzbacken für Schraubstock 294
Schutzkontakt 430
Schutzrohr 379
Schutzschild für den Schweißer 329
Schutzwirkung der Farbe 16
Schwachstrom 442 ff.
Schwachstromdrücker 465
Schwachstrom-Starkstrom-Fernschalter 465
Schwalbenschwanzblatt 133
Schwamm 248
Schwarzblech 292
Schwarzbrennen 331
Schweifen 304 f.
Schweifhammer 300
Schweifstock 301
Schweißfehler 330
Schweißmörtel 228
Schweißraupe 330
Schweißsand 228
Schweißtransformator 328
Schweißzange 328
Schwimmbecken (Anstrich) 36
Schwimmerkugelhahn 362
Schwingschleifer 529
Schwitzwasserbildung an Wasserleitungen 364
Schwitzwasserbildung unter dem Dach 251 f., 254 f.
Sechskantschraube 319
Seitenschneider 442
Selbstgebauter Stangenzirkel 95
Selbstklebefolie 497 f.
Self-Kante 61
Senkkopfschraube 123
Senklot 208
Senkstift 104
Serienschaltung 416
Sessel aus Holzrahmen 174
Sessel aus Massivholz 175
Sessel mit Metallrahmen 175
Setzmeißel 308
Sicherheits-Einbauzylinder 343
Sicherheitsgürtel 26
Sicherheitsschloß 342 f.
Sicherheitsventil (Hochdruckspeicher) 374
Sicherung 414 f.
Sicherungsautomat 415
Sichtbare Bänder 333 f.
Sichtbeton 225
Sickerdole 397
Sickerdole für Regenrohr 399
Sickerschacht 397
Sickerschacht aus Stahlbetonringen 399
Sickerschacht, gemauert 399
Sikkativ 31
Simshobel 97
Sinkkasten 393
Siphon 391
Sisalteppich 78
Sitzmöbellack 53
Sitzplatz in Gartenfläche 284
SL-Draht 443
Solnhofener Platte 283
Spachtel 25
Spachtelkitt 45
Spachtelmakulatur 61
Spachteln von Anstrichflächen 45
Spanabnahme (Metall) 313
Spanlose Bearbeitung 298 ff.
Spannen und Kleben von Folien 498 ff.
Spannring 105
Spannsäge 96
Spannteppiche 78 f.
Spannung 429
Spannvorrichtung zum Verleimen 125
Spannwerkzeuge 105
Spanplatte 91
Sparrendach 245 f.
Speicherheizung 433
Sperrhaken 301, 339, 349
Sperrplatte 91
Spezialkleber (Tapete) 66
Spiegelfläche 107
Spielzeug und Kleingeräte 181
Spindelkasten 102
Spiralbohrer 101 f., 316 ff.
Spirituslack 53
Spitzbohrer 101 f.
Spitzhammer 328
Spitzkolben 324
Spitzmeißel 208
Spitzzange 300
Spitzzirkel 95, 297
Splintholz 89
Spreizdübel 233
Spreizzange 105
Spritzlackieren 55 f.
Spritzpistole 529
Sprühdose (Autolack) 56
Spülkasten 361 ff.
Spülrohrverbinder 363
Stabstähle 290
Stadtgas 400 ff.
Staffelei 26
Stahl und Eisen 290
Stahlbandmaß 93
Stahlbeton 225
Stahlbürste 26
Stahldrahtbürste 328
Stahlträger in Holzbalkendecke 241
Stahlwolle 141 f.
Standöl 44
Stangenzirkel 297
Stangenzirkel, selbstgebauter 95

Stanley-Messer 486
Staubsauger 438
Stauchen 298 f.
Stecheisen 97
Steckdosen 417 f.
Steckholz zum Schlüsselfeilen 353
Steckleisten 136
Steckstift 336
Stegleitung 416
Steifheit gegen Verformung 146
Steinbreite und Mauerlänge 203
Steinholzestrich 485
Steinschraube 231, 334
Stemmeisen 97
Stemmen 115
Stemmloch 127
Steppfolie 497
Stereo-Anlage 481 f.
Stichling 101 f.
Stichsäge 96, 528
Stichsäge für Metall 315
Stiegenverlängerung 26
Stocklappen 333
Störnebel 472 f.
Stoffe spannen 72 f.
Stopfbüchse 359
Stoßbrett 152
Stoßfuge 202
Stoßkante 61
Stragula 69
Strahlungsheizkörper 432
Streben 132
Strebenknotenpunkt mit Versatz 132
Strecken 298 f.
Streichmaß 93
Streifentapete 21, 57
Strichzieher 29
Strömungssicherung 406 f.
Stromart 429
Stromtarife 440 f.
Stromverbrauch 439
Strukturierte Folie 497
Stuckgips 37
Stützkloben 334
Stufenloses Getriebe 517
Stuhl wackelt 186
Stukkateureisen 219
Stukotherm 492
Stumpfe Gehrung 127
Stumpfgestoßene Ecke 128
Sturz für Mauerdurchbruch 228
Styropor 216
Styropor-Kleber 492
SÜSSCO-Versiform 386
Summer 463
Surform-Werkzeuge 317

T

Tank für Ölheizung 269 f.
Tannenholz 88
T-Antenne 473
Tapetenreinigungsmittel 25
Tapetenschneider 60, 498
Tapex-Kombi-Schneidwerkzeug 498
Tapezierbürste 60
Tapezieren 57 ff.
Tauchsieder 436
Tauplattenprüfung mit Handspiegel 406
Teakholz 89
Teerfarbstoffe 30
Teerpappe 254 f.
T-Eisen für Gartenzaun 280
Teflonbelag 95
Tekkotapeten 58
Teleskopschienen 169
Teppichfliesen 80
Teppich-Klebeband 79
Terrasse 286 f.
Terrazzo 263
Thermoelektrische Sicherung 404
Thermofühler 402
Thermopete 63 ff.
Thermoplaste 484
Thermostat 403
Thyssen-Dach 253
Tiefensiegel 48
Tiefensteller 102, 116
Tiefkühlfach 436
Tisch oder Stuhl wackelt 186
Tisch, runder, mit Kunststoffplatte 155
Tischamboß 295
Tischchen fürs Krankenbett 155 f.
Tischhobelbank 87
Tischklammer 134
Tischkreissäge 526
Tischlerhammer 104
Tischlerplatte 91
Tischparallelschraubstock 105
Titanweiß 30
T-Kitt 68
Tombak 291
Tonrohre für Weinflaschen 274 f.
Tox-Dübel 238 f.
Tragfähigkeit (Holz) 146
Tragmauer 226
Transparentfolie 497
Traps 391
Traufausbildung beim Blechdach 254
Traufe (Putzerwerkzeug) 219
Traufstreifen 260
Treiben von Kalkteilchen 242
Treiben von Metallen 307 ff.
Treibhammer 300
Trennen (Metall) 313
Trennen von Rohren 380 f.
Trennmauer 226
Trennstemmer 314
Trenn- und Schmuckelemente aus Kunststoff 503 f.
Treppe knarrt 188
Treppenverlegung von Bodenbelägen 486 f.
Trichloräthylen 24
Trinkstube im Keller 274 f.
Trinkwasser 356
Trio-Schrauben 135
Trittschutzunterlage 76
Trockenelement 448
Trockenmittel (Anstrich) 31
Trockenrisse 90
Trockenschleuder 438
T-Stahl 291
Tür ist zugeschnappt 348 f.
Tür klemmt 190
Tür quietscht 337
Tür schnappt nicht ins Schloß 349 f.
Türdrücker 344, 459
Türe für Kofferboden 180 f.
Türen und Fenster (Anstrich) 23
Türfüllungen 18, 191
Türscharnier 336 f.
Tür-Schleifkontakt 463 f.
Türsturz 211
Türverkleidung in Weich-PVC 507 f.

U

Überdrehtes Gewinde (Wasserhahn) 360
Übergangsstücke von Stahlrohr auf Kunststoffrohr 388
Überlastungsschutz 516
Überplattete Ecke 128
Überplattung 115
Überplattung auf Gehrung 128
Überscherende Zuhaltungen 342
Überschobene Schlitz-Zapfen-Verbindung 127
Überwendliches Nähen 79
Uhren, elektrische 438
Uhrmacherschraubenzieher 442
UKW-Antenne 474
Ultramarinblau 32
Ultrapas 490
Umbra gebrannt 32
Umbra natur 32
Umschaltbare Hausklingel 456 ff.
Umschlag (Blech) 303
Umschlageisen 301
Umstellung auf Ölfeuerung 270 f.
Undichte Hähne 359
Unfallverhütung (Holzarbeiten) 87
Universalhobel 101
Unsichtbare Bänder 334
Untergründe beim Tapezieren 59
Unterkonstruktion für Folienbespannung 498 f.
Untermieter-Klingel an der Gartenpforte 460
Untermieterzähler 440
Unterputzdose 460
Unterteppiche 76 f.
Upat-Dübel 233 ff.
U-Stahl 291

V

VDE-Prüfzeichen 413
VDE-Vorschriften 413
Velourstapeten 58
Veloursteppich 78
Ventilationsgrund 47
Verätzungen 537
Verankern von Pfählen 277
Verbandskasten 536
Verbleites Blech 292
Verblendete Terassenmauer 286 f.
Verbrennungen 537
Verbretterung, schallschluckend 177
Verdampfungsbrenner 271
Verdeckte Zinkung 129
Verdünnungsmittel (Anstrich) 31
Vergipsen von Rissen 37 f.
Vergrauen von Farbtönen 32
Vergußbeton 223
Verhältnis Decke-Wand 21 f.
Verhältnisteilung 110
Verkalkung bei Warmwasserleitungen 374
Verkeilte Zapfenverbindung 127
Verkitten in Holz 45
Verkleidung eines Dachraumes 177
Verlängerungsleitungen 430
Verlege-Messer 486
Verlöten von Drähten 444
Verputzen (Holz) 114
Verschlichten 47
Verschlichten (Lack) 52
Versenker 104
Versenkstift 104
Versetzt schräg nageln 121
Versiegeln (Holzböden) 48
Versitzgrube 392
Verstauben von Heizkörpern 377
Versteifung von Tisch und Stuhlecken 130
Verstopfung der Abwasserleitung 394
Verzinktes Blech 292
Vielzweck-Elektromaschinen 516
Vielzwecksägen 95
Vierkantschraube 319
Vierkantstahl 290
Vinyl-Asbest-Beläge 484
Vinyl-Asbest-Wandplatten 493 f.
Vogelfutterhäuschen 183
Vogelhäuschen 182 f.
Vorarbeiten bei Öl- und Kunstharzanstrichen 45 ff.
Vorarbeiten für Anstriche auf Putz 37 ff.
Vorhauschloß 347
Vorbescheid (Bauen) 197
Vorderzange 84
vorgebohrtes Schraubenloch 116
vorgebohrtes Zapfenloch 116
Vorhänge 74 ff.
Vorhangblende mit indirekter Beleuchtung 182
Vorhangschienen für Folien 503
Vorstecher 102
Vowinckel-Platten 166 f.

W

Wachsen (Holzoberfläche) 141
Wärme-isoliertes Kupfer-Rohr 390
Wagnerstift 120
Walmdach 249
Wandbaustoffe 211 ff.
Wandbespannung mit Folie 499 f.
Wandbord, großes 157
Wandfries für hohe Räume 22
Wandplatten 264
Wandplatten aus Kunststoff 496 f.
Wandregal aus Kästen 160
Wandregal mit Loch- und Nutschienen 157
Wandscheibe 378
Wandsockel 20, 35
Wandtäfelung 176
Wandtisch 154
Wangenhobel 101
Wanknutsäge 526 f., 535
Warme Farbtöne 17, 19 f., 57
Warmwasserbereiter 371 ff.
Warmwasserheizung 375 ff.
Waschbecken (Pflege) 358
Waschmaschine, elektrische 438

Wash-Primer 50
Wasser, weich und hart 356
Wasseraufbereitungs-Anlage 375 ff.
Wasserfestes Schleifpapier 47
Wasserglasanstrich 43
Wasserhahn 358 ff.
Wasserkocher 436
Wasserstein 106
Wasserversorgung 356 ff.
Wasserwaage 208
Wasserzähler 356 f.
Wechselschaltung 416 f.
Wechselstrom 429
Weiches und hartes Wasser 356
Weichlöten 323 f.
Weich-PVC 484 f.
Weich-PVC als Flächenverkleidung 496 f.
Weinflaschen (Abmessungen) 275
Weißblech 292 f.
Weißkalk 218
Weißpigmente 30
Weißtanne 88
Wellblechdach 253
Wendeltreppe (Läufer) 77 f.
Werkbank 84, 293
Werktisch 84, 87, 151
Werkzeichnung 147
Werkzeug für Schreinerarbeiten 93 ff.
Werkzeug zum Bohren und Schrauben 101 ff.
Werkzeug zum Drechseln 102 f.
Werkzeug zum Einspannen und Verleimen 105
Werkzeug zum Hobeln 97 f.
Werkzeug zum Mauern 216
Werkzeug zum Nageln 103 f.
Werkzeug zum Sägen 95
Werkzeug zum Stemmen 97
Werkzeug zum Zeichnen und Reißen 93
Werkzeug zur Oberflächenbehandlung von Holz 105 f.
Werkzeug zur Werkzeugpflege 106
Werkzeuge, gehärtete 296
Werkzeugkasten 161
Werkzeugkasten, hängender 164
Wertstufe bei Raumausstattung 23
Werzalit-Wandplatten 496
Westag-Paneel-Wandvertäfelung 496
Wicu-Rohr 390
Widia-Steinbohrer 233
Windblech 253 f.
Windbrett 254 f.
Windeisen 321
Winkelband 333 f.
Winkelhaken 93 f.
Winkelkanten 110
Winkelreibahle 318
Winkelschmiege 93 f.
Winkelstahl 291
Winkeltrieb 526
Wohnräume (Wahl des Anstrichs) 34
Wohnungsklingel 453 f.
Wohnzimmer (Farbwahl) 23
Würgeverbindungen 446
Wunden 536

X

X-Haken 74

Y

YA-Draht 443
YM-Draht 446
Ytong-Gasbeton 214 f.

Z

Zähler (Anbringung) 18
Zähler für Strom 439 f.
Zahnkelle 486
Zapfenband 136
Zapfenfeilen 316
Zapfenloch, vorgebohrt 116
Zapfenverbindung, verkeilt 127
Zapfenverbindung zwischen Balken und Säule 132
Zaponlack 54
Zeichenwinkel 147
Zeitbedarf
 bei Maurerarbeiten 207
Zeitpunkt für Anstriche 25
Zeitungspapier als Makulatur 60
Zellkleister 60
Zelluloselack 54
Zement 221 ff.
Zementestrich 262 f.
Zementgebundene Kunstplatte 283
Zementmörtel 206
Zementspritzwurf 220
Zentralheizung 372 ff.
Zentralzündung 403 f.
Zerlegbares Bücherregal 158
Zeugrahmen 86, 164
Ziegeldeckungen 249 ff.
Ziegelformate 200 f.
Ziehklinge 27, 106, 108 f.
Zierkopfschraube 123
Zimmerantenne 475
Zimmertür stößt an 189
Zink 292
Zink als Anstrichträger 49 f.
Zinkblech 293
Zinkung, halbverdeckt 129
Zinkung, verdeckt 129
Zinn 289 f.
Zinnfeile 316
Zinnraspel 316
Zinnschrei 292
Z-Stahl 291
Zuhaltung (Schloß) 339
Zusammenschrauben von Rohren 384
Zusatzgeräte zu Bohrmaschinen (Tabelle) 522 ff.
Zusatzmittel (Anstrich) 31
Zuschlagstoffe für Beton 221 f.
Zweibackenfutter 103
Zweiganggetriebe 517
Zweikomponentenkleber 512
Zwickzange 104, 300
Zwischenwand, schallhemmend 178
Zylinder-Einsteckschloß 342
Zylinder-Kasten-Riegelschloß 343
Zylinderschloß 342 f.